名老中医之路续编

卷三

张奇文　柳少逸　郑书翰 ◎ 主编

全国百佳图书出版单位

中国中医药出版社

·北京·

图书在版编目（CIP）数据

名老中医之路续编：全四卷 / 张奇文，柳少逸，郑
书翰主编 . —北京：中国中医药出版社，2023.12
ISBN 978 - 7 - 5132 - 8176 - 8

Ⅰ.①名… Ⅱ.①张… ②柳… ③郑… Ⅲ.①中医临
床 - 经验 - 中国 - 现代 Ⅳ.①R249.7

中国国家版本馆 CIP 数据核字（2023）第 089825 号

中国中医药出版社出版
北京经济技术开发区科创十三街 31 号院二区 8 号楼
邮政编码 100176
传真 010 - 64405721
山东临沂新华印刷物流集团有限责任公司印刷
各地新华书店经销

开本 787×1092 1/16 印张 189 字数 3078 千字
2023 年 12 月第 1 版 2023 年 12 月第 1 次印刷
书号 ISBN 978 - 7 - 5132 - 8176 - 8

定价 989.00 元（全四卷）
网址 www.cptcm.com

服 务 热 线 010 - 64405510
购 书 热 线 010 - 89535836
维 权 打 假 010 - 64405753

微信服务号 zgzyycbs
微商城网址 https://kdt.im/LIdUGr
官 方 微 博 http://e.weibo.com/cptcm
天猫旗舰店网址 https://zgzyycbs.tmall.com

如有印装质量问题请与本社出版部联系（010 - 64405510）

目　录

卷一

卷二

卷三

卷四

王永炎

王永炎（1938—　），天津市人，中医内科学、神经内科学专家。1962 年毕业于北京中医学院。曾任北京中医药大学校长、学位委员会主席、脑病研究室主任；1997年当选为中国工程院院士。1998 年调任中国中医研究院（现中国中医科学院）院长；现为中国中医科学院名誉院长。先后当选全国科学技术名词审定委员会五届、六届常委，中国科协第六、第七届常委，第十届全国人大常委会常委。

从事中医内科医疗、教学、科研工作近六十年，主要研究方向是中医药防治中风病与脑病的临床与基础。先后主持了 WHO 国际合作项目、国家 973、863和国家"七五"至"十五"攻关课题 20 余项。通过对缺血性中风系统临床观察，总结了证候演变、辨证治疗、调摄护理的规律。针对中风病急性期痰热证、痰热腑实证而设计、研究的化痰通腑汤与清开灵注射液静脉滴注疗法，提高了显效率，减轻了病残程度。主持了《中医药基本名词术语规范化研究》《中医病案书写规范》和《中医内科常见病证诊断与疗效评定标准》等标准化建设工作。

1986 年以来，获国家级科技进步二等奖 2 项、三等奖 3 项；省部级科技成果一等奖 5 项；获何梁何利基金"科学与技术进步奖"、香港求是基金会"中医药现代化杰出科技成就奖"。先后出版学术专著 12 部，发表学术论文 300 余篇。已培养医学博士 48 名，出站博士后 23 名。

我的父母都是教师，幼承家教企盼平和自然地过日子，崇尚澹定淡雅的学习与工作。进入大学后恰逢连年"运动"，于坎坷中体味宽容、和谐、以平常心做人处事的重要。步入工作岗位后，受医生责任感的驱使，做学问不敢自称勤奋，然时刻提醒自己懈怠不得。自 1979 年被时代潮流推向领导者的第一线，历

20 年，先后在医院、大学、研究院当院校长，自然做过许多事情，有功也有过，然而，"有权勿滥用，得意勿忘形"是我的座右铭，并牢记"三人行必有吾师"，虚心向学生、教师、周围的人学习，及至 2001 年辞去院长职务，可谓"软着陆"了。思前想后，在人生的道路上，若要总结一点经验，那就是以平常心做平凡事。

自强自立注重素质培养

我自幼有多种爱好，诸如唱歌、演戏、长跑、游泳、踢足球，还有下棋、钓鱼等，爱读书的习惯一直伴我至今，中学时代就喜欢科普读物，注意培养与提高自己求知的兴趣与能力，尤其是提高思维思辨的素质。我还读过古代数学家祖冲之的故事，喜欢数学，善于逻辑思考。当然古今中外的文学名著也读过一些。中学时当过板报编辑，为此还练过书法，到了大学又做院报的责任编辑，至今数十年从不间断地担任兼职编辑。中学就读于北京辅仁中学（后改为北京十三中），由于家境贫寒懂得生活节俭，养成了艰苦朴素的好习惯。我上初二就加入了共青团，当过团干部，高中时担任过初中年级的少先队辅导员，无论学习、生活、工作都吃苦在前，为人表率，尤其是获得组织上表扬、奖励之后，更是戒骄戒躁谦虚谨慎，恪守"满招损，谦受益"，从那时起我便培养自己任劳任怨、自讨苦吃的作风。1956 年，我考入北京中医学院（现北京中医药大学）就读于医疗专业。翌年，国家号召青年"向科学进军"，鼓励学生要敢想敢说敢干。记得大搞"超声波"曾列入学校研究计划，要求结合专业利用超声波催化药用植物生长发育，当时引发了我的兴趣，夜以继日地查询相关资料，设计改进超声波发生器，吃住在实验室干了五个昼夜又延续了六个周末，终在一位生理学教授的指导下完成了部分实验工作，尽管以这种"搞运动的模式"做科研并不值得提倡，然而明知有难却迎难而上、不怕吃苦而且是自讨苦吃的经历却锻炼了我。我还在实验中得到了启迪，如中药材种质经超声波震荡会发生什么变化？如何思考观察这种变化？等等。要取得有意义的实验结果，则是一件很复杂很困难的事，需要长周期的研究工作。那段经历使我懂得了提出问题、认真思考、大胆设想与具体实施的链接过程是一种科研素质的培养。

尊师重教树立好学风

我大学本科毕业后，恰逢卫生部落实中医师承教育之机，即拜附院内科主任董建华教授为师，先生秉承上海名医严二陵真传，擅长诊治急性热病与内科杂病，疗效显著。先生重视医德医风，对学生要求严格，嘱必读大医精诚，后实行之；制订培养计划当师生共同恪守，刻苦钻研从不敢懈怠。我追随先生临证 3 年，尽得真传，积淀日深，奠定了扎实的基本功，更重要的是先生教会了我如何做"人"做"事"，自闯成才之路。先生于 20 世纪 80 年代初，历任全国人大六届、七届、八届常委，力主"中西医并重，共同发展"的方针，"文革"前后为落实把医疗卫生工作重点放到农村的政策，多次带领教学"连队"，深入乡镇为农民治病，深受群众赞誉，言传身教对我影响深刻。先生在近代西学东渐误的过程中认为中医药"不科学"，一度陷入废医存药的困境时，据理力争从不灰心。1979 年后，他担任 WHO 传统医学顾问期间，奔走于亚欧美非澳洲诸国，宣传中医药发展史从来都不是封闭守旧的，主张求实求真开放创新，提倡将中医药优势资源与现代科技结合，为创建统一的新医学新药学努力工作。20 世纪 60 年代中期，先生叫我多参师襄诊采众家之长，继之送我去协和医院进修协作学习神经内科临床及病理解剖，鼓励我开拓中医诊治脑病的新领域。回顾我的成长过程，所以能有进步的动力，确与中医大家名医的启迪、教诲、提携与信任密不可分。王玉川、王绵之、赵绍琴、任继学诸位先生医德高尚医术精湛，永远是我学习的楷模，我亲身体验到中医师承教育不仅是院校教育的良好补充，更是提高悟性获取精髓的最好途径。1986 年董老提名我接任全国中医内科学会主任委员，1992 年王玉川老师提名我接任国务院学位委员会中医学学科评议组召集人，我双肩挑任北京中医药大学与中国中医研究院主要行政负责人连续 20 年，如果说还能称职地做好一份有益的工作，则是在老一辈中医学家的悉心呵护和广大师生的关怀帮助下取得的。老师们的雨露滋润培育了我，永远鼓舞着我忠诚于党和国家的教育事业，我当终生不忘。

如今，我已 70 岁了，曾于 2001 年因承担国家"973《方剂关键科学问题的基础研究》项目"首席科学家向国家中医药管理局请求辞去院长职务，获批后专心从事科研与教学工作。自 1986 年始，培养出了 48 名博士与 15 名博士后进站人才。作为校长、院长，我最看重的是人才的培养和创新团队的建设，首先要严于律己，尊师重教甘当人梯。任何时代任何国度，科学家的成长都是在青年时期，由于"文革"十年动乱，我国人才断档，20世纪80年代曾出现过急于求成培养人才，引进国外人才的倾向，造成今天科技界、教育界有些新生代急功近利、浮躁虚夸的不端行为，真是令人痛心疾首。因此，我提倡与落实良好的学风、文风与作风，抚育高尚道德情操，并视之为责无旁贷的天职，自当竭尽全力。刻下中医药学、生物医药学乃至生命科学的研究成果，多是群体合作取得的，应用基础研究与R&D只凭借科学家自己的激情和兴趣是难以做出高显示度的科学发现与发明的。当然，科研思路无疑十分重要，不可偏执。缘于此，多学科交叉渗透融合的创新团队的建设至关重要，需要宽广的胸怀、最大的包容与无私的关爱，这是维系团结的纽带；还要提倡敢于求真求异，发扬学术民主亦属重要，鼓励大胆提出问题，引领认真思考，精心组织前瞻性设计，探索旧问题的"新解"以及诠释中医中药学的"概念"也是继承基础上的创新。晚近我曾提出"不轻言学术思想"的见解，董建华先生和我以及我的学生三代人不过是学习古人经验，能做到善言古者必有合于今及有验于今就有收获，与构建创新的系统理论差距确很大。对学临床者，自应毫不保留地传授多年的临床经验，对研究基础理论者，则只是作为合作教师共同研讨探求新知。我深切地体会到年轻一代学人思维活跃、视野开阔，只有克服了急功近利，诸多长处才能尽得发挥。教师是教育者，当先受教育，我愿以学生为师，教学相长，若能做到承前启后自然倍感欣慰。

坎坷有益唯愿事业常青

1983年底在国家倡导"干部四化"的过程中，我官加三级由副处破格提拔到北京中医学院地厅级院长的职位上，而且处在改革开放的热浪之中。鉴于考核校级领导拖长17个月，导致教职员工思想涣散、纪律松弛，我上任后从整顿教学秩序做起，提出"校园道路要平，教室灯光要明，上下课铃声要响，食堂饭菜要香"的基本要求。办大学关键是教师，核心是学科建设。职能部门的干部必须服务于教学和科研这两个中心。作为新上任的年轻院校长对工作的目标方向是明确的，然而问题在于如何根据实际情况去做才能实现预期的目标。"文革"十年动乱结束以后的高校，教师队伍青黄不接、管理干部亟须更新是摆在面前的难题。当时恢复高考后的大本毕业生只有三届，为了加大力度培养研究生，充实与扩招大本生，管理层的人事改革直接关系到了一些干部的切身利益。由于缺乏深入细致的思想工作和正确把握改革措施的操守，操之过急出现了失误，我任职三年后被降职改任为第一副院长，实际上一度主管范围就是一份学报，我保留学报主编的位置，返回病房和研究室，重新挑起国家"七五"攻关课题和 WHO 合作研究项目。回忆当时曾感到"茫然"，卫生部某位副部长来宣布决定时，先是表扬我是一位优秀的医务工作者，全身心地投入教育教学改革受到广大师生的拥护，进而称由于工作需要，就地改任。我何以"不称职"？诧异之后不得其"解"。适逢布置"七五"课题攻关，我与任继学老师出差沪宁鄂陕吉等地，多次长夜促膝相谈，他以一个老党员、老中医、最受人尊敬的长者身份，谆谆告诫我当自问自责，必须坚持对人民事业的拳拳赤诚之志，于困难时追求进步，对待事业不言个人成败。冷静思考过后，我变一时消沉为终生动力，与恩师共同感悟人生真谛，三省吾身总结经验之后，决意卧薪尝胆，历 12 年担副职，把主要精力投入学术研究领域，那 12 年是我一生中发表论文撰写书稿最多的年月，出人才，出成果，迅速提高了社会知名度，并于 1997 年当选中国工程院院士，真是"塞翁失马"给了我认真做学问的好机会。我于 1997 年复出，再度挑起校长职务时，切实感到坎坷挫折的经历十分可贵，深谙团结、学习、求实、创新的重要，作为管理者时刻要保持清醒的头脑，兼听则明，与同事多商量体现民主，对职能干部要尊重，要勤于向群众学习，只有身体力行做到理解、包容、关爱，才能做好工作。我曾多次告诫自己"有权勿滥用，得意勿忘形"，坚持"自讨苦吃，朴实进取"的作风，"不求大红，但愿事业常青"。我是生长在红旗下的一代，党和国家为我们创造了良好的学习和工作环境，赋予了我们展现才能的机会，肯定我们劳动的成果，引导着我们走向未来，我们要迈开大步去努力奋斗。

提倡求真求异推进学科发展

继承、创新、服务人类健康是中医药学科建设的目标。继承是基础，创新是归宿，为此应积极倡导敢于求真求异的精神。1983 年我作为中华全国中医学会内科学会的副主委兼秘书长，在老一辈中医学临床家的支持下，选定中医药防治中风病作为攻关的领域，组建了以中壮年中医为主体的团队，首先提出为了弘扬中医临床医学优势需要有批判地继承，依据临床表现与病理解剖特征将中医内中风病定位在脑血管病范围，进而分类为出血性中风与缺血性中风；相当颈内动脉系统的真中风与类似椎基底动脉系统的类中风。团队重视临床疗效评价的方法学研究，制定与推广辨证量表，首次引进了医学计量学，探索能被国内外与中西医均认可、能推广立得住的疗效评价方法，在全国中风病学组与攻关协作组中树立起中医中药的生命力在于疗效的理念。我们先从中风急症的救治方案的疗效观察做起，进而拓展到恢复期的治疗与后遗症期的康复。为了针对中风病发病年龄提前的迫切需要，对预防做了系统研究，前瞻性设计与实施中风病先兆症的现场防治方案。进入"九五"计划后将中风病后血管性痴呆作为攻关项目，目前已延伸到中风后抑郁症的研究。我参与了清开灵注射液的早期研制工作，主持了救治中风急重症的临床疗效观察；针对中风病急性期始发态的痰热腑实证，总结了证候演变的规律，推广了星蒌承气汤化裁的化痰通腑汤的运用，提高了防治水平。我们还承担了 WHO 合作项目"脑血管病中医康复研究"，为其在国内外推广起到了重要的学术影响。

1999 年，我承担了国家重大基础研究发展规划项目"方剂关键科学问题的基础研究"，并被科技部聘为项目首席科学家。晚近，化学家提出新世纪将是复方治病的时代，而我国早在公元 2 世纪就已有医圣张仲景集方剂研究之大成。中医治病历来运用方剂，在药性理论基础上的方剂配合是凝练的科学问题，具有原创的优势，引领着国内外复方配伍的科学研究。面对老问题求新解，我提出的假说是："方剂的潜能蕴藏于整合之中，不同饮片、不同组分、不同化合物的不同配伍具有不同的效应，诠释多组分与多靶位的相关性，针对全息病证，融合对抗、补充、调节于一体，发挥增效减毒与减毒增效的和谐效应。"整合应包括药效物质与生物效应的整合，药物实体与表征信息的整合，药物功效与人体机能的整合。通过科学实验的支撑，构建了现代中药组分配伍的新模式，明确了组分配伍的概念，中国科学院还成立了中医药组分药物研究中心。项目于2004 年通过验收，项目组研制出多种现代中成药，现已发表论文 600 余篇。专家总体评价该项目极大地提高了中医药在国内外的学术地位，已获得国家科技进步二等奖 2 项、省市级一等奖 5 项，后续的成果也将逐步显示出项目的水平。

作为项目首席，我最大的收获是带出来一支以中医药学科为主体的多学科交叉融合的创新团队；还有对于生命科学研究，模式生物的方法虽不可或缺，然而中医药科研课题需要系统论指导下的还原分析，否则海量的实验数据缺乏非线性的分析方法，难以得出有意义的结果。

推进中医药标准化与规范化是学科建设的重要内容，是中医药学顺应当今国家社会需求，实施现代化与国际化的关键问题，同时也是学科成熟度的标志。自1983年以来，我先后主持制定了《中医病案书写规范》《中医病证诊断与疗效评定标准》；2001年组建了全国科技名词委中医药学分委员会，主持起草了中医学基本名词，现已颁布；还承担了《中药材标准与相关临床疗效评价标准》的课题研究工作。技术标准、术语规范的建设需要全行业的参与，而且不是一蹴而就的事，通过实施以后不断搜集反馈信息，逐步完善与推广。虽然医学的"标准、规范、指南"对医师与管理者而言是参照采用，然而其具有的权威性与约束力是不容置疑的。晚近20余年，在标准化规范化建设方面我总结了一条经验，那就是"权威性寓于普遍性之中"，只有起草者与管理者尊重广大医务工作者，虚心听取各方面的意见与建议，不断完善，才能发挥技术标准的作用，提高学科与行业的社会效益。

我辞去院长职务后，总结与发表了《学科建设三要素》等文章，指出新世纪学科建设已呈现出大学科、广兼容的发展趋势，突出了前沿学科的辐射作用，并逐步形成多学科的渗透交融，体现了宏观与微观的结合，综合与分析的结合，实体本体论与关系本体论的结合，推动了科技第一生产力的进步，以适应经济建设的重大需求。近年我国高校扩大了招生规模，亟待提高教学质量，加强学科建设则是重中之重的事情。就是以承担国家科研任务为主的科研院所，现今面对体制改革，同样需要明确学科建设目标，稳定研究方向，靠自身培养出优秀的高层次复合型学术带头人。因此，高等院校、科研院所、公益性医疗中心想要进入良性循环，求得稳步发展，都必须紧紧抓住学科建设，而发展目标、研究方向与人才梯队是学科建设的三要素。多年来科研以项目运作为主要模式，强调出成果，而对人才的系统培养只靠项目带动是不够的，只有重视学科人才梯队的建设，才能真正克服急功近利，应该倡导学科带头人、学术骨干的培养与项目运作相结合，注重长远效应。

迎着世纪阳光和合共进

进入 21 世纪，科学与人文的融合已经成为时代的主题，医学的目标应是以科学成果体现人文的关怀。科学求真，人文求善，科学人文和而不同互补互动，朝向真善美最高境界的美学，必将是中医药学理论与实践的真谛，运用生命科学与人文哲学的水乳交融，展示它的特色与优势，弘扬原创的思维，成为先进文明的例证。

我一贯主张，无论临床、教学还是科研，熟读经典，勇于临床是培养高级中医药人才的必由之路，是自主创新的先导，是创新人才培养的摇篮，是可持续发展的保障。中医养成教育要在"读经典，做临床"上下苦功，这是成功的基础；同时要"兼通文史，透视组学"，这是创新的条件。秦伯未先生说过："专一地研讨医学可以掘出运河，而整个文学修养的提高，则有助于酿成江海。"

熟读经典，目的在于溯本求源，勤求古训，继承而后验证，质疑而后创新，古为今用，推陈出新。"周虽旧邦，其命惟新（周虽然是旧的邦国，但其使命在革新），如将不尽，与古为新（创新没有穷尽，虽然终古常见，而光景常新）"。学人当认真继承中医经典理论与临床诊疗经验，敢于质疑而后验证，诠释进而创新。经典读通了、读懂了，诠证创新自然寓于继承之中。同时还要融会新知，运用科学的思维方法，将理论与实践紧密联系，以显著的疗效，诠释、求证前贤理论，寓继承之中求创新发展，从理论层面阐发古人前贤之未备，以推进中医学科的进步。张仲景"勤求古训，博采众方"的治学精神，值得每一位中医学人学习借鉴。纵观古往今来的先哲名医，均熟谙经典，勤于临证而发皇古意，创立新说以形成学术思想者。

先师董建华教授慎言"学术思想"，晚近我也曾提出"不轻言学术思想"的见解。余以为，所谓"学术思想"，应该是学者高层次的学术成就，是长期锲而不舍坚持读经典、做临床，在取得若干鲜活的诊疗经验的基础上凝聚的学术闪光点与提炼的思想精华，其中蕴含着创新思维和创新成果。学术思想必须有理论内涵并能指导临床实践，提高临床防治水平，这样的学术思想才有持久的生命力。它不是单纯的临床经验，但源于一病、一证、一法、一方、一药的诊治经验与心得体会，又在此基础上进行高度的抽象概括和理性提升。金元大家刘河间是"读经典，做临床"的楷模，他在《素问玄机原病式》中提到"法之与术，悉出《内经》之玄机"，于刻苦钻研运气学说之后，倡"六气皆从火化"，阐发火热病证脉治，创脏腑六气病机、玄府气液理论，其学术思想至今仍能指导温病、瘟疫的防治。

经典是根，临床是本，仁术是魂。博览群书，读经典而勤求古训；大胆实践，做临床而博采众长；尊师重教，参拜名师而小心诠证；圆融和合，信愿行而传承创新。这是中医高级人才培养的关键，是探寻经典医籍科学原理的"不二法门"，是开启维护健康防病治病大门的"金钥匙"，考诸历代医家之成功者概莫能外。

我本人奉行天道酬勤，追求澹定淡雅，体悟平常道，拥有平常心，多做平凡事，当个平凡人，而于做学问、读经典则不敢有片刻疏忽。朱自清先生"夜里醒来，只怕学生来问，教授书读得太少"的内心独白，《周易》"君子终日乾乾"（君子必须成年累月、夜以继日不辞辛劳地耕读、修炼、工作，时时处处，事事谨小慎微地处理一切事务）的谆谆告诫，时时鞭策我自我约束、自我激励。欧阳修的"三上"（马上、枕上、厕上）读书思考法提醒我珍惜时间，使我在繁忙的工作之余，有时间仍不忘多读书，开阔视野，专精于一，沉潜心悟，案头书常翻而历久弥馨。

我尊崇扁鹊"随俗为变"，解疾救苦于顷刻，面对不同病人、不同病种，不断改变自己治疗侧重的临床实践精神，牢记医生天职，外出书包中必带处方，口袋里必备急救药，随时随地诊疗。我景仰叶天士"拜师十七人"的虚心精神，深感中医学是经验性极强的科学，仅凭个人的点滴积累远远满足不了临床需要，而一家之言又往往失之局限，恪守一家往往造成门户之见。青年时期董老就要求我广拜名师，以期熔百家精华于一炉，汇各家之长于一身为我所用。向老师学习、向同事学习、向学生学习、向患者学习，"择其善者而师事之"已经成为我的习惯。

近年来，世界上许多发达国家都在发生变化，从逻辑、线性、以计算能力为基础的"信息时代"向"概念时代"转变。未来将以创意、共情、模式识别、娱乐感和意义追寻为主导，具有创造性的原创思维将受到不同领域、不同学科的广泛重视，也必将发挥更大的作用。当今医学的社会性增强了，心理学以其自然科学与社会科学的双重属性，深且广地渗入卫生保健诸领域。缘于此，人们发现中医学的"调心身"具重大意义，应还其原本的面貌，还有"治未病"的思想理念对于亚健康的干预将逐步成为科研热点。诚然，破解验证难题需要付出辛勤的劳动，而寻求科学可行的途径已成为当务之急。20 世纪 50 年代之后，系统复杂性科学的兴起令人振奋，它为中医中药研究提供了现实的方法学，亦将转化为生命科学发展的巨大的动力。新世纪中医研究呈现出三个重要的趋势：一是从线性的简单系统走向开放的复杂系统，按照中医自身的规律，以非线性的设计落实到线性的表述，把非线性的无限目标化解为线性有限目标，逐步逼近真实、确切的结果；二是由模式生物走向人体实验，在还原分析的时代，模式生物研究对生物学的发展起到了不可或缺的作用，今天面对复杂性疾病，单因素拮抗与补充很难获得人们企盼的疗效，医生与患者渴求中药复方的有效干预，重视运用循证医学的方法评价生存质量与干预效果；三是由"纯粹"的科学走向与人文科学相融合。中医学有理论，其现象理论来源实践指导临床，天人相应、形神一体、辨证论治的理论框架具有原创的思维与原创的优势，理法方药无处不含有人文含量。2004 年，我曾主持过"973《证候》项目"的科研设计，提出了"以象为素、以素为候、以候为证、据证言病""病证结合、方证相应"，以及"证候要素、应证组合"的主题思想，围绕着证候与疾病、方剂的相关性做中医学的一份基础研究工作。诸如恬淡虚无真气从之、精神内守病安从来、五志配五脏、燮理阴阳以平为期均能体现中医理论内涵的圆融与中庸之道。新世纪我们处于技术飞速发展而理论相对滞后，亟须强化科学原理研究的时代，对于主体与客体的二元论的局限和一元论混沌与复杂的理论的指导应作深刻的思考。毋庸置疑，中医药学是科学的，其可贵之处不仅在于它为现代难治病的治疗提供了可深入研究的途径，更重要的是其科学与人文双重的学科属性是具有原创思维原创优势的，理应将其弘扬光大，为人类健康事业、为生命科学的进步做出应有的贡献。

老一辈无产阶级革命家毛泽东主席提出"中国医药学是一个伟大的宝库，应当努力发掘，加以提高"。新时期的中医政策是中医不能丢，中西医并重，中医现代化，中西医结合。温家宝总理在十届人大四次会议政府工作报告中提出要支持中医药事业发展，充分发挥中医药在防病治病中的重要作用。显而易见，政府、老百姓与科学家对中医和中医药学的认识发生了重大的改变，笼罩在我们头上的中医"不科学"的阴云正在消散，中医受歧视的时代将可能有根本的变化，中医界内部也在朝着积极的方向发展，新生代在茁壮成长。21 世纪初叶已是东学西渐与西学东渐并存的新时期，让我们融入大科学、大文化中去，为开创美好的未来，迎着阳光和合共进。

王锡贞

王锡贞（1938—　），浙江省绍兴市人，1965年毕业于浙江中医学院（现浙江中医药大学，下同）六年制本科。毕业分配到浙江省安吉县第一人民医院中医科，1973年调入浙江中医学院妇科教研室。任学院科研处副处长、成教部主任，中华中医药学会妇科分会常务理事，《中华中医妇产科杂志》副主编，浙江中医学会副会长等职。独著和参编中医妇科教材、专著6部，在省级以上学术期刊发表论文30余篇，多次获省政府、省教委、省卫生厅等科技奖。全国第八、九届政协委员，浙江省第六届政协常委，农工民主党第十、十一、十二届中央委员。

我的简历非常简单，一所小学，一所中学，一所大学，在一家综合性医院中医科工作8年，回母校工作直至退休。我与中医结缘近半个世纪，从疑虑、迷茫到信仰、执着，展开了不平凡的人生路，其间的付出是艰辛的。

疑虑与玄渺

或许是因父亲患病，得不到应有的治疗，过早地离开了我们，所以我对父亲几乎没有印象，唯记父母亲当年的结婚照和墓碑上刻着的父亲姓名。父亲的离去给母亲留下深深的隐痛，所以当我填报高考志愿时，我把喜欢的农学院园艺系志愿全部删去，仅保留了医学专业。接到浙江中医学院录取通知的那一刻，母亲说专业是好的，就是学习六年时间长了些。

1959年至今已走过半个世纪，我对母校的初次感受还记忆犹新。

1959年9月，哪一天报到已经记不清了，但去学校报到的感受不那么令人满意。领取的浙江中医进修学校的校徽挂在胸前低人一等，还不如我们"省立绍中"神气；校舍也远不如绍中，宿舍简陋，食堂犹如破庙；教材是 32 开的小本子，或是手刻的油印本装订而成，纸质极差。翻开书本见到的是阴阳五行，金、木、水、火、土，犹如我老家绍兴的算命先生，这难道就是中医，能治病吗？当时只怪自己的高考成绩逊人一等，才会被这所学校录取。因此，疑虑、玄渺、迷茫之情油然而生，对于中医要背诵内容之多更感到惧怕。

大棚育苗

俗话说：山不在高，有仙则灵。我们学校虽小，条件简陋，但老师对我们的热忱、关心、认真、仔细，犹如大棚，替我们抵挡外界的风雨，让我们不断成长。老师们都有很深的中医底蕴，有的出身中医世家，有的是师承，都是当地有丰富经验的名家。他们从旧社会走来，深知中医在受迫害中求得生存；在被排斥中不断壮大；在险被消灭的浪潮中积累了丰富的经验。老师们对中医有很深的感情，还有丰富的治疗经验。他们把这些毫无保留地倾注在我们这批中华人民共和国成立后浙江第一代中医学子的身上。老师们板书俊秀清晰整齐，叮嘱我们处方要字迹清楚规范，防止因字迹不清而引起医疗事故。如怀牛膝的"膝"不能写成"夕"，真是细微之处见精神。在老师们的感召下，我们抓紧课余闲暇时间，用废报纸练习毛笔字，学校和平馆楼梯下的陋室成了我们几位同学的习字场所。在老师们的教诲下，现在我们同学的处方字迹都清晰工整。

背诵是中医学习的特有方式，一开始我为背诵那么多内容而感到惧怕，经过一段时间的适应之后，也渐入佳境。诸如中药、方剂、经络俞穴、重要经文、脉学、舌象等都是每天必背的内容。当时的求是河畔、慈湖边、钟山上，处处都有我们的身影和朗朗的读书声，我们夜读早起，和平馆的灯火彻夜通明。老师们白天辛苦执教，晚间自修时仍到教室巡视，或个别答疑，至今我还清晰地记着那一幕幕。

临床疗效使中医犹如沙漠胡杨，千年不倒，老而不朽。疗效使得中医不断发展；疗效使它深深地扎根于民间；疗效使它赢得了世界的关注。中医学与别的宝贵遗产不同，她发展至今二千余年，从未间断，其发展的枢纽就是临床。因此，安排我们早临床多临床又是老师们一件费尽心机的事情。我们的实习时间是充裕的，既有课间的，又有学完中医课程后的半年集中实习，更关键的是最后第六学年的毕业实习。为安排我们毕业实习，老师们足迹遍及浙江，精选实习医院和带教老师。我毕业实习被安排在温州中医院中医妇科，指导老师是当时被浙江省卫生厅列为本省名老中医继承对象、在当地有较高知名度的经方派吴国栋老师和时方派白仲英老师。当时我对经方时方的概念还比较模糊，只知是两种不同的治疗方法。白老师诊病切脉十分仔细，处方全是毛笔字，小楷颇为工整，至今我还保留了二位老师的处方手迹。吴老偏重经方，处方药味简单，少则6味，多也不过11味，用量颇轻，奏效神速，他除研读《内经》《伤寒论》《金匮要略》外，还研读《皇汉医学》，擅长活血化瘀法的运用。当时我随吴老师去诸暨东山坞参加社教医疗队，遇一新产发热的妇女，老师诊断为血瘀发热，药用柴芩生化汤，三剂热退，腹痛亦除。这神奇的疗效，更激发了我的学习兴趣，端正了我的学习态度。

风雨鸡鸣，寒暑六载，传道、授业、解惑者是我们的老师；把我从疑虑、玄渺、迷茫、惧怕中转变过来的也是我们的老师。我们在老师构建的大棚内温馨成长。感谢恩师，我要为健在的恩师祈福。

八年磨炼

1965年9月11日是我一生难以忘怀的日子，我结束学校生活，接受分配，到浙北贫困山区安吉县第一人民医院报到，分配在中医科。当时院内有62位职工，中医科仅有一位受过中专教育的中医师。报到那天，院长对我说：你是6年制大学毕业的，除中医科的日常工作外，还要参加院内的急诊值班。听到要参加西医急诊值班，我又产生了新的惧怕。在校学习西医课程时因正与浙医大合并，所以我们享受到了优秀的西医老师授课和那里的教学资源，如解剖教师张克勤，生化教师朱寿民，普外教师郑树、冯懿正等。但一年的毕业实习是专门实习中医妇科，没有一点西医的内容。当时听到院长的安排后我真是寝食难安，限于通讯的落后，又无处商量对策，而且到了新单位，也不甘心示弱，怕被人看不起。母亲朴素的日常教诲"本事要多学一点，学了本事是自己的，贼偷不走火烧不了"开启了我的思路，给了我勇气。中医西医都是治病的，有这样的机会让我学些西医的处理能力，我会比别人更强。我也向院长提出随院内高年制西医值夜门诊半年后独立值班，院长同意了我的请求。没过几天，我们响应周恩来总理应届毕业生参加社会主义教育运动的号召，全部同学回到杭州卫生干校培训，结束后我被分配在三分团留在杭州，参加了杭州市第一人民医院赴海宁庆云桥丁桥的社教医疗队，在那里参加了二期共十四个月的为农民服务活动。十四个月内我顺利完成中医（内、妇、儿、针灸）的日常诊疗、巡回出诊等工作，还随队内西医值班巡回，增强了西医方面的动手能力，向西医请教学习的机会也增多了。十四个月的收获颇丰：首先，我对中医的兴趣不断增加，认识到掌握好中医基础理论是提高治疗效果的关键，初学者必须辨证准确，组方必须立法，对古人的"医必有方，医不执方"有了具体的体会。其次，加深了中医学扎根于民、服务于民的思想，群众需要中医，中医的疗效是中医发展延续的根本。再次，临证实践彻底清除了我对中医的偏见，明确了阴阳五行、四诊、八纲在中医学的核心地位。同时，14个月为农民服务，了解了他们的疾苦，培养了我良好的医德医风；与西医上级医生同吃同住同工作，增进了感情，也提高了我的综合工作能力。随着社会的进步、科学的发展，学习相关的西医知识和现代科学诊疗方法，对发展中医提高疗效是很有必要的，切忌故步自封。十四个月的社会主义教育运动医疗队工作是我巩固专业思想的再教育。只有打好基础，兼通各科，临证才能得心应手。学习扁鹊"随俗为变""过邯郸为带下医"。至此，我已经深深地爱上了中医，她是中华民族的瑰宝。

1967年5月，社教医疗队结束后我重返安吉县第一人民医院中医科工作，经过14个月的锻炼，我在各方面都得到了提高，在跟随高年制西医半年的夜急诊值班后，我开始独立夜值。

当时医院中医科的工作量大，任务繁重，中医内妇儿科，甚至一根针一把草，只要能解决群众疾苦的都必须认真去做。记得有一年痢疾流行，我们采集了铁苋菜浓煎灌装后作为院内制剂用药，免费发送；再如用鲜鹅不食草炒蛋退黄疸，疗效显著。随着时间的推移，我基本掌握了对农村常见病多发病的处理，对于一些复杂病证则列出证候，按轻者先处理，先开2剂药，服完复诊，留有时间向书本求教。书本，临证，再书本，再临证，这就是我当时处理复杂病证的模式。遇典型病证我选方对号入座，从中取得治疗用药经验，这是勤奋中的无师自通。曾治疗一位31岁婚后未避孕且未孕的妇女，其患痛经四处求医，后知县城来了位大学生，抱着试试看的心情前来就诊。通过临床检查资料和收集病史，我认为她的痛经不至于导致不孕，限于农村不孕都归责于女方的习俗，她丈夫也从未就诊过；我提出男方必须进行检查。她丈夫在饭店掌勺多年，工作在炉灶边且外形瘦小，对其进行精液检查，结果显示精子数量、存活率和活动力都低下，检查出丈夫不育为其妻解除了多年的自卑和痛苦。我一方面劝其丈夫暂时调离岗位，配合中药治疗，因其长期高温站立工作，火热伤阴耗精，劳伤心肾，难以成育；一方面用益肾补阴填精，补益心脾，活血通络之法，用左归、归脾、知柏地黄、血府逐瘀等配合运用。治疗 2 个月之后精液检查正常，其妻即受孕。于除夕临盆，年初二自然分娩，取名根年。在基层工作要有医术，更要有良好的医德医风，关心农民的疾苦。

在安吉的 8 年是我磨炼的 8 年，是打基础的 8 年，在无师长相助的困境中，我谨慎从事，虚心求教，胜任了繁重的医疗任务，既做中医又做西医，从未出过任何医疗事故，在县城已小有名气。我的成绩来自对中医的信仰，只有信仰中医，才会去下功夫。

信服与尊重

1973 年 11 月，母校浙江中医学院把我从安吉商调入学校妇科教研室。这是我中医事业成长的转折点。

（一）拳不离手，曲不离口

古人以"拳不离手，曲不离口"警示我们对已学的知识要常用，要有恒心，善始善终。我调入妇科教研室时学院适与医大分开，可谓百废待举，学院门诊部还未恢复。教学与临床性质有所不同，教学必须对本学科的发展史、学科的全面内容与学科的前沿发展都有基本的了解乃至掌握。中医妇科是临床学科，更应掌握有关疾病的处理方法，教材内的有关病种要熟悉，教材外的有关资料要补充，以便开启学生的思路，培养他们的兴趣，所以临床工作不能中断。在请示学院有关领导获准后，我即去杭州市第一人民医院参加每周两个半天的中医门诊，熟悉大城市的疾病谱与当地的治疗方法，拓展自己的思路，累积更多的知识，更好地为课堂教学服务。

（二）对疑难病的处理

1978 年学院的附属门诊部重新开张，在原有老门诊部的盛誉下，新门诊部的业务也比较兴旺。因多种原因，当时学院门诊部不是劳保挂钩单位，就诊者多是慕名而来或在劳保单位久治未愈的疑难杂症。妇科的处境也一样，没有轻松的常见病就治，环境迫使我去求索、去思考，处理疑难杂症的能力就是在这种环境下锻炼出来的。记得学院对面珠碧弄有一位30岁的女性，就诊时面色萎黄，形瘦，患咳血三月余，已住浙一医院肺科治疗，行支气管镜检查两肺无阳性体征，但咳血未止。因月经量递减而来门诊部就诊。除上述症状外伴大便秘结，时有烦躁，细询咳血遇月经将行时加重，苔黄腻，脉弦。我诊断为"倒经"，因腑气不畅，心烦郁火内炽，肺胃蕴热，气火上炎，伤肺络而咳血，血热伤阴，经血量少而色艳质黏，腑气不畅热邪难泄，诸症不减，血去不能荣面，面色萎黄等。宗《内经》"月生无泻，月满无补"之旨，和中医妇科"倒经"处理原则，经将行以傅青主顺经汤佐入生大黄、决明子、川牛膝、柏子仁通腑泄热排瘀理冲。药后经量增，大便通畅，咳血已减。服药后效果十分显著。相继治疗后痊复，再生育一女。去年因此女患月经病再次来我处就诊，得知其母病26年未再发。

另有一患者，住陆芷青老师楼上，夫妻皆为少数民族，政策允许生育二胎，那年她长女已考入大学，却喜添男丁，高兴异常，旬日不能闭目酣睡。半月后情绪烦躁，时欲摔掷瓷器等物，发出声音越响越好，房内拖鞋避软就硬，以能震动楼下邻居为快，当时陆老已予处理，患者情绪仍不能安定。陆老嘱其夫找我。据其症状乃喜伤心，新产瘀血未尽，证与瘀血有关，我选用王清任癫狂梦醒汤去青陈皮、大腹皮、桑皮、苏子，加琥珀、柏子仁，木通改通草，加紫贝齿、当归、川芎、益母草，镇静安神合生化汤祛瘀，服三剂后情绪安定，已有睡意。后用此方稍随症变化二月后痊复。

《医林改错·癫狂梦醒汤》载："癫狂一症，哭笑不休，骂詈歌唱，不避亲疏，许多恶态，乃气血凝滞，脑气与脏腑之气不接，如同做梦一般。"1999年，一老妇已72岁，患子宫脓肿已久，颇为苦恼，脓出清稀，经西医妇科检查，排除恶性肿瘤，定期去妇保冲洗。经人介绍来门诊部就诊。据其色脉舌合诊，气虚不摄，与外科阴疡相似。我用王清任《医林改错》黄芪赤风汤，黄芪重用60g，配燥湿健脾排瘀利水之品，后仿傅青主完带汤，服20余剂痊，配合食疗，以鸽肉火腿做菜配饭服而痊。

《医林改错·黄芪赤风汤》载："治诸疮诸病，或因病虚弱，服之皆效。无病服之不生疾病，其妙处难以笔述，此方治病皆有效者，因能使周身之气通而不滞，血活而不凝，夫人之周身既能气通血活，何患疾病不除。"我用王清任此二方治愈了很多疑难杂症。

处理疑难病证，除要摒弃疑虑，潜心思考，按照中医理论去辨证，抓住主证施治外，建立良好的医患关系也是进行较长时间施治的关键。在辨证施治过程中告诉患者病情，配合实验室检查，分析治疗步骤，取得患者信任。如一婚后 9 年不孕女性，患多囊卵巢综合征。曾采用中西医疗法治疗，体重 146 斤，实验室检查符合病情，基础体温单相，经我先后治疗 19 个月，月经正常，实验室检查正常，体重减 38 斤，孕双胞胎，分娩两个健康女孩，家中取名陈本金、陈利息，意为 9 年的本金利息均已收回。19 个月的治疗全用中药，这是中医科学价值的又一明证，也是建立了良好的医患关系，患者支持治疗的结果。

（三）重温经典

教学需要系统的理论，教师如果自己功底不深，对中医心怀疑虑，如何能使学生热爱中医？教师如果临床处理不力，又如何在课堂上发挥自如？因此，我们应该重读《内经》《伤寒论》《金匮要略》，加深理论基础，掌握治疗方法。我读书的方法是实用主义，以课堂及临证之需而索取。例如《素问·上古天真论》曰："女子七岁，肾气盛，齿更发长；二七而天癸至，任脉通，太冲脉盛，月事以时下……七七，任脉虚，太冲脉衰少，天癸竭"这段经文是讲述女子月经生理时必讲之经文。我引述了 1978 年 11 月至 1980 年 2 月全国 29 个省市自治区对 13 万妇女月经生理常数的调查结果：女性初潮年龄最小 9 岁，最大 21 岁，平均 15 岁；农村 16 岁，城市 15 岁；上海 15 岁，广东 14 岁，西藏 17 岁。结论与两千年前的经文叙述非常相似。

又如月经失调患者常有面部肤色改变或痤疮满布，为了给学生系统讲解，我从《内经》中找根据，找治疗大法。《素问》《灵枢》共有 162 篇，其中 28 篇中有关于皮肤色泽、神形、五色与脏腑经络的关系的叙述，对生理、病理乃至治疗预防都有较为完整的描述。若稍加整理，辅以现代医学检测，就可以成为面部美容的完整教材。如《阴阳应象大论》之"善诊者，察色按脉"；《邪气脏腑病形》之"见其色，知其病，命曰明"；《刺热》之"脾热病者，鼻先赤"；《六节藏象论》之"脾，其华在唇四白"；《六元正纪大论》之"木郁达之，火郁发之，土郁夺之，金郁泄之，水郁折之"；《生气通天论》之"郁乃痤"；《上古天真论》之"食饮有节，起居有常，不妄作劳，故能形与神俱"；《至真要大论》之"从内之外者调其内；从外之内者治其外；从内之外而盛于外者，先调其内而后治其外；从外之内而盛于内者，先治其外而后调其内；中外不相及，则治主病"。这些经文在两千年后仍有指导临床实践的意义。《内经》是中医经典，内容博大精深，文字简练而意义深远，故有"言简意赅"之谓。《内经》是中医临床的基础，我们要创新、发扬、求存图强，许多内容需要我们去诠释光大。借助现代科学、现代诊断手段将经文辅以现代特色，发皇经义我们责无旁贷。

我毕业实习时吴国栋老师教我切早孕脉，即重按两手尺脉，指尖仍跳动有神是早孕脉象。随着临证时间的增长，我在这方面也有较深的体会。早在20余年前我请学院门诊部化验室配合检验，结果我切脉诊断早孕（当时最早38天）的正确率在85%以上。为了让学生加深对《内经》的认识，我在课堂上讲授了《素问·平人气象论》之"妇人手少阴脉动甚者，妊子也"。配合张山雷《沈氏女科辑要笺正》对该条经文进行阐述，张氏认为"胎元乍结时，气血运行理当有滞，脉象应之而不条达，故其形如豆如珠，一粒突起指下厥之动摇，因谓之动……妊娠之初正是阴阳凝合之时，其应在脉，于是亦露凝结之势。素问脉动妊子一条，其理极精""结胎数日之间，乃有此象，若为日稍久，则胎孕已有明征，生机洋溢"。张氏还认为"妊娠滑脉必于一二月后，脉动是蕴蓄不行，滑脉是活泼爽利"。沈氏的诠释加深了对素问"动甚"的精当认识，同时纠正了认为孕后一般脉象滑疾流利的偏见。我曾用《伤寒论》麻黄细辛附子汤为主治愈了一位难治的不孕症患者。患者27岁，婚龄5年，有人流史，2001年6月1日在我省妇保院行子宫输卵管碘油造影。结果：两侧输卵管全部显影，远端管腔扩张扭曲，复查片示双侧输卵管远端造影剂滞留，盆腔未能弥散。X光诊断"宫腔无殊，两侧输卵管慢炎，远端积水"。2003年7月10日来我处就诊，当时超声检查提示子宫正常大小，宫腔积血，内强光团（息肉？粘连束待排），左输卵管积水，右卵巢增大，故应首先考虑炎症。两方面检查确定双输积水阻塞无疑。考虑原因在水，患者面色淡白，形体较弱，容易感冒，月经少后期或停2~3月行，色淡，小腹隐痛且胀，便溏溲清，舌质淡胖而嫩，苔白润，脉沉细迟。我选用《伤寒论》麻黄细辛附子汤合桂枝茯苓丸，右归、万氏开郁二陈汤、黄芪赤风汤及寿胎丸等方选择配伍施治，温阳引水，散寒止痛。根据中医理论"水"为病的病因病理及《内经》血得寒则凝，得热则流及病痰饮者当以温药和之的治法，考虑患者素体阳虚，水湿瘀浊侵袭肝肾经络，经水失调难以成孕，故以麻黄细辛附子汤为主方加味，并配合基础体温测试。经过10个月的治疗于2004年5月18日B超所见：子宫前倾大小正常，宫腔内见一直径0.8cm的小液性暗区，双附件区未见包块回声，宫区回声均匀。超声提示宫腔内小液性暗区宫内早早孕首先考虑。早孕时期稍有恶阻，予中药和胃安胎处理，按预产期足月平产，母女健康。

因教学之需，面对许多疑难杂症，迫使我多读经典，以提高中医理论水平，寻求诊治疑难杂症的方法。在治疗过程中我没有合用西药，但配合了必要的现代医学检查，如基础体温测试、性激素测定、子宫输卵管造影、B超、宫腹腔镜等，这些检查可以明确诊断及观察治疗效果，并可给中医的辨证论治增添新内容。《素问·移精变气论》指出："去故就新，乃得真人。"张景岳解释："去故者，去其旧习之陋；就新者进其日新之功。"显示了从古到今"预则立，不预则废"的创新思想。身为中医，掌握现代科学知识是时代的要求，是继承与发扬中医的要求。《内经》基本理论是科学的理论，《伤寒》和《金匮》有理有法有方有药，切合实用。古方治今病，用药如用兵，同病异治、异病同治并非空话，有着丰富的内涵。纵横贯联，举一反三，病与人相结合的治法，与对号入座迥异。不了解中医经典或知之甚少，是当今中医的一大不足。2007年3月12日，《中国中医药报》有这样的记载："中医不是多了，全国仅27万，完全用中医诊断开处方治病的医生不足3万人，而且年龄在50岁以上。"多读经典，熟悉经典，培养真正的中医师是当务之急。

（四）做宣传亮点

1999年至2000年，我由学校公派去香港工作一年，当时那里的中医可谓鱼目混珠，香港民众也有了解中医的要求。患者就诊时常常提出"什么是中医""我是什么病""我是什么体质""你开的方给我治什么病"等问题。我随即撰文，如《女性体质与妇科病》《一个枕头，三个指头》《古方治新病，用药如用兵》《基础体温与中医的科学性》《医案医话，三点体会》等，均在香港《文汇报》上刊登，每月一篇。我利用赴港服务的良好平台，努力宣传中医，使香港民众认识中医，信任中医，也信任我们浙江中医学院。信任是一切工作胜利的保证。

　　我的人生与中医事业维系在一起，我从不敢把自己掌握的一点本事作为追求名利的手段；从未有毁及中医名誉的行为。我所取得的成绩是中医科学性的明证。我虽无名中医之桂冠，但我是中医教授，将一如既往淡泊明志，并可告慰母亲在天之灵，女儿已成为名副其实的中医师。文章已近尾声，学医行医之路未终，50 年的学医、行医生涯，从疑虑、迷茫、玄渺、惧怕到信服与尊重，乃至奉献终身，造福于人类，这就是我的信仰之路。

陆　拯

陆拯（1938—　），浙江湖州市人。从事中医临床医疗和中医药文献研究工作50余年，为全国老中医药专家学术经验继承工作指导老师、浙江省名中医，享受国务院政府特殊津贴。兼任浙江中医药大学教授、浙江省名中医研究院研究员、中医古籍出版社特约编审、日本汉方医学研究会顾问等。历任浙江中医杂志社主编兼社长、中国中医药学会学术委员会委员、全国中医编辑学会理事、全国中医各家学说专业委员会委员、全国中医文献学会委员，以及浙江省中医药学会理事、浙江省中医基础理论研究会副主任委员等。在学术研究上，主张继承创新并重，对中医毒理学说、天癸学说、脾胃学说、精气学说、激发肾气说，以及中药临床生用与制用的不同作用研究、症状与证候的临床辨治研究，均有所研探。出版学术专著有《毒证论》《脾胃明理论》《天癸病论与临床》《中药临床生用与制用》《症状辨证与治疗》《实用中医气病证治》《近代中医珍本集》等20多部。先后获国家、部、省级等科技成果奖和优秀图书奖，一等奖4项，二等奖2项，三等奖2项，中国图书奖1项，优秀奖1项。

《管子·权修》说："一年之计，莫如树谷；十年之计，莫如树木；终身之计，莫如树人。"意思是说种粮食是为当年打算，种树是为十年后打算，培植人才则为长远打算，后用"十年树木，百年树人"来概括人才的造就不是轻而易举的，而是要靠长期的培养才能成才。

人才的成长，大致可包括两个方面：一为社会制度影响、父母祖辈与良师益友等的教诲；二为自身努力，刻苦求知。同时也不可小少努力，老大荒废，必须至老不变，志坚不拔。作为一名医生更需要终生学习，或广读诸书，或温故知新，或博采众方，或研究探讨，或总结临床得失等，不学习研究就会后退。

幼萌医爱　打好基石

我6岁上学，在上学路上经常见到呻吟不止、步履不稳的病人，我虽年幼却非常同情他们的痛苦，并感到医疗太重要了。回家后经常说起患者的悲惨遭遇。我祖父母对父母亲暗暗地说，这小子有仁爱之心，长大后或可学医生。的确我对医生有敬仰之心，认为医生有好生之德，能救治病人。我在七八岁的时候，最喜欢阅读古小说，如《西游记》《封神榜》等，常有假如"有孙悟空的本领，就不怕病魔了"的童年幻想。在读中学时，每逢暑假时常读四小经典《药性赋》《汤头歌诀》《濒湖脉学》《医学三字经》，以及《史记·扁鹊仓公列传》和《千金要方·大医习业》与《大医精诚》等，深知中医药学源远流长，内涵极其丰富。同时也意识到要学好中医药学，必须先修古文，于是习读《古文观止》《古文字类纂》，后又喜欢上了《百子全书》，对法家类的《韩非子》《管子》《商子》《晏子春秋》，杂家类的《墨子》《吕氏春秋》，兵家类的《孙子》和小说家异闻类的《山海经》等，稍有空时即去阅读。古文基础的提高，无疑有益于阅读医书，感觉古医书既易读又易懂，悟性也随之开启。

如愿以偿　潜心学医

1954年，我17岁的时候，如愿以偿，正式步入了学医之路，那时全国中医专业学校甚少，更没有中医学院和中医药大学。浙江湖州那时办了中医专业班，学制五年的称本科班，学制三年的称专科班，学生大都来自师承弟子，也有考试进班学习的。我在本科班学习，但在1956年后改为湖州中医院中医本科学徒班。先从师宋代翰林御医陈沂（陈木扇）第27代名医陈立功先生学习妇科与儿科，又师从著名中医学家朱承汉先生学习内科与妇科5年，后又在中医研究院（现为中国中医科学院）中医文献研究班系统学习中医文献，并师从中医文献学创始人、著名中医文献学家马继兴先生。

我刚进入中医班学习时，兴奋有余，学习读书昼夜不辍。师曰：子勿浮躁，持之以恒，有志者事竟成。老师告诫我学习要有恒心，才能完成学业，不是靠一曝十寒，而是靠长期不懈的努力。所学内容，中医课约占80%，西医课约占20%，《伤寒论》《金匮要略》读原著，其余基础课和临床各科以讲义为主，西医课均用大专院校教材。理论学习约占3年，临床实习约占2年。1959年学业初成，开始行医，自以为在校五年间，屡次考试成绩优异，在临床诊治中一定会得心应手，疗效卓著，不料与前所想大相径庭，所治者二成有效，八成无作用，我才感到医学如此难学，医生如此难当，到底是辨证施治错了，还是理论指导错了，或是选方遣药错了，还是不识此类疾病呢，不知其所以然。于是请教老师指点，或转益多师，向其他老师请教解惑。诸师皆说：随着不断提高理论水平，临床阅历增长，经验逐渐积累，疗效自然会好起来的。我又以实际肺系三病请教释疑：一为喉痹案，经治半月未见好转，反而咽喉干涩疼痛加甚，先用《温病条辨》桑菊饮加玄参不应，再以《重楼玉钥》养阴清肺汤不效，束手无策。师曰脉寸浮尺沉，下焦无火，宜养阴清肺汤加肉桂，引火下行即愈。二为失音案，经治3周无减轻，反而增加胸中有短气感。X线胸片示两肺未见实质性病变。喉镜示声带水肿，局部充血。先用《太平惠民和剂局方》三拗汤加桔梗、蝉蜕等不效，次用《统旨方》清咽宁肺汤加射干、木蝴蝶又不应，再以《医门法律》清燥救肺汤加胖大海、凤凰衣仍无效果，百思不得其解。师曰寸脉独大，浮而无力，关尺反弦，是为肺气耗散，肝肾燥热，宜清燥救肺汤加诃子肉、五味子、乌梅，收敛耗散之气，调养旬日，音复如常。三为咳嗽案，经治2周不愈，反而出现咯痰不爽。先用《伤寒论》麻杏甘石汤加味不减，再以《医学心悟》止嗽散加黄芩、桑白皮，亦无明显疗效。师曰脉寸缓关滑尺弦，必有饮邪冰伏于内，可用止嗽散加大剂量，茯苓45g，干姜9g以温化饮邪，果然1剂见效，3剂尽除。由此可见，医之理如此至深，药之用如此至难，故必须潜心钻研，方可得见真谛。

广览群书　以博助专

初出茅庐，只知其一，不知其二，只知学习，不知治学，焉能深入钻研，故又请教朱师，如何学好中医药学，提高医理医术？朱师说："学习无捷径，只有合理的方法。你和你们的同学中医药入门基础已经打好了，提高要靠你们自己的勤奋和努力。不知你能否下苦功，三五年内阅读200种医书，并做好心得笔记，那时你会懂得更多了。学习是一辈子的事，活到老，学到老。同时学过的东西不等于全部都懂，读过的书籍不等于全部记牢，俗话说，'三天不练手生，一天不读口生'，重要的书籍要反复学习，才能有'温故而知新'之妙。"自此之后，按照朱师规定计划读书，可是读了一年后反觉很多东西不懂了，诚如《礼记·学记》所说"学然后知不足"。说明我有了长进。同时认识到广泛读书，知识面扩大，对我所学的内妇儿科有很大益处。我的读书方法分为：精读、通读、选读、略读四种。此外还有反复读、比较读、备忘读、旁参读辅助读四种。精读之书，是指中医药学的重要基本著作，例如四大经典《黄帝内经》《伤寒论》《金匮要略》《神农本草经》，以及《难经》《脉经》《诸病源候论》等，细细体味，认真研读，理解实质。通读之书，是指中医药学的重要代表著作，例如《针灸甲乙经》《肘后备急方》《千金要方》《外台秘要》《太平惠民和剂局方》《素问玄机原病式》《脾胃论》《格致余论》《丹溪心法》《本草纲目》《温疫论》《外感温热篇》《温病条辨》等，仔细通读，达到完全理解。选读之书，是指中医药学中侧重著作，即一部分内容有精辟论述，或独特见解，或独特经验，当以选读；另一部分内容则平平无特色，人云亦云，可一目带过便是。略读之书，是指内容陈旧，泛泛而论的一般性书籍，只需知其大意，不需精读。

至于辅助读书四法：反复读之书，多半指经典之作，尤其是重要篇章，或具有指导性的理论之作，或各个时期的代表性之作，必须定时复习，不使忘却，可得到不少益处和启发新见的快乐，故《论语·学而》说"学而时习之，不亦说乎"。比较读之书，是指某一种类的书籍，或某一科别的书籍，必须相互比较，相同点与不同点，特殊观点与特殊经验，例如温病类之书，有《温疫论》《疫疹一得》《温热经纬》《温病条辨》《时病论》《六因条辨》《伤寒瘟疫条辨》等，或内科类有《内外伤辨惑论》《医学发明》《内科摘要》《杂病证治准绳》《济阳纲目》《证治汇补》《症因脉治》《痰火点雪》《理虚元鉴》《不居集》等，或《伤寒论》诸家注释本等，认真比较，分析各书的特点，理论观点的价值，选方用药的经验，读之学习而借鉴。备忘读之书，是指一般性的书籍，但某些内容有启发作用，或丛书类之书，内容众多，范围较广，常采取分类分篇阅读，并摘录篇名章名，以备复读或索查。旁参读之书，是指与所学专业不同的著作，虽然在学医时各科之书均已读过，但所学内容有限，故在深入钻研时必须进一步广读诸书，以博助专。同时一个研究者，仅懂一个学科或一门技术是不够的。

《史记·扁鹊仓公列传》说："扁鹊名闻天下，过邯郸，闻贵妇人，即为带下医；过洛阳，闻周人爱老人，即为耳目痹医；来入咸阳，闻秦人爱小儿，即为小儿医。"这说明一个高明的医生必须技术全面，知识广博。

我在读书钻研、临证实践中，体会到不论是经典著作，或是各家学术流派，脏腑是基础，气血精津液是核心，治病时基础不可能统顾，核心总有重点。凡治脏腑者我以中焦脾胃为最，热证以护养胃津为先，寒证以散寒温脾为要，实证以疏通脾胃为务，虚证以调补脾胃为主。再者诸药之力，必借脾胃输布，方能到达病所。所以我将治脾胃之法，列为法中之大法。凡治气血精津液者，以气为最，气既为功能，又是物质，在动中斡旋，使静中不静，故以气为大法。热证以清气为要，寒证以温气为务，实证以利气为妙，虚证以补气为上。再者气为大主，有气则生，气可化精，又可生血，更可调津液。所以我又颇重治气，动态调治。

我对疾病的发生原因、病变机理，常以五脏为纲，各科为目，纲举则目张，全盘易掌握，故用五脏各科纲目系列分析法：例如肝脏为病，有内科病，有妇科病，有儿科病，有外科病，有眼科病等，其余心、肺、脾、肾诸脏亦如上分科辨析。肝脏之内科病，可包括黄疸、鼓胀、痉证、胁痛、眩晕、中风、颤证、疝气等；肝脏之妇科病，可包括月经不调、痛经、乳胀、经行头痛、经行寒热、经行抽搐、经行脏躁、子晕、产后抑郁等；肝脏之儿科病，可包括急惊风、慢惊风、小儿癫痫、小儿躁动、胎黄等；肝脏之外科病，可包括颈痈、腋痈、发颐、瘰疬、乳发、乳癖、乳衄、瘿病等；肝脏之眼科病，可包括流泪、目生星翳、蟹睛、目昏、血灌瞳神、暴盲、视物变形等。如此五脏统领各科，既有条不紊，一目了然，又着眼全体，以博精专。同时亦当注意脏腑兼病，如肝心同病，或肝脾两伤，或肝肾两虚，或肝胆俱病等，相互兼顾，亦为至关重要。

症状辨证　浅中深奥

我在年轻的时候，不知症状辨证的重要性，只知道疾病辨证、证候辨证等整体性辨证。对症状辨证的单一个体，深入细化，以点带面，联合整体的特点，知之不多，后来随着临证、读书、研究的增长，逐步认识了症状辨证的意义以及作用、方法和范围。

症状是疾病内在变化反映于外的现象，故又称"征候"。但征候不能等同于"证候"，前者为由内而外所表露的迹象和现象，后者为疾病过程中不同阶段的病变本质反映，所以疾病、证候、症状是既有紧密联系，又有明确区别的三个不同的概念。但是，在临床证治中，症状是最基础的，只有通过症状透过现象，洞察内在变化，才能认识疾病的本质，了解疾病不同阶段的证候，从而获得重要的辨证依据，达到正确的治疗。

症状在临证中，有显著的迹象和不明显的现象，亦称明症状和暗症状。明症状迹象显露，容易获得；暗症状可包括微症状和无症状。此外还有假象症状，与内在病变相反的现象。所以要获得真实的与内在病变一致的症状，必须要懂得症状辨证。例如腹痛之症状，可出现于肠痈、虫积、食积、疫痢、胃病、肝胆病、真心痛以及妇科病等多种疾病中，若不去辨析症状，分别真假，或不去研究一病多症状，多病一症状，上病下症状，下病上症状，左病右症状，右病左症状，岂能认识疾病的本质。曾治邱某顽固口疮，口腔、舌体糜烂十余处，疼痛剧烈，饮食难进，痛苦之感，难以言表。经用清胃散、泻黄散、泻心汤、玉女煎、知柏地黄汤，以及外用口疮贴、西瓜霜、锡类散等多方治疗，全无效果。诊见疮多且大，疮中糜烂白腐，四周紫红刺痛，说话亦痛，表情沮丧，或烦躁不安，舌紫红，苔黄燥，脉缓滑而弦。证似心脾火毒无疑，但服上述诸方为何无效，反而病势有增无减？于是深思细察，即问患者下肢冷否，大便稀否，答曰下肢觉冷，夜间尤甚，大便日行1次，便质长期稀烂。又按足膝以下皮肤清冷如冰，再诊左右趺阳脉细微无力。当即诸疑尽释，证属上热下寒，火浮于上，以附子理中汤，干姜易炮姜，加肉桂、鹿角霜，少佐黄连、人中白以制浮火之毒，1剂知，3剂大减，5剂告愈。

症状辨证，我体会到必须要深化细化，方法具体，范围要适当扩大，才能认识到症状的实质。譬如咳嗽一症，首先要了解发病时间，新病还是久疾，频发还是偶发；咳嗽时是否咽痒作咳，或是腹中有气上冲作咳，或是胸膈气逆作咳；咳时有无痰涎，痰色是黄或是白或是绿或是灰黑，痰质是稠厚或是稀薄或是泡沫或是痰血混杂，痰的气味是腥味，或是臭味，或是咸味，或觉痰涎有冰冷感；咳嗽的形状，咳时有否面红耳赤，有否顿足流涕流泪，有否小便漏出，有否喘促胸闷，有否胸络疼痛，有否不能平卧；咳嗽之时间，是否清晨咳剧午后缓解，是否清晨咳微午后咳甚，是否白天频咳夜间不咳，是否前半夜少咳后半夜多咳等。通过上述分析了解到，症状中还有子症状，通过子症状的辨析，才能真正认识症状的属性。同时症状必须与舌脉体征紧密联系，症状的主观现象必须通过舌脉客观的肯定。

症状辨证，有时亦可遇到微症状与无症状的无症可辨，微症状实际上是微小少显露或细小难于发现或若隐若现的不显露症状；无症状实际属于隐形症状或可疑症状的范畴，并不是真正的无症状无体征。凡遇此种情况，我总是尽量做到诊察仔细，四诊到位，全面搜索与常人不同的蛛丝马迹，分析综合判断有无病症，必要时还可结合现代各种检查手段，从客观上证实病症的存在与否。微症状与无症状的病症最常见有乙型肝炎、隐匿性肾炎、肺结核、冠心病、脑动脉硬化、肿瘤等多种疾病，甚至危重病症的早中期阶段也无明显症状出现，所以无症状不等于无疾病。

症状辨证，不是孤立地单一使用，而是常与疾病辨证、证候辨证参差使用，或联合使用，或选择使用，所以症状与病因病机、疾病证候均有密切联系。症状可反映病因病机的所在性，病因病机可反映症状的规律性。亦就是说，从不同症状的出现，可观察到病因病机因寒因热的不同属性；从不同的病因病机的或寒或热中，可了解到症状的规律性。例如畏寒肢冷症状，即可推测寒邪所胜的病因病机；若热邪内扰的病因病机，就可知道发热、口渴的症状。总之，各类辨证，有侧重，有全体，量病而用之是也。

用药之妙　贵乎炮制

中药，史称"本草"，俗称"中草药"，是中医学中的重要组成部分。医药不可分离，有医无药不能治疗疾病，有药无医不能指导临床。两者是一个医疗整体，谁亦不能离开谁。所以医者在钻研理论的同时，必须认真仔细研究中药的性味、功用、主治、炮制以及产地、科属、归经、毒性、禁忌、用量等。实际上从单一治疗价值上看中药作用大于中医理论，故一个医生应掌握中药不得少于1000~1500味，熟练经验用药不得少于300~400味。中药经过炮制后，其应用范围更大，功用更广泛，毒副作用更小，运用更安全。但多年来有持中草药无须炮制的观点，认为中药炮制不外乎炒、炙、煅等用火制熟，中药大都煎汤服用为主，所以炮制是多此一举。也有人认为，不炮制的生中药，其药性药力更充足，炮制后反而降低了药效等。中药炮制是几千年来与疾病斗争所积累的经验，大都经家传师承所继承下来的，甚为宝贵，故有称"用药之妙，贵乎炮制"。

我在临床中十分重视中药炮制的作用。其总的目的，可归纳为以下四个方面：一为改变药物性能，增加或改变药效，如地黄生用性寒凉血，制成熟地则性微温而补血；蒲黄生用性滑破血，炒炭用则性涩而止血；首乌生用性平泻下通便，解毒疗疮，制用性温补肝肾，益精血；甘草生用泻火解毒，制用则补益中气；延胡索生用活血化瘀力胜，醋炒用则理气止痛为雄。二为清除或减少药物的毒性、烈性和副作用，以保障用药安全有效，如川乌、草乌有大毒，生用易于引起中毒，经炮制后毒性减轻而疗效又能保持；巴豆、续随子泻下峻烈，毒性亦大，宜去油制霜用。三为便于制剂服用和贮藏，充分发挥药效和防止药效散失，如植物类药切碎，便于煎煮；矿物类药火煅，便于研粉和有效成分的煎出等。四为清除杂质和非药用部分，保证药物质量，充分发挥药效，如天麻、秦艽，除去芦头；狗脊、枇杷叶去毛；柏子仁、白果去壳；蜈蚣去头足；虻虫去翅足等。

同时，药物炮制与四气、五味、升降浮沉、配伍均有密切关系。与四气的关系：四气，即寒热温凉四种药性，若经过炮制后的药物，其性能也随之改变。譬如石膏性大寒，能治气分实热；黄连性大寒，能泻心经火邪。但经炮制后两药性能有所改变，石膏用蜂蜜拌炒后，大寒之性锐减，滋阴清热有增，多用于阴虚内热证；黄连用姜汁拌炒后，其性缓和，且有和胃止呕作用，多用于胃热呕吐证。与五味的关系：五味，即辛、甘、酸、苦、咸五种滋味。若经过炮制后的药物，其五味也随之改变。譬如麻黄味辛善发汗解表，木香味辛能行气导滞，但麻黄经蜂蜜炮炙后，其味为辛甘，长于利肺平喘；木香经煨炒成炭，其味辛涩，长于涩肠止泻等。与升降浮沉的关系：升降浮沉，即中药的四种趋向性能，升者上升，降者下降，浮者轻浮，沉者重沉。经过炮制的药物，可改变原来的作用趋向。譬如荆芥主升浮，善于解表祛风，多用于表证，若经炒炭后，其性则偏于主沉降，长于止血宁络，多用于崩漏、便血等证。与配伍的关系：配伍，即选择两种以上药物的组合应用。药物通过有目的的炮制与配伍，不但可以协调原药各药的偏性，而且能照顾全面。譬如当归生用能益血润肠，与首乌同用，可增强疗效；若酒炒用能益血活血，与川芎配合，可提高疗效；炒炭用能和血止血，与艾叶同用，可加强疗效。又如大黄生用能攻下通便，与芒硝配合，可增强疗效；若酒拌用能活血祛瘀，与丹皮同用，可提高疗效；如炒炭用能止血行瘀，与茜草根配合，可加强疗效。

构建毒说　提高疗效

我在临床诊疗中常遇同属一病，同用一方，同服是药，其疗效有甚大的差别，有的疗效十分显著，有的全无效果。初起不以为然，后经仔细观察，发现这些患者的症状表现虽无大异，但有其不同疑点。究其病因，属于疗效差者，似非一般六淫之邪所为，也非七情所伤为患，更非痰瘀作祟所致。观其发病，或急骤或缓慢，病情递变又不同六经、卫气营血，与寻常病症有明显区别。如头痛者常呈疼痛欲裂；身痛者常呈疼痛如被杖；恶寒常兼战栗或汗出不解等。经多次反复研究，此类病症是属于毒邪所致，用以解毒为主的方法，则疗效显著提高，由此初步认识了毒邪与其他病邪的不同。嗣后又经过30多年周密观察，反复验证，逐步认清毒邪的性质、种类、特点和病变传递规律等，建立了四层辨证法，即浮层证、动层证、沉层证和伏层证，以便于指导临床具体运用。

历来认为毒邪多见于传染性疾病，无传染性的疾病一般都无毒邪。实际上毒邪不局限于传染性疾病所固有，非传染性疾病的病邪侵袭人体后，也可产生病理性毒邪，甚至七情郁结、饮食积滞等均可化生毒邪。传染性疾病的毒邪大都是属于外来性原毒；非传染性疾病的毒邪大都是内在转化性继毒。毒性病邪既能严重损害脏腑，又能诱发恶性病变。毒邪的临床常见特征：一为暴发性，二为剧烈性，三为危害性，四为传染性，五为难治性，六为顽固性。毒邪所致的病变特征：一是传递迅速，二是易于恶化，三是兼火兼热，四是夹瘀夹痰，五是入经入络，六是伤阴伤阳。毒邪的特殊症状，可有多种多样，如寒战、高热、神昏、谵语、烦躁、抽搐、发狂、痴呆、强直、肢厥、口噤、黄疸、出疹、发斑、起疱、暴痛、顽疼、暴咳、暴喘、暴泻、出血、肿块、红肿、糜烂、瘙痒等，尤其带有极端性的现象，状如冷得最凶，热得最高，痛得最剧者，亦有伏毒不现者，更为凶恶。掌握了上述毒邪临床特征、病变特征和特殊症状，有利于认识或了解毒证，再结合四诊分析综合，毒证一般不会漏诊。

我在临床中常以毒说理论指导辨证论治，每获良效。如治暑温（流行性乙型脑炎）案：徐某，女，12岁，1966年7月15日诊。身热微恶寒、头痛1天，颈项强、四肢抽搐半天。诊时体温39.6℃，嗜睡，神志清楚，舌尖红苔白，脉浮数。此为暑毒侵袭，表里失疏，治以祛暑毒，清表里。处方：连翘、野菊花、大青叶各24g，秦艽、地龙、蝉衣各9g，僵蚕12g，生石膏60g（打碎煎），羚羊角片3g（先煎），天花粉、钩藤各15g，老滑石30g，石菖蒲6g，1剂。并住院观察（当时西医拟诊为乙型脑炎，后予确诊）。二诊：药后身热减退，体温38.2℃，头痛明显好转，四肢抽搐未作，颈项尚有强硬，原方去秦艽，加赤芍15g。2剂后，上述诸症基本消失，体温37.2℃，舌苔中微光红，脉细弦，此暑毒已化，胃阴受伤，方用生石膏30g（先煎），大青叶、野菊花、生麦冬、玄参、北沙参、天花粉各15g，青蒿、淡竹叶各9g，生甘草4.5g。3剂后微热退净，食欲已启，未见后遗症出现，原方略作加减，续服5剂告愈。此案属于毒证中的（时病）浮层证。虽为浮层证，但与卫气营血诸证不同，浮层证可同时出现卫分、气分、营分证，甚至血分证等，这是由于毒邪的特性不同，故可同时入表入里，入气入血，伤津伤液，伤阴伤阳，因此其辨证治法与卫气营血、三焦、六经辨证治法不同。

又如治咳嗽气促（肺炎）案：邱某，女，45岁，1988年12月16日诊。据述肺炎两旬余，经抗生素和中药治疗，效果欠佳。诊见常有低热37.5~38℃，咳嗽少痰，咳时气促，胸络引痛，口干咽燥，动辄汗出，神疲少力，大便较结，舌质偏红，苔中光根黄糙，脉细滑带数。此为热毒沉里，痰火交阻，肺中气阴受伤，治以败毒祛邪，清肺祛痰，兼顾滋阴益气。处方：鱼腥草、生石膏、山海螺、白蜂蜜（分冲）各30g，川贝母、生甘草各5g，生麦冬、生地黄、玄参、天花粉、北沙参、地骨皮各12g，5剂，并加六神丸3支（分5天吞服）。二诊：体温37.2℃，胸痛已除，咳嗽气促、口干咽燥明显好转，原方去六神丸，7剂。三诊：体温36.7℃，诸症十去其七，唯易汗出，不耐劳，舌淡苔微光，脉细滑少力。X线胸片示肺部炎性灶基本吸收。原方去石膏、天花粉、鱼腥草、生地、川贝，加太子参15g，生黄芪30g，7剂，告愈。此案属于毒证中的（杂病）沉层证。其虽为沉层证，但不等于病情好转，往往是正虚毒恋的阶段，解毒十分重要，不祛毒邪，邪毒不会自己走掉。

天癸新论　拓展辨治

我从青年时代起，每读《黄帝内经》时，有感《素问》《灵枢》诸论说理精辟，故时而赞叹，古人伟哉。唯有《素问·上古天真论》虽提出了天癸，但言而未尽，深思这天癸当有别之意义，由此开始了对天癸的研探。

《周易》未明言天癸，但《周易·乾》卦象辞曰：大哉乾元，万物资始，乃统天。表明"天"所蕴含的生生不息，策动万物的特性，成为创生万物的根源。"癸"十天干之最后一位，与壬同属水。癸水之性至柔，而代表水的坎卦，外为阴爻所附，阳爻居中，一遇时机成熟，即可发挥出神奇的效应，这可能是《周易》中的天癸现象和天癸作用。到了《黄帝内经》之时，才有"天癸"之名。《素问·上古天真论》说："女子七岁，肾气盛，齿更发长，二七而天癸至……""丈夫八岁，肾气实，发长齿更；二八，肾气盛，天癸至，精气溢泻，阴阳和，故能有子……"指出"天癸"是气、血、精、津液以外的并与生殖相关的物质。后世医家，对天癸的实质，众说不一，已延续了上千年之久，有称天真之气，有称元精之物，有称元阴之质，有称非精非血等，总不离乎肾中精气，囿于生殖之精。初时我对天癸的认识亦似是而非，但随着不断深入研究，发现天癸除生殖作用外，与人体的生长发育和体质的强弱、生命的长短均有密切关系。如天癸旺盛之时，身体就会强壮，肌肉就会结实；若天癸不足之时，形体就会羸瘦，精神就衰疲。经过反复研探，发现天癸不专主生殖，还包含着多种特殊物质和多种多样作用。这些特殊物质究属何物，究竟有哪些作用，不得全解。于是根据中医理论体系，认真细致反复多角度地探讨天癸的来源、天癸的种类、天癸的分布部位、天癸的具体作用，初步明确了天癸有至神天癸、至气天癸、至液天癸和至精天癸四大类，其功用各有不同。大致至神天癸为诸天癸的总领，既能主宰多种天癸的化生和调节，又能协调五脏六腑、气血百脉之功能。至气天癸善于升发，性偏于刚，促进五脏六腑、四肢百骸有序保持健壮。至液天癸性尚柔和，善于促进气血不断化生，保持津液输布有序。至精天癸有阳精天癸与阴精天癸之分，阳精天癸能调节肾气，促进男性生长发育，产生精子，并能振奋阳气，平衡阴精；阴精天癸亦能调节肾气，促进女性生长发育，产生卵子，并能司管月经，平衡阳精。

　　在获得天癸新的规律性认识后，又探讨天癸病的特殊主症，以至神、至气、至液、至精四大天癸分类，进行再次系统临床观察研究。在观察中发现天癸病的特殊主症，有一定相对的病性联系，如至神天癸的特殊主症，可常见反复烦躁、长期不寐、间歇嗜睡、记忆锐减、神态呆滞、厌食日久等；至气天癸的特殊主症，可常见自汗久作、盗汗频出、全身乏力、生长迟缓、反复瘾疹、顽固口疮等；至液天癸的特殊主症，可常见特异水肿、尿液过少或过多、消瘦或肥胖、手足心热、口目顽燥、乳头溢液等；至精天癸的特殊主症，可常见男性性欲减退、阳痿或阳强、精少或精冷、体毛增多、反复痤疮、女性性欲冷淡、月经不调、少带或多带、阴户干燥等。掌握了天癸病特殊主症，有利于识别天癸诸病和非天癸病证，同时对辨证论治亦提供了十分重要的依据。

　　在天癸病的辨治中，还有一个极为突出的难题，即如何寻觅和选择天癸的药物。于是反复深入研究历代各家本草著作，紧密结合临床验证，探讨各种药物的特殊性能和独特主治，进而又发现某些药物中还有潜在作用，可扩大其主治范围。如人参、黄芪，历代公认为补气药，在天癸研究和临床运用中，非但有补气作用，而且除天癸补益至气外，尚有显著的调至神，益至液，补至精作用；又如巴戟天、肉苁蓉、菟丝子、补骨脂、紫河车、哈士蟆油均属温补肾阳药，在天癸中咸为至精药，但至精有阳精与阴精之别，在研究中发现，巴戟天、肉苁蓉、菟丝子以补天癸阳精为雄，而补骨脂、紫河车、哈士蟆油则以补天癸阴精为胜。如此不断找觅和筛选，逐渐认识，反复验核，形成治疗天癸病的专门药物，使之与天癸理论相配合，医药互相结合。

　　天癸辨治，不局限于某一疾病，而是在天癸理论指导下，广泛适用于各种具有天癸病变的病证。曾治痛经之"至精不足致胞脉失养证"案：程某，女，33岁。2003年10月21日诊。有痛经史2年。B超检查示子宫多发性小肌瘤。两年来痛经时作时缓，疼痛均在月经净后开始，连续3~5天绵绵作痛，腹中且有空虚感，喜按喜暖。每次经血色暗淡，量少质薄。经期常伴腰骶酸痛，平时常觉头晕目干，精神不足。舌淡红，脉沉细无力。此为至精虚弱，至液至气不足，致肝肾受伤，肾精肝血虚少，冲任亏损，胞脉失养。治以补至精，益冲任为主，兼顾肝肾精血。处方：熟地黄、炒山药各20g，巴戟天、山萸肉、菟丝子、川续断各15g，炒当归、炒白芍、炒杜仲各12g，台乌药、焦艾叶各10g，炙甘草5g。7剂。二诊：药后精神明显好转，食欲增加，余症如前，原方去山药，加淫羊藿15g，14剂。三诊：此次月经来潮经量增多，经色紫红，腰骶酸痛显著减轻，月经净后无小腹疼痛，亦无腹中空虚感，原方去艾叶，加白茯苓20g，续服7剂。此后又来诊5次停药。后观察年余痛经未作。此案为天癸至精虚损所致，故重点抓住天癸阴阳精不足，天癸至精得补，冲任、胞脉自然得养，肝肾亏弱自然得复。

又治记忆锐减之"至神至气虚弱证"案：姚某，男，62岁。家属代述，小脑萎缩2年，近半年来记忆力剧降，甚至遇事即忘，连子女之名也说不出来。诊时精神疲惫，面色灰白，手足不温，声低语怯，常思睡，舌淡苔白，脉沉细而弱。证属至神不足，至气虚弱，脑髓空虚所致。治以养脑髓，益至神，补至气，兼调心肾。处方：炙黄芪、粉葛根、赤灵芝各30g，红参（另炖兑服）、三七粉（冲服）各6g，石菖蒲、肉苁蓉、熟附子各10g，制远志、北五味、炙甘草各5g，白茯苓、炙鸡内金、炒麦芽各20g，7剂。二诊：精神明显振作，说话增多，余症均有好转，原方续服14剂。三诊：记忆显著改善，家中人员均能记住并可呼叫，原方红参易炒党参20g，三七粉减至3g（分冲），14剂。以后又来诊多次，均以此方加减调治。5年后因他病就诊，询问其记忆情况，告阅报看电视均能记住。此案为天癸至神至气不足所引起，故重在补至神，益至气，养脑髓。至神至气充足，记忆自然恢复。

学无止境，抑或终生学习，亦难于真知灼见，故而上述之言，定有不当之处，尚祈同仁诸君、后贤畏友正之。

（陈明显、胡森、傅睿、高晶晶协助整理）

胡玉荃

胡玉荃（1938— ），主任医师、教授，故居开封市，书香世家。1957年开封第一女子高中毕业，赴郑州师从名医郑颉云学习中医，1962年毕业于河南中医学院，留河南中医学院第一附属医院从事医、教、研工作，1992年晋升为中医妇科主任医师、教授。曾任河南中医学院第一附属医院妇科主任、教研室主任，河南省卫生系列高级职称评审委员会委员、河南省计生委专家技术委员会委员、河南省医疗事故技术鉴定委员会委员等职务。兼任《中原医刊》杂志编委，是河南省中医妇科学会的主要创建者。1987年荣获卫生部"全国创建卫生文明先进工作者"称号。2000年退休后医院返聘在国医堂工作。2008年被国家中医药管理局确定为第四批全国老中医药专家学术经验继承工作指导老师及博士生导师。

胡教授为河南省知名妇科专家，从事妇科临床、教学和科研工作六十多年，先后向吕承全、王寿亭、李雅言等名中医学习，20世纪70年代后期在北京协和医院进修，师从一代名医林巧稚大师。胡教授善取诸家之长，具有深厚的中医理论功底、丰富的中医妇科临床经验和科学严谨的治学态度。擅长诊治月经病、习惯性流产、不孕症等常见病；对妇科肿瘤、子宫内膜异位症、产后杂病等疑难病症的诊治亦有着独到的认识和体会。研制院内中成药制剂6个品种，治疗急慢性盆腔炎、炎性包块等效果显著。撰写著作7部，发表论文50余篇，获省级二等、厅级一等科研成果奖各1项。1987年获卫生部"全国卫生文明先进工作者"称号。主审的《胡玉荃妇科临证精粹》一书2011年出版后颇受同道及学习者好评。

个人经历

一、造化弄人，步入医林

1938 年因家被国民党政府查封，为避追捕奔走于外、患有恶性疟疾、身孕不足 8 个月的母亲临盆，早产于四面黄河水围困的河南西华县乡村，靠轮流百家母乳养活了我。此后身无分文但不愿做亡国奴的母亲在后有日本追兵、前有艰辛万苦的情况下携家带口逃难，沿千余里在各地乡亲们施舍救济下逃难至豫西山区。那些农村父老乡亲的淳朴善良、大爱无疆的恩惠使我终生难忘，这也是我人生历经艰苦仍坚持感恩、回报于民的信念不变的原因。

我祖父曾于清末入朝为官，官至二品，因政见不和辞官归家，潜心钻研医学，留有"不从官、不从商、从医济世"的家训。当年母亲怀我时亲人都觉得像是要得一女，祖父欣喜，取名"荃"，意为香草。柳宗元有诗句"荃蕙蔽匿兮，胡久而不芳"，其意是说将香草封藏起来，即使历经长久也有芳香。未曾料想，他老人家却未能见到寄予厚望的孙女出世就因病过早离世，令我感慨万千。

年幼时，我性格机敏内向，尤为擅长理工科，曾立志效仿居里夫人，愿望成为一名科学家。因成绩一直名列前茅，师长们都认为考取重点理工学校是没问题的。1957 年高考结果却事与愿违，我竟未被任何一所大学录取。震惊伤心之余，我猜测到底何处失误，困扰的同时又觉不甘，想重考一年，班主任梁老师找到我说"玉荃，不要考了，省里卫生厅要培养一批中医接班人，你成绩优异，推荐你去，这是个机会"，并一再说服我。万般无奈之下，我改变了志愿。两年后才隐约知道，原来当年因我父亲被划为"右派"，使我报考院校受到限制，根本不予录取，就连来河南中医学院上学的这个机会也是我的班主任梁老师念我勤恳努力、成绩优异而为我多方争取才得到的，梁老师为我上学多方讲情之事后来也成为她被划为"右派"的原因之一。知道这些后，感到痛心的同时我深深感谢我的老师，更珍惜得来不易的学习机会，也暗自下定决心，刻苦努力，用自己的行动证明自己的价值。回忆至此，不由感慨，弃理从医于我虽是无奈，却巧合地圆了祖父之梦。

二、勤研岐黄，笃学不倦

在那个特殊的历史时期，内心的倔强总让我相信我不比别人差，我一样能成为一个有用的人，一样能为社会为国家做贡献。每每思及于此，我就更坚定了刻苦求学的信念，唯有以加倍的努力和优异的成绩才能回答那些或疑问或鄙视的目光。

京剧界有"四大名旦"，河南中医界也有"四大名旦"，其中之一的郑颉云教授就是我的老师。因为是首批拜师的大弟子，院领导很重视，我仍记得当年拜师典礼（1957年），那天我恰好大病，发着高烧，身体出虚汗，拜师仪式行跪拜礼都是咬牙坚持挺过来的。拜师之后，我便与郑颉云教授结下了深厚的师生之缘。郑颉云教授腿脚不方便，上下班都扶着我的肩膀走路，我成了老师的一根小手杖，老师则为我打开了杏林的一片广阔天地。

从自身来说，理工科的深厚底子对我学医也有很大帮助，同时我的记忆力特别好，别人背几遍才能记住的汤头歌诀我读上一遍往往就能记住。这样的优势下，我丝毫不敢有所懈怠，每天早晨4点多就起来晨读的习惯一直坚持到临床实习阶段。那时候我们是半日随师应诊，半日听名师讲课，后来在医院值班，白天接诊病患、写病历，晚上写心得体会和总结，睡前跟值班护士商量，凌晨4点多就让值班护士叫醒我起来背书。那样的学习状态只能用如饥似渴四个字来形容。外界环境或许不佳，但在这样的生活中，我反而越来越获得了内心的恬静。

三、博采众长，精医济世

1962年跟师学习5年期满，由河南中医学院毕业，随即留于河南中医学院第一附属医院妇儿科，从事医、教、研工作。作为一名年轻的大夫、教师，一方面我意识到中医须博采众长，因此先后曾向吕承全教授学习治肝之道；向王寿亭主任学习"四君子汤""四物汤"灵活辨证运用要旨；向名医李雅言学习妇人补血、调肝、养肾之理等。从身边老师那儿学、从病人那儿学、从教学中学，在这个过程中积累了宝贵的经验，也总结出了大量的临床病案，扩充了知识，诊治技能得到迅速提高。另一方面，六七十年代中国仍有不少人认为中医治慢病不治急病、不科学，我认为只有通过大量临床实践，不断积累更多的诊疗经验、不断提高临床辨证能力，用实例才能证明中医诊治技术的优越性和科学性，才能真正反驳中医不科学等论点，从而达到弘扬中医学的目的。为此，我自修完了西医高校课程，翻阅了大量的名著医案。我也意识到，要实践必须走出大医院、大城市，到广阔天地中去寻求真理和知识，所以我多次到缺医少药、条件艰苦的偏远地区去行医磨炼，既全心全意为哺育我的父老乡亲们奉献出了自己的一片热忱之心，又达到了实践理论双丰收的目的。从平原到山区，不管救灾还是下乡医疗，我都积极参加，有时夫妇二人一同上阵，孩子由家中老人照看。也因此，河南广大农村到处都留下了我的足迹。

1965 年去南阳下乡义诊，我带 4 个实习学生，4 个学生为西学中或曾行过医的学生，年龄都比我大，都是已经有临床经验的医生。初到南阳，老乡们都去找年龄大的，但没过多久就开始传出"哪个年轻找哪个，那个是老师，本事好"的笑话。虽然可笑，也的确是对我能力的认可。一年中，总结出了一万多病例（包括内外妇儿多病种）的诊治经验，师生都很满意。那个时候，除了发挥自己的专长外，我还利用一切机会向同队的西医院校的医师教授学习，白天中医病人多，晚上西医急诊多，一有急诊我马上帮手跟着上。那时条件特别艰苦，夜里手术都靠公社发电才能做，在那样的环境中却也让我受益良多。

1969 年去禹县下乡，我负责急诊病房工作，在各种传染病的急性抢救中（如中毒性痢疾、流行性脑膜炎、肺炎、产褥热等），身先士卒，不怕苦不怕累，危急时刻等不及用上吸痰器就口对口为患者吸痰的事情屡有发生，认真观察守护病榻，积极抢救，中药针灸辨证论治加上西医的体液支持，救治了大量病人。如由县医院转来的 30 名流脑后遗症患者，入院时轻则言语不清，重则昏迷抽搐，最终全部治愈出院。一年后临走时，老乡指名非要再留下三个大夫，最终我在禹县多留了 9 个月才回郑州，虽然晚归，但的的确确为当地百姓做出了贡献，也是我对父老乡亲恩情的回报，我觉得非常充实。

20 世纪 70 年代末我前往北京协和医院进修，在病房跟师学习，即便逢年过节其他人休息我也总是坚守着，虽然宋、王两位教授是我的指导老师，但主任林巧稚教授每次过节也一样照常查房，同期的进修大夫有时过节不在，而我每次都在，她总能和我照面，时间长了就渐渐熟悉，知道我是河南人后对我说，"小胡，你给河南争了光"，而我也成为当时师从林巧稚教授的唯一一位中医大夫。在进修即将结束时，老师告诉我有读研的机会，建议我好好把握，并希望读研后能留下，我坦诚跟老师说，因最初学习的外语是俄文，而且英文已经放下来很多年，怕影响成绩，老师鼓励我不要因此放弃，甚至嘱王教授辅导我英文。这个过程中我也反复思考，河南培养我不容易，好不容易把新技术学会却留在这里不能服务家乡，这实非我本愿。所以最终我在考试那天放弃了。进修结束后，在师长们的遗憾中，我谢别师长，回到了生养我、培育我的故土——河南。

四、仁术救厄，薪火相传

在河南中医学院第一附属医院任妇科主任时，我在大量的痛经、月经不调、产后杂病、不孕症、中药保胎等中医诊疗过程中积累了丰富的经验。在子宫内膜异位症的治疗中取得了独特的疗效，如安阳地区一患者逢经期经量少、咯血，X 光胸片肺部呈大片状阴影，在当地初按肺部炎症，继而按肺结核诊治均无效后疑为肺癌转移，入住我院妇科，经检查诊断为"子宫内膜异位至肺"，我按照中医辨证施治，不久患者痊愈出院。又如：李某，久治不孕，子宫颈肌瘤取出后早孕 40 天，开始阴道出血伴肌瘤原处复发，入院保胎治疗，中药保胎治疗中胎儿长，肿瘤亦长，孕 6 个月时肌瘤比儿头大，最后保至 7 个月，剖宫产一子，并切除肌瘤，孩子健康成活。诸如此类，还有许多抢救经验，都是长期辛勤探索的结果。我常对学生说："吃过苦中苦，方能尝到甜中甜！"治愈一个个患者，为病人解除痛苦使我得到了人生的喜悦，尝到了生活的甜头。

从医半个世纪，获得过诸多赞誉，然而我始终记得自己的初衷：做一个对社会对国家有用的人，实现人生的价值。2000 年退休后我婉谢了院外（包括国外）多家医院高薪聘用，仍继续在本院国医堂工作。多年临床经验总结下来，不敢忘记自己的责任和使命，总想传教于后来者，以为更多患者解除病痛。2008 年我被国家中医药管理局确定为第四批全国老中医药专家学术经验继承工作指导老师及博士生导师，现两名继承人已完成学业并取得博士学位。

学术思想和临证经验

一、学术思想

1. 妇人以气血为本

我认为，妇人以气血为根本，女性一生主要的生理特点为经、孕、产、乳，这些生理活动均是以气血为物质基础。月经为血所化，赖气以行，气血和调，则月经可应时而下，行而有度。男精壮而女经调，两精相合而成孕，孕后精血下聚以养胎，血旺则胎有所养而强壮。正如薛己《校注妇人良方》中陈氏引《产宝方》序论曰："气血者，人之神也。然妇人以血为基本，苟能谨于调护，则血气宜行，其神自清，月水如期，血凝成孕。"产时用力，耗气伤血，产后气血两亏，哺乳期乳汁由气血化生。薛立斋云："血者，水谷之精气也，和调五脏，洒陈六腑，在男子则化为精，在妇人上为乳汁，下为月水。"宋·陈自明和明·张景岳均认为妇人以血为基本。《景岳全书·妇人规·经脉诸脏病因》说："女人以血为主，血旺则经调而子嗣……故治妇人之病，当以经血为先。""冲为血海"，任脉为"阴脉之海"，"任主胞胎"，冲脉聚脏腑之血，任脉主司全身的精、血、津、液，冲任相资，依时由满而溢于胞宫，使月事如期而潮，并具有受孕能力。还说："经本阴血，何脏无之？惟脏腑之血，皆归冲脉，而冲为五脏六腑之血海，故经言太冲脉盛，则月事以时下，此可见冲脉为月经之本也。"所以说气血是妇人生理病理之基础，"妇人以气血为根本"。

然"血之与气，异名而同类"，气血相互资生，相互依存，气为血之帅，血为气之母。气之于血，又以血之不足更为常见。《灵枢·五音五味》说："妇人之生，有余于气，不足于血，以其数脱血也。"这里气有余是相对于血分而言，可以说血虚气盛是妇人生理情况下气血特点的概括。而病理情况下，由于气血之间密不可分的关系，由血虚及气而致气血两虚者更常见，所谓"血不足而气非有余"。这种认识是我临证处方用药重视扶助正气，扶正祛邪兼顾，气血双补的理论根据。

2. 妇人病责之肝脾肾

妇科病不外经、带、胎、产、杂诸疾，无不关乎肾、肝、脾三脏。肾藏精，精血同源，精又能化气，肾气为人体生长发育和生殖功能的动力，能使天癸至，冲任通盛，而经候如期，孕育有望，故云"肾主生殖""经水出诸肾"，月经及种子之病皆责之于肾。另外，肾又主系胞，"胞络者系于肾"，"冲任之本在肾"，肾与胞宫及冲任关系密切，而胞宫是胎元孕育之场所，任脉所司阴津是带下产生的来源，所以妊娠病、带下病也与肾密切相关。脾胃为气血生化之源，且统血摄血，主司运化，能使水谷化生精微，绝痰湿生成之由。肝藏血，主疏泄，体阴而用阳。气血和调，则肝体柔润，肝用畅达。且肝肾为子母关系，乙癸同源，脾肾一为先天，一为后天，相互滋养；肝脾为克侮关系，木郁克土，土壅木郁，互为克制。正是由于肝、脾、肾三脏与妇产科生理功能密切相关，所以我认为妇人之病从病机上主要责之于肝、脾、肾。

3. 强调扶正

在临证时我非常重视"正气"的作用，集中体现在益肾和健脾之法。因为肾为先天之本，寓元阴元阳，乃人体阴阳之根本。《景岳全书·命门余义》说："命门为精血之海……为元气之根……五脏之阴气，非此不能滋；五脏之阳气，非此不能发。"此处之"命门"，实即指肾。肾气亏虚则天癸、冲任失调，可发生经、带、胎、产、杂诸疾。所以在治疗妇科疾病时，我尤为重视温肾益肾，常伍用淫羊藿、巴戟天、杜仲、狗脊等药。即使外感邪气致虚实夹杂或实证居多，在祛邪泻实的同时亦不忘固本。对于病情迁延、病程日久的妇科慢性病，我认为往往必有肾虚，尤其注重扶正补肾，正像张景岳所说："阳邪之至，害必归阴，五脏之伤，穷必及肾，此源流之必然，即治疗之要着。"脾胃为后天之本，气血生化之源，而妇人以气血为本，气血互为依存，气能生血统血帅血，血又能养气载气，气血失调是妇产科疾病的重要机理之一。由于经、孕、产、乳等生理活动屡耗阴血，古人认为妇人"有余于气，不足于血"，然血耗则气亦必随血而伤，临床常见气血两虚之证。所以我认为妇人"血易亏而气非有余"，治疗妇科疾病时常将参、芪之类配伍方中，强调益气扶正之重要性，体现了注重扶助人体正气的指导思想。

4. 倡导"治未病"

"治未病"思想源自《黄帝内经》。《素问·四气调神大论》曰："圣人不治已病治未病，不治已乱治未乱……夫病已成而后药之，乱已成而后治之，譬犹渴而穿井，斗而铸锥，不亦晚乎？"《灵枢·逆顺》曰："上工刺其未生者也，其次刺其未盛者也，其次刺其已衰者也……上工治未病，不治已病。"要想成为一名高明的医生，就要善于预防疾病，防患于未然。其后历代医家也非常重视"治未病"，医圣张仲景在《金匮要略·脏腑经络先后病脉证》篇中云："见肝之病，知肝传脾，当先实脾。"这些是"治未病"思想既病防变的具体体现。唐代医家孙思邈提出"上医医未病之病，中医医欲病之病，下医医已病之病"，将疾病分为"未病""欲病""已病"三个层次。元代朱丹溪指出："与其求疗于有疾之后，不若摄养于无疾之先。盖疾成而后药者，徒劳而已。是故已病而不治，所以为医家之法，未病而先治，所以明摄生之理。夫如是，则思患而预防之者，何患之有哉？"指出了预防与养生的重要性。清代温病学家叶天士根据温病的发展规律和温邪易伤津耗液的特点，提出对于肾水素虚的患者应"先安未受邪之地"，在甘寒养胃的同时加入咸寒滋肾之品。

很多妇科疾病都可以通过科学调护和提早治疗来促进康复及预防反复发作。作为医生，不能仅仅治疗已患疾病，更要预见可能发生的疾患并利用中医中药及保健调护以防患于未然，从根本上预防和减少疾病的发生，提高广大妇女的生活质量，这样才能真正体现医疗的社会价值。所以，临床上我不但关注所患疾病，更重视患病个体的整体状况，积极倡导和践行"治未病"，以极其负责的态度对待每一个病人。

（1）宣传普及保健知识，增强妇女自我防护能力：医生虽以疗病为天职，但维护全民健康，指导防病强身是义不容辞的责任和义务。在诊病疗病时也要对每一位病人不失时机地有针对性地提出保健和调护建议，不厌其烦地宣传保健的必要性，使患者能真正重视自己的身体健康，而不是把治疗和保健割裂开来，过分看重药物的治疗作用而忽视保健的预防意义。

（2）流产或手术中及术后积极治未病：在门诊接诊中发现，大量盆腔炎、不孕症、宫外孕、流产后遗症等疾病的发生都与多次孕产和流产史密切相关，因为不管是手术流产还是药物流产，都是人为地终止妊娠，对生殖器官特别是子宫会造成一定的伤害，就可能发生感染、粘连、月经不调、痛经、异位妊娠、不孕等一系列的并发症或后遗症。所以我们更要重视流产时及流产后的常规防未病。妇产科各种手术如宫腔操作、结扎、子宫及附件手术、生殖器邻近器官手术等，术后发生盆腹腔粘连继而发生感染、异位妊娠、不孕症、盆腔疼痛等病的也不在少数。所以我非常不赞同临床上认为手术做完就万事大吉了的现象，强调负责的医生应该预见某些治疗措施可能带来的后果并根据情况采取相应的预防措施，不要等到不良后果发生时再治疗，则"不亦晚乎？"往往会给患者带来不必要的伤害。如"术后通气汤"近千例的临床观察结果表明，既能术后尽早通气，又能改善循环，达到促进康复的目的。

（3）强调治疗的连续性：根据疾病的特点区别对待。如月经病的治疗特别要注意调整生理周期，正常3个周期以上才可视为临床治愈；生殖系统的炎症性疾病临床症状消失后至少还要再巩固治疗2~3个疗程，特别是对于病情缠绵，容易反复发作的慢性炎症更要如此，以求祛邪务尽，防止复发；复发性流产要从流产后、孕前及早开始查因和调治，不应是病了再治，而是此次流产即开始治未病为妥。预培其损，孕后安胎治疗，并且要超过既往流产孕周，甚至孕期全程监护，直至顺利分娩；异位妊娠保守治疗和手术治疗不能仅以症状消失、HCG 正常和病灶去除为目的，要持续治疗至包块消失，并根据情况以尽力保留生育功能为目标，预防再发宫外孕和继发不孕症等；产后病的预防治疗最好应从孕期保健开始，提高身体素质和免疫力，产后慎于调护，出现不适尽早就诊，即使症状消失也应巩固至产褥期结束；不孕症调经促孕治疗，孕后不能掉以轻心，应继续监测妊娠过程，力保胚胎正常发育；子宫内膜异位症往往迁延难愈，疗程相对也要长，不可停药过早，对于内异症手术后要趁热打铁，抓住有利时机巩固治疗，万不可术后任由病情发展，常常错失良机而丧失治疗机会；对于围绝经期患者，要时刻警惕，注意防癌排癌，动态监护，以期早发现早治疗。总之，强调防治结合，不但治已病，还要防复发，更要治未病。

二、临证经验精选

1. 月经病的周期调治

胞宫为奇恒之腑，其形态似腑而功能似脏，对月经有定期藏泻的调节作用，在月经周期的不同阶段其阴阳气血发生着动态的消长变化。我认为，调经时必须顺应这种特点，分阶段用药，才能助其恢复平衡，此即所谓的"中药人工周期"。"中药人工周期"是以补肾法为基础，模仿妇女月经生理，通过调节"肾－天癸－冲任－胞宫"轴间的平衡来改善性腺的功能。它对月经失调的治疗作用不是替代，而是调节。我根据女性正常的生理周期特点，把月经周期分为经前及月经期、经后期、排卵期、排卵后期四个阶段辨证用药，采用中药调节生殖轴的功能并促使建立正常的月经周期，所谓的中药"调周"法。"调周"法适用于所有周期异常的月经病和由此带来的继发疾病如不孕症等。

（1）经前及月经期（月经第 26～30 天及 1～5 天）：此期为阳气至重，重阳转阴阶段。旧血不去，新血不生，因此此期宜"温、通、行、活"，以行气活血调经为治则，使经血能顺利外排。常于经前及月经第 1～5 天口服我的经验方通胞调经合剂（院内制剂），加血府逐瘀胶囊或少腹逐瘀胶囊，可以红糖水送服。如合并痛经、经量少等，还可加适量黄酒同服，以增强活血止痛之力。

（2）经后期（月经第 6～12 天）：此期为阴血的恢复和滋长期。肾藏精，精生血，血化精，精血同源，精血是月经的物质基础；肾精所化之气名肾气，主宰着天癸的至与竭。胞宫在肾气作用下，可以逐渐达到精血充盈，为经间期"的候"时的孕育准备良好的物质条件。所以我认为此期治疗当以补肾滋阴为主，常用生地黄、熟地黄、当归、枸杞子、女贞子、桑椹、黄精、首乌、山萸肉等药，促进卵泡发育，稍加仙茅、淫羊藿、巴戟天、菟丝子等补肾阳，取"阳中求阴"之意。正如《景岳全书》谓"善补阴者，必于阳中求阴，则阴得阳升而泉源不竭"。

（3）排卵期（月经第13～16天）：此期肾之阴精进一步充实，并在肾阳作用下进行转化，即阴阳交替，重阴转阳的"的候"阶段，是调整周期的关键。常用补肾阳药如仙茅、淫羊藿、巴戟天、沙苑子等，加当归、赤芍、川芎、丹参、鸡血藤、凌霄花、郁金、路路通、皂角刺等活血通络之品，以促使发育成熟的卵泡发生排卵。

（4）排卵后期（月经第17～25天）：此期是黄体成熟阶段，阴充阳长，肾阳之气渐旺。治宜补肾温阳，益养冲任，以促黄体成熟，为胎孕或下次经潮奠定良好的物质基础。常用仙茅、淫羊藿、菟丝子、覆盆子、巴戟天、肉苁蓉、紫河车等补肾阳，稍佐生地黄、熟地黄、山萸肉、枸杞子等滋阴，取"阴中求阳"之意。正如《景岳全书》谓"善补阳者，必于阴中求阳，则阳得阴助而生化无穷。"

2. 分阶段内外合治癥瘕

通胞系列合剂包括通胞调经合剂、通胞消瘕合剂和通胞化瘀灌肠合剂，是我治疗急慢性盆腔炎的优选验方，采用经期和非经期分阶段及内外合治，对盆腔包块、痛经、不孕症等妇科杂病也有良好的疗效，制成本院制剂临床使用至今已近20年。

（1）经期口服通胞调经合剂：我认为经期血室正开，抵抗力降低，邪气易乘虚而入。同时盆腔充血，血循环加速，也是祛邪消瘕的良好时机。通胞调经合剂活血逐瘀，益气温肾，理气清热，调经止痛，因势利导，使寒散、湿利、热清，胞宫胞脉积聚之邪有出路，气通血活，瘀去痛消，而又不伤正气。由于其"温、活、行、补"的良好作用，还广泛用于痛经、月经不调、不孕等的经期治疗，体现了中医的辨证论治、异病同治特色。

方中桃仁、益母草、牡丹皮、土鳖虫活血祛瘀，使胞宫胞脉瘀滞得散并顺利外排；黄芪益气行血又摄血；巴戟天、乌药温肾暖宫，行气止痛；瘀久化热，故以白花蛇舌草、蚤休、白蔹清热解毒而不寒，又制约他药温热之性，且药理研究此三味均有抗菌、抗炎、镇痛之效；甘草调和诸药。全方扶正祛邪并行，使气行血活，经血畅行，通而不痛。

（2）非经期内外合治：①内服通胞消癥合剂：非经期宜求因治本，此时血海空虚，胞门闭合，邪气瘀阻冲任，虚实夹杂。通胞消癥合剂益气健脾补肾，清热利湿止带，理气消癥止痛。方中以党参、黄芪益气健脾以生血行血；杜仲、巴戟天调补冲任，固肾止带；鳖甲滋阴软坚，散结消癥；元胡活血行气止痛；金银花、连翘、败酱草、白头翁、炒苡仁清热解毒，利湿祛瘀；甘草调和诸药。全方补正不留邪，祛邪不伤正，能使热清湿去，瘀通结散，正气得复，气血和顺，凡属湿、热、瘀、虚兼夹之证均可应用。②通胞化瘀灌肠合剂保留灌肠：非经期以通胞化瘀灌肠合剂保留灌肠，配合内服药治疗 PID 后遗症、盆腔炎性包块、陈旧性宫外孕包块、输卵管阻塞性不孕症、子宫内膜异位症、盆腔瘀血疼痛等，可大大提高疗效。该方清热解毒除湿，消癥散结止痛，方中蜀羊泉、黄连清热解毒利湿；山慈菇、昆布、海藻软坚散结消肿；槐米性凉苦降，泄血分之热而使邪有出路；肉桂少许反佐，以防诸药过寒致腹泻，药物在直肠停留时间过短而影响疗效。通过直肠黏膜的渗透作用，借助温热刺激，使药物发挥有效作用，热清毒解，邪随大肠而去，并能改善盆腔血液循环，软化粘连，促进炎症吸收和包块消散。一般于每晚睡前取 100mL，隔水热浴后保留灌肠，连用 10~15 天。要求灌肠时侧卧位，药液温度 37~40℃，一次性灌肠管插入直肠的深度 10~15cm，缓慢推注，保留至少两个小时以上。

（翟凤霞、谷云鹏协助整理）

程益春

程益春（1938—　），山东省淄博市高青县人，毕业于山东中医学院（现山东中医药大学），历任山东中医药大学附属医院内科主任，医务科主任，常务副院长。山东中医药大学附属医院教授，主任医师，博士生导师。全国第二、三、四批老中医药专家学术经验继承工作指导老师，山东省卫生厅专业技术拔尖人才，享受国务院政府特殊津贴。山东省名中医药专家，世界中医联合会糖尿病专业委员会副会长，中国中医药学会第三届理事会理事，中华中医药学会糖尿病学会副主任委员，山东中医药学会糖尿病专业委员会名誉主任委员，国家新药评审委员会委员。济南市第十一届、十二届人大代表。

擅长治疗内分泌代谢疾病，尤其擅长糖尿病及其并发症的治疗。在大量临床统计和科研观察的基础上，他提出糖尿病的病机关键在于脾虚，独创了"程氏健脾法"，为糖尿病的治疗开辟了一条新途径。先后主持了"消渴平片治疗糖尿病的临床实践研究""糖肾康治疗糖尿病肾病的临床与实验研究"等多项学术研究，其成果分别获山东省科技进步二等奖、三等奖。其工作成绩曾被《中国当代名人词典》《中国名人名方》等图书载录，被中央电视台（现中央广播电视总台）《东方之子》等节目报道。先后在国家和省级刊物发表论文40余篇，主编了《糖尿病良方》《糖尿病非药物良方》等四部著作，并参编了《糖尿病中西医诊疗学》《中医内科学》《实用中医保健学》等20余部著作。

母亲早逝　立志学医

我1938年3月出生于山东省淄博市高青县唐坊乡程家村，自幼家境贫寒，父亲参加革命常年在外，母亲体弱多病，还要照顾我和年幼的弟弟，在我7岁的时候，母亲积劳成疾，一病不起，并最终离开了我们。这件事情使我早早体会了失去亲人的痛苦，我立下志向，长大以后当一名医生，使像我母亲这样的患者能够重获新生。从此我努力学习，靠国家助学金上完了小学、初中、高中，在报考志愿之时，我郑重填写了山东中医学院，并被顺利录取。

锋芒初显　主攻糖尿病

在山东中医学院学习期间，我十分珍惜这来之不易的机会，如饥似渴地学习，在著名中医大家张珍玉、李克绍、周凤梧等教授亲自授课下，系统学习了中医基础理论、中药、方剂及《黄帝内经》《伤寒论》等中医四大经典，打下了深厚的中医基础。毕业后我被分配到山东中医学院内科教研室，从事中医内科临床与教学工作，同教研室的还有著名中医专家周次清教授、刘献琳教授等。周老和刘老都是中医内科大家，我在中医内科教学和临床工作方面都得到二位前辈的悉心指导，中医临床水平也有了长足的提高。1973 年春天，一位来自河北的糖尿病患者，慕名找我治疗。他患糖尿病已有 10 年余，这期间遍访名医，疗效不佳，血糖始终控制不理想，消瘦明显，而且已经出现视物模糊、手足麻木发凉等并发症。我仔细询问，四诊合参，审时度势，给他开了中药，并嘱咐他回家后服用一段时间。3 个月后，这位患者从老家专程赶来谢我，不仅血糖明显下降，而且视物模糊等症状都明显减轻，这使我信心大增，也下定决心开始专研糖尿病的治疗，为更多的糖尿病患者解除痛苦。糖尿病属于中医学"消渴病"的范畴，中医古典文献多有论述，我系统研究《黄帝内经》《三消论》《脾胃论》《临证指南医案》《医学衷中参西录》等古今中医名著中关于消渴病的病因病机论述和治疗，逐渐形成了自己对于消渴病的独特观点和治疗的理论体系。1976 年山东中医学院内科教研室逐渐分成心血管、内分泌、消化、免疫、血液肿瘤等 8 个学组。我担任内分泌学组的组长，创立山东省中医院内分泌科，从此与糖尿病结下不解之缘。

尊古创新　创立程氏健脾法

传统的中医对于糖尿病的治疗往往从"三消"立论，正如《证治准绳·消瘅》中所言："渴而多饮为上消（经谓膈消），消谷善饥为中消（经谓消中），渴而便数有膏为下消（经谓肾消）。"主要病机为肺燥、胃热和肾虚，治疗多以滋阴清热为法，而倡行从脾论治，益气为主者甚少。我在长期临证中发现，糖尿病患者有乏力症状者占80%以上，而以乏力为第一主诉者占60%，并且许多患者形体消瘦、四肢无力、倦怠懒言，所以我认为糖尿病是本虚标实证，脾气亏虚是其发病的关键，提出了"脾"在糖尿病病因病机中占主要地位，以及以健脾益气为主要治疗大法的理论体系，被中医界同仁称为"程氏健脾法"。

"程氏健脾法"具有深厚的理论渊源，并非凭空创立。最早在黄帝内经中就隐含了健脾法的思想。《灵枢·五变》中说："五脏皆柔弱者，善病消瘅。"《灵枢·本脏》进一步指出："脾脆则善病消瘅。"其明确指出，脾虚是消瘅的重要病因。又认为本病为"膏粱之疾""肥美之所发"，指出过食肥甘，损伤脾胃，可导致消渴病。对于消渴病之口甘、溲便之变，也从脾胃入手进行解释。正如《灵枢·口问》中说："中气不足，溲便为之变。"《素问·奇病论》中说："此五气之溢也，名曰脾瘅……津液在脾，故令人口甘也。"其也最早提出了消渴治之以兰的理论，即用兰草一类芳香化浊、醒脾健脾的药物来治疗糖尿病。张仲景在治疗消渴病的白虎加人参汤、瓜蒌瞿麦丸中应用了茯苓、薯蓣等健脾之品。唐、宋、金、元医家对健脾法的论述散见于各家论述中，如宋朝杨士瀛在《仁斋直指方论·消渴》中指出："消渴证候，人皆知其心火上炎，肾水下泄……孰知脾土不能制肾水，而心肾二者皆取气于胃乎？总要服参苓白术散，可以养脾生津液。"金朝张元素在《医学启源》中有"四君子汤，治烦热燥渴"和"白术散治烦渴，津液内耗，不问阴阳，服之则渴生津液"的论述。李杲为张氏高徒，他在《兰室秘藏·消渴门》中记述："洁古老人分而治之，能食而消渴者，白虎加人参汤；不能食而渴者，钱氏白术散倍加葛根治之"。元朝朱丹溪治病强调阴虚，他在治疗消渴时，也酌情加入健脾之品。明清时期消渴病理论得到进一步发扬，李梴在《医学入门》中指出："消渴初宜养肺降心，久则滋肾健脾……养脾则津液自生，参苓白术散是也。"以温补见长的赵献可更是主张应用七味白术散、人参生脉散等方治疗消渴病，以复脾胃输布津液之职。又如李时珍用黄芪止渴补虚，为治疗消渴合并痈疽之要药。健脾理论的论述虽早，但均未成理论体系，也没有人明确提出。

在20世纪90年代初，我首次把健脾法治疗糖尿病作为一种理论提出来，并做了临床观察，发表在 1991 年的《山东中医学院学报》。此理论得到中医内分泌同仁的广泛关注和认可，被称为"程氏健脾法"。脾为后天之本，运化水谷精气，濡养全身；脾居中焦，脾胃还是一身气机升降之枢纽，主升清与降浊。正如《黄帝内经》所言："饮食入胃，游溢精气，上输于脾；脾气散精，上归于肺。"在消渴病中，由于脾气亏虚，中焦气化不足，一方面精微物质不能化生津液，故口干、多饮，脾主四肢肌肉，精微物质不能化生气血，故四肢消瘦，疲乏无力。另一方面脾虚不能升清，精微物质下泄反随糟粕排出体外，故尿频量多。因此糖尿病"脾"病为先，造成气化不足，累及他脏，变证丛生。所以脾虚是消渴病的重要病理基础，以脾为主的气机升降失常是消渴病的重要病机，五脏俱虚是消渴病的最后转归。所以治疗健脾益气为主，恢复脾的运化和升清功能，并据此创立了健脾降糖饮系列方剂。健脾降糖饮的基本组成为黄芪、黄精、白术、山药、鸡内金、葛根、天花粉、丹参。方中首选黄芪、白术健脾益气为君药。黄芪甘，微温，入脾、肺二经。重用黄芪取其补气力强又能升阳，其升发之性可"助脾之升清，复其散精达肺"。白术苦，甘温，归脾胃经。白术炒用则燥性减弱，功专健运脾气以生津液。《医学启源》有云："白术，和中益气，强脾胃，生津液止渴。"《本经逢原》指出："白术，生用除湿益燥，制熟则有和中补气、止渴生津之效。"山药、黄精，甘淡性平，滋养脾阴。山药补气又能养阴，"善摄脾精""生津以止消渴。"黄精补脾养阴，又能润肺。二药相合，既可助黄芪、白术健脾益气，其阴柔之性又可防之偏燥。另外，还可有助于他脏阴津的恢复。葛根，清热生津，除烦止渴。取其升阳的作用，助黄芪健脾升阳，益气布津，所用最妙。鸡内金健胃消食，助脾气的运化，又可使补气药补而不滞。天花粉苦寒，清热生津，消肿排脓，为"消渴圣药"，生津润肺，养阴益胃，以除燥热之标。佐以丹参，取其活血之中寓有养血之功，善于活血化瘀又能除烦安神。与芪、术相合又有益气活血之功。我又根据脾为后天之本，脾与五脏六腑、气血津液的关系，在健脾降糖饮的基础上创制了健脾八法，分别是健脾清胃法、健脾润肺法、健脾调肝法、健脾养心法、健脾补肾法、健脾活血法、健脾化湿法、健脾解毒法，用于治疗糖尿病发展的不同阶段及产生的相关并发症，临床疗效显著，至今仍在我院广泛应用。

立足临床 科研成果丰硕

我一向主张理论和实践相结合，科研要和临床相结合，反对没有临床实践的空洞的科研。在对健脾降糖饮临床观察的基础上，我进行了动物实验研究，验证了健脾法理论的正确性，探讨了健脾法作用机制。我主持研究的课题"消渴平片治疗糖尿病的临床试验研究""奇可力胶囊治疗糖尿病的临床试验研究""糖肾康治疗糖尿病肾病的临床与实验研究"，均在学术上有重大突破，佐证了健脾法的正确性，得到了医学专家的一致赞同，分别获山东省科学进步二等奖、三等奖。

以我的方子为基础的消渴平片目前已被广州白云山制药厂生产，奇可力胶囊、天虫雄宝胶囊已获得国家新药批准。以我的经验方制成的院内制剂，如消渴合剂、糖肾康颗粒、糖心舒片、强肾胶囊、消瘿片等长期应用于临床，效果显著，创造了很好的社会效益和经济效益。

打破藩篱 讲求临床实效

在临床治疗上，我认为要讲求实效，既要多读书，继承古人的经验，又不能拘泥于一家之言，要师古而不泥古，古为今用，洋为中用。

如糖尿病肾病，中西医都认为是疑难病，我在研究历代医家经验的基础上，认为此病不能单拘泥于古人"水肿""关格"等病的认识，应该以现代医学的"糖尿病肾病"为病名，分轻、中、重三个阶段，作为一个完整的疾病，进行分期治疗，总的治疗原则是健脾补肾、活血利水，贯穿于疾病的整个治疗过程中。分期治疗中，早期当健脾益气、滋补肝肾；中期健脾补肾、活血利水；晚期常见湿毒内攻和水气凌心，故以降逆和胃、化浊利水、通脉宁心、健脾温肾为治疗方法，并采用中西医结合的治疗抢救措施，把许多糖尿病肾病患者从死亡线上抢救了过来。

对糖尿病足的治疗，西医目前也没有特效的方法，病人痛苦万分，甚至要截肢。我认为本病的病机关键是瘀血阻络，治疗时应抓住活血化瘀这一关键，然后针对不同病因病机辨证施治。我将其总结为活血化瘀、通络止痛法；活血化瘀、滋阴清热法；活血化瘀、清利湿毒法；活血通络、温阳散寒法；益气养血、活血通络法等进行治疗。除此之外还配合中药外敷法，疗效显著，许多病人经过治疗，避免了截肢的痛苦。

再如对甲状腺功能亢进的治疗，以往以疏肝清热为主进行治疗。患者在发病不久就出现乏力、心慌、消瘦等症状，我辨证为气阴两虚证。治疗以益气养阴、软坚散结、活血化瘀为主的治法，取得满意效果，而且缩短了疗程，临床不易复发。

我认为疾病的治疗要追根溯源，抓住主症，主要病机，我常跟学生们说"抓中间，带两头"，即主要病机和症状得到治疗后，其他伴随症状、病机就迎刃而解了。所以开方不用大方，一般在 10 ~ 14 味，剂量上，君药量大力宏，臣、佐、使药用量一般较少，且药对、药组较多，配伍精炼，方简意明，重点突出，解决主要矛盾。临床用药我反对用大苦、大寒、大热之药，一是因为"是药三分毒"，此类药物用量过大伤及人体正气；二是大寒大热之药容易伤及胃气。我主张治病，要通过调动人体的正气，通过正气来调节自身的阴阳平衡。临床用药少而精，并时时不忘顾护胃气。

治调结合　医者仁心

内分泌疾病发病原因复杂，既有内因又有外因，与饮食、情志、劳倦、水土、先天发育等诸多因素皆有关系。所以我认为内分泌病的治疗，要多种措施综合治疗。

例如对于糖尿病的治疗，我提出"三平衡一动"疗法，"三平衡"是指心理平衡，即心理治疗，医生在给病人诊治时，运用心理学知识，帮助病人解除心理顾虑；饮食平衡，即饮食疗法，是指利用不同的食物来影响机体的功能，使其获得健康或治愈疾病；脏腑功能平衡，是指根据临床表现，运用中医辨证施治的方法，达到脏腑气血、阴阳平衡，使机体恢复健康；一动是指体育疗法，即采用适当的体育锻炼防治糖尿病。对老年糖尿病患者提出了"管住嘴，多动腿"的治疗口诀，浅显易懂，朗朗上口。

对于遗尿、痤疮、肥胖等由情志引起，或者影响患者心情的疾病，我主张对患者进行心理疏导，鼓励他们树立战胜疾病的信心，告诉他们"病来如山倒，病去如抽丝"的道理，让他们安心治疗，不要急于求成。

曾经有位坐着轮椅来看病的患者，叫潘红霞，十几年前一次车祸后，又发现自己患有糖尿病。由于糖尿病的影响，潘女士最终没有保住她的伤腿。截肢手术后，她的意志曾一度消沉，对糖尿病没有积极地治疗，不久糖尿病严重的并发症——脑中风又降临到她的身上，当被家人抬着来找我看病时，她几乎不能动了。我不仅帮她很好地控制了糖尿病并发症，而且在心理上鼓励她，让她有了积极生活下去的希望。

重视养生　未病先防

中医学博大精深，未病先防，既病防变的理念贯穿始终。所以我认为防病重于治病，平时就要注意养生。在养生防病方面首先是调情志，《黄帝内经》中讲"恬淡虚无，精神内守"，是指人要清净安闲，排除私心杂念，使真气顺畅，精神守持于内，这样疾病就无从发生。其次要饮食有节，劳逸结合。随着生活水平的提高，人们过食肥甘厚腻并且活动减少，是导致糖尿病、高脂血症、冠心病等发病的主要原因。我总结的"三平衡一动"，就包括饮食平衡和多运动。我根据老年人的特点，总结了老年养生十法：①坚持冷水洗脸。②清晨喝杯温开水。③适当户外运动。④午间按摩头皮。⑤午后饮用茶水。⑥傍晚要做腰部运动。⑦洗澡擦胸搓背。⑧热水浴足护脚。⑨睡前双手摩腹。⑩饮食药膳进补。受到广大老年患者的欢迎。

名医经验　薪火相传

名医经验，薪火相传，中医事业方兴未艾，中医事业的振兴，需要中医人才的培养。我一向重视中医后继人才的培养，在临床带教中我对学生从严要求，毫无保留地将自己的多年经验传授给学生。老师对学生要言传身教，老师的行为就是最好的教学。要急病人之所急，帮病人之所需，任劳任怨工作。我多年养成的习惯，对病人的来访信、求医信，一定回复，信件再多也要亲笔回信。对患者和蔼可亲，从不厌烦。门诊病人再多，也要耐心应诊，经常工作延时；并且利用节假日义诊，义务宣传糖尿病教育等医学知识。这些点点滴滴也影响了我的学生，使他们勤于学习，精于工作。

我从 1990 年开始带硕士研究生、博士研究生，迄今已经培养 20 余名硕士、博士生。而且作为全国第二、三、四批老中医药专家学术经验继承工作指导老师，培养了六名高徒。如今他们大都已晋升教授、副教授，许多人已经成为省市医院的内分泌科骨干，为中医内分泌事业的发展注入了新的活力。

山东省中医院内分泌科是我一手创建的国家级重点专科，始于 20 世纪 70 年代，科内的多数医生都是我的研究生或高徒。经过 30 年的发展，内分泌科的学科建设及发展水平居全国领先地位。

2011 年，经国家中医药管理局批准，成立了山东中医药大学附属医院程益春教授名老中医工作室，现已初具规模。工作室以整理、发掘、传承和创新我的学术经验、学术思想为宗旨，培养高层次的中医药人才，促进中医治疗内分泌疾病的学术发展。工作室通过回顾性研究，查阅、整理既往反映我临床诊疗特色和辨证思维特点的原始病案；通过临床随诊，收集我治疗内分泌疾病的特色病例，总结临床经验和学术思想。工作室还将我的学术经验、学术理论推广应用于中医药理论研究、教材建设及教学之中。从而促进中医内分泌学科的发展。

我已年过七旬，但老骥伏枥，志在千里，在我的有生之年我要为中医内分泌事业奋斗终生！

王自敏

王自敏（1938— ），河南开封市人。汉族，主任医师、教授，返聘在河南中医药大学第一附属医院国医堂工作。享受国务院政府特殊津贴，为第四批全国老中医药专家学术经验继承工作指导老师。曾任河南中医学院第一附属医院肾内科主任、肾病研究所所长，全国中医内科肾病专业委员会委员、顾问委员，中南六省内科肾病专业委员会副主任委员，河南省透析协会委员。创建河南省中医内科肾病学术委员会，任主任委员至今。

1957 年，经同学介绍，报考河南中医学院（现河南中医药大学）徒弟班，拜河南一代名医吕承全教授为师，历经五年全日制理论结合临床实践学习，于 1962 年本科毕业，毕业后即分配在河南中医学院第一附属医院内科工作。职称晋升制度改革后，分别于 1980 年、1987 年、1992 年晋升为主治医师、副主任医师、主任医师及教授。

步入医林 传承育人

20 世纪 50 年代，我走上了学中医之路，受教于全国名老中医吕承全教授，每天半日跟师临证、坐诊、查房、抄方、写病历，跟师出诊，学习老师应用中医四诊的娴熟技巧，独具慧眼的临床辨证思维方法和高超的治疗方案。我作为名师弟子，侧身师旁，耳提面命，学习继承，撰写出临证心得。除跟随吕师外，还向名医李雅言、王寿亭等老师学习。我目睹了一代名医风范，恩师之医术、医德，看在眼里，记在心上，终身受益。跟师五年，深深体会到"听师一席话，胜读十年书"，老师宝贵经验及多年临床结晶，来之不易，为全面提升，深入研讨，我先后外出进修学习。于 1973～1975 年在河南医学院第一附属医院（郑大一附院）进修内科，进一步系统学习了西医学知识和临床技能。1981～1982年参加河南中医学院主治医师进修班，进一步提高了中医基础理论及临床诊疗能力。1983年参加了卫生部在中山医科大学举办的为期半年的"全国高级肾科医师进修班"，师从我国肾病学界泰斗叶任高、李士梅、李幼姬教授。此后正式确立了肾脏病专科工作方向。于1985年率先创建了河南省第一个肾病内科，为学术带头人，充分发挥了中医学特色，实现了中西医结合，优势互补。首先在省内中医界开展了腹膜透析、血液透析，建立了肾病实验室、肾病研究所。愿为人梯，培养组建了医、教、研学术骨干团队。从而奠定了省重点专科基础。

多临床，读经典。"熟读王叔和，不如临证多。"师承班的特点是读书与临证并重，因为中医药学既是临床医学，又是实践医学。通过"读书—实践—再读书—再实践"的反复过程，才能理论指导实践，萌发出新的思路和方法。在学术渊源上，首先继承了四大经典著作的精粹，奠定了中医理论基础，在后世经典著作中尤其受李东垣《脾胃论》、唐容川《血证论》、张锡纯《医学衷中参西录》等著作思想影响，在论治中，立"脾肾为本"之论，注重调理脾胃后天之本，治肾固精，活血化瘀，衷中参西。继承老师"整体观念，宏观立论""经典为宗，但不泥古""脾肾为本，善调阴阳""因人制宜，知常达变"等学术思想。在恩师学术思想基础上，进一步发扬光大，并根据实际临床探究，逐渐形成了一整套治疗慢性肾病的理论和辨证论治学术体系。

执业50年，从事临床、教学、科研工作，有较深厚的理论基础和丰富的临床经验，对各种肾病和内科疑难杂症有较好疗效。尤其对慢性肾功能不全治疗能独辟蹊径，总结治法八则，拟定治疗肾病Ⅰ、Ⅱ、Ⅲ号方，研制"救肾胶囊"（现改名为复肾降浊胶囊）、"尿感冲剂""肾衰灌肠液"等。发表学术论文数十篇，参编著作两部，主编专著《中西医临床肾病学》《中西医结合肾脏病诊疗学》两部，主审《王自敏肾病临证医集》。获河南省科技进步奖2项，河南省厅局奖3项。

在我行医生涯中，遵循"诚信做人，医乃仁术，仁善立业，精求医理，勤学莫止，博采众长"。以师为榜样，"学做事先做人"，对待病人关心体贴，态度和蔼，无论高低贫富、远近亲疏，不嫌烦琐，详询病情，沟通思想，悉心诊治，下乡医疗，送医送药，拒收红包，免费给外地病人寄药寄方，备受病人爱戴。虽年过七旬，体弱多病，仍坚持每周出三次门诊，看医案，读经典，收集名医名方，使行之有效的方药广泛应用到临床。

2008 年我被确认为第四批全国老中医药专家学术经验继承工作指导老师。学生有两位，均是副教授、副主任医师、肾病研究生，遵国家中医药管理局要求，跟师每周不少于 1.5 个工作日，还要有独立临床时间、理论集中学习时间，专业考核内容包括继承人日常表现、继承实绩、临床（实践）技能考核、写出博士生论文、进行论文答辩等。两位学生在繁忙的临床工作中挤出时间，跟师学习，一方面多读书，一方面重实践，积累知识，进一步提高自己的水平，进一步升华老师的经验。用两年时间搜集整理了我多年的典型病例，汇集成册，编成《王自敏肾病临证医集》一书，于 2010 年 5 月由人民军医出版社出版。这是河南名老中医临证经验丛书中出版的第一部，起了带头作用，正值国家中医药管理局到医院检查工作，看到此书，认为带教有成绩，增加了分数。通过三年跟师临证实践、口传心授、科学研究等方式圆满地完成了任务，两位学生获得了传承博士学位。

通过我跟师学习，我又当继承工作的指导老师，深深体会到院校与师承相结合的教育模式，授课与临床并重，理论与实践双赢，诊疗技能不断提高，临床中不仅能掌握运用中医技术，还学习了西医知识。师承班最大优点就是实践多，学员大部分于三年后能独立应诊，并代师值班，出师即能胜任工作。河南中医继承工作政策落实很到位，在历任中医管理局领导的支持下，在国医大师李振华及中医学院党委积极倡导下，成功举办了几届师承班，且出师后工资待遇与大专院校毕业生一样。师承班培养了一大批人才，涌现出一批"德艺双馨"的名医大家。因此我对院校与师承合一的教育模式体会很深，大加称赞，希望在国家中医药管理局领导下，进一步落实政策，完善措施，坚持院校与师承合一模式，坚持名老中医药专家学术经验继承工作。

深研脾肾 学术思想

我继承了吕承全教授的学术精华，逐渐形成了自己的学术思想体系，主张以中医辨证与西医辨病相结合，宏观辨证与微观辨证相结合，以中医理论为指导，以中医辨证论治为基础，立脾肾为本，调和阴阳，紧扣中医病机，针对主要矛盾而选方遣药，博采众方，师古而不泥古，并衷中参西，在病程中适时地辅以西药治疗，治愈了大量疑难、危重病症。对急、慢性肾小球肾炎，肾病综合征，过敏性紫癜性肾炎，系统性红斑狼疮性肾炎，IgA 肾病，泌尿系感染等病症，均积累了较丰富的诊治经验。特别是对慢性肾功能衰竭有更深入研究，提出"虚、浊、瘀、毒"为本病四大病机，体现了肾病理论创新与临床实践相结合。

1. 整体观念，辨证论治

中医学是在古代的唯物论和辩证法思想的影响和指导下，通过长期的医疗实践，逐步形成并发展而成的独特的医学理论体系。以整体观念为主导思想，以辨证论治为诊疗特点。在肾病的诊疗过程中，我时时以此为要旨。中医学非常重视人体本身的统一性、完整性，认为机体整体统一性是以五脏为中心，配以六腑，通过经络系统"内属于脏腑，外络于肢节"的作用而实现的，构成人体的各个组成部分之间，在结构上不可分割，在功能上相互协调、相互为用，在病理上相互影响。

中医学亦重视人体与自然环境的密切关系。"天人合一"，人类生活在自然界中，自然界的变化可直接或间接地影响人体，而人体则相应地产生反应。《灵枢·岁露》曰："人与天地相参与，与日月相应也。"可见，应重视因时、因地、因人制宜，注重外界环境对人体疾病的影响。如长夏季节主湿盛，湿困脾土，失于健运，此时肾病患者多见厚腻之苔，我多酌加藿香、佩兰、白蔻仁、茯苓、薏苡仁等芳香化湿、淡渗利湿之品。如舌通过经络直接或间接地与五脏相通，"据舌以分虚实，而虚实不爽焉；据舌以分阴阳，而阴阳不谬焉；据舌以分脏腑，配主方，而脏腑不差，主方不误焉"（《临证验舌法》）。脏腑的虚实，气血的盛衰，津液的盈亏，疾病的轻重顺逆，无不察舌而知。血淋的患者，在下表现为尿频数、涩痛，小腹拘急，在上表现为舌尖红赤，心烦多梦。心主神明，心开窍于舌，心与小肠相表里，故治疗局部的小便症状，当从整体出发，拟清心通淋之法，以导赤散加萹蓄、白茅根、瞿麦等药物而效优。

辨证论治是中医学对疾病特殊的研究和处理方法，是中医认识和治疗疾病的基本原则和特点，是中医学的精髓。证，是机体在疾病发展过程中某一阶段的病理概括，反映的是疾病在这一阶段的病理变化的本质。通过望、闻、问、切四诊合参，明辨证候，继而论治。辨证是论治的前提和依据，论治是辨证的结果和手段，两者相互联系，密不可分。一种疾病可以通过辨证分为几种不同的证候，而不同的疾病在发展过程中亦可表现同一证候。我治疗肾病，熟谙此法，辨病、辨证相结合，同病异治、异病同治共应用。如患者主要症状表现为双下肢水肿，若伴肾阳虚症状，采用真武汤治疗；伴脾阳虚症状，用实脾饮治疗。

2. 脾肾为本，正胜邪去

《素问·刺法论》曰："正气存内，邪不可干。"《素问·评热病论》说："邪之所凑，其气必虚。"《灵枢·百病始生》也说："风雨寒热不得虚，邪不能独伤人……此必因虚邪之风，与其身形，两虚相得，乃客其形。"正气旺盛，气血充盈，卫外固密；正气不足，卫外不固，抗邪无力，邪气方入，阴阳失调，疾病丛生。正气不足是疾病发生的内在根据。正气的强弱从内因和根本上决定着疾病的发生、转归。我深谙此理，在肾病的治疗中，重视扶正固本，调理五脏，尤其重视先、后天之本脾肾两脏功能的调节，充养正气，使正胜邪自去。

（1）健运脾胃：脾胃为"后天之本"，气血生化之源。在《金匮要略·脏腑经络先后病脉证》"四季脾旺不受邪"，以及《脾胃论·脾胃盛衰论》"百病皆有脾胃衰而生也"的学术思想的指导下，我非常重视脾胃功能的调理。脾主运化，具有运化水谷和水液的功能。《素问·经脉别论》中"食气入胃，散精于肝，淫气于筋。食气入胃，浊气归心，淫精于脉""饮入于胃，游溢精气，上输于脾，脾气散精"，《素问·厥论》中"脾主为胃行其津液"等论述均是对脾主运化水谷功能的高度概括。就是说饮食入胃后，必须有赖于脾的运化功能，才能将水谷化为精微，并有赖于脾的转输和散精功能，"灌溉四旁"以濡养脏腑、经络、四肢百骸、筋肉皮毛等而进行正常的生理活动。若脾失健运，在肾病病人中多出现腹胀、便溏、纳呆，以至倦怠、消瘦、乏力等病变。另外，脾又主运化水液，《素问·经脉别论》云，"饮入于胃，游溢精气，上输于脾，脾气散精，上归于肺，通调水道，下输膀胱，水精四布，五经并行"，说明在水精的吸收、传输、布散过程中，脾具有重要的作用。肺为水之上源，肾为水之下源，脾居中焦，为水液升降输布的枢纽，水液的上腾下达，均赖于脾气的枢转。脾运健旺，则水精和水液两方面的代谢功能正常。《素问·至真要大论》云"诸湿肿满，皆属于脾"，若脾失健运，必然导致水液在体内停滞，产生湿浊、痰饮等病理产物，在肾病病人表现为最常见的水肿症状。

脾主升清，脾升则健，胃降则和。脾胃升降相因，协调平衡。脾气虚衰或为湿所困，肾病病人中可出现神疲乏力、头目眩晕、腹胀满闷、便溏泄泻，甚至久泄脱肛、内脏下垂等中气下陷的病证。

脾主统血，《难经·四十二难》曰："主裹血，温五脏"，清代沈明宗《金匮要略编注》说："五脏六腑之血，全赖脾气统摄"，若脾不统血，在肾病病人中可见尿血、便血、崩漏等病证。因此，在治疗各种肾病病证时，我非常重视健运脾胃功能，"四君子汤""参苓白术散""补中益气汤""实脾饮"等方药频繁应用，病证相切，疗效颇佳。

（2）调固肾元：肾为"先天之本"，藏先天之精，为脏腑阴阳之本，生命之源。肾中精气的生理效应，包括肾阴和肾阳两个方面。肾阳为一身阳气之本，五脏之阳气，非此不能发，对机体各个脏腑组织器官起着推动、温煦作用。肾阴为一身阴气之源，五脏之阴气，非此不能滋，对机体各个脏腑组织器官起着滋养、濡润作用。肾阳与肾阴之间相互制约、相互依存、相互为用。若肾阳虚衰，则肾病病人表现为疲惫乏力、形寒肢冷、腰膝冷痛、小便清长或遗尿失禁、舌质淡及性机能减退、水肿等证候。若肾阴不足，则肾病病人表现为眩晕、耳鸣、腰膝酸软、五心烦热、遗精、舌质红少津等证候。阳损及阴而或阴损及阳，则发展为阴阳两虚证候。而且，肾的阴阳失调又导致其他各脏的阴阳失调，可表现为肝阳上亢、肝风内动、心火上炎、心肾阴虚、肺肾阴虚、脾肾阳虚、心肾阳虚等诸多证候。

肾主水液，《素问·逆调论》称"肾者水脏，主津液"，是指肾中精气的气化功能对于体内津液的输布、排泄、平衡，具有极为重要的调节作用，即"肾主水液"。津液的代谢，正常生理情况下是通过胃的摄入、脾的运化转输、肺的宣发肃降、肾的蒸腾气化等作用，以三焦为通道输送于全身；代谢后的津液，则化为汗液、尿液和气排出体外。肾中精气的蒸腾气化，主宰着整个津液代谢，肺、脾等内脏对津液的气化，均依赖于肾中精气的蒸腾气化；尿液的生成和排泄，更是与肾中精气的蒸腾气化直接相关。若肾中精气的蒸腾气化失常，关门不利而发生尿少、水肿等症状；气不化水则发生小便清长、尿量增多等症状。如《素问·水热穴论》曰："肾者胃之关也，关门不利，故聚水而从其类也。上下溢于皮肤，故为胕肿。胕肿者，聚水而生病也。"

肾尚主纳气，《类证治裁·喘症》说："肺为气之主，肾为气之根，肺主出气，肾主纳气，阴阳相交，呼吸乃和"，《难经·四难》云："呼出心与肺，吸入肾与肝"，说明呼吸功能均有赖于肾的纳气作用。肾不纳气，摄纳无权，在高度水肿、肾衰病患者则表现为呼吸表浅，动辄气喘，呼多吸少等症状。因此，我在临证时亦高度重视温固肾元、调补肾阴肾阳、阴阳平补等治法。各地黄丸（六味、杞菊、知柏、麦味）、肾气丸、左归丸、右归丸、真武汤等方剂，随证辨用，屡用屡验。

（3）脾肾共健：脾为后天之本，肾为先天之本。脾肾两脏关系密切，主要表现为先后天相互资生。脾之健运，化生精微，须借助于肾阳的温煦，即脾阳根于肾阳。肾中精气亦有赖于水谷精微的培育和充养，方能充盈成熟。后天与先天，相互资生，相互促进。先天温养激发后天，后天补充培育先天。病理上两脏相互影响，互为因果。若肾阳不足，不能温煦脾阳，肾病病人可见腹部冷痛，下利清谷，五更泄泻，水肿等症状；若脾阳日久，损及肾阳，则成脾肾阳虚病证；若肾阴不足，可出现五心烦热、口舌生疮、舌红少苔或无苔、饥不欲食等病证。

脾肾两脏相互协同，共同主司水液代谢的平衡。若脾虚失运，水湿内生，经久不愈，则肾虚水泛；而肾虚蒸化失司，水湿内蕴，亦致脾失健运，最终均可导致肾病病人尿少浮肿，腹胀便溏，畏寒肢冷，腰膝酸软等脾肾两虚、水湿内停之证。因此，我认为脾肾两脏的共健，先天、后天之本的共同充养，在肾病的治疗中具有极其重要的意义，这是我学术思想的重要组成部分，也是我治疗肾病始终遵循的原则。

3. 祛除病邪，邪去正安

重视正气，强调正气在肾病发病中的主导地位，但并不排斥各种致病邪气对肾病发生、发展的重要作用。我认为血瘀、腑浊、湿热等是肾病最常见的病邪，相应处以活血化瘀、通腑泻浊以及清化湿热之法，使邪去正自安。

血瘀证的原因很多，归纳为气虚致瘀、气滞致瘀、阴虚致瘀、阳虚致瘀、痰饮致瘀、湿热致瘀、久病致瘀等。根据致瘀原因的不同，在活血化瘀的基础上灵活施治。在肾病治疗过程中，通腑泻浊法应用较为普遍，腑实不通时固然用之，而在慢性肾功能衰竭的患者，凡无腹泻者均可酌情用之，以大便每日 2～3 次为度。在我的诸多经验方中，如救肾胶囊、黄槐温胆汤、肾衰灌肠液等方药中均体现出此法的应用，且临床疗效显著。除了血瘀，腑浊标实证候表现以外，尚表现有显著的湿热证候。我常言"湿热不去，蛋白难消"，即湿热病邪不祛除，病人的蛋白难消失之意。因此，我注重在肾疾治疗中不忘清化湿热，俾湿去热清，气机畅达，疾病向愈。

4. 选药平和，调理阴阳

在治疗慢性肾病的过程中，如何选择药物是很重要的环节。在长期的临床实践中体会到，由于慢性肾病的病机多为本虚标实、寒热错杂，所以选药不宜大苦、大寒、大温、大燥、大补，而宜性平为佳，以达调理阴阳之效。如温补不宜用干姜、附子、肉桂等，认为此可骤增浊邪；燥湿不宜用黄连、黄芩、川木通等，认为此可剧伤正气。临床中，擅用平补平泻之法，如肝肾阴虚，擅用生地黄、女贞子、墨旱莲、怀牛膝等；脾肾阳虚，擅用仙茅、淫羊藿；湿热炽盛，擅用大黄炭、生槐花等。

5. 内外结合，综合疗法

慢性肾病病情缠绵，病势复杂，单一途径治疗奏效甚难。因此，针对此病机，采用中药内服、灌肠、足浴等多途径给药的治疗方法。内服兼外用灌肠，联合途径优化综合治疗，既可扶正固本，又可化瘀解毒、通腑泻浊，使局部与整体有机结合，经多年的临床实践证明，对延缓肾衰竭的进程具有独特的疗效。这种综合优化治疗的方法对肾病治疗思路的拓展具有重要意义。

6. 师古不泥，创制新方

我师承吕承全教授，熟读中医古籍，尊崇历代医家学术思想，广采众长，潜心治学，严谨勤勉，师古而不泥古，在长期临床实践过程中积累了丰富的临床经验，择其效优者，创制成新方，研制成新药，以方便患者携带使用，利于临床推广应用。

以下介绍几种主要制剂：

（1）救肾胶囊（现改名为复肾降浊胶囊）：主要药物有制附子、西洋参、大黄、丹参等。主要治肾气亏虚，气化失常，水湿浊毒无出路，瘀积体内而发病。用于治疗慢性肾小球肾炎、慢性肾功能衰竭，可降低尿素氮、血肌酐、蛋白尿。我自20世纪80年代末开始研究此药，临床观察100余例病案，并用动物实验以佐证其疗效，该研究于1994年获河南省厅局级二等奖，1995年获省科技进步三等奖。

（2）肾衰灌肠液：主要药物有大黄、蒲公英、槐花、丹参、牡蛎。主要用于急慢性肾功能衰竭，下焦湿热，浊毒壅盛者。

（3）尿感冲剂（现改名为尿感颗粒）：主要药物有生地黄、黄柏、猪苓、泽泻、茯苓、阿胶。制成颗粒，每袋9克，每次1袋，每日3次，开水冲服。用于阴虚湿热所致的小便不利；膀胱炎、急慢性肾盂肾炎、前列腺炎等。于2000年获河南省厅局级二等奖。

（4）黄槐温胆汤：主要药物有陈皮、半夏、竹茹、制大黄、生槐花、甘草等。功能为和胃降浊、清热利湿。主治急慢性肾功能衰竭引起的胃肠道症状及血肌酐、尿素氮升高者。如胃脘胀满，哕逆较重者加砂仁、白豆蔻；腹部痞闷，大便干少者加枳实、厚朴，此二药与方中大黄共用，乃取"小承气汤"之意也；舌质淡紫，舌下络脉瘀紫，身有紫癜为瘀血阻络，加丹参、鸡血藤；头疼，血压偏高者加川芎、钩藤、夏枯草；尿素氮、血肌酐持续升高者加六月雪、积雪草以增强清热解毒之力。

7. 未病先防，既病防变

"未病先防，既病防变"组成了中医学"治未病"的预防思想。《素问·四气调神大论》说："圣人不治已病治未病，不治已乱治未乱，此之谓也。""夫病已成而后药之，乱已成而后治之，譬犹渴而穿井，斗而铸锥，不亦晚乎？"孙思邈将疾病分为"未病""欲病""已病"，指出"上医医未病之病，中医医欲病之病，下医医已病之病"，并反复告诫要"消未起之患，治未病之疾，医之于无事之前"。故在肾病防治中，我主张坚持"未病先防""既病防变"的原则。当前社会慢性肾脏病（CKD）已成为一种多发病，具有"三高一低"的特点，即高患病率、高病死率、高医疗卫生支出、低认知率，已成为危害人类健康的公敌之一。故前国际肾脏病学会主席 Brenner 教授指出，"未来五年将是肾脏病预防年"，预防和早期发现慢性肾脏病非常重要。对于慢性肾脏病的患者，涵盖"无病要防，有病早治，定期检查"等多层含义。近年来，流行病学研究表明，有些不利健康因素可改变为有利预防肾脏病的举措，避免和纠正这些可改变危险因素，对防治肾脏病非常有益。要做到不吸烟，少饮酒，低盐合理膳食，顺应自然，锻炼身体，适当饮水，思想乐观，预防外感，护肾保精，有病早治，既病防传，采取措施，瘥后防复。提出"防、养、俏、笑"四个字，看似简单，然于慢性肾病的调护，涵盖心理调护、日常生活调护及饮食调节三大方面，实乃本人近50年中医肾病临床诊疗实践之心得总结，希望对于医护人员及肾病患者能有所启迪。

8. 中西结合，衷中参西

我笃嗜中医，但从不排斥西医，择善而从，以西医之长，补中医之不足，中西医结合治疗肾病是我遵循的原则。如对肾病综合征的治疗，在严格把握适应证的前提下，采取糖皮质激素、免疫抑制剂以及细胞毒素药物等进行治疗，起效迅捷，减少复发。但这些药物不良反应较大，有病人出现库欣综合征、多汗、失眠、脱发、恶心呕吐、肝功能损伤、骨髓性腺抑制，采用中药治疗，可以减少激素副作用，增强疗效。大剂量激素服用后，病人即出现精神亢奋，阴虚火旺症状，中医滋阴清热解毒治疗可减轻激素副作用。撤减激素时患者出现反跳，抵抗力差，出现少气乏力，腰背酸痛等脾肾两虚症状，中药应以健脾补肾法。后期激素停用阶段，患者出现倦怠少神，胃寒怕冷，腹胀纳呆等肾阳虚等症状，中药应以温补肾阳、填精补髓法。以上几种减少激素副作用的治疗方法称之为治疗肾病综合征之有效三部曲。再如对泌尿系感染治疗及对慢性肾功能衰竭治疗，在不同阶段中均有西药切入。我认为慢性肾病是一组常见而复杂的症候群，临证时虽应以中医辨证施治为主，但也应借鉴并应用现代医学的相关检查、病理诊断、血液净化等各种手段。采用中西医结合，辨病辨证结合的方法治疗肾病，融合中西医理论为一体来识别疾病，取长补短，兼收并用，才是解决临床疑难肾病的最佳途径。

临床经验　特色专病

1. 肾性水肿（慢性肾小球肾炎、肾病综合征）
【病因病机】

肾性水肿，包括现代医学所指急、慢性肾小球肾炎，肾病综合征。病情迁延引起的水肿应属阴水，但急性发作则属阳水。对肾性水肿形成的诸多因素，其病理机制及辨证分型形成一个较为完整的病机认识要有一个过程。水肿为其常见主症，以阳虚为其病机关键。我遵古法治疗慢性肾炎，认为证虚多属于脾肾阳虚，没有跳出"肾炎就是肾虚"的误区，大多用温补之药，耗伤阴津，无疑是抱薪救火，疗效自不尽如人意。20世纪70年代以后，通过理论与实践相结合，逐渐认识到肾性水肿病机有"本虚、邪实"两个方面，不能一说肾炎就用肾虚来解释治疗。20世纪80年代后随着社会的发展，人们生活水平不断提高，饮食结构发生改变，还有地理环境、物理、化学因素以及激素的使用等，对肾病发生、发展都有影响，使病情错综复杂。肾性水肿的病机总属"本虚标实"，"本虚"有脾肾气虚，气阴两虚，脾肾阳虚，肝肾阴虚证，又因五脏相关，可涉及心肺两脏；"标实"是指外感、水湿、湿热、血瘀、浊毒，而绝非单纯肾虚一种。其脾肾气虚，气阴两虚，夹有湿热，血瘀证较多见，脾肾阳虚型渐少。概括起来，慢性肾病的形成，肺、脾、肾虚损是疾病基础，其在演变过程中起着重要作用，水湿、湿热、瘀血是致病因素，病理症结。"虚、湿、浊、瘀、毒"是慢性肾病的主要病机。虚而致水湿运化失常，是导致肾性水肿的关键。湿盛则为水邪，湿郁则生湿热，浊、毒盘聚中焦，影响气血运行，升降失常，则瘀血为之而生，故湿为诸邪之源。临床中要辨证候，分清虚、实、寒、热，治法要扶正固本，驱邪治标，标本兼治，孰重孰轻，孰先孰后，认清主要病机，抓住主要矛盾，审因辨治，选方遣药，才能取得较好的效果。

【论治方药】

水肿出现首先为外感风邪犯肺，或为寒证，或为热证，使肺失宣降，水道不通，风遏水阻，风水相搏，流溢肌肤，而成水肿。治疗方法必先用宣肺解表，使水肿消退。偏于风寒者，恶风，咳嗽，肢节酸楚，眼睑水肿，甚则四肢及全身水肿，小便不利量少，舌苔薄白，脉浮紧，方用麻黄汤、小青龙汤化裁；偏于风热者，发热，面部水肿，咽喉红肿疼痛，舌质红，舌苔薄黄，脉浮数，方用越婢加术汤、麻黄连翘赤小豆汤化裁；水肿重者合用五皮饮；若水凌心肺则用葶苈大枣泻肺汤加味；伴血压高者，不宜用麻黄，而应用苏叶。

脾虚、气虚夹湿引起的肾性水肿，宜健脾益气，渗利水湿，方用香砂六君子汤、参苓白术散、防己黄芪汤化裁。健脾益气常用党参、白术、黄芪；淡渗利水常用茯苓、薏苡仁、猪苓、滑石、通草。利尿效果不佳者加用活血药。

脾肾两虚而致水肿，水液运化与肺、脾、肾有关，但与肾关系更为密切，以肾为本，以肺为标，以脾为利水之脏。肾为先天，脾为后天，脾虚而后天之本不充，水液代谢障碍，日久及肾，耗伤肾气，肾虚温煦滋养失职，必脾气匮乏，二者互相影响，出现不同的病理症状。若偏于脾阳虚者用实脾饮化裁，偏于肾阳虚者用金匮肾气丸、真武汤加减。

肾性水肿迁延日久，素体正气不足，气血亏虚或长期大量地服用激素，常见气阴两虚证、肝肾阴虚证，常用益气养阴双补法，方用参芪地黄汤、知柏地黄汤、八珍汤化裁。

肾性水肿病实的一面，即是湿热。湿邪有内湿、外湿之分，湿邪蕴久化热，湿热互结使中焦脾胃失其升清降浊之能，三焦壅滞，气化功能受阻，水道不通，水肿乃成。湿热是导致慢性肾炎的关键。临床中清热化湿又不伤阴的常用药物有茯苓、猪苓、薏苡仁、白花蛇舌草、蒲公英、金银花、木瓜、车前草、通草、益母草等。

血瘀证亦是肾性水肿病邪实的一面，因实致瘀，因瘀而邪更恋。《血证论》指出："血与水本不相离""病血者未尝不病水，病水者未尝不病血""瘀血化水，亦发水肿""血积即久，亦转化为痰水"。可见水湿与血瘀交互为病，是慢性肾病致病因素，又是病理产物。慢性肾炎一旦形成，就产生了水湿与血瘀，因此我认为"初疾内存水瘀"，慢性肾炎病程悠长，"久病致瘀"，血瘀更是深伏体内，"血不利则为水"，瘀血又阻碍肾的气化，使体内水液代谢失常，水湿停聚，病情复杂，缠绵难愈。治疗原则一定要活血利水、通脉解凝，活血化瘀法贯穿于慢性肾病的始终。常用药有益母草、水蛭、泽兰、当归、丹参、赤芍、鸡血藤、桃仁、红花。

【验案举隅】

武某，男，56 岁，2006 年 6 月 14 日初诊。

自诉一个月前无明显诱因出现腰痛，左侧痛甚，下肢略有水肿，未引起重视。20 天前感冒后出现眼睑及四肢水肿。于 2006 年 6 月 8 日住入某省级医院做肾穿示微小病变肾小球病伴急性间质性肾炎。B 超示左肾积水，腹水。钡剂示反流性食管炎、十二指肠球部溃疡。血生化检查：血浆白蛋白 19.2 克/升，总胆固醇 13.6 毫摩尔/升，三酰甘油 4.0 毫摩尔/升，24 小时尿蛋白定量 8.10 克，尿常规：蛋白（＋＋＋）。本应给予激素治疗，因有胃十二指肠球部溃疡不能服用，患者要求出院，来我院门诊要求中医药治疗。证见：神疲气怯，眼睑水肿，脘腹胀满，恶心呕吐，胃痛不欲食，大便调，每日尿量约 500 毫升，双下肢按之如泥。舌质暗红，舌下络脉瘀紫，苔薄腻，脉沉细。余诊为水湿瘀阻三焦，胃失和降，脾虚不能运化水谷，水液泛溢四肢。拟健脾和胃、通络利水法：

陈皮 10 克	半夏 10 克	茯苓皮 30 克	竹茹 12 克
豆蔻 12 克	鸡内金 15 克	丹参 20 克	赤芍 15 克
穿山甲 10 克（现用代用品，下同）		猪苓 20 克	

泽泻 15 克　　　水蛭 3 克　　　厚朴 15 克　　　白茅根 30 克

焦三仙各 10 克

2006 年 7 月 4 日，上方服 13 剂，舌质暗红，舌苔薄，脉沉细。每日尿量 1500 ~ 3000 毫升，水肿全消。尿常规：蛋白（ + ）。尿放免：白蛋白 3114 微克/毫升，免疫球蛋白 624 微克/毫升，β_2 球蛋白 2211 微克/毫升，24 小时尿蛋白定量 2.20 克。查血生化：白蛋白 27 克/升，尿素氮 11.7 毫摩尔/升，血肌酐 60 微摩尔/升，胆固醇 13.55 毫摩尔/升，甘油三酯 4.63 毫摩尔/升，谷丙转氨酶 68 单位/升。胃不痛，食欲增进，每日食 5 ~ 6 两，微畏寒。拟健脾和胃、固摄肾气法：

陈皮 10 克　　　半夏 10 克　　　茯苓 30 克　　　砂仁 12 克

鸡内金 15 克　　山茱萸 30 克　　枸杞 30 克　　　菟丝子 30 克

覆盆子 30 克　　金樱子 30 克　　巴戟天 15 克　　丹参 30 克

赤芍 15 克　　　生山药 15 克　　白茅根 30 克

2006 年 7 月 22 日，患者服药期间感冒数日，用祛风清风汤已愈。查尿常规：蛋白（ - ），隐血（ - ）。血生化：总蛋白 63 克/升，白蛋白 40 克/升，其他检验均接近正常。24 小时尿蛋白定量：454 毫克。舌质红，苔薄黄，脉沉细。拟用益气滋养补肾法：

黄芪 30 克　　　生地黄 15 克　　牡丹皮 12 克　　丹参 30 克

赤芍 15 克　　　山茱萸 30 克　　枸杞 30 克　　　菟丝子 20 克

覆盆子 20 克　　生山药 20 克　　茯苓 15 克　　　砂仁 12 克

太子参 15 克　　白茅根 20 克

随症加减服此方 3 个月，巩固疗效，查尿常规、24 小时尿蛋白定量、肝肾功能、血脂均在正常范围。随访观察，至今未再复发。

2. 关格（慢性肾功能衰竭）

【病因病机】

根据慢性肾功能衰竭的临床表现，应属于中医学"水肿""癃闭""关格""溺毒""虚劳""哕逆"等范畴。中医认为，引起慢性肾功能衰竭的原因有内外两大因素。外因多为外感六淫侵犯、皮肤疮毒感染、肾毒性药物的使用，地理环境、化学毒物对人体的损害，以及劳累过度、房事太过等耗伤脾肾。内因多为素体肾气不足、肾元亏虚。《素问·脏气法时论》云："肾病者，腹大胫肿，喘咳身重。"《景岳全书·癃闭》论述本病的症状及严重性："小水不通是为癃闭，此最危最急证也，水道不通，上侵脾胃而为胀，外侵肌肉则为肿，泛及中焦则为呕，再及上焦则为喘，数日不通则奔迫难堪，必至危殆。"《证治汇补》记载："关格者……既关且格，必小便不通，旦夕之间，陡增呕恶，因浊邪壅塞，三焦正气不得升降，所以关应下而小便闭，格应上而生呕吐……最为危候。"这些论述与慢性肾功能衰竭的症状、体征、预后较为相似。

早在20世纪90年代初，对慢性肾功能衰竭我就倡"虚、浊、瘀、毒"四大病理机制，其中虚是主要病机，且以肾为中心，兼及肝、脾、肺三脏，随着病情进展，阴损及阳或阳损及阴，而逐渐出现脾肾阳虚、气阴两虚、肝肾阴虚等证，最终导致阴阳两虚。由于气血阴阳失调，三焦气化失司，升降开阖失常，水谷精微无以正常化生津液，反生"湿浊"之邪，滞留机体，形成病理产物。本病病程冗长，缠绵不愈，因"气虚""阳虚""阴虚""痰饮""湿热""久病"等因素均可致血行瘀滞，停而为瘀，形成"血瘀"病理产物。再者，肺失宣降，肝失条达，脾失健运，肾失泄浊，均致痰湿停积，湿浊淤滞，阻遏三焦，留滞在人体经脉系统，日久致邪稽毒酿，又成"浊毒"之邪。而"虚、浊、瘀、毒"四大因素之间又可互为因果，形成恶性循环。总之，本病是以正虚为本，邪实为标。正虚有气虚、阳虚、阴虚、气阴两虚等不同，邪实有湿浊、血瘀、浊毒等各异，总属虚实错杂之证。

【论治方药】

在治疗本病时，要明辨正虚邪实的不同而分型论治。我认为，疾病具有动态发展变化的特点，分型不是固定不变，疾病在不同的发展过程中表现为或以正虚为主兼邪实，或以邪实为主兼正虚。且每种正虚可兼夹多种邪实，应灵活地看待正邪之间的关系。治疗时则应或以扶正为主，或以祛邪为主，或以扶正祛邪相结合。

慢性肾功能衰竭若临床表现为面色㿠白或萎黄，神疲乏力，头晕耳鸣，纳差腹胀，口黏口淡，腰膝酸痛，下肢浮肿，手足不温，夜尿频多，舌质淡红，苔薄白，脉象沉细，出现脾肾两虚，治宜培补脾肾、化瘀解毒，用救肾胶囊，汤剂用益气健脾补肾法，药用黄芪、当归、党参、川芎、白芍、白术、枸杞、山茱萸、肉苁蓉、淫羊藿、仙茅。若偏于脾虚，不思饮食、腹胀者，加生山药、砂仁、鸡内金、厚朴。若偏于肾阳虚，畏寒怕冷、四肢不温者，加制附子、肉桂、巴戟天。若下肢浮肿，加茯苓皮、泽泻、车前子、玉米须。若夜尿频多，加覆盆子、菟丝子、益智仁。

慢性肾功能衰竭伴有高血压患者，如临床表现为面色萎黄，目睛干涩，口干欲饮，口苦，头晕耳鸣，手足心热，腰膝酸痛，大便干结，舌质红，或暗紫，苔薄黄，或无苔，脉象弦细，为肝肾阴虚型，治宜滋补肝肾、益气活血。方用归芍地黄汤加减：当归、白芍、生地黄、牡丹皮、山茱萸、枸杞、桑寄生、杜仲、黄芪、丹参、川芎。若头晕耳鸣，血压偏高者加夏枯草、生牡蛎、珍珠母、菊花、蝉蜕。若手足心热明显者，加地骨皮、龟甲。若大便干结加厚朴、制大黄。

临床表现为面色萎黄，少气无力，口干喜饮，腰膝酸痛，手足心热，夜尿频多，舌质淡红，苔薄白，或舌红无苔，脉沉细无力，多见于慢性肾功能衰竭持续缠绵阶段，阴损及阳，或阳损及阴，向气阴两虚证转化。治宜益气养阴。方用参芪地黄汤加减：人参、黄芪、生地黄、山茱萸、枸杞、生山药、牡丹皮、茯苓、泽泻。若偏于脾气虚不思食者，加砂仁、鸡内金、陈皮。若偏于阴虚内热重者，加地骨皮、龟甲、黄芩、栀子、玄参。若阴虚风燥、皮肤瘙痒者，加蝉蜕、地骨皮、蛇床子、地肤子。

虚中夹湿浊中阻者，多见于慢性肾功能衰竭伴有代谢性酸中毒及消化道症状。临床表现为面色无华，恶心呕吐，不思饮食，口中有尿臭，胸脘胀闷，四肢沉重，大便不爽，舌质淡红，苔白腻或黄腻，脉沉细缓。此为湿浊阻于中焦，脾胃受损，升降失常，波及他脏。治宜调和脾胃、疏利三焦。方用自拟黄槐温胆汤加味：生槐花、制大黄、陈皮、茯苓、清半夏、六月雪、白豆蔻、姜竹茹。随着病情发展，湿浊内留化毒，可从寒化或热化，若寒化出现脾肾阳虚者加淫羊藿、仙茅、巴戟天；若热化出现热毒症状者加黄芩、栀子、白花蛇舌草、厚朴、枳实。大便少而干则加重大黄用量，以清热解毒排毒。

虚中夹有血瘀阻络者，见于慢性肾功能衰竭的各个阶段。临床表现为面色晦暗，唇色发紫，胸胁胀痛，腰痛不移，下肢瘀肿，月经色暗量少，腹痛有血块，舌质暗红，有瘀点或瘀斑，舌下络脉青紫粗暗，舌苔少，脉象沉涩。此为久病多瘀，阻于肾络。治宜益肾活血、化瘀通腑。方用血府逐瘀汤加减：生地黄、枸杞、何首乌、菟丝子、桃仁、红花、当归、丹参、赤芍、鸡血藤、茯苓、厚朴、肉苁蓉、制大黄。我认为，慢性肾功能衰竭的各个阶段，都可以出现轻重不同的血瘀症状，方剂中加入活血化瘀药，以缓解肾脏高凝状态，改善肾脏微循环，延缓肾衰竭进展，具有重要意义。

【病案举隅】

祝某，女，56岁，家庭妇女，1994年2月15日初诊。

患者于10余年前出现腰痛、尿急、尿频，夜尿2~3次。服用一些单方临时取效就不再根治。延至1994年初面黄，恶心呕吐，不能食，在当地以胃病治疗一个月后病情加重，于2月15日找我诊治。时见面黄头晕，极度乏力，行动困难，两人搀扶，面浮，语言低微，恶心呕吐，不能食，胸脘痞闷，尿量减少，大便不畅量少，双下肢无凹陷性水肿。查血肌酐540微摩尔/升，血尿素氮15毫摩尔/升，血红蛋白45克/升，二氧化碳结合力15.3毫摩尔/升。尿常规蛋白（+），白细胞2~4个/高倍镜。B超示左肾78毫米×40毫米×39毫米，右肾81毫米×38毫米×35毫米，双肾缩小，呈弥漫性损伤。血压130/85毫米汞柱。舌质淡，舌苔薄黄腻，脉沉细无力。中医诊断：关格；西医诊断：慢性肾功能衰竭。证属脾肾两虚，胃失和降，湿热浊毒壅盛，拟六君子汤加减益气养血健脾、和胃止呕降浊：

黄芪20克	党参15克	白术10克	茯苓10克
当归15克	陈皮10克	清半夏9克	砂仁10克
鸡内金15克	竹茹10克	生槐花30克	白花蛇舌草30克
六月雪30克	甘草6克		

另用肾衰灌肠液1号（本院制剂）保留灌肠，每次125毫升，每日两次，7天为一疗程；碳酸氢钠片，每次2片，每日三次口服。

3月20日复诊：上方服用15剂。患者走路已不用人搀扶，自己走进诊室，头晕、面黄好转，能进食，仍时恶心呕吐，腹胀，大便较畅，每日1~2次，小便量尚可。舌质淡，苔薄黄，脉沉细。查血生化：尿素氮13毫摩尔/升，血肌酐430微摩尔/升。血常规：血红蛋白62克/升。尿常规：蛋白（+）。综上分析，余认为浊邪偏盛，阻碍三焦之气化功能，应改为祛邪为主，治宜和胃降浊、清化湿热，黄槐温胆汤加减：

陈皮10克	清半夏10克	茯苓20克	竹茹10克
制大黄6克	生槐花30克	白花蛇舌草30克	六月雪30克
厚朴12克	砂仁12克	白豆蔻12克	

救肾胶囊（现改为复肾降浊胶囊），每次2粒，每日两次，空腹服。肾衰灌肠液停用，碳酸氢钠片继用。

2003年4月12日：几年来病情缓解，精神转佳，随症加减。查血肌酐波动在120～156微摩尔/升，尿素氮波动在8～10毫摩尔/升。B超示：左肾102毫米×44毫米×37毫米，右肾99毫米×58毫米×36毫米，双肾实质弥漫性改变。余看到B超后感到惊讶，双肾由9年前缩小，怎么现在会增大呢？嘱病人再到省级某医院进行复查。6月5日某医院彩超报告单：左肾102毫米×46毫米×43毫米，右肾101毫米×47毫米×43毫米，双肾大小正常。提示：双肾弥漫性损伤。拟用养血和胃降浊法：

黄芪30克	当归15克	丹参20克	鸡血藤30克
川芎12克	白芍20克	白豆蔻10克	鸡内金10克
山茱萸20克	枸杞20克	生槐花30克	白茅根30克
白花蛇舌草30克	大黄炭6克		

2003年至2008年患者仍坚持服救肾胶囊。根据病情黄槐温胆汤与益气养血方轮换服用。从1994年至今治疗17年，除用过碳酸氢钠片外，其他西药（如促红细胞生成素）从未使用过。血红蛋白由45克/升上升为95～126克/升，血尿素氮由15毫摩尔/升下降为7.6～10.10毫摩尔/升，血肌酐由540微摩尔/升下降为112～430微摩尔/升，二氧化氮结合力由15.3毫摩尔/升上升为24.06毫摩尔/升。体重由38千克增至60千克。

3. 淋证（泌尿系感染）

【病因病机】

泌尿系感染是以小便频数涩痛、淋漓不尽，小腹拘急胀痛，或痛引腰腹为特征的一种病症。《金匮要略·消渴小便利淋病脉证治》中的"淋之为病，小便如粟状，小腹弦急，痛引脐中"即把这种病症称为淋证，故笼统地讲，泌尿系感染属中医"淋证"的范畴。《丹溪心法·淋》认为："淋有五，皆属热。"《诸病源候论·淋病诸候》进一步指出："膀胱与肾为表里，但主水，水入小肠与胞行于阴，为溲便也。若饮食不节，喜怒失常，虚实不调，脏腑不和，致肾虚膀胱热，肾虚则小便数，膀胱热则小便涩，数而且涩，则淋沥不宣。"明确地指出了本病的病因病机和主要证候。后世医家在此基础上，认为本病多为湿热蕴结膀胱所致。病因大致归纳为，饮食不洁，过食辛辣厚味，损伤脾胃，中焦内酿湿热，下注膀胱而为本病。情志不畅，肝气郁结，气郁化火，郁滞下焦，影响膀胱气化，气不化津且与热相合，湿热留滞而成本病。外阴不洁，秽浊污垢之邪上逆侵及膀胱，酿生湿热为患。房事不节，或劳累过度，或年老体弱久病，均可导致脾胃亏虚，脾虚而失健运，肾虚而失气化，则水谷津液运化失常，内聚而蕴热生湿，酿成湿热，下注膀胱，久则邪恋正伤，而发本病。

【论治方药】

淋证初起多因下焦湿热，其病在腑，属于实证。病程迁延或反复发作，则出现阴虚、脾肾亏虚等虚损证候，而湿热邪气未尽，气血瘀滞又生，形成虚实夹杂之证。临证时，应明辨淋证的类别，再审证候的虚实，结合标本缓急，针对病机，确定治则，立方遣药，进行有的放矢地治疗。

若小便频数短涩，淋沥灼热刺痛，尿色黄赤，小便拘急腰痛，或腰痛拒按，或有恶寒发热，口苦，呕恶，或见大便秘结，舌质红，苔薄黄或黄腻，脉滑数。为下焦湿热，治宜通淋利湿，清热泻火。用自拟三草汤（余经验方）加味。其药物组成为：白花蛇舌草、车前草、益母草、金银花、黄柏、薏苡仁、白茅根。方中首药为白花蛇舌草，味微苦、甘，性寒，入肺、胃、肝经，有清热、利湿、解毒、消痈功效；车前草清热解毒、利水通淋；下焦湿热，黏滞难化，血行受阻而致瘀，故方中用益母草贵在取其活血化瘀之效。三草合用故名"三草汤"。金银花为清热解毒类的代表药物，黄柏清热燥湿、解毒泻火，擅治下焦湿热，薏苡仁、白茅根功在健脾利尿、清热排毒。诸药合用，共奏清热解毒、利尿通淋之效。

若小便短赤，涩滞不畅，淋沥难尽，小腹胀痛，伴见寒热往来，口苦，咽干，目赤，胁痛，耳聋耳鸣，心烦欲呕，或阴部湿疹，或带下黄臭，外阴瘙痒等，舌质红，苔薄黄或黄腻，脉弦数，为肝胆湿热证。治宜清肝利湿，通淋理气。方用龙胆泻肝汤（《医宗金鉴》）加减：龙胆草12克，黄芩10克，泽泻15克，通草6克，栀子10克，车前子15克（布包），当归15克，柴胡10克，生地黄20克，甘草6克。或用泻青丸加减。

若尿热、尿痛、尿黄赤浑浊，五心烦热，腰膝酸软，头晕耳鸣，咽干唇燥，舌质红，苔薄黄腻，脉细数，为阴虚湿热证。治宜滋阴益肾，清热通淋。方用尿感冲剂（余经验方）：生地黄、黄柏、猪苓、茯苓、连翘、阿胶。或用知柏地黄汤（《小儿药证直诀》）加减：知母10克，黄柏10克，牡丹皮10克，茯苓15

克，泽泻 10 克，生地黄 15 克，石韦 15 克，车前草 30 克。

若小便赤涩不甚，但淋沥不已，时作时止，遇劳即发或加重，腰膝酸软，神疲乏力，神倦懒言，食欲不振，面色不华，舌质淡，苔薄白，脉沉细，乃为脾肾亏虚，湿热缠绵。宜用健脾益肾，利湿清热。方用无比山药丸（《太平惠民和剂局方》）加减：山药 15 克，生地黄 10 克，茯苓 20 克，泽泻 15 克，柴胡 10 克，菟丝子 15 克，炒杜仲 15 克，川牛膝 12 克，五味子 6 克，白茅根 30 克。或用益气健脾之补中益气汤加味治之。

【病案举隅】

房某，女，50 岁，工人，2008 年 3 月 14 日初诊。病史：患者间发腰痛，口干渴，手足心热，尿急、尿热、尿痛，少腹部不适两年余，先后多次症状严重时应用西药抗生素及中草药治疗，病情时轻时重，并反复发作。4 天前劳累并食辛辣后，诸症加重，并出现肉眼血尿，发热（37.8℃）。来诊时查尿常规：蛋白（＋），红细胞（＋＋＋），白细胞（＋＋＋）。血常规：白细胞 11.5×10^9/升。舌质暗红，苔黄腻，脉细数。中医诊为"淋证"，西医诊为"慢性肾盂肾炎急性发作"。遵循"急则治其标"的原则，以"三草汤"清热解毒、利尿通淋、凉血止血治之。

白花蛇舌草 30 克	车前草 30 克	益母草 15 克	藕节 30 克
金银花 30 克	黄柏 12 克	白茅根 30 克	薏苡仁 20 克
蒲公英 30 克	土茯苓 20 克	佩兰 15 克	墨旱莲 30 克

4 月 14 日二诊：上方服 10 剂，3 剂后热退，诸症均减，10 剂后诸症大减，已无尿急、尿热、尿痛，但仍腰痛，口干渴，手足心热，多梦，舌质暗红，苔薄黄腻，脉沉细。尿常规：蛋白（±），红细胞（＋＋），白细胞（－）。且患者因事欲赴外地，服药不便，我以症测证，改以滋阴清热凉血法，嘱服尿感冲剂。

5 月 24 日三诊：尿感冲剂服用一月余，腰痛、口渴、手足心热、多梦等症均有改善，患者觉效佳，仍不愿煎熬中药，继服尿感冲剂，每月来诊一次，连续服用 3 月余而停药。之后病情未再反复而病愈。

崔公让

崔公让（1938—　），男，河南省郾城人，河南中医药大学第一附属医院主任医师、教授、硕士研究生导师。首届"全国名中医"，第二、四批全国老中医药专家学术经验继承工作指导老师。首批全国名老中医药专家传承工作室指导老师，享受国务院政府特殊津贴，"河南省中医事业终身成就奖"获得者。

历任中国中西医结合学会学术部第五届、第六届理事，中国中西医结合学会周围血管疾病专业委员会第五、六届主任委员及第七、八届名誉主任委员，中华中医药学会外科分会顾问，中华中医药学会外科脉管专业委员会副主任委员，河南中医外科学会名誉会长，河南省中西医结合学会周围血管疾病分会顾问。《中国中西医结合外科杂志》编委会副主任，《世界中医药杂志》编辑委员会顾问，河南省文史馆馆员。

擅长以中医、中药为主，中西医结合治疗血栓闭塞性脉管炎、动脉硬化闭硬塞症、糖尿病足、肢体动脉栓塞、下肢深静脉血栓形成、肺栓塞、糖尿病足坏疽、血管瘤、大动脉炎、下肢静脉瓣膜功能不全、淋巴水肿、红斑性肢痛症、雷诺综合征、结缔组织病、变态性血管炎、硬红斑等周围血管病，以及痛风、三叉神经痛等外科疑难杂症。

一、幼承家学

1938 年，我出生于河南省郾城县（现郾城区）一个偏僻的农村，自幼丧父，靠母亲开的一家小药铺和祖父、叔父种田务农的接济维持生计。村庄虽小，但传统文化底蕴浓厚，晚清时期出现文武举人各三人，我的曾祖父是当时的文举人之一。祖父崔荣身精通阴阳之术，对中华传统文化深有研究。民国时期，家道逐渐没落，我的父亲崔岐山、叔父崔俊卿应征入伍，参加抗日战争。我小时候常跟随祖父身边听故事，如孔融让梨、孟母三迁等，接受传统文化思想教化。其中记得最深的是如何去做人做事，祖父曾说"人的一生，可以不识钱过日子，但不识人是寸步难行的""人求学问，应该像农民种庄稼一样，越能精耕细作，庄稼才能根深叶茂"，这些让我自小懂得做人、读书、求知识应是如此。

我的母亲黄丽卿出生在中医眼科世家，其祖黄福兴亦是郾城人，以治疗眼疾为主，配制"珍珠清凉散""朱砂拨云散""珊瑚紫金膏"治疗眼疾，效果颇佳，后举家迁入郑州开设"舍和堂"医馆，誉满城乡，世称"黄家眼药"，在《郾城县志》《郑州管城地方志》均有记载。我的外祖父黄延庆是当地有名的儒医，母亲黄氏自幼随其学习医理及治疗眼疾的理法方药和相关配置工艺，继承医技。中华人民共和国成立前，母亲在郾城开一中药铺维持生计，同时配制黄家眼药，治病救人，惠及乡邻。母亲具有传统东方女性善良、节俭的美德，同时为人谦和，视病人如亲人，她一生坎坷多艰，做事勤勉，任劳任怨。这些都对年幼的我产生了很深的影响，尤其是"不争""谦让"的美德，使我受益终身。

中华人民共和国成立前，由于战乱频繁，经济萧条，社会生产力落后，卫生医疗条件差，尤其是农村缺医少药，医生资源匮乏，农民看病尤其困难，加上瘟疫流行，穷人一旦病倒，没有钱治病吃药，死亡率很高。

我时常跟随母亲在小药铺里给患病的乡亲抓药，抄写处方，耳濡目染，慢慢了解到不少中药的性味和功用，并且产生了浓厚的兴趣。母亲见我勤快并且善于学习，就在闲暇之时教我一些中医理论基础知识，逐渐背诵一些入门医籍，如《医学三字经》《药性赋》《汤头歌诀》，渐渐打下了中医学基础。自初中起，我寒暑假期开始跟随母亲侍诊抄方，学习临床辨证技巧，夜间炮制中药，学习水飞法研磨配制眼药。我暗暗下定决心，要像母亲一样学好中医学，治病救人，悬壶济世，立志"不为良相，便为良医"。

然而，学医之路充满坎坷和荆棘。当时，母亲一人打理小药铺维持生计，虽是医术精湛，在当地颇有名气，来诊的患者不绝，但善良的母亲仅收取微薄的利润，遇到贫穷的患病乡亲，往往赠药相助。渐渐地，小药铺难以维持，生活逐渐拮据。我作为家中长子，不忍母亲长年劳累，在读完初中后，自愿辍学务工，当时年仅17岁的我，被郾城县人事局分配到十五里店小学担任语文教师，教书育人，养家糊口。1年后国家施行第二次工资改革，家里稍有节余，母亲便规劝我继续求学苦读。但好景不长，1958年，刚读完高二的我再次辍学，后经高中师长推荐，远离家乡赴省会郑州市发展，担任语文老师、班主任。

1959年7月初，我记忆犹新，正是这一天的到来再次改变了我的命运，最终实现了我诊病救人的人生理想。这一天，同事在闲聊中得知我出身中医世家，便提醒道："咱们学校后面的中医学院正招生呢，听说有学徒班，可以边学习边上班，你怎么不去报名啊！"一句话点破梦中人，我急忙让同事帮忙带路过去报名。当天上午，我找到主管招生的领导，填写完报名表后紧接着通过了院内几位老中医的面试，背诵几篇汤头歌诀、《伤寒论》条文后，他们一致认为我中医基础扎实，可以录取。得到录取消息的我，兴奋得差点蹦起来，但一想到家里的拮据，忙向领导追问，"我可不可以选择上师承班，这样可以接济家里"。领导告诉我，"可以，师承班每月有30元钱的生活补贴，比你小学教师工资仅少0.5元，你就安心学习吧"。就这样，我成了河南中医学院第一批师承班学员，顺利地迈入梦想中的高等中医院校殿堂。

二、勤求博学

上学期间，我深深懂得穷人家的孩子踏入中医高等学府的机会来之不易，因此越发刻苦学习，对祖国传统医学知识的需求如饥似渴。当时师承班的教学模式是上午学习中医基础理论，如阴阳五行、中药、伤寒、温病等内容；下午跟师侍诊，问诊、把脉、抄方。我上课时专心听讲，认真做好笔记，侍诊时候善于理论联系实际，活学活用，对于不懂的地方，勤向师长请教。我利用课余时间苦读医书，潜心研究岐黄之术，对四大经典读之又读，反复吟诵，经典条文更是烂熟于心，练就了基本功。除了夯实理论基础，我还向医院内其他老师们借阅书籍来充实提高自己，如《脾胃论》《儒门事亲》《丹溪心法》《外科正宗》《血证论》《医林改错》《傅青主女科》《小儿药证直诀》《医学衷中参西录》等著作，勤读精思，师事百家，博采历代医家之精华。随着知识的不断丰富，医学的视野越来越开阔，这为我后来的学术创新奠定了坚实的基础。

我觉得读书要有自己的方法，中医古籍众多，穷尽一生也难以读尽。读书要带有针对性，而不能人云亦云，漫无目的。同时，读书的关键在于"悟"，将书本内容、他人经验进行"沤化"，变为自己真正的知识。我的读书方法是"以经典为纲，广猎外科、杂病"，即经典为各家立说之本，必须多读、精读，而有目的性地去读专业的各家医典。比如，欲从事中医外科，《外科正宗》《外科证治全生集》《疡科心得集》《赵炳南临床经验集》是必读书籍，《血证论》《医林改错》《医学衷中参西录》是我的最爱。我有的放矢，利用有限的时间力求做到术业有专攻。

大学期间我刻苦学习，各科成绩较为优异，经常报名参加学校里的各项活动，受到学校和老师的表扬。我生活上勤俭节约，工作上勤恳踏实，热心帮助同学们解决困难，深受大家的拥戴，虽然在班上年纪不大，但被同学们亲切地称为"老崔"。毕业后，我顺利被推荐到河南中医学院附属医院从事中医外科工作。参加工作后，临床实践让我更加体会到学习先进知识的重要性，每月微薄的工资，先扣除1个月的伙食费，剩下的都到书店购买名家医案、专业前沿书籍等充实自己。

1962年临近年末的一个下午，寒风凛冽，我正准备下班的时候门诊来了一位特殊病人，这位病人是小学教师，男性，20多岁，双下肢发凉疼痛，足趾端发黑坏死，病情十分严重。我接诊后仔细询问病史，根据临床症状诊断为中医的脱疽，但这种病对一名年轻的大夫来讲，认识仅限于书中"发于足趾，名脱疽，其状赤黑，死不治"，治疗更是毫无经验可借鉴。患者述因病已走遍全国各省市，中医、西医均就治过，但均没有改善。所提到的"脉管炎"这一西医名词对当时还是年轻医生的我来说也十分陌生。对这样的疑难患者，我也无治疗信心，但作为一名医生的责任让我毅然接受了患者的请求，自此昼夜查阅资料，跑遍当时郑州市的所有图书馆。一方面学习、思考、探索，一方面大胆尝试给患者采用中药辨证论治，并亲自熬制汤药、伤口换药。最后，经过我1个月的精心治疗，患者的疼痛明显缓解，伤口逐渐愈合，肢体缺血也取得了很好的改善。该患者康复后，又约来了来自全国各地的十几位脉管炎患者。我按照初步的诊治经验，均取得了较好的疗效。这件事引起了整个医院、学院的重视，主管中医的省卫生厅领导考察后，特令河南中医学院附属医院设立"脉管炎专科"及病床5张。

脉管炎这个病让我在以后的查阅资料过程中，逐渐认识到西医在某些疾病诊疗方面的系统性、先进性，清楚地意识到自己在临床解剖、病理生理等方面知识的局限，这促使我下定决心"做一名懂西医的中医大夫，像偶像张锡纯先生一样衷中参西诊治疾病"。

1963 年，我打听到河南省卫生厅要办一批西医学习班"河南省职工业余医大"，以夜校的形式培养一批医学专科生，迫切希望学习西医的我喜出望外。打听到教学地点后，就每天下班到教室后排听课，认真记笔记。西医老师的讲解，大大丰富了我的西医知识，与临床相互印证，每次都听得如痴如醉。后来，授课老师发现我这个"外来生"，对我说："同志，这里是大学医学专科班，是不许外来人随便进出的。"他劝我离开。我诚恳地说道："我是省中医院的一名中医大夫，想学西医知识来丰富临床，更好地救治患者。我愿自交学费来旁听，请您留下我吧。"就这样，白天查房、手术，夜间上夜校学习西医理论，风雨无阻。4 年间，我学完了西医的解剖、病理、生理、生化、药理、诊断、免疫等课程，打牢了现代医学基础。这段学习经历，对我以后坚定走中西医结合之路铺平了道路。

在以后的工作中，我又受河南省卫生厅中医处委派到河南邓县中医院跟随扶阳派代表周连三先生学习并总结临床经验，后按照医院安排到天津市血液病研究所、沧州地区医院脉管炎科、山东中医学院附属医院中医外科等有治疗脉管炎经验的单位参观学习。通过学习，我不仅掌握了国内先进的诊疗手段，更坚定了走中西医结合道路从事周围血管疾病诊疗的信念。1976 年，我撰写的《中西医结合治疗血栓闭塞性脉管炎 71 例临床观察》一文在《河南中医》杂志上发表，报道中显著的临床疗效在当时引起了国内广泛关注。

"文革"期间，我响应国家号召"一把草，一根针"，到基层广阔的天地中。我每年多次主动下乡驻村，遍走了河南多数的贫困地区。通过边实践，边学习，在为广大患者解除病痛的同时，也积累了丰富的临床经验，练就了扎实的基本功。在积极探索应用中医药诊疗疾病的同时，我逐渐成为当地的"名医"，十里八乡的病患赶来，我总是细致耐心地为广大农民患者施以针药。闲暇之时，我苦读经典医学书籍、记读书笔记，对四大经典及现代医学的发展进行了深入研究，10 年时间，写的读书笔记及卡片足有一大木箱之多。

1972 年，我在河南省率先成立周围血管疾病专科，1973 年，应省卫生厅的邀请，在河南省主办第一批"脉管炎诊疗学习班"，学员 30 多名，学期 2 周。班上由我一人主讲，我毫不保留地将自己积累的丰富临证经验传授给学员，使河南的脉管炎疾病防治工作走在全国的前列。1985 年，我通过临床积累了大量的脱疽经验和病案，组织河南省内唐祖宣、李在明等专家编写《脱疽》一书，详细介绍了该病的病因病机、诊断、治疗、护理、临床验案。2000 年，我和挚友谭鸿雁合编《动脉硬化闭塞症》一书，是我国系统介绍该病的第一本专著。我因此先后获得郑州市职业道德建设十佳职工、"五一劳动奖章"等荣誉。在科室工作人员的共同努力下，科室也逐渐从小到大，发展为河南中医学院周围血管病研究所、河南省中医周围血管病诊疗中心、国家级重点临床专科。

三、获益名师

要想成为一个精于临床的医生，就离不开名师的教诲。名师的教诲可以使人获得很多宝贵的间接经验，学会良好的治学方法、思维方式，少走弯路，进而缩短成才的路程。有许多这样的名师以身作则，对我影响很大。中学期间，我就读的河南省立郾城中学，早在新中国成立初期即闻名于河南省，校园内聚集着当时的许多西南联大和清华大学的优秀毕业生，饱读诗书，满腹经纶。当时，我最崇拜的一名老师是时任校长周祖训先生，这位先生是近现代著名的教育家，毕业于南京国立大学，人品端正，学风正派。周先生知识渊博，讲课深入浅出，常以启迪诱发学生思考。时任班主任郭振乾，虽年纪轻轻但教学认真，治学严谨，对同学们的关心无微不至。这两位老师的教诲，让年轻的我树立了正确的人生观、世界观，养成良好的学习习惯及谦和大方正直的为人处事风格。

大学期间，学院里的张望之、司万青老师是河南省的著名中医学家。张望之老师在医院从事眼科专业，在学院教《伤寒论》课程，善于理论联系实践，深入浅出，课堂生动活泼。张师在临床上善用六经辨证，每遇沉疴怪疾，运用经方治疗手到病除，并将诊治的奥妙之处，毫无保留地口传心授。张师为人谦恭，行医严谨，在眼科成就斐然，创"眼病多郁"学说，临床治疗主张"开郁导滞"，善用活血化瘀药物加减。张师言传身教，对年轻的我启发很大，并为日后的"治瘀贯穿周围血管病始末""疏肝解郁法治疗痛风"学术思想的形成产生深远影响。司万青老师从事中医外科，老先生为人正直，医术精湛，尤在中医外用药配制上经验丰富、见解独到。当时医院提倡"以科室为家"，所有外用药物都是自配自用，我跟随学习中医外用药物配制方法，司万青老师倾囊相授。通过对各种丹药的配制，我熟练掌握了中医外用药的丸、散、膏、丹配置工艺，并亲自操作实践，至今在我身上尚可看到配制丹药试验时留下的瘢痕。在以后的工作中，我拟方自配"抗绿生肌散""仲景药霜""愈创速药霜"等外用药，取得显著的临床疗效，这都与这段学习经历密不可分。这种宝贵的经历，对我们这一代中医外科医生来讲亦是为数不多。如今因多种原因，中医历代医家积累的外用药配置工艺也逐渐丢失，后继乏人，甚为可惜。

1965 年初，从事临床工作的我受河南省卫生厅中医处委派，赴南阳市邓县跟随周连三老中医学习并总结临床经验。周连三先生是河南省有名的扶阳派老中医，平生深研《内经》《难经》，对仲景著作极为推崇，对黄元御学说研究颇深。周连三先生认为："阳虚之证十之七八，阴虚之证十无二三。"他平生喜用温剂，尤善用附子、干姜、肉桂。我跟随周老先生侍诊，白天诊治病人，抄写方药，晚上总结周老经验，好学善问，通过 1 个月的跟师学习，不仅抢救性总结保存了周老的宝贵医案、临床经验，我也获益匪浅，还与周老的高徒唐祖宣结为一生的挚友。通过周老的言传身教，我继承其真武汤合理中汤加黄芪治疗脱疽的经验，拓宽了临床中医思辨方法。在以后的治疗脱疽思路上，我更加坚信温煦肾阳治疗脱疽的诊疗方法，灵活运用大剂量附子、肉桂的方案，且肉桂用至 20g、制附片用至 12g，且毋须先煎。

在同仁中，对我影响颇深的有王嘉桔、尚德俊、奚九一教授等，他们与我"亦师亦友"。特别是王嘉桔教授，他治学严谨，敬业精神强，宽以待人，严于律己，是我崇拜学习的偶像。我在《我心目中的王嘉桔教授》一文中，称王嘉桔教授是一"上善若水、厚德载物、学而不厌、老骥伏枥"样的人。"在我的一生中，王老师对我的影响很大，从他那里我获益匪浅。他的举止行为时时刻刻影响着我成长的过程"。在我从事周围血管疾病的研究过程中，也常常遇到一些难题疑惑，有时候思虑再三而拿不准主意，在这个时候，通过书信的来往，王嘉桔教授往往不辞劳苦，能帮我审视利弊，提出独到的建议。在我心目中，王嘉桔教授如师如兄，如今王教授年逾九秩，鲐背之年，但每年都有学术论文发表，几乎每次全国性会议他都有新的见解。30 多年的风雨同行，从精神上、学术上，王教授的身影如"东北的雪松"让我受益终身。尚德俊教授和奚九一教授都是我国首批西学中的谦虚学者，对学术研究勤思精研，执着追求。尚德俊教授做事严谨，踏实认真，一丝不苟；奚九一教授善于将西医的逻辑思维与中医的形象思维相结合，在诊病时采用宏观辨证与微观辨病相结合。这些同仁都对我的中西医结合之路影响颇深。

"三人行，必有我师"。在治学的道路上，不仅要向书本学习，还应不耻下问，向他人学习。记得年轻时候，在一次学术会议休息时，我和外省的一位专家闲聊，发现这位专家在结核病防治领域研究颇深。在探讨临床上的疑难杂症时，这位专家均有独到的见解，并透露出多种疑难病可能与结核病密切相关，而这一观点当时并不被同仁们重视。不过，他独到的学术见解引起了我的兴趣，为了掌握住结核病相关的并发病种类，我虚心请教。会议前后，我端茶倒水，并主动拿出自己临床经验中的"秘方"分享。就在会议结束要分别的那一刻，这位专家握着我的手说："崔大夫，您不耻下问好学的精神深深打动了我，我把待出版的书稿留给你，希望对你的临床有所帮助。"正是这种不耻下问，勤奋好学的精神，让我在临床中从外科到内科、妇科、儿科，均积累了丰富的经验和许多药到病除的妙方。

四、勤于临床

"熟读王叔和，不如临证多"。学医之路没有捷径，也没有坦途，没有数十年的临床经验积累，终究难以有所建树。中医学既有丰富的系统理论，典籍浩如烟海，又是易学难精的临床经验医学。师徒相传是名医成长的必由之路，但难免"心中了了，指下难明"。只有通过临床，理论联系实践，才能慢慢领悟、感受，真正有所认识、体会、掌握。

我对王守仁的"心学"十分推崇，尤其是"知行合一"观。王守仁认为，在知与行的关系上，强调要知，更要行，知中有行，行中有知，二者互为表里，不可分离。知必然要表现为行，不行则不能算真知。我认为，"知"可来源于书本知识、社会继承、自己经验的积累，"行"则表现在临床实践上，不仅要践行"知"，更要以"行"促"知"。我认为，"但知不行，如空中画饼，单行不知，如水中浮萍"，并将"知行"分为三个类型：一为"蚂蚁"，将知识搬来，单知不行；一为"蜘蛛"，闭门造车，缺乏学习；一为"蜜蜂"，采百花酿自己的蜂蜜，知行合一。

如今我已退休返聘工作20年，年逾八旬，但每周一、三、五上午固定门诊，从不轻易停诊。有时候院内开会或者外出讲学，会要求时间安排尽量避开门诊时间。每半天来诊的全国患者达40~50人，逐个仔细问诊、把脉，四诊合参，审明主症，切中肯綮。临床中，我要求学生们多看多动手，知行合一，不仅要仔细观察，还要亲自动手查体触诊，并且言传身教。门诊常见的中医外科疾病以疮疡、皮肤病损居多，我每次带领学生观察溃疡的颜色、渗出、肉芽及上皮变化，并触摸皮损的温度、硬度、大小。有些学生认为外科病就是"一眼病"，但绝不是简单地看一眼而已。只有亲自查体，认真观察，才能掌握真实可靠的病情。溃疡面每一次换药前后细微的变化，都能提示病情及预后。只有仔细观察和辨认，才能做到一眼认准。

在诊病过程中，一定要四诊合参，详询病史，细致查体。我时常告诫弟子们：医学，关乎生命，必至精至微，要养成严谨、认真、细致、一丝不苟的医生素养。

2011年，有位右下肢肿胀1周的患者慕名来诊，携带当地医院彩超示右下肢肌间静脉丛血栓，在当地住院按静脉栓治疗，1周未有明确疗效。我详细询问病史后，发现患者发病时正在田间劳作，忽然转身时小腿部像是被小砖头投中，传来一阵刺痛的感觉，接着很快就出现下肢肿胀疼痛，遂去医院检查发现肌间静脉丛血栓。我接着让患者抬高右下肢，遂认真查体后用油笔标记，并拿出20mL的注射器穿刺后抽吸，果然抽出来10多毫升暗红色瘀血，患者马上诉肿胀疼痛减轻。所以说，临床上千万不要"眼高手低"，一味相信理化检查，而忽略基本的体格检查。不但是血肿与血栓的鉴别，常见的扁平足引起的足部疼痛，很多患者也会出现类似动脉硬化闭塞症、腰椎间盘突出症、膝关节病等的症状，这个时候，除了详细问诊，还需要让患者脱掉鞋子，认真检查下脚弓。看似简单，但好多这样的患者常被误诊。

近几年，我在门诊察觉到颈肩腰腿痛的病患日渐增多，遂在"执两用中"理论的指导下，尝试采用"快速针灸镇痛"的针灸方法。该方法以中医气血、经络理论和人体解剖学为基础，确定循环系统、运动系统、神经系统等疾病在人体反应的"中点"，并围绕"中点"，在相对应一端，施以针刺手法治疗。如通过针灸手部穴位，治疗颈肩腰腿痛，针感强，见效快，且无须留针。在2016年的河南省中医外科学会年会上，我应邀登台示范，并让会场中患有颈肩腰腿痛的专家委员和多名患者一起来体验针刺效果。其中一名外国小伙，诉右下肢从臀部沿大腿后侧、小腿外侧疼痛多年，CT检查报告腰椎间盘膨出，也曾到多家医院保守治疗，针灸、推拿、艾灸等多种手段均无明显好转。我在台上取双侧手部各4个穴位，行快速的针刺疗法，前后不过10秒钟针灸完毕，患者行走10多米，跑回来兴奋地说，"哎呀，好了，太高兴了"。其余专家有诸疾者纷纷要求亲身体验，可谓是针到病除，众人连连称奇。

退休前，我的办公桌玻璃下常压着一段自己的座右铭："三年时光一度，回思胸中空无，幸喜前方有路，争渡，争渡，科学顶峰之路。"以此来激励自己不懈"争渡"，努力进取，勇于攀登科学顶峰。在周围血管病中医药诊疗技术上，我总结出遵循《内经》"病在脉，调之血，病在血，调之络"的内治法则，创立"控制感染，由湿转干，分离坏死，促使愈合"的脱疽外科处理原则，并研制出"通脉丸""补气活血通脉丸"内服中成药和"仲景药霜""抗绿生肌散"外用药，取得良好的疗效，如今成为河南中医药大学第一附属医院的常备之药。另外，"针刺听宫快速镇痛"，自拟赤芍甘草汤治疗下肢静脉血栓、栓后综合征，绑扎烘烤法治疗淋巴水肿等，均取得较好的临床疗效，并得到基础医院的广泛推广。

通过临床实践，我不断总结，善于分析，潜心专研，积累了不少诊疗经验。主要著作10余部，发表临床学术论文70余篇。不仅在周围血管病领域，在中医外科、眼科、妇科、内科均稍有建树。经弟子们总结报道的临床经验多达40余篇，独特的治疗方法20余种。其中有疏肝解郁法治疗痛风性关节炎，快速针灸镇痛治疗颈肩腰腿痛，自拟"祛痹通络方"治疗腰椎间盘突出症，自拟"生发酊"外用治疗斑秃，研发"三叉神经中药贴"治疗三叉神经痛，自拟"雄冰酊"治疗蛇串疮等，均在临床上取得显著疗效。

五、继承创新

中医是建立在传统文化基础上的经验医学，没有继承，就没有根基，没有创新，就没有活力。我认为，在继承学习前辈经验的基础上，要抛弃崇古泥古、故步自封的观点，要敢于创新，开拓进取，不全于故纸中求学问。正如张锡纯曰："吾人生古人之后，贵发古人所未发，不可以古人之才智囿我，实贵以古人之才智启我，然后医学有进步也。"

我对张锡纯的严谨科学态度和衷中参西的学术观点甚为推崇。张锡纯对中药的研究充满着科学的实验精神，"仆学医时，凡药皆自尝试，自我尝试仍不得真知，则求助于他人之体会"，为了研究小茴香是否有毒而不耻下问厨师。其他药物毒，如巴豆、硫黄，峻如甘遂、细辛、麻黄、花椒等，均验之于己，而后施之于人。在对中药药性及毒理认知方面，我也曾多次效仿张锡纯

"以身试药"。

临床上，根据脱疽阳虚血瘀的病机，采用温阳化瘀法治疗效果显著，并研制中成药"通脉丸"缓以治其本。在研发的过程中，为达到最佳治疗疗效且价格低廉，拟大胆选用马钱子、洋金花二药。一药苦寒，一药辛温，本意相使为用，但二者均是中国药典中记载的大毒药物，内服丸散用量仅为 0.3～0.6g，难以恰当把握用量。民间更是形象地说，"马钱子，马钱子，马前吃过马后死"，即言其有剧毒，服之可数步毙命。虽是毒药，但这两位药效力非常，张锡纯在《医学衷中参西录》中说马钱子"开通经络、透达关节之功远胜于他药"。清代《外科十三方考》曰："马钱子、枳壳二味研末，以酒调敷患处，却能止痛愈伤，神验无比。"药理研究表明，洋金花有效成分为东莨菪碱，可以解除血管痉挛，改善微循环及组织器官的血液灌注。在针对脱疽肢体疼痛、血管痉挛、闭塞的临床症状上，如能将两药相使为用，定能起到非凡的效果。考虑到两药的毒性，周边有药学同事建议放弃，选用名贵的鹿角胶、全蝎等药来代替。思虑再三，我认为，科学如要创新，就要大胆尝试，要勇于做第一个吃螃蟹的人。通过认真查阅文献资料，深入了解中毒剂量、症状反应、抢救措施后，决定"以身试药"，先在自己身上以小剂量服用来体验药性。一天下午，我端坐在护士站办公桌旁，备好一杯凉开水，将配制好的药丸从初始剂量开始，放置到口中，并观察自己身体随时间的变化。第一天相安无事，第二天开始增加药量，以此类推，待第七天开始，当服用常人 4 倍的计量后，开始出现口紧、舌头麻木等中毒症状，马上服用一杯凉开水后，叮嘱旁边医师密切观察。就这样，以身试药，准确掌握了"通脉丸"的最佳配伍比例和最大中毒量，为该药的研发配制以及后来的临床使用，提供了第一手临床资料。至今，通脉丸已在我院使用 30 余年，销量达 100 万盒以上，救治了数以千计的脱疽濒临截肢患者。

我临证时善用温阳活血通痹药物，且部分药物用量很大，如内服制马钱子 2g，水蛭 20g，肉桂 20g，赤芍 60g，两头尖 12g，细辛 12g 等，均超中国药典指导剂量，处方需要双签字，患者才能取到药。如细辛辛香透窜、解表通窍温脉之力皆强，然自古医家多有"细辛用不过钱"或"用不过五分"之说，医圣张仲景在《伤寒论》运用细辛共计 6 方，均在 1～3 两，相当于今之 3～10g。如今中国药典中指导用量也是 1～3g，现代药理实验亦证明，细辛挥发油可致呼吸麻痹而死亡，临床过大剂量使用细辛应慎重。我告诉弟子们，之所以如此大胆使用，是自己对这些药物的深入了解并"验之于己，而后施之于人"。

不仅在药物的药性药理认知方面，在诊治方面我也善于追求简便廉的治疗方法，并"验之于己，而后施之于人"。一次因为足部感染入院，我感到足部疼痛难忍，想到专科疾病脉管炎患者肢体缺血"抱足而泣"的痛苦，尝试在自己身上找到可以快速镇痛的穴位。为此，我在住院期间，床尾墙壁上挂经络图，开始在自己身上依据十二经络走向，通过棉签按压穴位，感受每个穴位的针感及传递，并在本子上逐一标记。经过 1 周的摸索和旁人的帮助，体验完人体 365 个穴位，确定 3 个穴位对足部有显著的止痛效果。考虑到脱疽患者足部疼痛剧烈，我招募脱疽患者亲自针刺穴位治疗，最终确定听宫穴位止痛效果最佳，但进针的方向、深度以及捻转手法，均与传统方法不同，我命名为"脱疽镇痛 1 号穴"，并将详细治疗方法示范给弟子们。该治疗技术目前在科室临床应用 30 余年，对脱疽镇痛效果堪比杜冷丁，如今早已在河南省大范围推广应用。

"尽信书，则不如无书"，泥古不化，故步自封，就不能推陈出新。我喜读清代王清任的《医林改错》，认为王清任是继承创新中医学的典范。王清任敢于问难于经典，阐发自己的气血观点，不顾虑自己的名利，不怕别人的攻击，善于理论联系实际，创立多首名方，对后世医家影响巨大。我每读此处，都对前人的创新精神叹服，临床上不仅喜用前人革新的成果，也勤于思考，敢于创新。

中医研究的关键是疗效，因此要根于临床，勤于实践，仔细观察，善于思索，不断整理提高。在对脱疽的诊治上，早在 20 世纪 80 年代，我总结前人经验，并根据自己多年的临床，敢于提出自己的观点，即脱疽发病过程整体分为四个阶段：①肾阳虚为该类疾病发病之本。②脾阳虚为本病发病之键（关键）。③心阳虚，阳不能达于四末，血脉瘀阻为本病发病之表象（症状体征）。④瘀久发热，热盛肉腐是本病发病之传变过程。"四段论"认识简洁明快地揭示了该类疾病的发病规律，为中医整体化治疗确立了方向，提供了明确的思路与思维方法。在诊治痛风过程中，我发现情绪的变化对痛风的诱发很重要，发作期的痛风患者，往往带有不良的负面情绪，如情绪激动、焦虑、重则抑郁等，遂大胆采用"疏肝解郁"的治疗大法，均取得良好的效果，这种治法在既往史书中均未提及，为中医治疗痛风开辟了新的诊疗思路。

提倡创新，我认为如果每个中医师能创新一种治疗疾病的方法，这种"术"就能解决上千上万个医学难题。我将创新的过程总结归纳为三个必要条件：敏感性，洞察性，创造性。例如，早年脱疽病人的坏死组织溶脱成了一大难题，有一次，我在报纸中见到国外采用硝酸银溶液治疗烧伤痂块的报道，但并无应用浓度及配制方法的介绍。出于对该问题的敏感性，决定自己尝试配制出治疗脱疽的溶脱剂。我活用"黄金分割法"求出最佳浓度，并且克服配制中易污染、不易保存的难题，最终成功配制出治疗脱疽的"硝酸银溶脱液"，在临床应用中具有痛苦小、溶脱效果好等优点，成为科室的特色制剂。

在长期临床诊疗痛风的过程中，我深深感受到患者关节炎发作而带来的苦痛，"夫病已成而后药之，乱已成而后治之"，确诊的患者多为痛风疾病阶段的发作期。为达到"不治已病治未病，不治已乱治未乱"的目的，我通过长期观察患者的体征变化，用中医的诊断思维发现疾病早期在人体外在的特异性改变，创出一种独特的痛风早期诊断方法"崔氏观手指诊痛风"。创新来源于临证过程中的细致观察，通过大量痛风患者手指形态的收集观察，敏感发现患者双手除拇指外，其余手指第一指关节背侧皮肤形态与常人相异，且具有共同特征，遂采用先进的双源 CT 尿酸盐结晶影像检查手段予以验证，结果发现惊人的 97% 高符合率。通过初步临床试验，"崔氏观手指诊痛风"检查技术无创、简便、价廉，可运用于痛风的早期诊断，指导临床治疗，给予患者生活中的早期干预，这将有效减少痛风与并发症的发生。该项检查技术成果申报了"十二五"国家科技支撑攻关计划项目子课题，并且取得理想的预想成果。

不仅在治疗方法上，在中医理论方面，也要敢于大胆创新。如中医"血瘀"的理解，《证治准绳》《皇汉医学》中提污秽之血为之血瘀。清代唐容川在《血证论》中创新提出离经之血为之血瘀。《医林改错》《临证指南医案》中指出久病入络为之血瘀。外周动脉血管疾病发病之初，肢体瘀血缺血较轻，尚未形成坏疽者，属于中医"痹"的范畴，其症状是肢体不温、皮肤干燥、爪甲枯槁，属"不荣"。我根据临证经验，脱疽患者肢体动脉狭窄闭塞引起末端缺血性疼痛，"通则不痛，不通则痛"，创新提出痛为之血瘀，将血瘀的范畴拓展归纳为上述四类。"既已成瘀，应予散瘀，瘀去则风寒湿热就无遗留之迹点"。《素问·调经论》云："血气者，喜温而恶寒，寒则泣不能流，温则消而去之。"《素问·至真要大论》云："结者散之，留者攻之。"《素问·三部九候论》云："必先去其血脉而后调之。"我在治疗血瘀证时，总原则为"疏通气血，令其条达"，即遵循《素问·调经论》的"病在脉，调之血，病在血，调之络"，并以此创立

"治瘀贯穿周围血管疾病的始末"的学术思想。我主张的血瘀理论及内治原则，幸得到国内同行的普遍认可，制定的诊疗标准化方案在国内多家三甲中医院推广，普遍提高了国内的周围血管疾病诊疗技术。

在临床诊疗实践中，我认为存在着诸如气虚、血瘀、不通、不荣、脉痹等较为模糊的病名。在现代医学迅速普及的今天，人们已不能满足那些内涵和外延较为模糊的病名，而要求临床的诊断基本明确，有一定病理生理变化规律可循的现代医学病名。中医着重辨证，强调整体条件，往往在治疗中就会缺乏针对性，所以中医的辨证论治就需要和西医的辨病施治相结合。由于时代的限制，中医在辨证时偏重于疾病外在表现的归纳综合，缺少利用科学手段对疾病内涵的病理生理分析，而这些表现在外的症状往往可以掩盖内在的病理生理变化。如发生肢体畏寒、怕冷、缺血症状时，我们不能仅局限在"不通""不荣"等概念上，还应该采用现代的医学手段，做出定性定位诊断，分析其病理变化，方能对这种肢体缺血的病人做出科学的定性与定位诊断。在中西医结合中，还必须遵守以中医的宏观辨证为主，西医的微观辨病为辅。这种根据中医辨证西医辨病，应用于临床实践的医学模式，既能分析病人的禀赋和寒热虚实，给予准确的治则，还能给病人做出定性定位诊断，给予其更合理的治疗方法。

在科研领域，早在1978年，我带领学术团队开展"中医药治疗血栓闭塞性脉管炎临床研究"，取得重大科研进展，获卫生部科技二等奖、河南重大科技奖。在1991年，全国中西医结合周围血管疾病学术会议上，应邀做《微量元素与脉管炎关系的研讨》《从免疫学观点研讨脉管炎的发病原因》两篇学术报告，取得了很大的反响，获得全国大会优秀论文奖。1992年，主持"周围血管疾病与微量元素关系的研究"，发现周围血管疾病在不同阶段微量元素的含量呈规律性变化，通过微量元素的检验，可以判断病情的严重性及预后，有重要的临床意义。该项成果先后获河南省教育委员会科技进步二等奖、河南省科技进步三等奖。在2003年，主持"药物注射硬化复合手术疗法治疗下肢静脉曲张的实验与临床研究"，研究发现，采用磷霉素钠粉针剂溶解于50%葡萄糖作为硬化剂治疗下肢静脉曲张，疗效满意。表现为硬化后静脉血管向心性收缩，而且具有残留少，防治细菌感染作用等优点，有重要的临床应用价值。该成果获河南省教育厅科技成果二等奖。

六、中西汇通

谈起中西医结合，感触颇深，我认为，中西医由于其产生的区域背景、文化之不同，两者有着极大的差异。由于都是保障人类身体健康的手段，所以也具有共性。中医属传统医学，世界卫生组织在第八次会议上将传统医学定位于："是现代医学传播与发展以前就已存在几百年的有生命的医学实践，而且至今还在应用。这些实践由于各国社会传统和文化不同存在着很大差异。中医属世界传统医学中最为丰富的传统医学。"西医是自然科学和社会科学两大类相结合的科学结晶，由于其借助现代科学，所以发展异常迅速，属当今世界的主流医学。这两种医学在思维方法、研究对象、研究内容、观察方法诸方面有着极大的差异，所以将两者融为一体，是一个较困难的事情。中医是经验医学，产生于经验医学的时代，西医已发展为实验医学时代；中医的思维方式是自然哲学模式，西医是生物医学模式；中医的研究内容为阴阳五行、藏象气血、四诊八纲、经络七情等，西医的研究内容为解剖、生理、病理、病因、诊疗技术等；中医研究方法为观察法、直接领悟法、取类比象法，西医的研究方法为实验与分析；中医特别注意天人合一、整体性、心理因素、诊疗的个体化，西医特别强调注意局部的微观变化。在周围血管疾病诊疗的临床工作中，两种医学均不可偏废，可以形成一个既对立又统一的整体。

在诊疗疾病中，应强调中医、西医各有优点，衷中参西，合理搭配。如中医强调"通则不痛，痛则不通"，对肢体动脉栓塞，或闭塞及静脉血栓形成的患者，疼痛的病因是"不通"。解决这个矛盾的方法是"通"。"通"的方法可以采用中药活血化瘀，也可采用现代医学的方法，如导管取栓术、血管旁路术等使血流通畅的方法。现代医学的治法也符合中医"通则不痛"的治则，这种观点应视之为中医理论的发展与进步。在急症时，中医的宏观治疗必须与西医的微观处理有机相结合。如急性动脉栓塞发病急，病情变化快，延误诊疗时间，即可造成不可逆性的肢体坏疽。所以，在治疗这类疾病时，西医的手术和介入是快捷的治疗方法。在临床实践中，特别强调应以病人为本，衷中参西，不可拘泥于一方。

通过多年的临床，我逐步总结出自己的中西医结合诊疗观点。中西医结合治疗周围血管疾病，必须以中医基本理论为指导原则，以中医辨证为基础。在规范中医证型的基础上，将中医中药的研究逐渐提高到分子生物学水平及基因证型水平。由于周围血管病病程长，合并症多，在治疗过程中，也不排除某个阶段的西药切入，但要将西药的治疗规范化。在中医宏观调控的基础上，同样重视现代医学的微观处理，如血管外科手术的介入治疗、血管旁路、血管腔内外科等，最好是将两者的治疗方法融为一体。在内治的基础上，充分发挥中医外治疗法的优势，达到内治与外治相结合，中医与西医相结合，临床治疗与康复相结合的整体治疗。

1981 年 12 月，我与国内业界大佬冯友贤、顾亚夫、王嘉桔、尚德俊、奚九一等教授在西安参加中国中西医结合周围血管疾病专业委员会筹备会，并被推选为委员。1989 年济南学术交流会，当时几位国内泰斗级的权威人士如王嘉桔、王树桂等教授在论辩 5 - 羟色胺对外周动脉血管疾病的影响等医学前沿理论，各抒己见，讨论得轰轰烈烈，当时我作为一名中医师在旁聆听。当别人发言后，我被大佬们点名讲两句，遂从分子生物学观点，将国外最新关于相关核苷酸对 5 - 羟色胺的研究加上自己的理解一一汇报，顿时让在场的各位专家刮目相看。这次发言，加深了同仁对我的认识，也促使了我在专业学术领域的快速成长。

1997 年，我撰稿《中西医结合防治周围血管疾病工作设想》发表于《中国中西医结合外科杂志》，文中讨论了中西医结合在周围血管疾病防治工作中的重要性和突出的成果，也展望了发展前景和将面临的困难，以及设想的解决方法。接着在 2001 年先后发表《中西医结合动脉硬化闭塞症今后研究方向与思路》《中西医结合周围血管疾病研究思路与方向》《动脉硬化闭塞症中西医结合治疗的必然性与可行性》系列文章，对当时国内周围血管、血管外科疾病的防治方向进行了探讨。

有一次在我主持的全国中西医结合周围血管病专业学术研讨会上，一位知名的西医常务委员向我探讨如何更好地中医与西医结合，该怎样做到有效的有机结合。我会心一笑，在大会演讲中引用元代管夫人的《我侬词》道："把一块泥，捻一个你，塑一个我。将咱两个一齐打破，用水调和，再捻一个你，再塑一个我。中西医结合，就要做到我泥中有你，你泥中有我。"顿时，与会的数百名全国各地的中医、西医专家一齐鼓起掌来。

1999 年起，我被推举为中国中西医结合学会学术部委员、周围血管疾病专业委员会主任委员，中华中医药学会外科分会顾问。在主持全国周围血管疾病中西医防治工作的 10 多年间，先后组织国内百位专家制定血栓闭塞性脉管炎、动脉硬化闭塞症、下肢深静脉血栓形成、糖尿病性肢体闭塞性动脉硬化等疾病诊疗标准。作为当时国内本专业的学术带头人，面对国内周围血管病诊治水平较国外低下的局面，10 年间相继组织了 12 次国内学术会议，并于 2003 年起联合《中国中西医结合外科杂志》组织 6 期周围血管疾病专家论坛，系统总结了我国当前周围血管疾病的中西医结合防治、病因病理、临床诊疗、临床治疗领域的现况、不足及未来发展方向。这在国内学术界尚属首次，使我国的中西医防治周围血管疾病技术飞跃发展，各省市医院相继开设专科，从事该领域的专业人员倍增，学会专家委员数也从不足百人发展为两百多人。其间我组织编写我国第一套《中西医结合周围血管疾病诊疗丛书》，制定了国内中西医学术界的第一个《糖尿病肢体闭塞症的临床诊疗标准》，使我国糖尿病足的防治走向规范化，这在我国中医外科事业发展中有里程碑式意义。

（张榜、崔炎协助整理）

周学文

周学文（1938—　），男，辽宁中医药大学附属医院主任医师，第三届"国医大师"，全国老中医药专家学术经验继承工作指导老师，辽宁省名中医。

曾担任中华中医药学会内科分会、脾胃病分会、中药临床药理学会副主任委员。先后主持国家科技部863、973等多项国家级重大科学研究项目，对消化性溃疡病、萎缩性胃炎、慢性肝损伤、血脂异常等多种疾病有较为深入的研究，其研究成果多次获

国家级和省部级科技进步奖项。作为国家食品药品监督管理部门制定的《中药新药临床指导原则》的主要起草人之一，主持数百个中药新药、进口药及中药保护品种的技术审查。培养出多名国家级、省级名中医和全国优秀中医临床人才，为中医药的发展可谓呕心沥血。

周学文教授深耕中医药事业数十载，提出"溯源求本、内外相济、脏腑并调、尤重于脾"的学术思想；创立毒热病因学，倡导"以痈论治"溃疡病；肝脾并调，胆胃同治治疗胆汁反流性胃炎；以"毒损生积"立论，早期防治慢性肝损伤；从脾论治，内清外柔治疗血脂异常。周学文教授在中医药领域取得了令人瞩目的成就，实为德艺双馨的一代名医。

一、拳拳之心，深耕中医

年少之时，我对中医甚是喜爱，好学之心常存于内，勤奋之志永结于心，寒窗苦读十余载，金榜题名一朝时，1959年于辽宁中医学院中医系深造岐黄之术。"不是每个人都能够有这样的机会，一定要把中医学好"，我曾经反复告诫自己。大学期间我苦读中医经典巨著，1965年获得学士学位后以优异的成绩进入辽宁中医学院附属医院工作。从此我一直工作在中医临床、教学及科研的第

一线，从未中断悬壶应诊，其间先后任内科病房、中医内科学及中医诊断学教研室主任。履职期间，恪尽职守，兢兢业业，尤感救死扶伤之重任，天覆地载，万物悉备，莫贵于人，初心不曾忘怀！此外，我曾先后任辽宁中医药大学学术委员会副主任委员、临床试验专家委员会主任委员，创立中医内科博士点、脾胃病（国家）重点学科并任学术带头人。至今杖朝之年，仍于辽宁中医药大学附属医院坐诊。

数十年来，未曾忘怀从事中医的真诚初心，广览博取，钩沉发微，问业名师，学有专攻，精进医术，先后师承徐荫堂、孙树功、李玉奇等名老中医，昔时抄方侍诊，虔诚思悟，苦行其道，学文敏思笃行，由术而道，一并传承，方有小成。

虽有数十年如一日的临床积淀和各种繁重医疗工作的历练，我仍坚持不断深造学习，先后于 1969 年在沈阳市红十字会医院进修内科急症，1980 年参加重庆中医药研究所全国中医急症班，1983 年于辽宁省肿瘤医院进修内窥镜，1993 年参加卫生部新药上市后临床监测学习班，1997 年参加中国与 WHO 合作项目中国中医药学术带头人临床流行病学研讨班等。通过不断深造学习，我掌握了丰富的临床经验及科研知识。

光阴似箭，如今我已白发斑斑，却仍手不释卷。凡为医者须通古今，守仁义，唯治病救人为之大！故当为中医药事业奉献全部力量！

二、临床参悟，勇于创新

我从医 50 余载，孜孜汲汲，勤学不辍，涉及内科、儿科、急诊等多个专业，尤精于脾胃病、肝胆病等消化系统疾病和内科疑难疾病的治疗，也曾多次参与抗震救灾，巡回医疗，上山下乡，开门办学等工作。因业绩突出，相关事迹被中央电视台国际频道中华医药栏目组、新华社《经济参考报》及《辽宁日报》《沈阳日报》进行专题报道。临床工作的得与失时刻警醒着自己，作为前进的动力，督促自己进一步提高各方面的技能。在我的学生跟师临证过程中，我常向他们讲述这些经历，告诉我的学生，"医者，顺天之时，测气之偏，适人之情，体物之理"，时时提点，用心良苦，避免后辈重蹈覆辙。

在长期的临床工作中，我结合临床、科研实践及现代医学研究进展，潜心研究，提出胃癌前状态性疾病的"毒热"病因学说，并创新性地将外科"消"

"托""补"三法引入消化性溃疡的治疗，独辟蹊径。我以外治法拟内服方，倡"以痈论治"法，精研数十载，论而证之，经反复验证研制出了一系列有效组方，其中"消痈溃得康"颗粒剂在1997年获得了国家新药证书，丰富和发展了消化性溃疡及糜烂性胃炎等相关疾病的中医病因病机及治法理论。此外，我还一直强调注重实践、注重临床、不断总结、不断创新，提出"溯源求本、内外相济、脏腑并调、尤重于脾"的学术思想。

在数十年的临床工作中，用肝脾并调、胆胃同治之法来治疗胆汁反流，用清热除湿、固本益肠之法来治疗溃疡性结肠炎，用解毒通络、软坚散结之法来治疗肝硬化等，在临床上均获得了良好的疗效，深受患者与同仁一致好评与赞誉。通过长期的临床积累，我认为中医临床应"精于脾胃，又不限于脾胃"，在其他疾病的治疗上也同时强调调理脾胃的重要性，如针对血脂异常及动脉粥样硬化性疾病，我结合多年临床经验，查阅古今文献，创新性地提出脾虚是血脂异常及动脉粥样硬化发病的始动因素，痰浊、瘀血是血脂异常及动脉粥样硬化的主要病因，痰瘀互结阻于脉络是血脂异常及动脉粥样硬化的关键病机，从而提出"从脾论治，内清外柔"干预血脂异常及动脉粥样硬化的论治思想，并据此组方"血脂络欣"，广泛应用于临床，效果显著。通过临床流行病学调查、动物实验及临床研究验证了该理论的可行性及有效性，丰富和发展了中医药论治血脂异常及动脉粥样硬化的体系。

三、为人师表，诲人不倦

我作为辽宁中医药大学中医内科博士点创建人及脾胃病学科（国家重点学科）的学术带头人，在担任硕士研究生、博士研究生及博士后导师期间，先后培养中医硕士、博士、博士后80余名，培养了一批又一批中青年临床骨干及学术骨干。我时刻秉持严谨的治学态度，深知严师出高徒之理，故对学生要求极为严格，现在我的许多学生及弟子已经成为各自领域的佼佼者，可独立承担国家、省市级课题的研究工作，有的已成为国家级、省级重点学科或专科的带头人。我更心系中医药的发展和继承创新工作，对所带徒弟及学生进行悉心指导，愿将平生所学倾囊相授，要求学生在临床实践中验证所学，并极力推崇学生创新所学，希望他们能够形成自己的中医思维及诊病特点。我经常告诫他们，没有任何一门科学是一成不变的，中医也是如此。

我认为中医药要发展，不仅需要确切的临床疗效，还需要优秀的中医教学人才和优秀的中医科研人才，曾经和我一起搞科研的学生或弟子，每人都有一个小本子，写满了各自所负责的实验数据，时间、地点、治疗方法、效果等，因为在我看来，科研数据的真实性、可追溯性是科研项目经得起检验的重要因素，因此我同样心系学生的教学及科研等相关工作，适时提出相关建议及意见。"落其实者思其树，饮其流者怀其源"，学其成时念吾师，我尊敬自己的老师，也颇受学生爱戴，2011年被授予辽宁中医药大学"感动校园人物"荣誉称号，至今我还担任全国老中医药专家学术经验继承工作指导老师，在我有生之年，愿为中医药的发展及中医药人才的培养做出自己应尽的贡献。

四、践行科研，硕果累累

在繁忙的临床工作之余，我先后承担国家科技部攻关计划及国家中医药管理局、辽宁省科技厅、辽宁省教育厅等重大临床应用课题10余项。对溃疡病系统深入的研究整整坚持了30多年，经临床反复验证实践，不断总结凝练，"消化性溃疡中医辨证论治实验与临床研究"于1995年获辽宁省科技进步一等奖，"消痞溃得康"于1997年获国家新药证书。主持国家科技部863重大课题"中药新药临床试验关键技术及平台建设"，开展多学科联合协作，深入研究国内外相关现状，完成了多项临床试验的创新与规划，探索研究了3个中药复方的药代动力学，于2005年获辽宁省科技进步一等奖，创新性完成了临床操作规范、复方药动力学的初步研究，建立了15种常见急症的中医辨证诊疗常规。主持国家科技部973项目"基于'以痈论治'胃癌前状态性疾病（活动期）'毒热'病因创新研究"获得教育部科学技术进步二等奖、辽宁省科技进步二等奖，经3次规范的大样本临床试验，疗效满意且安全，经省和国家两次鉴定得出"理论与临床均有所突破"的结论，已广泛用于临床。

另获得多项科研奖："中医药防治血脂异常的创新策略及干预机制的实验研究"获得辽宁省科学技术三等奖，"动脉粥样硬化中医病机探析和防治策略研究"获得中华中医药学会科学技术三等奖、辽宁省科技进步二等奖，"胆汁反流中医辨证论治实验与临床研究"获得辽宁省科学技术二等奖，《中医胃肠病学》获得国家中医药管理局中医药基础研究三等奖，"消化性溃疡中医辨证论治的实验与临床研究"获得联合国发明创新奖、辽宁省政府科技进步一等奖，"中药治疗萎缩性胃炎中药剂型改革、药理作用和扩大临床应用的研究"获得辽宁省科技进步三等奖，"慢性萎缩性胃炎中医辨证论治的实验与临床研究"获得辽宁省政府科技进步三等奖等。

此外，我还担任本医学领域相关杂志和著作的主编、副主编等职，发表重要论著 60 余篇，曾任中医脾胃病学会名誉主任委员、《世界华人消化杂志》副总编、新发突发传染病中西医结合救治研究平台国家重大科技专项专家组成员。在此，我也特别感谢中华中医药学会授予我的"中医药学术发展成就奖"以及中华中医药学会脾胃病分会授予我的"脾胃病学术杰出贡献奖"。此外，我首开中医博士生课程《中药临床药理学》，以期为中药临床药理学的学科建设开展相关的积累性、创造性工作。我还担任国家药品监督管理局药审委员，作为国家颁布的《中药新药临床指导原则》主要起草人、撰写人之一，任期内主持数个中药新药、进口药及中药保护品种的技术审查，至今仍在参与中药新药创新发展工作。

我在多项重大临床试验中，带领多个研究团队，组织与开展多学科联合协作，精心设计，从严要求，细心实践，注重过程，注重细节，珍惜每一天，珍惜团队每个人的科学创造，"结论报告实事求是""做到再说到"，肺腑之言愿后学者铭记在心。我的学生不少已成为本学科的国家级、省级学术带头人，并能独立承担国家和省部级重大项目的开发，即使这样，我也会告诫他们，要不断提高临床技能和临床科研设计的思维、能力，同时要练就一种挫折面前的超然态度，从严从实的科学作风和能力，这样才会影响后学之人，"桃李不言，下自成蹊"。

五、感悟

1. 笃信中医，用心领悟

我认为要想学好、用好中医，最重要的就是要笃信中医、热爱中医。多年来，我始终怀着对中医药事业的满腔热爱，学医、行医、教学、带徒均是如此。我始终认为，植根于中华文明的中医药是原创的，是颇具疗效的，是值得珍惜的，中医学一直是解决人民健康问题的有力武器。时至今日，我们更应坚持中西医并重的理念，相信中医的疗效，正确认识及引导中医在保护健康和治疗疾病中发挥的作用。正是满怀这种执着的信念，我在中医药的路上越走越深远，越走越坚实，正如叶桂所言，"良医处世，不矜名，不计利，此其立德；挽回造化，立起沉疴，此其立功也"。同时，我希望现在的年轻一代中医人能够真正笃信中医、热爱中医，在临床诊病、治病过程中运用中医思维，成为具有中医科学思维的新一代可贵的中医人才，从真正意义上做到省病诊疾，至意深心，详察形候，纤毫勿失。

2. 精勤不倦，诚志高节

我常常教导自己的学生及弟子"业精于勤"。我毕业于辽宁中医学院中医系，在国家中医院校教育体制下开始接触中医，工作后涉猎多个学科，跟随多位名医出诊、查房、会诊，在实践中磨炼，知常达变，能神能明。自青年时代便勤读医籍，手不释卷，时至今日，仍孜孜汲汲，勤学不辍，不断丰富自己的学识，师古而不泥古，涉猎诸家方论，靡所不通，望闻问切宜详，补泻寒温宜辨。除此之外，还需掌握全面而扎实的中医经典理论以及传统文化的内涵。例如，我对全国各地尤其是东北地区的风土人情非常了解，在诊病的过程中，常据此找出致病原因，并根据病情及其所在地区的特点对患者进行养生调护等指导，常常收到较好的临床疗效。

我总结多年读书心得：其一，要精读古籍。应以中医经典巨作为读本，以少而精为原则，要带着临床问题精读。循着中医学理论体系读，有序地抓住中医经典理论主要内容，逐步加以理解和运用。其二，要反复阅读。书读百遍其义自见，同时要知书中不一定都是精华，所以要注意在读书时去伪存真，取其精华，去其糟粕，并经过临床实践的不断检验方得真知。其三，广泛涉猎。我深感中医学博大精深，是一门具有浓郁文化气息、涵盖范围广泛的学科，要想成为优秀的中医临床人才，还要增加知识的广度及深度，其四，要理解和背诵相结合。理解和背诵相辅相成，"书到用时方恨少""懂自己平庸，才知读书的宝贵""临床乏术才懂得读书要做到如饥似渴"，要在背诵的基础上理解，在理解的基础上背诵。其五，要不耻下问。三人行必有我师，问道于师，济世之道莫大于医，识病之源在于经典。

此之谓医贵乎精，学贵乎博，识贵乎卓，心贵乎虚，业贵乎专，言贵乎显，法贵乎活，方贵乎纯，治贵乎巧，效贵乎捷，知乎此，则医之能事矣。

3. 审证求因，随证治之

我认为："没有任何一门科学是一成不变的。"诚然，中医继承工作非常重要，但任何一门科学都是不断发展前行的。时代在变迁，水土人情、自然环境在变化，人们的内在体质在变化，饮食结构等也在变化，疾病本身亦随之变化。中医的发展史上，形成了诸多不同的学术流派，但深究当时的文化历史背景，各个学术流派均是当时经济文化发展的产物，正是因为这些学术流派顺应了当时经济文化发展的潮流，所以中医学不断发展壮大。

因此，工作中，既要体现辨证论治的原则性，又要三因制宜，根据病因、病机、病势随证治之，即不外"理法方药"四字。我们应广览医籍，博采众家，开拓思维，不拘泥于一门一派，多思考，择其善者而从之，看方犹看律，用药如用兵，机无轻发，学贵专精。我在治病过程中也经常使用经方时方，但从来不会原方照搬，而是依其法，用其髓，结合病人实际，巧妙变通，即方不在多，心契则灵，证不在难，意会则明。同一个病人的疾病也不是一成不变的，病变则证变，法亦变，法变则方变，药亦变。灵活应用，巧妙遣方用药，每收验效。

中西医应深度融合，我曾与多名资深西医、西学中专家合作，真切体会到了中西医"强调分歧，不如强调合作"。我们不能否认西医的特点和长处，但不能以此来贬低中医的价值。中西医之间无论有何立场的不同，都要面对诊断疾病、治疗疾病、挽救生命的现实，二者总会找到共同语言，因为二者都要面对生命即健康医学相同的核心目的。中西医应相互合作共存，发挥他们各自的价值，扬长避短，使医学不断进步。

4. 求真务实，反复临证

求真务实是我的一贯作风，对疗效不佳者，必在病案中如实记载，并重新审证求因，以求良效。今之医者，唯知疗人之疾而不知疗人之心，因此我也告诫自己的学生及弟子要有"以病人为中心"的理念和行为，重视实事求是的医疗作风以及精益求精的治学态度。

凡为医者，须性情温雅，志必谦恭，动必礼节，举止和柔，这样才能赢得学生的爱戴、同道的敬佩，这样的医风一以贯之，从病人对我们的信赖和感激中，才能不断体会到一个真真正正医家的意义。此乃"医之良，在工巧神圣；医之功，在望闻问切；医之学，在脉药方症"。

我还告诉自己的学生及弟子，"中医的学习是一个艰苦的过程，要经过多年的临床积累，更要注重在长期的临床实践中构建科学的中医辨证论治思维模式"。中医生存与发展的根基在临床，中医临证要精医理，抓病机，重辨证，熟药性，如治疗溃疡病的处方剂量设计，需要经过长期反复多次调整，目的是提高溃疡愈合质量和防止复发。我强调亲身实践，在实践中丰富所学，反复辨其病，辨其证，方能形成自己的临证思辨特点和中医临床思维。

"反复临证"是医理之核心，中医作为一个经长期反复验证而总结出来的临床知识体系，是实践医学，疗效才是硬道理，治疗疾病能够做到简、便、验、廉、安。我反复强调临证的重要性，在严格要求自己的同时，告诫和要求自己的学生和临床的医生，反复临证，和患者平等沟通交流，在临床中检验中医理论及实践的成败。

5. 仁心仁术，医德高尚

"医乃仁术"，我常说，病家求医，寄以生死，医生担当着治病救人、解除病人痛苦的最高使命。面对病人，尤其是反复求医而久治不愈者，这种责任感越是强烈。为医当修从医之德，常怀律己之心，常思贪欲之害，常戒非分之想。跟随我出诊的学生和弟子，听我说得最多的话就是"当医生应传医授道，精术济民，慈爱仁义，为人正派"。当年我虽年逾七旬，但仍坚持从早晨 8 点连续工作至下午 1 点，遇有外地远道而来的病人又常加班看病，希望病人和学生们感悟到医者不辞辛苦之心，医之为道大矣，医之为任重矣。

医者，仁术也。仁人君子，必笃于情。对待每一个患者，必做到临证望闻问切，细致入微，一丝不苟。若遇疑难病例，更要详察病情，细审端倪，在耐心反复揣摩、斟酌之后，方可仔细处方用药。行医，不求数量而求质量，每个病人，必悉心诊治，不计较个人得失。我常说，医生的一句话就会对病人产生极大的影响，甚至要比疾病本身严重得多，指导病人以良好的心态正确对待疾病是医生义不容辞的责任。门诊常来诊萎缩性胃炎的病人，常于诊疗结束问其疾病会不会发展成胃癌，我便耐心为其解释不是所有的萎缩性胃炎都会发展成胃癌，通过临床干预，是可防可治的。在临床诊疗及指导病人时应用词严谨，用语亲切，避免不应该有的医源性因素对病人疾病及生活产生不良影响。不管病人来自城市还是农村，不管病人是讲着难以听懂的方言还是口不能言的小儿或是患年老痴呆症者，总要怀仁义之心，耐心细心，充分体会病人的心情，不厌其烦地解释疾病的诸多问题，解除病人对疾病的恐慌与疑虑，与病家真心平等交流，为他（她）心中"种下一颗希望的种子"。

常有病人来诊时心情焦虑，或病程已长年累月，苦不堪言，或疑有恶性疾病而惴惴不安，或来诊所诉琐碎而不明重点，我均耐心倾听，一一耐心为其解释，开导病人，指导他们正确对待疾病，这样的医德和医术才能缓解病人的病痛，受到病人及其家属的高度信赖。凡为医道，必先正己，然后正物。正己者，谓明理以尽数也；正物者，谓能用药以对病也。

6. 薪火传承

我青年时曾跟随孙树功、李玉奇等多位名老中医专家临证出诊，抄方短则几周，长则几月甚至几年，至今对老师的遣方用药（大到如何识别、辨识疾病，小到处方药味、药物剂量应用）和医德医风医术记忆犹新，如数家珍。在每一个临床医师的成长过程中，有老师的言传身教，有个人的摸爬滚打，不管是临床诊病还是为人处事，老师的影响是巨大而深远的。从古至今，凡大医者，大都具有精湛的医术和高尚的医德。所谓"德艺双馨""德高技精"就是对上述意境的绝佳概括。从扁鹊学医于长桑君、张仲景学医于张伯祖，到清代名医叶天士 10 年之中先后从师 17 位名医，这些都很好地诠释了跟师学习与继承创新的重要性。这些从实践中升华出来的真知灼见，如果不能被很好地继承与发扬，对中医药界无疑将是无法弥补的重大损失。跟师学习绝不是简单地抄老中医的几个验方，而是要用心学习老中医临证时的思辨过程及遣方用药特点，做到既知其然，又知其所以然，并要在自己的临证实践中反复应用，反复验证，学其精华，形成自己的思病辨证、遣方用药特点，继承创新，才能成为有真才实学的中医后继临床人才。

我一直强调学医者在跟师学习的同时，应体会老师高尚的医德、敬业的精神、谦和的态度、勤勉的作风，从而为日后的行医和做人奠定必要的品德基础。古有"师傅领进门，修行在个人"之语，在中国传统文化重要分支的中医药学领域，其修行内容更具有特殊的含义，即不仅要努力提高医术以增强治病救人的本领，更要加强自身的品德修养以树立高尚的医德。此外，在学习老师经验的同时，要借鉴老师的曲折诊疗过程，我也会时时讲起自己年轻时的不足之处，举一反三，告诫我的学生们不要犯类似的错误。

为人师表，诲人不倦，从医的 50 多年也是我从教的 50 多年，呕心沥血，愿为中医药培养后继人才，启迪后学。无论是科研实验还是临床实践，我始终以自己的严谨影响着学生。作为国家名中医、博士研究生导师、全国老中医药专家学术经验继承工作指导老师，不仅我自己要积极关注中医药教育、继承与创新等热点问题，我还要求弟子及学生多读书，多临证，多研究，多思考。愿以自身言传身教，身体力行，告诉自己的学生及弟子，学习中医要勤奋好学，虚怀若谷；淡泊名利，胸襟坦荡；遇富者不谄媚，遇贫者不弃厌；尊敬同道而不互相诋毁，关爱患者视其如同亲人；不因一时应手而沾沾自喜，不因一时失败而垂头丧气；努力成为中医药事业的优秀人才，担起继承和弘扬中医药文化的责任。

我们的祖先凭着"尝百草"的精神和长期的临床经验，创造了中医中药这个神奇的宝库，这个宝库不仅在人类历史的长河中建立了不可磨灭的功勋，在科技现代化的今天，仍然发挥着它不可替代的作用。中国已经走入新时代，愿中医药事业在党和政府的正确领导之下，不断创新发展，永远保持旺盛的生命力，造福全人类。"悟其理，行其道，且苦行其道，方能有成"，这是我多年的内心感悟和真实写照，以此鞭策自己，启迪后人。时至今日，我仍与时俱进，不断进取，对中医药的发展非常关切，我愿继续为弘扬中医学，发展中医药事业而奋力拼搏，愿中医药这个中华民族的伟大瑰宝一步一步踏实地走出自己的精彩。

（张泽协助整理）

孟庆云

孟庆云（1939—　），黑龙江省齐齐哈尔市人。历任中国中医科学院基础理论研究所所长，中国中医科学院基础理论研究所研究员。1965 年毕业于哈尔滨医科大学，1970~1971 年参加黑龙江中医学院西医离职学习中医班，1978~1981 年在中国中医研究院攻读研究生。曾执教于黑龙江中医学院和北京针灸骨伤学院。主要从事中医理论研究，发表学术论文 300 余篇，著有《中医科研方法概论》《中医理论渊薮》，为《中国中医药发展五十年》一书主编，中国中医名词审定委员会第一、二届委员。先后担任《中医大百科全书·中医卷》和《中医大百科全书·传统医学卷》二版副主编、《中国中医药年鉴》编委和《中国中医基础医学杂志》主编。

佛家称"人生一缘"，我作为一个西医医生半路学习中医，也算得上是缘分。

我是黑龙江省齐齐哈尔市人，1939 年出生。父亲是西医，受其影响，我也立志学医。1965 年，我毕业于哈尔滨医科大学，在黑龙江省肇东市的基层已经工作 5 年，因需要，在内科、儿科、妇产科都先后工作过。那个年代，传染病流行猖獗，1966 年当地流行麻疹，1967 和 1968 年全国很多地方流脑大流行，危重病例很多，我倒是颇长见识，得到了锻炼。很多幼儿麻疹患者因合并肺炎而住院，又因心衰而死亡。我曾见过现在教科书已不再描述的出血性麻疹，抢救的流脑华弗综合征病例也很多。当时山梨醇、甘露醇等脱水剂已经在基层广泛使用，在快速静脉注射时观察病人的瞳孔，立刻就能见到散大的瞳孔缩小，转危为安。我还见过一例青年男子患全叶性肺炎的病例。那是一个年轻力壮的小学教师，入院时仅有发热和胸痛症状，胸透时发现其左侧 2 个肺叶和右侧 3 个肺叶都呈肺实变的阴影。当时，我就是医院里学历最高的医生，因此遇见疑难病例只有去查书和翻杂志。内科教材和《实用内科学》中对此都没有记载，倒是从古旧书店买来的翻译苏联的塔列耶夫的《内科学》中写了一段，说全叶性肺炎死亡率百分之百。患者的弟弟是西医医士，我把书拿给他看，他将信将疑，表示坚持在院治疗，死而无怨。一小时后病人出现柏油样便，当时在杂志上还没有见到过"弥漫性血管内凝血"这个词，但我已经意识到这和小儿重症肺炎时吐咖啡样物是一个机理，都是危重的信号，又过了两个多小时病人因呼吸衰竭死亡。后来我学习《伤寒论》时，对照病情，知道该病是太阳病大结胸证合并蓄血证，由是，我信服了《伤寒论》。在妇产科工作时，我还下过几次产钳，做过内倒转。这些病，当时在有条件的医院全是做剖宫产，那时剖宫产的适应证就有泛化的趋势，现在世界卫生组织对剖宫产的使用限定在15%以内。我曾遇一例产后乏力性子宫出血患者，血出如水龙头喷水，当时我急中生智，以手用长针头在产妇的腹壁外握压子宫后向子宫直接注射麦角新碱，果然立即有效，产妇转危为安。正是抓住了出血这个主要矛盾的应急办法，否则产妇会因大出血而致死。那个年代要求医生往诊，这个病例是在患者家里处理的。那时急重症似乎比现在多，本院的中医们往往都把急重症交给西医处理。除了"忙"和"累"，没有别的概念，以至我在工作的头几年里，没有主动要学中医的念头。

1969年，我参加支边一年，翌年上级派我参加上海拟为黑龙江办的为期一年的脑外科培训班，但很快该班就被通知停办。此时黑龙江中医学院开始举办"第三期西医离职学习中医班"，遂令我转而参加此班。当时在基层的医生们，以赴北京医学科学院进修为"镀金"，赴上海学习为"镀银"，到省里学习为"镀瓷"，我当时无所谓镀金镀银、远学近学，反正艺不压身，学则有益，而且又是带工资学习，对我一个只身在外地工作的人来说何乐而不为。但由此也改变了我人生的轨迹，这也成为我工作转折的机运。学习班于1970年2月开班，1971年5月结业，之后我留校任教。从此，中医成为我事业的天地，按"人与天地相参"之论，我的工作、学习和志趣都离不开中医，但这个情结的关键，一个"学"字而已。

三次学艺三景观

我学习中医学，从1970年至今，已37年了。1990年我获正高级技术职称。

按学术进步来划分这 37 年，我自己认为有入门之学、根基之学和化境之学三个阶段。

1970 年，我开始了西学中入门之学。所学内容是大学本科课程的浓缩，可能这样反而令人得其精粹。我就学的起点可谓不低，有西医的基本功，又在大工作量、参与多科工作的环境中实践了 5 年，而且我在大学时期就已经养成了主动学习的习惯，形成了有条理的治学方法。我大学时期养成了做卡片的习惯，大二开始记札记，并把自己的札记本命名为《涉猎与泛音》，其中也记录了我的偶尔感受，到 1981 年已记了 20 本，之后改为专科笔记，按《内经》《伤寒论》、西医、方法论、诗词等，分为 10 种，有心得随时而记，至今不衰。笔记是我学术体系中的重要组成部分。对于学术体系中的"脑记"，因我学中医时已三十多岁，遂采用了以少积多的方式。中国古代名家治学，都非常重视"背功"。宋代思想家朱熹说过"不记则思不起"，以记诵为学问之舟车。历代以来的名家大师们有很多长于背诵的佳话。东汉蔡文姬在父亲蔡邕被害以后，以背诵再现其父的 400 多篇文章天才不丧斯文。《唐语林》记载虞世南能背诵《烈女传》。《宋史》记述苏东坡以抄背《汉书》为"日功"，抄写 3 遍后竟能背诵。近代章太炎及弟子黄侃皆能背诵《说文》，黄侃还能背诵《尔雅》。傅斯年 4 岁时开始背《论语》，9 岁能背十三经。1924 年陈宝琛与郑孝胥在天津赌背十三经，有胡嗣源在旁查书为之公证，二人果然不分伯仲。工程家茅以升把博闻强记列为治学要诀之首，他的治学 16 字诀是：博闻强记，多思多问，取法乎上，持之以恒。我只背诵经文和方剂，在短期内记住了 200 余条经文和 100 多个汤头，这是"以方带药"的背法。我没有背《药性赋》和《脉诀》，到现在也认为药性和脉法没必要背，而且很难建立分化记忆，背不下来。对于医理，我抓住证型这个环节，在理解的基础上，记熟了百余个证型的脉证结构和治方。这样，200 条经文，100 个汤头，100 个证型，共"400 句"，成为我入门的框架，成了我的"基本功"。虽然后来所学不断扩增，如今这些基本的东西还是可以从容地"倒出来"。从学习方式来看，学中医和学中国文字一样，都是要先死记硬背，然后再在实践中逐渐消化和理解。所记的东西，有的可能一辈子也遇不上，但却仍然值得背诵。因为医生永远应当用自己充裕的知识等待疾病，何况没用上的知识在思维活动中还有启发作用。从 1971 年到 1978 年，我在黑龙江中医学院教书 8 年，开过几门课，也发表过 10 篇论文，但总还没有离开西医的思路，从中医学术来看，仅仅是入门层次，我的中医所见，也就是这个景观。

　　1978 年全国恢复研究生学制，我以在大学教书 8 年的学历参加考试，被中国中医研究院录取读研。这是我对中医的第二次学艺，目标就是攻读经典。清代学者金埴在《不下带编》中说："不明经则无本。"英国物理学家麦克斯韦在谈到阅读经典原著时说："学习任何课题，阅读有关课题的原始论著总是大有好处的，因为科学总是当它处于新生状态时得到完全的消化的。"我用一年半的时间把《内经》《伤寒论》《金匮要略》《温病条辨》四部缣缃黄卷通读了一遍。宋代王安石说过"读经而已，则不足以知经"，此话大有见地。读经仅从文字训诂是不够的，汉代已经有传有纬有注，南北朝以后又有义疏，但因医经是实践理论，章句之学非尽原义。譬如《伤寒论》，仲景对《内经》的突破是为一变，但金代成无己又把《伤寒论》回归于《内经》，当代不少名家皆著书撰文从之，又把六经归于脏腑，蹈袭陶华，如按《文心雕龙》"述经叙理曰论"，未尝不可，但终非善解，这是淡化了仲景之创造，不承认他对《内经》的发展。又如民国时期的陆士谔创立了以条文解条文的内证读法，有道理但不全面。还有名家按清代王引之的治学方法，主张"读无字处"。学习固然应该提倡悟性，但证据更重要，否则难定边界。20 世纪 60 年代又有"以方测证"之说，然而一代人有一代人的处方思维，伤寒方所能治之证，并非当年仲景用方之原意。例如四逆散现代多用于治疗消化道疾患，但《伤寒论》条文中是治少阴厥逆、心悸者，属于心血管系统病，近年得知四逆散中的炒枳实具有扩张冠状动脉之功。由是而知，当时的"以方测证"也不全面。清代学者章学诚说："非识无以断其义。"强调识见，非常有意义。这样看来，读完了四部经典，不等于掌握了，何况读书有随读随丢的情况。清人郑板桥曾云："学一半，撇一半，未尝全学。非不欲全，实不能全，亦不必全也。诗曰：十分学七要抛三，各自灵苗各自探。"我在读原著、读注家的过程中，不惜下"笨功夫"，为进一步学习中医打下了根基。由此再读其他中医书籍皆有似曾相识之感，我自觉学术有所提升，又有了新的识见，可以说这是步入了根基之学的层次和景观。

　　读研期间，正值我国学术界处于"文革"后的复苏期，学风浓郁，文翰向新。全国科协向学术界介绍"三论"，即控制论、系统论、信息论的"老三论"和耗散结构论、协同论、突变论的"新三论"。我阅读了维纳《控制论》的一版中文译本和有关三论介绍文章，也抄读了一些 20 世纪 60 年代后发表的中医学与控制论的有关论文，又通过通讯和拜访，请教了几位有关专家，发现中医学理论中有很多与之相合之处。例如，《素问·天元纪大论》中的"五行之治，各有太过不及也。故其始也，有余而往，不足随之，不足而往，有余从之"这一段，和《素问·六微旨大论》中的亢害承制一段，皆体现了负反馈调节的思想。又如《伤寒论》中的治法，有很多就体现了工程控制的艺术。这是我又一次感受到中医学的博大精深。1979 到 1984 年间，我发表的论文以"三论"为多。研读控制论对我的最大启发是，认识到中医是从不确定性认识疾病过程的，《内经》非常强调这一点，《素问》两次论述"神转不回"，又论及"神用无方"，故而中医临床的操作体系是辨证论治，这是先进的科学思想。在西方，牛顿以前的科学家一直着眼于以事物的确定性阐述宇宙规律，西医论"病"，也是这种科学思想的体现。直到爱因斯坦，才提出了事物不确定性的认识和某些规律。当代西方医学也开始想突破"病"的观念而演进。工程控制论中的程序控制，又使我联想到辨证论治的过程，医家设计了"套路"，这也是控制论方法在中医学中的运用。

1984 年以后系统学习《周易》，是我对中医的第三次学艺。我用学医的一套办法研读易学，经传并举，也兼及注家和术数杂书，学习一段时间后即有灵犀洞开、金丹换骨之感，现已读完古今易学著作近 30 余种。我认为中医之医学观和人体观即是易学之观念，《内经》之藏象导源于易象，是源于解剖又超越解剖的虚拟模型，又含时间、方位等诸多因素，不同于血肉的脏腑；仅《内经》中，就记载有五行藏象、六节藏象和八卦藏象等几种。我发现中医证候的模型化特征与中国科学体系的模型化特征是一致的。中医学的范式和特点都与易学相关。恽铁樵先生所谓："是故《内经》之理论，即《易经》之理论。"其论不虚。《易经》的思维方式，如联系思维、易变思维和阴阳对峙等，也是中医学的思维方式，这也是中医临床以辨证论治为操作体系的原因。在这方面，我发表了一些论文，并出版了《周易文化与中医学》的专著。我又沿此脉络研究各时代的医学思想史，把医学、哲学、文化三者进行联系和比较研究，可以"阐献征之潜德，述典籍之源流"，使学术自得而"得之于心"。我自以为这是领略了化境之界。

教学相长学学半

"教学相长"源自《礼记·学记》，意思是说教与学相辅相成。"学学半"出自《尚书·兑命》，姜兆锡先生注得最为明白，是说"教人与教于人皆相长益"。按《说文》"半，物中分也"，以半为主合其半，故教与学结合，形成了教学的全过程。每个教师对此都有切身体会。从 1971 年到 1990 年的 20 年中，我先后在黑龙江中医学院和北京针灸骨伤学院任教，"教学相长"和"学学半"就是我在勤勤耕耘中所获之泽惠。

在教学中增长知识的理念，使我喜欢讲课，也喜欢承担不同的课程。在黑龙江中医学院，我讲授过中药学、西医诊断学、中医各学家说、数理统计学、中医科研方法；在北京针灸骨伤学院，我讲授过《内经》，同时为北京中医学院管理系讲授《医药卫生事业管理》课程；2005 年又在香港浸会大学中医学院讲授《中西医比较医学》和《医案医籍选读》；还曾进行过无数次的各种"专题"讲座。诸多的教学实践，使我认识到三点：一是学而知不足，二是教师应厚积薄发，三是以著为学。

学而知不足，是我对《礼记·学记》中"学然后知不足，教然后知困。知不足，然后能自反也；知困，然后能自强也"全句的概括。在学习时，为某一问题之求解，需要运用穷尽性研究方法，竭泽而渔地占有材料，但是往往材料愈多愈困惑。困惑感是达到问题前沿的标志，困惑之处正是问题的关键，既可成为继续探索的动力，又可遇到不同知识，将其与本问题联系起来，而提出解决的可能。所以说，知不足、知困，是获得新知的动力。例如，多年来我经常思考，中医为什么走上辨证论治的道路而没有走上辨病论治的道路呢？经多方探索，我找到四点理由：第一，先民自古以来重视"辨"，其思维逻辑是辩证逻辑。《礼记·中庸》说："博学之，审问之，慎思之，明辨之，笃行之。"唯务明辨。以致中医学理论本身是辨证的，论咳嗽，讲五脏皆能令人咳；论失眠，五脏皆可发为不寐等。理论本身是辨证的，操作当然也要是辨证的。第二，受《周易》和《老子》等动态观、变易观的影响，视疾病是变动不居的，因此，处理也要以变应变。第三，中国科学重视时间，以时间统摄空间，而西方科学重视空间，以空间统摄时间，故而中医学以证候为疾病单元，临床上则辨证候而论治。第四，针刺时操作的习惯是一组症状（即证候）选用一组穴位，这也导致了对证候的重视，进而发展为辨证论治。同时，我又在讲解《医案医籍选读》中深刻地认识到，中医认识到了疾病过程的不确定性，故而强调疾病的"不可重复性"，因而极重视个案，这与西医重视共性、讲求大样本分析是不同的。

厚积而薄发是对教师备课的基本要求。拟给学生一碗水，可能要准备一桶水。20世纪50年代，东北地区的高等学校推行工作量制，计算方法是，讲师以授课时数乘以7或8，教授是乘以5或6，理由是讲师讲好一学时的课，得花7或8小时备课，教授讲一学时的课，得花5或6小时备课。我为自己定的讲课要求是"讲通"两字，为了讲通首先就得学通。蓝英年先生曾说："深入浅出是功夫，浅入浅出是庸俗，深入深出尚可为，浅入深出最可恶。"我以深入浅出为目标，以"人一知之，我十知之；人十知之，我百知之"的努力，认真备好每一堂课，讲好每一堂课。

以著为学是指把著述当作一种学习手段。写作是表述、训练和征引资料的过程，"学"才是我的终极目标。大学时代，我"课罢闲暇学填词"，培养了文学素养，训练了文字能力。我最早在公开出版物发表学术论文是1974年，在中国医学科学院阜外医院办的《心脏血管疾病》杂志第2期发表了《中西医结合治疗肺心病》一文。30多年来，我在杂志和报刊上共发表文章300余篇，其中论文200余篇，科普短文100余篇。我以《周易·系辞》的"修辞立其诚"和清代章学诚在《文史通义·文德》中所言"临文必敬"的态度对待写作，在著述中开启了思维，训练了准确性，增长了知识，寓著于乐。

随缘读书书中乐

我对人生的理解是学习，对工作的体会是读书。1991年3月～1999年12月，我在中国中医研究院任副所长、所长。"始于一，终于九"，正好9年。9年间总的体会是任职为我提供了更为广阔的读书机会。书，包括著作的书和人世间的"活书"。我以"正其谊不谋其利，明其道不计其功"的心态和理念"在职读书"，有两点领悟：一是磨合了性格，与其说是增长了雅量，不如说是洗练了棱角。二是见识大增，视野更加开阔。任职9年中，我就以耐得寂寞、随缘读书、书中求乐为乐。

　　所谓随缘读书，就是顺随工作需要和接触的机缘读书，或读点杂书，以抄书、买书、编点书为轴，一线贯通。甘于坐冷板凳、吃冷猪肉，不当学术老板。我之读书，从来就犯大道多歧亡羊之忌，但不悔也不肯收缩目标。倒是 20 世纪 80 年代那次"动中求静看《周易》"时，有点收缩的意思，但同时还是铺开了方法论和中医学术史研究。对于这两个自拟题目只是写点文章，至今未成专著。

　　在随缘读书中，我对中医学术的发展有如下所见：中医学在远古的学术混沌时期医易不分。《周易》哲学化以后，对中医学的理论建设启导了医学观并提供了构架和方法。受汉代经学的影响，《内经》等一批医书也以经书立名。《内经》以整体性思维范式和理论预构特征成为中医学基本理论的铺垫。《伤寒论》是《内经》以后的范式转换，是以经验案例为特征的医学范式。魏晋南北朝隋唐时代的医学，是在玄学影响下并融会外来医学的自为发展时期，以重视方书、手术和学科分化为特征。宋金元是中医学发展的传承期，以理论深化和分立门户为特征。明清是中医发展的继兴时期，以温补派和温热派为代表。从民国到当代，中医学处于转型酝酿时期。事实上，中医现代化的实践很早就开始了，在临床已经发展起了微观辨证和影像学辨证，已经开展了标准化和规范化的工作，基础理论研究不仅是训诂注疏，而且开展了实验研究。当年，孙中山先生曾经评论中医说："一只没有安装罗盘的船也可能到达目的地。"中医现代化就是要为这条东方科学的船安装罗盘、更新设备，使其提速，但航行目标不变。著名中医王任之先生早在 1946 年 10 月 10 日，就在《新中医》复刊号第四卷第二十期上，发表了题为《医匠谈医——试论中医现代化和西医中国化》的论文，说明中医从来就不满足于"照着讲"，还要"接着讲"。如今，中医学在发展过程中，既要面对现实、为现实服务，又要解决传统和现代的关系问题，这就必然要通过现代化的过程实现。我认为中医学自身发展规律有三条：一是主体生生递进，推新存旧，返本开新；二是学术以经典为本以注疏为发明；三是多元一体，代有融新。中医学是一条不断融会支脉发展演进的历史长河。从继承与创新而论，创新是继承的重中之重，不可能也做不到全盘继承，古方今用乃至阅读古籍都是再创造的过程。现代中医应该由现代人在实践中继续发展。关键是坚持"相互作用是事物变化的终极原因"，把现代化科技要素和需求，融入传统中医的学术结构和事业结构，在分化与整合中，形成协同的动力机制，以实现中医学术结构和事业结构的高度有序，提高防治疾病的能力。中医现代化是在继承中通过创新、开拓和切入新技术后，实现技术完善化、体系完整化、操作规范化而使特色鲜明化，使中医技术成为现代社会相容技术，让广大人民享受中医。我认为中医理论的现代化，不仅要用现代化的语言阐释经典，还要建立新的元典。我将竭力参与这一伟大实践。

总括我的学习生涯，自从立志向学以来，我以书为家，以文托命，好书堆案转甘贫，无功利可言。我体会到歌德所说：读好书就像与高尚的人谈话的幸福，也有过读书的失误，如顾炎武所说铸钱为铜的事。我不怕失眠，因为"失眠正好读闲书"。宋代朱熹有诗曰："旧学商量加邃密，新知培养转深沉。"我将在商量旧学和培养新知中从容地度过我的余生。

盛玉凤

盛玉凤（1939—　　），浙江省台州市人，出身中医世家，1965年毕业于浙江中医学院（现浙江中医药大学），后又师承全国著名中医妇科专家裘笑梅主任医师，深得其传。从事中医妇科临床、教学和科研工作五十余年，积有丰富临床经验。为浙江省中医院妇科主任中医师，浙江中医药大学兼职教授、研究生导师，浙江省名中医，全国老中医药专家学术经验继承工作指导老师。历任浙江中医学院妇科教研室主任、浙江省中医院妇科主任、中华中医药学会妇科专业委员会委员、浙江省中医药学会妇科专业委员会主任委员等职。著有《痛经》《实用中医妇科手册》（合著）等书，发表论文30余篇，其中协助业师编写的《裘笑梅妇科临床经验选》一书，获浙江省高校科技成果一等奖。

斗转星移，春华秋实，时光的指针已定格在2007年6月，这是我行医的第42个年头。回眸既往的历程，我从一个普普通通的小医生，成长为在病人中享有较高声望的国家级名中医，不由得心潮起伏，思绪万千。在我的成长过程中，不仅有组织的关怀和培养，还有名师的传授，同时也凝结着自己的辛勤汗水。

幼承庭训志学医

我出生在浙东沿海一个小镇（现属台州市椒江区）的中医世家。先父名君昌，早年系小学教员，后弃教从医，至中年名噪乡里，医术大行，故字中行，被人誉称为"中行仙"。胞兄名森德，继承父业，亦有医名。我自幼生长在农村，目睹农村卫生条件极差，人民生活又很贫困，急性传染病如疟疾、伤寒、痢疾等流行猖獗。因此来我家求诊者，大多是一些急性病患者，父亲和胞兄以其良好的医术，活人无数。记得有一次，一位病人患了"疟疾"，每天下午苦于寒战发热，热度高时还出现神志昏蒙、胡言乱语等症状，当时农村抗疟西药奇缺，且价格昂贵，父亲当即开了张方子，病人服了2帖，寒热就不再发作了。在我的记忆中，处方中有草果、槟榔、厚朴等药，现在推测，可能是治疟良方截疟七宝饮、达原饮之类，此等治愈病例，难以计数。由于受家庭的熏陶，我认识到中医药能为人们解除疾苦，特别是在广大农村，它更是卫生保健的一支主要力量，于是对中医学产生了浓厚兴趣，萌发了随父学医继承家学、长大后当一名医生的念头。有了这一愿望，我每年寒暑假都到兄长开的中药店配方抓药，从而认识了不少药品并了解了其炮制方法。同时，我在父亲的督促下，还抽空学习了《药性赋》《本草备要》等中医入门之书。人家背唐诗，我却背《汤头歌诀》，四君子汤、四物汤等，在我读中小学时，就能背诵如流了。可以说，青少年时期的我，是一个中医的业余爱好者，对中医启蒙书籍的阅读，为我今后步入医林做了一些有益的准备。

科班六年打基础

1959年我高中毕业后，在父亲和兄长的热情鼓励和支持下，毅然报考了那年刚刚成立的浙江中医学院，皇天不负有心人，我如愿以偿地被录取了，成为该校首届大学生。在校6年期间，我较为系统地学习了《黄帝内经》《伤寒论》《金匮要略》等中医经典，基本掌握了中医各科知识，也初步懂得了西医解剖学、生理学、病理学、诊断学和常见病治疗方面的一些知识。最使人难忘的是，我的见习安排在浙江省中医院妇科，有幸为大名鼎鼎的裘笑梅医师抄方，使我有机会接触到较多的实际病例，加深了对原先书本知识的理解，在理论与实践的结合上迈出了可喜的一步，并掌握了一些诊疗技能。同时裘老师严谨的治学精神、精湛的医术和高尚的医德，也给我留下了极其深刻的印象，我暗下决心：做医生，一定要做一名像裘老师那样的医生。确切地说，近2个月的见习，为我步入中医妇科学术奥堂起到了叩门问路的作用。

师承名医再提高

1965年我大学毕业后，分配到浙江省中医院妇科室工作，开始了中医妇科生涯。由于专业的关系，我认真研读了陈自明《妇人大全良方》、张介宾《景岳全书·妇人规》、沈尧封《女科辑要》等书，尤服膺于傅山《傅青主女科》，获益良多。在临床实践中，起初几年，我除了门诊和病房工作外，还下农村巡回医疗，使业务技术有了较大进步。1976 年我受组织指派，师从全国著名中医妇科专家裘笑梅医师。由于见习时我曾受过裘老师的指教，这次正式拜她为师，我感到既兴奋又有压力，兴奋的是我可以名正言顺地跟随裘老师学习，这无疑是业务再提高的极好机会；之所以有压力，是因为自己学识浅薄，缺乏经验，怕完成不了继承裘师学术经验的重任。在继承过程中，我跟随裘师门诊和查房，耳濡目染，亲聆教诲，深得其传，尤其是裘老师擅治崩漏、痛经、先兆流产、习惯性流产、子痫、不孕症和更年期综合征的学术特长。裘师治肝郁乳癖、闭经、痛经的经验方蒺麦散（白蒺藜、八月札、大麦芽、青皮、橘核、橘络、蒲公英）；治气滞血瘀痛经的经验方调经定痛散（当归、白芍、川芎、生地、川楝子、延胡索、广木香、乌药、乳香、没药）；治肾阳不足、胞宫虚寒不孕症的经验方桂仙汤（淫羊藿、仙茅、肉桂、苁蓉、巴戟天、紫石英）；治经前期紧张征、更年期综合征的经验方二齿安神汤（紫贝齿、青龙齿、磁石、辰砂、琥珀末、紫丹参、九节菖蒲、仙半夏）；治肾虚血热习惯性流产的加味三青饮（冬桑叶、青竹茹、丝瓜络炭、熟地、山药、杜仲、菟丝子、当归身、白芍）等经验方，我都能娴熟掌握，运用自如。

在随师期间，我曾协助裘师整理编写了《裘笑梅妇科临床经验选》一书，1982 年由浙江科学技术出版社出版，深受读者欢迎，该书 1987 年荣获浙江省高校科技成果一等奖。

当然，学习老师的经验贵在创新，要体现出继承中有发扬、整理中见提高。为此，我在应用裘师的学术经验时，结合自己的心得体会，有所创新，如我治疗气滞血瘀型痛经、闭经的"金铃四物汤"（当归、熟地、延胡索、川楝子、生山楂、小青皮、赤芍、川芎、白芍、木香）；治疗胞宫虚寒不孕症的"巴仙汤"（巴戟天、淫羊藿、仙茅、苁蓉、菟丝子、丹皮、紫石英、当归）；治疗肾阴虚型崩漏、月经过多的"二至龙牡汤"（旱莲草、女贞子、生地、生白芍、龙骨、牡蛎、山茱萸、仙鹤草、冬桑叶、马齿苋、党参）等，均是在继承裘师经验的基础上，进行了改进，疗效有所提高。

总之，跟师 5 年使我在学业上有了长足的进步和提高，如果说我今天在技术业务上有所成绩的话，那也是与当年裘师的精心培养分不开的。老师的恩德，我将铭记心中，永志难忘！

勤于实践积经验

古代医家褚澄曾说："博涉知病，多诊识脉，屡用达药。"深刻地说明了医生技术的优劣与临床实践有十分密切的关系。"认识从实践始"，这是颠扑不破的真理。有鉴于此，我在妇科工作的40余年中，始终站在临床第一线，广泛接触病人，在实践中不断总结经验，增长才干。中医学是一门实践性很强的学科，它之所以生生不息，历几千年而不衰，备受人民爱戴，主要是由其卓越疗效决定的。我始终坚信，辨证论治是中医的精髓，它绝不能丢，否则中医就会失去存在的价值。同时又要重视坚持与发扬中医特色和优势，这是促进中医学术发展的极其重要的举措。就中医妇科而言，在经、带、胎、产诸疾的诊疗上，确有特色和优势，有些西医难治的疾病，如ABO血型不合等，中医治疗可获得显著疗效。联系我个人业务来说，由于长期致力于临床，在妇科理、法、方、药的运用上，积累了较多的经验，逐步形成了自己的学术特色。如根据妇女生理病理特点，临证注重调整肝、脾、肾三脏的功能，善用补肾、健脾、疏肝和调理气血诸法，擅长治疗妇科疑难杂证，特别是对高催乳激素血症、多囊卵巢综合征、卵巢早衰、子宫内膜异位症、功能失调性子宫出血、不孕症、习惯性流产等病证，有独到的治疗方法，疗效显著。对于中西医两种医学，通过实践，我深感两者各有所长，也各有所短，由于受历史条件的限制，中医传统的诊断和辨证方法，虽重视整体的病理变化，但对局部微细结构的改变则难以观察深刻；而西医的诊断，虽对局部的病理改变观察比较清晰细致，但往往忽视患者的整体状况，所以中医重视辨证，西医重视辨病。我主张临证治病须兼取两者之长，力求中医辨证与西医辨病有机结合，宏观与微观有机结合，这样才较全面。如我对不孕症的诊治，除了按照中医辨证论治的规律予以辨证分型施治外，还将西医检查所发现的病理改变作为处方用药的重要依据。如对于由子宫内膜异位症、多囊卵巢综合征、输卵管阻塞、子宫黏膜下肌瘤等引起的不孕，尽管有些患者宏观上"血瘀"的表现不明显，但结合局部的病理改变，"血瘀"仍不容忽视，因此我在治疗这些病证时，常适当加用活血化瘀药物，从而提高了疗效。我曾治一陈姓患者，25 岁，2005 年 8 月 30 日初诊。诉结婚 3 年未孕，经常停经，腰酸乏力，面色不华，心情急躁，诊得脉象弦细，舌质淡红苔薄。经 B 超检查提示：两侧卵巢明显增大，内有多个蜂窝状囊性滤泡；血清 LH/FSH 大于 3 倍；输卵管造影提示输卵管炎症，有粘连，通而不畅；睾酮偏高。遂诊为肾虚肝郁不孕，患者虽无明显血瘀表现，但结合西医检查结果，胞宫血瘀，冲任不畅，亦不能不考虑及此，故治疗以补肾疏肝为主，兼以活血化瘀。药用鹿角霜、炒白术、菟丝子、苁蓉、紫石英、橘核络、浙贝母、虎杖根、炒杜仲、蒲公英、丹皮各 15g，炒当归、玫瑰花、佛手柑、炒川芎各 12g，柴胡 10g，绿梅花6g。上方随症加减连服近 5 个月，月经转为规则，并已怀孕。由于自己的医术日益进步，慕名前来就诊者络绎不绝，因此平时诊务十分繁忙，每天工作经常超过 12 个小时，但为了病人的健康，我持之以恒，乐此不疲。我还常年带教留学生、研究生和进修生，莘莘学子遍及海内外。诊余假日，我常写些读书心得和临床体会，著有《痛经》一书（1984 年由人民卫生出版社出版）；还参与了国家中医药管理局《中医妇科病证诊断疗效标准》的制订；又与同仁合著了《实用中医妇科手册》（1996 年由浙江科学技术出版社出版），并在医学期刊上发表论文 30 余篇，其中多篇获省级论文奖。

1995 年我被评为浙江省名中医，2002 年又被评为全国名老中医药专家学术经验继承工作指导老师。这是党和政府对我的鼓励和鞭策，我一定要珍惜这个荣誉。

满目青山夕照明

如今，我已年近七旬，虽垂垂老矣，但觉"满目青山夕照明"。现在我除了坚持临床外，还带教弟子，继续把自己的学术经验传授给下一代。我长期担任浙江省中医药学会妇科专业委员会主任委员、省中医药学会理事、《世界中医妇科杂志》常务编委和浙江中医药大学兼职教授等职，一直至今，这些都需要我尽心尽责去做。特别是我身为省中医妇科专业委员会主任委员，肩负着筹划和主持浙江省中医妇科学术活动等重任，更需要加倍努力工作。"老牛明知夕阳短，不用扬鞭自奋蹄"，我决心以先师裘笑梅"生命不止，奋斗不息"的钻研精神和勤恳敬业的工作态度为榜样，以"春蚕到死丝方尽，蜡炬成灰泪始干"和

"活到老，学到老，服务到老"为座右铭，激励自己发挥余热，做到老有所为，竭尽全力为妇女的医疗保健事业服务。

综上所述，我从医所走过的道路，经历了家传（启蒙）、科班和师承三个学习阶段，又长期扎根于临床，重视实践经验的积累，从而使自己成长为在病员中享有较高声望的中医妇科医师。以上仅就回忆所及，略述一二，也许对年轻的中医学子和医生有所帮助。

欧阳惠卿

欧阳惠卿（1939— ），广东顺德人。中医妇科学专家。1958～1964年就读于广州中医学院医疗系。毕业后留校，历任妇科助教、住院医师、讲师、主治医师、副主任医师、主任医师。

为广州中医药大学主任导师、博士生导师，国家中医药管理局重点学科建设专家指导委员会委员，中华中医药学会妇科专业委员会顾问，中华中医药学会科学技术奖评专家库专家，广东省中医药学会终身理事，广东省中医药学会妇科专业委员会荣誉顾问，广东省优生优育委员会委员，广东省新药评审委员会委员，广东省中医药管理局专家委员会委员。1993年获广东省名中医荣誉证书，2003年被遴选为全国第三批名老中医药专家师承带教老师。曾任广州中医药大学第一附属医院妇科教研室主任，中华中医药学会妇科专业委员会副主任委员，广东省中医妇科专业委员会主任委员，广东省女医师协会理事会常务理事，广东省药品不良反应监测中心专家委员会委员。

从事中医妇科医疗、教学、科研工作五十余年，主要研究方向是中医药治疗子宫内膜异位症的临床与基础研究。1978年创建妇科实验室，将中医传统理论与现代科学相结合，在长期医疗实践中积累了丰富的临床经验，擅长治疗月经病、子宫内膜异位症和不孕症，早年从事补肾法治疗功能性子宫出血病和女性不孕症的研究，近年在上述基础上进一步研究子宫内膜异位症引起的月经不调与不孕症的发病机理和中药治疗。1996年受聘为广州中医药大学中医妇科学的第二代学科带头人。为2000～2001年"211工程"重点学科建设优秀学术带头人，2000年度"新南方教学奖"优秀教师。2003年获中国女医师协会颁发的"巾帼建功模范医师"光荣称号。

1993年、1996年先后应邀出席伦敦和悉尼等地的国际医药学术交流大会，并在大会做学术交流，受到与会者的关注和好评。主编或副主编《实用中医妇科学》《中医临床诊疗常规》《妇女病自然饮食疗法》等7部著作，参与卫生部《中药新药临床研究指导原则》等有关文件的撰写。副主编的《实用中医妇科学》获1994年华东地区优秀科技图书二等奖。发表《补肾中药治疗女性不孕症》《罗氏内异方治疗子宫内膜异位症的临床观察》《宫血饮治疗崩漏117例疗效观察》《中药治疗子宫内膜异位症不孕的研究进展》《中药调周法治疗月经病的基本思路》等论文多篇。

主编"21世纪课程教材"《中医妇科学》，参加全国高等医药院校教材《中医妇科学》1974年版、1978年版、1996年版的编写，担任1996年版规划教材《中医妇科学》的副主编。主持的"七年制中医专业中医妇科学课程改革的研究与实践"课题2001年获广东省教学成果一等奖，主编的"21世纪课程教材"《中医妇科学》（人民卫生出版社，2002年）于2006年获全国医学院校优秀教材一等奖。

立志从医　自强不息

1939年，我出生于广州一个普通家庭，父亲是一个文职人员，家里生活不算富裕，但总算安定。由于日本入侵中国，广州沦陷，父亲不愿为日本侵略者效力而失去工作，从此，家庭收入无靠。在贫穷饥饿中，父亲染病，终因无钱医治于1945年2月病逝，是年我年仅6岁，之后靠母亲刺绣、针斋所得的微薄收入维持生活，1947年我进入广州市立第一小学就读，直至1952年小学毕业。

中华人民共和国成立后，母亲进入制衣厂当工人，生活稳定，但好景不长，1956年母亲因中风而致偏瘫，完全丧失了工作能力，我家再度陷入困境。虽然得到政府的关怀，享有免费医疗和生活补贴，但我要继续上学，必须有经济支持，于是我开始了勤工俭学，边工边读，下课后在夜校识字班当兼课老师，晚上回家手工制作和熨烫制衣厂被服，有空时还取些文书回家帮补，生活显得紧张劳碌。我没有因经济困难而辍学，完成了中学六年的学业，我感到由衷的欣悦。现在回想起来，过早地承担家庭重任，并没有给我身体上和思想上带来负累，而是赋予了我坚强的意志、优良的体格、敏捷的思维和积极乐观的生活态度，为我以后的经历和立业不知不觉铺垫了坚厚的基石。求学的强烈愿望，使得我义无反顾地决定升入大学继续深造。在报考志愿时，当时只能选择免缴学杂费同时又有生活费津贴的师范、农业、中医专业。最初我选报了学制仅4年的师范专业，想尽早出来工作，母亲也极力赞许我报考师范。班主任林启华老师基于我有一位带病的母亲及中药针灸曾治愈他的风湿性关节病的亲身经历，建议我报考中医专业，当时除了医生职业可以治病救人的崇高理想外，读书费用全免也是个"诱惑"，使我不嫌六年的岁月"漫长"，报考了广州中医学院。1958年，我成为广州中医学院第三届学生，开始了我的中医生涯。入读中医学院以后，面对理论深奥的中医典籍，感觉有点陌生，却又感之内在无穷的魅力。通过课堂上老师运用归类比喻法、临床实例教学法等深入浅出地讲述，把中医学这门古老的学科演绎成近世的医学哲理，我对中医学产生了越来越浓厚的兴趣。入学以后，我认识了针灸科的郑祥华老师，他得知我母亲的病况后，建议我母亲进行针灸治疗，经过长达半年的精心治理，母亲瘫痪的肢体功能明显康复，不但实现了生活自理，而且重返工作岗位。这件事令我感触极深，体会到"医乃仁术"，施救夭横，足以活人。它不仅使我没有了后顾之忧，而且让我亲身感受到中医切实的疗效，"天下之至变者，病也；天下之至精者，医也"，更坚定了我学好中医的决心，以中医济人济世。

基于学习 不断实践

大学生活非常充实和多姿多彩。母亲的康复和运动队的补贴使得我从紧张的生活中稍有释放，图书馆成了我攫取知识的宝地，我可以花更多的时间待在那里，这为我之后的工作打下了坚实的基础。本来我对中国古代文学就非常感兴趣，课余我在学院图书馆又反复阅读了大量中医书籍，其中《黄帝内经素问》《伤寒杂病论》《金匮要略》《神农本草经》等经典著作在必读之列，其他如《十药神书》《本草纲目》《景岳全书》《临证指南医案》《傅青主女科》《温病条辨》《徐灵胎医书集》《医林改错》《医学衷中参西录》《血证论》等各家学说，各有建树，亦常常加以翻阅。读书时，我把精彩之处记于卡片，收集的读书摘要达一百多页，如《黄帝内经》之"心者，生之本，神之变也，其华在面，其充在血脉，为阳中之太阳，通于夏气。肺者，气之本，魄之处也，其华在毛，其充在皮，为阳中之太阴，通于秋气。肾者，主蛰，封藏之本，精之处也，其华在发，其充在骨，为阴中之少阴，通于冬气"；《景岳全书·妇人规·经脉类》之"经血为水谷之精气……其源源而来，生化于脾，总统于心，藏受于肝，宣布于肺，施泄于肾……妇人则上为乳汁，下归血海而为经脉"；叶天士在《临证指南医案》中多处提及的"初病在经，久病入络，以经主气，络主血"等。这些理论虽然学于学生时代，却为我之后的临床应诊带来随手之便——教学临证40多年来，这些理论被不断地运用于教学实践，或指导解决临床疑难病证，或启发科研思维。如《素问·上古天真论》中肾气盛→天癸至→任脉通→太冲脉盛→月事以时下，故有子这个生殖调节的理论，在临床上用于指导治疗月经不调、不孕症、闭经、崩漏、绝经前后诸证等，效果良好；而有关上述妇科疾病的临床研究亦沿着生殖网络的思路展开。实践证明，学习两千多年前的中医理论，在21世纪的今天，仍然可以指导我们的医疗实践。从学习实践中尝到了甜头，更促使我不断学习，扩大知识面，从读书时起，至工作以后，我一直是图书馆的常客。

1964年，我毕业留校在妇科教研室担任助教。恰逢"四清运动"，响应中共中央在全国城乡开展社会主义教育运动，我被分配到粤北山区乐昌九峰山，在那进行一年制中医院校试点班教育革命。随后我回到妇科教研室，当时的教研室主任罗元恺教授随即安排我到广东省中医院去锻炼临床技能，他语重心长地对我说："医生一定要临床实践。只有在实践中不断总结经验，医术才能有所提高。这样的医生才有所作为。"罗教授虽然担任了不少行政事务和教学工作，但必定期查房和门诊，并开展中药治疗。跟随前辈诊治形形色色的病人，不断观察治疗的过程中，心情是紧张的，工作是劳累的，但收获是丰硕的。这种对病情变化和证候演变的观察印象较课室所学到的更为深刻，各种治疗手法的运用更易理解和掌握。尤其是罗主任身临病房观察病情，调方遣药，事必躬亲；诊治必先望闻问切，再检查处方。这种工作一丝不苟，对病人负责任的工作态度给了我深远的影响，先贤良好严谨的医德医风，使我的成长更健康、工作更实在。

1966年"文革"开始了，学校停课了，但我的学习和实践并没有中止，我先后参加流脑医疗队、进行防洪抗旱、进驻工矿企业接受贫中下农工再教育，同时还参加了基层的医疗临床和教学工作，在学校里学到的内、外、妇、儿各科的知识都可以应用得上，这给了我另一层面的实践，真正使我开阔了视野，拓宽了思路。更可贵的是，我可以借机向当地老中医和赤脚医生学习，辨别地方特色中草药，认识民间疗法，提高针灸技术，随身收集记录了防治疾病的各种方法，常言道："为学必须铢积寸累，兼收并蓄，细大不捐。"如用番石榴叶、海蚌含珠治疗湿热泄泻（急性肠炎）；叶下珠、车前草治疗湿热淋；用草药心不甘、大红袍、臭药等治疗消化性胃溃疡、胃痛、嗳气，这些方法用于临床屡屡见效。在反复的实践中，我发现中医学书籍众多，不博览无以扩大学识眼界，懒于思考则瑕瑜不辨，浅尝辄止是不够的。于是在劳动工作之余，我便翻阅书本巩固知识，使学与用相得益彰，收获颇丰。还记得在怀集山区的一个夜晚，一个脸色苍白、神情倦怠的女孩被抱进我的小房里，详细问病后，考虑功能性阴道大出血。由于当地缺乏基本的抢救设备，止血成了当务之急。于是除了开方剂煎服外，我采取隐白穴灯火灸为主，并针刺关元、三阴交、血海、中脘、足三里，用补法。第二天，出血就开始减少了，配合调理，女孩逐渐恢复。对知识的渴望和行医获得的满足使得我忘却了凛冽的寒风向陋屋袭来，以及长年的半饥不饱导致的下肢水肿，而花费更多精力究心医术。"人所欲为，譬如穿池；凿之不止，必得泉水"。在这段时期，我深刻地体会到，医之为术，学之易而精之难，行之易而知之难，要实现良医济世救人的愿望，必须具备广博的知识，从医不能脱离临证，否则是一场空谈；临床实践要及时地思考和总结，这样才能收获更多的经验。中医经典著作是中医药的根基，也是中医实践的总结，是对中医药学基础理论、临床实践、用药规律的高度概括。熟读经典可以掌握中医学的思维方式、理论体系、辨证论治的方法，用以指导临床遣方用药。中医理论的内涵，只有在临床实践中才能深刻领悟；临床水平和辨证论治能力，只有在解决临床难题的过程中才能得到提高。处方用药是否合理，也只有通过临床实践才能获得经验。上述都是"学，然后知不足"的不断提高过程。要充实新知，并温故知新，这对于我之后的临床、教学和科研有着深刻的影响。

多年上山下乡、基层奔波，我深切地感受到农村极度贫困的生活状况和落后的医疗服务，许多地方缺医少药，许多黎民患病无法得到充分治疗。看到他们渴望的神情，我常常反思我们所做的是否切实地帮助了广大人民群众。其实我们的工作既是一门严肃的科学又是一门从容的艺术——对待病人既要热忱，又要庄重，平易近人，以礼相待，取得了病人的信任才能做好诊查治疗工作。医疗工作必须维护病人的利益，急病人之所急，痛病人之所痛，来不得半点疏忽和虚假，不允许有任何越轨行为，这是不二论。

学校在 1972 年复课，我又回到了教研室工作。我坚持学习，其中一项重要的内容是读书和阅览期刊。书提供系统的知识，期刊提供现时的情报，二者各有其作用。选阅与自己专业有关的书和杂志，对新书和新杂志总是先睹为快，并将期刊中的重要文章做成文献卡片以备查阅。我觉得所有专业人员对自己从事专业的国内外动态都应随时了解并及时汲取新知识、新技术，尤其对于刚刚起步的中医院校的人员，及时翻阅期刊，更新知识，对中医的长远发展无疑是一条重要的途径。1973 年 6 月在国家关于"教材要彻底改革"的指示下，全国 22 所院校分工协作，集体编写中医学院试用教材。我有幸跟随罗元恺教授参与中医院校试用教材《中医妇科学》（即第三版）的编写，使得我有机会向来自不同院校的老师们学习。教材编写会议上围绕如何使教材内容适应临床的需要进行讨论时，教材定稿一字一句修订时，经常会发生激烈的争论，大家都唯恐教材在理论上与实际脱离。在那次会议上，我不只学到了老中医的学术理论、临证经验，更学到了为人师应有的品质。在我漫长的教学生涯中，我把教材看成是"老师的实践"与"学生的学习"的交接链，学生的反馈信息也是老师再学习的途径之一，这是我从教以来一直遵循的学习方法。

在多年的实践中，我有感于中医学的博大精深，源远流长，但对于某些疾病如恶性肿瘤早期临床症状不典型，延后诊断却会带来严重后果，这时就需要借助现代医学去发现微观异常，实现早诊断，早治疗。另外，在基层行医多年，经历的一幕幕惊心动魄的腹腔内大出血、阴道大出血和产科急症，使我认识到医生应该首先懂得如何急症处理，挽救生命，这使得我对中医和西医相结合的临床诊治有了些新看法。临床医学的基础理论一是发病机理，二是诊断治疗原则，二者相互结合，才能把病情弄清，才能对症下药。再高精密度的医疗设备，必须由人来掌握，因此操作认真，分析准确是必要的。临床医学永远离不开"三基""三严"。张孝骞老大夫曾说过：医务工作是如踏虎尾、如履薄冰。基于自己出自中医之门，需要加强西医妇产科的基础理论和基本技能的学习，我先后在广州市红十字会医院和中山医学院第一附属医院进修妇产科。我的临床经历使我体会到，向西医学习，运用西医的物理、化学和组织诊断技术，可以提高中医辨证论治的疗效和中医临床科研评价水平。进修的另一个收获是我学到了如何做一名心平气和的医生，我们亲自为病人擦痰、递小便桶，大家很少抱怨工作劳累，都是互相帮助，不忌脏累。纪律在医务工作中也很重要，不仅要遵守医疗规章制度，还要守信用，守时刻。在诊断治疗中往往需要多科合作，团结协作是保证医疗质量和进度的重要条件，要发扬集体主义精神。医学品德修养也是一个不断修炼的过程。

回顾我的人生历程，是一个不断学习和不断实践的过程，只有勤奋、虚心地学习，才有实践的成果，而实践的过程又是一个再学习的过程，所以说，"基于学习，不断实践"是我走向光明之路的指引。

人才培养　责无旁贷

中医学术与其他学术一样，既有源头，又需延续和发展，这就需要有各种人才。我虽不为"材"，但我今日能成为一个得到社会认可的医生和受学生爱戴的老师，无不因为在我的成长过程中，除了自己努力之外，还得到过老师和不少亲朋好友热诚的帮助和悉心的培养。罗元恺教授作为我科第一代学科学术带头人，悉心给予我教导，不仅对我的学术成长有不可言喻的功劳，而且在教在研都有深远的影响。在青年医生的成长过程中，老一辈医学家起着重要的传帮带作用，虽然说是修行在个人，也还要师父领进门，不能任青年医生自生自长。1982年在医院领导的支持下，我在全国中医院校率先创立中医妇科实验室，旨将中医传统理论与现代科学相结合，为研究生培养和临床科研提供场所。经过两代人的努力，现在实验室已具备先进的设备和一批专业人才，并先后建立了内分泌学实验室、生殖免疫学实验室、生殖中心实验室等。实验室成为各个研究方向的研究平台，为重大项目实施、研究生培养、学术交流、学科的整体建设和发展提供成熟实验室条件。我对研究生培养比较严格，临床研究必须随导师临床实践和教学实践；实验室研究必须亲自参与操作，分析结果，深入研究相关理论，借此提高研究水平。

对于青年人才的培养，我强调在继承前人工作的成果上不断吸取周围的营养，特别是要结合现代科学，从而得到发展提高，这有助于中医的教学与科研，有助于中医的长效发展。而提及的中医学习复古遵古，年轻一代的中医实在是压力很大，中西医结合学术见解杂起，常令后学之人无所遵循，莫衷一是。不少年轻中医因此看问题出现了偏倚，对学术前途信心不足，面对病人回春乏术，更有甚者，干脆弃中就西，使人痛惜！现代科技对中医的介入是必要的，但这些研究成果能否融入理法方药体系指导中医，或是融入诊断学、药理学理解中医还当客观对待。中西医结合自有其历史阶段，如今尚是一个过程，两相不宜胡乱搅和，削足适履。中医并非简单重复的经验哲学，自有一套明顺逆、决死生的严谨又灵活的理论体系。这一理论的奠定，便是由四大经典完成。后世医家万变以应临床，却不离经典一宗。故我认为要做中医，中医基本理论体系是绝对不可摒弃的。中医思维工具的发散性、模糊性和临证的严密性，决定了成就中医的三要素——读书、从师、临证，不可缺一，而且这是一个漫长的历练，故不可急功近利。无论中医的灵变，还是中西医的相融，年轻医生应自身而变，兼收并蓄，择善而取之，方能学得真谛。

教材是培养人才的工具，工作以来，我曾参与编写本科班中医妇科教材共四部，另外还编写了一年制试验班中医妇科教材和全国中医妇科高级研修班等业余教育课程教学资料，因应不同的教育对象、授课时数等，选取内容，注重把时代信息反映在教材中。如我在1978年编写的《中医妇科学》第四版教材中，突出了妊娠病的发生有母体和胎儿两方面因素，并明确"治病与安胎并举"这一妊娠病总治疗原则，提示学生给孕妇用药要同时考虑胎儿的存在，做到治母病不伤胎；胎漏、胎动不安确定治疗方法之前，应先明确病源自母体或是胎儿本身的病变。基于全球高科技生产给人类生活环境带来大量物理、化学或生物污染，疾病谱因而发生改变，如子宫内膜异位症、子宫腺肌病、子宫肌瘤、盆腔炎、多囊卵巢综合征等，这些妇科常见病、多发病经中医辨证治疗都有很好的疗效，却没有相对应的中医病名，为了反映临床实际，拓宽学生知识面，经编委会讨论同意后，将这些内容写进了我主编的第七版《中医妇科学》教材。

学术思想

女性生殖生理活动，以肾为主导；辨治女病，重视培补肾本。这个概念在我的脑海里打下了深深的烙印。我在临床治疗各种妇科疾病时，运用滋肾养肝、温肾健脾、交通心肾等方药，取得了很好的疗效。我曾以"补肾法治疗月经失调"和"补肾法在女性不孕症治疗中的运用"为题做过学术研究并进行讲座。补肾中药具有的生物效应，亦被药理及临床研究所证实，因此能很好地调整

"肾－天癸－冲任"生殖网络的功能，取得调经助孕的效果。长期的临床实践启发了我，瘀血既可以是妇科病的一个病理结果，也可以是导致某些妇科疾病的致病因素，近年来我比较注重血瘀证在妇科疾病发生和发展中的作用研究，因而指导研究生运用补肾化瘀法或活血化瘀法进行子宫内膜异位症及功能失调性子宫出血的临床研究，并发表论文。今后拟继续深入研究，让中医药为防治妇科疾病做出一份努力，望能嘉惠医林，泽及苍生。

孙申田

孙申田（1939—　），黑龙江呼兰人。于1972年运用中西医结合方法，组建了黑龙江中医学院（现黑龙江中医药大学）第一个针灸神经内科病房，系统地把中医药、针灸疗法引入神经内科领域，为针灸学科的发展创造了新的模式，也为现代神经病治疗学增添了新内容。1983年被聘为硕士生导师并任黑龙江中医学院针灸系副主任，1986年被聘为博士生导师并任针灸系主任，1987年被确定为黑龙江省重点学科带头人，1989年任黑龙江中医学院附属第二  医院院长及针灸推拿学院院长等职，倡导院系合一的教学体制，历任院长、名誉院长等职。1994年被评为"黑龙江省名中医"，1995年被评为"全国优秀教师"，并成为国务院特殊津贴获得者。从长期的临床教学实践中，探索出一条培养高层次优秀针灸人才的新路子；以高超的中医针灸技艺、高尚的医德医风被世人誉为"神针""孙一针"。

为中国针灸学会理事，黑龙江针灸学会顾问及临床专业委员会主任委员，东北针灸经络研究会常务理事，黑龙江省中西医结合神经病学会副主任委员，黑龙江省中医学会神经专业委员会主任委员，黑龙江中医药大学学术委员会委员。已发表学术论文105篇，出版学术专著7部。先后获得国家科技进步二等奖，全国高校科技进步二等奖，黑龙江中医药科技进步一等奖，黑龙江省教育委员会科学技术进步一等奖，黑龙江省科技进步二等奖和三等奖等部、省、局级"科研成果奖"共25项。

妙手愈病苦　立志学中医

我于1939年出生在黑龙江省呼兰县（现呼兰区）。1953年9月，以优异成绩考入哈尔滨铁路中学。记得 14 岁那年，我正在中学读书，突然患了急性关节炎，左膝关节红肿、疼痛不能走路，不得不休学。父亲把我送到绥化铁路医院住了三个月，用了不少的西药，还用了蜡疗等物理疗法，病情有所缓解，但仍未痊愈，出院后家里人坚持让我用中医疗法治疗，并通过熟人求到县里的一名知名中医，大家都称他李先生。李先生在当地很有名气，百里之外的病人都赶着马车去求医，病人中还有不少官人和大户人家之人，诊所门前车水马龙，好不热闹。父亲带我来到李先生的诊所，房间宽敞明亮，装修得古香古色，墙上挂满了锦旗，看病的人排着长长的队。我没有排队直接进了李先生的诊室，他身材不高，四方大脸，满面红光，面带微笑，看上去很和蔼，诊案的两旁坐着两个年轻人（后来才知道是学徒）。李先生示意我坐下，他问了病情又看了我的左腿，然后让我把手放在一个小枕头上给我把脉，边把脉边给两位徒弟讲解，然后让我伸舌，看了舌象之后，李先生说我患了痹证，是因感受潮湿而得，给我开了十五服药，并很有把握地说半月后肯定能好。我按李大夫的要求把药煎煮两遍，澄出的药液分早晚两次口服，剩余药渣用布包上放在膝部热敷，服药后腿有发热感觉，疼痛减轻，两周后关节肿胀消退，活动灵活不痛，果然和李先生说的一样，我初次感受到了中医的神奇。再诊后李先生说我的病已痊愈不用再吃药，注意不要受凉、受潮湿。李先生的精湛医术，中医的神奇疗效，先生受到的病人的尊重与爱戴，使我萌生了将来做一名中医的愿望，我立志学习中医，做一名为病人解除病苦、受人尊重的医生。

良机莫空过　发奋年少时

中学毕业那年，我在招生简章上查到牡丹江卫生学校招收中医专业学生，我三个志愿都报了这所学校。在中学读书时我的成绩在班级是名列前茅的，有病时也没有放弃学业，所以我以优异的成绩被牡丹江卫生学校录取，如愿以偿地实现了学习中医的梦想。

牡丹江卫生学校位于牡丹江市北山脚下，依山傍水，环境幽雅。该校首次招生只设中医专业，开创了全国正规中医教育的先河，是时任卫生厅副厅长全国名医高仲山等老一辈为发展中医教育事业培养中医人才，经过多年不懈的努力创建的。学校的教师都是从省内各市县抽调的名医，他们不仅具有丰富的临床实践经验，而且有着踏实的中医功底。教材部分是老师自编的，大部分是中医原著。老师们的学习经历大部分是学徒，出徒后又进入各类中医进修学校学习，堪称中医大家。少部分是跨专业的，如学法律、文学，后改行学中医，他们知识渊博，琴棋书画样样精通。我们学习的方法是先读原文，老师再进行解释并要求学生背诵下来。每天提问要求背诵的原文，很多学生对此感到枯燥难懂，我因为痴迷中医，不仅按老师要求的去背诵，而且还把老师没讲的内容提前背诵下来，并兼背诵了很多课外书籍，如《医宗金鉴·内科心法要诀》《医宗金鉴·妇科心法要诀》《医林改错》的方歌、《伤寒论》398 条 113 方等，我都倒背如流，合上书从头背到尾，还可以倒背到第一条。《内经》按老师要求记忆和背诵的部分，我一丝不苟地背诵，同时又背诵脉学歌诀、药性赋、四百味、汤头歌诀、十二经循行歌诀、腧穴与经穴分布歌诀、特定穴歌诀，还另外背诵了《针灸大成》中百症赋、标幽赋等治疗歌赋，老师们扎实的基本功和严格的要求为我后来从事中医教学和临床工作打下了坚实的基础，也使我受益终生，今天一点一滴的成就，也是当初培养出来的。背书是个很艰苦的事情，我走路背，排队打饭背，坐公交车背，入睡前背，假期回家也不敢怠慢，挑灯夜读直至深夜，每天衣兜里揣了一大堆卡片，忘了再看，重复多次，现在回忆起当时的情景，还感到其乐无穷。虽说被人称为"书呆子"，但至今我还为这个绰号而自豪，对今天授予的名中医的称号自感不愧疚，毕竟我做出过那么多努力，付出了那么多心血。我将老师的多年临床经验记录了厚厚几本，至今还保留着，对我临床工作与治疗疑难病帮助甚大。

学海无穷尽　指路需明师

我的中医启蒙者，首选是给我治病的李先生，他使我感受到中医治病的神奇疗效，又感受到中医治病的神秘与简易。问问病情、把把脉、看看舌象，前后不到十分钟，诊断处方一并完成。来诊的病人低至平民百姓，高到达官贵人，对先生都是毕恭毕敬，还不时送来礼物，先生从不拒收，洋马车把先生时常接走，宴请诊后就不得而知了。那是我初次看到中医，先是感觉神秘，后是羡慕，并想立志学医。

五年的学校学习都是名师指教，他们的高深学识，丰富的临床经验，理论与实践紧密结合的讲课方式，把众多抽象的中医理论讲解得活灵活现、深入浅出、通俗易懂。老师们做人做学问，不为名利，对学生不分贫富，对病人不分贵贱的作风，对学问认真求实的态度，一言一行、一举一动都深深感染着我，为我后来成为一名合格的医生奠定了牢固的基础。老师们对中医教育的执着精神，使我永生难忘。我们同在学校，朝夕相处，白天上课，课余辅导，老师们总是如慈父般耐心，师生关系就像传统的师徒关系。我后来留校从事教学工作，建立了良好的师生关系，与学生的关系如同父子，即是继承了老一辈的优良传统。

1960 年，我在佳木斯中医院实习，该院是全省较有名气的一所中医院，设有内科、妇科、骨科，我被分配到内科实习，带教老师是七十二岁高龄的知名中医高明老师，人瘦瘦的，留一缕白色胡须，习武并写一手好字，治病开方全用毛笔。高老师是我的临床实践启蒙老师，人善良、坦诚，不仅中医功底深且踏实，对武术、书法亦有较深的造诣，通今博古，堪称中医大家。老师治病认真，望闻问切一丝不苟，然后一一讲解，我们再仿效老师给病人摸脉，体会老师讲的指下感觉，慢慢对各种脉型指下有了体会，及与各脉的分别，然后老师再讲脉的主病，重点强调四诊合参，望闻问切不能偏废。我现在诊脉的功底还是当时打下的。老师常说："熟读王叔和，不如临证多，你一定要多摸，长时间慢慢体会指下之感觉，熟能生巧。"老师精通四大经典，他的习惯是病诊断完了，说用什么方，在一旁实习的学生就得把方开出来，然后老师再一一说出每味药用量。至今已过近五十年，我还记忆犹新，来诊的一女病人口腔溃疡多年不愈，进食疼痛夜寐不安，脉微细数，苔薄黄舌质红，老师诊为狐惑病，用甘草泻心汤治之，外用冰硼散，两周后复诊病愈。后来我在临床工作中用该方治多例口咽部溃疡病人，疗效卓著。另一例睑废症（重症肌无力），老师用补中益气汤加炙马钱子治疗而获效验。该法我亦应用至今，已治疗上百例，屡治屡验，病例之多不能一一列举。后来老师让我自己独立诊治病人，使我的诊疗水平得到较全面提高，更确切地证实了中医的疗效。

1961 年我毕业留校任教，分配到针灸教研室，从事教学与临床带教工作。1963 年被派到天津中医学院针灸科研修针灸临床，当时天津中医学院针灸科是全国最早规模最大的针灸医院，医院门诊相对独立，分为针灸内科、妇科、儿科、五官科、外科、推拿科。我从师于伯泉、曹一鸣两位老一辈针灸专家，他们对人的诚挚，对针灸事业的执着，严格认真、实事求是的科学态度，对病人高度负责的精神，对学生的负责热情，高尚的医德，精湛的医术，使我终生难忘。刚到医院老师就指导我处理病人，几乎是手把手地教我各种针灸手法，至今我还应用于伯泉老师教我的单手进针法。老师们大公无私、毫无保留地传授他们当年积累的临床秘方，经络辨证治疗痛证，我应用至今屡治屡效，也毫无保留地传授给我的学生。一年多的临床研修，我在针灸临床上有了很大提高，为后来从事针灸教学、临床工作打下了坚实的基础。

1971 年，我到哈尔滨医科大学神经内科进修，师从著名的神经内科专家葛茂振教授。他们良好的学风、对病人的高度负责精神、系统规范的管理模式，为我后来做病房管理工作打下了坚实的基础。他们查房讲解，带教认真，讲课一丝不苟，使我在一年多时间里系统掌握了神经内科疾病的诊断与治疗，一年多听课与查房记录的笔记，后来整理成完整的一本教材，并正式出版，至今还在应用。葛茂振教授是全省第一批西学中专家，他热爱中医，谦虚好学，查房会诊常同我讨论中医、针灸或中西医结合方法治疗一些疑难神经内科病，并鼓励我大胆用中医、针灸疗法治疗脑血管病、脑性瘫痪、延髓麻痹和某些神经病，为我后来成立针灸神经内科病房，把神经内科引入针灸和中医治疗领域，为针灸临床建立新的模式打下了基础。

博采中西法　汲取众家长

1966 年"文革"开始了，针灸教研室解体，老师受到批判，学校停止招生，霎时间教学秩序被打乱。我离开针灸教研室到大内科病房待了四年多，当时内科分四个病房，循环、呼吸、消化、血液，其中急症是分散各科的，病房的主任都是著名的西学中人员，他们都是全省各大医院著名的西医，多是各西医院的主任，后学习中医而留校或调来的，有的不仅在省内，甚至在全国也很有名气。他们扎实的基本功和前沿的新知识以及严格的管理制度，使我的西医理论水平与临床能力得到了飞跃性的提高。经过四年多的工作，我基本掌握了常见病的西医诊断治疗，对疑难病的诊断治疗对急症的处理水平都有了显著提高，为后来成立针灸神经内科病房奠定了踏实的理论与实践基础。

我在大学期间学了一些外语，但毕业后根本没用上，所以差不多也忘光了，到了内科病房后，看到主任们经常看外文杂志并总在查房时引用先进知识，我开始重学外语。由于需要和努力，短时间内我就可以借助辞典读些外文杂志，并从杂志和外文书中获得了很多新知识，这更激发了我学习外语的兴趣，到后来能顺利阅读外文刊物并翻译，曾翻译多篇文章发表在相关杂志上。中医应不应该学外语，掌握到什么程度，近年来有颇多争议。我个人的体会是：不但要学，而且一定要学得好，学得精。借助外文这个工具能掌握医学的前沿知识，对中医的临床与研究有重大帮助。我曾经说过这样一句话："作为一名现代的中医名医，你的西医水平有多高，中医水平就有多高。"简单地说，你的知识结构必须精通中医的同时也要精通西医。这里的关键是我们学了西医不是去从事西医工作，而是让西医为中医服务。

这四年多的内科工作还有另一个收获。当时的管理模式是西学中人员管理病房，而中医佐证一起查房，研究和讨论病人的诊断与治疗，当时除了调来一批西学中人员外，还从全省各地调了大批名老中医分别承担临床与教学工作，每个病房至少有2位名中医专家，如名医马骥、孙纪常、胡青山等，他们对中医事业的热爱，对病人认真负责的态度，严格的科学作风，踏实的中医基础理论与丰富的临床经验和显著的疗效，不仅促使我更加热爱中医，而且更使我感到原有中医基础知识不足和实践能力的差距，激起了我努力学习中医的兴趣和信心，为此读了很多相关书籍，中医水平有了显著提高，学到很多实践经验，为我后来独立临床打下了雄厚基础。

我可以举个例子来说明学好现代医学和外语对我们有多么重要。我曾会诊一个9岁的女孩，患病已四年，当我看到该病人时，四肢僵硬肌张力高的病人已不能自主活动，连坐起都不能，只能直挺挺地躺在其姥姥的怀里，全国很多大医院均诊为脑瘫，还在北京某医院做了矫形手术，病人的妈妈就是医生，在北京工作，听说黑龙江省有个脑瘫专科，特意把孩子从北京送到黑龙江。我在详细询问病史时从家属的主诉中获得了重要信息。该病人早晨起床后，在家人稍稍搀扶下可以围绕全楼散步，而晚上病情加重，连坐都不能，更别提走路了。晨轻暮重，很符合我从外文杂志上看到的多巴胺反应性肌张力障碍一病，我建议她用美多巴治疗，两天后病情显著缓解，调整多巴胺用量后病人基本恢复正常，现在已和正常孩子一样上了中学，并能参加各项运动。因为篇幅所限，诸如此类就不一一列举了。治病是医生的天职，作为一名医生首先要会看病，就是说要会诊断疾病，中医是什么病，西医是什么病，然后再会治病。不管是中医、西医，治好病是目的，所谓黑猫白猫抓住耗子就是好猫。所以我们掌握两套本领，人家会的我们会，人家不会的我们一样会，对于来诊的每一位病人才能选择最佳的治疗方案，也就是最受患者欢迎的方案。

针灸治疗痛证，疗效是公认的，其作用机理长期以来一直是人们的研究热点。我在英国《柳叶刀》杂志上看到一篇报道针刺镇痛与吗啡肽的关系的文章，将之翻译成中文并发表在国内相关杂志上，为后来针刺镇痛的机理研究提供了信息，还有"经颅磁刺激诱发电位的研究"为我后来从事针刺运动诱发电位的研究给予了启迪，从而为揭示头针作用机理提供了可靠依据。

洞察楔入点　开创新模式

1972年6月，经黑龙江中医学院附属医院领导同意，我们组建了第一所针灸神经科病房，把针灸学科同现代神经病学相结合，创建了针灸学新的临床、教学及科研模式，在全国属首创。

原来的针灸科都是以门诊形式为主，在全国基本没有成立病房的；而且单独成立针灸病房，如果各科的病人都收治，确实也不合适，病人也没那么多，很难发展起来。所以，寻找一个中西医结合的楔入点很重要。我考虑，把针灸和神经内科病结合起来有两个优势：第一，神经内科病，尤其在我们北方地区确实是常见病多发病，脑血管病发病率常年居高不下，在全国乃至全世界都是发病率第一的疾病。第二，神经内科病，西医是可以非常明确地诊断的，但治疗手段相对贫乏。而弥补西医治疗上的不足，中医针灸就成为最佳的选择。所以，把中医针灸和西医神经内科结合起来，取长补短，确实能取得最好的疗效。这些年我们在临床遇到并总结了不少典型病例，例如用针灸治疗脑血管病偏瘫常常可取得立竿见影的效果，再如对西医无法解决的脊髓空洞症的治疗，我们采用中药治疗亦取得了很好的疗效。

诊断清楚，治疗效果好，自然病人愿意接受。看到了疗效，西医同行们也乐意接受。后来，西医同仁不但同意采用中医方法治疗，还主动把病人介绍过来。这样不断发展，我们已经由原来40张床位的病房，发展成今天拥有500张床位的专科医院了。而且不但我们附属二院，哈尔滨其他中医院也都按此模式逐渐成立了很多病房。各个医院都在此模式下不断扩大病房，却仍"供不应求"。可见，这种模式的建立，不仅我们自己认可，也得到了同行的认可、病人的认可和各个管理层的认可。我们的很多学生毕业之后，又把这个针灸和神经内科结合的模式逐渐推广到了全国很多地方，使之受到越来越多的关注和重视。看来，中西医结合的楔入点很重要，找对了，就有无限的发展空间。

虽然我们创立了针灸和神经内科结合为主的医疗模式，但是考虑到针灸治疗疾病的多样性，我们的针灸门诊仍然作为一种综合性门诊，收治各科杂病，这既能体现针灸作为中医学重要治疗方法的特点，又便于学生实习，同时也提醒我们的年轻医生们，针灸不是只能治疗一类病，对针灸治疗病种的多样性、方法的灵活性我们应该全面掌握。

在学科建设上，通过我们不断努力，从针灸门诊发展为针灸神经内科病房，从病房又发展到针灸系，从针灸系又发展成立了针灸推拿学院，在这个过程中，培养了一大批针灸专业的人才。1984年8月，我们率先在全国开设了神经科的课程，讲授神经病学和神经疾病定位诊断学，教材也是自己编写，这在我国中医学院中还是第一家。现在，很多大学针灸系都采纳了同类的课程，国家还统编了神经定位诊断教材，说明全国各中医药大学的同仁们基本都接受了这个模式。

从1983年成立针灸系开始，我们在78级学生中成立了20人针灸专业班，培养了一批专业人才，大部分充实到学校针灸教学和临床等工作中。1983年以后，我们开始招收研究生，都是采取针灸学和神经内科学结合的培养模式，陆续培养了一大批人才，现在他们中的很多人在本省和全国医学工作岗位上都有卓越的表现，显示出这一培养模式的优势；很多人都已成为硕导、博导或学科带头人，也继续把这种思想传授给一批又一批的研究生。所以，这是一种可以造就大批人才的模式。这些年来，我一共培养了66名博士、68名硕士和7名学术传承人，都是在这一教学模式下努力实践的结晶。

知行合一处　教学融临床

针灸系成立以后，我们在教学中发现，老师单从理论方面讲解，比较空洞，而且脱离实际。照本宣科，学生也觉得枯燥。怎样把中医针灸教学和临床结合起来呢？

第一是教师的实践问题。老师要下到病房去，既做一名医生，又做一名老师。教师在临床中验证了自己的治疗方法，反过来又能把经验应用到教学中，这样讲出来的东西，更实际更生动。我们当时自己编写了一套教材，密切联系临床，效果很好。虽然该教材后来逐渐被全国统编教材替代，但我仍然认为，各个地方保持教材的特色性很重要。尤其我们的针灸教材中，体现了很多北方常见多发病的治疗方法，具有极强的针对性和实用性，是北方地区针灸实践经验的总结，还有老师们的临床体会总结。

第二是学生的实习问题。单纯的小门诊、小病房无法满足学生实习的需要。所以，我们决定扩大规模，成立第二附属医院。这样，具有一定规模的门诊和病房，可以提供大量的病人、多样的病种，满足教学的需求。这是很重要的。如果一个学针灸的学生，学习了5年，却连针都没扎过，那他肯定无法真正地掌握这门技术。所以为了解决学生的实践能力问题，在针灸系的基础上，我们成立了第二附属医院。虽然经历了很多艰苦的历程，但最终成功建院，并建立了院系合一的教学体制。现在，经过几代人的努力，附属二院发展迅速，可以说，这种院系合一的临床、教学、科研体系是成功的。

目前，很多大学针灸课程的教学和临床是分开的，造成很多临床老师不讲课，教学老师不会看病的局面。我认为这不符合中医特色，因为实践是中医的基础。正如王永炎院士所说："实践是中医的灵魂。"如果没有实践基础，没有好的疗效，那中医理论也就成了空中楼阁，将无立足之处。

师古而不泥　实践以创新

医学发展到今天，无论是否愿意或承认，中医医院在临床模式上都在逐渐地和西医医院接近。虽然国家提出了"中医、西医、中西医结合"三个并存，但中医的继承问题依然严峻。

在科学发展日新月异的今天，中医针灸学的继承和创新问题应该如何把握，我认为，在处理这个问题时，关键是把握好实践这一环节。我有六个字：继承、实践、创新。

继承，就是要读懂、多读古代的原著。如果想评判对与错，必须要知道它到底是怎么回事。古代中医的方法，我们只有经过临床实践了，才能知道是否有效。有效了，才值得进一步研究。我个人的观点是，学习中医的人都要系统阅读经典和原著，并在临床实践中加以体会。比如学针灸的，要熟读《灵枢》《针灸大成》，至少通读一遍，才能大概了解针灸的古今发展变化，逐渐通过实践能够知道哪些可以继承，哪些在实践中暂时看不到价值，可以扬弃，这就是师古而不泥古。其中实践有效的、有价值的部分，我们就可以运用现代自然科学的方法去研究、探索其机理，这才能有所创新。

可以看出，"继承、实践、创新"的关键在实践。而在中医的实践中，是不可能要求每个人都把路重走一遍的，这时继承老中医、专家的经验便成为重中之重。中医学是一门极重经验的医学，许多治病的方法技术非亲身体会，无法完全掌握。所以，中医教育不可能完全像西医院校一样，采用批量生产的模式就能成功。中医的成长需要一个实践授受的过程，所以，我的很多学生跟随我多年，他们认为实践经验是最宝贵的财富。因为临床行之有效，我们就会对针灸的有效机制产生探索的好奇，它促使我们用不断更新的现代科技手段去研究和发现针刺的科学机制，这为古老的针灸学研究注入了新的生机。

本着这种"继承、实践、创新"的思想，多年来我们重点在针灸治疗神经科疾病方面进行了研究。开始的目的，是要把这种有效的治疗方法的科学机制介绍给大家。在介绍的同时，我们也逐渐拓展了科研思路。20 世纪 70 年代初，我们率先采用了西医诊断评价标准和中医治疗方法，在讨论中使用统计学方法，让中医针灸的现代科研走向科学化、正规化。与时俱进，逐步借鉴现代医学科学、自然科学的方法和模式，比如脑电图、脑血流图、fMRI 等，应用于针刺研究。随着科技的进步，我们在对针灸的研究方法上不断深入，从针刺穴位脏腑相关性研究，到针刺对脊髓损伤电生理的研究，到针刺治疗脑出血的研究，等等。本着这个思路，都取得了比较好的成果，解决了一些以前无法解释的难题。比如，头针针刺运动诱发电位的研究，首次研究和解释了头针的机理问题。今天的许多研究课题，更已深入到分子生物学、基因水平。因为有着实践基础上的创新，故而能在研究中获得有价值的成果，为针灸的现代科研贡献力量。

几十年的中医针灸教学、临床、科研历程，内中艰苦曲折而又充满快乐和满足，成长需要有勤奋不懈的努力，需要有良师益友的指点，需要有汲取百家的胸怀，需要有待人接物的真诚，需要有洞察先机的敏锐，需要有中西并举的全面，需要有师古不泥的智慧，需要有踏实勤勉的实践，更需要有大胆创新的精神！当然，这些的前提，就是对中医药事业的热爱。只有相信和热爱中医，才能在此基础上付诸行动，去认真学习与研究中医的理论与实践。希望我们的年轻一代学子、同志们都能不断保持对中医的热爱和信心，在继承、实践、创新的思想指导下，为发展我国的中医药事业做出更大、更新的贡献！

李兴培

李兴培（1939—　），四川彭州市人。1962年毕业于成都中医学院（现成都中医药大学）首届医学系6年制本科。1987年晋升主任医师，1990年晋升教授。曾任新疆医科大学第二附属医院中医学教研室主任、中医科主任、皮肤科主任（兼）。为新疆卫生厅科委中医民族医专业组成员，新疆中医高级技术职称评审委员会委员、中医专业评审组副组长，新疆医科大学学术委员会委员，中国中医研究院（现中国中医科学院）专题咨询专家。历任中华中医药学会内科学会常务理事，新疆中医药学会副会长兼学术工作委员会主任委员、顾问。经人事部、卫生部和国家中医药管理局确定为全国首批500名带学术继承人的名老中医专家之一。4次被评选为省级优秀专业技术工作者或先进医学科技工作者。1992年被国务院批准为"对我国医疗卫生事业有突出贡献"专家，享受政府特殊津贴。

获省级科技进步二等奖、四等奖各1项，厅局级成果1项；《蒲辅周研究》2001年10月获中华中医药学会学术著作优秀奖。1993年赴美国参加第五届世界中医及针灸学术交流大会，主持的"活络通脉汤治疗血栓闭塞性脉管炎157例暨实验研究"获金奖；1998年赴美国参加第四届世界传统医学大会暨科技成果大奖赛，设计和主持的"女健乐雪莲药垫治疗妇科病134例暨实验研究"获国际金像一等奖，并被授予"民族医药之星"荣誉称号。

在国家级和省级刊物上发表学术文章100余篇，科普文章60余篇；主编和参编已出版专著还有《中医之路》《中医——五十年鉴证　成都中医药大学首届毕业生学术文章选集》《现代中医治疗学》《中国中医理论暨临床经验》《四川中医名家经方实验录》《危重疑难病症中医治疗进展》和《方药妙用》等20部。其简历、学术思想和临床经验，为《世界名人录》《中国当代名人志》《中国当代医界精英辞典》《中国当代名医名方录》《方药传真——全国老中医药专家学术经验精选》和《中国名医特技集成》等收载。

道路·初试·归宿·杂家·育人·悟道

（一）中医政策　"情"定终生

1956 年 4 月中央决定创办四所中医学院，我深感中央极其重视保护祖国优秀文化遗产。时近高考，原想报考化学或中文，选专业颇犯踌躇，但年来不断受到党的中医政策熏陶与感召，忆及我和全家以及乡亲们生病都请中医治疗且疗效很好，既然中医学院为国家培养中医医疗、教学和科研急需人才，遂毅然第一志愿报考中医专业，且如愿被成都中医学院（现成都中医药大学）录取。

1956 年 9 月 1 日，在庄重简朴的学院成立典礼上，省市领导及嘉宾云集祝贺。会上省委宣传部杜心源部长（后历任四川省委书记、西南局书记）代表省委致贺词，概述了中医政策的形成，随即深情地讲到卫生部等拟议创办北京、上海和成都 3 所中医学院，报告急送中央时，周总理当即批示建议增加广州中医学院，东南西北各 1 所。总理日理万机，为中医事业竟想得那么周到，令首届学子们和所有与会者十分激动，深受鼓舞。

（二）临证佳效　茅塞顿开

国办中医大学伊始经验欠缺，一面开讲文辞古奥难懂的《内经》等中医经典课，一面学习现代医学基础课，两种理论体系"短兵相接"，如阴阳五行、中医脏腑与现代概念竟迥然不同，常使人无所适从，令我对中医理论曾一度持有些许怀疑。

1958 年底至 1959 年初，大三时我参加成都中医学院医疗队，赴青川县查治旧社会遗留下来的梅毒和麻风。我在队部参加板桥乡灭梅试点，兼管全队文书，主编和刻印《灭梅战报》，亲睹秘方"三仙丹"治疗大量梅毒患者，疗程短，疗效好，并发口疮及呕恶者以中药与针刺处理奏效快捷，我将经验总结寄往北京，很快在卫生部《卫生工作通讯》上全文刊登。其间，我还初试"锋芒"，用针灸治愈了一些风寒湿痹和脾胃病等患者，从此对中医的看法大为改观。

1959 年暑假返家，不断有患者来诊，如林场工人胡某患强直性脊柱炎，针大椎、至阳、肾俞、委中，针柄加艾炷灸，仅六诊剧痛消失，活动自如。王姓农民之妻左腋下窦道流清稀分泌物年余，我以大蜈蚣 1 条焙干研末以洁净桑皮纸卷药捻，局部消毒后插入，1 日 1 换，3 天愈合。周姓 3 岁男孩患小儿麻痹后遗症，双下肢痿废不能站立行走，靠以膝代脚跪行或肘膝并用爬行，我受"肾主骨"理论启示，以故纸、桑寄生、川断、炒杜仲等组方治疗，断续服药 90 余剂历时 5 个月，患儿竟奇迹般地站立起来，仅行路时右下肢略显蹒跚，在家乡引起不小轰动。黄姓女患左侧甲状腺囊肿 1 年余，肿块大如鸭蛋，遣《医学心悟》消瘰丸加味，服药 3 个月肿块消失。后两例是寒假回乡患者家属告知后，随访复诊确认疗效的。此后寒暑假我回家，每天来看病者很多，连过去对我报考中医学院颇有微词的父母也为我骄傲。

1960 年初秋，成都中医学院医疗队赴东坡故里眉山县巡回医疗。我驻点某乡一生产大队，一日深夜出诊以针刺内关、足三里和中脘，成功救治了 1 例来不及送县医院手术的肠梗阻农民患者（详 2003 年《中国中医急症》第三期）。几根小小银针奇迹般地避免了一次腹部大手术，确实简便廉验和高效速效，这次特殊经历成为我牢固树立专业思想的重大转折点。

（三）义无反顾　献身边疆

为保证教学质量，把下乡除害灭病的半年时间补回来，经卫生部批准，我年级学制延长半年，于 1962 年 12 月中旬临床实习始告结束。接着，投入毕业分配。在 20 世纪 60 年代初，对大学毕业生而言，"到边疆去"，"到农村去"，"到祖国最需要的地方去"是响彻云天的豪迈口号。我自然不愿落于人后，决意去条件艰苦落后的边疆干一番事业。可是我是家里的独生子，父母这关难过。自古忠孝难两全，我决定"先斩后奏"，遂报名去新疆，得到学校和省高教局批准，怀着一腔矢志投身祖国边疆建设的豪情，惜别天府之国首府成都，奔赴新疆工作。

我被分配到一个拥有 500 张病床的综合性省级中心医院——新疆军区生产建设兵团第一医院（相当于总院）工作，任务是出门诊和会诊住院患者。兵团是王震将军带领的一支久经征战功勋卓越的英雄部队，执行毛主席"屯垦戍边"的命令集体转业，成为发扬解放军不怕困难精神在亘古荒原上开垦出片片绿洲的军垦部队。该院患者主要来自兵团驻乌鲁木齐单位，及天山南北各军垦师团农场医院转诊而来者，同时也应诊地方患者。光阴荏苒，来疆瞬已 48 载，其间 1972 年母校同我院商调我回成都工作，院领导苦留；1985 年卫生部报中央批准在全国调 15 名副高以上中医进京工作，我是商调对象之一，自治区党委领导亲自出面挽留，我都愉快地服从边疆需要，留下继续工作。我把青春年华和大半生精力献给了新疆——我的第二故乡！

（四）勤奋学习　甘当杂家

面对病人和病种都不少，好些病种根本没有见过，各科会诊的又多属病情危重的患者的情况，我这个初出茅庐的医生倍感掣肘。我思忖：医乃仁术，人命关天，岂仅有同情心而不学无术之人所能为之？于是横下一条心：学习！而且必须力争当个"全科医师"和"杂家"。

书到用时方恨少。我从微薄的工资中硬挤出钱来购买中西医药书籍，订阅全国绝大多数中医药杂志。"书山有路勤为径，学海无涯苦作舟"。沉重的工作担子，促使我必须视读书学习为生活第一需要，便利用所有平日业余时间、星期天和节假日看书、做笔记。改革开放伊始，工作更加繁忙，也是我事业走向初创的黄金时机。我想把因"文革"耽误的 10 年光阴"追"回来，除坚持以往方式学习外，晚上家人睡后的万籁俱寂之时，是看书、整理笔记或写作的最佳时段，常干到黎明才小睡须臾，但无论带着竟夜怎样的疲惫去上班，只要跨进病房察看患者，或踏上庄严的讲台给大学生们上课，立即进入状态，倦意全无。

为查阅临床科研研究资料，文献追踪，每逢去内地参加学术会议时，新华书店和古旧书店都是我的好去处，很多中医学院或省图书馆都曾留下我的足迹，有时我还像在新疆那样，请馆员同志中午把我反锁在内，饿着肚子继续查阅摘抄。每当千里迢迢觅得重要资料，那种心情绝对不亚于"两句三年得，一吟泪双流"。越是学习收获越多，越有"登泰山而小天下，学然后知不足"的深切感触。

我年轻时，文、史、哲并重，如诸子百家、文学作品和古今名人成才之道，及有关花、鸟、虫、鱼的学科均有所涉猎，既拓宽了知识视野，又得到心理调适，丰富了医教研工作联想，有助于智慧火花的碰撞，产生新概念或思路。回眸我所发表的学术文章、科普文章，以及所有专著，可以说直接间接地在广泛志趣中汲取营养有关。真正是开卷有益，知识就是力量，读书既能获取知识以治愚，更可从中得到无穷乐趣。唯进入改革开放中期后，鉴于医教研及社会活动多，已鲜暇他顾，不得不将上述"雅好"大多暂放一旁。

当工作不断取得阶段性成绩，发表论文越来越多，辛劳获得同事同行和组织肯定，荣誉接踵而至时，周围一片赞扬声，如已故著名中医药学家、新疆中医学院院长张绚邦教授在首批全国继承工作验收会上，听完学术继承人宁建武主任医师宣读总结论文后，建议把文题改为"广闻博学医文并茂，成就李师治医之道"。但也有些许不和谐音，我都能反躬自省，正确对待。人生苦短，应以事业为重，问心无愧，无须为一些闲言碎语陷入莫名之苦恼。为力避浮躁和故步自封，1982 年我将住处兼书房之陋室取名"自非斋"，借以随时警示自己。

经历 50 余年读书和岐黄生涯，我深切地体悟到，中医学因历代医家所处环境不同，师承阅历有异，派系林立，不足为怪，反而衬映出中医学的异彩纷呈，要博采众长。欲登中医学之堂奥，在中医学浩瀚典籍海洋中遨游探骊寻珠，读书学习务必做到：首贵耐得住寂寞，不为城市喧嚣和灯红酒绿所动，一门心思学习；次重专注、沉潜，切忌东一榔头，西一棒槌，或一曝十寒；三应先读序言、跋和凡例，此犹入室的"敲门砖"，学童启蒙先生，将书的特点、形成背景与读法了然于胸；四当从始至终，次第吟读，即从源到流，较为完整；五宜细细品味，得其真谛，不可囫囵吞枣，浅尝辄止；六要重点须理论联系实践，如此才能学得深，记得牢，用得上；七宜广博，去粗取精，去伪存真，钩玄笔记，善于积累，以待厚积薄发。

时间面前人人平等，时间是不可再生资源。中医学太渊深浩瀚了，信手拈来一个课题，足可以穷尽一个人的毕生精力，大多也仅及皮毛而已。向上苍遥借 200 年？眼下是奢望。欲求事业有所建树，我们应像革命老人董必武晚年那样"惜秒阴"，秉持孔子"朝闻道，夕死可也"的精神奋力攀登下去，直至大行西去。

（五）培育新人　不遗余力

1979～1999 年，我先后承担新疆医科大学中、西医本科及新疆中医药学会经典著作、急症和写作 3 个高级讲习班的教学工作，农工民主党四川省委智力支教所办成都市中医高级临床研修班"血栓闭塞性脉管炎病因证治"专题讲座任务，医院两届西学中班及医院护士学校主讲任务，石河子医学院西学中班、多批进修医师带教任务，培养各层次人才 1500 余人，他们之中很多优秀分子已成为各级党政领导干部，医教研工作中的专家、教授、博士、硕士与骨干。有的还远赴欧美、加拿大、新西兰等国家及地区，让中医药为国外民众健康服务，扩大了中医药对世界的影响。

20 余年来，我还被聘为《新疆中医药》《新疆医科大学学报》两杂志编委，尤其承担了《新疆中医药》的大量审稿任务。为了振兴中医事业，交流学术经验，活跃学术气氛，我为此倾注了大量心血。审阅的稿件中，作者有全国名流，有的文章不适合在本杂志刊登者，则建议退回；有的虽选题、内容均可，但可能因作者太忙，文字结构有粗疏或拖拉处，都予订正删润。虑及刊物的声誉，学术的纯洁与严肃，不该用的文章予以婉退。对来自全国基层单位和中青年的文章，总是从扶持基层中医事业，培养和发现人才出发，举凡稿件稍有新意或某些可供参考之处，都予以精心加工，甚至在不失原意的情况下为之重写，经常审阅和删润稿件而通宵达旦。我本人经年累月积存下来的大量宝贵临床资料和经验亟待整理发表或出版，却一拖再拖。但为了把《新疆中医药》办好，为了培育中青年骨干，我甘为人梯，无怨无悔，赢得了学会、编辑部和同仁的充分肯定，并认为这是我一贯"严"字当头的结果与延伸。

1984 年 4 月，我受全国中医内科学会主任委员王永炎教授邀请，主笔"长沙·全国中医内科科研方法研讨会"主旨文件《中医内科学科研命题设计和成果论文撰写》在大会宣读，并发表于《新疆中医药》1988 年第 2 期。该文之后还曾在四川青城后山"全国基层中医临床研讨会"、新疆及乌鲁木齐两级中医药学会上结合大量实例予以介绍。20 余年来，喜见新疆中青年作者发表的有学术价值、谋篇布局和文字水平都不错的文章越来越多，至感欣慰。

（六）国内国外 笃信中医

我从正式行医一年后，无分寒暑，就诊者门庭若市，患者除来自疆内外者，2000 年以来还有从哈萨克斯坦、吉尔吉斯斯坦、乌兹别克斯坦等国家专程来诊者。2004 年以来，我先后三次受多位台湾同胞之邀去青岛、三亚和台湾为他们诊病，因为疗效卓著，他们为表达诚挚谢意，精制"仁心仁术 妙手回春"等两帧金匾热情相赠。20 世纪 90 年代以来，我先后出席过两次在国内，两次在美国召开的国际中医学术会议，在学术交流、讲学与会诊中，亲睹盛况空前，从未感到中医将"日薄西山""江河日下"。健康长寿是人类追寻的崇高目标之一。在当今多种化学合成药物引起中毒、过敏、致畸变和致癌等严重毒副作用的情况下，又面临着空气、水源和食物的严重污染，各国有识之士和广大民众对于防治疾病，都不约而同地寄厚望于中医中药及非药物疗法，更足以看出国内外民众对中医的坚信与寄予厚望。

学术渊源：经典·百家·师传

（一）潜心经典　尤重长沙

1.《灵枢》《素问》　活水源

《内经》是集战国和之前有关人体解剖、生理、病理、治则、摄生以及彼时即已萌芽的边缘学科如医学心理学、医学地理学和医学气象学等成果的鸿篇巨制，是中医学的活水源头。历史上张仲景、刘河间、张景岳等医学巨匠都是从研究《内经》入手成就大业的。美、日等国均有几个《内经》版本供学术界研究，中华儿女岂能轻漫！对不少疑难病例，我常通过追忆《内经》论述获得顿悟而设治。如临床初，常悯肝硬化腹水患者之痛苦，屡用逐水剂取快一时，反而快速复发，始从《素问·六元正纪大论》"大积大聚，其可犯也，衰其大半而止，过者死"中得到启示，治病当以正气为本，注意正邪消长，施以针对性治疗，后期未待邪气退尽，以顾护正气为主，奏效反而稳妥。一些怪异之证，诸药罔效，从脏腑学说中寻求治则，往往收到意想不到之佳效。如曾接诊 1 例夜游症患儿，10 天来常夜间起来活动、说话后又睡下，次日不知其事，诊为"肝不藏魂"，予吴茱萸汤 3 剂而愈，后未再犯。

2. 仲景伟著　规矩准

仲景最大功绩在于承袭《内经》三阴三阳学说，倡导"凭脉辨证施治""观其脉证，知犯何逆，随证治之"，开四诊合参先河，创立中医学辨证论治体系。他以六经论伤寒，脏腑论杂病，三因类病因，辨证寓八纲，治则创八法，可谓因证脉治朗若眉目，理法方药浑然一体，其方药制剂匠心独具，实垂范于后世，要妙无穷。尽管古代尚无史学家为仲景正式立传，但他的这一杰作本身就是巍然屹立于世界医林，让祖国人民引为自豪的丰碑。

仲景方最明显特征就是大多药简、功专和效宏，足见为千锤百炼之结果。

朱颜老大夫生前曾以复阳温肺之甘草干姜汤治疗34例共8种寒证，取效每在一二剂间，重者三五剂皆愈。呕吐一证，看似轻浅，有时每使一些病证有功亏一篑之虞。我曾以大黄甘草汤治疗20例"食已即吐"证，采多次、少量、冷服法，多数当日即吐止，能进薄粥，还用于3例食道癌的治疗，2例起到吐止、道开和进食作用。如此简方及佳效，仲景用心之良苦，可以想见。

陈修园认为仲景方不得稍事更动，后世有人附和之。要知，患者体质有强弱，气候有四季，地域有高下，症状千变万化，仲圣方亦须通变化裁，否则何异刻舟求剑！吾师赵锡武教授生前单用真武汤加减，治疗充血性心力衰竭屡获卓效。仲景治脏躁名方甘麦大枣汤，看似轻浅平淡，但应用得宜治病不少，我早年曾蒐材综述，各地用该方或加味治病疗效确切之病证多达40余个，有力地说明用经方并非不可越雷池一步，切忌画地为牢、作茧自缚。

下法攻病，乃不得已而为之。施之当，大可扶危定倾，失当则横祸踵至。各地应用仲景下法，采承气、大柴胡类方治疗急腹症有了若干新的突破。在仲景活血化瘀、通阳宣痹和豁痰散结等治则方药启示下，我防治冠心病、脑血管病、血栓闭塞性脉管炎等病证都取得了十分可喜的成就，皆是古为今用的良好范例。数十年来，我最常用的经方达60余个，如小柴胡汤化裁治疗肝经风热、胃大部切除术后膈下脓肿、脾切除术后发热、更年期综合征、乳腺增生、肋间神经痛、梅核气、胸膜炎、肝炎、早期肝硬化和冠心病等；以黄芪建中汤加当归等祛风活络宣痹之品组成"中虚痹证汤"（载《中国名医名方》）等，都是在《伤寒杂病论》创立的辨证论治体系、原则和方药应用得宜的前提下，取得了较好疗效。

（二）学宗百家 取精用宏

唐宋以降，石破天惊地诞生了主火、崇土、攻下、养阴的刘、李、张、朱金元四大家。张元素创"养正积自除"说。我参酌以上各家观点，以补气扶正为主，辨证与辨病结合，接治多例癌症患者，尽管大多死亡，但不少确乎生存质量明显提高，寿命延长。经随访治愈尚健在者包括大网膜恶性肿瘤、鼻咽癌、胃癌、结肠癌、淋巴癌、乳腺癌、宫颈癌和骨肉瘤等，已成活4～33年不等。明代薛己临证强调先后天并重。张景岳皓首穷经，实践颇多创新，丰富和发展了温补学说，我均师其意用以治疗慢性肾炎、再障等虚损病证，多数获得较好之效验。

清代叶、薛、吴、王，治温热病各有建树，其中吴鞠通感于"世之医温病者，毫无尺度，人之死于温病者，不可胜记"，因作《温病条辨》，将治三焦温病概括为治上焦如羽，非轻莫举；治中焦如衡，非平不安；治下焦如权，非重不治，颇富临床实践价值。我治疗风热犯于肺卫，已或将出现高热、咳嗽者，急予银翘散轻清透达，发热很快得以顿挫，鲜有转成肺炎者，确有截断扭转之效。20 世纪 80 年代初夏秋之交，我还屡用大剂银翘散治疗今之伤寒以及产褥感染频频奏效。有同道置疑：伤寒即湿温，岂有用银翘散之理？须知，上焦肺主气属卫，邪热初侵，卫分受之，将犯或方犯中道，邪气立足未稳之际，肺卫症状尚在，根据"有是证，用是方"之理，径投大剂银翘散，自然方证合拍而奏佳效。同理，有本院某护士患肾积水，证属湿热稽滞、三焦不利，以三仁汤治愈，平淡中洞见神奇。

受吴尚先"外治之理，即内治之理；外治之药，即内治之药。所异者法耳"启示，我曾用贴脐法等外治多种病证每获捷效。有何姓患者胃癌术后发生粘连性肠梗阻，大便干结未解 4 天，腹痛剧烈，补液和胃肠减压罔效，因体质极度虚弱，不任手术，率以大承气汤更散温开水调敷脐部，两小时后解出多量羊屎状大便，腹部剧烈胀痛消失，梗阻解除。综结上述不难想见，方书呆钝，圆机活法，存乎医者！识得此，自能纵横捭阖，左右逢源。

（三）名师授业　奠基厚实

我很幸运接受了国家正规高等中医教育，并得到许多名师的教诲、启迪与具体指导。四川名医辈出，讲课或临床带教有诸如李斯炽、邓绍先、吴棹仙、孔健民、卓雨农、陈达夫、张安钦、邹仲彝、蒲湘澄、罗雨田和刘安衢等老师。其中李、邓、孔是 1936 年创办四川国医学院之元勋，历尽艰辛培养出 500 多名学生，成为川渝中医骨干力量。如后来任国务院学位委员会中医学科评议组召集人、全国高等医药院校中医教材编审委员会主任、成都中医学院副院长的凌一揆教授，以及彭履祥、李仲愚、余仲权、曾敬光、戴佛延、李介明、王祚久和彭宪章等老师都是该院的优秀毕业生。吴老举办各种类型中医教育为川东培养了很多中医人才。为加强师资和临床力量，省政府不断从全川各地州抽调不少符合条件的老中医来院工作。如曾为卫生部三届全国《伤寒论》高级师资班担任主讲的《伤寒论》泰斗邓绍先老师，身体瘦弱，有时需课前嚼服西洋参提神，但讲课声情并茂，旁征博引，很受欢迎。号称"卓半城"（成都妇女生病都请他看）的卓雨农老师主讲《中医妇科学》，因其学验俱丰，讲课生动有力，颇得好评。古汉语大师、四川大学曾宇康教授讲授《医古文》时，谦称自己"仅略识句读"，实则讲课深入浅出，迄今如《诗经》等不少名篇佳作，我们尚能脱口背诵，韵味无穷。

1975 年 4 月~1976 年 8 月，我由组织保送赴卫生部中医研究院（现中国中医科学院），有幸随王文鼎、赵锡武、岳美中、钱伯煊和赵心波等中医泰斗进修深造；还就学术问题与正年富力强的方药中、耿鉴庭、郭士魁、施奠邦和时振声等名医问疑。昔云："文人相轻"，"同行是冤家"。可我在此所见却是另一番景象。耿鉴庭研究员赞誉王老"咳唾生珠玉"，"擅治急、大、危、奇之症"。从1975 年夏季开始，内科安排每周 1~2 例危重疑难病例大会诊，每次王、岳、赵三老参加并中心发言，他们学富五车，引经据典，侃侃而谈，对每个病例的疾病源流和理法方药剖析入微。会诊中，相互谦让，气氛活跃。王老赞岳老治病细腻、精雕细琢颇有蒲辅老遗风，赵老于经典研究有素遣仲景方治病胆识过人每见奇功，然他却自贬治病"长枪大戟"，实则会诊中引证经典娴熟，叙述他尝用而世医罕用之经方、古方及时方药物组成、修治及剂量时竟毫厘不爽，加减化裁法度严谨，纵论古今显示出其识见高深，连岳、赵二老亦由衷地夸其"记忆超人"，每令座无虚席的医师们如沐春风。

学无常师。我利用参加学术会议的机会当面或致函向董建华、杨甲三、路志正、邓铁涛、谢海洲、姜春华、何任、李寿山、俞慎初等名医虚心请教；从著作中向肖龙友、冉雪峰、施今墨、秦伯未、程门雪、沈仲圭、祝谌予、裘沛然、朱良春等名医学习；泛览中西医药报刊专著，亦向中西医结合专家和西医专家请教有关学术问题，解开了若干疑窦。老一辈专家们的博学谦诚、嘉言懿行和精湛医术，使我聆领了极大教益。

当年王老回答了我多个在治疗疑难重证时碰到的问题，获益良多。他老人家几度谆嘱我学术上"不要迷信老中医"。多年后才理解，恩师分明在激励我踏实学习，不断进取，敢于超越自己的老师。岳老尝强调"治急性病要有胆有识，治慢性病要有方有守"。我几十年谨记老师们的教诲，悉心临证，屡有创获。

临证举例　扩张型心肌病

刘姓 48 岁男患者，两年前感冒发热并发病毒性心肌炎，出现头晕、胸闷、胸痛、心悸、气短及烦躁加重，反复 5 度住院，心率 80～130 次/分，摄片见心脏向两侧明显扩大，心电监护有"多发性室性早搏"，诊为"扩张型心肌病"。经用多种西药乏效，两年来仍须白天间断输氧，夜间几乎离不开氧气，某省级医院建议其"换心"，因手术费用高昂（30 余万元），维持费用不菲，且手术风险极大，故婉拒之。经友人介绍来我处就诊。刻诊：形体瘦削，面色暗红，头晕胸闷，胸痛掣背，心悸时烦，动则气短，经常夜间发惊或气憋坐起，睡眠欠佳，口唇微紫，舌质淡红，苔薄白润，脉沉细涩。诊断：胸痹心痛。辨证：气阴两虚，痰瘀凝滞，心肝失调。先后以生脉散、补阳还五汤、血府逐瘀汤、瓜蒌薤白半夏汤、酸枣仁汤与黄连温胆汤等进退出入，以补气养阴，豁痰化瘀，心肝两调。治疗 1 月余，诸证著减，摆脱输氧；治疗 5 个月，全心扩大的心影明显缩小；治疗近 1 年，诸证基本消失，心影恢复正常大小。现病逾 5 年，症情稳定。另有两例本病，头晕、胸闷、胸痛、心悸和气短颇盛，经常夜间憋醒，其中 1 例已在心脏置入导管两具，不久即诸证如故，经上法治疗 2～3 个月，病情均缓解，3 例患者目前尚在酌情断续服药巩固治疗中。

科研：防病·脱疸·名医·战略

（一）从事养生防病抗衰老研究

我母亲吸旱烟，1972 年初死于肺癌脑转移时，年仅 58 岁；父亲吸烟饮酒几十年，1976 年以肺心病并感染辞世，时寿 64 岁。依据父母寿限和"基因决定"论，兼之我从小体弱多病，工作后常感冒、失眠、消化不良、腰痛和口腔溃疡，长寿与我无缘。但我认为此非金科玉律，决心发挥中医智慧，挑战极限，通过锻炼闯出一条健身防病之路，奉献人民，同登寿域。

1982 年以来，我根据中医经络学和腧穴学古今研究成果，参酌中西医学有关衰老和抗衰老文献，编创"自我保健按摩 15 分钟"，并身体力行，每晚新闻联播结束即锻炼完毕，既有益健康，又不致耽误看书学习。今年我已逾 72 岁，每天工作 5 小时，在门诊诊治大量患者且多为疑难病证，下班后阅报、看书和电脑写作 3～4 个小时，精力充沛，很少感冒，腰背痛止，视力尚可，眠纳二便均佳，不沾烟酒，尽享现代生活乐趣。曾分批将本法介绍给数百名中老年患者，凡坚持锻炼者，确有增强体质、防病治病、延缓衰老之功效。

我历时 10 年，自练和教练写成《自我保健按摩 15 分钟》，发表于 1993 年《新中医》第 12 期。国家中医药管理局继承办公室为将全国首批带学术继承人导师经验收入《中华名医特技集成》，邀我写稿，遂将上文再充实后寄往，该书 1993 年由中国医药出版社出版。

（二）坚持血栓闭塞性脉管炎临床研究

1963 年初，我收到普外科会诊单，要我给一位血栓闭塞性脉管炎患者开中药配合治疗。该病在毕业实习时我曾在西医外科病房见过，也听说中医有法治疗，但脑海里一片空白。看过病人后，予清热解毒、活血化瘀之剂煎服。之后，即埋首书刊结合患者识病觅法。

脉管炎属中医"脱疽""脱骨疽"和"十指零落"等范畴。其中医病因病机，如《灵枢·玉版》云："病之生时，有喜怒不测，饮食不节，阴气不足，阳气有余，营卫不行，乃发为痈疽。"《外科正宗》描述其"夫脱疽者，外腐而内坏也"，其病状皮色紫暗如煮熟红枣，黑气浸漫，五指传遍，上至脚面，其疼如汤泼火燃，其形则骨枯筋练，其秽异香难解，其命仙方难活，证势险恶。现代研究表明，本病为寒冷、吸烟、感染、内分泌失调、血流变异常和免疫功能改变等多种因素，引起中小和末梢动静脉血栓形成，常致肢体剧痛、冷感、水肿、溃疡和坏死的一种外科疾患。美国《克氏外科学》披露，国外脉管炎截肢率为 28%，晚期 66%。

如何治疗脉管炎？因其为多种原因导致气滞血瘀，阻遏脉道，气血不能布达致远端肢体发病，故活血化瘀为其基本治则。在不违背辨证论治精神，理法方药务求合辙的前提下，我根据大量有关脉管炎现代病因病理学和中药药理研究成果，组方时参考《医宗金鉴》《洞天奥旨》《医林改错》《验方新编》及《医学衷中参西录》，筛选创制了"活络通脉汤"，药用当归、丹参、黄芪、玄参、银花、紫地丁、制没药、制乳香、红花、元胡、生地、公英、土茯苓、甘草。用该方加减治疗收效良好，我的第一篇论文《中医治疗三例血栓闭塞性脉管炎初步报告》在 1964 年第二期《中医杂志》发表，迎来不少求治患者及全国各地患者的求医信件，受到上级表彰，医院为此在普外设中医脉管炎病床 6 张。

"疼痛"一症，是患者首苦。本病疼痛昼轻夜剧，尝听到患者因病变部位剧痛而发出的呻吟或撕心裂肺的惨叫，甚至大喊："马上给我锯腿！"使全科病房不得安宁。

"止痛"成为当务之急！常规西医止痛针药只能短时间作用，或根本无效，用吗啡类药物后的"欣快感"使患者成瘾殊不足取。看来还得到老祖宗那里寻觅妙法。《外科证治全生集》云："痈疽之治，首贵止痛，止痛则恶气自化。"经验表明，疼痛得以减轻乃至消失，对于阻断病理恶性循环，促成溃疡结痂、疾病获愈很有意义，且此常为病情开始好转之佳兆。

关于具体止痛，元代齐德之《外科精义》说得很中肯："热毒之痛，以寒凉之剂折其热，则痛自止也；寒邪之痛，以温热之药熨其寒，则痛自除也。"所以分清寒、热、虚、实及其兼夹，有针对性地进行"辨证止痛"，不用止痛药而痛自止。如七情气郁血阻作痛，益以行气舒郁之品；热痛者，适当加强清热解毒利湿之品；寒痛者，加强局部保温，佐温经通脉汤（桂枝、乌头、附片、细辛、生姜、吴萸、当归、川牛膝、甘草）煎洗患肢，皆有良好止痛效果。

针灸止痛，是在中药止痛有时"缓不济急"的情况下，促使我探索应用的。经验表明，针灸止痛及其全身调节作用对本病是"急则治标"，甚或"标本同治"的一种简捷高效疗法。选穴按局部、邻近和循经三原则进行，常选：三阴交总调三阴经气血阻滞，以泄阴经温热与血分壅热；足三里扶正固本，其与解溪并通阳明经气，治湿热下注甚效；阳陵泉为"筋会"，和肝舒筋，配太冲对下肢能缓拘急、定挛痛（合谷、曲池对上肢有类似作用）；委中为"血郄"，清血中蕴毒，疏气血壅滞；昆仑、大钟、太溪宣疏经络闭滞；环跳，阴陵泉、风市祛风散寒、化湿通络，环跳宜强刺激，以针感直达足趾为佳；虚痛灸命门、关元、气海、肾俞及涌泉，温补下元，回阳固气，使阳气充盛，阴气自散；承山、悬钟、飞扬温经活血，祛风散寒，可恢复腓部肌群疲劳和缓解间歇性跛行。上肢取合谷、曲池、外关透内关、肩髃，针之气行血畅，通者不痛。以上穴位，交替使用，虚甚者单灸，常可立即止痛。对体虚、晕针等不适宜针刺者，嘱自捏、揉、搓其下肢肌群，指压足三里、阳陵泉、三阴交、解溪和太冲等穴亦可止痛，尚能防止肌肉萎缩。曾对个别患者行耳针疗法，取穴：神门、交感，下肢或上肢，有针到痛止之效。推测针灸止痛原理，可能是针灸可疏通经络气血，阻断病理恶性循环，使寒得温、热得清、虚得补、实得泻、瘀得化、湿得除，疼痛自然消失。

《外科正宗》谓本病"血死心败，筋伤肝败，肉死脾败，皮死肺败，骨死肾败，此五败者，虽有灵丹竟丧命"，说明中医学早就认为本病为一种全身性病变。这可以从本组不少患者病变由下肢波及上肢、由单侧肢体发展为双侧甚至四肢以及更多脏器的事实得到证实。

强调整体，绝非摒弃局部。局部病变往往是机体矛盾斗争的明朗化，如患肢水肿较甚，多为血瘀湿阻，强调进低盐饮食的同时，方中加刘寄奴、益母草等化瘀利湿，获效显著。

对兼有溃疡坏死者，先以甘草水或加味蛇床子洗剂（蛇床子、苦参、黄柏、苍术、明矾等）洗涤浸泡，引毒邪由内达外，有移深居浅之功，解毒消坚收敛之效；再用甘草凡士林油膏或紫草膏或五枝膏外敷提脓拔毒，祛腐生肌，可以大大缩短疗程。

明代汪颖在《食物本草》中指出，吸烟"火气熏肺，耗血损年"，而"肺朝百脉"，故方以智《物理小识》言其"久服则肺焦，诸药多不效"。现代资料表明，有人发现正常人吸 1～2 支烟后，肢体血流显著减少而持久，甚至仅及原来的 50%。同时，有人应用烟单碱浸出液行动物试验，发现动脉血氧合力减退，血液黏稠度增加，产生血管病损。有人曾对 1000 例脉管炎随访 10 年，戒烟者无 1 例截肢，与本组观察较为一致。少数医生明知脉管炎患者应戒烟，因疏忽未交代，或一语带过未引起患者注意。反之个别医生自炫高明或曲意逢迎患者，妄言经他治疗无须戒烟，结果害了病人。我常以一国外学者"你要吸烟，还是要腿？二者不可兼得"之名言劝患者戒烟，并撰写《你要吸烟，还是要腿》专文在 1984 年《健康报》上发表。

此外，重视精神调护，消除患者忧愁、恐惧感，使之愉快配合治疗，打乱病理恶性循环，从而使病情逐步好转及至痊愈，必不可少。

关于活络通脉汤疗效原理：补气益血药扶正祛邪、调理气血有其特殊作用；活血化瘀药活血逐瘀、疏通脉道是为关键作用；清热解毒药清除热毒、祛邪扶正对阻断病理恶性循环有积极意义；全方及权变化裁之整体调节，及强调戒烟、精神护理的作用都不容忽视。

我院药剂科将基础方药经科学提取定型为"通脉冲剂"，临床观察疗效仍佳。中国中医科学院西苑医院对本品行动物试验证明：①动脉光电容积影响检测说明本品能扩张中小动脉血管，增加血流量作用明显，对照组无明显变化。②能显著改善动物体内血液流变性及人血在体外的血液流变性。③对注射肾上腺素引起动物微动脉血流减慢或停止，也有显著的推迟作用，对管径收缩也有推迟发生作用。④对化脓性球菌和肠道杆菌有中度敏感，对金黄色葡萄球菌有高度敏感，对铜绿假单胞菌也有低度敏感作用，显示其有广谱抗菌作用量。⑤冲剂剂量相当于人的 76 倍行急性毒性试验，显示本品安全无任何毒副作用。提示无论从中西医学理而论，疗效原理是综合性的，内服本方实为消除内源性因素最积极的有效措施。

1974 年我院成立中西医结合病房设病床 21 张；1980 年改为中医科，设病床 37 张，医疗条件大为改善，脉管炎临床科研工作也逐步深入。1979 年底总结 71 例，临床治愈 32 例（64.4%），显效 20 例（28.1%），好转 10 例（14.1%），恶化截肢 8 例（11.3%）。1980～1998 年收治 102 例，取得临床治愈 48 例（47.05%），显效 34 例（33.33%），好转 18 例（17.65%），恶化截肢 1 例（1.96%）的较好疗效。此外还函诊全国各地百余名患者，同样收到较好疗效。

（三）潜心当代名医学术经验研究

1. 蒲辅周研究

还在孩提时期，我即尝闻大人提及成都有治病如神的蒲辅周、王文鼎等名医。在习医临床多年后，特别是在京深造亲睹众前辈对蒲老之尊崇与追忆，才体悟到理论之重要，古今名医经验之可贵。20 世纪 70 年代末开始，我巨细靡遗地阅读了介绍蒲老的所有文章、医案和专著，做了大量眉批、钩玄和笔记，旋即分门别类加以蒐讨。

辅周先生医德高尚是我最钦佩处。他三世精医，家学薪传，本名蒲启宇，行医后更名"蒲辅周"，意取辅助贫弱，周济患者，早立济世活人大志也！他的故乡梓潼大部为贫穷山区及丘陵，百姓生活困苦，对求治患者，如需出诊，不论路遥风雨，白天黑夜，从不推辞，一心赴治。无论在梓潼抑或 1934 年赴蓉执业，凡贫病者一概义诊后嘱持方去定点药店取药，由他结账。赴京后长期参与中央领导、高干和外宾保健，但对工农百姓上门就诊者，一律热情接待，仔细诊察，精心治疗。即使周恩来总理、叶剑英元帅等找他诊病，也从不滥用补药贵药，而是"有是证，用是方"，往往以普通药轻剂取胜，还建议周总理每天吃一个窝头，以增加肠蠕动，改善胃肠功能。先生这种"高干黎庶，普同一等"的精神，以及他尊重和团结中西医同道，显示他医德高尚，风范堪与日月同辉！在今天看来，仍然具有莫大的现实意义。

蒲老自幼刻苦钻研中医经典，旁及各家学说，是故通晓中医理论。他数十年寝馈岐黄遗留下来的众多临床总结和医案，正是指导其学术思维的学术思想与临床经验的具体体现，从中可以窥知其临证洞彻毫厘、三因制宜、四诊合参，治病强调整体观念，重视正气保胃存津，通权达变标本有序，其外感内伤鉴别法简明扼要而切合实用，治外感切重与邪气寻觅出路。他研究气血之道，悟得"气以通为补，血以和为补"；八脉罹病，调补奇经；擅用介类，镇潜摄纳；在痰证、老年病防治上颇多创获。鉴于先生学验俱丰，方药驱遣得心应手，即令平庸野蔬蕺菜，为人不齿的童便，因平淡遭不少医者轻漫之甘麦大枣汤，用之都曲尽其妙。有人据此称其治病以轻剂取胜，用药轻灵为其学术风格，实则先生对峻烈如乌附亦尝用之，我罗列有用附子23法；擅用虫类搜剔之品和反佐法屡起大证；成功地用温散药治疗腺病毒肺炎，温法治愈高血压，非辨证高手岂敢问津。20世纪50年代末北京流行乙脑，先生从天候地气研究入手，认为石家庄白虎汤经验已不相宜，审证断然按湿温设治，顿即扭转颓势，自此中医在国内外声誉大振，传为佳话，蒲老功不可没。"汗而勿伤，吐而勿缓，下而勿损，和而勿泛，温而勿燥，清而勿凝，消而勿伐，补而勿滞"，是先生数十年岐黄生涯总结出来的治则矩范，迄今仍有力地指导着临床试验，高度体现了他全面深邃而灵动的学术思想。

中医能不能治疗急难重症？直白地说，攸关中医的生死存亡。先生在梓在蓉期间每遇瘟疫流行，悉皆紧急制药施药，全活甚众，两地老辈人中迄今仍口碑载道。我统计《蒲辅周医案》和《蒲辅周医疗经验》两部代表作，共医案226例，其中涵盖多种急性传染病、肺炎、冠心病心绞痛、出血等急证，患者多属北京各大医院紧急会诊病例，大多用过抗生素或中药寒凉药（少数用过"三宝"）者无效或仅个别微效，经蒲老用药短期治愈，其中属中西医结合（以中医为主）者仅12.3%。我详列各组数据，附录几则病势垂危案例写成《从蒲辅周先生临床经验看辨证论治在急证治疗中的地位》一文，1982年12月参加上海"全国首届中医内科急证学术研讨会"，在大会上发言，并受大会主席王永炎教授之邀进入大会秘书处与上海中医学院张天教授共同主笔大会文献综述，发表在《上海中医药杂志》1983 年第 3 期。

1987 年，我从多个侧面和案例入手写成《蒲辅周对中医体质学说的见解和应用》一文，出席秦皇岛"全国首届中医体质学说研讨会"，应大会主席王琦教授之邀和北京中医药大学鲁兆麟教授共同主持分会场并交流，全文在 1988 年《辽宁中医杂志》11、12 两期连载。

自蒲老驾鹤西去，国内学者通过报纸、杂志及学术会议介绍和探讨他的生平事略、学术渊源、治学态度、学术思想和临床经验的文章，迄今不下 300 篇，位列当代名医之首。国外如日本《汉证》杂志第 12 卷 6、7 期联合号上，特辑发表长篇文章《蒲辅周医案研究》，日本学者对先生医案评价极高："帮助我们学习好中医，没有比中国老中医医案更重要的了。"这是日本以单味药到复方成分提取治病疗效迟滞，彻悟到辨证论治的极端重要性，而改弦更张，深入学习和研究中医的重大举措，予人以深刻启示。

20 世纪 80 年代初起我陆续在《中医杂志》《上海中医药杂志》《新中医》《浙江中医药》《辽宁中医杂志》《成都中医学院学报》和《浙江中医学院学报》等刊物发表研究蒲老的系列文章，屡获老一辈中医专家和同行高度关注与鼓励，后期不断有学者建议结集出版。为弘扬蒲学，将蒲学研究引向深入，我高兴地采纳建议，并给拟收入专著的文章作者如沈仲圭、俞慎初、薛崇成、徐荣斋、丛春雨、刘正才等名老中医（病故者写给家人）、专家和蒲老爱子蒲志孝在内的作者一一发函，还利用赴京开会之机，登临高辉远、陈鼎祺和徐振盛等蒲老高足府上当面请教和征询意见，皆很快得到大家的欣然同意，接着进入紧张的准备工作。

1990 年 2 月，《蒲辅周研究》作为我国第一部系统研究当代名老中医学术思想和临床经验的专著，由新疆人民出版社正式出版。该书汇集国内 11 位名家研究蒲老生平事略、学术渊源、治学态度、学术思想和临床经验的文章凡 27 篇（拙作占 16 篇），计 23 万余字。国家领导人和名老中医都欣然题词。聂荣臻：弘扬中医健吾中华；王恩茂：继承和发展蒲辅周医疗经验，为增进各族人民健康服务；陈敏章：为继承发扬中医药精华而努力奋斗；胡熙明：弘扬蒲学，嘉惠后进；董建华：勤求古训，博采众方，既不取一家之言，亦不守一孔之见，此乃蒲公学术思想之特点；路志正：治学严谨，理论精深，疗效卓著，济世活人，通达灵变，源于勤奋，医德高尚，誉满医林，弘扬蒲老学术思想振兴中医走向世界；姜春华：蒲老薪传，学者南针。为该书写序的有方药中：本书对蒲老学术思想和临床经验进行了比较系统的整理研究，内容翔实，确有特色，很有意义，"对于弘扬蒲老的学术思想和临床经验方面必将有所贡献"，"对于如何继承发扬中医学方面也有裨益"。邓铁涛指出，蒲老"是一位学验丰富的大家，应该是继承的重点人物"，本书对蒲学的研究"是认真的，是有成就的"，"希此书出版之后，能牵起中青年学者研究当代名中医之学术思想和临床经验的热情，并继承之中加以发扬，则本书的作用就更大了"。耿鉴庭备赞蒲老畅似"后雕松柏，晚翠枇杷"，就"学术上的全面，品格上的端方，操行上的循良，关系上的团结，他都是无疵可索，无美不备的"，尤其在"医疗方面影响之大，世少与伦匹，于20世纪50~70年代，在挽回中医颓势，发扬固有特色方面都做出了重大贡献""为新中国中医界显要历史人物"。耿氏在其百年诞辰之际，奔赴先生珂里，缅怀业绩，吟哦五律一首：景仰来川北，蒲翁纪念辰；梓林沐雨露，潼水洗风尘；封墓式闾典，十全三世人；应为宣国史，岂仅百年身！

2000年9月该书第二次印刷。此后，我又陆续发表研究蒲学文章4篇，计两万余字。

2. 其他名医经验研究

我曾在京随师王、岳、赵三老查房，聆听会诊，分析病情，阐述理法方药，其中不乏讲述他们几十年的读书心得和临床中的若干独到见解，结合平时的问难，均有较为详尽之记述。于20世纪80年代中期陆续整理王老3篇、赵老和岳老各4篇文章，分别发表于江苏、山东、辽宁、湖北、湖南和新疆等中医药杂志。

1984年得吾友、武汉市中医院杜家经院长所赠《黄寿人医镜》，返疆后即详为拜读，写成《黄寿人学术思想及经验浅探》一文，发表于1985年《湖北中医杂志》第6期。

老中医经验国之珍宝，能为中医学术的承前启后做点力所能及的工作，殊感幸甚矣！

（四）孜孜于中医药发展战略研究

中医是世界人民的共同财富。中医药事业关乎中国和世界人民健康，维系着祖国的崇高荣誉。"文革"后，中医事业发展进入第二个春天。得悉1986年

11月卫生部在成都主持召开"全国中医药发展战略研讨会",为了钟爱的中医事业,我决意再尽绵力。古贤陆游"位卑未敢忘忧国",岳飞"以身许国,何事不敢为"两句话引发的激情在心中鼓荡升腾,欣然撰就《中医之历史及现状暨振兴中医事业之宏观战略设想》与会交流。

1987年4月,我于《新疆中医药》发表《振兴新疆中医事业之宏观战略设想》。该文以及后续进一步研究文章有的在自治区科协召开的"百名专家百场报告会"上讲演,有的在新疆中医药学会和新疆中医学院研讨会或讲座上讲演,都收到了较好效果。

作为新中国中医事业的见证者与亲历者,根据半个世纪中医发展道路崎岖坎坷的冷静观察思考,发现10条"因果链",即瓶颈,导致中西医并重方针不能很好地落到实处。为探寻振兴中医之路,我环绕十大问题提出批判科学主义、纳入国家战略、健全组织机构、增加财政投入、坚持特色创新、发展三支力量、倾力人才培养、重用新老英才、突破中药瓶颈、完善补偿机制等相应对策,杂糅成形,时逾三载,稿凡数易,总算于2006年秋天完成4万余言"中医药发展战略探讨"文章——《发展中医药当前亟待解决的几个问题》,在2006年《新疆中医药》杂志第5、6期及2007年第1期分上中下三篇连载(上篇被中国新闻社新疆分社以"奥运与中医"辑入"中新网"交流)。该文原想再充实,唯彼时有几个"声名显赫"忘记中国人身份的反中医"斗士",梦想"流芳百世",放下自己专业不干,却假"科学主义"之名,巧舌如簧"高论"频频,挑战《宪法》,用最恶毒的语言丑化中医是"糟粕""伪科学",认为中医"该取消",等等,甚至最后竟疯狂到网上煽惑签名"取消中医"。他们对中医的攻击,丝毫无损中医的光辉。正是:"青山遮不住,毕竟东流去!"他们的倒行逆施,挑起论战,促使我们坚决应战,誓将课题进行到底的决心,站在战略高度细加"品味",我们不妨"反话正听",冷静逆向思考,中医界从兹重整旗鼓,自尊、自重、自立、自强,走出"西化"恶性循环,重新步入保持和发扬中医特色优势的康庄大道。庄严的使命感,促使我必须将这封远未尽意的谏言(一份附参考资料出处的全文,一份浓缩本)急寄中央提供决策参考,并托挚友将该文及望新疆维吾尔自治区党委全力支持中医药的另附函,直递自治区主要领导。

当《发展中医药当前亟待解决的问题》(上篇)清样校毕,我即赶赴成都参加母校50华诞庆典活动。会中,与同窗刘敏如教授出示全文稿,她很感兴趣,当即提出许多有益意见，并建议进一步展开谈，合作充实出书。我们以对中医事业的全部激情辗转又两年写成《中医之路》。正拟出版前夕，我还不时为两年前呈递四万言建议书原想"了却平生一大心愿"，寄出不久始觉信太长，中央领导哪有时间看而懊悔不已时，欣闻国发（2009）22 号《国务院关于扶持和促进中医药事业发展的若干意见》的国务院文件发布。这是中央广泛听取各方意见，经过反复调研虚怀纳谏，形成的指导我国中医药事业的纲领性文件，表明国家将采取若干特殊政策促其发展。我们决定将有关问题和对策再行梳理，同文件相应内容进行对接，让《中医之路》成为阐释和说明如何落实该文件精神的应时专著。同时，新疆中医药管理局亦于 2009 年初正式挂牌，政府每年另拨专款 3000 万元用于发展中医事业，实现了新疆几代中医人的梦想。

美国 2006 年 3 月一期《新闻周刊》载文指出："中国的经济发展得益于它拥有一个高效、全能的政府。"发展中医药事业，何独不然！坚信在党和政府的殷切关怀下，中医事业腾飞的又一个春天正向我们走来。这是国家之大幸，民族之大幸，世界之大幸！

（门人宁建武、李永强、秦毅、陈阳、孟农、马丽协助整理）

刘清贞

刘清贞（1939— ），山东省济南市人，1959 年考入山东中医学院，1965 年毕业后分配到济南市中医医院儿科，从事临床、科研、教学工作，至今已五十多年。第三批全国名老中医药专家传承工作室（2014 年）建设项目专家，山东省名中医药专家，济南市名老中医，主任医师。曾任济南市中医医院儿科主任，济南中医药学会常务理事兼儿科委员会主任委员，山东中医药大学兼职教授。为第二批全国老中医药专家学术经验继承工作指导老师，首批全国优秀中医临床人才指导老师。擅长诊疗儿童扁桃体炎、发热、厌食、心肌炎、肺炎、哮喘、咳嗽等病症。发表论文三十余篇，其中《中医对小儿哮喘发病的认识》获同行专家高度评价；《乳蛾一号治疗小儿急性扁桃体炎 84 例》在《山东中医杂志》发表后，被《中国医学文摘·耳鼻咽喉科学》摘录，又被摘入《实用中医儿科学》扁桃体炎篇；《益胃汤加减治疗小儿厌食证的体会》获山东省优秀论文奖。科研项目"乳蛾解毒合剂治疗小儿扁桃体炎的临床及实验研究"，1995 年获济南市科学技术进步奖二等奖（第 1 位），"泻肺止咳合剂治疗小儿痰热咳嗽的临床及实验研究"2000 年获济南市科学技术进步奖三等奖。治学孜孜不倦，集古今医家学术之长，见解精辟独特；诊察仔细认真，四诊及辅助检查合参，务求诊断明确；治疗随证制宜，用药奇巧而有章法，价廉安全有效，医嘱耐心周到。因疗效颇高且待人热忱，深受患儿及其家长们的信赖而誉满泉城，曾被山东省卫生厅评为"医德模范"。

杏林之路

1. 杏林梦，少时萌

我自幼体弱多病，有一次高烧、嗓子肿痛化脓，多处寻医，好几天仍高烧不退，昏睡。后来听母亲说她当时都吓坏了，因为早先有一个大我两岁的姐姐就是高烧昏迷，没几天就去世了。最后父母带我找到了城里有名的中医儿科大夫，他开了一剂中药，说："喝了药，明天早上八点就退烧了。"父亲半信半疑，按照医嘱给我喂药，果然到点就退烧了。我记得醒来时眼前突然明亮，头脑很清爽，嗓子不痛了。父母惊喜若狂，连说："这个大夫真是神医也！"我问："哪个神医？"父亲说："刘东昇！"从此，"刘东昇"这个名字就深深地印在了我的脑海里。

我在上初中时，每天经过人民公园，都看见公园对面墙上有"中医师陈伯咸"几个大字，每个字都有两米多高，醒目、气派，有一天我问："陈伯咸是谁？"父亲竖起大拇指说："是很有名望的中医，国医学校毕业的，医道高明！"我又问："国医是什么？"父亲说："就是咱中国的医学。"从那时起，我就萌生了学中医的念头，后来就报考了山东中医学院。

2. 父之梦，女儿圆

我父亲原是农村人，读过几年私塾，十几岁时跟老乡闯关东，三十多岁回山东在济南落户定居。父亲从亲身经历中悟出一个道理：想有作为必须要有文化，有文化就能改变人的命运。所以非常羡慕有学问的人，希望儿女们都有学问，把上大学的梦寄托在儿女身上。对我们几个姐妹说："我不给你们什么陪嫁，就给你们学问，学问就是一辈子用不完的陪嫁。"我生长在济南，记得六七岁要上学的时候，父亲让母亲在我的毛背心上绣了"学不厌"三个大字。后来我慢慢懂得了这是父母对我的期望，以后竟成为我终生学习的座右铭。我考上山东中医学院时，嫌学制六年太长了，父亲却高兴地连声说："好！好！好！用岐黄之术，惠济众生！上的年限越长，学的东西越多！"从此，我开始学习中医，走上了从医之路。

3. 路之遥，恩师导

第一位恩师是王传吉老师。当时我刚到山东省立医院中医科实习，很紧张，又胆怯。王传吉老师和蔼可亲，鼓励我说："只要谨慎行事，认真观察，灵活辨证，大胆用药，就能收到好的效果！"王老师不善言谈，但熟读经典，背诵如流，令我敬佩不已，是我学习经典的楷模。王老师谦虚谨慎，不夸功自大，尊重同行。还时常对我讲一些临床教训，让我引以为戒，少走弯路。在跟王老师实习的过程中，我学到了老师的一些医术，更学到了老师的崇高医德，为以后独立工作打下了良好的基础。

第二位恩师是刘东昇老师。我大学毕业分配到济南市中医医院儿科工作，仰慕已久的刘东昇老师成了我的同事和老师。他一生中专攻中医儿科，医术非凡，誉满泉城，大多一剂药见效，再诊者极少。刘东昇老师整理的小儿常见病验方有几十个，疗效显著，深得同道的好评。我刚参加工作就遇到了名医刘东昇老师，真是万幸！刘东昇老师言传身教，我就刻苦学，用心记，仔细揣摩。在初用刘东昇老师验方时心里没底，下班后就到患儿家里走访，了解病情变化，观察疗效。亲自体察到老师的验方名不虚传，以及他辨证细腻、用药有据、选方有度、灵活有序的诊疗风范。

俗话说得好："师傅领进门，修行在个人。"走好自己的路，须刻苦努力，不但要向老师学，还要向同道学，向书籍杂志学。为了参加在上海中医学院举办的全国中医儿科高级师资培训班，我把两岁的女儿留在家里由她父亲带着，结业回家时女儿竟不认识我了。有得必有失，我无怨无悔，此次培训使我眼界开阔，思路明晰，结识了许多良师益友，为行医之路增加了新的动力！

4. 医之经，学不厌

入学后，老师讲的第一部经典就是《黄帝内经》，初学时像听天书一样，字义词句、古典术语太难理解，就硬着头皮向里"闯"。理解的要背，不理解的也要背诵，没有捷径可走，就是一个字——"背"。只有熟练背诵，才能在临床上进一步认识、理解和运用。如"病机十九条"，文简意深，概括性强，实用性广，至今在临床实践中，还有着重要的指导意义。

《伤寒杂病论》是我国第一部理论与实践相结合的理法方药比较完善的临床著作，特色是辨病脉症并治，对外感热病特别是伤寒的病因病机、诊断、治疗较详，为后世奠定了坚实的基础。

《诸病源候论》《备急千金要方》《小儿药证直诀》《脾胃论》《景岳全书》《医宗金鉴》等著作各具时代特征，各具其长。

清代叶天士等温病学家以卫气营血、三焦辨证为中心，继承了热病理论，发展、丰富了对外感热病的诊断、治疗和方药，至今对临床外感热病的诊疗都有较高的价值。

在临床工作过程中，我又重新阅读了这些著作，对其有了更深刻的理解。通过反复读书，反复验证，中医理论水平提高了，临床疗效也会提高，这是当好医生必需的基础。

5. 薪火传，多贡献

回顾五十多年的杏林之路，为自己能成为国粹的继承人而感到骄傲与自豪，更要感谢先贤们留下的经典医籍等宝贵财富。有幸成为第二批全国老中医药专家学术经验继承工作指导老师、第三批全国名老中医药专家传承工作室建设项目专家，我要为中医学的传承、发扬做出新的贡献！师承教育是中医事业能够生生不息的有效方法，我培养的徒弟，目前都是学科带头人，有的已是全国优秀中医临床人才和山东省名中医药专家。我要把这项工作继续做好，培养优秀的中医人才是我终生的责任和理想。

医德医风　学术思想

1. 热爱儿童

强调从事儿科临床工作，首先要充满爱心，同时要熟练运用中西医儿科基础知识和临床应用技术。掌握婴幼儿和儿童的生理特点、病理变化以及诊疗的特殊性。

2. 精益求精

对技术要精益求精，活到老，学到老，向文献资料学，向同行学，向患儿及其家长学，在科研中学，在培训中学，利用一切机会学习，在实践中不断总结经验，提高技术水平。

3. 善于学习

治学格言是：学习态度要认真，善于运用新科技；学习精神要刻苦，善于取精华去糟粕；学习方法要严谨，善于及时总结新经验；对知识的掌握要扎实，善于取长来补短。要求熟知儿科学发展简史，掌握小儿脏腑娇嫩、形气未充、生机蓬勃、发育迅速的生理特点和发病容易、传变迅速、脏气清灵、易趋康复的病理特点。

4. 讲究艺术

在服务中要讲究艺术，千方百计地满足患儿及其家长们的合理需求，使他们放心满意。行医准则是：以实事求是的科学态度，全心全意地为人民服务。

5. 治病求本

诊断小儿疾病务求明确，治疗小儿疾病要求抓住主要矛盾，治病必求其本，及时、准确、恰当地选用中西医疗法，本着能调不药、能外不内、能中不西、先中后西、中西结合的原则，谨慎治疗。

（1）对外感热病主张祛邪解毒为主：从温热与湿热着眼，兼顾体质禀赋及有无积滞、湿阻、痰、瘀、脓，宗卫气营血辨证与三焦辨证，立清热解毒护阴与化湿清热解毒两大法门，用药以轻疏灵透为主。临床宜灵活施治，用药应审慎果敢，以中病为准，一般不宜久攻或峻补。

认为"毒"是发热的主要原因，外感六淫、内伤七情、饮食劳倦是其主要诱因，积、滞、湿、饮、痰、瘀、脓等既是病理产物，又可成为发热的原因。对小儿呼吸道感染性疾病多按温热病论治，宗钱乙《小儿药证直诀》"小儿纯阳，无须益火"及叶天士"襁褓小儿，体禀纯阳，所患热病居多"之说，多采用卫气营血辨证；对小儿消化道感染性疾病多按湿热病论治，宗薛生白"太阴内湿，湿饮停聚，客邪再至，内外相引，故病湿热"之说，多采用三焦辨证。

（2）对外感六淫为病主张表里双解：据表证里证孰轻孰重而选方用药。六淫中以小儿穿着过暖，汗出感受风寒者居多，我多宗张仲景《伤寒论》立法用药，但我强调小儿体禀纯阳，易于化热，即使感受风寒，每易郁而化热，多成外寒里热、表里并见之证，治宜表里双解、解表清里，应据表证里证孰轻孰重，慎重选方，斟酌用药。我推崇刘完素《宣明论方·儿科论》谓小儿为纯阳，其病"热多寒少"，主张用辛凉苦寒、泻热养阴以治疗小儿火热病证的方法。风热者仍按温热病论治，湿热者仍按湿热病论治。燥者多宗喻嘉言清燥救肺治法。寒湿、阴暑则多宗《太平惠民和剂局方》芳香温通、行气化湿。

（3）对气血痰食为病，推崇张从正的攻邪论：主张重在防治乳食积滞，祛除湿阻痰饮，主张小儿慎用补法，以期邪去正安。小儿气血痰食为病，重在乳食积滞。小儿生机蓬勃，发育迅速，需大量的水谷精气来供养，但又脾常不足，运化能力差，神机未全，乳食不知自节。若纵恣口腹，超过脾胃的承受能力，即可发生伤食、积滞。伤食积滞不仅是胃脘痛、腹痛、呕吐、泄泻、厌食、疳证、肥胖症等病证的主要原因，而且还是感冒、咳嗽、肺炎、哮喘、癫痫、惊风、夜啼、疮疖等病症的常见诱因。因此，我在临床诊疗过程中，经常向家长们宣传科学喂养知识，常说："若要小儿安，需耐三分饥与寒。"强调要小儿忍三分饥，吃七分饱。处方用药也常用消食化乳、平胃化积、健脾助运之品。对素体阳旺、胃热偏盛、肠胃积滞者，我常常告诫患儿要纠正饮食偏嗜的习惯，多进食含纤维多的食物。常说："粗茶淡饭最养人。""膏粱厚味，足生大疔。"临床常用导滞通腑或通腑泄热法治之。

痰饮是病理产物，又可成为致病的原因，为病极其广泛复杂。正如王隐君云："痰之为物，随气升降，无处不到，为喘为嗽，为呕为泻，为眩晕，或身中结核，或臂肿肢硬、麻木瘫痪，或小儿惊风、抽搐，或癫痫。"我强调辨证时必须探本求原：由于湿困脾阳、脾失健运而生成的为"湿痰"或"痰饮"；因肺阴不足、津液被灼的为"燥痰"；因热而成的为"热痰"；因寒而成的为"寒痰"或为"寒饮"；因风而成的为"风痰"；因食滞不化而成的为"食痰"，因气郁不畅而成的为"郁痰"。治疗多宗张仲景"病痰饮者，当以温药和之"的原则，多予二陈汤类方，并据痰饮的成因进行加减变化以治之。

（4）对小儿脏腑功能失调为病，常讲"三不足二有余"：主张脾以健运为贵，重在醒脾化湿；肺以宣畅清肃为要，重在祛痰顺气；肾常虚，宜补不宜泻；心肝常有余，宜泻不宜补。

小儿肺脾不足，易感外邪而成温病；胃强脾弱，易积滞湿阻，为痰为瘀；心肝有余，易惊风、拘挛、夜啼不安。我推崇钱乙《小儿药证直诀》、万密斋《育婴家秘·五脏证治总论》等倡导的五脏辨证和根据五脏寒热虚实证候而建立的五脏之方。常讲五脏中"三不足二有余"：脾常不足，易生湿，主困，以健运为贵；肺常不足，主咳喘，为娇脏，易伤而难调；肾常虚，易虚寒，宜补不宜泻；神明之心常有余，主惊悸，为热为火，宜同肝论；肝常有余，主风、惊、抽搐，宜泻不宜补。我宗万密斋"心热为火同肝论"之说，认为小儿心肝常有余，在病理状态下多用泻法，宜清心宁肝、镇肝息风；在生理状态下切不可泻，以防伤伐生气，亦不用补，以防助火生风。正如万密斋所说："虽然泻之无用补，少阳生气与春同。"治疗小儿夜啼、惊悸、惊风、抽搐、痉挛等病症之时，多用泻肝、镇肝、平肝及镇心宁神等法。

（5）主张脾以健运为贵：重视醒脾之法，用以治疗脾运失健而脾气不虚者。运用各种方法以祛除积滞湿阻、痰饮血瘀等实邪之困遏，恢复脾气健运之功能，即为醒脾。脾居中州，喜燥恶湿、喜芳香而恶秽恶、喜清淡而恶腻浊，喜灵动畅达而恶实邪困遏，我临床常用消食导滞、化湿祛湿、祛痰化饮、利湿化瘀、理气行滞等法来醒脾。

由于目前生活水平的改善和提高，供给儿童的饮食物日渐丰盛，而小儿胃强脾弱，易出现饮食失节、饮食偏嗜而过量，造成伤食、食积、积滞、湿阻、痰饮、血瘀等病理变化。人体的水液代谢过程，为肺脾肾所主，三焦气化而成。《黄帝内经》谓："饮入于胃，游溢精气，脾气散精，上输于肺，通调水道，下输膀胱，水精四布，五经并行。"若气化功能障碍，三焦水道失于通利，则水液不能正常输布、排泄，阻于脾则为湿，聚于身体局部则为痰为饮，瘀于血脉则为瘀；湿、痰、饮、瘀等都可阻滞气机，影响气机的升降出入，出现各种各样的病症。其中"湿"又是痰饮血瘀的病理基础。

《幼幼集成·伤湿证治》谓"脾虚多病湿"，而"内外所感，皆由脾气虚弱，而湿邪乘而袭之"。湿邪的成因，不仅与气候潮湿、饮食生冷、素嗜肥甘有关，更与脾运不及、水湿内生密切相关。湿邪阻滞脾胃，素体虚寒者，则易于寒化而更伤脾阳，表现为寒湿证候；素体阳旺、肠胃积热或阴虚内热者，则易热化而更伤胃阴，多表现为湿热证候或湿热伤阴证候。在治疗上强调以祛湿醒脾为主，用药以轻疏灵动为贵，使湿邪从上焦得以宣化，从中焦得以运化，从下焦得以渗利；寒化伤阳者，可配合温运脾阳之品；热化者，多配合燥湿清热之品；热化伤阴者，则配合养阴之品，以清热燥湿不伤阴、生津养阴不助湿为原则。

临床经验举隅

1. 治疗小儿外感热病的经验

我治疗小儿外感热病，从"温热"与"湿热"着眼，兼顾体质禀赋及有无食积湿滞，辨证宗叶天士、吴鞠通、王孟英、薛生白等诸家方法，立清热养阴解毒与化湿清热解毒两大法门，用药以轻疏灵透为主，临证每获捷效。

温热病是冬春季节常见的急性发热性疾病，除气候因素外，各种病原微生物的呼吸道感染是主要原因，这类疾病以急性发热及津液耗伤为主要临床特征。我多从叶天士"温邪上受，首先犯肺，逆传心包"之说，常按卫气营血辨证，治疗以寒凉药物清热解毒为主，并注意顾护阴液。常用方如银翘散、桑菊饮、白虎汤、黄连解毒汤、清瘟败毒饮、麻杏石甘汤、乳蛾解毒汤、清营汤、沙参麦冬汤。

2. 治疗小儿扁桃体炎的经验

扁桃体炎系指腭扁桃体的非特异性炎症，中医名为"乳蛾"，其致病因素为外感邪毒，热由毒生，毒热炽盛，客于喉核，乳蛾乃成，我在治疗中重用金银花、蒲公英、黄芩、大青叶、板蓝根、金灯笼、牛蒡子、生甘草、射干、芙蓉叶清热解毒，消肿利咽；辅以赤芍、丹皮、马勃凉血活血、化瘀散结，青蒿、薄荷、荆芥穗芳香清透、疏风退热；佐以玄参滋阴降火，桔梗宣肺利咽、载药达病所，组成乳蛾解毒汤，大剂清解，乃除毒热，早期应用，每收捷功。若已热盛肉腐，则加石膏20~30克以退热，加僵蚕、全蝎、蝉衣以散结祛腐；若热退纳呆，则加炒三仙、鸡内金、藿香、厚朴、枳壳以护胃。经剂型改革而研制的乳蛾解毒合剂，临床研究结果表明，有良好的退热、止痛、消肿、消除脓点及渗出物的作用，未见明显毒副作用；药效学研究结果表明，有解热、镇痛、抗炎、抗菌、抗病毒作用，安全无毒。

3. 治疗小儿湿热病的经验

湿热病主要见于夏秋季节，除气候因素外，肠道感染特别是肠道病毒性感染是常见病因，这些病毒引起的临床表现复杂多变，同型病毒可引起不同的临床症候群，不同型的病毒又可引起相似的临床表现。大多属轻症，重者也可危及生命。可表现为①无菌性脑膜炎、脑炎及瘫痪性疾病。②急性心肌炎和心包炎。③流行性肌痛（胸痛）。④疱疹性咽峡炎。⑤皮疹。⑥呼吸道炎症。⑦手足口病。⑧腹泻。⑨急性出血性结膜炎等。这些疾病我常按湿热论治，主张解毒须配合化湿利湿，清热须调畅气机，时刻注意中焦脾胃的升降。多用清热化湿、宣畅气机、透邪解毒的方法，常选用平胃散、银翘散、芩连二陈汤、菖蒲郁金汤、竹叶石膏汤、苇茎汤等化裁治疗。

患儿长期发热多从湿热论治，临床多表现为低热起伏，午后较著，无外感表证，而见形丰体胖，舌红苔黄腻，脉滑或数。究其原因，主要是目前生活水平普遍提高，供给小儿的饮食物日渐丰盛，家长们唯恐孩子吃不饱而影响生长发育，故多采取勉强孩子进食、填鸭式进食等方式，加上小儿胃强，乳食不知自节，故每易过食，然小儿脾弱，运化不及，水湿易停滞于内，而体属纯阳，易于化热，如此，多成湿热之证。我在治疗过程中，首先告诫患儿及其家长要节食，以复脾胃运化之机；其次从芳香化浊、行气化湿、苦寒清热着手，或消食导滞、或化湿祛痰、或利湿行瘀。若见表证且苔薄黄腻者，每予菖蒲郁金汤和平胃散、二陈汤；见里证且苔黄厚腻者，多予芩连二陈汤和蒿芩清胆汤化裁；即使见有花剥舌、地图舌，或苔黄燥者，初期也不予滋阴之品，而是清利湿热，湿热一去则阴可自复。

案一 赵某，女，5岁，住济南大学。反复发热10余天。初起体温38℃左右，咳嗽痰少，不吐不泻，纳尚好，大便不干不稀，已用青霉素、病毒唑等治疗至今，体温不稳定，时高时低，午后较著。咽红，双肺呼吸音粗，心率稍快，舌红，舌苔黄花剥，脉细数。证属湿热伤阴。处方：藿香6克，白豆蔻6克，桔梗10克，扁豆10克，柴胡10克，黄芩10克，荆芥10克，黄连6克，丹皮10克，石膏20克，金银花15克，板蓝根20克，青蒿10克，连翘10克，甘草6克。水煎服，3剂后复诊，热退、咳轻、大便偏干。上方去青蒿、柴胡、荆芥，加竹叶6克，炒莱菔子10克，水煎服，继用3剂，病愈。

案二 黄某，男，10岁，住淄博桓台邢家镇。低热2月余。初起发热，体温37.1～37.5℃，难以入寐，烦躁不安，尿频口渴，饮多尿多，伴夜汗多身热，子时后汗止身凉，大便如常。曾在当地医院及省立医院查血常规示正常范围，尿沉渣见白细胞少许/高倍视野，心电图亦处于正常范围，心肌酶谱肌酸激酶同工酶增高，心脏彩超示心内结构无异常，胸片提示支气管感染，鼻窦片提示副鼻窦炎，曾予多种抗生素及中药治疗未效。既往有心肌炎病史，扁桃体已摘除。否认药物过敏史。患儿形丰体胖，神清，咽红，双肺呼吸音粗，心率96次/分钟，舌质红、苔黄厚腻、尖边赤剥，脉滑。证属湿热内蕴。处方：陈皮10克，茯苓10克，半夏6克，黄芩10克，黄连10克，菖蒲10克，郁金10克，柴胡10克，茵陈10克，丹皮10克，浙贝母10克，栀子10克，车前子10克，青蒿10克，甘草6克。水煎服，5剂后症状消失。

4. 治疗小儿厌食的经验

厌食是以较长时期食欲不振，甚则拒食的一种病证。多见于1～6岁城市儿童。其发病以饮食失节、喂养不当为主要原因，精神情志亦有一定影响。其病机主要是脾胃不和。《小儿药证直诀》云："脾胃不和，不能食乳。"《幼幼新书·乳食不下》中提道："脾，脏也，胃，腑也。脾胃二气合为表里，胃受谷而脾磨之，二气平调，则谷化而能食。"临床常见脾运失健、胃阴不足、脾胃气虚等证型。

我临床多宗叶天士"太阴湿土，得阳始运；阳明燥土，得阴自安"之说，常用健脾助运、养胃复阴、调和脾胃阴阳等方法，常用方如曲麦枳术汤、运脾散、香砂平胃散等以健脾助运；益胃汤、养胃增液汤等以养胃复阴；参苓白术散、香砂六君子汤、异功散等以调和脾胃阴阳；兼胃热者加连翘、胡黄连、黄连、竹茹；兼胃寒者加砂仁、白豆蔻、藿香；兼食滞者加炒三仙、炒莱菔子、槟榔；并配合对患儿家长进行合理喂养方面的宣传教育，每收良效。

（崔文成整理）

侯士良

侯士良（1939— ），男，汉族，河南商丘人。河南中医学院教授、博士生导师。1963年10月毕业于河南中医学院，并留校分配到中药教研室任教；1981年晋升为讲师；1986年晋升副教授，兼任中药教研室副主任、主任；1992年晋升为教授，任中药系副主任兼中药教研室主任。长期从事中医药教学、临床及科研工作，医药兼修。河南中医学院第三附属医院主任医师，国家中医药管理局临床中药学重点学科学术带头人，第三、四批全国老中医药专家学术经验继承工作指导老师，第二批全国名老中医药专家传承工作室指导老师。社会兼职：河南省保健品协会副会长，河南省全民健康促进会常务理事，河南省食品药品监督管理局药品评审委员，河南中医学院教学督导团成员。历任中国中医药学会中药学会全国委员会委员，中华中医药学会河南分会理事、中药专业委员会副主任委员、药性理论专业委员会委员，河南省卫生厅药品评审委员。曾任中南五省《中药学》教材副主编，国家级大型历史文献巨著《中华本草》编委，《中华现代中西医杂志》《中医研究》《中原医刊》《河南中医》等杂志编委。先后出版《中药800种详解》《新编中药学》《本草药千种》《中药学》《药性赋新编》等学术专著6部，发表专业论文60余篇。

积极从临床工作的实践中积累医疗、药学经验和实践技能，并带头精研医籍经典，完善知识结构。率先提出"功能药性"的概念，并在中南五省《中药学》教材上首创"功能"药性一节，补充了药性理论。对中药领域涌现出的新知识、新理念和新观点不排斥、不拒绝，并主动接纳、吸收，将其融入中医药研究之中。先后完成国家及省厅级科研项目8项，获省、厅级科技进步奖8项。1983年，被评为河南省科技先进工作者，1991年被授予河南省高校科技先进工作者，2008年获河南省中医事业终身成就奖。

学无止境　不懈追求　努力攀登

认知是从无到有的过程，知识是由少到多的积累。我刚开始走上教师岗位时，与大多数年轻人一样是专业的新兵，所知甚少。而且置身于一个突出政治的年代，每天大量的时间用于政治学习、写思想汇报、做会议记录。但同时自己又承担教学任务，为了完成教学任务，把教学工作做好，真正履行传道、授业、解惑的职责，我每天都学到深夜，挤出时间丰富、拓展专业知识。正是自己付出了大量精力和时间，取得了思想和专业的双丰收，使我很快就进入角色，成为一名合格的教师。也就是从那时起，养成了读书、写文章的好习惯，读书、购书成了我生活的最大乐趣。每天，我是教研室来得最早，也是走得最迟的。中药教研室那迟迟不息的灯光见证了我工作和读书的历程。我阅读了上百本古代本草著作，也留下了大量的读书笔记，从而打下了坚实的专业功底和应对教学科研与临床工作的基础。

中医药学历史绵延数千年，无数医药学家的智慧、经验保存在浩瀚的古文献中。《中药学》只是撷取其中精华的一部分，而且教材中存在含糊不清、不准确的、值得探讨的内容。带着这些问题深入研读，并对历史沿革进行梳理、比较分析，弄清实质，解决了许多含糊不清、模棱两可的问题。在课堂教学中，将这些知识融入教材知识之中，把问题讲得清、讲得透、讲得准，从而使教学效果上了一个台阶，也慢慢形成了自己的教学风格。

中药学是中医药学科的组成部分，历史上一向有"医药不分家"之说。而中药学教学的重点内容是关于中医用药的基本理论和知识。因此，要讲好这门课，不仅需要深厚的中药专业知识，也需要扎实的中医临床实践。然而，由于当代学科的划分，中药专业学生学习中医的教学内容被大大地压缩，中医与中药的日趋分离，也给自己和以中药专业为背景的《中药学》教学人员带来一定的知识结构缺陷。从教学伊始，自己就意识到这一问题并加以着手解决。首先是自学了全部中医学的课程，也读了许多中医方面的古典著作，如"四大经典"等医学名著；利用"文革"开门办学的机会，积极从事临床实践，逐渐积累医疗经验和实践技能；平时无教学任务时，积极到教研室及附院的门诊跟师临床实践，认真向老教师学习，争取多接触临床。在实践中学习，实行专业改造，完善自己的知识结构，现在已经完全实现由药到医的跨越，成为中医药方面的专家，常年在临床一线为患者排忧解难。

20世纪70年代以来，现代科学手段、科研思路迅速渗透到中药研究领域，涌现出大量新知识、新手段、新观点。作为深受传统中医药观念影响的中药专业人员，对中药领域的新兴事物，我的态度是：不排斥、不拒绝，并且主动接纳、吸收，并将其融入中医药研究之中，为我所用。从20世纪80年代开始，逐步开展了采用现代手段研究中药的活动。在培养研究生的过程中，指导学生开展以中医药理论为主体的现代研究，先后培养了十六届既有牢固的中医药基础，又能应用现代技术手段的中药学硕士研究生和四届中药学博士研究生。

正是因为刻苦、深入、持续、不断地学习，才实现了教学相长，才在专业领域得到同行认可。先后担任中华全国中医学会中药专业委员会委员、中华中医药学会河南分会理事和中药专业委员会副主任委员，河南省新药评审委员，河南省保健协会科学委员会副主任等社会团体职务。出任中南五省《中药学》教材副主编、《中华本草》编委、药性理论专业委员会委员、参与《中国本草全书》等具有重大影响力的专业著作的编撰。

在科研方面，先后完成国家级及省部级科研项目8项，获省部级科技进步奖多项，并被收入国家级《科技成果大全》。1983年、1991年分别获得河南省科技先进工作者和河南省高校科技先进工作者称号。研究论文"怀庆熟地黄滋阴作用的研究"等2篇论文获河南省教育厅科学论文二等奖，并被国外权威刊物摘录、权威光盘数据库收载，达到国际水平。

不断提高　不断创新　改进中医药教学

教师以传授知识为主要任务，以教书育人为天职。作为中医药专业教师，同时也肩负学术发展的重任。孔子曰"学而不思则罔"。因此，有知识、勤思考、勇于开拓，才能学以致用、学以创新。我在几十年的教学和长期从事本草文献研究过程中发现，中药功能作为中药治疗作用的概括，属于药性理论范畴，它应该与四气、五味等内容一样成为中药药性理论。因此率先提出"功能药性"概念。在中南五省《中药学》教材上首创"功能药性"一节，补充了药性理论的新内容。

随着中医药教育深化，高层次人才的培养提上日程。我从 1979 开始培养中药学硕士研究生。怎样进行中药学专业的研究生培养，当时全国没有统一、规范的模式，也没有统一的教材。我们通过实践探索，逐渐形成了自己的培养思路和内容。强调中医药为主导地位，注重现代手段的利用，兼顾医药两方面知识结构的整合。针对学生第一学历背景，制定了中医学历学生开设中药专业课程，包括药用植物学、炮制学、中药化学、中药鉴定学、药理实验等；中药专业学历学生开设中医经典课程，包括伤寒论、金匮要略、温病等。在专业课设置上，开设中国药学史、本草名著选读、药性理论选讲等内容，注重药学专业水平的提高。通过多年实践，对于培养高级中药专业人才起到了非常重要的作用，受到国家学位办的重视。正是注重对传统知识的学习和继承，我们的研究生培养质量也得到国内同行的肯定。如研究生丁选胜，在南京中医药大学用人选拔中，以优异的成绩胜出，并为其读硕士学位的母校河南中医学院增光添彩。

身体力行　言传身教

教师是学生的引路人，更是学生的表率。不仅表现在专业方面，更重要的是体现在做人方面。身教胜于言教，在教学中不留疑点、不出现疏漏、一丝不苟的严谨作风和态度，就是对学生的言传身教。在指导研究生过程中，涉及专业课教学、选题、开题、实验、撰写毕业论文、答辩等许多环节，我对这些内容严格要求，从不含糊。有一次，一名研究生试讲，由于准备不充分，连续试讲 3 次方才过关。在 3 次试讲中，我冒着酷暑，参加全程听讲 3 次，这位研究生后来分配到国内一所大学任教，不仅没对老师当年的做法产生怨言，相反对当年有那样一段经历至今仍充满感激。正是在严谨、务实、认真的治学态度，40 多年来，我培养本科生数以万计，硕士研究生十六届 26 名，博士生四届 4 名。这些学生遍布全国，有的到了国外，都已经成为各自岗位上的骨干，不少人都做出了成绩。

创建学科　培育英才

从 20 世纪 80 年代起，我开始从事教研室的管理工作。带动一批人把教学工作搞好是我的主要目标。我首先从制度建设着手，严格实行新教师试讲制度、集体备课制度、业务学习制度以及教考分离管理制度。自己以身作则，率先垂范。对年轻教师进行传帮带，介绍教学方法，组织听课，指导试讲，传授教学方法和经验。不仅如此，我还走出校门，开展野外实习认药、制作标本挂图、开展饮片标本辨识等辅助教学内容和手段，加强教学环节，提高教学效果和质量，使中药教研室教师整体教学水平显著提高，成为优秀教学团队。在此基础上，《中药学》课程两次被评为省级优秀课程。目前，依靠过去的积累和近几年发展，《中药学》课程又被评为河南中医学院精品课程。教学实力的增强也带动了学科的进步，1997 年以中药学与中药化学两个教研室为主体成功申报成为河南省重点学科，为第二次申报和目前已成为重中之重的学科建设奠定了基础。

20 世纪 70 年代后期，国家恢复研究生学位教育，当时我院没有中药学硕士学位点授权。为了获得硕士点授权，我们承担起相关申报工作，多次南下北上，精心准备，多方求助，终于在 1983 年获得中药学硕士点授权。中药学一级学科硕士点的获得，带动了全院整个中药学科的发展，以后就分化出中药化学、中药药理、中药炮制、中药鉴定、中药制剂分析等多个研究方向，为后期申请药学、药物制剂、药理、药物化学、药物分析等硕士点奠定了基础。中药学硕士点不仅为中药学教研室培养了大批专业高级人才，也为其他学科培养了大量人才，这些研究生在全国各自专业领域已经成为骨干，并发挥积极的作用。

20 世纪 90 年代后期，为了适应学校发展对高级专业人才的需求，开展联合培养博士研究生工作。我与北京中医药大学的颜正华教授联合培养 3 名博士，他们目前已经成为学科骨干力量。

2002 年我被人事部、科技部、卫生部和中医药管理局确定为全国老中医药专家学术经验继承工作指导老师，培养学徒 4 人，他们均已完成学业出师，其中 1 人获优秀继承人称号。我为中医药学的人才培养、学术发展和中医药事业的振兴竭尽全力。

医药结合　悬壶济世

《周礼》曰："医师，掌医之政令，聚毒药以供医事。"这句话对医药之间的关系进行了概括。它的意思是说医师要能在识别药害的基础上，化害为利、化毒为药，从而实现医疗目的。虽然我投身于中药专业的研究，但是研究中药的目的是要更好地为医疗进行服务。我在50年的工作实践中，对一些病症和疑难杂症有了一些自己的体会，治疗中也获得满意的效果。现举几例与大家共勉。

案一 张某，女，37岁。以"双乳时有疼痛不适3年余，加重2月"为主诉就诊，诉有乳腺增生史，曾服中成药（具体不详）效不显。现双乳时有疼痛，疼痛部位不固定，疼痛程度不重，生气或月经前症状明显，月经平素正常，近2月未至，末次月经量少，色可，无血块，无腹痛，纳眠可，二便可。舌暗淡质润，苔薄黄，脉细弦。查体左乳外上、内上及内下象限扪及条索及结节，右乳外上及内下象限扪及条索及结节。诊断：乳癖（即乳腺增生）。

处方：当归30克，川芎15克，白芍20克，柴胡15克，白术30克，茯苓15克，牡丹皮12克，淫羊藿15克，浙贝母16克，牡蛎30克，制乳没各6克，鹿角霜20克，山慈菇15克，夏枯草20克，郁金15克，海藻15克，昆布20克，炒王不留行20克，路路通8克，炒川楝子15克，佛手15克。用法：10剂，上方共为粗粉，分成30份，每日一份，煮散分三次口服。一月后复诊，月经来潮，经前乳房仍有不适，但较前减轻，随调药续服。后自述乳痛明显减轻，但情绪不佳时仍有乳房不适症状。嘱其要调适心情，作息规律，少食辛辣刺激之品，防其复发，不适时随诊。

此病诊为乳腺增生，中医属"乳癖"。此患者生气时或月经前乳痛症状加重，舌暗淡质润，苔薄黄，脉细弦，此为肝郁气滞之证。乳头乳房是足厥阴肝经循行之处，由于肝失调达，肝郁气滞，肝气结于乳络则结块胀痛，因此将疏肝理气、调达气机兼以散结止痛作为治则。此病非一日所得，非如感冒发烧般可几日而愈，需用时日以调养，所用剂型为"煮散"，可方便患者长期久服。

案二 李某，女，41岁。以"反复腹泻、脓血便半年余"为主诉就诊。患者自诉12年前因出现"腹泻，脓血便"等症在当地医院经结肠镜检查后诊为"溃疡性结肠炎"，治疗给予口服艾迪莎，约半年后缓解。来我处求诊是因半年前再次出现脓血便，伴里急后重，每日2~3次，量中等，经医院结肠镜检查诊为"溃疡性结肠炎"，治疗给予口服美沙拉嗪片剂、双歧三联活菌胶囊3月，效果欠佳。现仍腹泻，时有脓血便，伴有里急后重，每日2~3次，纳眠可，舌质淡，舌苔薄，脉沉细。

处方：大黄15克，白及粉4克，地榆15克，锡类散0.3克，云南白药粉1

克。5剂。用法：大黄、白及粉、地榆三药加水煎至250～300毫升，加锡类散0.3克和云南白药粉1克溶于煎剂中，保留灌肠30分钟左右，隔日1次。复诊时诉用此方灌肠3次后，效果明显，脓血便次数减至每日一次，量亦明显减少。后嘱继续给予灌肠。复诊时诉现症状完全消失，大便正常。嘱停药，饮食规律，宜清淡易消化，忌辛辣刺激之物。1月后随访，症状无反复。

中医治疗溃疡性结肠炎应以清热凉血、利湿解毒、化腐生肌为原则，现采用中药保留灌肠法，一可使药物直达病所，药物通过直肠中下静脉及肛管静脉直接进入大循环，在肠系膜、门静脉系统使血药浓度稳定，从而大大提高了药物的利用度；二是提高局部药物浓度，中药灌肠能延长药液在肠道中的保留时间，减少药液的外溢，从而使总有效率明显增高；三是能够避开肝脏的首过效应，不仅达到局部治疗的效果，而且避免了全身性毒副作用。所以保留灌肠法对促进消炎、消肿、溃疡面愈合及缩短疗程、提高疗效有较大帮助。

案三 高某，男，1岁5个月。以"头颅大、发育迟缓"为主诉就诊。家属代述，患儿6个月时被发现头颅比正常小儿大，颅脑CT示双侧侧脑室、三脑室、四脑室枕大池及大脑大静脉明显扩大，脑沟裂池增宽，中线无移位，诊断为"重度交通性脑积水"。查体：方颅，头围54厘米，前囟门2厘米×3厘米，右枕部皮下血肿有波动感，肢体消瘦，大拇指伸不开，坐不稳，下肢无力，不会站，不会说话，不会走路。

处方：脑积灵1号：蓖麻子仁120克，瓜蒂200克，鹅不食草120克，乌梅肉、天南星、白芷、藁本、川芎各20克，共研细末。每次2克。药棉包裹塞于鼻孔内，每周1次，4次为1个疗程。

脑积灵2号：川芎12克，赤芍15克，桃仁12克，红花10克，泽泻40克，石菖蒲20克，远志15克，茯苓30克，冰片3克，麝香0.2克，生姜150克，葱白150克，黄酒适量。将本方前8味药共研细末，过120目筛，再将冰片研细，过140目筛，最后加入麝香，混合掺匀；另将生姜和葱白捣烂取汁，掺匀兑入黄酒，将以上药粉泛水丸如黄豆大。每次2克，每日3次，30天为一疗程。

复诊时家长诉患儿服用2个疗程，现眼睛反应灵敏，会叫爸妈，会发单音，大人扶着能迈步。又用4个疗程，小儿已会走路，已会上下楼，智力、视力均与正常孩子无异，恢复健康，正常发育。

脑积水为医学难治之病，中医称之为"解颅"，相当于西医学所指的先天或后天性脑积水。我认为使脑中之水去之有路为第一步。创用经鼻给药的通窍导水法，通过鼻腔与脑室之间的通路，使多余之水得以从鼻中排出；再配合补肾益髓健脑、行气活血化瘀、开窍通络利水之药，使水道通、运行畅，从而从根本上解决水积之因。二者相辅相成，使脑积水患者能够有满意的疗效。为用中医药治疗疑难病找到了一条新路，也为中医药学的研究与创新提供了强有力的支撑。

对中医药学术的几点认识

中药理论是几千年来中医药实践的总结，是中药学术的主要特征。在我执教和行医的 50 余年中，对中医药理论有一些自己的理解和总结。

（一）首提"功能药性"概念，强调中药理论是中药的特征

四气、五味、升降浮沉、归经、配伍、禁忌等为中药的特性，是经过反复临床实践发展起来的关于中药理论的总结。中药没有在中药理论指导下采集、炮制、制剂及临床应用，就不是中药。我在此基础上首先提出"功能药性"概念，中药药性含义应包括中药的性质和功能，传统认为它主要指的是性味、归经、升降浮沉、有毒无毒等核心内容。但是从中药药性理论发展过程看，可以将中药药性理论分为如下几类：

1. 抽象药性

抽象药性即与中国古代哲学及中医学基础理论相关的药性理论，如药性阴阳、五行、易理、运气（生成禀受、运气用药）等。

2. 形性药性

包括形质和性味等，如色、臭、气（性）、味、形质、剂量、有毒无毒等。

3. 向位药性

包括归经、卫气营血、升降浮沉等理论。

4. 功能药性

主要是药物治疗作用的概括，如十剂以及其后的十二剂、十八剂、二十四剂等，《素问·至真要大论》"寒者热之，热者寒之"以及后世方书、本草著作中的多种治法的论述等。

5. 综合药性

如药类法象、用药法象、辨药八法等；配伍药性，如七情、引经、药对等。

6. 方剂药性

如君臣佐使、七方等。

7. 制药药性

如宜丸、宜散、宜水煮等。

8. 禁忌

包括药忌、服药禁忌等。

药性理论是中药治疗作用的概括，是临床用药的主要依据，有着提纲挈领、执简驭繁的重要意义。

（二）主张中药理论评价要以医疗实践为依据

中药理论的产生、发展依附于医疗实践。经过漫长的生活实践及医疗实践，人们对所接触到的药物获得了一定的感性认识，随着医疗实践不断深化发展，人们对中药的认识也不断加深，当这些认识上升到一定高度便形成中药理论。在此过程中，中药理论也产生了不同流派，各流派理论在一定程度上反映了中药作用的客观规律。在长期医疗实践中，各流派间的衍生离合，总结出中药临床应用的规律，概括中药临床应用范围、属性和特征，形成了相同或相近的理论认识，并逐渐形成了一个独立的理论体系。

任何科学理论都必须为实践服务，并且接受实践的检验，只有这样，科学理论才能得到进一步完善和发展，才能更好地服务于实践，它的存在才有意义。中药理论就是如此，从其产生后对维护我国人民健康、促进中华民族的繁衍做出了重要贡献，长期的医疗实践已经证明了它的科学性。这个理论无论将来怎样发展，其最终评价要以医疗实践为依据。

（三）医药必须相结合

中医药是以系统思维为导向，经过长期积累、发展，形成的比较系统的生命科学认知体系和疾病诊疗体系，属于自然与人文相结合的、系统的、非线性科学。医和药是生死与共、密不可分的。《说文解字》释"药"为"治病草"，释"医"为"治病工"，二者在"治病"上紧密结合。中医与中药是一对孪生兄弟，从源头上同源互根，在发展中相互依存，相互呼应，互相渗透，密不可分。

没有"医"就无所谓"药"；没有"药"就无所谓"医"。中医离开中药，辨证论治就成为空谈，无从选方用药，中医不可能完整；没有中医，中药也就失去了依托，不可能发挥真正的疗效，失去了"用武之地"。没有任何其他的东西可以取代其中一个。所以历来认为中医中药是一家，不能有此无彼，彼此分离（如历史上的"废医存药"），中医中药不分家。当前存在的医不知药情，药不知医用，医药分离的模式，不适合对中医药的管理，也不利于中医药的发展。医药结合才是正确的道路。只有医术高明，才能发挥药物的最大效能。也只有药物精良，才能药到病除，显现中医医疗水平。

（四）中药西化不可取

现代有不少人认为中药粗糙、中医药理论陈旧，提出中医药现代化。中医药现代化是时代发展的要求，社会的需要，中医药事业发展的必然，无可厚非。我的理解，中医药现代化是要把当代最新科学技术、手段、方法、设备融入中医药研究、生产、临床应用中，从而发展完善中医药的一个过程，而不是把中医药西化为西医、西药。中药现代化是要不断产生得到新中药而非西药。

近年来不少人认为，中药现代化就是弄清中药的有效成分，就是中药提取，只有这样才能与国际接轨，才能得到 FDA（美国食品药品监督管理局）认可和进入主流医药市场。甚至更有人提出，"中药现代化就是要研究开发像青蒿素这样拥有自主知识产权的 I 类新药""植物药向化学药发展成为中药类产品的一大发展趋势"等观点，在业界和社会上造成极大的思维混乱。庆幸的是，一些学者现在已经认识到这种错误，认为如此下去，将导致中医药的消亡。

青蒿素是从中药青蒿中提取出来的，但它不等于青蒿，青蒿素是西药而不再是中药，谁也没有弄清楚它的中药药性，它也无须辨证使用，只要是疟疾，谁都会用。西药的特点是结构清楚，药理药效明确，令人信服。中药即使单味药，成分和作用也未真正研究清楚，但中医将其作为中药用起来却得心应手。不能以为成分决定一切。生石膏与煅石膏相比，仅相差 6 个结晶水，然而其药性有天壤之别。人参与人参叶都含人参皂苷，中医却不用人参叶而用人参。现今检测仪器那么先进，但茶叶和酒却不能以检测成分定优劣，而必须品茶师品酒师品尝。

对于中药，中医从来都不是依成分论，而是重在临床表现。中药必须依据中医药理论用于临床，才能保证用药安全，产生预期的效果。在医院，纯中医不受重视，大多数医生开中药的思路不是依中药理论，而是西药的思路。如动辄就云某药能抗某菌、杀某病毒，某药可提高免疫力等。在写文章或相互交流时，也只谈某中药的所含成分，产生什么药理作用，根本不谈药性，由这种概念的异化置换，就会逐渐产生认识的错位，这不是传统中医的思路。中医从不为查清变异极快的病毒而伤神，而是注意祛邪和扶正，即祛除致病之邪和调护人体的正气。不管病毒、细菌变异成什么，都有克敌制胜之法。正如清代医药学家吴仪洛在其《本草从新》一书中所说："有一病必有一药，病有千变，药亦有千变，能精悉其气味者，在千百药中任举一二种，用之则通神，不然则歧多而用眩。"

近几年，因马兜铃酸的肾毒性，关木通、广防己、青木香等药材被取消药品标准。贸然取消它们是否合适，值得深思！中药材不是化学单体，中药材中的化学成分不等同于中药材本身，因而不能把单一成分马兜铃酸的肾毒性动物实验结果等同于含马兜铃酸的中药，其安全性和技术标准决不能按西药模式照搬。中医从来就不用单一成分治病，而且也很少使用单味药物治病，我们不能因噎废食，否定这些中药的疗效，采取非理性的方法对待中医药瑰宝。要不然，但凡药有毒性者都不能用，则中医药就要被淘汰了。实事求是，按药性合理应用中药，则是可取的理性对待。临床上由于西药引起的各种不良反应远比中药造成的不良反应要多得多，但未见因此而被停止使用。无数事例雄辩地证明，中药的确凿疗效，使用现代医学观点是无法解释的。

（五）把握中药特色，才能更好提高疗效

中药区别于西药和其他天然药的又一特色是：药材讲"道地"，饮片重"炮制"，应用须"配伍"。作为中医工作者，就应该在自己的临床工作中彰显这些特色，提高临床疗效。

药材讲"道地"是中药应用的特色之一。现存最早的药物学专著《神农本草经》讲："土地所出，真伪新陈，并各有法。"强调了区分产地，讲究道地的重要性。中药学很早就提出了药性生成禀受运气和时空、药性理论等生命节律

性学说，较系统地发现、概括并运用了诸如日、月、季、节的生物节律，注重药材生长的地理环境、气象变化、昼夜朝夕等时空变化的密切关系，强调"非其时不采、非其地不用"。这些均是现代医药所可望而不可即的宝贵内容，是我们临床工作者应当珍惜和重视的。

药物的炮制，也是中药临床应用的重要环节，它直接关系到临床的疗效，历代医家对此都很重视。明代医家陈嘉谟总结得好："制药贵在适中，不及则功效难求，太过则气味反失。"并进一步指出："酒制升提而制寒，醋制注肝而收敛，盐制走肾而下行，姜制温散而豁痰，蜜炙甘缓而润燥，土制守中而健脾，蒸熟取其味厚，炒黄炒焦取其燥入脾胃，炒炭存性而止血。"中药饮片，生熟有定，各有其能，不可不知，不能混用。炮制是否得当，对少数毒烈性质的中药来说，更是确保用药安全的重要措施。所以，中药必须经过炮制，才能符合治疗的需要。而现实是，中医工作者对中药炮制了解甚少，对自己用以治病的武器，什么时候用生，什么时候用炒，不十分清楚，更不用说能用特殊方法加工炮制的品种了。试想大黄泻下，该用生而用熟，何首乌乌发应用制品而用生品，能取得治疗效果吗？所以，临床医生应根据治疗用药的要求，使用炮制精良的饮片组方用药，才能收到预期的治疗效果。

中药配伍应用，是中医药整体观念和辨证论治精神在中药临床应用中的体现，独具特色。中药通过配伍，可以提高疗效、减低毒性和副作用，适应复杂多变的病情，或改变与影响药物的作用。因而配伍是中药临床应用的主要方式。长期的临床实践过程中，中医学积累了丰富的配伍理论和经验，是指导当今临床用药不可缺少的宝贵内容。

以上这些中药的特色，是中医临床科学的重要组成部分，也是中医药学的优势所在。作为中医药战线的同志应当着力发扬创新，扬我中医药之长，绝不能走"医不管药，药不知医，医药分离"的路子。

那种置中医药理论于点缀，完全按照西药的模式开发应用中药的方法和道路，不符合中医药自身发展规律，对中医药发展有损无益。发展中医药，实现现代化，中医药特色不能丢。

作为一名中医药事业的建设者、实践者，我将自己几十年来在专业工作岗位上所作、所为、所思、所想介绍给大家，希望能对后来者有所裨益；作为国家中医药专家、带徒老师，培养中医药学的传承人，为中医药事业的发展献计献策、奔走呼吁。我热爱中医药事业，也把自己的一生投入到中医药事业，把自己的生命融入中医药事业中，让我们的国粹中医中药，不断发展创新，为人类的健康事业做出更大贡献。

（任聪颖、赵素霞协助整理）

卢 芳

卢芳（1939—　），男，黑龙江肇东人。现任黑龙江省中医药学会名誉会长，历任哈尔滨市中医医院院长、黑龙江省中医药管理局副局长。第一、二、三、四、五、六批全国老中医药专家学术经验继承工作指导老师，中华中医药学会第三、四届理事，中华中医药学会糖尿病专业委员会副主任委员，中华中医药学会男科分会副主任委员，中华中医药学会科学技术奖评审专家库专家，中华中医药  学会老年病分会和消渴病分会副主任委员，黑龙江省中医药学会会长，1979 年被评为"黑龙江省优秀教师"，1992 年国务院授予终生享受国务院政府特殊津贴，1993 年被黑龙江省中医药管理局授予"黑龙江省首批名中医"，1993 年被黑龙江省卫生厅授予"卫生系统归国人员科技进步三等奖"，2007 年国家中医药管理局授予"全国首届中医药传承优秀教师奖"，2014 年国家中医药管理局批准"卢芳老中医药专家学术传承工作室"成立。2017 年荣获"国医大师"称号。

从医六十年，以高尚的医德和精湛的医术始终坚持在医疗第一线。善于治疗疑难病，三十多年前在国内较早运用辨证与辨病结合的治疗理念，处方药味少而精，药量大而惊。在国内首倡脾胰同治法治疗糖尿病及其并发症，脾胰同治法的提出为中医治疗糖尿病开辟了一条新途径。他治疗原发性三叉神经痛，经历数十年，已获黑龙江省政府科技成果奖，有专著出版，他研发的国药准字中成药颅痛宁不乏国内外用药患者。他治疗脑血管病，运用鼻通于脑的理论，研制中风鼻溶栓，通过鼻腔给药可避开血脑屏障阻隔，通过鼻腔吸收药物可直接入脑，借以提高疗效。鼻腔栓剂治疗脑血管病为此类病人开辟了一条新的治疗途径。

他运用辨病与辨证相结合治疗方法，并能灵活引用经典指导临床，已经形成独特的治疗思维方式。黑龙江省原有四大名医，为龙江医派奠基人，卢芳等青壮年医生随后脱颖而出，在医疗和教学上有较深造诣，被同行称之为"四小名医"。他在国内首先创办无西药中医院，献出验方秘方开发成制剂20余种，不但惠及众患而且使学生得到真传。他已获得黑龙江省政府级科技成果三项、黑龙江省中医药管理局科技进步奖三项，均为第一负责人。开发新药前列闭尔通栓、颅痛宁冲剂、参鹿茶、菖麻熄风片获国药准字，其他验方陆续在开发。

他曾任哈尔滨市中医医院院长，由于他坚持突出中医特色办院方向，坚持改革，曾得到国家中医药管理局的肯定，并批准为全国示范中医院建设单位。卢芳在担任黑龙江省中医药管理局副局长期间，为黑龙江的中医事业奔走呼号，但是卢芳从不脱离业务，照常查房、出诊、科学研究、撰写论著、带徒弟，实践证明两肩挑可以相得益彰。任院长期间开始向当时的苏联选派中医，开办中医联合体，随着经验的积累，开办的联合体逐渐增加，先后共开办了4个，并且亲自出诊，作为一名中国医学使者，多次出访美国、日本、韩国，进行中医学术交流，并展示传统医学的神奇疗效，为中医走出国门，让世界人民了解中医尽心竭力。

他培养了10多名学术继承人，并且其中有多位省级名中医、当地的中医临床领军人物。他现年79岁高龄，精神抖擞，思维敏捷，学而不厌，诲人不倦，每次带教及诊治患者仍引经据典，滔滔不绝，实属中医界后辈楷模。

代表著作有：《中医诊治内分泌代谢病》《内科辨病与辨证》《三叉神经痛与中医疗法》《卢芳临床思维》《黑龙江名中医》《糖尿病中文文献索引》《国医大师卢芳学术经验集》。

一、中医少年初长成

1939年夏，我出生于黑龙江省一个普通农村家庭，祖父是村里唯一的"草根"郎中。在我刚有记忆的时候，祖父就教我背《药性赋》《汤头歌》《药性歌括四百味》。那时候祖父也不给我讲，他是一个乡下郎中，会看些头疼脑热的病，没有教学经验，就是让我背。因为年纪小，所以也不知道自己背的是什么。只知道我要是背下来了，他就夸我；我要是因为贪玩背不下来，他就打我手板。

祖父是一个典型的"民间中医"，通过书本学了些理论、跟师傅见了些病例便入了杏林。既为医又为农，是个"有文化的粗人"，不懂唐诗宋词、魏晋风骨，能教予孙儿的也只是些浅显的中草药知识。在祖父"恩威并施"的教育之下，懵懂的我接受了中医药启蒙教育。虽然不能掌握书本中的精髓，但中医药的种子还是在我的心中悄悄地扎下了根。

1953 年我初中毕业后，祖父给我请了一位老师——张俊杰先生。肇东县中医有"三杰"，为首就是张俊杰，这个人不像是县城的老中医，穿的不是长袍马褂，有时还穿西服、扎领带，家里摆设也不是八仙桌、炕琴之类的老古董，居然还有写字台之类，总之不像县城的人，似乎有些来历。他口才好，表达能力强，具有当教员的素质，而且语言比较新潮，不是那种拘于古训的人。这个人不光会诊脉，还会用听诊器、会打针，中西医都行。

我那时学中医叫学徒，像学其他手艺一样。学生共 3 个，两男一女。张俊杰每天除了看病就是给 3 个弟子讲课，讲完后留作业，第二天早晨检查。作业基本上是背诵医典经文。

3 个弟子中张老师对我偏爱有加，由于我中学时学习就好，知识结构相对完整，接受新事物快，所学所用领会得快，古文功底强，对医典理解很深入。老师给我们讲的医书是《伤寒论》和《医宗金鉴》，老师的教学方法简单，几乎就是老三样，讲课、留作业、背诵，老师的态度永远那么和蔼，但对作业的检查却是从不含糊的。

我在这里学了半年，学业长进很大，心情也很愉快，做好了向张老师长期学习的打算。

有一天，张老师检查完了我的作业，我刚要走，张老师说："你等一等！"我一看，张老师表情严肃，知道有重要事要说，就垂手站立。张老师从抽屉里拿出一张报纸，递给我。我接过一看，是黑龙江省中医学校招生简章，这是当时我省开天辟地招收中医专业的正规学校。等我看完，老师问："你有什么想法？"我感到很突然，就据实说："还没想好。"张老师说："卢芳，我看你是个很有出息的孩子，资质不错，听说在学校还是学习尖子。现在招生简章下来了，不是老师撵你，确实是老师教不了你，我再有本事，也不过一家之言，还是学校正规，海纳百川，是百家之言。"张老师显出恋恋不舍之意，"再说，总在我这里学，何时是个头儿，什么时候才能正式起用啊！"

这番推心置腹、设身处地之言，我深受感动。我毕恭毕敬地站起来，给老师深深鞠了一躬。

20 世纪 40 年代，经历了战争后，我国各行各业都处于百废待兴的状态，守在黑土地上的我们家人，日子过得十分清苦，为了攒钱供孩子读书，我的母亲连续 3 年都未在冬日为自己置办一条像样的棉裤，将这一切看在眼里的我不敢懈怠，不好好读书，怎么对得起父母的付出。苦日子给了我坚持的力量，自始至终都以高度自律的姿态和饱满的热情投入到学习与工作中，今犹未改。

1956 年是我的高考年，成绩尚可的我有很多个报考选择，可我还是毫不犹豫地决定"承袭家业"，在中医药方向上继续深造。现在回忆起当时的情形，我可以用很接地气的一句话进行解释——国家不可能没有中医，中医不是铁饭碗，它是胶皮饭碗！好好干，它是摔不碎的。这份对中医药文化的自信即使放到今日也当得一赞！

二、排除困难再进取

我对中医药的信任来自热爱。

1956 年秋，我考入黑龙江中医学院中医医疗系，成为一名医学生。这所学校创办于 1956 年。进入校门，迎面就是一所不高的楼房，非常破旧，墙皮剥落，楼内光线暗淡，桌椅破旧，没有像样的实验室，没有尸体解剖房，用现搭的木板房代替。操场上荒草萋萋，半人来高，连个篮球架子都没有。毫不夸张地说，这个学校一无所有，正如校长在开学典礼上所说，是草创阶段。

不要鄙薄这所学校的简陋，也不要轻慢这所学校的规模，这是全国第一批正式中医院校之一，其诞生的本身就具有划时代意义，因为它宣告了中医开始正式登上大学殿堂，从言传口授式的师徒相从而一跃成为正规学校。1958 年这所学校搬迁回哈尔滨。

20 世纪 50 年代，正值我国中医药类高校初建，中医药专业教育从零起步，师生们普遍面临着无教材可用、无经验可寻的尴尬境地。我们的老师都是外市县的知名中医，是我们非常宝贵的教育资源，只是有一点，这些老专家讲课内容偏难，不适合初学者听。这所学校招收的学生，文化程度参差不齐，有高中生，也有初中生，有社会青年，有中医学徒，还有归国华侨。当时我有好多同学因为跟不上讲课进度就退学了，真是非常可惜的。当时的我也在学业上遇到了很多困难，为了能更好地跟上老师的讲授进度，我拿出了幼时背歌诀的劲头开始背书，《内经》《伤寒论》《本草纲目》……老师讲到哪，我就背到哪，打球时也不忘在手心抄上方歌，也许是"书读百遍其义自见"，我很快便在各科成绩上领先，成为班里的优等生，当了学习班长。

三、牛刀小试救乡亲

严格地说，我的行医生涯不是始于分配工作以后，还在大学念书时，我的第一位患者就是我唯一的弟弟，1958年肇东全县麻疹大流行，死亡率非常高。我弟弟10个月大时，患麻疹，在肇东县医院住院，请了最有名望的医生也没有治好，高热不退，并发心衰。眼看不行了，我父母都着了急，赶紧给在大学读书的我打电话，我当天就赶到了肇东。我父母带着弟弟已出院，住在县城的姑姑家里，我赶到时，父母已经把行李都收拾好了，第二天起早就要回家。床上躺着的弟弟，脸色青紫，奄奄一息。我着急地问："人都这样了怎么还要回屯子，死冷寒天的，不病死也得冻死！"母亲眼泪汪汪地说："大夫说治不了了。""与其死这儿，还不如死在老家"，父亲唉声叹气地说，"咱老卢家没做啥亏心事啊，怎么孩子就是养不活呢？"爸爸指的是我之后的4个孩子都没能活下来。这时姑妈说："卢芳啊，你不是学医的吗，快给治治吧！"

治病？我从来没敢想过，更没有实践过，不错，我一直在学医，在学校成绩尚可，但那是理论，是纸上谈兵，治病能行吗？可眼下医生已经宣判死刑，推出不管了，这可是自己的亲弟弟啊。我不能坐视不管！

我听医生说是患了麻疹合并肺炎心力衰竭。仔细诊了脉，我为弟弟开了个药方，究竟能不能治好，并没有把握，只是按照所学知识，用中医《医宗金鉴》上的药方，用了前胡、连翘、杏仁、元参、麦冬等。药是在肇东药店抓的，只花了一角六分钱，用茶缸子在火盆里煮了煮，就给弟弟喝，孩子太小，药又苦，一下子喝不了多少，只能一会儿灌一口。奇迹出现了，只见弟弟的脸色逐渐转为红润，紧闭的眼睛睁开了，下午灌的药，晚上就知道要奶吃了，第二天早晨，竟然疾病若失。后来我明白，那次疾病的祸首是病毒，并非病菌，西药青霉素对此无能为力，中药此时就大行其道了。这是我第一次为人看病，危难之时挽救了一条性命，而且是亲人。母亲逢人就说，我的孩子没有白培养。

另一件事发生在大学四年级。一天中午，有人到学校找我，是屯子里的人，那人很着急，拉着我就走。我很奇怪，问："什么事，这么着急？"乡亲说："'赵躺巴'快不行了。"

提起"赵蛴巴"，我当然非常熟悉，他是家乡卫生所的医生，"赵蛴巴"是他的外号。此人患严重哮喘，离老远就能听见"咝拉""咝拉"的呼吸声，还能看见他憋气耸肩伸脖的样子。这次来看病，哮喘问题已在其次，严重的是肝硬化、腹水、呕血，是家里人用担架从老家抬来的。我见"赵蛴巴"脸色灰暗，已不能起床。我问明了病情，觉得病很急，很凶险，就果断地决定送省城某大医院。我给找了一个著名大夫，但那大夫回答得十分干脆，"治不了，肝硬化腹水就是肝病晚期，再加上呕血，说不定哪天一呕血就得死"。

我和乡亲们只好把病人抬回旅店，我感到很灰心．觉得对不起乡亲。赵医生这个人却十分乐观，说："卢芳，其实我就是奔你来的，就由你来治，你看，药壶都拿来了，老伴儿、亲戚全来了，我早有长期打算！"我说："不行，这么重的病，省大医院都说治不了，我一个学生怎么能行，还是找个好大夫吧！""赵蛴巴"态度却十分坚决："你就别客气了，放心大胆地治吧，死马当活马医，治好了算你大叔拣条命，治不好就算你练手艺。"话说到这份上，我治也得治，不治也得治了。我一边上着课，一边查阅有关资料，一门心思地琢磨赵医生的病，我想方设法，完全用中药治疗。

当时中医流行着这么一句话：干痨（结核晚期）气鼓（肝硬化腹水）噎（食道癌），阎王爷请的"且"（客人），说明这几种病的凶险。我敢于收治如此危重病人，除了碍于乡亲的面子外，还是因为心里有点底儿，我在课间实习曾师从于省医院中医科赵正源，赵正源是当时的名老中医，专攻肝硬化，在实习期间，老医生看我聪颖好学，悉心栽培，把所有的招法无保留地教给了我。我专心学习，并根据个人体会，发展了赵正源的疗法。赵正源老中医属于稳健派，在诊病时，稳健有余，偏于保守，采取的方法是又补又泻，这种治疗方法比较稳妥。我根据赵医生的病情，只用泻的办法，泻用的都是有毒药物，医书上讲："大积大聚其可犯也，衰其大半而止。"其意思是你有这个病，有毒的药可以用，但治到一大半时就要停止了，恐伤正气。这除了医术以外，还需要一定的胆量。

我用醋炙甘遂粉，装入胶囊，合香砂六君子汤加减治疗，只见赵医生一天天好转，饭量一点点增加，气色好了，人也精神多了，1个多月后，竟能下地走动了，鼓起的肚子瘪了下去，腹水也没了，人也见胖了，从外观看，已经与正常人没有区别。

在哈尔滨住了两个来月的赵医生，已经完全摆脱了病魔的缠绕，身体完全康复了。有一天见了我说："我要回家了，你再给我开个方子，把药轧成面子，我回去用它。"我笑着说："在哈尔滨住几天吧！我领着你逛逛街。""难得你这份心意"，赵医生有些恋恋不舍，"大叔这条命是你给的，在这儿，大叔先谢谢你了"。

赵医生是躺在担架上抬到哈尔滨的，现在是自己大步上火车回家乡的。他来哈尔滨看病时是 50 岁，去世那年正好 70 岁，整整多活了 20 年，赵医生不是死于肝硬化，而是肺心病。

有个远房外祖父，我叫他六姥爷，那年腰疼得不敢直腰，晚上不能睡觉。来到哈尔滨，我把他介绍到省级大医院，拍了片子，说是骨质增生，医院说只有手术，六姥爷不干，也治不起。我帮他找老中医，老中医说是腰为肾之府，必须补肾，就开了六味地黄丸，吃了一段时间一点儿也不见好。老爷子疼得厉害，就对我说："还是你给我治吧，疼得实在熬不住了。"

见老人十分可怜，我也想试试，我明白，这是个老农民，干了一辈子农活，重体力劳动，肯定是劳伤过度，为跌打损伤类，X 光片证明是骨质增生。我采用的方法是活血通经，用接骨丹，加些虫类药，这样 1 个多月就治好了。六姥爷逢人便讲，我这个病多少地方都没治好，还是外孙子给我治好了。

这一段时间，我是在校大学生，主要任务是学习，看病是捎带着的事，但这几个病例都是疑难病证，而且都是在原来的治疗基础上有所发展、有所创新才成功的。我最深的一个体会就是中医像其他任何工作一样，必须走创新之路，否则是死路一条，这是我为几个病人治疗的初步体会。

我在中医学院学习期间，每年回家过寒暑假，都要为乡亲们治病。

病房就设在自己家里，把门板卸下来，一头搭在床上，一头搭在板凳上，上面铺个褥子，就是临时病床，一天到晚病人不断，还有南村北屯的坐着大马车来看病的，我向来分文不取。我觉得，农民的病好治，一是过去很少看病，吃药就少，没有那么多耐药性；另一个是精神因素，农民有病就是实实在在的病，病好了就是好了，没有那么多的精神因素，担心病愈后如何如何，不会对疾病似懂非懂，疑神疑鬼，影响疗效。

我知道，给农民看病，一是要有责任心，还有一点就是要省钱，纵有再高的医术，医疗费用高昂，农民负担不起，你的医术也无从体现。

四、留校任教遇良师

1961 年，经过严格选拔，凭借我的成绩和表现，得以留校任教。说到现在我所取得的成绩时，我十分感激当年的留校经历，在学校工作条件好、学习机会多，有利于我在业务上的提高，才有了我现在的成绩。当时黑龙江中医学院汇集了全省中医界的精英，如高仲山、孟广奇等老前辈，他们具有最渊博的知识和最精湛的医疗技术。这里有最好的学习条件，图书馆里珍藏着大量古今中医书籍；有浓厚的学术氛围，这里是集教、医、研为一体的全省最高中医学府，可以触及当代中医界最尖端的学术问题，为钻研者解疑答惑。全省最大的中医医院，可以接触到最多的危重和疑难病证，从而最大限度地提高医疗技术。

高仲山是黑龙江中医学院副院长，在黑龙江省中医界享有崇高威望。高、马、韩、张，黑龙江四大名医是也，高仲山为其首。对这所学校的莘莘学子来说，高老的名字如雷贯耳。我觉得高仲山就像一座大山，插入云端，高不可攀。高老统领黑龙江省中医事业，是学者专家型的官员，对黑龙江省的医学，尤其是中医事业做出了不可磨灭的贡献。高老是科班出身，是四大名医中唯一具有高校学历的中医，毕业于著名的上海国医学院，有深厚的中西医理论基础。高老长得白白胖胖，说话慢声慢语，气质非常好，很有派头。每当高老讲话，我总是正襟危坐，拿出笔记本认真记录，生怕漏掉一句话，哪怕是一个字，像唐僧到西天取经一样，千辛万苦为的就是见到真佛，取到真经。当时我曾天真地想，将来我如果能做一个像高老一样的人，也不枉活一世。

另一个幸运之处是我分配到内科教研室，给孟广奇老师做助教，这使我有机会向孟老师深入学习。孟广奇，一代名医，不光在中医圈子里名气很大，而且在社会上知名度也很高，对我来说，孟老师是"须仰视才见"的一代宗师。事实证明，从师孟广奇是我一生的幸运，我在这位名医的教导下进步很快，师生也建立了深厚的友情。

从外表看，老师不如院长高仲山那样有派头，相反，此人其貌不扬，五十来岁，微微有些谢顶，中等身材，穿戴很不讲究，甚至有些土气，这也许与他出身农家有关。他原是通河县的名医，到省城比较晚，也就无缘列入省城四大名医之中，但他后来居上，名声同样响亮。孟广奇为人豪爽，会武术，打一套快拳，在课间休息时，常会走上几路拳脚，一招一式，很见功力，肯定得到过名师的指点。老师既抽烟又喝酒，烟抽得很凶，酒喝得更是豪迈，很少有人是他的对手。当然这不是我钦佩孟老师的原因，孟老师专攻内、妇科，人称"活字典"。孟老师又是杂家，博学多才，从基础到临床，从经典到一般，哪科都能讲，他口才很好，其实他也和其他名老中医一样，并无大学学历，我简直无法相信他是如何靠自学掌握了如此之多的知识。孟广奇医学书籍看得非常多，而且记忆力极好，引经据典，张口就来，能够大段地背诵。金匮要略、伤寒论、内经和临床都能开课，其书法很好，造诣很深。在我看来，老师几乎具备了名医的一切素质。孟老师让我敬重还有一个重要原因，他的学术作风十分民主，乐于和学生探讨问题，总是把对方摆在平等的位置上，而不是居高临下。孟老师明白，行政上可以靠命令，必须做到令行禁止，但学术上却不能靠命令，真理越辩越明，道理越讲越清，谬误代替不了真理，虚假掩盖不了真实。学术上完全可以各抒己见，起码在师生之间，可以尽情发表见解。他对我的提问，从未有过一丝厌烦、反感，总是有问必答。在与老师深入地探讨问题过程中，我的基本知识、基础理论大大地深化了一步，为后来的教学和临床打下了一个很好的基础。

过去，黑龙江中医学院规定教师在担任临床教学期间可以不坐班，可以不参加临床医疗。但是，我十分认同"熟读王叔和，不如临证多"这一观点，于是我主动走下讲台深入临床，离开了书本，病人才是良师。作为中医，没有实践、没有创新是不能长久的。

提起这一段"医教合一"的工作经历，我比较兴奋，我当年就是个"人来疯"，学生来得越多，我就越有动力讲，来的病人病情越复杂，我越有动力去研究。医教相长，老师和医生这两个身份并不冲突，只要你肯下功夫，就能收获更多。

为了能给学生讲好课、为了能让自己的病人更好地了解自己的病情，我很早便尝试用中西医结合的方式去分析疾病，这种理念在当时是比较领先的，而当时的我也只是弱冠之年。

作为一名中医医疗系的毕业生，西医学并不是强项，但是为了能讲出彩，我下了十足的功夫，当时手中只有一本西医的实用内科学，如果第二天需要带教，我就把书上相关的内容背下来，保证第二天能讲得全面。当时学生们的反响很好，病人也能通过我的讲课了解自己的疾病，大家都很爱听，我觉得很值得！

因为日复一日地对自己高标准、严要求，我在不知不觉中练就了一身扎实的西医基本功，这为我日后出版《内科辨病与辨证》一书打下了基础。

五、"四小名医"倍鼓舞

我成为"四小名医"确实存在某些偶然因素。1974年前后，省中医学院举办了一个"西医学中医高级研究班"。参加学习的学员全是实践经验丰富的西医，而且职称在主治医师以上。众所周知，当时西医医疗队伍的素质普遍高于中医，一般都有大学学历，主治医师虽是中级职称，在当时却是凤毛麟角，不像现在高级职称俯拾皆是。

对这个学习班，中医学院上上下下非常重视，配备了最好的师资力量，把当时黑龙江省中医学院最有名望的老教师、老中医全部调来讲课。但几堂课下来，结果并不理想，因为这些老教师、老中医确实是省里的名医，他们在临床实践上有很高的造诣，这是有目共睹的事实，但讲课与临床有很大的差异，好医生未必是好教员，这些学历很高的西医学员对教师的讲课质量反应很强烈。针对这种局面，中医学院决定对教师大换班，换上一批少壮派教师，也就是从近年来中医学院毕业的教师中选拔优秀者授课，我就是这批青年教师中的一个。这些年轻的教师登上讲台，确实令人耳目一新。

任何人都相信一个真理：长江后浪推前浪，一代更比一代强。这是社会进步的体现，也是社会发展的必然趋势。这批教师年纪轻，大多只有30多岁，正处在人生的黄金季节，既具有了一定的实践经验，又保持了势头很强的锐气，所谓年轻气盛。在学术上敢于创新，敢于向前人挑战。这些教师是全国中医界第一批正规大学毕业生，理论功底比较深，文化基础比较牢固，他们的视野开阔，接受新事物、新思想比较快。其中很多中医学院毕业的教师，在很短的时间内学通了西医，成为中西兼备的医生。

我当然知道坐在台下医生的实力，其中有些已经在省内名声赫赫。这时我正在撰写《内科辨病与辨证》这本专著，我身为中医，但具备一定的西医功底，这是中医临床中不可缺少的基本功，所以我对西医并不陌生。为写这部专著，我翻阅了大量资料，对这些资料进行整理和归纳，并进行了深入思考、探讨、研究。这部专著不仅丰富了我的医学知识，增长了临床能力，也使我的讲课上了一个新的台阶。

在我的课上听不到整章整段地念书或者背书，因为这些书上都有，凭台下这些西医们的水平，自学是不成问题的，根本不需要教师在课堂上乏味地照本宣科，他们需要的是新观念、新思维，是生动的实例，是理论与实际的完美结合。我曾说，教师不是教书匠，教师的舞台并不广阔，但这三尺讲台却可以演出轰轰烈烈的舞台剧。

我讲课的特点是多方面的：其一是条理清晰。我在上每一堂课时，都做到思维缜密，循序渐进，由浅入深，由表及里，由此及彼，内容不怕多，重要的是有条理性。其二是内容丰富。我讲课时，动用了我所有学习的积累，特别是我积累的卡片，在讲课时可以旁征博引，上至古典医书经典，下至当代最新医学成果，同时涉及外国对中医的种种评价，尽量达到使学生如同进入了展品丰富的博物馆，随着老师的讲解，会见到一样样的展品，新鲜、有趣，而且具有实感。当前最常用的一个词语就是"信息"，一堂课学生的收获，最重要的就是接收信息量的大小，信息量大是我讲课最大的特点。其三是理论联系实际。我作为一名教师，并不缺乏理论，作为一名临床医生，实践经验丰富是其长处，如何把理论与实践结合起来，是作为一名医学院教师非常重要的基本功。这一点我做到了，我既是教师，又是临床医生，我有理论功底，又有临床经验，所以我能够把理论与实际充分结合起来，这对于学生来说是非常重要的。其四是娴熟的讲课技巧。我说话嗓音洪亮，口才也过得去，这是我的先天条件，是我的优势，但仅凭这些是远远不够的，讲课本身也是一门艺术，比如在课时分配上，一堂课怎样既不拖堂，又不提前下课，这里面很有功夫，我讲课，总是刚说完"今天就讲到这里"，下课铃声就响起来了。又比如吊学生的胃口，讲话要有悬念，让学生紧跟老师的思维才能取得良好的效果。语言机智，诙谐幽默，可以调节气氛，把枯燥的理论讲得十分生动活泼。

这些30多岁的年轻教师，一下子稳住了局面，深受西医学员的欢迎。于是学生们就编出了"四小名医"的说法，"四小名医"是针对原有"四大名医"而言。这些西医来自全省的各大医院，又是各个医院的中坚力量，掌握着黑龙江省整个西医界的舆论导向，他们的说法具有很大的权威性，几天之内，在省城医学界，"四小名医"之说不胫而走，成为医生们的谈论话题，我则是"四小名医"之一。

　　"四小名医"就这样在省城的"西医学中医高级研究班"上诞生了。"四小名医"虽然是一举成名，但他们有了长时间的理论与实践准备，是厚积而薄发。在后来的医疗实践中，他们无愧于这崇高的称号，有名有实，成果丰硕。

　　就在黑龙江省"西医学中医高级研究班"过去的一年后，根据国家人事部、卫生部的文件，社会上的中医可以经过考试由国家录用，列为国家正式编制，成为国家承认的医生，工资按本科待遇。这对社会上的中医来说是千载难逢的好机会，但招收名额有限，黑龙江全省的指标只有200名，而且主要在省城哈尔滨产生。这些中医遇到的第一个问题就是考试。考试共有十几门课程。有基础课，还有临床课。基础课包括四大经典、方剂、中药，临床课包括内科、外科、妇科、儿科。这种考试虽然题目不太高深，但最麻烦的就是没有考试大纲，对考生来说应付考试如同大海捞针，无从下手。针对这种局面，哈尔滨市所辖几个区分头举办中医转正考试学习班，对这些考生进行辅导。由于没有考试大纲，各区举办的学习班从师资配备到制定教学方案也就八仙过海各显神通了。

　　我被道外区卫生局聘请当了教师，讲授的课程是黄帝内经，这是我在这个班上一炮打响的课程。但我心里非常清楚，过去与现在面对的学生绝对不可同日而语，按水平，原来的学生高出许多，有学历、有资历、有职称，而眼前的学生没一个有学历，按理说，面对这样的学生，讲课比较容易，或者说难听点就是好糊弄。但实际上，原来的学生与现在的学生学习目的不一样，对那批西医来说，学中医是上级的命令，学好学坏并不影响他目前的工作，说到底是个"锦上添花"问题；但对这批学生就大不一样了，这批学生学习目的十分明确，他们是在拼搏，是众多的人挤上一根独木桥。成功了，他们将在社会上有立锥之地；失败了，也许连饭碗都没有了。从这一点看来，这次学习可谓重任在肩，只许成功，不许失败，更难办的是没有考试大纲，因此教师也无法确立自己的教学大纲，只好根据自己的经验和判断准备课程。因此，对这批学生来说，教师的引路起到至关重要的作用。道外区的学习班教室设在一个工厂的大会议室里，大约能容纳100人，冬天屋子里很冷，烧的是火墙，课桌是临时拼凑的，椅子就是大长条椅，条件十分简陋，我往讲台上一站，看到这简陋的条件，特别是那些年龄一大把，穿着不甚齐整的学生时，心里突然涌起一种神圣的责任感，这些人的饭碗就端在自己的手里，一定要把课讲好，让这些人有个好前程。

　　我一开始讲内经，这门课是轻车熟路，学生们反响很好，要求我继续往下讲。但这个区的负责人有些担心，一个人讲下来能保证质量吗？因为别的区的课程都是一个人讲一门。但负责人经不住学生的强烈要求，就让我继续讲课，接下来讲的是伤寒论，我本来想讲完两门也就结束了，但学生们坚决要求我继续讲下去，于是我又讲了几门课。哈尔滨消息很灵通，当时各区参加学习的学员很多，他们互相打探消息，谁的课讲得好，他们就听谁的课。最后，我这里的学生越来越多，远远超过了100人。

记得那天刚一开门，学员们蜂拥而入，竟把火墙挤塌了，学生们赶紧把火浇灭，这堂课还上不上？我看着这些学生没有一个想走的，心里很受感动，接着讲吧！数九寒天，他们就在这间没有任何取暖设备的房间里上课。我一天讲8个小时的课，嗓子说干了，身体累坏了，我每天要骑自行车到道外区讲课，来回10多千米路程。那一段时间，我感到身体十分疲乏，课间休息时，往椅背上一靠就睡着了。我直言，同意兼任所有课程，除了自信有这个能力以外，还因为可以挣些讲课费，一个月下来能挣三四百块，当时我的月工资只有五六十块，一个月的收入够我半年挣的。

讲完基础课就出题考试了。应该说，考试既是考学生，也是考老师，一荣俱荣，一损俱损。第一轮成绩下来，全市所辖各区，通过第一轮考试的，70%是道外区的学员。我一下子出了名。接下来的是第二轮考试，这门课是临床，有笔试，也有口试。笔试考的是病因病机、辨证施治等。口试的主考官是当时中医学院的名医、名师，方法是由老师提出问题，或是找个病人让你看，开个药方，写写病例，再问你一些相关问题，比如说胃脘痛，《内经》上怎么说的，《伤寒论》上怎么说的。能够参加这一轮考试的都是参加第一轮考试的"幸存者"，但参加第二轮考试的考生至少还要淘汰一半，所以这些学生学习起来更加卖力，我对他们也更加珍视。第二轮考试下来，剩下的仍然是道外区的学生最多。这些人按程序进入国家医生的行列，他们十分感激老师，或者称为恩师。如今这些人中大部分已经晋升副高级职称，成为黑龙江省医疗队伍中重要的组成部分。

在总结这次省招中医考试时，我认为，这是一次完完全全的应试教育，而不是素质教育，是教学中的大忌，这一点我心里最清楚。但考试日期在即，只是不得已而求其次了。既然目的明确，针对性就要强，不该讲的少讲，或者干脆不讲，该讲的必须讲透，还要启发学生们的独立思考能力，举一反三。另一个就是要摸透学生的水平，掌握他们的实力，这批学生层次相差很大，年龄、学历、从医年限参差不齐，这样就不能按照大学生的水平讲课，要把标准定得稍低一些，尽量照顾大多数，并随时与学生交流，看他们是否能够听懂，还有哪些问题。这些学生要过河，到达自己希望的彼岸，就是要解决船的问题，我就是给学生一条过河的船。说得再明确一点，我讲课有很大程度是在押题，而这些重点、难点是在自己学习、教学和临床实践中摸索出来的。结果，我的判断是正确的，这是我的学生考取比例远大于其他几个区的重要原因。

如今的我可以说是桃李满天下。哈尔滨有个名气很大的"一枝梅"研究所，主办者张冬梅，就是那批学员，学徒出身，只会背诵一些歌诀，参加学习时理论基础和经典都没学过，她已经是学徒出身的最高水平了，她参加了我主讲的学习班，并以优秀的成绩通过了国家中医的考试。后来她办起了自己的研究所，继承并发展了从老师那里学到的疗效独到的秘方和治病方法，又用已经掌握的系统理论知识加以提高、升华，业务上取得了骄人的成绩，成了名人，个人价值得到了充分体现。

我在这次的学习班上授课，使这些学生成为国家承认的正式医生，在社会上有了一定地位，他们终生感激我，永远不会忘记我的教诲，这是人之常情，是问题的一个侧面；但另一侧面，这些学生以优秀的成绩通过考试，以致后来人生的成功，给了我莫大的心理慰藉，也给我带来了声誉，同样显示了我的人生价值。一首小诗与大家共勉：

学高身正为师表，传道授业重肩挑。

尊师重教东风起，教书育人掀风潮。

三尺讲台师仲景，二寸粉笔话神农。

采得百花成蜜后，满园桃李杏林风。

六、杂症病房攻疑难

1980 年，我受医院委托在黑龙江中医学院附属医院（现黑龙江中医药大学附属医院）牵头建立杂症病房，专攻"疑难杂症"。在工作中，我主张将现代科学知识与传统医术相结合，将"中学"为体"西学"为用的思想贯穿临床。

我对中医学院怀有深挚的感情，因为我的青春，我一生中最美好的年华是在这里度过的。杂症病房是我在中医学院工作的最后一个部门。

当时，中医学院病房领导一般都是西医，因为中医学院成立很晚。我是大学毕业生，也是黑龙江省第一代有大学学历的中医。以前分配到中医学院的都是西医院校毕业的大学生，他们的资格都比我老得多，有的比我早毕业十几届。我凭着自己的努力很快掌握了中西医两套本领，成为业务突出的医生，当上了“科负责”。后来，我凭借过硬的技术，最早被提拔为科主任。我负责的病房叫杂症病房。

众所周知，中医内科分为两类，一类是外感疾病，另一类是内伤杂症。我负责的病房所以称为杂症病房，是因为什么病人都要收治，但在治疗过程中，逐渐有所侧重，办出了特色。这就是治疗神经和内分泌疾病，在我一生主要科研成果中，如三叉神经痛、糖尿病、前列腺炎、脑萎缩、甲状腺疾病，在这个病房都已经接触到，并开始钻研。当时这些疾病是冷门，所以被称为小内科，一般医院没有专设这些科。这些疾病诊断，不是靠听触叩望，而是靠实验室检查，当时有这种化验室的医院不多，中医学院正好有这种设备，这就给了我一个得天独厚的机会，使我能够从 20 世纪 70 年代末对这种疾病就十分系统地观察、研究，逐步积累了丰富的经验，掌握了高超的技艺，治愈率非常高。

有一次我出门诊，收治一个老太太，糖尿病并发尿潴留、膀胱麻痹，据病人自述，靠打胰岛素，尿糖控制得还不错，但排尿非常困难，近一年来不得不用手压，严重时就得导尿。我收治时，这个老太太肚子上有一个胀得像排球一样的大包，再不想办法，膀胱有破裂的危险。正是吃午饭时分，住院处有个大夫把这个病人送进来，简单地查了查，他摸了摸大包，噘着嘴说：“这是肿瘤病人，咱们又不是肿瘤病房。”我没有说话，就在这个医生去吃饭时，我叫护士拿了个导尿管，让病人家属预备一个洗脸盆，导出来一洗脸盆尿，膀胱当时就瘪了，肚子上的大包马上消失了。这时那个大夫已吃完饭回来，我对他开玩笑说：“我把那个肿瘤病人治好了。”那个大夫不信，走到老太太床边，掀开被一看，大吃一惊，怎么也想不明白，听我一说，才恍然大悟。

以后我用中医方法治疗患者的糖尿病并发膀胱麻痹。我认为，这是气虚所致，采取补气补肾的办法，用艾灸，灸神阙、关元等穴位，再加按摩，病人逐渐痊愈了。

1982 年，有个香港病人经其他医生介绍通过《黑龙江日报》找到我。该病人已在香港治疗了 3 个月，总不见好转，尿急、尿频，腰痛得厉害，有时化验还算正常，但上述症状一点儿不见减轻。病人还患另一种病。结婚8年，至今未见怀孕。此时我治疗肾盂肾炎已积累了比较丰富的经验，基本属于常规治疗，时间不长病人肾病就治愈了。至于不孕症，我让病人进行了妇科检查，没有发现问题，没有器质性病变，子宫发育正常，月经也正常，这种不孕症属疑难病证。我辨证为肾虚胞寒，采用补肾散寒办法治疗，我有一个验方，曾治愈过七八例，我将这个验方制成丸药，让病人连服3个月。病人出院后回到香港，不到3个月就来信说怀孕了，后来生了个男孩，此事《黑龙江日报》曾进行过报道。

中医内科杂症病房在黑龙江属于首创，具有显著的中医特色，与其他同类病房相比，这里中药使用率最高，能中不西，先中后西，逐渐成为省内外闻名的中医院典型。来这里住院的病人，可以说是该去的医院全都去遍了，实在治不好才来的。病人说："要是别处能治好我们绝对不会到你这里来，论条件，省医院、医大，都比这儿强！"这是实话。这些病人大部分患的是神经、内分泌、代谢疾病，这些疑难病证，西医望而却步，但恰恰是中医的强长项，我的病房给病人带来了希望，病人自然高兴。

我每天都在苦思冥想，一是如何把病人治好，一是怎样教给实习、进修医生更多的知识和本领。杂症病房靠脚踏实地的实践，一步一个脚印，逐渐在社会和业内产生了良好的影响。中医学院把杂症病房作为一个典型窗口，外地同行来参观，我的病房是首选之地。

1984年夏天，国家中医药管理局组织全国各省市专家到黑龙江考察，这批专家都是中医的老前辈，年纪都在六七十岁，有的已七八十岁。他们来到医院，不停地看，不住地问。他们先看病案，然后就提出一些问题，有些问题很尖锐。比如，这个病房怎么突出中医特色？怎样发挥中医长处？我一一回答，我说关键是科主任，必须掌握中医治疗的本领，疗效显著，必须掌握信息，了解医学发展状况，有创新，按老路走肯定行不通。比如，病人所以来到省城中医院，是因为县城医院治不了，到了你这里就得有新方法，有新进展，有独立思考。这些专家就让我举具体病例，我向他们讲述了自己治疗三叉神经痛、糖尿病、前列腺增生的方法。

专家们选择了一个正在就诊的病例。这是一个库欣综合征患者，双侧肾上腺皮质增生，经过造影，确诊无疑。病人体重100kg，特点是水牛背，又宽又厚，脸上多脂，有痤疮，毛发多，明明是个女的，唇上似有一抹重重的小胡子，两个眉眉都快连在一起了，症状十分典型。如果按西医治疗，只有将增生的肾上腺切除，但切多了的后果将不是肾上腺功能亢进，而是减退了，造成另一种病，而且手术还容易复发，病人不接受手术，愿意用中医治疗。这种病我以前曾经治疗过，增生性的病用活血软坚药，其肥胖中医辨证属于湿热壅盛，用泄湿热加活血软坚的办法，治疗3个月，病人体重下降10kg，然后进行了造影，证明增生的肾上腺皮质缩小了。检查团恰巧碰上这个病例，非常感兴趣，随后向病人提问，病人讲得比医生还要生动。

这些老专家回去后经常讲起我的病房，我有时遇到杂症病房的同事，他们至今还非常留恋那段时光。我对医生工作要求很严格，对病案书写必须一丝不苟，学术气氛浓厚，在这个病房工作可以锻炼出真才实干。我对医护人员的生活很关心，病房经济效益很不错，待遇也好。

我对杂症病房同样留恋，怀有深情厚谊，这是我在黑龙江中医学院工作的最后一站，是我独立管理的一个重要部门，也是我步入名医行列的重要阶梯。

1986年7月15日我离开了读书和工作30年的中医学院，调入哈尔滨市中医医院任院长。

七、偶然成功必成果

现在很多同行仍会把我和三叉神经痛进行绑定。20世纪60年代开始，我运用大剂量川芎治疗三叉神经痛，疗效为很多同行所知。该方法也在1981年获得了黑龙江省人民政府科技进步奖，这是黑龙江中医界首次获省政府颁发的奖项。

下面我回忆一位痛不欲生的老妪。一般来说，三叉神经痛病因不明，但这位老太太得病的来龙去脉倒是很清楚。她是我们单位电工老吴的老伴，因为生气着急，一股火上来，得了一种怪病，在耳旁的脸颊部位，突然疼了起来，"酥酥"的，隔一阵疼一下，像刀剜一样，疼得实在熬不住了，捂着脸颊来到医院，找的是西医。医生诊断为牙疼，拔了两个牙，一点儿不见好。又到别处看，病总算看明白了，是三叉神经痛，医生给她打封闭，外加针灸，一点作用没有，疼痛依旧。老太太疼得坐也不是，站也不是，觉没法睡，饭没法吃，甚至连刷牙、洗脸都不行。

有一天她来到了我的诊室。因为是同院职工，互相都认识。这次一见面我吓了一跳，平时干净利索的老吴大嫂怎么成了这副模样？脸色蜡黄，表情痛苦，蓬头垢面，至少3天没有洗脸梳头了，在与我对话时，脸颊的肌肉阵阵抽搐。

我一听她患的是三叉神经痛，有些为难，说："老吴大嫂，我从来没有看过这种病，恐怕治不了！"老吴的老伴儿一听，眼泪都下来了："卢大夫，你不给我治，今天回家我就一头撞死，反正也活不成了！"我说："不是不给你治，真是没把握！"老太太说："你四小名医都治不了，谁还能治？"说着就跪下了，声音发颤，"卢大夫，你可怜可怜我，救我一命吧，你给我治好了，我啥也不干了，专门给你看孩子！"

我知道三叉神经痛的厉害，她痛得实在是熬不住了。我赶紧把大嫂扶起来，收下了这位病人。是因为头上顶着"四小名医"的光环？不是。如果治不好，岂不是砸自己的牌子？越是名气大越怕砸牌子，这是常理！我确实没有一点把握，从来没有治过一例三叉神经痛的病人。我本可以找各种借口推托，但最终还是收下了病人，我被病人的痛苦之状深深地触动了。医生是干什么的，医生就是要解决人间病痛的，否则还要医生做什么？一腔同情之心，是医生工作热情和激情最重要的原动力。

"你把过去治过的所有药方都给我拿来，我仔细看看"，我说。

老太太把过去治病所有的药方全拿来了，我仔细研究了这些中药方，这些药方累计起来，足有20多张，可一看里面的内容，千篇一律，全是治疗偏头疼的，任何一个中医都能开出这种药方。如果接着开下去，病人不光白白花钱，而且照样不会有任何效果，病人只能继续忍受病痛的折磨。我为什么要看过去的药方，就是要从那些药方中吸取教训。既然那些药方已经证明对病无济于事，那么，再开下去肯定还是于事无补，必须另辟蹊径。这是解决问题的第一步。

为了治疗三叉神经痛，我一头钻进图书馆的古籍堆里，仔细查阅，一查就是一个星期，对有关"头痛""偏头痛""面游风""齿槽风"等中医药古籍遍览无遗，终于在《名医别录》里查到了有关资料。在这本书上有这样的论述："川芎，专治面上游风去来，目泪出，多涕唾，忽忽如醉（疼得晕厥）。"我觉得，这是古籍中对三叉神经痛描述最为贴近的了。再一看治疗偏头疼的中医方剂中都有川芎，可以看出古人是不会欺骗后人的。中药配方讲"君臣佐使"，何为君？君就是皇帝，在中药里就是主药，这一点至为关键。不管有多少味药，肯定有一味是主药，其他是辅药，也就是"臣"，"佐"指的是防止有副作用的药，似有纠正之意，"使"就是引经药，有导航之意，比如说病在头部、在腰部、在肚子上，使药像大使一样，出使那个地方。

我分析了病人过去治疗失败的原因，主要有两个，一个是有效量不够，另一个是配伍问题。老太太突然着急上火而发病，因此在川芎基础上，加了泻火的药，我又查了一下川芎的化学成分，知道川芎的主要成分是川芎嗪，具有扩张血管的作用，因此我加大了川芎剂量。是药三分毒，加大剂量会不会产生毒副作用？药典上记载，临床应用在15g之内，人的承受能力到底有多大，古书上没查到相关记载。我决定突破禁区，但不能让病人去冒险，就在自己身上试验，逐步加大剂量，一直到50g，都没有任何不良反应。

我按自己的思路，为老太太治疗，仅用了3剂，折磨她半年之久的可怕疼痛戛然而止。有一天，老太太起床，突然发现与每天不一样，是什么？是疼痛突然神奇般地消失了，消失得无影无踪。她起初还不敢相信，平时像"老虎屁股摸不得"的"扳机点"，今天怎么碰也没有疼痛的感觉了。老太太一下子觉得天高地阔，郁积心里的气闷全部消失，心情无比畅快。她有半年左右时间没有正经洗过脸、刷过牙，没有好好吃过一顿饭，没有过上一天正常人的生活，今天，这一切都改变了，而且变得这么突然！

老太太其实只有四十来岁，是病把人折磨得过早地苍老了，那天她找到我家，连呼神医，进门就要给我磕头，我急忙拦住，老太太说，不让磕头我就给你看孩子。我成就感颇足，但老太太的好意，还是婉言谢绝了。我看到自己治愈的第一例三叉神经痛，自然心花怒放，作为一个医生，最大的幸福莫过于治好了久治不愈的疑难病证。我清楚，这例病证是经过反复思考，研究琢磨，思路清晰，绝非盲目解决的难题。那种靠撞大运、靠侥幸可能也会治好一例两例疑难病证，但不会多，更不会持久，更不会成为成功的经验，在科学上没有捷径和坦途。

这位老太太心地非常好，她去医院见到与自己一样受到三叉神经痛折磨的病人，心里十分同情，就主动把他们介绍到我那里，于是我的诊室里多了一个三叉神经痛的群体。

到我这里求治三叉神经痛的病人很多，我一开始还是按照治疗老吴大嫂的方剂，如法炮制，治好了不少病人，一般7剂药，多的2周就能显效，经我治愈的三叉神经痛病人已经有20多例。所谓治愈是有严格标准的，这就是当时疼痛停止，停药以后不再复发，如果当时管用，以后复发，不能算治愈。

但也有一个病例不见效，这是一个空军飞行员，是个团长。患三叉神经痛已经 10 个多月了，折磨得他痛苦万状，但更痛苦的是很可能因为这个病而过早地结束飞行员生涯。我知道，选拔飞行员可以说是千里挑一，对身体及各方面的要求非常严格，而且国家培养一个飞行员要花费大量的资金，过早地结束飞行员生涯实在太可惜了。我决心治好这个病人。

我反复琢磨，为什么别人几剂药见效，可他治了已经近 1 个月，却毫不见效呢？

中医讲的是辨证施治，不能光靠经验主义，我清醒地觉察到，这位飞行员一定有与其他患者的不同之处，但区别在什么地方呢？

这个细微差别被我捕捉到了。一般病人的扳机点非常敏感，是绝对的禁区，但这个飞行员却与众不同，不但可以碰，而且可以揉，反复不断地揉搓，当然这是徒劳的，由于总是揉搓，脸颊出了血，结了痂。"血瘀头痛揉则血气散"，说明这个病人是血瘀。但前一段时间治的全是火，不能说反，起码是不对症。这样，我还是以川芎为主，但是加了活血化瘀药。药力开始发挥作用，但这个病人不像老太太那样疼痛突然终止，而是"病去如抽丝"，慢慢地、逐渐地好起来。先是疼痛减轻，揉得不那么厉害，然后是能够吃饭、洗脸，生活转为正常，这样治疗了 1 个多月，病人的疼痛彻底终止了，这个团长又能够驾机重返蓝天了。

这样我治疗三叉神经痛的名气越来越大，来我这里就诊的病人越来越多。

香坊副食品商店有一个姓雷的保管员，五六十岁，因三叉神经痛求诊，治疗了一段时间不见效，我又开始新的思索，两个方法都用过了，既不是上火，又不是血瘀，难道还有其他原因？这个患者有什么特点呢？后来问清了他的职业，原来副食品商店有个地下冷库，他是保管员，经常在冷库里工作，他的病因应该与冷库有关。据这位保管员说，这个病就是在冷库冻的，现在连冷库都不敢进去了，一进去病情就加重。我觉得此人病从寒起，就在川芎基础上加了热药，这样病人很快就治愈了。

我是一个善于总结的人，经过对形形色色数以百计病人的治疗，把三叉神经痛归结为三种类型，一是风火型，二是血瘀型，三是风寒型。

风火型在临床上最为常见，约占全部病例的 68%，其临床特点为三叉神经痛加火的症状，疼痛呈现火烧或电击样，有明显扳机点。我治愈的第一例病人就属这种。

风寒型在临床上比较少见，约占9%。其特点为三叉神经痛加寒的症状，一般秋冬季节发病，疼痛多由风冷刺激诱发，疼痛发作时畏惧寒冷，疼痛性质多呈掣痛，比如那位冷库保管员。

血瘀型，这种病人约占23%，疼痛部位固定，疼痛呈刀割样或针刺样，疼痛往往时轻时重。病人最主要的血瘀特异表现就是疼痛发作时自己揉搓面部，疼痛部位皮肤粗糙或流血结痂，这种病人多数由于风寒型或风火型多年不愈，痛久入络所致。因此，血瘀型的特点多为病史较长。

这样看病，有的放矢，疗效非常确切，治疗了数百例，有效率在96%以上，同时我又对治愈的50例病人停药半年，进行远期观察，仅有4例复发。

后来，类似的病人多了起来，千奇百怪，不光是三叉神经痛，凡是头疼的全来了，有背来的，有担架抬来的，有哈尔滨市的，还有外市外县的。我原来的病室容纳不下，中医学院就专门为我开了个专治三叉神经痛的门诊室，每天病人络绎不绝，一天就诊的足有50多人。

我通过大量病例，总结出了治疗三叉神经痛的特效方剂，但我并没有满足于方剂的成功，我又开始了新一轮的艰苦探索，决定研制一种能够用于注射的针剂药物。

我忘不了我的合作者苑春升。这是一个经验丰富而又颇有开拓精神的药物化学教授，是我研制针剂药物的最有力支持者。

苑春升十分信任我，这种信任是缘于我对三叉神经痛治疗的确切疗效，对我治疗三叉神经痛，他早有耳闻，并介绍过病人到我这里诊治，病人皆痊愈，苑春升对我的信任度进一步增加。

我也十分信任苑春升，我把自己多年总结出的药方交给他。苑春升不愧是药物专家，看了我的药方，沉吟了半天，说："这种方，药的味数太多，二十来种，提取太困难，能否筛选一下？"

中草药能治病没有任何疑问，中成药虽没占到半壁江山，但也占有很重要的比重，但中药针剂却少而又少，原因就是中药的提取非常困难，这已经成为中药走向现代化的一个最大障碍。我在研制注射针剂药物时也遇到了这个问题，为了减少提取的困难，必须对这个复杂的药方"精兵简政"。

筛选药物是一个复杂细致的过程，不仅需要扎实的理论基础，更需要大量的临床试验，好在每天我都在收治大量的病人。在治疗过程中，我把汤药处方药物逐个精减。历时多年的苦心研究，终于选定了精简的处方，达到了由博返约、药简功著、力专而用宏的目的。

一般说来，肌内注射比较疼痛，大家忘不了肌内注射青霉素的疼痛，我与苑春升商量，决定在注射液中加点普鲁卡因，剂量多少合适呢，当然是越少越好，我在自己身上试验，当每支加到 0.2mL 时，注射时的疼痛明显减轻。试验取得了成功，我为此写了一篇文章在国家级刊物上发表。这篇文章引起了一些反响，各地患者纷纷到哈尔滨求治。

这项发明 1981 年获得黑龙江省人民政府科技进步三等奖，就是这个奖使省中医学院附院科研成果实现了在省级零的突破。与此同时，我将针剂处方中为主的药方制成了冲剂，行销全国，而且跨出了国门，美国、韩国市场上也有销售。当时我写过一本书《三叉神经痛与中医疗法》。

疼痛之症，治疗务必速效方可，否则苦不堪言。同时亦务求作用持久才有价值，否则药后即发作，疗效难以维持，通过多方面的临床和实验研究，证明颅痛宁冲剂对三叉神经痛、血管神经性头痛等面部神经痛都有显著的效果。

我是一个闲不住的医生，在颅痛宁的研究过程中我也同时向其他专业领域进军。

1974 年，我正在病房诊病，这时从外面抬进一个病人。我一见，吓了一跳。病人瘦得皮包骨，头发花白，牙掉得精光，腮向里边瘪着。人往床上一放，一动不动，一声不响地躺着，原来什么姿势还是什么姿势，身子都翻不了，只有眼睛偶尔一开一合，证明还有一丝活力。我问了年龄，病人 45 岁，正值壮年，可眼前这个老妪怎么看也得 60 多岁了。

病人是洛阳矿山机械厂职工医院的妇产科医生，已经到北京治了很长时间，诊断为弥漫性脑萎缩，不光痴呆而且衰竭，医生的结论是无情的——不治之症，起码目前还没有治疗的办法。病人无路可走，投奔哈尔滨的姐姐来了，因为病人的姐姐听说过我，于是找上门来了。

我有些为难："我没有治过脑萎缩！"病人的姐姐说："卢大夫，你是四小名医，你不能治，谁还能治。"我听这种"将军"的话次数已经很多了，我说："那就先住进来吧！"

我与病人对话，发现病人意识清楚，但说话无力，呈衰竭状态，我对其进行了全面检查，然后根据《灵枢·口问》的说法："上气不足，脑为之不满（萎缩），耳为之苦鸣，头为之苦倾，目为之眩。"《内经》说得再准确不过了，我认为必须补中气，重用黄芪100g，这个药比较平和，又加其他中药饮片，吃了1个月，奇迹出现了，这个病人明显地恢复了活力，僵硬的四肢能够活动了，而且很灵活。原来连说话的力气都没有，咀嚼能力几乎丧失的她居然能够下地走动了，2个月后就能从二楼到一楼散步了，半年时间就能从病房到汽车站送客人了。再看病人，脸色红润了，双目也变得有神了，生活完全能够自理，各方面功能恢复非常好，原来只有30kg的体重，现在增加到超过50kg。后来记者听到了消息来采访，《黑龙江日报》用一整版篇幅报道这件事。这条新闻轰动了哈尔滨，特别是在医务界。一开始有的医院不相信，明曰参观，实际是来甄别。也难怪这些医生有疑问，脑萎缩是不治之症，这是当时医学界的共识。我把病历交给他们，连同北京检查的资料也全部无保留地给他们看，参观的医生们看完了全部资料才真正相信了，可惜当时检查仪器不健全，只有气脑造影，只留下了模糊的影像。如果有现在的CT或核磁共振，进行清晰检查，对照治疗前后的图像，将会给后人留下很珍贵的资料。从此我和脑萎缩结下不解之缘。

还有一个病例。有个老太太67岁，走过几家医院了，诊断是一致的，老年痴呆症，住进医院。收治时家住在七楼，60多岁的老人一宿能上下七八趟，真够精神的，谁也拉不住，她与洛阳那位病人相反，表现是身体特别有劲，四肢发达，但头脑乱得一塌糊涂，管女儿叫妈，有时还叫姥姥，丢三落四，刚放好的东西就找不着了。这是一个糖尿病并发脑萎缩病人。这时我已经有了治疗这种病的经验，经过一段时间的治疗，这个病人血糖正常了，精神症状消失了，病人半年后已完全变为正常人。

痊愈后，这位病人来看我，人们简直无法相信眼前的一切。她就是那个一宿上下楼七八趟的老年痴呆症病人，就是那个丢三落四的老太太吗？眼前这个老太太虽然年近七旬，但精神健旺，花白的头发梳理得整整齐齐，穿戴合体讲究，脖子上还挂个项链，原来这个病人是农学院毕业的大学生，知识分子气很浓。她谦和地说："卢大夫，我那时的样子实在丢人，还可能出言不逊。"我一听，哈哈大笑："那是病，有什么丢人？今天看你恢复健康，而且身体这么好，真为你高兴，不用说笑话，向你祝贺还来不及呢！"

我为这几个病人看过病以后，认真思考了当前中医与西医的关系，其相同与不同点，得出结论：现在中医治病，不能光靠症状是否消失，虽然这是病人最为关心的，西医不光要看症状是否消失，还要经过仪器的检查。比如，前面说到的脑萎缩，治疗前，大脑图像如何，治疗后，图像有什么改变，中医的治疗效果必须由西医证实才算有效，这正是西医的严密之处。中医的特点是整体观念，辨证施治，因人因时因地制宜。西医是微观的，微观到细胞上、亚细胞上，讲分子生物学，当前最前卫的基因研究，已经有了巨大的突破。原来用显微镜，现在得用电子显微镜。中医讲辨证施治，以症为纲；西医是辨病施治，必须确诊，以病为纲。比如说，头疼，中医必须说是风是寒是火，西医就是高血压，头疼降压，头不疼也降压。西医治疗是常规治疗，中医不是，同样一个病，发生在春天夏天不一样，南方人北方人不一样，男人女人不一样，老人年轻人不一样，这就是中医的个性化，最近西医也讲个性化了。西医模式，过去就是生物模式，现在是心理－社会－生物模式，这与中医就趋近了。所以，中医博大精深，必须学透，对中医的基础理论必须精通。作为一个当代合格的医生，对中西两种理论必须找出契合点，有创新，有突破，有作为。

老年性痴呆发病率很高，一些药物无法通过血脑屏障发挥作用。另外，目前医学界普遍认为脑细胞没有再生功能，脑萎缩、变性是不可逆转的。我研制的脑灵口服液，进行小白鼠迷宫实验，比德国进口药喜德镇疗效好。韩国用脑灵也进行了实验，一所大学认为用小白鼠实验不如猴子，因为猴子属灵长类，与人更为接近，实验证明这种药恢复神经功能、促进昏迷早醒作用很大。

我的这种药创新点在于传统认为老年性痴呆是肾虚，理论根据是"肾主骨生髓通于脑"，所以传统治疗方法是补肾，这有一定道理，但我认为并不全面，人到老年，大脑老化，这是必然趋势，但老化的不仅有大脑，而是脏腑全面虚衰。五脏虚衰多为虚证，用补法，六腑功能减退，传化物功能失常多表现实证，得用通法，不是泻下，而是祛邪，所以我觉得并非只是肾有问题，而是五脏六腑都有问题，不能只补肾，要全面治，称为通补健脑法，对六腑采用通的办法，也就是补五脏通六腑，连补带通。

补五脏就是补肾的办法。通六腑：一是祛痰邪，一是祛瘀血，中医的痰不只是指气道中的痰，而是病理产物，是痰邪。所以，我在仔细筛选，哪些补药治老年性痴呆，哪些泻药治老年性痴呆，选出了六味药，补的是龟甲、黄芪，通的是汉三七、川芎、菖蒲、郁金，效果很好，有恢复神经细胞的功能。此项治疗痴呆的脑灵口服液研究在 1998 年获得了省政府科技进步三等奖。

关于糖尿病的认识，由于解剖学中胰腺的功能与中医理论中脾的功能相类似，我通过取类比象分析，认为糖尿病的病变脏腑主要责之于脾，提出"糖尿病是由脾气虚弱引起脾气呆滞而致水谷运化失常所致"，同时首创"脾胰同治法"。该治法经临床验证疗效卓著，尤其对胰岛素抵抗及多种并发症者，起到了标本兼治、全面调治之效。我研制的双解降糖精胶囊等系列药物在糖尿病的治疗方面疗效显著。1998 年是我科研成果的丰收年，这一年我梅开二度，双解降糖精胶囊又获得了省政府科技进步二等奖。

20 世纪 90 年代，我又相继运用"脾胰同治""药捣病所""鼻通于脑"等传统中医治疗思路，完成多种慢性疾病的研究及药物开发。

在治疗前列腺疾病过程中，我根据中医学"药捣病所"的理论，研发出既方便，又安全的前列闭尔通栓剂。栓剂由软坚散结的中草药制成，使用时放入肛门置于前列腺附近，使病灶直接吸收药力，从而确保起效快、疗效高、应用方便，填补了中草药栓剂在治疗前列腺疾病领域的空白。

进入 21 世纪，我开始潜心研究中风的治疗方法。由于当时国内外所使用的治疗缺血性中风的药物很难穿透血脑屏障起到应有疗效，我根据"鼻通于脑"的传统中医理论结合《伤寒杂病论》中记载的"药捣汁灌鼻中"治法，应用息风涤痰、通络开窍药物，筛选水蛭、川芎、冰片、三七四味中药研制成中风鼻溶栓，用治缺血性中风的各个阶段，疗效显著。

除此之外，我还对哮喘、甲状腺功能亢进、甲状腺功能减退、勃起功能障碍、抽动症等多系统疾病进行攻坚，共获得三项省级科学技术进步奖，四项研究成果获得国药准字号。我认为，中医学在治疗疑难杂病上有自己先天的优势，而中医药创新则是大开优势之门的一把钥匙。

八、坚守国医重服务

我在谈到临床时是个不折不扣的"医疯子"，但是当我提起老师这个身份的时候，心情却十分温和。我在黑龙江中医学院工作 25 年，除临床外曾任多届中医本科、西医学习中医、进修班等的内科主讲，累计 25 年，1979 年被评为省优秀教师。

1991 年，我入选第一批全国老中医药专家学术经验继承工作指导老师。

虽然首次入选时我只有 52 岁，是当年"最小"的老中医，但是我的教学经验相对丰富。学生面前的我没有什么架子，讲话间带着一点"东北式"的幽默，带教时总是悉心地与学生探讨病例，让学生主动思考，就是常说的"教学相长"，我要谢谢学生们来跟诊，因为他们在，所以我才更有动力去进步。我希望他们能把我的经验都学走，青出于蓝而胜于蓝才是最好的，这样中医才能长盛不衰。

我就是以这样"甘为人梯"的准则要求自己，培养着传人。在这带教的 20多年，我培养了 10 多名学术继承人，其中有多位省级名中医、当地的中医临床领军人物。2007 年，我与第三批继承人分别被评为"全国首届中医药传承优秀教师"和"全国首届中医药传承高徒"。近期喜闻我的学术继承人孙奇和卢天蛟主编的《国医大师卢芳学术经验集》即将出版，此书为我之前临床经验的全面总结，有感于当时心境，随即赋诗一首：

> 悬壶治病两代人，老医新秀一家亲。
>
> 瑰宝传承有来者，毕生心血洒杏林。

除此之外，我曾历任哈尔滨中医医院院长、黑龙江省中医药管理局副局长等职，虽然职位水涨船高，但我始终坚持中医为本。

在哈尔滨中医医院工作期间，我提出"三特一化"的办院方针，要求"医院有中医特色、科室有专科特长、医生有专病特点、结合现代化诊断手段"，成功将哈尔滨中医医院建设为一所中医特色十足的医疗机构。

我认为，中医特色就是要"说中医话、看中医书、用中医药"，临床医生要有中医专业特长，要擅长发挥中医宏观诊病的独特优势，也要善于利用西医的量化指标来判定疗效，而不应该以西医的治疗方式取代中医治疗，也不应当单纯以西医的检查指标作为中医的辨证依据，只有将中西医各自之优势相结合，才能更好地发扬中医。

在黑龙江省中医药管理局任职期间，我坚持以服务中医药为主，由于时行的医疗机构等级评审标准主要面向于综合医院，中医院在硬件设施上很难达标。因此我顶住压力，主张依据地区及学科特色适当放宽对中医医疗机构的评审标准，让有技术、有追求的中医院能够破格提升，以促进中医药从业者的积极性。我认为，中医药管理局是中医药行业的主心骨，只有我们做好服务，中医药行业的发展才能更有力。

被评为国医大师之后，我的生活没有什么改变，依旧忙着出诊、带教、科研。入行 50 多年来，我从来没离开过临床。我常说为官是有任期的，行医是一辈子的。组织需要我做什么工作我就去做，但是医生是我不能舍弃的职业，我热爱这个工作。哪天要是不让我看病了，那就要我命了！

九、学术观点

（一）发扬国医新思维，辨证辨病应结合

20 世纪 70 年代，正值我国中西医结合事业发展的初期，国家政策形势一片大好，但在学术界仍具有一定争议。我则坚定地认为，中医辨证与西医辨病相结合属于优势互补，中医治疗经得起临床考验，但苦于无法定量，如借助西医之"术"，不但可以使病人更了解病情，同时也能更好地验证疗效。在临床工作中，我勤求古训，确不拘泥于书本。为此，我特地将自己的临床经验汇集为《内科辨病与辨证》一书，于 1979 年出版发行，全书 25 万字，独创图文结合的形式，将西医对疾病的理解与中医辨证施治理论相结合进行分析阐述，并根据药理学知识，总结出"辨病证、定药量"等一系列临床治疗原则，我在书中分别以西医之"病"与中医之"证"为纲展开论述，从中医学与西医学两个不同的角度出发对病因、病机进行阐述，最终同时落脚于中西医结合临床诊疗，兼顾了具有中、西医不同医学背景的专业读者的阅读习惯与认知方式。

虽然如今辨病与辨证已成为医生普遍应用的方法，但在 20 世纪七八十年代，真正把中西医相结合的理论应用于临床，并以长篇论著出现的还没有见到。这本书已经发行 20000 余册，其发行足迹遍布国内，还销往日本等地，深受海内外从业者的欢迎，成为很多从业者必备的工具书，我也因此收获了一批来自海外的"粉丝"。

辨病就是用现代医学的科学方法对疾病明确诊断，即确诊；辨证就是用中医理论将疾病辨明是什么证型，即分型。将这种病与证结合的方法运用到实践中可以提高临床的诊治效果。例如，同属"心脾两虚"证型，表现在神经官能症和再生障碍性贫血这两个截然不同的疾病中，我在治疗时，在补益心脾的治疗原则基础上，选用针对性较强的辨病用药。如神经官能症选用酸枣仁、茯神、五味子等补益心脾而有镇静作用的药物；再生障碍性贫血则选用人参、黄芪、黄精等补益心脾而有增加生血作用的药物。

在治疗肾盂肾炎时，现代医学认为多半是由大肠杆菌感染，初期表现为发热、寒战、泌尿系刺激征，反复发作转为慢性以致影响肾功能，传统上中医认为是湿热蕴结下焦而致的淋证，多选用八正散。可是有时八正散疗效不肯定，我认为八正散不能反映肾盂肾炎这一复杂疾病的全貌，我用中医理论，通过认真总结与实践将其分为三个阶段。首先是感染症状，认为是外邪侵犯了足太阳膀胱经，太阳主一身之表，所以有足太阳膀胱经证，病邪由经入腑，影响了膀胱的气化功能造成膀胱气机不利，湿邪内停而出现膀胱刺激征，久而久之，由腑入脏，膀胱病变及肾，出现肾虚症状，即慢性肾盂肾炎的表现，由于久病多虚，卫外不固，外邪入侵使肾盂肾炎反复发作，所以我在治疗时，早期感染症状用解表祛湿法，药用双花、连翘、大黄、厚朴、公英、地丁、红藤等；有膀胱刺激征时用清热利湿法，选用大黄、黄柏、厚朴、苏木等；慢性症状期多选用补肾而具有抗菌作用的中药，如何首乌、女贞子、仙茅等。我治疗慢性肾盂肾炎的一个显著用药特点是重用大黄，常用至50g，因其苦寒，苦能燥湿，寒可清热，清实热，下积滞。

我还体会到感染性病因如六淫之邪侵犯人体，风邪多数为球菌感染，湿邪多数为杆菌。风为阳邪，其性炎上，头面部、肺系感染多以球菌为主，与"伤于风者，上先受之"不谋而合。中、下焦受邪多半为阴邪，正中"伤于湿者，下先受之"之理。泌尿生殖系统及肠道感染多为杆菌，所以湿邪与杆菌在发病部位上相似，因此，在治疗上对于球菌感染，多数选用祛风药，杆菌感染多选用祛湿药。

我主张"辨病与辨证相结合"的观点，内含有两层意思：一为既要为病寻药，又要重视辨证论治，二为辨证论治与辨病施治相统一。西医通常寻找有效方剂与药物，希望能找到治疗某一种疾病的有效方药，因此，努力于为病寻药，中医则强调辨证论治，用辨证的方法用药而不拘于一病一方。我认为两者不能偏废。辨证论治是建立在整体观念和动态观念上，以朴素的唯物辩证法为基础，认识疾病过程中的主要矛盾和解决主要矛盾的两个方面。它不是为寻找唯一的致病因素，而是多元的衡量某一方面的主要问题，以此主要问题作为治疗依据。例如：同样是患哮喘病，每个人的发病情况不同，表现有寒热虚实之别，即同一病人，同一哮喘，在不同时间、季节、环境、诱发因素、个人体质等情况下，所表现的症状也各有别，治疗上也不相同。如一哮喘病人在春季发病表现风热证，用桑菊饮、银翘散，入秋发作表现风寒，用小青龙汤，入冬表现肾虚，采用金匮肾气丸，每每取得好的疗效，这充分证明辨证论治的优越性。

中医的"证"，一般来讲是机体在疾病发展过程中的某一阶段的病理概括，由于它包括了病变的部位、原因、性质以及邪正关系，反映出疾病发展过程中某一阶段病理变化的本质，因而它比症状更全面、更深刻、更正确地揭示疾病的全貌。但是，我们又不能满足于"证"，因为现代科学物理、生化、实验室等各方面检查所得出"病"的证据，在某些方面超出了中医的望、闻、问、切。如慢性肾炎，浮肿等症状已消除，在过去病人和医生都认为病已痊愈，现在化验尿液尚有蛋白及红、白细胞，医生与病人都认为病未痊愈；又如无黄疸的肝炎或乙型肝炎没有症状表现，可是实验室检查肝功能异常或乙肝表面抗原阳性，就不能认为病人无病或已治愈。如何降低转氨酶？如何使乙肝抗原转阴？只有通过实践，从中寻找探索有效的针对性的方药，这是无可非议的。如果片面强调辨病，丢掉辨证，则失掉中医灵魂。如果无视现代科学对病的研究，则临床疗效得不到提高，中医学术也得不到全面发展。

处方应在某一治疗原则指导下，在某些代表方剂中筛选有双重治疗意义的药物。这类药物的筛选应当遵循辨证施治理论，所选的药物宜根据中药四气五味的特性和证型丝丝入扣。处方中药味数量要精，药物剂量要有把握地增大，这种增大剂量一定要有科学根据，一是病情需要，二是药物的性能和现代药理分析证明有利于治病而不有害于机体。

构筑疾病需要基本要素，如同建造房屋需要材料和骨架一样，我常用点、线、面的概念进行论述。"点"指疾病征象在时间和空间上的间断性，即单一的症状、体征和检验结果，它们是组成疾病模型的基本材料；"面"指疾病征象在某一时间片断（或点）上的空间分布，即同一时间内所有病征的排列组合；"线"指疾病征象在某空间范围内的时间分布，即某些病征在不同的时间内发生、发展和演变的过程。后二者是构建疾病的骨架。

（二）三叉神经痛顽疾，重用川芎显奇功

对于三叉神经痛，我通过所掌握的病例分析，患风火型的占全部病例的68%，这类病起于内火外邪，多为精神因素所致，风火上攻，使三叉神经产生

病变，对待这种病证应以祛风泻火为主。风寒型三叉神经痛在临床上比较少见，约占 9% 左右，此病多发在冬秋季冷气袭来之际。血瘀型三叉神经痛为风火型和风寒型的延续，久治不愈形成血瘀。我接待的此类患者也为数不少。

1. 风火型

风火型治疗法则以疏风泄热为主，佐以活络止痛。基本方为：川芎 50g，生石膏 50g，菊花 15g，水牛角 25g，胆星 10g。若一支疼痛加蔓荆子 50g，二支疼痛加薄荷 15g，三支疼痛加黄连 15g，一、二、三支联合疼痛加柴胡 15g。

方中以大剂量川芎为主药，取其辛温走窜，上行头目，下行血海，以其达到驱除头面风邪的目的，辅以石膏，取其辛寒，辛能解肌热，寒能泻胃火，功擅内外，二药相合，共奏祛风清热功效。佐水牛角、胆南星清泄里热，菊花疏风清热，共助川芎、石膏祛风清热。若一支疼痛，属足太阳膀胱经循行部位，故加蔓荆子为使；若二支疼痛，属手太阳小肠经和手少阳三焦经循行部位，故加薄荷为使；若三个支联合疼痛，属足少阳胆经和足阳明胃经循行部位，故加柴胡为使。上述诸使药，既能引药归经，使药达到病所，又有清热祛风作用，一举两得。服用本方多在 4~12 剂获效，若服至 12 剂无效者，可把川芎每剂改为 75g 再服 4 剂，仍毫无疗效，可考虑按血瘀型治疗。

2. 风寒型

风寒型治疗法则以温经散寒为主，佐以活络止痛。基本方为：荜茇 50g，细辛 5g，川芎 50g，炙川乌 10g，苍耳子 15g。若一支疼痛加防风 25g，二支疼痛加高良姜 15g，三支疼痛加藁本 15g，一、二、三支联合疼痛加白芷 50g，恶心、纳呆加半夏 15g，恶风寒加羌活 25g。

方中以川芎为主，取其辛温走窜，祛风散寒，辅以川乌、细辛温阳散寒辛热之品，助川芎搜风逐寒，佐荜茇、苍耳子芳香而清浮邪，五药相合，内外风寒皆可剔除。若一支疼痛，属足太阳膀胱循行部位，故加防风为使；若二支疼痛，属手太阳小肠经和手少阳三焦经循行部位，故加高良姜为使；若三支疼痛，属手阳明大肠经循行部位，故加藁本为使；若一、二、三支联合疼痛，属足少阳胆经和足阳明胃经循行部位，故加白芷为使。上述诸使药的含义与风火型使药相同，即达到引药归经和祛风散寒作用，多在连续服药 2 周左右显效。

3. 血瘀型

血瘀型者，治宜活血通经。基本方为：川芎 50g，地龙 15g，僵蚕 15g，蜈蚣

3条，炙水蛭15g，全蝎5g。若一支疼痛偏热者加蔓荆子50g，偏寒者加荜茇50g；二支疼痛偏热者加薄荷15g，偏寒者加高良姜15g；三支疼痛偏热者加黄连5g，偏寒者加藁本15g；一、二、三支联合疼痛偏热者加柴胡25g，偏寒者加白芷50g。舌有瘀斑加穿山甲（现用代用品，下同）15g，舌苔薄黄加胆星10g，兼气郁加姜黄25g，兼气虚加黄芪50g。

方中以川芎辛温走窜，祛风通络为主药，辅以地龙、僵蚕、蜈蚣、炙水蛭等虫类搜剔之品，借以达活血通络以止痛的目的。使用诸引经药的目的与风火、风寒型同。

临床体会，血瘀型比上述风火型、风寒型为难治，若服至6剂以上无明显好转者，可将川芎每剂用量改为75g，并嘱患者坚持服药4周，方能显效。

血瘀型的治疗法则，应是活血通经，化瘀止痛，但应注意以下三点：

其一，活血当分寒热。血瘀一证，无论病程久暂，没有不偏寒或偏火的，与风寒或风火型比较，只不过是主要矛盾不在于寒或火，而在于以血瘀为主证而已。因此，在治疗用药上，应当区分兼有寒证或热证。若兼热证，多由于血瘀化热所致，治宜凉血活血，如大黄、丹皮、炙水蛭、丹参等酌情选用；若血瘀兼有寒证者，治宜温经活血，常用吴萸、乳香、没药、红花之品。

其二，活血勿忘治气。中医学认为，气与血是对立而又统一的关系，在人体运行当中，气与血是相辅相成的。例如，气行则血行，气滞则血凝，气虚则血泞，气陷则血脱等。三叉神经痛所见的血瘀型，也不例外，亦应该是活血先治气。一是应用行气活血药，例如川芎、姜黄之属，适用于气滞而无气虚象的病例；二是补气活血药，例如黄芪、人参之属，适用于气虚痛而无气滞的病例。

其三，活血宜辨虚实。活血药可有补血活血和破血活血之分，补血活血药，例如当归、丹参、白芍等，是活血而不伤正，适用于血瘀兼有血虚象者；破血活血药，例如穿山甲、炙水蛭、皂角刺等，有活血破坚之功，适用于血瘀而无血虚象者。

不拘泥传统的药物用量，是我治病的特色，我常说："选方用药，犹如用兵，不得已而为之。临床用药时要辨证辨病精准，视具体的病情而用。中医药的创新，不是拿病人当试验品，而是经过前期大量调查研究，确定安全后，方可实践。"我是这么说的，也是这么做的。为了治疗吞咽障碍，我曾亲自试服生半夏，记录服药感受，感觉毒性没有传说中那么可怕，但是你不亲自试过，就不知道药物到底是怎么起效的。

（三）首倡脾胰同治法治疗糖尿病并发症

糖尿病是一组病因不同的内分泌代谢紊乱性疾病，而以血糖增多为主要标志，临床表现以多饮、多食、多尿为主症的疾病。因其本病是消灼津液为主而产生的，故此命名为消渴。

我从医 50 余年，研究治疗此病数千例，认为糖尿病病变脏腑主要责之于脾，由此在国内首创了"脾胰同治法"，临床疗效显著，尤其是对有合并症者，更为标本兼治之法。

《素问·五脏别论》说："所谓五脏者，藏精气而不泻也，故满而不能实。六腑者，传化物而不藏，故实而不能满也。"以脏腑分阴阳，一阴一阳相互为表里；如心与小肠、肺与大肠、脾与胃、肝与胆、肾与膀胱以及心包与三焦相为表里，而胰脏往往被人们所忽略，古人将胰归之于脾的功能。《难经》云："脾重二斤三两，扁宽三寸，长五寸，有散膏半斤。"清代唐宗海著《中西汇通医经精义》曰："脾居中脘，围曲向胃"，又说"西医脾形，另有甜肉"。唐氏是在《难经》"散膏半斤"基础上，进一步明确为"甜肉"。《素问·太阴阳明论》曰："脾与胃以膜相连耳，而能为之行其津液。"《医林改错》则直接视胰为脾，曰："脾中有一管，体象玲珑，易于出水，故名珑管，脾之长短与胃相等，脾中间一管，即是珑管。"

从现代医学角度来分析，糖尿病的基本病理生理为绝对或相对性胰岛素分泌不足所引起的蛋白质、脂肪、水、电解质等代谢紊乱。中医认为，这些物质的代谢即水谷精微的吸收、转输、气化是由脾所主，脾主运化升清。脾气健运，水谷吸收、转输有利，即三大物质代谢功能正常，胰腺功能无碍。反之脾失健运，则消化、吸收、代谢等诸环节障碍，导致"三多一少"的糖尿病症状出现，也就是说，胰岛的功能发生变化。基于此，我创立了脾胰同治法，为糖尿病的治疗探索出新的路径。

应该说糖尿病在古代中医记载中已有几千年的历史，内容丰富而且完整，但是对此病的认识是病变脏腑为肺、胃、肾三者，把病分为三消，消渴多饮为上消，消谷善饥为中消，尿频量多为下消。我认为，这种提法有些偏颇之处，经过反复观察，认为病位脾上。我对此进行了深入研究，古代医学说五脏包括心、肝、脾、肺、肾，如果再说胰就是六脏了，因此把胰的功能归到脾上，所以说胰有问题就可以看成是脾脏出了问题，糖尿病的症状确实有脾的症状，我认为糖尿病是因脾气虚弱或脾气呆滞而引起水谷转输运化失常所致。

（四）运用"药捣病所"理论研制新药

前列腺增生、前列腺炎为难根治、易复发的疾病。如何医治慢性前列腺疾患已成为中西医共同关心的热点课题。现代医学对此病多采用激素、抗生素和局部注射或手术等疗法。因病变腺体呈慢性炎症，组织发生浸润，还时有水肿形成，或有瘢痕包绕，病灶周围硬化，所以口服及全身性给药，药力均达不到病所，对症候群往往顾此失彼，疗效均不佳，并且激素难免出现副作用，局部注射疼痛难忍，手术又有一定的危险性，患者都不愿接受。因此，运用中医药治疗慢性前列腺炎、前列腺增生，前景广阔。

我从临床实际出发，根据中医学"药捣病所"理论，采用既方便，又无毒无副反应，易于推广的前列闭尔通栓剂，放入肛门置于前列腺附近，使病灶直接吸收药力，从而确保起效快，应用方便。采用的药物经过反复筛选，由十一味药组成，用活血软坚的中药栓剂治疗慢性前列腺炎、前列腺增生，目前在国内属于填补空白，运用这种治法和处方攻治慢性前列腺炎、前列腺增生，当时尚未见到国内外相关报道。

（五）继承"鼻通于脑"理论，创新中风给药途径

国内外治疗缺血性中风，主要采用溶栓、抗血小板聚集、抗凝降纤、中药活血化瘀等静脉或口服疗法。虽然名目繁多，但还是有很多中风病人留有后遗症，这其中一个原因是药物很难通过血脑屏障进入脑组织，药物生物利用度低，很难起到应有疗效，而且目前尚无理想的活化脑细胞、恢复神经功能的有效药物。

中医传统理论认为，"鼻通于脑"。鼻为十二经脉、任督二脉交会之处。《灵枢·邪气脏腑病形》云："十二经脉，三百六十五络，其血气皆上于面而走空窍。"这说明鼻腔给药通过经脉循行可达脑髓。现代医学对鼻黏膜、动静脉、脑及脑脊液的关系研究也提供了确切的给药依据：鼻腔内具有纤毛上皮黏膜，其面积约$150cm^2$，黏膜下生有丰富的毛细血管网及淋巴网络，十分有利于药物的

吸收。鼻腔上部有筛板结构，其周围充满脑脊液，同时鼻腔上部的静脉与海绵窦和上矢状窦相联系，上述两种解剖关系都说明鼻腔给药可直接进入脑脊液。

由于鼻腔给药直接吸收进入脑脊液，避开了"血脑屏障"的阻隔，直接作用于靶向组织，明显减少了用药量，可保药物有效剂量，鼻吸收试验证明，给药后药物在大脑、脑干等部位迅速出现。鼻腔给药效果迅速完全，避免了口服药物经过肝胃的首过效应，因此生物利用度高，给药方便，适用于口服不便的患者，方便偏远地区病人携带。

本篇书稿完结是在金秋 9 月的一个上午，哈尔滨的街头已经有了丝丝凉意，但我的诊室中却非常热闹。一间不足 20m² 的诊室中，或站或坐地挤满了前来跟诊的学生，上午 9 点 30 分，我已经接诊了 10 余位病人。

"望闻问切抓主证，脏腑学说把位定，找出某脏为主导，再用八纲去定性，卫气营血与三焦，经络循行与六经，结合气血与痰饮，高度概括成证型"，每接诊一个病人，我都会仔细诊察患者的病情，并将对疾病的辨证分析和诊治要点讲予学生和患者。亦诊亦讲的工作状态，并未让我这位已近杖朝之年的老人显露丝毫疲态，我常念叨："我年纪大了，希望能把我的技艺和经验传承下去。只要病人还需要我、信任我，我就能出来诊病！"曾赋诗一首自我鞭策：

解甲仍操岐黄术，披挂专攻本草经。

力捣膏肓起沉疴，甘为仁者济苍生。

入行 50 余年来，我有过多种身份，大学教师、临床医生、病房主任、医院院长、省中医药管理局副局长等，人生经历不可谓不丰富。我也因此练就了一身的云淡风轻，不论是说到儿时坎坷还是后来的成就，我都是寥寥几语一带而过，唯有说到诊病的时候，我的眼睛里才会迸发出兴奋与热爱，仿佛那才是我的灵魂。和中医药相伴的这 70 余载岁月，早已让中医药融进了我这个"东北老汉"的骨血。

（孙奇、卢天蛟协助整理）

梅国强

梅国强（1939—　），男，武汉市黄陂区人，出身于中医世家。1956年考取武昌医学专科学校，1958年被保送入湖北中医学院（现湖北中医药大学），长期师从医林名宿洪子云教授，1964年毕业并留校任教。湖北中医药大学教授、博士研究生导师。曾兼任广州中医药大学博士研究生导师。曾任中华中医药学会常委（两届）。湖北省科协常委（两届）。1991年被湖北省教委、湖北省人事厅评为湖北省优秀教师，1992年获湖北省"有突出贡献的中青年专家"称号，同年享受国务院政府特殊津贴，1998年获中华国际医学交流基金会"林宗扬医学教育奖"，1992年后相继获"湖北省知名中医""湖北中医名师""湖北中医大师"称号，2007年、2012年被评为第三、四批全国老中医药专家学术经验继承工作指导老师，2006年获中华中医药学会首届中医药传承"特别贡献奖"，2007年获湖北省教育系统"三育人先进个人"，2014年被中国科学技术协会授予"全国优秀科技工作者"称号。

一、精研伤寒，拓展临证

梅国强教授依洪老教导，除主攻《伤寒论》外，还认真研读《内经》《难经》诸经。复因洪老主张寒温汇通，故又仔细研读明清两代温病大家，如吴又可、叶天士、薛生白、吴鞠通、王孟英等人著述，旁及各家学说。他坚信多治病必使多读书，多读书必能多愈病。关于《伤寒论》"存津液"问题，学者认识各有不同，而他发表《略论"存津液"在〈伤寒论〉中之运用规律》，全面揭示其真谛，尤其在论述阳亡而吐利不止，阴血消亡在即者，及时回阳救逆，即所以止吐利，止吐利即所以存津液，祛邪务必及时有力，旨在存阴，如大青龙汤之峻汗法，大承气汤之急下存阴法等，是以"存津液"可寓"滋阴"诸法，而仅论"滋阴",则大失《伤寒论》本旨。《论叶天士"益胃阴"之运用规律》中,指出泄邪热之有余,即益胃阴之不足;泄湿浊之郁伏,而寓益胃阴之意等,与前者有异曲同工之妙。又如,《拓展〈伤寒论〉方临床运用途径》,系统阐明"依据主证,参以病机""谨守病机,不拘证候""但师其法,不泥其方"等8条途径。其论明白晓畅,临床可征可信,颇受行家赞誉。他提倡以六经辨证为纲,而将卫气营血、三焦、脏腑辨证等穿插其间,虽难产生高出其上之统一辨证方法,然必有互补之妙,绝无龃龉之情。《论少阳腑证》,主以大柴胡汤。《论手足少阳同病》,自拟柴胡蒿芩汤,以治疗少阳枢机不利、湿热弥漫三焦者,但合其法度,用之多验,令人耳目一新。自拟加减白头翁汤洗剂(坐浴剂),对妇科带下、皮肤湿疹等有明显疗效,上二方被《名医名方录》第四辑收载。再如《加减柴胡温胆汤临证思辨录》之类文章,均可看出寒温汇通之实效。《经方为主治疗冠心病临证撮要》诸文,依故说而结合实践经验,立论清新,说理周详(已报道)。还有几篇文章被《中国中医药报》连载,亦颇有影响。

二、勇于实践,胆大心细

梅国强教授早期有跟随洪老用中医药治疗流脑、急性菌痢、肠伤寒、流行性出血热等急重症之坚实基础,故其擅治某些急重或疑难之病。

曾遇一妊娠8个月者,突发高热下痢赤白无度两日,腹痛里急后重明显。患者家距县城百余里,若以人力长途送医,后果不堪设想。梅国强教授若接诊,思想压力沉重,若推辞则恐失两命,故毅然接诊,拟白头翁汤加行气理血、缓急止痛之品。其中白头翁、生白芍均用至一两(30g),是此前未曾用过之量。处方后唯恐生变,而彻夜难眠。讵料效果甚佳,母子平安,事后仍心存余悸。他在病房工作期间曾治一急性皮肌炎病者,高热(39～40℃)弛张不退,周身红疹密布,奇痒微痛,而患者拼死拒绝激素治疗。初因囿于清热解毒法,经治月余,而病情依旧,有人诉诸院领导,谓其拿病人当试验品。其时他忍辱负重,每夜必查阅中医文献,忽一日查得《医宗金鉴·外科心法要诀》有"赤白游风"与此病相似,从其病机论述,表虚腠理不密,风邪袭入化热而成中,悟出桂枝汤法治疗,竟获痊愈(已报道)。因而惊叹洪老教诲,"当医生无非两看,即白天看病,夜间看书",不啻金针度人。近数年,他又治愈2例慢性皮肌炎患者,其证均表现为湿热成毒征象,均以自拟"四土汤"(土牛膝、土贝母、土大黄、土茯苓）加二妙散及活血解毒祛风之品，均获痊愈。可见，同一疾病，有急、慢之别，西医治法略同，而中医治法则各有所异，辨证论治，微妙如此！"四土汤"用途较广，有学生曾进行零星报道，梅国强教授系统梳理病案后，将进行全面论述。

以小陷胸汤加味治疗冠心病（已报道）、肥厚性心肌病、扩张性心肌病等，有较好效果。以真武汤加味、小陷胸汤加味，分别治疗不同证候之慢性充血性心力衰竭，常获佳效。自20世纪80年代迄今，他保存原始门诊病案20000余例，正在加紧整理，冀于在原有基础上，以全《伤寒方临证思辨录》之心愿。因其学验俱丰，对病者热情诚恳，而求治者应接不暇，年门诊量约9000人次。

三、笔耕不辍，探索不止

梅国强教授从20世纪70年代开始，随从李培生、刘渡舟、袁家玑教授，协助编写《伤寒论》教材、教参数部，既是工作，亦为深造之机缘。学名家成就，而筑一己之根基，虽属虔诚，然自恨天资不足，以未得其全为憾。其后主编21世纪课程教材《伤寒论讲义》、全国函授教材《伤寒论讲义》，主偏《乙型肝炎的中医治疗》，共计参编、副主编、主编教材及书籍共8部。其中21世纪课程教材《伤寒论讲义》，2005年被卫生部教材办公室评为"全国高等学校医药优秀教材"一等奖、2009年被全国高等教材建设研究会评为"新世纪全国高等中医药优秀教材"。发表《仲景胸腹切诊辨》《加减柴胡桂枝汤临证思辨录》等论文约30篇。其中《仲景胸腹切诊辨》于1982年在南阳首届中日仲景学术大会宣读，受到广泛关注，后被日本东洋学术出版社收入《仲景学说的继承和发扬》中。《拓展〈伤寒论〉方临床运用途径》，1988年获湖北省科协优秀论文一等奖。

学术探讨永无止境，梅国强教授主要从两个方面进行。其一，临床探索，是其主要方面，从"勇于实践，胆大心细"中可见一斑，不予赘述。其二，开展实验研究，如"《伤寒论》血虚寒凝证的实验究"，用动物局部冷冻法，以贴近人体血虚寒凝证，用现代理化指标，揭示其病理生理本质，经鉴定达国内首创水平，获1992年湖北省政府科技进步三等奖。"太阴阳虚与少阴阳虚证及其关系的实验研究"，1993年在首届亚洲仲景学术会议上引起好评，承蒙刘渡舟教授赞为第一个真正的中医经典著作病证模型。"心下痞辨证及其客观化研究"

1993 年获湖北省卫生厅科技进步三等奖。

梅国强教授多年来共完成科研课题 8 项，均取得好的成果，然而他对此自认有美中不足处。首先，很难造成中医候证模型。其二，过分倚重西医学实验研究思路和方法，难与中医学原理相符。其三，中医科研似应围绕辨证论治结合现代理化检查方法的临床研究。

四、精心培育，桃李满园

梅国强教授在中医教育战线上工作 50 余年，曾为本科生、留学生、硕士及博士研究生、全国伤寒师资进修班等各类班级授课，还多次应邀到北京、广州、上海、成都、太原、河南等地讲学或授课，因教学效果好，而受到交口称赞。在带本科生临床方面，从讲解医疗制度，到病历书写、辨证立法处方，无不精勤周密。在培养研究生过程中，除及时答疑解惑外，侧重培养其临证思辨和对复杂或疑难病证的分析处理能力，务使受益。鼓励学生超过他，是本"弟子不必不如师，师不必贤于弟子"之古训。事实证明，他的学生早已成为各单位业务骨干，有的已"贤于师"或将"贤于师"。每谈及此，他欣慰之情，溢于言表，还对诸生特致谢意，盖无其侍诊，何有 20000 余例病案。他两届共带学徒 4 名，皆学有所成，其中一名获首届传承高徒奖。最后他要求用 2016 年所作《纪念医林名宿洪子云教授诞辰百周年》七律一首，作为本文尾声：

> 忝列门墙五十年，童颜早改染霜颠。
>
> 常思昔日恩师训，恒作今朝奋蹄鞭。
>
> 治病琴心同剑胆，为人名利化云烟。
>
> 韶华易逝霞光短，但愿余辉启后贤。

（叶耘、曾祥法协助整理）

孟宪杰

孟宪杰（1939— ），男，生于河南省方城县杨集乡付庄村，1960年方城县第一中学毕业，考入河南平乐正骨学院，攻读中医骨伤专业，1964年毕业留校，分配在河南省洛阳正骨医院正骨研究所，从事创伤骨科临床诊疗，大学本科学历。曾任河南省洛阳正骨医院骨科主任，现在河南省洛阳正骨医院（河南省骨科医院）工作。全国第二批名老中医带徒专家，第二批全国老中医药专家学术经验继承工作指导老师。1997年批准享受国务院政  府特殊津贴。出版著作《踝关节外科》，发表学术论文30余篇，获省部级科研成果奖4项，厅局级科研成果奖4项。1997年获河南省政府"特别贡献奖"。从医五十余年，精通中医骨伤理论，临床经验丰富。擅长对伤科辨证施治，能熟练运用骨折脱位手法复位技术，尤其对关节内和近关节部位骨折的诊治有比较深入的研究。

一、艰辛年月，刻苦读书

我出生于普通的农民家庭，自幼丧母，和父亲相依为命，由于当时农村生活普遍艰苦，家里又无其他经济来源，自己倍加珍惜来之不易的读书机会，坚持起早贪黑，刻苦攻读，放学后还要去田间帮父亲锄草，料理庄稼，或是到野外拾柴，供烧水做饭之用，从不贪玩。

到中学时期，生活越加艰苦。因需要住校，家距离学校十几里路，不能每天回家，又无钱加入学校食堂，每周日下午自己担着下一周所需的伙食和柴火，在学校周边住户的闲置房下自己做饭吃，无论刮风下雨，都是如此。

每到开学时，为筹集学费，到县城榨油作坊打小工，这个工作很辛苦，房间温度高，又脏，主要操作是把高温下机械压榨的渣饼从钢圈模子里拔出来，放在指定的地方垛起来，每块饼约 20 斤，尤其是那钢圈很热，也不知道有多少度，即使戴手套每次做完后手指上都会烫起水疱，汗流浃背，这些痛和累我都不在乎，只要能减轻家庭负担，挣几块钱，交上学费，能继续读书就高兴。

为筹学费，在放秋假时，我曾多次与同村人一起，到离家三十多里的七峰山上去采摘野山楂，每次带上吃的和用具，天不明就吃完早饭启程了。待太阳升起时，已爬上山，各自去寻摘山楂，待夕阳西下时，摘满两布袋，约四五十斤，沿着满布荆棘、崎岖陡峭的山坡下山，到家时天色已黑。第二天，再挑上山楂去县城卖，几十斤山楂也只卖几块钱，这时心中也是满足的。

越是在这种环境下，自己越知道学习机会决不可流失，科堂上认真听讲，课后用心复习，多进行解析，不懂就问，从而使自己的学习成绩位居班级前列。

1960 年恰逢高考扩招，即应届毕业生源不足，把高二年级学习成绩优秀的学生选拔一部分，准备迎接高考，我有幸入选，即高中课程学了 2 年就毕业了，并且考取了河南平乐正骨学院。

二、上大学是立身的基础

在考大学时，自己并没有一个清晰的目标，即一定要上什么大学，学后就当个什么"家"，或做个什么"官"，只是想大学毕业后能找个工作，有了工资，就能帮助家庭改善状况，让父亲享享福就好啦。

在接到录取通知书时，心中很激动，全家高兴，邻里街坊夸奖说"宪杰考上大学了，真有出息！"。

当我到洛阳报到后，才完全了解到平乐正骨学院是医学院校，是专门为国家培养中医骨伤人才的大学。

既来之则安之，既然考进了这济世医人的学堂，就要安下心来，专心致志，好好学习。我暗下决心，学好本事，当一名国家和人民所需要的好医生。

考上大学是人生步入社会的开始，是自己以后立身立业的基础，立身就是确立自己的品格和修养，包括思想的修养，道德的涵养，能力的培养，并能做到自强，立业是求生的手段，经济独立的基础，也是实现人生价值的必经之路，关乎自己的未来。

在学习期间，我遵守校纪校规，尊敬师长，团结同学，积极参加公益活动，兼任班学习委员。

开学不到一年，遇上国家经济困难时期，虽然教学秩序未受到大的影响，但生活水平下降，进入了"瓜、菜、代"时期，同学们要抽课余时间到田间捡红薯叶，或到野外采集可食用的野菜，送到学校食堂，这些情景不能忘怀。

大学四年，我系统地学习了学校设置的全部课程，无论中西医知识都得到很大提高，再不像以前那样"白纸"一张。尤其骨伤科，经过高云峰院长、郭维淮院长，以及郭宗政、郭维新等郭氏正骨传人的教授，把郭氏正骨的学术思想、理论体系和实践操作技术继承下来，学业圆满结束。

三、到农村去，接受再教育

我1964年毕业，国家号召"大学毕业生下乡劳动锻炼一年"，我到了偃师县高龙村。

大学生们与贫下中农同吃、同住、同劳动，每天去田间锄草、打农药、收拾庄稼，一干就是半年，劳动锻炼结束，我从中提高了对劳动的认识，体会到了劳动人民善良朴实的作风，艰苦耐劳的精神，自己也是农村出来的孩子，不能忘掉初心，不能脱离劳动，劳动光荣，劳动能实现梦想。

回院上班不久，为响应毛主席"6·26"指示，开始了第二波下乡高潮，我多次参加下乡医疗队，曾去过伊川县、嵩县、临汝县、灵宝县，每次短则3个月，长则1年。

在农村一方面走村串户，送医送药，防病治病，另一方面是办学习班，培养一批带不走的医疗队，同时开展地方病的防治。灵宝县某地区大骨节病普遍，主要是水土问题，这个病很严重，对患者健康影响极大，有这种病的第三代人，就可能出现侏儒症，而致终身残疾。

在灵宝县住了1年，有件事记忆犹新，即初到灵宝还没下乡，洛阳正骨医院与中国人民解放军总医院在县招待所一起集中学习文件。这天由山区来了一位50多岁的老乡，要求看病，队长即吩咐李医生先下去看看，他看后说，患者2天前左肩摔伤，现仍有肿痛，不能抬举，左肩呈"方形肩"，肩峰下空虚，前下方可触及骨性高突，症状是左肩关节前脱位。队长说，"这是咱们的拿手活"，即派了三位医师下去给他手法复位。结果用了很大力气就是复不了位，把情况汇报后，中国人民解放军总医院队长说："是不是因疼痛肌肉紧张原因？我们派一位麻醉医师给病人麻醉一下再整复，两家合作处理。"于是派冯军医给病人进行了左锁骨上方颈丛神经阻滞麻醉，经过两次手法仍不能复位。后经细问病史，得知老乡1年前该肩曾摔伤，因无钱医治造成不能抬举，2天前又摔伤，左肩部出现肿痛来诊。此实为陈旧性肩关节脱位，软组织二次损伤，所以手法不能复位。事情到此还未结束，在整复后，病人觉得左胸闷气不舒，且有咳嗽，马上到县医院透视检查，发现左侧肺上野有少量气体存在——并发了气胸，只好让老乡在招待所住了一宿，第二天症状消失，才让患者回家。

这个病例对我的触动很大。作为医生，责任心和诊疗技术是多么重要，开始若能详询病史和仔细检查，就能得出正确诊断，免给病人造成不必要的痛苦。另外，我深深感到乡村缺医少药的情况是多么需要改善，说明送医到农村的政策是正确的。

四、发奋工作，与时俱进

1965年我回院上班，安排在门诊骨科诊疗室。不久，医院让我和高云峰院长坐一个诊室，替高院长抄处方、写病历、整理材料，约半年时间，亲自感觉到高院长视病人如亲人的感情，熟练的诊断经验，娴熟的复位手法，辨证用药的技巧。

有一次，高院长谈到骨伤科辨尿的经验：骨伤科病人尿液若呈黄色，为伤后膀胱有热所致，治宜活血、清下焦湿热为主；若尿呈血色，多为泌尿系统有损伤，应进一步检查确诊，用药宜活血、止血为主；尿液若浑浊，呈淘米水样，为膀胱有湿，运化不良，治宜升清降浊、除湿利尿为主；尿若色白，表层似有油滴样，多为久病，肾气亏损，治宜肾阴肾阳双补。

这是多么珍贵的经验，值得晚辈铭记和研究，受益匪浅。

1972年我调进病房工作，一直到退休，先后担任过下肢创伤科主任，科研病区科主任，上肢创伤科主任，研究所一病区科主任，足踝科主任。

在担任科主任的20多年中，我始终严格要求自己，拥护党的方针政策，服从命令，听从分配，遵纪守法，遵守各项规章制度，兢兢业业，踏踏实实，严于律己，宽以待人，以身作则，团结同志，使科室保持和谐愉快的氛围。

在早期，病房没有聘用卫生员，科室卫生工作由本科医护人员解决。我每天坚持提前30分钟上班，打扫科室卫生，周末还要大扫除，冲洗病房地板、擦墙壁等，不怕脏，不怕累，处处冲在前面。

在科室管理方面，我认真贯彻执行各项规章制度，对科室职工和进修人员严格要求，加强病区及伤员的管理，把握医学发展的前沿，使科室的经济效益和社会效益双丰收，多次受到领导表扬。

我能够正确处理医患之间的关系，不论童叟、男女和贫富，对病人一视同仁，对病人能做到服务热心，解释耐心，检查细心，治疗精心，痛病人之所痛，想病人之所想，做到让病人少花钱。我手术治疗患者无数，从未发生重大差错和医疗事故。

在科研方面，我善于观察、总结临床治疗中所遇到的传统治疗方法不易解决的问题，进行钻研，结合现代科学知识，将外固定生物力学与传统手法相结合，解决了以往难以解决的问题，取得多项科研成果。

在教学方面，我参加过多批次全国和全省的骨科进修班授课，做到认真备课，理论联系实际，重点突出，通俗易懂地讲课，受到了好评。

我治学态度严谨，在工作中勤于思考，大胆实践，善于运用中西医理论，对颈肩腰腿痛及伤科杂症进行辨证论治，对于骨折脱位的复位手法，在不断总结、继承和发扬平乐正骨特色的基础上，勇于创新，摸索出许多简便易行的有独到之处的复位方法，临床效果显著。临证形成了"手法整复、夹板固定、内外兼顾、功能锻炼"的中医骨伤诊疗特色，尤其是对于关节内或近关节部位的骨折研究，如治疗踝关节骨折脱位、距骨骨折脱位、跗跖关节骨折脱位、肱骨外髁骨折、肱骨髁上骨折、肱骨外髁翻转骨折及肱骨内上髁三、四度骨折等疾病，手法娴熟，治疗水平居国内领先地位。

退休后，我于2001~2012年受广东省中山市卫生局邀请，到中山永宁卫生院工作，这个单位硬件设施不错，骨科只有2位年长的医生看门诊，简单的伤口也不能处理。我来到后市卫生局和院方领导非常重视，将院内有医学教育基础的7位子弟组成了骨科团队，开设了病房，建成了手术室，购置了器械。我一方面给他们讲课，一方面结合临床，手把手地教他们，使之理论知识和操作技能都迅速提高，局面逐渐打开。在我离开前，病房常住病人有30多个，四肢常见骨折脱位的手术，他们都能独立完成。门诊骨科扩大到4个诊室，平均日门诊量达七八十人，创造了很好的社会效益和经济效益。

因这里工业发达，外省市来的打工者较多，常有如肘内翻、马蹄足等畸形的病人慕名就诊。我把"洛阳正骨"的精湛技术传播到了祖国的南方各地。

五、学术思想

主张先继承，后发展的思路，先把平乐正骨的理论体系继承下来，在临床实践中加以验证，利用现代科技知识加以丰富和升华。

1. 注重整体观，坚持辨证论治

因为人身是个整体，牵一发而动全身，人体是脏腑、经络、皮肉、筋骨、气血、津液等共同组成的一个有机整体，生理状态下他们之间既即相互依存，又互相制约，保持着动态平衡。若骨断筋伤，必致脏腑、经络、气血紊乱，故有肿痛、瘀热等症状。在诊断方面，既要求有整体观念，进行全面检查，还要结合骨伤科特点，进行细致的局部检查。在治疗方面，须从整体观念出发，辨证看待骨折与脏腑、经络、气血之间的关系，骨折与气血之间的关系密切，骨折后导致的气血运行紊乱是治疗的重点。我非常赞同《正体类要》中所阐述的"肢体损伤于外，则气血伤于内，营卫有所不贯，脏腑由之不和"的整体观念。

辨证论治，是中医治病的核心内容，望闻问切同样重要，结合现代影像学，确定疾病的类型，根据病人的年龄、伤情、体征及预后等情况，进行全面评估，不能"头痛医头，脚痛医脚"。要考虑到患者的全身情况及主要生命体征，来制定轻重缓急的治疗措施。缓则治其本，急则治其标。如病人已经出现休克征象，就要查其是因伤后疼痛所致，或因失血过多而引起，要及时而正确地进行处理，骨折处可进行临时固定，暂不复位，待全身情况好转后，再进行处理。又如，病人来时骨折附近肿甚，起水疱，就不能马上复位，要给予制动，内外用药，待其肿胀消退后再处理。再如，骨折后要按初、中、后三期辨证用药。初期骨折筋伤，气滞血瘀，肿胀疼痛，就要使用"破"法，用活血祛瘀、消肿止痛之剂，经云"瘀血不去则新血不生"。中期因通过用药大部分瘀血已消退，但仍未全尽，尚有经络不通，血脉不畅之象，此时应用"和"法，和其血脉，通其经络，使得气血调达。后期久病则虚，气血亏损，肝肾虚弱，此时应用"补"法，药用益气、补血、调养肝肾之品，以恢复体能，促进骨折愈合，达到治疗目的。

2. 内外兼顾

骨伤科疾病的治疗，除了根据全身和局部情况辨证施治，按破、和、补三期用药内服外，还要配合必要的外用药，如治疗软伤用平乐展筋丹、活血接骨止痛膏、展筋酊等，功能恢复期使用传统外洗中药苏木饮，均能通过皮肤的渗透作用达到活血、化瘀、消肿、止痛、舒缓经脉、通利关节的作用。因此，内外兼顾用药，能促进康复的进程。我在20世纪70年代末到80年代初，相继收治7例因小腿开放性骨折治疗不当严重感染者，入院时有的伤口很大，骨骼外露，脓液蓄积，腐肉粘连，恶臭难闻，用一般的换药很难解决问题，治疗上除内服药物、抗生素配合治疗，我自拟一中药处方，用公英、地丁、土茯苓、花椒、甘遂、大戟、商陆、没药、大黄等煎汤冲洗伤面，每日1次，洗完后用无菌敷料浸药水湿敷，及时更换，借其以毒攻毒之效，从而起到清热解毒、去腐生肌的作用。经几天的治疗，即见脓液渐少，腐败组织脱落，露出了新鲜创面，新的组织逐渐生出，为保住患者的伤肢打下了基础，后期根据病情再进行植皮、植骨或复合组织移植。

3. 坚持筋骨并重，动静结合的原则

人体骨为架，筋为动力之源，筋骨协调，方可动也，再者筋附于骨，骨断筋伤，筋伤不一定骨断。在骨伤治疗中，筋骨同等重要，不可偏废，如在治疗踝关节骨折脱位时，不可只了解骨折情况，同样要关注韧带损伤程度，以防顾此失彼。

动静结合是骨伤科治疗中的重要环节，"动"是指骨折处以外的肢体，在不影响骨折愈合的情况下，进行早期的适当运动，"静"是指骨折脱位在复位后，要保持相对稳定，勿使再移位，"动静结合"是个很科学的理论，怎样的静，怎样的动，都有一定要求，须有经验的医生进行具体指导，如做得好，对骨伤科病人功能的恢复，可起到事半功倍的效果。

4. 手法与固定并举

手法是治疗骨折、脱位的主要手段，一定要多观察、多实践，俗语说"熟能生巧，巧能生鲜"，要做到"技存于内，力施于外，手随心转，法从手出"，熟练施法，既提高了成功率，又减轻了患者的痛苦。

具体的复位手法，古人有"摸、接、端、提、按、摩、推、拿"八法，随着社会的发展，科学的进步，技术也在逐步更新，至平乐郭氏正骨时代，更有着质的飞越。其常用的手法有：拔伸牵引法、端提按压法、推拿复位法、折顶复位法、嵌入缓解法、旋转拨搓法、摇摆推顶法、倒程逆式法。

手法复位后要使用外固定维持，使得骨折端稳定，直至骨折愈合。骨折复位后固定时应注意：夹板的长短、宽窄要适当，松紧要适宜，小带子捆扎后，能上下活动一厘米，长管状骨骨折者，要考虑控制上或下的一个关节，并使伤肢固定在功能位。固定材料现在用夹板替代了以前的竹片，是一大进步，在20世纪80年代，我对踝关节课题研究时，曾根据外伤的作用力及踝关节的生理特点，反复试验，研制成超踝塑形夹板用于临床，有效控制踝部骨折的内外翻畸形和侧方移位，成功率达95%以上。

5. 对骨伤科病人的处理主张"三早"

"三早"是对骨伤科病人尽早做出正确诊断，早期复位，早期开始合理的功能锻炼。早期做出正确诊断，能得到早期治疗，以免贻误病情，诊断确立后，尽早复位固定，特别是关节内骨折或近关节骨折，伤后有个"黄金"时期，如肱骨外髁三度骨折，肱骨内上髁三、四度骨折，肘部恐怖三联征等，伤后超过2~3天，复位就很难。复位固定后，就要指导进行必需的功能锻炼，有利于肿胀消退和肢体功能的恢复。

6. 利用现代科技知识，提高传统治疗效果

随着外固定器的发展，将外固定器的生物力学与传统正骨手法原理相结合，提高了传统手法的复位效果，拓宽了其应用范围，解决了骨伤科临床中的一些疑难问题。如针对跖跗关节骨折脱位复位容易、复位固定难这一问题，我将经皮钳夹技术应用于其治疗过程中，增加了传统手法复位的准确度，解决了复位后无法有效外固定这一难题。针对目前下胫腓分离缺乏有效外固定，而内固定后影响踝关节功能恢复的临床难题，我利用经皮钳夹固定应用与下胫腓分离的治疗，取得了较好的临床疗效，提出的弹性固定原理，取得国内同行的好评。我研制的仿手法式踝关节复位固定器，取得了踝关节不稳定型骨折治疗的最佳效果，上述内容均获得国家中医药管理局科技进步奖。

六、老骥伏枥，矢志不渝

传承工作室的建立，是我一生从医工作的延续，或者说是新的起点，我充分认识到中医传承工作的重要性和必要性，唯有传承才能保有中医药的特色优势，才能保有中华文化的基因命脉。

传承工作内容很多，包括医德、医理和医术的传承。

1. 医德

要传承"大医精诚"的医德，使被传承者坚定"生命至贵，病人至上"的

服务理念，做到勿"以貌取人，为利所动"，做到以"净"职业，以"诚"执业，树立普度众生的医风。

2. 医理

通过传承，使被传承人坚持"精研经典，博采医源"的原则，有"上通灵素，下知百家"的渊博理论境界，在继承的基础上创出新的中医理论，只有创新，学术才能进步。

3. 医术

使被传承者坚持中医思维方式，坚持中医药的方法自信，用药物的和物理的方法，用手法或手术的方法进行临床治疗保健，也就是如何掌握病情的缓急，病机的转变，进行立法组方，用药施术。

中医骨伤科"破""和""补"三期用药原则，是经验的总结，也是平乐郭氏正骨药物治疗的精髓，坚持随证化裁。手法在中医骨伤科治疗中占有重要位置，不能有"重手术，轻手法"的片面思想，中医特色一定要坚持。

通过传承工作，要把自己积累的经验，无保留地传承下去，为中医骨伤科事业的发展贡献自己的力量。

赵鉴秋

赵鉴秋（1939— ），女，当代著名中医儿科专家，小儿推拿界名家，三字经派小儿推拿传承人及代表人，小儿脏腑点穴代表人。曾任青岛市中医医院儿科主任，1960 年山东省"名师高徒"，1992年被选拔为青岛市卫生局首批专业技术优秀人才。其医学成就收录入《中国名医列传》《当代世界传统医学杰出人物》等书中。有《幼科推拿三字经派求真》（再版更名为《三字经派小儿推拿宝典》）、《幼科条辨》《实用中医儿科学》等 7 部著作。发表学术论文 30 余篇。

赵鉴秋教授从医六十余年，临床经验丰富，擅长运用推拿、针灸配合中药辨证施治，治疗小儿急重病、疑难病，如惊风、咳喘、腹泻、厌食、急性热病、肠套叠、肾炎、面瘫、儿童多动症、脑炎后遗症等有显著疗效。临床以诊断准确，手法精炼，取穴少，疗效高而享誉社会。

赵鉴秋教授学习先辈的脏腑点穴法，经过数十年的临床实践，总结出小儿脏腑点穴法，并首先应用于儿科临床，治疗多种儿科疾病，取得满意疗效。对一些疑难重病，采用脏腑点穴与传统小儿推拿相结合的治法，收到较好疗效。

在小儿推拿和三字经派学术发展过程中，赵鉴秋教授继承并发展该流派的学术优势，应用于临床，其著作《幼科推拿三字经派求真》（再版更名为《三字经派小儿推拿宝典》）一书，为该流派首次全国出版发行的书籍，使三字经流派为全国医疗界所熟知，并以其独特疗效和方法享誉国内外，此书也成为推拿三字经流派的代表著作和临床指导性文献。

"光阴荏苒，逝者如斯"，2018 年我从医正好 60 年，一个甲子，我也到了耄耋之年。前些日子，学生们聚在一起办了一个传承年会，旨在学术交流小儿推拿和脏腑点穴等方法，很多学生也到了"花甲""天命"之年，看到他们中不少人现在已是各地名中医、硕士研究生导师或知名医家，非常欣慰，也很感慨，借此回顾一下我的从医之路。

1939 年，我来到世间，家里虽非大富贵，但父母都极重视学习，这对我以后成长之路，埋下很多当时感觉不到的有益的种子。5 岁，父亲就开始让我写毛笔字，那时叫"写大仿"，每天有定量，而我对此也乐于接受，它让我在后来能写一手好字，在从医路上也因此受益，因为几位名师都喜欢这一点，通过少时练字，让我对知识自小有一种亲切沁心的感觉。在那个年代，重男轻女的思想还较严重，好在我的父母没有这么想，从小给我的是男孩子带养的方式，加之家里祖辈即有行医问药者，故父母对我的学习很上心。6 岁我就能背诵白居易616 字的《琵琶行》，至今仍能背诵，可见年少时的学习对一生是有影响的。上小学时，我的学习成绩一直挺好，但并不是那种"听话"的只读圣贤书的学生，而是经常自己会去探知寻找一些乐事，记得那时我爬树比有些男生还强。有一个学期，父亲重病，我只能在家照看，快一学期没去上课，虽然等同学放学也会抄些笔记温习，但回到学校时还有一周就期末考试了，老师甚至建议是否留一级，我自己做主，参加考试，和老师说一定能考好，那次考试我得了第一名。

一、师父领进门，修行在个人

1958 年，我进入医院，开始了行医生涯，一干就是 60 年。1960 年，响应国家"抢救名老中医技术"和"名师高徒"等政策，医院安排我跟随鹿瑞芝先生学习。鹿瑞芝先生针药并施治惊风，是知名的小儿惊风专家，经常参加青岛各大医院的会诊，面对不少危重病人，很多是西医院会诊无效的，鹿老也常感叹为何不再早一些让中医介入，可能结果会更好。我跟着鹿老看病，帮忙写病历，他对病历也有要求，多喜用四字一句或是简明排列的词句，我在跟诊中见到了很多千钧一发的危急时刻，也见到了鹿老是如何力挽狂澜，挽救那些垂危孩子的生命。老专家愿意带我这个当时很年轻的后生，还有一个原因，就是我钢笔字写得较好，而且机灵好学，有时还夸我悟性高。

惊风，是小儿时期常见的急症，分急惊风和慢惊风等，病情凶险，变化迅速，如果治疗不及时，往往影响小儿的生命。记得 1961 年，我陪鹿老参与治疗过一例小儿惊风病人。当时孩子在一家很好的西医院治疗，高热引起惊风，眼看就不行了。在场的亲属哭喊，场面很乱，鹿老去了之后，先给孩子针刺，接着摸了摸孩子，可能相比之前的四肢冰凉温和了一些，鹿老就对旁边一直哭的孩子母亲说了一句，"你也不用哭，待会儿我让孩子喊你一声妈！"当时把我吓一跳，那么多人在场，老师说话也不留点余地，孩子能醒过来就好了，还能叫一声妈？结果鹿老说过那句话，接着给孩子针刺端正等穴，飞针术不留针，只针了几针，孩子哇的一声哭出来了！也真叫了声"妈"。

跟随鹿老时，由于尊师好学，勤奋钻研，深得鹿老的信任，老人家遂将全部针法和家传"琥珀清真丸"等秘方传授给我。我系统整理鹿老的学术思想和宝贵经验，于1964年写出《针药并施治疗小儿惊风的初步介绍》一文，参加山东省中医学术会进行交流，受到专家们的重视，他们认为鹿老的技法是对北宋钱乙治惊方法的发挥，有较高的学术价值。

1963年，鹿瑞芝老先生去世后，我随之被调到了青岛市中医医院儿科工作，有幸跟随李德修老先生共事并跟师学习小儿推拿。李德修老先生是三字经派小儿推拿的传人。三字经派小儿推拿，由清代的徐谦光于1877年首创，迄今已有140多年历史，一开始是成人孩子通用，李德修老先生到了青岛市中医医院儿科之后，就专门用它来治疗儿科疾病。

当时科室很小，李老先生主要负责诊断取穴，我们就负责手法操作。比如，来一个拉肚子的病号，他就说推八卦；如果是着凉了腹泻，他说给推外劳宫。他定了穴，我们就一一去做。后来，我们也开始独立应诊施穴。前段时间，有人采访原山东省卫生厅副厅长张奇文老先生时，他还回忆，当时到中医院儿科时见到李老在看病，我就站在旁边跟诊写病历，转眼间当时还扎两根大辫子的我早已两鬓斑白。

跟随李德修老师学习小儿推拿期间，我系统掌握了小儿推拿三字经派的理论与技法，继承了李老的学术思想和宝贵经验。小儿推拿三字经派起源于山东，已有百余年的历史，是当今山东省小儿推拿三大流派之一。其医疗特点是取穴少而精，擅长用独穴，手法简练，每穴推时长，整体疗效高，防治兼备而在医林中独树一帜，享誉海内外。为了弘扬三字经派医术，我于20世纪80年代末经过三易其稿，著成《幼科推拿三字经派求真》一书（再版更名为《三字经派小儿推拿宝典》），1991年由青岛出版社出版发行。该书为三字经流派首次全国正式出版发行的书籍，使三字经流派为全国医疗界所熟知，并以其独特疗效和方法享誉国内外，此书也成为推拿三字经流派的代表著作和临床指导性文献。写这本书时，白天工作很忙，常常加班，大多是夜间进行写作，该书采用了多年来临床真实的医案，故而实用性强，继承创新，防治并重，医生参考，家长能用，也算为推广小儿推拿疗法做出了有益的贡献。

经过大家不懈努力，以及全国学术会议等的交流分享，从20世纪七八十年代开始至今，有全国几十个省市的中医院、中医学院的同仁来我院学习进修，还有不少留学生和医疗代表团来学习小儿推拿。例如，2001年日本医疗交流访问团到青岛市中医医院学习小儿推拿，我为他们授课一周，反映很好。为此，《青岛日报》在2001年2月16日特发了图片新闻。我国也派出了小儿推拿及中医专家、学者到日本、俄罗斯、新加坡、澳大利亚、美国等国家传播推拿技术，反响很好。

通过几十年我们一代代人的努力，继承发扬此法，坚持开展小儿推拿的应用和研究，扩大了治病范围，同时提倡"治未病"的儿童日常保健和促进生长发育理念，现可临床治疗百余种小儿病证，不仅治疗常见病，而且对部分疑难病、急重病、传染病，如惊风、脑炎后遗症、癫痫、婴儿痉挛症、脑外伤后遗症、神经损伤性肢瘫、脑发育不全、肠梗阻、新生儿黄疸、先天性巨结肠、百日咳、疝气、鞘膜积液等也有良好的疗效。据20世纪90年代部分临床资料统计，其治疗发热的总有效率为94%；治疗急惊风总有效率为96%；治疗婴幼儿腹泻的总治愈率为86%，总有效率96%；治疗外感咳嗽治愈率为81%，总有效率99%；治疗小儿惊症的治愈率97.5%，总有效率100%；治疗小儿厌食症的治愈率为95%，总有效率为99%。其疗效优于药物。

20世纪60年代初我进入儿科时，当时的儿科人才济济，学习氛围浓厚。1963年，我喜得《脏腑图点穴法》一书，遂与当时科内另一位老专家王维运老中医一起学习研究，在其指导下运用到了小儿临床，也将研究内容与科内同事共享，大家一齐努力，把这一千余年前始于道家内修术，并在1830年左右传入民间的技法，专门系统应用于儿科临床，我们科室把此法的运用称为"开脏腑"。经过半个多世纪的临床应用，迄今已能运用此法治疗近百种疾病，从常见病如厌食症到疑难病如癫痫，取得较满意的疗效，并被列为非物质文化遗产。小儿脏腑点穴法，是推拿按摩疗法的一种，由任督脉和胸腹部手法、四肢分筋法、头面部口眼歪斜法等组成，它以中医的脏腑经络学说为基础，结合阴阳五行、四诊八纲、辨证论治的理论，根据脏腑部位和经络穴位，采用推按点穴的手法，从脏腑治疗着手，调理脏腑气血，尤以调理气分为主，从而加强脏腑功能活动，增强人身抗病能力，达到治病强身目的。它结合小儿生理病理特点，辨证取穴，正确运用点穴手法，治疗小儿疾病，往往应手而愈，尤其对一些长期用药物治疗不显效的顽症痼疾，更能创造出令人意想不到的疗效。

我有幸早年跟随鹿瑞芝老先生学习如何针药并用治疗惊风，跟随李德修老先生学习小儿推拿，继承了两位中医儿科名家的学术经验，而这只是开始，在后来的临床生涯中，我始终保持严谨认真、精益求精的学习和钻研精神，也日益积累了不少临床经验，治愈了许多患儿。在 60 年的临床中，逐渐形成了自己的学术思想和理念体系，我也像老师一样，想毫无保留地把这些经验告诉后来学习的人，可以让他们有所借鉴和领悟，可以少走些弯路，多一些启迪，同时把原汁原味的技法与思想传递出来，这也算是一件有意义的事吧。所以，从 20 世纪八九十年代任儿科主任时，我即在全国学术会议上或杂志文献等推广传播三字经派小儿推拿、小儿脏腑点穴等儿科外治方法，引起广泛关注，使三字经流派和小儿脏腑点穴法为全国医疗界所熟知。1986 年中国农业制片厂拍摄纪录片《小儿推拿》，我出任技术指导顾问，该片次年获中国电影百鹤奖。1992 年加拿大前总理克拉克的夫人来华在张奇文厅长的陪同下专门来青岛看我演示讲解小儿推拿，当她见到一个之前曾被西医诊断为婴儿痉挛症的患儿被我用推拿治愈，并且这个孩子用英语向她问候时，她用汉语说："小儿推拿真神奇。"

因为家学的感染以及恩师们的教诲和影响，我也不觉中养成做事认真、严谨治学的习惯，做学问要求甚解，做事情要一丝不苟，严于律己，我也是这么要求我的学生们的。有些年轻时就养成的习惯，很好地坚持到现在，也影响着我的学生们，我每天还会坚持整理病案，看书记述，有时给学生们讲课，我会提前认真备课，绝不会因为讲了几十年而随意懈怠。我们传承的不仅是一种技术，更是一种精神和文化，这样做是习惯，也可以更好地影响年轻一代。虽然现在已八十多岁了，但我并不觉得自己老，我还想抓紧时间，多整理些病案经验，多帮助一些生病的孩子，多培养一批对国家人民有所作为的学生，我感觉还有很多事情要去做，我在晚年，适逢祖国繁荣以及中医药事业的伟大复兴，真希望把有限的生命增加宽度，为儿童的健康多尽一份绵薄之力。

作为儿推人，第一要尊师虚心、勤奋好学，而且要不断坚持学习。作为一名中医，我们的服务对象是病人，生命是最可贵的，所以我们行医治病来不得半点马虎，因此要不断学习。

我行医六十多年了，现在每天看书学习，比如看诊以后，初诊看过的病人，回去后也会记病案并翻书查看相关资料，临床的症状和特殊情况如何治疗更好，跟踪和分析研究临床的疗效，及时调整治疗方案。小儿推拿是中医儿科外治法的一种，所以作为儿推人，首先要加强中医基础理论的学习，阴阳五行、四诊八纲、脏腑辨证等都要认真学习。第二，儿科临床急性热病多，儿科大夫要学习好中医温病学，我在当儿科主任期间，带着青岛市中医医院儿科大夫们，每周一个下午学习，读温病学等温故知新。针对目前小儿临床发生的问题，将与温病相关的结合起来进行研究，学生要不断地进行基础理论的学习，当了推拿大夫仅知道穴位是不够的，要会诊断，要辨证取穴，还要关注育儿护理等问题，要严谨，科学的问题来不得半点虚假和骄傲，只有在科学的崎岖小路上不断攀登的人，才有希望达到光辉的顶点。

中医讲整体观念、辨证施治，而儿科俗称"哑科"，故我结合前辈和自己经验，诊病首重望诊，强调四诊合参。例如，诊断惊风，提出"一望面色二观目，详问因证参脉情，黑睛放大须防惊，黑光满轮风不轻，天庭青暗惊风至，舌卷囊缩不保命"。诊病处方，善于运用小儿生理病理特点指导辨证施治。根据小儿脏腑娇嫩多病咳喘，脾常不足易患吐泻，肝常有余易生惊变等特点，临床善用止咳平喘、健脾消食、和胃止呕、安神镇惊、平肝息风诸法。根据小儿之疾以热证实证居多的特点，临床多用清法以祛邪为先。灵活运用阴阳五行原理指导推拿取穴，根据木能克土、木火刑金的原理，常用清胃配平肝治疗脾胃病，清肺配平肝治疗咳喘。又如，肾病综合征因土不克水，脾虚水泛而出现水肿胀满时，依据"水唯畏土，其制在脾"的理论，则重用揉外劳宫以温运脾阳，制水消肿，每能取得良好疗效。临床以诊断准确，取穴精炼，疗效显著而享誉岛城。

对一些疑难重病，采用脏腑点穴与传统小儿推拿相结合的治法，往往应手而愈，收到意想不到的疗效。

例如，在1990年3月推拿救活一例粘连性肠梗阻的危重患儿。

张某，女，7个月。因肠穿孔手术后发生粘连性肠梗阻，症见呕吐、腹痛腹胀、便闭、发热。在某医院小儿外科住院，给予禁食，胃肠减压，静脉补液已8天，动员手术，家长不从，遂来中医院求治。当时患儿重病容，衰竭貌，重度脱水，舌红唇干，苔黄燥起芒刺，腹胀肢凉，体温38℃，上见吐逆，饮食不得入，下见二便不通无矢气，出现痛、呕、胀、闭四证俱全的肠结危证。我根据"六腑以通为用"的原则，拟用通腑开结法。先施以脏腑点穴，取阑门、建里、气海、天枢、脾胃、大肠俞等穴，调理脏腑气机，开结通经，疏滞散瘀，活动肠腔之气，促使排便排气。然后，施用传统推拿取穴，清板门，通调三焦之气，降逆止呕，推四横纹调中行气，消胀散结，退六腑清肠道热结，导滞通便，配揉二马补肾滋阴，调整脱水酸中毒。共推拿1小时，当日下午即解黑绿便，有矢气。晚上又大便1次，便后腹软，患儿急欲索食，喂母乳及萝卜水均未呕吐。后辨证加减取穴，推拿治疗半月而愈。

二、一分文学一分医，理论与实践相结合

中医是在传统文化基础上发展而来的一门实用科学，和古典文学关系密切。如果没有良好的文学功底，是学不好中医的。重要的医古文，都要会背诵，打下一个基础。作为大夫，要与书为伍，每一天都得看书。就算是临床特别忙的时候，遇到疑难病，也要回来和书上讲的相互验证，临床上看到一种病，回去看书，把同类疾病的特点和疗法全学了，积少成多，这对于青年医生业务水平的提升也大有裨益。

年轻的大夫，要想成为一名合格的医生。第一，理论基础要扎实。第二，要在临床上学习如何治病。第三，要结合病例，重返书本里总结归纳，相互验证。

比如，你今天看了一个癫痫病人，就打开书对照一下，癫痫的主证是什么？临床上这个孩子什么情况？他的症状和书本说的一样吗？没有人会按照书本生病，你就要去琢磨其中的区别和处理方式的差别。这个过程中，就把书上教的癫痫的主证、诊断标准、治疗方法，把癫痫这个病从头到尾，都已经再认识了一遍。这样一天天积累，今天看个癫痫，明天看个感冒，后天看个厌食症……或者你有时间有意愿的时候，遇到感冒咳嗽患者的时候，可以把肺系疾病都重新温习了，遇到厌食不愿意吃饭的患者的时候，你可以把脾胃病都重新学习了。只要功夫深，铁杵磨成针，这样一点一点慢慢积累，就把自己这根针磨出来了。

三、诊断是小儿推拿的第一步

中医讲整体观念，辨证施治。首先诊断一定要准确，也就是得先会看病，

才能治病。没有正确的诊断，就没有正确的治疗，正确的诊断之下，定出一个正确的治疗原则，原则之下，再去处方和取穴。诊断正确，取穴准确，才能获得好的疗效。应诊时必须严格按照中医的要求，做出正确的诊断。把小儿特有的生理和病理特点，放进中医的理论体系里，进行综合分析。中医讲四诊合参，望闻问切，放到儿科，又会有所变化。问不问得出，关键要看你是怎么问的，孩子说不明白的时候，该怎么问爸妈，如果是保姆带孩子，该怎么问保姆。问谁、怎么问才能问出答案，都有独特的技巧。

四诊里的切诊，是指切诊，分为触诊和切脉，是成人诊病中最为常见的诊断手段，但3岁以下的孩子，脉气未充，加上见了大夫害怕，神气一乱，往往摸不准脉，所以会用其他手段补充诊断，比如看指纹，摸皮肤，摸肌肉，看肌肉长得结不结实（营养不好的孩子肌肉往往松懈），摸摸淋巴结，看看淋巴结肿不肿。男孩的话，还要看看生殖器有没有异常；有皮疹的孩子，还要看看皮疹的情况。

一个推拿大夫，首先得是一个合格的儿科大夫。小儿推拿，仍然是中医理论体系里的一部分，遵循中医治疗里辨证论治的大原则。四诊合参，辨证论治，诊断正确，才能取穴正确，否则就是南辕北辙，越治越错。现在有些人对小儿推拿有一种轻率的认识，觉得会几个手法，懂几个穴位，就可以出去给人看病，就可以做儿科大夫。这种认识是有问题的，咱们不能这么当大夫，这也是我着重给学生们讲的。即便小儿推拿等外治方法入门相对简捷，但从业者还是应该不断学习和实践，不断提升自己的技能和专业文化，活到老学到老，随着应诊增加和学习日久，对同样的内容会有更深的理解和感受，会悟出更多的要点。

四、手法是决定疗效的关键

推拿最强调手法。手法，是重要的操作核心和取效关键。手法熟练，取穴准确，才能见效。正确的手法，讲究持久、深透、有力，轻而不浮，快而不乱，达到"一旦临证，机触于外，巧生于内，手随心转，法从手出"的境界。

比如，推长线形的穴位天河水的时候，一定要做到直线推动，不能歪斜，一歪斜，不但效果大打折扣，而且会走到别的穴位上去，引发不好的后果，也就是《小儿推拿广意》中所说的，"凡推法必似线行，勿得斜曲，恐动别经而招患也"。

五、推拿是指尖上的艺术

小儿推拿与成人推拿又有区别。它并不需要使太大力，小儿脏腑娇嫩，形气未充，所以更要手法轻柔，但要平稳扎实，作用深透。为达到手法要求，现在我还会给学生手把手教手法，对每个细节都不放过。

最常见的两个基本要求：第一是"轻柔而有渗透力"，第二是着实深透，如"揉法手指吸附在穴位上""推法做长线型穴位不可飘浮"。初学者往往做不到两者兼得，要么为了追求渗透力而用力过重，要么为了追求轻柔而达不到渗透的效果。要想做到紧贴穴位，轻而不浮，更是只能手把手教才能体会，才能感受手指上的力要如何均衡分布，才能达到吸附的效果，这是指下的触感和体会，不能言传。所以，不光是初学者，很多从业多年的人也常会因为细节把握不够，造成临床上差之毫厘失之千里。为了让学生充分掌握精髓，带教时我都会一个一个手把手纠正，很多临床多年的大夫发现，原来自己做了那么多年，居然连最简单的手法都是有偏差的。学无止境，既然乐于学，我就把他们当成小儿推拿外治这份事业传播的一颗颗种子，挨个手把手地教，必须学会，必须学对，必须认真，这样你传播出去的才是对的。传承创新，首先是传承，把正宗溯源的思想和技法继承下来，然后才是发扬。临床上，要不断分析，不断总结；技术上，更要不断历练，不断提高，精益求精，没有止境。

我常对学生们说："做事最怕认真，'认真'二字体现在哪儿，不是你喊口号喊出来的，体现在一点一滴的平常事上。要为病人负责任，为学生负责任，都离不开'认真'二字。精益求精，全心全意，治好一个病人容易，一辈子都坚持这种态度难""一就是一，科学来不得半点的虚假和骄傲"。

六、爱心、耐心是必不可少的心法

常有人问我对儿科大夫的必备素养这个问题有些什么看法，我认为要具备的素养很多，因为小儿的特点决定了孩子不是成人的缩影，故而作为一名儿科大夫，除了医者常备的素质，还得态度好，细心，耐心，得会哄小孩。别小看一个"哄"字，里面有大学问，是有技巧的，我的儿子及学术传人宋飞，在这方面就有很好的研究。小孩不会讲话，你要细心观察他的行为和动作，从中发现问题，总结问题，进行判断。小孩不合作，又哭又闹，你得有耐心，知道怎么哄住他；甚至小孩治着治着，突然大便了、撒尿了，搞得现场一塌糊涂，你不能生气，也不能嫌弃。当儿科大夫要不怕脏不怕累，小孩尿了，你不能躲老远，反而要上前看看，甚至得凑近闻闻是什么气味，伤食拉的大便是一个味道，受凉拉的大便是另一个味道，要通过大便的味道和性质，观察和辨别病情，你嫌脏跑老远怎么行呢？

哄孩子其实还有一层深意在里面。看似在哄孩子，逗孩子开心，其实顺便把望闻问切四诊全做了，在和孩子交流的过程中，同时完成了诊断的任务。没有正确的诊断，哪来正确的治疗？如何哄孩子，如何和家长沟通，对儿科大夫来说也是一门必须掌握的功课。

七、管不住家长，治不好孩子

儿科，看似是一个孩子生病，其实它背后反映的是一个家庭的问题。孩子是很纯真的，受家庭环境影响极大，他生病，不光是吃喝拉撒等饮食起居上的问题引起的，家庭关系和谐与否，也会对孩子造成极大影响。所以，在门诊上，我会对孩子和蔼可亲，和颜悦色，很多孩子也亲切地叫我"赵奶奶"，而对陪孩子来看病的家长，我就严格多了。小儿"寒暖不能自知，饮食不能自节"，这个"知"与"节"的度，只能孩子的家长或直接带养人掌握，所以很多孩子的问题，其实是因为家长爱孩子过度又不得方法造成的。

儿科大夫，一定要多说话，要多和孩子说，更要多和大人说，这就要看四诊中问诊的功力了。医生诊疗只是一时，更多的日常护理在于家长。所以，要根据孩子病的不同情况，告诉家长可能引起孩子生病的原因是什么，应该在生活中怎么注意，怎么护理。

从某种意义上讲，孩子是父母的修行，作为父母，一定要加强个人修养，创造一个和谐的家庭环境。不光是不能打骂孩子，父母之间，婆媳之间也要少闹矛盾，不然大人吵闹，把孩子给吓着了，不利于孩子健康成长，所以临床上，有时候还要调理家庭关系，家庭环境不调整，孩子不容易好，而儿科大夫有时就充当了解决问题的桥梁作用。

例如，困扰很多家庭的婆媳关系影响孩子带养的问题，我们有时甚至为了孩子也要从中进行调和。

遇到婆媳矛盾的，我就跟婆婆说，"你想想，孙子是媳妇给你生的，你光知道疼孙子，你也得疼媳妇"。有时婆婆开始还不开心，埋怨媳妇怎么连这个都跟你说。我就说了，"她不应该告诉我吗？这家庭矛盾怎么引起的？孩子怎么吓到的？不是你们吵架吵得吗？这就是你的不对。在家里，咱们是老的，得自重，你这个身份在这儿，你做的事，得能放在桌面上，这个矛盾是怎么来的？你得端正态度，你对她好一点，哪怕你回去给她道歉都是应该的"。这样双方关系马上就缓和了。

遇到有些年轻媳妇，婆婆给她看孩子，她还不领情，挑各种毛病。我就跟她说，"这个孩子是咱的，就应该你带，你上班不能看孩子，婆婆给你看孩子，这是极大的人情，婆婆劳心劳力，给你操心孩子，你还挑毛病？孩子脸上划了一道，不是你手上戴的戒指给划伤的吗？婆婆才说你一句，你就发火了。我们做儿女的应该知道尊重长辈，知道感恩"。这样让她们能相互理解体谅，几句话，就把她们调解开了，人家的家务事咱不插手，但如果家庭矛盾是引发孩子生病的根源，作为医生，她找我看病，我必须得说两句。

家长很爱孩子，但有时却不太会护理孩子，有些孩子生病或体质变差往往与家长不正确的带养方式有关。

有一次，一个家长带孩子来看拉肚子，可是我发现孩子眼睛总往斜上方看，有斜视的症状，家长认为是孩子长本领了，还常以此逗孩子，我根据经验觉得不太对，后来经过检查发现，是因为护理孩子时为不让它哭闹每天长时间把孩子放在吊篮里晃，造成孩子惊吓引发了惊风，出现了斜视。我及时发现并对症治疗，孩子很快就康复了。

八、我的心愿

实际上，中医儿科包括很多治疗方法，推拿、中药、艾灸、针刺等，任何一种治疗方法都不是万能的，有时需要配合使用。其中小儿推拿作为外治法，因为不打针不吃药，在临床上是最受家长和孩子欢迎的。

家庭常见病，通过推拿多能治好，还能治疗部分传染病和疑难病。比如惊风、失聪、失语、疝气、脑炎后遗症、先天性脑发育不全、上下肢瘫痪等疑难病，通过小儿推拿，在孩子小的时候进行干预，帮助他逐步恢复健康，重新进入正常生长发育的节奏和轨道。

孩子是家庭的未来和希望，也是祖国的未来和花朵。挽救一个孩子，就是挽救了好几个家庭，也给社会减轻了负担，这是件很有价值和意义的事情。

我有两个心愿：第一，把三字经派小儿推拿和小儿脏腑点穴等内外治法发扬光大。这是前人留下来的优秀文化遗产，把它发扬光大，可以造福更多儿童。所以，我们举办各种学习班，广泛培养学生，希望他们能像种子一样，在全国乃至全世界开花结果。第二，我希望我的学生们能在临床实践中不断地学习提高自己，提高临床疗效，成为当代的儿科名医，让更多儿童受益。弘扬国粹，造福儿童。

李乃庚

李乃庚（1940— ），江苏省盐城市人。历任盐城市中医院儿科主任、副院长、院长，盐城市中医院儿科主任医师，南京中医药大学教授，兼任全国中医药学会儿科专业委员会顾问、盐城市中医药学会名誉会长。为江苏省名中医、全国第二批名老中医师承教学导师，享受政府特殊津贴。发表论文30多篇，获省市科技进步奖5项、国家专利2项。著作有《小儿外治疗法》《江育仁学术经验选集》《李乃庚幼科医论》等。

我出生在苏北农村，读小学时父亲就常讲"家有钱财万贯，不如一技在身"，希望我能早些学门技术，将来才好安身立命。我读小学时就爱看《三国演义》《水浒传》之类的小说，成绩不算突出，初考意外地考取了盐城市第一中学。那时该校的录取概率只有十分之一，我既高兴，又犯愁，因为录取通知书上写得清楚，入学报到要交35元学费，这在当时是个大困难，但在父母的张罗之下，我终于踏上了进城读书的路。一转眼3年初中又毕业了，我实在不想再让双亲受累，决定不考高中，但又不愿意就此放弃读书。我的班主任康宁老师给我出主意说："你文学成绩好，个性沉稳，不想考高中，去考中医专科学校吧，将来当个中医也很好。"我按老师的指引，报考了中医专科学校。

初入医林

1958年，我如愿以偿地进入盐城中医专科学校学习，父母对此很高兴，觉得我将来能掌握一门技术。我自己也很高兴，减轻了父母的经济负担，食宿书籍等费用都由国家拨款和学校组织勤工俭学解决，还争得了5年的读书时间。

中医专科学校后来合并到盐城医专，现在叫盐城市卫生技术学院。《荀子·劝学》云："君子之学也，入乎耳，箸乎心。"宋·朱熹尚云："为学之道，莫先于穷理，穷理之要，必在于读书。"在中医专科学校的这5年，我强学力行，不但读完了学校规定的课程，还阅读了大量的古典医籍和经、史、文、哲著作，打下了较好的古文基础，同时培养了自己的自学能力。回想起来，这是我步入医林的奠基时代，最大的收获有三点：一是老师把我领进了中医的崇山峻岭之中，使我熟悉了中医的线路图，看到了精美的楼台亭阁和香火旺盛的庙堂大殿，使我将来独自一人探险时不会迷路。二是背诵了《内经》《伤寒论》《神农本草经》《方剂学》等部分内容。当时老师要求熟背牢记，自己还不以为然，现在回头看看，确实对指导临床大有作用。三是培养了我中医固有的思维方法。这种思维方法就是整体恒动、燮理阴阳、辨证论治的思维方法，是以阴阳五行学说为指导的。说到阴阳五行，决不能把它看成是中医学才有的理论。这是中国传统文化的主要思想之一，传统文化中的天文、地理、哲学、政治，乃至琴棋书画、武术，无不贯穿着这个理论。那时学校里有个马列主义教研室，主要给学生讲自然辩证法，我很爱听，当时我就觉得阴阳五行论和矛盾论都是中国土生土长的辩证法。阴阳五行论是中国传统的矛盾论，矛盾论是当今的辩证法。而我们中医讲阴阳五行，讲矛盾论，既不像道家老子过于强调矛盾的相对性，也不像法家韩非子过于强调矛盾的绝对性，而是奉行儒家孔子强调的矛盾的中和性。"阴平阳秘，精神乃治"，这种相对平衡不但是人的机体和精神上的平衡，还包括人与自然环境、人与社会环境的和谐。我们现在讲创新、讲突破，讲中医现代化，我想我们还必须沿着这条中医原有的路线走下去，才是正路，才有出路。我希望我们的中医高等院校在课程设置上，要注重培养学生的中医传统的思维模式，要让学生真正了解人的五脏六腑是有喜有恶的活精灵，不是解剖刀下的一块肉。我也希望我们的青年中医要自觉培养自己的中医思维模式，因为这是我学医时老师所教，临床一直使用，现在更加珍视并奉为我们中医的传家之宝。

进修儿科

毕业后我被分配到盐城市中医院，当时医院正要派一个医生到江苏省中医院进修儿科，听说院领导已征求过两个内科医生的意见，他们都不肯去，原因有两点：一是儿科是小方脉，不如内科大方脉名声好听、关系多。二是宁看十男子，不看一妇人，宁看十妇人，不看一小儿，儿科医生难当，风险大。《礼记·礼运》云："大道之行也，天下为公。"唐·韩愈尚云："利居众后，责在人先。"我是国家和人民培养出的医生，所以当院领导问我是否愿意去进修儿科时，我当即回答："我服从领导分配。"就这样，我又踏上了学习的征程，在江苏省中医院儿科进修了一年零两个月。汉·杨雄《法言·学行》云："务学不如务求师。"此即"古之学者必有师"之谓也。进修期间，我得到了江育仁等老前辈的教诲，白天随师门诊、查房，晚上整理医案、心得，背诵了40多个儿科常见病的治疗常规，这些常规在每天病区晨会上老师都要抽查背诵，这使我感到压力很大，正因为这种压力，才使我在理论与实践结合上取得了很大的进步。宋·杨万里云："学而不化，非学也。"故宋·张载尚有"于不疑处有疑，方是进矣"的论述。进修结束时我整理医案、心得各种笔记十多本，其中有两本我题名为"老师语录"，是平时门诊、查房时老师对病情的分析以及对治疗方法的指导意见，大到一病的讲解，小到一味药的更改。我以病名为目录，把平时记下的语录编写成册。江老为我在"老师语录"的扉页上题词："在进修实习中能把老师的临床经验记录下来，并分门别类地加以归纳整理，这是一种良好的学习法，亦是学习中的主要收获，甚好。""文革"中我家被抄，这两本语录被我藏到地板下，得以保存，1996年江老八十寿辰，我将这两本笔记进一步整理，编入《江育仁学术经验选集》，由天津科学技术出版社出版，为江老祝寿。2003年冬江老病逝，噩耗传来，我潸然泪下，在吊丧期间，草拟悼诗一首，以寄师生之情。

> 正是寒风萧瑟时，
> 兼程千里哭恩师，
> 来宁往日常相叙，
> 逝去今朝永别离。
> 行必诚仁彰舜德，
> 心存忠恕待人慈，
> 出书入史传薪火，
> 为国储材天下知。

"恩深转无语，怀抱自分明"。师恩浩荡，老师不仅传授了我专业知识，而且他忠于人谋、推己及人的高尚品德也使我没齿不忘。

一年多的进修，使我在中医儿科领域达到了登堂入室的阶段，基本上了解了一年四季儿科常见病和一些疑难病证的处理方法。

临床磨炼

"立志欲坚不欲锐，成功在久不在速"。中医的精华在临床，不在临床上长期磨炼就很难体会到中医的精妙之处。1965 年元月，我回到原单位负责儿科工作。这一年适逢盐城市区麻疹流行，在治疗麻疹的过程中，我充分发挥了中医中药的优势，治愈了大量的危重患儿。裘庆云："麻出于脏，由阴而及乎阳，火毒燔灼，营血耗伤，故麻后每多遗毒之患。"鉴于此，我对热毒深重的出血性麻疹患者，用大剂量的犀角地黄汤加减治疗，清热解毒、凉血散血。对麻毒闭肺、气喘鼻煽的肺炎患者，用麻杏甘石汤加减，宣泄热毒、开肺平喘，常能有立竿见影之效。同时，我也见到了麻疹初期滥用抗生素、激素退热，延缓麻疹透达的副作用。现今，麻疹已很少见，致使临床医生常有误诊。2004 年春节期间，医院来电话说县里送来一个 17 岁的男孩，怀疑麻疹并发肺炎，要我去会诊。到病区后我看了病史和各种检查单。患者体温 38.7℃，白细胞和淋巴细胞偏高，胸片提示右下肺有片状阴影。管床医生说：现在一是身上的皮疹是否为麻疹不能确定，二是病人拒绝输液。我到病室后，见到病人面容虚浮，周身紫斑，且胸背部融合成片，咳声不畅，立即联想到几十年前见到的出血性麻疹，再看病人舌苔薄黄，舌质红，脉象滑数，便问其为什么不愿意输液。病人说：在县医院已挂了 3 天水了，每次挂水胸中都难受得像火烧，不挂水还好受些。我安慰了病人，回到办公室对医生讲，这个病人是出血性麻疹并发肺炎。为什么病人拒绝输液呢？因为输液时每次都用了地塞米松。麻疹乃热毒，地塞米松从中医临床观察，属热性药，热病用热药，是火上浇油，所以病人说挂水时胸中像火烧。我遂拟清热凉血、润肺养阴法，药用生地黄 20g，芦根 30g，赤芍、粉丹皮、紫草、杏仁、冬瓜子、大麦冬各 10g，甘草 5g，上药服 3 剂，病人热退神安，逐渐康复。

《管子·枢言》尚云："诚心者，天下之结也。"中医治疗病毒性疾病，疗效确切，且副作用少，特别是发疹性疾病。群众很相信中医，我充分利用了中医在群众中的基础，尽量不使病人失望。患儿不肯服药，我便研究外治疗法，开办了儿科外治室，用雾化吸入、灌肠、外敷、外洗、推拿、捏脊等方法治疗。"医者，仁术也。仁人君子，必笃于情，笃于情，则视人犹己，问其所苦，自无不到之处。"小儿吃药喜甜怕苦，因此我开方用药尽量选用不苦的药，使其乐意服用。经过不断努力，我院的儿科在群众中树立了很好的信誉。在事业上可以说，从进修回来以后，我是一路高歌到如今，只有"文革"期间心情暗淡。人随国运，国家遭浩劫，子民岂能免？现在逢盛世，我虽早已退休，但仍然坚持专家门诊，现我院儿科已成为江苏省重点专科，医院为三级甲等中医院。

厚德与积累

回忆至此，我又反问自己，过去数十年，为什么能一路高歌呢？前面讲了父母的关爱、国家的培养、老师的教导，这些都是外因，内因才是根本。去年秋一出版社要出版《中华当代格言诗文选》，向我征稿，我写过一首七律，曾述及此事，全诗如下：

> 医林驻守五十年，
>
> 百事权衡德在先，
>
> 带教临床人若市，
>
> 笔耕医药纸生辉。
>
> 不为赞誉昏昏老，
>
> 常觅良方事事先，
>
> 万马奔腾能逐鹿，
>
> 征程总爱自扬鞭。

"征程总爱自扬鞭"是我的经验，就是要对自己自加压力、自出难题、自找苦吃，这样才能吃苦在暗处，高歌在明处，没有苦哪有甜？没有难哪有易？

我说的"自扬鞭"，不仅指在业务上奋发上进，勇于攀登，而且要修身克己，厚德为先。诚如《易经》所云："天行健，君子以自强不息。""地势坤，君子以厚德载物。"我在学生时代就自题"做人务必真诚实，治学尤需勤韧专"为座右铭，崇尚讲真话，办实事，待人以诚，不图虚荣，不尚空谈。我深信

"意诚而后心正",为医者医心正,才能医技精,有济世救人之志,方有济世救人之才,此《左传》"树德莫如滋,去疾莫如尽"之谓也。人的一生,你自觉也好,不自觉也罢,总是在万马奔腾中逐鹿。在人与人竞争的过程中,可分为三个阶段,最后谁能胜出呢?我总结为一句话:"初以技巧,继以学养,最终仍是一眼看不清的品格。"高尚的品格,不但使我始终处于"常觅良方事事先"的良好精神状态,也是我一路高歌、一生平安的保护神。

汉·王充《论衡·效力篇》云:"人有知学,则有力矣。"成才之道,在于积累,积善良美好的一言一行,可成大德,积真知灼见的片文只字,可成鸿篇,不积跬步,无以至千里。日积月累,积久成习,举止言谈,便见医德之高、医技之精,正所谓"请看千涧水,万合始成河"。要做好知识的积累,就必须要养成学习习惯。习惯有好有坏,养成良好的学习习惯,会受益终身。

所谓学习习惯,主要是指读书习惯,写心得体会的习惯等。诚如宋·欧阳修所云:"君子之学也,其可一日而息乎?"我在学生时代就养成了这个习惯,至今仍读书写体会。"学如不及,犹恐失之",好的心得体会(总结或论文)是理论联系实际的体现,是解决实际问题的意见和见解,长期坚持就会学有所成。何谓"成"?"能定能应谓之成",就是在通常情况下,对疾病处理能做到成竹在胸,遇到特殊情况亦能应变自如。学习要有滴水穿石的功夫,在任何情况下都要忙里偷闲,挤出一点时间学习。要有宽广的知识面,要有精湛的专业知识,就需要长期的积累,即所谓"山不辞撮土而成其高,海不辞滴水而成其大"。关键在于几年如一日,几十年如一日,坚持不懈地学习,使学习成为生活的主要组成部分,此即宋·苏轼"穷不忘道,老而能学"之谓也。

注意学习方法

养成良好的学习习惯,还要注意学习方法,我的学习方法有以下几种:

一是温故知新。语出《论语》"温故而知新,可以为师矣。"在学校读书,学的是一些基本东西,工作后要不断复习,才有利于理论联系实际,特别是经典著作要反复阅读,此即苏轼"故书不厌百回读,熟读深思子自知"之谓也。且"为学之道,莫先于穷理,穷理之要,必在于读书",因为中医的源流在经典,只有开其源而畅其流,才能在继承的基础上有所发扬。随着临床经验的积累，复习中就会有新的体会、新的认识。例如《难经》曰："形寒饮冷则伤肺。"我起初阅读时还有怀疑，饮冷应该伤胃，怎么会伤肺呢？进一步学习才知道"胃之大络，名曰虚里，贯膈络肺"。肺、胃在解剖上分属两个系统，但它们之间有经络相联。再验之临床，有些家长对我说：这孩子一吃冷饮就咳嗽。可见古人言之有据，并且是实际生活体验。经过多年临床，再学习"形寒饮冷则伤肺"，我认为对指导治疗咳嗽特别重要，这是指饮冷伤及脾胃，临床常见面色少华，易汗，挑食，乳蛾肥大，为先有内寒，复感外寒，"内外两伤"而生咳嗽，治这种咳嗽不但不能见咳治咳，也不能单理肺脏，而要肺脾胃同治，或肺脾肾同治。我经过多年的摸索，自拟了黄芪止咳饮，主要药物为黄芪、党参、炙冬花、炙紫菀、大麦冬、枸杞子、甘草等，并重用黄芪、党参补肺脾之气，两药同用，既能补益中土，温养脾胃，又可入肺补气，固护卫阳，旨在匡复正气，正本清源，治疗"形寒饮冷则伤肺"的咳嗽，常能取得一剂止而两剂已的疗效。故经典著作需要联系临床，反复学习，才能体会到其价值。

二是有疑难必翻书。汉·刘向《说苑》云："智莫大于阙疑，行莫大于无悔。"临床工作中，我白天遇到难题，晚上回来一定要翻书寻求答案。1980年夏季，门诊来了一位2岁的男孩，腹泻有两个多月，屡经输液、输血和多种西药治疗仍未痊愈，乃至形体羸瘦，近来泄泻无度，整天肛门有黄色稀水流出。因患儿病情重笃，欲收其住院，家长谓今日慕名而来只求中药一试，已无钱再住院。因患儿舌苔黄腻，口渴多饮，几经消导化湿、清肠止泻皆无济于事。我翻遍历代医籍，只有《古今图书集成·医部全录》中记有"泄泻无度，玉露散主之"颇为切合，遂依法炮制，患儿连服两天仍不见效，度量其病情，前思后虑，仍觉此证属暑邪湿热，胃经实火，玉露散较为合拍。今不见效是剂量不足，而患儿口渴多饮，畏服散剂，遂改散剂为汤剂，用生石膏、寒水石各30g，并去甘草改用滑石20g，于复诊时开1剂，只花费8角钱，嘱家长给患儿作饮料，频频多服，次日患儿又来复诊，家长喜上眉梢，谓药后口渴大减，腹泻已止。继用原方1剂，百日沉疴，就此渐愈。

唐·杜牧云："学非探其花，要自拔其根。"故有疑问、遇难题则翻书，看是零零碎碎，实是零金碎玉。中医疗效确切，费用低廉，能够解决老百姓看病贵看病难的问题，要大力发展中医，培养真正的中医人才，若能真正如此，其意义绝非仅为民生计，更有利于弘扬中国传统文化，振奋民族精神，彻底扫除张功耀之流的民族虚无主义思想。

三是整理病案。唐·韩愈云："学以为耕，文以为获。"整理病案是很好的学习方法，不仅能强化临床所见的实际病例，而且在整理过程中必须查找资料，这样就把书本理论落实到了具体病例，巩固了理论知识。同时在整理过程中，往往能发现过去没有注意到的问题，或是还不知道其所以然，仅为感性知识，经整理时翻阅资料，常常可以得到解决，使感性知识上升到理论认识，再去指导临床工作，就更加心明眼亮，从而达到《文心雕龙》"论如析薪，贵能破理"之效。

李明忠

李明忠（1940— ），山东邹平人。1967 年毕业于山东中医学院医疗系。邹平县中医院名誉院长，主任中医师，兼任山东省首届老中医药专家继承工作指导老师、山东半岛中医药研究协会副理事长、中国中医药学会会员、全国唯象中医学研究会常务理事，为山东省名中医药专家、全国卫生先进工作者。

从事中医药工作五十多年，基础理论扎实，临床经验丰富，精于中医内科，擅长医药治疗心脑、肝肾、糖尿病、肿瘤、妇科等疑难杂证，频挽垂危，屡起沉疴，建树颇多，为继承发扬传统医学，弘扬中医药事业，培养中医后继人才做出了重大贡献，得到杏林同行的推崇和患者病家赞誉。科研成绩显著，多次获奖，其中《中风病中医诊断疗效标准》获卫生部重大科研成果乙等奖；《益心口服液治疗真心痛》获山东省卫生厅科研进步二等奖。主编《名医良方编诀》，参编著书 8 部，撰写学术论文 50 余篇。被评为"当代世界传统文化名人""传统医学博士（T. M. D）""世界优秀专家人才"，获"世界医药文化名人奖"等。

光阴荏苒，日月如梭，转瞬我已学用中医药学 49 个春秋之多。值庚寅金秋，思今追昔，感慨万千。我近半个世纪的亲身经历、诸实见证、风雨历程、追求探索、火红年月、沧桑巨变，的确是汗水之浇灌，拼搏之必然。因极度热爱、万分信奉中医，故做到了勤求博采，研古探今，由经典理论，到临证实践，日积月累，渐达医高德勋，因泛学妙识，才悟奉了"橘井""杏林"两个典故中主人公的善行。我的文题"痴心岐黄，悟奉橘井"和自律"豁达乐观多兴趣，问心无愧少私欲。博爱情怀待他人，奉献举止处世事"，意出一辙，涵蕴深刻。

中医之路 唯痴唯勤

（一）取法乎上 高屋建瓴

1961 年高中毕业后，我就学于山东中医学院医疗系。6 年的中医学院正规教育，得刘惠民、张珍玉、李克绍等名家诸老亲炙，系统掌握了中医药学基础理论、各科临床医学和西医学知识，为深入发掘研究中国医药学这个伟大宝库，奠定了坚实的理论基础和临床知识。

古人云："取法乎上，得法乎中；取法乎中，得法乎下。"欲精于医，须得法乎上，"上"即全面系统地掌握中医学基础理论。我常说："临证如临阵，用药如用兵，必须明辨证候，详慎组方，灵活用药；不知医理，即难辨证，辨证不明，无从立法，用药临阵，难以愈疾。故古今名医多自明理始，学以由深出浅法。明理之法，首重读书。"中医院校教材提纲挈领，示人以规范，自可为初学入门之必读书。然欲求精进，尚须遍读历代典籍名著。经典著作是中医学之根本，是必须精读熟读之书。熟读《内经》增人智慧，于病理可左右逢源；熟读《本草》则方由我出，不受古方局限；熟读《伤寒论》《金匮要略》则辨证论治有法可循。

"读书百遍，其义自见"。我认为，一本书只读一遍，其真正价值不可能理解得透彻，很多地方往往被忽略过去；如忽略之处恰好是全书精华之所在，则难免有买椟还珠之虞。反复研读经典著作及名家各派的代表著作，乃古今名医有所建树、卓有成效的途径。因此，在对医籍的博览上，每得一医书，便如获珍宝，靡不废寝忘食，读然后快。如此数十年如一日，上至《内》《难》《本草》《伤寒》《金匮》及晋唐以后各家学说，下至明、清医家及近代医林名著，莫不博览精研，颇具心得。

读书之法，强调要信、要静、要细、要深、要博。"信"即要相信中医，正确认识中医药在防病治病过程中的特色和优势，本着继承和发扬的原则读书，重在吸收其营养和精华，对未能理解的地方暂先存疑，以待探讨，断不可采取虚无主义态度；"静"即读书要心静，有计划有顺序地反复研读、潜心默索，知其然，更当究其所以然，再静观默索地使心之本性与医学之本性自然契合；"细"即以把握全貌为基础，剔除异处，淘汰衍说，辨别讹字，点面结合；"深"

即要深入探究，识其本质，别有会心，形成独到见解；"博"即要求博采精取扩大眼界，善于互参，识其正旨，知其隅反。读书如此，方能去伪存真，无远勿届，无往匪透，了然于心。以此指导临床，即可高屋建瓴，切中肯綮。

医哲同步，中医药学就是在广泛地吸收各种科学文化知识，尤其在古代哲学的指导下形成和发展起来的，并伴随着中国古代哲学的发展以及医哲结合的不断深化而不断发展与演变。我认为取法乎上，"上"，当包括哲学在内。虽先学唯物辩证法于中医学院，后又不懈涉猎古代哲学于临床之中，然仍有未登堂奥之感。20世纪80年代，医易研究热风行全国，面对这一关系到中医学能否真正振兴和发展的根本问题，我立即以饱满的热情投身到研究中，与全国同仁一道攻读《周易》，并形成了自己的观点，先后撰写了十几篇学术论文予以发微。如在《〈周易〉卦爻象义浅见》一文中，从象与义识、卦与爻浅识、卦象与卦义浅识、爻象与爻义浅识等四个方面，论述了《周易》为中医学基础理论之源泉；在《周易、阴阳、中医泛说》一文中，通过《周易》中的阴阳学说及阴阳学说与中医的探讨，说明了阴阳观为《周易》和中医基础理论的核心和重点，中医学阴阳学说实乃源出于《周易》；在《数术与中医》一文中，以太极、阴阳、三才、四象、五行、六爻、八卦、干支、河图洛书等具体理论说明其对中医学理论体系的重大影响；而在《医易相通话阴阳》一文中，不仅认为医易相通重在阴阳，而且得出了医易之阴阳均源于中国古代文化的结论。

20世纪80年代后期至90年代，医易研究取得了蜕变出唯象中医学和中国象数医学两大新理论体系的重大成果，我均参与其事，并成为中坚力量。现在，我正作为中国象数医学创始人柳少逸先生的同道挚友，探赜取精，钩沉致远，为发展柳少逸先生创立的中国象数医学理论体系而耕耘。

（二）博采精取　深入实践

实践是检验真理的唯一标准。中医药学源远流长，基础理论博大精深，医学典籍汗牛充栋，诸家学说各有千秋，如金元四大家、伤寒学派、温病学派、温补学派等。而这些理论正确与否，适应范围如何，则必须通过临床实践来检验。我的临证过程就是理论→实践→再理论→再实践的过程。

我的临床道路，可以说是学校出身的人走过的"常路"，即"泛读各科，浅涉各家，莫衷一是，结果是蜻蜓点水，广而不深"。在《齐鲁名医学术思想荟萃》一书征稿期间，我在给编者的信中说："自己是'杂家'派，什么病也看，可谓'样样通，样样松，什么也会治，什么也不精'……虽'学业不短'，但因天资愚钝，又不好学善读，故只是充数也。"同时要求编者在撰稿时"要实事求是，切莫过誉称道，更不能胡言八扯。慎之，慎之"。

我常说，中医学术之奥秘在于临床。自习医之始，即把临床作为主攻方向，在学习系统的临床知识之余，曾通读过许多古今临床著作。然临证之初，仍感无从入手，实际病证与书本知识难以对证，似是而非，不易抓住纲领，更难彼此鉴别，切中一是。辨证立法，遣方用药，"不名一家"，作辍无恒，深感"书到用时方恨少"，益信古人所谓"读书三年，便谓天下无病可治；治病三年，乃知天下无方可用"之言不虚。于是进一步广泛阅读各家论著，涉猎各家医案医话，增广临床知识，使理论与实践密切结合。经过数年临床摸索，渐能融会贯通，举一反三，临床运用灵活自如，不再问津无路。此时方悟学习中医既要取法乎上，注重理论学习，又须理论联系实际，加强临床锻炼，如此方可进退有据，左右逢源，既可临证以医一时之疾，又能研究以救一论之弊。于是学业倍进，声名渐起。

读书之感豁，临证之效失，病家之愁乐，使我倍增临证之兴趣，益加坚定了献身学术之信心。医林跬步三十年，旁参广征，奄揽众长，商量旧学，发皇新义，逐渐形成了自己的学术思想和临床经验。临证之际，静聆病家主诉，偶然发问，洞中病情，要言不烦，所谓"其人不言，言必有中"，望闻问切，一丝不苟，全神贯注，苦心探索；全面精察，综合分析，究其要言，切中肯綮，灵活运用，谨密掌握，立方谨严，用药精当；不执一药而论方，不执一方以论病；不徇一家之好而有失，不肆一派之专而致误；师古而有方圆，创新而有规矩；药味严淡而有出奇制胜之妙，潜心默察而无瞻前顾后之虞——遂有杂病派之风。精于内科，擅治心脑、糖尿病、肝肾病、妇科等疑难杂证；长于方药，熟谙针灸、推拿、整骨、心理等非药物疗法。临床常常以药物疗法为主，或针药兼施，或内外合治，切中病机，三因制宜，屡起沉疴，疗效卓著。再加医风端正，医德高尚，急病人之所急，想病人之所想，遂声名鹊起，噪于一方。

（三）教学相长 管理有方

1968 年 7 月我被分配至博兴县工作，先后在乔庄、寨郝医院工作。1975 年

3 月调至博兴县城，创办县卫生学校，先任主讲教师，后任党支部书记。我对自己严格要求，以身作则；对学生循循善诱，诲人不倦。在课堂上深入浅出，所讲生动易懂，注意启发学生思考问题，重视理论联系实际。因为中医理论基础扎实，临床经验丰富，谈锋甚健，诙谐成趣，妙语连珠，口若悬河，备受学员欢迎。共培训学员 700 多人次。1993 年荣获山东半岛中医药研究基金会第二届"齐鲁杏苑伯乐奖"。

1982 年我调至邹平县城关医院，1983 年 4 月改为邹平县中医院。当时全院仅有 27 间土坯房，固定资产 42000 元，药品周转金 5700 元，医疗设备只有一台 30 毫安 X 光机和一台旧显微镜，医院濒临瘫痪。我临危受命，出任中医院院长兼党支部书记，带领全院职工艰苦创业，锐意改革，勇于，进取，实行科室核算。短短 10 年，把医院建设成为初具规模的县级中医院，三大效益年年有较大提高。到 1994 年，医院固定资产 250 万元，为改建时的 60 余倍；业务收入由年 3 万元增至 200 万元，为改建时的 70 倍；医疗设备价值 37 万元。由于成绩突出，医院连续 6 年被评为省级文明单位，1988 年被卫生部评为"全国卫生文明建设先进集体"，我也被评为 1986 年山东省卫生先进工作者、1987 年全国卫生先进工作者，省、地优秀医务工作者；获"富民兴鲁""振兴惠民五一劳动奖章"、地区优秀知识分子称号；1986 ~ 1988 年，连续 3 年被评为县劳动模范；1988 年被评为滨州地区劳动模范。党和人民政府给予我的荣誉，激励着我努力为振兴中医药事业贡献力量。

岐黄之学　终生为之——《黄帝内经》主要观点浅见

《黄帝内经》是中医学的经典著作，成书年代历经战国至西汉，非一人一时之作。它的问世，奠定了中医学的理论体系，且数千年来就是指导中医临床实践和学术发展的圭臬。我接触《内经》，进行学研，始于 20 世纪 60 年代初，迄今 40 余载，总感学而不厌，痴心难舍，手不释卷。《内经》文字古奥，含义晦涩，本人不敏，才疏学浅，尽管学之有年，受益匪浅，然对该古典医籍，未能识透，粗而不精，故不揣简陋，仅就其主要观点，拙述浅见，谬误之处，谨请同道贤达予以斧正，不胜感谢。

（一）《内经》主要观点简述

1. 天人相应

人生活在天地之中，因之自然界是人类赖以生存的必要条件，其变化可直接或间接地影响着人类，从而使机体产生相应的反应。故《灵枢·邪客》说："人与天地相应也。"《灵枢·岁露》也说："人与天地相参也，与日月相应也。"这里的"天、地""日、月"都是指自然界而言。古人说的"人与自然息息相关"，就是这个意思。

自然界中，一年四时，气候变化，甚为规律：春暖、夏热、长夏湿、秋燥、冬寒。生物在气候变化影响下，即成为春生、夏长、长夏化、秋收、冬藏的相应变化。人虽为万物之灵，但亦为万物中的一种，必然同样受到自然界生化规律的影响，产生相应变化。如《灵枢·五癃津液别》说："天暑衣厚则腠理开，故汗出……天寒则腠理闭，气涩不行，水下流于膀胱，则为溺与气。"春夏阳气发泄，气血容易趋向于表，汗孔开张，故疏泄多汗；秋冬阳气潜藏，气血趋向于里，皮肤致密，少汗多尿。人体通过适应性调节，以维持人与自然界的协调。四时气候变化可影响人体气血运行，脉象亦发生相应变化。如《素问·脉要精微论》说："四变之动，脉与之上下"，是说四时气候的变动，使脉象发生相应的浮沉变化。该篇还具体描绘了脉象的状态："春日浮，如鱼之游在波；夏日在肤，泛泛乎万物有余；秋日下肤，蛰虫将去；冬日在骨，蛰虫周密。"原理为人的气血阴阳随自然界四季阴阳之气的消长而发生相应的变化。同样之例，《素问·八正神明论》亦说："天温日明，则人血淖液而卫气浮，故血易泻，气易行；天寒日阴，则人血凝泣而卫气沉。"天气温和，人体气血运行流畅；天气寒冷，人体气血运行容易凝泣不畅。为什么冠心病容易在冬天寒冷季节出现心肌梗死，高血压容易在冬季并发中风，道理就在于此。《素问·异法方宜论》也记载了地区不同、气候不同、人的生活习惯不同，在一定程度上影响着人的生理活动。如北方多燥寒，人体汗孔多致密，江南多湿热，人体汗孔疏泄多汗。在病理情况下，地质不同，体质不同，其发病亦多不相同。

《内经》认为人体只有保持与自然界环境的协调统一，才能维护健康，否则就会生病。所生疾病，又常与季节气候相关。如《素问·金匮真言论》说："故春病善鼽衄，仲夏善病胸胁，长夏善病洞泄寒中，秋善病风疟，冬善病痹厥。"

可见，古人已认识到人体具有季节性的多发病，这是人与自然气候失调的结果。正是这种"天人相应"的观点，指导医生在治病时，要遵循"因时制宜"原则，准确分析自然环境变化与病理变化之间的内在联系，从而确定出适时的恰当治疗方案。此外，在养生保健中要顺应自然，协调人与自然的关系，做到"春夏养阳，秋冬养阴"，才能达到健康长寿的目的。

2. 形神合一

形指形体，包括脏腑、经络、精血、津液、皮肉、筋骨等有形器官组织；神乃指人之生命机能，含人的生理功能和心理活动。《内经》认为，形为神之基宅，神为形之功用，二者不可分割。形神合一观，是《内经》的生命观。形神和谐，是健康的象征；形神失调，为疾病的标志；形神分离，即生命的终结。形本于神而生。《灵枢·本神》说："两精相搏为之神。""两精"，指男女生殖之精的结合，从而产生具有生命活力的形体。"神"是指新的形体的生命活力。《灵枢·天年》说："何者为神？岐伯曰：血气已和，荣卫已通，五脏已成，神气舍心，魂魄毕具，乃成为人。"其意有二：一是说明"神"的产生，是建立在血气和、荣卫通、五脏成的基础上；二是说明一个完整的人应具备脏腑营卫气血及神气魂魄两个方面的活动，才成为人，亦即形神具备，乃成为人。《素问·上古天真论》还说："形与神俱而尽终其天年。"意为保持形神和谐，就能健康长寿，尽终天年。

形神关系，本质讲是心与身、精神与肉体的关系。《内经》形神观充分体现了物质第一性、精神第二性的唯物史观，承认神是建立于形之上，同时也承认神对形有一定的反作用。如《内经》将精神情志因素作为致病的内因，诊察疾病强调"得神者昌，失神者亡"，治疗中把"治神"置于针药治病之先等，体现了形神之间的辩证关系。

3. 五脏主体

《内经》理论体系把各种脏器，按其功能特性概括为五脏、六腑、奇恒之腑三类型，且按其功能活动联系之规律，分别构成了以五脏为主体的五个功能系统。人体这一以五脏为主体的功能活动系统，是通过经络的沟通、气血的通达、脏腑的联络来实现的。它的联系结构可简示如下：

肝系统：肝－胆－筋－目－魂－木。

心系统：心－小肠－血脉－舌－神－火。

脾系统：脾-肾-肌肉皮肤-口-意-土。

肺系统：肺-大肠-皮毛-鼻-悲忧-金。

肾系统：肾-膀胱-骨-耳-惊恐-水。

该五系统彼此间非各自为政，而是通过经脉的络属、五行生克制化，沟通气血的往来，进行着调节和控制，从而维持一定的稳定状态，构成一个有机的生命整体。五者之间的调节和控制，是用五行学说的生克制化关系来阐明的。生理情况下，五脏之间相互联系，相互滋生，相互制约，构成一个有机整体。病理情况下，一脏有病可以影响到其他脏腑，他脏有病，亦可波及我脏，同时由整体观念出发，分析病证的病理机制时，亦当首先着眼于局部病变所引起的整体病理反应，将局部病理变化与整体病理反应统一起来，既重视局部病变和与它直接相关的脏腑经络，又不忽视病变的脏腑经络对其他脏腑、经络产生的影响。治疗时，局部的病变也必须从整体出发，制定相应的措施。

4. 邪正相争

《内经》认为，疾病的过程从邪正关系来说，就是正和邪相互斗争的过程。其中，邪虽然是引起疾病的主要因素，然非唯一因素，尚取决于人体自身的抗病能力。故不论何种疾病，在其发生发展过程中，虽然有千变万化的临床表现，却总不外乎邪正斗争的形式，亦即"邪正相搏"。《内经》并就邪正斗争的结果做了两种归纳："正气存内，邪不可干""邪之所凑，其气必虚"。强调了邪正斗争的胜负，对疾病的发生与转归起决定性作用。故《内经》既注重在生病时扶助正气，去除邪气，以改变双方的力量对比，有利于疾病向痊愈方面转化；更注重在未生病的情况下，保持正气，尽量避免邪气的入侵，以减少疾病发生的机会。《内经》邪正斗争的病理观，可以概括为疾病的发生、发展及其转归和预后，对后世病因病机学说的发展，具有十分重要的指导价值。

5. 以平为期

《内经》认为，人与自然、形与神、脏腑与阴阳气血等的和谐，是健康的标志；反之，人体就会发生疾病。所以，从整体而言，所谓治病，就是协调人体内（包括形与神、脏腑之间、阴阳之间）及其外环境（包括自然和社会环境）之间的关系，以求得新的平衡和谐。故《素问·至真要大论》强调说："谨察阴阳所在而调之，以平为期。"协调阴阳为概括之词，除了调整阴阳的偏盛偏衰，恢复阴阳的相对平衡，达到"阴平阳秘"的效果外，也包括协调表里、内外、脏腑、气血、形神的关系，以及气机升降出入运动等方面的内容。故《素问·至真要大论》又说："疏其血气，令其调达，而致和平。""和平"就是和谐、平衡之意。经文再次强调，疏通脏腑气血，使之通畅、条达，对于疾病的康复有重要意义。《内经》所载治疗方法颇多，"以平为期"可以认为是对各种治疗目的的概括。

6. 未病养生

自古至今，"预防为主"已成为我国传统医学的指导思想。早在先秦时期，许多医家就提倡"上工治未病"，认为未病先防，乃医生的首要任务，且为衡量其医术是否高明的重要标志。如《素问·四气调神大论》说："圣人不治已病治未病，不治已乱治未乱，此之谓也。夫病已成而后药之，乱已成而后治之，譬犹渴而穿井，斗而铸锥，不亦晚乎？"这生动地指出了治未病的意义。明代医家张景岳更为具体地进行了解释："古人的预防之道，由于始于未形，所以用力少而成功多。"故未病先防是防止疾病发生最积极的有效措施。

《内经》还具体概括了"治未病"的养生措施，包括顺应自然、调畅情志，包括食饮有节、起居有常、谨戒房事、导引吐纳等诸多观点和方法，对我们今天研究预防医学、老年医学、康复医学等均具有重要的价值。限于篇幅，诸多原文不一一选录评释，愿与同道坚持不懈地攻研之，以为中医学的发扬光大做出贡献。

（二）阴阳学说及其应用愚识

阴阳学说是我国古代朴素的唯物主义自然观，为辩证的事物运动变化运动规律的系统学说。笔者在拙著《数术与中医》《医易相通话阴阳》两文中，分别从阴阳的概念、渊源、演进及历代诸贤对阴阳的论述等方面，引经据典，广收诸家，结合个人认识、心得体会，反复论证了该学说对研究天文、地理、人事等各种预测所取得的重大成果，指出"谨熟阴阳，无与众谋"及"善诊者，察色按脉，先别阴阳"的道理，故不再赘述。只讲中医药学运用中医理论，阐明人体的生理功能、发病机制、病理变化以及治疗原则，结合我30余年的治疗心得，举其代表性实例，以记印证。

1. 阳气者闭塞，地气者冒明，云雾不精，则上应白露不下。——《素问·四气调神大论》

古人认为，自然界的"阳气"即"天气"，"阴气"即"地气"。若阳气在空间失于流通，则阴气就会向上空干扰，甚至充盈宇内。故经文云："阳气者闭塞，地气者冒明。"古人还认为，自然界的云和雾，是从地而起的，雨和露是从天而降的。如《素问·阴阳应象大论》所说："地气上为云，天气下为雨。"如果地气不上腾，则天气不肃降。故经云："云雾不精，则上应白露不下。"将这些自然现象体验于人体，亦可从临床病例得到证实。如肺为华盖，位居膈上，其体轻虚，象天，而其气以肃降下行为顺。如果肺气失于肃降，不但会发生咳嗽、喘逆等症，同时还会影响到二便失利。观古书所载，治疗便秘，用紫菀清开肺气而大便得通，朱丹溪用吐法治膈上而利小便。我在临证中曾多次用"济川煎"治疗大便秘结，而哮喘病随即缓解或向愈。这均是从"阳气者闭塞，地气者冒明""云雾不精，则上应白露不下"的经文悟出来的。临床采用宣上导下之法，启上闸而开支流，疗效可靠。否则，二便闭结既久，势必有浊阴上逆而痞满呕吐等"地气冒明"之象。医圣张仲景以大黄甘草汤治食已即吐，地气通而上逆自去。清代医家尤在泾在《医学读书记》中说："肺气象天，病则多及下阴，大小肠象地，病则多及上焦。"可与本节经文及所举病例相印证。

另据文献记载，阳气闭塞，地气冒明的病变现象，更有甚于已所举者。如清代医家喻嘉言在《医门法律》中说："阴邪横发，上干清道必显畏寒、腹痛呕逆、自汗、肉瞤筋惕等证。如果浊阴从胸而上则咽喉肿痹、舌胀睛突；浊阴从背而上，则颈筋粗大，其项若冰，甚或浑身青紫而死。"他还认为这完全是"地气加天之劫厄"。治疗方法，前者采用真武汤，后者急用干姜、附子。说得更实际的，要推清代医家周学海，他在《读医随记》中说："肝肾内冷，阴气鼓动水邪，上掩心肺生阳（说明阳气闭塞，地气冒明的道理），逼闷率厥，神昏不醒，舌张不语，口眼㖞邪，四肢拘急（说明阳气闭塞，地气冒明的病证）；治宜温宣（清阳）重镇（浊阴），如黑锡丹之类。"同时并拟出宣通心肺清阳、温化肝肾浊阴的方药。

此外，"阳气闭塞，地气冒明"的另一病变，还可表现在"寒疝"及"气冲"两方面。寒疝病机，正如尤在泾所说："卫气与胃阳并衰，外寒与内寒并发，阴反无畏而上冲，阳反不治而下伏。"治以金匮大建中汤及大乌头汤。关于冲气，明代御医盛启东在《医经秘旨》中说："冲气上逼，有上腐烂阳气不足而阴气上干者。"喻嘉言在《医门法律》中也认为："脚气入腹，而见上气喘急，呕吐自汗，地气已加于天，治取朱章仪八味汤。"纯阳照当空，则阴翳冒明的地气，自然消退。

本节经文，经过古今大量的实践应用及在生理、病理、治疗上多方面的印证，较为切合实际，绝非空然无物。

2. 清阳出上窍，浊阴出下窍。——《素问·阴阳应象大论》

"上窍"，谓耳、目、口、鼻七窍；"下窍"，谓前后二阴。古人认为，气本乎天者亲上，气本乎地者亲下。人体内应当阳气在上，阴气在下，故有"清阳出上窍，浊阴出下窍"之说。该现象是人体生理功能的正常现象，亦即耳目聪明（含口能知味，鼻能闻香臭），二便通利。然此正常的生理现象若发生障碍或反常，则从生理走向病理了。清阳不出上窍，则发生耳鸣或耳聋，眼目昏花；浊阴不出下窍，则发生二便不利或癃闭。临床如遇这些病情，就要考虑清阳是否上升，浊阴是否下降？继之考虑"升清""降浊"的治疗方法。清末医家王燕昌（汉皋）以四君子汤加柴胡治阳气不畅的耳聋（《王氏医案》）；元代医家罗天益（谦甫）以人参益气汤治目左视而白晴多（《卫生宝鉴》）；明代医家江应宿以升阳散火汤治鼻塞不利（《名医类案》）。我在临床中常用补中益气汤加味治疗头目昏沉及阳虚外感证，收效颇佳。这均是根据"清阳出上窍"的生理情况，采用"升清阳"的方法，治疗阳不升于上窍的病变，正如金元四大家之一的李东垣所说："诸经脉终，皆走于面而行空窍，其清气散于目而为精，走于耳而为听。"充分说明了"清阳出上窍"的具体作用。由此可知，清阳不升则耳聋不聪，从而可推知浊阴必须降了。浊阴不降而下窍不通的病变，主要是二便秘闭。古人之话，以三承气汤为寒下之柔剂；白散、备急丸为热下之刚剂；附子泻心汤、大黄附子泻心汤为寒热互结刚柔并济之合剂，使浊阴从大便而出。而李东垣的滋胃丸治不渴而小便涩痛，是使浊阴从小便排出。我在临证中，遵照"师古不泥古，创新不离宗"原则，机圆法活，灵巧变通，救活了不少重危之患。从而可以从生理之常，测知病理之变，亦可从治疗病变的机转中，认识古人所谓"清阳出上窍，浊阴出下窍"的实际意义。

3. 清气在下，则生飧泄；浊气在上，则生䐜胀。——《素问·阴阳应象大论》

"清气"和"浊气"亦即"清阳"和"浊阴"。"飧泄"，乃食物未经完全消化而泻出；"䐜胀"，为胸膈痞满。经文之意是说，清阳本为上升，如果陷在下面，则运化失常，因成飧泄；浊阴本应下降，若凝滞在上，必然胀满。唐代医家王冰注曰："热气在下则谷不化，故飧泄；寒气在上则气不散，故膜胀。何者也？以阴静而阳躁也。"后世据此经文，从其病理变化中制定出"升清阳"而治泄泻，首推李东垣之经验，他以此法治愈自己由于阳气衰弱不得畅伸，伏匿于阴中的泄利（《脾胃论·下卷》）。笔者临证，仿其法而应用于气虚下陷的久泄证，每获良效。不过升举阳气以治泄泻，实非始自东垣，汉代张仲景在《伤寒论》少阴篇中已有先例，只是非内服药而是温灸法而已。原文曰："少阴病，下利……当温其上，灸之。"明代医家方有执在《伤寒论条辨》中释谓"上，谓顶，是百会也"。因百会穴属督脉，位于颠顶，主一身之阳气；凡属阳气下陷的泄泻或泻久而元气将脱者灸百会，能使阳气健行，泄泻自止。说明飧泄的病理是清阳下陷，升举清阳治飧泄，是恢复生理之常的治法之一。但清阳下陷之疾，非一定限于飧泄，亦可能便血、脱肛。故后人根据升清阳治飧泄的启示，投治同一发病机理的便血和脱肛。至于散浊阴以治膜胀，李东垣采用内外兼治的方法，先灸中脘引胃中升发之气上行清道，继用木香顺气汤使浊阴之气下降。明代医家周慎斋则更有亲身经验，他针对"浊气在上，则生膜胀"的病机，制定和中丸，主药为干姜、肉桂、吴萸，另加人参、益智仁、青陈皮、紫苏、泽泻、小茴香、破故纸、苡仁、芍药煎汁拌炒（详见《慎斋遗书》）。喻嘉言创温中降浊法，先服理中汤接服旋覆代赭汤，以治浊阴上逆的膈证和哕证。清代温病四大家之一的王士雄更加活用，仿其法以治噫气。

总之，他们的治法无非使在上的浊阴下降或疏散，则膜胀、膈、哕、噫气等患自隐。举例非多，均系受经文的启发而得。

4. 阴者，藏精而起亟也；阳者，卫外而为固也。——《素问·生气通天论》

本经文宗旨，是指出阴的性能是蕴藏精气而供给养料，阳的性能是保卫外层而使其巩固。正如《素问·阴阳应象大论》所云："阴在内，阳之守也；阳在外，阴之使也。"就是说，属于营养性的阴精，必须要具备生化运动和卫外功能的阳气，才能发挥它在外所起的保卫作用，正因为阴阳是相互为用的，才能保持机体的健康。反之，内在的阴不能蕴藏精气，势必养料亏损，渐成内伤因素；卫外之阳失于保卫，则肌腠不固，易遭受外邪侵袭。前者即"营阴虚"，后者即"卫阳虚"。营阴虚之象为脉虚无力，口咽干燥，内热便结，还会伴发失眠、健忘或梦遗等；卫阳虚之象为脉大无力，少气懒言，畏风怕冷，食少，便溏等。此乃二者虚的一般情况。

然而，阴失藏精和阳失卫外两病机，仍为阴阳的某一方面失其凭依，或不相为用，形成"阴不为阳守"和"阳不受阴使"的反常局面，则所见症状就非如阴失藏精和阳失卫外那样的简单了。

"阴不为阳守"的病变，在大泻久泻或大出血之后最为常见。由于大泻久泻或大出血使阴伤于内不能为阳守，临床必见脉微、目闭、唇白、面㿠，或气喘不得卧；进一步发展到阴尽阳无所附而汗出肢冷。"阳不受阴使"的病变，在虚劳或老年人误发其汗最为常见。由于不应汗而强责其汗，或大汗不止，则亡阳于外，《伤寒论》第 20 条桂枝加附子汤和第 68 条芍药甘草附子汤证，均为典型病例。

汗多亡阴、下多亡阴的病理机制，充分反映出"阴在内""阳在外"的生理现象。

总之，"阴精内藏，卫阳外固"，是阴阳各尽其职；"阴为阳守，阳为阴使"，是阴阳相互为用，均是人体生理的正常表现。反常方面，病理机制有二：轻者是"阴精失藏"或"卫阳失固"；重者是"阴不为阳守"或"阳不受阴使"，酿成"亡阳""亡阴"的危笃证候。如不救治便成为"阴阳离决"一蹶不振的绝证了。至于治法，盛启东在《医经秘旨》中曾扼要指出："过用阴精而阴脱于下，暴汗伤阳而阳脱于上，则各补其阴阳。"又说："阴虚阳无所附，法当峻补其阴以摄纳其阳；阳虚而阴无所依，法当峻补其阳以承领其阴。"此治疗措施，前者适用于"阴精失藏"或"卫阳失固"的病机；后者适用于"阴不为阳守"或"阳不为阴使"的严重局面。设得其当，救治及时，或可使反常的病理回复正常的生理状况。

5. 阴胜则阳病，阳胜则阴病；阳胜则热，阴胜则寒。——《素问·阴阳应象大论》

如前一再述及，人体内阴阳只有维持相对平衡，才能保证健康无疾。如果阴或阳偏胜，就会影响到相对一面而发生病变。阳之属性为热，阳胜了势必发热；阴之属性为寒，阴胜了自然怕冷。但体内阳偏胜为病的机理，是由少火而壮火而元阳。阳热伤阴，势所必然。若阴胜则非如此，它是由于阴寒盛泪没元阳，或由阳不足而导致阴胜。故本条经文句首的"阴胜"和"阳胜"应以"阴寒胜"或"阳热胜"来理解，不能认为体内的阴阳正气旺盛；而句末的"阳病"和"阴病"，则是指体内的正气受伤的病变现象。正如经文所说："阴胜则寒，阳胜则热。"对其具体症状及转归，为便于叙述，据经文旨意分析如下（图1、图2）：

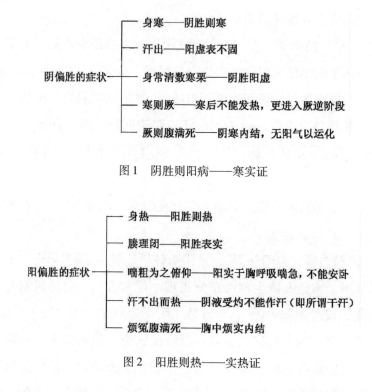

图 1　阴胜则阳病——寒实证

图 2　阳胜则热——实热证

上面经文举出两个病例的症状，与临床所见完全相符。但"阴胜则阳病"和"阳胜则阴病"的病变，在临证时往往有几种不同的表现。如：

"阴胜则阳病"：基本证候轻则形寒怕冷，四肢倦怠，食不化，大便溏，脉大无力；甚则肢冷自汗，腹痛吐泻。久之则脾肾阳衰，变证为胀满（脏寒生满病）或水肿。另有"阴胜而阳尚不病的"，可分两种情况：一为表寒证，头痛，项强，发热恶寒，无汗，骨节顽痛，脉紧舌苔薄白；一为里寒证，形寒肢冷，脉迟缓，苔白不渴，呕吐，腹痛便泻；甚或肢厥脉微下利清谷。

"阳胜则阴病"：主要表现在温热病液灼阴伤阶段。最甚为热陷肝肾之候。证见昼轻夜重，口干消渴，饥不欲食，食则吐蛔，腰酸足冷，烦躁不寐，小便涩痛甚或癃闭，舌绛无苔或干黏带紫绛色；次为热陷冲任之候，证见朝凉暮热，冲任脉动，少腹里急，阴中拘挛，甚或舌卷囊缩，小便涩痛，男子遗精腰痛，女子带下如注，舌质焦紫起刺如杨梅，或舌红无苔而胶黏。另有"阳胜阴尚不病者"，临床所见亦有两端：最轻为热在气分怫郁之候，证见胸胁满痛，按之热甚，咽燥喉痛，小便色黄，舌苔黄腻而燥，或见红点或有裂纹。次为热在营卫之候，证见身热汗自出，不恶寒反恶热，烦躁口渴，唇燥，鼻孔干，目珠胀，舌苔白而底绛，或身热反减或恶热反甚。

在"阳胜则热，阴胜则寒"的同时，临床上还可以看到阳胜则实，阴胜则虚之象，前者可联系《伤寒论》表实的麻黄汤证和里实的三承气汤证；后者可联系到太阴病有关诸条。由此可知，中医药学所运用的阴阳学说，本源于实践，临床印证，实得觉悟。

6. 阳虚则外寒，阴虚则内热，阳胜则外热，阴胜则内寒。——《素问·调经论》

以上所举"阳胜则热，阴胜则寒"，说明寒和热的病象，是随着阴阳偏胜而出现，故临床症状亦随着它们的不同属性而反映出来。但"热"并非一定是本身的"阳"胜所致，其中可能因阴不足而产生；"寒"也非一定是本身的"阴"胜所形成，其中也可能因阳不足所导致。在相互错综的病理机制中，古人是通过无数次的临证观察而得出的辨证经验，从"内热""外热""外寒""内寒"的现象中，区别出"阳胜""阴虚""阳虚""阴胜"的机转。鉴别诊断方法：阳虚的外寒与表邪的外寒不同，前者是不发热或微热，脉大无力，舌淡口和；后者多发热头痛，无汗，脉浮有力，并见骨节烦痛；同时，阳虚的外寒也不等于阴胜的内寒，阳虚外寒的冷感轻，阴胜内寒的冷感重。而且阳虚的外寒，多有自汗畏风，阴胜的内寒多有下利清谷。至于阴虚的内热和阳胜的外热也有区别，前者是肾阴素亏，虚火渐炽，而成骨蒸内热；后者是寒邪郁于肌肤，汗不得泄，形成体若焦炭的表热证。实际上，经文所说的"阳胜则外热"，是由于表受寒邪，导致阳气怫郁而发热，不是真的阳胜，真正阳胜的外热，表现在"中暑""暑湿""中暍"等证候里，在伤寒太阴、阳明经证中，亦有之。

7. 故重阴必阳，重阳必阴。——《素问·阴阳应象大论》

阴胜则阳病，阳胜则阴病是病理变化上的正常现象，即阴阳偏胜之常病；而"重阴必阳，重阳必阴"，则是病理变化的反常现象，系阴阳偏胜趋于极点所导致。其机理与"重寒则热，重热则寒"和"寒甚则热，热甚则寒"相一致。联系到临床方面，即是"阴胜格阳，阳胜格阴"的证候，亦即"真寒假热，真热假寒"的本质与现象问题。兹就其临床表现，分析如下：

（1）重寒则热（阴极似阳）：例如，身热面红，口渴喜冷，手足躁扰，语言谵妄，悉似阳证，但身炽热而喜得衣被，口渴喜冷而不欲咽，手足虽躁扰而神却静，语言虽谵妄而声微。此乃里真寒而外假热，亦即是阴胜于内，逼阳于外的"格阳"证。另有一种"戴阳"证，其病机也是真寒假热，但"格阳"的真寒假热，表现在体内和体表，"戴阳"的真寒假热，表现在下部与上部，其症状是：气短息促，头晕心悸，足冷尿清，大便或溏或泻，面色娇红带白，口燥齿衄或鼻衄，甚则烦躁或去衣被。此为阴竭于下，阳越于上，上假热而下真寒的"戴阳"证，临床多见于肾阳不足、虚阳上越的患者。

（2）重热则寒（阳极似阴）：例如，手足厥冷，身热如焚，悉似阴证，但审其内证则口燥舌干，苔起芒刺，渴欲饮冷，喜寒恶热，小便赤涩，大便秘结，或自利清水，臭气极重，此乃里真热而表假寒，亦即阳胜格阴的证候。其中肢之厥冷，上肢必冷不过肘，下肢冷不过膝，不像真寒证的肢冷过肘膝。以上现象，多见于伤寒热甚，失于汗下，或温病伏热深沉，不得外达的患者。

总之，"重寒则热，重热则寒"，均为阴阳偏胜的实证，因而症状也错综复杂，充分体现了现象与本质的特殊矛盾。按照古人的经验，要认识阴胜格阳的关键，先从脉象上去找，由于本证病机是阴寒内胜，逼迫真阳散越于外，外象虽呈种种假热象，而脉搏必浮数，按之欲散或浮大满指，按之则豁然空。辨别阳胜格阴的关键则要注意辨舌，因此证是阳郁于内，仅见"胜己之化"于外，虽见肢冷脉伏，吴又可称为"肢厥脉厥"；故脉象难凭，而察舌较为可靠。其舌质必干燥不润，边尖红赤而不淡白，且多呈黄苔或黄糙苔。因附于此，以丰富"重阴必阳，重阳必阴"在临床上的应用。

8. 诸寒之而热者取之阴，诸热之而寒者取之阳。——《素问·至真要大论》

前条"重阴必阳，重阳必阴"，说明了阴阳偏胜的病理机制；本条则指出了"阴阳偏衰"的活法。经文认为，某些热证如果通过苦寒药治疗而热仍不退，那就要考虑此"热"非为阳邪胜而是真阴衰，应当养阴以退热；某些寒证，如果用辛热药治疗而寒仍不除，即要考虑此"寒"非阴邪胜而是真阳衰，应补阳以除寒。《素问·阴阳应象大论》中的"阳病治阴，阴病治阳"就是此意。王冰注曰："言益火之源，以消阴翳，壮水之主，以制阳光，故曰求其属也。"这种从病的根本上探求治疗法则，既恰当，又有效。盛启东更把它申述说："黄连、苦参，久服而反热，附子、干姜多饮而反寒；虽云久而增气，反招见化之忧，究不外寒之不寒，是无水也，热之不热，是无火也。"则更言之有物了。

前举例说明，凡肾阴不足虚火上炎之患者，虽见热证，如目赤、口干、舌红、咽痛等，却不通用苦寒直折其火，而宜壮水滋阴，使真阴渐复，虚热自退。又如真阳不足的患者，证见形寒畏风，腰背觉冷，四肢不温，却不能用纯辛热以祛其寒，须用金匮肾气丸之类补水中之火，使真阳充足，寒象自除。此为临床的一般证治。

由此可以联想到，下多亡阴而阳脱，或汗多亡阳而阴脱，则脱阳者当补真阴，脱阴者当补真阳（从亡阴到脱阳，从亡阳到脱阴，二者均是相互为用，其来自有的），故古方真武汤重用芍药，生脉散必用人参，意义非常明显。前人治例，阳脱由于真阴下竭的，清代名医俞根初在《通俗伤寒论》中用龙牡复脉汤固护元气，敛阴益液，摄纳真阴，镇潜虚阳；阴脱由于元阳外泄的，清初医家冯兆张在《冯氏锦囊秘录》中用"全真一气汤"，以大剂滋阴药经参附助长气化，使上能散于肺，下能输津于肾。这一病理机制及治疗方法，与经文"寒之而热取之阴，热之而寒取之阳"可融会贯通，即所谓"求其属也"。

以上所述八条，首条从自然现象的正、反两个方面，印证到人体生理、病理及其治疗；二至四条，从生理的阴阳印证到病理的阴阳；五、六两条，从"寒"或"热"的病理反应中分析出阴阳的偏衰和偏胜，并加以对比互勘；第七条说明阴阳的偏胜造成特殊病变时，不能只从寒热现象上去观察，而要从寒热转化过程中勘出其本质；第八条则说明阴阳偏衰的证候与治法。

病案范例　以少胜多

古云："熟读王叔和，不如临证多。"是说临床多实践，积累经验，是治愈疾病的必要途径。对此我一直坚持，始终历行。虽患有数病，动过10余次手术，且患过急性黄疸型肝炎，贫血严重时血红蛋白仅 5.5 ~ 7g/L，至多也只是 9g/L 左右。但我的一贯特点是对自己的病根本不在意，总是关心别人的病。即使病重时躺在铺上输血或输液，如有患者找我看病，总是愉快接受，精心诊治。在县卫校和中医院担任领导时，虽事物实多，工作繁忙，亦从未脱离临床，影响拯疾扶危，治病救人。经40多年的不断磨炼，逐步提高，基础理论水平日益飞跃，医疗技术显著进展。临证中，不论内、外、妇、儿病证，还是针灸、正骨、心理等治疗，均以中医传统理论为指导，力求突出中医特色，体现中医优势，以古今名家经验统纲，经方时方活用，辨证论治，整体推敲，力求准确；遣方用药，务实精当，推陈出新，发扬光大。对常见病、多发病诸多病例，无须详录，以省笔墨，仅记取部分疑难危重病案，以少示多，供同仁参阅并指教。

1. 病案举例

赵某，男，12岁，邹平县明集镇兰芝里村人，1994年8月初诊。因急性肾炎在某医院治疗10余日，效不显而托熟人送往济南铁路医院就诊，住院治疗近半年，经输液、青霉素、激素治疗等，不仅毫无效验，且病情愈加严重，自动出院返家，找我诊治。患儿面白胖嫩（严重激素面），周身悉肿，纳呆呕恶，脘腹胀满，尿少便溏，胸腹腔积液，下肢按之凹陷不起，舌红胖无苔，舌面点状糜烂，脉来细数无力。家长云仍服利尿药，每日还服用强的松12片，维生素C6片等。我辨证为脾肾阳虚，气阴双亏，三焦气化失司，水湿泛滥。治法：首先嘱告其家长，停用西药，强的松每5天减用2片，尽量少食盐、肥腻食物，忌食辛辣，慎防感冒。即予健脾益气、开胃消胀，佐以养阴，以香砂六君子汤加黄芪、炒扁豆、青蒿、薄荷，服用6剂，呕恶胀满得消，水肿如故。更真武汤合五苓散加大腹皮，尿量增加，下肢浮肿略减。斟酌再三，系脾肾阳虚，中焦虚寒，影响气机升降，遂改用实脾饮合五苓散加减：党参、黄芪、白术各12g，熟附片、干姜各8g，桂枝、木香、厚朴、草豆蔻、陈皮各6g，茯苓、泽泻、大腹皮、木瓜各10g，葶苈子、车前子（均包）各15g，水煎分2次服，日1剂。随症时稍行加减，服药2个月，胸腹水全消，检查肾功能复常。随访至今未复发，已结婚，今年春天其妻喜生一女婴。

慢性肾炎非中医病名，多由急性肾炎失治、误治转变而成，可分为肾病型（水肿或无水肿期）、隐匿型（蛋白尿为主）、高血压型、混合型等，诸型可相互转化。不论何型，都要辨证论治，灵活遣方用药。如水肿型，《素问·经脉别论》云："饮入于胃，游溢精气，上输于脾，脾气散精，上归于肺，通调水道，下输膀胱，水精四布，五经并行。"该论述不仅文字精彩，寓意更深，说明三焦气化功能全赖肺脾肾之阳气生化水气，运行于体内各组织间隙，如三脏阳气虚弱，蒸化失职，则制约水气功能失司，水气妄行，发为水肿。故肺、脾、肾在三焦是统一整体，不可分割。具体到临床，又可分为肺失宣降，脾运失司，三焦气化不利，治宜宣肺通阳，升降肺气，运化脾阳，通利三焦，我多用越婢加术汤加杏仁升上利下，以治咳喘利水消肿；加连翘、赤小豆清热解毒利水，重用白茅根，既清热凉血，又止血清除尿中红细胞，且能利水消肿。再是肾病型，又细分为脾肾阳虚、水湿泛滥及后期（低血浆蛋白性水肿）。我都是按阴阳盛衰、五行生克制化理论，精审细酌，随症治之。常用真武汤、实脾饮、萆薢分清饮、五苓散等加减。菟丝子、冬瓜皮、生芡实、桑白皮及疏肝、柔肝、清心药，亦常随症加用。治愈患者达数百例之多，尤以青少年为最，不少都已成婚生子，找我致谢，不一一列举。

2. 癌瘤治验

癌瘤临证常见、多发，由于病机复杂，病因多端，治疗棘手，难以获愈，故人多畏之，认为是不治之症。我从事中医工作近半个世纪，诊治该病确实不少，认为其发展规律，除共性外，各有其特殊性，且易复发和转移。但只要严遵辨证论治，谨守理法方药，和阴阳，调气血，扶正达邪，"以平为期"，并非不可治愈。即该病初期，邪正俱实，攻逐无碍，实邪呈威，攻不可缓；中期邪实正虚，宣攻补兼施，扶正祛邪，以逸待劳；后期正气衰败，病邪亦渐缓，治当固守元气，匡扶正气，以带病延年。肝癌、肺癌、胃癌、子宫癌、乳腺癌等经治而缓解、向愈者，多达数十人，兹举3例如下：

（1）崔某，男，58岁，邹平县韩店镇肖镇村人。1983年3月初诊。主诉：时有胃脘胀痛、纳呆、呕恶已十五六年，每生气、劳累即发作，服用木香顺气丸、舒肝和胃丸即缓解。近2个多月来，诸症加重，伴有呕吐，形体消瘦迅速，体重下降20公斤左右，经服用上药无效。遂赴148医院诊治。经钡透、胃镜检查，确诊为胃癌，动员其手术治疗。患者惧怕，回家请我诊治。辨证：胃脘胀痛，恶心呕吐，纳呆，眠差，便秘，形体消瘦，舌淡胖苔浊，脉弦滑略数稍无力。"胃以和为顺"，此乃肝胃不和，气机逆乱，故先用理气行滞，分导引流为法，以香砂六君汤合小柴胡汤加减：春柴胡24g，条黄芩12g，台党参24g，清半夏12g，广木香10g，川厚朴10g，炒枳壳15g，壳砂仁10g，大腹皮12g，玫瑰花6g，甘草6g。生姜6g，水煎分2次温服，日1剂。并嘱咐忌食辛辣油腻，勿生气，节饮食，莫劳累。服用6剂，诸症显减，呕恶已消，饮食有加，唯仍便秘，效不更方，守上方加炒卜子30g，大白片10g，再服6剂。药后诸症消失，精神振奋，只是周身乏力，更用补中益气汤加鸡内金、生龙牡各24g，因舌暗脉弦涩，酌加三七粉、炮山甲各6g（冲服）（现用代用品，下同），连用15剂，体重增加，体力渐复，随症适当加减，共服药两个月，至148医院复查，未见癌瘤。继之由参加轻度劳动，到完全参加各种农活，已如常人。10多年后又患坐骨神经痛（寒痹），经用三痹汤加减10余剂而愈。后凡家中人生病，都由我诊治。2003年夏病逝，享年85岁。

（2）李某，男，52岁，高青县青城镇人。2008年秋初诊。主诉：述10年前曾患肺结核，经注射链霉素和服用抗结核药，基本治愈。经对症服药半年多，体力渐复，能参加各种劳作。不料4月初，卒感胸闷痛，左侧甚，咳嗽，痰中少量血丝，呼吸较困难，伴有发热。经针、药治疗，发热退，余症不见好转，遂赴148医院治疗，经胸透、拍片，确诊为肺癌，不同意手术。回家找了一个中医治疗。该医生说治疗该病很有把握，1年包好，遂开了1个月的药，价格1480多元，诸症似有所减轻，便又取了半个月的药，价近800元，不料仅服用2剂，咳嗽加重，大口咯血，胸闷痛亦加重，便想找该医生询问缘故，恰逢我当班，便叙说了病之过程。查寻前医用药，多为清热解毒之品，如全虫、蜈蚣、蛇舌草、双花、连翘、半枝莲、鱼腥草等及益气养血药共20多味。我对前医之治疗，未加评说，只是告诉病人可能病情发展，不必惊慌，遂征其同意，重新让我诊治。辨证：咳嗽，血痰，时大口鲜血咯出，左胸痛，呼吸困促，面色㿠白（贫血貌），纳可，眠差，二便尚调，舌淡胖有瘀斑点，苔少，脉弦细无力。遵"急则治其标"法则，以张锡纯前辈之"补络补管汤"加白茅根予服：生龙牡（捣细）各30g，净萸肉30g，三七粉（药汁送服）6g，白茅根60g，水煎2次温服，日1剂。开药4剂，花钱76元。药后咳血已减大半，诸症尚存，大便稍秘，守上方加生赭石（轧细）20g，藕节15g，再服3剂，药后咳血得止，考虑原有肺结核，病史较久，参辨诸症，五行生克制化，脾肾双亏，遂改用益气健脾、温补脾肾，以补中益气汤、金匮肾气丸等随症加减。共服用3个多月，复如常人。今春夫妻二人前来致谢：李院长，谢谢你治好了我的新病、陈病，俺一辈子也忘不了您。我说这是应该做的，让病人起死回生、转危为安、身体康复、全家幸福，是我的责任，更是我的心愿。

运用中医辨证论治之特色，理法方药之优势，治疗诸多疑难杂症、危重症，是中医药发展的重要课题。通过数十年的实践探索，我感悟颇深，体验甚多。还是以西医所谓的肺癌为例来说吧，我认为该病的症状无非是局部和全身两种。一般早期主要是肺部以外表现，如全身乏力，骨及关节肥大，常呈对称性、游走性，关节亦可有红肿热痛及活动受限，杵状指，皮肤瘙痒性皮疹，皮肌炎，肌肉萎缩，糖尿病，下肢浮肿，男性可表现为乳房肥大、睾丸萎缩等。局部症则主要为咳嗽、血痰或咯血、胸痛、呼吸困难、发热等。而以中医理论辨之，则多为痰热壅盛、阴虚毒热、气滞血瘀、肺肾两虚所致。经云：谨守病机，勿失气宜。痰热壅盛治宜清热化痰、软坚散结，用海藻玉壶汤加减；阴虚热盛则宜养阴生津、清肺化痰，方用清燥救肺汤加减；若气滞血瘀则宜行气宽中，活血止痛，血府逐瘀汤主之；脾肾两虚者，当健脾益气，温补脾肾，以补中益气汤、金匮肾气丸化裁为要。

（3）今年 8 月份，邹平县长山镇卢某，女性，因肺癌已化疗两个月，效不显，请我诊治。经辨证为气滞血瘀，遂用血府逐瘀汤加炮山甲、夏枯草、生牡蛎予服，6 剂后诸症有减，饮食稍增，自觉精力爽快，随症加减，服药 1 个月，停服 10 天，更健脾益气、宣肺滋肾以治本，现病人一切稳定，尚在进一步药物、精神治疗中。因其丈夫李某 15 年前因病住周村 148 医院治疗，病已垂危，带吸氧袋回家待时，经我诊治后病获痊愈，这也是其夫带其来要我诊治之因。

不过古人认为，"肺为娇脏"，"肺为贮痰之器"，"虚若蜂窠"，"得水则浮"，"熟而复沉"。故临床凡峻猛攻坚破瘀之药，实当慎施，不可滥用，而最适宜者还是化痰软坚、益气生津、宣降肺气、健脾滋肾等和缓温润之品，我还喜欢重加炒卜子、鸡内金、白茅根、全瓜蒌等品，以补土生金、化痰润肺宽胸、凉血利水等，茅根且有止血之功，经多年实践证实，对增强疗效大有裨益。

总之，我对中医内科教材新列的 49 种病，外科的诸多病，尤其儿科的诸多病，妇科的经带胎产、脏躁、乳疾，骨科的指、腕、肘、肩、上颌关节脱臼的手法复位、针灸、药物等治疗手法，都取得了很多治疗经验，大多效果良好，可彻底治愈，病人得以康复，各种化验指标恢复正常。

因我工作认真，热心服务，勤于磨炼，乐于读书，手不释卷，攻研医易，频于临床，应诊不暇，虽未经媒体广告宣传，只是病人口口相传，至今仍然忙碌不闲，所以虽几十年愈人无算，却难以写出完整病例，不便一一列举。常有大量治愈后的患者登门致谢，叙旧谈心，已颇感欣慰。

我虽已年逾古稀，仍希望为中医药事业做一些力所能及的事情，为传承晚辈努力，并誓愿做到鞠躬尽瘁，死而后已！值七十华诞时，曾拙拟"七律"——七十抒怀一首，兹录之以言余志：

古稀有逾心欣喜，今逢盛世怀兴姿。

勤求博采惜光阴，读经识典珍暮时。

芸窗日夕阴阳推，吟苑月明五行举。

醉赏晚霞更锦灿，嘶风老骥再宏图。

庚寅年重阳节于忠信斋

王立忠

王立忠（1940— ），教授，主任医师，硕士研究生导师，第四批全国老中医药专家学术经验继承工作指导老师，河南省中医院（河南中医学院二附院）"名师传承研究室"终身导师，中华全国中医学会河南分会内科学术委员会委员，河南省脑病治疗中心学术顾问，河南省中医内科会诊中心特邀专家，河南省保健品协会食疗与养生专业技术委员会副主任委员。

祖籍河南省太康县，出生于中医世家，1964年毕业于河南中医学院本科（六年制），从事内科临床教学五十余年，潜心钻研业务技术，治学严谨，师古不泥，博采众方，经方时方，灵活变通，学验俱丰。擅治疑难杂症，精专内、妇科，尤对脑病颇具研究。探讨辨证与辨病相结合的新途径，数年来通过不断探索，不断深化，不断总结，依证立法，知常达变。精心研制的"定眩丸"治疗眩晕（梅尼埃病）；"蠲痛丸"治疗顽固性头痛；"神衰胶囊"治疗神经衰弱（失眠）等，疗效显著，深得同行认可和广大患者赞许和好评。著作两部：《脑血管病中西医诊疗与康复》（主编），《河南省当代名医内科学术精华》（副主编）。发表学术论文50余篇。

治学的思路与方法

我出生于中医世家，自幼酷爱医学，受家学熏陶，少年即存济世活人之心，立志继承父业。先父王秉权师承于祖父王化州先生门下，学徒4年。后来祖父和父亲均成为当地名医，闻名乡里，患者众多，登门求医者络绎不绝。父亲对我管教很严，小学时就要求我学习和背诵《药性赋》《汤头歌诀》《医学三字经》《濒湖脉学》等中医启蒙书籍，并要用毛笔小楷抄写。我1958年9月考入河南中医学院学习（六年制本科）。毕业后分配至安徽中医学院附属医院工作。在学习期间，父亲已调河南省开封医专工作。他对我说，学医首先要学会做人，医学是关系到人们生命的大事，首先要树立对病人高度负责的精神，这是必须具备的素质，然后再谈学医。教我要常以古代医家李时珍、张仲景、孙思邈、华佗等为大医精诚的楷模，并以此为准，廉洁行医而自律，这是医生的天职，也是"仁心仁术"的具体表现，只有这样方可成为名医。他还说，你很幸运能系统学习经典著作及其各科，一定要打好基础，学好经典，目的在于指导临床实践。因此要想学好中医必须下苦功夫，将来就靠你自己了。每谈起他学习的年代和治学体会时，常引用古人一句话：书山有路勤为径，学海无涯苦作舟。要想学业有成，无捷径可走，只有"勤""苦"二字，否则一事无成。父亲一席语，深深打动了我的心，从此下决心学好中医，成为一个名医。

本科6年，虽然学业完成了，但我觉得只是刚刚走完了第一步，前面路程还很长。毕业后分配到安徽中医学院附属医院工作，对我来说又进入一个新的学习阶段，良好的医疗环境给予我难得的学习机会，我知道，树立良好的学风，具有远大理想和崇高的志向，是事业成功的前提和保证，然而，掌握正确的学习和研究方法，对事业的成功更是至关重要。于是我根据自己的情况采取以下学习方法。

兼收并蓄　勤思感悟

1. 广结师友

在临床遇到疑难病证先看书，书上解决不了的问题就登门拜访老前辈，我以学生的姿态向他们虚心求教。但个别老中医比较保守，不愿透露过多经验和心得，我就争取到他们家中干活，时间久了，果然奏效，我们不仅是师生关系，而且成了朋友，学习到了他的宝贵经验，通过这种方式汲取营养，临床疗效和技术水平不断得到提高。尤使我难忘的是著名教授陈可望、崔皎如、王乐匋、杨新吾先生等的教诲。他们学识渊博，临床经验丰富，医德高尚，从言谈中可以看出，他们不仅精通经典，而且文学功底深厚，他们从不满足，活到老学到老，为我们树立了光辉的榜样，聆听他们的教诲，使我对疑难病证的真谛和遣方用药有了较为明确的认识。耳濡目染，受益匪浅，颇有"听君一席话，胜读十年书"之感。

记得一次在陈可望老师家中诊治一位支气管哮喘病人,复诊仅用二陈汤加枳壳、苏子、炒卜子、紫菀、冬花、生姜、大枣等,效果良好。当时我向陈老提出为何不用麻黄、桂枝之类,他说这样的病人在不感受新邪的情况下,应以调理脾胃为主,脾健胃和,痰的来源也就减少了,同时还能提高机体抵抗力,减轻症状,减少发病机会。这种病人本来肺气就虚,再用麻桂,过于发散,恐有伤正之弊。我茅塞顿开。陈老对治疗冠心病有独到的思路,他认为冠心病不一定都要用活血化瘀法,有的病人用活血化瘀法后,出现神疲乏力、动则心悸气短等症。陈老从中医理论和实践中总结出治疗冠心病的新的学术思想,即"调补法"治疗冠心病,以调理阴阳气血和脏腑功能为根本大法。其中两法,多年来在临床应用中屡见成效,得到同行和广大学术界的认可。①益气养阴法,又叫益气生津法。此法适用于气阴两虚、心阴亏虚、肝肾阴虚等症。处方:太子参、寸冬、五味子、旱莲草、女贞子。此方系生脉散、二至丸参合而成。方中以太子参易人参变大补为平补,更切合老年人的体质状况,且四时之令用之皆宜。虽药味不多,而兼补滋、清敛四法,即补气、清热、滋阴、敛阴,立意周全。养阴能增加气血的来源,益气能行血,故益气养阴同时又能促进活血化瘀的作用。我在此方中酌加枣仁、玉竹、生地等以养心血、强心,以增强疗效。②补益气血法,此法适用于气血双亏、心气不充、心血不足等证。处方:太子参、寸冬、五味子、黄芪、白芍、当归、白术。为何不用八珍汤、十全大补汤、炙甘草汤、人参养荣汤等方剂?因为对气血两虚的冠心病人来说,补气不宜辛热,养血不宜滋腻,故仍以生脉散为基本方,从四物汤和当归补血汤中选出黄芪、白芍、当归三味药合白术组成。当归为血中气药,其性走动可使补而不滞。根据《内经》"津液和调,变化而赤为血"之说,以寸冬、五味子养阴生津、滋液化源,白术启动中州以健脾开源。此方中酌加菖蒲、枣仁、丹参、鸡血藤、桑寄生等既不失方中原意,又能补益心血,改善心肌供血,这对冠心病治疗大有裨益。陈老的这两种对冠心病的治法我在临床用之屡验屡应。

崔皎如老的临床诊病思路也使我深得裨益,记得他曾诊治一中年男子,食入即吐1年余,多方求医,中西医治疗无果,医家多采用旋覆花、代赭石类药物降逆、止呕均不效,遂慕名求治于崔老。崔老详问病证,细查舌脉,施予益气健脾和胃之法,重用党参30g,另用黄芩、枳实、竹茹、陈皮、半夏、茯苓、甘草，生姜、大枣为引，患者服 7 剂后症状明显减轻，继依症状变化在上方基础上加减调服 20 余剂痊愈，后以香砂六君子丸调理善后，随诊未再复发。崔老指教：患者长期呕吐，正气受损，故采用益气健脾和胃法，正中病所。

王乐匋先生"治未病"的学术思想也对我有很大的启发。王老指出，治病不能"临渴掘井，斗而铸锥"，遣方用药时不能只考虑患者所诉的症状，更要能根据患者的症状预测将会出现的症状，及早加以干预，防止疾病传变。

此外，家父的一些经验在临床中应用也颇收效。如治痹证善于针药并用，益气养血、滋补肝肾、祛风散寒之法，方以独活寄生汤加减；活血化瘀法常用王清任的身痛逐瘀汤加减；同时根据不同的症状配穴行针灸治疗，往往疗效显著。治疗小儿疳积常采用内金、焦三仙、穿山甲（现用代用品，下同）、炒槟榔、秦艽、银柴胡、胡黄连、知母、地骨皮、鳖甲、砂仁、番泻叶、甘草等组方，临床效果满意。

通过学习几位老专家的经验，我的诊病思路逐渐开阔，临证水平逐步提高。多年来我时时处处注意学习积累，在临床中不断摸索总结，自己也有所领悟。

2. 勤思善悟

我曾发表过一篇短文，赅要总结自己的学习及临床体悟，主要内容是这样的：医者，博采精勤，不断创新，品术端正，方可成为大医。我认为学医贵在三勤，即勤学、勤思、勤札记。业精于勤，非勤学而不能钩沉致远；行于思，非勤思而不能达入微；学贵于博，非勤学多记不能博学多闻；所谓书读百遍，其义自见之理。多临证，才能掌握和深化所学的基础理论，尤其是经典奥旨，勤学深思才能理解书中真谛。

师古而不泥古，重在实践，博览诸家，尽取其长，善于融会贯通，不断总结提高。其实，学问的由来贵于实践，即"熟读王叔和，不如临证多"，不无一定道理。再就是向同道学习，切磋析疑；向群众学习，博收广集散在民间的偏方、验方，哪怕是片言只语、点滴经验也要收集，不断充实自己，甚至患者的有效方子，也值得学习参考。这就是"学无止境，知在勤奋"的道理。

不断地读书学习是理论知识的源泉，而理论在实践中得到检验，两者结合，相互指导促进，知识才能不断升华，技术水平才能不断提高。四大经典是中医学的精髓，后世著作中尤以《医宗金鉴》《济阴纲目》《医林改错》《医学衷中参西录》等著作以及金元四大家学术思想对我的临床思路指导意义很大。我在临床治疗中体会到许多疾病的治疗分期辨证论治疗效显著，在疾病不同的发展阶段，治疗原则不同，用药亦不同。如治疗"风湿热"病，属中医"热痹"范畴，分三期治疗。急性期：可见肢体关节疼痛，痛处焮红灼热，肿胀疼痛剧烈，关节灼热，治以清热解毒，化湿通络。药用：丝瓜络、忍冬藤、生石膏、滑石、二花、连翘、知母、桂枝、桑枝、生地、木通、制乳没、蚕砂、寒水石、甘草等。缓解期：灼热疼痛减轻，四肢无力，治以益气养血，补肾化湿通络。药用：太子参、生黄芪、当归、赤芍、丝瓜络、忍冬藤、川牛膝、菟丝子、桑寄生、甘草等。恢复期：发热疼痛消失，部分患者遗有脚后跟疼痛，采用补肾活血通络法。药用：生黄芪、熟地、山药、丹皮、川牛膝、山萸肉、木瓜、丝瓜络、枸杞、鸡血藤、甘草等。依次辨治，每获殊效。

治"未病"的学术思想

中医运用辨证论治的方法，把难治病消灭于萌芽阶段，即"圣人不治已病治未病"，这是中医经典著作《黄帝内经》中最早提出的，这一学术思想两千多年来一直指导着中医的临床医疗实践，这说明古代医学家同时也重视预防医学的研究，用"治未病"的学术思想，促进医学的发展，不断提高医疗技术水平。我从临床实践中感悟到，对于一些慢性疾病、难治之症，采取"治未病"的预防治疗措施，收效较为满意，现列病案几例将临床"治未病"的思路分述如下：

1. 感冒

李某，男，54岁，教师。于2004年9月14日就诊。

自述习惯性感冒三余月，稍遇风寒即感冒，出现鼻流清涕，头痛，咳嗽，肢体酸软无力，缠绵不解。曾服三九感冒灵冲剂、重感灵等药物，症状虽能得到缓解，但未能巩固。现症见面色淡白，头目昏沉，畏风汗出，神疲乏力，纳差口淡，舌淡红，苔薄白而腻，脉沉缓。此乃脾虚气弱，卫外不固。随用自拟防感汤（党参12g，黄芪25g，炒白术12g，防风10g，茯苓12g，生山药30g，砂仁10g，陈皮6g，炙甘草10g，大枣5枚，生姜2片），具有益气健脾、调和营卫、预防感冒等功能。连投20余剂，诸症悉除，体质较前增强。后以补中益气丸、防风通圣丸交替应用，以资巩固。随访至今，未出现反复。

按：患者系体虚感冒，经云："正气存内，邪不可干""邪之所凑，其气必虚"。肺主人一身之气,脾为后天之本。脾虚气弱,中虚卫阳不振,则表卫不固,肌腠不密,易感风邪。故用玉屏风散加味组成"防感汤",方中用党参、黄芪补益中气、固表止汗;伍山药、白术、砂仁、茯苓、大枣、炙甘草健脾、补中焦以旺生化之源,使气血充盈,则固实卫外之力更宏;防风走表而助参、芪益气屏御风邪;佐陈皮健脾理气,使补而不滞;同时姜、枣配合应用,可防止补气过壅之偏,以扶正祛邪,调和营卫,营卫和则脾胃自不失其常度。全方配合具有益气健脾、固表止汗、调和营卫、预防感冒之功能。

2. 慢性支气管炎

周某,男,62岁,农民。于2003年10月11日就诊。

患慢性支气管炎3年之久,每逢冬季加重,素感咳嗽痰多,色白黏稠,胸闷气喘,纳差,四肢酸沉无力,遇风寒则触发,舌质淡白,苔白腻,脉沉细而滑。X光片提示两肺纹理增多。西医诊为支气管炎。此乃肺脾俱虚,年老体弱,久病及肾,痰气上逆肺失宣肃,则咳喘作矣。治宜标本兼治,遂用自拟益气宣肺固肾汤。药用太子参15g,炙黄芪15g,丹参15g,炙麻黄6g,杏仁10g,地龙12g,炙紫菀12g,炙冬花12g,胡桃肉10g,五味子10g,淫羊藿15g,炙甘草6g。诸药合用,共奏补气宣肺、活血化痰、止咳平喘之效。连服16剂。咳喘等症基本已平;改用六君子汤合二陈三子养亲汤化裁治之。方药为太子参12g,炒白术12g,茯苓12g,生山药30g,陈皮6g,法半夏12g,炒枳壳10g,炒苏子10g,炒莱菔子10g,炒白芥子10g,砂仁10g,五味子10g,淫羊藿15g,大枣5枚,生姜1片。全方具有益气健脾、祛痰和胃、补肾固本之功。连服21剂,病情稳定,缓图而愈。后以补中益气丸、香砂六君子丸调理善后。随诊1年未发。

按:首诊方中麻黄、杏仁相合为宣肺降气、止咳平喘要药;紫菀、冬花润肺化痰止咳;五味子敛肺滋阴,多用于久咳虚喘;地龙通经活络、止咳平喘;太子参、黄芪、甘草补益肺气养阴生津,可提高机体免疫力,以复肺脏宣肃功能;丹参活血祛瘀,可增进肺泡毛细血管网气体弥散,改善血液循环和肺的宣肃功能,使痰液更易排除;淫羊藿、胡桃、五味子补肾纳气,以利肺气之肃降。经过治疗,虽病情趋于稳定阶段,但机体抗病能力差,其病变尚未完全消除,容易复感外邪而使病证突发或加重,因此必须重视缓解期的治疗,主要以扶正固本为主,以促进虚损脏器逐渐复元,提高机体自身抗病能力。

该患者主要表现为肺脾肾功能低下,故在治疗上以改善肺脾肾功能为重点,采取益气健脾、祛痰和胃、补肾固本之法，使正复邪祛，痰邪无源，咳喘自愈。此为治疗和预防本病的关键措施。

3. 肝郁证

杨某，女，28 岁，工人。于 2004 年 5 月 10 日就诊。

患者精神抑郁，情绪易于波动，善太息，胸闷胁痛，头晕，纳差，四肢乏力，舌淡红，苔白腻，脉象弦细。此乃肝气郁结，脾失健运。治以疏肝解郁，健脾和胃。方用逍遥散加味治之。方药：当归 12g，柴胡 12g，炒白术 12g，炒白芍 12g，薄荷 6g，茯苓 12g，甘草 6g，制香附 10g，郁金 12g，内金 10g，大枣 4 枚，生姜 1 片。全方具有疏肝解郁、健脾和胃之功。连服 18 剂。上述症状已除，饮食正常，精神好转。随用逍遥丸、香砂六君子丸调制而愈。

按：方中柴胡、香附、郁金、薄荷疏肝解郁、理气止痛；当归、白芍养血调肝；白术、茯苓、甘草、内金、大枣、生姜益气健脾和胃。肝属木，主疏泄，能帮助脾胃运化，若肝失疏泄，木强克土，则肝病就会传脾，以致运化失司而肝脾合病。因此当肝病尚未传脾时，就应该在治肝药中合入健脾和胃之品，以防止肝病传脾。正如《金匮要略》所说："治未病者，见肝之病，则知肝当传之与脾，故先实其脾气。"

总之，临床上的许多疾病，特别是难治之病，均可从"治未病"的方面认真研究和探讨。根据临床观察，对支气管哮喘，采取"冬病夏治"法治疗，即在夏季伏天使用益气健脾温肾之剂，可增强人体抗病能力，使冬季发病明显减轻，而且容易控制。再如患脂肪肝的病人，用茶疗药膳（生东山楂 500g，生决明子 500g，分次泡水代茶饮用）的治疗方法，一般 2～3 个月可获明显疗效，且能辅助降低高血压，亦能达到治疗和预防的目的。

临床上，医术再高明的大家也难免有"望病兴叹，无力回春"的时候，生老病死乃是人类无法改变的规律，但是如果我们以"治未病"的学术思想指导临床，至少可以阻断或延缓某些疾病发展的进程，把"难治病"消灭于萌芽之中。因此，为医者应时刻以"不治已病治未病"准则要求自己，不断提高业务技术水平，探求新的治疗规律，才能造福百姓，无愧于医林。

疑难杂症的辨证思路

疑难病是指在辨证和治疗方面均感棘手的一大类疾病，或病因不明，或病机不清，或治法不精，或无特效之方，或无应验之药。《黄帝内经》《伤寒论》《金匮要略》等中医经典著作中，多称其为"难治""难已""不可治""不治"等。我虚度医林近50载，治疗疑难病证疗效平平者甚多，但指下回春者亦为数不少，在治疗疑难病证方面积累了一点经验，总结了一定的辨治思路，今不揣浅陋，将点滴心得形成文字，望能抛砖引玉，启迪后学。

（一）疑难病的临床特点

1. 临床表现繁多、复杂、稀奇、隐匿

疑难病的临床表现往往不循常规，有悖常理，令人难以捉摸，甚则无症可循。如胸痹病当以胸部刺痛或闷痛为主要表现，但有一部分却以牙痛或腹痛为主要表现，极其容易误诊，非经验丰富、见多识广者，难以见微知著，窥其真机。再如乙肝、高脂血症、艾滋病等无任何临床症状时期，中医历代古籍无此记载，没有明确认识，因此治疗上无从下手，实为难矣。

2. 病因病机错综复杂

疑难病属于单一病因者较少，大多是由综合因素作用而成，如水湿痰饮瘀血并见。疑难病病机更是错综复杂，虽为同一病人，却表现出相反的病机，如上热下寒、上寒下热、表寒里热、表热里寒、虚实并见、表虚里实、上实下虚、脏实腑虚、腑实脏虚，等等，给辨证带来很大困难。

3. 数病相合，病情多变

疑难病多不是单一病种，而是多种疾病集于一身，或脑出血与心肌梗死共患，或风湿病与肺结核相兼，或肝炎肾炎并存。其病情亦多有变化，或由寒化热，或由实转虚，或因痰致瘀，或因热盛成毒。因此，医者在治疗疑难病时，当细审病因，详察病机，知常达变，综观全面，方能起沉疴、克顽疾，方可成为中医大家。

（二）疑难病的辨证思路

1. 从瘀着手

中医自古就有"久病多瘀"之说，清代叶天士明确提出"初气结在经，久则血伤入络""久病血瘀""瘀生怪病"等理论。常见的与血瘀有关的疑难病有各种疼痛、肿瘤、积聚、肿胀、黄疸、失眠、月经不调等。即使在这些疑难病辨证中没有血瘀的特征表现，也不能排除在疾病发展过程中兼夹瘀血的可能。在治疗"久病顽疾"中，既要考虑到气血不足的一面，更应注意从瘀着手。曾治一患者王某，两上肢肿胀，时肿时消，发作时两手活动受限，间断性发作10年之久，各处求治不愈。至本处诊治时思之其病年久，病初气结在经，病久血伤入络，气滞血瘀，气化功能失常，水湿停滞，发为肿胀。故治以行气活血化瘀法，疏其病气，"去菀陈莝"，气血畅，营卫和，病气乃去，其病愈矣。又如笔者在治疗顽固性失眠时就是采用血府逐瘀汤加黄连、半夏，重用半夏30g，往往能见奇效。

2. 从痰论治

疑难病的痰多为广义之痰，中医有"百病多由痰作祟""怪病多痰"之说。痰证的表现形式各异，既可阻于气道，表现为痰声辘辘、苔腻、脉滑等有形之痰；也可阻于经络、经隧、清窍等处，成为无形之痰。临床上，咳喘、呕吐、眩晕、胸痹、中风、痹证、积聚、梅核气、痰核、癫狂、妇女不孕症等，从痰入手，常有效验。我在治疗痰湿型眩晕时常采用自拟定眩汤，以健脾化痰、降逆和胃、补肾利湿，多能收效。

3. 痰瘀同治

中医素有"痰瘀同源""痰瘀同病"之说，二者既是病理产物，又是致病因素，同为津液所化，互生互助，相互影响。《血证论》亦有血积既久，亦转化为痰水之说。痰瘀同见，可以见于多种疾病，如中风、胸痹、痹证、癥瘕、积聚、神志病、肿胀病等。因此，痰瘀同治是针对疑难病证的重要思路。我在治疗上述疾病时多采用活血化瘀消痰法，多能见效。

4. 应用单方、验方

我认为，在疑难病证治疗中，采用常规的辨证论治方法收效甚微，若针对疾病的特殊本质而采用专方专药，往往能收到较好疗效。俗语云："单方一味，气煞名医。"这句话是很有道理的。单方、偏方大多是专方专药，往往针对性很强，对某种病证有时会收到意想不到的效果。药物本身也是具有特殊性的，即使是同类药，也都具有区别于他药的特殊功用，如青蒿治疟、金钱草治结石、茵陈退黄疸、五味子降酶、元胡止痛，等等。在临床上遇到以上病证，往往随症伍入，以提高疗效。临床上遇到高脂血症、脂肪肝等常用生山楂、生决明子适量泡水代茶饮用，效果亦比较明显。

总之，疑难病的辨证治疗，是在错综复杂的病理变化中，准确恰当用药，达到左右逢源。因此，其治疗效果取决于临床医生的理论基础、临床经验、辨证思维方法、处方用药及剂量等多种因素。因此，对疑难病的辨证治疗，能够显示一个临床医生的综合水平。医者必须有扎实的理论基础，丰富的临床经验，正确的辨证方法，灵活开阔的辨证思路，才能在临床辨治疑难病时得心应手，收桴鼓之效。

肖承悰

肖承悰（1940—　），京城四大名医之首萧龙友先生之嫡孙女。生于北京，祖籍四川省三台县。北京中医药大学东直门医院资深专家、首席教授、主任医师、博士生导师，国家级名老中医，享受国务院政府特殊津贴。中华中医药学会妇科委员会主任委员、教育部全国学位与研究生教育发展中心评审专家、全国中医标准化技术委员会委员、国家食品药品监督管理部门药品评审专家、国家医疗保险咨询专家、中华医学会医疗事故技术鉴定专家、全国科学技术名词审定委员会中医药学名词审定委员会委员、北京中医药大学学术委员会委员等职。2001年5月被国家中医药管理局聘任为国家中医临床研究基地业务建设专家指导组成员。第四届"国医大师"。

1959~1965年在北京中医学院中医系学习。毕业后留任该校附属东直门医院从事医、教、研工作至今，始终坚持在临床一线，是一位实实在在的临床家。多年来致力于研究中医药治疗子宫肌瘤、卵巢囊肿、慢性盆腔炎、更年期综合征、月经不调、子宫内膜异位症、多囊卵巢综合征、卵巢早衰、不孕不育症、流产、产后病及多种妇科疑难杂症，形成了自己独特的学术观点和治疗方法，疗效显著，在妇科领域取得了卓越成就，在国内外享有很高的知名度。通过多年的临床经验总结，研制了治疗子宫肌瘤的院内制剂"肌瘤内消丸"和"安宫止血丸"，在北京中医药大学临床医学院应用多年，受到患者的欢迎。

乐于教书育人，毕业后即下乡带教巡回医疗，多次担任本科生、研究生班的教学工作，可谓桃李满天下。先后发表学术论文数十篇。主编《现代中医妇科治疗学》（2004年5月人民卫生出版社出版）、《中医妇科学》（2004年4月学苑出版社出版）、《中医妇科临床研究》（2009年1月人民卫生出版社出版）、《中医妇科名家经验心悟》（2009年2月人民卫生出版社出版）等学术著作多部。其中主编的《现代中医妇科治疗学》获中华中医药学会优秀学术著作二等奖,《中医妇科学》为北京市高等教育精品教材立项项目,《中医妇科临床研究》为首部卫生部"十一五"规划教材全国高等中医药院校规划研究生教材。

这一生我只读过 3 个学校,1947～1953 年就读于北京师大二附小(现北京实验二小),1953～1959 年在北京三中学习(现北京 159 中学),1959～1965 年在北京中医学院中医系学习。自 1965 年大学毕业,我一直没有离开过中医妇科临床一线,一直为患者治病除病。回顾这几十年,我觉得自己之所以走上中医这条道路并能够取得一些成就,得益于多方面的因素,既有家庭的影响,也有老师及前辈的栽培,还有后天自身的努力。

家学渊源

1940 年 11 月我出生于北京西城区兵马司胡同 22 号(现 59 号)。祖父是当时闻名京城的四大名医之首萧龙友先生。

祖父于 1928 年,以花甲之年放弃高官厚禄,悬壶济世。他行医素以诊断高明而为世人所敬。在医疗上,他披肝沥胆、见微知著、言行合一,从不虚词。能治者则治,不治者绝不延揽。1928 年,著名维新革命家梁启超先生尿血,请祖父诊脉。祖父认为其症非由肾功能有恙所致,长期服所开中药便可治疗。但梁先生是西学东渐的积极倡导者,笃信西学,入美国人开办的协和医院割去右肾,尿血如故,始敬国医。服膺祖父诊断精准,复请祖父诊治。当时德国医院(现北京医院之前身)之德国医师狄博尔,因闻祖父之大名,经常邀其会诊,所诊之病多为疑难重症,如大脑炎、子宫瘤、黑热病、糖尿病等,祖父皆精心诊治,常单以中药而治愈。在中医倍遭歧视的年代,祖父以他高超的医术博得了西医界同仁的信任和敬重,开创了中医师进入西医院用中药治病的先河,为中国人民,特别是中医界争了气,由此他的威望与日俱增。祖父开始仅是业余从医,后竟誉满京城,名振全国,靠自学而能达到这样的境界,并以医名流芳于世者,实乃医史上罕见,令人赞叹。祖父一生从事中医事业,呕心沥血,孜孜不倦,留下了丰富的理论贡献、临床经验和文化财富。

祖父精通历史,深明医理,在中医理论方面造诣颇深,其医术可谓博大精深。他反复阅读钻研《黄帝内经》《神农本草经》《伤寒论》等中医经典，并深刻领会其精神，用来指导临床实践，每验必效，从而积累了丰富的临床经验。他内、妇、儿科均擅长，尤其是治疗慢性病疗效显著，对治疗老年病也有独特的见解，更因治愈过不少疑难重病而闻名。他一贯主张四诊合参，并把问诊放在首位，临诊之时，专心致志，全神贯注，两耳倾听病家主诉，从不分心。不仅详问病人之主、兼症，局部变化及全身情况，乃至患者禀赋强弱、习惯性情、籍贯嗜好等，均要问到，以洞察病情之新旧、浅深、隐显变化，再参照望、闻、切诊做出正确诊断，故奏效者居多，误诊者甚少。

祖父不但重视医理，还非常重视药学。他认为，知医一定要明药。医与药不能相分，只有医药并用，知医明药，方为良医。他所开处方，用药精益求精，重在炮制。对于临证组方用药，他主张辨病立方，辨证施药，而其首要还在立法。法者不定之方，方者一定之法，同一法可从不同方剂中任选应用，或自组成分，但方既组成之后，必有一定之法方可。在他的临床实践中，还体现出重视治病求本的思想，他的脉案上常有"法当从本治"及"仍当从本治"的记载。这里所说的"本"，是指"气化阴阳"。

祖父不仅医术高超，其医德更是令人钦佩。他常以"人命至重，有贵千金"为训导，诊病不问贵贱贫富，不以衣着取人，问诊颇为详尽。他虽医术高明，经验丰富，但尊重同道，谦虚诚恳。若遇有病家治病，中途更换大夫时，对以往大夫开的药从不妄加评论，褒贬同行，而是博采众方，扬长避短。

祖父一生致力发展中医教育事业，积极主张开办中医学校。1930 年，国民党当局试图废止中医，祖父毅然与孔伯华先生创办北平国医馆，并克服艰难困苦，坚持办学 14 年，培养学员 700 余人。1954 年，祖父在第一届全国人民代表大会上首次提案设立中医学院及中医大学。这一提案被政府采纳，成为此后中医学院设立的肇始之议。作为中医教育家，祖父大力主张破除中医的门户之见，提倡中西医的互补、借鉴，他说："医无中西，同一救人，不过方法不同耳。"20 世纪 30 年代，祖父即对中医学校的课程设置和所用教材提出了具体的编写设想，强调中医教育要"使学习和临床紧密结合，否则不易收到良好效用"。他对中医教育的期许甚高，认为"现在中医学院的教学，必须打破门户之见，加强理论实际联系，进一步发扬中医学，以供世界同用，因而成为世界的新医学"。他的这些思想已经在实践中发扬光大，也是我在几十年中医教育教学中奉为圭臬的指导原则。

耳濡目染

我因为自幼与祖父生活在一起，他的一言一行都对我起着潜移默化的作用，使我对中医有了一些感性认识。我记得祖父的诊所设在家里，每日投医者甚多，应诊时他总是聚精会神，心无旁骛。每遇棘手之症或投药未效时，总是反复思考，茶饭不香，常于夜间翻阅医书，终宵不眠，直至考虑出更为妥当的治疗方案并取效时，始感轻快。每于出诊遇重病患者，回家后常用电话或便签书信等联系，以了解病人药后反应及病情变化，从而再斟酌下一步方案。我常常看到痛苦不堪的病人经过祖父的妙手诊治后健康如常，心里总是由衷地敬佩祖父，同时，也萌发了做一名与祖父一样为他人疗疾苦、去病痛的苍生大医的心愿。

我从小很喜欢保存每味中药的小药签，那时都是一张说明小纸包一味中药，说明上面印的都是红字儿，还印着草药的图形，比如桑叶，很典雅，很漂亮，还有性味归经、功能主治的描述。我有空时就拿出这些药签来学习、辨认。日积月累，对很多常用中药的性状、功效、主治等有了最初的认识。这些幼年的"童子功"，对我日后学习中医、实践中医有一定的影响。

科班深造

1956 年中医学院成立的时候，祖父就萌发了让我去报考的想法。因为 1956 年第一批 4 所中医学院的建立，就是祖父在第一届全国人民代表大会第一次会议上提案的。我那时候才初中毕业，虽然学校只要高中毕业生，他还是想让我去参加考试，但这是不可能的，只有等到 3 年以后。1959 年我高中毕业，如愿以偿考上了北京中医学院，祖父甚感欣慰。

在北京中医学院的 6 年寒窗苦读，使我得以初窥中医殿堂。当时的大学学习，有两点对我影响最大，一是授课教师集中了当时也可以说是当代的中医名家，如任应秋、陈慎吾、刘渡舟、秦伯未、赵绍琴、董建华、印会河、程士德、王绵之、颜正华、周信友、唐由之等人，他们不仅学问兼通古今，而且临床经验丰富，疗效卓著。他们对培育中医后进不遗余力，把经验毫不保留地传授给我们，很多课程多年以后我还印象深刻，记忆犹新，使我在之后的临床工作中受益颇多。二是当时学习崇尚经典，在大学的课程安排上，经典学习占了相当的比重。因此，上大学期间，《黄帝内经》《伤寒论》《金匮要略》《温病条辨》等经典的学习让我打下了扎实的中医基本功。在进入中医学院的第一学年，我每周回家必见祖父，他始终对我的学习关怀备至，常常指导我应该如何学习中医。对中医的学习，祖父主张消除门户之见，不执着一家之言，要博采众家之长，互相取长补短，不讲究派别。他说："有谓余之医学近黄坤载一派，其实余无所谓派，不过于傅青主、陈修园、徐灵胎诸人略为心折而已。"非常遗憾的是，祖父于 1960 年 10 月 10 日仙逝，使我失去了向他老人家请教的机会。此外，当时的中医教学体系已比较完备，期间我还系统学习了中医基础理论、中医诊断学、中药学、方剂学、中医临床各科以及部分西医课程。我觉得单就学习的系统性、全面性而言，学院式的学习相对于师带徒模式，还是有明显优势的。特别是西医课程的学习，拓展了我们的视野，也为以后我在临床上综合运用中、西医手段诊断妇科疾病奠定了基础。

专攻妇科

大学第六学期，我们到北京市西城区护国寺中医门诊部实习。机缘巧合，我遇到了刘涵九老师，他是《老残游记》一书作者刘铁云的儿子，为人特别谦和厚道。他的诊室以妇科为主，当时还有傅博恕、江鹤清两位名老中医，能跟着他们学习是我的幸运。我跟随刘涵九先生一个学期，目睹了他很多妙手回春的案例。记得他给一个 30 多岁的子宫肌瘤患者看病，一边看一边给我讲治则，我觉得特别受启发。直到现在，我还保留着当时的笔记。我现在做研究，课题里也有中医药治疗子宫肌瘤，这跟刘老有直接关系。刘老治疗闭经的经验也让我很受益。有一名闭经患者，治疗开始以中医的补法为主，到了一定程度，刘老加进去两味通经活血的中药——地鳖虫和苏木，患者就行经了。刘老的这一经验，至今我仍然在临床上使用，而且效果很好。短短一学期的实习，刘老诊疗的显著临床效果和言传身教，使我对中医有了新的认识，对许多问题都有豁然开朗的感觉，从此对中医临床，特别是中医妇科产生了浓厚兴趣。大学毕业后，我选择了中医妇科作为自己的专攻方向，一直浸润其中，不觉已 40 余载。

在行医的同时，我不断钻研、摸索，勤求古训，博采众方，逐步对一些妇科常见病、多发病的认识和治疗形成了自己的观点和思想。

学术成就

1. 补消结合治疗子宫肌瘤

子宫肌瘤是女性生殖器官中最多见的良性肿瘤。中医文献中没有子宫肌瘤这个病名，根据其临床表现，主要属于"癥瘕"的范畴，尤其与《内经》记载的"石瘕"颇为相似，"石瘕生于胞中，寒气客于子门，子门闭塞，气不得通，恶血当泻不泻，衃以留止，日以益大，状如怀子，月事不以时下，皆生于女子"。通过40余年的临床实践，我认为该病的病机主要为气虚血瘀，痰瘀互结。大多数子宫肌瘤患者舌质淡暗，舌体胖大，舌边有齿痕，脉多沉细，或细弦、细滑，此乃气虚之征。而月经量过多是子宫肌瘤最常见的症状，且多伴有头晕无力、小腹下坠、气短懒言等一派气虚证候。审证求因，气虚为子宫肌瘤发病机理之一。由于子宫肌瘤患者病程较长，出血量多，导致阴血亏虚，气随血耗而加重气虚。可见子宫肌瘤的发病过程也是不断损伤正气的过程。气虚运血无力，血流缓慢致瘀，瘀滞胞宫而成癥瘕。就辨证与辨病而言，客观存在胞中的癥块（肌瘤），加之临床所见的经血块多色暗、下腹疼痛拒按、舌质暗紫或有瘀点瘀斑，皆为血瘀证的表现。此外，通过临床仔细观察发现，子宫肌瘤患者大多伴有带下量多，色白，质稀或稠，或在月经近净时或刚净后，出现阴道排液，或血水交融，自觉困倦、腰酸、腿沉或不同程度的浮肿等，或见舌根部苔腻等，均为痰湿证候。这是由于血瘀日久，气机不利，津液代谢失常，遂生痰湿，痰湿互结，留滞胞宫所致。这也符合中医痰瘀互结的理论。由此可见，气虚血瘀夹痰是子宫肌瘤重要的发病机理，本虚标实为其特点。

针对子宫肌瘤的发病特点，我提出了"分期论治，补消结合"的治疗原则，即分为经期和非经期治疗，且在不同时期"补"与"消"各有侧重，从而达到标本兼治。非经期着重于消，寓补于消之中，寓消于补之上。治以活血化瘀、软坚消癥，兼以益气。自拟肌瘤内消丸，药物组成以鬼箭羽、急性子、制鳖甲、生牡蛎等软坚散结、化瘀药物为主，其中鬼箭羽、急性子活血化瘀、软坚消癥且不峻猛；鳖甲、牡蛎入肾经，既能软坚散结，又有化痰之功；酌加黄芪补气行滞，桑寄生等补肝肾养血；牛膝活血散瘀止痛、补肾强腰，并能导诸药下行胞宫，作用于病处。全方共奏散结消痰、活血化瘀、补益气血之效，既消又补，以消为主，消而不峻，补而不滞，最终达到祛邪不伤正、消散癥积的目的。经期治疗以益气缩宫祛瘀止血为主，兼以软坚消癥，以补为主，补于消之上，消寓补之中。自制安宫止血丸应用于临床，取得了满意疗效。该制剂以黄芪、党参、太子参、南沙参等药补气摄血，且补而不燥；白术补中益气健脾和胃，枳壳破气消积化痰消痞，二药相配，取束胎丸固冲任之意，可益气缩宫止血；配以花蕊石、炒蒲黄等化瘀而止血。诸药相配，性味平和，补中有行，行中有生，瘀血去，新血得以归经，标本兼顾，气血同调，从而收到益气缩宫、祛瘀止血兼以消癥的目的。

验案举隅

范某，女，37 岁。2001 年 11 月 16 日初诊。发现子宫肌瘤 2 年，月经量多 1 年余。带经期 7 ~ 8 天，量多，色紫暗，有大血块；月经周期尚规律，25 ~ 28 日一行。平素带下量偏多，色白，质略稠，无异味。自觉小腹下坠。舌质暗淡，舌体略胖，边有齿痕，脉沉细。B 超检查提示：子宫肌瘤（子宫前壁见 3.5cm × 2.8cm 低回声区）。非经期治以活血化瘀、消癥，兼以益气。药用鬼箭羽 15g，急性子 12g，夏枯草 15g，射干 12g，生首乌 12g，生牡蛎（先下）30g，制鳖甲 15g，荔枝核 15g，海藻 30g，大贝母 15g，党参 15g，黄芪 15g，丹参 15g，茯苓 15g。经期则以益气缩宫、祛瘀止血为主。药用黄芪 15g，党参 15g，南沙参 15g，白术 15g，枳壳 15g，益母草 15g，煅龙牡各 30g，花蕊石 15g，贯众 15g。若经量仍不减，加三七粉 2g 冲服。如此服用 3 个月经周期后，经量适中，血块减少，自觉不适症状消失。B 超检查提示：子宫肌瘤缩小（前壁见 2.6cm × 1.5cm 低回声区）。

2. 补肾疏肝法治疗慢性盆腔炎

盆腔炎是妇科常见疾病，多见于育龄期妇女。按其病程及临床表现可分为急性与慢性盆腔炎，而尤以慢性盆腔炎最为常见，对妇女的危害较大。在我多年的妇科临床中，因慢性盆腔炎而前来就诊的患者数不胜数，我认为中医可称之"妇人慢性腹痛"。通过补肾疏肝的方法进行治疗，对多数患者效果显著。

肾与女性的生理病理关系极为密切。肾为天癸之源，冲任之本。同时肾气主胞宫胞络。《素问·奇病论》云："胞络者系于肾。"慢性盆腔炎患者病情缠绵不愈，病久及肾，或疾病早期过用祛邪药物而伤肾，或治疗延误而伤肾。其中，因为患者大多曾连续或间断服用清热解毒药，尤其重度患者反复单纯应用抗生素疗效不佳后，叠用清热解毒中药攻逐祛邪，导致肾气日虚，正气不足。临床发现，患者病情缠绵，多在劳累、经期失血后复发或加重，绝大多数患者面色晦暗，体倦乏力，腰膝酸软，舌淡脉细，并伴有腹痛绵绵，带下量多，色或白或淡黄，质地或稀或稠等症状。这也提示了肾气虚弱在本病病机中的重要作用，也是本病迁延不愈的根本原因。女子以血为本，以肝为先天，肝藏血，主疏泄，体阴而用阳，性喜条达而恶抑郁；肝经循少腹，络阴器，与冲脉血海及带脉均有密切关系，对脏腑、气血、冲任起着重要的调节作用。所以，慢性盆腔炎的发生与肝关系密切。妇人多郁，肝气郁结，疏泄失常，或湿邪未尽，留滞病所使肝经受损而疏泄失常，再加上病情迁延反复发作，以致精神抑郁，即"久病致郁"，气郁血亦瘀，气血阻滞脉络。肝郁乘脾，脾失健运，湿从内生，湿郁化热，湿热蕴结胞中，阻滞气血并与气血相搏，使胞脉血行不畅，不通则痛；瘀积日久成癥包块，或湿热瘀结阻滞冲任，冲任不畅，形成包块。所以肝气郁结、冲任失调是慢性盆腔炎的重要致病因素。冲任隶于肝。肾，腰骶属肾，少腹属肝，而慢性盆腔炎的主要症状为少腹疼痛，腰酸及腰骶疼痛，此乃肝郁肾虚之征。综上所述，肝郁肾虚是慢性盆腔炎的主要病因病机。

治疗上，以补肾疏肝为主，兼以清热活血散结。主要药物为续断、牛膝、郁金、夏枯草、败酱草、赤芍、丹皮等。其中续断性苦微温，入肝、肾经，补肝肾，畅血脉，调冲任，续筋骨。《本草经疏》认为续断"入足厥阴、少阴，为续绝伤、补不足、理腰肾之要药也"。《本草汇言》认为续断"补续血脉之药也……补而不滞，行而不泄"。牛膝和郁金皆能活血。牛膝并能补肝肾，引药下行，利水通淋；郁金和夏枯草共能疏肝解郁。夏枯草性味苦、辛、寒，有清肝泻火、化痰散结、消肿的功效。《本草图解》认为："夏枯草苦辛微寒，独入厥阴……散结气。此草补养厥阴血脉，又能疏通结气，皆系肝证，故建神功。"现代药理研究表明，夏枯草能增强肾上腺皮质及巨噬细胞吞噬功能和增加溶菌酶含量，有抗炎作用。肾上腺皮质功能旺盛有利于抗炎、抗感染，这是其"祛痰消脓""破""散瘿结气"的药理基础，同时对炎症反应抑制作用较显著。败酱草清热解毒、消痈利脓、祛瘀止痛，赤芍、丹皮清热凉血、活血化瘀。诸药相配，标本同治，补肝肾治其本，清热利湿活血顾其标。临床发现，以补肾疏肝兼清热活血散结为法治疗慢性盆腔炎疗效显著，尤其对一些迁延日久、顽固的病例疗效更为满意，值得进一步研究以推广应用。

临证加减：慢性盆腔炎兼症较多，往往兼夹出现。若腰痛如折，腰骶酸痛明显者加杜仲以补益肝肾；腰酸为主又兼便秘者加肉苁蓉，补肾润便；若少腹隐隐作痛，时轻时重，久久不去者加柴胡，加强疏肝透邪作用；带下量多，色白或淡黄，质稠者加生薏米、茯苓健脾祛湿；若小腹冷痛，喜温者加乌药、官桂，以暖宫祛寒；若输卵管积水及输卵管卵巢囊肿加茯苓、泽兰、马鞭草、皂角刺以利水活血消肿；若输卵管阻塞或通而不畅加地龙、路路通、王不留行、枳实以活血通络祛痰；若疲乏无力，精神不振加党参、白术以振奋脾阳。

验案举隅

刘某，女，31岁，2002年5月31日初诊。1年多前因人流术后1周少腹疼痛明显，带下量多、色黄，发热等，诊为急性盆腔炎，在当地医院住院治疗，症状好转出院。以后劳累或者心情不舒、同房后少腹明显疼痛，腰骶酸痛，带下量增多影响日常生活，遂来就诊。诊时患者左少腹隐痛，腰酸，神疲乏力，带下量多、色淡黄、无异味，月经周期正常。食纳可，二便调。舌暗，边有齿痕，苔淡黄薄腻，脉细滑略弦。妇科内诊：子宫正常大小，左附件增厚、压痛（++），右附件（-）。B超提示子宫6.1cm×5.0cm×4.1cm，子宫内膜厚1.0cm（经前期），左附件区增厚，子宫直肠窝处可见液性暗区2.1cm×1.1cm，右附件（-）。中医诊断：①妇人腹痛。②带下病。证属肝郁肾虚，冲任胞脉受损，带脉失约。治法：补肾疏肝为主，兼以清热活血。处方：夏枯草15g，郁金15g，柴胡15g，赤芍15g，丹皮15g，续断15g，生杜仲15g，泽兰15g，生薏米30g，牛膝15g，败酱草15g等。每日1剂，水煎服，早、晚温服。上方加减约服2月，左少腹隐痛明显好转，带下正常，腰骶酸痛消失。B超示双附件未见明显异常。

3. 温通法治疗子宫内膜异位症

子宫内膜异位症是指具有生长功能的子宫内膜组织（腺体或间质）出现在子宫腔被覆内膜及宫体肌层以外的其他部位所造成的一种激素依赖性病变。在育龄妇女中有10%的发病率，且有明显上升的趋势，成为一种"现代病"、多发病，为妇科难治性常见病之一。中医文献中没有子宫内膜异位症病名，根据其主要的临床表现是痛经及可触及的包块，本病当属中医痛经、癥瘕、月经不调及不孕等范畴。

我在临床观察多年，该病的临床表现特点为：多数患者疼痛以冷痛为主，喜温喜按而恶寒，得温痛减，并伴见畏寒肢冷、手足不温、面色苍白、乏力倦怠等症状，舌质紫暗，但多偏色淡，呈现一派虚寒之象。审证求因，分析患者素体阳气虚，或久病伤阳，阳气不足，血失温运；阳虚之体最易感受外寒，稍受寒凉，则血脉不通，血为寒凝；阳气不足，血失固摄，离经之血，流溢脉外，亦形成瘀血。瘀血一旦形成，一方面阻滞气机，使阳气不能通达于外；另一方面便失去了血液正常的滋润和濡养功能，"血为气之母"，由于缺乏血液的滋养和承载，气的功能也相对减弱。"气虚者，寒也""血得温而行，得寒而凝""气既虚必不能达于血管，血管无气，必停留而成瘀"（清代王清任《医林改错》）。因此气的功能不足，不仅可以出现四肢不温等寒象，还可导致血液运行迟缓，甚至停滞，或固摄失职，血溢脉外，而成离经之血，无不加重患者的血瘀状态，由此形成阳气虚→血瘀气虚→血瘀的恶性循环，而使病情逐渐加重，缠绵难愈。由此可见瘀血愈重，则虚寒愈甚。寒性凝滞而主痛，《素问》中认为"寒气入经而稽迟，泣而不行……客于脉中则气不通，故卒然而痛""痛者，寒气多也，有寒故痛也"。宋代《太平圣惠方》中也记载痛经与寒密切相关，"其经血虚则受风冷，故月水将下之际，血气动于风冷，风冷与血气相击，故令痛也"。因此，我从临床出发，提出"阳气不足，寒凝血瘀"是本病的主要病机之一。

对于本病的治疗，首先，虽然其基本病机是血瘀，但临床上也不应概用活血化瘀行气之品，以免耗伤正气，而应根据本病的病机特点采用温经通络、化瘀行气止痛之法以治之。其次，虽然瘀血留滞于内，但疼痛多为患者最痛苦的症状。"急则治其标，缓则治其本"，故本病在临证时应首当以止痛为急，兼顾散结消瘤。再次，本病病程长，迁延日久，且来就诊时多已在其他医疗单位治疗多日，或单用活血化瘀之剂治疗不效，辗转而来，因此多数患者表现有正气虚弱、虚实夹杂的复杂证候，故主张在临床用药时扶正与祛瘀并举。基于以上认识，我确立了温阳散寒、祛瘀通脉、行气止痛的治疗法则，简而言之即为温通法。所用方药在宋代《太平惠民和剂局方》（下简称《局方》）所载葫芦巴丸（胡芦巴、巴戟天、小茴香、吴茱萸、川乌、川楝子）基础上随症加减。临床证明以上方药减轻和缓解痛经及盆腔疼痛的效果显著。

方中胡芦巴温肾，祛寒，止痛。其最早载于《嘉祐本草》："主元脏虚冷气。得附子、硫黄，治肾虚冷，腹胁胀满，面色青黑；得茴香子、桃仁，治膀胱气甚效。"明代李时珍《本草纲目》载："治冷气疝瘕，寒湿脚气，益右肾，暖丹田。"又"元阳不足，冷气潜伏，不能归元者宜之。"宋代唐慎微《证类本草》曰："治元脏虚冷气之最要。"巴戟天为补肾壮阳、祛寒止痛之良药，《局方》又有巴戟丸"治妇人子宫久冷，月脉不调"之语。小茴香有散寒止痛、理气和中之功效，明·倪朱谟《本草汇言》曰："其温中散寒，立行诸气，乃小腹少腹至阴之分之要品也。"吴茱萸具有散寒止痛、温中止呕、助阳止泻之功，《本经》云其"主温中下气，止痛，咳逆寒热，除湿，血痹，逐风邪，开腠理"，故其对痛经伴呕吐、腹泻者可谓一举三得。川楝子行气止痛。川乌祛风除湿，散寒止痛，因其有大毒，常不用或慎用。全方共奏温阳散寒、祛寒通脉、行气止痛之功。根据具体临床辨证再随症加减。活血化瘀多用丹参、赤芍、桃仁、生蒲黄、五灵脂、水蛭、䗪虫、苏木、山楂；理气止痛多用元胡、制乳香、制没药、香附、川断、片姜黄、枳实；软坚散结多用穿山甲（现用代用品，下同）、牡蛎、海藻、昆布、鳖甲；合并炎症多用败酱草、红藤、虎杖、马鞭草；温经散寒多用艾叶、台乌药、肉桂、细辛、桂枝等。

验案举隅

邵某，女，32岁，2007年7月24日初诊。经行腹痛5年，求子。患者结婚4年，间断避孕，月经规律，(4～6)/(26～28)天，量不多，色暗红，有血块，血块排出后血色渐红，经前第一天小腹冷痛，腰酸，末次月经6月27日。孕2产0，2004年10月、2006年8月25日自然流产2次。爱人查精液正常，双方染色体正常，第二次妊娠前曾淋雨1次，后畏寒。经前乳胀，头晕，畏寒，纳可，梦多，大小便正常。舌淡胖，边有齿痕，苔白腻，脉沉滑。B超示子宫6.5cm×6.2cm×3.8cm，少许短线，内膜0.8cm，右附件区1.6cm×2.0cm无回声。提示：①子宫腺肌症。②右侧附件区无回声（巧克力囊肿）。中医诊断：①痛经（寒凝血瘀）。②癥痛（寒凝血瘀）。治以温经散寒，化瘀止痛。药用胡芦巴15g，生艾叶6g，肉桂6g，小茴香6g，巴戟天12g，元胡15g，川楝子12g，生蒲黄（包）12g，五灵脂12g，制没药12g，片姜黄15g，赤白芍各15g，川断15g，川牛膝15g，乌药15g。

服上药 14 剂后月经来潮，量中，月经第一天腹痛，坠痛，腹冷，腰痛，肛门坠痛，关节冷痛，血块较多，排出后腹痛减轻，经前乳胀。关节疼痛，腰酸腹痛，胃脘部冷，无其他不适，纳眠可，二便调。舌暗红，苔薄白。二诊：予上方去生艾叶、肉桂，加桂枝 10g，老桑枝 15g，生杜仲 15g，以增强温经活络之效。关节酸痛，胸闷，腹冷，加蜈蚣 2 条，独活 15g。继服 14 剂。

2007 年 8 月 31 日复诊，末次月经 8 月 22 日至 26 日，量中，色鲜红，少量血块，腹痛好转，仍腰酸，腹痛遇热缓解，喜按，乳胀，怕冷，易起急，纳眠可，二便调。舌体胖大，淡红，苔白。予温肾散寒止痛之剂。方药如下：胡芦巴 15g，淫羊藿 15g，巴戟天 10g，制首乌 15g，沙苑子 15g，覆盆子 15g，生熟地各 15g，桑寄生 15g，川断 15g，生杜仲 15g，白芍 15g，当归 10g，香附 10g，炙甘草 6g，钩藤 12g，生芪 12g，20 剂。2007 年 9 月 25 日复诊，因月经逾期未至，测尿 HCG 阳性，遂行保胎治疗，后正常分娩。

4. 滋肾养肝、交通心肾治疗更年期综合征

更年期综合征是妇女在绝经前后由于雌激素水平波动或下降所致的以植物神经系统功能紊乱为主，伴有神经心理症状的一组症候群。主要表现为潮热出汗、月经紊乱、五心烦热、头晕耳鸣、头胀头痛、心悸失眠、烦躁易怒、肌肉关节酸楚或疼痛、皮肤麻木刺痒或有蚁爬感、尿频尿急等。多发生于 45～55 岁，平均为 50 岁左右。国外资料统计有 84.2% 的妇女在更年期出现症状，国内资料显示更年期妇女 91.7% 有症状，其中有 10%～15% 的妇女因症状严重而被迫就医。而且近年来本病有发病年龄提早、发病率上升的趋势。随着生活条件的改善，女性的平均寿命可达 75 岁，甚至更长，可以说人生的 1/3 时间将从更年期开始，因此，更年期综合征的治疗就显得更为重要。现代医学治疗本病多采用激素替代疗法（HRT）。但是 HRT 近期的副作用、禁忌证以及患者对其远期是否导致肿瘤的忧虑，使临床接受激素替代者甚少。与之相比，中医药治疗本病有安全、适用人群较广的优势。

根据女子特殊的生理特点和本病发病的特殊性及规律性，结合多年临床治疗经验，通过本病的主要症状，如烘热汗出、月经紊乱、腰酸骨楚、头晕耳鸣、头胀头痛、心悸失眠、烦躁易怒等，审证求因，我认为本病的主要发病机理是肝肾阴虚、心肾不交。

妇女在绝经前后，机体逐渐衰老，随着肾精日衰，天癸将竭，冲任二脉逐

渐亏虚，精血日趋不足，肾之阴阳失调，进而导致各脏器功能失常。而更年期综合征重要的生理基础是卵巢功能衰退、雌激素减少，根据中医"肾"与生殖内分泌的内在联系，可以认为肾虚是该病的发病基础。肾水不足，水不涵木，以及经、孕、产、乳数伤于血，均可导致肝阴虚。且更年期妇女面临更多的工作任务和挑战，家庭、社会的各种压力往往引起七情怫郁，而绝经前后诸证若迁延难愈，又可影响情绪变化，导致精神抑郁或情绪易于激动，从而因病致郁，使肝失条达；气郁日久化火，灼烁真阴，更加重肝肾阴虚。妇女的绝经，实质上是由于肝肾之阴亏虚，无有余之血转化为月经。肾水不足，心肾不交，水火失济，阴阳失衡，则出现绝经前后的诸多证候。总之，我们重视肾肝心三脏在更年期综合征发病中的重要作用，认为肝肾阴虚，进而导致心肾不交是该病发生的关键。

在治疗方面，我认为要紧紧抓住更年期妇女的生理病理特点，从肝肾心三脏着手，以滋肾养肝、交通心肾为法则，着重滋补肝肾之精血，使肾水渐充，肝得柔养，水火相济，而绝经前后诸证得平。具体治疗中，以一方为主，随症加减。主方组成为：女贞子、旱莲草、生地、白芍、枸杞子、盐知母、龙骨、牡蛎、潼蒺藜、白蒺藜、百合、丹参、莲子心、茯苓等。其中女贞子味甘性平，善补肝肾之阴，补而不腻；旱莲草味甘性寒，功能滋阴益肾凉血，二药合用即为二至丸，是补肾养肝、滋阴清热之要方。白芍味苦酸性微寒，功能养血敛阴，柔肝平肝。以上生地、枸杞子、女贞子、旱莲草、白芍五药合用，可滋肾养肝，益阴清热，为本方主药。现代药理研究表明，补肾养肝药物可稳定雌激素内环境，提高患者下丘脑－垂体－卵巢轴的稳定性，并对植物神经功能具有整体调节作用。知母味苦甘性寒，药性柔润，功能滋阴润燥，清热泻火。百合味甘性微寒，功能清心安神，宁心定志，滋阴清热，配知母为百合知母汤，配地黄为百合地黄汤，二方为《金匮要略》治疗百合病的著名方剂，百合病中"常默默……如寒无寒，如热无热"等症状的描述类似于更年期综合征的精神情志方面的症状。龙骨味甘涩性微寒，功能平肝潜阳，镇静安神，收敛固涩。牡蛎味咸涩性微寒，功能平肝潜阳，收敛固涩。根据现代药理研究，此二药含丰富钙质，正可治疗更年期妇女由于缺钙导致的骨质疏松症。莲子心味苦性寒，功能清心安神，交通心肾，《温病条辨》谓其"由心走肾，能使心火下通于肾，又回环上升，能使肾水上潮于心"。丹参味苦性微寒，功能养血活血，安神定志。

《滇南本草》谓其可"补心生血养心定志，安神宁心，健忘怔忡，惊悸不寐"。茯苓交通心肾，在诸滋阴补益药中加一味活血之丹参，可防补阴之品过于滋腻产生滞腻之弊。总之，诸药相伍，补而不滞，寓通于补，共奏滋肾养肝、交通心肾之功。

验案举隅

梁某，女，50岁，已婚，干部。2004年7月16日初诊。患者绝经1年，烘热汗出3个月。近3个月来烘热汗出，每日10余次，伴腰膝酸痛、头晕头痛、烦躁易怒、心悸、失眠多梦、皮肤有蚁走感、大便干、舌红瘦少苔、脉细弦略数。诊断为更年期综合征（肝肾阴虚，心肾不交）。治疗以滋肾养肝、交通心肾为法。方药如下：生地15g，枸杞子15g，女贞子15g，旱莲草15g，白芍15g，莲子心4g，茯苓15g，生龙牡各30g，百合30g，盐知母12g，潼白蒺藜各15g，浮小麦30g，夏枯草15g，丹参15g。上药水煎服，每日1剂，早晚分服，服7剂后复诊。二诊：7月23日复诊，烘热汗出减轻，头晕头痛好转，仍有皮肤蚁走感。上方去夏枯草，加鸡血藤15g，继服14剂。三诊：8月6日复诊，初诊诸症基本消失，嘱其继服7剂，以巩固疗效。

继承创新

中医是宏观医学，强调辨证论治；西医是微观医学，重视辨病论治。中西医各有所长。辨证论治是中医临床的精髓，是中医区别于其他医学的特色之一，也是中医诊治疾病的主要方法。辨证的过程也是认识疾病的过程，即将望、闻、问、切四诊所收集的材料，包括病人届时的症状和体征，进行综合分析，然后归纳判断为某种性质的证，从而根据证来确立治法，据法处方以治疗疾病。西医的辨病论治，则是在寻找病源，明确诊断的基础上，针对病源用药的。证，是疾病反映出来的现象，病是证产生的根源，因此"证"和"病"是一种因果关系，有着不可分割的联系。辨病与辨证，都是认识疾病的过程。

中医的整体观及其辨证论治的手段在宏观方面的研究是有其独到之处的，但在微观方面的研究则似有不足，而西医正是侧重微观检测。现代医疗检测仪器已经相当发达，检测项目也相当深入。在疾病的诊断过程中，在辨证论治的前提下，采用中西医结合的诊断手段，注意辨证与辨病相结合，将现代仪器设备检测到的有关疾病的微观数据，包括各种化验结果，X 线、B 超、CT、MRI 等检查结果，以及病理检查结果等作为症状和体征的延伸融入中医学的辨证材料之中，不断丰富和发展辨证论治的内涵，才能进一步明确诊断，防止误诊误治，提高疗效，并且有助于早期发现疾病的症结，有利于早期治疗。同时防止疾病传变，正是"上工"的体现。

此外，临床上有时会遇到无证可辨的情况。这样的情况处理起来较为棘手，因为无证可辨，即无原因可求，如何着手？如一些卵巢囊肿的病人，无任何自觉症状，无腹部不适，一般情况也很好，月经、带下也无异常，只是在体检时发现有卵巢囊肿才来就诊。这样的病人如何辨证、治疗？这就要从病论治，从卵巢囊肿产生的机理入手，辨病论治，立法处方。

因此，我认为辨证论治与辨病论治相结合是行之有效的临床方法，对于传统的辨证论治，是丰富，是发展，是提高疗效的重要手段。基于这样的思想，我在勤研中医经典的同时，始终关注和跟踪西医妇科理论与实践的最新进展。我对西医妇科前沿理论、最新成果、新药与治疗技术进展等方面的了解，常常让一些西医妇科医生感到惊讶。中西医的相互借鉴，就像中西文化的交融一样，只有融会中西，才能谈得上继承创新。

从事中医 40 余年，知之愈深，爱之愈深；爱之愈深，愈感到中医之博大精深，非吾辈穷毕生精力所能完全领会。我深知与我祖父一辈的名中医相比，在对中医的理解和贡献上还有很大的距离，但先辈筚路蓝缕复兴中医的信念，仁医仁术的博大胸怀，始终在激励我、鞭策我，让我甘愿尽毕生的努力为中医事业的薪火相传，尽一份绵薄之力。

徐福松

徐福松（1940—2022），江苏江阴人。中医世家，致力于中医临床科研教学六十余年，历任江苏省中医院男科主任、主任医师、教授、博士生导师。为全国优秀中医临床人才指导老师，全国老中医药专家学术经验继承工作指导老师。曾兼任国务院学位委员会博士和硕士点评议专家，国家自然科学基金会评审专家，国家食品和药品监督管理局药品评审委员、专家；新加坡中华医院不育症学组顾问；成都中医药大学名誉导师；安徽省"跨世纪中医药学术和技术带头人"培养对象指导老师；上海市卫生局中医"希望之星"培养对象指导老师；江苏省中医药学会男科专业委员会主任委员、名誉主委；华东地区中医男科专业委员会副主任委员；中华中医药学会男科分会主任委员、名誉主委；国际中医男科学会副主席。著有《实用中医泌尿生殖病学》《男科纲目》《徐福松实用中医男科学》等。

我幼读岐黄，从家学，师名师，侧身杏林，著书立说，临证课徒，凡五十春秋，苦心孤诣，疾痛惨怛，不为外人道也。天资不聪，性极驽钝，不能练达人情，唯于医学一途，孜孜以求，虽九死尤未悔，愈知其难，愈加精勤，幸获祖荫，未废光阴，有一二之心得，冀藏之名山传于后世。

幼承庭训　学有根基

我的先祖父企皋公是清朝末年安徽来安县一知事，性耿介，有古风，因不满官场迎来送往、阿谀奉承，不为五斗米而折腰侍权贵，挂冠而去，携先祖母到沪上行商，从事纺织业。然先祖父不善经营，又慷慨解囊接济乡人，家道尤始中落。先祖母系出名门，为常州一代艺术宗师恽南田的后人，擅工笔花鸟，又懂诗文。1940 年 11 月 30 日，我出生于江阴县马镇乡，先祖母为我起好名字福松后遂归道山。父亲惠之公，师承上海儿科名家单养和先生，擅长中医儿科，出师后私人挂牌开业，在当地颇有名望。伯父在上海也是个老中医。舅舅许履和后来成了我的指导老师，我一直敬称他为"许老"。许老所学系家传中医外科，后又曾师事上海内科名医朱少鸿先生。

中华人民共和国成立后，父亲和许老参加了联合诊所，经常骑马、坐船、乘轿四处出诊。1954 年，许老到江苏省中医学校进修，结业后留校，1958 年应召调至江苏省中医院，主持外科工作。父亲也在 1957 年调至江苏省中医研究所，后亦转至省中医院儿科，与全国著名儿科学家江育仁教授过从甚密，是江老的左右手。

我自幼生长在这样一个中医气氛浓郁的杏林世家，家族中计有三人行医，兼有孟河医派和吴中医派学术根系，自小耳濡目染，深受其益，对中医产生了浓厚兴趣。儿时在我身上发生的两件事，更使我同中医结下了不解之缘。一是我幼年罹患疳积，腹大如鼓，形销骨立，乡人都以为不可救治。恰好，父亲业师——以治小儿疳积闻名沪上的儿科名医单养和先生来到江阴，单老先生察看我的病情之后，配制药粉于面粉里，做成糕点，让我服食，一料之后，便一天天好起来。二是我于北渚中心小学毕业后，考入博仁中学就读，因品学兼优，被评为校级特等优秀生，并出席 1956 年江阴县第一届优秀学生代表大会。中学毕业考试前，参加中小学联欢，在做跳箱表演时，不慎右小腿腓骨骨折，一躺就是两个多月，虽然接受中医治疗，没有造成残疾，却失去了升学机会。这次偶然变故，使我走上了自学中医的道路。在床上养病时期，我便开始读《内经》《伤寒》《金匮》《温病》《汤头歌诀》《本草便读》《医学刍言》等中医基础书籍。1957 年父亲调至江苏省中医研究所，我便随父亲来到南京，一边读书，一边为父亲所在的中医研究所抄资料，换得一些报酬。每次拿到原稿，我先从头至尾看一遍，遇到看不懂的字句，就去请教父亲及所里的樊天徒、戴天爵等老先生。一天两万字，带着头脑去抄，等于自学，这段时间的学习，使我受益匪浅，为进一步学习中医打下了坚实的基础。

转益多师　融会贯通

1958 年 7 月，我进了南京中医学院附属针灸医院针灸训练班，半天上课，半天临床。1年后，训练班更名学徒班，我被选为班长，这个班二三十人，重点攻针灸，兼顾中医基础，还有大量的临床实践，3年半下来，所学知识非常扎实。这期间，我有幸得到著名针灸学家邱茂良先生的耳提面授。邱老治学的严谨和著书的勤奋，令我钦佩不已，并对我之后从事中医事业产生深远影响。例如邱老做学问，他先拟订编写计划、目录、大纲，并将编写进度用毛笔写在白纸上，贴在书房里，每完成一条就勾去一条，直至脱稿。老一辈名医做学问如此精雕细琢，水滴石穿，给我留下了不可磨灭的印象。在邱老的指导下，我主编了一本10万多字的油印《针灸点穴门径》，作为全班同学向国庆10周年的献礼。1961年，学徒班毕业时我写的针灸毕业论文是近8000字的"试论十二经筋"，当时我不足21岁，有股初生牛犊不怕虎的闯劲，径投最权威的《中医杂志》，也没指望能发表。谁料几个月后，竟刊载于《中医杂志》1962年第8期。论文发表后，全国探讨、求教的信件如雪片般飞来，且径呼我为"徐老先生"，这篇处女作的发表，委实对自己鼓舞不已。毕业后，我被分配至江苏省中医院针灸科工作。

此后不久，江苏省安排名老中医继承人，我提出继承我舅父外科老主任许履和的医术。许老是德高望重的全国名老中医、著名中医学家、中医外科一代宗师，身边正好缺助手，1962年9月，我正式从针灸科调到外科，师从许老先生。

许老1913年10月27日生于江阴县马镇乡北渚镇，字谦，号受益，斋号存心。6~11岁读私塾，天资颖悟，少即了了，渐露头角。15岁家道中落，赴沪学徒谋生。两年后工厂倒闭，遂回桑梓，从父学医。舅公锦昌公，即许老之父，性豪爽，喜交友，为当地外科名医，曾师事无锡玉祁镇外科陈协吉先生，善治痈疽疗疮流痰流注等症，于辨脓、刀针手法及外用药等均有独到之处。先生自幼耳濡目染，尽得家传真谛，迨后又随上海名家朱少鸿先生攻内科。许老得以内外兼修，工擅两家，为日后悬壶奠定了坚实基础。

许老学医时曾立下誓言"学医不精，不若不学医"。他焚膏继晷，寒暑靡间，刻苦攻读。夏月书房闷热，蚊虫叮咬，便挑灯庭院，脚穿长裤，伸进坛内，朗读不已。18岁除夕守岁，又进书房。双亲唤其歇息，先生说"年初一读了书，可以一年读到头"，非到滚瓜烂熟不休。熟读的医书有《素灵类纂》《伤寒论浅注》《伤寒指掌》《金匮要略浅注》《金匮翼》《温病条辨》《温热经纬》《医学正传》《脉诊便读》《太原心法》《汤头歌诀》《本草便读》及医论若干等。

先生将清代名医曹仁伯先生之名言"天下无不治之症，其所以不治者，皆我之心未尽也"作为座右铭，对病人有"割股"之心。我的家乡江南地区水网密布，许老经常坐船出诊，途中犹手不释卷，珍惜寸阴，遇有重病，虽已处方，但回到学舍，依然牵挂于心，通宵达旦，翻阅医书，反复琢磨。许老精读的医书有《疡科心得集》、马批《外科全生集》《谦益斋外科医案》《马培之外科医案》《医略存真》《外科正宗》《金鉴外科》《外证医案汇编》《柳选四家医案》《张聿青医案》《感证辑要》《医学从众录》《清代名医医案精华》《清代名医医话精华》等。其他精读和涉猎的中医书籍更是不计其数。许老以其精通内外，融会贯通，是以大症危症及奇难杂症，一经诊治，悉能应手而愈，年甫而立，即闻名遐迩。

中华人民共和国成立后，先生于1955年考入江苏省第一届中医进修学校，即南京中医药大学前身，任组长。结业后执教于南京中医学院，任外科教研组组长，先后主编《简明中医内科学》《简明中医外科学》《方剂学讲义》，参编《中医学概论》《内经讲义》《金匮讲义》等。其中《简明中医外科学》是中华人民共和国成立后最早出版的中医外科专著之一。后先生调至江苏省中医院，创建中医外科，历任外科主任、主任医师，南京中医学院副教授、教授、硕士研究生导师，江苏省中医学会常务理事、顾问、男性病学研究会顾问，《江苏中医》《南京中医学院学报》编委等职。参编、参审《常见病中医临床手册》《诸病源候论校释》《实用中医外科学》《医用写作》等书，是南京中医药大学和江苏省中医院中医外科奠基人。先生是全国中医药院校中医外科统编教材创始人之一。1960年和1963年，两度出席全国中医学院统编教材编审会议，其中病因病机、辨证论治等重头戏均由先生执笔。先生在编审全国《中医外科学讲义》中的建树得到卫生部郭子化部长、吕炳奎司长等领导的首肯，该讲义成为之后各版教材之蓝本，先生为继承发展传统中医外科，传播苏南外科学术流派及个人宝贵经验，振兴我国中医外科事业，培养中医外科后继人才做出了不可磨灭的突出贡献。

先生强调外科实从内出，贯穿辨证论治。尝谓："外科必本于内，外病与内病，每每同时并存或互为因果。"尤推崇高锦庭《疡科心得集》中"风性上行，湿性下趋，气火俱发于中"的理论。首次提出中医外科的发病机制为"上风、下湿、中气火"，外科辨证的一般规律是"审部求因"。先生非常重视经络学说，认为治病必先明辨经络，审经求治、按经用药是外科治疗的基本法则。力主将温病学说应用于外科临床，尤其是"毒攻五脏"治法，可以开后人无数法门。对妇科病患者及疑难杂病，多从气血论治，兼夹诸症，面面皆到；在药物治疗的同时，不放松精神治疗，"畅怀于服药之先"，以收相得益彰之效。先生处方用药，轻清灵动，平中见奇；外用药则量体裁衣，恰到好处。他如选择剂型及给药途径、方法等，亦颇具巧思。

先生指出，走黄是疔疮的变证、逆证，属现代医学的全身感染，不能以传统的局部"护场"破坏与否诊断疔疮走黄与否，而当以全身症状作为主要依据，并揭示判断走黄预后三要点：一是观察局部与全身症状，以全身症状为主；二是观察发热与神志情况，以神志情况为主；三是脉症合参，以脉象变化为主。其治疗走黄四大法为：大剂清解；芳香开窍；导热泄毒；拔疔消肿。

先生率先论述了腺体疾病与中医肝、脾、肾三经关系最为密切。大凡"气"是腺体肿块之根，"火"是腺体肿块之源，"痰"是气火之果；治疗着重掌握理（理气）、清（清火）、化（化痰）三法；喜用海藻、昆布等软坚化痰之品，并投以"十八反"中有关相反药，如海藻与甘草同用，以增强其化痰消肿作用。

先生提出梗阻性疾病"痛、胀、吐、闭"四大主症，病变症结在胃者亦复不少。盖胃居中州，为三焦之枢纽，升降之通道，凡湿热中阻、胃气上逆者，均可使用苦辛通降法，常用方剂如左金丸、半夏泻心汤、温胆汤加减。中州郁聚之湿热得解，上下壅遏之气机得畅，则吐者能止，痛者能定，胀者能松，闭者能通，不投通里攻下之剂而梗阻症状自解。

历年来，先生开展诸多临床研究。如早年主持以骨痨汤为主治疗骨与关节结核的研究，突破了传统名方阳和汤温经通络法则，其对病因病机总趋势的阐述，被四、五、六版全国中医外科统编教材所引用。他如半丁合剂治疗一般感染；塞鼻疗法治疗急性乳腺炎；浸泡疗法治疗指骨骨髓炎；红黄合剂治疗单纯性阑尾炎；藿黄浸剂治疗手足癣；消风合剂治疗过敏性皮炎；鼻渊合剂治疗急慢性鼻炎等，均取得了显著疗效。20世纪60年代初，先生治脱疽（血栓闭塞性脉管炎）有验方顾步汤，后由顾亚夫、杨秀冰等进一步研制成新药"通塞脉片""脉络宁注射液"，获全国科学大会奖，并被卫生部列为急症必备中成药；1988年研制的"许履和乳房病诊疗系统"，获江苏省科委优秀软件奖。

先生不仅是中医临床家和教育家，还是一位学问家，对《论语》《诗经》《纲鉴易知录》《古文观止》等，无不熟读通晓，融文、史、哲、医为一体。先生一生但求学问，淡泊名利，知识渊博，满腹经纶，虚怀若谷，顾全大局，严于律己，宽以待人，谦和谨慎，勤俭节约，直到生命最后一息。

师从许老的20余年间，我随先生查房、门诊、会诊、出诊，细心揣摩他的医道，同时结合实践，仔细研读《外科正宗》《疡科心得集》《外科全生集》《金鉴外科》《外科精义》《外科启玄》《疡科纲要》《外证医案汇编》《谦益斋外科医案》《马培之外科医案》等，并将先生的言传口授、有关文献、有效病例等，一一记录下来，装订成册，取名《挂一漏万集》，足有十几本。这样看似琐碎，实则"勤笔免思"，烂笔头胜过好记性。我将先生诊治外科常见病、多发病、疑难杂症和危重病的独到经验，化成文字，在北京、江苏、辽宁、四川、上海、广州、黑龙江、陕西等省级中医杂志上作了系列介绍，计有60余篇。其中，《许老治疗乳房病的经验》在1980年第5期《中医杂志》上发表，突出了"从气论治"乳房病的经验，在中医外科界产生一定影响。我从1978年开始整理先生的医案医话，整个整理工作全面而深刻，这是中医学宝库中的一份珍品，必须记载下来，利在千秋。1980年，我倾注全部心血的《许履和外科医案医话集》由江苏科技出版社出版，这是先生学术经验传世之作。全国著名中医外科专家、上海中医学院顾伯康教授评曰："此书风格异于一般，对中医外科是一大贡献，对后世研究中医外科有重要指导意义。"同年5月，省卫生厅主持召开"江苏省名老中医继承讲习会"，卫生厅长在大会上表扬了三人，我排在第一。在先生的指导下，1983年，我校注出版了《疡科心得集》，并在《中医杂志》发表《高锦庭与〈疡科心得集〉》一文，在学术界反响很大，南京钟山医院徐学春院长点名邀我为省办外科班专题讲座。1985年，我又校注出版了《外科精义》，并在《南京中医学院学报》发表《齐德之外科学术经验初探》一文。《许履和外科医案医话集》和由先生献出珍藏秘书由我整理的《增评柳选四家医案》（江苏科技出版社，1983年），以及《疡科心得集》《外科精义》参加1985年12月的香港"中国书展"，脍炙人口，誉满海内外。1987年，先生又指导我撰写"中医外科论证报告"，在"全国普通高等院校医学本科中医类专业目录修订论证会"上，获得一致通过，为南京中医学院在全国设立第一家中医外科专业立下汗马功劳。1988年，我编著出版《中医乳房病诊治》一书，并担任江苏省医药卫生重点科研项目"许履和教授乳房病诊疗经验计算机应用软件"的课题负责人，课题结果获江苏省科委优秀软件奖。

此外，在我的中医求学生涯中，还得到过上海外科大家顾伯华、顾伯康两位教授的亲炙，学业尤益精进。1980年至1981年，我至上海中医学院全国中医外科高师班进修，并且任班长，两位顾老经常对我嘘寒问暖，亲自为我们解疑释惑，传道授业。我还参加了顾伯华主编的《实用中医外科学》的编写工作。在上海进修期间，我把大部分休息时间都泡在中医学院的图书馆里，翻阅了新中国成立以来有关中医泌尿生殖系统方面的临床报道。短短4个月时间，做了100多万字的文摘资料卡片，为日后研究打下了坚实的基础。

创新男科　筚路蓝缕

我作为中医男科学的创始人和奠基者之一，经过多年的辛勤耕耘和努力付出，在学术界获得许多第一：1974年首创男性专科；1979年起参与带教国内第一代男科研究生；1987年编著出版第一部中医泌尿科专著《实用中医泌尿生殖病学》；1988年率先将中医男科学列入大学教程；同年作为导师，开始招收男科学硕士研究生；1990年编著出版第一部中西结合男科专著《男性病治疗》；1993年编著《男科纲目》，首次提出"腺、性、精、育为男科之纲"新学说；2000年成功指导我国第一位男科学博士后出站，成功培养第一位男科学女博士。

1974年，我开始侧重于男性专科的临床研究。这对我来说并非一时之念。我年轻时曾患慢性肾炎和前列腺炎，这是男性泌尿、生殖系统的疾病，不仅肉体痛苦，精神上也备受折磨。内行人叫它"隐疾"，我们南方人称为"暗毛病"。很多罹患这方面疾病的人，无医可问，无药可治，甚至无处诉苦，不少家庭因男性疾病而影响了夫妻感情。

我研读了很多古籍医书，发现我国的男性学研究大大早于西方。公道地说，我国是男性学的发祥地。在春秋战国时期，诸子百家就有"房中术"和"房中八家"的记载。长沙马王堆出土的墓葬中，有描绘男女交媾与接吻不同姿势的图案。《黄帝内经》奠定了男性学的理论基础，在整体观念指导下，突出肾在泌尿、生殖学中的地位。肾者主水，统人体的水液代谢，是泌尿功能的概括；肾藏精，主人体的生殖、生长和发育，是生殖功能的概括。并以此为轴心，论及泌尿生殖系疾病的病因病机、辨证诊断、治疗预防等。《内经》以后的中医泌尿生殖病学似有似无，若隐若现，绵延千年，代有发挥。可惜的是，这方面的大量资料由于年代久远，有的佚失，有的残缺不全，有的散见于浩如烟海的中医典籍中。

1974 年底，外科增设了泌尿生殖病专科，是江苏省内第一家男性专科，在全国也是起步较早的。1993 年男性专科升格为一级临床学科——男科。1996 年男科被确定为江苏省首批中医重点临床专科建设单位。2000 年顺利通过验收。

在创办男性专科伊始，我仿佛是黄河滩上的纤夫，负重而行，气喘吁吁。当时我是住院医生，一个人一周上两个半天专科门诊。病人越来越多，简直可以用蜂拥而至来形容了。我一方面感到欣慰，自己能以微薄之力，为这么多男性患者服务；一方面又感到有些力不能胜。我时常忘记了自己身患低血糖病，忘记了下班的时间……

通过对中医经典的系统研习，并结合临床实践，我归纳男性病常见的发病原因有先天之误、饮食之误、房室之误、邪毒之误、外伤之误、情志之误、医药之误等"病因七误"学说。也就是说，这七个方面的任何一者或几者失误，就可能成为泌尿生殖系疾病的发病原因。常见的发病机制分为肾组、膀胱组、肝组、肺组、心组、脾组、气血经络组、冲任督带组等"病机八组"。其中，肾组又为泌尿生殖系病机之枢要，无论阴阳虚实寒热，皆责之于肾，或肾先病，旁及他脏他经，或他脏他经之病累及于肾，故言泌尿生殖病之病机，总不离乎肾组。在辨证论治方面，我总结出"发于肝、膀胱、心者，以实证居多，发于肾、脾、肺者，以虚证居多"，从而将内治法提炼成"实则治肝、治膀胱、治心为主；虚则治肾、治脾、治肺为主"。通过这样的理论升华，使同道们对男性专科的审证求因、审因求治能够执简驭繁，有所遵循。

男性学是以研究男性生殖系统为基础，男子性机能障碍和男子不育症为主体的专门学科。在临床实践中发现，男子不育症主要有精子生成障碍、精子输送障碍、精子与卵子接触障碍三类原因。我认为男子不育症的主要病机是"肾精不足"，治疗应以补肾填精为主法，用药则以聚精汤为主方，如兼阳虚者稍佐温肾助阳，脾虚者略加健脾助运，湿热者宜增清利湿热，瘀血者则加活血化瘀。我根据中医辨证论治的观点，结合现代科学的一些实验指标，亦即辨证与辨病相结合的原则，制成 1～10 号"聚精散"，以适应临床各个证型的不育症患者。

　　阳痿，是最常见的男子性机能障碍，临床实践告诉我们，当今阳痿属于阴虚火旺者居多，切莫一见阳痿，便妄投龟龄集、阳春药、男宝、鹿茸精、参茸精等壮阳药。临床每见越壮阳，越阳痿者，犹禾苗缺水（阴虚）则痿软，宜添水（滋阴），不宜烈日曝晒（壮阳）一样。我喜用自制二地鳖甲煎，以滋阴降火为主，少佐一二味壮阳药物，每奏良效。此"天人相应"之理也。阳痿大多数病因为精神因素，精神治疗和药物治疗具有同样的重要性。南京某高校有两位才华出众的研究生结成了生活伴侣，为了准备毕业论文，小两口相约分居一年。一年后小伙子出现阳痿，来到医院。我当着他妻子的面说，他的阳痿系功能性病变，是由于长期中断性生活，性抑制加强所引起的。只要男方振奋精神、增强信心，女方多给鼓励和安慰，再加上吃我开的几副中药，就会好的。果然，药进 5 剂，性生活恢复如常。一年后，喜得一子。

　　对于慢性前列腺炎所致的不育症和性机能障碍，治疗上一般有两种倾向：一则从炎症入手而投以清热解毒之品，甚则用龙胆泻肝汤等清泄肝经湿热，结果苦寒伤精，不利于生育，苦寒伤阳，加重了阳痿；二则将阳痿与阳虚画等号，而用温肾壮阳药，结果热灼精伤，于不育和阳痿两不利。我认为本病是虚实夹杂之证，既有肾虚精关不固的虚的一面，又有湿热下注、精浊混淆的实的一面。用扶正祛邪并重的补肾导浊法，方取程氏萆薢分清饮合菟丝子丸加减，基本上适应本病虚实夹杂的病机，较之单纯祛邪或单纯扶正有更大的优越性。前列腺炎治愈了，男子不育和男子性机能障碍每能随之而愈。

　　精囊炎所致的男子性机能障碍和不育症，亦为临床所习见。精囊炎往往会形成血精。我于 1977 年第 2 期《新中医》上首次报道用二至地黄汤治愈一例血精，并指出《诸病源候论·虚劳精血出候》为世界上记录血精最早的文献。之后，省内外血精患者求治者甚多。1980 年曾小结 24 例，痊愈 13 例，显效 6 例，进步 4 例，无效 1 列，有效率达 95%，平均痊愈疗程为 48 天（《辽宁中医杂志》1980 年第 9 期）。1982 年第 5 期《江苏中医杂志》又发表了我的论文《谈谈血精的辨证论治》，我在文中提出血精当分轻重，轻者为"镜下血精"，重者为"肉眼血精"，中医所称者实为重证（即肉眼）血精，并阐述了房劳过度是血精的主要病因，肾虚是血精的主要病理，等等。

　　抗精子抗体所致的免疫性男性不育，是世界公认的难题，历代中医对此病更无论述，没有前车可鉴，只能慢慢摸索。我收集研究了大量这方面的病案，将所有病案进行归类总结找出其中的规律，研制出转阴合剂。用转阴合剂治疗抗精子抗体不育症，经过治疗，患者血、精浆抗精子抗体转阴率达到 79.79%。这一研究成果，被《中医药学报》在国内首先报道，这一世界性医学难题在中医领域得以率先突破，引起了国内外同行的瞩目。

以上这些论点，曾多次被国内中西医同道所引证，对中医男科理论的形成和实践的深化，有着相当的影响和价值。为了把我在学习和临床中总结领悟的经验上升为系统理论，我开始著书立说。驱使我发奋苦读、写作的动力除了立志自学成才外，还缘于我对中医深挚的爱。古人说："谁知盘中餐，粒粒皆辛苦。"于我而言，则是"谁解其中味，字字皆斟酌"。编写的过程困难重重，荆棘丛生，这是一条前人从未走过的路，我成了第一个吃螃蟹的人。1980 年9 月~1981 年 1 月，我在上海中医学院进修，在该院图书馆翻阅了新中国成立以来有关中医泌尿生殖系方面的临床报道，做了 100 多万字的文摘卡，并拟就编写计划。回到南京后，我将业余时间全部扑在书稿上，放弃了看电影、电视等一切娱乐活动，节假日不休息，甚至年三十也不放过，埋头著述，面壁三年，至1983 年，《实用中医泌尿生殖病学》终于脱稿，四年后，由山东科技出版社出版。《实用中医泌尿生殖病学》是我国第一部中医泌尿科专著，填补了中医男科疾病的空白。山东中医学院李广文教授在评价《实用中医泌尿生殖病学》时说：该书"写作特点，突出四性：理论性强，学术水平高；实践性强，实用价值高；科学性强，时代气息浓；逻辑性强，写作技巧妙""是中医男科的一朵报春花"（《山东中医杂志》1988 年第 3 期）。该书被评为北方十省市（区）1987 年度优秀科技图书二等奖，1989 年被列为"海峡书选"大陆出版名著，由台湾千华出版公司独家发行。1988 年，由我和高鸿程主任合著的《男性病治疗》，由江苏科技出版社出版。由于高先生已是 70 多岁的老人，在书稿定稿的一两个月时间里，我每天风雨无阻，从上海路的家中骑自行车到远在长乐路的高老家中，和高老一起修订书稿，每每至凌晨一两点钟，第二天照常上班，不耽误正常工作。

1993 年我出版著作《男科纲目》，使"腺、性、精、育"理论系统化，该书的出版被国内外中医专家评论为中医男科发展史上的一个重要里程碑。所谓四大主症即是腺、性、精、育，是在古今理论和临床研究的基础上，借鉴妇科疾病分类法，融合西医学男子生殖系解剖、生理、病理、诊断学基础为一体，由博返约，提纲挈领概括了所有男科疾病，在我国男科发展中具有开创意义。

同年，在泰国曼谷召开的亚太地区中医男科学术大会上，我做了《关于男科四大主症的研究》的学术报告，受到了与会专家们的一致认可和赞誉。此次会议，成立了首届亚太地区中医男科学会，我被与会各国代表推选为副理事长，成为江苏省中医专家在国际性学术团体中最高荣誉享有者。

2009年我主编的《徐福松实用中医男科学》出版，参编人员有40人，参考书目133种，参考论文345篇，百余万言，是"十一五"国家重点图书之一。著名学者温长路教授著文评价该书有三个个性：个性一中医属性，个性二创新精神，个性三实用价值。并说："他一生师承众家，法宗多门，不仅骨髓里带有孟河医派、吴中医派的基因，而且还习外科、通内科、攻儿科、勤针灸，对中医学的全面了解和多门类精华的融合，最终成就了他在中医男科学中的重量级学术地位和成功编纂这部受欢迎著作的人生辉煌。"对我给予了高度概括和评价。

20世纪50年代末学针灸时，我主编的那本10万字的《针灸点穴门径》虽然浅显，但锻炼了我将实践上升为理论的初步能力。50年来在全国省级以上中医杂志发表论文218余篇，出版专著28部，计1200万字。"冰冻三尺，非一日之寒"，"宝剑锋从磨砺出，梅花香自苦寒来"。写出数量可观的这些论文、专著，于我一个没有大学文凭的人来说，实非易事。我的大学没有围墙，教材就在病历里，教室就在深夜清冷的台灯下，一分耕耘，一分收获，付出的是汗水，收获也是沉甸甸的。1984年至1985年，我先后被评为全国、江苏省、南京市"职工读书自学活动积极分子"，荣获"江苏省自学成才一等奖""南京市自学成才特等奖"，受到中华全国总工会、江苏省和南京市总工会表彰。1988年，我被列入《中国职工自学成才者辞典》，享受国务院特殊津贴，并获各类奖项及荣誉36项。

我不满足于只会看病，有实践经验，而且要会教学，有教学经验，更要将医疗、教学经验上升为理论，为继承发扬中医学留下点什么。除却在江苏省中医院从事临床工作，自1975年起，我开始承担南京中医学院（南京中医药大学前身）的教学任务，历任本科班、西学中班、研究生班、外国留学生班等课堂及临床带教老师。1979年起担任硕士研究生指导小组成员，1987年晋升为南京中医学院副教授、附属医院副主任医师。1988年主编、主讲《中医男性病学》讲义，共54学时，首次将中医男科列入大学教程，同年起，任硕士研究生导师。

1996 年被聘为南京中医药大学博士研究生导师，1998 年任博士后导师，是全国第一位中医男科博士后导师。我先后带教中国、阿根廷、越南、加拿大等国第一代中医男性学硕士生 9 名，博士生 12 名，博士后 1 名。2007 年，与金保方博士一起领衔成立南京中医药大学男科学研究所。

此外，在男科仁人志士的不懈努力下，中医男科学最终进入国家医学目录，结束"黑户"历史。1999 年，《中国中医药报》刊登了《大力发展中医男科学——访中医男科学专家徐福松教授》一文，我首次提出中医男科学要进入国家医学目录，但刊登时被删去。2003 年国家科委下发"2020 年的中国科学和技术"发展研究建议表，我明确提出：力争中医男科学进入国家医学目录，结束"黑户"历史，在现有成就基础上，经过 17 年发展，这是完全可能的。2006 年 9 月，在南京国际男科会议上，我再次提出中医男科学进入国家医学目录的议题。近年，由秦国政博士后起草，国家正式认可中医男科学列入国家医学目录，结束了"黑户"历史。

我多次在各种学术会议和报刊上撰文，对中医男科学今后的发展提出意见和建议。如在组织保障上，建议各级医疗卫生行政主管部门进一步加大力度重视男性的医疗保健工作；在机构建设上，应逐步在各级中医院校设立男科，有条件的地方建立中医男科研究所；在教学工作上，应在中医药院校建立中医男科学教研室，开设独立的中医男科学教学课程，制定中医男科学教学大纲并编写全国中医男科学教学大纲、全国中医男科学统编教材或讲义，变目前以自学为主的男科人才培养方式为以院校培养与师带徒相结合为主的培养模式，甚至开办中医男科学专业乃至中医男科学系；培养男科学研究生应以实用型为主，在职和脱产培养相结合，要有意识地招收跨地区跨院校的人员攻读硕士、博士，以避免学术上的近亲繁殖；在科研与临床上，要突出中医特色，规范其医疗与科研市场，加大科研力度，组织联合攻关，把研究重点放在男性常见病多发病的临床流行病学研究和治疗上，制订统一的中医男科诊疗标准，开发研制确实安全、有效的中医男科新药制剂，加强对男性生殖的研究，争取在中药节育和治疗不育方面有所突破。

我还主持了各类科研课题 10 余项，其中，1986 年我开始主持江苏省医药卫生重点科研项目"保精片治疗慢性前列腺炎的研究"，研制的保精片治疗慢性前列腺炎，总有效率达 96%。该课题获江苏省中医药科技成果进步二等奖。1995

年主持江苏省中医药管理局课题"精泰来冲剂治疗男子免疫性不育症的临床及实验研究",研制的聚精汤治疗男子不育症,总有效率达85%。同年,主持江苏省中医药局课题"男科门诊衣原体调查及其中医临床研究",研究成果获江苏省中医药科技进步三等奖。对阳痿患者,我使用自制汤剂"二地鳖甲煎",以滋阴降火为法,稍佐壮阳药物,每奏良效,对诸如男子性功能障碍、前列腺增生、泌尿系结石等症,也都取得了满意疗效。病家为之雀跃,感谢信纷至沓来。

"问渠哪得清如许,为有源头活水来"。我深知做学问来不得半点虚假,要保持中医学问这许活水,必须有老老实实的态度,扎扎实实的钻研,要耐住"板凳需坐十年冷"的寂寞。我的恩师许老收我为徒时赋诗送我:"基本东西需弄通,行行业业都相同。成才毕竟非容易,全在平时下功夫。"我一直将其作为座右铭,总是挤出时间来读书学习、写作,用鲁迅的话说是"利用别人喝咖啡的时间"。早年住房很紧张,我家两个小房间,只有二十几个平方,一儿一女只得睡高低铺,晚上,一双儿女一人一个房间做功课,我只有等到每晚10点以后儿女们进入梦乡,才能读书、写作、做学问,常常到凌晨两三点钟,有时通宵达旦,乐此不疲。由于白天病人多,长时间临证问诊,导致会阴部疼痛,晚上只能站在五斗橱前写论文,多少年不知电视是何物,即使是大年初一也会把时间用来读书。夏天汗流浃背,常常用毛巾浸上自来水,披在背上消暑降温。每次几十万字的书稿修改,我都是用复写纸、圆珠笔一笔一画认真誊抄,一式两份,誊写过程中,中指握笔处都要磨出老茧,每次握笔都刺骨般疼痛,但依然坚持自己誊抄。我还清楚地记得1987年初夏,我骑自行车被人撞倒,双手腕粉碎性骨折,生活不能自理,连吃饭、大小便都要爱人帮忙。俗话说,伤筋动骨一百天,在家休养的日子,一不能临床,二不能学习,我内心十分着急。1个月后稍有好转,便接到山东科技出版社的修稿通知,由于右手不能握笔,我只能用左手握笔修改,一笔一画,忍痛完成书稿的定稿,至今一到阴雨天,手腕部还隐隐作痛。有时构思着迷,边走路,边思考,禁不住脱口而出:"有了,有了。"常常让路人侧目,连爱人也被我说得莫名其妙。有一次,爱人上夜班,临走时嘱咐我晚上把晾在外面的衣服收回家,我一边答应,一边专注写论文,转身就把她的话抛在了九霄云外,等爱人第二天下夜班,晾干的衣服还在窗外的晨风中飘荡。像这样因读书、思考而"走火入魔"的事不胜枚举。

滴水穿石,集腋成裘,近些年来,我被新华社、中央电视台(现中央广播电视总台）、江苏电视台、江苏人民广播电台、《人民画报》《大公报》《香港商报》《新华日报》《南京日报》《金陵晚报》《共产党员》《江海侨声》等多家媒体广泛报道，被誉为"献身四化的共产党员""胜似亲人的愚公大夫""杏林一秀""送子观音""中医外科专家"。我深知自己是渺小的，古老的中医是高山，是大海，我只是高山之一抔土，沧海之一滴水。我自号"一毛老人"，此一毛非一毛不拔之一毛，而是九牛一毛之一毛，意即我的成就同博大精深的中医学相比，只能算是九牛一毛。烈士暮年，壮心不已，老骥伏枥，志在千里，虽是老之已至，我还将在中医的殿堂里继续上下求索，发扬光大。

（章茂森、徐奚如协助整理）

伍炳彩

伍炳彩（1940— ），江西省吉安人，为伍守阳后人。江西中医药大学教授、主任中医师、博士研究生导师，享受国务院政府特殊津贴专家，全国第三、四批老中医药专家学术经验继承工作指导老师，江西省保健委员会中医保健组首席专家。1966 年毕业于江西中医学院，留校任教至今。历任该校金匮教研室主任、中医临床基础学科组组长、学科带头人。曾任第六届江西省政协委员、江西省新药审批委员会委员、南昌市中医学会副秘书长。曾获得"江西省名中医""江西省好医生""江西省又红又专的学科带头人""江西省优秀研究生导师"等多项荣誉称号。

伍炳彩教授从事中医教学、科研、临床工作六十年，发表学术论文 30 余篇，出版专著 2 部，参编著作 5 部，主持省级课题 4 项。伍炳彩教授对《金匮要略》的研究多有创见，他提出的学术观点解决了《金匮要略》研究中的一些疑难问题，得到了全国同行的认可。在临床诊疗中，精通脉学，善于化裁经典，灵活辨证，擅长治疗疑难重症，往往能力挽沉疴，在全国中医界享有盛誉。目前仍勤奋工作在临床第一线，担负着临床、科研及人才培养的重担。

我出生于 1940 年，正值日寇入侵之时，国破瓯缺，山河泣血，天下汹汹，人民涂炭。我的童年生活也是在苦难之中度过的。我还没出生，母亲就因急性眼病而暴盲。8 岁那年，父亲又不幸去世，兄弟几个顿时成了倾巢之雏，困苦交加，惨不忍睹。后来读李密《陈情表》"臣以险衅，夙遭闵凶"一段，每每悲从中来，泪下潸然。好在不久，中华人民共和国成立，在家族父老及乡村干部的关心支持下，不仅分田得地，生计渐宽，还能庠序有望，上学读书。由村小而乡小，乃至进入当时吉安市最好的中学白鹭洲中学，并于 1960 年考上江西中医学院，成为我们家族的第一个大学生，由此走上了从医之路。

1966 年我大学毕业，留校任教。然而，是年"文革"劫难发生，社会动乱不安，我也无法正常从医。1968 年 9 月，即被下放至吉安县万福镇当起了乡村医生。万福县是杨万里的家乡，文化底蕴深厚，虽在"文革"中，亦能感受到传统文化的根深蒂固。我三年于此，不仅验证了所学中医功夫，更重要的是铸就了顺应命运、吃苦耐劳、坚忍不拔的意志品格，成为我终身受用的精神财富。

回首 50 多年的学医从医经历，无论如何风雨苍黄，由良知与责任筑就的心理品格，由读书与从师养成的认知习惯，由临证与思考锻炼的精神风度，无时不在提升气质，陶冶情操，引导着人生的风帆，驶向更为广阔的海洋。

良知与责任

也许是由于童年苦难，从小我就养成了同情弱者，悲天悯人的思想。学医之后，这种思想更是只增不减，心想：指下轻松，肩头沉重；遣方用药，生死于斯！我读孙思邈的《大医精诚》有三种感觉，或是三种境界，即始于鼓舞，渐成戒惧，终于释然。

初读《大医精诚》，那是备受鼓舞的。我们现在把《大医精诚》作为医德医风建设的行业精神训典，其意义也就是从正面鼓舞人的精神，积极培育正能量。孙思邈专业精湛，服务诚恳，始终是大医榜样，"精诚"二字也就成了历代中医积极向上，不懈追求的人生目标。

然而，多读《大医精诚》，又会诚惶诚恐，心存戒惧。尤其是那句警言："人行阳德，人自报之；人行阴德，鬼神报之。人行阳恶，人自报之；人行阴恶，鬼神害之。"多读几遍，就会感到毛骨悚然，心惊胆战。佛家讲因果轮回，儒家讲善恶报应，道家讲祸福相因，自古皆然，万物皆然。中国传统文化的主干流派在很多问题上是观点共融的。我们现在说医患关系如何如何紧张，这固然有社会风气败坏的原因，也有无良媒体推波助澜的原因，但更多的还是医生方面自己缺乏检点。医生以术谋利，历来不乏其人，而于今尤烈。其实，多读几遍那句警言，清心洗脑是很有作用的。几十年来，我之所以安贫乐道，不以医敛财，不以医羡贵，不以医嫌贫，秉持本性，保住良知，就怕堕入势力场中，成为停不下来的"红舞鞋"。

其实，《大医精诚》多读久读，最终会有一种坦然释怀的感觉。孙思邈说"于冥运道中自感多福者耳"，是对人生终极目标的一种诠释。作为医生，其良知良德就是要以医术为仁术，实现救死扶伤的人道主义情怀，即使达不到"救人一命，胜造七级浮屠"或"治人一病，如解倒悬"的宗教境界，也能无愧于心，甚而自感多福！当然，医生只能治病，不能治命。对于那些医生无力回天的病人，只要我们像孙思邈那样把病人当亲人，以病人之苦痛为己有之苦痛，一意赴救，心无芥蒂，真正审谛覃思，纤毫勿失，全心全意，恪尽职守，自然会赢得病人及家属的理解与尊重。

儒家讲良知良德，把个人的心性涵养与人生价值取向相联系，作为成就圣人气象的一种修炼功夫或安身立命的基本手段，这是儒家精神品格的一个重要向度。我们常把良医称儒医，"不为良相，即为良医"，骨子里流淌的就是儒家良知良德的血液。现在探寻中医文化的核心价值，培植医生的良知良德，就是增进医生的人文情怀，改善日趋恶劣的医患关系。

医生不仅要有良知，还要有责任。这是职业道德培养中的相互呼应相互成就的两个层面。责任源于良知的导引，良知基于责任的确立。责任丧失必定良知受损，良知泯灭注定责任敷衍。但就时下的中医来说，除了个人职业道德责任培养之外，对于整个中医事业的担当，也是每个中医的责任。不须讳言，中医的凌替衰弱已是不争的事实，而且有日益严重的趋势。社会上许多有识之士都在大声疾呼"拯救中医"，拯救与自救自然也是中医人的责任与使命。客观地说，面对现代医学的冲击，中医确实显得发展缓慢，创新不多，但从政府扶持支持的政策与财力来说，中医的社会环境应该是有史以来最为优渥最被重视的时期。但为什么在国家如此关照中医的前提下，中医却找不到突围的出路？我想，其根本的原因恐怕还在于中医队伍本身的不争气，在于中医临床水平的整体退化，因此，当务之急，中医的责任就是要提高临床诊疗水平，拿出过硬的临床功夫来，让社会重新了解中医，认识中医，信赖中医，中医才有重振雄风的时候。此外，中医历史上就有医人相轻的陋习，门户之见，流派之争，乃至互为攻讦，水火不容，严重影响了中医学术的正常发展。如今又转为怨天尤人，颓废消沉，甚至沦为经济大潮下金钱的奴隶，以方牟利，不惜自残，相互掩饰，狼狈为奸，哪里还有"振兴中医"的责任呢？

读书与从师

如果说良知与责任是从医的必要前提，那么读书与从师就是成医的基本途径。我的从医经历，实际上就是一个不断读书、不断学习的过程，既向古人学，也向今人学；既向书本学，也向老师学。而且，这个老师，不论今人古人，不论同事学生，凡能为我所取，补我所短者，我都一以师从，虚心向学，或面聆指教，或私淑景从，总以提高自己的水平为指归。

向古人学，当然就是读经典，学名著。中医五千年江河不废，经典名著的流传起了至为重要的作用。中医经验的总结和理论的提炼，是一个代代累积从不间断的过程。中医的方法经验，知识理论之所以能历久弥新，至今仍然具有巨大的临床指导价值，就在于这些经验和理论，是五千年不断观察，不断实践，不断检验，不断补充，层层累积起来的。也许一个时代有一个时代的疾病，一个时代有一个时代的生活方式，"人生百年，如驹过隙"，就医生个体来说，几十年的生命时空，哪有看尽天下疾病的机会与能力？所谓"东风无力百花残"，我们今天看的病也许成了后人的参照，而前面的经验也就是我们今天的借鉴。所以，中医师遇到疑难怪证时，总喜欢查找翻阅古书古方，其实质就是从古人的经验中寻找智慧的启迪。

我常读的中医古典名著有《素问》《灵枢》《难经》《伤寒论》《金匮要略》《温病条辨》《脉经》《诸病源候论》《千金要方》，以及金元四大家、张景岳、孙一奎、李中梓等人的著作。一部《金匮要略》，我已换了好几个版本，旧的翻烂了我就买一本新的。我读书的指导思想是，注重实用，注重理解，不在死背，不尚装饰。中医在本质上是一门经验医学，经验的价值就在于参照、借鉴，甚至重复有效。所以读医书不像读文学著作，读文学偏于欣赏与陶冶，享受文学之美，而医书则在于实用，在于找到答案或解决问题的启示。对于经典，重在理解，师其意而不拘其句，所以我不大在能背诵多少条文名句上下功夫，但一定要把经典的涵义理解透彻，成为临床指导的准绳。当然，必须烂熟于胸的实用知识还是要背的，比如《药性赋》《汤头歌诀》《伤寒论》《金匮要略》的脉证方药，五十年来须臾未能或忘，随时可以倒背如流。还有一点，读书是自我完善、自我提高的一种途径。按儒家说法是一种自我修持的功夫，绝不是炫耀博学、装饰门面的面子工程。

向今人学，读时贤的著作，也是我常常留意的事。记得20世纪70年代，我手抄了姚国美的《病理学》和《诊断治疗学》，受益良多。后来人民卫生出版社《蒲辅周医疗经验》《蒲辅周医案》出版，一时洛阳纸贵，初印都是10万册以上，我立即买来，爱不释手。其他，还有施今墨、岳美中、赵锡武，稍后则有焦树德、刘渡舟等名家的著作，甫一上市，置案头，一册在手，寝食俱忘。

读书还得有法，不然，书读百家，莫衷一是，书读得再多，帮助也不一定大。我的经验有三点。一要带着问题读。不管临床中碰到的疑难杂症或棘手无策之时，还是教学中遇到的困惑难解之处，我都会到前人的著作中去寻找答案，或探明解决问题的思路方法。二要带着思想读。思想是头脑的灵魂。每个人灵魂深处都有着独特的秉性。看待世界、看待事物都有个人独立的态度和观点。大体来说，读前人的书要具备历史辩证的思想，要善于还原作者所处的历史文化背景和时代风尚。远的不说，20世纪50～60年代的书就较矜持，70年代反较率真，80年代以后则有浮泛之嫌。书里哪些是矫饰，哪些是浮夸，哪些是逞臆，哪些是实话，都得用心去分析。"择其善者而从之，择其不善者而去之。"三要带着眼光读。既要有欣赏的眼光，也要有批判的眼光。既要海纳百川，胸罗万象，虚怀若谷般让风云擦过眼底，又要明白三籁有异，吹万不同，物论随人，难求一统。陶潜《移居》诗称"奇文共欣赏，疑义相与析"，说的也是这个意思。在欣赏中臻于博达，在批判中趋近敏锐，个人的气象也会由此而提升。

学习中医，除了读书，如果能有明师引导，直接获得经验的指点，那就可以少走弯路，早日成才。现在提倡老中医带徒，口耳相授，言传身教，对于院校教育是一大补充。我的业师姚荷生院长对我耳提面命，谆谆恳恳，现在回想起来，亲炙之宜，謦咳犹在。他教我四诊的方法，细致周详，尤其对脉诊的指点，更是费尽心机，几乎把他所有的感悟体认，毫无保留地一一传授给我。如果说我现在对脉学有所成就的话，那全得益于姚老的开示。姚老对湿邪的认知，也使我受到不少启发。我现在用得比较熟练的方剂，如银翘马勃散、杏仁汤等无不受到姚老的指导。

老师身边的学生有本校的、本院的，但更多的还是外校外地外省。中国历史上就有游学的传统，华佗游学徐土，朱丹溪曾"度浙河，走吴中，出宛陵，抵南徐，达建业，皆无所遇，及还武林"。四处寻师。叶天士据说也有访学的经历。我们条件比古人好多了。书籍流通快、流布广，还有报纸杂志的发行，方便而准时，现在又有网络的传递，海量信息，天涯咫尺，按指即来，使我们有"普天之下，莫非吾师"的感觉。如果处理得当，更有利于自己提高。如果说我今天能有些微成就的话，与自己转益多师，博采众长是有关联的。姚荷生老师评价我说："伍炳彩的最大特点就是善于学习别人的长处，为我所用。"更是使我不敢坐井观天，故步自封。一辈子只有不断地学习，才能有所进步，有所提高。

临证与思考

读书也好，跟师也好，所学的东西总要能自己应用才好。因此，临床才是显示医生才华的舞台。我们平常说，实践出真知，实践是检验真理的唯一标准，自己的经验知识要从临证中获取，别人的经验也要在实践中进一步验证才能为自己所把握。以我近 50 年的临床经历来说，要提高临床水平，必须坚持四个方面的长期训练，才有可能成为一个明白的医生。一要审于问诊，二要精于脉学，三要勤于思考，四要善于总结。

1. 审于问诊

中医四诊，望为神，闻为圣，实际能达到神圣境界的极少，除非是史传中的扁鹊、长桑君。问诊列第三，称之为"工"，工者细也。问诊的关键就在于详尽细致，深入周到。现代看中医，慢性病、疑难杂症居多。往往病情复杂，原因各异，表现不一，难以一望而知，需要详细问诊，综合辨识，才有可能抓住主症，找到突破的口子。下面略举一例，可知详细问诊的重要。

袁某，男，16 岁，遂川县人。2005 年 4 月 1 日初诊。反复发热 2 月余。患者 2005 年 2 月 8 日无明显诱因出现发热，在当地卫生院按感冒、伤食治疗，发热不退。2005 年 2 月 15 日至 2 月 28 日在上海某医院住院治疗。B 超示脾中度肿大，肝胆胰后腹膜未见异常。胸部 CT 示肺炎、左侧胸腔积液。骨髓活检：粒系增生伴成熟障碍。血常规：白细胞 $31.2 \times 10^9/L$，血红蛋白 $73g/L$，血小板 $245 \times 10^9/L$。肝肾功能：总胆红素 $36\mu mol/L$，结合胆红素 $9.7\mu mol/L$，谷草转氨酶、谷丙转氨酶正常，肾功能正常。抗核抗体阴性。经用病毒唑、万古霉素、地塞米松等药后，发热仍不退，且午后发热加重。因经济原因自动要求出院，出院时诊断为发热待查、恶性淋巴瘤待排，建议回当地医院治疗。3月3日至3月18日在遂川县人民医院住院治疗，入院时体温37.2℃，胸片示双侧胸腔积液，心包少量积液。诊为肺部感染、心包积液。用阿奇霉素、丁胺卡那霉素等药，发热不仅不退，反而更高，最高可达42℃。又于3月21日至4月1日到江西医学院第二附属医院住院诊治，其间仍每天发热，且诊断未确定，共花费6万余元，因经济原因自动出院，而慕名求余诊治。刻下症见：发热，不用双氯芬酸钠栓则发热可至42℃，有时发热之前有恶寒，有时虽不恶寒但亦不恶热，发热时口渴，热退时有汗，汗出以上半身为主，有时身重而痛，面色暗滞，无咳嗽，咽淡红，时嗳气，形体偏瘦，发热则食欲不振，热退后食欲又可，头不痛，胸闷短气，大便正常，舌淡红，苔白腻满布，脉弦滑，寸脉浮。

我细察病情后辨证为少阳枢机不利，湿热内郁，故选用《通俗伤寒论》之蒿芩清胆汤：青蒿10g，黄芩10g，竹茹10g，法半夏10g，陈皮10g，茯苓10g，滑石6g，青黛2g，枳壳10g，生甘草6g。3剂。并嘱停用西药。

二诊：服药1剂即热减，2剂后即热退未再复发，精神好转。后针对病机，先后选用四逆散合温胆汤舒气化痰，甘露消毒丹清化湿热善后。6月11日电话随访患者，告云在当地复查胸腔积液、心包积液已吸收，一切良好。

本案发热两月余，西医诊断不明，但经过精心问诊后得知，患者每天发热，虽用退热药可扰乱发热规律，但仍可看出寒热往来、热多寒少之迹象，且热退后即能食，大便正常，发热时并不恶热，说明病位不以阳明为主，而发热无明显恶寒，无头痛身痛，故基本可排除太阳伤寒，再结合汗出以上半身为主，胸闷短气，遂认为当以少阳为主，乃湿热郁滞，郁阻少阳相火，相火兼郁热外达则发热。痰湿郁阻，火热郁闭则恶寒。但痰湿为阴邪，毕竟不如寒邪之收引凝敛，故以发热而不以恶寒为主，热后汗出即为痰湿热得以部分外达的现象，且我认为发热实为正气抗邪之佳兆，不可强制退热，否则发热更加迁延难解，故开药后嘱患者停用西药，实为顺应病机，因势利导之治疗最高境界。

2. 精于脉学

脉诊是中医的标志，也最能体现中医的水平。切脉全在一个"巧"字。巧者，活也。王叔和讲"心中了了，指下难明"，实际上往往是"指下了了，心中难明"。主要难在对指下脉象的对应判断，即该脉所主何病。脉诊也最容易引起非议，郭玉隔帐把脉曾被调侃。明代的《太素脉诀》讥为玄秘。更有甚者，演义为"悬丝诊脉",实为荒唐。脉诊虽为四诊之末,却是中医看家的本领。如果真正把脉学精通了,对于确定诊断大有裨益。

有一次,一位某杂志的主编来江西调研,偶感风寒,邀我诊治,把脉后,我才说了一句,"是否得过肺结核"?那位同志即拍案称奇,把在场的所有人都惊呆了。那位同志还站起身子,竖起拇指,连连说"了不起,了不起!"原来他患肺结核已经几十年了,曾在北京看过不少中医,都没有看出他有结核病史。

脉象常常是预测病情变化的主要依据。王叔和《脉经》《华佗神医秘传》提到的视死生脉证判断是有道理的,可惜我们很多临床医生没有引起重视。有一次,一冠心病心衰的病人,经西医诊治后,病情稳定,准备出院,请我去会诊,想开个中药方愈后调理。但一把脉,脉搏弦大,弹指不静,躁乱难安,我当即告以预后凶险,不宜出院,病人果于当晚猝死。

还有一次,一位上消化道大出血的病人,在西医院治疗止血稳定后,请我去开中药调理,但诊脉后发现脉数而乱,躁动不静,我预计还可能会大出血,提示要高度警惕。没过一天,病人又一次大出血,经抢救而脱险。

3. 勤于思考

程钟龄《医学心悟》讲"思贵专一,不容浅尝者问津,学贵沉潜,不容浮躁者涉猎"。中医讲究辨证论治。辨证的基础就是要有全面深入的思考,只有仔细思考后才有可能做出合乎事实的辨识。一个好的医生,不仅要勤于临床,更要勤于思考,养成思考的习惯,真正做一个有思想、有头脑的医生。尤其对于疑难杂症,更要有清醒的判断,独立的见解,不为病情的复杂所遮蔽。

现在临床上不明原因的发热性疾病很多,西医基本上没有什么好办法,使用各种抗生素、消炎药也难以取得好的效果,最后辗转来找中医诊治。往往都是病情较为复杂,需要认真思考,详加分析。下面举两个案例,以示思考的重要。

张某,男,29 岁,工人。1978 年 1 月 5 日外出办事,途中淋雨,归家之后即觉不适,次日下午先怕冷后发热,至晚上汗出热退,住某地区医院,诊断不明,试用抗生素治疗,病未好转,于 1978 年 2 月 5 日转南昌某省级医院住院。入院后仍为每日下午 2～5 点出现先怕冷约半小时,随即发热至 38～39℃。问其所苦,除寒热外,无以相告。自诉全身不痛,但体检及护士打针时均惊呼不已,切脉也叫痛。关节无红肿,发热时伴面红,口稍渴,欲温饮,量不多,小便略有热感，大便软，日1~2次。住院期间曾多方检查，除白细胞计数升高、血沉加快、心电图提示窦性心动过速外，余无发现，疑为败血症，经用多种抗生素配合输液、输血等治疗，仍无寸效。乃于1978年4月25日请中医会诊。病情如前述，苔白微腻，脉数两寸俱浮，辨证为风湿郁热，用麻杏苡甘汤加味：麻黄5g，杏仁10g，生苡仁15g，生甘草10g，片姜黄10g，海桐皮10g。3剂，每日1剂。4月28日二诊：药后发热退至正常，但关节反而出现红肿，口渴欲温饮，苔白微腻，脉数减，两寸仍浮。用桂枝芍药知母汤加减：桂枝10g，白芍12g，知母10g，白术10g，制附子10g，麻黄5g，生姜3片，甘草5g，防风10g，姜黄10g，海桐皮10g。上方连服15剂，关节红肿疼痛消失，化验正常出院。

本案患者为淋雨后发病，除久热不退外，临床当以一身尽痛，口渴欲温饮而量不多，小便有热感，苔白微腻，脉数两寸俱浮为辨证要点。《金匮要略》云："病者一身尽疼，发热，日晡所剧者，名风湿。此病伤于汗出当风，或久伤取冷所致也。可与麻黄杏仁薏苡甘草汤。"《医宗金鉴》也云："风湿之热，晡所必剧。"故诊为风湿郁热而致发热。湿为阴邪，本不为热，若湿郁气分，郁久则必发热。麻杏苡甘汤方中麻黄、甘草微发其汗，杏仁、薏苡仁利气祛湿，共奏轻清宣化、解表祛湿之功。

万某，男，65岁，2006年10月26日初诊。发热一个月，原因不明。邀我诊治前一直在医院行抗生素治疗，效果不显。自诉发热起于午后，稍恶寒，体温多在37.3~37.7℃，伴全身汗出，咳嗽咯痰，痰少而黏，口干咽燥，疲乏无力，胸闷身重，大便溏薄，小便黄，咽稍红肿，舌质红苔厚稍黄，脉细数。我辨证为湿热浊邪，蒙蔽上焦，热重湿轻。治以清热化湿、利气开蔽，方用银翘马勃散合杏仁汤加味：银花12g，连翘12g，马勃10g，牛蒡子6g，射干10g，茯苓10g，杏仁10g，甘草6g，黄芩6g，白豆蔻6g，桑叶10g，滑石12g，梨皮10g，川贝6g。服5剂，咳嗽发热均减，体温37.1~37.4℃，精神较前佳，仍胸闷不适，时觉恶心欲呕。守上方加青蒿、陈皮、竹茹各10g。继服7剂，发热除，胸闷大减，偶咳嗽，唯觉疲乏纳差，终以调理脾胃法善后。

发热一症，原因甚多。而长期低热，缠绵难愈者，我认为其病因多为湿热或寒湿，其中又以湿热为多。银翘马勃散合杏仁汤是我治疗长期低热不退伴见舌苔厚咽喉不适之常用方。患者发热起于午后，表现为乏力，咳嗽咯痰，痰少而黏，胸闷身重，口干口黏，舌苔厚腻且黄。此系湿热之邪客于上焦，致使气机不畅，阳气郁久化热所致。此病在上焦，故用《温病条辨》银翘马勃散合杏仁汤加减，以宣上畅下，清化湿热。二诊患者出现恶心欲呕症状，涉及中焦，加陈皮、竹茹以化中焦之湿热，更加青蒿退热。由于药与证合，故疗效满意。

4. 善于总结

总结经验，提炼理论，是临床医生学术水平提升的重要环节。通过不断分析，不断总结，才有可能对某个问题在理性认识上达到新的飞跃。本人对湿病认识，就有一个不断总结，不断提高的过程。

关于湿邪致病的特点，我根据文献和经验归纳为广泛性、隐蔽性、迁延性、弥漫性、滞着性、秽浊性、兼夹性、迷惑性、易于伤脾等九点。

关于湿病的诊断要点，我总结为四句话："汗出异常，小便浊，脉濡而滞，舌苔厚，身热足寒属湿郁，口黏不爽是湿阻。"

关于湿病辨证的要点，我首从辨部位入手，抓住头部、肌表、腠理、关节、脏腑的不同部位特征，有条不紊；次辨气血之分，再分湿热孰轻孰重，而要点分明。

至于湿病的临床治疗，又区分症状，分别从咳嗽、咽痛、头昏、腹胀、胃气上逆、黄疸、尿浊、肢体疼痛等不同症状，对症下药。

这样总结以后，使我对内伤杂病中凡属湿热之邪引发的湿病就有了一个总体的把握，构建起了一个框架性的认识。

蕙兰春渚，桑榆晚晴。在从医的道路上，五十年风雨，五十年收获，其忙也匆匆，其乐也淘淘。留在心底的体悟实非言语所能尽述，所谓心语也者，亦即老子强名者也。

毛德西

毛德西（1940—　），河南省巩义市人。河南省中医院主任医师、教授、研究生导师，全国第三批老中医药专家学术经验继承工作指导老师，国家名老中医传承工作室指导老师。曾任河南省中医院心内科主任、内科门诊主任、内科教研室副主任，河南省中医高级职称评审委员会委员、中医评卷组组长等职。为中华中医药学会首届百名科普专家，获全国中医药科学普及金话筒奖，河南省中医药事业终身成就奖，多次获河南省自然科学技术奖。

1980年毛德西教授曾赴北京在中医研究院西苑医院进修一年，跟随岳美中、方药中、时振声、王占玺等名老中医学习。后参与《中医症状鉴别诊断学》《中医证候鉴别诊断学》，以及《中国基本中成药》等著作的编写和统、定稿工作。

毛德西教授从医五十余年，治学严谨，明辨善思，谙熟经典，旁及各家，对中医内科疾病尤其是心脑血管疾病、脾胃病等诊疗体验尤深。对疑难杂症，敢于承担，善于承担，常用轻剂治愈危难之疾。

2012年8月成立"毛德西名医工作室"，他亲自带领工作室的学员南下北上，拜访邓铁涛、李振华、周仲瑛、张学文四位国医大师，并认真书写拜访笔记，后又亲笔撰写大师们的学术思想和临床经验，分别发表在国家级学术期刊与《中国中医药报》上，以资鼓励年轻人走"读经典、拜名师"的路子。他善于总结临床经验与教训，常常笔耕不辍，著作有《毛德西临证经验集粹》《中国现代百名中医临床家丛书——毛德西》《国医大师》《疑难病症名验方辑要》《老中医话说灵丹妙药》《老中医话说中药养生》《湖岳村叟医案》（整理本）等20余部，发表中医学术文章百余篇，养生文章40余篇。至今他仍然是上午坐诊看病，下午读书看报，晚上撰写学术论文或总结临床经验。

治学历程

一、弃文从医

我是父母逃荒要饭至西安出生的，在西安的 3 年里，父亲靠卖煤球和香烟生活，后因生计难以维持，回到家乡河南巩县（今巩义市），父母靠种九分薄地艰难地过日子。生活虽然困苦，父母却希望儿子上学成才，长大能过上好日子，不被人歧视。

我于 1953 年秋小学毕业，那个时候学校很少，考初中不那么容易，考上了就可以继续学知识，一步一步地向前走；考不上，就回家种地，没有复读班，更没有再考的机会，用现在的话说，就是"一锤定音"。年幼的我有点渺茫，便找到当老师的二舅妈讨个主意，二舅妈说："考学靠的是自己的本事，只要努力，就会有希望！"看来只有好好学习，才有希望。我回到家里，天天挑灯读书，那个时候用的是小小煤油灯，晚上提着小煤油灯上自习，回到家里已经是 9 点多了，还要再复习一个小时。早上起来鼻孔被煤油灯熏得黑黑的，邻居的小孩见了就发笑地说："你昨天下煤窑了？"到了考试的时间，几个朋友想来想去，决定到郑州去考，一是城市的学校多，考取的机会也多；二是没有坐过"绿钢皮"客车，可以看看大城市，开开眼界。考试结束，回到家里没几天，母亲就忙着做被褥，我问："为何做被褥？"母亲直言道："你到郑州上学用！"我说："还没有发通知书，考不上怎么办？"母亲说："叫你去考，就得给我考上！"我听了心里一阵紧张，天天提心吊胆地等通知书。那个时候没有正式通知书，是到县教育科看《郑州日报》。到了 7 月下旬，几个朋友起早就上路了，离县城 20 多里的路程，连跑带走的一个多小时就到了。当看到《郑州日报》上的录取名单里有自己的名字时，那个高兴劲儿真的无法用语言形容。

在郑州读了初中读高中，六年中学的学习，我对文学、历史等文科特别感兴趣。到了高中阶段，我的作文常被当作范文受到老师好评，作为语文、历史、地理、俄语四门文科科代表，其文科考分总是名列前茅。直到今天，我还能大段背诵高中语文课里杜甫的《兵车行》、白居易的《琵琶行》、鲁迅的《故乡》，以及课文里《水浒传》的章节。但在那强调"政治"的日子里，我和几个好同学受到批评，被扣上"只专不红"的帽子。到了高考的时候，我满以为凭借自己文科的实力，考上大学文科没问题，所以很自信地报考了十八个文科院校的文学系。谁知却以"学习目的不明确"而被大学拒之门外，到了将要开学的日子，才收到河南省卫生厅中医本科学徒班的录取通知，是去还是不去？在家犹豫了几天，最后在父母与兄长的劝导下，才以"飞鸟归巢"的心理，走进了学习中医的殿堂。

二、背诵经典

我与其他三位同学被分配到开封医学高等专科学校中医教研室学习，除听课外，还跟老师上门诊，查病房。我的老师是知名的武明钦和张文甫先生。武明钦老师曾在江苏中医学校（南京中医药大学前身）师资研修班学习，他祖籍山东，六代行医，讲课思路清晰，方药简练，善用经方治疗大症。治疗内科杂病，善从肝入手，认为"肝为五脏之贼，郁为生病之源"。张文甫老师也是家传六代世医，提起经典与历代医家，如数家珍，他能通背《医宗金鉴》所有歌诀。当拜见老师之后，却遇到了意想不到的事，老师说："你们必须在三个月内背会'四小经典'（即汤头歌、药性赋、濒湖脉诀、医学三字经）。"还当场把"四小经典"交到我们手里。当时不知所措，顿生几分怯气。但我还是壮起胆说：一定背会。待回到宿舍，翻开书一看，什么"医之始，本岐黄""诸药赋性，此类最寒""四君子汤中和义""浮脉唯从肉上行"等，像无序的数字，搞得我们眼花缭乱，几天都看不下去。后来老师知道了，把我们叫去，给我们讲解背诵的方法，亲切地说，"背会就有用，终身受益"。经老师这么一点拨，我等茅塞顿开，下决心要去背会它。回忆那个时候的背诵，简直是囫囵吞枣，不理解也得背。那是"瓜菜带"时期，整日吃不饱肚子，天气已冷，窗户四面透风，白天还好，晚上冷风吹得飕飕响，就围着被子看书，夜以继日，两个多月终于背会了。经过考核，老师还比较满意。我曾拿出当年所背诵的读本给年轻人看，几乎像发黄的老日历，往事历历在目。我还保存着当年学习时用的教材，如《内经辑要》（南京中医学院编著）、《伤寒论讲义》（安徽中医学院编著）、《中医内科学讲义》（上海中医学院编著）等，书里张贴了许多字条，上面写的密密麻麻小字，多是解词与注音，主要条文都用红笔画线，都是背诵的条文。我在学习期间，还背会了《医宗金鉴》杂病、妇科、儿科要诀，以及《瘟疫安怀集》歌诀。老一辈专家还相继给我们教授了"四大经典"、中药学、针灸学、中医内科学、中医妇科学、中医儿科学、中医外科学，还讲解了《温病条辨》等。由于背书早，临床早，所以三年后，我们就能单独出诊，诊治一些常见病了。

回忆五年的学习，还有两位老师对我启发很大。一位是中医教研室主任李宝璋老师，他是河南林县人，朴实无华，备教认真。他是一位既熟悉中医，又略通西医的老师。他对疑难病的诊断，常常是先以望闻问切诊查，后用血压计、听诊器检视，搞不清楚的病，就请西医会诊。他对病人认真负责、科学细致的工作态度，给我留下了深刻的印象。李老师常说，当医生要学点辩证法，只有懂辩证法的人，才能当一名好医生。至今我还常用这句话来开导年轻人。另一位老师是李振中，他在附属医院工作，河南荥阳人，他对中医学的理解颇有张锡纯的味道。李老师治病注重实效，不主张恪守经验方。记得他治疗一例患盆腔炎的病人，开了一张傅青主的完带汤，加了两味药，即白芷和败酱草，问其为何？他说，白芷辛温祛湿，可以抑制分泌；败酱草清热解毒，有抗菌消炎作用。用现代的话说，就是在辨证论治的基础上，加上了药理研究成果。有的老师虽然接触不多，但他们的一堂课、一例治验，都给我留下了永远的回忆，每当在临床上遇到困难时，这些老前辈的言谈话语就会在脑海里浮现，是那样的亲近，那样的贴切，帮助我扩展思路，坚定信心，较快地解决问题。

三、赴京学习

经过十几年的临床实践，虽然在理论与实践的结合上有所收获，但十年的"文革"干扰了学术的发展。我深深感到，再不深造学习，就会落伍。经过推荐，我于1980年6月赴京进修学习，在中医研究院西苑医院见到了久负盛名的岳美中、方药中、时振声、王占玺等中医专家，并有幸跟随他们出门诊、查病房。老专家们高尚的医德医风、深邃的学术理念，经验的丰富多彩、诊治的入微精细，以及对年轻人循循善诱的学风，对我启发很大，每谈及此，久久难以忘怀，感到终身受益！在他们面前，不能有取巧之心，有的只能是踏踏实实地学习。要认真地去读他们的著作，从中吸取理论与实践的营养，经过反复实践，反复阅读，才能使自己得到升华。我对岳老如何读经典，怎样用经方的讲解；方药中老师查房时的严谨认真，特别是他在会诊中能恰如其分地引用经典原文，我心中默默念道：这才是大师的风范！还有时振声老师灵活的处方用药和精炼的学术论文，以及对肾病的独到经验；王占玺老师对《伤寒杂病论》的深入研究和实践，至今想起来如在眼前。我还多次聆听脾胃病专家步玉如老师的讲座，步老说道："不能把前人的经验方加一二味药，说成是自己的，那是很羞耻的事。"这句话说的是做医生切勿沽名钓誉，更不可拿经方或别人的经验来装点自己的门面，我也常常用此教育年轻一代。当时每周在北京中山公园的礼堂由农工民主党举办中医临床讲座，讲课的都是北京市的老专家。那里离西苑医院比较远，要转换两三次车，我在一年进修时间里，从未间断去那里听课。一年学习结束，我写了四本临证笔记，阅读了几十本珍本医籍。我还保存着最早版本《岳美中医案集》，翻开书页，有许多宝贵经验，在临床上常常被引用。后来我参加了《中医症状鉴别诊断学》《中医证候鉴别诊断学》等书的编写工作。其间曾带一篇文章请路志正老师修改，走进路老的书房，迎面看到一副对联，写的是："板凳要坐十年冷，文章不写一字空。"路老还讲解了这副对联的含义，以及怎样做学问，怎样写文章，现在这副对联成了我的座右铭。在北京的进修学习，是我从医道路上的转折点，眼界开阔了，思路明确了！年轻的中医要想有所提高，特别是要想成为一代名医，就必须拜名师，从临床上学起。从当前中医临床水平来看，拜名师与否，其结果是大不一样的。所以说，拜名师是学习的捷径，是中医教育的特色，也是中医成才的必由之路。

四、笔耕不辍

我在上中学的时候，就喜欢文学和历史，上高中阶段，聆听了著名作家李准的写作方法报告。现在还记得李准说的一句非常形象的话："写文章，就像生孩子，十月怀胎，一朝分娩。没有很好地观察生活，肚子里不装些五谷杂粮，是写不出文章来的。"为此，我还抄写了几百条河南地方歇后语和谚语。并学着写一些豆腐块样的文章，这为后来学习中医经典著作起到了一定的引导和启发。"文革"中所有医学杂志都停刊了（包括唯一的《中医杂志》），后来《中医杂志》恢复了，但名称却改成了《新医药学杂志》。我把所能见到的文章拿来一篇一篇地看，从文章题目到起承、论述、结语，去分析、归纳，并写在笔记本上，依样画葫芦地写一些小文章，投给《赤脚医生》《中原医刊》《新中医》等，有的发表了，有的被退了回来。对于退回来的稿子和编辑部所写的退稿原因，我都认真阅读，找出不足。后来我担任《中原医刊》等杂志的编审，阅读大量的稿件。我对每一篇文稿的优点与不足都记在笔记本上，以便提高自己的编写能力。后来看得多了，写得也多了，就给《中医杂志》和其他中医刊物投稿。第一篇刊登在《中医杂志》上的文章是"《伤寒论》相反相成配伍的探讨"，这一篇学习经典文章的发表，对我是一种鞭策和鼓励。1981年秋，我参加了《中医症状鉴别诊断学》的编写工作，那时家庭还比较困难，连张桌子都没有，只得伏在床上写，这样夜以继日地写了三个月，如期完成了任务。第二年春天，在无锡召开审稿会议，听到许多中医专家的发言，获益良多。是年5月，在上海南京饭店召开审稿会议，在近半个月的时间里，使我对校正、修辞、引经，以及语言逻辑的表达等，都获得了不少新知。有一次我将修改过的稿子交给张震老师（副主编）批阅，张老亲自把我叫到他的住室，一段一段地讲解怎样修改段落和文字，显示出老一辈对青年人的关爱和希望。后来我又参加了《中医证候鉴别诊断学》与《中国基本中成药》等书的编写和统定稿工作，得到许多前辈的指导，这为后来主持编写中医专著打下了扎实基础。

一分耕耘，一分收获。自20世纪80年代以来，我共发表学术论文150余篇，参加或主持编写学术专著20余部。特别是2000年退休以后，每天上午应诊，下午看书和写文章，一日不看书，不提笔写点什么，就好像虚度光阴一样，食不甘味，卧不安席。近年来，我在中医药报刊上相继发表养生科普文章50余篇，2010年10月荣获"全国中医科学普及金话筒奖"。通过写文章，不但提高了自己的理论水平，及时总结了自己的临床经验，同时也扩大了视野，获得了更多的知识，为提高疗效积累了丰富的资料。我所写的文章，都是读书和临证的心得体会，读起来通俗易懂，颇受读者青睐。学问，学问，又要学，又要问，不学不问，必然是坐井观天，孤陋寡闻。我非常喜欢裘沛然老师的论文集《壶天散墨》，每年都要阅读几遍，每阅读一次，都有新的感悟，都有新的收获。

"文章千古事，得失寸心知"（杜甫诗句）。我对自己所写的文章，轻易不出手，时常是放一两个月或更长时间才会拿出来，其间大约要修改三四次或更多次的修改，有的还征求同道的意见，即使这样，仍难免会有瑕疵。只有不断地否定昨天，才能有所进步，这就是欧阳修所说的"觉今是而昨非"吧。

五、温故知新

我非常重视对古典医籍的学习，讲义里边的知识是引导入门的，要想有所提高，有所作为，就必须学习经典，只有踏踏实实地去钻研经典，才能做到理论上明确，临床上入细。自1959年跟师学习至今，我从事临床工作已有50余年。就是在"文革"动乱时期，我也从未中断过临床工作。那个时候，早上"天天读"，晚上"学社论"，但我总是暗暗地带着书本，偷偷地阅读和背诵。就这样在十年动乱期间，我复读了四大经典、金元四大家著作、温病名著。还给自己开出读书目录，如成无己《注解伤寒论》、张景岳《类经》、李时珍《本草纲目》、吴又可《温疫论》、柯韵伯《伤寒来苏集》、王清任《医林改错》、周岩《本草思辨录》、吴谦《医宗金鉴》《陈修园医学全书》、江瓘《名医类案》《临证指南医案》、王孟英《回春录》、何廉臣《全国名医验案类编》、赵守真《治验回忆录》、罗止园《止园医话》、陆以湉《冷庐医话》《读医随笔》、张锡纯《医学衷中参西录》，以及《秦伯未医学全集》《蒲辅周医疗经验》《岳美中医学文集》《赵锡武医疗经验》等。没有的书就到学校图书馆借阅，那里的中医书籍也非常多，原因是这个学校的前身是河南大学医学院，所以存有许多中医书籍。

孔子在《论语》中说"温故而知新"。所谓"温故"，就不是读一遍两遍，而是读十遍百遍，"书读百遍，其义自见"。年轻时读经典，只是字面上的理解；临证中去书中寻找答案，只是权宜之计；到了年老反复去读，才能领会书中的奥义，才能从中有所"知新"。这种"新"，不是新的方药，而是新的理解，新的应用。我当学生时就知道达原饮治疗瘟疫的功效，但不理解为什么要用辛温药（草果、厚朴、槟榔）去治疗热性病，那样用岂不是火上浇油？后来学着去用，或然有效，但把握不大，心中无数；这样断断续续地去用，一直到2003年"非典"流行，看到达原饮对这种烈性传染病那样地有效，又去重读《温疫论》，才算真正理解这三味药的特殊作用及其奥义，那就是"湿去热孤""使邪溃散速离窝"。此后，再用达原饮治疗热性病，虽非"效如桴鼓"，但失误甚少。

我喜欢老子《道德经》里的一句话，即"天下大事，必作于细"。诊病除疾是件大事，读书要粗中有细，快中有慢；治病更要精益求精，不可有半点马虎。岳美中先生说，读书要"有恒""专一""入细"，他还把学验俱丰的医生叫"入细医生"，可见"入细"是读书的需要，也是临证的需要。我最喜欢的事是买书、读书，人站在知识海洋面前，显得非常渺小。用有限的生命去读无限多的书，要求有计划、有目的地去读，更要"入细"地读，马马虎虎，一目十行，读得再多，到了老年也是一知半解，品味不出书中的真谛，也就解决不了实际问题。

我读书的方法是：边读书边写笔记。写笔记可以增强记忆，可以抓住重点，可以归纳成章，不但有利于理论水平的提高，更可以为临床提供丰富的治疗方法。我在读《医学衷中参西录》时，记录了张锡纯治疗发热的经验，这些记录使我学习到了诊治发热的经验，并为以后撰写论文开拓了思路，也增添了更多的治疗发热的手段。

六、医德为上

做一个医生，医术固然重要，但医德是第一位的。医德不好的医生，必然把名利看得很重，名利看得重了，视线就会向金钱那边转移，技术再好也发挥不出来，这种行为是道德的堕落。我时常给年轻人讲解孙思邈的"大医精诚"篇，并把这种精神落实在对待每一位病人身上。看病把脉第一想的是治好病，其次是如何减轻病人负担。"能给老百姓看好病，那才是本事。"要做一个老百姓的医生很不容易。在病人中，打工的农民多，在校的学生多，下岗的工人多，他们是弱势群体，经济收入少，而付出的劳动多，患病机会多。但他们却占中国人口的大多数，不了解他们，不认真为他们服务，就是失去了方向。我提倡多用经方，不仅是经方药效好，而且经济实惠，最适合老百姓服用。有一位从百里外来的老妪，患胃痛病多年，请我诊治。我把脉诊病后，老妪不好意思地说："我只剩50元钱了，不要开得太……"我赶紧安慰她说："你放心吧，我知道了！"我开了3剂加味桂枝汤，只花了十几元钱。她高兴地说："你真是替我想得周到！"后来她的儿子来看病，说他母亲吃了3剂药后，胃痛病到现在也没有犯过。

医德是多年自我修养的结果。处处为病人着想，为他人着想，再加上技术上精益求精，就会成为百姓最欢迎的医生。我在临床工作中，对年老者非常尊重，对年幼者特别爱护，对行动不便的老人，常常搀扶入室就诊。对于病情复杂，用药多样者，我都一一写在纸上，反复嘱咐，一直到病人明白为止。对于自己暂时不太明白的疾病，就请来同仁会诊，或者介绍到外院诊治。对于病人说出的服药后的反应，我都一一做详尽的解释。我还记录了一本常见病食疗方，经常翻出来给病人讲解，有时还亲自用毛笔写在宣纸上，送给病人，以方便他们随时使用。

我常常接到省内外病人的来函或电话，还有宝岛台湾的来信，我都一一做答。台中市一位姓张的中年人在台中市买到一本我撰写的《老中医话说灵丹妙药》，几次来信，询问书中方药的用法，我每次都用毛笔书写回信。他按照我的回信，服药后病情减去大半，高兴地寄来阿里山茶表示感谢！

《伤寒论》中"感往昔之沦丧，伤横夭之莫救"，这是做医生的感慨，也是医圣张仲景留给我们的精神财富。不要轻视这两句话，心中装着它，就会把病人的痛苦放在心上，落实在处方用药上。我还把《伤寒论·序》作为医德教材讲于年轻人听。《伤寒论·序》是一篇医学伦理价值很高的经典文献，其文字平易通达，言简意赅，文章中所彰显出的道德观、治未病观，至今读起来仍颇受启迪。

七、传承发扬

对于中医学，传承是基础，发扬是提高。只有基础厚实，才能有所提高。20世纪七八十年代，我相继给大专及本科学生讲授《中医基础学》《中药学》《伤寒论》等课程；90年代，还作为导师指导几名研究生；退休以后，年年应邀参加研究生毕业论文答辩；平时还带有实习生和进修生。对于备课，从不马虎，重复的课程，每年都要增加新的内容，讲解一些新的观点和思路。对于"西学中"的课程，尽量结合临床实践，使学生学有所用。通过这些基础课的讲解，不但提高了理论水平，特别是基础理论水平，还为临床遣方用药打开了思路。

我从1995年承担研究生导师工作，虽然只带教三名研究生，但身边一直有研究生侍诊学习。不少学生说道："跟毛老师学习收获最大！"2006年我被聘为全国第三批老中医药专家学术经验继承工作指导老师，由我带教的两名学术继承人毛开颜、袁晓宇已步入技术骨干年龄。他们深有体会地说："毛老对于学术问题从来是一丝不苟，对我们的指导也是从一点一滴入手，一个病人，一张处方，一味药物，一篇文章，一本好书等，都给我们讲解得清清楚楚。"

2009年6月，我的名医工作室多了两位"洋人"，他们是来自意大利的中医大夫，都是60余岁的人，为何要来跟我学习呢？原来他们在中国几个城市的中医院做了考察，认为这里才能学到真正的中医。我在诊治疾病中，认真给他们讲解中医的基本知识与自己的临床经验，还让自己的学生用拼音为他们书写简易病历与处方。他们已经连续五年在这里学习，他们伸出大拇指说："我们看了几个地方，只有毛老这里才能学到真正的中医，中医的疗效真是棒啊！"

在我的工作室里，总是有干不完的事情。学员中有硕士、博士学历的，有正高、副高职称的，我总是想让他们多学一些传统的东西，为此除带教侍诊外，还为他们亲自授课、编写辅助教材、书写医学小品，带他们到外地参观求学等。这种"跟名师"的方法是正确的，但也给导师带来不少压力，真正是"卧不安席、食不知味"，我将尽心尽力，为他们在学业上成长铺路搭桥。

唐代文人吕岩有两句诗："莫言大道人难得，自是功夫不到头。"我虽年过古稀，但每天仍坚持看病读书，"大道"虽不可及，但求"道"之乐，却寓于心中。只有读书多才能底气足；只有看病多才能出经验。实践证明，读书与临证，二者不可偏颇。但二者都需要名师的指点，名师是医学理论与临床实践相结合的典范，名师的指点如同薪火一样，可以使人走出暗境，开阔眼界，思维清晰，明辨真伪，收到事半功倍的效果。最近这几年，我还不断地复习经典著作，阅读了大量的中医文化与养生类书，立志要将自己的点滴经验传授给年轻一代，使中医的薪火传递下去，让更多的百姓得到快乐，享受健康！

活到老，学到老，还要工作到老。我于 2006 年开始学电脑，有的朋友说"人过六十不学艺"，不要再费心血了！我认为，有的科学家七八十岁才学电脑，我才 66 岁，有什么学不会呢？有了这个决心，我买了一本儿童版《唐诗三百首》，这本书字大，附有拼音。我对着拼音，念着唐诗，一个字一个字地打。不到两个月，我便会在电脑上编写自己的书稿。后来在华夏出版社出版的《老中医话说灵丹妙药》和《老中医话说中药养生》，以及《国医大师谈养生》《国医大师》等书稿，都是我亲手编订的。年轻人听了我学电脑的故事，都非常惊叹，说："毛老师真是跟着时代走的人！"

学术思想

一、尊重经典，不断学习

我对于医学经典著作的学习非常重视，经典就像阳光、水和空气，是须臾不能离开的。回顾中医发展史，许多名医都非常重视经典的学习，他们活到老，学到老，矢志不移。中医大师蒲辅周先生初出茅庐时，求诊病人很多，然亦有不效者。为此，蒲老毅然闭诊，关门读书三个月，将中医经典反复钻研、揣摩。之后复出悬壶，临证遂能得心应手，效如桴鼓。著名中医学者秦伯未先生指出，要做一个好医生，每年要拿出三个月时间温习经典。当代名老中医任继学先生说过"不到六十不懂中医"，此话颇耐人寻味，不仅是谦辞，更多是启迪后人。

中医书籍，浩如烟海，据最新调查，古代中医书目有12000种。我们一个人一生不可能也不必要全部去阅读，但读经典却是最基本的要求。经典著作对于各学科、各专业都是必需的科目，在读经典的基础上，再结合自己的学科、专业，选择阅读历史文献及近现代教学、临床、科研的新成果、新进展。既然选择走中医之路，就要以中医学科为主，踏踏实实，坚持不懈地去读经典、用经典。最近几年，刘力红的《思考中医》能风靡全国，影响较大，其原因就是他在阅读经典、学用经典方面走了一条与人不同的路，即还其庐山真面目。他对经典的诠释基本观点正确，对年轻人颇有启发性。

读经典，是求本探源。正像长江黄河一样，不知源，怎么去治理、利用和发展。历代名医，没有不熟读经典的。张仲景就是在"撰用素问九卷，八十一难，阴阳大论，胎胪药录"的基础上，撰写《伤寒杂病论》的。清代名医徐大椿写了一篇"医学渊源论"。他要求医家要参考《本草》，穷《内经》，熟《金匮》《伤寒》，特别要重《内经》之学。秦伯未先生提出："余之教人也，先之《内》《难》《本经》，使知其本也；次之以《伤寒》《金匮》，使知变也；次之以诸家之说，与以博也；终之以诸家医案，与以巧也。"岳美中先生也提出温课与自律规划，他自己以五年为期，温习了《内经》和清代各家温热名著及历代其他各家专著。

读经典关键在于有恒心，有计划，有笔记。形成天天读经典，天天有体会的习惯。我学习经典的方法是：抓住要点，结合临床，由粗到细，缜密思考。抓住重点，就是要有选择性去读，例如学习阴阳五行，《素问·阴阳应象大论》等是重点；学习养生论，《素问》前四篇是重点；学习经络，《灵枢·经脉》等几篇是重点；学习病机，《素问·至真要大论》是重点；学习脏腑功能，《素问·五脏生成》等是重点。结合临床，就是学习不要落空，结合临床理解深，有的放矢记得牢。由粗到细，是讲先统看，后细读，"一目十行"是读书之大敌。缜密思考，是讲学习要用脑子，正面、反面都要考虑到。我对经典的学习，是这样讲的，也是这样做的。例如学习《伤寒杂病论》，我认为从方证学入手是一个好办法，一个方证一个方证地去探索。而对每一个方证，都要搞清楚它的形成原因、证候特点、药物性能、配伍结构、适应病证、病势转归等，而要明白这些问题，先要搞清楚它的语言逻辑特点。我喜用半夏泻心汤治疗消化系统疾病，而为了掌握半夏泻心汤的方证特点，我花了半个月的时间，查询有关资料，写了8000字的读书笔记，这只能算是初步学习。

二、勤于临床，敏于思考

我从事中医内科工作50余年，从未间断过临床实践。我认为读书的目的是治病救人，中医的生命力在于疗效。拿什么显出中医的特色呢？那就是中医临床。百姓来中医院，就是要听天人合一的养生道理，闻草药之香，取中药之方，接受针灸、推拿、正骨、气功、外敷等治疗方法。

我从河南省中医院建院以来，仅门诊病例记录就有一百余本，还记录了许多杂病医案。自退休以来，每周上四个半天门诊，但我总是7点半上班，常常是午后1点或2点下班。对每一位病人，望闻问切一丝不苟，诊治精细，拟方简练，疗效却常常出乎意料。一次，一位进修生说："毛老师的经验很丰富，方药很多，但我不知从哪里入手学习。"我说："方剂与用药的经验是可以慢慢记忆的，最主要的是辨证思路要搞清。没有正确的思路，单纯记一些经验方，等于拿着武器不会用。"中医临床的灵魂就是对不同矛盾采用不同的方法去解决，就是"因人、因时、因地"治疗，这里"因人"是第一位的。概括起来，就是同病异治，异病同治。回顾历代名医经验，品味各家医案，特别是近现代名医的医案，辨证论治贯穿其中，我们只有从辨证论治着眼，才能把他们的经验学到手，用到临床上。试看在百姓中有很高威信的国医大师，他们坚持临床工作几十年，取得了可喜的社会效益和学术成果，受到人民群众的爱戴。回顾他们走过的路，细读他们的磨炼经历，无不渗透着中医理论的精华，显示出辨证论治的生命力。

对于临床，应讲究"入细"，我常引用老子《道德经》的一句话来激励自己，"天下大事，必作于细"。对待每一位病人，都要认真负责。每拟定一张处方，都要有明确思路，不但君臣佐使要搞清楚，每味药的分量也要有分寸；不仅要知道每种药的功效，还要知道它的副作用与反作用，特别是它的毒副作用，更要清清楚楚。对于大苦大辛、大热大寒的药物，我更是缜密考虑。药物用到病人身上，是关乎生命的事，来不得半点马虎，那种不分青红皂白地大剂量用药，是不科学的。

现在的学习环境与我学习时大不一样，分科更细，专业繁多，在跟名师方面可能会选择专业对口的老师，或亲炙，或私塾。但中医基本理论是一样的，不能丢开中医经典理论，单纯学习自己的专业知识，这样就会走偏，那就是舍本求末了。学习成功的关键在于善于思考，善于总结，不懂就问，学了就用；要动脑子，动笔杆子。要学会把经验撰写成文章，这样才能从实践上升到理论，以理论指导临床，不使自己陷入一病一方的范围内。

三、辨证论治，博采众方

辨证论治是中医学的主要特点，起源于《黄帝内经》，完善于张仲景的《伤寒杂病论》，丰富于金元四大家，发展提高于明清时期的温病学家。

辨证论治这个学术用语，最能反映中医学的特点，也是区别中医与西医思维方法的着眼点。辨证论治的核心是从整体上去分析疾病、治疗疾病和预防疾病。如果不是从整体上去诊治疾病，就会陷入"头痛医头，脚痛医脚"的困境，也就失掉了中医学的精髓。

辨证论治的前提是"辨证"，这就需要明确"证"的含义。"证"就是疾病本质，是疾病病因、病性、病机的综合概念，它是对疾病在发生、发展过程中某一个剖面的实质性的反映词。通过"证"的分析，就可以明白疾病现阶段的状态，拟定出正确的治疗方案和方药，并且可以预测到疾病的发展和转归。而"论治"则是"辨证"的目的，是解决问题的具体手段与方法。如果把"辨证"作为理论上的"虚"，那么"论治"就是临床上的"实"。"虚"是基础，"实"是实施，只有"基础"厚实，实施才能取得效果。这就是老一辈学者所说的，"用药容易认证难"。

现在许多年轻人读经典不够，记的方药也不多，所以开起方来只能是"临阵磨枪"。方剂和药物，犹如打仗的武器一样，只有记得多，记得熟，才能对付各种复杂病证。记得少，临阵只能孤注一掷，应付了事。我不仅能背诵许多经方和时方，还记住了许多民间验方，在遣方选药时，常能随手拈来，运用自如。

在临床跟师学习中，多数学生开始常感到我的经验难学，方药思路难循，但患者常说"疗效好"，其中缘由是与辨证思维密不可分的。无论经方时方，都不宜照搬照用，要善于加减化裁，使之与病情环环相扣。前人已效之方，不一定合今人之病，要善于结合刻诊病证，选用最合适的方药，这就是中医的"方证学"。即使是自拟方药，只要能治愈疾病，亦是创新。五十余年来，我融汇各家之长，师古而不泥，处方用药，形成了一套自己独特的思路，创新经验方就有百余首，在临床治疗中发挥着不可替代的作用，效果令人满意，求诊者盈门。

我的弟子毛峥嵘说："跟毛老师临床看病，常常看到他在把脉之后，有几秒钟的思考，那就是勾画治疗方案。"多数学生都体会到："毛老师总是在开方之后，讲几句遣方用药的原则，那几句就是辨证论治的关键。"我所讲的就是这个病的证候性质，立法原则，处方来源，为何加减，虽然不是什么警句，但主要是教年轻人怎样辨证论治。

四、中和之道，以平为期

和谐社会首先是要求一个"和"字。《淮南子·氾论训》曰："天地之气，莫大于和。"东汉·许慎《说文解字》这样解释："和，相应也。"相应，就是相适应、相回应，他要求人的行为不可过激、过偏，己欲立而立人，己所不欲，勿施于人，做到互爱互信，互尊互谅，人得其所，事得其宜，则社会和谐，生活幸福。我认为，看病开方，也要行"中和之道"。我所开的处方，力猛量大的药物几乎见不到，多是平常大家所常用的药。贵重稀罕之物几乎不用，即使需要大辛大热之附子，也是由 3 克或 5 克开始，根据病人情况逐渐加量。特别是在退休之后，很少用孟浪之药。我不轻易应用大黄、二丑、番泻叶之类峻药，更不会跟风跑。一张处方，药味一般在 6 ~ 12 味。这种治法思维反映在《黄帝内经》中，就是"平衡"。我常引用《素问·至真要大论》中的一句话，"谨察阴阳所在而调之，以平为期"，所谓"以平为期"，就是"中和"，就是阴阳平衡，即中和之道。这是中医治疗学的总则。一个人的健康是阴阳平衡的表现，而阴阳失去平衡，就表现为疾病。使阴阳恢复平衡，是治法的总则。在遣方用药时，将各种不同性味、归经的药物配伍在一起，以求纠正疾病的阴阳之偏，这就是"中和之道"。这种观点与实施方法在《伤寒杂病论》中，可以说比比皆是。临床中多出现相兼证候，如寒热错杂、虚实俱现、升降失序、气滞血瘀、大实有羸状、至虚有盛候等，在纠正这些证候时，所采用的平调寒热、补消兼施、升降有序、气血并举、攻补并用等，都是中和之法。

中和之道是总的原则，在具体应用时，即实施具体治法时，还要依据证候的性质以及所用药物的性能，进行药物的量化。例如黄连汤中的黄连与干姜，桂枝汤中的桂枝与白芍，大黄附子汤中的附子与大黄，小青龙汤中的姜、细、味等，都包含着中和之道的思维。但这些药物的配伍，是否有效，还要取决于药物的"量"。"量变则质变"，这是符合辩证法的。经方中的药量更是有严格要求的。例如把桂枝汤中的桂枝量加大，就是桂枝加桂汤，把芍药量加大就是桂枝加芍药汤，这就是经方的特点。

我特别偏爱经方中相反相成的配伍方法，对此多有研究。相辅相成的配伍，比较简单，也比较直观，例如大黄配芒硝、黄连配黄芩、黄芪配人参等，但对疑难杂病远不如相反相成的配伍疗效好。为此我深入研究了《伤寒论》中相反相成的配伍方法。我在20世纪70年代末所写的"《伤寒论》相反相成配伍的探讨"一文，就是利用中和的思维对《伤寒论》药物配伍进行深入研究，在有关《伤寒论》学术领域影响很大，至今还常被《伤寒论》学者所引用。

五、发展中医，贵在创新

我对中医的发展非常关心，多次在学术讲座中指出："中医要与时俱进，走现代化道路，这是必然的。纵观中医发展史，都是与当时的科学技术和人文科学密切相连的。时代在发展，人民群众对中医事业的要求也会随之提高。首先要从理论上有所突破，要吸取信息论、控制论、系统论中的合理部分。中医理论中微观概念说理不足，这样治疗的针对性就会笼统模糊。对于现代科学与现代医学中有益于诊断鉴别的技术，要学习，要吸收。但要提倡多元化发展，提倡学术争鸣。特别是对于走传统中医学道路的人才，要鼓励和支持他们成为'铁杆中医'。我们可以学习广东省中医院的经验，'中医水平领先，现代医学跟上'。制定每个病种的临床思路表，经过专家评价，分阶段在病区试用。这样经过反复努力，几年后，医院的专科专病特色就会显露头角，就会使医院的整体诊治水平有明显的提升。"

"君子忧道不忧贫"，这是中华民族的优良传统。什么是中医之"道"，"《黄帝内经》是中医之道，《伤寒杂病论》是中医之道，辨证论治乃是中医'道'之本，中药、针灸乃是中医'道'之术，这都是我们应当继承发扬的国宝。"当前，最主要的是继承、学习，继承要从青年学生抓起，继承的方法是背诵、是跟师、是临证。这些年来，我们把中医的"道"丢得太多了，大的药方多了，经方用得少了；贵重药方多了，惠民药方少了；不伦不类的药方多了，君臣佐使结构严谨的药方少了；有的凑上几味药，贴上家传秘方的标签，贩卖非驴非马的东西，对中医声誉影响极坏。我们必须正本清源，真正把宝库中的东西学到手，继承在身。在当今市场经济、商品意识充斥各个角落的形势下，青年一代中医，必须坚持中医之"道"，发挥中医之"道"，创新中医之"道"，离开这个"道"的任何说教，都是变味的侈谈。

"中医现代化"是这些年来叫得最响的口号，什么是"中医现代化"，没有人说得很清楚，但与现代科技相结合这是时代的要求，是社会需要的必然趋势。我们在高呼口号的时候，要认清足下的道路，要找好切入点。结合自身的专业性质，从一个病种，或从一个证候，或从一首方剂，或从一味中药，或从一个治法，结合现代科学，进行深入的探索。坚持中医的整体思维体系，坚持中医辨证论治体系，坚持中药特别是复方汤剂的传统疗法，坚持以临床疗效为考核标准。把几千年传承至今的宝贵经验继承下来，把现代科学有机地结合上去，中医的特点就会更加丰满，中医的生命力就会变得更强，中医的繁荣时代就会迎面走来。

经验举要

一、冠心病（胸痹心痛）证治体验

冠心病属于中医"胸痹心痛"范畴。胸痹心痛是一个非常古老的疾病，我国马王堆西汉墓女尸是世界医学史上第一例经病理学检查证实为胸痹心痛的病人。但在20世纪60年代以前，由于科学水平的限制，中医治疗胸痹心痛的报道甚少。到了20世纪90年代，随着医学界对胸痹心痛研究的重视，中医才从支离破碎的经验中解脱出来。对病机的认识也从单一的"瘀血论"转变到"本虚标实论"。

"不通则痛，痛则不通"，这是人们对痛证产生的固有认识。由瘀血而导致的心绞痛，从理论上和实践上都是符合这一固有认识的。但是随着临床研究的深入，它的片面性也逐渐显露出来。通过总结教训和吸取新知，人们提出"不荣则痛"，即因虚致痛论。这种认识弥补了"血瘀论"的不足。这两种认识在临床实践中的有机结合，就构成了能够揭示胸痹心痛实质的完整概念——称其谓"本虚标实论"。

当我们把这种认识放回到历史的长河中去稽考的时候，发现张仲景关于胸痹心痛病的病机"阳微阴弦"乃是这种认识的滥觞。"阳微"即本虚，"阳虚知在上焦"，就是心之阴阳气血的虚损。"阴弦"即标实，概括了气滞、血瘀、痰浊、寒凝等诸因素。

胸痹心痛的本虚标实，表现为气（阳）虚血瘀者多。特别是气虚夹瘀常常贯穿于胸痹心痛的始终，心肌梗死尤其如此。

1. 益气养阴求生脉

生脉散，出于张元素《医学启源》麦门冬条下："麦门冬，脉气欲绝，加五味子、人参二味为生脉散，补肺中元气不足，须用之。"后又被其弟子李东垣记载于暑病门下，原为暑伤气阴而设，考其原方所治，即有气短、体倦、汗出、喘促、脉微等症，这些表现与胸痹心痛气阴两虚证类似。由此而将生脉散作为治疗胸痹心痛的补虚扶正第一方运用于临床。一般元气虚者用党参，元气衰者用红参，元气亡者用野山参，而气阴两虚者用太子参或西洋参。心动过速者可加丹参、龙齿；心动过缓者可加桂枝、附子；血压低者可加黄芪、桂枝、甘草，名生脉保元汤或保元生脉饮；血压高者可加杜仲叶与杜仲、霜桑叶。多项研究表明，本方具有强心、调节血压、改善心肌代谢作用，并能改善脑、肺、肾、肝和消化系统功能，对于胸痹心痛具有改善左心功能不全的即时效应。

临床观察，生脉注射液可取代能量合剂而用作胸痹心痛治疗的辅助药物，有与西地兰类似的正性肌力作用。抢救心源性休克的基本环节是益气养阴，生脉散应列为首选药物。我常将生脉散作为胸痹心痛（冠心病）、风心病、肺心病缓解期的必用方药，不但有治疗作用，而且可以作为二级预防药物使用。一般剂量为太子参 30 克，麦冬 30 克，五味子 10 克。若作急救用，可用红参 10 克，甚至用野山参 30 克救之。

2. 宣痹通阳话瓜蒌

痰浊痹阻、心阳不宣所导致的胸痹心痛，治宜宣痹通阳。《金匮要略》瓜蒌薤白剂为其代表方药。临床指征不能简单地用"心痛彻背"来概括，应当抓住"闷痛痞满，舌苔黏腻"而拟方。

《金匮要略》胸痹心痛篇有 10 首方，具宣痹通阳之功的有 3 首，即瓜蒌薤白白酒汤、瓜蒌薤白半夏汤、枳实薤白桂枝汤。就证候兼症与药力而言，瓜蒌薤白半夏汤兼痰浊较重，咳喘剧烈，胸背痛甚；枳实薤白桂枝汤阳气郁闭明显，胸背痛突然发生，疼痛部位也比较广泛。在应用时，常将 3 首方剂糅合在一张处方内，但分量有偏重。方药：全瓜蒌、薤白头、法半夏、嫩桂枝、炒枳实（或炒枳壳）等。若心痛彻背者，重用薤白；胸闷甚者，重用瓜蒌；兼胃脘不适者，调整半夏、枳实用量；而阳气不宣，手指寒凉者，加重桂枝用量。瓜蒌能降低血脂，有润肠作用，便溏者与薏苡仁、炒山楂相伍可免腹泻之苦，心率慢者要慎用；薤白有开胸散结与调肠止泻的功效，若遇心绞痛兼有腹泻者用之，每获良效。痰浊明显者可加入石菖蒲或郁金，前者用于湿痰，后者用于热痰。后方中有白酒一味，究属何酒，临床运用颇不一致。有用高粱酒者，有用绍兴黄酒者，有用当地出产的黄酒，无论何酒均有通阳止痛的作用，一般可用 10～30 毫升兑药汁饮服。瓜蒌薤白剂不仅用于胸痹心痛，还可治疗风心病、肺心病、胸膜炎、肋间神经痛、支气管炎等。近年来有瓜蒌片、瓜蒌注射液问世，对心绞痛和心电图异常均有明显疗效。

3. 活血化瘀选芎芍

70% 的胸痹心痛病人有瘀血征象，所以活血化瘀法是治疗胸痹心痛常用治则之一。对于瘀血证，中医药学家（包括韩国、日本的汉方医家）提出不少诊断标准。但就胸痹心痛而言，应当是心胸刺痛，舌紫唇青，在临证时常将舌下静脉迂曲、扩张，或是舌下满布暗紫络脉作为瘀血的重要指征，至于明显的舌质紫暗更不待言了。由于这些症状及体征与心肺内外相呼应，所以最能反映心脏的疾患。

治疗瘀血证的方药很多，多数人善用冠心 2 号方。这是由于该方是集体智慧的结果，经过大量的严格临床观察及实验研究，该方治疗心绞痛有效率为 94%。药用：丹参、赤芍、川芎、降香、红花。全方活血而不破血，行气而不破气。最喜用川芎、赤芍二味。川芎，香窜辛散，上达颠顶，下至血海，开诸郁而止痛。古代医籍还记载有一味川芎粉治疗"九般心痛"的验方。鉴于川芎不但具有活血化瘀作用，而且还有行血中之气、祛瘀生新的作用，所以在冠心 2 号中定为主药（并非丹参）。近年来新开发的以川芎为主药的中成药，如心痛气雾剂、川芎嗪、川芎浸膏等，对心绞痛都有较满意的疗效。汤剂用量以不超过 15 克为宜。赤芍能散血中之滞、破凝滞之血，虽然在冠心 2 号方中列为辅药，但那是嫌其"破"字当头恐伤其正。正是由于其疏通血脉力大，所以对于心痛甚、瘀血重者最为适宜。一般用量为 15～30 克。川芎与赤芍相伍，前者辛温，后者微凉，温与凉合，不燥不寒，活血而不伤元气。根据研究，冠心 2 号方中，增加冠脉流量的以川芎作用显著，而抑制血栓形成、减轻血栓重量、抗心肌缺血缺氧作用的莫如赤芍。

4. 温通利尿寻真武

胸痹心痛，阳气不足是其基本病机之一。阳气不足有三层含义，即阳虚、阳衰和阳亡。人身阳气之根在于肾，温运血脉之力在于心。而肾主水，心主火，所以胸痹心痛阳虚证颇易见到下肢浮肿，中医称为"心水症"。附子具有温阳强心、化瘀、通脉等多种作用，是纠正心肾阳虚的首选药物。根据阳虚的程度，可用6克、9克、15克、30克，乃至60克。但在明确附子功效的同时，必须要知道它的毒副作用，最主要的毒副作用出在乌头碱与次乌头碱，表现为严重的心律失常，最近几年均有所闻。所以对于附子的应用量要非常谨慎，宁无其效，无中其毒。附子用于心水症，常与茯苓相伍。附子与茯苓是真武汤的主药，茯苓不仅可以健脾养心，更主要的是利尿作用。胸痹心痛未至心衰无有浮肿者，慎用大量附子。"附子是心脏之毒药，又是心脏之圣药。"说明心脏病必须用附子时，又要慎用附子。它的最佳有效量与中毒量也是非常接近的。应用之巧，在于掌握时机，驾驭用量。多读张仲景《伤寒论》，能够领悟其中之奥妙。茯苓常用量为附子的一倍，临证应用时，还要配伍干姜、甘草等，这是仲景配伍法。

曾治一例糖尿病心肾功能衰竭病人，全身高度水肿，速尿用量每日800毫升，但尿量每日仍不足1000毫升，用炮附子30克、茯苓60克、干姜10克、赤芍30克、甘草6克，水煎服，日尿量增至1800毫升。附子大剂量应用，必须病至重度阳衰，服用一、二剂便知效果，不可长时间服用，以免引起阴竭。

5. 芳香温通觅宽胸

芳香温通是针对胸痹心痛气滞寒凝证而拟定的治法。中医有"寒则凝，温则行"的认识。宋代《太平惠民和剂局方》记载苏合香丸可以治疗"卒心痛"，至今仍用于治疗心绞痛。芳香温通具有见效迅速的特点，对缓解心绞痛急性发作有较好疗效。临床指征为：心胸闷痛，遇寒而发。芳香温通方药有苏合香丸、冠心苏合香丸、麝香保心丸、苏冰滴丸等，我喜用宽胸丸。宽胸丸由荜茇、细辛、良姜、冰片、檀香、延胡索组成。缘由古代治牙痛的"哭来笑去散"化裁而成。马王堆西汉墓女尸墓穴中还保存有荜茇、良姜、细辛、桂心等芳香开窍理气止痛药，说明先秦时期治疗胸痹心痛已经习惯应用此类药物了。这类药物多含有挥发油，通过解除血管痉挛而取效。所谓"遇寒而发"，并非明显的气候变化，阴雨天、夜间、凉水淋身等，都应考虑在内。

6. 权衡病证拟新方

胸痹心痛是常见病，也是疑难病。它在临床上的表现很少是单一的证候，而是多种病候的交错，如虚实相间，寒热错杂，痰瘀互结，或心胃同病、心胆同病，或兼见腑气不通、肺气上逆、脑络不通，还可表现为"至虚有盛候"，或"大实有羸状"等。因此，临证诊察，不能用一种证候模式去概括一个胸痹病人的全过程，既要注意心脏与周围几个脏器的病机联系，也要观察证候的动态变化。

对于那些病情相对稳定、证候又较为复杂的病人，用预防与治疗并重的方剂，以冀在渐变中达到提高生命质量的目的。我通过实践与修正，拟定新方为"五参顺脉方"。该方组成为西洋参（或红参）、丹参、苦参、三七参、沙参、赤芍、水蛭等。该方是在唐代孙思邈《千金翼方》"五参丸"的基础上加味而成的。近年来以三参、四参或五参组方治疗心血管病的经验屡有报道，但偏重于治疗心律失常的多。依据心血管病多气阴两虚、夹瘀夹痰的特点，对五参丸进行了调整。全方融强心、扩冠、溶栓、抗凝、降脂、纠正心律作用于一方（即益气、养阴、活瘀、利湿、化痰、调整阴阳等），对于胸痹心痛或风心病、肺心病等出现的心胸闷痛兼有气阴两虚夹瘀证，或因此而导致的心律失常，均有减轻痛苦、稳定病情、提高身体素质、减少发作的效果。

二、验案赏析

案1： 谭某，男，52岁，工人，于1995年11月就诊。

主诉： 胸闷胸痛，痛甚则牵涉背部，拍打胸背而后舒缓，已六月余。

初诊： 心电图提示为：下壁及外侧壁心肌缺血。舌质略暗，舌苔薄润，脉弦细而缓。诊断为胸痹心痛，证属胸阳痹阻，血脉不畅。治宜宣痹通阳为主，佐以活瘀。用瓜蒌薤白半夏汤加味：全瓜蒌15克、薤白12克、法半夏10克、赤芍10克、郁金10克、秦艽15克、桂枝6克、生姜3克。7剂，水煎服，日1剂。

二诊： 服上药后胸闷减轻，闷痛间或发作。加冠心苏合香一丸，与药同煎。

三诊： 服上药12剂，症状大为减轻，且不牵引背部，自述胸部舒畅。后因食包子闷痛增剧，遂于上方去秦艽、冠心苏合香丸，加生山楂15克、鸡内金10克、炒莱菔子10克，水煎服，6剂。

四诊：闷痛减轻，脉象转为弦滑而缓。上方去鸡内金，加陈皮 10 克，赤芍改为 15 克，服 12 剂。闷痛基本消失。心电图提示：T 波有所改善。

按语：瓜蒌薤白剂的主药是瓜蒌、薤白。瓜蒌辛润，是通络开结之良药。古人指出，瓜蒌能使人心气"内洞"，"内洞"就是畅快。本例有胸闷痛并欲使人拍打，这是胸阳不得宣通的表现。故选用具有疏通胸中阳气，使气血得以流通的瓜蒌薤白半夏汤，随症增入通络的秦艽、桂枝，活血化瘀的赤芍、郁金等，这样就使瓜蒌薤白的通阳宣痹作用由气分深入到血分。气行则血行，而血行又使气分活而不滞。气血活，则痹阻自然消散。

案 2：刘某，男，41 岁，2013 年 3 月初诊。

主诉：胸闷胸痛 2 年。

初诊：心胸痛如缩窄，胸闷，心悸，遇寒发作或加重，形寒肢冷，舌质淡，苔白滑，脉沉紧。心电图提示：心肌缺血。证属阴寒凝滞。治宜芳香温通，开窍止痛。方选宽胸丸：荜茇 12 克，高良姜 10 克，延胡索 10 克，檀香 10 克，细辛 3 克，通血香 10 克，九香虫 10 克。

二诊：服药 7 剂后，患者胸痛缩窄感明显减轻，胸闷心悸好转，形寒肢冷消失。上方去九香虫、通血香，加薤白 15 克，炒白芥子 10 克，服用 14 剂后，患者症状消失。

按语：本例的心痛，有寒凝症状，如心胸痛如缩窄，遇寒加重，四末寒凉，舌苔白滑，脉沉紧。有了寒凝的指征，就可以大胆选用宽胸丸方。这个方服用后的反应是起效快，心胸舒畅，好像压抑的心胸被打开一样，病人复诊时，常常表现出高兴的样子。有的还说，这是什么药，又便宜，又有效，又不苦，真是神了！

芳香温通为治疗胸痹心痛传统用法，它可以起到一般治法无法发挥之作用，由于芳香温通药物多为植物之花、叶、茎、果实等，所含挥发物起效快、作用强，且很少有毒副作用，所以受到医患双方的青睐。但它的不足是维持时间短，药效不能持久，且不宜久煎，所以一般以丸剂、膏剂为宜，如速效救心丸、苏冰滴丸、麝香保心丸、冠心苏合香丸，以及本方宽胸丸等，临床疗效比较持久。若作汤剂，凡芳香类药物应当后下，一般煎煮 10 分钟即可。若是动物类芳香药，如麝香等，一般不作汤剂，多入丸剂服用。

唐 宋

唐宋（1940— ），河南平舆县人，1966 年毕业于河南中医学院，教授，主任中医师，博士生导师。全国第四、五批老中医药专家学术经验继承工作指导老师，全国名老中医专家传承工作室指导老师。全国卫生文明先进工作者，河南省模范教师，郑州市第九届人大代表。曾任河南中医学院第一附属医院副院长、中医系主任、教务处处长，河南省中医药协会中医基础理论分会副会长，全国高等中医院校教学管理研究会理事，全国高等中医教育临床教育研究会常务理事，河南省卫生经济研究会理事。发表学术论文 40 余篇，出版专著 10 余部。出版有个人临床经验医论医话集《唐宋临证心悟》。获得省级一等奖 1 项，二等奖 3 项，教学科研奖多项。入选《中国共产党名人志》《中国当代中医名人录》《中国高级医师咨询词典》。

医术精湛，医德高尚，潜心中医临床、教学、科研工作五十载，德艺双馨，学验俱丰。主要学术思想观点有：通升降，畅出入，和气血，调阴阳；施对药，巧合方，调肝脾，安五脏；补脾气，升清阳，降肺津，泻阴火；汇古今，参中西，辨病证，思维明；修医德，尚中庸，天人合，学术精；知"不易"，常"变易"，通"简易"，达"常变"。擅长运用中医药治疗肝、胆、脾胃病，以及不孕、不育、肿瘤等疑难杂症。

立志学医，济世救民

我幼年时期，国家正处在日本帝国主义的猖狂侵略和国民党反动派的腐朽统治时期，民不聊生，流离失所，目睹了老百姓深受社会动荡和疾病痛苦的折磨。后入学堂，学习"四书""五经"，兼修现代科学知识。常以孟子"穷则独善其身，达则兼济天下"的名言勉励自己，从小立下治病救人的宏大志愿。

中华人民共和国成立后，在党的关怀和教育下，我开始接受正规的现代化教育，并于1960年考取河南中医学院第三届中医本科专业，1966年大学毕业后，遵从国家安排，被分配到江西省工作，后调到河南中医学院工作。至今我已经从事中医临床和教学工作近50载，始终把医务工作作为神圣而崇高的职业。我常对学生说："医学是关系到人们生命的大事。作为一名医生，虽然不能成为苍生大医，但绝不能做含灵巨贼，应以天下生民为己任，有天地之心，操术不可误人，不但要具备渊博的医学知识和精湛的技能，还必须有对病人高度负责的责任心。"我要求学生首先要树立仁术仁心的意识，把医德的培养放在首要位置。在临床中，勤修医德，对人一视同仁，视病人如亲人，诊病专心致志，一丝不苟。常遵孙思邈《大医精诚》，无论是做教学还是做行政工作和临床工作，都兢兢业业，恪尽职守，廉洁行医而自律，几十年坚持如一日。治病"不得问其贵贱贫富，长幼妍媸，怨亲善友，华夷愚智，普同一等"，"见彼苦恼，若己有之，深心凄怆"。"医乃仁术""医乃人学"，我认为中医应以"仁"为基，以"人"为本。孟子说"仁者爱人"，道出了"仁"的本质。"医乃仁术"，集中表达了医学的仁爱、仁慈和仁义观。人学，是关于人心、人性、人情的学问，在中医学中极为重视。"西医治人的病，中医治有病的人。"《黄帝内经》认为，在天地万物之中，"莫贵于人"。"医乃人学"，集中表达了医学是阴阳中庸之道的人学观。我认为在临床中，关注人心、人性，做到不失人情，高尚的医德加上高超医术才能成为大医。

崇尚中庸，天人合一

中医怀仁心仁术，崇尚中庸之道，以"天人合一"之思想为指导。"仁"由"人"和"二"组成，"人"阴阳也，"二"亦阴阳也，说明"仁术"即阴阳中庸之道。中庸思想是从阴阳对立统一观和整体平衡稳定、生生不息的思想观点出发形成的，这种观点是从天地阴阳二气交感中和而万物遂其生得出的结论。如《易·泰》云："天地交而万物通也，上下交而其志同也。"《易·否》云："天地不交而万物不通，上下不交而天下无邦也。"万物之所以能生生不息，是由于天地阴阳二气交感的作用。天地人三才，人与万物在其中。天地阴阳适中，人与万物才能有生。尚中庸思想，即中和之道，主要是讲人道，人事。《灵枢·逆顺肥瘦》曰："圣人之为道者，上合于天，下合于地，中合于人事。"因为人在气交之中，"以天地之气生，四时之法成""人生于地，悬命于天，天地合气，命之曰人"（《素问·宝命全形论》）。《中庸》谓："中也者，天下之大本也；和也者，天下之达道也。至中和，天地位焉，万物育焉。"

关于"中庸"，在儒、释、道三家中都有完备的阐述。佛家讲"中道"，道家讲"守中"，儒家讲"中庸"。这里的"中"绝不是折中主义的意思，它包含着极其深刻的思想内涵，它是对宇宙人生的体察和认识。"尚中庸"思想与"土为万物之母"之思想同出一处。五行金木水火土以土为中。《素问·离合真邪论》说："调之中府，以定三部。"张隐庵注："中府，胃府也。"调和中气，以定三部之乱，明确地表达了治疗中的"尚中庸"思想。"尚中庸"思想的另一含义指阴中之阳，阳中之阴。阴阳交则万物生，阴阳离则万物死。阴中必有阳，阳中必有阴。阴盛则用阳，阳盛则用阴。

"天人合一"的思想体现了中医的整体观。我在临床中，始终用这一思想指导自己，努力做到"天人合一"。"天人合一"思想观念，主要有三种形式的体现：其一，人类本身就是大自然的组成部分，大自然是一个统一的整体。人是小天地，亦天亦人，言天即言人，言人亦言天。大自然通过具有不灭性、连续性、运动性、传递性、相互作用等属性的物质性本原的"气"的流行，保持着天地万物的相互对立、相互联系、相互依赖、相互促进的协调统一，在"阴阳"的支配下，永不停息地进行着生长化收藏的变化。其二，人与天地相适应，大自然的四时变迁，日月星移，海水潮汐等都给人体以影响，导致人体发生适应性变化。《素问·四气调神大论》谓："故阴阳四时者，万物之终始也，死生之本也，逆之则灾害生，从之则苛疾不起。"《素问·生气通天论》谓："阳气者，一日而主外，平旦人气生，日中而阳气隆，日西而阳气已虚，气门乃闭。"《素问·八正神明论》谓："月始生，则血气始精，卫气始行；月郭满，则血气实，肌肉坚；月廓空，则肌肉减，经络虚，卫气去，形独居。"其三，人与自然是一个统一的整体。人从自然界摄取食物营养以维持自己的生存，同时人认识自然，利用和改造自然，"赞天地之化育"，促进天地万物更好地发展。在"天人合一"思想指导下，人与自然保持着平衡、协调、统一、和谐的关系，维系着天地万物共生共长。《中藏经·人法于天地论第一》说："人者，上察天，下委地，阳以扶之，阴以佐之。天地顺则人气泰，天地逆则人气否。""人有百病，病有百候，候有百变，皆天地阴阳逆从而生。"欲明辨证用药大法，必先明天合于人，人法于天和百病、百候、百变皆天地阴阳逆从之理。

中医以"天人合一"思想为指导，把人体置于天地万物大自然之中进行整体观察，又将人体从天地万物中分离出来，进行单独研究，通过对人体的解剖实践、生活实践和医疗实践的观察，积累了非常丰富的医疗实践经验。只有做到"天人合一"和"天人之分"的统一，才能明晓"天人合一"的内涵。《荀子·天论篇》说："故明于天人之分，则可为至人矣。"因此我告诫学生，要达到学术精，就必须做到理论精，勤于实践，"天人合一"。

"天人合一"的另一个含义是临床诊治疾病要注意身心合一。中医主张心身合一，形神统一。形神统一的思维方法是中医人文思想的深刻内涵，在当今西医学试图由生物医学模式，向生物－心理－社会医学模式转化时，对于人这个特殊的动物来说，中医的形神统一，身心合一的思维方法，在临床中的应用越来越体现了医学的需要。中医素有"天人相应"的整体观和"内伤七情"的理论。不管是从生理、病理还是从诊断治疗上来说，总离不开神的存在，也即现代医学说的心理因素。

中医理论主张"天人合一""形与神俱"。强调人与自然的统一，人与社会的统一，心身的统一。因此作为高明的中医，应该注重形神统一，努力实现诊治的"心身统一""天人合一"。

辨证辨病，精益求精

辨证论治是中医最显著的特色，是中医独特的诊疗手段和方法，也是中医学临床诊治疾病的完整模式。在望、闻、问、切四诊的基础上，结合地方、时令、气候、社会、人文变化及病人的性别、年龄、职业及精神情绪等情况进行具体的临床思维，从而辨识病证的性质、病位、程度，得出辨证结论，进行论治。但辨证论治是否准确，是否能达到理想疗效，需要有广博的知识和丰富的临床经验及慧然独悟的创新思维。《素问·著至教论》中，黄帝与雷公在讨论如何治学，如何理论联系实际，如何彰明医术时，雷公陈述了医生的困惑："诵而未能解，解而未能别，别而未能明，明而未能彰。"以"解""别""明""彰"

概括治学的要义和逐步深入的过程。这不仅是治学的关键，也可以说是辨证论治学术思想之真要。要达"解""别""明""彰"，就必须在学术上精益求精。中医临床辨证论治的思维方式和方法是非常丰富的，纵观中医学术体系的发展，经历了古代的综合、近代的分析和现代的系统研究阶段，辨证论治不仅蕴含着丰富的思维方法，而且其内容和手段都在不断发展。我在长期的教学、临床实践中，逐步形成了系统的辨证论治的临床思维方式和方法，概括为辨证论治临床思维八法。即：①辨证论治，把握病证动静变化。②病证并辨，掌握疾病演变规律。③宏微结合，彰明疾病临床征象。④古今汇通，融贯医学古义新知。⑤形神同辨，实现诊治身心合一。⑥方证辨识，开拓临床简捷途径。⑦整局互参，统筹病情主次矛盾。⑧新旧互察，辨别疾病标本缓急。特别强调病证并辨，掌握疾病演变规律，明辨证辨病之医理。

中医学历经千年而不衰的原因之一就是具有西医传统所无，现代医学所需的整体观、辨证观、系统观的辨证论治思维方法，即辨证论治。虽然辨证论治在中医临床思维中很重要，但是不能忽视辨病论治。辨病论治在中医临床思维中也是一种重要的方法，也很重要。不管是辨证还是辨病，辨病不管是中医的病名还是西医的病名，都是辨别病证的名称，找出病情变化的规律。西医的病名，崇尚同中求异，务求将病变落到人体病原体实处，虽同一病变，力求分析出细微差别，故西医数百年来，恒于理化上着力，以求取病源为贵。中医的证，崇尚异中求同，病变万端，努力指向阴阳五行，故中医千百年来，恒于阴阳五行上下功夫，凡大医必精于哲理、易理，以把握阴阳五行为贵。故《黄帝内经》曰："善诊者，察色按脉，先别阴阳。"中医辨证论治的临床思维方法，不能将"疾病"之"道"（医理、药理、病理、人事）进行充分表达。因此说辨病论治和辨证论治都是中医学的重要组成部分和基本特点，对临床实践有着重要的规范和指导作用，历代医家都很重视辨证论治和辨病论治，因为人们认识疾病是一个不断变化和深入的过程，疾病的名称也有一个不断规范的过程，中医的首要任务是辨病，然后才是辨证。"疾病"是医学的基本概念，"病"指病人的痛苦之处，由于各种疾病的病因、症状、病程各不相同，因而冠以特定的病名，不论中医病名还是西医病名，均代表该病的本质及特征。每一个具体的病名都是医学上对该疾病全过程的特点（病因、病机、主要临床表现）与规律（演变趋势、转归、预后）等所做的病理概括和抽象，是对疾病的本质认识。诊治疾病是一个认识完善的过程，由证到病，由病到证，目的是找出疾病的发展传变规律，以利于治疗。辨病论治是着重疾病的整体性，突出治病的针对性，它有着辨证论治无法替代的论治作用。辨证论治着重疾病的变化性、复杂性，是辨病论治过程的组成部分。同时辨证论治能充分发挥医家的创造性。疾病是复杂多变的，医生治病的手段虽多，却远非尽善尽美，对有些疾病甚至束手无策，而且辨证论治在思维方式上不能适从，只能探索归纳治疗。许多疾病，如新发疾病，人们一时还难以把握其整体规律性，所以临证时要求对疾病的每一个环节和具体症状、体征都做具体全面辨证的分析，把医学理论和医家经验紧密结合起来，充分发挥医生的创造性，师古而不泥古，灵活运用理论和治法。

知常达变，继承创新

我认为临床辨证施治，要知常达变，即要有"常变"观，提出"知不易，常变易，通简易，达常变"的观点。"变易""简易""不易"是《易经》的三个大原则。所谓"变易"，即《易经》告诉我们宇宙万事万物，没有一样东西是不变的，佛教叫"无常"。任何东西，不可能不变，一定要变的。我们治疗的疾病也是在不断变化当中，如张仲景的《伤寒论》，各种病证千变万化，治疗不能固守一方，要辨证施治，随证治之。所谓"简易"，是指把复杂的道理，变得非常简化。《易经》首先告诉我们，宇宙间的万事万物随时都在变，尽管变化的法则很复杂，宇宙万事万物错综复杂的现象，在我们懂了原理、原则以后，就非常简单了。宇宙间的任何事物，有其事必有其理，然而宇宙间万事万物，有许多是我们的智慧和知识没有办法了解的。天地间有其理无其事的现象，那是因为我们的经验还不够，科学实验还没有出现；有其事不知其理的，那是我们的智慧不够，经验不足，找不出它的原理。诊治疾病也是一样，疾病千差万别、千变万化，许多疾病、许多变化，我们不知道、不了解，那是因为我们的知识不够，经验不足。《黄帝内经》曰："言不可治者，未得其术也。"所谓"不易"，即虽然万事万物随时随地都在变化，可是却有一种永远不变的东西存在，就是能变出万事万物的那个东西是不变的，那是永恒存在的。那个东西中医和古代哲学叫"阴阳"。宗教家叫它"神""主宰""上帝"。这个东西是不变的，这个能变出万事万物的"阴阳"是不变的。《素问·阴阳应象大论》曰："阴阳者，天地之道也，万物之纲纪，变化之父母，生杀之本始，神明之府也。治病必求于本。"这个"阴阳"，虽然是不变的，但是它的征象是千变万化的，是不可测的，只能去感知，故曰：阴阳不测谓之神。

疾病的发生发展是一个动态的过程，人们认识疾病也是一个动态发展变化的过程。由于疾病的复杂性，病情的变化性和中医学的整体观念，要求中医学者要有丰富的知识，才能把握住病证的阴阳动态和静态的变化。《素问·阴阳应象大论》云："善诊者，察色按脉，先别阴阳，审清浊，而知部分；视喘息，听音声，而知所苦；观权衡规矩，而知病所主；按尺寸，观浮沉滑涩，而知病所生。以治无过，以诊则不失矣。"《黄帝内经》就是用"常变观"认识生命运动、疾病规律、治疗法则和人体生理病理治疗方法的常与变的问题，力争把握好病证的动态和静态变化。辨证论治融辨识病证和治疗为一个体系，而不把证与治分开，证变而治亦变。辨证候、识病因病机、酌轻重缓急皆用系统思维和整体思维确定，优选治法。辨证的理法落实于方药，方药又是医生辨证时的具体物化，就是说辨证思维诊断的过程包含了治则方药的确定。辨证是论治的依据，论治是辨证的体现，二者合则为一，分则为二，犹如阴阳太极一样，动静之间，奇妙无穷。辨证是治疗的依据，所以，证辨得准确与否，在疾病诊疗过程中尤为重要。所谓证是人体疾病所反映的综合状态，它随着病势的消长，病机的转换，时刻都在变化当中。其变化的各阶段既有区别又有联系。其中包含着静态的稳定性和动态的变化性。所以中医有"同病异治""异病同治"的概念。辨证论治的过程并非简单地一次完成，有主次从略、先后缓急之分。要时刻把握住病证的动态和静态变化。病证的静态稳定性要求我们要有方有守，方能见效，但静态是相对的，动态是绝对的，动态的变化性要求我们要证变方药亦要变，常变结合。

临床中要想做到知常达变，就必须不断学习，古今汇通，融贯医学古义新知，不断追求继承创新之医术。中医学术体系的开放性要求我们做到古今知识汇通，融贯医学古义新知。清代名医张锡纯著《医学衷中参西录》，在这方面为我们树立了典范。有一部分人认为，现在中医临床出现"西化"现象，是因为大量应用现代检测方法的缘故，它不仅弱化了中医临床的辨证论治思维，也加重了患者的负担，并且临床疗效不佳，进而提出回归传统中医临床的本来面貌，才是中医发展的正确道路。不可否认，现代检测方法的滥用给中医带来的负面影响确实存在，特别是使广大患者错误地认为中医不需要现代检查，只有"三个指头一个枕头"才是真正的中医，而且表现突出。但是这不能说明现代检测方法对中医临床毫无必要，也不能把他们完全归于西医所拥有使用，只保留中医的"三个指头一个枕头"传统的望、闻、问、切，才是中医临床应有的本色。客观地说，出现这种负面情况，不能归咎于现代检测方法，虽然现代检测方法也有不完善和不正确的地方，相反，是忽视了中医学术体系的开放性，而是没有把现代检测方法纳入中医学术体系，进行辩证合理地利用。诚然，要想把现代检测方法等科技成果、手段都纳入中医辨证论治理论体系，不是一件容易的事，但是只要我们认清中医的发展方向，理清头绪，使古今知识汇通，中医西医贯通，一定能做到融贯古义新知。比如内镜下辨证，内镜下黏膜，气血循环表现最直接，古人如果有内镜观察手段，也一定会用于辨证辨病。对胃肠病来说，传统望闻问切四诊，结合取得胃肠黏膜局部微观辨证结论，进行施治，才能更准确。胃黏膜充血、水肿、红斑糜烂，溃疡活动期均是热证的表现，无论全身辨证是实是虚，是寒是热，治胃病辨证处方中需要加蒲公英、黄连等药；胃黏膜苍白、溃疡浅平、表面覆少许白苔，或者萎缩性胃炎，黏膜苍白等均是虚寒的表现，治疗在全身辨证的基础上加黄芪、党参、桂枝、白术、炮姜等药，充分而合理地利用现代检查方法进行局部辨证，结合传统中医辨证论治，才能发挥中医辨证论治的优势。

《黄帝内经》云："善言古者，必验于今。"传统中医和西医各有所长，亦各有所短，中医要发展，要进一步提高疗效，不能不吸纳现代检测方法以及现代科技知识和成果。中医不能有门户之见，而且还要懂西医，虚心向西医学习、请教，使现代医学知识为我所用，使现代科技为我所用。应该取"拿来主义"，中西融通，古今汇通，融贯医学古义新知，做到继承创新，努力形成现代的新中医。清代名医雷少逸在《时病论》中曾说："医家不可执古书而不读今书，参考古今择医理自得中和之道矣。"

教书育人，诲人不倦

我目睹并经历了中医药事业在新中国成立前后的巨大变化，尤其是对当前中医药教育事业发展造成的中医断层现象忧心忡忡。作为一名中医教育者，始终牵挂着中医药事业的发展，牵挂着中医学子的教育工作，经常应邀做学术讲座和报告，尽心竭力培育新人，为维护中医根本，发扬光大中医事业，做到无愧于心。不仅自己熟谙《黄帝内经》《伤寒论》《金匮要略》等经典著作，还常告诫学生，虽然在大学五年的"院校式教育模式"中，对四大经典有系统的学习，但对其他医籍几乎没有顾及，加之上班后，诊疗工作的繁忙，故对经典的学习，与古代医家相比，相距甚远。要不断巩固学习四大经典，学习各种中医典籍。严格要求学生制定自修计划，深刻理解学习经典著作，并要求书写读书笔记，对其中的名段名句要熟练背诵，力争对经典从理解到运用。培养学生养成中医思维，教育学生不仅要学好传统中医，而且要学好西医，做到衷中参西，以中为主，中西汇通。

中医药是中华文化的瑰宝，是几千年来维系中华民族生存繁衍的纽带，在健康领域许多方面，有不可替代的优势。但随着西方医学在国内的迅速兴起，使传统的中医药受到严峻的挑战。由于西医药的速效性和方便性，越来越容易被人们接受，加上当前一部分学生对中医学学之不深，学之不精，对中医缺乏信心，中医思维欠缺，临床能力薄弱，其中有少部分中医毕业生甚至背叛中医、攻击中医，这种状况严重影响了中医药事业的传承和发展。针对这种情况，我认为，培养中医大学生，必须首先培养中医思维，具有中医思维者方为中医。当前，利用中医药治病大有人在，但离开辨证论治和理法方药，就不是真正的中医，仅仅是用天然药物治病而已。正如一家报纸所说："用中药的医生不少，但用中药的医生并不等于中医。"面对现状，必须正本清源、返璞归真、坚定信念，牢固树立并坚守中医思维，让中医大学生牢固掌握中医学理论，熟谙中医学的自然观和方法论，才能培养出当今时代具有坚定的中医信念和较高的中医思维能力、临床水平的优秀中医人才。作为高等中医院校教育者，首先要坚定中医信念，传道授业做到"四个坚持不西化"，即：思维不西化、教育不西化、临床不西化、科研不西化。

对于当前中医面临的舆论压力，网络上很多学者随意发表论调，高举科学大旗打压中医、否定中医，甚至说中医是伪科学等，在社会上造成了恶劣的影响，严重影响了在校大学生和一些青年中医工作者学习中医、从事中医的信心。对此，我经常对学生讲，对于中医的疗效，必须进行客观的实事求是的研究。中医是千百年来我国人民与疾病做斗争经验和智慧的结晶，是实实在在的科学。

我要求学生，要坚信中医不动摇，要从信念上相信中医的科学性和实践价值的无可争辩性。我经常用临床有效的案例，强化学生对中医临床的信心，教育学生树立一种意识，那就是中医疗效是与自身的中医临床水平和理论素养分不开的，是与群众认可分不开的，只要疗效肯定、百姓认可，这就是对中医事业的肯定。只要百姓认可中医，中医就不会受到个别人别有用心的污蔑，就一定能够不断壮大、健康地发展下去。

我从事教学、临床，努力留住中医文化之根，不仅自己重视中医经典和传统文化的学习，而且要求学生和徒弟熟读背诵中医经典，广泛涉猎传统文化，如《易经》《道德经》等。我认为要学习好中医，就要树立牢固的专业思想基础，打好坚固的理论基础。要打好中医理论基础，就要学好传统文化，了解中医的三大特征，即：中医的理论特征；中医的学科特征；中医的职业特征。中医的三大特征，就是中医文化之根本。具体讲：①中医的理论特征：中医在其漫长的形成和发展道路上，造就了独特的理论体系，在医学的基础上又具有了文学性、史学性和哲学性。例如一开始就讲阴阳五行学说，使传统的神权医学转变为哲学医学，这是中医学第一个划时代的转折，多思辨的朴素的唯物主义在医学中的应用，使中医学的思路更加开阔，具有了哲学性。中医理论历史悠久，它是 2000 多年前，春秋战国时期，根据时代不同、社会背景不同，经过群众在与疾病做斗争经验总结的基础上，逐渐发展起来的一套医学理论，因此它具有了史学性。而中医与文是自始至终紧密相连的，所谓"大医必大儒""不为良相、愿为良医"的古语，就体现了文与中医的关系，而且在《春秋》《左传》等书中，都或多或少地渗透着中医学的内容，中医理论的文学性就不言而喻了。②中医的学科特征：中医是在历史漫长的发展过程中，由无数个医学家不断发展、修正、补充、完善起来的，它是思维与经验紧密结合、互相渗透的结果，其理论内涵有社会科学的特征，其应用蕴含有自然科学的特征。因此，它是介于社会科学与自然科学之间，既有思维科学，又有实验科学的一门独特的理论体系，故其思维的抽象性和实用的经验性，决定了中医的学科特征。③中医的职业特征：医学是以救死扶伤为宗旨的服务性职业，因而它所接触的是社会各阶层的人群，尤其中医，是集治疗学、营养学、养生学、行为医学等为一体的多科综合体。不同年龄、不同性别、不同性格、不同心理状态的患者，需要利用不同的接待方式和不同的治疗方法。因此，其职业反映出一个接触范围广、病症复杂、治疗多样的特征。为适应这种职业特征，作为中医工作者，必须具备有丰富的基础理论、广阔的社会知识、扎实的临床技能、高尚的职业道德和良好的医疗作风。否则，你就当不了名医，即使当了名医，也不是一个群众满意的医生。

读书临证，济世活人

中医学博大精深，很难一朝一夕探其根源。如孙思邈言："世之愚者，读书三年，便谓天下无病可治；及治病三年，乃知天下无方可用。"人体是一个复杂的有机整体，许多病很难简单解释，临床上没有现成的方药可以套用。作为一个中医工作者，首先，必须具备丰富的中医基础理论和广博的社会文化知识，以及扎实的临床技能。其次，一定要博览群书，广泛深入地探究医学原理，专心勤奋不懈怠，不能道听途说，一知半解，就说已经明白了医学原理。而且，随着社会的发展，人们生活方式和饮食习惯的改变，许多疾病的病因病机和临床表现与以往不同，或新的疾病不断产生，原来的理法方药已不能适应现在的需求，就要求我们重新制定新的证型、治则及用药方案。这些都说明，我们不能故步自封，举步不前，应活到老学到老，不断提高专业技术水平，丰富业务知识，了解本专业新动态，了解人文医学和社会学，开阔视野，把学到的东西转化为临床实践中每一个细节的操作，使病人获益，使人民健康，使社会和谐。我常教育学生要多读书，多临证，学而时习之，做到博而精。学习和继承中医，就是要遵循中医实践思维的特点，培养实践能力、动手能力。实践中医，感悟中医，强化中医独特的思维方式。中医学是一门实践性极强的科学，中医学对人体与疾病的研究皆以临床需要为前提，离开了临床，中医学理论便失去了使用价值。多读书，多临证是中医成才之路。临证必须做到"继承而不泥古，创新而不离宗"，才能济世活人。

祝世讷

祝世讷（1940—　），山东省青州市（原益都县）人，先后就读于益都东关北阁街小学、益都二中、益都一中，1961年考入山东师范学院（现山东师范大学）政治系，1965年毕业分配到山东省教育厅工作，1970年调至莱芜钢铁厂工作，1978年调至山东中医学院（现山东中医药大学），任自然辩证法教研室主任，先后晋讲师、副教授、教授，专职担任博士、硕士研究生的"现代科学技术革命与马克思主义""自然辩证法""中医系统论"等公共理论课教学，1988年在国内首次招收培养中医学方法论研究方向的硕士研究生。兼中国自然辩证法研究会生命哲学专业委员会委员、中国人体科学学会中医系统理论专业委员会委员、山东自然辩证法研究会副理事长、山东中医多学科研究会副主任委员。2000年退休，返聘到校史志办公室工作，参加《山东省卫生志（1985～2005）》编纂，主笔"中医篇"，任《山东中医药大学年鉴》执行主编、《山东中医药大学志》副主编。

长期从事中医科学原理研究，包括中医哲学、中医方法论、中医系统论、中西医比较、中医的科学发现和发明、中医发展战略等。出版个人专著8部：《系统中医学导论》《中医系统论》《中西医学差异与交融》《中医系统论与系统工程学》《中西医结合临床研究思路与方法学》《系统医学新视野》《中国智慧的奇葩——中医方剂》《中医的科学发现和发明》；主编著作4部：《中医学方法论研究》《自然辩证法概论》《中医新知识辞典》《中医文化的复兴》；副主编、参编、参译《中医哲学基础》等20余部；发表论文150余篇。

从哲学思考者到研究中医者

我不是学中医出身，与那些中医专业学者从事的"中医研究"不同，我是带着哲学思考半路跨进中医殿堂，把中医作为一门学术，来"研究中医"。因此，我思考的角度不同于传统中医，更不同于"以西解中"，而是站在哲学、科学、医学的交叉角度，从中医当代研究和发展提出的问题入手，探讨中医的科学原理。

我年少时兴趣广泛，喜欢语言文学、工程技术，曾希望能成为一名工程师。及至高中，爱哲学至酷，曾在学生中组织哲学学习小组，成为学生中思想文化活动的骨干。报考大学的第一志愿是哲学，录取到山东师范学院政治系，大学4年不满足于课程学习，把课余特别是周日和假期的大部分时间，都泡在图书馆里，尽己所能地在哲学领域冲浪，有计划地按专题进行研读，学会了做系统的考察和思考，撰写综述、论文直至书稿。

1965年大学毕业，遵守那个时代"祖国的需要就是我的志愿"，被分配到山东省教育厅工作，后来又调至莱芜钢铁厂支援"三线建设"。这期间正逢"文革"十年动乱，有困惑也有思考，也有机会读了二十四史和几本哲学名著。1978年调回济南，省人事局拟安排到省直机关做秘书，自觉不适应也不愿再做机关工作，厌倦了政治动荡裹挟理论折腾，想找个地方坐下来静心地做点学问，首次做了按自己的志愿寻求工作岗位的努力，要求调到山东中医学院，所看中的是中医千年传承的理论与实践，是中华民族的智慧结晶，蕴含许多待解之谜。

英国哲学家培根说："在人类历史的长河中，真理因为像黄金一样重，总是沉于河底而很难被人发现，相反地，那些牛粪一样轻的谬误倒漂浮在上面到处泛滥。"当我度过人生的主程，回首时，深感无悔无愧，并且自足和自豪的是，我所致力研究的中医，是中华民族的伟大创造，它饱含着深厚的黄金真理，因为其重而沉于河底，被漂浮在水面泛滥的泡沫和垃圾遮蔽太久了。我大半生的努力都是参与拨开那些泡沫和垃圾，认清沉于河底的黄金真理，尽己所能地探究中医的科学真理和真理的黄金性。

教学研究是我跨入中医殿堂的第一步。就在我调入山东中医学院的1978年，中医破天荒地开始招收硕士研究生，国家规定的硕士学位课有"自然辩证法"，我到岗接受的就是这门课的教学任务。这是一门新设的公共理论课，内容包括自然观、科学观、方法论，要求联系专业实际，面向全校所有研究生，每年 72 学时。到退休为止，共为 24 届硕士研究生讲授该课。1987 年学校开始招收博士研究生，博士学位课有一门"现代科学技术革命与马克思主义"，面向全校所有博士生，每年 72 学时，学校决定由我承担，共教了 15 届。这门课要求更高，要了解和掌握现代科学技术革命的进展和成就，及其提出的新的哲学和社会理论等问题，并从这样的前沿来研究和解决本专业的相关问题。

这两门课都不是一般的哲学课，是自然哲学、科学哲学、医学哲学课，要求联系专业实际，为研究生们研究和解决本专业的学术问题拓展思路，提供理论和方法支持。为教好这两门课，我不得不对自己的学术素养进行脱胎换骨的改造。第一，调整治学方向，定位于自然哲学、中医哲学、理论中医学。第二，更新知识结构，从两方面"恶补"。一是补自然科学，包括中国和世界的科学技术发展史，以及现代科学技术革命的进展和成就，补到为本科生开设了"科学技术史"课。二是补中医学，学习各门教材，研读《黄帝内经》《伤寒论》等经典著作，及周易、道家、儒家的理论，广泛涉猎中国医学史、西方医学史等。这样改造的结果，形成一种特定的学术视野和思考坐标，即哲学、科学、中医学的交叉与综合，历史与现实的交叉与综合，可以从这样的视野和坐标来探讨所面临的中医问题。

通过教学研究，逐步地深入到中医的学术领域。正是在这个时期，中西医结合、中医现代化、中医国际化的实践，先后提出一系列问题，争论多，困惑多，有些认识存在混乱甚至谬误。这些问题大量属于中医哲学和理论中医学的性质，正是我的研究方向，它像一个巨大的"黑洞"吸引着我，开始了对这类问题的探讨，包括如何认识和评价中医、中医与西医的关系、中医现代化的战略、中医国际化的道路、中医现代研究的思路和方法、中医未来发展的方向等，我先后发表研究论文 50 多篇。

随着探讨的深入，研究方向做了两次浓缩。第一次是从中医哲学浓缩至中医学方法论。中医的哲学问题太多，其中的方法论问题特别突出和迫切，研究生教育也特别需要，因此把研究方向浓缩至中医学方法论。先后发表 20 多篇论文，1985 年邀请全国相关专家编纂出版了《中医学方法论研究》。第二次是从中医学方法论浓缩至中医系统论。在方法论研究中发现，中医面临的方法论问题仍然很多，更加迫切和有决定意义的，不是那些具体的操作方法，而是关于研究战略和基本思路的"大方法"，关键是中医的系统论思维与西医的还原论思维的原则性区别。这时刚好系统科学传入中国并开始在医学领域应用，于是把研究方向聚焦于移植和应用系统科学于中医，研究和创立中医系统论。先后发表论文 30 多篇，出版中医系统论专著 5 部，建立起中医系统论的理论框架，并从中医系统论拓展至医学系统论。通过上述这些研究，我逐步地从一个哲学思考者进化为一个研究中医者。

2000 年退休，"上帝把我还给了我自己"，谢绝了多种"继续工作"的建议，从心所欲地开始做"学术自由人"，集中精力于自己最想聚焦的思考。这时恰好迎来新世纪新千年，时代的转折出现的新形势、新动向引发新思考。东方文明复兴论、新的科学革命论、反思西医论、复兴中医论等新论层出，批"中医是伪科学"、网上签名"远离中医"的逆流再现，深深地意识到，对中医的认识和理解问题远未解决，关键是那深藏于水底的黄金真理，远未被认识到，更远未被揭示出来阐释清楚，仍然在被泡沫和垃圾遮掩和玷污。特别需要指出的是，它绝不只是医学问题，而是更深的科学问题、思想文化问题，需要从新世纪和新千年的划时代转折，从更高的视角和更深的层次再探究。为此，我下决心"坐穿这个牢底"，用有生之年来穷究中医那"沉于河底的黄金真理"。

新的探讨是尽可能地向深处发掘，重点突破了三个问题。①从人类文明和医学发展的五千年历史，纵向剖析中医学的地位和价值，证明中医学创造了三大奇迹，即世界多元医学中唯一不中断地发展至今、中国多门自然科学中唯一不与西学融合、两千年前确立的理法方药体系至今仍主导临床。②对中医学在 20 世纪的三大实践（中西医结合、中医现代化、中医走向世界）进行系统的理论总结，论证这三大实践到世纪之交提出的三大科学难题，即中医基本原理与西医不可通约、中医的理论和实践现代科学解释不了、中医走向西方世界无轨可接。由此进一步探讨中医究竟有什么东西超越了西医、现代科学和西方思想文化，为什么会有这种超越？发现和证明那正是中医独创和原创的科学发现和发明。③探究中医学究竟有哪些科学发现和发明，而它们都是在西方医学和现有科学的视野之外。认清了中医是一个包含系列科学发现和技术发明的科学体系，重大的发现和发明有十多项，其发明度和贡献度远远超过已知的四大发明，因而是中国的第一大发明。特别是其发现和发明的方向和核心是健康与疾病的复杂性，复杂性是中医与西医的分水岭，而研究复杂性是现代科学和医学的最新发展方向，中医是世界上第一门复杂性科学和复杂性医学，这是中医的黄金真理所在。

正确认识中医学的科学特性

如何认识和评价中医学，是我遇到并探讨的首要问题。刚跨入中医殿堂就吃惊地听到一些分贝很高的噪声："七十年代骑老牛，今人反向古人求，今天是分子生物学时代，再研究古老的中医，是向负两千年倒退。""学了中医是误入歧途，考上研究生是走向深渊。"联系到1840年以来对中医的多轮争议，深感正确地认识和评价中医是个重大而迫切的问题，但它超出医学的专业学术范畴，而是科学哲学和科学学的问题，需要从这个角度来思考和解答。

1. 关键在立场、观点、方法

经过对近代以来怀疑和否定中医的各种思潮的考察，发现争议的焦点不在中医学术本身，而在立场、观点、方法。那些怀疑和否定论者，有的是民族虚无主义思想作祟，有的超越学术乱贴政治标签，有的不懂中医而妄加评判，有的以西医为标准论是非，有的以20世纪的科学水平为标准论是非。那些说"中医是文化""中医是哲学""中医不是科学"的观点，虽不否定中医，但对中医的学科性质认识不准确，在科学观上存在混乱或差错。

2. 中医学不是现代科学，但并非不科学或不是科学

提出认识和评价中医学要有三个观点，划清四个界限。

三个观点是：①全面的观点。要把中医学放到人类文明发展史的坐标上，从纵向和横向上进行全方位的比较和评价，不能孤立地从单一坐标或个别坐标点来判断。②历史的观点。科学的发展经历了古代、近代、现代三个阶段，古代科学、近代科学、现代科学都是科学，只是发展水平不同。现代科学是指1900年以来发展和形成的科学成果，不能把现代科学之外的科学都斥为不科学。③发展的观点。任何严格的科学理论都从不严格的理论发展而来，有些科学理论还没有达到成熟的程度，只能说它不严格或不成熟，不能说它不是科学。

四个界限是：①划清科学水平与是否科学的界限。中医学属于古代科学，不是现代科学，这是科学发展水平的差异，不是科学与不科学的区别。②要划清九个指头与一个指头的界限。中医学有精华也有糟粕，精华是主流，绝不能用糟粕来掩盖和抹杀精华。同时，精华也有发展水平和精粹程度的问题，大部分还需要进一步发展和成熟，不能因为其成熟的程度不够而斥为不科学。③划清实践与实验的界限。实践是检验真理的唯一标准，但医学的实践有多种，有临床防治、群体调查、医学实验等，不能把医学实验唯一化，特别是医学实验的现有水平十分有限，不只中医学，整个医学的许多内容都还实验不了。把医学实验作为判断是非的唯一标准是错误的。④划清科学与哲学的界限。中医富含哲理，但其学科性质是医学不是哲学，经典著作中只有《黄帝内经》等少数带有自然哲学的性质，其余以《伤寒论》为代表的绝大多数都是纯正的医学著作。中医理论的许多概念和理论源自哲学，如气、阴阳、五行等，但都医学化，反映着医学的专业内容，成为医学的专业概念和理论，已不再是哲学性质。中医学的更多概念和理论并非源自哲学，如经络、证候、正邪、寒热、虚实、表里、四气五味等，是纯医学专业的。

3. 中医学五千年创造了三大奇迹

为了全面系统地认识和评价中医，我把中医学放到人类文明和科学发展的全部历史上来考察，认识到并明确提出，中医学的五千年发展创造了三项伟大奇迹。

第一，世界多元医学中唯有中医学不中断地发展至今。人类文明有 5 个主要发源地（古中国、古印度、古巴比伦、古埃及、古希腊），都孕育产生了自己的医学，但其后来的发展非常不同。古埃及、古巴比伦、古印度的医学过早地衰落或落伍了，古希腊医学到"中世纪"那"黑暗的一千年"中断了，16 世纪开始的医学革命走上迥异于古希腊医学的还原研究道路，形成以"生物医学"为代表的全新体系，不包含古希腊医学的一个字。只有中医学是个例外，从起源到今天，五千多年的发展从未中断，一脉相承地连续发展至今，这在世界医学史上是个奇迹。

第二，中国多门自然科学中唯有中医学不与西学融合。医学和其他自然科学一样，理论是对客观规律的正确反映，具有客观真理性。源于不同地域或民族的科学，对于同一规律的认识，只要达到真理水平，必然会走向统一，真理是一元的。中国和欧洲是自然科学的两大主要发源地，17 世纪以来，中西科学开始相互融合，中国的数学、天文学、地理学、物理学、化学、生物学成就，到19世纪末已经与西方相关学科的成就相融合，只有一个例外——中医学，尽管经过了专门的中西医结合研究，但中医学至今仍然不与西医学融合。中医学像喜马拉雅山那样，昂然自立于科学之林，这是中医学创造的又一奇迹。

第三，两千年前确立的中医学理法方药体系至今仍主导临床。中医学连续发展五千年没有中断的是什么？与西医学不可融合的是什么？主要是理、法、方、药体系。它确立于秦汉时期，以《黄帝内经》《难经》《神农本草经》《伤寒杂病论》为标志，是包括基础理论、防治法则、中药方剂、针灸推拿等的完整学术体系，是经典中医学术的主干和核心。它两千年一贯，至今仍主导临床，可靠有效，并已传至世界160多个国家和地区。这在世界医学中独一无二，是中医学创造的又一奇迹。

4. 中医学是中国第一大发明

对中医学的系统考察和思考，认识到并提出，世界已公认中国有四大发明（造纸、火药、指南针、活字印刷），但中医学是比这四大发明更加重大的科学发现和发明。因为，那四大发明都是单项技术，而中医学不但有多项技术发明，更有多项科学发现，是一个包括众多发现和众多发明的庞大体系。而且，中医学所发现的医学现象和规律，远超西方医学的视野，许多甚至超越了现有科学的研究视野，属于新兴的复杂性科学的研究领域，符合甚至代表新世纪医学发展的新方向。2003年我发表文章，按论定发明的时间顺序，提出中医学是中国第五大发明，后进一步研究和提出，就发现度、发明度、贡献度而言，中医学远远超过那四大发明，是中国的第一大发明。

5. 中医学创造奇迹的三个条件

中医学这样的奇迹为什么出现在中国而不是别的地方？认识到主要基于三个条件。

第一，世界上最大的临床样本。临床防治是医学研究和发展的基础，中国历来人口众多，长期占世界人口的1/4，人多病多，是世界上最大的临床样本，为中医学的研究提供了独一无二的临床实践条件。

第二，社会长期统一稳定。社会政治经济的稳定和繁荣是医学发展的社会条件，在中医学发展史上虽然有战乱和朝代更替，但社会的基调是统一和稳定，为中医学的研究和发展提供了良好的社会环境，使中医学掌握的特大临床样本长期稳定，以其为基础连续不断地研究几千年，这在世界上也独一无二。

第三，中国思想文化的孕育。中医学由中国思想文化母体孕育而生，周易、道家、儒家等的思想系统地融入中医学，遵循其思想和方法对人的健康与疾病进行了中国式的研究，这是完全不同于西方医学遵循西方思想文化进行的研究，达到了西方医学至今无法企及的深度、广度和高度，把中医学的发明创造铸成中国式的。

解析中医学与西医学之不可通约

如何认识和处理中医学与西医学的关系，是我遇到和思考的又一个重大问题。医学为何分中西？中西医学能否统一？自西医东渐以来已争论了一百多年。我考察了中医学和西医学两个学术体系及其发展史，对中西医学进行了系统的比较，考察了关于中西医学关系的各种研究和认识，探讨了中西医学关系问题的各个基本点，发表论文 20 余篇，出版了专著《中西医学差异与交融》《中西医结合临床研究思路与方法学》，得出几项基本认识。

1. 中西医学差异的起源和发展

整个医学"一流五源"，人类文明的五大发源地都孕育产生了自己的医学，医学起源的多元性和多元之间的差异性，是各派医学差异的历史起点，也是中西医学差异的历史起点，中西医学差异不过是多元差异中的一元，没有必要也不可能追溯到比这更远的地方。中西医学从起源时的原始差别发展为今天的巨大差异，主要经历了三个发展阶段。

第一，古代——差异的萌发。公元 5 世纪之前的一千多年，东西方哲学思想各执一端，核心是中国的元气论与欧洲的原子论相悖，影响了医学思想并直至今天。中医学以《黄帝内经》为核心形成经典的理法方药体系，西方医学形成以希波克拉底为代表的早期学术体系，虽有许多观点相同或相近，但研究的具体内容却非常不同，形成中西医学的早期差异。

第二，中世纪——差异的扩大。欧洲的"中世纪"是封建社会，政教合一，医学沦为教会的婢女，陷入凋敝的"黑暗一千年"。而这一千多年正是中国封建社会的鼎盛时期，中医学全面系统地发展，形成了经典学术体系，成就远远地超过西方，呈现"东高西低"的巨大反差，决定性地扩大了中西医学之间的差异。中医学现有的学术体系和基本特色，主要在这个时期确立和定型，对于中西医学现有差异的形成，从中医学这方面起了定型作用。

第三，近代——差异的加深。1840 年以后中国进入封建社会末期和半殖民地半封建社会，中医失去新的突破和发展的条件，保持着经典学术体系缓慢前行。而欧洲则发生了文艺复兴、资产阶级革命、科学技术革命，医学也发生革命，走上用新的科技知识和方法进行还原研究的道路，经过"机器医学""生物医学"的发展，建立和定型为今天所见的西方医学体系，形成巨大的"西高东低"发展反差，决定性地加深了中西医学的差异。这个时期对中西医学差异起加深和定型作用的，主要是西方医学近 400 年的发展。

2. 中西医学差异的两个方面和两种原因

考察发现，中西医学的具体差异表现在多个方面和层次，但在整体上，根本性的差异主要有二。①发展水平的时代性差异。现有的中医学是从远古到1840 年为止形成的经典学术体系，大体上属于古代科学的范畴。而现有的西医学是从 1543 年至今所形成的学术体系，属于近代和现代科学的范畴。②研究视野的方向性差异。中医学是以人为本的"人医学"，研究的是"人"的健康与疾病。而现有西医学是"人体医学""生物医学"，把人简化为人体，对人体进行分解还原，研究其形态结构能够用生物学和物理学、化学知识来解释的健康与疾病问题，不能做此研究和解释的就避而远之。

造成中西医学这两种整体性差异的，是两种基本原因，即影响医学发展的基本条件在中国和西方出现的差异。

第一，社会的政治、经济、科技。它是影响医学发展速度和水平的决定性条件，是造成中西医学之发展速度和水平差异的决定性条件。中国以 1840 年为界，前后的社会条件截然不同，在此之前中医学长期遥遥领先于世界，在此之后陷于滞缓。西医学以 16 世纪为界，在此之前经历了古代的兴盛和中世纪的凋敝，在此之后随着欧洲的资产阶级革命和科学技术革命而发生医学革命，赶上并超过中医，达到近代和现代的发展水平。

第二，思想文化。它内化为医学的学术思想，支配着研究的方向和视野，是造成中西医学之方向性和学术性差异的决定性条件。中医学遵循中国的思想文化，注重的是人，及人的整体性、生命运动、相互作用、生态调理。西医学遵循着西方思想文化，注重的是人体，及人的形态结构、分解还原、局部定位、实体粒子、对抗治疗。中国的"元气论"与西方的"原子论"的对立，是造成中西医学差异的最深思想根源。

3. 中医学的基本原理与西医学不可通约

中西医学结合研究是毛泽东主席倡导的一项伟大实践，中西医学究竟能否统一，始终存在着争论。经过半个多世纪的努力，却没有达到预期的结果，发现和证明中西医学的基本原理"不可通约"，怎么认识和解释？

基于中西医结合研究的实践，根据科学哲学所揭示的科学发展规律，我就中西医学统一的必然性、条件性、可行性等反复地思考了 20 多年，得出了一些基本认识。认为中医学和西医学是医学内部的两个学派，对于同一规律的不同认识必会统一，而分别认识的不同规律形成的不同理论不可通约，但会融合到未来的医学理论的统一体系中。

关键是中医学与西医学是不是真的不可通约，是什么不可通约，为什么不可通约？寻找答案还得回到毛泽东主席当年怎样提出中西医结合，他讲的是："'学'是指基本理论，这是中外一致的，不应该分中西。"① 实践结果所证明的，中西医学正是在"学"上无法统一。而"学"的不可通约，是不同的"学"分别研究和认识了不同的规律，其本质是不同规律之间不可通约。

经系统的考察和思考，认识到中西医学之间并非所有的东西都不可通约，真正不可通约的是基本原理，主要包括以下三个层次。

第一，基本理论反映的基本规律不可通约。中西医学的基本理论各自认识和掌握了健康与疾病的不同规律，中医的阴阳、脏腑、经络、病机、证候、治本、中药药性、方剂功效等，其规律都在西医学的视野之外，没有一项能够与西医学的现有理论相融合，按西医学的理论来研究也很困难。

第二，医学模式不可通约。中西医学之所以在同一研究对象分别认识不同的规律，在于研究视野有方向性差异，形成不同的医学模式。中医学与西医学在医学模式上的不可通约，主要是人医学与人体医学、生命医学与生物医学、生态医学与理化医学、关系医学与实体医学、调理医学与对抗医学、复杂性医学与分解还原医学的相悖。

第三，学术思想不可通约。造成中西医学两种不同医学模式的内在根源，是中国与西方的两种不同思想文化。中医学凝聚着中国思想文化，西医学凝聚

① 毛泽东. 同音乐工作者的谈话［N］. 光明日报，1979 – 09 – 09.

着西方思想文化，不但造成"仁者见仁，智者见智"的差异，而且造成"仁者见仁不见智，智者见智不见仁"的隔阂。

中西医基本原理的不可通约是整体性和本质性的。目前临床流行的所谓中西医结合治疗，实际上是在不可通约的两种不同原理指导下的"AA 制"，即"两种诊断互参，两种治法兼用，两种药物并投，两种理论双解"。

4. 中西医学统一的必然性和可能模式

中西医学基本原理不可通约，还能不能统一？我思考的结果是，中西医学的基本原理不可通约，不能在现有水平上直接合并，但必将遵循两条规律，从两个层次走向统一。

第一，由科学理论的真理性决定，对于同一规律的认识走向一元化真理。医学和所有科学一样，研究的是客观规律，对客观规律的正确认识具有客观真理性，真理只有一条。因此，只要中医学和西医学所研究的是同一规律，只要认识达到真理水平，就一定会统一。

第二，由研究对象的同一性决定，不同的理论将纳入统一的理论体系中。在科学体系中，医学只有一门，即研究人的健康与疾病的科学。中西医学的研究对象是同一的，其不可通约的理论，不过是分别认识了同一对象的不同规律，只要认识具有真理性并发展成熟，各自将作为相对独立的理论并列地纳入未来医学的统一理论体系中。

中医学和西医学走向统一是客观规律，但统一的实现恐怕要几个世纪的时间，想把中西医学在现有水平上直接"合并"起来办不到。未来的方向应是"大一统"，其可能模式是："A + B + ab + C"（如图1）。式中，A 是中医学不能与西医学相通约的理论及其发展，B 是西医学不能与中医学相通约的理论及其发展，ab 是中医学与西医学能够通约的部分理论及其发展，C 是由中医学与西医学之外的其他医学及整个医学未来发展所贡献的新理论。

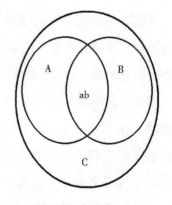

图1 医学的"大一统"模式

研究和创立中医系统论

把现代系统科学移植应用于中医学，发掘和总结中医学的系统论思想，研究和提高到现代水平，创立中医学系统论，是我几十年努力的主攻方向。

1. 运用系统科学研究中医学

系统科学兴起于 20 世纪中叶，是现代科学革命的四大主要成就之一，其研究方向是世界的复杂性，主要学科有系统论、控制论、信息论、耗散结构理论、协同学、超循环理论、系统工程学等，系统论是其基础理论。系统科学于 20 世纪 70 年代末开始传入中国，也开始了在西医学和中医学的应用，成为新兴的中医多学科研究的一个重要方向。我于 1980 年开始致力于把系统科学应用于中医学的研究，目标是研究和建立中医系统论。该努力得到系统科学倡导者钱学森院士的热情鼓励和支持，曾六次亲笔写信来给予指导，并寄来他的专著《论人体科学》，鼓励我："据我所知，国内外研究中医的工作很多，工作大都是仪器测定，比较定量而严格……当然，这些工作也往往由于不知道系统论而未能解决问题，但这正是您可以大有作为之处。用系统论一点，'点石成金'！""您如能把中医固有理论和现代医学研究用系统论结合起来，那么，在马克思主义哲学指导下，一定能实现一次扬弃，搞一次科学革命。"把系统科学引入中医学，首先解决了以下几个问题。

第一，认清系统科学是正确理解中医学的一把钥匙。中医学现代研究所面临的许多问题，特别是那些中医学自己说不清"所以然"，从西医学无法理解和研究的问题，从系统科学的理论和方法来看，却正是系统科学所研究和强调的深层复杂机制和规律，是更科学和深刻的。系统科学的整体性、联系性、动态性、有序性等原理，以及系统、开放、耗散、协同、非平衡、稳定、有序、熵、信息、反馈、黑箱等概念和理论，与中医学的关系最为密切，从这些理论可以豁然开朗地理解和阐明中医理论的深层内涵，是在现代科学中真正能够理解和研究中医学的理论和方法。

第二，划清系统论与还原论的界限。系统论是在批判还原论的基础上形成和发展的，所研究的是不可还原和反还原的现象和规律，即系统特性和规律。划清系统论与还原论的界限，是认清中西医学差异的一个关键点。还原论是西方特有的思维方式，源于原子论，兴于近代的科学技术革命，主导西方医学至今。其基本原理有二：一是"原子－组合"，二是"分解－还原"。认为世界的本原是不可再分的最小物质颗粒"原子"，万物都由原子组合而成，因而可分解、还原到原子，就找到了其本原、根源。西医遵循这种思维方式，认为疾病的本质在微观粒子，对人体进行分解，力图还原到疾病的"原子"（或其化身）。而系统科学研究发现，世界特别是人的本性与这种思维方式相反，不可分解和不可还原是更加本质的特性。中医学正是如实地认识和驾驭了人的不可分解和不可还原的特性和规律，形成系统论思维。中医学的系统论思维与西医学的还原论思维的差异和对立，是造成中西医学学术差异的内在根源，由此可以看清中医学和西医学之各自特色的本质。

第三，确认和阐明中医学的系统论思维。运用系统科学研究中医学的重大收获，是认清了中医学思维方式的系统论性质，总结和阐明了中医学的系统论思维。从 1981 年开始，连续发表几十篇论文，提出和论证中医学的系统论思维，认识的基本点有四：①中医学思维方式的性质是系统论的，如实地反映着人的健康与疾病的系统特性和规律，现代系统论的基本原理差不多都可在中医学那里找到某种原型。②中医学系统论思维的发展水平还是自发和朴素的，需要运用现代系统科学来研究和提高，发展为具有现代意义的中医系统论。③中医学的现代研究需要坚持系统论思维，纠正那种抛弃和抹杀中医学的系统论思维，而改用西医学的还原论思维的错误做法。④根据科学思维方式发展规律提出，医学和整个科学一样，思维方式的发展逻辑是"古代整体论—近代还原论—现代系统论"，医学思维方式的未来发展方向是系统论，中医的系统论思维符合并代表着这一方向，西医学要从还原论转向系统论，中医学要从朴素系统论提高到现代系统论。

2. 研讨健康与疾病的系统规律

中医系统论研究并非只是认定中医思维方式的系统论性质，更加重要和基本的，是探讨中医学究竟认识了健康与疾病的哪些系统特性和规律，抓住它进行现代系统科学的新研究，将认识提高到现代水平。而中医学所认识的那些系统特性和规律，正是与西医学不可通约的差异点，其差异和矛盾正从中西医结合研究和中医现代研究中暴露出来，成为热点性理论和方法问题。于是，我以这些重大的理论和方法问题作为突破口，逐步地深入进去。

中西医结合和中医现代化研究所提出的理论和方法问题众多，存在复杂争论和思想混乱。例如，阴阳的本质、经络的本质、五脏的本质、气和气化的本质、证候的本质、中药药性的物质基础、方剂整体功效的物质基础等，集全国之力几十年难以突破，许多重大课题无果而终。我抓住这些问题从系统论进行研讨，发现除了时代条件的限制，造成困难的共同原因是"以西解中"之误，是还原论引错了方向，像在养鱼网箱中寻捕大海深处之鲸。我从系统科学对这些重大问题进行新的探究，发表了几十篇论文，比较集中的是在《山东中医药大学学报》开辟了三次专栏讨论：1996～1998 年在"中医学重大理论系列研究"专栏发表"阴阳的本质究竟是什么"等 13 篇；2007～2008 年在"中医药自主创新思路研究"专栏发表"中医药自主创新应从战略上突破"等 12 篇；2009年在"中医问题访谈"专栏发表"怎样破解中医理论'不知其所以然'的难题"等 6 篇，阐述了关于这些理论和方法问题的系统论观点。

上述这些理论和方法问题的研究，关键是揭示中医学认识的健康与疾病的系统特性和规律，即那些不可还原和反还原的东西，从现代系统科学角度做出新的探讨和阐明。例如，从现代系统科学来研究发现，中医学的整体观有两层内涵，一是强调人产生和从属于天地之母，要把人的健康与疾病放到其母系统中对待；二是强调人的内部各部分产生和从属于人的整体，要把局部性病变放到整体背景中对待。这是标准的系统观，可从现代科学的最新知识进一步提高和阐明。阴阳是人生命运动的非对称矛盾特性，阴阳失调是矛盾关系的失调，既不能提纯出物质成分，也不存在特异指标，更不可还原为微观粒子。人的结构是复杂的，有解剖结构更有非解剖结构，经络是人的非解剖结构，从解剖结构去寻找经络的解剖形态的研究是方向性错误。"人"比"人体"复杂得多，"生命"比"生物"复杂得多，证候是人的生命运动失常，是人的疾病功能态，它涉及但主要的不是器质性病变引起的机能异常。人的结构是活的，由"功能A"建立和维持，然后才有结构所产生和负载的"功能 B"，证候的病变首先是"功能 A"失常。中药的药性是整体性的，不可还原，无法提纯和归结为物质成分的药理作用。方剂的整体功效是整体性的，不可还原，拆方研究找不到方剂整体功效的根据。

上述这样的问题探讨了大小几十项，得出的基本认识是，人是世界上最复杂的系统，其健康与疾病的系统规律客观存在，西医学由于还原论的束缚无从认识，中医学则按系统论思维接触了、认识了，只是由于时代条件的限制未能揭示清楚，运用现代系统科学进行新的研究，可以把这些规律揭示出来总结为新的理论。我所研究的规律问题主要有：健康与环境、心神与机体、整体与部分、宏观与微观、关系与实体、结构与功能、解剖的与非解剖的、有序与无序、平衡与稳定、能与熵、自愈与治愈等。通过研究提出了一系列新概念、新观点，例如，关于人的"整体性"，提出人的"元整体"性、"非加和"性、人的"系统质"、人的"功能子系统"等概念；关于人结构与功能，提出"结构"的本质是"关系"、人有非解剖结构、结构的发生和调节、疾病在本质上首先是功能性的；关于疾病的本质，提出人是典型的耗散结构、阴平阳秘是有序稳定、疾病不仅是失稳更是失序；关于人的自主性，提出人是典型的自组织系统、阴阳自和是生命运动的自组织；关于防治，提出五脏生克是机体自稳机制、治病求本是对人的自组织规律的驾驭、推动机体自主调理是治疗学的第一原理。

3. 提出中医系统论基本原理

把中医学的系统论思维提高到现代水平，创立中医系统论，是中医系统论研究的理论追求。1984 年在"全国 2000 年的中医论证会"上，大会发言提出了"创立中医系统论与系统工程"的主张；1990 年中国人体科学学会成立"中医系统理论专业委员会"，做了"论中医系统论"大会发言，提出了中医系统论的理论框架，阐述了中医系统论的学科性质、研究对象、基本内容、主要特点、发展方向，指出中医系统论是关于人的健康与疾病的系统规律的学说。经过 30 多年努力，建立起中医系统论的理论框架，先后有 5 部专著进行总结和阐述。前期有《中医系统论导论》《系统中医学导论》《中医系统论》，初步总结了中医系统论的理论和方法；后期有《中医系统论与系统工程学》，全面系统地阐述了中医系统论的理论和应用；最后的《系统医学新视野》面向整个医学，从中医系统论拓展为医学系统论。

中医系统论的理论核心，是研究提出的六项基本原理。

第一，元整体原理。即人是分化系统、元整体。要区分两种不同的系统和整体，即分化系统、元整体与组合系统、合整体。人是前者，不是后者，不能混淆。人的整体和部分都是分化发生的，都要放到产生它的整体背景中对待，遵循其分化发生机制和元整体特性。

第二，非加和原理。即人的整体不等于部分之和。整体的属性、功能、行为是只存在于整体水平，即"系统质"，不能分解、归结为各部分的属性、功能、行为或其相加和。"系统质"的病只存在于系统的整体水平，不能分解、归结为各部分的疾病或其相加和。

第三，有机性原理。即相互作用是真正的终极原因。相互作用造成整体不等于部分之和，相互作用正常与否是健康与疾病的内在根据。实体是关系网的网上钮结，实体病是关系失调的表现或结果；关系有线性的和非线性的，非线性关系及其失调是病变的非特异性本质。

第四，有序性原理。即人的健康是有序稳定，疾病是失序失稳。人是典型的耗散结构，具有开放性、非平衡性，通过与环境交换物质和能量"吃进负熵"实现有序化。健康不仅是稳定，更是有序，是有序稳定。疾病不仅是失稳，更是失序，是失序而失稳。

第五，功能性原理。即人的病变在本质上首先是功能性的。病变的本质是人的生命运动失调，大都发生在器质性病变之前和之外，包括"系统质"病变、非解剖结构的结构性和功能性病变、"熵病"等，器质性病变是"功能A"异常到一定程度或被外因所乘的结果。

第六，自主性原理。即人是自组织系统，发病和愈病都是机体的自主调理过程。自组织机制是"一只看不见的手"，自主地建立和维持有序稳定，健康是机体自组织的结果，病变是自组织的失常或失佳，防治的关键是依靠、调动、发挥机体的自组织机制。

4. 开辟中医系统论教学

为将中医系统论研究成果向临床、科研转化，我从1983年开始为硕士研究生开设了公共课"中医系统论"。先后以《中医系统论导论》《系统中医学导论》《中西医学差异与交融》为教材，每年讲授40学时，1990年以后又扩展为中医、针灸、中西医结合等本科专业的选修课，迄今已授课30多年，教师更替了三代。

研究生对该课学习特别认真，把中医系统论的理论和方法运用于学位论文研究，有的研究就从中医系统论方向选题，有些论文直接或大量地运用中医系统论的理论和方法，因此我多次应邀参加博士和硕士的毕业论文答辩会。学生们反映，这门课程是从学术思想、理论观点、思路方法上面向现代的开拓和启迪，从中学到的不只是一种知识，更是一把钥匙，一条道路，影响了一代人。

1988 年，在国内首次招收培养了以中医系统论为主攻方向的硕士研究生，其研究课题有"'证'是人的疾病功能态""肾脏是人的功能子系统""论阴阳自和"等。

论证中医学的科学发现和发明

在上述研究的基础上，2000 年之后的思考进入一个更深的层次——探究和论证中医学的科学发现和技术发明具体地揭示和阐明中医学究竟发现了什么，发明了什么，有何科学价值，对未来发展有何意义？

1. 总结中医学跨世纪提出的三大科学难题

世纪之交引起我深度思考的，是一个特别重大的问题，即中医学在 20 世纪有三项前无古人的伟大实践——中西医结合研究、中医现代化研究、中医走向现代世界，到世纪之交都暴露出深刻的困难和矛盾，这些困难和矛盾的实质是什么？

从历史长河的纵向看，中医学五千年创造了三大奇迹，而从世纪之交的时代横断面来看，中医学在 20 世纪的三大实践把三大奇迹的内在本质显露出来，成为中医学向医学、科学、思想文化提出了三大难题，而这三大难题之"难"，正是中医学的科学发现和发明所在。

第一难题，中医学基本原理与西医学不可通约。其具体内容如前述，它表明，中医学在西医学的视野之外，独到和独创地认识了另外的现象和规律。

第二难题，中医学的理论和实践现代科学解释不了。中医现代化研究不同于中西医结合研究，关键是运用现代科学技术来研究。但经几十年的努力，基本的学术问题几乎一个也没能解决。在基本理论方面，元气是什么？阴阳的本质是什么？经络是什么结构？五脏为什么找不到解剖形态？正与邪的本质是什么？失调所失的是什么？等等，这些问题都回答不了。在临床防治方面，证候是发生在哪里的病变？其寒热、虚实、阴阳、表里在人身上的具体变化是什么？回答不了；四诊研究了，用现代技术研发的舌诊仪、脉诊仪都不成功，对于舌象、脉象变化的内在机制及与病变的关系研究不了；常用的"寒者热之，热者寒之"等治疗法则，其机制是什么？中药的药性怎样转化和发挥为治疗功效？复方比单味中药多了什么？针灸的"得气""气至病所"的机制是什么等，都无法解释，甚至无法研究。

事实上，目前所说的"现代科学"，只是发展到 21 世纪的科学，水平仍然相当有限。其主要局限之一是没有进步到研究"人"，虽然有了生物学、心理学、脑科学、人类学等，但只涉及与人有关的某个方面，缺乏对人的全面系统研究，直到 1980 年，钱学森院士才倡导开展人体科学研究。然而，中医学却不同，从几千年前就以人为本，不加任何选择和取舍地接触、研究、认识了"人"的健康与疾病的各个方面和层次，其中大量或主体的内容是现代科学还没有涉足的。它表明，中医学在现代科学的视野之外，独到和独创地认识了另外的现象和规律。

第三难题，中医学走向西方世界无轨可接。从 1972 年开始的"中医西进"，是保持着五千年传统的中医学向西方医学一统天下的各国传播。开始曾期望与西方"接轨"，努力地去适应西方的法律规范和技术规范，但进展到一定深度却发现，"接轨"只能是表面的、技术性的，基本原理要"接轨"，就必须彻底改造中医，转换成西方医学理论，融入西方思想文化，也就是彻头彻尾地西医化、西方化，那样，就不再是什么"中医"国际化，而是非中医化、非中国化。因此，真正的中医走向西方世界，无轨可接，必须另行"铺轨"。

中医学走向西方世界之无轨可接，是中西医学不可通约的世界版。它表明，中医学不只与西方医学不可通约，而且与西方思想文化不可通约。这一事实证明，中医学独到的发现和发明不仅在西医学的视野之外，而且在西方的思想文化视野之外。

这三大难题所显现的，是中医学创造的三大奇迹之"奇"所在，是中医学在西医学、现代科学、西方思想文化的视野之外，独立完成的发现和发明所在，是超西医学、超现有科学、超西方思想文化的特质所在，是中医学黄金真理的实质。

2. 中医学是世界上第一门复杂性科学

中医学发现和发明的究竟是什么，为何既超出西医学，又超出现代科学和西方思想文化？这个问题从医学本身无法回答，从系统科学和复杂性科学找到了答案——中医学发现和发明的方向和焦点是复杂。

复杂性是世界的深层本质，科学发展到 20 世纪中叶，才出现了专门研究复杂性的系统科学和复杂性科学。复杂性的主要机制和规律有整体大于部分之和、相互作用、非线性、非平衡、非对称、自组织、自适应、随机性、有序、无序、混沌、模糊、突变等，其共同特征是不可还原或反还原，因此学术界把复杂性简明地定义为"超还原"。人是世界上最复杂的系统，科学的发展至今还没有进步到研究人的复杂性，但是，中医学已经研究它几千年了。中医学以人为本，道法自然，从临床防治来研究人的健康与疾病，临床有什么就研究和认识什么，不回避、不掩盖、不扭曲，按其本来面貌接触、认识、掌握了健康与疾病的复杂现象和规律，形成如实反映复杂现象和规律的理论和方法。因此，中医学是研究复杂性的先驱，中医学是世界上第一门复杂性科学，也是第一门复杂性医学。

复杂性的本质特征是不可还原或反还原，这是中医学与西医学的分水岭。中医学如实地研究和认识复杂性，但西医学走的是还原论道路，只承认和研究那些可还原的东西，不可还原和反还原的东西都被抛弃或否定，也就否定和背离了复杂性，这是中西医学术的分野所在。再深入一步，还原论源于原子论，原子论和还原论是融入科学和医学的西方思想文化的核心，它束缚着科学和医学长期不能研究复杂性，造成现有科学和西方思想文化难以理解和研究中医学。

总之，中医学的科学发现和发明，集中于人的健康与疾病的复杂性机制和规律。科学界认为，向复杂性进军是 21 世纪科学突破的方向，也是新的医学革命的方向。因此，中医学的科学发现和发明，可以说是面向和贡献给新世纪和新千年的发现和发明，它正符合并代表着新时代科学和医学的突破和变革的方向，将发挥不可替代的引领和推动作用。

3. 中医学的主要科学发现和发明

科学发现是对客观规律的揭示和总结，技术发明是把客观规律转化为操作工具或工艺，用于实践。中医学的发现和发明可列数很多，但哪些是真正超出西医学、超出现有科学、超出西方思想文化的？这需要高视角深层次地探究。我的思考基于三个坐标轴的交叉，一是从中西医学的不可通约处入手，来揭示中医学的发现点和发明点；二是从现代科学的最新发展主要是系统科学和复杂性科学，来阐明中医学发现和发明的究竟是什么；三是从新世纪新千年的新转折和新趋势，来论证中医学的发现和发明的价值和贡献。

要认清和阐明这样的发现和发明，必须超出就中医论中医的老传统，冲破"以西解中"的新传统，回到医学的原点，从"人体"回到"人"，从"生物"回到

"生命"，从"理化"回到"生态"，回到未被分解的整体，回到原本的复杂，那些被埋没和否定的发现和发明，可以豁然开朗地看到和看清。

经络有没有结构？国内外寻找经络形态结构的努力均告失败，不是经络没有结构，而是研究者错误地认为人的结构只有解剖形态，把研究引到错误方向。人的结构是复杂的，除了解剖形态，还有非解剖形态的结构，经络是，五脏、六经也是，中医独到地发现了人的非解剖结构，将引领和开辟人的非解剖结构研究。

证候究竟是什么病变？只要从"人体"回到"人的生命运动"，就可看清证候是人的生命运动的异常，是疾病功能态。辨证论治独到地发现了证候病变系统，它比西医学以病灶为核心的病变系统更加深刻和复杂，将引领和开辟人的"生命运动病变"的研究。

中医学发现的病机比病因和病理更深刻。病机是病因转化为病变的枢机，也是健康与疾病相互转化的枢机，因而是养生御病和治疗愈病的枢机，比西医学认识的损伤与抗损伤内在得多，深刻得多，将引领和开辟发生病理学和疾病发生学研究。

治病求本是中医学独到的治疗原理，是对人的自组织特性和机制的驾驭，是人的固有自组织机制把自己组织和保持在有序稳态，外来作用（致病的与治病的）都要经过其自组织才产生和表现为特定效应。"阴阳自和"是对人的自组织机制的认识，治病求本的原理是依靠、调动、发挥人的自组织机制进行自主调理，将引领和推动防治学向自主调理的方向变革。

中医学之于中药学的发明，关键不在发现了一万多种自然药物，而在将其中医化，按中医原理认识和使用以四气五味为核心的药性。这种药性自然发生于中药的整体水平，不可还原，是复杂药性。它代表并将引领自然药物之复杂药性的开发和应用。

中医学之于方剂学的发明，关键不在发明了十万多首方剂，而在"合群之妙"。复方比单味中药多了什么？复方不是药堆，典型的"整体大于部分之和"是把中药的药性复杂化的用药方式。怎样复杂化？一是由君臣佐使结构和七情合和关系"妙"出整体功效；二是"方因证立"，针对证候设计方剂功效；三是"方从法出"，依据和通过治法发挥方剂作用；四是依靠"神应于中"的接应和转化发挥非特异功效；五是"知常达变"地根据病情变化而更方。这是中医学发明方剂学的真谛——方剂原理，是把中药的复杂药性进一步有序地复杂化，以适应人和病变的复杂性。它代表并将引领和开辟药物开发和使用的复杂性方向和道路。

中医学的复杂性发现和发明还有很多，五运六气、天人相应、养生、治未病、阴阳、正邪、气机、脉象、舌象、针灸、推拿、穴位、气功等，都包含着对复杂性机制和规律的发现和驾驭，需要拨开那些漂浮在水面的泡沫和垃圾，逐一地将其科学真理揭示出来。我的专著《中医的科学发现和发明》是对这个方向所做探讨的总结。

韩明向

韩明向（1940—　），男，安徽肥东县人，安徽中医药大学教授，主任医师。先后任北京中医药大学博士研究生导师，香港大学荣誉教授、专科顾问，南京中医药大学师承博士生导师，第二、四、五批全国老中医药专家学术经验继承工作指导老师，首届全国名中医、国医名师，安徽省首届国医名师，享受国务院政府特殊津贴专家，第四届"国医大师"。主持国家自然科学基金2项，主持安徽省、国家中医药管理局、卫生部重大及重点课题3项，其他项目多个。获国家及省科技成果18项，省科技进步、自然科学二等奖各1项、三等奖3项，以及地厅级奖多项。主编《现代中医辨病治疗学》《现代中医延缓衰老学》《现代中医呼吸病学》《韩明向杏林耕耘60年》等著作10部。以第一作者及通讯作者发表论文180余篇，其中SCI收录1篇。先后任中华中医药学会理事、内科分会常委、内科延缓衰老专业委员会主任委员、内科呼吸专业委员会副主任委员、内科心病专业委员会常委，中国老年学学会抗衰老科学技术学会常委、抗衰老科学技术学会资深理事（终身），中国药理学会抗衰老与老年痴呆专业委员，安徽省中医药学会副理事长、名誉副理事长、内科分会理事长，国际中医老年学会常务理事等。1989年9月及1998年9月2次获"安徽省优秀教师"称号，1996年9月获陈香梅教育奖，2000年9月获"安徽省卫生系统先进工作者"称号，2001年10月获中国中西医结合学会中西医结合贡献奖，2014年12月被中华中医药学会肺系病分会授予中医肺系病建设突出贡献奖。培养硕士研究生41名，博士研究生9名，多为医院第一批博士；师承教育培养国家级学徒6人，省内学徒7人，香港大学学徒8人，现在多为国家和省级重点学科学术带头人。

一、不忘初心，砥砺前行

我出生于安徽肥东县磨店乡的一个小农村，目睹缺医无药的状况，立志做个医生治病救人，中小学期间学习努力，成绩优秀。1956年由学校保送至合肥医学专科学校，学习西医及中医学概论和针灸学。1958年暑期赴肥西县参加钩虫、蛔虫、丝虫普查，因为工作需要常常彻夜看显微镜，吃住在粪便标本旁边，次日接着转移到新的地点工作，有时走路也会打瞌睡，10月去淮北袁庄煤矿医务所，还没有走出校门，就要承担上千矿工及附近农民的医疗任务和诊所的管理工作，运用针灸治疗急腹症、腰腿痛等疾病。1959年春赴宿县医院（现宿州市医院）实习外科及妇科，那时医护合作，每天铺床打针后，要在办公室里消灭身上的虱子，5月底去界首县陶庙区负责医疗队防治浮肿病，曾经以五皮饮、五苓散利水消肿，7月去舒城龙河口（现万佛湖）防治浮肿病，7月底在六安市医院传染科、儿科实习。

在合肥医专学习时，我克服多种困难，成绩优良。1959年由学校推荐至安徽中医学院，系统学习中医，先后随杨雨初、徐恕甫老中医学习。1964年4月至1965年5月去上海北站医院、上海市青海路公费医疗第五门诊部毕业实习，曾随上海名医史济柱、针灸名医顾坤一、骨伤名医石幼山等学习，深感中医药的博大精深。在校6年学习期间，担任学习委员，学习刻苦努力，由于买不起教材，上课认真听课、记录笔记，下课向同学或图书馆借书复习，多门课程成绩名列前茅，各门总平均分数满分或接近满分。1965年毕业后留校工作，任内科助教，曾随学校去凤台县毛集、曹庄，承担一些医疗任务，用针灸及中医药治疗农村常见多发病。1967年在安徽省立医院中医科工作。1970年1月起，因医学院校合并，先后在安徽医学院附院大内科新医科、新医病房工作，从事中医及中西医结合临床治疗工作，承担中医药治疗肾炎、上消化道出血、急腹症、血液病的研究，先后研制胆蛔合剂及镇痛一号、喜树针等肌内注射剂。那时研制的肌内注射剂，首先在家兔身上试用，然后在自己身上注射，没有问题后再用于病人，取得满意的疗效。1972年后在安徽医学院附属中医院内科工作，任科秘书。1974年在上海龙华医院内科进修，随上海中医内科名医黄文东、徐嵩年等学习。

1976～1984年，在安徽中医学院附属医院内科工作，先后任科秘书、住院总。1978年10月赴东至县洋湖任血防医疗队队长。1981年去重庆中医研究所参加卫生部第一届中医内科急诊学习班。1984年我先后担任中医内科副主任、主任，内科教研室副主任、主任，硕士研究生导师。1987年晋升副主任医师。1992年晋升主任医师。1993年晋升教授。

在医疗队时生活艰苦，日常吃的只有咸菜、大白菜和粉条，工作繁重，住院总24小时在病房，每周只有半天回家休息，我终因积劳成疾，患了肺结核，治疗休息3个月就回到科室上班。在担任科主任期间，长期担任二线班，有时夜间一两点也要去病房，即使不是我当班也得抢救病人，我基本是病房、图书馆、家三点一线的生活，其间阅读大量中西医临床书籍，以适应疾病诊断及抢救的需要，并主持研究用独参针成功治疗顽固性心衰和急性左心衰，以《寿世保元》中的清上蠲痛汤为基础研制出"伊痛舒"治疗多种痛症，取得满意效果。

令我难忘的是，一位多源性室性早搏的危重病人，用利多卡因能临时控制早搏，但停药立即复发，经用中药后完全恢复正常。我在科内倡导并组织实施每日一方活动，即每天病房交班后，针对某一个病人，由一人主讲疾病的诊断、鉴别、辨证、治则、处方用药、方药分析，全科讨论，上级医生总结完善，提高了病房中医药参与率及实习医生、青年医生的中医药基本功。

1994年起我任医院院长，兼任大内科主任，带领医院走出困境，创建全省首个三甲医院，创建国家临床新药研究基地，创建安徽省首个中医重点学科中医内科学，我任学科带头人。其后，我先后任安徽省高校、卫生、科研高级职称评委会专家，安徽省学位委员会委员，安徽省保健委员会委员，国家临床新药研究基地主任，安徽省及国家新药评审专家等。

二、传承岐黄，普度众生

我杏林耕耘六十余载，潜心岐黄数十年，用岐黄之术服务于矿区工人、山区农民，治疗基层常见病、多发病，在医院里也用中医药方法治疗危重病、疑难病，除了治疗大量省内外病人，还治疗了许多国际友人。从医几十年以来，没有发生一例医疗事故和医疗纠纷。

我认为，作为医生要有精湛的医术，更要有高尚的医德，只要一心为病人服务，时刻换位思考"如果我是个病人"，就会热心、耐心、认真地对待病人，有一颗爱心、宽容之心及精湛的医术，就能预防医疗事故，化解医患矛盾。我不仅自己这样做，也要求学生和年轻医生这样做。我常说，你选择医生这个职业，就是选择了奉献，你必须时刻想着病人，24 小时、365 天在岗，终身不断学习，否则你就有愧于把健康和生命托付于你的病人，有愧于医生这个光荣称号。在中医药防治严重急性呼吸综合征、人感染禽流感、手足口病及水灾后疫情防治中我都积极献计献策，甚至深入疫区和临床，弘扬中医药在防治流行病中的作用。

我从事医、教、研近 60 年，长期担任大内科主任、内科教研室主任，创建了全省第一个中医学重点学科——中医内科学，在此基础上分化为多个内科三级学科，发展扩充病床占医院床位一半以上。我长期从事临床教学，担任硕士研究生导师、北京中医药大学博士研究生导师、南京中医药大学师承博士研究生导师、香港大学荣誉教授、第二、四、五批全国老中医药专家学术经验继承工作指导老师，先后培养硕士研究生 41 名，博士研究生 9 名，师承教育培养国家级学徒 6 人，省内学徒 7 人，香港大学学徒 8 人。我常常用自身的经历告诫门人，要做老实人，无论是做临床工作或是科学研究都要做老实人，从长远看老实人不仅不吃亏，也是事业成功的基本要求。要珍惜自己的岗位，这是组织上给你成功事业的平台。要爱惜自己的团队，这是你成功的重要支撑。外因只是成功的条件，决定因素是靠自身的努力，必须持之以恒地克服困难、砥砺前行。

几十年的医学生涯，我以岐黄之术服务于临床，解除了大量病人的痛苦，传道授业解惑，培养岐黄人才，在潜心传承岐黄、学术研究方面也做了些工作，主要有：

1. 中医药延缓衰老的研究

20 世纪 80 年代，我根据中医上工治未病的理论，针对中国社会即将到来的老龄化，在国内较早开展了中医药延缓衰老的研究，通过对 178 例健康老人衰老证候特点调查发现，老人以虚证表现居多，在老年虚证中又以气虚（含阳气虚）、阴虚、气阴两虚（含阴阳两虚）居多，虚证涉及五脏，且以同时病及二、三、四脏为多，并发现老年虚证多夹有血瘀证表现，尤以气阴两虚及阴阳两虚的老人夹瘀为多。因此，我认为老人衰老的证候学特点是气虚、阴虚、血瘀，在此基础上，首次提出"虚－瘀－衰老"的中医衰老模式。

中医既往关于衰老的认识，主要表现为某一局部或某一器官形态、功能的衰减变化，但这些变化都是机体整体衰老的暂时局部反映。我以中医理论为指导，以衰老临床证候调查为依据，充实了中医对衰老的认识，提出"虚－瘀－衰老"的中医衰老模式，认为衰老是随增龄而表现的全身性、衰退性、渐进性的动态过程，主要证候特点为气虚、阴亏、血瘀，其主要病机是随着增龄出现气虚、阴亏、鼓动无力，脉道失润而导致血瘀内停，引起机体整体性、渐进性的衰退变化，且在这一变化过程中"虚－瘀－衰老"可呈现互为因果的循环，继而促进机体的衰老进程。在这一过程中，不仅出现肾气虚及脾气虚证候，也可先后表现肺气虚及心气虚证候，既可见肾阴虚表现，又可见肝阴及心阴不足的表现。虽然可以或多或少或迟或早出现某一两脏气虚或阴虚，但只是衰老进程中特定阶段的特定表现而已。衰老全过程的虚损是以气虚、阴亏为其基本特征。瘀血内停是衰老的又一重要特征。虽然老年血瘀证主要由气虚、阴亏所致，但痰浊、气滞也可促使血瘀证的形成。

针对衰老的主要病机，我们采用益气、养阴、活血药物组成抗衰老方"寿星宝"。经临床与实验研究表明，寿星宝能够从多途径、多系统、多层次发挥延缓衰老作用，改善衰老症状，提高老人记忆力及动作反应能力，能延长动物寿命，增加抗氧化能力，改善血液流变性及心肌耐缺氧能力，增加脑组织血流量，改善大脑神经递质代谢及机体激素代谢等多种功效，提示益气、养阴、活血药物可在多种环节方面延缓衰老的发生，这也为"虚－瘀－衰老"模式提供了有力的佐证。

我在延缓衰老研究方面，受到了国内外同行专家的认可，1993 年参加了在布达佩斯召开的第 15 届国际老年学会议，我作为唯一的中医代表发表了相关论文，此后在哈尔滨国际中医延缓衰老学术会议上该论文作为两篇大会特别演讲之一而备受关注，1999 年受邀参加在北京召开的国际衰老和抗衰老科学技术学会会议，进行交流论文。我的研究处于当时中医药延缓衰老的领先地位，因此作为主任委员单位，我任主任委员。

2. 肺气虚证的研究

20 世纪 90 年代，对肺气虚证的认识，是指气虚证加肺部定位症状，我根据中医理论及肺气虚证临床发生、发展、演变，首次按照肺气的卫外功能、主气功能及治节功能减退，将肺气虚证分为轻、中、重三度。这种分度，比较符合肺气虚证的临床表现及转变，对肺气虚证的认识比较全面、比较有针对性。

卫外功能减退。肺主皮毛，皮毛为人体之藩篱，能抵御外邪，固护肌表。

肺气虚不能宣发卫气达于体表，卫外之气不足，机体抵抗力下降，易招外邪侵袭，则反复感冒，经久不愈。肌表疏松，腠理不固，则恶寒怕冷，动则自汗，肺不布津于体表，则可致皮肤干燥，毛发干枯，甚至脱落。同时，可伴有神疲、乏力、气短、舌淡、脉濡等气虚证的一般性表现。肺的卫外功能减退，既可以单独出现于肺气虚证的早期，还可与肺的呼吸及治节功能障碍并见于肺气虚证的中晚期。因此，卫外功能减退为肺气虚早期轻度的表现，也贯穿于肺气虚证的全过程，是肺气虚证的基本表现。

主气功能失常。肺气受损，气无所主，失其宣发，则出现呼吸不畅，胸闷，咳喘，鼻塞，多嚏，喉痒，或卫气郁闭，腠理闭塞而无汗，失于肃降而见咳逆上虚的癃闭。若肺气虚弱，虚陷于下，致膀胱失约，小便失禁，则出现气虚不运的遗尿等。肺具有宣发、肃降之功能，能协调人体气机的升降。肺气虚则气机升降失常，清气下陷则见头目晕眩、身倦乏力、气短懒言等症，甚或久泻久痢，内脏下垂；浊气上逆则腹部胀满，干呕嗳气，纳少呕恶，甚至扰动心神，蒙蔽清窍，表现为心烦易怒、神昏谵语等。

治节功能障碍。肺朝百脉，肺气虚时运血无力，血脉瘀阻，故见心悸，胸闷，喘促气急，舌唇青紫、舌质紫暗，肢冷，指甲青紫，颈部青筋暴露，舌下脉络瘀阻等症。肺为水之上源，主肃降而通调水道。肺气虚衰，宣降失职，气不化水则致水道壅塞，水湿横溢，或淫溢肌肤，或停于胸腹，出现全身水肿，腹部及下肢尤甚，按之凹陷没指，倦怠，腹胀脘闷，口腻不渴或口干不欲饮，小便短少，便溏。肺气虚衰，则水液不能运化转输，以致膀胱气化不利，水道不畅，出现肺脾气虚的癃闭。若肺气虚弱，虚陷于下，致膀胱失约，小便失禁，则出现气虚不运的遗尿等。肺具有宣发、肃降之功能，能协调人体气机的升降。肺气虚则气机升降失常，清气下陷则见头目晕眩，身倦乏力，气短懒言等症，甚或久泻久痢，内脏下垂。浊气上逆则腹部胀满，干呕嗳气，纳少呕恶，甚至扰动心神，蒙蔽清窍，表现为心烦易怒、神昏谵语等。治节功能障碍主要见于肺气虚证的晚期。

总之，肺气虚证是肺气多种生理功能减退或障碍的一种表现。根据临床观察，具有渐进性、阶段性、全身多脏器性变化的特征，即肺气虚症状逐渐加重，病情逐渐发展，进而累及心、脾、肾的功能障碍。本研究获得卫生部重点科研资助，培养硕士、博士研究生多名，处于国内领先水平。研究成果被国家药品监督管理局主编的《中药新药临床研究指导原则》中"中医证候研究指导原则"的"中药新药治疗肺气虚证的临床研究指导原则"所采用，并且获得安徽省自然科学二等奖，目前研究还在进一步深化，仍然处于国内领先水平。

3. 心气虚证的研究

心气虚指心主血脉及心藏神的功能减退，出现心悸，气短，精神疲倦，活动后加重，面色淡白，或有自汗，舌质淡，脉虚等临床症状。我们以无创心功能仪器检查发现，心气虚患者存在着不同程度的心功能不全，与左心功能不全密切相关，由于心脏储备功能较健康人低，故出现气短、乏力等症状。心气虚患者不仅有低左心泵力、低心排出量，而且伴有血液高凝固性和高黏滞性，以及微循环异常等，并发现心气虚证患者的临床症状及体征的积分位与血流动力学参数呈负相关，而与血液流变学及微循环参数呈正相关。因此，认为心气虚证不只是左心功能减退，而是机体心功能、血液流变学、微循环等多种功能减退或障碍的综合表现。部分揭示了所谓"气虚致瘀"即是指主要由心气亏虚、不能维持血脉运行所致，从而丰富了气血相关理论的内容。

我通过人参针治疗心气虚证的研究，发现人参不仅可以改善患者的气虚症状和血瘀征象，而且患者的血流动力学、血液流变学、微循环等参数亦相应得到改善。对301例心气虚证患者的观察中发现，经人参注射液治疗后，不仅明显改善了患者的心气虚症状，而且还改善了瘀血症状和体征，对ST-T波和左室肥大伴劳损的异常心电图也均有较好疗效。与此同时，101例心气虚证患者的低心排出量状态得到明显改善，全血比黏度、全血还原黏度、血浆比黏度、纤维蛋白原含量，以及体外形成血栓的长度、干重、湿重等指标也获明显改善。以上研究结果证实，人参具有益气祛瘀作用，其机理可能与其强心、抑制血小板聚集、促进纤溶、改善微循环等作用有关。

我通过研究人参注射液治疗冠心病心气虚、心阴虚证75例临床疗效，发现人参能显著改善冠心病心气虚证患者心绞痛、心电图异常，降低心气虚证候积分值，显著改善血液流变性、体外血栓、微循环状态异常。人参对冠心病心阴虚证患者的心绞痛、心电图疗效远比心气虚证差，并且使证候表现加重，使血液流变性、体外血栓、微循环异常显著加重或呈加重趋势。该研究结果提示，人参治疗冠心病亦须辨证使用。"气有余便是火"，益气不当可以助火伤阴而加重冠心病心阴虚证。因此，临床应用人参治疗冠心病时，必须辨证使用。

1992 年在北京举行的国际中医心病会议上,《人参针治疗心气虚研究》的学术论文在大会演讲,获得"岐伯杯"奖,鉴于人参针对冠心病心气虚证的研究达到了国内的领先水平,研究得到了政府部门的重视,给予特别立项资助。

4. 运用"因虚致瘀"理论治疗老年慢性病的研究

气血是人体生命活动的重要物质基础,由脏腑化生、输布,而同时脏腑又依赖气血维持正常的生理活动。气血与脏腑密切相关,气血的病变会影响某些脏腑,而脏腑发生病变则会影响气血的变化。"气为血之帅,血为气之母",血液的化生和推动赖于气,气能生血亦能行血,而气又以血为载体。正如《素问·举痛论》所云:"经脉流行不止,环周不休。"血液在人体是行而不居的,若留而不行,则滞而为瘀。气机郁滞,治节失节,血行不利,滞而为瘀,且痰浊水饮之邪,其性重浊黏滞,易阻碍气机,更易导致血行瘀阻。

我和我的团队依据因虚致瘀理论对内科慢性疾病,如慢阻肺、冠心病、老年性痴呆等常见老年病进行临床和实验研究,证实慢阻肺、冠心病、老年性痴呆等常见老年病患者血液处于高凝状态,血浆黏度、全血黏度、红细胞压积、体外血栓形成均有异常改变,血液流变性降低改变明显。我认为,中老年人阴气自半,正气渐虚,而慢性病迁延不愈,更易耗伤正气,气虚则推动血行无力而易形成瘀血,针对老年病因虚致瘀的病机,采用扶正祛瘀的治法治疗老年慢性病,如用补益肺肾、活血祛瘀药物组成的参七虫草胶囊治疗慢阻肺稳定期,用益气养阴、活血通络药物组成的补心活络饮治疗冠心病心绞痛,用健脾益肾、益气养阴、豁痰祛瘀、开窍健脑药物组成的智脑胶囊治疗老年性痴呆等都取得了一定疗效,该项研究获得安徽省科技进步三等奖。

三、老骥伏枥,壮心不已

2000 年底,我从担任 6 年的医院行政管理岗位上退下来,又可以一心一意、专心致志地回到我的中医药临床及学术研究工作中,虽然已年过六旬,但是我深知学如逆水行舟、活到老学到老的道理。尽管系统学习过中医药理论知识和临床课程,长期从事中医医疗、教学、科研,阅读过大量中医药文献,但是中医药书籍浩如烟海,我们学过的、掌握的知识,只是沧海一粟、九牛一毛,现在正是有时间做自己想做的事情。除了学习中医经典、历代中医书籍、报刊中的相关中医药文章,为了提高学习效率,掌握现代的学习方法,我还从学拼音、查字典、敲键盘开始，逐步掌握利用电脑上网查文献学习中医药知识，了解中医药进展动态，针对临床治疗中发现的问题，科研、教学工作的需要，查阅相关资料。我虽然年过花甲，患有颈椎病、一过性脑供血不足及白内障，但仍然坚持记录读书笔记 10 多本。

目前我退休已近 20 年，患有高血压病、频发室性早搏、腰椎间盘突出症等，但是一直坚持每周 3 个半天门诊，除了长期服用药物，有时腰痛需要用护腰才能维持半天工作。工作不仅使我退休生活充实，也是退休后和病人及社会交流的平台，还能体现自身发挥余热的价值。对每个病人我都能热心、耐心、细心地倾听他的陈述，认真地询问、检查、记录、分析病情，依据中医临床思维方式处方用药。一位教师因一讲话就咳嗽 10 多年，而不得不离开讲台，经过我采用中医药治疗 2 个多月后恢复健康，重新走上讲台；一位青年不明原因发热 2 年，经过我用中医药调治两三个月，体温完全正常；一位国外商人患心悸、恐惧、畏寒、自汗多年，走遍世界多国，诊断不明，治疗无效，走投无路时，在客户的一再推荐下，将信将疑地来看中医，他惊奇地发现，服用我开的中药 1 周症状显著改善，2 周后完全恢复正常。每当治愈病人或为病人减轻痛苦，都给我带来欣慰，尤其是治好一些疑难病，不仅给我带来惊喜，更使我为中医药的神奇而自豪。

2005 年我受香港大学邀请，任专科顾问及荣誉教授，全职及兼职工作 9 年，从事中医全科临床工作及临床带教、带徒，根据中医理论和多年中医内科临床基础，采用纯中医药方法治疗疾病，受到一致好评。2014 年因为身体原因及医院人才培养的需要，我离开了香港。离开香港后，仍被香港大学聘为荣誉教授和港大金钟中医治疗中心顾问。

退休后我仍然关注医院学科发展及学术活动，每年参加硕士研究生和博士研究生的开题及毕业答辩，为中药新药开发及研制保健品献计献策。2001 年我任学术带头人成功申报国家中医药管理局首批肺系病重点学科，2014 年我任学科带头人申报成功国家中医药管理局老年病学重点学科。2001 年 4 月主编《现代中医辨病治疗学》，2004 年 10 月主编《现代中医延缓衰老学》，2005 年 8 月主编《现代中医呼吸病学》，2016 年 8 月主编《韩明向杏林耕耘 60 年》，均由人民卫生出版社出版。2011 年 1 月，首部总结我的临床经验专著《韩明向内科临证精华》由安徽科学技术出版社出版，2016 年 9 月主编《肺系病临床方药臻萃》

由科学出版社出版。2011年9月，我已年逾古稀，仍主持了"ERK信号通路介导的海马神经再生在益气养阴活血法改善糖尿病合并脑缺血大鼠空间学习记忆中的作用研究"课题，罕见地再获国家自然科学基金资助。其间先后获得4项科技进步奖，并于2001年10月获中国中西医结合学会颁发的中西医结合贡献奖，2014年12月获中华中医药学会肺系病分会授予的中医肺系病建设突出贡献奖。

退休后我仍然关注中医药的传承工作，门诊带教实习生、硕士研究生及境外研修医生。几十年来，我培养的学生绝大多数都具有高级职称，成为内科多个三级学科的骨干，有的成为国家重点学科或专科的学科带头人或学术带头人，学术上颇有建树，有的已经成为医、教、研方面的管理人员，工作中成绩斐然。我感到十分欣慰，也为他们感到骄傲。

几十年来的杏林耕耘，我在医疗、教学、科研方面取得一些成绩，虽然要靠自身的努力，但是组织的培养、团队的支持同样重要，三者缺一不可。我虽然年近耄耋，而且患有多种慢性病，但是我要保持良好的心态和生活习惯，工作可以退休，潜心岐黄、砥砺前行的步伐不能停止。我要继续以岐黄医术服务群众，为传承岐黄医术再做贡献。

（韩辉、黄辉协助整理）

皮持衡

皮持衡（1940—　），男，江西南康人，1965年江西中医学院中医专业大学本科毕业，从事中医药医疗、教育、科研工作五十余年，江西中医药大学附属医院主任中医师、二级教授、博士研究生导师、著名中医药专家，江西省名中医，首届全国名中医，享受国务院政府特殊津贴专家，第二、三、四、六批全国老中医药专家学术经验继承工作指导老师，第四届"国医大师"。获国家级教学成果二等奖、首届全国中医药传承特别贡献奖、全国老中医药专家学术经验继承工作优秀指导老师等荣誉。发表学术论文百余篇，先后主编、参编、主审出版专著、高校教材、专业指导书20余部，其中主编出版的《皮持衡肾病学术思想及临证经验》《中医内科学急诊手册》突出反映了学术思想与见解。擅长内科疑难杂病，尤其对肾脏病的诊疗颇有造诣，如慢性肾衰竭、慢性肾炎综合征、肾病综合征、紫癜性肾炎、单纯性蛋白尿、高血压肾病、糖尿病肾病等。

一、成长之路

（一）秉承家传

我生于中医药世家，年幼时，常听父亲谈到，曾祖父即是中医，善岐黄之术，祖父和父亲皆承袭祖业，祖父在自家药铺悬壶开诊，一生济世救人，父亲执医，从药工做起，对于中药饮片的炮制及膏丹丸散的制作无不知晓，我虽自幼体弱，但天资尚聪颖，加之刻苦好学，很早就有了较好的古文基础，且涉猎较广，喜爱文学、书法等。其中尤以书法见长，笔墨隽秀洒脱，很受老师喜爱。书法的特长，成为我步入中医之门的一个契机，家庭的影响，则为我后来中医的学习打下了良好的基础。

受家庭的影响，我从小即接触中医药，自读小学起，就常随父亲在自家药铺、诊所内复习功课，耳濡目染，看到众多的患者经父亲治疗后解除了病痛，恢复了健康，渐渐被神奇的中医药吸引住了。尤其是病家之感激，乡邻之尊敬，无形中成为一种动力，使我自幼就对中医药产生了特殊的感情。虽不曾随父侍诊抄方，但每睹急症之转安，沉疴之复起，心里时时泛起一种治病救人、造福乡里的意念，及稍年长，遂有志于医学，油然产生"欲为良医"的愿望！

我看到父亲经常伏案翻看一本叫《医宗金鉴》的书，多年来都不曾更换。后来才知道，这是清乾隆四年由太医吴谦负责编修的一部医学教科书。全书采集了上自春秋战国，下至明清时期历代医书的精华，共90卷，15个分册，是包括了《伤寒论》《金匮要略》、名医方论、四诊、运气、伤寒心法、杂病及各科心法的一部丛书。该书特点为图、说、方、论俱备，并附有歌诀，便于记诵，尤其切合临床实用。有时复习完功课，我就翻翻这本书，想来这本书就成了我学习中医的启蒙。

1959年高中毕业参加高考，因当时成绩较为优异，使我立志要在更广阔的领域驰骋，来更好地服务社会。录取我的是江西中医学院中医专业。后经多方打听了解到，录取的原因有两个：一是书法隽秀；二是家长建议录取中医专业。我问父亲，父亲告诉我，你从医一方面是传承家业，另一方面也是考虑你的身体因素，你从小缺少母乳喂养，体质弱，学医可以自我调理，何乐而不为。我转念一想，既来之，则安之，再说，学医本也是我儿时的愿望，立志学医吧！

到了大学四年级，我被分配到吉安课间实习，在医院更深切地体会到中医的疗效及生命力，随后又在张仲景的《伤寒杂病论》序言中看到，"上以疗君亲之疾，下以救贫贱之厄，中以保身长全"，学医的目的从中一览无遗。我立誓发扬国粹，以中医药事业为己任，有志者事竟成，在这一思想的指导下，我开始了从事中医学习和临床诊疗的漫长岁月。

多年后，我体会到志愿坚定，这是成长的第一步；第二步，就要刻苦勤奋，自强不息了，这个勤奋不是一时一刻，而是要持之以恒。我每天都坚持学习古典医籍，直至夜深人静，对中医的兴趣越来越浓厚，信心也就越来越坚定了。此外，我认为，学习方法也很重要。我国传统的学习方法，叫"三到"，即心到、眼到、口到。心到是用心，眼到是看，口到是诵读背诵，要三者融为一体，古人无不以此为收效速、易记忆的好方法，尤其是学习中医，多读多背乃十分有益。

（二）名师指点

1964 年下半年，时届大学六年级，江西省卫生厅选拔三名毕业班的优秀中医大学生，跟随当年江西的三位名中医师承，谓之"名师带高徒"，作为一种中医培养方案的尝试。我有幸被选中，指定跟随省名老中医赖良蒲临床习医，恩师时任江西省中医研究所副所长及江西省中医院副院长，治学严谨，临床经验丰富，临证治病虽重经方，但也往往经方和时方并用，在同一疾病的不同阶段采用最适合的方药进行治疗，并不排斥时方。在三年的师承学习中，我一边照顾老师的日常生活，给老师端茶送水，搞好诊室卫生，备好纸张笔墨，一边全天候地随师应诊或会诊，按要求每月认真总结老师经验并撰写学习心得一篇。

恩师要求严格，第一天，就提示我四句话："温经典，读喻昌，多临床，常笔录"，希望我能够重视经典，勤于临床，善于思考，经常做好笔记。特别强调多读喻昌的书。喻昌是江西南昌人，字嘉言，明末清初著名医学家，被誉为清初三大著名医家之一。他倡导三纲学说，中医理论颇有建树。著有《寓意草》《尚论篇》和《医门法律》等书。赖老强调多读喻昌，一方面是因为喻昌是江西人，有相同的地域和气候因素，对于疾病的认识有更多可借鉴之处；另一方面也希望我能像喻昌一样精诚为医，体恤病患，成为像喻昌一样有建树的名医。

"师者，传道授业解惑也"，我以为学好中医的捷径之一就是师承。从名师，一方面老师能传道授业，指导学习，解惑答疑，在学习的过程中少走弯路；另一方面，通过老师的言传身教，能够树立高尚的医德，学会为医做人的道理。纵观历史，不论古今，名医多拜名师，方能汇各家之长，成为中医大家。如叶天士曾跟师 17 人，称转益多师。此外，也要求自己多读书，读好书，勤临证，善思考，不断丰富自己的知识，提高自身素质，并在临床中不断总结，方有可能青出于蓝胜于蓝。在随师应诊的过程中，细心观察，虚心好学，揣摩体会，勤思勤问，日积月累，才能得到老师的"真传"。

勤能补拙。勤读书，勤临床，我在读书和临床方面还算得上是比较刻苦的。每天坚持学习，很少间断，对所读之书，认真思考，深入领会，不断"充电"，真正做到一步一个脚印，扎扎实实地把书读懂弄通。此外，我尤其重视临床，在学习期间，无论寒暑，风雨无阻，坚持参加跟师临床，包括以后走上管理岗位，我仍然保持着这个习惯，几十年来门诊几乎没有间断过。常言道"熟读王叔和，不如临证多"，尤其是跟随名老中医深造，把握得好，是中医成长的捷径。我认为，跟随名老中医学习是站在老师的肩膀上提高自己，可以大大缩短成长的过程！

我还有一个习惯就是不断总结。在跟诊恩师或自己临床时，对每一位患者都单列一案，详记其脉证方药和诊治过程，病愈之后，略加按语。无论典型或失败的病案，都有一段小结，日积月累，这些小结使我少走了许多弯路，也算是我成长的一个秘诀吧！

经过读书－临床－总结－再读书－再临床－再总结的过程之后，集腋成裘，不断夯实自己的基本功，临证时很自然地唤起记忆，理、法、方、药也多能涌现于脑海，驰骋于腕底。临诊之际，经方、时方、验方并施于患者，轻骑熟路，多能应手而效。

（三）自我完善

1. 学经典经方、前贤古训

经典是中医药学的必修课，它们构建了中医的基本理论框架，涵盖了中医基本理论的主要内容，是中医药理论的源泉及延伸发展的载体，是中医临床实践的基础和灵魂，对临床具有很强的指导性。经典著作文简、意博、理奥、趣深。读经典，要反复读、反复背、反复吟诵，练好基本功，才能将它转化成源泉之活水，灵活应用于临床。

除了中医四大经典，我认为对于某个专业方面的经典，如《针灸甲乙经》，它们有经典的中医专业知识或经典的中医思维，也应该囊括学习之中。对于学习继承中医的人来说，中医经典永远是必修课；对于运用中医的人来说，中医经典永远是指路灯。

我认为，学习经典是为了更好地运用，不应停留在学习的层面上，不应抱残守缺，故步自封。否则，经典永远只是理论。从临床角度说，经典永远是在于应用的。另外，还要认真学习各家流派之说，由博返约，融会贯通。如辨证论治思想孕育于《内经》，发挥于《伤寒杂病论》，《伤寒论》首倡"六经辨证",《金匮要略》倡"脏腑经络辨证",奠定辨证论治基础。其后，由于历代医家不断发挥，其内涵亦趋丰富，"三焦辨证""卫气营血辨证"则是对辨证论治内容的极大丰富和补充，都应该系统学习，在临床中才能脚踏实地，成竹在胸，得心应手。

前贤名家的古训是从无数诊疗实践中总结出来的具有创意性的箴言。对前贤古训，应该精读，以至背诵，而后在临床上反复揣摩，熟读而精思，从中悟出真谛。

前贤医案包括了医之法、法之巧，临证思路，尽可揣摩。王燕昌认为："名医之案，各有心得，流传既久，嘉惠无穷。盖临证多则阅历精，练事深则处方稳，此前贤医案所以可贵也。"张山雷认为，多读医案，绝胜于随侍名医，不啻聚古今之良医，而相与悟对一堂，从上下其议论，何快如之！

医案不仅是医家临床经验的总结，也是中医药学伟大宝库中的一大瑰宝。其中既有辨证思维的方法，又有临床治疗的技术；既有供人效仿的成功经验，又有令人可鉴的失败教训。对医案多加剖析，是充裕自我的一个捷径。

2. 博览群书，学同行能手

先哲明训，读书要"一精二博"。博即是博览群书。在系统学习中医经典著作的同时，还要探索唐宋、金元及明清诸家，对和自己专业密切相关的诸家学说，主张逐一研究，反对囫囵吞枣和不求甚解，强调细研详究，在这个基础上触类旁通、举一反三，可以得出许多新的见识。如《景岳全书》是中医肾病医生必读的一部典籍，《景岳全书》是记录张景岳毕生治病经验和中医学术成果的综合性著作。全书将中医基本理论、诊断辨证、内外妇儿各科临床、治法方剂、本草药性等内容囊括无遗，全面而精详。书中更首创"补、和、攻、散、寒、热、固、因"的方药八阵分类新法。其自创的《新方八阵》载方186首，是景岳将一生之临床心得、处方体会、用药特长熔于一炉。张氏特别重视养阳的思想，提出"天之大宝，只此一丸红日；人之大宝，只此一息真阳"。这一思想，对我医涯影响深远。

对于中医生应读书籍，我个人比较推崇《本草纲目》《证治准绳》《医学心悟》《药性赋》《类证治裁》等。《药性赋》原为中医初学中药的启蒙书，该书将248种常用中药按药性分寒、热、温、平四类，用韵语编写成赋体，言简意赅，朗朗上口，便于诵读记忆。尤其是对药性概括精辟，一经铭记在心，受用终生。《类证治裁》是清代医家林珮琴搜集编著的一部比较广博的临床著作，其论述深入浅出，观点中正平和，选方实用合理，所以会被有些医学院校作为教材来使用。本书具有博采众长、取材审慎、编排分项明晰、方治便于检用等特点，在临床参考书中颇有影响。

我认为，学习应该博采众长，习医尤应如此，但在学习各家之说时应注意补偏救弊，每位医家都有自己的时代背景、气候环境、学术渊源和学术背景。因而其观点自各有别，不可能面面俱到，这就要求我们善于把握各家之长，为临床所用。

博览群书，还需注意吸收现代医学的研究成果，在继承中发展创新。无论中医、西医，皆各有长短，善为医者，应善于取长补短，而不可立门户之见。在当今时代，应与时俱进，注重学习西医知识，不仅掌握其基本知识，而且能用其长，灵活地使用客观化验检查结果，将中医四诊延伸。

此外，学好中医还要学习中国传统文化，这是中医的源头。缺少文化源头，中医的发展就会成为无源之水、无本之木。《周易》《道德经》和中医都有渊源，都应有所了解。一些古典小说如《红楼梦》等都载有很多中医病案、方剂，也可给人以启迪。当然，博览不可滥，读书不能死，应读有所用，学以致用。

书本上的医学知识是死的，同行中的医疗经验则是活的。要想学到同行蕴藏着的丰富医学知识，必须放下架子，广问博收。学习的对象除了老师，还应有同行能手。同行中经验丰富者亦不乏人，多有自己的特色，有自己的一技之长，应虚怀若谷，善以人之长补己之短，不存门户之见。只要肯虚心请教，互相交流，诚恳待人，就能收到互相学习、共同提高的良好效果。

对于治病疗效稍逊的医生，也应胸襟宽广，尊重同道。有些患者经多个医生诊治，多种方法治疗均无效，后求治于我而愈。我们不能把功劳尽归自己，更不应指责前医，而应认识到前面的医生为我们铺了路，因为前者的治法、用药为我们提供了启发或者失败教训。我们仔细琢磨后，处方用药，更能贴近病况而获去病效果。

注意向民间中医学习，民间中医的一些单方、验方不容忽视，如能从理论上加以提高，从适应证上加以鉴别，准确地用于临床，常能获奇效。若能发掘、掌握和使用与自己所从事专业相应的一些行之有效的方剂，并加以发挥、创新，就可形成自己的独到经验。

3. 临证发挥，患亦为师

中医的生命和灵魂，在于临床疗效，疗效是一切医学的终极目的。一切的所学以及老师的经验，必须在实践中反复应用，不断积累，才有提高，才会真正变成自己的学识，才能转化为临床价值。"纸上得来终觉浅"，中医尤其如此，饱读经书不一定能治病，因此应感知到"熟读王叔和，不如临证多"实属必要。

通过临床，一可深化对理论的理解，二可验证所学知识的可学习性，三可知晓前人的片面与不足，以提出问题，解决问题。中医要想提高，离开临床不行，因为只有临床治疗有了结果，反过来才会认清中医理论与实践，认识到中医理论的正确性，同时也会加深对中医学的兴趣和对中医理论的理解。

此外，临床中发现问题，应有的放矢，有目标地再去读书，对这一病证就有了深入、系统了解，取得更好的疗效，积累更多的临床经验。故善读书者，当于字句中深究，临床中验证，临床中掌握，临床中积累，临床中传承与发挥。

患者，尤其是慢性病患者，屡经治疗，多反复不已，不乏给我们启示。患者的反馈也许是诊断的要点或辨证的关键，有些患者对自己所患病证，从不知到知之到了解甚多，甚至"久病成医"，且尝试过多种治疗方法，用药反应，每每亲身经历，感觉和评价实属可靠。有一次，一位患者谈到，他只要一出现头昏，蛋白尿就会呈阳性，查尿常规验证他的感觉是正确的，由此想到这是由清阳不升而导致精微下陷所致，改用升阳益气汤加味而收效甚速。另外，患者所反馈的治疗反应直接决定着治疗方法的成败，是医生积累临床经验最直接的老师。成功的经验要吸取，失败的教训更要总结，总结失败的教训是为了从失败中得到成功。有一位患者，连续2年暑期低热2个月余，第3年再次出现低热1个月，体温在38℃上下，症见神疲乏力、自汗，前医以补中益气汤加味稍稍收效，我诊后认为证药相符，唯加重升麻、柴胡用量，终致发热不复，从而体会到中药剂量对于疗效的影响颇大。再者，患者经过其他医生的治疗，或者使用过一些单验方，积累到的医疗知识，有些也是值得我们学习的。如一位患者提到使用胖大海凉粉对高尿酸血症很有效，我使用后效果确实不错，以后本法就成为我治疗高尿酸血症的经验用药。所以我的体会是，要成为名医，还需真诚地对待每一位患者，虚心地同患者交流学习，患者也可为师，这并不是故作谦虚。

（四）学术见解

1993年，创建江西省首个中医肾病专科，现已成为重点专科，学术上主张

"循古拓今，师宗不泥古，博采众长，古为今用，洋为中用，致力于发挥"。我总结出慢性肾脏疾病证治"五论"：一是慢性肾病以"脾肾为本"论。二是慢性肾病病机"虚、湿、瘀、毒"论。三是多途径治疗与治法交替论，力推"间者并行，甚者独行"治则，主张补泄交替，敛散交替，补脾益肾交替等。四是方药择用参考"中药与方剂药理"论。五是善后调理"重视脾胃"论。其应用于各类肾系疾病的辨证论治。制方用药上，善于相反相成，以补配消，以塞配通，以温配清，以降配升，研制出"肾衰泄浊汤""肾药Ⅲ号"及"三仁肾衰泄浊方案"等有效制剂及方法，广泛应用于慢性肾衰患者的治疗，取得了显著的临床疗效及社会效益，体现了深厚的中医药理论功底和丰富的临床经验。我培养中医内科学肾病专业硕、博士研究生及高徒近30名，多数已成为学科骨干，主编出版的《皮持衡肾病学术思想及临证经验》《中医内科学急诊手册》《内科成方临证应用辑要》突出反映了学术思想与见解。

（五）载誉前行

我于1965年7月大学毕业，分配到江西中医学院附属医院工作，1967年师承期满出师，深得恩师宠爱，也终悟出恩师成名之路。由于临床效果明显，加上均知是名老"高徒"，口碑相传，求治的人越来越多，每日求诊者盈门，渐渐地在南昌当地"小有名气"，经常外邀会诊，高层应诊，时年不足30岁。历年来在党和国家的关怀与培育下我也陆陆续续取得了一些小小的进步与成绩，如1999年荣获江西省卫生厅授予的"江西省名中医"称号，2000年荣获人事部、卫生部、国家中医药管理局授予的"全国老中医药专家学术经验继承工作指导老师"称号，2001年荣获国家级教学成果二等奖，2006年荣获中华中医药学会首届"中医药传承特别贡献奖"，2007年荣获国家中医药管理局"全国老中医药专家学术经验继承工作优秀指导老师"称号，2010年在国家中医药管理局的支持下成立"皮持衡名医工作室"，2017年6月荣获国家首届"全国名中医"称号。但我并不自恃骄矜，而是始终保持一颗平常心，坚持精益求精，把解救病人的疾苦视为己任，对病人关心爱护体贴，对病情则明察秋毫，为进一步攻克疑难重症，继续积累经验，为中医药事业的发展尽一点绵薄之力，以工作成绩为中医药事业增光添彩！不忘初衷，永不止步！

二、寄语后学

我的成长之路，可以概括为：源传承家业，径名医指驳，引他山之石，法临证读书，勤超越自我。对于后学，有几句话相送：熟读经典，跟随名师，深入实践，兼容并蓄。对于事业，愿各位同仁应该"心系医学，原无中西你我；利惠患者，何必争你我高低"。

单兆伟

单兆伟（1940—　），男，江苏南通人，中共党员，江苏省中医院主任中医师、教授、博士研究生导师，中华中医药学会脾胃病分会名誉主任委员，江苏省医师协会副会长，南京中医药学会名誉顾问。

1959 年考入南京中医学院 6 年制本科学习，1965年毕业后分配至江苏省中医院工作。曾担任江苏省中医院大内科主任、消化科主任。1993 年被国务院学位委员会授予博士研究生导师，1994 年被评为"江苏省名中医"，获国务院政府特殊津贴。1999 年 12 月，人事部、卫生部、国家中医药管理局授予"全国卫生系统先进工作者"称号。2005 年，被聘为全国优秀中医临床工作人才研修项目专家指导委员会委员。2008 年，任全国老中医药专家学术经验继承工作指导老师。2013 年担任全国中医药传承博士后合作导师。2015 年 9 月获得中华中医药学会脾胃病分会脾胃病学术杰出贡献奖。2017 年 6 月获"全国名中医"称号。作为第一作者及指导学生发表学术论文 300 余篇，其医疗经验和名方被《中国中医药报》等报刊刊载 19 篇。著述、主编或副主编著作 10 余部。擅长脾胃病、疑难病证及内科杂病的治疗。

一、少年坎坷凌云志

我出生于江苏南通一个普通农民家庭，家有良田数十亩，家境略有富余。家庭和睦，幼时上有父母疼爱，下有兄长姐姐照顾，可谓少年不识愁滋味，自有一番怡然自得的心境。童年时，同龄的孩子都忙着树上粘知了，草丛逮蛐蛐，稻田里抓螃蟹等，而我的父母却反其道而行之，十分注重我们的教育，专门请了私塾先生在家教书，习字算术、四书五经、天文地理、国文写作。父亲对我的管教非常严格，要求我每天必须温习所学，且需在一炷香的时间内把书背完，背不完就得挨戒尺，我每每战战兢兢地接过书，强迫自己一目十行，过目不忘，每次在背完所学之前，丝毫不敢怠慢。母亲是一位具有传统美德的女性，她身上不仅有着中华传统美德，善良淳朴，相夫教子，而且在对我们的教育上，填补了父亲的严苛，温情脉脉，循循善诱。她自幼读书，受过良好教育，写得一手漂亮的小楷。母亲喜欢空暇时，把我们拉在跟前，一边教我们背诵唐诗，一边教我们写字，不知不觉，那字迹隽永的小楷刻进了我的心中。

可一切的宁静美好却在我 12 岁那年被打破了，母亲因难产大出血而未能抢救过来。缺少了母亲的温情，家里很快也不再现往日欢乐的光景。父亲整日郁郁寡欢，借酒消愁，缺少了母亲无微不至操持家事，家境也日渐落魄。母亲离开不久之后，父亲也病倒了，当时被诊断为肝硬化腹水。因医疗条件差，未能得到及时治疗。眼看父亲的病情日益加重，我们兄弟姐妹心急如焚。偶然听闻隔壁的西亭镇有位老郎中用药神准，很多肝病的病人经他治疗后病情都能有所缓解，我自告奋勇，毫不迟疑地划着小船陪父亲奔波三十余里，慕名而去。记得那是一个闷热的夏天，那位老中医一手摇着蒲扇，一手切脉，片刻后皱了一下眉，捋了一下花白胡须，在一张处方上写下了十味药，还嘱咐我们用西瓜翠衣煮水给父亲喝。我带着父亲半信半疑地回了家，按方抓药，在服完中药后父亲的腹水果然如老中医所料减轻了不少。在惊叹老中医的神术之余，也在我年幼的心里种下了对中医渴求的种子。但病魔并未放弃对父亲的折磨，在以后的时光里，父亲的病情反复缠绵，人也日渐消瘦，面色晦暗，饮食不思，腹胀如鼓，时而黑便。在来来往往的求医途中，我看到父亲在病榻上因疾病痛苦绝望却又热烈渴望生命的样子，心里十分难过和不舍。家里虽然衰败，但仍有一定的积蓄，本可以足够支撑父亲新的生机，却因为我们生活在那个缺医少药的年代，因为医学的局限性，得了病只能拖或者借助巫神。当时我就立志学医，不仅是想着治疗父亲的疾病，更是想让同样处于落后医疗环境的乡亲们能够不再受同样的病痛苦楚。于是 1959 年高中毕业后我毅然报考了南京中医学院（现南京中医药大学）医疗系 6 年制本科。遗憾的是，父亲终究未能等到我学成归来的那天，在我收到录取通知书的第二天他就溘然长逝，永远地离开了我。

二、怡同学风华正茂

在大学里我才开始真正接触到中医，熟读中医经典，徜徉在中医博大精深的海洋里。那时在班级担任班长的我，以身作则，每日清晨起床必先背诵《药性赋》和《汤头歌诀》，更不忘四大经典的条文。虽然学习和生活条件艰苦，住的是20人一间的大通铺，吃的是少油无滋无味的食堂大锅饭。夏天的南京是有名的"四大火炉"之一，炎热无比；冬季湿冷阴寒，无暖气无暖炉。但我们的学习热情却丝毫不受影响，大家如饥似渴，像年轻的白杨一样努力汲取着中医的营养。学校的老师个个都负有盛名，有的是家传名医，有的是文史大家，他们对后学谆谆教诲，倾囊相授。师生之间情同父子，使我这个过早失去父母的孩子倍感温暖和幸福。他们精湛的医术、仁爱的胸怀给我留下了深刻的印象，甚至可以说影响了我的一生。我在师辈的关怀下，自感没有理由不珍惜，唯有更加努力，发奋学习，刻苦钻研，方能不负他们的殷切期望。当时的医古文老师唐玉虹老先生博学多才，出口成章，在我毕业时，曾赠予我一首诗："金陵虎踞龙盘地，至今犹有英雄气。四方来学群均彦，个个学归卓绝技。技高还望心能细，一药出入人生死。上工治病十可全，能兵一卒不置虚。"岁月悠悠，这首诗至今还一直在我的耳边回响，并已成为我人生努力的方向和追求目标。在我上学期间，大哥和二哥虽然已经工作成家，但他们仍旧节衣缩食，每月都十元八元地支持我，再加上助学金，我的生活并不成问题，甚至还能攒下零钱。每每攒下一笔不大不小的数目，我都用来买专业书。所以，大学里我读过的书相对其他同学来说要多一些，对经典的解读等知识面要宽广些。在繁忙的学习之余，我也喜欢跟着老师门诊，不断地抄方、试诊。每当获得老师的赞许，我的心里别提多高兴，因为我不忘初心，总想着能够早一日救治像父亲一样的病人。

在大三那年暑假时，我回到了我的老家。那时乡风淳朴，乡里乡亲知道有大学生回来了，都来我家热情探望，对我这不幸失去双亲的孤儿嘘寒问暖，使我感到不幸中的一丝丝幸福。在此期间我听说了一件事，同乡的一位马姓大伯近来身患重病，在当地医院诊断为肠伤寒（大出血），经过抗生素治疗后，身热虽退，但开始几天泻下紫黑色大便，后又连续几天便秘，腹部胀痛，不吃不喝，日渐消瘦，逐渐发展至神志昏迷。因为家里经济条件差，已经被家人拖回家准备后事。我得知此事后，感同身受，不禁想到了我的父亲。于是我决定，在乡亲陪伴下前去他家探望。一进屋，破败的家里已经哀号一片，马伯伯躺在病榻上，面色萎黄，神昏不识人，少腹胀满，按之坚硬，干呕无物，舌质红绛，苔灰黑无津，寸口脉沉细尚有力。我当时刚学完伤寒论，脉证合参，心中狂喜，这不正是仲景所言之"下焦蓄血证"吗？我想起"太阳病不解，热结膀胱，其人如狂，血自下，下者愈……宜桃核承气汤"这段条文，觉得此病尚有一线转机，便用了桃核承气汤加减，桃核、大黄、芒硝、桂枝、甘草。同时，嘱咐他的儿子赶紧抓药，虽然当时他们对我这样一个初出茅庐的学生将信将疑，但还是想死马当活马医试试看。结果在 1 剂药后，下紫色黑便半盂，腹满坚硬随即解除。第二天，马伯伯便神志转清，3 天后恙愈大半，我沉吟着再以桂芍六君煎补益气血，以善其后。15 剂药后，马伯伯的病就好了许多。等半年过后我寒假回家时，发现他一如常人，已可下地耕种了。这件事一下子就在乡里传开了，大家都知道乡里出了一位大学生的"小神医"。所以，每次回家都有一群乡里街坊排着队要我把脉诊病，我也乐此不疲，欣然为乡亲们解除疾病带来的痛楚。于是逢到寒暑假时，我借用大姐家里开起了小诊室。古人云"学以致用"，师长嘱"早临床、多临床"，我从那个时候就开始体会到这其中的益处了。

1962 年夏天，我们响应国家号召，与解放军同志一起徒步百十余里，赴江宁县铜山镇参加"社会主义教育"活动，与当地村民同吃同住同劳动。当时正逢"三年自然灾害"，村民自己的粮食并不富足，农民们都过着半饥半饱的生活，却依然将自己家中的粮食拿出来分给我们，生活中无微不至的照顾和帮助令我们感动不已。乡亲们难免有个头疼脑热的，他们第一个想到的也是我，我尝试着用针灸的方法一一解除他们的病痛。不知不觉过了半年，我在当地学到了很多书本上学不到的知识，和农民一起割麦子、锄草、施肥，农民兄弟淳朴踏实的品质再一次感染了我，我也与他们成了亲密的朋友。在心底深处，努力学习，早日掌握为人民服务本领的决心更加坚定了。直到现在，每周的专家门诊也有不少铜山镇的村民前来诊治。在我工作以来，对患者一视同仁，尤其是对农民朋友的感情，从那时起便已深深地植根于心底。

三、初识中医初长成

1965 年我大学毕业，被择优分配到江苏省中医院内科工作。当时医院只有300 张床位，危急重症病人多，医务人员少，医疗设备和条件都不够先进。于是刚毕业的我常常整日整日地泡在医院里，在急诊室和高年资的医生一起参与抢救各类危重病人。

工作后不久，我积极响应毛主席的号召，把医疗卫生工作的重点放到农村去。去句容、去昆山、去高淳、去淮安，我一次又一次地参加了巡回医疗工作，这是我继江宁铜山后又一次来到农村，走村串户，坚持在基层巡诊，宣传科普，防病治疗，利用自己的中医药知识，深入农民家中、田间地头，为群众提供基本的医疗服务，不收医药费。有时因地取材，就用路边的草药解决了农民兄弟的病痛，为农村基层医疗工作的发展和中医药的推广尽了自己的努力，做出了应有的贡献。这些经历同时也为自己今后的职业生涯积累了丰富的经验。巡回医疗工作顺利结束后，我回到医院。恰当时医院领导决定开展"学习、继承、抢救名老中医经验"活动，我跃跃欲试，积极报名。经过严格的考核之后，我有幸拜师于张泽生教授，成为其门下一员。张老是孟河医派的传人，理归醇正，用药轻灵，善于博采古今之方。张老是医院"开院十老"之一，全国第一批博士研究生导师，医术医德十分了得，甚至可以说享誉全国。因此，他对学生要求也很严格。我怀着十二万分的仰慕和敬畏之心开始了工作后的第一次跟师生涯。从1965年开始，在近20年时间里，我一直跟随老师门诊、会诊、查房，经常给省市领导和部队首长送医送药上门。作为医院的年轻医生，我义不容辞，一边值班抢救病人，一边整理抄方笔记，在张老休假时也跟随老师回其老家丹阳小住。一方面我能够帮助照顾老师的生活起居，另一方面也能方便继续跟随老师给乡亲看病。因勤奋好学，我有幸独得张老垂青，尽得真传。当时张老任省政协常委，经常开会议政，或为上级首长保健会诊，每次我都随张老左右。张老有早起的习惯，经常上午9点开会，我坚持每天6点不到就起床去恭候老师，也时常会抓住一切空余时间问老师些问题。如临床最常见的疾病感冒，根据症状辨证属于风热证，处方用药合理，银翘散加减治疗，但疗效不一。张老认为，感冒的用药辨证也要结合四时之气，春夏秋冬的用药都应随季节而变，夏天多暑热，而暑多夹湿，除祛暑散热外还要清暑利湿，冬天寒冷多用辛温发汗。中医的特色优势不就是天人合一的整体观吗？因人、因时、因地相结合，可以事半功倍，力起沉疴。老师的谆谆教诲，经常使我醍醐灌顶，悟出很多心得，并时时刻刻铭记在心，不断加以临床验证。

我对老师当初说的"用药应结合季节"的教诲有了更深的理解是在1997年的一个夏天。北京故宫博物院著名研究员徐邦达先生来宁讲学、举办个人画展，由于天气酷热与使用空调不当，88岁的徐老罹患了重度感冒，发热不退，滴水不进，卧床不起，身体极度虚弱。家属十分焦急，某大医院要求徐老即刻住院诊治，而徐老拒绝，省里领导邀请我去诊治。我当时脑海里闪现出老师说的那句话，针对徐老的暑月感冒，我慎重地给予苏叶、豆豉、薄荷、南沙参等轻透发表之剂。结果1剂过后就汗出溱溱，病症俱除。徐老高兴之余，也毫不吝啬挥毫而就，题写一诗："老疲渐怯恣行动，长日唯贪高枕眠，喜得回春逢妙手，能驱二竖保余年。"

四、努力蔚为中医魂

1980年，我在担任内科教学秘书期间，有幸被医院选派参加上海中医学院举办的全国中医院校师资进修班。这次的进修生涯为我的教学水平提高奠定了基础，在授课重点、板书规范要求上提升了新的台阶。时任上海中医学院院长的黄文东教授，金寿山、凌耀星教授等都亲自为我们讲课，与我们交流教学心得。老师们讲课风趣幽默，生动形象，不拘一格。在讲述《张氏医通》的冷哮丸时，金教授编了一个趣味方歌"花（款冬花）下（半夏）无（乌头）心（细辛）玩（紫菀）麻（麻黄）将（干姜），烦（明矾）躁（牙皂）担心（胆南星）任（杏仁）输（蜀椒）干（甘草）"，短短14个字把这一复杂方子的药物组成全部囊括进去，当时我如获至宝，立即记在笔记本上。如今30多年过去了，也不曾忘记。凌教授在主讲《素问·汤液醪醴论》时，专门预留半小时让我试讲，并给我的试讲进行了详细点评。这些老师们的鼓励让我对内科学课堂教学产生了浓厚的兴趣。他们丰富的教学经验，对我以后的课堂教学帮助很大。

在繁重的医疗教学工作的同时，我积极开展中医药科研，探究中医药治病的奥秘。一面临床实践，一面指导研究生，开展临床和实验研究。我曾主持国家自然科学基金课题及省厅级课题8项，以第一负责人获国家中医药管理局科技进步二等奖1项，江苏省科技进步二等奖1项、三等奖1项、四等奖1项，省中医药科技进步二等奖1项。同时，也曾以第二负责人获中华中医药学会科技进步二等奖1项、三等奖1项，省中医药科技进步一等奖1项。在1999年，我将2项科研成果转让100万元的费用全部用于培养中医人才的教学科研。

20世纪90年代初，我带领科研小组研究幽门螺杆菌相关胃病的中医药治疗。在研究过程中，我们发现，湿热内蕴的环境十分有利于幽门螺杆菌的繁殖和生存，此证型幽门螺杆菌检出率高，菌量多，分解的毒素多，黏膜变形崩解多，炎症的活动度较其他证型高。在多次的临床和实验观察后，我们在国内首先提出了气虚、血瘀、郁热是慢性萎缩性胃炎、胃癌前期病变及幽门螺杆菌相关性胃病共同的病理基础，并逐渐形成了完整的诊疗体系。与此同时，以益气清热活血为治法的"清幽养胃胶囊"也应运而生。在随后的研究观察中，我们发现，此药根除幽门螺杆菌的有效率可达 80%。近期我非常欣喜地看到"清幽养胃胶囊"更名为"益气和胃胶囊"，在 2015 年已经获得国家食品药品监督管理部门新药证书和国家发明专利，2016 年畅销全国 23 省市，并进入国家基本用药条目。由我主持研发的"仁术健胃颗粒"作为科研成果已转让给制药厂，现已进入新药第 3 期临床试验。同时，我研制的"和胃胶囊""理气和胃口服液"等作为院内制剂，疗效确切，时常供不应求，造福了广大病患。由此可见，掌握现代医学的理化手段，借鉴现代医学诊断方法，大大促进了中医学的发展。同期，我利用业余时间，系统整理张老医案医话，编辑成书，除出版发行外，还与医院计算机室老师一起，将其与计算机软件相结合，通过编程形成计算机诊疗系统，并将该系统运用于临床，与兄弟医院共享张老宝贵经验，当时看来也算得上是一"高大上"的创举。

1992 年秋，全国第一批名老中医学术经验传承活动开始，我通过考试有幸跟随国医大师徐景藩教授学习 3 年，这也是我的第二次跟师生涯。徐老的父亲徐省三老先生系苏州吴江震泽名医，故徐老幼承家学，早年又拜师吴门名医朱春庐门下，后考取北京医学院中医研究人员班深造 5 年，学贯中西。虽然当时已年过半百，但我始终不敢懈怠，白天跟师门诊，晚上仍孜孜不倦地整理徐老经验，写学习心得，收获良多。徐老研究脾胃病的独特见解和辨证方法使我的诊疗水平再一次得到提高。在积累了丰富临床经验的同时，我时常会反思，同样的疾病为什么各家治法会时有差异？名老中医究竟是如何思考临床并运用辨证立法处方用药的？每种辨病方法究竟其中的奥妙在哪里？结合跟师学习、独立思考以及自己近 40 年的临床经验，在 2006 年我率领团队出版了《中医内科临床思路与方法》一书。书中既有中医病机的阐述，又有中西医病因病理分析，既有中医治疗，又有西医治疗，更有中西医结合治疗，借此探讨最佳治疗方案。整本书的内容，一方面对内科常见疾病中西医诊疗方案进行了对比，另一方面对现有的辨证思路进行了详尽的阐述，适用于广大中医、西医、中西医结合的医生，对临床一线的中青年医务工作者、研究生、实习医生均具有重要的参考价值。此书出版时我有幸邀请了首届国医大师邓铁涛教授、朱良春教授为此书作序。邓老在仔细看完后，欣然写道，"是书以脏腑为纲，病证为目，以中医学术思考和理法方药为主体，西医诊疗常规为羽翼，既突出中医特色，又能与时俱进，切合临床实际，是一本不可多得的启迪思路、培养方法、临证指南的佳作"。朱老阅读后也提笔写道，"纵观全书，思路新颖，内容丰硕，辨治精审，用药灵活，又结合现代医学之鉴别诊断和检测手段，防止误诊、漏诊，准确地达到了这个要求，是一本授人以鱼又授人以渔的好书，是启迪心智，广开思路，提高中医辨治水平和临床疗效的佳作"。虽多为溢美之词，盛名难副，却也部分反映了实情，也肯定了此书的价值。

工作中，我发现在诊病时也要注重宏观和微观的辨证结合。以慢性萎缩性胃炎的患者为例，在症状上常会出现胃脘胀满、神疲乏力、舌下脉络迂曲等脾胃气虚血瘀之候，《临证指南医案》云，"初病在经，久病入络，以经主气，络主血，则治气治血之当然"，《脾胃论》云，"脾胃不足，皆为血病"，所以该病的病机可以归纳为气虚血瘀，而就胃黏膜的微观辨证而言，胃镜下见胃黏膜呈苍白色，类似中医所说，"萎"者，"痿"也，同时，胃黏膜变薄后血管透见或固有腺体萎缩甚至消失时胃黏膜充血水肿，也同中医"胃络瘀阻"相似，属于微观辨证。因此，无论是辨病、辨证，还是微观、宏观，都提示气虚血瘀的存在。

1999年的夏天，我受美国南湾大学的邀请，去当地中医学院担任客座教授，为10余名国际博士研究生讲中医内科学。我惊喜地发现，尽管缺少了中国文化的熏陶氛围，但外国朋友对中医药的喜爱并不曾减少，他们对中医学辨证论治运用于临床神奇的疗效惊叹不已，钦佩之至，表现出对许多中药的药理作用和配伍禁忌有着浓厚的兴趣。受南京中医药大学的委派，我也去英国、比利时，并且3次赴越南等国家会诊讲学，使这些国家的人们对中医学这一中华民族文化瑰宝有了更深的理解和钦佩。

五、青年才俊人频出

中医药学之所以有着千年不衰的魅力，是因为它是多学科多体系的交融，使中医药学在时代的车轮中不断发展完善，而中医不断发展完善的关键在于培养人才。"师者，所以传道授业解惑也"。我一直十分重视对学生的培养，先后培养全国优秀中医临床人才6人，全国师承班学术继承人4人，博士后3人，博士40人，硕士45人。时常有学生问我研究生阶段应该怎么提高自己的中医临床水平，我给的建议只有三条"勤读书""多思考""记笔记"。

"医者书不熟则理不明，理不明则识不清"。我觉得作为初学者，应该诵读《内经》《伤寒论》《药性赋》，因为这是基础。现在，由于课程设置等原因，对中医经典的要求没有以前多了，我认为这是很可惜的。我觉得有必要加强对中医经典的阅读和思考。作为一名中医工作者，如果学校里没精读，工作后也要补上。除此之外，还应诵读与专业有关的名著，如脾胃科读《脾胃论》。如果水平上了一个层次，还可以阅读《施今墨药对》《蒲辅周医案》等北京近代四大名医的经典书籍，这些著作及经验非常适用于临床，能够让青年医生对经典的药物配伍、君臣佐使的组成有更深刻的理解。同时，我们在读书之外还应结合临床实际思考，如《伤寒论》中《辨阳明病脉证并治》篇第180条"阳明之为病，胃家实也"。读书时我们仅从字面上理解意思，"胃家实"泛指胃肠燥热实证，它既包括了阳明热证，又包括了阳明实证所表现出的临床证候。从病机上来讲，"胃家实"体现了阳明病燥热实的特点。可在临床实践中，我们又可发现阳明病不仅有实证，还有虚证，胃家虚，大肠虚亦有之。

我记得在去比利时授课时，当地医院特地把一些疑难病证的病人挑出来，要我当场示范辨证思路，立法处方用药及如何进行加减运用。学员们讨论热烈，甚至时有纷争，但教学效果出奇好。我借鉴此方法，有典型的患者就诊时，我都会在门诊给学生们进行现场考核，让学生们独立辨证开方，并对每个人的方子进行点评讲解，挑出理法方药最得当的方子稍加修改给病人服用，一方面是对于学生的进步给予肯定，另一方面也是鼓励学生们勤于临床，敢于临床。有些同学用药准确，但是剂量把握不当，往往是因为只记得经典方药组成，却对用量的多少没有经验，说到底还是临床参与少。在培养学生的过程中，我们作为过来人既要为学生们创造机会，多参与临床实践，在实践中不断提高，也要精心地培养和积极引导他们在具有临床辨证思维的同时，也能熟练地掌握现代医学知识，具备自己独特的知识结构。

怎样形成自己的独特知识结构呢？阅读和总结是一条捷径。自大学时代起，我就有勤读医案，记笔记做小结的习惯。学习医案是开阔自己见解的明路，那么医案应该怎么阅读呢？我认为，在阅读医案中不仅要记下方药，除了思考为什么用此方外，学习如何根据症状换方，何时增减用量才是重中之重。"医学贵精，不精则害人匪浅"。时至今日，虽已步入古稀之年，但我仍保持着年轻时养成的习惯，在临床之余仍会整理病例，总结提高，优化诊疗方案。在阅读报刊时，看到有价值的方药和医理我都一字一句抄录下来，仔细推敲，并结合临床，先写下自己的体会，诊疗之余，又和研究生们交流，分享心得。这样，原本属于我一个人的知识就可以为大家共享了。

印象最深的是，张泽生教授有一个治疗阳痿早泄经验方，嘱病人买药用硫黄 30g，每天 0.5g，用大米 30g 浸水每日早晨喂食于鸡，连续 2 个月，停食 1 周后，杀鸡煨汤而食，阳痿的症状即可改善。这个验方就是当年随张老侍诊时我记在小本本上的，虽纸张早已发黄，字迹模糊，但我每当翻阅到此页，当时的场景依旧历历在目。临床中我也用该方治愈过多位患者，屡试不爽，受益颇深。

对于一些药物作用的认识我们不能固守着老思想，处处留心处处皆学问。例如，通常我们认为紫菀功能温肺下气，是止咳平喘之要药。可是紫菀同时有着通利大便的功用。史书中记载，北宋宰相蔡京大便秘结，众医束手，有一民间医生叫史载之，就独用紫菀一味药，宰相服药后大便即解。究其渊源，可以归结为肺与大肠相表里，肺气不宣而造成大便不畅，紫菀功能肃降肺气，肺气得以肃降，这样就可以使大便畅通了。在临床上我遇到一些病人顽固性便秘，加了枳实、莱菔子通降都未曾缓解，但是少佐一味紫菀患者症状就得以缓解了。同样，我们还能思考的是，紫菀是否还有通利小便的作用？肺为水之上源，主通调水道，在临床上遇到小便不通、癃闭的患者，除了常用车前子、萹蓄等利尿通淋的药物，更加一味紫菀，效果更加明显。紫菀能够通利小便也是"提壶揭盖"的体现。《医宗必读》云，"肺燥不能生水，肾水燥热，膀胱不利""气化不及州都"，紫菀具有濡润作用，润大肠燥结，小便短赤，善于下趋，使气化及于州都。

我常常看到年轻一代的中医师有时候普通方子开得很大，药味多，用量重，超过规范，条理不清，也许是急于求成，往往病人只有一证就所有药照搬。我心急，要知道，处方遣药不是简单地把药物堆砌组合而成，而是要根据病情，在辨证立法的前提下，赋以一定的剂型，施治于患者，一定要君臣佐使分明。正如李东垣云："主病之为君，佐病之为臣，无见何病，则以佐使药分别之，此制方之要也。"观仲景之方，不过 3～7 味，很少超出 10 味，可为法随证立，方依法制，药味无多，配合得宜。清代名医叶天士《临证指南医案》3000 余案，一方只用6味者居多，药不过8味，最多不超过12味，用药不在于味数多而在于精准对症。用药如用兵，处方过大既加重了患者的经济负担，同时也是一种对药品资源的浪费，而这些也是我的老师们，张老、徐老当初反复告诫我的，我现在也不厌其烦地告诉我的学生们。

有些同学问我临床上往往有一些药物功效相似，在选方用药时该如何选择。中药根据病证往往灵活多变，药分等级。举例来说，补气药，轻补者有太子参、白术、山药等，厚补者有人参、黄芪等；补阴药，柔养者有南北沙参、麦冬、百合、白芍等，滋养者有生地、女贞子、龟甲胶、鳖甲等。在临证中要注意圆机活法，不可长期专注于一药，对损伤肝功能的药物要定期复查患者肝功能，及时更换药物辅以保肝护肝药，如垂盆草、炒白芍、五味子等。

时常有后学者问我，临床如何看待辨证辨病的关系，我主张对每个病案都应该理法方药完整，注重辨证辨病相结合。但多年的临床实践告诉我，临证中必须以辨证为主，立法处方用药必须由证决定，辨病与辨证相互补充，互为依存，辨病主要是对疾病的预后推测、恢复期治疗有作用，通过它来了解疾病本身的变化规律，但是不能将方药与疾病的种类一一对应。前段日子有个患者李某，呕吐半月前来就诊，她自述最近家里老母生病，日夜操劳，情绪不佳，烦躁时呕吐会加重，观其苔脉，舌质红苔少，脉弦数有力，辨为肝胃不和，胃气上逆，予以加味连苏饮，此方由黄连、苏叶、吴茱萸、白蔻仁4味药组成。患者拿到药方先是很惊讶怎么才4味药，医生是不是弄错了，而且7剂药的价格不过5.6元。但是服药后，效果却出奇明显，7剂药后再也未呕吐。这得益于我以前读过的金陵医派名医张简斋医案，对其中的加味连苏饮印象颇深。该方由湿热派名家薛生白的连苏饮化裁而来。此方虽只有4味，却能广泛治疗内科杂症，只要辨证准确，灵活运用，疗效确切，可谓简便验廉。方无重镇降逆之药，而奏和胃止吐之功。胃痛、呕吐、反胃均可使用，胃热明显，黄连用量为吴茱萸2～3倍；呕吐明显，可加竹茹少许；若大便不畅，可加决明子、莱菔子；胃纳不香，苔腻者加鸡内金，苔薄者加炒谷麦芽。

六、老当益壮发余热

诊疗的病人愈多，我愈觉得从医之路就是一条兼收并蓄、不断学习之路。从医者须具备较广的知识面、开拓性的临床思维，能够博采众长，同道中有见地者皆可收之听之，听而辨之，为我所用。江苏自古人杰地灵，名医辈出，吴门医派、孟河医派交相辉映，南京更有金陵医派生机勃勃，可谓"天时""地利""人和"，学习中医的土壤肥沃。在诊治内科杂病的过程中，我将朱良春、周仲瑛、干祖望、夏桂成等国医大师和金陵妇科名医胥受天主任等当代名家的相关经验整理成册，反复揣摩。学习他人经验时，也要注意师法不泥，临证要大胆发挥。照搬照抄，就会犯"教条主义"的错误，想借用名方"效如桴鼓"绝对枉然。

值得一提的是，尽管医、教、研占用了很多精力，我也挤出时间参与科室管理和学会工作。我认为，业务与行政并不矛盾，处理得好，还能相互促进，相得益彰。1985 年起，我长期担任江苏省中医院内科主任、消化科主任直至退休，同时又先后担任中华中医药学会脾胃病分会副主任委员和江苏省中医学会脾胃病专业委员会主任委员 30 余年，还担任江苏省老年干部保健委员会中医委员，长年为江苏省老领导干部会诊及中医补益调理，20 余年从未间断。在全国著名中医学家张泽生教授及国医大师徐景藩教授的指导下，与消化科沈洪、叶柏教授共同努力，将消化科创建为国家中医药管理局及江苏省重点学科和重点专科，目前学术梯队合理，学术氛围浓厚，在全国有较高的知名度。多年的管理经验培养和锻炼了我的大局意识、服务意识、团队意识，尤其是学会利用平台，对拓宽视野、及时掌握本专业最新最前沿知识非常重要。通过会议交流，取长补短，业务水平不断提高，同时也有助于科研协作。这一点，使我和我的团队获益匪浅。

天行健，君子当自强不息。回顾 52 年的奋斗历程，我虽然取得了一些成绩，从一个普普通通的农民的孩子成长为一名主任医师、教授、博士研究生导师，这是党和人民培养了我，而且给了我很高的荣誉，如今我享受着国务院政府颁发的特殊津贴，先后获得全国卫生系统先进个人、南京市劳动模范、百姓信任医疗专家、南京市好市民、全国名中医等称号，但我仍战战兢兢，深知我离党和人民的期待尚有一定距离。作为一名老中医工作者，唯有秉承"老骥伏枥，志在千里"的意志，在进一步发扬中医药特色优势，全心全意服务患者、培养后学方面再立新功，才能无愧于这个新时代。

（汤佳峪、汤忠华协助整理）

张素芳

张素芳（1940—　　），女，上海人。中共党员，教授，主任医师，博士研究生导师，第五批全国老中医药专家学术经验继承工作指导老师，国家名老中医药专家张素芳教授工作室指导专家。受聘为世界中医药学会联合会小儿推拿专业委员会名誉会长，中国中医药研究促进会小儿推拿外治法分会名誉会长等职务。同时是由政府确定的"孙重三小儿推拿"非物质文化遗产代表性项目传承人，"孙重三小儿推拿"非物质文化遗产代表性项目传承基地（承康小儿推拿中心）创始人。

1961 年 7 月毕业于上海中医学院附属推拿学校（即现在的上海中医药大学针推学院前身），1966 年山东医学院（现为山东大学医学院）医疗系学习毕业。执业六十年来，一直工作在中医推拿特别是中医小儿推拿的临床、教学、科研一线。擅长应用中医推拿解决常见病、多发病及疑难病证。主要研究成果：主编中医推拿专著 3 部（《中国小儿推拿学》《英汉实用中医药大全——推拿治疗学》《孙重三小儿推拿》），副主编及参编专著 7 部（《中医儿科学》等）。在省及国家级核心期刊发表学术论文 16 篇：《推拿治疗婴幼儿腹泻的辨证施治》《推拿治疗胃扭转 2 例报告》《活血化瘀手法对心功能影响的机理》《推拿手法动态曲线的测定及应用》《从微循环角度探讨推拿手法活血化瘀作用》等。主持并参与科研课题 10 余项，参与拍摄《齐鲁推拿》科教片 1 部。近年来开展了儿童先天性巨结肠、先天性心脏病、新生儿脑积水、儿童发育迟缓等疑难病的治疗与研究工作，取得了丰硕成果。培养博士、硕士研究生若干名，并进行"师带徒"学术传承工作，为社会培养了大批优秀人才。

一、沪上求学

1940 年我出生于上海市的一个知识分子家庭。父亲自教会学校毕业后，在亚细亚火油公司任职，家境还算殷实，故此我自幼深受家庭良好文化氛围的影响和熏陶。后家道中落，身为长女，我承担了大量的家务和照顾 4 个弟弟的责任。艰苦的生活，磨炼了我的意志，也培养了我坚韧、独立、自信、自强、吃苦耐劳、勇于付出的个性，这种个性也贯穿了我以后的求学和工作过程。

以前听母亲说，我幼时出麻疹，因并发肺炎差点断送性命，幸亏好心人介绍，认识了上海知名的小儿推拿医生朱慧贞女士，通过小儿推拿的治疗，才挽回了我的生命，也算是自幼就与小儿推拿结缘。

1958 年，我所就读的高中学校欲西迁至甘肃兰州，父母舐犊情深，不舍我随校内迁，恰巧此时通过同学得知上海中医学院附属推拿学校正在招生的消息，我便和几位同学一起报名，随后进入上海中医学院附属推拿学校学习，成为我人生中的转折点。母校求学期间，我逐渐认识到这种中医外治疗法的历史悠久，源远流长，就这样机缘巧合地走上了中医推拿之路，后来家中大弟也在我的影响下，系统学习了中医推拿。

在上海中医学院附属推拿学校期间，我师从一指禅推拿流派的朱春霆老师（曾为陆定一同志的保健大夫）、钱福卿老师、王纪松老师，内功推拿流派的马万龙老师，滚法创始人丁季峰老师，针灸名家朱汝功老师等大家，系统学习了中医基础理论以及推拿功法手法。当时教学采用了师生结对的方式，结合学生的自身条件，尤其是拇指的生理特点，分别由不同的老师给予指导。最初练习的是一指禅推法，学习的重点是掌指关节和拇指关节的控制。在练习时要求学生精力集中，意守指端，紧贴米袋，双手同时操作，常常一练就要 1~2 个小时，直到拇指关节柔软灵活，不浮不滞，刚柔相济，手随心转。那时，我们的同学有俞大方、严隽陶、王国才、李业甫等，现今都已是中医针推业界的知名专家。我们每天要进行严格的功法和手法训练各 2 小时，寒来暑往，日夜不息。虽然功法手法练习是反复且枯燥的过程，但严格的训练要求使我们练就了过硬的本领，为以后的工作打下了坚实基础。

一指禅推拿基本手法共有 12 种，即推、拿、按、摩、滚、捻、缠、揉、搓、抄、摇、抖，恩师王纪松先生与丁季峰先生的教导对于此后我从事小儿推拿时手法特点的形成有着至关重要的作用。于此，我全面掌握了一指禅手法、滚法、振法等传统推拿手法，为以后近60年的中医推拿工作奠定了坚实的基础。

在校学习的最后一年，我们进入了实习阶段，主要是跟随老师们在学校推拿门诊部应诊。当时推拿治疗病种较为广泛，除运动系统的疾病外，还有胃肠病、心血管病、五官病、神经系统疾病等。

在校学习期间，除了推拿专业的学习之外，也系统学习了《内经》《伤寒论》《温病条辨》等医书古籍及中医各家学说。同时，我坚持了记读书笔记的习惯，或摘抄或随记或有感而发，读书笔记是研究中医推拿学的重要资料，既丰富了中医知识，又培养了中医情趣，对于研究消化各位恩师所授课程也有很多可以参考的地方。

通过在上海3年的中医求学时光，使我看到了各位中医前辈的诲人不倦，学习了他们的治学严谨，感悟了他们对中医历史和未来的思考，从而引领我进入了神圣的中医之门，照亮了我以后的人生道路。梳理中医学术脉络，光大前贤，启发后人，于我而言，这本身就是一种担当。时至今日，回首往事，还犹如直接与这些中医前辈学人对面而坐，一睹他们的音容笑貌，聆听他们的谆谆教诲。穷尽一生精力，学习他们的学术钻研精神，诚不为过。

二、耕耘齐鲁

由上海中医学院附属推拿学校毕业后，1961年9月我被分配至山东省中医院推拿科参加工作。恩师孙重三先生1959年调入山东中医学院担任儿科教研室主任，1975年晋升为山东中医学院推拿教研室讲师兼推拿科主任。我与孙重三先生因工作关系相识之后，交往较多，时常向先生请教中医推拿方面的问题，感到自己过去所学的中医推拿之术固然有所心得，但也失之太浅，于是我向孙重三先生全面系统地学习小儿推拿。

孙重三先生任职期间为各学年学生讲授小儿推拿全部课程，并承担附属医院推拿科临床医疗及带教工作。他在山东中医学院附属医院推拿科坐诊时求医者盈门，急诊、病房会诊随呼随应。急症处理时，先生沉着冷静，坚韧而又耐心，起沉疴痼疾无数，故病家赠先生美誉"医德双馨"。先生为人耿直，一生光明磊落，对病人富有同情心和责任感，态度和蔼，医患关系和谐。迄今为止，我还能时时感受到先生的忠厚成笃、襟怀坦荡、淡泊名利、学技双美，感受到先生渊博精深的学术人生。

　　恩师孙重三先生中医理论扎实，又能博采众长，于小儿推拿一科独树一帜。"十三大复式手法"动作优美，利落大方，操作规范，连贯自然，属于小儿推拿中比较有挑战的复式手法，是一种按照专用治疗功能组成的"手法－经穴"推拿处方来进行的具有规范化动作结构与操作程式的组合式推拿手法，作为将医术与技法融为一体的具体实践，给后学提供了一个继承与创新的范例。我跟随恩师学习的几年中，认真学习和研究了先生的学术思想，运用手法、穴位的规律和临床经验，并苦练"十三大手法"，系统地掌握了小儿推拿的理论体系，继承了先生的学术思想和经验。先生的中医思想，至今仍然鲜活地融入当下和未来的小儿推拿发展中，这是恩师孙重三先生中医生命的伟大之处和价值所在，也是我们持续传承的价值所在。

　　小儿推拿现在虽然以"绿色疗法"著称，火遍全国，但在 20 世纪六七十年代受到严重破坏，20 世纪 60 年代中期，我进入山东医学院大专班，系统学习了现代医学的解剖、生理、病理、诊断和临床各科知识，并跟随当时著名的神经内科专家朱汉英教授到山东医学院附属医院神经科病房查房，彼时现代医学知识的融入，使我掌握了神经系统的查体方法和脑血管病的治疗方法。

　　在当时，山东省中医院推拿科被解散，我于是到肝病科、针灸科和骨科轮转。在肝病科，我腹部触诊的技术得到了全面提高，同时还学习了临床急救方法。在针灸科，我随杜德五先生学习，对经络腧穴的特性有了更深刻的认识。在骨科时，解剖学、影像学知识获得了大幅提升，能够熟练诊断和处理骨关节疾病，给骨折患者复位及小夹板固定。

　　以上各处的学习对我后来临床诊治神经、消化、急症、骨关节病有极大的帮助，临床各科的实践使我的临证经验也更加丰富，同时我利用闲余时间继续对中医及小儿推拿进行深入学习。我始终坚信，要真正成才，必须经历挫折和逆境，使之成为顽强奋斗的另一种精神力量，这是成长道路上不可或缺的元素。

　　1976 年，山东中医学院和山东医学院合校期间，由推拿科组织拍摄的题为《孙重三小儿推拿手法集》的电教片中，重点介绍了孙先生的常用手法，小儿头面部、胸部、腹部、背部、四肢常用穴位的各种操作法，包括"十三大手法"等。本教学片首创小儿推拿动态教学，也是国内外小儿推拿影像教育史零的突破。孙重三先生编著的《儿科推拿疗法简编》与《通俗推拿手册》等著作均为后学者留下了宝贵的遗产。

1977年，我与推拿科的同事们共同重新组建了山东中医学院附属医院推拿科。1981年，我与王国才等人组成的团队进行"推拿手法力学信息"课题研究，先后发明1型、2型推拿手法动态测定仪，测试仪由支架、测力盘、传感器3部分组成，能够记录手法的垂直力、水平横向力和水平纵向力。通过分析仪器记录的操作者手法动力学参数和典型动态曲线，就可获得其操作特点。测试仪描记下了包括推拿名家朱春霆、丁季峰、王纪松、李锡九和贾立惠等老师的手法图。手法图准确地反映了操作者手法力的大小、频率、垂直力、水平横向和纵向力的分配情况。通过对各位推拿名家手法力学特性的定量分析，还可以进而探索出适合于不同人体的手法量级，制定针对不同人群的最适宜刺激剂量，使推拿治疗逐步达到客观化、指标化、计量化和统一化，推拿的医疗质量控制更加精确化，使推拿治疗学纳入系统工程学的轨道。测试仪的发明获1995年第九届全国发明展金奖，1997年12月获国家技术发明四等奖。我们这个团队还首创了"推拿手法实验室"，倡导手法定量化实验研究法与实验教学法，开创了手法运动生物力学研究新领域。

随着工作、科研的不断深入，学科分化越来越细，随之我的临床诊疗重心也发生了转移，由原来的成人小儿兼顾转为以小儿推拿为主，兼顾成人推拿。20世纪80年代初，在上海召开的全国中医推拿学术交流会上我巧遇了朱慧贞老师，谈起幼时为我诊疗的往事，双方感慨万千。朱老师叮嘱我说：小儿推拿确实是个宝啊！一定好好学习，注意钻研。各位前辈的悉心教导和殷切叮嘱，使我铭记在心，之后我就更加潜心于中医小儿推拿的临床、教学和研究。

随着人生阅历的丰富和临床经验的积累，我进一步扩大临床治疗病种，涵盖了内、外、妇、儿、五官等各科，也诊治了众多全国各地有各种疑难杂症的患者，但始终将小儿推拿学科作为主研方向。

1989年9月，随着推拿事业的迅速发展，推拿高级人才的培养已越来越重要，我担任了推拿学系列丛书中的《中国小儿推拿学》主编，将小儿生理病理及生长发育特点、儿科疾病诊断辨证概要、推拿穴位等各项内容付诸此书，与广大小儿推拿医务工作者分享。

针对临床经验的深入研究是探索验证自己学术观点的有效手段。1990年发表了《活血化瘀手法对微循环影响的机理》、1992年开展"活血化瘀手法对心功能影响实验观察"等，在此阶段还撰写并发表了论文《推拿治疗颈性眩晕临床研究》《推拿治疗小儿肌性斜颈 50 例疗效观察》等，这些都是我对临床治疗相关疾病的一些心得。

三、学术特色

推拿是根植于中医沃土的一门学科，深厚的中医理论是推拿学科发展的源泉。早在《史记》中就有扁鹊用推拿方法治疗尸厥证的文字记载。在我推拿临床工作的六十年里，愈发体会到中医理论的博大精深。近些年来，我不断总结自己过往的学习、工作体会，也得益于学生的整理归纳，逐渐提炼出了自己对于中医推拿尤其是中医小儿推拿的点滴经验，形成了"阴阳为本、八卦为体、五行为用"学术思想。

1. 阴阳为本

《素问·阴阳应象大论》云："阴阳者，天地之道也，万物之纲纪，变化之父母，生杀之本始，神明之府也，治病必求于本。"阴阳为本有三层含义：阴阳消长变化是维持生命的本源力量。阴阳失衡是疾病发生的最基本病机。调整阴阳是治疗疾病所必须遵循的基本原则。人体之阴阳，其最大者，无过气血。小儿脏腑娇嫩，形气未充，小儿发病多因饥饱不识，冷暖不知而引起的气血失和，因而辨证过程中首先要分清阴病和阳病。阳盛则热，阳虚则寒，阴虚则热，阴盛则寒，阳盛则阴病，阴盛则阳病，这是辨证阴阳的总纲。在治疗上就要阳病治阳，阴病治阴。小儿推拿特定穴有"手阴阳"穴，通过推拿小儿"手阴阳"穴，可直接起到调整阴阳的作用。除"手阴阳"穴外，调整局部阴阳的穴位和手法还有分推"腹阴阳"，分"头阴阳"、分"胸阴阳"等。《医宗金鉴》有云，"手随心转，法从手出"，手法的施术亦有阴阳变化。这种阴阳变化主要是指手法操作要有补泻区别，手法运用过程中力量、频率、方向、时间的变化都会影响最终的补泻结果，临证施术过程中要依据患者病情之虚实、体质之强弱、精神之好坏灵活处理。

2. 八卦为体

八卦是从宇宙万事万物中抽象出来的基本属性，万事万物都可从其中找到对应的卦位。八卦为体，具有三层含义：第一，八卦代指一个生命整体。第二，八卦分为乾、坎、艮、震、巽、离、坤、兑 8 个卦，代指人体不同的脏腑器官。

第三，以"八卦穴"作为治疗疾病的载体。

小儿推拿中，八卦穴是以手掌中心为圆心，以圆心至中指根横纹约2/3处为半径，画一圆圈，八卦穴即在此圆心上（对小天心者为坎，对中指者为离，在拇指侧离至坎半圆的中点为震，在小指侧半圆的中点为兑），共8个方位。

八卦穴的运用分为顺运、逆运、分运等：

（1）顺运八卦：用拇指面自乾向坎运至兑为一遍，在运至离时轻轻而过。顺运八卦性平和，善开胸膈，除气闷胀满。

（2）逆运八卦：用拇指面自兑至乾为一遍，在运至离时轻轻而过。逆运八卦能降气平喘，用于痰喘呕吐等症。

（3）分运八卦：①乾震顺运：自乾经坎、艮，掐运至震。乾震顺运能安魂。②巽兑顺运：自巽经离、坤，掐运至兑。巽兑顺运能定魄。③离乾顺运：自离经坤、兑，掐运至乾。离乾顺运能止咳。④坤坎顺运：自坤经兑、乾，掐运至坎。坤坎顺运能清热。⑤坎巽顺运：自坎经艮、震，掐运至巽。坎巽顺运能止泻。⑥巽坎逆运：自巽经震、艮，掐运至坎。巽坎逆运能止呕。⑦艮离顺运：自艮经震、巽，掐运至离。艮离顺运能发汗。⑧水火既济：自坎至离、自离至坎，来回推运。水火既济能调济水火，平衡阴阳。⑨揉艮宫：用指腹在艮宫揉运。揉艮宫能健脾消食。

3. 五行为用

五行，即木、火、土、金、水五类物质及其运动变化。五行为用是要在推拿工作中运用五行的生克规律。

五行相生，是指木、火、土、金、水之间存在着有序的递相资生、助长和促进的关系。《难经》将此关系比喻为母子关系，"生我"者为母，"我生"者为子。五行相生的治则为"虚则补其母，实则泻其子"，治法有滋水涵木法、益火补土法、培土生金法、金水相生法。

这些经典的治则治法在小儿推拿治疗过程中也要运用。滋水涵木法是指滋肾阴以养肝阴，常用揉二马、揉太溪、推涌泉等滋阴补肾，养血柔肝。益火补土法即温肾阳以补脾阳，常用补肾经、补脾经、揉外劳宫、推三关等温阳补肾，温中健脾。培土生金法为健脾益气以补益肺气，常用补脾经、补肺经、按揉足三里等健脾补肺。金水相生法即滋养肺肾之阴，常用补肾经、揉二马等滋阴润肺。

五行相克，是指木、火、土、金、水之间存在着有序的递相克制、制约的关系。《内经》把相克关系称为"所胜""所不胜"关系，"克我"者为"所不胜"，"我克"者为"所胜"。五行相克的治则为抑强、扶弱。治法有抑木扶土法、培土制水法、佐金平木法和泻南补北法。

抑木扶土法即疏肝健脾或平肝和胃以治疗肝脾不和证，常用清肝经、补脾经、按弦走搓摩等疏肝健脾和胃。培土制水法即健脾利水以治疗水湿停聚，常用推箕门、补脾经、摩中脘等健脾利湿。佐金平木法即滋肺阴清肝火以治疗肝火犯肺病证，常用平肝清肺、清天河水、按揉阴池等滋阴清热。泻南补北法是泻心火补肾水以治疗心肾不交病证，常用坎离来回推运等交通心肾。

四、开坛布道，广收门徒

1. 小儿推拿传承及收徒工作

江山代有才人出，各领风骚数百年。学科发展离不开梯队建设，以前因为种种原因我未能如愿开展带徒工作。2012 年 6 月，国家中医药管理局批准我作为第五批全国老中医药专家学术经验继承工作指导老师，正式收徒总结自己的学术思想和临床经验。经过初试、复试、面试，最终确定姚笑和李静两人作为我的徒弟。同年 8 月 9 日，山东省卫生厅、山东省中医药管理局为包括我在内的全省 32 位全国老中医药专家学术经验继承工作指导老师和 64 名传承人举行了隆重的拜师仪式。

2014 年 9 月，国家中医药管理局通过了建立"张素芳全国名老中医药专家传承工作室"的申请，并在山东中医药大学附属医院成立了由我领衔的 12 人组成的传承工作组，从收集整理笔记、病案、手稿、图片各项资料，建立名老中医典型医案共享平台，开展名老中医学术思想和临床经验的科学研究等各方面开展传承工作。同时，在济南市承康中医门诊部成立小儿推拿传承基地，旨在培养更多的中医临床科研人才与小儿推拿优秀人才。

2016 年，我将 20 年来一直随我学习工作的女儿周奕琼及研究生刘晓峰、邢晓君和韩兆诚、徐淼等 5 人正式收为第二批弟子。同年，为了更好地发挥小儿推拿"治未病"的保健功能，我总结了小儿推拿在儿童保健方面的临床经验，创办了宝乐齐小儿推拿培训中心。

2017 年夏，经山东省卫生和计划生育委员会统一安排，正式收毛树文、程勇为徒。2017 年 12 月，为更好地推动小儿推拿在全国各地的推广，我又将上海中医药大学陆萍副教授、广州中医药大学针灸康复临床医学院邵瑛教授以及姜亦胜、杨涛、牛伟奇、郑慧敏、鲁梦倩等 7 人收为第四批徒弟，开展师带徒的传统培训方式。

这些弟子中，部分拜我为师之前已经是当今各医科领域的领军人士，他（她）们在各自专业上的建树，以及对我这一脉小儿推拿的医学传承，承前启后地支撑起了当今的中医针推学术，真可谓一代人有一代人的担当。

2. 举办国家及省级继续教育推广学习班

为总结推广小儿推拿学术思想和临床治疗经验，提高小儿推拿医生的学术水平和医疗技术水平，山东省中医药学会、山东中医药大学附属医院及"张素芳全国名老中医药专家传承工作室"多次承办国家级继续教育项目。

（1）2012 年 10 月 24 日、25 日，为切实做好对推拿名家学术思想的整理与经验传承，培养高层次推拿专业人才，促进推拿事业的发展与创新，山东省中医药学会推拿专业委员会于青岛市召开年会及继续教育培训班。受学会邀请，面向全省各级中医临床医生、推拿科医师、儿科医师、针灸医师、社区全科医师及热爱小儿推拿的各界人士，讲授《推拿治疗过程中医疗差错的防范与处治》。共有来自全省 14 地市的 120 余名专业医师及学会委员参加了本次培训。

（2）2013 年 10 月 18～20 日，为提高山东省整体推拿技术水平，山东省中医药学会推拿专业委员会在济南市召开年会及省级继续教育培训，学会邀请了我和国内推拿学科领域权威专家王国才、季远、李华东等进行学术讲座。其中我讲授了《推拿治疗肾系疾病经验》。本次会议有来自全省各地的近 70 位临床推拿医师参加。

（3）2015 年 8 月 14～18 日，"张素芳全国名老中医药专家传承工作室"联合山东省中医药学会推拿专业委员会，面向中医临床医生，尤其是推拿科医师、儿科医师、针灸医师、社区全科医师及热爱小儿推拿的各界人士，在山东省日照市举办"张素芳教授小儿推拿学术思想与临床经验推广学习班"。学习班邀请了我和王国才教授、金义成教授等数位享有盛名的推拿界前辈专家及其亲传弟子总结介绍了学习心得、辨证技巧、诊疗经验。在本次继续教育培训班上，我讲解了《中医治则在小儿推拿中的应用》，共有来自全国 30 多个市的 140 余位小儿推拿从业者参与此次学习班，还有来自新加坡的小儿推拿医师参加本次培训班。

（4）2016年10月14～17日，"张素芳全国名老中医药专家传承工作室"联合山东省中医药学会推拿专业委员会，在山东省济南市举办了"2016年山东省推拿学术年会暨张素芳名老中医学术经验推广及小儿推拿临床技能提高班"。本次年会及培训班由我和王国才、王立新等推拿界知名专家讲解小儿推拿相关临床诊疗技巧、知识储备等内容。共有来自全国各地的160余位小儿推拿从业者参与此次学习班。

（5）2016年12月9～12日，山东中医药大学附属医院"张素芳全国名老中医药专家传承工作室"在山东省济南市举办了"山东省中医院'孙重三流派'小儿推拿防治呼吸系统疾病经验推广学习班"。本次培训班由我主讲《孙重三流派小儿推拿特点及临床应用》，田常英等推拿界知名专家讲解了其他流派治疗呼吸系统疾病的相关理论与经验。共有来自全国各地的100余位小儿推拿从业者参与此次学习班。

（6）2017年9月28～30日，山东省中医药学会小儿推拿专业委员会、山东中医药大学附属医院小儿推拿中心在济南市举办"'孙重三流派'小儿推拿诊治疑难杂症经验推广学习班"。本次学习班邀请我和田常英、赵鉴秋等国内外知名的专家进行小儿推拿方面的学术讲座。其中我在本次学习班上讲授了《先天性巨结肠的治疗经验》。共有来自全国各地的150余位小儿推拿从业者参加了此次学习班。

（7）2017年12月21～24日，国家中医药管理局、"张素芳名老中医药专家传承工作室"为做好名家学术经验传承工作，在山东省济南市举办了"全国名老中医张素芳教授学术思想传承及小儿推拿治疗脾胃病临床经验推广学习班"。我和山东中医药大学附属医院、山东大学齐鲁儿童医院、山东省千佛山医院的多位国内外知名小儿推拿专家、儿科专家，为参会人员讲解了治疗脾胃病的临床经验并进行推拿手法展示。共有来自全国各地的100余位小儿推拿从业者参加了此次学习班。

五、走出国门，宣讲国学

由于山东省开展小儿推拿工作较早较成熟，师资基础好，又是祖国小儿推拿的重要发源地之一，卫生部于1985年8月委托山东省卫生厅进行全国小儿推拿师资进修班工作，由山东省卫生厅中医处承担此项任务，我与王国才、毕永升是此次师资培训班的主讲老师，共有来自江苏、吉林、湖北、云南、陕西、山东、安徽等省的 30 余名学员参加学习。这些学员中年龄最大的是来自南京的 38 岁的殷明，年龄较小的有来自长春的王立新，当时只有 20 岁出头。此外，还有来自新加坡的郑美丽、许珍育、许杏莲等 6 名学员陆续跟随我学习了小儿推拿。

新加坡华人居多，他们在新加坡也是较为富有的一群人，所以中华文化精髓也深深影响着新加坡人的日常生活，很多医师和家长非常重视中医小儿推拿对儿童病证的独特诊疗作用。

1991 年，应学生郑美丽邀请，我赴新加坡进行了为期 3 个月的中医小儿推拿教学及带教；1992 年，又应学生许珍育、许杏莲的邀请，再度赴新加坡进行了为期 3 个月的小儿推拿教学及带教。

2014 年，应新加坡南洋理工大学邀请，我因公三赴新加坡进行小儿推拿的学术交流及讲学带教工作。

新加坡作为一个多元化的国家，文化交融无处不在，当地华人成立了很多中医诊疗所。中医小儿推拿在新加坡落地生根以后，很多诊所聚集许多家长和孩子，前来通过小儿推拿治疗咳嗽、感冒、腹疝痛等儿科疾病。

在历年的中医带教过程中，来自日本的夏成武也是众多热爱中医小儿推拿的学生之一，在山东济南进修学习小儿推拿后，他回国从事医疗事业。应他的邀请，我赴日本大阪进行了为期 10 余天的小儿推拿教学及带教工作，使中医小儿推拿在日本进一步发展融合。

还有来自加拿大的韩兆诚、徐淼，来自马来西亚的李如双等跟随我学习小儿推拿的学生，在此就不一一赘述了。

在中医小儿推拿的海外推广工作中，翻译本身就是一种文化行为。《英汉实用中医药大全》大型系列丛书由高等教育出版社于 1994 年出版，山东中医学院徐象才主编。该丛书中的第 7 辑《英汉实用中医药大全——推拿治疗学》是由我主编的一本实用型推拿学科的工具书，从普及的角度对于推拿学使用英汉双语进行了阐述与剖析，以解明传统中医推拿学的基础问题，对于国外人士系统了解中医推拿学具有启发意义，对于中医推拿学的海外推广工作起到了相应的推动作用。

中医是中国的，也是世界的，中医理应主动走向国际，让世界人民共享中医福利，我们应该在国际上树立我们的中医文化自信，有信心、有决心把中医介绍给世界。近年来，中医沿"一带一路"走出去步伐不断加快，中医已经成为政府间卫生合作重点领域。中医小儿推拿对世界产生的影响，就如同人们从饮食中获得营养，并非一两日能见其效，这将是一个潜移默化的过程。尽管中医小儿推拿的海外推广是一项繁杂的工作，但只要还有精力，我将继续致力服务于此项工作，把小儿推拿更好更积极地推向国际医疗大舞台。

六、奉献社会，贡献余热

2000年，我从医院行政岗位正式退休，但对推拿的情怀很难割舍，前来求诊的患者也是络绎不绝。为了更好地为患者服务，也为了更好地培养后学，更是为了我内心对推拿不能割舍的情谊，2005年，在朋友的鼓励下，在家人的支持下，我和我的小女儿周奕琼创办了承康小儿推拿中心。起初店里只有我和女儿及几个学生，面积只有30多平方米，但求诊者盈门，甚至都要到店外的马路上候诊。那时候一边看门诊一边给学生讲课，虽然很忙碌，但也乐在其中。创办承康小儿推拿至今，我们在济南已经有了近10家门店，在当地政府的支持下，我们还建设了第一家小儿推拿专业门诊部，门诊面积扩大到近千平方米，建设了60余人的专业医疗团队，初步形成了医疗、教学、科研的单位雏形，每年为60000余人次提供推拿医疗服务，为近百名学生提供实习就业岗位，经常进行小儿推拿进社区义诊活动，赢得了较好的社会知名度和广泛的社会赞誉。2017年更是顺利通过非物质文化遗产项目审评，建设了传统医药非物质文化遗产基地。老骥伏枥，志在千里。下一步我希望建设国内第一家小儿推拿专科医院，建设国内高水平的小儿推拿学术交流平台，推进小儿推拿基础理论研究，培养更多有中医底蕴的小儿推拿医师。

附记：文中涉及诸多前辈，本不该直书其名，但因纪事行文需要，不得已如此。失敬之处，敬请原谅。

（周奕琼、姚笑、刘晓峰、宋军协助整理）

孙光荣

孙光荣（1941—　），字知真，号天剑，出生于中医世家，湖南省长沙市人，祖居安徽省庐江县云路街。幼承庭训，师从全国著名中医临床家、中医药学家李聪甫教授。中医学徒出身，本科学历。研究员，教授，主任医师。著名中医药文献学家，中医药文献研究学术带头人之一，中医药现代远程教育创始人之一，享受国务院政府特殊津贴。曾任湖南省中医药研究所理论研究室副主任、文献研究室主任，湖南省中医药研究院硕士研究生班医古文和中医文献学教师（连任 16 届）、科教处副处长，湖南省中医药研究院文献信息研究所所长，湖南省中医药科技信息中心主任，《中医药时代》杂志执行主编，《湖南中医药导报》杂志主编。北京二十一世纪中医药网络教育中心——世中联（北京）远程教育科技发展中心主任，北京中医药大学远程教育学院副院长，中国网络教育集团国讯医药集团总裁，《中国中医药现代远程教育》杂志主编、第二届编委会主任委员；受聘为北京同仁堂中医医院诊疗专家，并被评为国家非物质文化遗产"同仁堂"中医大师。先后当选为中国人民政治协商会议湖南省第七届、第八届委员会常委，中华中医药学会继续教育分会主任委员、中医药文化研究分会常务副主任委员、中医药编辑出版分会副主任委员、亚健康分会副主任委员、老干部健康指导委员会委员；受聘为国家中医药管理局中医药继续教育委员会委员，国家中医药管理局中医药文化建设与科学普及委员会委员，科技部科技奖励评审专家，国家食品药品监督管理部门药品、医疗器械审评专家，《中国中医药年鉴（学术卷）》编辑委员会委员等。

孙光荣教授结合临床经验、深研经典理论，独著、合著专著 21 部，发表论文 78 篇，共 1200 余万字。代表作有《中医古籍整理入门》《医用文言基础学》《中藏经校注》《中藏经语译》《中国历代名医名术》《中风康复研究》《炎症的中医辨治》《中医养生大全》等专著，副主编《中医方剂大词典》，参编《中华本草》等。医德高尚、医术精湛，擅长治疗脾胃病、血液病、情志病、肿瘤等疑难杂症，受到患者广泛好评，多次为中央、地方、部队首长做医疗保健服务。近年来，承担并完成了国家"十五"科技攻关项目"名老中医学术思想、经验传承研究"的综合信息库、典型医案研究课题，任《当代名老中医典型医案集》执行主编，主持了"名老中医综合信息库"研究，国家"十一五"科技支撑计划课题"名老中医学术思想、临床经验传承研究"综合课题组组长之一。先后获得国家自学成才奖章和国家中医药管理局继续教育管理先进工作者称号等，获得国家科技进步奖二等奖1项，湖南省中医药科技进步奖一等奖1项，全国科技图书奖二等奖1项，第五届亚太地区经贸博览会金奖1项，中华中医药学会首届中医药科普著作奖一等奖1项等奖项。

2013年被评为第二届"国医大师"。

铁肩担道义

"铁肩担道义，妙手著文章"，是李大钊同志根据明代文化名人杨继盛之言改写的名联。革命家王首道同志题赠给我，既是赞誉，也是激励，寄望深厚，寓意深远。

我幼承庭训，一是儒学，二是医学。家教极其严格，从小就接受"修身、齐家、治国、平天下"的志向教育，5岁启蒙时，父亲就以曾国藩家书为蓝本进行训导："第一要有志，第二要有识，第三要有恒。有志则断不甘下流；有识则知学问无尽；有恒则断无不成之事。""做医生首先要有菩萨心肠，救死扶伤是医生的本分。先立德，而后才可出则为良相，入则为良医。"家庭的传统教育为我立下了为人的规矩、处世的准则。

— 一 —

先父孙佛生是安徽人，医术精湛，兼通文、史、哲，精研天文地理，擅长诗词歌赋、书法、音律，是当时的知名人士。1951年春，土地改革开始时，父亲认为自己上无片瓦、下无寸土，家庭成分应当划为"贫民"，就去乡政府说明情况，却被扣留了。当时我刚满10岁，看到父亲一个多月没有回家，就独自一人走几里路去了乡政府。对阻止我进入的门卫说："我是孙佛生医师的儿子孙光荣，有重要事情向乡长报告！"刚好乡长在大堂，觉得惊奇，就让门卫放我进去。乡长问我："有什么事情报告？"我回答说："我父亲是个好人，是个好医生，为穷人治病不要钱，还送药费给他们哩，凭什么关我父亲？"乡长说："你爸爸是外乡人，据说当过清朝一个亲王的医生，当过河南方城知事，是封建大官僚。他的历史必须审查清楚，共产党和人民政府不会冤枉一个好人，也不会放走一个坏人。你小孩子不懂，不要管这些事情，不要在这里闹了！"我回答道："我没有闹，我走进门就说是'报告'！无论哪朝哪代，都有官，也就有好官、清官，也有坏官、贪官。共产党是为人民服务的党，人民政府是为人民服务的政府，别说一个坏人，就是一条害虫都应该除掉。但是，如果是好人，就应该还他的清白。我父亲的官当得正不正、好不好，有德政碑为证，做医生做得正不正、好不好，去问各位父老乡亲就知道了。"乡长急忙问："什么德政碑？"立即找来几个人详细记录了谈话，然后说："你今天讲的情况很重要，你先回去，我们一定搞清楚，如果你讲的是事实，一定会把你的爸爸还给你。"事后，父亲在查证清白之后回家了，家庭成分划为"贫民"。

二

1998 年春，国讯医药集团注资 40 万元与湖南省中医药研究院文献信息研究所合作，将《湖南中医药导报》由双月刊改版为月刊，后来经过几年努力，《湖南中医药导报》终于获得"湖南省十佳优秀期刊"的殊荣。从此，我跨入了中医 IT 行业。与"大国讯"分家后，我与朱嵘董事长同心协力创建了国讯医药集团，并兼任了集团董事、总裁。我经过深思熟虑，向董事会提出了国讯医药集团发展的三个方案：一是建立中医药教育资源库，搭建教学平台，开创中医药网络教育；二是建立中医药科技数据库，研发搜索引擎，开创中医药信息超市；三是建立中医药诊疗经验库，整合优势资源，开创中医药远程医疗。

1998 年 4 月，我作为评审专家出席了国家中医药管理局在烟台市召开的中医药科技进步奖评审会议。会议期间，我就以上三个方案向国家中医药管理局李振吉副局长进行了咨询，李振吉副局长指出："中医药在职从业人员的继续教育是一件大事，也是一件难事。要切实加强中医药队伍建设，就要充分利用现代信息技术，开创中医药远程教育。这正是需要社会力量来办的事，要采用'政府主导、企业承办、学校联办、多方协作'的模式来运作，要创造条件，抓紧把这件事办成、办好。"于是，国讯医药集团董事会通过了我提出的第一方案，立即向国家中医药管理局提出成立中医药网络教育中心申请，科技教育司何惠宇司长亲自到湖南进行了实地考察后，派洪净处长指导筹备工作。

1998年9月，国家中医药管理局科技教育司通知，要立即汇报创建中医药现代远程继续教育实体的思路和方案。国讯医药集团组织了8人汇报小组进京汇报。出发前，我患急性肠胃炎，发烧、呕吐、腹泻如注。国讯医药集团董事会朱嵘先生、郑益敏先生深感棘手，拟向国家中医药管理局提出延期汇报的请求，我说："走！机遇来之不易！这时刻只能顾全大我，不能顾全小我，而且我还没到不能走路、不能说话的程度。"我服用了藿香正气丸等中成药和糖盐开水，带上大卷卫生纸，就这样登机了。

贺兴东司长及洪净处长、张为佳副处长、徐金香等同志在听取汇报以后，对筹建工作给予了充分肯定。会上，贺兴东司长对开创中医药现代远程继续教育的时代背景、目的意义、思路方法、项目选择等给予了明确的指导。当年12月25日，获准成立"二十一世纪中医药网络教育中心"。

三

2002年5月24日深夜2时，我因连续使用电脑撰写文件长达十多个小时，匆匆起身如厕时突然昏倒，造成左锁骨骨折，进入中日友好医院急救。一周后出院，但步行时稍有震动则头痛、骨折处疼痛。

6月初的一天中午，于永杰副院长前来看望，同时带来一个令人震惊的消息，据说有关方面提出了要关闭医学类函授、自考、网络教育的意见。我立即意识到，这是因为有的同志不了解中医成才规律、不了解中医在职人员学历结构的现状、不了解中医历来有"远程教育"的传统所致，应当向有关方面进行陈述。我们磋商之后，做了分工。随即，我挣扎起来，坐着轮椅逐一拜访有关领导和老专家，就中医药高等学历远程教育的需求量和开展中医药高等学历远程教育的必要性、重要性以及确保教育质量的办法等方面，进行了系统陈述，深深感动了所有接见我们的领导和老专家。佘靖副部长、李振吉副局长、贺兴东司长组织了专家论证。经过深入论证，再经北京中医药大学郑守曾校长、乔旺忠副校长以及于永杰常务副院长等的多次阐释，得到教育部、卫生部、国家中医药管理局领导一致同意，终于获得了教高〔2002〕10号文件的认定："经教育部批准的中医药现代远程学历教育试点，可以面向在职中医药人员举办本、专科学历教育。"

四

2007 年 7 月 29 日，"中和亚健康服务中心成立暨首届亚健康管理服务学术研讨会"在人民大会堂隆重举行。国家中医药管理局机关服务局局长、中和亚健康服务中心理事长孙涛教授请我以中和亚健康服务中心副理事长的身份主持学术研讨会。有一位专家在学术报告中提到了中医的生存环境问题，有位记者提出："当前有人攻击中医，主持人对此有何评价？"这是一个敏感的问题，也是一个尖锐的问题，更是一个关系中医生存正义的问题。我淡然一笑，回答道："这是'五无'之流的言论，不值一驳！"记者问："何谓'五无'？"我答道："不知中医而攻击中医，谓之'无知'；不识中医在伟大民族复兴中的重大使命和作用而攻击中医，谓之'无识'；不明中医特色优势与发展规律而攻击中医，谓之'无理'；不按科学论证规则行事而采用学霸手段乱扣'伪科学'帽子而攻击中医，谓之'无赖'；不尊重客观事实而颠倒是非，甚至借用明星陈晓旭病逝攻击中医，谓之'无耻'！"立即，人民大会堂里响起经久不息的掌声，可见公理正义自在人心。

五

我首先师承父亲的"丹溪学派"，而后师承"东垣学派"。有三个"师父"，第一个是父亲，第二个是湖南省浏阳县（现浏阳市）柏嘉乡医院院长易中林医师，第三个是全国著名中医药学家、湖南省中医药研究所所长李聪甫教授。

我自 1964 年 8 月随父亲临床诊疗，到 1974 年 6 月，在农村行医已近 10 年，在浏阳、株洲、醴陵、长沙一带已小有名气。

1974 年 7 月，经大队推荐、公社审核，报经浏阳县卫生局批准，我被录用为浏阳县柏嘉公社医院医师。入院之初，必须接受西医培训，却没有人愿意接受这样一位远近闻名的医师做徒弟，柏嘉公社李长发书记与陈祥生社长商量后，只好指定易中林院长带教。在 6 个月的强化培训中，我跟随易中林院长走村串户，虚心求教，迅速掌握了常用的西医知识与技能。12 月，柏嘉公社送我到浏阳县人民医院进修西医内科、传染科，在一年的进修期内，我抓紧一切可以利用的时间，坚持自学了全套第四军医大的教材。

1978 年，为了解决中医后继乏人的问题，中共中央发布了〔1978〕56 号文件，卫生部决定在全国开展选拔中医师的统一考试。1979 年秋，浏阳县卫生局钟顺和副局长动员我报名参加选拔考试。当时因需要解决全家城市户口的问题，我已应聘到浏阳河中学任教。考虑到脱离临床近两年，而且毕业班教学工作紧张，婉谢了钟局长好意。钟局长找到我的母亲做通思想工作，自己代垫5角钱报名费替我报了名。结果我以全县第二名成绩录取（第一名因有严重残障而被淘汰，我就顺序成为第一名而上报）。考后很长时间没有得到消息，准备参加转为公办教师的体检。在县人民医院体检时，恰遇该院王院长，他说："我听说你考得很好，一定会重用，如果转成公办教师再到卫生系统，手续就麻烦了，你等几分钟再体检。"当即打电话给钟局长，钟局长立即赶到医院"没收"了体检表，说："你是我县的状元，上面正在考虑怎么安排最合适的单位。"10月，湖南省卫生厅委派湖南省中医药研究所李元喜教授来浏阳对我进行单独面试和考查，临别之际李元喜教授问："你是愿意搞教学还是愿搞临床和科研？"我的回答是："服从党的安排。如果搞临床和科研，可更好地深入学习中医，更能发挥自己的积极性。"李元喜教授意味深长地说："很好！根据你具备的条件，组织上可能安排你跟一个'老头'。"我问："什么'老头'？您这话我没有听懂。"李教授回答说："当然是一个很不一般的'老头'，等着吧，不要再去体检，不要去当什么公办教师了。"后来才知道，湖南省卫生厅特别做出了给予全国著名中医药学家李聪甫研究员带1名助手兼徒弟的决定，经过李老亲自挑选和湖南省中医药研究所政工科宋梓清科长等审核，上报省卫生厅批准，录取我到湖南省中医药研究所，分配到理论研究室。1980年3月5日，理论研究室主任刘炳凡教授正式宣布："经所党委研究决定，孙光荣同志自即日起，担任李老的助手兼徒弟，并兼任理论研究室学术秘书。"从此，由文献理论研究到临床研究，我师承李老七年半，真传授受，师徒情深。

1982年夏，和李老到厦门出席《实用中医内科学》审稿会，深夜三时在鹰潭转车，下车后巧遇任应秋教授和他的助手，那时没有"通联票"买，临时买不到票，四个人就去找旅社，一连找了四家都客满了，那时又没有手机，无法与会务组联系，两老两少只好准备坐在一家小面馆里等天亮了。任老就指派他的助手去排队买票，我说："请这位师兄陪二老坐一坐，我去想想办法。"我找到公用电话，拨通市委值班室，说："两位全国政协委员、著名中医药学家现被阻在你们鹰潭火车站了，怎么办？"值班室给了当地负责统战工作的领导同志的家庭电话，半小时后，就派来专人专车，接到招待所，妥善安排了食宿和车票。

一天，李老问我："这厦门天气太热，不换衣服不行啊，你会洗衣服吗？"

得到的回答是："会！您尽管洗换！"第二天李老洗澡换衣时，夸奖道："想不到衣服你也洗得这么好，洗得跟新的一样啊！"其实我哪会洗衣服？家务事从来都没动过手，还曾被时任湖南省中医药管理局局长的李芳教授送了个"末代皇帝"的绰号。我是怕李老在会期不换衣服难受，就按照原样买了几件衬衣、衬裤，要店里烫平，然后寄存到柜台。这样，李老每晚都能换一套"洗得跟新的一样"的衣服。李老直到回来很久后才听说这事，说："真难为光荣了！"

李老患有严重便秘，有时服用通便药物、灌肠都不能奏效。有一天晚上，李老派人找我赶紧到他家去，看到李老腹胀、憋气，难受至极，我说："李老，今晚只能用土办法了，您配合一下，我用手指助您抠出来。"李老说："这怎么行？你回去叫个护士来按照你的法子办吧。"我回答说："这么晚了，又是大雪天，路又这么远，一时到哪里找人？医生就是救死扶伤的，何况师徒如父子，我做有什么不可？"就用手指蘸上液状石蜡，一点一点地掏出结如铁石的粪便，终于通便，转危为安。李师母热泪盈眶地说："就是儿子尽孝，也难做到这份上！"我到北京工作后，每年春节回老家，一定要到李老等老一辈家中看望，即使自己也是快70岁的老人了，但一进门就向李老或师叔们的遗像三鞠躬。

妙手著文章

70年来，我在中医药临床、科研、教学中，笔耕不辍，公开出版和发表了近1200万字的专业论著，著作等身、真知灼见、出口成章，是业界知名的。

——

1980年秋，经有关部门批准，湖南省中医药研究所开办硕士研究生班，确定李聪甫、刘炳凡、欧阳锜三位老教授为导师，遴选一批研究员、副研究员为教师。《医古文》和《中医文献学》的课程，没有具备高级职称的合适老师主讲。李、刘、欧阳三老一致推荐由我主讲。于是，41岁的我就在20世纪80年代初走上了研究生班讲台，由此，连续担任了16届硕士研究生班以及湖南省内科提高班的教师。

担任硕士研究生班教师之后，在没有适合硕士研究生使用的《医古文》和《中医文献学》教材的情况下，我立即自行编著《医用文言基础学》，集版本、训诂、校勘、注释、语译、文选、古文化知识于一体。《医用文言基础学》全套

5 册共 50 万字，解决了硕士研究生班《医古文》和《中医文献学》的教材问题。

1981 年 4 月，卫生部成立中医古籍整理办公室，欧阳锜老教授担任了中南片协作组组长，负责中南五省中医古籍整理的资源调研、项目审定、人员培训工作。我编著的《中医古籍整理入门》于 7 月底正式印行，解决了中南片的培训教材问题。嗣后，又在《中医杂志》发表了《"理校"在医籍校勘中的地位与作用》一文，重点阐述了中医古籍整理中最令人困惑、也令人最难以把握的"理校"问题。

二

1982 年 3 月，李聪甫、刘祖贻和我承担了卫生部第一批中医药古籍整理研究的重点课题"《中藏经》整理研究"。为了完成国家的科研任务，揭开沉潜已 1600 多年的《中藏经》之谜，首先就得寻找失传的《中藏经》赵孟頫本。我独自一人赴北京、上海、四川、广州等地万里求真，通过众多线索，终于找到唯一知道《中藏经》赵本下落的上海博物馆的一位退休技师。因其妻患风心病多年，近日加剧，头面、四肢皆肿，动则气喘，苦不堪言，所以无心谈版本问题。我主动诊治，出资买药，经过七天治疗，获得明显好转，老技师终于指引我找到了《中藏经》这一绝本。

经过历时 4 年的整理研究，完成了《中藏经校注》《中藏经语译》，第一次揭开了尘封千年的《中藏经》真面目，总结了《中藏经》脏腑辨证八纲，揭示了断生死、判顺逆的规律和处方用药特点。发表了"《中藏经》学术思想考析""《中藏经》在脏腑辨证理论发展中的三大贡献""《中藏经》'疗诸病药方六十道'初考"等一系列论文。

三

1990 年 4 月和 6 月，中国科协先后接待了台湾卫生代表团和美国精神卫生代表团，请我先后主讲了中风康复和中医养生的专题文献研究。我将中医养生学术产生与发展的历史划分为萌芽期（原始～春秋）、形成期（春秋～战国）、发展期（秦汉～晋唐）、继续发展期（宋元～明清）、迟滞期（鸦片战争～1949 年）、复兴期（1949 年以后）六个时期，将中医养生方法分为"食养""药养""术养"三大类。经过全面、深入的整理研究，编著成我国最早的《中医养生大全》，共 120 万字，1990 年 9 月由北京科技出版社出版。在编著《中医养生大全》的基础上，1993 年 4 月，在青岛举行的首届养生康复学术研讨会上，正式提出了我首创的养生理论：

养生总则——合则安（食用什么、学习什么功法等，要因人制宜，适合自身的心理、生理需求即可）。

养生要领——上静，中和，下畅（上部，心要善良、宁静；中部，脾胃要安和；下部，大小便要通畅）。

养心要义——是非审之于己，毁誉听之于人，得失安之于数（引自千年学府"岳麓书院"楹联）。

养生要诀——童心，蚁食，龟欲，猴行（引自干祖望教授之言）。

四

20 世纪 80 年代后期，中医药学界掀起了一股"规范化""标准化"的热潮，中医临床研究、中药新药研制等，都有意或无意地套用、模仿西医、西药的规范和标准。有一次，借在北京参加科研课题立项评审会议的机会，到国家中医药管理局办公室王凤岐主任、中国医药科技出版社吴大真社长夫妇家做客，谈起了这方面的问题。吴大真教授说："建议从炎症开始，你们俩整出个西医病名、中医治法的指南，大家看得明白、用得上手的本子出来。"于是，经过一年的努力，由王凤岐和我联合主编的、中国医药科技出版社出版的《炎症的中医辨治》问世了。创建了一个西医病名、西医诊断与鉴别诊断、中医辨证、中医治疗再加民间疗法备选的模式，获得了全国科技图书奖二等奖。接着，刘祖贻、周慎和我又联合主编了《神经系统疾病的中医辨治》，逐步形成了西医疾病中医辨治的系列。

五

中风病，是发病率高、病残率高、治疗难度高的一种常见病，中风病后遗症已成为国际医学界康复治疗的难题。如何提高中风病的康复疗效、减少中风病患者的致残率，一直是医务工作者和社会工作者极其关注的重大课题。

1991 年，王永炎院士主持了世界卫生组织（WHO）脑血管疾病中医康复合作项目，邀请在《中药新药临床研究指导原则（第一册）》编制合作中相识的我负责中风康复文献研究部分。根据王永炎院士提出的"中风病的康复治疗，要采用综合疗法，注意康复训练，在病人神志清醒、病情稳定后，即进行康复训练，并掌握循序渐进的原则"的指导性意见，一支来自临床和文献的科研团队，经过长达 9 年的潜心研究，终于系统提出了中风病康复治疗的原则、方法、药物、方剂等，编撰成为 8 章 59 节 88 万字的《中风康复研究》，由中医古籍出版社出版，成为我国第一部中风康复研究的专著。

六

我根据自己多年的文献研究和从师经历，进行了整体设计，将每一位医家按照概说、生平考略、师承治学、主要著述（原文精要、古评今鉴）、学术经验（学术思想、诊断方法、治疗方法、方药运用）、研究进展、轶闻趣事、序年记事的框架整理研究，按照医家的出生年代顺序排列。2002 年，涵盖先秦至清末的极具代表性的 85 位名医、共 197 万字的《中国历代名医名术》，在国讯医药集团资助下，由中医古籍出版社出版。

七

2001 年 2 月 23～24 日，国家中医药管理局科技教育司主持召开了关于开展中医药现代远程继续教育的"香山会议"，李振吉副局长到会并做了重要讲话，明确了二十一世纪中医药网络教育中心的地位、任务与权责。紧接着，张为佳副处长向我传达了贺兴东司长、洪净处长关于研制中医药四大经典系列教学课件的意见：由科技教育司负责在全国遴选主讲教师，具体由张为佳副处长负责组织；由我牵头，负责设计和研制；由北京市中医管理局科教处马静处长牵头，负责组织现场教学。中医药现代远程继续教育的第一次攻坚战就此打响。

2002 年 9 月正式开始摄录，终于在规定的时限内成功研制了我国第一套中医药四大经典教学课件：王洪图教授、杨旭教授主讲的《黄帝内经》，郝万山教授主讲的《伤寒论》，王雪华教授主讲的《金匮要略》，刘景源教授主讲的《温病学》。在此基础上，2003 年，在 SARS 爆发期间还争分夺秒地摄录，又成功研制了我国第一套中医药四大基础教学课件：李德新教授主讲的《中医理论基础》，朱文峰教授主讲的《中医诊断学》，张廷模教授主讲的《中药学》，邓中甲教授主讲的《方剂学》。

八

根据吴仪副总理在 2004 年全国中医药工作会议上的"以中医药特色优势为根本，把名院、名科、名医文章做大"的重要指示，为了总结中医临床经验，开辟中医临床实用技术新资源，提高中医临床服务能力，国家中医药管理局决定在"中医实用临床诊疗技术整理与研究项目"（即百项中医诊疗技术，简称

"百项")的基础上，推出重大技术成果推广项目——中医临床实用技术。从"百项"中选择最具中医特色、最先进、最实用、最适合多媒体表现、最便于社区和农村医疗单位推广应用的诊疗技术，摄制成为技术示范 VCD 。经过一年多的研究，制定了《实用中医临床技术示范 VCD 研制标准》，包括：①原始资源入选标准。②摄制文本编写标准。③分镜头摄制脚本编制标准。④摄制环境标准。⑤操作示范标准。⑥产品设计标准。⑦图像制作标准。⑧"扒词"制作标准与"扒词"程序。⑨动画制作标准。⑩录音配音标准与配音程序。⑪后期合成标准。⑫质量检测标准与检测流程。⑬摄制设备标准。

全套标准首先是各部门工程人员起草的，但我看来看去总觉得"中医临床技术"与"VCD 研制技术"是"两张皮"，最终只好自己执笔。整个项目共成功研制 73 项，全部通过国家中医药管理局科技教育司组织的专家委员会的验收，获得了一致的高度评价。

九

科技部确立了"十五"国家科技攻关计划"基于信息挖掘技术的名老中医临床诊疗经验及传承方法研究——名老中医学术思想、经验传承研究"课题。总课题包含 98 个子课题、108 位名老中医、840 多名研究人员，覆盖 30 个省（自治区、直辖市）140 个单位，是一项涉及全国范围的重大课题。

2005 年 4 月 20 日，国家中医药管理局科技教育司正式下达课题计划。4 月 27 日上午，科技部、国家中医药管理局联合在北京人民大会堂召开了课题启动仪式。

终于在 48 个工作日内顺利完成了信息库的研制任务，共收集典型医案 3656 例、从师病历 20879 例、临证思辨 3454 例、学术思想档案 106 份、成才之路档案 106 份、临证思辨特点综述报告 120 份、课题组研究总结报告 263 份、医话 33 例、学术思想综合报告 106 份、音像资料若干份。

十

"当代名老中医典型医案研究"是"十五"国家科技攻关计划"基于信息挖掘技术的名老中医临床诊疗经验及传承方法研究——名老中医学术思想、经验传承研究"课题的子课题，于 2006 年 8 月立项启动，2007 年 4 月结题，历时仅 9 个月。"名老中医学术思想、经验传承研究"课题综合信息库全面搜集、保存了当代名老中医回顾性和前瞻性医案 30000 余例，筛选出典型医案 3656 例，为当代名老中医典型医案研究奠定了坚实的基础。通过对全国名老中医积累数十年的独具特点的中医理念、心法、方药、诊治手法等方面的成功案例，进行全面、系统、抢救性的整理研究，精中选精，编撰了代表当代中医诊疗水平的《当代名老中医典型医案集》。

《当代名老中医典型医案集》共收集整理了全国 107 位名老中医 2311 则典型医案，涉及病证 360 余种，分为内科、外科、妇科、儿科、五官科、针灸推拿6 个分册，共计 58 章 436 节，共 543 万字。2009 年 1 月由人民卫生出版社出版。

此外，我还是《中医方剂大词典》的副主编、《中华本草》的编委、《中国中医药年鉴（学术卷）》编委、《中医药防治疾病知识百问——农民工读本》的主编等，在中医药学术传承、中医药知识普及等方面都发挥了重要作用，做出了重要贡献。

十一

医圣德业碑：唯公元二〇〇六年九月十六日岁次丙戌金秋，中国中药协会率全国中药企业同仁，本敬祖之心，怀拜圣之诚，瞻仰医圣祠，树立德业碑。颂曰：

张公仲景	降生南阳	医坛至圣	德业流芳
体察疫疠	悲悯伤亡	长沙太守	恩沐万邦
勤求古训	博采众方	创始六经	提挈八纲
伤寒金匮	功德无量	辨证论治	纲举目张
明圭正臬	燮理阴阳	配伍用药	协和柔刚
天人合一	未病先防	驻颜强身	救死扶伤
垂范千载	德泽八荒	功盖寰宇	源远流长
万世宗师	岐黄荣光	中药协会	立志弘扬
念兹民瘼	开掘宝藏	保持特色	必自本章
发挥优势	务求精良	继承创新	科技自强
中医中药	人类共享	欣逢盛世	镌石斯堂
承先启后	惠众安康	继往开来	永续辉煌

中国中药协会 立

撰文 孙光荣

忠言商国是

清·顾炎武云："天地存肝胆，江山阅鬓华。"我行年七十，双鬓当早生华发，一路走来，甘为中医药事业发展而奋斗不息。

一

20世纪80年代初，湖南省卫生厅、湖南省中医药管理局召开了一次名老中医座谈会，研讨全省中医药事业发展大计。当时我作为李聪甫教授的徒弟和助手，也随之参加了会议，并担任了会议记录，提出了发展全省中医药事业的一系列建议。

会后不久，湖南省中医药管理局通知我参加《湖南省中医药"八五"科技工作计划》起草小组，担任副组长。经过几个月的调研，在郭子华等同志的共同努力下，终于完成了起草任务。

二

1990年3月，我当选为政协湖南省第七届委员会委员。在第三天讨论政府工作报告时，在小组发言，引起全组的重视，第五天全组推选我代表小组就政府转变职能和反腐败问题在大会发言。我综合全组讨论的意见，讲了三点：一是政府工作的宗旨与政府角色的定位；二是政府角色的定位与政府职能的转变；三是政府职能的转变与反腐倡廉的关系。大会闭幕那一天，我当选为政协湖南省第七届委员会常委，以后又连任到第八届，兼任提案委员会委员、文教卫体委员会委员。参加了由文教卫体委员会陈克理主任等率领的多次调研、视察、考察活动，与高金木、尤昭玲以及有关部门负责人王天民、郭子华等同志一道，就反腐倡廉问题、高新区问题、医疗改革问题、中医药事业发展问题、企业改革问题、"三农"问题、乡镇建设问题等深入调查研究，每年都单独或联合撰写多份提案，并在大会发言，曾获得了"中国人民政治协商会议湖南省委员会优秀提案奖"。

三

1990年春，国家中医药管理局抽调我来京参与起草《关于促进中医药科技进步的意见》等工作。报到的当晚，国家中医药管理局主持工作的朱杰副局长亲自找我谈话，说："政府文件的起草，要善于着眼大局，要善于把握方向，要善于结合实际，要善于引导实践。"带着这"四个善于"与办公室王华章副主任、科技司张瑞祥副司长、沙凤桐处长一道，集中在"中研宾馆"，经过调研、咨询、撰稿、讨论及征求各司、局、办意见，《关于促进中医药科技进步的意见（草案）》终于获得局党组会议的审核、通过。起草小组高高兴兴赴上海参加大会筹备工作。在大会召开的前一天晚上7点半，起草小组突然接到紧急通知：由于出席开幕式和闭幕式的做主报告的领导有变更，必须将两个报告的内容进行修改和整合。商量以后，就分头修改，重新送审同意后，已经是凌晨2点了，送印刷厂是绝对来不及了。经请示，同意用油印印制。一直干到次日早晨7点，才全部完成文件的印制工作。

1998年冬，国家中医药管理局抽调我来京参与《关于中医药科技工作若干问题的决定》的起草工作。洪净、苏钢强、濮传文、林超岱、杨龙会等有关负责同志与我一起，经过一个多月的努力，顺利完成了初稿。

四

进入21世纪以来，中医药事业在不断地求生存、图发展，取得了长足的进步，但是在中医药行业内外出现了诸多质疑："'中医药现代化'究竟要把中医药引导到何处去？""中医药有什么特色优势？""中医药的医、教、研照现在这样下去，行吗？"社会上刮起了一股"唱衰"中医药之风。严峻的形势激发了我"位卑未敢忘忧国"的情怀，2005年3月18日致书时任国务院副总理的吴仪同志。

不久，吴仪副总理亲自批示："请高强、佘靖同志阅研，孙光荣教授为中医药事业的发展表现出的热情令我感动，请高强同志能亲自听取孙教授的意见。"卫生部党组书记、部长高强同志接着批示："请佘靖同志阅，孙光荣同志为振兴中医药，殚心竭力，仗义执言，提出了一系列意见和建议，令人感佩。请组织有关同志逐项进行深入研究，提出意见，择时约孙光荣同志面谈、请教。"卫生部副部长、国家中医药管理局局长佘靖同志再批示："请中医药局各位局领导阅。请人政司牵头按高部长和我在同件的意见批示落实。"紧接着，国家中医药管理局组织力量针对这封信提出的问题与建议，进行了深入调研，向卫生部、国务院提出了专题报告。

五

2005年8月5日，K45次列车在轨道上向南飞驰，出席"中华中医药学会中医药文化研究分会第三届委员会换届选举暨第八次学术研讨会"的代表们正奔向黄山。为了提高会议质量，张其成主任委员在车厢主持召开了"中华中医药学会中医药文化研究分会特别会议"，钱超尘、朱嵘和我都参加了这次特别会议。

会议是从探讨"究竟什么是中医药文化"这个问题开始的。大家提出了诸多建设性的意见，形成了这次特别会议的五项建议：

一是建议明确中华中医药学会中医药文化研究分会工作的指导思想。

二是建议确定中华中医药学会中医药文化研究分会的工作范围。

三是建议提出第三届委员会的任期目标。

四是建议遴选中华中医药学会核定的第三届委员会的重要活动项目。

五是建议确立中华中医药学会中医药文化研究分会第三届委员会工作的新机制。

六

2007年11月27日，国家中医药管理局主办、中国中医药报社承办、深圳市中医医院协办的"全国中医医院中医药文化建设研讨会"在深圳隆重召开。我报告的题目是"突出中医药文化核心价值，提高中医医院竞争实力"。我认为，中医医院加强中医药文化建设要抓住三点：一是要抓住主题，就是要突出中医药文化核心价值；二是要抓住关键，就是要充实中医药文化内涵；三是要抓住重点，就是要彰显中医药文化特征。2009年3月8日，国务院有关部门根据李克强副总理和刘延东国务委员批示成立的中医药文化建设研究的项目课题组，在社会科学院召开了"两会"部分人大代表、政协委员对中医药发展提议的情况交流会，我应邀出席了会议，做了"关于发展中医药事业若干问题的认知与建议"的专题发言。

七

2007年1月11日，中共中央政治局委员、国务院副总理吴仪同志做出了"要将中医药文化知识纳入中小学教育"的指示。为了贯彻落实吴仪副总理指示精神，国家中医药管理局于当年3月20日、4月11日、4月24日、5月11日先后4次组织专家进行了专题研究与论证。

我在会议上提出了要明确将中医药文化知识纳入中小学教材的基本原则的具体建议："将中医药文化知识纳入中小学教材的基本原则是：①'选点渗透'。

不单独开设课程、不单独设置章节、不改变教材结构、不硬性增添内容，而将纳入的中医药文化知识自然地、有机地融入中小学教材之中，就是选择适合纳入中医药文化知识的课程'点'、章节'点'、内容'点'，将最根本的、标志性的、表述明确的、结论准确的内容，循序渐进地渗透到可容纳的各个课程中去。②'择优置换'。现行语文、历史、体育、音乐等教材中，无论从作者地位、思想内容、篇章结构、遣词造句、韵味文采等方面，完全能够选择较之更为优秀的中医药内容，因而可以择优置换。③'适当增修'。可将中医药文化知识纳入中小学教材的'渗透点'，除语文、历史外，还有品德、科技、体育、音乐等课程。在不影响课程标准整体设计与结构的前提下，可以通过适当增修，采用贴近修改、贴近增选的方式纳入中医药文化知识。"

八

中医药继续教育历来是说起来意义大、做起来难度大、做下去困难大的工作，作为中华中医药学会继续教育分会主任委员的我，责无旁贷地要对如何认识、如何开展中医药继续教育等问题进行调研与思考。

2008 年 10 月，我就开展中医药继续教育的思路与方法问题，拜访了张文康、佘靖、李振吉、贺兴东、何惠宇等卫生部、国家中医药管理局的老领导，北京市中医管理局赵静局长、谢阳谷老局长、屠志涛处长，吉林省中医药管理局邱德亮局长，北京中医药大学高思华校长，山东中医药大学王新陆校长以及师承教育、优秀中医临床人才研修项目的导师路志正老教授、陆广莘老教授，进行了多方请教。为了争取政府主管部门的支持，又向国家中医药管理局于文明副局长、人事教育司姜在旸司长、洪净副司长、赵明处长、周杰副处长等分别做了汇报。

通过调研，我深刻认识到，当前中医药事业发展中遇到的关键问题之一就是如何培养人才和如何使用人才，明确提出了一个理念，即"做强中医药队伍是做强中医药事业的根本"，并提出了十点建议。

2008 年 11 月 26 日，我带领继续教育分会的同志们协助北京市中医管理局、北京市中医药学会举办了"首都中医药继续教育高峰论坛"，并做了"做强中医药队伍是做强中医药的根本"中心发言。

长期以来的理论研究与工作实践，促使我深入思考有关中医药人才培养方面的问题，在广东建设中医中药强省专家座谈会上做中心发言时，我热情、诚恳、直接地提出了创建"中国中医名家研修院"的建议。

九

"医改"关系到改革深化，关系到国计民生，是全民关注的大问题。《关于深化医药卫生体制改革的意见（征求意见稿）》发布后，我在一次有关会议上就说："这个征求意见稿至少有三个问题：一是谁出钱、谁花钱、谁管钱还不够明确；二是改革实施主体定位和权益界定不够明确；三是全文表述不够明确。"2008 年 12 月，吉林省中医药管理局邱德亮局长到北京开会，我与他在餐厅相会，谈到了医改征求意见稿。经过一段时间的整理研究，概括为"三医（医生、医院、医业）问题"。

《中国中医药报》2009 年 1 月 8 日发表了我和邱德亮的文章，题目是"医改应重视'三医'问题——医生、医院、医业事关重大"。

文章开宗明义地说："三医"问题，是指在医药卫生体制改革中凸显的医生（包括护理、医技、药剂人员，下同）、医院、医业问题。医生，是医药卫生体制改革的实施主体；医院，是医药卫生体制改革的实施平台；医业，是医药卫生体制改革的实施领域。文章分为三个部分：第一部分阐明"医生是医药卫生体制改革的实施主体，通过深化医药卫生体制改革充分调动医生的主动性与积极性，是解决'三医'问题的关键"；第二部分解析"医院是医药卫生体制改革的实施平台，通过深化医药卫生体制改革，大力提高医院的服务力与可信度，是解决'三医'问题的突破口"；第三部分论述"医业是医药卫生体制改革的实施领域，通过深化医药卫生体制改革走出一条具有中国特色的医药卫生道路，是解决'三医'问题的终极目标"。文章还提出了系列建议。

十

2008 年 5 月 12 日四川汶川发生了大地震。我从电视上看到了特大灾情的发生，在相关单位和会议上连续五次捐款。

7 月中旬的一天，国家中医药管理局医政司许志仁司长，新闻办公室蒋健主任、宋树立处长，北京中医药大学王琦教授，中华中医药学会温长路教授，中国中医药出版社王国辰社长和罗会斌主任，以及各大中医医疗机构的专家都在，上级领导部署要抓紧编印中医药防治疾病的、老百姓看得懂的、在灾区用得上的宣传组图。我说："那就建议分类，编成口诀。"大家经过反复思考和推敲，集思广益，群策群力，终于在极短的时间内圆满完成了任务。定稿：

1. 顺应天时

震后忽雨又忽晴，寒来暑往易生病；衣服加减要及时，气候变化要适应。

2. 适应地形

危山险岭泥石流，房倒屋塌死水沟；堰塞湖边断桥下，恶劣环境莫滞留。

3. 除秽洁室

清理垃圾打开窗，通风换气迎阳光；屋里屋外勤打扫，驱除秽气熏艾香。

4. 合理饮食

饮食合理讲卫生，米菜瓜果洗干净；干稀搭配水喝足，防腐防霉防鼠蝇。

5. 规律起居

早睡早起当遵循，劳逸结合锻炼勤；餐前便后须洗手，衣服被褥要干净。

6. 调理情志

震灾遭遇悲恐惊，剧烈持久伤心神；稳定情绪常调节，压力释放渐抚平。

7. 疾病预防

灾后须防疾病缠，更要杜绝疫情延；呼吸肠道皮肤病，未病先防是关键。

"忠言商国是"，确实是我为中医药事业发展竭诚尽力的真实写照，我对中医药事业是信心坚定不移、意志坚强不折、毅力坚韧不拔、行动坚持不懈，只要是关系中医药事业发展的事情，我总是满腔热忱、全力以赴、竭诚奉献。

仁术济民康

医术，仁术也！本仁慈之心，以医术救死扶伤而惠泽苍生，这是医德的根基。医者，意也！勤求古训、博采众长，上则通晓《灵》《素》，下则涉猎百家，融会贯通于胸中，因人因时因地制宜而化裁，这是医术的灵光。

——

1968年3月，一位李姓青年农民请我到他家出诊，孩子早产，生下来不到四斤。吃了"百日饭"后，孩子得过一次小儿急性肺炎，病好了以后就觉得他"很芳"（株洲话：没有生气、没有精神的样子），到来诊时也只长出两颗牙。孩子的背有一点"驼"，而且打不得"蹬蹬"（株洲话：扶着站不起来的样子）。这两三个月来，发现孩子的脑袋越长越大，老是把头偏着或垂着，抬不起来。城里一家大医院诊断是"脑积水"。

孩子"囟门未合，发枯齿迟，精神不振，声低音哑，头大如瓜，口糜唇焦，尿黄便结，纹青紫，舌干红"。我认为，此谓"解颅"，乃先天不足，后天失调，气血之源匮乏，升降之机失常。法当和气血、调升降、补后天、益先天，首先益气活血、清热通便以治其标，而后补气养血、补脾益肾以治其本。

处方：太子参9克，生北芪5克，紫丹参5克，北柴胡6克，金银花10克，蒲公英10克，大青叶6克，胖大海1枚，车前草5克，生甘草3克。

7剂，每日1剂，水煎，分多次服。

孩子服药以后好多了，大便解了，口也没有那么烂了，尿也没有那么黄了，有点精神了，但头还是抬不起来。

处方：前方加川草薢6克，14剂，意在用以分清泌浊。

第三次来诊时，孩子比初诊时精神多了，口糜唇焦、尿黄便结的症状没有了，脑袋有时能抬起一二秒钟，舌红有津。标证已除，自当治本。

处方：西党参9克，生北芪6克，紫丹参6克，於潜术（土炒）9克，制首乌10克，干黄精10克，大熟地黄9克，大生地黄9克，大红枣3枚，金毛狗脊9克，炒六曲5克（布包），生甘草3克。

7剂，每日1剂，水煎，分多次服。

另外，我告诉家长："把小乌龟提来放在清水里养七天，每天打一个黑母鸡生的鸡蛋放进去。七天后，宰了小乌龟，去壳，去杂，放在砂锅里，放一把黑豆，7个红枣，加水，用文火炖烂，再加一点盐，最后把汁倒出来，让孩子喝汁，能喝多少就喝多少，三天吃一次。"3个月后，孩子的头型基本正常了，也抬起来了，眼睛也明亮了，头发有了光泽，牙也长出四颗。

二

1972年夏夜，长沙县某公社的张姓青年农民兄妹请我出诊。小张的妹妹说："我嫂嫂前晚生了个女儿，昨天中午起发高烧，到太阳落山的时候就发狂，掀开被单就往外跑，几个人才压得住，胡言乱语，水米不进。"走进"月婆房"，就闻到一股强烈的血腥气，病人半躺在床上，面色紫红，嘴唇发干，烦躁不安，汗出如浆，双手压着小腹，痛得大喊大叫而又声嘶力竭。我立即施以家传的补、泻两种推拿手法，重点是推拿和点击"百会""涌泉""气海""血海"等穴位。不到十分钟，病人安静了一些，"诊其脉细数，察其舌绛而暗，苔少"。我认为，此乃恶露不净，子宫蓄血，败血瘀阻于下而上攻于心，发而为狂。法当调升降、逐瘀血、安心神。

处方：西党参 10 克，当归尾 30 克，紫丹参 10 克，生蒲黄 30 克（布包），牡丹皮 12 克，老苏木 10 克，正川芎 12 克，延胡索 10 克，干荷叶 15 克，炙远志 6 克，生甘草 5 克。

2 剂，当晚 1 剂，即煎即服。

大约晚上 1 时服第一次，病人到后半夜就睡着了。天亮前，病人退烧，起床解了一次大便，下了好多瘀血，小肚子不太痛了。随即又服第二次，又睡着了。一个月以后，小张全家以及当地的干部敲锣打鼓给我送来了一块扎着红绸的"华佗在世"四个金字的匾。

三

修建枝柳铁路是 20 世纪 70 年代初实施的战备工程，1973 年，我由上级派出的赵国纯连长、周凯指导员点名抽调，担任连部卫生室医生，开赴湘西中坊。正是立春时节，我就感到当地既是春寒料峭，又感到下午往往潮湿闷热。经过调研，立即建议连部抓紧预防流感工作。我说："必须购买一批预防药和消毒剂，同时要向指战员讲点预防知识。"

当地大山里的药材非常丰富，经过 7 天的精心采集，挑回来五担蒲公英、板蓝根、金银花、野菊花等，那时节金银花、野菊花还没有开花，只有茎和叶。用大锅将这些"本草"加上一些红枣、生姜等，煎成大桶大桶的"凉茶"。每天出发前和收队后，每个人都必须喝一碗，还利用晚上的时间集中讲授预防疾病知识，这样坚持了大约 1 个月。果然，流感爆发，许多连队几乎有一半人不能施工，而"赵国纯连"却是百分之百的出勤率。

连部设在湘西中坊公社一位姓周的贫农家里，周老爹中风偏瘫已三年，左侧肢体几乎没有知觉，左手已变形，左脚脚趾稍微能动，吃饭靠儿女喂，屎尿靠儿女接。患者脉沉细，舌体歪斜，舌质淡紫，舌苔灰暗，声音低微，小便频数。此乃左侧升降出入气机不畅所致，属气虚血瘀之证。法当益气补血，化瘀通络。

处方：西党参 15 克，生北芪 30 克，紫丹参 15 克，当归尾 30 克，酥地龙 6 克，破桃仁 6 克，净水蛭 3 克，上肉桂 1 克（同煎），正川芎 6 克，川红花 6 克，桑寄生 10 克，嫩桑枝 10 克（酒洗），川杜仲 15 克，川牛膝 10 克，炮干姜 6 克，炙甘草 5 克。

同时，先后选择合谷、肩井、肩髃、曲池、手三里、绝骨、昆仑、环跳、委中、足三里等穴，采用家传手法"一针、二摩、三灸"，每日轮流施治一次。

经过 3 个月加减治疗，左手能屈伸，左足能在搀扶下随行举步。再经两个月治疗，能够自己扶着手杖行走，左手能握物，但左手变形无明显改变。

四

20 世纪 80 年代初，长沙方姓女职工因患乳腺癌请我治疗。当时她已经做了肿瘤切除手术，但又复发，再经多次放、化疗，不仅没有缓解，而且她自己"无法接受放、化疗了"。我用内外兼治的方法给予治疗，病情逐步缓解、稳定，重新上岗，至今已存活 28 年。

1988 年初夏，黄姓干部，被某大医院确诊为"脑胶质瘤（星形细胞瘤）"，已经做了三次放、化疗，效果不显。病人主诉头晕、头胀、头痛、恶心、口臭、纳差 2 年。近半年来，多次无前兆突然晕倒；近 3 个月来，视物模糊，有时可见重影。患者脉细弦无力，舌绛，苔黄腻，左眼球微凸。我认为，此乃气血两虚，升降失司，毒邪上攻，瘀阻脑络之证。法当益气活血，清热解毒，潜阳降逆。

处方：西洋参（蒸对）12 克，生北芪 6 克，紫丹参 15 克，生鳖甲（先煎）30 克，生龟甲（先煎）30 克，蒲公英 15 克，金银花 15 克，天葵子 12 克，白花蛇舌草 15 克，半枝莲 15 克，乌贼骨 10 克，制乳香（醋炙，布包）6 克，制没药（醋炙，布包）6g，姜半夏 9 克，广陈皮 9 克，路路通 15 克，生甘草 5 克。

另外，取蛞蝓 14 条，洗净，放瓦上焙干，研末，装入胶囊，每天早餐后半小时，用温开水送服 2 粒。

一个星期以后复诊，自诉"头晕、头痛、头胀、恶心、口臭都减轻了，自己感到气顺多了，眼睛看东西还是模糊"。予前方再服 14 剂。

病人拒绝继续放、化疗，坚持服用中药。经过 6 个月的持续治疗，原有症状全部消失。后来，他将我的处方制成丸药，坚持服用 3 年，未见复发。

五

1990 年冬，某男，71 岁，患胃和十二指肠溃疡、冠心病、慢性前列腺炎、老慢支，吃不香，卧不安。每天至少呕吐一次，吐得五脏六腑都像要翻过来。脉弦硬无力，舌暗红少津，苔白微腻。按其胃脘、小腹，均无肿块，但都有轻微压痛。我认为，此乃脾虚胃弱、气滞血瘀、升降紊乱之证。法当益气活血，理脾健胃，降逆止呕。

处方：太子参 20 克，生北芪 10 克，紫丹参 12 克，生蒲黄 15 克（布包），乌贼骨 15 克，西砂仁 6 克，广橘络 6 克，鸡内金 6 克，云茯神 12 克，炒枣仁 12 克，延胡索 10 克，真沉香 4 克（对），佩兰叶 6 克，谷芽（炒）12g，麦芽（炒）12g。

另代赭石 30 克与 1 个鸡蛋同煮 30 分钟。早餐后，再过半小时，喝一点用代赭石煮鸡蛋的汤，能喝多少就喝多少。

二诊： 脉弦微数，舌绛，苔薄白，神清气爽，语言清晰，饮食正常，不喘不呕，但时有尿意而小便余沥。我认为，气机升降初顺，脾胃功能初复，气滞已有所缓解，血瘀尚待化除，而兼夹痰瘀阻滞，仍当益气活血、理脾健胃，佐以化痰利水为治。

处方：太子参 15 克，生北芪 12 克，紫丹参 10 克，生蒲黄 15 克（布包），乌贼骨 12 克，西砂仁 4 克，广橘络 6 克，鸡内金 6 克，云茯神 12 克，炒枣仁 12 克，延胡索 10 克，真沉香 4 克（对），谷芽（炒）15 克，麦芽（炒）15 克，炒泽泻 10 克，干石韦 10 克，路路通 10 克，车前仁 10 克（布包），甘草梢 10 克。

7 剂，每日 1 剂，水煎，分 2 次服。

并嘱其停服代赭石煮鸡蛋。

此后，多次往返，处方稍做调整，追访 3 年，基本平安健康，但小便余沥之症状始终未能彻底根除。

六

1995 年，某女，17 岁，慢性粒细胞性白血病，患病两年多。

初诊： 脉细涩，舌淡、苔薄白。面色无华，眼睑、牙龈苍白，身形消瘦，眼光暗淡，声小音微，精神不振。15 岁初潮，半年前开始月经过多，色淡，无块，白带增多，无异味，食欲减退，食后饱胀，低热，多汗，乏力。察其腋下浅表淋巴结多，但无明显肿大，无压痛，乳房无肿块，脾稍大、坚实、无压痛。无肝硬化、血吸虫病史。经外周血液检查及骨髓穿刺检查证实为"慢性粒细胞性白血病"。此乃气血亏虚、毒伤骨髓之证。法当补益气血，解毒填髓。

处方：白晒参 20 克，生北芪 20 克，紫丹参 6 克，大熟地黄 20 克，北枸杞 20 克，怀山药 20 克，山萸肉 10 克，阿胶珠 15 克，云茯神 12 克，炒枣仁 12 克，蒲公英 12 克，金银花 12 克，白花蛇舌草 15 克，半枝莲 15 克，土鳖虫 10 克，生甘草 5 克。

另外，猪脑髓 1 付，去瘀血，洗净，加入鸡蛋 1 枚、红枣 5 枚、生姜 3 片、食盐少许，蒸食，7 天食 1 次。并嘱其将"强的松"等逐渐减量，最后停服。

一个月以后，病情稳定了，连续吃了 30 剂，猪脑髓也吃了 4 付，现在觉得好多了。

复诊： 脉细微数，舌淡红，苔薄白。面色萎黄，眼睑、牙龈稍显苍白，精神稍振。询知此次月经正常，白带减少，食欲较好，食后饱胀减轻，不发热，汗少，行动较前有力，但寐差多梦。察其腋下浅表淋巴结减少，脾仍大，坚实，无压痛。

处方： 前方加川续断 10 克，夜交藤 12 克。

此后，原方加减，坚持治疗 1 年，患者临床症状全面缓解，外周血液检查及骨髓穿刺检查结果基本正常。

七

1998 年春，病人是 60 岁左右。

初诊： 脉洪大而数，舌干红，苔黄腻。面赤唇绀，心烦易怒，时有胡言乱语，嬉笑怒骂，不认亲疏，自做报告，寐少，食少，尿黄，便结。我认为，此乃气滞血热、升降紊乱、上蒙清窍之证。法当理气、凉血、安神、开窍。

处方： 西洋参 10 克，生北芪 10 克，紫丹参 12 克，石决明 20 克，法半夏 10 克，广陈皮 10 克，大生地黄 10 克，赤芍药 10 克，云茯神 15 克，炒枣仁 10 克，炙远志 6 克，九节菖蒲 6 克，灵磁石 10 克（先煎），生龙齿 15 克，火麻仁 10 克，生甘草 5 克。

另用，北京同仁堂安宫牛黄丸 4 丸。上方第一剂，每次用药吞服半丸，第二至第六剂，每次吞服 1/4 丸。

昨晚只服了一次药，病人就睡得很安稳，早上解了大便，也吃了早餐，没有发作。后来，电话中转了三次处方，临床症状全部消失。追访 1 年，未见复发。

八

2002 年秋，小杨 27 岁，小陈 30 岁，小易 25 岁，得了同一种病，都是"功能性子宫出血"，我按照年龄大小一一诊治。

小陈，已婚。脉弦数，舌干红，苔薄白。其曾在月经期接到紧急任务而赴外地采访，劳碌奔波，突然血崩如注，后经当地救治而转安，自此月经淋漓不断，色红有块，经来小腹疼痛，食少寐差。面白无华，精神不振，少气无力，时时索饮。此乃气虚血热、瘀阻胞宫之证。法当益气凉血，化瘀止漏。

处方：西党参20克，生北芪30克，紫丹参12克，益母草10克，大生地15克，牡丹皮10克，赤芍药10克，阿胶珠12克，生蒲黄15克（布包），煅龙牡各15克（先煎），云茯神15克，炒枣仁10克，西砂仁6克，鸡内金6克，生甘草5克。

2剂见效。脉弦，舌红，苔薄。面色转红，精神稍振，略感口干，其漏初止，仍存点滴。处方：前方继服7剂，归脾养心丸4瓶，按照说明服用。

小杨，已婚。脉弦细微数，舌淡红，苔薄黄。其连续加班而又诸事烦心郁闷，易冲动，易发怒，月经淋漓不断，量多，色暗，无块，头晕心悸，口苦口干。面黄少华，倦怠乏力。此乃肝郁化火、迫血渗漏之证。法当疏肝开郁，凉血止漏。

处方：西党参10克，生北芪10克，紫丹参10克，益母草10克，北柴胡10克，大生地黄15克，牡丹皮10克，赤芍药10克，川郁金10克，制香附10克，云茯神15克，炒枣仁10克，合欢皮10克，蒲黄炭15克（布包），谷芽（炒）15克，麦芽（炒）15克，生甘草5克。

1剂见效。仅感口干，其他症状均已消失。处方：前方加天花粉12克、麦门冬12克，7剂。

小易，未婚。脉细弱无力，舌淡红，苔薄白。体质素弱，学习工作极其紧张，上月至今，月经淋漓不断50余天，赴医院两次治疗，时断时来，量少，色淡，质稀，小腹不胀不痛，头晕心悸，寐少纳差，腰酸腿软。面白少华，气短乏力。我认为，此乃气血两虚，统摄无权之证。法当益气补血、固涩止漏。

处方：西党参15克，生北芪20克，紫丹参10克，当归身15克，制首乌15克，杭白芍10克，北枸杞15克，女贞子15克，云茯神10克，炒枣仁10克，茜草炭10克，大蓟炭10克，小蓟炭10克，侧柏炭15克，谷芽（炒）15克，麦芽（炒）15克，生甘草5克。

1剂的第一次服用即见效，仅感稍有头晕心悸、腰酸腿软。处方：前方加川杜仲（盐水炒断丝）12克。

追访1年，未见复发。

九

2008年秋，李先生在香港某医院确诊是"声门旁型"的喉癌，又叫什么"贯声门癌"。此乃气虚血瘀、毒聚咽喉之证。法当补气逐瘀，润喉开声。

处方：西洋参10克，生北芪12克，紫丹参10克，南沙参15克，山豆根15克，木蝴蝶10克，生地黄10克，赤芍药10克，干蟾皮15克，白花蛇舌草15克，半枝莲15克，桑白皮10克，冬桑叶10克，麦门冬12克，火麻仁10克，生甘草5克。

7剂，每日1剂，水煎，分2次服。

另外，嘱取蚝蝓14条，洗净，放瓦上焙干，研末，装入胶囊，每天早餐后半小时，用温开水送服2粒。

因没有办法找到蚝蝓，故改用石上柏30克，猪瘦肉60克，加少许食盐，炖食，三天一次。

一个星期后，患者打来电话说："我能讲几句了，自我感觉也好多了。"继用前方30剂。

2009年春节，李先生来电话，声音洪亮。

十

2008年初夏，一位母亲带着她的女儿来找我求治。她的女儿怀孕几次又都流产了，她今年35岁了，现在好不容易又怀孕了，想请孙老设法保住这"金贵"的一胎。

初诊：脉细滑无力，舌淡红，苔薄白。习惯性流产者，现停经42天，倦怠少食，面色少华，气短声怯。此乃气血两虚、冲任不固之证。法当补益气血，安胎保产。

处方：白晒参15克，生北芪30克，当归身15克，川续断15克，淡黄芩6克，熟地黄15克，正川芎5克，杭白芍（酒炒）15克，白术（土炒）12克，炙甘草5克，西砂仁4克（后下），糯米20克，生姜3片，大枣7枚（引）。

7剂，每日1剂，水煎，分2次服。

7个月后，患者稍感体力不支。脉象、舌象无异常。嘱其"不药"，但要其母准备人参10克，黄芪15克，桂圆15克，放入一瓷碗中，用薄纸多层覆盖，再用牙签在纸盖上刺孔多个。在预产期的前三天，每天蒸饭时，将瓷碗放在饭上蒸。临产，将纸盖揭开，打入鸡蛋一枚，煮沸，产前即服。2009年3月30日中午，孩子出生，母子平安。

我在中医临床方面学习和实践的体会是，要做到"三善于"，一要善于调气血，二要善于平升降，三要善于衡出入。

（孙光贵、郭明明、孙文政、孙玉冰、孙玉红、朱嵘、邓爱明、周亦农、

吴浩恺、王绍刚、李淼、李彦知、杨建宇、张文娟、王兴协助整理）

陈汉水

陈汉水（1941— ），福建南安人。20世纪60年代自学传统医学，1973年迁居香港，定居后的几十年，曾在蜡烛厂、塑料公司供职，开过诊所，创办药厂，主持医药研究所，竭尽心力从事中医临床工作。医迹涉及东西半球，谒门就治者来自50多个国家和地区，从而赢得"神医"口碑。曾获20世纪世界杰出人士称号、获20世纪世界杰出医学成就奖，2005年在爱国华侨新春团拜会暨经贸合作交流会上被授予"杰出爱国人士"称号。

"丈夫志业岂封侯，褐恤疴瘵挠破头。沥血呕心猷启泰，枢天夺命自风流"。余在40多年的医药生涯中，诊治过各种疑难杂证，亲炙过各阶层人士，其中的咸酸苦辣、欢乐忧患、世间百态、人生七情，哪样没有经见披历？怎能没有感受体验？故有上述《抒怀》之诗作。对余而言，除了精诚于医药研究外，不论是踽躅坎坷，还是凌波微步，跟跄于万重浪里的步伐，都已渍成不堪回首的陈迹，况还有着各种局限。所以，只有根据忆述，整理数事，聊膺探赜之鸿爪。

心涵胞舆从轩岐

余少年时代，因家徒四壁而乏力完成初中教育，但这无碍于余强烈的上进心，余非但没有放弃手中的书本，且长以家藏的经史子集之研读，用作攻修史学的敲门砖。

余自幼即斋戒，一生宗"百行以德为首"。20世纪60年代初，水肿病非常普遍。眼看着甫殡葬人的罹患者，不旋踵即被另一批罹患者所殡葬的现实，余遂以"知者虑，义者行，仁者守"之志发奋修医。正是这一发奋的毅然，酿成了余有教无类的行为风格。

余以书本知识结合活体药物的辨识为起点，经常登涉烟岫云壑于原药的采掘，留心炒炙炮制于加工之效应，还尝试莳植一些较稀珍药材。在余多年的采药生涯中，既有三瓣兰花、白花印度黄芩、绿菊、金竹等珍稀偶得，也有令人惊心动魄的蝶聚、鸦战、蛇会等奇观的缘遇。凡此种种，都予余圆觉造物万有的旷达，颖悟大德曰生的真谛，由而弥坚余唯致天人之极情，才能臻于枢天之医道的信念。正是这种既得人文基础的心源，又有生活经历的造化，促成余明慧地另辟蹊径，走上力求博通、又有所精专的医家之路。

迁港初期，余虽近 3 年时间暂事其他行业，却没有中辍医学的修研。尽管当时每天都要工作 12 个小时以上，工余时间不多，余还是连续多年报读多所高等院校的遥距课程，同时参与医学命题的研究。学医以来的几十年间，读书是余唯一嗜好。余每天只睡三四小时，余者就是工作和学习的鸡窗萤案，以贯彻自己的选择。其间，余曾多次婉谢知识参股和独当一面等优渥条件的延揽，甚则辞职自办诊所，以示踽踽独行于医药研修旅程的无悔。

博识有枢转天心

余认为：没有全面的继承，就谈不上发扬。没有深刻的通识，就无所谓专精。医学的对象是人，人之为字，二笔而已，但个中的左右、长短、先后、轻重、阴阳、刚柔等，自有其风致。于书如是，于人也复如是，没有人文的认知，怎能有人文的关怀和全面的继承？中医学的内容，几涵盖自然科学九大门科，只有博学而善于融会贯通，学识才能够有所突破、有所飞跃，才能够在致用时达到因情应变、就势发挥的尽在一心。在余的文集《风猷》中，有篇名为"野叟哓舌"的序文，撰文的尊长是 20 世纪 40 年代就成名的大宗师，他老人家对余这种治学理念有段状述，谨摘引如次：

"订交后才知道'陈立'是其表字，名讳乃汉水，也是在这七年的交往中，才逐渐知道什么叫读书？什么叫思想？什么叫学问？也才了解他被誉为现代医王的所以然和必然：且看他起居坐卧处，横堆直叠都是书，架上柜中也是书，案头台下还是书。手不释卷，日读夜读。典籍经史，无书不读。上下古今，品题讽读。术艺匠作，耐心细读。旧章新说，对照参读。天文地理，潜心修读。

道释医易，诚敬研读。稚书蒙学，老大弥读。音律词曲，吟哦批读。不懈不怠，不读不乐。沉吟徘徊，苦想冥思。不眠不休，废寝忘饥。夜对星月，日对云霓。如睡如呆，如醉如痴。茶烫罔觉，烟灼不知。剔耳搔首，刮肚皱眉。谈半忽噤，援彼证兹。揖俚谐伧，返璞证理。探隐钩沉，考典质疑。论议问难，尽奥穷义。融会贯通，博学约系地几乎尽将天人知识掺揉综合于胸蕴，也正因此才能达致那参造化的境界，姑勿论这种读书模式所费的青春和心血，即此中所蕴含的信念、毅力知几许？"

治学已见如上，致用方面则试举几例：1968年6月，某医院收了7名流脑病童。那期间的医护人员，或在学习班，或在干校，非但业务人手不足，就连中、西药物都极度缺乏，救治这批病童的责任，就落在了院革委会副主任的身上。他经盱衡情势后，竟然径到寒舍向余直白苦衷以求助，余虽非该院职员，因病人性命所系，毅然同其赶赴医院。为病儿逐一诊察后，面对当时药房十柜九空的情况，余从药房仅可找到的不足40种的药物中，选出朴硝、明矾，合入请该副主任买来的食盐，浑和外敷，以降温退热。为使患儿们在炎热气温下能够转危为安，就需不断敷药。这样不断地操作，虽把余双手冻得变了形，却使7条小生命得到了安全的保障。后来连朴硝、明矾都没有了，就只能用食盐和黄泥浆敷治，再入院的几位病童，余都是用这种疗法进行施救，令他们不但没有一个殒殁，也没有一个有后遗症，都在最短的时间内平安出院。正是基于早期对温热病的研究，其后而有"辟瘟防疫散"的传世。方具温中致和、扶正祛邪之功，主治四时不正之气所致的瘟疫、瘴疟、呕吐、腹泻等病，男女老幼咸宜，唯孕妇慎之。药有藿香45g，厚朴24g，杏仁30g，砂仁24g，木香21g，赤茯苓30g，焦术60g，党参30g，半夏30g，扁豆45g，干姜30g，煨姜30g，苍术21g，陈皮30g，苏梗45g，柴胡10g，香薷2.4g，焦芍2.4g，桂枝2.4g，木香12g，香附15g，补骨脂15g，小茴香6g，黄芩15g，炙甘草3g。上药25味，共研细末，日3服，每服6g，温水下，微汗为验，7岁下孩减半。

不近人情，却是性情。1979年除夕，暌别乡关六载，余初次归梓，还未及家门，就被人拦路邀往邻村诊治一中风者。患者发病已七八天，瘫痪于床，不能饮食，唯吊注营养液。患者色暗神疲，脉滑肢厥、口噤关闭，喉间痰声辘辘。纯是阴寒实证，病因痰浊壅阻经络所致。即予挈弹腋前之阳明络，三弹甫毕，百骸震撼，患者连续呕出大半面盆胶痰，痰吐未毕，人竟已能坐起，并能开口索食。翌日，在鞭炮声中，昨日卧榻的患者，已能爽利地行走拜年。

1993 年，余应邀外诊经梓，还未入村，即被截邀诊治一蜘蛛蛊患儿。患儿岁余，先天缺钙骨软，半年来腹大筋浮，肌肉消缩，全身暗淡，气息如丝，指纹穿关射甲，遍求名医罔效。余果断地拟予全蝎、大腹皮及枳实等猛药峻剂，果一剂见效，三剂而愈。

经纶辨证握韬钤

20 世纪 70 年代后期，余对脑、肝、肾等脏器的萎缩，再生障碍性贫血，血小板降低，血红细胞亢增，糖尿病，栓塞性脉管炎，尿毒症，肝炎，乳腺癌，鼻咽癌等病的研究，曾获得主权国家医卫机构、或国际医事组织、学术机构等多次嘉勉奖励。对传统中医现代化、中药科学化问题，余曾先后在国际性学术会议上交流。现撷 1999 年 8 月，余在国际中医药学术研讨会上发表的讲稿之一《传统中药现代化的蠡窥》，节录如次：

1997 年的金融风暴，固然予东亚的经济以严重的摧残，也给东亚，乃至世界各国一个当头棒喝：玩弄泡沫，终致经济发展的窒迟！痛定思痛之余，区内各国正全面调整经济结构，转向于实物经济发展。此际，一个把传统中药现代化的科技产业理念应运而生，并广泛地成为憧憬。展望未来，可以预见的是：随着世界经济一体化的发展，地球保健和人类保健势必成为 21 世纪的头等大事。地球保健姑且不论，即以人类保健言，现代医学固然有着它的优势，唯其机械唯物观的指导思想，注定了它对顽固性疾病疗治方法的局限，除寄望基因、细胞疗法方面的突破外，暂时只能处在蛰伏待机的状态；传统中医学固然有着规范化、现代化等问题的亟待完善，但它历史悠久、古朴灵应、适应广泛，如在美容、保健、疗治、养生等方面都有用武之地，尤其是都能着眼于人和自然的统一，从这点看，中医药还是有着广阔的前景的。所以，从培植新的经济增长点和增值产业的观点而言，这确是一个利于新兴经济体系之发展与竞争的进取理念。但理念与现实之间，似横亘着一个标准的问题，在目前国际药剂市场上，非但欧美国家，就是亚洲区内所颁行的医药管理条例，就令传统中药无法以药品形式注册。因该条例对注册的中药，既要求需按中药典，还要依照 FDA（美国食品药品监督管理局）的标准进行说明，而西药却无法也无须依中药典说明。

这种双重标准，不但已涉歧视之嫌，有违公平竞争原则，也令中药的民族文化特征丧失殆尽。所以，标准问题没有解决，理念的实现就难能乐观。

标准是根据主观愿望和客观环境而厘定的，而愿望和环境是受法统、道统观念所影响的，法统、道统又多是受人文背景所支配。中医中药既然是民族医疗文化，就必具有浓厚的民族特征，尤其是中医药曾经是在一定的区域、相当的历史时期内的主流医学，其根深蒂固绝非纯感性的，任何急功近利的、歧视性的骤然转变，非但无裨于经济发展，反易致社会的分化、纷扰。准此以观，就明白标准不是单纯的国际化的问题。中医学的特征尽在于它是综合性的，而西医学是分析性的。两者从基础理论到诊治方药都大相径庭。在如此参差的情况下，能够成功依照FDA标准现代化的中药，只是庞大中医学体系中的一小部分中药和方剂，余下的大部分中药系统、方剂系统乃至整个中医学体系只能带着FDA标准的价值剩余束诸高阁直至消亡，希腊医学消亡的教训应否记取？FDA是否为国际药剂市场的唯一标准？如视之为唯一标准，可以说，这是扼杀传统医药的生机、窒息中华文化的活力而最不受注意的盲点。因它将迫使根本不知FDA为何物的传统医药研究者将精神转注于FDA的适应，让人们不加辨析地对现代化、国际化等盲目地追求，由而不自觉地背祖于传统医药，离根于中华文化，扯着科学作虎皮公然对民族医疗文化进行剽窃与掠夺。且看二位不是从事中医药教研的教授，各自把传统方剂"生脉汤"的三味药物，略行洋式的成分分析后，就宣称是自己的发明，就在传媒和法庭上互为攻讦、指控对方剽窃。一叶知秋，倘这种情况继续发展，三千多年来积累的方剂，一旦被有心人注册，宣布是其发明的专利，这种官司由谁来判定？民族医疗文化不是都子虚乌有了？经济价值可以烘托中医药，但中医药的价值却不尽在经济效益。中医药能够经受物竞天择的历史淘汰，延续几千年而依然焕发其风姿，自有她的民族个性和风情。需知在医学方面，实验科学证实，解剖学、组织学及生物化学等的研究，对人体正常生命活动都有不同程度的干扰，甚至割裂了人体局部和整体的紧密关系，所以只凭解剖学、组织学或生物化学，都不能全面、正确地反映生命活动的客观规律。因此，只有也只能通过辨证论治，才能够全面正确地掌握生命活动的客观规律；在药物方面，变化万千的方剂配伍，药物四气、五味、归经等错综复杂的功能作用，很多都远超于已认知的物理性，这已不是FDA的范畴。所以，也可以说FDA并非中医药的唯一标准。

标准的争议，说到底，相关部门迄今还没有建立一套中药的技术和安全定量的标准是一个缺憾，苟能顺应国情、顺应时代地建立传统中药的技术和安全定量的标准，中药现代化的标准问题就可迎刃而解。苟如是，可以预见的是：传统中药现代化后，中医药的作用和价值必然更加凸现，传统中药自然就成了新的增值产业，中西药激烈的市场竞争也必然展开，随之而来的，无疑是传统医学科学化的全面改革。而传统医学与现代医学，可以说是春兰秋菊，各擅胜场，尽管在理论基础方面有宏观与微观的参差，但从近40年来较普遍的中西医结合的临床实践看，两者之间确实存在着互相补充、互相结合的可能性，但两者的结合也不是简单、粗糙地合二为一。对这一问题，可从现代物理学中得到借鉴：20世纪的物理学是建基在相对论和量子力学上的，相对论的公式流畅优美，但在实际应用时却有诸多局限；量子理论虽然含混，在科学实践上却创出了辉煌成就，两者虽然皆为时重的经典性理论，却显得极不协调，甚至相互攻驳而使科学处在尴尬的矛盾中，后来竟然由超弦理论将两者统一起来。物理学如是，相信医学也得有破有立而蔚新。

鉴于余为祖国经济建设和社会发展所做出的贡献，2005年，在爱国华裔新春团拜会暨经贸合作交流会上，余被授予"杰出爱国人士"称号。面对发言时的照片，余感慨万千，欣然题诗以寄情：

> 栋橿疴陋不经纶，议论岂因德业尊。
>
> 野老杞夏申鄙恨，淬魂谋国铸乾坤。

（陈宇韬协助整理）

黄海龙

黄海龙（1941—　），深圳市人民医院、暨南大学第二临床医学院主任医师，教授，硕士研究生导师，广东省名中医，深圳市名中医。江西中医学院60级本科班毕业，师承全国著名老中医万友生、姚荷生、张海峰、杨志一等，从事中医临床、教学、科研和管理工作六十余年。曾任中华中医药学会中医基础专业委员会委员，江西中医学院中医系副主任，江西中医学院附属医院、江西省中医院院长等职。出版学术著作8部，发表学术论文、临床报

道、医案、医话70多篇。崇尚经典，注重实践，赞赏寒温统一，中医理论扎实，临床经验丰富。擅长治疗内科疑难杂症，如儿科体虚易感、咳喘多汗、低热不退，以及妇科肿块、不孕不育症。尤其是用纯中药治疗继发性不孕症疗效较好，如内分泌失调、免疫性不孕、输卵管不通、卵巢排卵功能不全，以及接受人工授精、试管婴儿失败的不孕患者。被广深、深港地区患者誉为"送子观音"，是深孚众望的名老中医。

师出名门　基础扎实

江西中医学院成立于1959年，我于次年考入该校中医本科学习。江西当时是第一次办中医高等教育，建校之初，虽然各方面条件不够完善，但省政府非常重视师资队伍水平，调集了省内一批有真才实学的中医专家来院任教，像全国著名的中医专家傅再希、姚荷生、杨志一以及万友生、张海峰、沈波涵等，都是主讲老师。《黄帝内经》由傅再希先生讲授，傅先生被誉为"中医活字典"，才高八斗，学富五车，荣获卫生部颁发的金质奖章；《伤寒论》由享誉海内外的万友生先生讲授，他是中华中医药学会常务理事，著名的《伤寒论》专家和

"寒温统一论"倡导者；《金匮要略》是由当年得到全国著名老中医、上海经方大家曹颖甫先生赞赏的杨志一先生讲授，杨志一是20世纪30年代上海中医专门学校的高才生，与全国名中医张赞臣、朱振声等是同学；温病学由张海峰先生讲授；中医内科学由姚荷生先生讲授。张老师和姚老师都出自中医名门，张的父亲张佩宜、伯父张心源先生，姚的叔父姚国美先生都是江西名医，享有盛誉，民间流传有"看了姚国美，死了都不悔"的口头禅。张、姚两位老师师出名门，克绍箕裘，天资聪颖，幼承庭训，勤奋好学，成名很早。打倒"四人帮"后，姚老师被任命为江西中医学院院长，张海峰老师当选全国人大代表。沈波涵先生主讲中医妇科学，论辈分沈先生早年参加了姚国美创办的江西中医专门学校，是姚、万、张的老师，他医文并茂，功底扎实，不但精于医，还擅长文，兼任我们的医古文老师。21世纪初，时任卫生部部长张文康主编了《中国百年百名中医临床家丛书》，其中遴选了江西三位杰出的中医临床家：姚国美、万友生、杨志一，专集出书。我们都聆听过他们和后人的精彩授课，现在想起，确实得益匪浅，终生受用无穷！今天强调加强对中医四大经典著作的学习，当时这些老师们就给我们打下了坚实基础。我们那个班，现在也涌现了一批崭露头角的接班人，像江西中医学院内经教研室主任邓必隆教授、金匮要略教研室主任伍炳彩教授，江西医学院中医教研室主任匡萃璋教授，万友生教授的学术传人、原江西中医学院中医热病研究室主任万兰清教授，以及香港名中医、广州中医药大学特聘博士生导师胡源民先生等。在他们的成名、成才过程中，都受到了这些先辈们的影响。我虽不才，但在中医求索的道路上，也得到了老师们的指导，有所启发，有所长进。如我过去在江西中医学院主讲中医基础理论，有时也客串讲讲内经选读，并且能够重视两门学科之间的联系和中医学术思想源流关系。以"真气"为例，"真气"为人体的正气，由先天原气及后天水谷精气结合而成，为生命的动力，我引述《灵枢·刺节真邪》中"真气者，所受于天，与谷气并而充身也"的语句，结合历代医家的有关著作加以论述，如喻嘉言的《医门法律》和现在的《中医基础理论》教科书，把"真气"的含义尽可能地讲得清楚、全面和准确。喻嘉言在《医门法律》中说："真气所在，其义有三，曰上、中、下也。上者所受于天，以通呼吸者也；中者生于水谷，以培营卫者也；下者气化于精，藏于命门以为三焦之根本者也。"在这里，喻嘉言明明白白说出"真气"的来源是三个方面：一是呼吸自然界清气，二是水谷精气，三是肾中精气。显然，明末清初时代的喻嘉言所说与《内经》所说不同，而我们现在的《中医基础理论》教科书中"气的生成"一节，亦是取喻氏之说。这样是不是矛盾？我在教学和研读过程中认为其精神实质并不相悖。因为《内经》所说"所受于天"，而喻嘉言对"天"的理解有两层意义：所谓"天"，即"大自然中清气和先天肾中精气"。故现在《中医基础理论》中"气的生成"一节，认为"真气"来源一是呼吸自然界清气，二是水谷精气，三是肾中精气。究其实，这种认识是上溯《内经》，旁及历代，下至现在，为一脉相承的。

想当年学习中医四大经典著作时，强调背诵的"童子功"，在校园内掀起了一股熟读和背诵中医四大经典著作的热潮。傅再希老先生常说："读书百遍，其义自见。"要求我们一大段一大段，或一篇一篇地背诵《黄帝内经》，万友生先生要求背诵《伤寒论》397条，并亲自撰写113方的"伤寒论方歌"。我们班上大多数人每天在校园内熟读背诵，硬是能够将《黄帝内经》中的重要段落和相关篇章及《伤寒论》397条和"伤寒论方歌"完整背诵下来。在后来的临床和教学中，引用经典原文时能够朗朗上口，深深体会到了当年用功的好处。我也在教学相长的过程中，认真学习，细心揣摩，探幽索微，发皇古义。如《素问·五脏别论》中的"所谓五脏者，藏精气而不泻也，故满而不能实；六腑者，传化物而不藏，故实而不能满也"，这句经文在《中医基础理论》和《内经选读》教材中都有，意思是说五脏是贮藏精气而不传化水谷的，所以其中经常是精气盈满，而不是水谷充实。六腑是传化水谷，而不贮藏精气的，所以它经常是水谷充实，而不像五脏一样贮藏精气。对于这句经文中的"藏"和"泻"还有"满"和"实"应如何理解？我体会所谓"藏"，有贮藏的意思，五脏主藏，藏的是精气，如《灵枢·本神》中的"肝藏血""脾藏营""心藏脉"（又，"心藏神"见《素问·宣明五气》和《灵枢·九针》中）、"肺藏气""肾藏精"。精、神、气、血是营养机体、维持生命活动的重要物质。诚如《灵枢·本脏》所说："人之血气精神者，所以奉生而周于性命者也。"所谓"泻"，有转输、传送、排泄的意思，六腑主泻，主要是指传化水谷的意思。如《灵枢·本脏》所说："六腑者，所以化水谷而行津液者也。"所谓"满"是指精气盈满。所谓"实"是指水谷充实。我在结合临床经验谈这句经文的体会时，进一步指出，五脏是贮藏精气的，应该经常是精气盈满，这才是五脏的正常生理功能。如肺藏气，肺气充足，那么呼吸均匀，说话有力。但是五脏所藏的精气盈满又不能是壅实留滞，肺气壅实留滞于胸中就会产生病理变化，如咳嗽、气喘、胸闷等。在这里的"实"就不是水谷充实，而是壅实留滞，应该特别加以区别。同样的道理，六腑是传化水谷的，应该经常是水谷充实，如《内经》所说的胃实而肠虚，肠实而胃虚，更虚更实，才能保持人体正常的新陈代谢的生理功能。但是六腑所传化水谷只能充实，不能满塞不通，否则就会产生病理变化，如肠梗阻等。所以，在这里的"满"不是指精气盈满，而是水谷的满塞不通。以上不同的含义，应特别注意！

崇尚经典 喜用经方

在大学学习阶段，我们不但学习了四大经典著作，而且还学了《难经》和《神农本草经》，是原原本本学原著。今天回想起来，当时虽然觉得枯燥乏味，文字艰涩，难以理解，但现在几十年过去了，的确感到获益匪浅。尤其要说的是伤寒大师万友生先生在讲解《伤寒论》时，不但条理清楚，广征博引，分门别类，以麻黄类方、桂枝类方、栀子类方、白虎类方、承气类方、柴胡类方、理中类方、四逆类方……证因方药鉴别得一清二楚，而且为了方便临床使用经方，利用自己精于诗赋的特长，将《伤寒论》113 方编成四十首方歌，让我们学习和背诵，时至今日，我班很多同学仍能朗朗上口，终身受益。我还在 1982 年《江西中医药》第 2、第 3 期上以"熟读方歌四十首，伤寒要领记心中"为题，谈了学习心得和体会；又在 2006 年深圳市卫生局组织的"全市学习中医四大经典著作"活动中，隆重推出万友生先生撰写的这四十首"伤寒论方歌"，获得好评如潮，大家争相传诵。我在几十年的中医生涯中，崇尚经典，喜用经方。下面抄录几则发表在《中华中医药杂志》上的验案以证之：

（一）手脚多汗症

谢某，女，27 岁，重庆人。少年时曾因误服鱼胆中毒引起急性肾衰竭，经抢救转危为安。从此之后，慢慢出现手脚出汗，量多，以致寒冬腊月总因双脚冰冷十分痛苦。在重庆、广州等地治疗无效。来深圳工作后，因地处南粤热土，工作紧张，内分泌失调，旧病未除，又添新疾。出现月经不调，经量减少，色黑有块，满脸长痘。求医过程中，有的医生用清热解毒法治疗，不但痘不减少，反而出汗更多，手脚更凉；有的医生用温补脾肾、益气固表法进行治疗，有时出汗虽稍有减少，但痘又增多，出现诸多"上火"症状，势在两难。2002年10月请我治疗，分析病机认为，手脚一年四季出汗多，厥冷，服凉药加剧，是由于阳虚不能温煦四肢所致。阳虚不能固表，又兼阴血不足，营阴外泄，故手脚出汗多。冬天外界阴寒盛，与内寒相合，故肢厥，且出汗加多，这应是《伤寒论》中的当归四逆汤证（血厥）。为什么又会月经不调、满脸生痘呢？这是因为深圳气候炎热，加之工作紧张，前医运用温补脾肾、益气固表法治疗，没有考虑病人阴血内虚而误补脾肾气分之阳，导致阴虚阳亢助长内热之故。《黄帝内经》言："谨察阴阳所在而调之，以平为期。"我认为此例既有苦寒阴凝重伤其阳在先，又有误温气分之阳，伤血助热于后，以致营卫两伤，经脉凝涩。法当运用当归四逆汤温其血阳以治其本，同时配合临床经验方丹参蕲蛇汤养阴清热、活血调经。处方：当归10g，白芍10g，桂枝10g，细辛3g，炙甘草10g，大枣10g，通草6g，丹参15g，益母草10g，五灵脂10g，蒲黄10g，蕲蛇10g，地龙10g，生地黄15g，制首乌10g，刺蒺藜10g，皂角刺10g，薏苡仁15g，苦参10g，白鲜皮10g。每日1剂，水煎两服。

同时，还辅以著名老中医赵炳南教授治疗手脚多汗症的经验方：明矾20g，干葛100g，煎水待温后浸泡手脚以助祛湿敛汗。如是治疗两个月后，四肢转暖，手脚汗止，月经量多，色红不暗，痘也明显减少。十多年手脚厥冷多汗症遂告痊愈。

按：本例辨证要点在于对《伤寒论》当归四逆汤证的把握。厥阴寒厥，仲景有气、血之辨，在气给以四逆辈，在血则予当归四逆汤。我在抓住病本——血阳不足的同时，兼顾了失治、误治导致的血虚生瘀、瘀阻经脉、瘀久生热的病理因素。以当归四逆汤治疗血阳不足，又用自验方中当归、白芍、生地黄、制首乌养阴补血清热，丹参、益母草、五灵脂、蒲黄活血化瘀，蕲蛇、地龙祛风通络，刺蒺藜、皂角刺、薏苡仁、防风、苦参、白鲜皮祛湿散结，药证相符，故收效明显。此外，赵炳南老前辈的外洗方亦疗效显著，值得学习和推广。

（二）腰背冷痛症

沈某，男，40岁，广东人。10年前腰背冷痛、沉重，身体不能转侧，畏寒，房事后腰背冷痛更甚，以致害怕过夫妻生活而成性冷淡。每当感冒发热则喜，因为发热越高，即使体温 40℃ 以上，人反觉舒服，腰背冷痛若失，感冒亦可不治自愈，但热退则腰背冷痛如故。如是 10 年，辗转深圳市各大医院中、西医治疗，所做各项检查均正常。曾求诊西医风湿、神经、骨科和内分泌科，也看过中医各科，均无效。2003 年 8 月找我接诊时，我详细观看了病历记录和多项检查报告，又仔细观察病情，当时正值炎夏酷暑，病人害怕风扇空调，身穿长衣长裤，紧扣领口衣袖，十分畏寒怕冷。舌质胖苔白润，脉沉细，两尺尤沉。辨证为肾着证。考虑因寒湿久着肾之外府，阳气不振，故每当感冒发热，阳气奋起抗邪之时，寒湿之邪被制，故不觉难受反觉舒适。然其阳虚仍在，所以旋即复发如前。我在用肾着汤同时，针对患者房事后阳气泄而腰背冷痛加重的症状，认为寒湿不仅着于肾之外府，且已伤及肾的内阳，故加用张伯讷老的二仙汤治疗，减除苦寒伤阳的黄柏、知母，再加熟地黄、细辛、羌活、鹿角霜、桑寄生以振奋肾阳。处方：炙甘草 10g，干姜 10g，茯苓 15g，白术 15g，淫羊藿 10g，仙茅 10g，当归 10g，巴戟天 15g，熟地黄 15g，细辛 3g，羌活 10g，独活 10g，鹿角霜 30g，桑寄生 15g。每日 1 剂，水煎两服。治疗 6 周，共服 40 余剂，诸证悉除。

　　按：本例辨证要点在于对《金匮要略》肾着汤证的把握。仲景原文为："肾着之病，其人身体重，腰中冷，如坐水中……腰以下冷痛，腹重如带五千钱，甘姜苓术汤主之。"本证并不难把握，肾着汤亦为众多医家所常用。方中甘草、干姜温中散寒，茯苓、白术健脾祛湿，再加淫羊藿、仙茅、当归、巴戟天温肾壮阳，熟地黄、细辛补肾散寒，羌活、鹿角霜、桑寄生散寒祛湿、填精补督，共奏温补脾肾、散寒祛湿、强肾壮阳之效。

　　以上两例虽是久治不愈的疑难杂症，严格来说，并不十分棘手，因为深圳地处南粤，毗邻热带，气候炎热，根据地土方宜、人的体质等原因，一般人喜用时方，慎用经方，也在常理之中。我早年师从全国著名伤寒专家万友生和杨志一老前辈，亲聆教诲，受其影响亦深，根据中医辨证论治的原则，在深圳工作，对符合经方病证的患者，即使是麻附姜辛之剂，照样大胆使用。

治疗不孕　好评如潮

我本是一位全科医生，来到深圳工作后，常常牢记《扁鹊传》中的一段话：

"扁鹊……过邯郸，闻贵妇人，即为带下医；过洛阳，闻周人爱老人，即为耳目痹医；入咸阳，闻秦人爱小儿，即为小儿医；随俗而变。"我理解这段话的意思是：病人的需要就是医生努力的方向。在深圳，女性比例较大，因此妇科病人也就多。深圳是一座移民城市，生活节奏快，工作压力大，尤其是青年男女的变化多，要面临恋爱、结婚、成家立业等种种情况，因此妇科疾病也多，如人流后月经不调、乳腺增生、卵巢囊肿、子宫肌瘤、不孕等。我是老中医，很受病人的信任，所以接诊的病人多，在深圳的十五年，治愈继发性不孕症就有几十例，子宫肌瘤、乳腺增生和卵巢囊肿的患者也治愈过很多。因此，病人蜂拥而至，我俨然成了"中医妇科专家"，想来却也好笑。现把其中一例发表在《中华中医药杂志》上的子宫肌瘤合并继发性不孕症的治验报告如下：患者某女，28岁。结婚4年，夫妻生活正常，曾流产1次，之后未避孕，也一直不孕。经B超检查报告子宫后壁下段见一低回声区：13mm×11mm×13mm，边界清楚，考虑为子宫肌瘤。2007年11月22日请我诊治，诊见身体略胖，自述月经不调，色暗红，量少，有血块，月经期伴小腹隐痛，3～4天干净。舌质偏暗苔干，脉浮涩。以活血化瘀、软坚散结为治，投生化汤（当归10g，炮姜10g，川芎10g，桃仁10g，甘草10g）合化瘤汤（三棱10g，莪术10g，制乳香5g，制没药5g）加丹参15g，益母草10g。每日1剂，水煎两服。又以桂枝茯苓胶囊，每日3次，每次2粒，饭后服，经期停用。嘱忌服酸冷油炸食物。如是治疗2个月后，复诊告知月经逐渐正常，量稍增多，经色转红，没有血块，腹不隐痛。2008年1月24日复查B超，报告子宫内回声均匀，未见实性光团，宫腔线居中，子宫内膜厚度6mm。患者治好子宫肌瘤后，要求继续治疗继发性不孕症。在月经正常情况下，检查内分泌6项、不孕免疫3项均正常。行输卵管核素ECD示踪检查，报告两侧输卵管通畅，唯B超报告卵巢排卵功能不全，子宫内膜虽正常，6mm尚嫌薄。对此，我以补肾促排卵、养血以调经为治。方投半仙汤（当归10g，巴戟天15g，淫羊藿10g）合五子衍宗丸加减（枸杞子15g，金樱子15g，覆盆子15g，菟丝子15g，制首乌15g，大枣10g）及四物汤（川芎10g，白芍10g，熟地黄15g）。每日1剂，水煎两服。治疗到3月中旬，告知月经不来，尿妊娠检查阳性，初诊妊娠。4月中旬B超报告宫内见妊娠囊，并有胎心搏动，为正常胚芽。

按：子宫肌瘤是中青年妇女常见多发病。我常以《傅青主女科》中生化汤加味治疗。生化汤用以治产后血虚有寒，恶露不行，小腹冷痛。我在临床上体会到，无论是恶露不行，还是宫血排放不畅，或宫腔炎症的充血水肿，久而久之都易导致气滞血瘀，久瘀凝结不散，渐致肿块肌瘤。生化汤中当归活血补血，川芎、桃仁活血行气化瘀，炮姜温经化瘀，甘草补中。张秉成在《成方便读》中赞赏生化汤中当归养血，甘草补中，川芎理血中之气，桃仁行血中之瘀，炮姜色黑入营，助归草以生新，佐芎桃而化旧，生化之妙，神乎其神。我常加丹参、益母草活冲任之血，祛胞宫之瘀，更加相得益彰。同时，化瘤汤是我治疗子宫肌瘤的经验方，药简效宏，由三棱、莪术、制乳香、制没药 4 味药组成。意取张锡纯《医学衷中参西录》中活络效灵丹组方之妙。方中三棱破血中之气，功专破血祛瘀，行气止痛，化积消块；莪术为气中血药，善破气中之血，以破气消积。二药相伍，气血双施，活血化瘀，行气止痛，化积消块之力彰。诚如王好古所说，"三棱，破血中之气，肝经血分药也。三棱、莪术治积块疮硬者，乃坚者削之也"。《医学衷中参西录》中说："乳香、没药，二药并用，为宣通脏腑、流通经络之要药，故凡心胃胁腹肢体关节诸疼痛皆能治之。又善治女子行经腹痛，产后瘀血作痛，月事不以时下。"《本草纲目》中说："乳香活血，没药散血，皆能止痛消肿，生肌，故二药每每相兼而用。"我在临床上认识到三棱破血中之气，莪术破气中之血，二药合用，古人认为有推墙倒壁之力；再加上乳香活血，没药散血，推陈出新。组方后治疗寒凝血瘀型子宫肌瘤，疗效比较肯定。再配合桂枝茯苓胶囊治疗子宫肌瘤、乳腺肿块、卵巢囊肿，已为医界所公认有效的治疗方法。

为什么这例患者既有子宫肌瘤，又有继发性不孕症？因为子宫肌瘤不利于受精卵的着床；加上子宫内膜较薄，仅有 6mm，增大了受精卵着床的难度；而且 B 超报告卵巢排卵功能不全，没有优势卵泡，所以患继发性不孕症。针对这种病情，势在两难，孰轻孰重，孰先孰后？我想先治好子宫肌瘤，就给受精卵着床创造了机会，也将改变子宫内膜环境，调整内分泌功能，增加了受孕的机会，治疗结果也证明了这种思路是对的。所以我用四物汤养血调经，用半仙汤和五子衍宗丸补肾促排卵，最终达到了怀孕的目的。在这里简单介绍一下半仙汤，它其实是由上海名医张伯讷教授创制的二仙汤化裁而成。张教授的二仙汤由温肾益精的仙茅、淫羊藿、巴戟天、当归和滋阴泻火的知母、黄柏等 6 味中药组成。我在治疗不孕症时，为了促进卵巢的排卵功能，经过反复临床筛选和 B

超监测，选用其中的淫羊藿、巴戟天、当归，补肾活血促排卵功能较好，故名之曰"半仙汤"。而五子衍宗丸补肾生精促排卵的作用已为广大医家所熟谙。

如今，我已是深圳8位健在的"广东省名中医"之一，为了满足患者的求诊要求，每天上午我都在"名中医馆"出诊。为了保护老中医的健康，医院每天都限号。但从广州、东莞、香港，甚至从上海专程来看疑难杂症、不孕不育的患者并不少，每天都要加号才能满足要求。病人为了能让我接诊，有时半夜排队才能挂到号，出现了一"号"难求的情况。我常想"盛名之下，其实难副"这句话，总觉得医生要有清醒的头脑，治病不可能是常胜将军，既要总结成功的经验，也要汲取失败的教训，做一位活到老、干到老、学到老的铁杆中医。

曾宪策

曾宪策（1941—　），重庆合川人，出生于中医世家。毕业于成都中医药大学。主任中药师，执业中医师，第四批全国老中医药专家学术经验继承工作指导老师，中药专业职业技能鉴定高级考评员。太极集团重庆桐君阁股份有限公司总工程师。历任重庆市中医药学会常务理事、中药专业委员会主任委员，学会资深咨询专家委员会副主任委员，重庆市科委、重庆市农委及市卫生局医药成果审评及鉴定专家。《中国药业》杂志指导专家，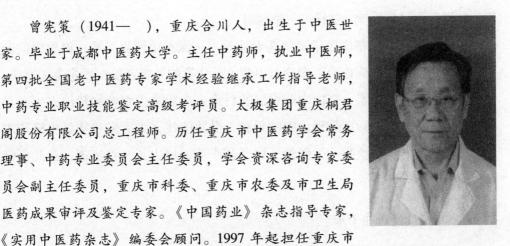《实用中医药杂志》编委会顾问。1997年起担任重庆市医药高级职称评委。极力推崇医药结合，懂得中医中药不分家的道理，认为懂医必须懂药，学药也必须学医，药师不能只会认药、配药、炮制药、制作膏丹丸散，更应该懂得"辨证论治"的内涵，医师不能只会望闻问切、辨证、处方，还必须学会识别中药的真伪优劣、配方、炮制及制作膏丹丸散的方法，这样，才不失为一位真正的中药师或中医师。在医药结合的思想指导下，主编并出版了计100余万字的著作4部，其中《100味贵细中药材选用》及《100种常见病药食治》分别荣获第十五届、第十七届中国西部地区优秀科技图书二等奖，前者还获得新中国成立60周年全国中医药科普图书著作三等奖。发表学术论文30余篇。编写各种培训教材及讲座材料50余万字，制作各类供培训用幻灯片5000余幅。

承用干创　促进我成才

我出身于中医世家，家族自何代开始行医，家父也讲不清楚，只知道曾祖父曾是清朝一知县，在广西、陕西等地为官，后辞官而承祖业为儒医。祖父亦是合川一代名医，合川城内柏树街"曾家大夫第"便由此而得名。后家父因追逐新潮流而弃医学工，20 世纪 30 年代毕业于上海震旦大学，改从管网工程。从我记事之日起，他就告诉我，他一生最大的遗憾就是丢弃了家传中医，并常将祖上的一些病案手稿拿给我看，我也为之惋惜。当时我就读于重庆名校"巴蜀中学"，高中毕业后本想报考化学专业，因我偏爱化学，而且有把握考上一所名牌化工大学。但为了实现家父的意愿，不使他过分失望，我选择了中药专业，因为其课程中也有化学，这样可一举两得。

1960 年我考入成都中医学院中药专业学习，深得中药界泰斗、倡导中医药不分家、用中医"辨证论治"理论对中药进行分类的先驱者凌一揆先生的真传，又得中药炮制实干专家、全国中药炮制教材第一个版本主编者徐楚江先生和吴棹仙、邱明扬等中医临床兼理论家的赐教，受益匪浅，为后来我从事中医药工作打下了坚实的基础。我一生献给了中医药事业，悟出了一点道理，在此奉献给大家。

（一）阅读经典在于承

中医药经典浩如烟海，其"文简，意博，理奥，趣深"，记载着中医药学丰富的理论知识和实践经验。中医药著作甚多，难以做到每本精读，但作为一名中药工作者，《黄帝内经》《神农本草经》《雷公炮炙论》《本草纲目》实属非读不可；《本草经集注》《新修本草》《食疗本草》等亦为泛读之列；近年出版的《中药大辞典》更是随时不可离手。对于非读不可之书，首先要通读全书，明其大意，重要之处反复阅读，有些典句要背诵熟记；泛读之书要知其主要含义；《中药大辞典》不离手，随时提供查阅。

阅读经典，承传前人之经验。一日在一医案中见到一方载有"当道"一味药，查遍诸籍不知为何物。忙碌之余，猛然想起《神农本草经》中记载的车前子一名什么道？后查阅《神农本草经》，见"车前子，主气癃止痛，利水道小便，除湿痹……一名当道"，果然是车前子，又一次在一中成药配方中见到一味药要用人乳炙之，不知道如何处置。后来通过读经典，在《本草纲目》中查明该药"应去皮研末，以人乳汁拌炙之晒干即可"。类似的问题还不少，在工作中会常遇到。通过查阅经典，基本可得到解决。

阅读经典，贵在继承中用。在《素问·四气调神大论》"是故圣人不治已病治未病，不治已乱治未乱，此之谓也。夫病已成而后药之，乱已成而后治之，譬犹渴而穿井，斗而铸锥，不亦晚乎"的启示之下，我编著《100 味贵细中药材选用》，其目的是想通过具有强身健体功能的中药治尚未发生的疾病，也就是充分发挥中药的保健、养生及防病作用。《金匮要略》中有"夫治未病者，见肝之病，知肝传脾，当先实脾，四季脾王不受邪"之说。这是古人告诫我们，病不但要治，治好以后还要防止传变、防复发，要养治结合，巩固治疗效果，这是中医理论中"治未病"思想的体现，也是中医防病治病同时进行的一大特色。我编著的《100 种常见病药食治》即是基于这种思想，书中主要讲述了 100 种常见病的治、防、养的道理及方法。

（二）勤奋学习在于用

对古典医籍强调精选、吟诵、深思和勤写，并随时查阅；对注文应重视研读和理解；对前人经验，先借鉴，后验证，才能有所收获；必须熟练掌握中药，才能成竹在胸，灵活运用。特别是要带着问题读书，真正做到"活到老，学到老"。

为用而学，不只限于向书本或比自己强的人学习，只要某一方面有特长，不论学历高低、年纪大小，都可视为自己学习的对象，这样就可集他人之技，为自己之才。我在云南小凉山搞中药资源普查时，认识了当地一位名叫刘树唐的老草医，他对草药十分熟悉，我就拜他为师，学习他善用毒药养生的一技之长，后将其中服用当地剧毒草药"雪山一枝蒿"益寿延年一法带回，请家父试用，活至 96 岁，仍然筋骨硬朗，近年因患脑疾而去。重庆中药饮片厂一名比我小的中年炒药工，手工炒出的穿山甲片（现用代用品，下同）外观美，内在质量佳，实在令人佩服。当时我已升任总工程师，仍然虚心向其求教，他手把手地教会了我炒穿山甲的特殊技能。

用中学，最见效。为培养学生的需要，这些年我编写了各种培训教材 50 万字以上，制作各类培训用幻灯片近 5000 幅。现仍在继续努力，计划再用 1~2 年时间，结合中药经营，特别是调配处方的特点，从药名、歌诀、处方名、别名、主要作用、用法用量、服食注意、保存条件、药材或饮片识别、用法推荐等方面入手，编制一套中药营业员培训教材，涵盖 500 余种常用中药材（包括饮片）品种。在编制这些教材的同时，需要查阅大量的资料，而查资料的过程其实就是一次系统学习的过程，也是一次自我提高的极好机会。

为用所需，脱产深造不可少。1983 年我参加卫生部在中国中医研究院（现中国中医科学院）举办的全国中医理论班第三期，为期半年脱产学习，重点是听取全国著名中医药专家讲授四大经典，聆听了董建华、方药中、祝谌予、刘渡舟、焦树德等一批老中医药专家的教诲。后又在该院进修半年。通过临床实践，1987 年获得主治中医师职称，后取得执业中医师资格，多年来一直坚持每周坐诊 1~2 天，真正成为一名亦医亦药的中医药专业人才。

（三）勇于实践在于干

中药来源广，种类多，品名复杂，个别品种异名达百余个之多，"一名多物，一物多名"成为常理，加之外形相似等原因，给从事中药工作的人带来了不少麻烦，识别药材成了中药工作者的难题。要解决这个难题，只有多看、多认、多接触实物，认真对比，加以鉴别，这就要求我们必须实践，实践关键在于实干。早在学生时代我就十分重视实干，记得一次上生药课，老师讲到"吴茱萸"的相似品"野花椒"，除气味外，两者其余均十分相似，苦于无样品可看，为了证实其说法，我冒着酷暑跑遍了成都草药市场，终于在黄瓦街一草药摊上寻到该品，购回供同学鉴别。当时贾敏如老师赞扬我说："你这种学习态度，在今后的中药工作中必会取得成绩。"

20 世纪 60 年代末，我在云南丽江玉龙雪山、大理苍山、宁蒗小凉山及金沙江沿线搞中药资源普查，来到小凉山一个叫"跑马坪"的地方，据说那是当年解放军平息凉山奴隶主叛乱的战场。有一天，一位筑路工人给我送来一株完整而奇异的半夏标本，是修路时挖塌了土方而拾到的，其外形与半夏无异，只是球状块茎大如鸡卵，我于是产生了怀疑。本着"视其形，嗅其气，尝其味"的中药性状鉴别方法，在块茎上切下一块，以舌尝之，初尝微有甜味，再尝则麻味明显，随即满口起燎泡，疼痛难忍，两天水米未进。我真正体会到了一次"神农尝百草之滋味，水泉之甘苦，令民知所避就，一日而遇七十毒，始有医药"的滋味。

一些传统的中药炮制及制剂，也需要实际操作才能体会到其中的奥妙。炮制"水漂龟甲"再简单不过，谁都会做，不能在露天"日晒夜露"，但如选择季节不当，浸泡半年也难以达到漂去腐肉及筋膜的目的；紫河车烘干打粉，貌似简单，如果不先在新瓦片上烘至八成干，打出的紫河车粉腥气重，甚至无法服用；制作黑膏药的工艺也不复杂，如果不亲自操作，你也体会不到在炼油下丹时产生的大量浓烟，会让你手忙脚乱，甚至烫伤操作人员。

（四）大胆探索在于创

我从事中药工作 50 年，经历了"文革"及改革开放等重大历史时期，介入中药一、二、三产业，中药临床、教学、科研、生产、经营都曾参与过。在掌握中药专业知识的基础上，也开展过一些让中药发挥更大作用的探索工作。

1. 为传统而古老的药酒制剂创出开发新路。药酒是一种简便易行、疗效确切的中药制剂，药酒用于治疗疾病，在我国医学史上有着重要的地位，为历史悠久的传统剂型之一，至今仍享有很高的声誉。早在出土的商朝甲骨文中就有关于药酒的字样，距今已有 5000 余年历史。药酒最早的文字记载见于《战国策·魏策二》："昔者帝女令仪狄作酒而美，进之禹，禹饮而甘之。"1973 年湖南长沙马王堆出土的帛书《养生方》中可以辨识的药酒方有 6 个，有用麦冬、稻米、牛膝、藁本、石膏、玉竹、乌喙等酿制的药酒。后来的众多方书中（如《神农本草经》《黄帝内经》《伤寒论》《金匮要略》《千金方》等）都有关于药酒的制造及治疗疾病的论述。宋元时期出现了我国第一部制曲和酿酒专著《北山酒经》。明代宫廷已出现了御酒房，专造各种名药酒，尚有"御制药酒五味、真珠红、长春酒"等。清朝至今药酒一直处于旺盛的发展之中，特别是中华人民共和国成立后一些地方还建立了专供生产药酒用的车间或药酒厂，出版的药酒专著载药酒验方数以千计。药酒是一种可口的饮料，服用方便，人们乐于接受。药酒是"酒"加上"药"，酒本身就是一种具有保健作用的药，它能促进胃肠分泌，帮助消化吸收，增强血液循环，促进代谢，增加细胞活力。中医认为酒性热，有走而不守的特点，具有发散的作用，能载药通过发散而到达全身，对气血不调、经络阻滞、风湿痹痛等均有理想的治疗作用；酒还是一种良好的有机溶媒（乙醇），易于进入药材组织细胞中，既能溶解水溶性物质，也能溶解很多水不溶性物质，使中药材中的活性物质能更好地溶出，有利于疾病的治疗；酒还具有天然的防腐消毒作用，还能矫臭矫味，对一些容易变坏的药材（如动物药中的蛇类、骨类、脏器类、虫类等）最适用。药酒使用范围广，内科的风湿病、偏瘫；妇科的不孕、干血痨、乳腺炎；儿科的佝偻病；外科的闭塞性脉管炎；伤科的跌打损伤；皮肤科的湿疹；五官科、口腔科等都能用到药酒。如今还广泛用于强身健体、美容养颜。多年来我一直十分关注药酒，通过临床实践，不断总结，查阅资料，开发出五大系列200余个药酒品种，供临床配方自制药酒使用，深受患者欢迎。为此，重庆出版社曾多次邀我出书。

2. 发挥中药特色，在创中解决实际问题。20世纪70年代初，我在一边远地区医院工作，因抗生素缺乏，除抢救病人外，其余人员很难用上。当地盛产鱼腥草，我组织医院职工采回新鲜鱼腥草，通过加工制成鱼腥草针剂，首先在自己身上试用，然后用于临床抗感染，起到很好的治疗作用，为后来大量生产鱼腥草针剂打下了基础。1976年，我在滇西的一个森工局职工医院工作。该局工人多在深山老林伐木或种树，因昼夜温差大，每到换季时节会有不少人患感冒。我见该林区生长有大量的贯众、三棵针，立即就地取材，选用该二药为主，制成口服预防汤剂供职工服用，减少了疾病的复发，为此受到云南省卫生厅的通令嘉奖。1984年我承担四川省科委的"山茱萸栽培与选种研究"科研项目时，发现产地加工山茱萸，除去果皮后丢弃的山茱萸果核上仍有不少果肉未除干净，遂提出回收果核取果肉为用的建议，经四川省科委批准，另立科研项目"山茱萸加工附产物综合利用研究"。通过几年的努力，用此果肉回收物制成了具有保健作用的"山茱萸酒"，1987年通过项目验收，1993年获"联合国技术信息促进系统中国国家分部发明创新科技之星奖"，并收进全国《科技成果大全》。近年来推进中医"治未病"健康工程得以实施，我针对中医理论中"气""血"是人体生命活动之根本，选用气药"黄芪"、血药"三七"为主，组成配方，临床加减使用，通过观察发现，对一些心脑血管疾病有较好的预防治疗作用。

3. 从草药中筛选新中药品种的创新设想。其实中药均从草药开始，古代并无严格界线，随着科学不断发展，分类越来越细，中药、草药、植物药、植物提取物等名称的出现，不得不引起中药工作者的重视。为了便于区分，中药与草药只得分开对待，这就给中药工作者带来了新课题，要重视中药与草药的差别。针对当今因各种原因造成中药品种数量逐渐减少的这一现实，我提出对一些草药进行研究，进一步完善其性味归经、功能主治、用法用量、毒性禁忌等，使部分草药变为有合法身份的中药，以补充中药品种数量之不足。为此，我常带领学生出入于草药市场、草药生长地搞调研，拜老草医为师，希望这一愿望得以实现。

中医生存　看中药发展

中药，即是在中医理论指导下用以防治疾病的药物，它是中医用于治疗疾病的最基本物质。中药由中药材、中药饮片、中成药三个部分构成，它们各有特点，作为一名中医药工作者，必须熟悉这三个方面的情况。根据多年来的实际工作经验，我认为抓住各自的要害，对中药发展十分有利。

（一）药材发展看"基地建设"

为保证现有药材不至于绝种，提供质量优良、数量充足的药材为治病所用，应从药材基地建设抓起。由于历史上对药材多是只采不种，致使资源遭到严重破坏，一些药材数量越来越少，有的已成为濒危物种，长此下去，绝种的中药品种将会越来越多，这对中药的发展极为不利。

传统药材种植是建立在小农经济基础上的，多是一家一户利用田边地角种一点供自己用，或作为农村经济收入的一点补充，种植分散，技术粗放，无质量意识。要改变这种现状，必须按《中药材生产质量管理规范》（GAP）建立规范的药材种植基地。

1. 基地建设要以市场为导向

在市场经济的指导下，发展药材生产最起码的条件是，产品要卖得出去，这就要看市场。因此，基地建设一定要同市场接轨，根据市场的需求来确定建立何种基地。生产出的品种才能被市场接受，基地才能生存。

（1）中成药原料市场。主要是为各中成药生产企业提供原料药材，全国有中成药厂上千家，生产品种超过5000个，年销售额数千亿元。2009年原料药材购进额近1800亿元。根据国家政策规定，药厂生产所需原料，其中主要原料药材必须来自药材基地，这是政策对建基地的扶持。

（2）中药饮片市场。中药饮片是中医辨证论治必不可少的构成部分，它能充分体现中医临床用药的特色。饮片的特点是品种多、数量大，凡有中医看病的地方都少不了饮片，一般的中药店要求常用饮片不得少于300种，大一点的中药店或医院中药房应保证在700种以上，否则会影响成方率。2009年全国饮片销售额过200亿元，数量十分可观。按规定，生产这些饮片的原料也必须是基地的优质药材。

（3）药材国际市场。随着"回归大自然"潮流的产生和生活水平的不断提高，人们对天然植物药的需求量急增，近年不断翻番，2009 年中药材的出口额约 5.2 亿美元，据业内人士预测，国际草药市场将以每年 10% ~20% 的速度增长。天然药物的开发与应用已成为国际医药市场的主流，中国的传统药材必将受到全世界的青睐。

（4）药材综合利用市场。为减少药材经营中常出现较大波动的现状，提高抗御市场风险的能力，扩大药材的综合利用是一个有效的途径。许多药材的茎、叶、花、果极具观赏价值，一旦形成基地，是十分理想的旅游场所；有的药材可作为功能食品或健康食品的原料；部分药材提取的色素是最佳的食用色素；一些药材还可以提取化工产品，也可成为以植物提取物为主要成分药品的原料。这就将药材基地与旅游市场、美化生活、健康食品、化工产品等结合在一起。还可以药材为原料开发无公害杀虫剂、兽药及饲料添加剂，有的可直接用于生产饲料等。

2. 基地建设要以品种为核心

药材基地要强调对品种的选择。品种是基地建设的关键，直接关系到基地能否发展壮大。有好的市场还不行，还需要既有市场竞争力又能持续生产畅销的品种，只有这些生命力强的品种，才有可能给基地带来生机，才能为基地发展创造条件。

（1）道地药材品种基地。所谓"道地药材"，是指货真质优的药材，它是控制药材质量的一项独具特色的综合判别标准。药材的"道地性"是指由于长期自然选择和人文选择的结果，形成了某些和某类药材往往只生长在一定的相对狭小的地理区域，或只有在某一狭小的特殊生态环境区域内其长势最好、品质最优。药材向来讲究道地性，自古就有"诸药所生皆有境界""用药必择州土"等传统中药药性理论，现代科学研究也证明了药材道地性的客观存在和在药材生产上的重要指导意义。坚持道地性原则的根本目的是保证药材的质量。各地要结合那些在全国有地位、影响大、竞争力强的全国公认的道地药材品种，在那里建立基地。如人参宜将基地建在辽宁、吉林；地黄宜将基地建在河南、山西；川芎宜将基地建在四川；黄连（味）、青蒿宜将基地建在重庆；三七宜将基地建在云南、广西等。

（2）名贵药材品种基地。如冬虫夏草、天麻、人参、三七、鹿茸等，这类药材历史悠久、名声大、价格高、疗效好，在国内外都有一定的影响，市场前景看好。

（3）资源紧缺的重要医药原料药材品种基地。如用于提取抗疟药青蒿素所用的原料药材青蒿；用于提取治疗癌症的药物紫杉醇所用的原料药材红豆杉；一些著名传统中成药所需原料药麝香、牛黄等。这类药材不但药用价值独特而且需求量也大。因这些药材要求的生态环境特殊，民间引种或饲养有一定难度，加上过度采收野生药材，导致资源紧缺，对这些药材急需进行野生变家种或家养，开展规范化、规模化的人工种养，建立起这类药材基地，产品适销对路，市场前景广阔，经济效益可观。

（4）龙头企业产品所需的特殊原料药材品种基地。龙头企业的中成药骨干产品对质量要求特别严格，其主要的原料药材都控制在固定产区购进。因其产品销量较大，市场又多处于快速增长期或稳定期，所以需要的原料药材量也大，为这些龙头企业发展建立这类特殊的原料药材基地，产品不愁销，市场有保证，风险比较小。

（5）常用大宗药材品种基地。中药常用药材品种约 1000 种，主要来自野生，现虽有种植，但也极不规范。为保证常用大宗品种的供应，建立常用药材的人工培植基地也是一种发展趋势。这个问题比较复杂，在操作中有一定的难度，必须了解本地区的野生药材资源情况，看能否结合本区的自然生态环境再引进一些外地品种作为补充，还需要有一定的技术优势及对药材市场的分析能力，有了这些基础，才有可能发展常用大宗药材基地。在发展常用大宗药材基地的过程中，要从种植技术、发展规模和确保药材质量上下功夫。只有品质优良，才会有市场；只有形成一定的规模，才会有经济效益；只有产生较大的经济效益，才能使这类药材基地在良性循环中发展。

3. 基地建设要以经营模式为保证

从现时情况看，一个药材基地往往会涉及农、工、商三产业，与科研单位乃至政府部门也都有不可分割的联系。究竟谁来承办基地，以什么样的经营模式运作基地，是一个值得探讨的问题。经营模式的恰当与否关系到基地的管理，管理的好与坏直接影响品种是否能得到保证，为了获得好的品种，建设基地必须从经营模式抓起。参与建立基地经营模式相关的单位有起协调作用的政府部门、消化基地产品的公司（包括生产、经营两个类型的公司）、为基地解决技术难题的科研单位、提供基地场地及劳动力的农户（包括养殖户），这些单位要结合实际，采取恰当的组合，才能形成优化的基地经营模式，才有可能使产品得到保证。

（1）租赁经营。公司投入足够量的资金到药材产区租用农户土地，由公司严格按照 GAP 的要求建立基地。提供土地的农民中，具有一定科学文化知识和有一定药材种植或养殖经验者，通过集中培训后雇用为基地的种植或养殖工人，也可雇用其他人员作为基地种植或养殖人员。

（2）公司、科研单位、农户建立股份制。公司提供前期开办费及科研经费作为入股，科研单位以技术入股，农户以土地入股。三者在公司控股的前提下进行统一管理，并按股份分取红利，科技成果共享。农户所有土地入股后，其主要劳动力可视情况进入基地当种植或养殖工，由基地付给一定的报酬。

（3）政府＋公司＋农户。由政府牵线并负责协调，必要时可作为履行合同的监督方。公司与农户签订合同，公司向农户无偿提供药种，按 GAP 的要求无偿提供种植或养殖管理技术，提供收购计划数量，购销双方协商制定质量标准及收购价格。

（4）公司＋农户。公司与农户直接签订合同。公司向农户提供药种，提供种植管理技术，提供对药材质量无影响的化肥及农药，并提出收购计划数量，购销双方协商制定质量标准及收购价格，农户必须严格按照 GAP 进行种植或养殖，药材产出后，公司按收购计划数量、质量、价格进行收购。

药材基地建设是一项复杂的系统工程，是中药产业向现代化发展的一项最基本的任务，在各相关单位的相互配合、共同努力下，在实际工作中不断总结，逐步完善，通过一个较长时期的工作，一定会获得社会、经济效益的双丰收。

（二）饮片发展看"炮制"

饮片，是遵循中医理论，按炮制规范加工而成的，它是中医临床配方和中成药生产的主要原料，其质量的好坏将会影响到疗效。从药材到饮片，本来就是一个质量筛选的过程，在炮制加工时，如果能从饮片的片形、气味、色泽、灰渣、含水量等五个方面进行严格的质量把关，就一定能生产出高质量的饮片。

一是片形关。饮片的形状，是前人在总结对饮片的鉴别、配方的准确、煎煮的方便、治疗成分的溶出、炮制工艺的过程、保管储存的需要及外形的美观等基础上形成的，有其一定的道理，一般情况下，最好不要轻易改动。近年来，饮片的切制采用了机加工的方法，由于缺乏定型的机械设备，很多传统片形在无形中消失了，随着机加工的不断完善，各种片形应逐步恢复。当前应按《中国药典》及各地《中药炮制规范》的要求进行切片炮制。该切斜片的，应斜切，不能千篇一律切直片；该切段的，应切成段，不能段、片、粒共存；该切块的，应切成块，不能块、片结合；该切丝的，就应切成丝，不能丝、片、段不分；该薄则薄切，该厚则厚切，该长则长切，该短则短切，不能马虎将就。虽然难以达到传统的"枳壳似鞋面，白芍飞上天"的要求，但其固有片形还是应该保存的。

二是气味关。这里指的气味，有两方面的含义：一是指中医药理论的"四气五味"；二是指各种饮片通过鼻嗅口尝，反映出的各自特殊的固有气味。前者要求饮片炮制必须按照中医药理论的要求进行，要严守工艺规程，认真严格操作，该加入的辅料要加足，该走的工艺过程均应走到，不能偷工减料，以求速成。后者比较实际，任何一种饮片炮制合格后都有其自身的特有气味，这在《药典》及中药饮片炮制规范中都讲得十分清楚。因为这些气味往往反映出了治疗成分的存在与否，如果应该保留的气味没有留住，说明治疗成分遭到了破坏或已经散失，饮片就会全部或部分丧失疗效。如果应该除去的气味而没除净，说明饮片中某些不应有的成分尚存，用这类饮片治病，不仅无疗效，还会轻则中毒，重则丧命。薄荷、柴胡、茵陈等的治疗成分最易挥发，他们都具有各自的香气，在炮制过程中若用大火烘、暴晒，会使其治疗成分因挥发而大量散失，饮片失去香气，疗效不能保证。川乌、草乌、附子、半夏、南星等，若炮制后不透心，留有白茬，仍有很重的麻舌感，说明其毒性成分"乌头碱"等除去不够。

另外，种子类的饮片炮制，应炒至有香气溢出，是便于其治疗成分溶出；动物粪便及某些树脂类饮片，加辅料制，是为了除去臭气，增加香气，便于服用；某些动物甲壳类饮片，用清水漂去腥臭之气，炒至有焦香气溢出，既便于服用又有利于治疗成分的溶出。

三是色泽关。"色"与"泽"是两个不同的判别概念，二者对饮片质量的保证都具有一定的意义。

泽：是指饮片表面的光泽，一般以明润、光亮、有新鲜之感者为佳，若表现为晦暗、似附着灰粉样异物、有陈旧之感者次之。前者说明炮制适度，保管妥善，质量优；后者说明由于炮制不当，保管欠妥，被异物污染或生霉，质量差。

色：是指饮片表面或折断面固有的颜色，颜色的变化可以反映出饮片炮制是否到位。有些饮片炮制后颜色加深，有些饮片炮制后颜色变浅，有些饮片炮制中要染上其他颜色。如果颜色该加深而不深，该变浅而不浅，该上色而未染上，都说明质量有问题。红参应为红棕色或暗红色，若颜色太浅，甚至有生晒参的黄白色，说明炮制不到位，质量差；炒鸡内金应呈淡黄色，偶有焦斑，若仍显现出生鸡内金的黄色或黄绿色，说明火候不够，质量差；朱茯苓表面应被朱砂染成均匀而淡淡的朱红色，若颜色太浅或不均匀，说明朱砂量不足或操作马虎，质量差。

炒制中颜色的变化，更是质量鉴别的重要依据。炒黄，是炒至饮片表面呈黄色或较原色稍深；炒焦，是炒至饮片表面呈焦黄色或焦褐色；炒炭，是炒至饮片表面呈焦黑色，内部为焦黄色或焦褐色。三者的鉴别要点全反映在颜色的变化上。牵牛子本应炒至表面颜色加深，有爆裂声，鼓起，并透出香气，才能达到"缓和药性"的目的，若将表面炒成了焦黑色，说明炒得太过，治疗成分被大量破坏，将失去或减弱其"泻下去积、逐水退肿、杀虫"的作用；焦山楂本应炒焦，才能起到"消积止泻"的作用，若只是炒至黄色或炒过为焦黑色已成了炭，都达不到这个目的；地榆炒炭后止血作用增强，若只是炒黄或炒焦，都不能起到增强止血功能的作用。

四是灰渣关。饮片中的灰渣，包括灰尘、泥沙、石屑、杂质、虫体、粪便及药物炮制加工中产生的细颗粒或细粉。灰渣产生的原因主要有：原生药材进入切片工序前，拣选清洗不干净，混入了异物；生产环境条件太差，加之清场又不彻底，致使杂物混入；切片前的水处理润闷不到位，切片刀具太钝，炕、晒干燥中不合理的翻动，搬运堆码动作野蛮等，都会造成药物大量细碎，而产生灰渣。灰渣对饮片质量有很大的影响，主要是使配方用量失去准确性；含淀粉多的药物灰渣，在煎药时淀粉受热糊化，影响配方中其他药物治疗成分的溶出；若灰渣中混入了有毒的物质，还会危及患者的人身安全。

炮制中出现灰渣难以避免，特别是一些含淀粉量高、质易碎的药材，在加工中更易出现细粉或细颗粒，但要力争尽量减少，切不可混入异物、杂质之类。

五是水分关。水分，指饮片中的含水量。正常情况下，多数饮片的含水量应控制在8%以内，至多不超过12%。水分含量过低，饮片脆性增大，特别是一些花、叶类药材，在保管、运输、配方取药过程中容易细碎，致使灰渣增加，而且也不利于有些治疗成分的保存。水分含量过高，会使某些饮片发霉、变质、生虫、腐烂，还会造成部分治疗成分的水解。水分的含量除在炮制中严格控制外，更重要的是注意饮片在保管储存中水分含量变化的情况、包装材料的防潮吸湿性能、仓库中相对湿度的大小及通风条件、码脚通风及堆码的形式、各种不同饮片的存放时间等。上述因素都会引起饮片中含水量的改变，对这些问题要进行仔细的观察和研究，尽量将饮片的含水量控制在最佳范围之内。

（三）成药发展看"品种开发"

中成药品种开发是继承发扬中医药遗产的重要组成部分。在科学不断进步、高新技术层出不穷的今天，若仍然按传统方法去开发中成药，必将阻碍其发展。因此，在中成药新品种开发时，应将传承发掘与创新提高摆在同等重要的位置，做到"传创并重"。

1. 掌握一个原则

按照中医理论，以中药饮片为原料，制成一定的剂型，用于治疗疾病，这就是中成药。它告诉我们，开发中成药不可脱离中医理论，这是一个原则。

（1）医药结合、同步发展贯穿于中医药历史的全过程。中医中药同出于一个理论，中医离不开中药，中药离不开中医，医药结合创造了中医药特有的理论体系，推动了中医药学的共同发展。从"神农尝百草之滋味，一日而遇七十毒，始有医药"到最早的药学专著《神农本草经》，直至后来的药学巨著《本草纲目》，没有哪一个时期，没有哪一部著作不体现出医药结合的特色。从历史还可以看出，本草都是医生所写，药理都是临床药理。在振兴中医中药的今天更不能脱离医药结合。一位权威人士曾断言"医亡药废，药亡医无"，这不是没有道理的。

（2）"整体观念"和"辨证论治"促进了中成药品种的发展。中医理论的基本观点是整体观念和辨证论治。这也是中医学不同于其他医学的特点。整体观念在治疗上强调从整体出发，分清疾病的主要和次要矛盾，既可以脏病治腑或腑病治脏，也可以从五脏治五官，在这些特殊的治疗中，都确定有各自的专用处方及专用药物。辨证论治则要求每一次诊断，都要辨证地制定出一个治疗处方及一组特殊药物。清代名医徐大椿曾说："一病必有一主方，一方必有一主药。"近代名医岳美中亦称："专病专方是中医药的基本思想。"所以中医方剂数以万计与整体观念和辨证论治是分不开的。

（3）中医理论不是玄妙莫测，更不是不科学，其基础内容与现代医学理论有许多雷同之处。应该承认，中医药发展由于受历史的限制，在科学认识方面不如近代发展起来的现代医学明朗，但绝非玄妙莫测，更不是不科学，只是认识过程尚需一定时间。阴阳五行学说是我国古代的哲学思想，它具有鲜明的唯物辩证观念，中医学用它来阐明人体的结构、生理、病理，并指导临床诊断和治疗，实属一大贡献。中医基础理论中的脏腑、经络、气血津液与现代医学中的解剖、生理、病理及营养学有相似之处。病因学说中包含微生物、流行病及病理学中的有关内容。辨证、诊法在思路及方法上几乎同于西医诊断学。治则和治法与现代医学治疗方法均有相同之点。另外，方剂学中的方解内容与药理学也有一定联系，在疾病的分科上二者也极其类似。这类例子还可以找出不少。

（4）中药西药化，不利于中成药品种开发。中药西药各有特色，二者出自不同的理论体系，这是中国国情所决定的。当今世界一些国家视传统药为现代药的补充，那是因为国外传统药不具备中医中药那样一整套完整的理论体系。因此，中药不同于国外传统药。中药西化在某种程度上会造成废医存药的恶果，严格地说，药也并非真能存。开发中成药必须在中医理论指导下进行，应从辨证论治入手，依照理、法、方、药的诊治疾病过程，遵循君、臣、佐、使的组方原则，进行选药组方，对这类处方进行开发才不失其中药的本来面目。至于参考中药疗效，以中药为原料开发新药或扩大原有中药治疗范围，这与中成药品种开发是两个完全不同的概念，另当别论。

2. 突出一个重点

充分利用传统处方，在传统处方基础上开发中成药，是中成药品种开发的重点。

（1）传统处方数量多，是中成药品种开发取之不尽、用之不竭的源泉。传统处方包括经方、时方、验方、秘方。总共有多少，无法统计。仅张仲景《伤寒杂病论》中所载称为经方者就有 314 首。这之后所有方剂通称为时方，各个时代均有代表方书。其中载方过万者有宋代《太平圣惠方》，载方 16834 首；《圣济总录》载方 20000 余首；明代《普济方》收集整理了 15 世纪以前所有方书中处方达 61739 首；李时珍《本草纲目》虽为药学专著仍有附方万余首；近期出版的《中华名医方济大全》，在精选各代名医创制处方基础上收录方剂 9031 首。另有验方、秘方本应属于时方之中，因验方有民间习用、药量少、简便易得、疗效显著等特点，且古有专著《验方新编》，该书中收集内科杂病、外、妇、儿、急救及时症等各种治疗处方 8 卷 99 门；秘方多秘藏于民间，为治疗一些特殊疾病专用，其数之多无法估量。总之，各种处方均可提供中成药品种开发选用。

（2）中西药复方制剂是传统处方的发展。传统处方在其发展过程中，广泛吸收了外来药物知识，唐代《新修本草》有我国最早的药典之称，其中收载了不少外来药，如龙脑、安息香、茴香、诃子、阿魏、郁金等，并用于各类配方之中，之后的多种方书几乎都有外来药出现。西医西药的传入，更加丰富了中药的内容。清末民初的著名医家张锡纯提倡遵古而不泥于古，主张取西医之长，中西汇通，其撰写的《医学衷中参西录》首次将西药与中药合并使用治病，书中有"太阳病桂枝汤证，可以取阿司匹林一丸用山药研末冲服"的记载，就是其中一个典型范例。中华人民共和国成立后，党中央提出中西医并重、共同发展的方针，号召走中西医结合的道路，加快了中西药复方制剂的研制。中西药复方制剂新药不断出现，得到社会承认，深受患者欢迎。中西药复方制剂完全符合中药传统处方发展规律，起到了推动传统处方发展的作用，开发中西药复方制剂，有利于中成药新品种发展。

（3）传统处方有利于系列中成药的开发。系列中成药，即是治疗一个病的不同证候相互联系的序列性的一组中成药。其特点是把中医辨证论治原则与中成药的运用紧密结合在一起。系列的划分，可从辨证、辨病、症状三个方面入手。辨证系列完全可以按中医辨证理论划分。如脏腑辨证中的心病症候，有心气虚、心血虚、心阴虚、心火上炎、心血瘀阻、痰火扰心、痰迷心窍等八类证型，在治疗时分别选用养心汤、保元汤、归脾汤、补心丹、导赤散、通窍活血汤、礞石滚痰丸、至宝丹等八个处方，同属心病辨证，治疗药物各异。辨病系列是按中医辨证结合西医辨病的特点划分，如一般感冒有伤风、风热、风寒、夹湿、夹暑、夹食之分，分别用防风汤、葱豉汤、银翘散、荆防败毒散、新加香薷饮、藿香正气散对照治疗，同是外感，用药不同。症状系列是按某一主要症状特点划分。如慢性腹泻这一症状可因脾胃虚弱、肾阳虚衰、肝气乘脾而引起，治疗时按病因不同分别选用参苓白术散、四神丸、加味痛泻要方。出现同一症状，病因不同，选方亦异。可以看出，中医的每一个辨证、辨病或症状都有一组传统处方配合治疗。若将这些处方开发成中成药，不但增加了中成药品种，而且方便了医师临床用药和患者治病服药，给中成药品种开发增加了一条途径。

（4）传统处方开发的过程即是对处方筛选的过程。筛选，对传统处方十分必要。古代处方多以口授心记相传，纵有文字记载，也不十分详尽，历时数千载，难免有谬误之处。加之时代变化、大自然影响、人体质改变、病种已不完全同前等原因，致使古方并不一定都能今用。能流传至今的处方，也通过了数次筛选。东汉张仲景在"博采众方"的基础上，首次从前人处方中筛选出300余首。宋代由当时的国家医药管理机构"太医局熟药所"负责，对数万首处方进行验证，筛选出800余首，撰写了《太平惠民和剂局方》颁发全国，是我国历史上第一部由政府颁布的国家级方典。中华人民共和国成立后，制订了《中国药典》，从1963年版开始，至以后各版均收载有中成药，这些都是筛选的结果。

中成药品种开发过程中，利用当今的优惠政策及有利开发的医药体制，采用先进的科学手段及现代的医疗统计方法，对传统处方筛选是一次极好的机会。在开发过程中，对疗效确切、原料充足、工艺无特殊要求、稳定性好的处方，应先肯定，作为近期开发对象；对一些有争议，一时还说不清或工艺难度较大，原料缺乏的处方，可作为攻克的对象，列为中长期开发；对已证明无效的处方，要敢于否定，并舍之。只有这样，才能真正发挥传统处方的作用。

3. 实现一个突破

随着生活习惯的改变，病人对服药的要求也在发生变化，不但讲求疗效，也要使用方便。单单依靠传统剂型，不说走向世界，就是在国内也有遭到淘汰的危险。当务之急是狠抓剂型改革这个根本，在剂型上有所突破，这是中成药品种开发的头等大事。

（1）中药剂型是在使用中发展起来的，剂型改革是剂型发展的必然趋势。远古时代，药食同源，服药如食五谷果菜，外用多以新鲜植物捣碎涂抹，无剂型可言。公元前 5000 多年，出现了酒，以酒浸药，有了早期的药酒，后来又在酿酒的同时发现酒曲能治胃疾，成为曲剂之始。晋皇甫谧《甲乙经》序中即有"汤液始于伊尹"之说，证明公元前 1700 多年的商代就有了汤剂。战国时《黄帝内经》中已有汤、丸、散、膏、药酒等剂型的记载。东汉《伤寒杂病论》中又出现了栓剂、洗剂、软膏剂、浸膏剂、糖浆剂、动物脏器剂，并首次收载采用动物胶汁、炼蜜、淀粉糊为赋形剂。晋葛洪在《肘后备急方》中增添了铅硬膏、干浸膏、蜡丸、浓缩丸、锭剂、条剂、灸剂、尿道栓剂、饼剂等。这之后的医药学家不断对以上剂型进行完善，还在制药方法、工具选择、保管等方面提出了一些要求。中华人民共和国成立后，中药剂型出现了前所未有的大发展，除对中药传统剂型普遍进行了工艺改革外，还吸收西药之长，开发出片剂、颗粒剂、胶囊剂、口服液剂、橡皮膏剂、针剂等，并对中成药制剂从生产工艺、设备、原辅料、质量标准、卫生标准等方面做出了统一规定。这些都充分说明了中药剂型是随时代进步而逐步发展的，剂型改革大势所趋，人为的推动将加快其发展速度。

（2）剂型突破要从"三小""三效"、提高技术含量入手，结合实际选择剂型尤其重要。粗、大、黑是中成药的一大弊病，直接影响着中成药的发展，通过剂型改革，要把中成药从粗、大、黑中解脱出来。"三小""三效"和提高技术含量是改变粗、大、黑的最好办法。

"三小"，即要求中成药剂型要做到一是体积小，便于包装、运输、保管、携带；二是用量小，能改变中成药制剂粗糙、服用量大、气味特殊、难以服用的弱点；三是毒副反应小，有的中成药疗效虽好，但毒副反应大，病人怕服，医生怕用。

"三效"，要求中成药新品种应是疗效可靠稳定、治病面广、能一药多用的高效；使用方便、吸收快、见效快、缩短疗程的速效；在体内维持时间长，能较长时间地控制病情发展并使其转归的长效品种。

提高技术含量重点是依靠现代科学知识，将高科技、新成果、新技术引入中成药科研、生产、检测、储藏等各个环节中，生产出一批赶上时代发展、具有现代气息的产品。这类产品不仅疗效好，而且不易被仿制，能起到保护研制单位和生产厂家的作用。结合西药制剂和中成药制剂发展的现实情况，按照中成药使用的自身特点，合理选择剂型也十分重要。现阶段可选用全浸膏颗粒剂、全浓缩丸、小丸、微丸、软胶囊剂、微型胶囊剂、浓缩汤剂、口服液剂、袋泡茶剂、气雾剂等。外用药可向透气贴膏、巴布剂、贴膜剂、霜剂方向发展。在有效成分比较清楚的情况下，可以开发水针剂、粉针剂之类。

（3）在新剂型开发过程中，应重点把握住以下四点。

一是处方，要为新剂型选择好的处方。所谓好处方，即是所选处方的疗效要准确可靠，药味组成不宜过分复杂，药材资源比较丰富，所需辅料易得，原材料价格适中，炮制、制剂中无难以达到而又无法讲清的特殊要求，这类处方开发难度较小。最好是先从现有中成药中选择一些各方面条件均好的品种，通过剂型改革，推出一批新剂型，这样见效更快。

二是结合实际，选好品种，用于开发新剂型的品种要有市场。医药是供治疗疾病用的特殊商品，生产医药产品的目的是治病。要开发出适销对路、市场前景好的品种，必须做好市场调研。医药新品种市场调研重点是了解用药情况。就当前而言，发病率较高者有心脑血管病、呼吸系统疾病、儿科的厌食症、妇科的不孕症、各种肝病、肿瘤、糖尿病、艾滋病、老年疾病，以及近年出现的人感染禽流感、甲型 H_1N_1 流感等。对于这些疾病用药，要根据中医辨证论治的观点加以归类或分型，可列入开发重点。中医急症用药、常见病用药也很有开发价值。

三是工艺设备，要有新颖的工艺和先进的设备。好的剂型离不开新工艺，设备先进才能保证新工艺的实施，工艺和设备二者不可分离。从目前中成药生产情况看，前处理可推广密封式连续粉碎、筛粉、混合机组。提取可推广节能降耗的灌组式逆流提取工艺设备和强制循环工艺设备。干燥可推广喷雾干燥、一步制粒、冷冻干燥技术。薄膜包衣技术、混浆包衣工艺及程控技术也可选用。大孔树脂吸附技术、二氧化碳超临界萃取技术、膜分离技术正在探索试用于中药提取之中，是一些比较好的提取方法，在中药制剂中可结合实际情况参考选用。

四是质量，要有稳定的质量和控制质量标准的方法。医药产品对质量要求十分严格，每个产品都必须有稳定的质量，新开发剂型更应如此。稳定的质量来自严格的控制，其中，对生产过程中各个环节的控制又是重点。为了便于控制，要选择一定数据为标准，在新剂型研制过程中，就应重点对制定质量标准有关的原始数据进行搜集，通过对原始数据整理，选择其中重现性好又有代表性的，确定为质量标准。控制标准的方法可采用微机技术，把需用于控制质量标准的数据通过编程输入微机，在生产的全过程中用微机进行全面控制，直至对成品的最终检测。这是一个比较复杂的问题，由于多数中成药有效成分不明确，还处于模糊概念阶段，制定控制数据及编程都比较困难。但是，还必须这样做，否则开发出的新剂型质量将很难得到保证。

中成药品种开发直接关系到振兴中医药大业。传统而古老的中医药逐步走向现代化势在必行，关键在于如何处理好传统与现代之间的关系，把握住"留"与"舍"的分寸，这是摆在中医药工作者面前的一项重大任务。明确目标，勇于探索，大胆实践，必见成效。

刁本恕

刁本恕（1941— ），号恕仁医者，重庆江津人，农工党员，从事中医临床、科研、教学工作六十年。全国首批老中医专家王静安学术经验继承人，师承蜀中名医刁泰菜、雷德安。为全国第三、第四批及省市老中医药专家学术经验继承工作指导老师，四川省、成都市名中医，"郭春园式"好医生；中华中医内病外治学会顾问，全国中医药高等教育学会儿科分会顾问，四川省中医儿科学会副主任，成都市中医药学会常务理事、内儿科专委会顾问；《现代临床医学》《中国中西医结合儿科学》《中华推拿杂志》编委。成都市第十二、十三届人大代表。完成国家"十一五"攻关课题1项，省、市课题3项，公开发表论文92篇，获国家专利3项，出版专著1部。

一、幼承家训

我的发蒙业师为姑母刁泰菜老中医，她于20世纪30年代毕业于上海光华大学中文系，曾任重庆女子师范学校校长。因体弱多病，30岁时曾患肝硬化、子宫肌瘤，遂弃文习医，拜于经方家、针灸专家吴棹仙门下。由于姑母传统文化根基深厚，悟性甚高，乃得师真传。此后几十载，她一方面运用针灸配合中药治疗疑难疾病，颇多疗效，亦成为享誉巴蜀的名老中医。另一方面，她常说：自入吴门之后，运用吴老之术，使自己弱不禁风、多病之躯日渐强壮，方能行医救人。我出生时正值日寇重庆大轰炸，母亲在防空洞中避难受寒，肩背遂患顽痹宿疾，虽多方治疗，其痛不解，渐至右肩活动丧失，后经吴老用隔姜灸法治获痊愈。正是亲身经历了中医之神奇，令我自幼萌发了拜师习医，治病救人的愿望。故懂事起便跟随老人临证，在其指导下读背《汤头歌诀》《药性赋》《医学三字经》《针灸歌赋》等，为以后的学习打下了基础。

二、拜师名门

我高中毕业后，由于家庭出身问题未能上大学。恰逢 50 年代后期兴起中医师带徒，在市卫生局安排下，拜师蜀中名医、经方家雷德安为师。雷德安因善用重剂仲景乌头汤治疗疑难急重证，被誉为"雷胆大"。当时名医王文鼎与之交好，深知其学，新中国成立初期曾荐其调往北京中医研究院工作，雷老不重名利，婉辞谢绝。雷老极为重视临床实践，他常对弟子言："熟读王叔和，不如临证多。"由于辨证准确，胆大心细，屡起沉疴，医名日盛，病患日增，每年只正月初一休息一天，虽年过八旬依然如此。雷老带徒甚严，除要求我们随诊见证，书写记录病案外，还要求将《黄帝内经》《伤寒杂病论》《神农本草经》等作为必读书，主张熟读牢记、灵活应用，结合疑难病例写出医案。跟师 5 年，目睹了许多老师运用经方治疗顽疾之绝技，整理验案百余例，惜"文革"被抄家文稿尽失。但所幸随师已久，且分外专心，故老师临证之理法方药早已了然于胸，为日后独立临证打下了坚实基础。

三、博采众长

结业后悬壶问诊，遵仲景"勤求古训，上以疗君亲之疾，博采众方，下以救贫贱之厄"之训，将家传师授之经验用于临床，多有疗效，渐获病家信赖。然未敢有丝毫懈怠，为深入掌握中医之精髓，加强中医理论知识，利用诊余之时到成都中医学院夜大旁听学习，名家卓雨农、邓绍先、蒲湘澄等的精彩授课，使我深感中医之博大精深。"天下至深唯学海，世间无底只书囊"，通过医古文和各家学说学习，我了解到中医自古重视师承，一部中医发展史证明：师承是成为苍生大医的必经之路。李杲学医于倡导脏腑辨证学说之张元素，李杲又传于王好古、罗天益；朱丹溪学医于罗知悌，罗知悌为刘完素的二传弟子，丹溪学说之继承者戴思恭、王履、王纶等辈皆为名医；叶桂曾拜周扬俊、王子接等名医十七人，后人称其"师门深广"。前贤习医之路，坚定了我的师承决心。于是，我先后求学于草药名家李志成、针灸名家余仲权等先生，并利用各种机会，向有一技之长的民间医师、草药医生学习求教，同时又将所学验之临床以加深印象。

四、天命求学

深入的师承学习，丰富了我的临床思维和临证技能，每日接诊病人百余人。扪心自问：在中医领域内究竟掌握了多少为病家解除疾苦的方法与技能？临证愈多，而困惑愈多，在无良师指点之时，适逢国家重视师承，我以知天命之年拜全国首批名老中医药专家、儿科名家王静安先生为师，追随老师17年，直至仙逝。老师医德高尚，医术精湛；谙熟经典，多有创新；注重临证，讲求实效，内外合治，尤精儿科。老师85岁时仍坚持门诊，曾患两次脑梗死，稍有好转即重回诊室。即使卧病在床，若有患者，亦带病诊治，嘱我等执笔书写处方，常令患者含泪致谢，令弟子感动万分，其医德医术为我终生敬佩。结业10余年后，由老师亲点，任国家"十五"攻关课题"王静安学术思想经验承传研究"第一负责人，在老师的教导下历时三年完成课题，通过鉴定，为出版《王静安医学新书》提供20余万字书稿。加深了对老师学术经验的理解。

五、感悟经典

通过对老师们学术思想的反复学习、整理、研究、实践，我逐渐悟到经典对临证的指导意义，结合临证撰写的"小建中汤临床应用""柴胡加龙骨牡蛎汤治疗郁症""桂枝汤解产后误治""建中汤治疗疑难症举隅""麻黄附子细辛汤异病同治"论文被录入《四川名家经方实验录》一书。经典示人以规矩，予人以启迪，更需"学而时习之"，反复品味，方能"温故而知新"。我又用毛笔小楷抄写《黄帝内经》《伤寒论》《神农本草经》《温病条辨》要点，意在加深记忆，从中获取临证思路，解决方法，同时又可以颐神养性。还将写好之篇结集成册，赠送弟子学生以相互激励。现将习经典，解疑难之偶得，试举两例：一男童患喘息型支气管炎，打针输液，住院治疗均无效。中药汤剂初始有效，后则如故。适我正温习《灵枢》，忽忆《灵枢·阴阳二十五人》有"土形之人……其为人黄色，圆面大头，美肩背，大腹，美股胫，小手足，多肉"之言，此儿即此外形，即以健脾燥湿化痰、培土生金法，不治肺而咳喘自止，至今未发。又治一女患高血压病，长期反复巅顶作痛，兼有恶心，多方治疗不得缓解。我据《伤寒论·辨厥阴病脉证并治》条文"干呕，吐涎沫，头痛者，吴茱萸汤主之"，处以吴茱萸汤加散寒降逆之品，服药二剂，诸症尽失。此皆为熟悉经典之所得。除四大经典外，金元四大家之书以及《小儿药证直诀》《理瀹骈文》《傅青主女科》《医学心悟》《血证论》《时病论》《医林改错》《温热论》、刘善述《草木便方》、秦伯未《谦斋医学讲稿》、吴棹仙《子午流注说难》、卓雨农《实用中医妇科学》、陈达夫《中医眼科六经法要》等古人、今人验之临床有效的一切书籍，习中医者皆当刻苦钻研。有此大树之根，大河之水，方能应对临床千变万化之证，正如朱熹所言："问渠哪得清如许，为有源头活水来。"

六、习医重德

业师刁泰菜、雷德安、王静安，是影响我一生的三位恩师。他们虽各有专长，但都有一个共同特点：为医者首重医德。他们言传身教，为后学者树立了榜样。刁泰菜一生坎坷，但对待病人态度和蔼，耐心细致，我学医之初，即嘱我熟读孙思邈《千金要方·大医精诚》。雷德安教我认真读张仲景《伤寒论·序》，常言：如能认真领悟当终身受益，方成良医。王静安要求我习医当先读《小儿卫生总微论方·医工论》，反复叮嘱：不重医德，不是良医。王静安著《王静安临证精要》开篇即论："济世活人，医德为首。""为医者，必须勤奋谦恭，深入实际，讲求实效，力戒空谈，如是方能取信于病家。""虽有活人之术，而无慈仁之心，亦不能得到病家尊重。如有一点名气，万不可盛气凌人，让人敬而远之。小儿古称哑科，尤需耐心，当不厌其烦，躬听病儿家属代述。对患者当不分贵贱，应一视同仁。"老师济世活人，首重医德的思想，随着师承时间的增长，逐渐植根于我脑海之中，指导着我的中医之路。

我取名"本恕"，并自号"恕仁医者"，以此来勉励自己思想上行"恕"之存、行动上行"仁"之道。

"恕"字出《论语·卫灵公》，云："子贡问曰：'有一言而可以终生行之者乎？'子曰：'其恕乎。己所不欲，勿施于人。'""恕"是孔子终身奉行的做人原则，而"己所不欲，勿施于人"就是"恕"的实施细则。作为医生，希望自己不生病，当然也希望别人不生病；希望自己有健康的体魄、幸福的家庭，也希望别人身强体健、安居乐业。再者，"仁者爱人"，"老吾老，以及人之老，幼吾幼，以及人之幼"。"仁"的思想促使我对待患者有仁爱之心，理解病人，关心病人，视病人为亲人，视病人疾苦为自身之疾苦，真心实意为病人细心诊治。正如龚廷贤所言："一存仁心，乃是良箴，博施济众，惠泽斯深。"亦如孙思邈所论："若有疾厄来求救者，不得问其贵贱贫富，长幼妍媸，怨亲善友，华夷愚智，普同一等，皆如至亲之想。"

七、团结发展

我工作的单位是一所市级综合医院，西医是医院主体，中医只是其中一个小科室。随着高龄中医人员逐年退休，而新来之中医院校毕业生，由于中医不景气而纷纷转行，人才凋零，人心涣散，中医科到了自行消亡的状态。眼见如此状况，热爱中医的我，十分担忧。我利用作人大代表的机会，对十个市级综合医院中医科现状进行调研，发现这种中医科濒于萎缩消亡的现状非常普遍，并写出人大提案——"试论综合医院中医科危机与对策"。我认为要改变这种状况，必须做到以下两点：

1. 家和万事兴，团结一切可以团结的人

尊重和团结西医各科主任、普通医生、中层干部、医院领导，学习他们的优势和长处；团结中医界的同道，虚心地向省市内外、院内外老专家以及年轻中医学习，尊重他们，学习他们的一技之长。团结和尊重病人。医患关系是相互的，将心比心，真心实意地感谢他们，正是由于患者的信任理解和支持配合才能使中医药发挥最佳疗效。中医靠疗效赢得了群众的支持，群众的支持促进了中医的发展。

2. 爱岗敬业，精益求精

首先我们要相信中医，热爱中医。数千年来，无数的中医学家用确切的临床疗效，保障了中华民族的繁荣昌盛，彰显了中医之强大生命力。其次，要从自身做起，努力提高中医修为。中医之根本在疗效，只有用临床疗效才能让反对、摈弃中医的人刮目相看，让群众拍手称赞。我在中医科工作时，曾用家传师授的针药并施、内外合治方法，治愈许多西医认为非手术不可的急性疾病，从而得到了西医的信任和领导的支持。

四川峨眉中药学校老师陆某患肾结石，造影诊断为肾盂肾盏鹿角样结石，结石充满肾盏。西医认为手术取石困难，只有待肾功能受损时再作肾切除。患者畏之，求我诊治。我思前贤论石淋之理"如水煮盐，火大水少，石淋成也"，复受磁化水可溶解工厂大型锅炉水垢之启示，予益阴生津、化石通淋之法，将中药磁化频频内服，患者全力配合数月后鹿角状结石消失，西医连称中医之神奇。后用乌梅丸合针灸治疗胆道蛔虫，茵陈蒿汤加味治疗胆石症，均获较好疗效，撰写了"试论泌尿系结石中医溶、排石疗法"长篇文献综述，以及"石淋论治""理中汤治疗胆汁引流过多""胆道术后综合征论治探讨""妊娠急腹症辨证论治的临床体会""脓毒败血症治验"等论文。确切的临床疗效，西医也不得不承认：中医药在某些疾病治疗方面确有专长。

建立中医病房是发展中医的重要环节之一。中医科的发展之所以赶不上西医科室，与中医阵地主要局限集中在门诊，其诊疗手段仍然是"三个指头一个枕头"有密切关系。在逐渐取得西医认可、领导支持的同时，我带领全科人员建立了自己的中医病房，聘王静安老师为顾问。王老逝世后，又聘成都中医药大学原副校长、博士生导师谢克庆教授，四川省名中医、著名针灸专家、博士生导师黄迪君教授为顾问，为中医科发展献计献策。中医科病房以"团结、敬业、继承、发展"为指导思想，以"中医为主、能中不西、先中后西、中西结合"为实施原则。八年来，我们先后进行了人才培养，梯队建设，二级科室的开创，专病、专科的建立，名医工作室的建立，科研课题的申报，专利申报及推广应用等项工作，并有论文发表、专著出版，先后被成都市卫生局授予"成都市综合医院示范中医科"，卫生部、国家中医药管理局授予"全国综合医院中医示范单位"，中华中医药学会授予"全国先进名医工作室"，被国家中医药管理局定为"全国名老中医传承工作室建设项目"，四川省中医药管理局授予"四川省名医诊疗室"。正是中医科全体人员的敬业团结，开创了中医创新发展的新局面。

八、薪火传承

我的几位老师都是临床家，他们博极医源，精勤不倦，努力提高中医临床疗效，验证中医之神奇，教导我临床时必须兢兢业业，处处事事为病人着想，急病人所急，解病人所难。我跟随王静安老师时间最长，受其影响最大，他常言：疗效是中医之生命，临证当求实效。又嘱余曰：为医者，必须勤奋谦恭，深入实际，讲求实效，力戒空谈。老师临终前手书"捍卫中医、保卫中医"，反映出他对中医的满腔热忱。我曾和老师一起参加了多次全国儿科学术会议，有幸向当代著名儿科专家江育仁、刘弼臣、张奇文、黄明志、王烈诸翁，以及全国中医儿科同仁学习。会上大家毫无保留地交流临床经验，疑难病、常见病诊疗方法，临床科研思路，带教方法，使我在儿科领域有了长足进步。其间，受张奇文会长、朱锦善副会长指导，作为编委将老师之验方进行收集、整理载入《实用中医儿科学》，使我对王静安学术经验有了更深的认识和体会。后又陆续编撰了《医道求实——王静安学术思想研讨会论文集》，《王静安治疗小儿急症经验》《王静安治疗疑难疾病经验》《王静安学术思想临证经验传承研究论文集》等文集，并于每年清明和逝日，带领弟子、子女们前往祭拜，召开学术讨论会。目的是使王静安之学术思想和经验得以薪火相传。

我认为中医之根在基层、在民间，故近年来在完成国家师承工作的同时，我考核招收了数名热爱中医的基层医生作弟子，以大医精诚为念，以四大经典为本，要求弟子们跟师临证，勤做笔记，撰写论文，努力提高理论水平和临床技能。继承人中有的已是主任医师，成为中医骨干；有的取得博士学位，出版学术专著，获国家专利；有的已成为能独当一面，深受群众喜爱的临床医生；有的弟子已能日诊百余人，在当地小有名气。年轻一代的快速成长让我倍感欣慰：医道承传，后继有人。

九、临证偶拾

我从医五十余年，其中当学徒就有四十余年，至今仍觉是一个中医老学徒。临证凡有愈者，自认为不能算作经验，只是在治病救人过程中，偶有所得，然或能佐证中医是一门实用科学。

整体观念　三因制宜

整体观念和辨证论治是中医两大特色，整体观念是辨证论治的基础和前提。整体观念必须用于指导临床，切忌空谈理论，流于形式。比如农历二十四节气前后气候常有变化，而"人与天地相参也，与日月相应也"（《灵枢·岁露论》），故人体阴阳也随其变化而变化，体弱多病者体内阴阳常不能自行协调平衡，故而容易生病。故当重视节气对疾病的影响，对一些疑难、久病患者常嘱其交节时复诊；带教时也常强调今日立春、今日惊蛰、明日处暑、明日夏至等语，意在引起重视。处方时春季加祛风疏肝之药，夏季加消暑除湿之药，秋季加润燥养阴之药，冬季加散寒通阳之药，时时不忘"因时治宜"。曾治 5 岁陈某，反复感冒1年，半月1次，每次均需高级抗生素方能控制，察其病在节气前后气温变化时加剧，故在节气前两天给予益气防咳汤、健脾开胃汤交替炖服，益气健脾，补土生金，调整机体主动适应外界气候的变化。调理两月余，患儿体质明显改善，感冒少发。在"因人制宜"上我据《素问·上古天真论》"女子……五七，阳明脉衰，面始焦，发始堕；六七，三阳脉衰于上，面皆焦，发始白；七七，任脉虚，太冲脉衰少，天癸竭，地道不通，故形坏而无子"等经文，每遇35岁以上妇女，常用八珍汤气血双补，以益阳明气血之海。而50岁左右妇女则补益肝肾，以益冲任之源。古人很早就认识到地域环境对人体健康的影响，《素问·异法方宜论》有言："黄帝问曰：医之治病也，一病而治各不同，皆愈，何也？岐伯对曰：地势使然也。"叶天士也说："且吾吴湿邪害人最广。"四川地处盆地，多阴雨，少光照，湿邪害人也广，故王静安老师创蜀地多"湿热炎毒"学说。我遵此说，验之多效。临诊时多询问病人生活及工作环境，湿地则酌加燥化，热处则稍用清解，虽未见其症，亦用其药，将"因地治宜"落到实处。

方随法出　各有千秋

临床之证千变万化，纷繁复杂，治病须紧扣病机，先确立治法，后依法处方。经方、局方、时方、验方，以至《血证论》《医林改错》等前贤诸方，皆应灵活选用，不可拘泥一家一方。比如吾常用《金匮要略》方百合地黄汤合百合鸡子黄汤治长期熬夜，耗伤心阴之顽固性失眠，用《伤寒论》方柴胡加龙骨牡蛎汤治疗郁证，用《局方》逍遥散等治疗肝胃不和之胁痛，用《脾胃论》升阳益胃汤治疗脾阳不振之胃肠疾患。亦不舍单方、验方：如蛋黄油、米糠油外擦治疗手足皲裂、慢性湿疹；以清热解毒、消食和胃的鲜马齿苋、鲜马蹄草、鲜马鞭草加红糖熬水之"三马"方治疗腹泻、脘腹胀痛；以鲜白茅根、溪木树叶熬水，加冰糖内服治疗鼻衄；以一味桑叶煮稀饭治疗自汗。总之，只要有效之方，吾均会辨证选用。

病机是选方之依据，同时还要审时度势，加减变化，务求全面。我总结有三：一曰脏腑生克。即根据五行生、克、乘、侮选择用药。"见肝之病，知肝传脾，当先实脾。"肝实之证吾常用苏梗、藿香、薏仁、山药、内金、白豆蔻等健脾和胃之品扶土抑肝；肝虚证则用菟丝子、枸杞子、杜仲、川断、怀山药、山茱萸等补肾益精之品补母实子；痰湿喘嗽常健脾化湿，以培土生金。二曰给邪以出路。邪之出路指汗液及二便三途。我治一些皮肤病时，常随证加入清热利尿之品，疗效倍增。治疗痛风时常利尿、通便双管齐下，使湿热速去。有的病人因他病就诊时，言及稍有些外感史，即使无表证，吾亦用解表驱邪之药，既可防邪深入，又可使体内原有之病邪顺势外出，一举两得。三曰引经报使。自张元素开创引经药来，后代医家论述甚丰，兹不赘述。特别是，我在运用中药炖汤方时，常加入动物相应器官以引药入脏腑。例如治脾胃消化病时常加鸭胗、饴糖，治老年便秘时常用大肠头，治老慢支常用猪肺，治强直性脊柱炎常用背脊骨，治失眠时常用猪脑花，治近视常用鸭肝，同气相求，以形补形，确有疗效。

用药灵活　兼收并蓄

用药如用兵，唯效是用，凡草药、毒药、寒药、热药、"组药"均须兼收并蓄。四川是中药之库，川芎、川贝母、川连、川断、蜀椒等道地药材世人皆知。蜀地草药甚多，《草木便方》为四川草药专书，载药508种，附图470幅，验方700首，治疗包括内、妇、儿、外、骨伤等科122个病种。我曾随蜀中草药名家李志成采集、辨识、制作草药标本400余份，举办中草药展览。通过多年运用，我认为很多草药性味偏性并不明显，无明显毒副作用，且价钱便宜，无农药残留，只要运用得当，常收意外之功。如三百草可治水肿、淋证、带下；石枣子可疗咳嗽、痰喘；清热解毒常用青蛙草、蛇倒退、千里光、徐长卿；祛风逐邪常用石风丹、走马胎、一朵云、一支箭；利胆退湿常用金钱草、满天星、花斑竹；祛风止痒常用蛇倒退、青蛙草、排风藤、荠菜；治疗不寐常用夜关门、辰砂草、金针果、安眠草；治疗包块常用猫爪草、金针果、观音草、九子连环草；治疗小儿积滞、厌食时常用糯米草、鸡屎藤、隔山撬。

现代社会，由于医患关系紧张，医者往往谈毒色变。但是，只要胆大、心细，毒药用好即是良药，且常起沉疴之疾。我治心悸、怔忡用朱砂1~3g与他药共蒸猪心；治寒痹冷痛用附片50g，川乌30g，草乌30g，加蜂蜜50g，先煎3小时去麻味；治银屑病时用巴豆30g，同其他药及猪瘦肉共煎两小时后，从小剂量口服，逐渐加大剂量。20年前曾治叶某，全身赘肉，多方治疗无效，吾予巴豆炖方，前后使用巴豆达数斤，终获痊愈。

明清之时，温病兴起，凉药盛行。时至今日，"火神"辈出，温补成风。我认为，寒药、热药的选择当视病人病机而定，不能固守一家之学说而用药流于偏颇。否则即如《医宗必读·四大家论》言："不善学者，师仲景而过，则偏于峻重；师守真而过，则偏于苦寒；师东垣而过，则偏于升补；师丹溪而过，则偏于清降。譬之侏儒观场，为识者笑。"我拜之师，有用药量大者，又有用药量小者，有善用凉药者，又有善用热药者，我统学之，无门户、偏颇之见。临证时当寒则寒、当热则热，旨在调谐阴阳，祛病救人。如治产妇侯某，将息失宜，四肢冷痛，头晕疲乏，面色苍白，舌淡苔白，脉沉细，我除用附片、杜仲、续断、菟丝子、山茱萸、黄芪、当归头、天麻等益气养血、补肾回阳外，另用附子60g，太子参30g，黄芪100g，当归头30g，山药30g，熟地30g，枸杞30g，白豆蔻10g等，同猪腰1个、瘦肉半斤炖服。不出5剂而诸症消失。又治60岁周男，持续高热，胸部憋闷，头痛微汗，舌质暗苔腻微黄，六脉数大，法当清凉，药用生石膏60g，甘草3g，黄芩30g，黄柏30g，银花30g，蒲公英30g，薏仁30g，麻黄绒12g，杏仁10g，苏子30g，莱菔子30g，白芥子30g，葶苈子10g，栝楼仁30g，谷芽、麦芽各30g等。又予放血疗法。服1剂而热减神清。可见，寒药、热药的选择都是为病人服务的，不可偏执一端。

自《神农本草经》肇相须、相使论以来，后人代有发挥，其中两药一组称"对药"、三药一组称"角药"、四药一组称"方药"，吾统称其为"组药"。临床证明，"组药"配伍，相辅相成，协同增效。我临证时以沉香、檀香理气散寒；以黄连、栀子清心泄肝；以九香虫、羌活行气止痛；以北沙参、当归、五味子养血柔肝；以茵陈、姜黄、郁金清利湿热；以天麻、钩藤、石决明平肝息风；以金钱草、花斑竹、满天星、板蓝根清热解毒；以石斛、玉竹、麦冬、生地养阴生津；以麦芽、谷芽、鸡内金、白豆蔻调和脾胃；以桑叶、菊花、银花、夏枯花、蝉花、川红花疏肝散风；以杜仲、续断、菟丝子、枸杞、巴戟天、山药、山茱萸养肝补肾。古人说"中医不传之秘在于剂量"，吾体会到补肾时杜仲可用到100g，凉血时生地黄可用到100g；阳虚寒甚时用附片、川草乌50～100g无须迟疑，健脾时陈皮仅用3g，调经时川红花、艾叶仅用3g，厚肠胃用黄连只用1.5g，以防苦寒败胃。

剂型多样　推崇食疗

现代社会生活节奏逐渐加快，人们治病都追求速效，而药汁苦口多令人蹙额掩鼻，难以下咽。尤其小儿患者蹬踢哭闹，甚至入口即吐，这是很多人起初不愿选择中医治疗的主要原因。故改进中药剂型以方便患者就成了必然趋势。鉴于此，我研制了和胃散、行气散、风热止嗽散、清肺散、祛痰散、清咽散、五淋散、调经散、活血散、止痛散、解毒散、通便散，开水泡服，方便快捷；治夜咳、久咳，常用经验方六耳清肺汤（青蛙草、肺经草、枇杷叶、兔耳风、矮茶风、五皮草、六月寒，加入梨、藕、萝卜、荸荠同煎，出汁后加蜂蜜、饴糖，制成糖浆，服用方便，老少咸宜）；治咽喉发痒，疼痛不适，时有异物用石斛 30g，人参叶 10g，木蝴蝶 15g，煎水代茶服；益气健脾、养精益肾用黄精 30g，百合 30g，怀山药 30g，山茱萸 30g，白豆蔻 10g，核桃 100g，饴糖 200g，做成滋膏；治疗脾肾两虚脱发，用黑芝麻 50g，黑木耳 30g，黑米 50g，核桃 100g，黄芪 30g，当归 10g，首乌 30g，杜仲 30g，白豆蔻 30g，桑椹 30g，菟丝子 30g，沙苑子 30g，覆盆子 30g，女贞子 30g，补骨脂 30g，枸杞子 30g，蛇床子 30g，韭子 30g，共煮 2 遍，出汁 2000mL，加黑豆 500g，熬干炒香，做成零食，反映良好。

随着社会的发展，人们对生活水平的要求日益提高，"食疗"越来越受到人们的重视。《周礼·医师章》说："食医掌和王之六食、六饮、六膳、百羞、百医、八珍之齐。"可见古人很早就开始重视食疗。其后《千金要方》《食疗本草》《太平圣惠方》《日用本草》等书都提出了许多食疗之方。特别是，元代宫廷太医忽思慧，专管御用饮食配合与调理，重视食疗与食补，著《饮膳正要》一书，为饮食卫生学、营养学的食疗专著。我常用的食疗方有：三白汤：白萝卜、白莲藕、白灰冬瓜各 500g，熬汤内服，不放油盐。二白汤：苡仁 30g，百合 30g，炖排骨，每周一次。上二方可养阴增液，排毒养颜，扶正养生。若体质虚弱者可用雁参汤：灰刺参 50g 炖老鸭 1 只，喝汤，有养阴生津、益气养血之功，常服可强身健体，养生延年。若滋养肝肾之阴可用二地汤：生地黄 30g，熟地黄 30g，百合 30g，羊肉 500g，炖 3 小时喝汤。此方为平补之剂，滋而不腻，还可润肺养血驻颜。若气血两虚可用当归生姜羊肉汤：当归 50g，黄芪 150g，生姜 50g，羊肉 500g，炖 2～3 小时喝汤。也可用杜仲 100g，枸杞 50g，三七 10g，羊腰 1 对，蒸 1 小时后喝汤。我认为正确食疗对增强体质，维护健康，大有裨益。

内外合治　多元疗法

古语云"良丁（高明的医生）不废外治"。外治法具有简、便、廉、验、速等特点，且西医尚有雾化、激光、超短波、离子导入诸法，所以中医不能固守"一个枕头、三个指头"的传统思想，而淡化、忘记了古圣先贤留下的无尽宝藏，"怀摩尼之珠，行乞食之事"，良可叹也！《黄帝内经》《伤寒论》《外台秘要》《千金要方》《肘后备急方》等书都有丰富的针灸内容。故孙思邈说："若针而不灸，灸而不针，皆非良医也。针灸不药，药不针灸，尤非良医。知药知针，固是良医。"据此，吾临床也常用针刺、灸法。我最喜药线灸法，用麻黄、细辛、艾叶、川芎、丁香、甘松、羌活、青藤香等 20 多种药物与陈旧纺车线一起混合研成细小药线，辨证选穴后，点燃药线，快速灼灸皮肤。此法能使症状迅速消失或减轻，且运用广泛。如治疗寒中脾胃腹泻灸天枢、水分、足三里；治顽固性头痛灸风池、风府、大椎；治胁肋胃脘疼痛灸章门、期门、日月、肝俞、胆俞、脾俞、胃俞；治哮喘灸天突、定喘、丰隆、足三里。除针灸外，耳穴压籽、穴位敷贴亦是我常用的简便有效之外治方法。此外，点刺放血耳尖、少商、中冲，行气活血、清热排毒之功甚伟，对急性咽喉疼痛、面红目赤、发热头疼等邪实证收效迅捷。再如推天河水治疗小儿高热，我也屡试不爽。

《理瀹骈文》说："外治之理即内治之理。"临床很多疾病吾均辅以药物外治法，如药浴法、酒浸法、口腔噙含法、熏鼻法、香囊佩戴法等。试以药浴方散寒防感方言之，方由麻黄 30g，桂枝 30g，细辛 30g，陈艾 30g，石菖蒲 30g，紫苏 30g，荆芥 30g 组成，多用于外感轻证，也可预防感冒。外感高热者重用青蒿、寒水石，再加板蓝根、大青叶；表虚不固者加黄芪、防风、排风藤、荠菜；久病邪气深入者加桃仁、杏仁、当归、川芎；形寒咳喘或寒湿较甚者加附片、白附子、川乌、草乌。如治 5 岁刘女，发烧一日，体温 39.3℃，诊为风寒初起，除以中药内服外，辅以散寒防感方。"体若燔炭，汗出而散。"患儿洗后得出大汗，体温遂降，隔日再洗降至正常。

基于内外合治，我发现在应用传统中药内治的同时，予以适当的情志疗法、运动疗法、音乐疗法、书画疗法等，对于治病养生、保健康复都有积极作用，故进一步提出了中医"多元疗法"。随着医学模式从生物医学模式向生物－心理－社会医学模式逐渐转变，"多元疗法"也必将愈加重要。现举一例，以为佐证。3岁黄某，患有脑瘫，全国各地医治不效，求治于余。此病十分难治，单一治法恐难取效，故在辨证论治基础上，以中医"多元疗法"试治之。其间交替使用了中药汤剂、腧穴针刺、点刺放血、循经点刺、温针、耳穴压籽、麝香艾炷灸、药棒灸、钟罩灸、自然节律灸、推拿导引、中药熏洗、中药膏剂、食疗药膳、音乐疗法（播放舒缓古典民乐及传统五行音乐）、体育疗法（每天家长助其游泳半小时）、情志疗法（多鼓励，不打骂）等独特疗法，患儿逐渐好转。今黄某已15岁，曾获成都市作文比赛一等奖、游泳比赛第一名，可见其身体、智力发育均已正常。我用此法治疗小儿漏斗胸、小儿痉挛症、小儿重度营养不良、小儿湿疹咳喘综合征、小儿肾病综合征等疑难疾病，均能取效，为提高中医临床疗效提供了一种思路和方法。

重治未病　倡导养生

近年来，慢性疾病逐年增多，国家也提出了从"治疗疾病"向"预防疾病"转移的指导性方针政策，其维护健康之理念与中医治未病之思想不谋而合。"治未病"包括未病先防和既病防变。我认为未病先防之关键在于患者，而既病防变之关键在于医生。假使疾病已成，其治疗从何入手，后续如何治疗，治疗中如何防止传变，习医者当胸有成竹。《难经·七十七难》说："经言上工治未病，中工治已病者……见肝之病，不晓相传，但一心治肝，故曰治已病也。"《金匮要略》开篇便说："见肝之病，知肝传脾，当先实脾。"叶天士指出："务在先安未受邪之地。"这些论述都强调要重视"未病"的治疗，防止疾病发展和传变。

未病先防关键在于患者，因为患者是预防保健的主体，故医者还应运用中医"治未病"之优势，指导患者正确地进行"未病先防"之事宜。近年来，养生之势一浪高过一浪，反映了群众对养生的迫切需求。中医人一方面要指导别人养生祛病，另一方面自身也应作养生保健之楷模。我姑母刁泰菜老中医，一生坎坷，体弱多病，后得吴老养生之法，寿96岁而终。业师雷德安、王静安皆85岁后仍坚持门诊，耳聪目明。

努力探索　积极创新

多年来认为中医保守者不乏其人，殊不知中医自产生以来就在不断地发展、创新。张仲景勤求古训、博采众方创立了六经辨证；金元时刘完素的火热说、张从正的攻邪说、李东垣的脾胃说和朱震亨的滋阴说，各有新意；明末吴有性提出"疫疠之气"；清代叶天士倡导"温热"；清末唐容川等另辟蹊径，创中西医汇通学派。成都中医学院陈达夫教授，创造性地将伤寒六经辨证运用于眼科，创眼科六经辨证之法。可见，从古至今，中医人从来没有停止过探索创新的步伐。《礼记·大学》有言："苟日新，日日新，又日新。"面对纷繁复杂之疾病，要使中医能永葆活力，复兴崛起，那也只能通过创新。

临床上我喜用灸法。但传统灸法，临床使用尚有不便之处：医生须手握灸条单穴位单人灸治，效率极低，病人还容易被艾灰烫伤。于是我潜心研究，反复实验，研制出一种"钟型灸罩"。该发明曾获国家专利证书，现已发展到第6代产品。"钟型灸罩"具有易操作、易控温、热力集中、安全性好等特点，还可配合其他疗法同时进行。如温针灸：在所选经穴上进行针刺后，再将钟型灸罩置于经穴上；经穴涂擦温灸：在所选经穴上涂擦自制液态制剂（如安眠、止痛等），再将钟型灸罩置于经穴上；敷贴温灸：在所选经穴上贴敷中药后，再放置钟型灸罩。且创"多穴同灸法"。"钟型灸罩"广泛运用于临床各病，如眩晕、不寐、胃痛、子宫肌瘤、虚劳、痛经、腰痛、泄泻、厌食、遗尿、痹证等，疗效满意，还可以养生保健、抗老防衰。

典型医案

1. 小儿血管瘤

叶某，女，3岁，家住针织一厂宿舍。患儿右侧腹股沟髂动脉处长包块1年半，随年龄增大而增大，近一年增大明显。医院诊为血管瘤，因考虑到位于髂动脉处，不宜手术。曾用5%鱼肝油酸钠血管封闭注射，经治半年，血管瘤不小反大，故前来求中医治疗。我观患儿精神萎靡，面色萎黄，形体消瘦，好静少动，动甚则心累。其腹髂动脉处可见一4cm×5cm大小紫色肿块，突出皮肤，界限清楚，扪之柔软，无压痛。平时食少纳差，易于感冒，每感冒、咳嗽则长大一次。舌质淡，苔薄白，脉细涩。我认为此是痰瘀互结之血瘤，治当健脾和胃，益气活血，化痰散结。处方：苏梗 10g，藿香 9g，白豆蔻 12g，砂仁 3g，楂曲各 10g，炒谷芽、炒麦芽各 30g，鸡内金 10g，草果 12g，泡参 15g，桃仁 6g，川红花 3g，泽兰 30g，浙贝 30g，牡蛎 30g，橘络 15g。

外用：祛寒温经活血药袋外敷。处方为：紫苏 30g，荆芥 30g，陈艾 30g，菖蒲 30g，桂枝 30g，细辛 30g，川芎 30g，小茴香 30g，吴茱萸 30g。用法：上药共为细末，装入纱布袋中。用时将药袋放开水中翻烫，取出，适寒温将药袋敷于血瘤之上，每日 2 次，每次 10～15 分钟。

疗效：患儿坚持治疗近 3 个月，并配合外治，其间或加四君子以健脾，或加丹参、赤芍等以化瘀，血管瘤终得消失，乃以扶正健脾之药以善其后，至今未发，且体质日渐好转。

按：《外台秘要》载："皮肉中突肿起，初如梅李，渐长大，不痒不痛，又不坚硬，按之柔软，此血瘤。不疗，乃至如盘大，则不可复消。"《医宗金鉴》有言："此患由先天肾中伏火，精有血丝，以气相传，生子故有此疾。"故此病因于先天宿根，加之后天脾虚痰盛，合而为病。故治疗时前期以化瘀消痰为主，佐以行气，盖气行则痰行，气行则血行；后期以健脾化湿为主，盖脾旺则不生痰，血自行也。余以前见是病，多介绍外科治疗，今用师法内外合治，遂告痊愈，实师之功也。

2. 小儿心律失常

黄某，女，11 岁，家住国土局宿舍。患儿两年前患感冒高热，关节疼痛，愈后随即出现心累，心悸，心律紊乱。外院心血管专科诊为心律失常、早搏频发（疑似心肌炎），经用激素治疗后心律稍正常，但停药则发，故求治于中医。观患儿神志清楚，面色淡黄少华，形体偏瘦，烦躁易怒，稍活动则心累、心悸，呼吸急促，咽痒痰多，遇感冒则诸症加剧。舌尖红赤，苔白腻中心偏黄，脉滑数而结代时现。此为中医之心悸，当是外邪入里，郁久化热，不得清解，加之蜀地多湿，热蒸湿液，煎液成痰，痰热侵心，故为心悸、怔忡，心烦急躁及舌、脉均提示湿热阻滞，血脉不通之证，故治以除湿祛痰、降火宁心。处方：川木通 10g，滑石 30g，黄连 3g，苏叶 10g，苇根 30g，橘络 15g，旋覆花 15g，苡仁 15g，姜黄 15g，郁金 10g，连翘 9g，莲心 3g，白豆蔻 12g，生龙骨、生牡蛎各 10g。

上药共服 6 剂。中途曾去滑石、苇根、姜黄，而代以车前草、远志、炒麦芽、炒谷芽。药后心电图已正常，脉仍滑数而不结代，当治以益气养心、和胃除湿、清心化痰。处方：太子参 15g，枣仁 10g，麦冬 10g，生龙骨、生牡蛎各 30g，川木通 9g，连翘 6g，莲心 1.5g，远志 6g，苡仁 15g，郁金 9g，橘络 15g，白豆蔻 6g，旋覆花 15g，黄连 1.5g。上方 5 剂，加饴糖、蜂糖，浓缩煎膏。半月后复诊，诸症好转，仍以原方加减再服 50 余剂，停药观察 1 年，心悸未再发。

按：小儿心悸、怔忡（心律紊乱、早搏）属临床疑难之症，本例小儿医治两年而未治愈，而我用老师所授之法速效：方中姜黄、郁金同用除湿通络，可行血中之滞；合川木通、滑石、旋覆花、橘络以通络除湿；连翘、莲心、黄连合用可宁心降火，故湿祛、痰除、火降、心宁，心律紊乱始平。治法、处方、用药均为师之经验，用之得当能取奇效。

3. 卵巢囊肿

郑某，女，22 岁，已婚。患者述停经两月余，自认为怀孕。1 周前突发腹痛，伴血样白带，疑为流产。医院 B 超检查提示右侧卵巢囊肿，大小为 6cm×4cm，边界清楚，包膜完整。患者不愿手术，故求治于中医。吾观其面色青白少华，形体偏瘦；右下腹仍疼痛，痛点固定不移，无反跳痛；舌下脉络瘀滞，舌质暗绛，苔白腻而后半部黄厚腻，脉弦细。平素月经周期紊乱，白带量多偏黄。此为湿热下注，阻滞胞宫，导致气血凝滞，日久成形。病属妇人癥瘕，治宜活血化瘀、清热除湿。处方：当归 10g，川芎 3g，桃仁 10g，红花 6g，赤芍 10g，红泽兰 30g，浙贝 30g，丹参 30g，炒香附 30g，苏梗 10g，血通 10g，香通 10g，郁金 10g，姜黄 15g，苡仁 30g，川木通 10g，车前子 30g，沉香 6g。上药先服 3 剂，经水适至，量少色淡，腰酸胀痛，黄腻舌苔已退。此湿热渐去，肾虚渐露。然值经期，暂以活血补肾之品代之。经后另疏一方：当归 10g，川芎 3g，杜仲 30g，枸杞 30g，酥鳖甲 15g，炮山甲 10g（现用代用品，下同），丹参 30g，红泽兰 30g，浙贝 30g，龙牡各 30g，炒香附 30g，苏梗 10g，沉香 3g，三七 6g，白豆蔻 6g。以此方加减连服 20 余剂后囊肿消失，末以益气活血、滋养肝肾、调和脾胃之方善其后。

按：活血化瘀、滋养肝肾、行气导滞法是老师临床常用治法，可治疗多种包块、肿瘤，今用治妇科卵巢囊肿，确有良效。因本例患者湿热偏重，故先清热除湿，待湿热去方可行气活血、补益肝肾。此老师治病之次序也。

4. 白细胞低下症

曾某，男，48 岁。患者半月前因过用抗生素出现白细胞低下，西药治疗效果不显。患者现精神萎靡，言语低微，面色灰黑少华，形体偏瘦；行动不稳，睁眼则眩晕欲倒，闭则缓解；腰膝酸软，畏寒肢冷；舌红苔薄少津，脉细无力。白细胞总数 2.1×10^9/L，血红蛋白 10g/L。此肾脾两虚，气阴两伤之证，治予温阳益气，滋阴补肾，调和脾胃。处方：潞党参 30g，黄芪 30g，杜仲 30g，续断 30g，枸杞 30g，山茱萸 30g，枣仁 30g，炒怀山药 30g，白豆蔻 12g，生地黄、熟地黄各 15g，炒谷芽、炒麦芽各 30g，炙升麻 10g，苏梗 9g，附片 30g（另包先煎）。服 3 剂后眩晕、腰痛大减，舌稍有津液，脉稍有力。药已对证，乃以上方加减调理两个多月，另用黄芪 100g，附片 50g，炖瘦肉喝汤，以扶正气，终得痊愈。

按：此是王静安老师治小儿肾病综合征之法。病虽不同，而病机则一，故治以同法，而收效甚捷。以上四例，皆是临床疑难疾病，何以能治之立效，主要是运用老师宝贵的治学经验：辨证要在精微，施治紧扣病机。

5. 柴胡加龙骨牡蛎汤治疗郁证

孙某，男，48 岁。患者四日前因大怒而至昏厥，醒后神情呆滞，独语喜静，时而悲伤哭泣，不能自止，夜不能寐，头昏眩晕，畏光怕黑，更兼心烦，便秘，舌淡红苔薄黄微腻，脉弦微数。此因大怒伤肝，气郁血瘀，心失所养，神失所藏，治当疏肝解郁、镇惊安神，方用柴胡加龙骨牡蛎汤加味。处方：柴胡 15g，龙骨 30g，牡蛎 30g，半夏 10g，大黄 12g，茯苓 10g，泡参 15g，桂枝 6g，黄芩 10g，大枣 10g，铁落 30g，生姜 3 片。

上方服两剂后神志稍清，哭闹减少，眩晕已除，原方加郁金 10g，连进数剂而愈。

按：柴胡加龙骨牡蛎汤系小柴胡汤加味而成，小柴胡乃和解少阳以利枢机之首方，加龙骨、牡蛎、铅丹，镇惊安神而去烦；人参、茯苓、大枣等补气益脾并养心。枢机利，正气复，中州健，何愁郁气不解？故用治郁证甚为合拍。铅丹因其味辛咸，性寒，有小毒，故用生铁落代之。铁落味辛性凉，无毒，功能平肝、镇惊，《本草纲目》言其能"平肝去怯，治善怒发狂"。

6. 猫骨散治疗血栓闭塞性脉管炎

龙某，男，27 岁，工人，1980 年 4 月 29 日就诊。患者右下肢麻木疼痛 5

年，遇冷加剧，行动困难。上海某医院诊为血栓闭塞性脉管炎，然长期治疗无效。6月前小趾溃烂，疼痛加剧，久不愈合，故请中医治疗。其患侧踝以下皮色紫暗，右小趾暗红而肿，有1cm大小溃疡，趺阳脉沉细似有似无，步履蹒跚，久立则痛，入夜则疼痛加剧，心烦少寐，溺黄便秘，舌质红绛，苔白黄腻，脉细数。此是寒湿凝滞，血脉不通之阴疽，治以温经通络、扶正养阴、清热解毒除湿。处方：

①生猫骨一具，连头尾，烧灰存性，研细为末。每日3次，每次1.5g。

②猫肉加黄芪60g，苡仁60g，炖两小时后喝汤。

③黄芪60g，当归15g，川芎10g，生地30g，玄参20g，细辛3g，龟甲20g，鳖甲20g，蟹灰3g，乌梢蛇30g，银花炭30g，炒黄柏20g，紫花地丁30g，牛膝20g，茅术10g，水煎服。

经服上药1周后疼痛逐渐减轻，3个月后基本痊愈。坚持调理半年余，诸症尽除。

按：猫骨散治脱骨疽乃我家传之方，为治巴骨流痰方衍化而来。《中国药用动物志》记载：猫肉有滋补、祛风、解毒之功，主治虚劳体瘦，风湿痹痛等证。《本草纲目》谓"甘温，无毒"，肉能治"劳疰、鼠瘘"。《中药大辞典》载其可治"瘰疬、痈疽、恶疮"。总之，猫骨、猫肉既可补虚扶正养阴益血，又能解毒祛风胜湿而消痈疽。且猫性昼静而夜动，为阴中之阳物，其身性甘温，阴寒之气为之所胜。人为血肉有情之体，猫乃血肉有情之品，用治脱骨疽颇为见效。

7. 癫狂

患者钟某，男，38岁。三日前因受精神刺激，于次日凌晨两点突发狂躁不安，神志不清，打人毁物，不避亲疏，气力倍增，肢体强直，甚则伤体自残。特邀余诊之。见其时而狂躁异常，须人按住手足，两眼直视，言语不清；时而沉默痴呆，语无伦次，交替反复。其舌质红绛，苔黄腻，脉洪大弦劲而数，此乃肝郁化火、痰阻清窍之癫狂症，予清肝泻火、涤痰开窍之安神定志汤：焦栀子9g，黄连9g，菖蒲9g，郁金15g，生大黄、熟大黄各15g，木通10g，连翘10g，半夏12g，生铁落60g。并处食疗之开郁汤：金针果30g，半夏曲30g，加瘦肉250g，炖2小时后喝汤。又以生铁落50g，煎水代茶频服。上药服后，泻下数次，夜即能寐。次日神清躁除，唯觉纳差疲乏，乃加白豆蔻、山楂、神曲、鸡内金、谷芽、麦芽以和胃增食，食疗方中加苡仁、怀山药，并辅以放血、耳穴压丸等疗法，后恢复正常。

8. 膀胱癌术后存活 30 年案

陈某，男，32 岁。膀胱低分化癌术后放化疗中出现白细胞骤降，特邀余会诊。患者极度虚弱，面色无华，少神懒言，畏寒肢凉，自汗不止，卧床不起，食入即吐，大便溏泄，舌质暗绛，苔白厚腻，脉沉细无力。此乃正气大亏、脾肾阳虚之证。法当急急扶助正气，然水谷入口即吐，故先予外治之法：

①情志调理：告知患者此乃放化疗术后之症，中医对其有一定优势，并非不治，唤起患者求生欲望。

②温灸足三里、上脘、中脘、下脘。

③穴位贴敷神阙穴（温阳益气膏）、中脘穴（和胃止吐）。

④小茴香 100g，吴茱萸 30g，蚕砂 30g，荜澄茄 30g，丁香 30g，加葱、姜炒热，纱布包外熨华佗夹脊穴。

⑤上方熨后煎水熏洗双足。

经外治之后，患者即觉全身舒适，腹中温热，似有食欲，乃处以内服之方：

①扶正养胃茶：红参须 30g，白豆蔻 6g，石斛 15g，沸水浸泡，少量频服，饮后未再作呕。

②继予益气温阳和胃汤：红参须 15g，白术 10g，茯苓 15g，黄芪 30g，陈皮 3g，半夏曲 10g，炒怀山药 15g，无花果 30g，白豆蔻 10g，水煎服。

③食疗：川明参 30g，北沙参 30g，怀山药 30g，莲米 30g，芡实 30g，扁豆 15g，薏米 100g，白豆蔻 10g，山楂 30g，加鸭肫 2 个，炖服。

二诊时诸症好转，神气渐复，食欲好转，乃于内服方中加猪苓 50g，仙鹤草 30g，食疗方中加红白慈菇各 10 个，继服数剂，明显好转，信心大增。我嘱其每逢农历节气须来复诊，如此调理半年有余，身体恢复如初，患者至今健在。

9. 高恶型恶性淋巴瘤存活 14 年案

患者彭某，男，73 岁时患左颈淋巴结恶性淋巴瘤［中心母细胞型（高恶）］，被告之生存期仅 3 月左右。我接诊时，见其左侧颈部耳后颌下有一肿块，大小 15.5cm×13.0cm，触之坚硬，表面凸凹，推之不移。右耳后、腋下、腹股沟有大小不等淋巴结肿大，皆有触痛。患者呈恶性病容，语音低微，吞咽困难，动则汗出，时时恶寒，干咳少痰，大便秘结，舌质红绛，苔黄腻厚，舌下脉络瘀滞，脉细滑而数。此乃正虚邪实之危重症，病机为气阴两虚，痰瘀互结，阻遏经络。先予消癥搽剂 1 号方：青黛 30g，冰片 50g，猫爪草 30g，川乌 30g，草乌 30g，金针果 30g，川红花 30g，桃仁 30g，归尾 50g，川芎 50g（用法：冰片、青黛用白酒浸泡，余药煎浓汁，混合后外搽患处）。内服药多选益气养阴、涤痰除湿、软坚化瘀、行气通络之品，药用黄芪、百合、苡仁、蚕砂、茵陈、姜黄、郁金、白豆蔻、半夏曲、川贝、浙贝、牡蛎、夏枯花、猫爪草、金针果、无花果、川红花、桃仁、当归尾、川芎、丹参、三百草、排风藤、银花、蒲公英、茅根、黄连、焦栀子等。食疗方用益气软坚汤：无花果 100g，文仙果 50g，金针果 30g，黄芪 100g，苡仁 100g，银杏 30g，黄精 30g，浙贝 30g，山楂 30g，白豆蔻 10g，三七 10g 等，加鸭肫 2 个，瘦肉 250g，炖 2～3 小时后，喝汤。又授以呼吸吐纳之术。半月后观其精神好转，饮食增加，原方继服。数月后肿块由硬变软，由大变小，一年后竟神奇消失，患者全身状况也大为改善，神清体健，无异常人。诗曰：宜将剩勇追穷寇，不可沽名学霸王。故宜扶正为主，乘势清除余邪，并随四时季节调理。患者于去年病逝，终年八十有七。

按：以上两例均确诊为癌症，而运用中医治疗大大延长了生存期。癌瘤与中医之癥瘕、积聚、瘿瘤、瘰疬近似，我遍阅古今文献，结合多年临床实践，对于癌症治疗提出以下原则：①早发现，早手术，尽早去除病因。②中药即时介入，可缓解术后放化疗毒副作用。③发挥中医外治优势，解决术后呕吐、恶心、厌食、脾胃不适等症。④运用中医药扶正的优势，尽快恢复患者胃气、正气，预防转移与复发。⑤后期食疗、自然生物节律调谐法、健身功法等可提高患者生存质量。

10. 婴儿肠套叠

陈某，男，7 月，突然阵发性高声哭叫，四肢乱动，大便稀溏。市儿童医院根据检查结果诊断为肠套叠。就诊时哭闹，烦躁，舌质红，苔白，指纹青紫，并伴发烧（38.5℃）。此是胃肠气滞，不通则痛，治当和胃行气、散结止痛。处方：

①敷贴温灸：神阙穴贴自制"行气消滞膏"，再用钟型灸罩灸治 15 分钟左右，其间患儿安然入睡。

②敷熨药浴法：自拟温经行气缓急方（广木香、香附、枳实、槟榔、小茴香、吴茱萸等），煎水取汁用于洗浴，药渣用布包外熨患儿关元、气海穴。

③中药内服：大承气汤合保和丸加减：枳实 6g，厚朴 3g，熟大黄 3g，生大黄 3g，黄连 1.5g，金铃子 10g，玄胡 10g，苏梗 10g，黄芩 15g，神曲 15g，炒山楂 15g，炒稻芽 15g，炒麦芽 15g。

患儿内服外治之后，当晚即安静入睡，嘱家长继用外治之法，内服药以柴胡疏肝散合保和丸加减。三日后，诸症尽除，医院复查一切正常。

按：肠套叠是婴幼儿常见病。中医认为六腑以通降为顺。受凉、饮食、惊吓等皆可引起胃肠气滞，气结不通，腑气不畅，故发为疼痛。温灸神阙穴有温经通络、行气止痛之功，而敷熨洗浴法可疏通经络、调和气血、行气导滞，再辅以内服汤药下气通腑行气、消滞和胃。其临床疗效充分证明中医外治法在治疗急症之中的重要作用。

（李国臣、刁灿阳、房明东、刁灿力协助整理）

任 何

任何（1941—　），安庆市人，中医研究员，《中医药临床杂志》副主编，安徽省第一批名中医。早年师从安庆名老中医查季璞老先生。1991年成为全国名中医专家王乐匋教授继承人。

任何先生长期从事中医临床和中医文献研究，刻意中医经典，博览各家，理论联系实际，学术造诣较深。在临床工作中，擅治内科疑难杂病。

任何先生医学著述宏丰，发表论文80余篇，代表性论文有"王乐匋教授学术经验撷英""王仲奇学术经验蠡测""论医案文献数据库系统的现代研究"等。代表性著作《任何论文集》《金陵版〈本草纲目〉校注》（与尚志钧先生合作完成）、《中医名医医案要略》《尚志钧本草文献研究学术成就与经验》等。

任何先生学术渊博，研究领域从古代中医文献整理，到现代的计算机数据库中医应用，均有所建树。主持的科研课题有安徽省卫生厅"中国名医数据库系统研究"、安徽省科技厅"新安医学文献整理研究"、安徽省卫生厅项目"编撰《续本草纲目》"及"尚志钧教授本草文献研究的学术成就与经验数据库系统"。

我早年便有志习医，20世纪60年代初师从安庆名老中医查季璞先生。查老认真求实的学风深深地影响了我。他擅治胃肠、肝胆病证，处方用药简约、平正、有效。除临床功底深厚外，查老文献基础雄厚，举凡《内经知要》《伤寒论》《金匮要略》《本草备要》《脉经》《温病条辨》等书均能吟诵，如瓶注水，一字不漏。其间，我私淑安徽中医学院陈可望教授。陈老回故居养治眼疾，让我代他抄写处方。又先后下放同一处怀宁洪镇行医。陈老20世纪20年代考入上海国医学院，受陆渊雷、章次公、秦伯未诸位名医大家亲授，一生著作颇丰，经验深厚独到。他老人家要求我背诵《伤寒论》，熟读《黄帝内经》《金匮要略》，要求我治医要"居高临下，知难而懂易"，让我终身受益。1991年，在我事业上顺风顺水，一切都似乎按部就班的时候，我想到了进一步深造。我想成为像查老、陈老那样的专家型学者；面对患者和蔼可亲，应病无碍；提及文献如数家珍，条分缕析；登上讲台侃侃而谈，润物无声；提起笔来忠于事实，泽被后世。于是毅然放弃了在安庆市熟悉的生活、工作环境，只身来到合肥，作为专家继承人，师从于安徽中医学院教授、著名的新安医学传人王乐匋先生。

执着追寻中医的真理

古人说年过三十不学艺，而我感觉我从医以来的前30年都是在打基础，在旁人看来，我已是同行眼中的佼佼者，也在患者群中累积了相当的威望，没有必要重头来学，但我认为这个过程非常重要。作为一名医生，学习、进步永远在路上。

王乐匋（1921—1998）先生，笔名老匋，别名默庐，安徽歙县人。他是"新安王氏医学"第五代传人，安徽省新安医学研究会首任会长，全国首批老中医药专家学术经验继承工作指导老师。王乐匋先生亦是医文两兼之学者，曾历任安徽中医学院中医基础理论教研室、中医文献研究室主任，安徽中医学院新安医学文献专业硕士研究生导师。

跟师3年的经历是充实而有意义的。学成之后，笔者供职于安徽省中医文献研究所，任中医药文献研究室主任兼门诊部主任。新的岗位给了我更大的发展空间，不仅门诊治病继续赢得优良的口碑，而且因为有了前期的基础，使我有能力从学术全局的高度出发，主持并完成省卫生厅课题"中国名医数据库系统研究"和省科技厅课题"新安医学文献整理研究"。参加省教委课题"新安医籍考"，并任《新安医籍考》的编委。担任《中医临床家徐志华》第一副主编，《中医临床杂志》审稿人。1997年被评为安徽省首批名老中医。退休后继续主持科研项目"本草纲目的现代研究"，编撰《续本草纲目》等。

值得庆幸的是，我的几位老师均是医文并著的饱学之士，他们对于中医事业的真挚热爱，对于中医学术的钻研精神，永远值得我学习。就是在这样的工作、学习氛围之下，我也时刻留意将工作中的点滴心得及时归纳总结，草成文章，至今粗略数来已有 80 余篇之多，其中主要有："攻补法则在虚实辨证中的应用""治遗汤治疗脑血管意外及其后遗症 84 例疗效观察""程杏轩《医述》评介""脑醒定临床应用""谈中医序跋文的学习""陈士铎精神医学思想探讨""试论考据在中医理论研究中的地位与作用""张锡纯对冲气为病的辨证""从'过程论'谈叶天士创'卫气营血'""张从正运用大黄的学术源流和经验""王乐匋教授学术经验撷英""王仲奇学术经验蠡测""中老年失眠症的中医病理及治疗对策""论医案文献数据库系统的现代研究""本草纲目的现代研究"等。

我认为自己前 30 年的从医、求学经历就是一个打基础的过程，在这个过程中有幸遇到了在临床、文献等各方面能给予我及时点拨的好老师。他们的治学精神和视野宽度，更进一步坚定了我的目标和志向。事实上，也指出一条达到这一目标的可行之路。

中医之成绩，医案最著

我始终认为，中医临床与中医文献并不矛盾，有些临床家对中医文献的保存、整理、加工工作不屑一顾，认为熟读汤头三百首便可临床应病无碍。事实上，在特定的条件下，我们不妨套用鲁迅"只有民族的，才是世界的"一语的格式，最为文献的，也为最临床的。

淳化本《伤寒论》（即《太平圣惠方·卷八》）是张仲景《伤寒论》传本中最难以理解的，其主治条文虽与后世条文略可打合，但六经条文归属，及主治方药有与今本截然不同者。其学理背景甚难解读，可谓文献领域之难点。然而它的形成却最具临床背景。其主体部分"六经篇"条文总凡 124 条，一般行文均较今本简洁，而每一个条文均有对应方剂。许多条文在今本《伤寒论》中是没有对应方剂的，这都体现了版本流传过程中人们重视临床的观点。千年而下，当初为临床应病而节要创作的淳化本《伤寒论》，成为文献家眼中最为古奥难懂的经典。

中医的临床疗效是中医发展的灵魂，中医文献汗牛充栋，其中固然有需要扬弃的糟粕，但多数文字是前代医家毕生实践经验的结晶。尤其是名医医案，更是辅助医者前行最为直接的启迪和指引。其中既有成功的探索，也有失败的教训。但古人的医案，多属个人或专科医案。至明·江瓘《名医类案》虽然视野极大拓展，但从明至今五六百年已经过去了。我一直在思考，如何建立一个开放包容的系统，来容纳精英才俊的无限智慧。20世纪90年代，我接触到了数据库的概念。在与一位计算机教授的交流中，我意识到数据库对于海量数据的管理保存，甚至于数字挖掘有着非同一般的意义。于是萌发了将中国名医医案的总结与数据库联合的最初想法，在安徽省卫生厅的大力支持下，由我领衔的"中国名医医案数据库系统研究"课题，成功争取到自然科学课题资格，并于1994年11月启动。经过课题组成员唐兆年、汤万春、王松涛等人的共同努力，这项课题于1999年底结题。我们留下的手稿卡片装满了整整一个书柜，现在再回顾这些曾被我们推敲、讨论过多遍的卡片实物，真不敢想象我们竟然用最笨拙的办法，完成了当时最现代化的数据库建设的基本操作。随着数据库的调试成功，这些原始的卡片其实已经失去了保存价值，但作为5年来工作的见证，我们一直未丢弃。

2009年元月，中国中医科学院文献研究大家余瀛鳌先生在审察完这项工程之后，不无感叹地说道："任何教授等在多年前设计编纂的'中国名医医案数据库系统研究'，是一项前所未见、具有空前规模的医案巨编。"著名国学大师章太炎说："中医之成绩，医案最著。"随着医案数据库的不断充实和完善，我们在比较短的时间内缩龙成寸，高质量地完成了《中国名医医案要略》一书。经历了艰苦的数据库建设，我们更加明白搜集资料、驾驭资料之难。推己及人，为了方便读者使用，我坚持书后附赠全书完整的光盘版制品，真正做到学术公开、资源共享。我坚信，医案是后学登堂入室的必经之路，我愿意更多的人掌握中医这门学术，我愿意为后人搭建好登堂入室的阶梯。

承担义不容辞的责任

我国的中医药著述浩如烟海，蔚为壮观。几千年来，这些中医药名著一直在基础理论、方法手段、养生保健等方面指导着中医药工作者的临床实践，为保障人民的健康发挥了重要作用。但是，也有相当一部分中医药书稿未得到刊印和出版，一些有价值的书稿压在某个角落，不见天日，而成了"未刊本"。

从严格的定义上来说，中医"未刊本"是指未出版或未刊用的中医书稿。

医家常常是通过学术著作来体现其地位的，事实上这也是造就名医、衡量名医的一条重要标准。古今名医都视著书立说为传承医术之千秋大业，当然，他们又都是"未刊本"的作者，他们手头都有"未刊本"。

古代名医李时珍为整理本草，著书立说，不惜辞去御医职位，专心致志于《本草纲目》的撰述，历经27年的艰苦耕耘，终于完成书稿。然而直到他辞世时尚未看到金陵初刻本《本草纲目》，这对李氏本人来说就成了"未刊本"，然而《本草纲目》这部医药学巨著如若日月，光耀千秋！

当代本草大家尚志钧先生，早年立志重辑亡佚的古本草文献，他60多年如一日，清贫乐道，奋笔疾书，先后辑复了19部本草专著，但目前他手头仍有"未刊本"6部。

安徽怀远汤万春先生，也是岁岁苦学，辛勤积累，潜心研究，冬夏不辍，相继完成了《小品方辑录笺注》《集试秘览》《未病学》等多部著作。"寒窗人老学犹勤，五夜书灯到晓明"，便是他不倦努力的自我写照。除了已经出版的著作，汤万春先生还有许多未及刊印的书稿。

还有许孔璋先生、龚士澄先生、许芝泉先生等。

中华人民共和国成立后出版的《章次公医案》（江苏科技出版社）和《王仲奇医案》（安徽科技出版社）在诸多的已出版的医案专著中可谓是医案遗珍。余瀛鳌先生在评述《王仲奇医案》时说，这两部医案可以称得上是中华人民共和国成立后出版的医案专著中较好的！这两部医案对王仲奇、章次公两位中医临床大家来说，都是"未刊本"。王仲奇一生诊务繁忙，无暇整理，一直到他死后50多年，《王仲奇医案》才由他的女儿、门人整理出来。章次公亦是如此，因肺癌于1957年过世，到1980年后《章次公医案》才由其门人朱良春先生整理出版。还有《未刻本叶氏医案》（上海科技出版社）出版时还是标明"未刊本"，一方面是叶氏医案的真实面貌，另一方面是叶氏生前未出版过，因《临证指南医案》是经过其门人整理加工过。

由于种种原因，我国中医药书籍，包括"未刊本"屡遭厄运，这对中医药学术的发展和学术研究是极为不利的。严格地讲，从宋代开始，许多学者就已经做了有关辑录医书的工作。郑樵在《通志·校雠略》中专有"书有名亡实不亡论"一篇，为人们指出辑佚的基本原则和方法。其中有两节还专门谈到了医书，如《名医别录》《李氏本草》。但至今尚未对"未刊本"进行过专题论述，著述虽多，但珍稀本却少。总之，"未刊本"不可多得。

从目前看，"未刊本"的中医药书稿之所以未刊有多种原因：没有出版条件或者出版条件不成熟；有出版的可能，但错过了机会，或因故被耽误；医稿不成熟或是医稿质量差，或是医者著书态度谨慎，担心书稿不成熟而有误人之害。从社会因素方面看，有的名老中医正在病中，有的已经故去，其子女后学未能抓紧时间认真整理，还有一部分名老中医健在的时候，其子女或门人已整理出一定水平的临床资料，但因老人离世，整理者改行，一直无暇再继续完成。如安徽省立医院毛梓敬老中医的《毛梓敬医案》手稿，由同行张大有先生保存，因张先生现已改行，这部"未刊本"只能以"文物"形式存放在他的家中。也有的"未刊本"书稿被文物贩子收走转卖，有的被不懂行的人收藏视为"废纸"，有的被视为"无价之宝"紧攥在手中不放，或要天价，有的交给了当地卫生行政部门或科研医疗机构等。

如何发掘"未刊本"？我和我的工作组成员采用了查书目、查馆藏、到实地发掘3种方法对"未刊本"进行收集整理。首先充分运用目录学知识和工具书，对《中国医籍考》《中国医籍大辞典》《皖人书录》等进行通检，笔录了所有未刊本书目及部分内容提要；先后到安徽省博物馆、安徽省图书馆、安徽中医学院图书馆进行了调研，对这3个单位收藏的"未刊本"进行了考察和登记；还到皖南医学院、黄山市新安医学研究所、休宁县中医院、歙县中医院进行了调研，发现休宁县中医院存的书稿较多。

通过调查研究我们发现，"未刊本"馆藏的比私藏的要多，但从学术价值看，私藏的"未刊本"比馆藏的要高。分析其原因，主要是馆藏这么多年来，历次出版选题机会要比私藏的多，而私藏的"未刊本"被选上的机会要少得多，这样馆藏的"未刊本"逐次剩下的本子，价值就下降了，仅以方书验方为主了。

在收集的中医"未刊本"中，新安地区中医"未刊本"为最多。这是由于新安医家以儒医群体和世医家族链为特征，自宋代以来，世代相传，代不乏人。如歙县蜀口曹氏外科，历经五代而不衰；歙县黄氏妇科世家，至今800余年，相继25代，人称"医博世家"；歙县郑村"南园、西园喉科"，同样是家族世袭专业，相传至今13代。据不完全统计，自北宋以来，3代以上至30多代的家传名医有63家，达300余人。这些名医世家家中多藏有不少"未刊本"。

中医药"未刊本"是中国传统文化中很有价值的遗产，蕴含着古今医家诸多精辟的学术理论与丰富的临证经验，是中医药文献整理研究的一个重要方面，尤其是其中的临床各科与医案部分，每每有独到的理论启迪与临床见解，有助于拓展治疗的思路、丰富治疗的方法，具有深入整理研究的价值。

我曾向有关部门建议，建立新安医学文献"未刊本"整理组织和新安医学文献研究出版基金。对新安医学文献"未刊本"应进行甄别、遴选和确定，以便能出版高质量的文献；对大量"未刊本"文献可采取数据库、光盘方式先进行保存；对当代名老中医临床经验和新安医学文献要深入发掘；编一部安徽省中医药古今"未刊本"书目，出一套《中医未刊本丛书》。

我一直认为："开垦这一块空白之地，让中医药古今'未刊本'重见天日，不仅是我们责无旁贷的工作，而且是继承中医学遗产的重要任务。"在我的心中，"未刊本"医书出版是一项长远的系统工程。而一项长远工程的展开，固然要有全局眼光，更要有一个良好的开端。现将我多年来，采集到的"未刊本"医著信息，分门别类罗列如下，希望有精力的年轻人继续完成这项宏伟的任务。对现存的"未刊本"中医药书稿（包括部分抄本），依据《全国中医图书联合目录》类目，结合《中国分省医籍考》类目进行归类分目，共分13类：

第一，中医诊法，如许承尧的《诊脉统属赋》、程秉烈的《脉诀捷径》、朱佩湘的《脉诀》、方以智的《脉考》、黄予石的《衣言堂脉经》等。

第二，医经：方以智的《内经经略》、王少峰的《内经选读》、韦格六的《内经完化篇》等。

第三，综合性医书：许承尧的《医阶》、曹恒占的《曹守堂医补》、王少峰的《人身谱》《钞本医书》《医药杂抄》等。

第四，医学论述：郑承湘的《医学正义》、余国佩的《医理》、汪机的《医学原理》、方中履的《论医药》等。

第五，伤寒温病类：汪时泰的《伤寒经析疑正误》、汪文誉的《伤寒辟误三注真经》、程秉烈的《伤寒注释》、王泽普的《吴又可温疫论》、龙宗树的《七十二痧症仙方》等。

第六，医案医话类：戴谷荪的《谷荪医话》、郑承湘的《愚虑医草》、尚启东的《尚启东医案》、毛梓敬的《毛梓敬医案》、唐竹轩的《丹山医案》、叶熙钧的《东山别墅医案》等。

第七，内科杂病类：《杂症》（不著撰者）、王少峰的《杂证类钞》、潘文元的《杂病》等。

第八，妇儿类：程文囿的《女科集要》、黄予石的《妇科衣钵》、汪宗沂的《小儿方药》、徐用宣的《袖珍小儿方》等。

第九，喉科类：叶子长的《喉科秘诀》、张绍修的《时疫白喉捷要》、程镜宇的《痧喉阐义》等。

第十，外科痘疹类：洪玥的《外科秘要》《外科虚实治法》（撰者不详）、程坤锡的《痘疹集成》、江希舜的《痘疹玄珠》等。

第十一，眼科、跌打类：《钞本眼科》（不著撰者）、蔡寄寰的《秘传湖州府双林镇蔡寄寰眼科秘要》《跌打损伤》等。

第十二，本草类：《诸品药性》（不著撰者）、吴承荣的《摘要本草》、殷长裕的《本草便读补遗》、尚志钧的《中国著名本草文献源流考》、汤万春的《尔雅中药笺注》等。

第十三，方书类：《膏药书》（不著撰者）、吴鸣吉的《经验良方》、方良萃的《集验拔萃验方》。

中医药"未刊本"不乏在中医药理论上有独到的见解，或在临床实践上有丰富的经验，如《尚启东医案》《毛梓敬医案》等即是。不仅是内容完整，版式清楚的善本，而且具有学术价值、应用价值，是我们中医药文献整理研究的主要对象。

《中医图书联合目录》收录全国 113 个图书馆藏至 1980 年底为止的馆藏中医药图书，其中"未刊本"3924 种。我们此次整理出 537 种，仅安徽省的，占有一定的比例，数目可观！安徽省不仅是已出版的中医药书籍大省，也是藏有"未刊本"的大省。

我们的工作仅仅是个开头，真诚地希望有关部门和领导能重视"未刊本"的整理研究。我们的建议是：①先编一部安徽省中医药古今未刊本书目，使未刊本现状得以完整全面反映。②对现存的未刊本书稿中的经验方进行整理发掘，充分发挥我省中医药资源优势，提高中医药研究质量和水平，以满足我省中医药事业发展的不断需求。③资金资助，组织一定的人力，先筛选一组未刊本书稿，对有学术价值和应用价值的，出一套《中医未刊本丛书》。

整理研究中医药"未刊本"立足本省，继承中医学遗产，开垦至今留有的这一块空白之地，呼吁社会、中医学术团体和个人，重视这项研究，完善这项研究，为安徽中医事业的发展，贡献自己的一分力量！

与尚志钧先生亦师亦友

尚志钧（1918—2008），皖南医学院教授，从事中医临床、中医教学、本草文献研究工作50余年。先后被确定为全国首批500老中医药专家学术经验继承工作导师、全国高等教育事业有突出贡献的专家，享受国务院政府特殊津贴。他长期矢志于本草文献学研究，以其一己之力，钩沉复辑了久已失传或残缺不全的19种本草典籍，出版本草著作33部，发表本草论文268篇，手抄笔录本草卡片资料2000多万字，内容之博、工程之大、历时之久都是罕见的。其中历时33年辑复的《新修本草》，填补了本草文献整复工作的空白，使1300年前世界上第一部国家药典的原貌灿然复见于世，奠定了我国古本草学研究的基础。在高质量辑佚本草中，尚志钧教授还发明了"本草三重证据法"，他继承运用了乾嘉学派的考据学方法，融目录、版本、校勘、考据、章句、修辞于本草学之中，自觉运用新材料、新视野、新方法，在二重证据基础上结合现代植物分类及药物学新知识，创造性地将"三重证据"运用于本草文献领域之中，形成了独特的"尚派"本草考辨经验和风格，其本人也被誉为本草研究的泰斗。他的学者风范、学术成就和经验，深受海内外医药界关注，尚氏专著折服日本同仁。

我与尚志钧先生是莫逆之交，尚老在我的《论医文集》一书序文中写道："80年代初，我开始读到任何的一些医学论文，行文老练。后来我们相识，我很欣赏他虽然从事临床工作，却很重视中医理论研究，并能利用诊余时间多读书，我深感他有卓识的灵心。"与尚老10多年的合作过程中，对他的人生历程，学术道路，学术风范，治学轨迹、方法和经验，有了神交之感悟，忘年之友谊。于是萌发出对其学术经验进行深入整理发掘的想法，此前我们曾通力合作，完成了金陵初刻本《本草纲目》的校注工作，并入选《世界记忆亚太地区名录》。金陵初刻本《本草纲目》校注本2001年9月由安徽科学技术出版社出版，并获得2002年5月第15届华东地区优秀科技图书一等奖，北京中医药大学钱超尘教授对该书做出很高的评价。

由我牵头主持的这项工作尚老非常满意，于是我所在的安徽省中医文献所于2007年向省卫生厅申报的中医文献研究项目"尚志钧教授本草文献研究学术成就与经验数据库系统"获得批准。项目开始前后，我曾先后四次带领课题组成员前往芜湖，当面向尚志钧教授做了汇报，得到了尚老的热情支持和充分肯定，并就数据库的内容、预期目标、框架结构与实施方法和规模进行了充分的商讨和确定。在此期间，尚志钧教授将其一生的研究成果托付给了我，并郑重出示委托书，全权委托我进行整理研究。2008年8月30日这项课题正式开题。

由于尚老年事已高，开题会上由胡剑北先生宣读了尚志钧先生的发言稿，不料尚老未能见到这项课题的结题，于40天后谢世了。他在发言稿中谈道："我今年已90岁了，为本草文献研究付出了一生的心血，首先要感谢省卫生厅中医管理局领导以及皖南医学院弋矶山医院领导，对本人本草文献工作研究的大力支持和关心。今天，任何研究员主持的《尚志钧本草文献研究学术成果与经验数据库系统》开题了，我非常高兴，这一数据库信息管理系统的建立，不仅能全面地收集、整理、保存我本人研究的中医药本草文献资料，使中医药专业人员和其他使用者都能得到方便、迅速的查询、检索服务，更重要的是，还可以进一步发掘出历代中医药文献的潜在信息和规律，提供给后来的中医药研究人员做更深层的研究。这项工作不仅起到本草文献的传承作用，还起到了本草文献研究的推广作用。开展这一项目是一件很有意义的大事，同时也是一项很有创新的工程。通过利用现代化的计算机技术，为传统的中医药文献研究注入新的生命力，非常之好，我非常支持，我女儿尚元藕能参加该项课题，我也深感欣慰，元藕会全力投入此项工作。祝此项研究顺利成功！"

尚老的过世，使课题组人员更加明显地体会到时不我待，需加倍努力。接下来的几年时间，我们在紧张和兴奋中度过。

我们首先建立了"尚志钧教授本草文献研究学术成果与经验数据库"，对尚志钧教授已出版和未出版的本草文献研究专著和论文中所包含的大量资料进行收集、整理、存储；其中主要对尚志钧教授33部本草著作和268篇本草论文进行全方位的录入、分类和编排，这是对数据库中资料信息实施查阅、分类、检索的基础。其次利用数据库信息管理软件系统，实现录入、修改、查询、统计、输出等功能，使众多使用者都可以在电脑上通过该数据库软件系统方便迅速地对尚志钧教授的本草药物、本草人物、本草著作和本草论文方面的成果进行查阅、检索、关联、比较，从中获取有用的信息，在屏幕上显示或用打印机输出。在此基础上，利用计算机数据挖掘技术，从研究本草古籍的资料中，最大限度地发掘中医药的理论和经验，建立完整的知识库、方法库，以寻找历代各本草著作间相互关系和本草学发展规律、各本草学家流派和师承渊源关系，对传统中医药理论做更深入全面的探讨，对现代中医药发展前景做科学的预测。

2008年9月10日，《中国中医药报》以"尚志钧本草文献研究将实现数字化"为题，对课题进行了客观的报道。11月，课题组邀请中国中医科学院医史文献研究所柳长华所长、王凤兰教授以及丁侃博士对课题组成员进行数据库技术指导及培训工作，出于对尚志钧教授的敬仰以及对中医文献研究事业的共同追求，中国医史文献研究所愿意无偿提供中国医史文献研究所自行研制开发的中医古籍知识加工平台作为本项目的标引平台。其后，所领导带领课题组成员先后三次到中国医史文献研究所调研学习，对编程和技术性问题进行交流和修订，并派两位课题组成员参加了"中医古籍整理与数字化研究方法培训班"，对中医古籍知识加工平台的内容与操作方法进行了系统的学习，逐步领会了柳长华教授提出的"基于知识元的中医古籍计算机知识表示方法"这一指导中医古籍资料深度发掘的新理论。项目实施过程中，共召开了五次课题组工作会议，加强了课题组成员之间的交流与沟通，及时解决标引过程中发现的问题与困难。

按照项目既定的进度与计划安排，首先对尚志钧教授出版的33部书籍、268篇论文及3000多张卡片等资料进行收集、登记、分类与整理，此项工作得到了尚老子女尚元胜、尚元藕的支持与协助。从2009年1月起，开始对33部书籍进行扫描识别及数据采集，共保存影像图片6万余张。在扫描的同时，对已转换成WORD文档的书籍进行了三次校对，校对的过程也是对书籍的熟悉过程，确保课题组成员在对书籍的文字、结构、内容三个层面充分把握的前提下，使用中医古籍知识加工平台对本草文献进行标引。在本草文献整理的基础上，逐步建立及完善解析标注规范，制定《本草元数据标引规范》，使本项目的标引工作得到规范化控制。对本草文献的标引工作学术性强，需要具有一定学术水平的人员实施，面对海量数据的深度加工任务繁重，课题组成员付出了大量的时间和精力。至2012年底，共完成了16部辑复的古本草文献近2000万字的扫描识别、校对及标引工作。

文献是承载和传播知识的主要载体，本草文献的研究与整理是实现对本草知识理解、传播和利用的主要方法和途径。文献的数字化是本草文献整理的延续发展，是现代社会人们获取知识的重要方法，大大提高了对本草文献的保护、整理、研究和利用的方式和能力。本项目的实施是将传统的文献整理与数字化建设相结合，使用中医古籍知识加工平台，运用"基于知识元的中医古籍知识表示方法"，对尚志钧教授辑复的古本草文献进行深度加工，在此基础上建立18部本草医籍的知识库系统，客观总结出尚志钧教授本草文献研究的学术经验和方法，使后学者有规律可循，有经验可继承，为广大中医药工作者提供一个获取本草知识的优秀平台。本数据库可基本实现：①常用的检索功能有专项、语义、高级检索，满足用户检索需要。②知识导航的检索，以导航为单位，形成特定知识单元的知识网络。③古籍叙词检索，揭示知识体系，形成知识关联。④提供药与药、方与方、病证与病证等之间的共性、异性、关联性。⑤对药、方、病证等的特征分析、演变分析，形成知识单元的历史数据分析。

对尚志钧教授辑复的古本草文献进行基于知识元的深度加工，学术性强，工作难度大。通过本项目的实施，客观反映了尚志钧教授的学术水平、学术成就和学术经验，充分展示了本草学这份科技文化遗产的源远流长和博大精深，增强和激发了中医药文献工作者的专业自信心和自豪感，带动了青年中医药人员的科研积极性，提高了中医药人员的专业科研水平，培养了一支人员稳定、有相当技术水平和足够工作经验的专业工作团队，增强了中医药工作者耐得住寂寞，坚守中医药文献研究阵地的信念。作为项目研究成果之一，于2010年出版发行了《尚志钧本草文献研究学术成就与经验》一书，发表了"水流花放，老树春深——尚志钧本草文献研究述评"等论文。本项目录入文字数量庞大，古本草文献整理难度大，对现代数字技术的处理和研究也是一种尝试。本数据库尚存在着若干问题，有待在以后的研究中进一步完善。

校注合一，开启扫除字词句障碍大门

我步入金陵版《本草纲目》的整理研究，主要原因有二：其一，《本草纲目》为现存本草名著中，最具应用价值、文献价值、学术价值和权威性；其二，迄今为止，尚无校注合一的《本草纲目》专著。

历经数载，锲而不舍，与尚志钧先生通力合作，《本草纲目校注》（金陵版）终于由安徽科技出版社于2001年9月正式出版。该校注工作量大，是国家古籍整理重点项目，我承担其中19～52卷任务，包括校勘、句读、注释三个具体研究工作。

（一）关于《本草纲目》校勘研究

《本草纲目》一书虽数次校勘出版，书中的文字错落现象仍需要校正。"书不校勘，不如不读"（叶德辉《藏书十约·校勘》），强调了古书校勘十分重要，说明古籍中文字衍、脱、倒、讹、错简的普遍性。

1. 校正衍脱字

卷三十三"附录诸果"下注云"《拾遗》一种"。按"一种"当作"二种"。"附录诸果"中从《本草拾遗》中收录两类药，一为"灵床上果子：《拾遗》，藏器云：入夜谵语，食之即止"。另一种是"诸果有毒"类，如"凡果双仁者，有毒杀人"，"凡果忽有异常者，根下必有毒蛇，食之杀人"等。合计之李时珍从《拾遗》中收录为两类药，而非一种。又考卷三十三卷首子目"附录诸果"下有"《拾遗》二种"四字。刘衡如在"二"字下注云："二，原作一。今将诸果有毒条计入，始与前附录二十三种数合。"按：刘衡如将卷首子目之"一"改为"二"甚是，然亦宜将卷末"附录诸果"四字下的"《拾遗》一种"之"一"字改为"二"字。

卷三十六枸橘附方。按《本草纲目序例》第一卷《引据古今医家书目》第十九页作夏子益《奇疾方》，当作《奇病方》。夏子益，宋代医家，名德懋，字子益。取师传方药及家藏方编为《卫生十全方》十二卷，附自著论述治疗疾方一卷，共十三卷，已佚，今从《永乐大典》中辑出《卫生十全方》三卷，《奇疾方》一卷。辑方主要依据者为《永乐大典》，而《永乐大典》今已残缺殆尽，可从《本草纲目》中仔细搜寻，或可补其罅漏。李时珍当时所见者尚为全帙。《奇疾方》所载医方每有逾出常规者。如枸橘条"附方"载治咽喉怪证方云："咽喉生疮，层层如叠，不痛，日久有窍出臭气，废饮食，用臭橘叶煎汤连服，必愈。夏子益《奇病方》。"刘衡如在"臭"字下注云："《传信适用方》卷四附夏方第九无此字。"

卷四十一行夜"释名"："张杲《医说》载：鲜于叔明好食负盘臭虫，每散，令使人采取三五升，浮温水上，泄尽臭气，用酥及五味熬作饼食，云味甚佳。"刘衡如在"令"字下注云："原脱。今据干·子·鲜于叔明条补。"按：《干·子》唐温庭筠撰，载《说郛》卷二十三。但张朝璘本无"令"字，"散"

字作"使",即"每散,令使人采取三五升"之句作"每使人采取三五升",意尤明晰。

2. 校正讹字

卷二十四大豆附方治"热毒攻眼"方:"热毒攻眼,赤痛脸浮,用黑豆一升,分作十袋,沸汤中蒸过,更互尉之,三遍则愈。"其中"脸"字当作"睑"。从张朝璘本作"睑",是。卷二十五"糟"热布裹慰之。"慰"字误,从张朝璘本作"熨"。见卷三十五芜荑"集解"气臭如菜。《广韵·去震》:"菜,小兽,有臭,居泽,色黄,食鼠。"卷四十二蛞蝓条"释名"蜒蚰螺。按:"蜒"字误,当作"蜒"。李时珍在"集解"中说:"名谓称呼相通,而俱曰蜗与蜒蚰螺。"又"附方"治"脚胫烂疮"方:"臭秽不可近,用蜒蚰十条,瓦焙研末,油调傅之,立效。《救急方》。"卷五十一羚羊条·羚羊角"修治":"凡使不可单用,须要不拆元对,蝇缚,铁锉锉细。"我改"蝇"作"绳",纠正了底本之误刻。

3. 校正错简

金陵版《本草纲目》有错简错落之处,均按不同情况,或出注说明,或按《本草纲目》体例移文中注。如"卷五十一果然附录全文"在该条集解项后,在《本草纲目校注》将"附录文"移至"果然"条文末。

(二) 关于《本草纲目》句读研究

《本草纲目》为中医名著,句读如有失误,直接影响到对医学经典的理解。这些年来,《本草纲目》虽有数种版本,经过专家的校点,但仍难免存在一些缺憾。"学问如何看点书"(《盗暇集》卷上引稷下谚),说明句读的重要性。

1. 纠正缺乏专业知识之错句读

卷二十六菘"集解"中"扬州一种菘叶,圆而大",在《本草纲目校注》中改作"扬州一种菘,叶圆而大"。卷二十六·马蕲条孙炎释云:"似芹而叶细锐。可食菜也。一名茭。一名马蕲子入用药。"按:这里说的是马蕲一药,《本草纲目》拿它作为正名。此药与芹同类而异种。它有"茭""牛蕲""胡芹"和"野茴香"等异名,而未见有名"马蕲子"者。"子"字属下而误上。在《本草纲目校注》中改为"孙炎释云:'似芹而叶细锐,可食菜也。一名茭,一名马蕲。子入药用。'"孙氏的解释有三层意思:一为描绘马蕲的形态,二为列举马

蓟的异名，三为说明其种子可入药。句读者疏于一点之差，点出了新的异名
"马蓟子"。更严重的是，把入药的种子，误成马蓟的全草了。

卷五十二发条附方"小儿客忤"："发十茎、断儿衣带少许，合烧研末，和
乳饮儿，即愈。"断名有误，在《本草纲目校注》中改作："合烧研末，和乳饮，
儿即愈。"

2. 纠正当断而不断之错句读

卷四十八鸡条："一用白乌骨鸡一只，杀血入瓶中，纳活水蛭数十于内，待
化成水，以猪胆皮包，指蘸捻须梢，自黑入根也。"按："以猪胆皮包"，欲包者
何物？包"待化成"之"水"吗？何以蘸之？乃包"指"也，以防手指被染
黑。犹今之用指套也。句读者不明于此，误将"指"字下连。改正为："一用白
乌骨一只，杀血入瓶中，纳活水蛭数十于内。待化成水，以猪胆皮包指，蘸捻
须梢，自黑入根也。"

3. 纠正广义不明之错句读

卷四十三龙条"集解"："龙者鳞虫之长。王符言其形有九，似头，似驼角，
似鹿眼，似兔耳，似牛项，似蛇腹，似蜃鳞，似鲤爪，似鹰掌，似虎是也。"句
读有错。在《本草纲目校注》中改作："龙者，鳞虫之长。王符言其形有九似：
头似驼，角似鹿，眼似兔，耳似牛，项似蛇，腹似蜃，鳞似鲤，爪似鹰，掌似
虎是也。"

（三）关于《本草纲目》注释研究

《本草纲目》中许多难字、生僻字，是不少读者的语言文字障碍，往往不能
通其义、明其理，甚至产生错误的理解。在校勘句读的同时，对《本草纲目》
全书中难字、生僻的字词进行注释，不仅节省了读者在阅读时的翻检之劳，而
且有许多启迪借鉴作用。

1. 为文化典籍、历史人物注释

对《本草纲目》中涉及的历史人物、文化典籍，根据一般读者的了解程序，
酌情或详或略作注。

卷二十三稷条"正误"云："孙炎正义云：稷即粟也。"《本草纲目校注》
注释为："孙炎，三国魏经学者……撰《周易春秋例》《尔雅音义》。'正义'当
为'音义'，即《尔雅音义》。"

卷二十三罂子粟条"集解":"嵩阳子云:罂粟花有四时。"《本草纲目校注》简注为"嵩阳子,明代本草学家,著《威灵仙传》。"

卷二十五大豆豉条"发明"讲到豆豉制作,提取"依康伯法"。《本草纲目校注》为:"康伯:豆豉的一种。《北堂书钞·博物志》:外国有豉法,以苦酒溲豆,暴令极燥,以麻油蒸讫,复暴三过,捣椒屑令合,中国谓之康伯。"

2. 为难字、生僻字注释

卷四十二马陆条"集解":"百节,身如搓,节节有细蹙文起。"《本草纲目校注》注:"蹙(cù):皱。《洪武正韵·屋韵》:'蹙,皱也。'"

卷四十八鸡·丹雄鸡肉"发明":"三年羯鸡,常食治虚损,养血补气"字"羯"字,《本草纲目校注》注为:"羯(shàn):去势的公羊,此指被阉割的公鸡。"

3. 为历史地名、典故作注释

由于历史变迁,古今地名变化较多。对此较生僻的地名均作注,如沙州(今甘肃敦煌)、廓州(今青海尖扎)、福禄(今甘肃酒泉)、中水(今河北献县)、同州(今陕西大荔)、北庭(今新疆奇台)。又如卷十一硫黄条"集解"云:"今第一山湖南林邑…",其中"湖南"据《本草经集注》当为"扶南"之误,即今之柬埔寨,而"林邑"则为今之越南南部。如不注,可能造成读者误解。

4. 为不常见的古今、通假、异体字作注释

《本草纲目》中古字"齐、文、内、邪、采"等,《本草纲目校注》分别注"剂、纹、纳、斜、彩"等。

《本草纲目》中异体字"酢、筭、箇、虵、柂、翦"等,《本草纲目校注》分别注作"醋、算、个、蛇、舵、剪"等。

《本草纲目》中假借字"闷、雕、禁、常、颠、厉"等,《本草纲目校注》分别注出本字为:"秘、凋、噤、尝、癫、癞"等。

回顾整理研究《本草纲目》的历程,极其艰辛。目睹《本草纲目校注》能在前人和老前辈研究的基础上,开启、扫除与《本草纲目》相关的诸多字、词、句障碍,又很欣慰。

目标逾高远、步伐逾坚定

《本草纲目》是我国明代著名医家李时珍编撰的一部本草名著，全面总结了明代以前的本草研究成果。明以降，随着社会和科技的进步，本草学术也得到了极大的发展。近 400 年本草学术的延续发展，成果丰硕，资料充分，加上本草应用性的需要，必须有一部新的《本草纲目》问世，以继承李时珍《本草纲目》，在新的起点、新的高度上著述明代以来中药学术研究成果，并适应中医药科研、教学和临床应用的需求。2007 年我所申报的安徽省卫生厅中医文献研究项目"编撰《续本草纲目》"获得批准，课题组成员历时 6 年努力，取得一些成果。

本项目，以《本草纲目》体例，展示明代以来中药学术研究成果。《续本草纲目》主要包括总论（即序例）、各论及索引三部分，载药 868 种，对每一味中药都从校正、释名、集解、辨疑、正误、修治、气味、主治、发明、附方等方面进行详细阐述，并附有药物彩色图解 400 幅，药方 8900 首，全书共 280 万字。

《续本草纲目》主要采用"目随纲举"的方法，仿《本草纲目》体例，并结合当代《中华本草》对药物的现代分类，对本草内容进行考订、辨析和补充，再利用现代数字技术实现全部内容的科学整理与编排。

全书主要包括：

（1）总论部分，即序例，按照论题要求萃取相关资料，归并专题内容素材，系统补充理论性内容，并进行有序编排，自成体系。

（2）各论部分，利用属科分类系统对植物类药物、动物类药物以及矿物类药物进行分类。详细阐述每一味药的出处、产地、形态、生态环境、药用部位、采收时间、性味鉴别、质量评定、功能主治、配伍等，并以"发明"一项集中阐述对药物的观察、研究及诸多新发现、新经验，集中介绍每一味药的临床有效处方、用法和用量。且配有彩色图解，真实表现其基原和药材。

（3）索引部分，编制相关检索系统，提供多种简便、快捷的查阅途径。

《续本草纲目》项目经安徽省卫生厅批准后，我们即成立了编写小组，并专程前往芜湖拜访著名本草专家尚志钧教授，向尚老请教，商谈《续本草纲目》编写有关事项。

经过大半年的酝酿，我们确定采用"目随纲举"方法，仿《本草纲目》体例。其一，李时珍在确定较为完备的编撰体例之前，已下过一番考察功夫，尤其注目于全书、汇编一类的综合性本草专著，如《证类本草》《本草经集注》《本草汇编》等，选定"不分之品，惟逐今部，物以类从，目随纲举"体例，经过李时珍的处理，便形成了《本草纲目》独特而又完备的框架结构。以后的本草发展也证明，这种便于讨寻的编排方法，深受中医药工作者的欢迎。其二，从《本草纲目》的编写体例，使我们能处处看到它与历代本草之间的渊源关系，汲取前人编撰本草的经验，并有所发展。李时珍以"博而不繁，详而有要"的"剪裁式"编写方法，彻底结束了延续千年的逐层"贴补式"的本草编写旧例。由于李时珍注重学术内容方面的内在有机联系，又部分保留了古本草重视资料出处的优良传统，从而建立了在当时堪称完备的本草体系，使《本草纲目》具有一定的文献价值和相当高的实用价值，并对后世本草的编纂方式和体例有着深远的影响。其三，鉴于以上所述，结合当代《中华本草》对药物的现代分类，我们择善而从。《续本草纲目》设序例，即总论，是中医药理论的集萃。除按论题萃取相关资料外，还要以专题内容归并素材的办法，系统补充大量理论性内容。此项要略而确切，约而纯正，编排有序，自成体系，是全书各论的桥梁、过渡。各药列事为目，分为：①释名，正名也。②集解，解其出产形状和采集也。③辨疑、正误，辨其可疑，正其谬误也。④修治，炮炙也。⑤气味，明性也。⑥主治，录功也。⑦发明，疏义也。⑧附方，著用也。其中"附方"一项，十分重要，如去附方，则是有体而无用。不要以药附方，而一定要采用"方以病附、方随药立"，才能一线贯穿，使之更切实用。

《续本草纲目》与《本草纲目》一样，不是一般意义上的本草专著，在信息时代的今天，对编撰要求更高了，所以我们拟定了编写要旨："以严谨的治学态度，用可靠翔实的第一手资料，摩挲梳理，钩沉继绝，继承李氏《本草纲目》，展示明代以降本草学术研究成果。"编写具体工作安排和要求为：①苦志辨疑诊误——对本草内容的考订、辨析和补充，也就是李时珍所说的"绳谬补遗，析族区类"。②留心纂述诸书——进行文献整理和编排，也就是李时珍所言"剪繁去复、振纲分目"。

具体而言，如书稿中"集解"项，我们拟以本草生态为基点，以王德群先生数十年教学科研的结晶，具体、客观、形象地写出每味药来。药图为彩色，重在真实表现中药的基原与药材，一定要药与图统一。即图与药一一对应，避免数种药物集于一图，一种药分列数图。附录不配图，药图原则上自制。

关于附方选录的原则：

（1）原则性。①张仲景方全录。②古方删繁，有实用性的选录，明清及明清以前的名家方择优。③近、现代名方精选。④任何的经验方全录。

（2）灵活性。①化裁方剂选录要有代表性和应用性。②部分药物附方少的可以重录。

（3）附方选择顺序。①按年代顺序排。②主治分类按内、外、妇、儿顺序（相对集中）。

（4）选录要求。①君药。②以该药命名的方剂。

关于引文。《续本草纲目》引文远远要超过《本草纲目》，单就本草专著，《本草纲目》上参引了 31 部，共参引 276 家，估计我们的附方参考书就要超过300 家。所以，参引文献越多，则：①出注书名不能混乱，特别是那些相似的书名。②引文不能更改，杂糅包括割裂原文；节取缩写，不能臆改原文、篡改原文。③撰者的创见，属于自己的文字，要写明"德群曰""任何云"。

在认真仔细地学习《本草纲目》中黄芪、芍药、苦参及半夏等一些药物的写法，对相关资料进行梳理归类，项目组认为有必要围绕"如何体现《续本草纲目》的特色"召开一次专家评估会。2008 年 4 月，我们邀请了省内外的部分本草专家召开了《续本草纲目》阶段性工作审定评估会。与会专家纷纷认为，编撰《续本草纲目》的想法非常好，如果编写成功，将会载入中医史册。并就《续本草纲目》"续"的继承和创新、名录、实用性、创新性和科普性等问题发表了各自见解，提出了一些指导性建议：①"续"要处理好古与今的关系，如古今病名的统一、新发现的药的收录、现代药理的阐述等。②《续本草纲目》的药物名录要结合实用与临床，不需求全，收载中药重点应在目前常用的中药，《本草纲目》中过时的中药应删除。③要真正分清药名的历史沿革，要正本清源。④体例可继承《本草纲目》，但应有区别，要有自己的特色。⑤发明条中的中药药理要紧扣中医药理论。⑥附方要有实用性，结合临床，突出某药在方中的作用。⑦可以分两块做，即既追求社会效益，创品牌，又要追求经济效益，具有科普性。

根据专家的建议，项目组对药物的选定和编写体例做了进一步调整，附方的选择更有临床指导性，历时 6 年，完成了近 240 万字的书稿。

启悟活法、彰显疗效

不论在安徽中医文献所做研究还是退休之后，我一直坚持做临床，每周安排 5 个上午看门诊。扪心自问，自己的一生最牵挂的是患者的健康。不论做文献还是做临床，目的只有一个，即为了患者的健康、为了人民的幸福。

在临床工作中，我擅治内科疑难杂病，以护胃阴、保胃阳、通降复常之法治疗胃脘痛；果敢审慎用温通法治疗腰腿痛；用清肝息风和络法治疗脑血管意外。用自己数十年来验之于临床的有效处方如"脑醒定"治疗癫狂症，"眠尔康"治疗中老年失眠症，用"清、调、正肝法"治疗急、慢性乙型肝炎及早期肝硬化。下面总结几则临证体会。

1. 五更泄泻未必全在于肾虚

五更泄泻者，历来多责于肾阳不足，命门火衰，投以四神丸。我曾治一农妇，拂晓之前，腹痛肠鸣，随即腹泻已一年余。起于痢疾失治，大便溏薄，间有黏液，肠鸣里急。前医以香连丸加白芍、槟榔、苍术、山楂等治之，黏液除，里急止，但五更腹泻如故。叠进四神丸合平胃散，迁延不愈，诊为慢性结肠炎。症见五更泄泻，完谷不化，肠雷鸣，腹部时有胀痛，连及两胁，面白少华，形疲神倦，纳少乏味，进食嗳气。脉弦滑，苔黄厚腻。更方为：乌梅、太子参各 15 克，细辛、川椒各 3 克，煨姜、川连各 4 克，附片 10 克，桂枝、黄柏、防风各 10 克，香附 12 克，炒荷蒂、当归各 10 克。隔日 1 剂，2 旬后泻止病愈。

温肾法治疗五更泄泻，收效甚多。但临证时，不可以此遮住视线，本案之前治即是其例。泄泻日久可渐致体弱正虚，虚可夹湿、夹热，兼风、兼郁，故取乌梅丸为汤剂，或收，或散，或逆，或从。有寒有热，随其所利而行之，调其中气，使之和平。配以防风，意在"风能胜湿"，盖湿多成五泄也。用香附解郁以利枢机，用荷蒂裨助脾胃，以升清气。量小频服，除邪无伐胃气，以防"欲速而不达"。可见五更泄泻不能全着眼于肾虚。

2. 癫狂证与"脑醒定"

癫狂证，属疑难杂病，治疗起来比较棘手，有"怪病"之称。癫与狂，虽然症状各异，但在病理变化上，仍有关联。癫病经久，痰郁化火，可出现狂证；

狂证既久，郁火渐得宣泄而痰气留滞，亦能出现癫证。二者不能截然分开，故常癫狂并称。我根据七情、六淫、脏腑、经络所致阴阳失调，发生气、血、痰、火、郁等一系列病理变化，病变中心是心、脾、肝、胆的中医理论，治疗癫狂等中医神志病时，于"气、血、痰、火"四字中求之，发现二者异中存同，自拟复方"脑醒定"，通过较长时间的临床应用，收效满意。处方由百合、生地黄、菖蒲、郁金、生大黄、生明矾、白芍、白术、茯苓、丹参、白芥子、生铁落、礞石、法半夏、陈皮、小麦、珍珠母、生甘草、红枣等组成。

李时珍指出"脑为元神之府"；王清任进一步认识到"记性灵机在脑"，用癫狂梦醒汤；沈尧封治痰迷制"六神汤"，重在醒脑清神；林珮琴谓"癫狂皆心火自焚，痰迷窍络"，主张"先夺其食"，不使胃火复助阳邪，特别是釜底抽薪，安神用滚痰丸，降火用生铁落饮；张仲景治情志病用百合地黄汤、甘麦大枣汤之属。可谓先获我心。然每用以上某一法，或某一方，临床实际，颇难收效。故集众家之长，合众力而一路攻也，聚多方药中之精萃，即所谓的"兼备"。"脑醒定"方实由上述诸方化裁而来，突破某单一治法，治疗有法不囿法。"兼备"是我处方的一个重要法则。特别是针对病因病机错综复杂，症状或"癫"或"狂"或"癫狂并作"的癫狂证，就必须全面衡量。如果施"兼备"方而得奇中的话，那是临证有得，着手成春。临证时，我体会运用"脑醒定"要一方到底，贯穿疗程的始末。效从缓图，徐除病根，药证相合，才能癫者可醒，狂者可定。

3. 慢性肝炎重"调和"

慢性肝炎多为急性肝炎恢复不顺利，病情反复迁延所形成。由于肝藏血，主疏泄，喜润恶燥，胆则内寄相火，胃亦喜润恶燥。故肝、胆、胃最忌热邪燔灼，脾则喜燥恶湿，最忌湿邪困阻，故在急性期多是湿热互结，慢性期湿热因素仍可继续存在，但因肝郁气滞，气滞而血瘀，这是慢性肝炎表现为实证的两个方面。由于病程较久，精气内夺，如热盛煎熬精血，或治疗中过用苦乃致化燥，导致肝阴内耗；如肝郁而脾虚不运，精血来源不足，导致肝脾两虚；如湿困脾阴，引起脾阳不振，这是慢性肝炎表现为虚证的三个方面。由于慢性肝炎的病程较长，从而形成湿热毒邪未尽，正气内损的局面，使本病呈慢性进展过程，故虚中夹实，正虚邪恋往往比较多见。慢性肝炎是正邪相争，消长转化于长期对峙的局面，肝为原发，脾为继发，肝脾同病，肝脾失和，治疗当以调和为先，使肝能条达，脾复健运，枢纽通畅。处方用药应立足于整体，着眼于调整。改变正邪相争对峙的局面，则可大大缩短治疗周期，防止肝体实质性的变化。处方由八月札、当归、生白芍、太子参、炒白术、茯苓、青皮、陈皮、广郁金、对座草、藿香、紫丹参、生谷芽、生苡仁组成。方中当归、白芍、丹参，养血活血偏养血；白术、茯苓、苡仁、太子参仿参苓白术散意，健脾利湿益气，太子参益气健脾而不滞气；归、芍、参、术取归芍六君意，既能健脾，又能养肝，符合"肝病实脾"之治。对座草即大金钱草，甘淡性平，清热利湿解毒；八月札利气，健脾和胃，活血治肝胃气痛、食呆、胁痛；郁金、青皮、陈皮疏气活血行滞化，恢复肝之疏泄；生谷芽开胃；藿香快气和中祛湿，气味和平。全方着眼于整体，调肝和脾，促使正气恢复，毒邪祛除。

慢性肝炎由于病机错综复杂，病情反复波动，症见虚实夹杂，辨证又常施之于多法多方，但其要点是正邪对峙，肝脾同病，故宜执简驭繁，以调和为先，使枢纽通畅，肝能条达，脾复健运，邪祛正复而病愈。切勿见肝治肝。张仲景有明训："见肝之病，知肝传脾，当先实脾。"因肝病最易传脾，在治慢性肝炎时当先实脾，以防止疾病的传变发展。脾为后天之本，实脾的目的在于使脾气充实，增强机体免疫力，提高抗病能力。因此，在本病的治疗过程中，运用这一方法——立足于整体，着眼于调整，是取得疗效的一个重要因素。我反对堆砌"抗肝炎病毒药"于一方以治肝炎的中医中药疗法，只见树木而不见森林，其结果必然是用大量"抗肝炎"药而肝炎不愈。因此，在临床上切勿被"肝炎"二字框死。慢性肝炎，用药宜轻不宜重，宜仿李东垣轻灵见长的经验。因为慢性肝炎病证虚实夹杂，多如乱丝打结，而调肝和脾法又如理丝解结，欲速则不达。治疗慢性肝炎过程中，运用"调和"方法不可能都很顺利，如若出现反复，或病情加重现象，宜酌情处理，具体问题，具体对待。

（赵怀舟、黄辉整理）

浦家祚

浦家祚（1941— ），山东省蓬莱市人，1965年毕业于山东中医学院（医疗系本科）。济南市中医医院主任医师，山东中医药大学兼职教授、博士研究生导师（师承），全国名老中医传承工作室建设项目专家，第四批全国老中医药专家学术经验继承工作指导老师，山东省首批名老中医学术经验继承指导教师，山东省五级中医药师承教育项目指导老师，山东省名老中医，山东省名中医药专家，济南市名老中医。历任济南市中医药研究所常务副所  长，济南市中医医院内科主任，中华中医药学会延缓衰老专业委员会委员，山东中医药学会常务理事、内科专业委员会副主任委员，济南中医药学会副理事长，济南市中医药学会内科专业委员会主任委员，山东省及济南市高级职称评审委员会评委、中医专业组长，济南市卫生局医学专家咨询委员会委员，济南市科技成果评审委员会评委，山东省医疗事故鉴定专家库成员。

从医五十余年，一直从事中医临床、科研及教学工作；始终注重经典著作的学习，坚持以整体观念和辨证论治的方法指导临床和科研工作，注重四诊合参；在辨证论治基础上，倡导中西医结合，优势互补，注重创新；倡导辨证与辨病相结合；倡导未病先防的预防医学学术思想，重视中医养生，用药特别注重后天"脾胃"和先天之本"肾"的调护，重视肝木的疏泄条达，强调正气为本、扶正以驱邪的治疗观。根据多年临床经验研制的"通脉浸膏""消栓灵""醒神健脑颗粒"等已广泛应用于临床，疗效显著。主编《中医学教材》（上、下册）、《中医内科临证摘要》《常见病中医防治手册》等，审定《师承浦家祚教授临证经验荟萃》。主研究成"中风病综合疗法的临床研究""消栓胶囊治疗缺血性脑卒中的临床与实验研究""小麦胚芽辅助治疗糖尿病的临床研究"，分别获山东省卫生厅科技进步三等奖及济南市科技进步三等奖。虽年过古稀但仍坚持门诊、病房及临床带教工作，常以"老牛自知夕阳晚，不需扬鞭自奋蹄"为座右铭，并践行着"大医精诚"的传统医德。

崇尚医学 矢志岐黄

1941年我出生于山东省蓬莱市的一个大家庭，与爷爷、奶奶、大伯、大娘、姑姑都住在一起，同辈的兄弟姐妹十余人，经常嬉戏打闹，十分快乐。在我的记忆中，有一个弟弟，从小体弱多病，常常有位年长者到家中给弟弟扎针或开点药，有时也顺便给其他孩子摸摸头、看看手，甚至于在他们的小手上扎几针，都会感到很痛，所以一听说这个人又要来家给弟弟看病时，其他兄弟姐妹都会躲藏起来。后来，才知道这位长者是我们本家的一位会看病的长辈，应该称他为爷爷，因为名字中有一个"宝"字，所以都称他为"宝爷爷"。记忆中小时候我有时出现"积食"，这位"宝爷爷"就在我的手指关节上扎针（应该是现在针灸中所说的"四缝穴"，可以消食除疳积），虽然扎针时很痛，但每次扎完针后，在幼小的心灵中萌生着治病的奇妙感受。

我5岁时离开了蓬莱，来到青岛，6岁时被送入青岛市江苏路小学和黄台路小学读书。随着年龄增长，走在路上经常看见许多中药店，门面上挂着某中医师的牌子，偶尔带着好奇的想法走进中药店看看，闻到那些中药的芳香气味，看到瓶瓶罐罐和很多有着小抽屉的橱子，上面都写着许多药名；看到医生在给病人"把脉"的场景时，感到很新鲜又很神秘，但大部分也只是好奇而已。上初中的时候，母亲由于操劳过度，常常睡不好觉、头晕、耳鸣。那个年代，医疗卫生条件很差，青岛只有两家公办医院，早晨要很早去排队挂号。我陪母亲看了几次西医大夫，病情未见好转；后来母亲又常到中医那里去看病，中医号脉、看舌头，然后开药方，取药回家后，都是我给母亲煎药。母亲的症状有时轻有时又很明显，始终不能完全缓解或消失。我当时想，这些花草植物根叶能治病吗？在缺医少药的年代，也只能这样了。母亲身体患病的痛苦儿女不能代替，但心中常常感到不安与内疚，母亲也常常对我讲："好好学习，将来去学医。""学出医来给我治病，也能给别人治病，那多好啊！"那时的我虽然对医学还是很生疏，但从内心逐渐地有了学医的想法，好好学习，立身医道，服务病人。1959年高中毕业，我决心报考医药类专业，选择了山东中医学院，开始了岐黄之路。

系统学习　夯实基础

高考结束后，我幸运地被山东中医学院录取。高中的同学们在离别时，有的同学见了我，说："好好学习，以后我们有病就找你了。"亲戚、朋友、左邻右舍听到这一消息也前来祝贺。母亲的病痛、老师同学的期待、亲戚朋友的羡慕增加了我学习医学的信心。

山东中医学院的师资力量十分雄厚，来自全省及省外的诸多中医大师云集于此，在迈进中医学院的第一天起我立志：要在这充满医学专业知识的殿堂里，刻苦学习，完成做医生的梦想。现在我还记得在中医学院上的第一堂课，是王万杰老师主讲的《医经》（即《黄帝内经》）。"阴阳者，天地之道也，万物之纲纪，变化之父母，生杀之本始，神明之府也"听得我是一头雾水，莫名其妙，与我在中学时学习的内容一点关系都没有，同学们之间也都有这样的感觉，有的同学产生了退学想法，我当时想慢慢学学，适应一下可能会好些。第一学年第一学期开了两门专业课即《医经》和《中药学》，另外还学习了《医古文》。经过不断学习，我从中感悟出中医学的深奥及博大精深，《黄帝内经》是我国劳动人民长期与疾病做斗争的经验总结，开创了中医的独特理论体系，是中医基础理论的经典著作，通过对生命现象的观察，从医疗实践的反复验证，由感性到理性，由片段到综合，逐渐发展而形成的。是学习中医学的最基础知识，需下苦功夫，在老师的引导与讲解下，我能很好地理解其中的精髓，对重要段落都还能背诵。同时由于对中医产生了兴趣，第一学期末考试两门主课全得了满分。

在校学习，是掌握中医基础理论知识最好的机会，是为将来临床实践打基础的过程。学习中医基础理论课，许多内容都需要死记硬背的，把其中重要条文先记忆，再进一步去理解，去探索，从中悟出真谛。要想读懂古文的深奥理论，就需要提高对古文阅读和理解能力。学习古文语法虽然很苦，但苦中有乐，医古文是提高阅读中医古代经典及各家原著的最好工具。俗话说"医书一担，儒书一头"。掌握了古文知识，对学习中医经典能达到获益匪浅的效果。在校期间对经典著作一字字一句句地细抠，做到读熟、消化，无论是字音、字义、词义，都要想方设法地弄明白，从不不求甚解，不了了之。在六年的学校学习中，结合教程学习了《黄帝内经》《伤寒论》《金匮要略》《温病条辨》《中药歌赋》《中药方剂》《中医诊断》以及内、外、妇、儿、针灸、推拿、眼科、喉科等十几门临床课，此外，还学习了西医基础理论及相关边缘学科知识。放假回家探亲，乡亲们听说"在省城上学的中医大夫"回来了，纷纷来到家里找我看病。记得第一例是一个胃脘痛的患者，开始心里很紧张，我按四诊先问了一下病人自身不舒服的感觉，再仔细切脉、望舌，利用基础理论及实习经验首先要辨清虚实证，因为病人胃脘部以胀痛为主，且又走窜不定，伴嗳气，平时又经常好生气，我诊断为"肝胃失和、气滞胃痛"，用柴胡疏肝散为主开了3剂药，病人用药后，高兴地对我赞扬了一番，"学得真不错，将来一定是一个好中医大夫"。后来又治愈了几例眩晕、胸痹、痹证、皮肤疾病等患者，这对我是一个莫大的鼓舞。良好的临床效果，病人的喜悦和感谢，治愈病人的成就感，使我的心灵得到了满足，更加激发了进一步深入学习中医的信心。我想，有来生还会选择学习中医。

虚心学习　勤于临床

1965年大学毕业了，分配到济南市中医医院内科工作。市中医院云集了济南地区诸多中医专家，如李乐园、张希五、陈伯咸、钱翔卿、李廷来、刘东昇、焦勉斋等，对我从事临床工作是一个非常好的学习环境。其中，李乐园是中华全国中医学会第一届理事会常务理事，医术精湛、医德高尚，在省内外享有很高声誉。李乐园是我上班工作的第一位老师，对我要求十分严格，在业务上他不保守，精心传授，使我耳濡目染，受益终身。有名师的指点，加上工作中的不断实践和体验，在学校学习时得不到的知识通过临床得到进一步的完善补充，这激发了我对中医学的更大兴趣和热忱。李乐园主任每周查房两次，我都侍奉其左右，认真地记录，反复研究李主任的处方，结合复诊病人反馈的结果，再重新分析辨证，对照学习过的理论和课本知识，总结心得体会，不断丰富自己的临床经验，做到理论与实践的真正结合，真正体会到要想成为群众信任、被病人认可的有真才实学的好医生，就要不断学习总结，不断提高。在李主任的三年精心带教过程中，他高超的辨证思路和方法，深深地感染了我。李主任对

《医宗金鉴》很多内容都能背诵，有很深的造诣，而且善于教授，他的大家风范至今还在影响我，是我的难忘恩师。

"勤求古训，博采众方。"除了做好临证工作之外，我大部分时间都是在读书中度过。"要想学好中医，必须在中医经典著作上下功夫。"我学习经典著作讲究：一是要"读,"要熟读、反复读，读一遍有一遍的收获，正所谓"读书百遍，其义自见"；二是要"写"，要边读边记，随时摘抄记录；三是要"背"，读熟了，很容易就背过了，临证时就得心应手；四是要"思"，勤学必须多思，既要领会其意，又要举一反三。工作后，我对《黄帝内经》《伤寒论》《金匮要略》《温病条辨》《医宗金鉴》《寿世保元》《类证治裁》《濒湖脉学》《本草纲目》等著作重新阅读，结合临床体会其中精华所在。在读书回味中，深刻体会到：学海无边，乐在其中；精研典籍，其乐无穷。

医生是一种学到老、干到老的职业。知识要更新、书要不断读，一名有作为的医生，知识面不能窄，要博学，对中医学更要在继承的基础上通过临证实践去发扬光大、去提高，创出自己的独特理论和技术专长。学习西医知识是为中医所用，吸收西医学中的诊疗技术和临床治疗方法，以增加辨证的准确性和用药的有效性。中医的辨证论治一人一方、一证一方，是中医的专长特色。但是在当今社会，科技飞速发展的客观环境中，适合病人的需要、吸收西医之长，也是相当重要的。

外出进修、学习、参加学术活动是拓宽知识、汲取同行的精华、相互交流学术经验，以及沟通信息的方法。参加山东中医药管理局组织的"高级中医研讨班"，班上有来自全省各大医院的骨干，借助学术上的交流、临证心得的沟通，经过反复的切磋，达到取长补短的效果。1984年我去了北京，在中医研究院第一临床部——西苑医院进修学习。西苑医院聚集了全国各地的中医精英，设备先进齐全，医疗技术精湛，中医古典书籍非常丰富。聆听中医大师的精彩讲座，大师们临证技巧、辨证妙法和精辟方药，令我大开眼界，不仅丰富了自己的中医理论及临证实践能力，而且对今后的发展和提升增加了新的动力。

医德高尚　爱岗敬业

2001年退休后，我仍坚持出门诊、带教及教学工作。每周一、四上午的专家门诊从未中断过，不管刮风下雨、严寒酷暑，都按时来到诊室，认真为患者诊治疾病。我的病人很多，许多患者很早来到医院排队候诊。医生不仅要有高超医术，更要有"大医精诚"的传统医德。"万事德为先，百业术为重"，对于以济世活人为要务的中医大夫来说，医德和医术同样重要。我经常告诫年轻医生必须本着"仁爱为怀，济世活人"的理念，以病人为中心，把病人的利益放在第一位，因人命攸关，一剂之药可治病，一剂之谬可送命，必须尽心尽力。虽然我已过古稀之年，坚持耐心细致地接诊每一位患者仍是我的工作原则，对病人提出的问题，我都要耐心地回答；下班时间已经过了很久，对于没有看完的病人一定要耐心诊疗，达到病人满意而归。多年养成了不管和患者说多少话，多么口干舌燥，上班时从不喝一口水的习惯。徒弟们总是劝我多喝点水（因我曾患有肾结石），我认为在患者面前喝水不好，是不礼貌的，要体会到病人焦急的心情，再者，水喝多了还要去厕所，耽误病人时间。许多病人把我当作知心的朋友、精神的寄托、康复的希望。治愈病人的幸福感，比得到很多钱还满足，病人高兴我也高兴，"如果有来生，还会选择做医生"。

对任何来诊的患者都要认真周详地了解他的主症是什么，起病经过和相关的病史，一丝不苟运用辨证论治方法，去归纳分析，确定其病机、证型，遣方用药，环环相扣。只有这样才能有好的治疗效果。曾有一位老大娘70多岁了，因头晕数月来就诊，在其他医院都按"脑供血不足"治疗，而且做过很多检查，用过许多药物，花费上万元，效果不明显。前来找我诊治，我详问病史，再结合舌脉，通过辨证，我认为是脾胃亏虚，清阳不升证，经调理脾胃，升清降浊，服药数剂后，症状逐渐缓解，最终痊愈。另有一名患者便秘数年，多家医院均给服通导泻下药，虽然大便通畅，其后大便仍难解，甚至较前更甚。病人痛苦万分，情绪相当低落，常有放弃治疗的想法，后经别人介绍来到我的中医工作室。患者精神不振，面色苍白，言语低怯，气短无力，纳呆食少，腹部胀满，查看其以往病历多服用泄下通便、行气导滞等方药，经四诊合参，我认为该病人的便秘证应为气虚所致，与患者体质虚弱，加之既往过用寒凉、泻下之品伤及正气有关。气虚不运，肠道缺乏推动之力，致糟粕积滞不下，故发生此症。当用补中益气汤加减治疗。并告患者要均衡饮食，避免生冷之品，适当增加户外活动，养成定时排便习惯。患者连续服用中药十余剂，大便通畅，且无反复。病人对我感激不尽，为此我也觉得是对病人尽到了义务而感到欣慰。还有一例胃癌术后长期发热患者，其体质非常虚弱，饮食不下，精神不振，病人烦躁，拒绝任何治疗，家属多次劝说无效，一家人陷入痛苦之中，后经朋友推荐求救于我。我先耐心做病人的思想工作，不厌其烦地与病人沟通交流，最终患者同意先服用中药三剂以观疗效。根据病史和临床实际情况，我投以补中益气甘温除热方法治疗，病人服 3 剂药后，发热退，对我十分信任，最终患者饮食增加，精神、情绪好转，体质较前大有改善。如此病例不胜枚举。数十年的行医历程赢得了广大患者的尊敬和爱戴，有的一家四代同堂均找我看过病。医患之间的和谐关系，取决于医生的高尚医德和精湛医术，能够满足患者就医的需求，把病人当亲人，缓解乃至治愈病人的病痛是医生的义务，一意赴救，恪尽职守，自然会赢得病人及家属的理解、信赖和尊重。孙思邈的《大医精诚》永远是医生的镜子，事事德为先，切记！切记！

深邃高远　引领学术

在 50 年的医疗、科研、教学中，我精勤不倦，广收博采，不断探索，以"古为今用、西为中用"的原则，推陈出新，逐渐形成了自己独特的医学思想。

1. 注重整体观念在临证中的意义

我认为人体是一个统一整体，虽内有五脏六腑和"形诸外"的筋、肌肉、皮毛、脉、骨以及耳、鼻、口、眼等外窍，在经络的联系下形成了一个完整的机体，体现生命过程。人体与自然界也是息息相通、相互关联的，必然会受到自然变化的影响。论治过程中要时刻牢记，病机演变既要注意主病位，又要重视相关联的脏腑，这是抓住病机环节的关键。结合因人、因时、因地的制宜规律，做到辨证精确，既可以从病位入手直捣病所，又可以运用相生相克的规律，从脏腑功能相互关系，制定治疗方案。

2. 主张辨病与辨证相结合

我在对疾病的认识上，主张"辨病与辨证相结合"，即中医辨证论治与西医辨病诊治应很好地结合。既要为病做出明确的诊断，又要重视辨证论治。辨病与辨证，都是认识疾病的过程。辨病即是对疾病的辨析，以确定疾病的诊断为目的，从而为治疗提供依据，合理指导用药；辨证是对证候的辨析，以确定病的原因、性质和病位为目的，从而根据"证"来确立治则。中医的"证"是疾病过程中某一阶段或某一证型的病理概括，是一个综合性的概念，比"症"更全面。但是也有局限性，只考虑了病的阶段性和类型性，忽略了病的全过程，没有总体认识的前提，再深入认识病的本质是会有一定困难的，不利于中医学术发展。同样，片面强调辨病，盲目丢掉辨证论治，是放弃了中医学精华，失掉了中医灵魂；辨病与辨证的有机结合思路，更符合临床实践要求，做到整体认识明确诊断，又从局部和阶段去论证分析，诊疗会更全面，既保持了中医传统的辨证论治特色，又达到了辨病为我所用，有利于促进中医事业的发展，更符合病人的要求，保证了诊疗的安全。

3. 注重气机的升降运动

重视中医气机升降理论，临证通过调节脾升胃降功能、肝木疏泄功能以达到调节气机的目的。《黄帝内经》云："出入废则神机化灭，升降息则气主孤危。故非出入，则无以生长化收藏……是以升降出入，无器不有。"气机紊乱是脏腑功能失调，精气血津化生和输布障碍，病理产物产生的根本原因，疾病发生皆是气机升降出入运动失调表现于外的现象。五脏皆以各自不同的运动形式参与人体气机运动，各脏器互相依赖、互相制约。肝木自左升发，肺金从右肃降，心火下潜以温肾水，肾水上滋以济心火，而脾胃位居中州，脾升清、胃降浊对各脏之间气机的运转和协调，起着重要的中轴转枢作用，正如吴达《医学求是·血证求源论》所云："土位于中，而火上、水下、左木、右金。左主乎升，右主乎降……而升降之权，又在中气，中气在脾之上、胃之下，左木、右金之际。水火之上下交济者，升则赖脾气之左旋，降则赖胃土之右转也。故中气旺，则脾升而胃降，四象得以轮旋。"脾胃为气机升降枢纽，对气机升降起着重要作用，脾胃为后天之本，对疾病的恢复，固护和补益正气十分重要，临床中应放在首位。气机升降出入正常，是人体健康的标志，"正气存内，邪不可干"。

4. 擅用"和法"治疗内科杂病

临证擅用"和法"治疗眩晕、不寐、头痛、胃痛等内科杂病。"和法"有调阴阳、调营卫、调气血、调脏腑的作用。顾名思义，和法就是通过调理人体，使有病的身体恢复和谐状态，阴阳调和达到平衡，疾病也就不会发生。《黄帝内经》秉承了中国文化"和"的观念，重视人与自然之间的和谐，重视人体内在脏腑气血的调和，强调"阴平阳秘"，为和法奠定了理论基础；《伤寒杂病论》对前人"和"的思想进一步发挥，创制了"和"的代表方剂小柴胡汤、半夏泻心汤和四逆散等方剂；明代张景岳进一步阐述了"和法"概念，"以和方之制，和其不和者也……务在调和元气，不失中和之贵也"，为后世和法的发展指引了方向；清代程钟龄把"和法"列为中医治法的八法之一。近代很多学者认为"和法"是诸多治法的总纲，当列为诸法之首。

5. 坚持"治未病，未病先防，既病防变"的从医理念

中医是以平衡来认识人与病的关系的，"阴平阳秘、精神乃治，阴阳离决、精气乃绝""正气盛则实，邪气夺则虚"，故此在治疗方面"扶正祛邪"是根本治疗方法。《黄帝内经》中提及："圣人不治已病治未病，不治已乱治未乱，此之谓也。夫病已成而后药之，乱已成而后治之，譬犹渴而穿井，斗而铸锥，不亦晚乎。"其蕴含着预防的思想，这种防重于治的思想，不仅仅体现在"未病先防"，同时还体现在"既病防变"。从顾护正气来权衡，防当重于治。

6. 重视先天之本"肾"的调节

临证时注重先天之本"肾"的调节。肾为水火之脏，内寓真阴真阳，肾藏精，精是十分宝贵的，精是人体繁育后代的源泉，精是人体生老病死的最基本的内在物质基础，来之于先天，益养于后天，内藏于肾。临床诊治病人时，要分清肾阴虚、肾阳虚，以及肾阴阳两虚等变化。对老年病的防治，中医有明显优势，其根本即在于此。临证常用地黄丸、大补元煎、左归丸、右归丸、肾气丸、二仙汤等方剂进行加减，对慢性病、亚健康调治有突出效果。

7. 注重后天脾胃的调护

"脾胃"为后天之本，气血生化之源。脾胃功能失调，一则不能运化水谷精微，气血化生乏源，二则水湿代谢不利，停聚为痰、为饮，进而影响血液运行，致瘀血内生，痰瘀交织为害，临床可出现多种病证，如中风偏瘫、眩晕、头痛、不寐、胸痹、心悸、痴呆等。临证经常选用陈皮、半夏、白术、茯苓、黄芪、党参、石斛、砂仁、炒谷麦芽等健脾益气化湿药物。胃主降浊以降为和，脾主升清以升为顺，脾胃健运，脏腑才能和调，元气才能充沛，在论治中不容忽视。

8. 注重肝木的疏泄功能

临床上治疗疾病时刻考虑肝疏泄功能正常与否。在治疗原则和方药上，若疏泄太过，宜柔肝降逆为主；若疏泄不及，宜疏肝达气为先。常用方剂有柴胡疏肝散、逍遥散、一贯煎等。中医强调"情志致病"是一种人性化的认识，尤其在当今社会竞争激烈，生活工作压力大，精神过于紧张，心因性疾病十分多见，情志变化之所以能致病，在于导致气机紊乱，"百病皆生于气也"，关键是肝疏泄失司。《黄帝内经》所云："恬淡虚无，真气从之，精神内守，病安从来"，其意义就在于此。

甘做人梯　精心育人

毫不保留地把我的知识传授给年轻后学者是我的责任，鼓励年轻医师多学习，多看中医经典著作，多做临床。告诫我的学生，要打好中医基本功，根深方可叶茂，理论高强，临证方可运用自如。在传承教育上，根据不同层次的人员，采取不同的对应性辅导，按时进行专题讲座，无论讲哪一个专题，我都特别重视"三个结合"，即古代与现代结合、理论与经验结合、自己与他人结合。言传身教，更重于身教。多年来培养出博士生、硕士生多名，大专生、本科生数不胜数。我告诫学员，坚定的专业理想，是学好中医学的根本，要想成为一名合格的中医，除学习好中医基础理论知识外，还要学会按中医理论的思维方式去探索中医学术，这样才能从传统的中医文献中汲取其精华，达到继承、发展、提高的目的，才有利于中医事业发展，才能成为一个合格的中医大师。

此外，还常年承担着山东协和学院的部分中医教学任务，是山东协和学院中医精品教研室内科的主任，是该校学术委员会成员，负责对教学老师讲课的指导工作。

师承教育是培养优秀中医药人才的重要方法，自己的学术思想和积累的实践经验，更具有现实指导性，有利于后学者尽快成才。几年来带出的徒弟和研究生，都已经是学科带头人和业务行政领导，甘做人梯、精心育人，既是义务又是责任。

我的养生观点是：不抽烟、饮食以清淡为主，有时小酌一杯；喜欢品茶、博览群书、散步、慢跑；为人和气、谦让；遇事沉着、心态平和，与世无争。虽年过七旬，尚耳聪目明、思维行动敏捷。喜欢与不同年龄段的人交往，年轻人的朝气蓬勃，会增加我的身心活力和健康。本着"三人行必有我师"的原则，从各层次的同行中汲取营养，以补己之不足。

（李春红、郭海峰整理）

丁书文

丁书文（1941— ），山东单县人。师从全国著名中医学家周次清教授，医学硕士学位。山东中医药大学附属医院主任医师、教授、博士生导师。享受国务院政府特殊津贴。山东省名老中医药专家，山东中医药学会心脏病专业委员会主任委员。全国第三批、第四批老中医药专家学术经验继承工作优秀指导老师，中国中医科学院全国中医药传承博士后合作导师。

从事中医临床教学科研五十余年。首先提出心系疾病的热毒说，深入研究并初步构建了热毒学说的框架。创新性将抗疟疾中药青蒿、常山引入抗心律失常的临床治疗。参加编写全国高等中医药院校教材《中医内科学》、国家药品监督管理局《中药新药临床研究指导原则》等书籍。先后开发研制中药新药4个。培养硕士、博士研究生及博士后53名。师承带高徒5名。

步入医林

祖籍山东省单县，自幼生长在农村，羡慕文化人。那时能见到的有文化之人，只有教师和医生。因姐姐患病，常常随父亲请邻村医生为姐姐求医诊病，因此，"医生"在我少年时期就留下了较深的印象。1960年初中毕业，由于家境不富裕，于是放弃升高中，报考了菏泽医学专科学校，开始步入医学之路。

二次深造

1964年菏泽医学专科学校毕业后被分配至山东中医学院任教。山东中医学院大环境使我对中医产生了浓厚兴趣和学习欲望，便开始自学中医，经常阅读一些中医书籍，坚持搜集单方、验方。1971 年参加了山东省西医学习中医班，结业后到中医学院附属医院内科做临床工作。

1978 年全国恢复研究生招生，山东中医学院开始招收中医硕士研究生。当时我已 37 岁，已经过了学习的最佳年龄。但又觉得"文革"十年之后，对具有专科学历的我是一个难得机会，便下决心报考了中医内科硕士研究生。

在备考过程中，首先要过的是外语关。上学时虽然学了点俄语，但十几年过去忘得差不多啦，日语没学过。专业虽然经过西医学习中医班学习，但基本是以自学为主。当时工作紧张，家事繁忙，经济拮据，居住蜗小，全家 5 口人，居住只有 7.5 平方米的单身房 2 间。在这样工作生活条件下，又正值盛夏炎暑，每日起早贪黑读书到深夜。终于攻克了外语关、专业关，1978 年考取了山东中医学院首届中医内科硕士研究生。

攻读硕士研究生学位期间，师从全国著名中医学家、山东中医学院终身教授周次清。周老处世低调，为人谦和，潜心治学，精通医理，辨证细致，用药精练，疗效卓著，为中医临床大家。周老又是当代衷中参西的典范，出于临证需要，他 50 多岁又去学习西医。他学习认真，态度谦逊，让西医专家深受感动和钦佩。研究生毕业后又继续在周老身边工作，直至 2003 年周老病逝。"师恩似海"，周老的学术思想和治学态度影响我一生的学术发展。

勤奋耕耘 50 年

20 世纪 70 年代初，山东中医学院附院内科开始分专业组，我有幸到了心血管专业组，即现在心血管内科的前身。当时，资深西医专家、全国首批西医学习中医专家肖珙教授任内科主任兼心血管组长，我开始跟随肖珙教授工作，学习心血管病的诊疗。门诊、急诊、病房反复轮转，白班、夜班夜以继日地工作，无数次危重病人的抢救，与死神相搏，无数次的会诊、疑难病例的讨论，与同道共同切磋。凭着对生命的尊重，对职业的热情和工作的责任心，救治了无数病人，其中有大量成功病例，也有失败的教训。一天值夜班，一个病人突然呼吸停止，我便毫不犹豫地实施口对口人工呼吸，赢得了进一步抢救的时间。一顽固心衰病人夜间病情突然加重，危在旦夕，我应用各种方法，千方百计坚守生命阵地，一夜没合眼，终于把病人从死亡线拉回来。也有过沉痛教训，一中年病人患风湿性瓣膜病伴轻度心衰，为了进行手术治疗，先来内科纠正心衰，万没想到几天后该病人死在输液架下。

1994 年，我被聘为国家新药评审专家，每年要去北京参加全国新药评审几次到十几次。2000 年后又被聘为国家自然基金委员会生命科学部评审委员，每年都参加全国科研项目的会议评审。参加评审人员都是来自全国各专业的资深专家，评议内容广泛深入，涉及医学药学相关的多个领域。专家们一起讨论交流，广泛磋商议事。我本着既工作又学习的态度，积极发表意见，又虚心学习，10 多年的评审经历提高了思维方式方法，启发了研究思路。

经历就是财富。回想起在山东中医药大学附属医院这方沃土勤奋耕耘 50 余年，经历了住院医师、主治医师、副主任医师、主任医师的成长过程。50 年来，立足中医临床，中西医兼容，逐渐形成了立足实践，注重疗效，力主创新，发展才有生命力的思维方式和学术理念。

创新发展

1. 提出心系疾病的热毒学说

基于现代自然环境、社会环境、生活工作状况、饮食结构的变化，人们的体质及发病机理、疾病谱有很大改变，当今不再是虚证为主，而是以实证为主，湿热瘀滞为当今病机主流。经多年临证体验，在多次成功或失败的典型病例启示下，在动脉硬化炎症病理学说影响下，20 世纪 90 年代初开始探索研究心系疾病的热毒证，带领多届研究生从热毒病机对动脉粥样硬化、高血压、冠心病、心肌病、心律失常、病毒性心肌炎等进行系统深入的临床及实验研究达 10 余年之久。依据研究结果提出心系疾病的热毒学说，建立了热毒学说的框架，并发表了多篇相关论文。心系疾病热毒学说成为指导心系疾病防治的一个新的重要应用理论，充实发展了中医的理论和实践，获 2006 年山东省自然科学奖三等奖。

2. 将抗疟中药引入心律失常治疗

20 世纪 90 年代，我 50 多岁，心里总想创新发展的事情，好像埋在土壤里的一颗种子往外冒芽。

一天，想起既往与山东医学院附属医院心内科高德恩教授交谈时他说过的一句话：有些治疗疟疾药物有抗心律失常作用，奎尼丁就是从抗疟中药金鸡纳树提取而来的。我查阅文献，青蒿素、常山乙碱在实验室研究发现有影响心律失常的作用，但尚无临床应用研究的报道。于是我以"研究青蒿、常山抗心律失常"申报立项了国家中医局临床研究课题，后来又申报立项了国家自然基金委基础研究项目。由于我参加多年新药评审，熟悉新药申报研究的程序和技术要求，在上述科研的基础上进行新药"心速宁胶囊"的开发研究，2005 年获国家新药证书，成为治疗快速性心律失常实证的一个创新性新药。临床疗效很好，深受广大患者欢迎。后来又相继研制开发新药正心泰胶囊、参龙宁心胶囊等，创造了一定的社会效益和经济效益。

回忆个人成长发展走过的路程，深深体会到，一个人的发展有三方面因素：一是个人努力，要不怕吃苦、吃亏，努力拼搏；二是抓住发展机遇，果断决定，不要错过；三是前辈提携、领导关心、群众支持，家和万事兴。这是我作为一位老医生要告诉年轻人的几句话。

买买提艾力·阿木提

买买提艾力·阿木提（1941—　），男，维吾尔族，新疆喀什人，新疆维吾尔自治区中医医院内科主任医师。出生于喀什市一个知识分子家庭，小学、初中在教会学校完成，自幼深受祖辈医学理论和行医做人的影响，1956年拜维吾尔医医院创始人玉素甫阿吉·喀什噶尔热为师，学习维吾尔医知识。以毕生的精力进行着传统维吾尔医学的抢救、发掘、整理和传承工作。他博采众长，勇于探索，广泛汲取现代医学技术和东西方医学理论，是新疆现代维吾尔医学的集大成者，喀什地区维吾尔医医院及新疆维吾尔自治区维吾尔医医院的领军性首席专家。

买买提艾力·阿木提为全国名中医，第二批、第六批全国老中医药专家学术经验继承工作指导老师，喀什地区第一批、第二批、第三批、第四批、第五批名老中医药师承工作室指导老师。先后担任中国民族医药学会副会长，新疆维吾尔自治区民族医药学会第三届、第四届名誉会长，中国民族医药学会维吾尔医药分会名誉会长，第七届自治区政协委员，世界中医药学会联合会维吾尔医药分会常务理事，自治区民族医药学会副会长、常务理事，喀什地区维吾尔医药学会副会长等职务。

买买提艾力·阿木提一生中所撰写、参编的专著及译著为《维吾尔医传染病学》《维医药学古今常用词汇对照》《维吾尔医药古文》《提比艾克拜尔》《药物之园》《药物明述》《关于精神疗法的见解》《思考维吾尔医传统诊疗方法》。任维吾尔医药学本科统用教材《维吾尔医药学教材》编写委员，维吾尔医药学专科统用教材《维吾尔医药学教材》编写委员，国家中医药管理局民族医适宜技术筛选推广专家组顾问。国家中医药管理局重点专科"维吾尔医妇科""维吾尔医肺病科"学术带头人，《中华医学百科全书——维吾尔医药学分卷第二、三册》编委。买买提艾力·阿木提培养的继承人撰写的10余部专著及300多篇论文，均在他本人指导修订下完成。

买买提艾力·阿木提善于用维吾尔医独特的理论体系，诊治各种妇科、内科疑难杂症。他精通阿拉伯、波斯、乌尔多、察哈台等多种语言，在维吾尔医药古籍文献的翻译、整理和系统化方面具有丰富的工作经验。

买买提艾力·阿木提平时擅长治疗风湿性关节炎、胃溃疡、肾结石、外阴上皮非瘤变、盆腔炎、附件囊肿等常见病、疑难病，并对其进行系统总结研究，形成6种优势病种诊疗方案，推广应用于临床。他是新疆医科大学维吾尔医学院及新疆维吾尔医学专科学校特聘教授及新疆医科大学研究生导师。

买买提艾力·阿木提多次被评为新疆维吾尔自治区、喀什地区优秀专业技术工作者、先进工作者、优秀专家，1983年被评为全国少数民族地区长期从事科技工作者，1998年获"新疆维吾尔医学专科学校本科班授课出色教学者"称号，2014年10月至2017年10月被新疆维吾尔医学专科学校聘请为师带徒导师。

我出生于新疆喀什地区喀什市的维吾尔医世家，我的爷爷和父亲都是喀什、和田一带受人尊敬的维吾尔医名医。耳濡目染家传的医术、医德，让我从小就立志用精湛医术造福各族百姓，解除广大患者的病痛。我强烈的求知欲让父亲非常欣慰。1956年，喀什地区维吾尔医医院创始人玉素甫阿吉·喀什噶尔热向我系统地传授维吾尔医知识。同时，只要有乡亲们来医院、家中求医问药，师父先让我讲述诊断想法，再根据病证的实际情况加以分析、讲解。师父的辨证施治让我快速地掌握了传统维吾尔医的基本方法。

20世纪60年代初期，我跟随已有名气的师父在喀什、和田、克州、阿克苏等地区巡诊。师徒俩走过的地方，都留下了很好的口碑，乡亲们的认可，让我这正准备出窝的鸟感到极大地满足，并有了继续坚持维吾尔医行业的信心和动力。

我年轻的时候十分注重走访过程。在新疆各地巡诊时学习和总结当地名老维吾尔医专家的优秀经验，收集大量民间的处方及偏方，细心地加以琢磨和研究，对心血管、神经、内分泌、消化系统及妇科的常见病形成了见解独到的特色疗法。

我诊治各种疑难杂症时结合用于维吾尔医独特的理论体系和自己的临床经

验。我在诊治过程中利用维吾尔医学基础理论体系中的"体液学说"和"气质学说"，根据"四种体液"的变化状态和个体"气质"的变化，总结了新的见解和理论。尤其是治疗异常黑胆质性疾病——肿瘤、高血压、糖尿病等方面，形成了独到的学术思想和临床经验特色。我认为，异常黑胆质作为黑胆质、胆液质、血液质、黏液质等体液"燃烧"的最终病理产物，其分量较重、质地较稠，易在血管壁沉着，产生瘀阻，最终导致肿瘤、糖尿病、高血压等难治性疾病。

在治疗异常黑胆质性疾病及亚健康状态时，我比较强调合理使用维吾尔医异常黑胆质成熟剂、清除剂。我认为，治疗异常黑胆质性疾病的原则是根据引起疾病的异常黑胆质的性质，首先使用相应的成熟剂使异常黑胆质成熟和堆积，然后使用相应的清除剂使已成熟的异常黑胆质排出体外，使气质复原、体液平衡，为疾病的治疗奠定基础。定时、按量、定期服用异常黑胆质成熟剂、清除剂是阻止和预防各种异常黑胆质性疾病产生的关键所在，应在患者尚处于异常黑胆质性亚健康状态时就着手治疗。

2009年8月18日，一位35岁的维吾尔族妇女来到了我的门诊，患者有腹大胀满，按之不坚，腹部青筋暴露，两胁胀痛，食欲不振，食后作胀，肢体困倦，小便短少，盗汗，气短等症状，看了很多医院都没有治好。我经过仔细问诊后，认为患者为黑胆质气质干寒性体质，因为黑胆质体液本身就比较浓，遇到强热燃烧后，其干寒属性会更加增强，浓度则比3种体液燃烧后形成的异常黑胆质体液高。因此，这种异常黑胆质体液极易附着在血管壁上，使血管变硬变窄，通透性变差。焦灼黑胆质的浓度较高时，容易引发黑胆质性凝结，导致典型的黑胆质型肝硬化、肠结核。我遵循维吾尔医治疗原则，先调整失调气质、平衡失调体液，给予异常黑胆质成熟剂和清除剂平衡体液，以生温祛寒，滋养肝肾，疏肝理气，健脾除湿，活血化瘀为主，调整肝脏气质。我先开出了异常黑胆质成熟剂药方，待患者连续服用40天后，又开出了异常黑胆质清除剂。经过2个月的细心治疗，患者异常体液的诸症明显好转，肚子明显减小，饮食、睡眠也都恢复正常。

2010年12月的某一天，一位54岁的塔吉克族患者来找我看病，患者称自己得冠心病30多年，还有痛风的症状。我详细询问患者的状况，发现患者属于湿热性体质，诊断为异常血液质性冠心病。经过1个月的治疗，患者心前区阵发性绞痛、心悸、心慌、气短等临床表现明显好转。

2011 年初夏，一位 32 岁的维吾尔族妇女到门诊看病，称自己有外阴奇痒难忍，抓伤后疼痛加剧的症状，我让学术继承人进行妇科检查，得知病变部位颜色变浅，似外阴部白癜风，可进一步诊断为异常黑胆质型外阴上皮非瘤样病变（外阴白斑），经过 3 个疗程将近 5 个月的治疗，患者外阴部瘙痒症状明显改善，到治疗后期瘙痒症状基本消失，外阴部颜色变深。

行医 60 多年来，我按照维吾尔医学四大物质学说、气质学说、体液学说结合临床经验诊治病人数万例。

2003 年 8 月，本人受到国际维吾尔医药学术会议的邀请，在会议上宣读了《维医论肝硬化的病因、预防及治疗》的学术论文，得到了与会维吾尔医学界人士的一致认可。

新疆喀什作为古丝绸之路的重要通道，世界上多种文明在这里交汇、碰撞、融合。长期以来，传统维吾尔医吸收了中医药学和希腊、阿拉伯医学的精华，形成了比较完整的、具有特色的医药学理论体系。然而，随着现代技术的发展和现代西方医学的兴起，使得传统维吾尔医学受到巨大冲击。我为了使传统的维吾尔医学得到发扬光大，造福世人，以极大的勇气和毅力投入到维吾尔医药事业发展中。

新疆喀什地区维吾尔医医院成立初期，由于专业医生少，没有人能够出好的、疗效显著的处方，我在带教老师玉素甫阿吉·喀什噶尔热的带领下一起主动提供了自己持有的大量处方，供医院研发和生产，本人提供处方 38 个，包括"玫瑰花口服液""小白软膏"等广受患者欢迎和认可的药品。

在百花齐放、百家争鸣的各民族医药大发展的背景下，国家高度重视中医民族医药的发展建设，提出全国重点民族医医院和重点专科（专病）建设，我作为医院的学术带头人，以此为契机，在自己独特的学术思想、理论和经验的指导下，医院在重点专科、重点学科建设及科研项目研究等多方面取得了显著的成绩，为维吾尔医药的可持续发展做出了一份贡献。

借着 2011 年国家中医药管理局公共卫生资金项目——民族医药文献整理项目启动，我担任了国家中医药管理局公共卫生资金项目——民族医药文献整理的项目负责人，圆满完成了此项目并已译著出版《药物之园》《药物明述》。我还担任了国家中医药管理局公共卫生资金项目——民族医药文献整理及适宜技术筛选推广项目的专家组顾问，以我的维吾尔医药理论为指导，在长期临床实践的基础上，以新疆地区常见病、多发病为研究对象，结合其维吾尔医药理论体系、诊疗规范、治疗方案及院内制剂和外治（非药物）疗法技术等规范化研究等关键问题，在区内开展以多中心联合进行临床基础研究、临床疗效评价研究、常用院内制剂规范化研究、外治（非药物）疗法技术操作规范研究，形成了能够体现维吾尔医药特色优势的外治（非药物）疗法技术，成了能够学得会、用得起、成熟的规范化诊疗技术规范，为维吾尔医药特色外治（非药物）疗法技术规范化诊治常见病、多发病提供了科学依据。

为开展好维吾尔医药适宜技术的推广，加强维吾尔医药传承和发展，为新疆维吾尔医的临床诊疗实践提供应用适宜的、安全有效的、价格低廉的、技术成熟的、特色优势的规范诊疗技术，我不遗余力地协同区内各维吾尔医药专家，通过多次酝酿、讨论、研究、审核、修改及再审核等方式完成了维吾尔医小腹包扎疗法治疗小儿疝气，维吾尔医伯胡日疗法治疗鼻炎，维吾尔医芳香疗法治疗神经衰弱，维吾尔医孜玛特土盐热敷疗法治疗腰痛、类风湿关节炎及心血管疾病，维吾尔医吾科纳疗法治疗慢性便秘，维吾尔医特拉涂药疗法治疗赛阿力勒，维吾尔医散代理烤熏疗法治疗足癣，维吾尔医布斯拉甫疗法治疗乃孜乐，维吾尔医科玛特（药熏）疗法治疗坐骨神经痛，维吾尔医尼克巴布疗法治疗银屑病，维吾尔医阿必赞药浴疗法治疗荨麻疹，维吾尔医孜玛得疗法治疗乳腺增生，维吾尔医海尔海疗法治疗慢性咽炎等 19 项技术的文本组织编写，编辑适宜技术操作规范，制作课件及病例观察表、培训和推广计划、教学大纲、工作指南等任务，找到了每一项技术的维吾尔医理论支撑点，进一步规范和提升了实践经验，提升了科学技术水平，初步完善了维吾尔医药治疗设施，为民族医药诊疗设备的产生奠定了基础。

多年来，我坚持维吾尔医临床实践，并积极开展学术传承活动和培养后继人才工作，培养了以艾山江·司马义（第五批国家师带徒指导老师、全国老中医药专家学术经验继承工作指导老师）为首的维吾尔医骨干人才。

2011 年国家中医药管理局启动了全国名老中医药专家传承工作室建设项目。新疆维吾尔自治区维吾尔医医院为整理推广名老维吾尔医的学术经验，探索建立维吾尔医药学术传承和推广应用的有效方法和创新模式，借助于这一项目，建立了以我的名字命名的名老维吾尔医药专家传承工作室，组建了工作室团队。

其中包括名老维吾尔医专家本人、工作室负责人，以及维吾尔医临床、计算机软件及信息网络等多学科工作人员，人员年龄、专业和职称结构相对合理，同时建立名老维吾尔医临床经验示教诊室及资料室，认真总结研究我擅治常见病、疑难病的诊疗经验和学术思想，形成系统的诊疗方案。

7年多来，我的2个传承工作室总结和整理了我治疗内科、妇科等常见病和疑难杂症方面积累的丰富经验，尤其是在治疗心脑血管病和神经、消化系统疾病，以及妇科病证等方面的临床经验。在我独特的学术思想指导下，医院内科系统和妇科系统的治愈率不断上升，治疗效果明显，深受患者青睐。内科由原来的小科室，分类发展为3个大科，即主器官（脑、心、肝）病科、支配器官（胃、脾、肺、肾）病科、非支配器官（胰腺、前列腺等内分泌腺）病科，妇科发展为以治疗宫颈糜烂为主的妇一科和以治疗子宫肌瘤为主的妇二科。我作为医院的学术带头人，在重点专科、重点学科建设及科研项目研究等多方面取得了显著的成绩。我是第二批、第六批全国老中医药专家学术经验继承工作指导老师，喀什地区第一批、第二批、第三批、第四批、第五批名老中医药师承工作室指导老师。目前已毕业国家级继承人10名，地区级继承人25名，正在培养继承人10名。与此同时，我还以各种方式培养了维吾尔医骨干人才40余名。

我虽然年事已高，但一直坚持指导继承工作，使继承人跟师以临床实践为主，通过自己的讲授和临床验证，从理论与实践相结合的角度，向继承人传授个人的学术思想、临床经验和技术专长，对继承人的心得体会、月工作记录、医案、操作记录及时进行检查，一一批注，并将结果及时反馈给继承人。这些继承人通过我的悉心教导和言传身教，拓展了自己的知识领域，加深了对维吾尔医理论的理解，奠定了深厚的维吾尔医传统文化基础，提高了维吾尔医理论水平，提高了自己运用维吾尔医理论进行辨证施治的水平。同时，我总结治疗心血管疾病及治疗支气管哮喘、外阴白斑、子宫肌瘤的维吾尔医学术思想，发表相关论文数篇，得到区内专家的一致好评。

"十一五"期间，国家高度重视民族医药的发展及对名老专家医技医术进行抢救性传承研究，启动了"十一五"国家科技支撑计划"民族医药发展关键技术示范研究"课题。经国家中医药管理局在全国民族医专家中筛选，确定20位民族医作为研究对象，我就是其中的一位。根据总课题组的统一设计和部署，新疆喀什地区维吾尔医医院承担了"买买提艾力·阿木提医药医技医术的抢救性传承研究"工作。我得知后积极配合课题组，按计划开展了课题立项与实施方案规划、专家论证、科研培训、基层调研、搜集整理、跟师学徒、典型医案、音像制作、成果总结、结题报告撰写等工作，较好地完成了课题任务书中的诸项任务与考核指标。该课题顺利通过了"十一五"国家科技支撑计划项目组的验收，主要成果有：

1. 顺利完成了维吾尔医药名老专家买买提艾力·阿木提特色医技医术、诊疗经验的整理总结工作，已完成了维吾尔医药名老专家买买提艾力·阿木提维吾尔医药诊疗技术手册和技术指导光盘的制作；撰写完成了维吾尔医药名老专家买买提艾力·阿木提维吾尔医医疗经验与特色研究报告。

2. 完成了维吾尔医药名老专家买买提艾力·阿木提医技医术优势报告、传承现状与对策研究报告的撰写；完成了维吾尔医药名老专家买买提艾力·阿木提医技医术优势评价与维吾尔医药医技医术现状调查约100份量表、问卷的制定、发放与回收统计。

3. 公开发表了3篇学术论文，待出版维吾尔医药学术专著4本。

4. 已培养了35名学术继承人，其中专家学术继承人15名。

5. 已开展了维吾尔医药名老专家买买提艾力·阿木提特色诊疗技术推广培训班3期。

验收组认为维吾尔医药名老专家买买提艾力·阿木提医技医术的抢救性传承研究课题是维吾尔医药发展的关键技术研究最为关键的环节，在研究材料、研究对象、技术资源、人才培养等方面，为依托买买提艾力·阿木提学术思想的课题提供直接支持，对买买提艾力·阿木提独特的维吾尔医药学术思想及技术经验的传承具有重要而深远的意义。

多年来，我以这种继承、传承、创新的精神为新疆培养了一批又一批高层次青年维吾尔医药学临床和技术人才，为推进民族医学之一的维吾尔医药学术的研究、继承和发展做出了自己的一份贡献。

从医60多年来，我始终对病人热情、耐心、体贴；对工作认认真真、勤勤恳恳、兢兢业业；对技术潜心钻研、精益求精、认真总结、不断进取。我从来没有节假日、休息日，一天24小时，病人可以随时找我诊断治疗。我多次成功地抢救危重病人，为许多疑难病患者明确了诊断，解除了患者久治不愈的痛苦。

在新疆喀什地区维吾尔医医院工作期间，慕名而来的患者不计其数。在双休日等其他休息时间，患者会找到我家中就诊。每次，我都不厌其烦地认真看诊，当了解到许多患者家庭困难时，就免费为患者们提供药品。

一次，一个名叫乃则尔别克的肝硬化患者，几乎花掉了家里的所有积蓄，还是久治不愈。患者听说我治疗这样的病有很好的疗效，就来求医。我了解了患者的经历后，为患者治病，连续治疗了半年，乃则尔别克得以康复。

一名叫买买提的患者得了冠心病，多年来为了治病，家里一贫如洗，我为其治病，为了达到更好的治疗效果，我让患者住在自己家里，在 15 天的时间里，悉心照料患者的起居、饮食和进行治疗。患者痊愈后，感动得热泪盈眶，连声说："谢谢你，你是我的救命恩人！"

我退休后，被医院返聘坐诊。由于我年迈体衰，精力大不如从前，原则上每天只看 25 个病人。但是面对远道而来专程找我看病的患者，我常常看到最后一个患者离开为止。

千百年来，中医药为维护我国人民的健康发挥了举足轻重的作用。作为一名中医药医务工作者和学科带头人，我认为，生命科学的创新发展可以保证生命更加美好，医药包括中医药都属生命科学范畴，医药是为了保障健康，医药科研是为了更好地促进健康。我相信，在党中央领导下，中医药工作者撸起袖子加油干，一定能够把中医药这一祖先留给我们的宝贵财富继承好、发展好、利用好，在建设健康中国、实现中国梦的伟大征程中谱写新的篇章。

党的十九大报告中提出，创新是引领发展的第一动力，是建设现代化经济体系的战略支撑。科技创新是驱动发展的第一动力，中医药是我国具有原创优势的科技资源，是提升我国原创能力的宝库之一，我们要发扬创新精神，始终坚持以"创新驱动"为核心，深入发掘中医药宝库中蕴含的精髓，努力实现其创造性转化、创新性发展，使之与现代健康理念相融相通，促进人类健康。

青年是民族的希望，作为老一代的医务、科技工作者，我诚心希望中青年科技工作者不忘初心，砥砺前行，志存高远，青出于蓝而胜于蓝，一代更比一代强。

（朱常忠、阿不都外力·阿不都米吉提协助整理）

史载祥

史载祥（1942— ），山东省滕州市人。1965 年毕业于南京中医药大学医疗系。1981 年北京中医药大学中西医结合心血管内科研究生毕业，获医学硕士学位，1983 年赴日本千叶大学留学。历任卫生部中日友好医院中医大内科主任，全国中西医结合心血管病中心副主任、主任医师，北京中医药大学教授、博士生导师，第三批全国老中医药专家学术经验继承工作指导老师，中日友好医院学术委员会副主任等。享受国务院政府特殊津贴。
1996 年被评为有突出贡献的中青年专家，1998 年应聘为日本大学医学部客座教授，事迹载入英国剑桥《国际名人录》。发表论文、译文百余篇，主编《现代中医心血管病学》《实用血瘀证学》《高血压及相关疾病中西医结合诊治》《简明汉英日中医药词典》，分科主编《实用中西医诊断治疗学》。兼任中国中西医结合学会常务理事，北京中西医结合学会常务理事，中国中西医结合学会活血化瘀专业委员会主任委员，世界中医药学会联合会心血管专业委员会副会长，《中医杂志》《中国中西医结合杂志》等杂志编委。

从良师　挑战疑难危重症

我于 1959 年考入南京中医学院（今南京中医药大学）医疗系 6 年制本科，1964 年毕业实习，来到南通市中医院跟随朱良春等多位老师临床，成为朱老早年的学生。蒙师指导，我当时（1965 届）毕业成绩总分排第一名。大学毕业后，我又有幸分配到南通，在朱老的指导下工作，并继续学习，直至 1978 年，师从朱老 14 载，几未间断，包括在那"最黑暗的年月"，老师均倾囊相授，使我受用终生。

朱良春老师勤于耕耘，学有渊源。我记得早年跟师学习，每次早或晚请教时，朱师多正伏案阅读或笔耕不止，让人不忍打扰。先生坚持"每日必有一得"的刻苦钻研精神，言传身教，常人难及。上自《黄帝内经》《难经》《神农本草经》，下及历代名著，尤对清代叶天士、蒋宝素和近代张锡纯等名家著述，无不用心博览。先生师承章次公大师，章次公先生亲炙于丁甘仁、曹颖甫前贤（《经方实验录》《丁甘仁医案》为朱老指定后学必读之书）。先生对《伤寒论》及《金匮要略》进行过深入研究，并从中领悟了辨证精髓，屡以经方起大疴。在随先生学习时，常见其以大承气汤加味治疗乙脑、高热、神昏，取效卓越。

此中印象最为深刻者，是朱师始终瞄准临床疑难病及危重病，尤其对当时、当今西医尚无法解决，或解决不好，或即使解决但对病人有所损害或使病人在经济上难以承受的病患。比如对顽痹（类风湿关节炎、强直性脊柱炎等）、痛风、肝硬化、慢性肾炎、肾功能不全、心脑血管病、乙脑、肺结核、肺脓肿等的治疗。顽痹患者疼痛难忍、活动受限，几乎病瘫在床，对这种"不死的癌症"（类风湿性关节炎），西药治疗已走到尽头（或激素副作用显著，无法接受），朱老以"益肾蠲痹"为主治疗，以益肾壮督，配钻透搜剔之品，往往能出奇制胜，力挽沉疴。因疗效奇特，逐步彰显优势，扩大了服务范围，拓宽了中医药的生存空间。

"肺脓肿"是20世纪发病率及死亡率较高的疾病，脓肿一旦形成抗生素就无能为力，而胸外科治疗又有其严格的手术指征，且基层难以普及。朱老深入民间采风，与农民同吃、同住、同劳动，发现并发掘出专治"肺痈"的民间医师成云龙，将其请来医院开设了"肺脓肿专科病房"。我有幸参加了其中的攻坚阶段，亲眼看到了中医药的强大优势。患者来院时多持续高热，体温达40℃，咳吐脓血，生命垂危，来院后一经确诊，即用铁脚将军草（金荞麦）单一中药制剂治疗，多数患者在1~2日内体温恢复正常，转危为安。记得最严重的一名患者两肺有大小23个病灶（多有液平），5次血培养均为金黄色葡萄球菌生长，确诊为金葡菌败血症伴多发性肺脓肿，这位患者曾由我主管，所以我清楚地记得未使用任何抗生素（包括口服），完全使用中药（以金荞麦制剂为主）治疗后，患者两肺脓肿、空洞均愈合，血培养转阴，痊愈出院。此项研究后经与中国医科院药物所专家合作，系统观察506例（均有治疗前后胸片对照），效果奇佳，胜出当时多种广谱抗生素的疗效，于20世纪80年代取得国家科技发明奖及卫生部一等成果奖，是我国对外介绍的 13 项中医药成果之一。

另外，先生对《千金方》进行了系统分析研究，吸取其简、便、验、廉的特色，并注重搜集民间有效的单方草药，如著名的季德胜蛇药、陈照治瘰疬（淋巴结核）的拔核药、成云龙治肺脓肿的铁脚将军草均为先生亲自挖掘，产生了巨大的社会及经济效益。先生常云：只有对中医基础理论乃至草头方药进行深入学习、研究，才是全面继承，方可系统整理，进而发展、创新、提高。跟朱师学习，使我深深体会到中医药学只有扎根临床才能发扬光大的真谛，根深才能叶茂，以至硕果累累，只有深造于"经典"，才能创新于现代。

疗效是块试金石，朱老以其卓著的临床疗效成为当之无愧的临床大师。他强调："中医之生命在于学术，学术之根源本于临床，临床水平之检测在于疗效。"所以临床疗效是迄今为止一切医学的核心问题，也是中医学强大生命力之所在，为此，我们必须在临床实践方面多下功夫，成为一名理论密切联系实践的临床家，而无愧于前人。临床疗效是中医安身立命之本，是中医学术的核心竞争力，但中医的优势特色不是口号、空话，事业如此，医家也如此。疗效是硬道理，但必须求真务实。应该以科学发展观，不遗余力地追求疗效，及时总结经验，光说大话、空话、废话，只能帮中医的倒忙。

朱老受业师章次公先生"发皇古义，融会新知"思想的影响，一向重视对现代医学的学习，以取其长处，为我所用，是我国最早撰文提出辨证论治与辨病论治相结合的学者。朱老强调中、西医各有所长，辨证论治是中医的精髓和特色所在，不但不能丢弃，而且要不断发扬，如结合西医辨病、宏观与微观相参，可使治疗各具针对性，有利于提高疗效。

继承与创新是中医药发展的永恒主题，继承是创新的基础，创新更是继承的动力。创新是一个民族的灵魂，没有系统的继承，就没有真正的创新，只有创新，中医药学术才能与时俱进，为人类健康事业做出更大贡献。

求创新　倡导中西医结合

我毕业于中医院校，分配至基层医院，当时特定的形势及医疗实践教育我、引导我走上了中西医结合的道路，至今已 40 余年，抚今追昔，感慨万千。

"文革"期间，有真才实学的权威、老师多被打倒，我出身不好，不许"搞革命"，只许"促生产"，所以较早就承担了急危重症多、风险大的内科病房工作。在"阶级斗争"甚嚣尘上的年代，临床救治只能成功，不许失败，否则便会被扣上"阶级报复"的帽子，比当今的医患摩擦、经济索赔更为可怕。记得一慢性支气管炎肺气肿、肺心病病人合并严重感染，因未及时治疗，来院后发展为呼吸衰竭、肺性脑病、中毒性休克、肾功能衰竭，以及因上述情况加用激素后又合并的上消化道大出血，这样四个以上脏器衰竭的患者，按当时文献记载的死亡率几乎为100%，单纯西药治疗困难重重，单纯中药治疗余地也不多。故我重新调整治疗方案，停用激素及西药止血药，插胃管，依当时辨证，给病人交替灌注中药参三七、大黄，以及独参汤及参附汤、四逆汤等，进行全身支持及升压并用，患者昏迷数日后，出血得到控制，血压回升，逐步清醒，康复出院。

这虽是初步的中西医结合尝试，但给予我的启示却是很大的：以同样的思维模式，尽可能从中、西医两套理论、实践中深入学习，并在具体的疾病、患者、症状，甚至对许多体征、检查结果的理解中找出中西医结合点，充分发挥中、西医各自的优势，争取最好的疗效。在以后治疗流行性出血热合并急性肾衰（当时尚无血液透析）、金黄色葡萄球菌败血症合并多发性肺脓肿、胆石症、胆囊炎合并中毒性休克、冠心病、心肌梗死、脑梗死、脑出血等危重病证时，采用中西医结合疗法多可取得优于单纯中医或单纯西医治疗的效果，坚定了我走中西医结合道路的决心。

1978年恢复研究生招考，在近百名竞争者中，我以总成绩第一名被录取为我国第一届中西医结合心血管临床专业研究生。心血管专业中西医结合的难度较大，现代医学日新月异的进展往往最先、最集中地体现在心血管系统疾病的诊疗中，昨日的中西医结合优势，今日已未必存在。

冠心病不稳定性心绞痛是介于稳定性心绞痛及急性心肌梗死的中间状态，如不及时有效治疗，预后险恶（约15%可演变为急性心梗）。中医、中西医结合研究过去多集中于稳定性心绞痛，现代医学主张溶栓及PTCA，但远期疗效尚无定论。从中医理论出发，不稳定性心绞痛中，自发性心绞痛、变异性心绞痛根据其主要证候、舌脉表现，多属寒凝血瘀，而劳力性心绞痛多属气虚血瘀。我们将多年来从临床及实验中筛选出的大蒜有效成分大蒜素应用于临床，取得了不错的疗效。《本草纲目》记载大蒜能"通五脏，达诸窍，化癥积""捣汁饮……治心痛"，《本草拾遗》也记载大蒜有"宣通温补，无以加之"的功效，尤其"捣汁饮"提示剂型应用当与煎剂有别。为此，我们在制药专家的帮助下将其制成静脉注射液。不稳定性心绞痛的现代医学主要病理生理基础为冠脉痉挛、血液高凝状态、心肌耗氧增加以及冠脉痉挛后的缺血及缺血再灌损伤，目前治疗本病的药物多只针对其中某一环节，疗效局限，且难持久，为此发挥中西医结合优势，探索新的治疗药物，是当今临床治疗心血管病的重要课题。

从实验入手，我们首先证实了大蒜素有钙拮抗作用，可扩张冠脉，降压，减少心肌耗氧量，以及降低血浆内皮素，清除自由基，改善血液流变性（包括红细胞及白细胞流变性）及微循环，减少心脏缺血再灌损伤。临床观察 60 例不稳定性心绞痛患者（其中大蒜素静脉注射治疗组 39 例，硝酸甘油对照组 21例），结果证实大蒜素治疗不稳定性心绞痛有效率为 87%，总疗效与硝酸甘油对照组无明显差异，但对重度瘀血患者有效率为 89%，明显优于硝酸甘油组，如为寒凝血瘀型其疗效更佳。我们还证实了大蒜素可抑制不稳定型心绞痛患者中性粒细胞表面 CD16 的表达，抑制血小板 – 中性粒细胞的相互作用，从而抑制中性粒细胞与内皮细胞黏附、游走及各种活性物质释放，减缓粥样硬化斑块的活动、发展、破裂或出血，从而减少心肌损伤。另外还证实，大蒜素能模拟缺血预处理的心脏保护作用，缩小心肌梗死面积范围，其作用与缺血预处理对照组无差异。

急性脑血管病在我国死因调查中已位居首位，其中急性脑梗死占总发病率的 56.6%～88%，且致残率高，对社会危害大，目前尚无特效治疗药物。鉴于上述大蒜素的基础研究，并且证实其可以通过血脑屏障，我们临床又以大蒜素治疗急性脑梗死 101 例，结果经神经系统功能评分（采用国际标准 Mathew's法），总有效率为 89.36%，并可使患者血清 MDA 含量明显下降，脑血流量明显增加，治疗后患者红细胞及白细胞血液流变性明显改善。

"血瘀证"辨证诊断的重要体征为紫舌、涩脉、瘀血腹征，在系统整理的基础上，我们采用生物物理分光定量、Doppler 血流速度、流量以及脉腔内腔测定、红外热图等方法对上述体征进行量化，改变了传统以肉眼、触觉、感知难以定量、比较的困难局面，为"血瘀证"诊断辨证及其研究提供了参考。

中、西医学的共同目标都是研究和探索人类生命活动的客观规律以及防病治病的手段、方法。共同的对象都是人和疾病。由于中、西医学各自形成的社会、历史及哲学背景不同，使各自的理论体系不同，但这不等于是背道而驰、水火不容，不是有人担心的"结合一点，消灭一点，全部结合，全部消灭"。现代科技发展日新月异，优秀传统文化应及时吸收其优势，充实、创新、发展，不必将其拒之门外。世间最珍贵的是生命，当去抢救、挽救它时不需要也不应该区分用的什么理论体系的方法，是不是中、西医结合，符合不符合原体系的自身发展规律，只要这个方法是最有效、最能挽救生命的、最有用也值得进一步研究发展推广的，相信包括最反对中西医结合的人也会欣然选择。

中西医结合的宗旨是将中西医学各自的优势、特长有机结合，为我所用，解决临床实际问题。大家都知道中医重整体宏观辨证，西医重局部微观辨病，这是在我国既有中医又有西医的特定历史下产生的，可以追溯到 16 世纪西医传入中国及 17 世纪中叶中西医汇通的产生形成。尤其从 20 世纪 50 年代起，在党中央"坚持中西医结合方针""促进中西医结合"的正确指导下，形成了中西医结合临床、科研、教学、管理的逐步完善体系，显示出其强大的生命力。

医学科学进步最重要的标志是认识、治疗当时难以解决、治疗的疾病。如用中药砒霜（As_2O_3）注射液治疗急性早幼粒细胞白血病（APL），对于这种死亡率甚高，经西药（ATRA）治疗无效的难治易复发的疾病，中药仍显示出了独特优势。再如在抗击 SARS 的战斗中，党中央及时指明了中西医结合治疗的方向，使中西医结合治疗在改善患者症状、减少并发症、降低死亡率方面做出了重要贡献。

重临床　衷中参西弘岐黄

生物具有多样性，文化也是多元的。一花独放不是春，万紫千红春满园，中医学的发展需要多学科的参与，要提倡百花齐放、百家争鸣，允许有的人走纯中医之路，有的人走中西医结合之路，最终殊途同归，取得最佳的临床疗效才是硬道理。在掌握现代医学知识的同时，中医知识掌握得越深入、越广博，越能推动中医与中西医结合事业的发展。

我认为，中西医两套知识体系只有在一个医生的脑子里，才能得到最好的有机结合，趋利避害，取得最佳的临床疗效。时代的发展要求我们找到适合中医药与中西医结合发展的生存空间，这种空间到底有多大？当代的许多疑难疾病，采用中西医单独治疗均有较大难度，临床实践要求我们找到更好的治疗思路和方法，要找出中西医结合治疗的优势病种以及参与各病种治疗的优势阶段。以冠心病为例，对其的治疗已进入后再灌注时代，药物涂层支架的广泛应用已使原来近三分之一的再狭窄发生率大大降低，但其远期血栓发生率仍然较高，总死亡率也并不下降，此时中西医结合治疗仍可发挥重要作用。例如：心肌的微循环障碍是困扰冠心病介入治疗的难题，虽然心肌表层的大的血管通过介入治疗得到再灌注，但微循环障碍所造成的再灌注损伤、无复流等现象，目前西医尚无有效的治疗方法和药物。这是中医药发挥作用的重要病种和治疗阶段。

临床实际要求我们必须具备中西医两套知识，而且在一个医生的脑子里不能互相排斥，而应有机融和，才能优势互补，制定出最佳治疗方案。以高血压的治疗为例，常用的钙拮抗剂中，硝苯地平能使心率增快，按中医认识属热性药；而β受体阻断剂能减慢心率，属中医的寒性药。对于无明显偏寒热的高血压患者，这两类药合用，能起到良好的疗效，并能相互抵消各自的副作用，提高患者的耐受性。对高血压患者舌苔厚腻者，中医认为属湿浊为患，可选用有利尿作用的降压药如吲达帕胺，使湿邪从小便而出。再如对心功能不全的患者，应用小剂量的北五加皮（含杠柳毒苷等，作用强烈，具一般强心苷的作用特点，对心脏的作用与毒毛旋花苷相似，有毒性）对改善心功能和临床症状疗效确切。

临证强调抓主导病机，抓主要矛盾。以心血管疾病为例，我在临床观察发现，冠心病介入治疗后的患者，相当一部分存在轻度心功能不全的症状，临证可见面色少华、脉沉细、左寸脉不起等心气虚的表现，同时伴有劳累后出现胸痛、舌质暗或淡暗等心血瘀滞的表现，可采用益气升陷、活血化瘀的升解通瘀汤治疗。多数患者经治疗后，左手寸脉渐起，精神、体力明显改善，胸痛症状消失。对当前中医药界的不良风气，我认为应从自身做起，以实际行动进行抵制。某些人为经济利益所驱使，动辄开大方，增加了患者的负担，既浪费药材，又损害患者实为无理论、无大法、无古方，不能称其为真正的中医。

对临床病案的研究首先要真实，只有求真务实，才能真正了解中西医结合到底有什么优势，我们的发展优势到底在哪里？真实是最基本、最简单的，同时也是最高层次的对真理的体现。对临床案例的研究，应不局限于中、西医病名，关键是更好地为临床实际服务，解决患者的实际问题，在临床实际的每一个病案中体现中西医结合的治疗思路和方法。中西医结合要从理法方药等不同层次上结合，目标是提高临床疗效。不能仅仅局限于微观的几个指标或几项检查手段的结合，结合应体现在一个个临床实际案例中，不应是空洞的理论或教条。

科研的目的是为了服务于临床，取得最佳临床疗效是硬道理。我先后参加了"心气虚实质"及"病态窦房结综合征的中西医结合治疗"的研究，分别获卫生部及国家中医药管理局科技成果奖；主持国家自然科学基金项目"大蒜素治疗急性脑梗死的机理研究"等部局级课题多项。我们的科研也必须紧密结合临床，不要脱离实际。古人云："行者常至，为者常成。"只有当我们踏踏实实地行动起来，才可能取得令人信服的、对临床有真正指导作用的科研成果，为中医和中西医结合事业起到真正的推动作用，而不是我们面临的虚假繁荣。

现代科技的飞速发展极大地推动了医学的进步，我们应该善于吸收当代最新的科技成果，为中医药的继承和发展服务。比如，中医认为痰分为有形之痰与无形之痰，古人认为的无形之痰，因现代科技发展已可能做出检测，变为有形之痰。如迷路水肿引起的内耳眩晕，既往认为是无形之痰，现今经 MRI 检查已可发现并进行确切诊断。我们通过现代检查结果，可以客观评价中医药的疗效，使其更具说服力，以利中医药得到广泛认同，走向世界。

中医学和中西医结合事业任重道远，应是几代人的大业，我们艰涉的几步，虽成效甚微，但如对年轻一代有所参考，已为甚幸。还是那句老话，道路虽曲折，但前景广阔而辉煌，中西医结合是中国医学发展的客观必然。

（谷万里协助整理）

田代华

田代华（1942—　），字莲花，山东汶上县人。1968
年毕业于山东中医学院，分配至汶上县南站卫生院，中
医师。1971年4月调回山东中医学院任教，在中医基础
教研室担任教学工作，1977～1987年被选为山东省第五
届、第六届人民代表大会代表。1981年晋升为讲师，
1985年5月学院中医文献研究所成立，遂担任副所长。
1986年晋升为副教授，确定为硕士生导师，1993年晋升
为教授，确定为博士生导师。1995年后，山东中医药大
学文献所中医医史文献专业先后被评为山东省、国家中医药管理局和教育部重
点学科，田代华被确定为中医基础理论与临床文献专业的学术带头人，享受国
务院政府特殊津贴。

从事中医临床、教学和中医文献研究工作五十年，为全国知名的中医医史
文献专家，具有很高的学术造诣。致力于中医基础理论与临床应用的文献研究，
博极医源，精勤不倦，阅读了大量中医古籍，积累了许多文献资料，提出了个
人的学术观点，创立了中西对应、病证结合、三要素（病因、病位、体质）辨
证的学术体系，为继承发扬中医学术做出了重要贡献，2001年被中国中西医结
合学会授予中西医结合贡献奖，同年被评为山东省科技创新人才，2007年被评
为山东省著名中医。培养的硕士、博士研究生大多成为中医教学、科研和临床
医疗的骨干。

在教学的同时，还主持了大量中医科研工作，发表了50余篇专业论文，编
撰或校注了30多部学术著作及中医古籍。主编了大型辞书《实用中药辞典》，
以及《中医文献导读》《传统中医学理论》《实用中医对药方》《校勘学》《中医
揽胜》《中医防病与保健》《心理与健康》等；副主编有《中医方剂大辞典》
《实用中医保健学》《中医妇科基础理论》《中医文献学》《实用汉英中医辞典》

《中国历代名医百家传》等；并参加了大型文献著作《中华本草》《素问校释》《针灸甲乙经校注》《灵枢经语释》《实用中医基础理论学》的编写工作；校注的中医古籍有《黄帝内经素问》《灵枢经》《素问注证发微》《灵枢注证发微》《医学入门》《医学心悟》《活幼心书》《古今名医方论》《先醒斋医学广笔记》《鲁府禁方》《奇效良方》《胎产心法》《妇人大全良方》《刘涓子鬼遗方》《疡科心得集》《世医得效方》等。近年来获得的科研奖励有：国家科学委员会科技进步三等奖 1 项；国家中医药管理局基础研究一等奖 1 项，科技进步二等奖 2 项、三等奖 1 项；山东省教育委员会科技进步二等奖 2 项、三等奖 2 项等。

往昔沦丧　立志学医

1942 年 12 月，我出生在汶上西关外一个贫穷的村庄，父亲上过几年私塾，在外地农村当一名收税的文书。我姊妹五人，数我最小。母亲因操劳过度，身体经常有病，奶水很少，我是靠粗粮喂大的。那时正是中国社会最艰难的时期，日本帝国主义侵略中国，国民党节节败退，只有中国共产党领导的游击队坚持着与日本人的战斗。1946 年冬，因我家与八路军游击队员有亲戚关系，被坏人告密，国民党将我父亲关入汶上大牢。1947 年夏，八路军向国民党新五军发动进攻，包围了汶上城，当时八路军就住在我们村，我家住了一个班。周围的人大都逃难去了，只有母亲、大娘和我留在家里，八路军在北屋和南屋靠墙挖了地道，用门板斜立在墙上做掩体，我们住在东间的床底下。北屋东边有一间小北屋，屋里架着一挺重机枪，方向正对着新五军驻西关的桥头堡。战斗开始打得异常激烈，新五军几次反攻都被打了回去。后用望远镜在城墙上向我们这边张望，用小钢炮轰我的家，一发炮弹炸倒了小北屋，另一发炮弹穿透了北屋东墙中的神龛，落在西间隔壁墙下，但没有响，八路军急忙跑出屋去，母亲和大娘领着我跑到八路军的掩体里，问我是否害怕，我当时从睡梦中惊醒，并不知道发生的一切，所以也没觉得害怕。第二天早上，母亲就领着我们到邻近的村庄逃难去了。事后不久，新五军弹尽粮绝，尽管空投的飞机不断穿梭飞行，但物资却大多被我军俘获，且兖州的战事也对国民党军队不利，所以不久就不战而逃了，父亲也在慌乱中返回了家。中华人民共和国成立后，我家分到了几亩好地，庄稼长得不错，日子逐渐好转。父亲当上了当地小学的校长，大哥也在县城水利局找到了工作。但母亲的咳嗽却越来越重，找了几个中医大夫诊治，却未见任何好转。更不幸的是，1948年秋天我六岁时，我在枣树下拣枣，邻家孩子用砖头投枣，砖头正巧砸在我头上，鲜血直流，疼痛难忍，母亲、大嫂忙着用灰土、旧布给我止血，血虽止住了，却因无钱买药消炎，最终感染化脓，成了疮疖，后在项侧、背部也长了疮，一直缠绵不愈，直到冬天，我跟随二哥到池塘溜冰，不慎仰面滑倒，将头部的脓肿磕破。我哭着回家，又怕母亲生气，只得跑到大娘屋里，大娘用旧棉絮给我揩去脓血，将我送到母亲身边，母亲又可怜我又生气，哭着说："我看你是活不过今年冬天了。"但我的生命力很强，疮疖并没有夺去我的生命。后来亲戚替我找了个农村外科郎中，用腐蚀药捻给我治疗，将长长的药捻插入我头部、项部和背部的脓肿中，经过近半年的治疗，我的疮疖竟奇迹般地逐渐痊愈。现在我的头顶上仍有一个凹陷，可见当时颅骨已经骨折，但大脑并没有受到影响。项侧的疮疖叫"对口"，背部的疮疖叫"搭背"，也都是名疮。古人说："疮怕有名。"现在回想起来，还有些害怕，多亏那位农村郎中救了我一命！从那以后，我再也没有长过疮疖，也许是获得免疫了吧。

我八岁开始上小学，当时父亲已调到汶上县中学当总务科长，对我过问甚少。我比较调皮，喜欢和同学打闹，但学习不甘落后，成绩总是名列前茅，多次受到老师的表扬。记得校长兼数学老师对我说："你的天资很好，只要努力学习，将来一定能上大学。"我当时还不知道什么是大学，只知道是李校长对我的鼓励，所以从那时起就把学习放在了第一位。还有一件令我印象深刻的事情，一位邻村县劳动模范到我校做报告，他说："乡下也有灵芝草，城里也有牤牛墩。只要学习肯吃苦，铁杵也能磨成针。"他并解释说："毛主席是我们的伟大领袖，他就是从农村走出来的灵芝草。世界上有许多大人物都出身农村，他们靠刻苦学习取得了成功。你们要有志气，好好学习，天天向上，将来就能成为大人物。""乡下也有灵芝草"这句话，给我的影响极大，一直是引导我前进的动力。

因为没人指导，考初中时我跟随同学一起步行35千米，参加了嘉祥二中的考试。嘉祥二中原是南旺第一中学，是中华人民共和国成立后才建立的，在现嘉祥县北约35千米的梁宝寺，后因南旺县被撤销，遂改为嘉祥县第二中学。我当时只有十四岁，步行了35千米已是筋疲力尽，再想回考汶上一中已是来不及了，录取后只得去那里上学。学校条件很差，没有电灯，没有教学设备，只有靠勤工俭学为自己创造条件，师资倒还不错，主干课程都有较好的老师上课。我学习很用功，各门功课都很好，有一年曾获全校唯一的全5分，得到班主任的表彰。但不幸的事情还是发生了，母亲的病越来越严重，当时西医很少，请了中医大夫诊治，结果越治越重。一次我星期天回家，亲见母亲夜里咳嗽得浑身出虚汗，咳吐的黏痰每天都有多半碗，家中本来就穷，没有什么好吃的，营养跟不上，加上饮食少，母亲身体日渐消瘦，已经不能起床了。我在家里住了一周，也是辗转反侧，无计可施，唯暗自流泪，祈求神灵保佑。后来回到学校，也无心学习，一天噩耗传来，母亲离开了人世。母亲的去世，如同晴天霹雳，使我变得沉闷寡言，经常在梦中哭醒。

高中考试也是在无奈的情况下进行的。1959年嘉祥县撤销，梁宝寺划归郓城县，属菏泽地区，成了郓城第十四中学。我本想回考到汶上一中，但那时高中不能跨地区考试，若考菏泽、郓城高中，则越考越远，所以只能留在本校。本校高中师资条件很差，大多数教师是初中提上来的，新分配来的教师教学经验缺乏，边学边教，弄得我们晕头转向。当时正值三年自然灾害，生活极其困难，每人每月只23斤口粮，且大多是地瓜干、粗粮，为了补充粮食的不足，老师带领我们开辟了菜园，每班都种了很多蔬菜，还经常带我们到荒野采集野菜，到河里捞取河藻。为了减轻负担，学校经常放假，几乎上一个月课，放20天假，有一次放了100天，称为"百日假"。在校上课期间，我们还要到农村挖河道、修水利，老师特别照顾我，没有让我去，而是叫我绘制教学挂图，后来又让我跟随美术老师到农村去绘制看图识字，即在墙壁上先用石灰涂一个圆块，干了以后用彩笔在上面绘画，并写上物名，如鸡、鸭、狗、兔之类。现在想起来，我还十分感激老师对我的照顾。1960年春天，我的一位要好的同学得了肠伤寒（以后才知道），回家诊治了两个多月才痊愈，回来后和我同吃同住，很快我就被传染上了，每天发烧，大便黏腻不爽，持续一月有余，后来才知道叫稽留热。学校将我隔离起来，一个人住一间屋，医务室的老师让我服土霉素和氯霉素，班里的女生轮流到伙房为我做饭，她们的关怀至今未能忘怀。有一次夜里烧得我烦躁不安，一夜没睡，第二天早晨到医务室一查，体温42℃，已到了体温计的最顶端，医务室的老师都惊讶于我竟没有惊风。

母亲的因病去世和自身的疾病经历，使我深感做医生的责任，从此我便暗下决心，将来一定做个好医生，拯救那些挣扎在疾病痛苦中的人们。

苦学巧记　知难而进

明确了志向之后，我便朝着考"医农"的方向努力。1962 年，国家实行"调整巩固，充实提高"的政策，削减了各高校的招生名额，给高中毕业生带来了极大压力，据说当时的录取比例为 20∶1。那时报考专业由学校说了算，学校领导研究让我报考"理工"，我却硬要报考"医农"，结果在毕业分配审查表上，班主任给我填了"不服从国家分配"的评语，使我心中蒙上了巨大的压力，幸得教化学的张老师支持我，我去找班主任评理，我说："什么是国家分配，不过是你们的意见，并没有征求我的意见，现在的任务是考学，考上了就是服从国家分配，考不上什么也不是！张老师就支持我。"后来班主任经协商将评语改为"过于强调个人的志愿"，我说可以，反正我是要考医学专业的。最后我报考的第一志愿是北京医科大学，第二志愿是山东中医学院。结果我们班只考取了我一个，即山东中医学院，报考"理工"的一个也没考上，许多优秀同学被拒之大学门外，实在太可惜了。

从学习数理化转学中医学这门古老的学科，实在太费劲了，以前所学的知识几乎全用不上，一切都得从头开始。但我暗下决心，不管有多难，也要学好。回顾六年的学习，我主要是以老师的教案和教材为主，采取苦学巧记的方法，将每门功课都重新整理一番，变成自己的学习笔记，并取名为"中医万宝囊"。例如那时尚没有中医基础理论这门课，只有内经释义，以《内经》基本理论为依据，讲述阴阳五行、藏象经络、气血津液、病因病机、治则治法、养生防病等内容，以白话为主，穿插了部分原文。之后又学习了《内经辑要》，以阐释原文为主，并要求我们背诵。为了加深记忆，我在小本子上重新抄写了重要条文，放在衣兜里，随时背诵，忘记时就拿出来看看，取得了较好的效果，现在对于《内经》的重要原文，还能张口即来。中药学是一门较难学习的课程，开始易记，多了性味归经、功效主治等就容易混淆，为了便于记忆，我首先将每类药物编成歌诀，记在一个小本上，我曾依据当时的教材，将解表类的辛温解表药编成"麻桂紫荆羌，防芷藁细姜，葱荽柽柳香"；将辛凉解表药编成"薄牛蝉桑菊，浮蔓淡豆豉，葛柴升贼齐"；将清热泻火药编成"石知栀竹连，三黄苦龙胆";将利水渗湿药编成"茯猪泽车茵，滑薏冬防心，木通瞿萹石，葵萆肤海金";将祛风湿药编成"独五木威芄，续骨蚕海狗，防豨海络桑，桑虎白乌有"等。然后再区分同类药物的不同之处，就会收到事半功倍的效果。而且采用这种方式记诵药物，对之后临床加减应用很有用处，只要背一下歌诀，就可以选出最适宜的药物。方剂学也是一门需要强记的课程，开始方歌容易记，多了就易记混，于是我先用钢笔将每方的功用、主治、病机和方解写在方歌本的空白处，将容易混淆的地方划出记号，然后反复背诵，记忆就容易了，至今临床常用的方剂我都能背诵出来，极有利于临床应用。诊断学是一门内容烦琐的课程，我学习时进行了系统整理，将望、闻、问、切四诊列出纲要，望诊以舌诊为重点，舌质有淡、红、绛、紫，舌苔有白、黄、灰、黑、腻、滑等；问诊以张介宾"十问歌"为重点，然后展开记忆；切诊以脉诊为重点，把 28 脉分为浮、沉、迟、数、虚、实六类，将其他脉象分别概括在六类脉象之中，结合《濒湖脉学》加以记诵。总之，只记纲要，对具体内容不必强记，重点是学会用中医理论进行推导。《伤寒论》是张仲景的临床名著，总结了汉代以前治疗伤寒热病的经验，由于学习时尚没有临床实践，学起来较困难，幸运的是李克绍老师讲得很好，分析得头头是道，减少了学习的难度。我以六经归类方剂，以方剂为基础，采取以方类证的方法，将相关条文罗列在方下，学习起来就比较容易，并与《方剂学》中的方歌结合起来，使背诵的条文不致遗忘。《金匮要略》比《伤寒论》更难学，因为它介绍的古病名较多，对于没接触过临床的学生来说，光记那些病名就比较吃力。我学习时先将其病名加以总结，然后对每病的证候类型加以划分，再记方剂，相对就容易了。例如痰饮，有广义和狭义之别，广义的痰饮，是指肺脾肾三脏的功能失调，水液输布障碍，水饮停聚所致的疾病。由于水饮停聚的部位不同，而有痰饮（狭义）、悬饮、溢饮、支饮四种不同类别，饮停肠胃者为痰饮，饮停胁下者为悬饮，饮停四肢者为溢饮，饮停胸膈者为支饮。痰饮总体上可用"温药和之"，但必须视病情采用温化、发汗、利小便、逐水等方法。其中，悬饮可用十枣汤；溢饮可用大、小青龙汤；支饮可用木防己汤、小青龙汤、泽泻汤、厚朴大黄汤、葶苈大枣泻肺汤、小半夏汤；痰饮可用苓桂术甘汤、肾气丸、甘遂半夏汤。另外，《方剂学》中所选《金匮》的方剂较少，有些重要方剂必须现编歌诀，才能记得清楚。对于临床各科，如内科学、外科学、妇科学、儿科学、眼科学、针灸学、推拿学等各门课程，我都做了系统总结,将纲要分别用一个个小本子整理出来,反复苦读,设法巧记。我的学习原则是:当天的功课当天复习整理完,如果因事完不成,星期天一定补上,绝不留尾巴。现在回想起来,建立"中医万宝囊"是我学习中医的有效方法。当时学院评选全优生,全部功课考试在95分以上的共20人,我就是其中之一。老师将全优生的名字公布在黑板报上,在学生中影响很大。

中医学是一门古老的学科,涉及古代哲学、文学、天文、历法、地理等知识,由于文字的变迁、文体的改变,古代的书籍今人已难以阅读,因此,医古文就成为我们的必修课。我很喜欢古文,教我们的解老师具有深厚的古汉语底蕴,他从《诗经》讲起,凡古代的寓言、神话故事,庄子的《逍遥游》,荀子的《天论》《劝学》,宋玉的《风赋》,枚乘的《七发》,韩愈的《原毁》《进学解》,柳宗元的《封建论》《三戒》《永州八记》,司马迁的《扁鹊仓公列传》《孙子吴起列传》《越王勾践世家》,贾谊的《过秦论》,李密的《陈情表》,陶渊明的《归去来兮辞》等,均进行了详细讲解,有些还要求我们背诵,至今有些内容我还能脱口而出。学习医古文,激发了我阅读中医古籍的兴趣,奠定了整理研究中医古籍的基础。《医学史》使我熟悉了历代中医发展概况、伟大医学家的成就和古代著名医家的著作,增强了我学习中医的信心。哲学也很重要,使我懂得了唯物主义和辩证法,学会了历史地全面地看待问题,树立了科学的世界观,对我之后的工作帮助很大。

中医理论学完以后我们有半年的见习,分别在附属医院、市中医院和铁路医院随师就诊。带教的老师水平参差不齐,有些是学验丰富的名家,有些是普通医生。记忆最深的是内科带教的刘献琳老师,他治疗经验丰富,带教严肃认真,教我们如何写病历,如何用学过的理论指导辨证,如何在原方的基础上加减用药。刘老师的就诊者很多,疗效极佳,使我看到了中医的伟大和奥妙,对我之后治疗内科疾病起到了启蒙作用。记得有一次治疗一例慢性气管炎,病人胸闷咳嗽,咳痰黏稠量多,当时我认为青礞石善治顽痰、老痰,便用了二陈汤加青礞石、黄芩、瓜蒌等药,刘老师删去了青礞石,并告诉我说:"青礞石是一味金石峻猛之药,病人痰虽多但体虚,不宜应用,临床上青礞石多用于痰结癫狂实证,如《丹溪心法附余》礞石滚痰丸,很少用于咳嗽痰多,以后要牢记。"一席话使我对青礞石的药性有了一个明确的概念。其他各科的见习也使我累积了不少经验。例如在儿科见习期间,遇到一例紫癜患儿,其两下肢紫斑成片,有的色红，有的紫暗，有的淡暗；时发低烧，精神烦躁，脉细数。老师告诉我们："紫癜的西医症状有血小板减少、过敏等情况，中医称为肌衄、紫斑。色红者为新出，色紫暗者为稍久，淡暗者为消退，病人三者都有，说明病呈反复发作，时间已久。此证属阴虚血热之候，我有一个秘方，今天告诉你们，但也要辨证施治，不可乱用。"老师随手开了生地、麦冬、玄参、当归、赤芍、丹皮、阿胶、牛膝、茜草根、仙鹤草、参三七、紫草等药。后病人来复诊，紫斑未再新出，疾病已愈大半。类似的例子还有很多。我在见习期间常随同学到不同诊室，看不同老师诊病，随时记录老师的经验，有时参考同学的诊病记录，觉得很有收获。

1965年秋天，我们接受上级的指示，到日照县农村参加了"社会主义教育运动"，与农民同吃同住同劳动。日照是革命老区，山峦起伏，土地很少，农民非常贫困，终年以地瓜干煎饼为主食。我们白天跟随农民开石改田，担水浇地；晚上开会，开展社会主义教育运动，或访贫问苦，走家串户，了解农村干部的情况。工作艰苦而繁忙，生活清苦而单调。后来我们利用中午休息时间为农民针灸治病，偶尔也开简单的处方，深受群众的欢迎。当地病人很多，病种复杂，半身不遂、面瘫、关节炎、胃痛、头痛、牙痛等病皆有，几乎成为我们医疗实践的基地。记得当地卫生员领我去看一位急性腹痛病人，青年男性，发热，右下腹疼痛剧烈，疼痛部位拒按，已肿起一个硬包，伴有恶心不食，我认为是急性阑尾炎未成脓或已成脓而未溃，遂开了红藤煎加味，并嘱卫生员和病人：如有其他情况立即去医院治疗。结果病人吃了五服药，竟然好了。还有一次，一个小男孩小便浑浊，尿时疼痛，我认为是冬天饮水少，心火过旺下移小肠引起的，于是给他开了导赤散加焦山栀，只服了三剂就好了，病人的母亲非常感激。为群众诊病增进了我们与农民的关系，工作也开展得比较顺利。"社教"共进行了九个月，1966年7月我们返回学校，离开前当地农民依依不舍，赠了许多礼品，但都被"社教团"扣下了。

当时"文革"已经开始，各高校大字报铺天盖地，课也不上了，一切秩序全被打乱。1967年，工宣队、军宣队相继进驻高校，秩序逐渐好转，我们又开始学习西医课程，在学校经简单辅导之后，就分到各地医院，边学习边实践，虽然学得不很好，也算补上了西医课。1968年夏天，我们本该毕业，但因"文革"毕业推迟了，到了秋天，又到农村去接受农民再教育，我们到了莱芜县一个贫穷的山村。那年冬天，工宣队突然接到上级指示，说我们可以毕业了，要把我们分配到县级以下的农村单位去。工宣队、军宣队经过简单研究，制定了分配方案，便用卡车将我们拉回学校。领到毕业证书，我们就匆匆地各奔东西了。

医疗实践　重在有心

我被分配到汶上老家南站公社卫生院，那里医疗条件极差，没有医疗设备，有5间门诊、1间注射室、1间化验室、2间中西药房、4间病房和1间病房办公室。刚到的第二天，主任让我出诊，病人是个七八岁的儿童，右上腹绞痛难忍，哭着在地上打滚，四肢厥冷，痛处拒按，我诊断为蛔厥（胆道蛔虫证），回院开了两帖乌梅汤加使君子，并嘱家属将治疗情况告诉我。后据其父说，第一服药吐出大半，但腹痛减轻，第二服药分数次慢慢饮服，腹痛遂愈，后大便排出一条已死的蛔虫。初诊告捷，主任遂让我在中医门诊上班，中医门诊尚有一名马姓老大夫，是过去的私塾先生自学成才的，人品很好，我们住在一起，慢慢便无话不说，从古代文学到古代医学，马先生讲得头头是道，我当时刚从学校毕业，对古代文学、医学也能背诵一些，后来我们竟成了忘年之交，他逢人便说我的学问好，看病时还不断介绍病人给我。经过半年多的时间，我已对内、妇、儿科的常见病、多发病有所了解。我十分留心病人的情况，对不熟悉的疾病看后马上查书，对复诊的病人详细询问服药情况，认真积累经验。找我看病的当地群众越来越多，后马先生因病回家疗养，我竟成了医院中医科的顶梁柱，可谓小有名气了。后来主任让我去管病房，那时医院实行医护结合，医生要当护士，护士也要当医生。我因学过一段西医，对病房的工作稍知一二，且不会就学，不懂就问，手头上有一本《实用内科学》，还有西医《儿科学》《妇科学》等教材，因此边看书边治病，后来竟能熟练地应付病房工作，有时晚上给小儿打头皮针，连护士都找不着血管，我却可以试着打进去。

1970年春节后，主任让我到一个叫尚庄的村子去，帮助那里的赤脚医生开展"合作医疗"。赤脚医生名叫尚广元，为人既朴实又热情，我们吃住在一起，相互学习，很快成为朋友。当时的农村很穷，饭都吃不上，看病更加困难，我们就试着用针灸给病人治疗，虽不能全部治愈，但也能减轻病人的痛苦及负担。

我们还走家串户，访贫问苦，主动看望一些有病的老年人，受到农民的好评。到了夏天，济宁地区召开"三防"（防核武器、防生物武器、防化学武器）学习班，县里派我去参加，我那时精力充沛，学习"三防"自然没问题。回来后县里接着办学习班，让我去讲课，讲课时，我尽量将内容熟记在心，脱离讲稿，重点突出，使学员听得明白，受到大家的一致好评。卫生局刘局长认为我是个人才，事后将我调到县卫生局帮忙。卫生局的工作并不忙，我除处理日常工作外，便抽时间收集全县的卫生工作情况，开始自编卫生简报，内容包括卫生简讯、先进集体、好人好事、医疗经验、疾病预防等，并将中医治病的验方随时插入，自己排版，自己刻印，然后分发给各公社卫生院和有关单位，这一做法受到济宁地区卫生局的表扬。现在想来，不论参加医疗实践还是做其他工作，只要踏踏实实地去干，认真总结经验，做到心中有数，就能把工作做好。

勤求古训　积累经验

1971 年春天，我被调回学校。当时山东中医学院与山东医学院合并，到农村办学，总校移至泰安地区楼德镇，因缺中医教师，学校拟出 20 人的回调名单，由省委组织部统一调人。我被调回以后，分配到枣庄第一大队，住在峄城师专，开始听刘献琳老师讲中医基础课，那时中医基础是新增的一门科目，内容很少，但范围较广，包括中医诊断学。其余时间我就到峄城医院诊病，带学生见习。刘献琳老师既精理论，又擅临床，有时引经据典，有时结合病案分析，课讲得有声有色，大家都爱听。后刘老师分给我一部分内容，让我试讲，我备课虽很认真，但只能照本宣科，发挥较少，时间未到内容已经讲完，不知该说什么好。"学到用时方恨少"，才知自己知识、经验贫乏，尚需学习教学经验，不断充实教学内容。后向刘献琳老师请教，他说："中医理论来源于《内经》，必须熟读《内经》，才能熟悉中医理论的真谛。"一席话使我恍然明白了其中的道理，之后便努力研读《内经》，并将《内经》原文与《中医基础》加以对照，用《内经》理论阐释中医基础知识，逐渐提高了教学效果。

1973 年春节后，我与一位姓董的老师到陶庄煤矿中心医院带学生实习，因看病经费由矿务局报销，可以随便开药，所以工作开展得不错。开始在内科病房，那里的西医对中医有成见，并不十分配合，后来我看好了一例再生障碍性贫血患者。患儿男性，十四岁，经常腹泻，饮食欠佳，面色萎黄，血色素只有 3 克，西医用硫酸亚铁、维生素 B_{12}、激素类治疗，没有效果，只靠输血维持生命。我按脾虚治疗，予大剂量归脾汤加减，并停用一切西药，结果半年时间血色素升至 13.5 克，腹泻停止，饮食增进，不再输血，很快就出院了。还有一例再生障碍性贫血，我辨证为肾虚，用鹿茸大补丸加减治疗，虽未完全治愈，但血色素已达 8.5 克，输血时间延长了许多。另在抢救一例急性粒细胞白血病患者过程中，我用黄芪、西洋参、生地、赤芍、当归、阿胶、三七、白茅根、双花、公英等药治疗，益气凉血、清热解毒，使患者的病情缓解了 40 多天。我还治好了一例长期低热患者，患者为青年女性，因感冒发热输液，虽暂时发热好转，但不久又发低热，已两月不愈，西医用尽各种办法均无疗效，我认为是热邪稽留少阳，用小柴胡汤加减，7 剂而愈。事实胜于雄辩，中医不但能治病，而且可以治疗西医难以治愈的疾病。中心医院的西医开始对中医感兴趣，内科主任邀我一起查房，让我给病人看舌质舌苔、切脉，向我询问察舌、切脉诊病的道理，并在全科室开展学习中医的活动。记得有一病人舌质紫暗，我说此人定有瘀血，结果是一个肿瘤患者。后来我由内科转到儿科病房，当时儿科病房有很多小儿肺炎病例，用西药治疗需要一个多月才能痊愈，我用麻杏石甘汤加双花、连翘、大青叶、黄芩、瓜蒌等药煎服，配合西药治疗，只需 20 多天就能痊愈。医院军宣队队长有位战友的孩子发高热，吊针打了一星期不见好转，让我处方，我开了白虎汤加双花、连翘、荆芥等药，吃了两剂热就退了。他觉得中医很神奇，让我晚上给医院的医护人员讲课，我给他们讲阴阳五行、藏象经络、辨证论治，并引《内经》原文加以说明，大家听了很感兴趣，从此对中医不再排斥。后来我在矿区交了不少朋友，一天有位朋友邀我去铁道游击队长的家，给他老婆看病，我诊为更年期综合征，处以丹栀逍遥散加减，后据朋友称症状有了很大改善。

    1974 年春节后，我回到楼德总校，讲授中医基础理论，下半年跟随学生到泰山采药认药，我在上学时没有采药实践，对药物形态并不了解，这次可谓机会难得。在中药老师的带领下，我们走遍了泰山南北，在泰山顶上住了一周，认得了不少中药，感觉收获很大。1975 年春天，学校派我去山东曲阜县培训"赤脚医生"，我一开始讲授中医基础理论，后又在学生的要求下讲了中医内科学，中医内科学我以前从未讲过，只好现备课现讲课，好在之前基础不错，又有临床看病的经验，故得以顺利完成，学生评价很好。培训班的学生男女老幼都有，文化水平相差很大，有具多年实践经验的乡村医生，有刚毕业的初中学生，但大家的求知欲都很强，我白天讲课，晚上辅导，使大家都顺利地完成了学业。毕业时学生送我很多礼物，其中有一面镜子至今仍挂在我的墙上，使我不时回顾那段愉快的经历。1975年秋天我回到济南，在山东医学院住了半年，闭门熟读《内经》，并将《素问》《灵枢》《类经》系统阅读一遍，弥补了以前只读《内经辑要》的不足。后山东中医学院恢复，1976年春节后便回到本校，分在中医基础教研室。

中医基础教研室共开设两门课程，一门是中医基础理论，一门是内经选读，当时没有诊断教研室，诊断内容包含在中医基础理论中。教研室共有六七个人，著名中医张珍玉老师为我们的主任，他学识渊博，教学经验丰富，在张老师的带领下，我们编写了《实用中医基础理论学》教材和《中医基础教学参考资料》，受到国内中医界的好评。1977年春天，张老师让我赴北京参加中西医结合统编教材《中医基础理论》的编写工作会议，该教材由北京中医学院牵头，山东、上海、湖北、福建、内蒙古中医学院参与编写，大家对《中医基础理论》的内涵进行了认真的讨论，对每一章节的内容进行了逐一探讨，然后分头撰写，我撰写病因、发病和病机部分。我根据以前的教学经验，尽量将病因中的六淫、疫疠、七情、饮食、劳逸、痰饮、瘀血等致病性质和特点列出纲目，将它们的概念介绍清楚，以便让人一目了然，并将发病与病机结合起来，将邪正斗争、阴阳失调、脏腑失常作为主要病机，分析了邪正斗争主要是虚实变化，所谓"邪气盛则实，精气夺则虚"；阴阳失调主要是寒热变化，所谓"阴盛则寒，阳盛则热，阴虚则热，阳虚则寒"；脏腑失常主要是生理功能异常，如心藏神，主血脉，心的功能失常主要表现为神志和血脉病变，而虚证多由心气心阳不足、心阴心血虚衰，实证多由火热、暑邪、痰湿、痰热、瘀血所致，其他各脏亦皆如是。1977年底，北京中医学院在这一教材的基础上，组织大家在桂林召开了《中医基础理论》审定会，北京傅士垣、上海金寿山、湖北李今庸、山东张珍玉等名家出席会议，补充修订了部分内容。该教材成为大学本科四版统编教材，受到较好的评价。

为了提高教学质量，每星期二下午张老师都给我们辅导中医基础理论，他引经据典，结合临床实践加以阐发，并让我们讨论历史上有争议的问题，使大家统一了认识，大大提高了教学水平。在教学过程中，我不断总结教学经验，每次讲课都要重新编写教案，将以前教案中的不妥之处删掉，增加部分新的内容，以便让学生听得明白，易于理解。十年的讲稿累积起来有三尺多高，可惜被家属当废品处理了。后来我曾根据教学经验，为山东中西医结合学院编写了《传统中医学理论》教材，由南海出版公司出版，至今仍然应用。

在《内经》教学方面，我们课余编写了《内经选读》讲稿，将《素问》《灵枢》中的重要原文加以认真阐释，对学习理解《内经》有一定的意义。我曾在《山东中医杂志》上发表多篇论文，后由山东中医学院学报编辑部整理成册，发行全国，受到中医界的好评。

我认为，中医是一门古老的学科，虽然现在用白话讲解，但有些问题仍需古典医籍的支持，要想使教学收到良好的效果，还必须勤求古训，认真研读古书，特别是中医经典著作，不断积累教学经验，向优秀教师学习教学方法，只有这样，才能使自己不断进步。

博极医源　精勤不倦

打倒"四人帮"以后，在陈云同志的倡导下，国务院古籍整理办公室得以恢复，因"文革"终止的古籍整理规划项目重新启动，"七本中医古籍"（《素问》《灵枢》《难经》《脉经》《针灸甲乙经》《诸病源候论》《针灸大成》）的整理工作由南京中医学院牵头，人民卫生出版社组织实施，1977年夏天在南京召开承担单位的协商会议，研究落实措施。山东中医学院承担了《针灸甲乙经》的整理任务，原参与人员大多年老退休，只有徐国仟老师和张灿玾老师尚在校工作，当时张老师因病回家疗养，学校便抽调我和张善忱陪同徐国仟老师前往南京开会。会议研究制定了"七本中医古书校释执行计划"，确定了编写体例，包括提要、原文、校勘、注释、语译、按语6项，每项都做了统一规定。回来后我们便开始了对《针灸甲乙经》的整理工作，学院向克院长对这项工作十分重视，将张灿玾老师召回，组成了由徐国仟老师牵头的8人编写班子。我们分工合作，夜以继日，仅用一年时间就完成了初稿。1978年秋天在济南召开了审定稿会议，1979年由人民卫生出版社出版。重新整理的《针灸甲乙经》完成后，原天津中医学院郭霭春老师承担的《素问》整理工作，因故难以完成，改由我校张灿玾老师牵头，与河北新医大学共同承担，我们经过艰苦努力，于1980年底完成，在泰安召开了审定稿会议，该书1982年初由人民卫生出版社出版。我们的工作也得到了国家科委的肯定，荣获了优秀科研单位奖。

整理中医古籍是我以前从没做过的工作，只能靠边做边学，边学边做。在实践的过程中，我涉猎了大量中医古籍，懂得了古籍整理的重要性，也逐渐学会了校勘、注释古籍的程序与方法。那时尚没有微机，全靠手工抄写，为了避免人为错误，就得仔细认真，从而锻炼了我的意志，我还因此练就了一手好钢笔字。从此，我便对中医文献产生了极大的兴趣。

1985年春天，我校正式建立中医文献研究所，调我当了副所长。所内共有十余人，设有一个图书室，购买了较多的中医古籍、文史哲方面的著作及工具书。大家的信心很足，在徐国仟教授的带领下，一起学习，一起工作。当时国家中医药管理局下达了第一批重点古籍整理项目，我们这里有张灿玾教授牵头整理的《针灸甲乙经》，第二批下达的项目有《松峰说疫》《调燮类编》《女科辑要》等。但第三批古籍整理项目却没有下达，国家中医药管理局古籍办将项目经费挪用，筹建了中医古籍出版社，使全国轰轰烈烈的文献整理工作陷于停顿，许多整理单位纷纷下马，我们也面临着生存危机。后来我们与省古籍办联系，得到省古籍办负责人韩金远同志的大力支持，将我所纳入省古籍办管理。这真是雪中送炭，我们每年都能得到省古籍办的专项经费和项目经费，中医文献研究所得以继续生存下去，并购买了不少图书。时南京中医学院主编《中医方剂大辞典》缺少人手，主动与我校联系协编，学校决定由我负责组织人员参加，我们组成了9人编写小组，定期轮流到南京参加资料整理，然后分配任务各自编写，我校人员编写的部分由我初审后交南京总组，经过数年努力，该书于1992年完成，由人民卫生出版社出版。在这次编写过程中，我对中医方书有了较多了解，对编写辞书的程序、方法也有了一定的认识。后来我主编《实用中医对药方》，其基本内容就是参考的《方剂大辞典》，然后按病分类，添加按语及评按写成。之后我们又与人民卫生出版社联系，争取到了一批古籍整理项目，其中我承担了《胎产心法》《素问注证发微》《灵枢注证发微》的校注任务。

1984～1986年，张奇文同志担任学院党委书记，他不仅具有卓越的领导才能，而且还是一位全国著名的中医专家，他在学院首先创建了中医少年班，受到全国中医界的高度赞扬。在他的倡导下，我校主编的《名老中医之路》在全国影响极大。他还重视人才，善于发现人才，带领大家一起著书立说，在他的主持下，我们先后编写了《实用中医保健学》《妇科医籍辑要丛书》《实用汉英中医辞典》《长寿秘诀选注》等书，受到大家的一致好评。

中医文献汗牛充栋，内容博大精深，要想有所建树，必须博览群书，不断学习和总结。我经常到书店浏览图书，并不惜代价购买，凡中医古籍、文史哲重点古书以及字典、辞书等统统买来，废寝忘食，昼夜研读，博极医源，精勤不倦，遇有奇妙之处，便抄录一番，数年之后，在学术上大有进步。我曾主编或合编了《中国历代名医百家传》《中医揽胜》《中医防病与保健》《心理与健康》等著作；与天津科技出版社合作出版了《实用中医古籍丛书》，我主校了其中的《妇人大全良方》《医学心悟》《医学入门》《活幼心书》《刘涓子鬼遗方》《疡科心得集》《奇效良方》《古今名医方论》《鲁府禁方》《先醒斋医学广笔记》等书；又与人民卫生出版社合作，出版了《中医临床必读丛书》，我主校了五本，如《黄帝内经素问》《灵枢经》《世医得效方》等。

有人认为，校书不过是圈圈点点，将繁体改为简体，没有什么大学问。这种认识显然是错误的，校书有时候比写书还难。因为中医古籍在数百年乃至数千年的流传过程中，经过辗转传抄、反复刻印，由于抄刻人的疏漏，往往出现误、脱、衍、倒等各种文字错误，所谓"书三写，鱼成鲁，虚成虎"（《抱朴子·遐览》），如果不经校勘，就会使原文难以理解或致理解错误。明代陆深《金台纪闻》曾载有这样一个故事：金华名医戴元礼，尝被召南京，见某医家门庭若市，即暗访之，有一天，偶然遇一求药者，即去，某医则追而告之曰："临煎时，下锡一块。"戴元礼异其用锡煎药，乃问某医，某医说："是古方耳。"戴元礼求得其书，方知"锡"乃"饧"（饴糖）字之误，故急为更正。饴糖是一味缓急止痛的中药，《伤寒论》小建中汤中即有，而锡乃是有毒金属，若放在药中煎煮，必然会引起中毒。可见古书校勘的重要性。再如《素问》这部中医经典著作，传至唐代时，已经错乱不堪。据王冰注《素问·序》称："世本纰缪，篇目重叠，前后不论，文义悬隔，施行不易，披会亦难，岁月既淹，袭以成弊。或一篇重出，而别立二名；或两论并吞，而都为一目；或问答未已，别树篇题；或脱简不书，而云世阙。重经合而冠针服，并方宜而为咳篇，隔虚实而为逆从，合经络而为论要，节皮部为经络，退至教以先针。诸如此流，不可胜数。"以上都是在流传过程中形成的错误，《素问》错乱到这种地步，如不进行校勘整理，就会有失传的危险。所以王冰用了十二年的时间，对《素问》进行了校勘次注。但此书到了宋代，又出现了许多错误，宋臣林亿等奉命校书时，曾校勘《素问》"正谬误者六千余字"。明清医家也对该书进行了一定的校勘工作，纠正了不少错误。1980年我们在进行《素问》校勘整理时，曾参考古代医著近百种，收集国内外版本20余种，共出校记1700余条。即便如此，现存《素问》中有些原文仍然难以理解，尚待有识之士加以校勘。张舜徽先生在《广校雠略·书籍必须校勘论》中写道："古书流传日久，讹舛滋多，或误夺一字，而事实全乖，或偶衍一文，而意谊尽失，苟非善读书者据他书订正之，则无以复古人之旧，此校勘之役所以不可缓也。"充分说明古籍必须进行校勘。但校勘要明确对象，要有严格的程序和方法，以免越改越错。一般来说，校勘的对象主要是指误、脱、衍、倒和避讳字等，要想校得准确，必须了解造成这些错误的原因。另外，对校出的大量非错误性异文也要进行处理，如古今字、异体字、繁简字、假借字等，都要处理恰当。特别是假借字，古时造字较少，常有其音而无其字，或虽有其字而不常用，作者有时就用同音字代替，称为同音通假，后人不知，往往将其视为错字，要避免以不误为误，就得借助相关工具书，如《说文通训定声》《中文大辞典》《古字通假会典》等加以指出，这就需要耗费大量的时间。常用校勘程序也很复杂，在明确选题的基础上，要收集校勘资料，分析版本源流，确定底本、校本，以及本书引用他书、他书引用本书、本书与他书互见和前人整理研究本书的情况，然后拟订统一的校勘体例，对校各本，列出异文，最后分析异文，审定正误，并按规定的格式写出校记，撰写点校说明。至于校勘的方法，现在主要采用陈垣先生提出的四校法，即对校法、本校法、他校法和理校法，每种校法各有所宜，特别是他校法，范围最广，用力最劳，需要参考大量的相关书籍，但有时非此法不能证明文字的讹误。而理校法则是据理推断原文的正误，要想做得好，必须精通古汉语知识和中医专业知识，否则就会造成漏校、误校，达不到校勘的目的，或致乱改古书，越校越错。所以陈垣先生说："校书之难，非照本改字不讹不漏之难，定其是非之难，所谓理校法也……故最高妙者此法，最危险者亦此法。"可见，校书并非一件容易事，从事校勘工作必须做到严肃认真，胆大心细，广参博览，吃苦耐劳。孔子在校勘古书时曾提出"毋意，毋必，毋固，毋我"的原则，毋意，即不妄加猜测；毋必，即不武断专行；毋固，即不固执己见；毋我，即不凭主观臆断。这种精神对我们今天从事校勘工作仍有一定的指导意义。

1991 年，我院为了培养更多的中医专业人才，在国家中医药管理局、山东省教委的大力支持下，经国家教委批准，创立了中医文献本科专业，面向全国招收中医文献五年制本科生。这在中医医史上还是第一次，学院领导十分重视，多次邀请校内外专家进行论证，确立了培养目标，制定了教学计划，确定以中医文献学、中医学为主干课程，并组织专家编撰中医文献学概论、目录学、版本学、校勘学、训诂学、中医文献检索与利用等专业课教材。自 1992 年至 1994 年上半年，在各主编和编写人员的共同努力下，从制定编写大纲、收集资料，到具体编写和审定，经过艰苦努力，终于完成了编写任务。其中，《校勘学》是由我主编的，参考了王欣夫《文献学讲义》、倪其心《校勘学大纲》、管锡华《校勘学》、段逸山《医古文》、马继兴《中医文献学》等书，并吸收了个人多年校勘中医古籍的典型实例，共分为八章论述，介绍了校勘学概论、校勘学简史、校勘的主要对象、校勘的依据和条件、校勘的方式和方法、校勘的态度和应注意的问题、校勘中医古籍的一般程序、常用中医古籍校勘及书写要求等。为了适应中医文献专业的要求，我们尽量结合中医专业特点，选用中医实例加以说明。在编写过程中，力求做到概念明确，内容完备，条理清楚，切合实用。

1997 年，南京方面主编《中华本草》，在编写过程中，因时间紧迫，文献专业委员会人手不足，遂与我院商量，要我组织人员协助编写，我认为这是一个难得的机会，便欣然允诺，组成了 5 人编写小组。当时送来的本草资料有的很少，有的很乱，我们参阅了中药古籍数十部，参考了中医杂志数十种，对每种药物都按要求进行了认真撰写，按时完成了编写和初审工作。中药是中医宝库中的明珠，是治疗疾病的重要工具，通过这次协编，我学会了中药辞书的编撰工作，熟悉了中药方面的古籍，了解了中药发展沿变的规律。1999 年初，人民卫生出版社主动与我联系，请我主编一部《实用中药辞典》，要求内容适中，简明实用，科学准确，且能满足广大中医药临床和研究工作者的需要。我便借助《中华本草》的编写经验，开始收集资料，编写辞目，共精选药物 800 种，附药108 种，包括植物药 712 种，动物药 125 种，矿物药 48 种。按笔画简繁排列药物，每药下设正名、异名、释名、基原、植（动、矿）物、采集、药材、化学成分、药理、炮制、药性、功效主治、用法用量、使用注意、应用配伍、附方、临床报道、文献综录、附药、备考等 20 项，然后制定编写大纲和编写细则，对每项内容及书写格式均做出了详细规定。在充分准备资料的同时，我还在全校乃至全省选择编写人员，分为药材、药理、文献与临床三个编写组，任命了副主编，要求各组分工协作，按时完成。但由于大家教学任务繁重，开始时编写质量不高，错误较多，我多次组织主要成员开会，要求大家认真学习编写细则，副主编严格把关，我则逐一审核，一天睡不到6个小时，有时甚至彻夜不眠，真可谓夜以继日了。经过4年的艰苦努力，初稿终于完成。2002年暑假，我和几个副主编放弃休息，在电脑上进行内容组合，绘制药图，编写索引，每天从早上8点一直工作到晚上10点，累得筋疲力尽，现在回想起来依然历历在目。为了保证书稿质量，我们请了中医研究院著名药物学家谢宗万研究员主审，他看后对我们的书稿总体评价很高，也提出了部分很好的意见，我们按他的意见进行了修改，然后将电子稿送交人民卫生出版社，9月份便出版了。《实用中药辞典》具有以下三个方面的显著特点：一是古今兼容，一方面充分反映历代医家的用药理论与经验，力求全面而实用；一方面充分反映中药现代研究的最新成果与应用，力求科学而新颖。二是详简有别，凡直接关系到药物临床应用的项目，如功效主治、应用配伍、附方、临床报道、文献综录等，无论是征引古今文献，还是作者归纳概括，均力求信息丰富，内容全面，资料翔实；其他项目则力求叙述准确，简明扼要，重点突出。三是在总结历代医家对药性认识的基础上，首次在辞书中对大部分药物的药性特点进行了归纳，以便体现中药传统的用药特点，帮助读者更好地掌握药性并指导临床应用。该书出版后，受到广大读者的欢迎，数年间已经5次重印，并获山东省教委科技进步二等奖。

毛主席曾经说过：读书是学习，使用也是学习，而且是更重要的学习。我就是在实践中不断学习，开始不懂的东西，在实践中逐步了解，按照要求认真去做，在做的过程中探索规律，摸索经验，并将实践过程记录下来，最后加以总结，形成自己的东西。经过日积月累，在以后遇到同样的问题时，处理起来就可以得心应手，不断创新。

继承发扬　重在创新

我1986年被评为副教授，同年被聘为中医文献硕士生导师，开始了带学生的过程。因以前主要是研究《内经》文献，又从中医基础教研室转来，所以确定以中医基础文献为研究方向，研究的内容主要是中医体质学说。

中医体质学说是近 30 年来被重新提出的重要理论，在《灵枢经》中就有大量的体质学说内容，历代医家也曾围绕这个问题形成各家学说，但未引起后世医家的重视，直到 20 世纪 70 年代中后期，才由匡调元教授、王琦教授提出，在全国引起广泛讨论。现在一般认为，体质是在先天禀赋的基础上，在后天环境的影响下，在生长发育和衰老的过程中，逐步形成的物质、结构、功能、形态、心理等相对稳定的个体特征，包括个体素质的强弱和体质的特异性两个方面。体质的强弱和个体的特异性主要取决于先天禀赋，并受后天因素的影响，从而表现为相对稳定性和可变性的统一。先天禀赋包括先天遗传和胎儿在母体中所受的影响，是形成体质的基础，这种禀赋获得的体质在一般情况下是难以改变的，因此个体体质常表现为相对稳定性。但后天环境因素，如情志刺激、饮食失节、劳逸失度、严重疾病等，若持续时间过久，也可以改变体质；同时，人体在生长发育和衰老的过程中，体质也会逐渐发生改变，故体质又是可变的。

中医理论认为，精、气、血、津液是构成人体的基本物质，而精又可分为阴精、元阳。故不同的个体，体内阴阳气血津液的质量及比例不同，从而形成了不同的体质，可见阴阳气血津液是构成体质的物质基础。而脏腑、经络、组织、器官则是构成人体的基本结构，它们各有自身的功能，但又受到体质偏颇的影响，故体质的特异性往往会从脏器组织上表现出来，所以脏器组织常可作为判定个体体质的重要指标。如《灵枢·通天》对阴阳五态人的划分，《灵枢·阴阳二十五人》对二十五人的描述，《灵枢·论勇》对勇士怯士的分类等，均是按照上述原则进行的。

对于体质的基本类型，国内外学者曾提出了诸多划分方法。本人乃以构成人体的基本物质——阴阳气血津液作为体质分类的基础，将人群中的个体分为八种基本类型，即：阳虚质（含阴寒质）、阴虚质（含津亏质）、气虚质、血虚质、阳热质、气郁质、血瘀质、痰湿质。各类型在人体基本物质上各有偏颇，在结构、形态、心理上各有特征，在功能上各有不同的表现，所感受的病邪各有不同，发病后可以出现不同的证候：①阳虚质乃是人体阳气不足，形体多虚胖，性格多内向，脾肾常不足。平素形寒喜暖，四肢欠温，面色淡白，精神不振，口不渴，喜热饮，小便清，大便稀，厌恶寒冷与冬天。易感受寒湿阴邪为病，病则表现为阳虚证：如恶寒畏寒，四肢厥冷，或腹痛拘急，喜温喜按；或身面水肿，小便不利；或腰脊冷痛，下利清谷；或阳痿滑精，宫寒不孕；或胸背彻痛，咳喘心悸；或夜尿频多，小便失禁。舌淡胖，苔白滑，脉沉迟。②阴虚质乃是人体阴精不足，形体多消瘦，心中多烦躁，肝肾常不足。平素口燥咽干，手足心热，小便短少，大便常干，厌恶炎热与夏天。易感受温热暑邪为病，病则表现为阴虚证：如潮热盗汗，颧红口干，五心烦热，或干咳少痰，咽痛音哑；或心悸健忘，失眠多梦；或腰膝酸软，眩晕耳鸣，男子遗精，女子经少；或胁痛眼涩，视物模糊；或饥不欲食，口渴便秘。舌红少苔，脉细数。③气虚质乃是人体精气偏少，形体多虚胖，性格多内向，脾肺常虚弱。平素身体耐力较差，易于疲倦，面色淡白，劳则气喘，心悸汗出，或食少便稀，喜温怕冷。易感受风寒等外邪，病则表现为气虚证：如倦怠乏力，气短懒言，咳喘痰稀；或食少腹胀，大便溏泄；或心悸怔忡，精神疲惫；或头晕嗜睡，腰膝酸软，男子滑精早泄，女子崩漏白带；或见脱肛、阴挺、脏器下垂，或见各种出血、皮肤紫斑。舌淡苔白，脉虚弱。④血虚质乃是人体血液偏少，形体多消瘦，性格多内向，心肝脾常虚弱。平素面色少华，唇舌色淡，动则心慌眩晕，手指发麻。易伤于饮食劳倦，病则表现为血虚证：如面色萎黄，头晕目眩，食欲不振，心悸失眠，健忘恍惚；或四肢麻木拘挛，指甲脆薄变形，妇女月经量少色淡，或经闭不孕。舌淡瘦，脉细弱。⑤阳热质乃是人体阳气偏盛，形体多壮实，性格多外向，心肝肺胃常偏亢。平素喜冷怕热，气粗声高，面赤口渴，小便时黄，大便时干，厌恶炎热与夏天。易感受温热火邪，病则表现为实热证：如高热恶热，汗出烦渴；或目赤肿痛，口舌生疮；或口臭便秘，牙痛龈肿；或疮疖肿疡，皮肤斑疹；或胁痛黄疸，小便痛热；或胸痛咳嗽，痰黄黏稠；甚至神昏谵语，抽风惊厥。舌红苔黄，脉洪数。⑥气郁质乃是人体气机郁滞不畅，形体或胖或瘦，性格抑郁或急躁，肝气常不舒。平素易激动，或精神郁闷，时欲太息，或两胁胀痛，胃脘不适。易伤于七情，病则表现为气郁证：如胸胁、乳房、脘腹胀痛，精神抑郁；或头部胀痛，眩晕昏仆；或呕吐吞酸，嗳气呃逆；或腹痛肠鸣，泄利不爽；或咽中梗阻，如有异物；或妇女月经不调，经来腹痛，脉多弦。⑦瘀血质乃是人体血液运行不畅或体内有瘀血阻滞，形体或瘦或胖，性格多执拗，中老年人多见。平素面色晦滞或有色素沉着，皮肤常出现青紫瘀斑，或有局部刺痛。易伤于七情或劳逸。病则表现为瘀血证：如胁肋、少腹及肢体关节刺痛，固定不移；或心胸憋闷，口唇青紫；或腹内出现肿瘤积块；或妇女月经不调，色黑有块，痛经经闭；或吐血便黑，皮下紫斑。舌紫暗或有瘀血斑点，脉涩或结代。⑧痰湿质乃是人体痰饮湿浊过盛，形体多肥胖，性格多内向，中老年人多见。平素嗜食肥甘，嗜睡恶动，口中黏腻不爽。易伤于生冷饮食，易感于寒湿之邪。病则表现为痰湿证：如胸脘痞闷，咳喘痰多，食少腹泻；或眩晕耳鸣，恶心呕吐；或肢体水肿，小便不利；或头身重困，关节疼痛重着；或妇女白带过多。舌苔厚腻，脉滑或濡。

上述体质都是单一体质，可称为基本体质类型。而在实际人群中，体质类型则比上述要多，因为人体的阴阳气血津液之间有着密切的关系，彼此可以相互影响，故可形成气血两虚、气滞血瘀、痰瘀交阻、湿热蕴毒、阴虚阳亢等相互兼夹的体质类型，称为复合型体质。

体质的特异性往往决定着对某些致病因素的易感性和发病后病变类型的倾向性，从而影响着疾病的证候类型，如阳虚、痰湿体质易感寒湿之邪，阴虚、阳热体质易感温热之邪，气滞、血瘀体质易伤于七情等。即使感受同一种致病因素，由于体质不同，邪随体化，也会表现出不同的疾病证候，如《伤寒论》中太阳伤寒、中风，少阴寒化、热化，其实质都是体质从化的结果。相反，即使感受不同的致病因素，由于体质相同，邪随体化，也会表现出相同的疾病证候，如阳盛体质之人，不论春夏秋冬，只要感受外邪，总是表现为风热表证。《灵枢》曾以匠人砍柴、《医学源流论》曾以醉酒比喻这种关系，明确提出不同的证候表现乃是由于体质不同造成的。故有人提出，在复杂多变的临床证候中，内伤杂病常能体现出体质的因素，对于外感疾病，证候也常是体质与外邪的综合表现。

基于上述认识，我让硕士研究生每人撰写一个体质的基本类型，详细考察中医文献中对该类型的论述，理清形成该类型的先后天因素、平素的体质特点、易感受的病邪、发病后常见的疾病及证候表现，并制定出预防、治疗的措施。通过这样的研究，使体质学说得到充分的发展，大大推动了中医体质学说的普及，使这一古老的学说重新应用于现代的预防医学及临床治疗。

我1994年被评为教授，同年被聘为中医文献博士生导师，为了培养高层次人才，我基本停止了硕士生的招收，专心致力于博士生的带教，重新确立了研究方向，改以中医临床文献研究为主，主要招收临床医师。我认为目前青年中医在临床看病处方，缺乏中医文献基础，因此难以提高疗效。我提出应从古今文献中发掘治疗疾病的经验，对临床常见病、多发病进行详细探讨，为临床治疗提供依据。

我从中医文献中发现，早期的中医文献是病、证并重的，《内经》《金匮要略》《肘后方》《诸病源候论》等古医籍均保留了许多古病名；唐宋以后的文献是重证轻病，形成以辨证论治为主的医学模式，致使许多古病名被遗忘或失考，丧失了对疾病的深入研究，这是中医的一大损失。现在看来，中医病名明显较西医病名少，不能满足临床需要，有些疾病只能借助西医病名加以研究，丧失了自身的独立性。我认为中医要想发展，单纯靠辨证论治是不够的，还应进一步从疾病的角度加以研究，与辨证论治相结合，才能有针对性地加以治疗。所以应重新回顾中医的古病名，与西医病名对应研究，古代没有的疾病要起新名，或用西医病名代替。在临床诊病时先要明确疾病，根据疾病找出治疗药物，再分别情况辨证论治，使两者相结合，最后确定处方。只有这样才能避免漏诊误诊，提高临床治疗效果。

同时，针对中医辨证方法繁多而不统一的现状，我又收集了临床各科文献，认真分析了形成证候的各种要素，最后认为体质、病因、病位是形成证候的三大要素，其中体质是形成证候的基础，病因是形成证候的诱因，病位是疾病发生的部位。因此认为，辨证应在综合临床各种症状和体征的基础上，利用中医基础理论知识，重点分析确定患者的体质、病因和病位，从而做出正确的证候诊断。这种诊断方法具有鲜明的优越性，一是综合了临床各种辨证的纲领，可以形成统一的辨证体系，从而解除中医辨证的多歧之惑；二是能够把握疾病证候的实质，可以形成为医家所公认的规范证候；三是使辨证具有一定的规律性，使其简便易学，易于掌握，可使中医辨证理论更具科学性和实用性。清代医家徐灵胎在《医学源流论》中指出："天下有同此一病，而治此则效，治彼则不惟无效，而反有大害者何也？则以病同而人异也。夫七情六淫之感不殊，而受感之人各殊，或气质有强弱，质性有阴阳，生长有南北，性情有刚柔，筋骨有坚脆，肢体有劳逸，年龄有老少，奉养有膏粱藜藿之殊，心境有忧劳和乐之别，更加天时有寒暖之不同，受病有深浅之各异，一概施治，则病情虽中，而于人之气体迥乎相反，则利害亦相反矣。"徐氏虽未明确提出辨证三要素，但已认识到体质、病因、病位在辨证中的重要作用，如文中所谓"七情六淫之感""天时有寒暖"，乃言病因；"气质有强弱，质性有阴阳""性情有刚柔，筋骨有坚脆", 乃言体质; "受病有深浅", 乃言病位。徐氏之论可谓深刻, 为我创立三要素辨证提供了理论支撑。

我将我的想法传授给博士研究生, 让他们在撰写毕业论文时应用, 他们根据我的想法, 首先对病名加以考证, 与西医病名相对应, 深入研究该病的实质, 以补中医的不足。在厘清中医病名的基础上, 再从古今文献中考察该病的病因病机、证候类型、治法方药, 并用计算机对方药进行数理统计分析, 如频数分析、因子分析、聚类分析等, 找出历代治疗该病的用药规律, 追溯该病的病因证候, 最后制定出新的病证结合的治疗方案, 为临床提供切实可行的诊疗措施。我的博士研究生已对中风、哮喘、消渴、失眠、淋病、郁病、肺痹、肺痿、不孕、崩漏、小儿痫病、小儿水肿、阴疽、风疹、便秘、角膜炎等进行了研究。这一创新性的临床文献研究方法很快为中医文献界所公认, 现已在全国中医院校文献研究中普遍应用。

为了提高中医文献学的教学水平, 近年来我还把多年积累的文献学基础知识与历代中医文献源流整理出来, 写成《中医文献导读》一书, 供中医文献研究生使用, 该书于 2006 年由人民卫生出版社出版, 受到了大家的一致好评。

再行实践　体验新说

自创立中西对应、病证结合及三要素辨证新说之后, 2001 年秋天我便到医院门诊部为病人看病, 每周两个半天, 开始再实践, 以体验新说是否可行。初期病人较少, 以后渐渐增多, 我对每位病人的情况尽量全面收集, 包括其父母亲属的身体状况、以前曾患过的疾病、西医检查化验结果、平素喜好等, 以便确定病人的疾病, 分析病人的体质、易感病邪、易病部位, 最后综合证候类型, 采用病证结合方法确定方药。例如, 病人亲属中有糖尿病病人, 自身检查血糖高、血脂高、血压高, 平素喜肥甘甜食, 饮水多, 小便频, 大便偏干, 身体肥胖, 眩晕失眠, 倦怠乏力, 舌暗红苔厚腻, 脉濡数, 就可确定为痰湿体质, 易伤湿邪或湿热为病, 病变部位主要在脾, 与肾有关。中医可确定为消渴病, 属湿热证而兼肾虚血瘀。治宜除消渴, 清热化湿, 补肾活血。可用黄连、黄芪、天花粉、天麻、炒槐米等治病药, 与茵陈、滑石、苍术、茯苓、生薏仁、黄柏、山萸肉、怀山药、当归、赤芍、丹参等相结合, 组成方剂加以治疗。其中, 黄连、黄芪、天花粉为降血糖药，天麻为降血压药，炒槐米为降血脂药，均为治病药。茵陈、滑石、苍术、茯苓、生薏仁、黄柏为治湿热主证药；山萸肉、怀山药为补肾药；当归、赤芍、丹参为治血瘀药，均为兼证用药。经过这样的治疗，多能达到降糖降脂降压的疗效。再如某青年女性经常头痛，每次突然发作，头痛剧烈，如掣如裂，常偏于一侧，与天气变化、情志刺激或月经来潮有关，有时伴有恶心呕吐，有时伴有眩晕心悸，面色苍白或潮红，舌紫暗苔白腻，脉弦细。其母亲年轻时亦有头痛史，病人平素月经不调，有痛经史或经色紫黑有块，西医检查无器质性病变，常诊为血管性头痛。根据以上分析，中医诊为头风病，乃属瘀血或痰湿体质，常感寒湿之邪为病，病变部位在脑，证属痰浊瘀血证，治宜祛风止痛，化痰祛瘀。可用荆芥、防风、白芷、细辛、全蝎等治病药，与陈皮、半夏、茯苓、胆南星、当归、川芎、赤芍、桃仁、红花、丹参等化痰活血药配伍组方。其中，荆芥、防风、白芷、细辛、全蝎为治头风病主药；陈皮、半夏、茯苓、胆南星为化痰主药；当归、川芎、赤芍、桃仁、红花、丹参为祛瘀主药，均为辨证药。再如脑胶质瘤患者，病人可出现头痛，恶心呕吐，或见耳鸣眼花，口中流涎，或见抽风痉挛，肢体偏废，或意识障碍，记忆力差等症状，脑 CT 或磁共振可明确诊断。中医对此没有相应的病名，可仿西医称为脑瘤，属正虚邪实，多见痰湿体质，病因目前虽不明确，但多与气滞血瘀有关，病位在脑，证候多属痰瘀交阻证，故可用解毒散结治脑瘤药，与化痰破瘀药相合组成方剂。我在临床上常用白芥子、白附子、土茯苓、全蝎、蜈蚣、僵蚕、干蟾皮等治病药，与橘皮、半夏、胆星、竹沥、石菖蒲、瓜蒌等化痰药，当归、赤芍、川芎、红花、桃仁、三棱、莪术、丹参等活血破瘀药，以及黄芪、人参、茯苓、鹿茸、灵芝、阿胶等扶正固本药同时应用，分别时段选择药物共同组成方剂，收到了较好的疗效，目前已有数人痊愈或得到缓解。又如失眠，西医认为可由多种疾病引起，中医也有"不得眠""不得卧""不寐"等名称，但总以神不安舍、经常不能正常睡眠为主症。此病患者体质多见气郁质、阴虚质、痰湿质，多由情志失调、饮食不节、感受火热所致，病位在心，但与肝胆、脾胃、肾有关。病则多属气郁证、阴虚证、痰郁内扰证、食滞证。治此应以安神治其病，可用炒枣仁、合欢皮、夜交藤、生龙骨、生牡蛎、柏子仁、远志，重则加朱砂、琥珀等药，然后根据证候类型配伍应用，属气郁证者，加柴胡、枳壳、香附、郁金、陈皮、当归、白芍等疏肝理气药；属阴虚证者，加天冬、麦冬、生地、玄参、丹参、五味子、山萸肉、怀山药、丹皮等补肾滋阴药；属痰郁内扰证者，加半夏、胆星、竹茹、陈皮、茯苓、黄芩、黄连、枳壳等化痰理气药；属食滞者，加苍术、白术、茯苓、陈皮、神曲、炒麦芽、炒山楂、鸡内金、枳实、川朴等消食导滞药，往往收到较好疗效。类似的例子尚有许多，在此不一一列举。我用这一创新思路治疗各种疾病，均收到了良好效果。在临证中，我将病人的资料录入手提电脑，以备今后整理研究，为临床提供切实可行的治疗方案。

总之，在我艰难坎坷的一生中，当我确立了成为中医的目标之后，便孜孜不倦地为之奋斗，勤奋努力，苦学巧记，博极医源，精勤不倦，不断总结教学、临床及研究文献的经验，为中医开创了一条中西对应、病证结合、三要素辨证的临床治疗新思路。当然，中医创新并非易事，尚有很长的路要走，但我坚信，只要不断努力，踏踏实实地去干，最后一定能实现。

孙学全

孙学全（1942—　），男，汉族，山东省沂水县夏蔚区甄家疃人。主任中医师，全国五百名名老中医之一，享受国务院政府特殊津贴专家，山东省专业技术拔尖人才，被联合国世界卫生组织（WHO）遴选为"国际医学名人"。曾被授予"全国五一劳动奖章"；获"全国优秀医务工作者""山东省劳动模范"和"山东省优秀科技工作者"等几十个荣誉称号，获山东省自学成才一等奖，立二等功一次。被外经贸部、卫生部和省卫生厅多次公派出国，在国外工作14年。

历任县针灸门诊部主任，县、市中医院院长，市中医学会会长，中国驻西萨摩亚共和国医疗专家组组长，中国驻塞舌尔共和国医疗队队长等职务。

先后编著出版了《针灸临证集验》《针灸临床问答》《针灸治疗胃脘痛》《针刺戒烟》《针刺减肥》等著作，参编《中国针灸治疗学》。

在临床上善用针灸和中药配合，治疗心、脑、血管病，肝、胆、脾、胃病，妇科病，神经、精神系统和骨与关节等的疑难杂病。

我是因有病求医而开始走向学医之路的。从1956年至今，在杏林这条崎岖的道路上已经奋斗、拼搏、跋涉了50多年，五十年弹指一挥间，回首往事，酸甜苦辣，五味俱全。

我出生和生长在沂蒙山区的腹地，山东省沂水县夏蔚乡甄家疃村，家乡四面环山，交通闭塞，人们生活十分贫苦，在这样缺医少药的贫困山区，人们有了病无医可求，也无钱求医，只有求神拜佛，听天由命。我母亲生了我们兄妹10人，先后夭折了7个，就剩下大哥、我和小妹。1956年我上初中一年级的时候，不幸得了严重的风湿性关节炎，在家乡用土方、验方等多种方法治了几个月，效果不显。后经一位老师介绍，14岁的我只身到济南市立二院针灸科治疗，给我治病的时任针灸科主任的郑毓桂老大夫听了我的自我介绍后，感叹地说："穷人的孩子早当家，一个14岁的小孩，只身从乡下到人生地不熟的济南不容易啊。"从此他对我另眼相看，精心治疗，使我的病情很快有了好转，因而我对针灸疗法也有了好感，产生了学习的兴趣，想当一名医生的念头也油然而生。因为我永远忘不了自己疾病缠身的痛苦，忘不了因缺医少药和无钱治病被病魔夺走了7条生命的兄弟姐妹，也忘不了乡亲们为了治病而求神拜佛的情景。为了感谢郑大夫及其他医护人员对我的精心治疗和多方面的照顾，在医院里我成了一个小忙人，白天帮着医生护士们整理卫生，照顾病人，抽空就跟医生学着看病，学着扎针，晚上阅读借来的针灸方面的书籍，很快就背熟了针灸方面的一些歌诀及经络穴位等有关内容，并学着在自己身上扎针。我的行为感动了郑主任及全科的医护人员，他（她）们都很喜欢我这个勤快而好学的小孩子，把我的住院费和治疗费全免了。郑主任还主动提出收我为徒跟他学习针灸，但因我当兵的哥哥不同意，他认为我年龄太小应回校上学。因此经过3个月的针灸治疗，我的关节炎基本治愈后，又回到了学校。直到我高中毕业，参加工作后才又回到了郑毓桂老师的身边，跟师学医。郑师毓桂是近代针灸大师承淡安先生的门生，毕业于无锡中国针灸医学专科学校，为山东省著名针灸专家，曾任刘伯承元帅的保健大夫。他从事针灸临床近60年，学验俱丰，在临床上强调辨证取穴和辨证施术，选穴精当，手法轻巧，善用针灸治疗一些急症和传染病，多获立竿见影之效。他用针灸治疗的病种范围非常广泛，内、外、妇、儿等中医十三科的很多病种都用针灸治疗，而获良好疗效。我有幸跟郑师学医两年，获益颇多。

初生牛犊不怕虎。我回到学校后，靠初步学到的一点针灸知识，竟然也敢给老师和同学治疗一些小伤小病，特别是节假日回到家乡后也给村里村外的人扎针治病，也确实治好了一些小伤小病，竟成了四里八乡知晓的"小土郎中"。1962年高中毕业后，我被地方上的有关领导安排到家乡的一个联合诊所，当了一名真正的土郎中。之后先后被调到区医院、县中医院和地市级中医院工作并先后担任了这三家医院的主要领导，由土郎中变成了"洋大夫"。

书山有路勤为径，学海无涯苦作舟。我就是靠"苦"和"勤"由"土郎中"变成"洋大夫"的。

刚参加工作时我的月薪是19元，后来涨到34.5元，十多年没有变。那时我已经结婚并有了两个孩子，上有老下有小，工资仅够糊口，要想买学习资料，钱只有从牙缝里挤了。我先后自学了中医学院的大部分课程和医学院的部分教材，阅读了《内经》《难经》《甲乙经》等上百部医学著作及参考资料，每年都订3～5份医学杂志，这些钱都是从牙缝里挤出来的。工作要干好（在那个年代每年都被评为先进工作者），学习时间就只能靠一个"挤"字，几十年来我很少看电影电视，很少赶集上店，从未下过棋打过牌，工作和学习就是我全部的生活内容。

李时珍"长耽典籍，若啖蔗饴"和孙思邈"博极医源，精勤不倦"的名言一直鞭策鼓励着我。有劳动就有收获，学得多了，看的病人多了，就有了心得体会，我把这些心得体会记录下来，日积月累，经过整理和加工就成了著作和论文。我先后编辑出版了《针灸临证集验》（中文版、英文版、法文版）、《针灸临床问答》（中文版和繁体字版）、《针灸治疗胃脘痛》（繁体字版）、《针刺戒烟》（英文版、繁体字版）、《针刺减肥》（英文版、繁体字版），参编了《中国针灸治疗学》等著作并发表了二十多篇论文。《针灸临证集验》是我的处女作，没想到的是，该书出版后，得到了读者的好评及社会的关注。如我国著名针灸专家，原中国中医研究院名誉院长、中国中医学会副会长鲁之俊教授在给我的信中写道："该书写得不错，有不少都是作者自己的实践体会，很值得一读和推广。"山东著名针灸专家、莱阳中医药学校曲衍海教授在信中写道："你身在基层完全靠自学取得这样的成就不容易。"日本著名针灸专家、日本东洋医学会会长间中喜雄博士和日本东洋医学研究所所长有地兹先生分别来信说："《针灸临证集验》一书简明而周全，很有参考价值""是一部值得研究的大作"。该书先后多次在国内外书展展出，连续重印了三次，后又再版，并被国际图书贸易总公司翻译成英文版和法文版，在国外发行一百多个国家和地区，从此我的著作先行于我从山沟走向了世界。

我先后多次被国家经贸部、卫生部和省卫生厅公派出国，在国外工作14年。澳大利亚、新西兰、西萨摩亚、印度、泰国、新加坡、塞舌尔、肯尼亚、埃塞俄比亚、卡塔尔、阿联酋等国家都留下了我的足迹。在国外，我共诊治病人30多万人次，病人来自几十个国家和地区，并给3个国家的总统、总理和21个国家的大使看过病，部长和将军级的人物找我看病的也有150多人。我治疗病种近百种，既有常见病、多发病，也有疑难病。在国外的大量临床实践表明，中药针灸对很多病的治疗效果已经处于世界领先水平。

我第一次出国是1988年10月，我们这个专家组（我担任组长）共3名医生，一名翻译，承担的任务是一个联合国多边技术合作项目（在国内属经贸部管），工作的地点是西萨摩亚共和国（南太平洋的一个岛国）首都医院，我的任务是在该医院开展推广针灸疗法。这个任务对我来说既光荣又艰巨，开始时思想压力很大，原因有以下几条：①我不会英语，语言交流靠翻译，而翻译不懂医学，中医学的许多专业词汇他不懂也不会翻译，因此工作难度较大。②针灸疗法对当地人来说是新鲜事物，能否接受还是个大问号。③对当地人的体质状况、疾病谱等是否与国内相同心中没底。④该医院的医生大部分是从世界各地聘请的，大多是欧美培养的，技术水平都比较高，我对此有自卑感。那个年代，出国人员还不是很多，特别是公派机会很少，因此我感到很光荣，尽管压力很大，但决心把任务完成好，为中医走向世界贡献自己的一切力量。

到达西萨摩亚国后，我接诊的第一个病人是该国外交部首秘（相当于国内副部长级），他和我们是邻居。一天晚上10点，我们已经入睡，他在院子里大喊，他得了急症，让我们马上给他诊治。原来他是慢性中耳炎急性发作，头痛剧烈，高热，经针灸治疗后，症状立即缓解，第二天早晨，症状全部消失。他高兴地对我讲："针灸真神奇。"因为他过去每次发作，吃药打针一个星期才可以痊愈。第一炮打响，我心里很高兴。事后他把此事大加宣传，见人就讲，对我们开展工作起到了积极的作用。第二个病人是一位华侨女士，中学教师，患慢性荨麻疹15年，曾到英国、美国、澳大利亚等国治疗效果不明显，每天须口服脱敏药，否则奇痒难忍，经针灸治疗一个星期后，就完全停服了口服药，共治疗20天痊愈。针灸良好的疗效很快得到了当地人民的信任，局面很快打开，病人接踵而至，每天门诊量很快就达到了上百人次，最多时近200人次，平均每天150人次。针灸科门诊设了25张床，有时还得加，每天病人都排着长队候诊，我和北京中医医院的康有义大夫每天都忙得满头大汗，筋疲力尽，但心里很高兴。我们的工作在当地引起了极大的轰动，当地电台、报社记者多次到我们科采访并报道，该国卫生部长多次到我们科视察，并面对病人即席讲话表扬我们。该国最后一位皇后（80多岁了）特邀我到她家出席她的生日宴会。西萨摩亚卫生部在我们科举办了一次庆祝晚会，卫生部首秘参加并主持了晚会，代表卫生部表彰了我们的工作。该院院长也特设家宴邀请我们到他家做客。一些国外的医生对我们也刮目相看了，态度来了个 180 度大转弯，有的请我们到家中做客，有的请我们给他们本人或家属治病，有的同我们一起照相留念……很快我们在该国一年的工作合同就到期了，但当地政府和人们不让我们走，在他们的再三挽留下，又签了一年合同。

在西萨摩亚的工作情况，是我在国外 14 年工作的缩影。

外国人是讲实际的，只要能解决他的问题，他就信任你。我工作过的几个国家，都不准做医疗卫生方面的广告，否则即是犯法。中医之所以能走向世界，靠的是中医的确切疗效。疗效正是中医走向世界的一把钥匙。我在国外工作的14 年中，体会最深的一点是：中医不仅是中国的，也是世界的。中医对很多病证的治疗效果，已经处于世界领先水平，对很多病证的治疗效果是西医所不能达到的。举例如下：

例一：某国前总统的夫人，51 岁，记者出身。患颈椎病，肩背疼痛麻木，苦不堪言，曾到英国、澳大利亚、美国等地治疗均未见效，我们给予针灸治疗，取天柱、颈椎穴，均直刺 1.3~1.5 寸，提插捻转泻法，间歇行针 30 分钟，10分钟行针一次，日针一次，7 天为一疗程，共针 2 个疗程，症状即明显缓解。总统和夫人非常高兴，特设家宴，通过外交部正式邀请我到她家做客（由我国驻该国大使陪同）。

例二：Samuev ivairtu，76 岁，男，肯尼亚人。患糖尿病坏疽，右足底溃烂，久不收口，双下肢肿胀，疼痛难忍，屡治不愈，病情逐渐加重，英国外科专家动员他截肢。后经我用中药及针灸治疗而愈。内服中药四妙勇安汤加减：黄芪、双花、玄参、当归、川芎、甘草、地龙、牛膝。水煎分两次服，早晚各一次，每天一剂。

外洗中药处方：黄柏、黄芩、大黄、白花蛇舌草、菊花。

水煎泡洗患部，早晚各一次。

针灸加 TDP（特定电磁波谱疗法）治疗：取穴分两组：足三里、悬钟、太冲为一组，阳陵泉、三阴交、昆仑为二组，捻转刮针泻法，间歇行针 30~60 分钟，10~15 分钟行针一次，日针一次，10 天为一疗程。两组穴按疗程交替使用。

例三：Daniel kioko，60 岁，印度人，商人。肛漏十几年，曾在英国、南非、印度手术三次，均未根治，仍反复发作，肛门经常流脓血。经中药、针灸治疗后痊愈，随访三年未复发。治疗方法：①口服三七伤片，每次三片，每天三次。②肛漏局部用火针针刺后涂以马应龙痔疮软膏，隔日一次。③八髎穴挑刺出血并拔火罐，每次挑刺 1~2 个穴，隔日一次。④大肠俞、秩边穴，均深刺 3 寸，徐徐提插，刮针泻法，间歇行针 30~60 分钟，10~15 分钟行针一次，日针一次，7 天为一疗程。

该患者后来成了我的好朋友，并给我介绍了好多病人。

例四：Malia，女，35 岁，比利时使馆官员。结婚 10 年未孕，曾到几个国家检查，诊断为输卵管堵塞、慢性盆腔炎，西医治疗多年未见效。经我用针灸、中药治疗后连生三胎。治疗方法：①中药桃红四物汤加减：桃仁、红花、生地、赤白芍、当归、川芎、丹皮、红藤、白花蛇舌草、甘草，水煎分两次服，早晚各一次。②口服大黄䗪虫丸，早晚各一丸。③针灸取穴分两组，腰骶疼痛反应部位为一组，天枢、关元、足三里、阴陵泉为二组，腰骶部疼痛反应部位挑刺后拔火罐。天枢、关元，直刺 1.5 寸，徐徐提插刮针泻法，足三里、阴陵泉直刺 2~3 寸，捻转泻法，均间歇行针 30 分钟，10 分钟行针一次，日针一次，两组穴隔日交替使用。

该患者因吸烟过度（每天两包）引发严重的支气管炎。我用耳穴压豆方法治疗，使其戒烟成功，随访 6 年未复吸，气管炎也痊愈了。

例五：尼日利亚驻肯尼亚大使，男，45 岁。椎间盘脱出，左下肢疼痛两年多，行动十分困难，曾到英、法、美等国治疗，医生均动员他做手术，后经我们用针灸治疗症状全部消失。取穴分两组：腰夹脊（左右各两穴）为一组，大肠俞、环跳为二组，用 G_{6085} 电疗机断续波，通电 30 分钟，两组穴隔日交替使用，治愈后随访两年未复发。患者非常高兴，特邀我出席尼日利亚国庆节招待会。

例六：Pak sumlow，男，46 岁，肯尼亚议会高级财务官。患萎缩性胃炎，伴胃大弯溃疡。胃脘疼痛 15 年，长期口服西药治疗，效果不明显，胃脘饱胀、疼痛等症状，时轻时重，经中药针灸治疗后症状消失，胃镜复查，溃疡面修复，胃黏膜正常。治疗方法详见拙著《针灸治疗胃脘痛》一书。

上述病例，均经欧美发达国家的医学专家治疗，未见明显效果，后经我们治疗痊愈，或取得了显著疗效。这难道不是世界领先水平吗？

半个世纪以来，虽然本人在医疗工作中仅仅做了一点应该做的工作，但是党和各级政府却给予我很高的荣誉。我还受到国内外有关部门的关注，被联合国世界卫生组织（WHO）遴选为"国际医学名人"（见WHO编著的《国际医学名人录》第二卷），被卫生部、人事部和国家中医药管理局遴选为全国五百名名老中医之一，享受国务院政府特殊津贴，被山东省委、省政府授予"山东省专业技术拔尖人才"和"山东省优秀科技工作者"等荣誉称号，被评为"全国优秀医务工作者""山东省劳动模范"，获"全国五一劳动奖章"，获山东省自学成才一等奖，并立二等功一次，被破格晋升为主任中医师。

刘道清

刘道清（1942—　　），安徽省萧县人。大学文化，教授，主任医师。在河南省中医药研究院从事医疗和科研工作。

1968 年毕业于河南中医学院（现河南中医药大学），先后在长垣城关卫生院和县人民医院工作 8 年。谦虚谨慎，勤奋好学，博览群书，精于医道。救死扶伤，心存仁义，临证救垂危病人，每多以获安。在多年的研究工作中，获得省级以上科研成果 8 项，其中"中国民间疗法挖掘整理研究"获 1991 年中医药科技进步二等奖；"中医名言检索研究"获 1994 年省科技进步二等奖；"中医药科技查新方法及其应用""中药别名商品名检索研究"分获 1996 年、1998 年省科技进步一等奖。出版了《中国民间疗法》《百病自我疗法》《怪病怪治》《家用民间疗法大全》《家用药酒大全》《病家禁忌三千条》《中医名言大辞典》《中药别名大辞典》《百病自诊自疗自防》《肝胆病答疑解难》《走出健康误区》《走出防病治病用药误区》《病人饮食禁忌》《现代生活禁忌丛书》（8 个分册）、《中国传统养生保健法》《中国民间神效秘方》《秘验单方集锦》等 18 部学术著作。其中 6 部获北方 10 省区市及中南 6 省区优秀科技图书一等奖、全国优秀图书奖，2 部被译成英、日文。发表论文 68 篇，如《中国医学史分期问题》《张从正著作考》等。多次被评为省优秀科技工作者，全国中医药科技先进工作者。曾兼任全国中医药图书情报工作委员会副主任委员，全国中医药科技信息工作委员会常委，全国中医药文献学会委员，河南省医学史学会主任委员，省科普作家协会常务理事等职务。连续多年被卫生厅聘为河南省卫生技术高级职务评审委员会评委，被河南中医学院聘为硕士研究生毕业论文答辩委员会主席。传入《中国当代名医辞典》《中国当代中医名人志》《中国专家大辞典》《中国当代高级专业技术人才大辞典》《当代中国科学家与发明家大辞典》等。

立志学医

我出生在安徽萧县的一个农民家庭，祖祖辈辈都以种地为生。就在我读高中二年级的时候，奶奶病了，病发很突然，上午还去地里割草，突然下腹部痛，农村的医生没有确诊为何病，给了些药服用，但没有效果，后来竟一病不起，最后病逝。奶奶的病逝对我刺激很大，我从小没乳吃，是奶奶用饭一口一口地将我喂大，晚上搂着我，给我讲故事，白天带着我下地干活，奶奶一手将我带大，我与奶奶的感情非同一般。她只是普通的腹痛，怎么能治不好呢？农村缺医少药，更缺少技术高明的医生。这种情况使我既悲痛又气愤，激发我立志学医，去治疗千千万万像奶奶这样的劳苦大众，挽救他（她）们的生命。

奶奶会给产妇接生，还知道一些土单验方，同时还会一些刺灸、拔罐等民间疗法，治愈过许多病人，她治病不要钱，找她治病的人很多，因此很受当地群众的拥戴。这对我学习中医也有一定影响。然而她毕竟没有念过书，医学知识太少了，没能诊治自己的病痛而早逝，去世时仅50多岁。这给我留下了永久的伤痛，一直促使我努力学习医学理论，研究医学难题。

系统理论学习

1963年，我考上了河南中医学院医疗系。大学期间，系统学习了《黄帝内经》《伤寒论》《金匮要略》和中药学、方剂学、诊断学及内、外、妇、儿、五官各科基本理论，参加了军训、社教，还经历了"文革"。在那些日子里，我始终没有忘记自己的方向，一有空闲，就背诵方歌、脉诀、经文等必须背记的东西。1968年，我以优异的成绩毕业。

勤于临床实践

从中医学院毕业后，我被分配到地处黄河滩区的长垣县城关卫生院当医生。初到时与解放军征兵部队的军医一起针刺治聋哑，后来针灸治疗常见病，再后来作为一名中医大夫，用中药和针灸为患者治病，之后也配合一些西药进行治疗。内、外、妇、儿各科什么病都看，在基层卫生院是不分科的，甚至也不能只当中医大夫，有时也必须使用西药，兼任西医大夫。曾经有这样一件事：有天上午全公社召开职工大会，内容是"拆墙平沟解疙瘩"，说白了就是解除"文革"中的一些隔阂。中午在公社食堂吃饭时，公社副主任兼武装部长端着碗，走到我跟前说：我俩还须解疙瘩呢！我说：我与你什么疙瘩，我初来乍到，要不是今天开会，听你讲话，还不知道你是领导呢。他说：咋没有疙瘩？那天你在医院值班，我因感冒要你开几片安乃近西药，你说你是中医，不会开西药，让我找西医去，那天几位西医恰巧都下乡了，找了一圈，也没有找到西医。再到你那儿，你还是不给我开，还说，你没看诊室门上挂着"中医诊室"吗？我说：经你这一说，我记起来了，是有这么一回事，可那时我并不知道你是公社领导，你也没有暴露身份。他又说：在下面当医生，不能因为你是中医学院毕业的，就只开中药，不开西药。要当全科医生，病人要吃中药，你就开中药，要吃西药，你就得开西药。我说：行。从此以后，我中药也开，西药也用。因西医知识在学校学得少，我就买来西医书籍自学。在长垣县工作8年，我既看门诊，又管病房，还经常出诊。无论风天雨天，暑天严冬，只要病人请求出诊，就得随他们去。每个医生由医院配备一辆自行车，一个药箱，应病人要求随叫随到。长垣县城关公社的每个村我都去过，粮所、供销社等公社直属单位也都去过，每个职工的家，甚至每个农民的家也几乎都跑遍了，我也成了他们的朋友。有一件事我至今难忘：我初到卫生院上班，当时正值严冬，北风呼啸，夜间听到有人叩叫医院外门，好久未有人应，也许是值班医生怕冷，不想起床的缘故吧。我出于医生的同情心起来打开卫生院的大门，又帮助病人叫来值班医生，后来那位病人被值班医生收治入院了。又过了几天，听见那位病人在病床上呻吟，说是胃痛请主管医生，医生不去。我听后主动给他进行了检查，并配制了一些中成药，病人服了我配制的药后，病就好了。那位病人是个贫苦农民，他跟乡亲们讲了这件事，乡亲们说应该感谢一下医生。到了年关，他们村的男女老少，敲锣打鼓，给我送来了感谢信。此情此景，让我落泪，我只是做了一个医生应该做的，只是尽了一个医生应尽的责任，群众就给了我这么大的回报，我暗下决心，今后一定要更好地为最底层的民众服务。1976年，我调来郑州，仍从事医疗工作，兼进行一些中医药科研。从中医学院毕业至今40余年，一直没有脱离临床实践。有一段时间，研究院一位院长让我只担任信息中心主任兼医史文献研究室主任，而不要再从事临床工作，也就是只从事行政，而脱离临床。我说：信息中心主任可以不当，医史文献室主任也可以不当，但临床不能脱离。我辞去了信息中心主任和医史文献室主任的职务，专心做一名医生。后来由于工作需要，上级领导仍安排我一边在门诊看病，一边担任信息中心和医史文献研究室主任，二者兼顾。

通过几十年的临床实践，我认为中医治病应讲究灵活权变，根据具体情况，具体分析，制定针对病情的治疗方法。

1. 初试牛刀

1965年寒假，我回到家乡，一位远房婶母请我看病，她自述白带增多，腰酸腿困，神疲乏力，诊其脉沉细无力。那时老百姓大多吃不饱，劳动强度大，我诊断她是冲任亏虚，脾肾不足，治以温阳益气之法，用桂枝汤加黄芪治疗，3剂而愈。她夸奖我学有所成，只花不到一元钱就治愈了她的病。

2. 有邪必去

1975年秋的一个傍晚，我出诊回医院途中，经过县城西关时，见到一户人家正在合棺材，一个中年汉子说他母亲病重，已昏迷多天，正给她准备棺材。他让我看看他母亲还有没有救。我诊其脉洪大有力，腹部硬实，高热昏迷，舌焦黑无津。经询问病史，得知病人70多岁，初患痢疾，便下脓血，一位医生说是年老体弱，给予人参精和一些涩肠止泻的中药令服。服后痢疾便下脓血停止了。又一周后，便出现了高热昏迷、不省人事等现在的症状。我诊后认为，这是痢疾初起误用补剂和涩肠止泻之品，闭门留寇，致使邪毒不能排出，滞留体内，导致病人高热昏迷；大便排不出去，故下腹硬满。病人虽为70多岁的老人，又患痢疾，昏迷多日，仍为实证。我对那中年人说：你母亲的病或许可治，你先别忙着做棺材，赶快送她到卫生院。他立即叫来几个年轻人，用架子车将病人送到医院。我先用肥皂水给她灌肠，再用大承气汤鼻饲入胃，后病人泻下黑屎硬粪盈盆。继而令病家饮食调养，多吃米粥等易消化食物，同时令服一些山楂红糖水（用焦山楂30g，红糖15g，水煎而成），消食化积，杀菌止痢，经过2周多的治疗，这位老太太被救活了。这件事使我得到很大的荣誉，群众纷纷传说我有起死回生的医术，传得神乎其神，其实我只是遵循中医"虚者补之，实者泻之"的治法用药而已。前面的那位医生只看到病人年老体弱，却不懂得痢疾初起不能补，更不能固涩，否则便犯下了"闭门留寇"的医家大忌。

3. 心病心治

1982 年春，从新乡某医院转到省人民医院一位病人，省医院不愿意接收。病人家属来找我，让我找省医院院长，请求他们接收。我帮忙找到了院长，但还是没有接收。我与病人的父亲和哥哥熟识，就让病人住到我们医院，我来主治。病人是一位 17 岁的少女，名叫王燕，她被架子车撞倒，车杆撞在少腹部，拉车人逃之夭夭，她气愤难忍，当即昏倒。自此即觉被撞的少腹阵痛，经内外科检查，均没有发现大问题，可疼痛逐渐加重，人也昏迷不醒，先在县人民医院治疗 20 余日，又转到新乡某市级医院治疗月余，均无丝毫疗效。后又往省人民医院转，由于不能确定是内科病还是外科病，所以内、外科均不接收。病人 2 月余不进食，仅靠输液维持生命。检查发现，患者头发脱落，枯瘦如柴，皮肤松弛，眼窝深陷，昏迷不醒，简直就像一具干尸。经过询问病史我断定：这是一个癔性昏迷的病例。病虽深重，但若治疗得当，恢复亦快。病人刚被送到我院时，护士看到其病情危重，均很紧张，悄悄地对我说："刘老师，这么危重的病人，咱们能收吗？"我说："一个月后让她痊愈出院。只要求你们不要在她面前胡说。"待他们安排停当之后，我为病人进行了全面检查，在其父母、哥哥在场的情况下，郑重而坚定地说：别看病情这么严重，等一会儿我扎上针就让她清醒，3 天后可下床活动，1 周后可下楼活动，3 周后可到市百货大楼购物，4 周后可痊愈出院。然后我取来毫针，在病人足三里和合谷穴各刺了一针，她立即苏醒，与其母说笑如常。中午，她即要吃东西，其父买了烧鸡、烧饼，病人吃了 2 个烧饼，半只烧鸡。我知道这一情况后，将其父叫到一旁，批评道：她 2 个多月未吃食物，身体枯瘦，胃壁肠壁都很薄，刚开始吃饭就吃这么坚硬的食物，又吃得这么多，极易造成胃、肠破裂，应以稀软的容易消化的食物为宜。其父母根本不当回事，晚上又让病人吃了一个烧饼，半只烧鸡。第一天治疗就解决了两大问题：一是昏迷 2 个多月如今清醒了；二是 2 个多月未吃饭如今吃饭了，并且食欲极好。之后我每天针刺病人合谷、足三里、三阴交等穴位，予八珍汤内服以调养，结果正如我讲的那样，病人 3 天下床活动，1 周后下楼活动，3 周到市百货大楼购物，4 周时长出满头乌发，红光满面，显现出少女的丰润，痊愈出院。后来病人被撞着的下腹部有时仍感疼痛，我就给她一些维生素 C 片，对她说是最强效的止痛药，服 1 片可保 1 日不痛，7 天后改服 1 片可保 1 周不痛，再后改服 1 片可保 1 月不痛，逐渐减至日服 1 片保 1 年不痛，最后停药不再疼痛。这个病例没有吃多少药，经我治疗仅花费不到 200 元钱，就彻底治愈了。对这种癔症最好的治法就是暗示，我刚开始跟病人父母的谈话，实际就是暗示，看似是说给其父母的，其实是让她听的，病人看似昏迷，其实对她父母说的话，她都听得见，记得清。

4. 调治并举

近年来，我治疗脾胃病比较多，比如慢性胃炎。对于这类病，我的体会是饮食调节非常重要。我要求病人一定要注意饮食调节，脾胃虚寒者忌食生冷、油腻，脾胃湿热者忌食辛辣食物，同时要注意饮食定时定量，生活规律，养成良好的生活习惯。有一个名叫张永顺的慢性萎缩性胃炎患者，是检察院的检察长，由于平素应酬多，致发胃病，经常胃痛、胃胀，到上海曙光医院胃镜检查诊为慢性萎缩性胃炎（重度），做胃镜的是一位老医生，建议他找中医治疗，他回来后请我诊治。诊其脉象弦数，舌质暗紫，苔黄腻，主症胃痛胃胀。辨证属肝郁化火，再加上平时饮酒吸烟，致使胃肠积热，发生胃脘疼痛，治以舒肝解郁、行气止痛、清胃热和胃之法，处方：当归 10g，白芍 10g，柴胡 15g，茯苓 30g，白术 10g，枳实 10g，香橼 10g，广木香 6g，丹参 15g，白及 10g，三七粉 6g（冲服），黄连 10g，檀香 10g，炙甘草 6g，水煎服，每日 1 剂。服用 20 剂后，胃痛胃胀症状消除。我对病人说这种病是慢性病，好得难，你一定要坚持吃 70 剂才行，同时还要忌烟酒、酸辣食物，吃饭定时定量。他服用 50 剂后，感觉没有任何不适了，就不想再吃药了，问我行不行？我说，你做个胃镜看看再说，还到上海曙光医院让那个老先生给你做，一是那老先生有经验，二是两次都是他做的，好进行比较。他按照我的嘱咐，来到上海曙光医院，找到那个老医生做了胃镜复查，那位老医生检查后，惊喜地对他说：你的萎缩性胃炎基本上好了，你是怎么治疗的，还没见过好得这么快的呢！后来张永顺没有再服药，只是按我要求的定时定量饮食，戒除烟酒，忌食辛辣食物。现在他的慢性萎缩性胃炎完全康复了。

开展学术研究

1. 留心积累资料

常言道："处处留心皆学问，人情练达即文章。"做学问就要处处留心，积累资料，例如治病，要留心保存病历；又如读书，要留心自己需要的东西，并且留存下来。积少成多，有了素材，可以写论文，可以写著作。

2. 及时总结成果

积累了素材，还要及时整理，认真总结，该成文的成文，能成书的成书，不管是文章还是著作，都是成果。成果多了，就有成就感，与此同时，自己的医学水平也提高了。临床→读书→积累资料→整理总结→著述→再临床→再读书→再积累资料→再整理总结→再著述，如此程序下来，诊疗水平不断提高。这样坚持数十年，一定会有成就。读书是一种习惯，一定要养成这个好习惯。不一定全要读医学书，文学、历史、地理，各类书都可以读，中医学是多种学问的综合，读什么书都有帮助。写东西也是个习惯，要养成勤写、多写的好习惯。这种习惯最好从青少年时期开始培养，可以从写日记开始，同时多读些小说、趣味故事，以增强文学修养，先写一些科普文章，再写论文、论著，一步一步地来，别想一下子就弄出个大著作来。写论著就像妇女生孩子一样，首先要肚里有，肚子里没有，生什么孩子？著书立说，首先要占有丰富的资料、大量的素材，然后将其分门别类、去伪存真、去粗取精，按一定的格式，有目的地加以梳理，再加以理论阐述，就成了著作。

3. 撰述心得体会

心境平淡，不追逐时髦，尤其不要追求政治上的时髦。大学之前的学生时代，我清楚地知道，我是农民的儿子，升学是唯一的出路。大学时代，正赶上"文革"，我冷静下来，不出那个风头，既不批斗老师，也不批斗领导，一心一意看书学习，背方歌，看中药，读《内经》，还看一些文学作品。大学毕业之后，我的同学及同龄人，有的当了官，有的发了财，而我还是普普通通的一名医生。我也有当官的机会，但我没有当，因为我知道自己性格孤傲耿直，不适宜官场，再是同情弱者，不宜从事政治工作。我清楚自己的这些缺陷，所以决不入官场，守着自己的那份工资，过着平平淡淡的生活，平时除了临床之外，读读书，散散步，写点东西，乐在其中。

回顾我走过的路，既没有惊天动地的壮举，也没有气壮山河的伟绩，在人生的道路上，我崇尚长沙岳麓书院楹联所书："是非审之于己，毁誉听之于人，得失安之于数。"还欣赏明代周霆震的《篱间小花》诗："小小闲花分外红，野人篱落自春风。江南多少繁华地，尽在寒烟蔓草中。"以及清代何绍基的诗："池心种藕不多时，已有亭亭出水枝。不羡邻家看花早，但能花好不嫌迟。"

南 征

南征（1942— ），朝鲜族，吉林省龙井市人。1965
年毕业于长春中医学院。长春中医药大学附属医院主任
医师，教授，长春中医药大学中医研究所所长、研究员。
兼任中华中医药学会理事、内科分会常委、消渴病专业
委员会副主任委员，国家新药评审委员会委员，吉林省
中医学会副理事长，长春市中医学会理事长，中医老年
病专业委员会主任委员，博士生导师。

1965 年毕业并留校工作以来，在医疗方面擅长疑难
病证诊疗。近几年来对消渴病（糖尿病）、中风病、肝病、肾病、癫痫病等，在
治疗上有了突破性进展。在防治糖尿病方面，首次创立"滋阴清热、益气养阴、
活血化瘀"三法为一体的新法，研制了新药［国家准字（1999）Z－20 号］"消
渴安胶囊"，现已批量生产，纳入国家基本药物目录，为国家中医药管理局重点
推广的 2000 年科技成果之一；又根据中医传统理论，创立了"扶正祛邪、解毒
降糖"法，制定了"坚信科学、增强信心、锻炼身体、平衡心态、定期检查、
控制饮食、合理用药、降低血糖、预防并病、提高疗效"的中医治疗糖尿病的
综合系统治疗规范；并在治疗糖尿病合并证——糖尿病肾病方面，首次提出了
"毒伤肾络致病学说"，并成功研制了"益肾解毒通络胶囊"，试验证明该方剂有
裂解 AGEs 的倾向，并在临床上应用"益肾解毒通络胶囊"治疗糖尿病肾病，
取得突破性进展，疗效满意，取得了可喜的成果，受到广大患者好评。在教学
方面，在本科生及博士、硕士研究生教学和指导方面有重大改革措施。在科研
方面，研制成功新药三项，准字号、健字号多项，为吉林医药事业创利润千万
元以上。获吉林省科技进步奖三等奖、发明奖各三次，优秀新产品奖三次，获
吉林英才奖，省科委、省教委科技进步杯一等奖。著书 20 余部，著有《消渴肾
病研究》，主编《难病中医治验》《简明中医学丛书》《中医食疗精品》《中医药

继续教育教材中医内科分册》《中医性医学》《糖尿病中西医综合治疗》《中医养生保健学》等10余部著作，在省级以上杂志发表论文100余篇，国家级优秀论文8篇，省级优秀论文8篇，获国家级优秀图书奖一部，亚太地区图书金奖一次。到苏联、美国、日本、韩国、马来西亚等国讲学，参加国际性学术会议，发表论文10余篇。获省科委、省教委、卫生厅科技先进个人荣誉称号，长春市民族团结模范称号，吉林省名中医称号。1992年享受国务院政府特殊津贴，2000年元月获长春知名医生、长春名医等称号。

从医历程

我17岁就读于长春中医学院，开始系统学习中医。作为朝鲜族，遇到的第一个问题就是对医古文的恐惧，对古汉语理解的困难，但是我深知中医学博大精深，要想成为真正的中医医生，中医经典古籍的学习是必经之路，怀着对中医的热爱和成为真正中医的信念，反而比汉族同学更刻苦地学习医古文，死记硬背，并由此逐渐熟悉古汉语，度过了6年大学生活。毕业后我留附院工作，在繁忙的医疗、教学、科研之余，仍然不放弃中医四大经典、金元四大家医书及明清医籍的研读，为临床打下坚实的理论基础。我早年跟师于任继学、刘冠军、刘柏龄、杨宗孟等国家级名医，大家的风范在心中刻下了深深的印迹，成为我一生的楷模。

学术特色

（一）坚持"记忆、思维、决策、创新"之路

中医学与现代医学相比，具有独特的理论体系，因此我认为，中医的临床思维与决策又具有其独特之处。第一，中医的临床思维方法学分为三个层次：哲学层次、中间层次、直接层次。三者互相补充，互相促进，共同构成临床思维方法学的完整体系。第二，中医临床思维有三大特点：即整体性、宏观性、动态性。我常说：我们面前摆着这样两种思维方法，即"研究中医"还是"中医研究"，而我们需明确二者的区别而坚持"研究中医"。我提倡中医的"记忆、思维、决策、创新"思维系统。在掌握了中医临床思维方法之后，我们要在继

承的同时，不断创新来继续推动中医事业的发展。中医如一口饱经风霜的古井，几经劫难，仍能流出甘甜清澈的水，孕育中华儿女。我们的责任就是要用自己的知识和智慧来修缮这生命之源。积累前人的知识，进一步研究探索，将井挖得更深，不断开拓新领域，发现新规律，提出新理论，创立新方法，让中医在科技飞速发展的今天，能够放射出更加璀璨的光芒。

（二）提倡辨证求因，审因论治，综合治疗

我提倡辨证求因，审因论治，强调辨证论治首先要辨出主证，兼顾他证，注意辨识真假。临证重视辨证论治十法，即定位、定性、定证候、定诊断、定理、定法、定方、定药、定调、定防十大法。反复强调辨证是论治的依据，论治是辨证的检验，在辨证论治过程中必须弄清证、病、症、候概念。同时，辨证论治还要抓住疾病的病因及发生、发展变化全过程。单独强调辨证是不够的，应该先审病因，做到辨证求因，审因论治。如治疗消渴病，单纯降糖是远远不够的，应重视情志、体质、饮食、寒温失度、食复、劳复在疾病发生发展中的作用。又如治疗慢性肾病，我认为该病起于喉核，强调外感六淫之邪侵入咽喉在发病过程中的重要性，绝不单纯治肾。正如《黄帝内经》论及"必伏其所主而先其所因"；我很推崇宋代陈无择的《三因极一病证方论》，该书是我国第一部病因学说专著，系统地阐述了"三因学说"，是分析疾病病因的纲领。我经常告诫学生，现代中医医生治病不能忽略审因论治的重要性，应积极寻找病因，可达到事半功倍的效果，若只单纯辨证论治，不去了解病因就开方下药，将会陷入一味用药而不求溯源的境地。诊病中除了应用口服中药汤剂外，对于合并有尿路感染的患者给予中药外洗剂治疗，肾功能有改变的患者予中药保留灌肠，对于高血压及类风湿关节炎、痛风病的患者分别以不同中药浴足治疗，对于应用过激素的肾病综合征患者，予中药代茶饮以抵抗激素对人体的不良反应及耐药性。尽量做到特色鲜明，方法多样。

（三）"毒邪学说"的发扬与创新

近年来毒邪学说和络病理论是中医学术界两大研究热点，方兴未艾。络病学说是中医理论体系中的一个重要组成部分，其所涉及的络多指"经络"之络与"脉络"之络。如叶桂言："凡人脏腑之外，必有脉络拘拌，络中乃聚血之

地。"络脉在循行上沿经布散，纵横交错，形成了一个遍布全身内外的，从大到小，成树状、网状的如环无端、流注不已的循环系统。这种遍及全身分布的络脉网络系统，弥补了经脉线性分布的不足，是脏腑内外整体性协调联系的重要组织结构。络脉是气血津液输布贯通的枢纽和要道。经脉运行气血依赖于宗气和出自"脐下、肾间"的原气。络病之名始于《黄帝内经》，叶天士将《黄帝内经》中的有关"络"的生理认识加以深化，引入到内伤脏腑病变的病理阐释中，明确提出了"久病入络"和"久痛入络"的观点，强调"初为气结在经，久则血伤入络"，揭示了一般内伤、脏腑病变由浅入深、由气及血的演变规律，认为络病分虚实，总以络脉阻滞为特点，多属缠绵难愈的慢性病或慢性痛证。

中医理论中的毒邪泛指对机体生理功能有不良影响的物质。其含义具有多样性和应用的广泛性特点。所谓毒，至少应具备以下几点：①能够对机体产生毒害或损害。②损害致病的程度。③应与人体相互作用。目前较一致的看法认为，毒邪有内外之分。外毒是指相对于人体来说直接侵袭机体，并造成毒害的一类物质，如细菌、病毒、瘟疫等，一般多具有传染性和流行性；内毒是因脏腑功能和气血运行失常，使机体的生理或病理产物不能及时排出，出现气滞、痰凝、血瘀、湿阻、水停等病理产物，蕴积体内过多，邪盛而化生毒邪，多在疾病过程中产生，既是病理产物，又是新的致病因素。"毒"虽仍属邪的范畴，但其不仅仅指一种单一的、具体的致病因素，更重要的是它代表着一种非常邪所为的病势胶着、顽固不愈的病因病理概念。

我首先提出"消渴肾病"新中医病名，并在毒邪理论的指导下，在病因病机方面首创"毒伤肾络"学说，毒损肾络是糖尿病肾病的病机关键，而从解毒通络入手，能更好地提高临床和科研效果。久病入络，久病成毒。我认为脏腑功能和气血运行失常，使机体的生理或病理产物不能及时排出，出现气滞、痰凝、血瘀、湿阻、水停等病理产物，蕴积体内化生毒邪。在此思想指导下，以扶正祛邪为消渴肾病的根本治则，创立了"益肾解毒通络保肾"法，贯彻解毒、祛毒、化毒基本原则，综合考虑、判断，立法组方，标本兼治。主要有通腑解毒，清热解毒，祛瘀解毒，芳香化毒，扶正抗毒等不同，以祛毒外出，令无壅滞为要。在临床实践及动物实验中均取得满意效果，响应者重。

（四）治疗消渴及合并证，并研制新药

近 20 年来我对糖尿病、糖尿病肾病、糖尿病脑病、糖尿病肝病等的治疗有

了深入认识，丰富了临证经验，形成了一套独特的理论体系。在治疗消渴方面，我认为本病的发生，是以散膏为核心，注重审因辨证治疗糖尿病，将饮食疗法、运动疗法、糖尿病知识教育、血糖监测贯穿始终，并体现出有所偏重，提供高度个体化的治疗方案。因在临证时发现阴虚燥热兼瘀患者多见，首次创立"滋阴清热、益气养阴、活血化瘀"综合疗法，并研制了以此法立论的新药消渴安胶囊（1999年），取得了满意疗效。治疗中，强调个体化的治疗，如对于老年糖尿病患者，其久病必多虚多瘀，久病入络，应本着扶正祛邪，以补虚为基本原则，以健脾益气、补肾摄精为大法，灵活运用活血、通络、解毒、清热、利湿、化痰等治标之法，重视综合性、整体性治疗。

糖尿病性脑血管病，识病首分标本，无论是中脏腑还是中经络，辨证以阴阳为纲。本病的基本病机特点为本虚标实，本虚为气血阴阳、五脏亏虚，以肾为根本，标实多为血瘀、痰凝、湿阻、浊毒内生等，病机核心是瘀阻脑络。确立补肾解毒通络法，用药重通脑络。临床重用黄精、熟地黄、山萸肉、山药、枸杞以补肾；生地、麦冬、葛根、丹皮以清热解毒生津；配归、芍、桃仁、川芎、地龙、牛膝以活血通络，使肾精得以补充，瘀血得以祛除。在总结日常用药的基础上，研制了新药麝香抗栓胶囊（1994年）。

糖尿病性肝损害辨证定位于肝，肝虽为刚脏，然其病源于消渴病，而后及于肝脏，因此，虽然病多疼痛、积聚等需通需散之类的证候，但其本已气阴或阴血两虚，而且不同证候之间渐次转化可成前因后果，所以肝损形成后特别容易加重消渴本病，这点应当引起足够的重视，并及时未病先防或截断扭转。中医药治疗可以兼顾降糖和修复肝细胞于一身，无治疗上的矛盾，是极具优势的。治疗糖尿病肝病应尽早兼治，用行气药宜醋制，积聚多责于湿，肝病实脾养胃阴，善用榛花、黄连、双花等解毒保肝之品。临床中医辨证论治结合毒邪致病特点，如湿热互结兼瘀毒治以清热利湿、解毒通络，方用龙胆泻肝汤加减。我首先发现了榛花的解毒保肝作用。在几次走访长白山地区时，从百姓口中得知长白山地区有一种榛子树，每到清明节时其花谢落，此榛子花可以治疗肝病。我很感兴趣，认为有进一步研究的价值，其后又多次上长白山了解、研究，终于发现榛子雄花入药可以起到保肝解毒的作用，遂研究发明了新药复方榛花舒肝胶囊（2004年）。

在糖尿病肾病的治疗中，我发现了榛子雄花的降糖作用，现以榛花等组成的益肾解毒通络胶囊正在研制中。榛花这味中药的发现，及以此为组方的成药的研制为广大肝病患者、胆囊炎患者、糖尿病肾病患者带来了福音。

此外，我用益气养阴、解毒化瘀法治疗糖尿病合并牛皮癣；解毒祛瘀、温肾助阳、健脾祛浊法治疗糖尿病酮证；益气养阴、解毒化瘀法治疗糖尿病高尿酸血症，均取得良好疗效。

（五）创肾病的特色治法治方

1. 水毒症证治

水毒症，是水肿病继续恶化的症候群，本病主要因肺气衰、脾气竭、肾气绝而成。由于湿浊壅聚，上犯肺胃，下犯肝肾，甚则肾气、心气衰竭而成。它的病位主要在肾。肾为性命之根，肾绝则命火熄，命火熄则相火不生，相火虚衰则五脏六腑功能皆衰，因而形成一种涉及全身的危候。水毒为患，是肺脾肾三脏衰竭，以肾为本，肺脾为标，肝木失养，脑髓失润而成的肾厥之候。故法以益气养阴、解毒通络保肾的思路选方用药，同时应用中药灌肠，药用大黄、厚朴、枳实、牡蛎、土茯苓、双花、制附子、黄芪，以通腑解毒，给毒邪以出路。

2. 慢性肾炎证治

我继承了任继学教授"慢性肾风"理论，对本病有进一步认识：本病起于喉核，喉为足少阴肾经、足厥阴肝经、足太阴脾经、足阳明胃经、手少阴心经、手少阳小肠经所过之处，为"咽喉要道"，当外感六淫之邪侵入咽喉，邪气久留，盘踞不除而成毒，日久，毒邪沿足少阴肾经进犯于肾，从气街处起，引起气血逆乱，气机不通，气化不达，伤及肾间动气，继而损伤肾之体用。久病伤肾者，必伤及络脉。经络、血脉、毛脉、缠络、结络发生逆变，即毒损肾络。当膜络失去肾气顾护、命门温润，毛脉无力固血，血液外渗，形成血尿；肾失封藏，脾不升清，精微物质外漏而形成蛋白尿。故拟益肾利咽、解毒通络、上病下治的综合治疗法。从经络相关角度拟治下清上法，用治肺之药，如金荞麦、木蝴蝶、马勃、郁金；并且喜用穿山甲（现用代用品，下同）、血竭之走窜透关、贯彻经络、活血和血之品。

3. 紫癜性肾病证治

中医将血液溢出于肌肤之间，皮肤表现出青紫斑点或斑块的病证称为紫斑。

过敏性紫癜往往存在久治不愈、反复发作的特点，日久常累及于肾而成紫癜肾，更加缠绵难愈。我在治疗上多从风论治，以滋阴养血、祛风解毒之法，药用徐长卿、刺蒺藜、蝉蜕疏风散邪，土茯苓、白鲜皮清热燥湿解毒，生地、川芎、当归、白芍养血和营，制何首乌、五味子滋阴益肾，加之托补中气之黄芪等，共奏补益肝肾、养血和血、透表达邪之力。

我热衷于中医，将中医药建设视为自己一生事业的追求。针对吉林省中医药发展存在的问题，以书信的形式向政府提出了几点建议和措施。对于如何办好中医类大学也提出了中肯的建议。中医教育，也是为了振兴中医，办好中医大学，也是以振兴中华培养和造就一批有用人才为其最终目的。中医学，作为一门古老的学科，有其独到之处，那么办好中医大学，也要始终突出中医特色，否则要办成一所名副其实的中医大学是不可能的。我院的特色就是中医特色。要始终突出以中医为主的办学思想，使之贯穿我院的一切工作，同时要掌握好现代科学技术和技能。这些关系不能颠倒；不能偏废，要完整地理解，完整地实施。要想办好有我院特色的中医大学，在以上指导思想基础上要坚持如下办学方针：教学第一，科研领先，产、学、研一体。强调"读经典→跟名师→做临床"是中医教育的捷径。

如今，我又担任了吉林省防治艾滋病治疗小组组长，针对吉林省的艾滋病情况，在专科医院成立中医治疗基地，搜集、观察、整理艾滋病的中医症候特点，并处方用药，跟踪治疗，在中医治疗艾滋病方面取得很大进展，目前仍然在进一步研究中。

唐祖宣

唐祖宣（1942— ），河南省邓州市人，中共党员，邓州市中医院院长，中医主任医师，中华中医药学会理事，中华中医药学会血栓病分会副主任委员，中华全国张仲景研究会常务理事，中国中西医结合学会周围血管病专业委员会常务理事，中华中医药学会外科分会顾问，河南省中医药学会常务理事，河南省高级职称评审委员会委员。

从医六十年，在临床与实践中积累了丰富的学术经验，对仲景典籍极为推崇，广用经方于各科，在诊治四肢血管病方面尤有独到阐发。他的研究成果曾获中华中医药学会科学技术二等奖 1 项，河南省科技进步一等奖 1 项，重大科技成果奖 1 项，河南省卫生厅科技进步二等奖 1 项，南阳地区科技进步二等奖 6 项。撰写学术论文 200 余篇，其中 126 篇发表在《中医杂志》《中西医结合杂志》等全国和省级医学刊物上。著书 15 部，数十次参加国际和国内学术会议。他言传身教，启迪后学，先后带徒 46 人，均已成为学术骨干。

自 1981 年县级恢复人大常委会以后，历任邓州市、南阳市人大代表，河南省第八届人大代表，第七届、九届、十届、十一届全国人大代表。在 30 年的代表历程中，他认真履行代表职责，积极参政议政，提出议案、建议 526 件，其中有关中医药事业方面的就多达 235 件，很好地发挥了人民代表的作用。以其高尚的医德、精湛的医术和对中医药事业的重大贡献，分别于 1986 年和 1987 年两次荣获全国卫生文明先进工作者称号；1986 年被评为"国家级有突出贡献中青年专家"；1989 年荣获"河南省优秀共产党"称号；被评为"河南省劳动模范"，并获省"五一劳动奖章"；1991 年被批准享受国务院政府特殊津贴；2010 年荣获全国先进工作者称号；1991 年和 1997 年连续两次被遴选为全国老中医药专家学术经验继承指导老师。

师古不泥　拜名师读名著勤能补拙

（一）少年励志　与医结缘

1942年3月27日，我出生在原邓县城关福圣寺塔西边的一个大杂院内。在我出生前3个月，父亲就已经离开了人世，留下了母亲和两个年幼的姐姐。这使我一生下来就成了一位从未享受过父爱的单亲后裔。从此，32岁守寡的母亲挑起了一家四口的生活重担。母亲靠摇纺花车、卖棉线，含辛茹苦供我上完了6年小学。由于家境贫寒，母亲已无力再供我继续读书，于是，年幼的我含着眼泪辍学了。从此，我帮母亲挑起了生活的重担，捡柴、拾粪、帮小工，什么活都干，开始经受生活的煎熬和人生的磨砺。

我的家乡邓州是医圣张仲景的故里，中医遗风影响至今。受仲景文化的熏陶，那里的民间医生特别活跃，医疗水平也高，我从小便立志学医。15岁时，一心想要学习中医的我，为了买到一本《本草纲目》，就在街上摆起了茶摊。家境的贫寒，世态的炎凉，势利人情的变化使我经常处在迷惑与不安之中。艰难的环境不仅使我养成了虚心求教的学习态度，也磨炼了我刻苦钻研的学习毅力。众多好心人的帮助，使我从小就把与人为善、知恩图报作为人生的准则。

1958年，我在街道印刷厂当学徒，出于对中医的神往和渴求，每天清晨都会第一个来到隔壁的诊所帮助下板门、打扫卫生，中午还去帮忙干杂活。天长日久，几位老中医看到我对中医的执着和偏爱，便把我从印刷厂要到了诊所上班。不久街道诊所并入城关卫生院。当时的城关卫生院（邓县中医院前身）聚集了一大批享有很高威望的老中医。20世纪60年代河南省卫生厅评选的"河南省99位名老中医"中，卫生院的周连三、段彩庭名列其中。出于对中医的执着和偏爱，我每日工作更加卖力，除了正常工作外，还挤时间研读经典，遇到不懂的地方就向各位老中医请教，我越发地喜欢上了中医。

1959年3月，为贯彻落实毛泽东主席关于"中国医药学是一个伟大的宝库，应当努力发掘，加以提高"的伟大号召，邓县组织18名年轻学徒，在卫生院腾出的一间简陋屋子里，举办了中医学徒班。由老中医周连三、段彩庭、王植三、王惠五、张子盛和骆延亭分讲《内经》《伤寒》《金匮》《温病》等中医经典。

由于我是调剂人员，没被列为中医学徒。虽然我未能进入学徒班，却丝毫没有影响我的学习，一有时间，我就到教室后面旁听老师们讲课。年幼时经历的各种磨难，使我格外珍惜这来之不易的学习机会，而且通过老师们的讲解和自己的钻研，我深深感受到中医的神奇，从此便与中医结下了不解之缘。

（二）师从名医　刻苦钻研

穷则思变，少年的磨砺和生活的艰辛使我格外珍惜学医的机会，我每天起得最早，睡得最晚，脏活累活抢着干，省吃俭用攒钱买书，抓紧时间自学。周连三老中医年过七旬，年老体弱，孤身一人，住在医院。每天除坐诊外，还要坚持在中医学徒班授课，一天下来异常劳累却无人照顾。我看在眼里，急在心里，于是主动承担了给周老叠被、洗衣、送饭、倒便壶等一切杂务，日复一日，从不间断。周老性情固执、孤僻，但当他得知我并非领导安排来为自己服务时，眼中流露出了感动而慈祥的目光。

有一天，周老严肃地问我："你想学医吗？"我老实地点点头说："想，我做梦都想学医。"周老又问："小唐，你是想当'大医生'还是'小医生'？"我不解，周老就对我说："当'大医生'就要从《黄帝内经》《伤寒论》《金匮要略》等中医经典著作学起，打下扎实的中医基础理论知识，才能在学术上有更大的突破，造福人类。当'小医生'，背背'汤头'，学点'药性'，不讲医理，对症用药，混口饭吃。"我当即表示："要当'大医生'！而且我已经开始背诵《本草纲目》《黄帝内经》等中医经典著作了。"一生治学严谨的周老看着眼前这个没有父亲、身材瘦小的少年，心里很是满意，就这样，我成了周连三的入室弟子。

周连三从师邓县名医闫伯昂，25 岁开始行医，40 岁左右在邓县、新野一带便很有名气。中华人民共和国成立后调回城关卫生院工作。周老极讲医德，同情贫病，对于饥寒交迫者，非但不收诊费且每每倾囊相助，而且治学严谨，虽诊务繁忙，仍手不释卷，勤学苦研至晚年不懈，遇到疑难大病，总要查阅有关书刊和医案，绝不敷衍塞责，并亲自追访，颇得病家信赖。周老经常以"不为良相，则为良医"的古训教育我，并耐心启发我，要成为一名真正的中医，就要下功夫熟读仲景《伤寒》《金匮》等，这样，才能立于根本，掌握中医之精华——整体观念，辨证施治。周连三对清代黄元御的《黄氏八种》研究颇深，情有独钟，一生手不释卷，百读不厌，我也因此常听老师讲解其中的知识和黄氏作为"一代宗医"的成长历程，其求实奋进、勤求古训、锲而不舍的精神，在我内心深处打下了深深的烙印。周老除亲自给我布置学习内容外，还见缝插针将我叫到他的诊室，依据病案，言传身教。每天晚上，我在调剂室值班，周老一有空闲就来教我。1961 年，我被抽到病房当会计后，周老在接诊之余就每天拄着拐杖，到很远的病房去询问我的学习情况。这样一来，我的中医水平提高很快。渐渐地，一种来自两人内心深处的温情，在我们这一老一少之间日渐升腾起来，那是父亲与儿子之间的爱。我们互相信任，互相依存，非常温馨，充满着温暖。从此，我就在原来学习《本草纲目》《黄帝内经》的基础上，开始系统地学习《伤寒论》《金匮要略》，老师一条一条给我讲解，我就一条一条地背诵，每天背默 4 条，并理解原文意思，将这些经典著作心记口诵。

"书山有路勤为径，医海无涯苦作舟"。我以蚂蚁啃骨头的精神勤奋苦读，背会了《药性赋》《汤头歌诀》《黄帝内经》《伤寒论》《金匮要略》，又学习了《儒门事亲》《丹溪心法》《脾胃论》等著作以及西医的基本知识，每天都抓紧时间学习，有空便学，一有所得，马上记录，有时为此每夜从床上起来三四次，真是如痴如醉。

周老是当地出了名的经方派，他治学严谨，教徒不但注重医典经方，还注重临床实践，特别要求弟子遵循古训"久读王叔和，不如临证多"。那时，周老的诊室每天都要接诊 50 人次以上。我坐在他的对面，忙碌地开着处方，并不时向老师请教问题，周老则每问必答。我每诊一病，周老总放手而不放眼，每布一方，周老必细心复诊，对所布药味逐一斟酌，这使我在临床上进步很快。后来，我参加河南省中医学徒考试，以优异的成绩通过，从此开始了长达 50 年的从医生涯。

（三）精研脱疽 疗效显著

在中医界，一般来说都是患者寻医慕名而来，而医生毛遂自荐的却很少，更谈不上将患者请来就诊的了。但在当年，我却恰恰做了这样一件事。

周老一生读书如痴，尤其喜欢《黄氏八种》，每在夜间苦读。那时灯如黄豆，又卧看成习，累坏了双眼。开始时两眼昏花，迎风见光流泪，后日渐加重，泪出不止且伴有疼痛。1964 年入夏，周老在我的多次催促下来到南阳治疗眼疾。

到了南阳，我在为老师买饭途中，看到两个萎靡不振的病人坐在医院的台阶上暗自流泪。医生的责任感促使我走上前去，耐心询问缘由。原来这两个中年农民，因长年累月站在泥水里兴修水利而患了脱疽，经医院诊断都要截肢，不然就要危及生命。截肢对于他们来说，不仅付不起一大笔医疗费，而且两个家庭都还指望他们在队里挣工分来养家糊口，截了肢，全家人的生计怎么办呢？他们正为此犯愁落泪。我出于医生的责任便毛遂自荐，真诚地再三邀请两位农民到老师所在的旅馆进行诊治。两人听到不用截肢，便抱着试一试的态度跟随我找到了周老。周老细心地为他们进行了检查，不无痛心地说："病已到了中期，如不及时治疗，怕真是要截肢了。这样吧，先为你们开一个疗程的中药，服后如有好转，再到我们那里治疗。"于是，由周老口述，我执笔布方，为每人开了几副中药。时隔半月，两人来到了周老诊室，万分感激地说：你们不单单保住了我们的腿，也救活了我们两家人。

从此，口碑相传，美名远扬，我们师徒会治脱疽的消息迅速在中原大地传播开来，求治脱疽的患者日渐多了起来。我们师徒二人义无反顾地承担起脱疽的治疗和研究任务。

明志专攻　做临床搞科研硕果累累

（一）勤而毋怠　首发论文

20 世纪 60 年代初，面对众多的脱疽病人，周老的诊室门前挂起了"中医内科""脱疽专科"的牌子，我们师徒二人义无反顾地承担起了脱疽的治疗和研究任务。

1964 年初春，周老应邀参加南阳地区召开的名老中医座谈会，并特意带我前往，专程去医圣祠祭拜了医圣张仲景。回来后，我开始注重收集整理老师的临床病历，对他擅长治疗的疑难病脱疽则更加留意。通过潜心学习，我第一次知道了脱疽属周围血管病范畴，也知道了血栓闭塞性脉管炎、静脉血栓形成、糖尿病坏疽等周围血管病病名。

白天我协助老师查房，晚上则拿起笔开始尝试写论文。两个月后，我抱着试试看的心理，将《茯苓四逆汤的运用经验》一文寄给了当时全国仅有的一家中医刊物——《中医杂志》。这份杂志是由中华中医药学会和中国中医研究院联合主办的国家级中医药学术期刊，在全国乃至世界都有很高的权威性，而且影响力很大。

那篇论文在 1965 年《中医杂志》第一期发表了，并给我邮来了 24 元稿费。当时的邓县中医界从未有人发表过一篇论文，该文发表后引起了不小的轰动，各地患者纷纷慕名而来，"河南邓县中医院能治脉管炎"的消息开始在社会上越传越远。

一篇论文的发表竟在社会上引起如此广泛的关注，这是我始料不及的，也使我开始注重临床实践的总结和提高。1965 年，第九期《中医杂志》又发表了我撰写的《治疗脱疽的经验体会》，引起了中医学术界的重视和关注，从而更坚定了我继承老师学术经验的勇气和信心。我把恩师周连三的学术经验和自己的临床实践有机地结合起来，撰写的学术论文先后在《中医杂志》《上海中医杂志》等刊物上发表。50 余年来，陆续在各类国家级杂志、期刊上发表论文 100 余篇，从而使自己的学术理论水平有了质的飞跃和提升。

（二）临床辨析　分型组方

1969 年 5 月，恩师周连三谢世后，我担负起了脱疽科科主任的重任。

分型组方，确定纳入标准，认真观察记录每一例病人，这是 20 世纪 70 年代初，我在遭受批判的状况下所做出的一个大胆创举。

固定方剂，对血栓闭塞性脉管炎进行临床观察和研究，这是我早在 60 年代后期就草拟于心的学术研究计划。

在对周围血管病的临床研究中，观察病人的疼痛是一项重要的工作。为了研究和掌握诊治脱疽的规律和方法，我将铺盖搬进了病房，与病人同吃同住，使病房成了科研的第一线。有的病人疼痛剧烈，彻夜不能入睡。当看到我彻夜守候在他们的病榻前时，有的病人竟感动得哭了。

艰难而枯燥的临床研究，终于取得了丰硕的阶段性成果。分类治疗的效果远远高于传统的一人一方的治法。阳虚型的病人采用温经散寒、益气通络的治疗方法；热毒型的病人采用清热解毒、化湿行痹的治疗方法；气虚血瘀型的病人采用益气固正、补阴活络的治疗方法；阴阳俱虚型的病人采用益气养阴、补阳活络的治疗方法……这些方法极易推广应用，并且每个类型又固定了方剂。这些方药经过不断筛选，剂量经过不断增减，更符合中医辨证施治的精神，治疗效果也更加明显。与此同时，经过我在临床第一线的科研观察，血栓闭塞性脉管炎、血栓性静脉炎、红斑性肢痛症、糖尿病坏疽、动脉硬化闭塞症、多发性大动脉炎、雷诺氏病、栓塞性坏疽等也都有了明确的诊断推理和治疗方案。

1987年3月31日，我正在诊室忙碌着，突然接到湖北省枣阳县的紧急求援电话：枣阳县某初中28名少年下肢红肿灼痛，其症状、特征、发病部位以及临床表现与红斑性肢痛症几乎完全一致。病情正在发展，请求救治。根据临床经验，红斑性肢痛症是不会传染的，可为什么几乎在同一时间同时发病呢？

为了解决这个严峻的问题，我把自己关在资料库里，对照文献，翻阅资料，两天两夜未合眼。终于发现，由于近年来地球上环境温度的变化，出现了"厄尔尼诺"现象，而"厄尔尼诺"现象正是这些孩子患红斑性肢痛症的罪魁祸首。

病因找到后，我以独特的治疗方法，把中医辨证施治与现代科学相结合，运用大量清热活血药物治疗该病。一个星期后，28名花季少年全部康复，平均每人服药14.4剂。我的这一经验发表在1988年第1期《中医杂志》上。

（三）受命科研　不辞苦辛

由于我的固定方剂在诊治血栓闭塞性脉管炎中取得了明显的疗效，全国各地慕名而来的患者络绎不绝，病房住满了病人，甚至连走廊里都住满了人。

1978年，河南省卫生厅专家考察组来邓对我在邓县中医院治疗血栓闭塞性脉管炎的疗效进行专题考察后，认定我在治疗血栓闭塞性脉管炎方面开拓了新领域，获得了新突破，便将温阳法治疗血栓闭塞性脉管炎的研究课题下达给邓县中医院，我被指定担任课题负责人。

在进行"温阳法治疗血栓闭塞性脉管炎"的科研项目时，我把传统的中医和现代的检验设备有机结合起来，把微循环检测仪、血液流变检测仪、彩色多普勒超声诊断仪等现代科学技术和仪器的使用，融入传统中医药科研命题。把现代的科学检测结果同中医的望、闻、问、切有机地结合起来，通过分析、对照和甄别，对中医的固定方剂进行进一步的修订、补充和完善，从而使中医真正做到了"辨证施治"。

大量的临床观察和临床检测数据表明，血栓闭塞性脉管炎的主要病机为"阳虚"和"血瘀"，于是，我根据"气行则血行，气滞则血滞"的原则，提出温阳益气、活血化瘀的治疗方法。可是，哪些药物才对血栓性脉管炎具有最佳的治疗效果呢？

在不断深入的临床研究中，我发现炮附片有温阳散寒、回阳救逆之功，可温阳气，散阴寒；黄芪有利水消肿、托毒之功，可利阴水，泄大邪，能活血生血，取其气行则血行之意。二者为新拟的处方中必用之品，而且量宜大，方能显出较好的疗效。而现代药理研究表明，水蛭中含有水蛭素，水蛭素能阻止凝血酶对纤维蛋白的作用，并具有扩张毛细血管、阻碍血液凝固的功能，故方中加用水蛭以破血逐瘀。

依据上述原理，我以中医辨证施治为基础，研制、筛选出了"通脉一号"方剂。

经专家鉴定和对临床128例患者的治疗和详细观察，该药疗效良好。其中治愈84例，显著好转26例，好转15例，无效3例。按国家标准评定疗效，总有效率97.7%。该成果先后获河南省重大科技成果奖和河南省科技进步一等奖。

1989年6月，我应邀参加河南省卫生厅举办的中医药开发研讨会，接受时任河南省中医药管理局医政处处长夏祖昌的建议，开始了对新药的研究。

河南省中医管理局为了支持我开发新药，先后拨款100多万元建成制剂室，为新药的研制创造了良好条件。

经过上百次的试验，一种黄褐色的颗粒剂——"静脉通冲剂"问世了。

经河南省中医药研究院药理、毒理等药学专家的多次测试，河南省新药评审委员会对此药治疗血栓性静脉炎的疗效给予了充分肯定，并上报卫生部新药评审委员会。专家评审后，将该剂定名为"脉络通颗粒"，进行二期临床观察。与此同时，还指定北京中医药大学东直门医院等5家医院进行临床试验。

1998年7月，历经8年反复临床试验的"脉络通颗粒"，获得了卫生部颁发的新药证书。

随后，我又立项对血栓性静脉炎、动脉硬化闭塞症、糖尿病坏疽等周围血管病进行临床观察，均取得了较好的效果，先后多次获中华中医药学会、河南省人民政府、河南省卫生厅科技进步奖。

（四）甘做人梯　培育新人

为了中医的明天，我把培养中医人才上升到造福人类、为国争光的高度来认识。从跟师带徒，到读经典做临床，无不极严极慎，我先后带徒40余人，其中副主任医师 8 名。1976 年，我承担省卫生厅下达的西医离职学习中医班的培训任务，历时 3 年，培训 3 期，全省 300 余名西医参加了学习，收到了良好的效果。

为了抢救和继承名老中医药专家独特的学术经验，我被国家中医药管理局遴选为全国首批老中医药专家学术经验继承指导老师，先后两批带徒 4 人。他们历经 4 年的苦研修炼，都成了邓州市中医药领域的骨干力量。

我所培养的学生，有的自发组成脱疽攻关小组，有的在不同领域潜心钻研，积极探索。改革开放以来，荣获地区以上科技奖 10 余项，撰写并发表论文 400 余篇，出版学术专著 5 部，研制国家三类新中药 1 个。与此同时，我还在全市培训和带教学生 2000 余人次，到各乡（镇）卫生院授课 400 余场，听课人数达 3000 余人次。

（五）著书立说　传承创新

我从医 50 年来，撰写学术论文 200 余篇，其中 126 篇在《中医杂志》《中西医结合杂志》《中国医药学报》《中国中医药信息杂志》等全国和省级杂志上发表。

1985 年，我与他人合著《脱疽》一书，由河南科学技术出版社出版发行。

2002 年，我的《唐祖宣医学文集》由新华出版社出版发行。从 1996 年开始，我积数十年的临床经验，伏案十余载，撰写成 628 万字的《唐祖宣医学六书》，在 2007 年初由新华出版社出版发行。

《伤寒论》和《金匮要略》是张仲景整体观念和辨证施治精华之总结，是学习研究中医学的必读之书。在写作《伤寒论阐微》和《金匮要略阐微》的过程中，我参阅了数百本著作、数千本杂志，同时把自己的学术见解和临床体会进行总结，终编撰而成。每条原文下分词解、提要、原文分析、选注、评述、治法、方药、方解、方论选、选评、临床运用、医案选录、体会与总结各项，并对现代研究等进行了详细的介绍，将相关条文方药进行比较、鉴别，以便突出辨证论治的特点。选注历代注家之注释，反映各家的不同见解，介绍了个人的见解、临床运用和临床医案实录。

《中药运用精华》一书总结了运用中药的经验，收录了仲景《伤寒论》和《金匮要略》所载全部药物和临床中的常用药物，并结合药物的性味归经、功效主治等进行了分类整理。每味药物除了采集、炮制、性味归经、功效主治、用量用法、注意事项及临床应用外，还加入了现代研究和在临床中用药的心得体会及经验，既是对仲景用药之阐发，也是数十年用药经验之总结。

四肢血管病是临床常见病。随着医学科学技术的发展，四肢血管病逐渐形成了比较成熟的独特的学科体系。

20世纪50年代，我师从著名中医学家周连三先生从事该病的研究，取得显著成果。以治疗血栓闭塞性脉管炎为开端，走上了治疗四肢血管病的临床研究之路。在继承和发扬中医学的基础上，结合现代医学科学理论，不断创新和发展。

20世纪60年代我发表了《治疗脱疽的经验体会》一文，全国各地的大量患者求治于邓州市中医院，经治疗大量的四肢血管病患者，研究手段不断升级，治疗水平不断提高。随着人民生活水平的提高和人类疾病谱的变化，我们开展了对糖尿病坏疽、动脉硬化闭塞症等四肢血管病的研究。80年代初，我与他人合作出版了《脱疽》一书。90年代初，开始了中医药治疗四肢血管病的新药研究，研制出治疗血栓性静脉炎的新药，参与编撰《动脉硬化闭塞症》一书。2002年，编辑出版《唐祖宣医学文集》，详细论述了该病的科研和治疗经验。历经50余年，研究领域不断扩展，并取得了一批科研成果。

《四肢血管病的研究与治疗》一书对血栓闭塞性脉管炎、动脉硬化闭塞症、静脉血栓形成等四肢血管常见病从临床表现、病因病机、病理生理、检查技术、检测方法、诊断与鉴别诊断、中医辨证、治疗方法、预防与调护等方面进行了详细的论述，从中医、中西医及现代医学角度阐述了四肢血管病的新理论、新观点、治疗新技术和新方法，为读者提供参考和借鉴，突出了中医、中西医结合研究治疗四肢血管病的特点，注重临床实用，可供从事四肢血管病治疗及科研的中医、中西医结合临床和科研工作者参考。

我从事中医药事业50余年，多年来"每临一症，必立医案"，偶有体会，录之书札，学术体会一直散见于各种学术期刊，日积月累，卷帙成堆，但一直未进行系统、全面的整理。有鉴于此，我将20世纪50年代以来的医案医话进行了收集整理，摘其精要，编成《医案·医话·医论》一书。该书凝聚了我的临证经验，这对于继承和发扬中医学遗产，开拓中医辨证论治思路，提高临床疗效，具有一定的启迪和借鉴作用，可供广大中医工作者参考之用。

医案收录了常见的 9 种疾病共 100 余则医案，这些医案突出了中医诊疗特色，较为全面地反映了治疗这些疾病的临证经验。内科疑难病医案 50 余则，涉及临床多个领域，是临床经验的集中展示。每则医案包括主诉、病史、现症、中医诊断、西医诊断、治则、处方及病情变化。

医话反映了临床心得体会和运用理、法、方、药的经验。

医论收录了我参加四届全国人民代表大会和历次国家中医药管理局会议期间，以及日常工作中为发展中医药事业所做的一些工作。

中医药学在治疗老年病及延年益寿方面积累了丰富的经验，为保护老年人的健康，提高其生命质量，发挥着越来越重要的作用。我从事中医药事业 50 余年，对老年病及延年益寿进行了深入的研究和探索，积累了丰富的经验，《老年病与延年益寿》一书记述了我多年来的研究成果，并收集、整理、参阅数百种老年病及延年益寿的资料，历时 10 余年，数易其稿，编撰而成。2010 年 1 月 26 日，温家宝总理在中南海接见我时，我提出应在老年人养生保健中发挥中医药作用的建议。

该书总论篇系统介绍了中医传统延缓衰老药物及发展的历史概况，延缓衰老理论和方药的应用，药物及方剂的研究方法，老年病的病因病机特点、辨证原则及要点、治疗原则与方法，老年病的调养和延缓衰老等内容。

常见老年急症篇阐述了高热、厥脱、昏迷、出血、暴喘、关格、多脏衰等病的防治。

常见老年内科疾病篇详细地介绍了呼吸系统、循环系统、消化系统、泌尿系统、血液系统、代谢及内分泌系统、神经系统老年人常见病的定义、历史沿革、病因病机、诊断与鉴别诊断、辨证论治、转归及预后、预防与调理、现代研究、临证经验等。

老年康复及预防篇重点介绍食疗和保健，以利于读者研究和掌握中医老年病和延年益寿的精髓，提高临床疗效，延缓衰老，提高老年人的生存质量。

原卫生部副部长、国家中医药管理局局长佘靖，中国中西医结合学会周围血管疾病专业委员会主任委员崔公让，著名作家二月河都为该书作序。佘靖称前三书"师古而不泥古，创新而不离宗"；二月河也在序中写道："《医学六书》总括了中医枢要，是一部有自己侧重点的行医体验典要。"我常说："这些评价都是对我的鼓励和鞭策，我自知才疏学浅，还有许多不足和缺憾，今后还须继续努力提高。"

尽职尽责　察民情听民意不负众望

（一）提出议案　振兴中医

自 1981 年至今，我先后担任县、市、省和第七届、九届、十届、十一届全国人大代表。30 年来，领衔提出各类议案、建议 526 件，其中有关中医药事业的就有 235 件，并向中央和国家领导人致信 43 封，内容涉及建立健全我国中医药行政管理机构、加大中医药投入、加强中医药法制建设等民计、民生问题，为中央决策提供了翔实的事实依据。由于在担任代表期间忧国爱民，尽职尽责，被评为全国优秀人大代表。为了肯定和表扬我的亲民爱民之心，十届全国人大五次会议期间，全国人大常委会副委员长王兆国、盛华仁除复专函外，又委托全国人大常委会领导专程看望了我，并邀我在人民大会堂参加记者招待会。

30 年的代表里程，我整理汇编了《为了中医药事业》《情系三农》《关注社会》《情满中医》《农村调查纪实》和《我为中医五十年》等 6 部书稿，真实地记录了 30 年人大代表的履职情况，字字渗透着我为人民、为社会、为中医药事业的振兴和发展所付出的心血和汗水。心血所至，体力所及，无怨无悔。

1988 年，是我担任七届全国人大代表的第一年。全国人大常委会委员、老中医董建华通知我，要求我召集相关人员对中医的改革进行调研，提出议案。当时我首先提出，中医疗效不好关键是假冒伪劣中药充斥市场，管理混乱。这些情况在调研后得到充分证实。随后我与代表们提出了《关于改革中医药管理体制成立国家中医药管理局的议案》，率先倡导中医药不能分家管理。

这个议案很快引起了国家有关部门的高度重视。1988 年 5 月 3 日，国务院第一次常务会议决定，把国家中医管理局与医药局的中药部分合并，改为国家中医药管理局，从而解决了长期以来中医、中药行政分家的问题。

中医药不能分开管理的问题虽然得到了解决，但我在调研中还发现，中医药事业的健康发展仍亟待法律保障。20 世纪末，有一次我去安徽省亳州的医药市场调研，有一药农聊起自家几十亩杜仲树被开发商砍毁的情况，那老农一边说一边痛哭。从老农的哭诉中可以看到，中医若有法，医药树就不能随便砍伐，中医药有个法，老农也不会碰到这种事。这事对我触动很大，之后，我又提出了中医立法的建议案。

经过我和数百名代表的不懈努力，中医立法终于正式列入了十一届全国人大的议事日程。

我虽然身处基层，但多次应邀参加高层次会议。2007年中秋节，由国家中医药管理局主办的"金秋明月映杏林中医专家座谈会"在北京钓鱼台国宾馆召开，全国60余名名老中医代表欢聚一堂，共庆佳节，共谋发展。我不仅被特邀出席了这一盛会，而且还在会上进行了发言。

（二）陈述己见　关注医改

党的十七大报告指出，健康是人类全面发展的基础，关系千家万户幸福。建立一个人人享有基本医疗卫生服务的制度，不但是民生之需要，也是对医疗卫生事业的准确定位。依据党的十七大精神，国家发改委于2008年10月公布了《关于深化医药卫生体制改革的意见》。

医改是一项牵动全国人心的大事，体现了国家关注民生、坚持以人为本的理念，是建设和谐社会，富国强民，提升人口质量，涉及国家竞争能力的重大战略举措，是党中央、国务院为百姓带来福祉的科学决策。

党和国家十分重视医改的全面性、准确性。《意见稿》公布后，引起了社会的广泛关注。河南省中医管理局和中国社科院相继通知我，准备召开制定医改方案的座谈会，征求意见。

我深知，自己是一名工作在基层的医务工作者，是一位中医，又是一位人大代表，要把制定好一个适合我国国情的医改方案当作义不容辞的责任。

早在《意见稿》公布前，我已经对农村中医药的现状进行了深入调查和思考。2008年底，我把调查研究的结果汇集成《农村中医现状与对策》一书，并参加了中国社科院中医专家调研组赴河南、重庆、广州等地进行了广泛的调研，写出了调研报告。我将这些实地调查研究得来的情况同《意见稿》的内容相对照，发现《意见稿》与我国国情有一定的差距，特别是涉及与人民群众健康相关的中医药方面，《意见稿》中提到的中医药部分仅100多字，中国8亿农民是中医药的受益者，在医改中如何结合中国国情，坚持自主创新，走低成本和可持续发展道路，突出中医药特色，发挥中医药优势，应占有举足轻重的分量。我决意让中央领导知道实情，以便决策时参考。为此致信温家宝总理、李克强副总理、吴仪副总理。信中谈道：医改应立足国情特色，坚持自主创新；医改应走低成本可持续发展之路；以中医药为基础最具可持续性。

信中说：中医药学是我国原创性的医学，主张预防为先，强调养生保健，具有"简、便、廉、验"和人性化服务等多方面优势，代表了未来医学发展方向，既具发展的可持续性，又有深厚的文化与群众基础，是最适合成为我国医改的核心力量的。中医药学理念先进，治疗有效，安全可靠，廉价方便，具广泛的产业潜力。

信中强调，鉴于中医药的各项优势，我们完全应该将其做大做强，不仅可以作为国民健康的保障，更有利于摆脱过度依赖外国医药产品的局面，保证我国的医疗安全。

我心中对目前中医药状况深感忧虑，我说：中医药目前的状况，与党和人民的要求相距甚远。除了由于医药领域不当的"市场化"外，对中医药的错误认识与做法是更重要的原因。

我在信中建议应以科学发展观为指导，从国家发展战略的高度认识中医药事业及其在医改中的地位，坚持按照中医药自身规律自主创新发展，彻底放弃目前求洋贪大、不顾国情的发展思路，建立真正能够体现中国特色的国民健康保障体系。医改的中国特色，首先要体现在以中医药为基础上。尤其在广大农村以及城镇社区，一定要以中医药为主，西医为辅，"先中后西，能中不西"。这是一条低成本可持续发展之路，也是我国医改成功的唯一可行之路。在深入调研基础上，对有关政策、法律和管理体制进行有力度的改革。中医药局面的改观，首先是管理问题。最重要的是中医药和西医药分业管理。为此可以考虑成立国家卫生保健委员会，下设西医管理总局、中医药和民族医药管理总局两个平行机构，按照各自的发展规律进行管理，彻底结束"牧师管和尚"的尴尬局面。在投入方面，中医院由于中药价格低廉，收入少而不能生存，西化现象非常严重，故建议中医院和乡村中医药从业人员依照公务员或教师待遇解决他们的生存问题，才能更好地发挥中医药的作用。目前的重点应大力推广成熟有效的中医疗法和药物，恢复中医药在我国医疗体系中应有的地位。中医中药不能分家。几千年来，医离不开药，药离不开医，建立以中医药为核心的自主型医疗产业，摆脱过度依赖外国医药产品的局面，像保护粮食安全那样，捍卫国家的医疗卫生安全。

　　坚持贯彻执行党中央国务院预防为主，以农村为重点，中西医并重，扶持中医药和民族医药事业的方针，发展的措施才能深入有效，新农村建设才能更上一层楼，人类的老龄化问题才能逐步解决，开创我国卫生事业改革和发展的新局面。

　　关于医改的信受到了党和政府的高度重视。

　　吴仪同志于 2008 年 12 月 16 日批示：请陈竺、高强同志阅。

　　卫生部部长陈竺同志于 2008 年 12 月 18 日批示：读了吴仪同志转来唐祖宣先生的信，感触很深。特别是他关于在深化医药卫生体制改革中更好更多地发挥中医药等作用的系统建议，值得我们认真研究，在相关配套文件的制订中注意汲取。请国强同志阅示。亦请新明、郑宏同志阅。

　　卫生部党组书记高强同志于 2008 年 12 月 31 日批示：请国强同志阅。唐祖宣同志对中医药事业的热爱与执着令人扼腕；对目前存在问题的分析切中时弊；有些建议也颇具可操作性。请参考用于补充医改配套文件。

　　接着，温家宝总理于 2009 年 1 月 3 日在国家信访局的信上批示：请克强同志批示医改小组参阅研究。

　　李克强副总理于 2009 年 1 月 4 日批示：请医改小组按家宝同志批示精神认真阅研。

　　卫生部副部长、国家中医药管理局局长王国强同志于 2009 年 1 月 4 日做出具体批示。陈竺、高强同志：唐祖宣同志的长信所阐述的观点、看法和建议，我完全赞成，国家中医药局将认真按照你们的重要批示，深入研究，用于制定相关医改配套文件之中。同时建议请部政法司将唐祖宣同志的信全文印发医改部际协调工作小组各成员单位参阅并引起重视。当否请批示。

　　2009 年春，十一届全国人大二次会议之后，国家公布了新医改方案，接着，国务院又公布了医改配套文件《关于扶持和促进中医药事业发展的若干意见》。

　　当我认真研读这一配套文件时，惊喜地发现写给总理的信上的观点和一些具体意见竟都被采纳补充到医改文件中去了。

　　"反映民意，提出建议，这才是尽到一个全国人大代表的职责"。我用自己的实际行动走出了一条人大代表为民履职的光彩之路。2010 年"五一"期间，被选为全国先进工作者。自觉身上担子的沉重，人民对我的高度信任使我在人民大会堂参加完全国劳模表彰大会后便迫不及待地赶回医院，以永不休止的奋斗步伐，夜以继日地整理出版《内经阐微》《难经阐微》《温病学阐微》系列丛书；与此同时还紧抓邓州市中医院的迁建工作；为了不辜负人民的重托，我深入农村、社区，调研群众关心的一个个热点、难点问题，写出高质量的议案建议。

"老牛明知夕阳短，不用扬鞭自奋蹄"。在新的历史征程中，我以"老骥伏枥，志在千里"的拼搏精神，以自己的实际行动践行着"人民选我当代表，我当代表为人民"的奋斗诺言……

俞景茂

俞景茂（1942—　），浙江平湖人，1981年毕业于中医研究院（现中国中医科学院），是中国历史上首批中医学专业研究生，导师是全国著名儿科学家王伯岳研究员。1996年晋升为教授，1997年评为主任中医师，1998年浙江省人民政府授予省级名中医称号，2008年被国家中医药管理局评为第四批全国老中医药专家学术经验继承工作指导老师。历任世界中医药学会联合会儿科专业委员会副会长，中华中医药学会儿科专业委员会顾问，浙江省中医药学会儿科专业委员会顾问，浙江中医药大学研究生导师，上海中医药大学博士生导师。

六十多年来对小儿反复呼吸道感染、哮喘、毛细支气管炎、遗尿、多动症、抽动症及儿科各家学说有深入研究。负责研制的遗尿停胶囊，1994年获浙江省中医药科技进步二等奖；"太子健颗粒治疗小儿反复呼吸道感染的临床及实验研究"，2001年获浙江省中医药科技进步三等奖；"太子健Ⅱ对小儿哮喘复发的应用基础研究"，2004年获浙江省中医药科技进步三等奖。在国内外学术期刊上发表学术论文50余篇，正式出版专著10余部。主编著作有《小儿药证直诀临证指南》《中医儿科临床实践》《小儿反复呼吸道感染的防治》《育儿真经》及全国高等中医药院校研究生教材《中医儿科临床研究》（并列主编）等。2012年，国家中医药管理局正式下文批建"俞景茂全国名老中医药专家传承工作室"。

1958年7月，我初中毕业，没考上中等专科学校，怎么办呢？上山下乡，还是支边？惆怅之中我收到了大哥的一封来信，要我在一周之内赶到汉口。我匆匆收拾了行李，告别母亲与姐妹，坐轮船从平湖到上海十六铺码头，然后再坐长江轮船，三天两夜赶到了武汉。大哥在湖北省商业厅当干部，属下有一所商业干部子弟学校，刚开学。大哥知道我没考上中专，就要我到武汉来读他们的子弟学校。从此我开始了新的学生生活。

经过两年的潜心学习，我竟成了班上的优秀生，学校选拔我留校当教师，执教中药材专业课程，给商业厅下属的药材专业培养专职商业干部。这个专业是新办专业，缺少师资，校领导把我送到当时的湖北中医学院，与60级的本科生一起就读。其实那时并不是在那里学药，而是在学医，学中医学，聆听的是李今庸、李培生这样的名师讲授。从此我与中医药结下了不解之缘，开始了我的岐黄之路。

当时的湖北中医学院崇尚学习经典，在全国率先开设《金匮要略》课程，在人民日报上发表"脏腑经络学说是中医药理论体系的核心"等重要文章。在校园学术氛围的熏陶下，我打好了中医学的基础。三年后同学们回各地教学实习去了，我回到湖北贸易职工医院实习。职工医院中医科有几位老中医，其中主任水志廉医师在院内外享有盛誉，慕名前来就医的人很多。水主任的理论水平也很高，每周在诊室里给我们实习生上课。这种边实习边读书，耳濡目染的中医教学方法使我获益匪浅。我开始步入了中医学的殿堂，四年后经武汉市卫生局综合考试，我取得了全市第二名的成绩，开始执业行医，成为一名中医师。

工作没多久，因家中老母年事已高，有病缠身，身边无得力人照料，想把我调回平湖工作。经组织联系，把我安排在平湖县人民医院中医科，开始在家乡施展拳脚。我把在湖北中医学院学到的基础知识与水志廉医师教给我的临床技能，融合在一起，不多久，渐崭露头角。

有一次我走进一个十多人的大病房，十多双眼睛朝着我看，窃窃地说："这个小医师来了""就是这个小医师"。我不知道出了什么事，走到会诊病人的床边才知道，该患者上次会诊时吃了我的4剂中药，大量鼻衄终于止了。这个病人是因高血压、鼻出血住院的，入院二周血压降不下来，鼻血也止不住，每天痰盂里都是绛红的血水，旁人看了都害怕，生怕他这样下去会挺不住，于是想服中药。当时的平湖县人民医院中医医生缺乏，初出茅庐的我想只要有一线希望，也要尽力抢救病人的生命。四诊时发现这个病人脉来浮大而弦，肝阳上亢，血热妄行，法当凉血止血。我就用犀角地黄汤加味，当时中药房里有广犀角（现用代用品），居然灵验，服后血压开始下降，鼻衄也止住了。中医的神奇疗效开始在我心里渐渐有所领悟。

又一次，有一个心脏病心力衰竭病人请中医会诊。我到病房一看，是一个中年农村妇女，舌头吐在口外，两目紧闭，奄奄一息，切脉结代。我当时还没有见过这样的病人，但我一想，书上不是说"吐舌者心气绝"吗？法当补心气、通心阳，用功宏力专之剂，单刀直入，挽心阳于垂危之际，急予独参汤频频滴服。说也奇怪，服参汤后，吐出大量积液，舌体渐渐收回，之后渐能言语，三天后居然起床了，调治一段时间后竟出院了。后来又到门诊复诊，继续处以补心气、复心阳的炙甘草汤加减治之，嘱勿操劳，好生休息养病，怎耐农家家务纷纭，无法好好休息，不久病逝于家中，但我从中认识到中医药是一个伟大的宝库，是要继承的。

一天深夜，急促的敲门声把我叫醒，说是急诊室来了昏迷病人，家属说系服了自采自煎的草药后渐渐昏迷的，不知服的是何药，如何解药？要请我去看一看，我急忙起来，好在家就住在医院旁边，2~3分钟就走到了，一看是一个患肾盂肾炎的病人，躺在诊察床上，手指撮空，自言自语。家属说有人传给她一个秘方，冬至日剪风茄花一枝，煎汤服之，用以退肿并能除根，服后不久就出现这种情况。这样一说，我就知道系曼陀罗中毒，与阿托品中毒相类似，可按阿托品中毒抢救。急诊室医师按此处理，不久苏醒过来了。

由于家住医院很近，所以被急诊室半夜叫起来的事是经常的，叫得最多的是小儿的胆道蛔虫症，孩子在急诊室痛得打滚，床上翻到地上，地上爬到床上，经西医止痛消炎驱虫处理后仍不见效，有时甚至打杜冷丁止痛，不得不叫中医来看看。这显然是中医厥阴病中的蛔厥症，于是试用仲景的乌梅丸方，改丸剂为汤剂，少量多次频服，服后蛔安痛止，后择机祛蛔，并调整脏腑的寒热虚实，以此救治了不少病儿。现在这个病少了，用乌梅丸的机会也少了，但我还时时想起这个方剂的神奇疗效。

县级医院的中医科是一个综合性的科室，内、外、妇、儿、骨伤、传染病等病区，我都去过，在这10多年的医疗实践中，大大增长了我的才干，可谓"博涉知病，多诊识脉，屡用达药"。用中医中药治好了不少病人，在平湖县城里小有名气。找我看病的人越来越多，而对许多病还是惘然不知所措，眼看着患者在死亡线上挣扎后，被病魔夺去了生命，我决心出去再学点本事。

此时，刚好国家恢复招生研究生制度，我去县招生办公室翻阅了招生目录，毅然决定报考中医研究院研究生。

一个在县级医院工作了十四年的中医师，对北京的情况一无所知，考什么？导师是谁？导师的专长是什么？心中都无数。凭着一股热情，参加了统考，卷子一打开，蒙了，复习的内容与考试题目对不上号，心中一乱，但又迅速冷静下来，按题目要求，临场一一回忆，14年前在湖北中医学院学习的理论一幕一幕又浮现在我的眼前，我就靠对当年学习经典与基础知识的回忆与临床经验的发挥，完成了答卷。结果复试通知书来了，要我赴京复试。考的是临场写一篇学术论文。我平时虽然写了不少短文，但从来没投过稿，也不知道怎么投稿，我就按题目要求思索写成了应试论文，被阅卷老师通过了。接下去是面试，主考官是刘渡舟教授，三面阶梯上围着许多老师，还有录音机在转动，这样的场面我还没经历过，心里不免有些紧张，但立刻又镇定了下来。刘老师问我的几个问题，我都一一回答了。面试结束后，刘老师说："你不差，回去等最后的通知吧。"于是我估计录取的可能性是比较大的。果然，不久就接到了录取通知书，我成为中国历史上首届中医研究生。于是我第二次告别家乡，告别了母亲姐妹，告别妻子儿女，赴京深造了。

当时中医研究院研究生部设在西苑医院，是全国著名中医学家岳美中教授提议、中央批准创建的，旨在重启高素质人才培养，从而推动中医学术的传承与发展。

西苑医院是中医研究院的直属医院，聚集了一大批全国著名的名老中医，耿鉴庭、方药中、赵心波、王伯岳、赵锡武等国内一流的老中医、中医学专家和我们研究生就住在一个院子内。我坐在新建的明亮的教室里聆听来自全国各地的大师的讲课，有何任、邓铁涛、程莘农、董建华、任应秋、金寿山等，有讲《黄帝内经》，有讲《伤寒》《金匮》，有讲临床应用，都是大师们终身研究的结晶。这对于已在临床上工作十四年，有一定的临床体会，但又碰到无数疑点、难点的我来说，如久旱逢甘霖，我如饥似渴地听着、学着、记着。在方药中教授的布置下，全班同学分工编译《黄帝内经素问注释》《黄帝内经灵枢注译》《伤寒论注评》《金匮要略注评》，通过对原著的通读和对某一章节的注释评议，大大提高了我对经典的理论认识和对古文的训诂知识，开始遨游在中医学的殿堂里。一年后分科研读，王伯岳研究员成了我的导师，开始专攻儿科。王老是北京城的"小儿王"，他的父亲王朴诚是周恩来总理亲自从成都调来北京筹建中医研究院的儿科名医。王伯岳随师来京，随父侍诊，继承父业。王老的学识相当渊博，古文功底颇深，像《史记·扁鹊仓公列传》这样的古文，讲解得十分精辟，家中珍藏着许多线装古籍，其中不乏珍本、孤本。师母十分贤良，不久我便成了恩师家中的一员，常来常往。一坐下，王老就会把手头写的书稿递给我，我一看，字迹工整，一字不改，我知道他又在给出版社、编辑部写稿子了。放下手头的稿子，王老总是侃侃而谈。有一次王老交给我一件他想做而未做成的事，那就是注释儿科经典《小儿药证直诀》，问我能否完成。我以前读过这部书，几次研读又几次放下，没什么太大收获，这一次可要下决心读下去了。于是我收集中医研究院图书馆及王老家中的《小儿药证直诀》的各种版本及注释本，开始逐字逐句先注后释，类证编纂。遇到困惑请王老点拨，大多迎刃而解，二易寒暑，三易其稿，终于完成，名《小儿药证直诀类证释义》，由贵州人民出版社出版。见书后，王老十分欣慰，在我的师弟面前夸个不停。王老管教十分严厉，但很有感情，在王老身边，他的育徒之道是严格要求与热情爱护相结合，严师要出高徒。惜别之际，王老和师母要我们同届的四位学生到照相馆照个相，以资留念，还送给我一首诗，作为临别赠言，其诗曰："长桑越人两相知，禁方授受学有成，世上何来上池水，全凭磨炼见精神。"

不久全国筹备成立中华中医药学会儿科专业委员会，王老当选为主任委员，而我成为七位常务委员之一，意在老中青三结合。于是我开始在全国中医学会儿科分会中脚踏实地做着工作。当时我已步入不惑之年。

有幸的是，浙江中医学院院长何任教授应方药中教授之邀，前来给研究生班讲课，课余何院长介绍了浙江中医学院的情况，我表示想回浙江工作的意向，何院长十分欢迎。研究生毕业后，回到杭州，何院长因病住浙江省第二医院，我不想打扰，犹豫之际，还是鼓起勇气拜见何院长。看来何院长病得不轻，面部浮肿，说话也有困难，但他热情地在病区接待了我，勉励我留下来工作。后来我听人事处的干部对我说，何院长历来"求贤若渴，爱才如命"。的确，何院长的挽留改变了我人生的轨迹，我开始在高等学府继续我的岐黄之路。

何任院长是著名的中医学大家，在国内外享有盛誉，是当时国内唯一担任院长的中医学家，对《金匮要略》的研究更是首屈一指。在何院长的亲切指导下，我先后协助完成了《金匮要略校注》的部级科研课题，以及《金匮要略讲义》等全国高等中医院校函授教材的编写，使我基础理论又上了一个新台阶，后来《金匮要略校注》课题 1994 年被国家中医药管理局授予科技进步二等奖。

当时，王老年事已高，儿科学会的工作落到了第一任副主任委员张奇文教授的身上，张奇文教授是一位将才，更是一位帅才，他的领导组织能力非同凡响。每当年会召开之际，他每天晚上工作到深夜，把学会会上会后的工作布置得井井有条，将全国儿科界同仁紧密团结起来，把中医儿科学术发展向前推进了一步。先后组织编写了《儿科医籍辑要丛书》《古今儿科临床应用效方》《实用中医儿科学》等，一步一个脚印脚踏实地前进着，而我跟随其后，努力工作，累并快乐着。2009 年我从副主任委员退下来后，获得中华中医药学会颁发的儿科特别贡献奖。

在成长的道路上，我有幸遇到了南京中医药大学的江育仁教授，江老把王伯岳的学生视为自己的学生，不但委以重任，而且悉心指导。他德艺双馨，《实用中医儿科学》是江老的巅峰之作。上海科学技术出版社邀江老作主编后，江老开始在全国组织编写人员，并征求我的意见如何编好这本书。我提议先按中医证候编写，后按西医病名编写，这样既保留了中医特色，又具有时代特征，切合临床应用。江老欣然接受了我的提议，并聘任我担任该书的副主编。审稿时责任编辑要求"儿科发展史"一章要重写，否则难以出书。这可为难江老了，因为这一章是著名史学家写的，怎可推倒重来？为难之际，江老把责任编辑的话直截了当地说给我听了，并要求我按出版社的要求修改。当时我也为难，不接受吧，这是主编的意图，接受吧，岂不是班门弄斧？当时我没有作声，回来后我通读原稿，发现其关键是医史如何与儿科的学术发展相结合。于是我在原稿的基础上，写成了儿科学术发展史，责任编辑看了后满意地通过了。其实我是十年磨一剑，专注研究儿科各家学说课题，才有了这点结晶。

要跻身于高等学府人才之林，必须要学会上课。教育是一门学问，上课是一种艺术，怎样才能在课堂上游刃有余，引人入胜呢？

有一次我提着包走进教室，准备上第 3 ~ 4 节的课，第 2 节的下课铃早已响过，教室里依然鸦雀无声，后排的同学站起来了，我以为是同学们在等我上课，难道我迟到了吗？我一愣，一看讲台上周炳辉老师还在上课，同学们还全神贯注，津津有味地听着，不愿离去。我准备走上讲台的脚步戛然而止，心想是什么魅力让学生们听得如此入胜？我也要做让同学们终生难忘的老师！

要讲好课，必须备好课，写好讲稿教案。口才和板书是教师的基本功。于是一边听别的老师讲课，一边琢磨自己讲的课，反复听自己的讲课录音，甄别每个字的发音，反复推敲上课内容，使理论与实践相结合，用实践来印证理论，用理论来指导实践。这样反复揣摩，终于达到了较好的教学效果。连续4年被学生评为优秀授课老师，连续三年被授予联邦奖教金。后来我把讲稿整理成《中医儿科临床研究》一书，由贵州科学技术出版社出版。

2008年夏天，卫生部教材办公室为编写首部研究生教材在全国中医药院校招标，要求编写人员要有10年以上的硕士研究生教学经验，曾参编过教材，有著作出版等，学校鼓励我积极申报。标书送出后，经专家遴选，我与汪受传教授并列主编。汪受传教授与我志同道合，亦师亦友，这次研究生教材的编写又把我们紧密团结在一起，为同一个目标而努力。由于研究生教材是首次编写，要与本科、七年制教材拉开层次，既要传承历代中医学的学术精华，又要解读当前儿科领域里的重点、热点、难点、疑点，为研究生独立发展构筑平台，为指导老师的授课提供规范的教材。我和汪受传教授反复讨论，跳出了原来的教材框架，拟定了一个崭新的体例。经过各位编委的共同努力，终于编成了我国历史上首部中医儿科硕士研究生教材——《中医儿科临床实践》。但愿该书的出版能进一步推动中医儿科学术的发展。

对我来说，最难的要算科研了，而我又认为提高学术水平的最好方法就是搞科研。中医药要搞科研首先要考虑中医中药的优势何在。遗尿是一个常见疑难病，目前没有理想的中成药治疗该病，而在北京时王伯岳导师曾传授给我一个家传秘方，名二黄五子汤，专治遗尿。何不以此着手专题研究。果然中了标，弥补了这方面的研究空缺，提高了疗效，医好了不少遗尿患儿，也悟出了二黄五子汤的奥妙，后来该课题被评为浙江省中医药科技进步二等奖。

小儿反复呼吸道感染中医称之为体虚感冒、虚人伤风。控制感染，西医学有一套办法，但如何预防，中医药有优势。怎样从反复呼吸道感染中找出一些共性的东西，用中医中药预防呢？鉴于西医学认为本病与免疫的不稳定有关，既容易感染，又容易过敏，所以反复不已，这与中医学中的少阳病寒热往来、往复不已、虚实夹杂、表里同病相关，用和解少阳的方法能否防治小儿反复呼吸道感染呢？于是我申报了这个课题，用柴桂汤加味防治小儿反复呼吸道感染，通过临床对照观察及动物实验证实，和解少阳一法能预防小儿反复呼吸道感染，该方能调节免疫功能，能诱生干扰素，有一定的抗病毒作用。为此撰写了一本《小儿反复呼吸道感染的防治》专著，2001年被评为浙江省中医药科技进步三等奖。

哮喘是一个古老的疾病，发病率在逐年上升，严重危害小儿健康。止咳平喘化痰西医有一套控制的办法，疗效肯定，起效快，但预防复发缺乏有效的办法，并认为哮喘只能缓解，不能根治。而中医中药对哮喘治本有一套方法。急则治标，缓则治本早已成定理，能否整理发掘出一套哮喘的治本方法，是当今儿科临床上重大的研究课题。考虑再三，我觉得每年冬令用膏方进补，不失为有效的方法。"哮喘的抗复发研究"课题就这样定下来了。通过多年的临床观察与反复实验研究，证实该法该方是预防小儿哮喘复发的良方效药。

北京科技文献出版社的赵洁，不知从哪里了解到我是一位中医儿科医师，约我为不同年龄的小儿家长写儿科科普读物。心想当今独生子女的家长缺乏育儿知识，一旦有点经验，孩子也已长大了，所以必须借鉴前人的经验，使孩子茁壮成长。儿科的病，医疗很重要，正确呵护也不可少。作为一名儿科医师，不但要会治病，还要全方位指导家长正确育儿，于是《育儿真经》四册出版了，该书在书店一上架就脱销了。

人民军医出版社的吴昀大概知道我对《小儿药证直诀》略有研究，一天我忽然收到了一份快递，是他邀我作为临床家丛书的作者，整理编写《小儿药证直诀临证指南》一书。我原有再版《小儿药证直诀类证释义》念头，于是又把成书后二十余年的研究文章重新整理了一遍。2010年5月，由人民军医出版社出版。后中国人民大学出版社又出版了我的《小儿药证直诀释注》一书，作为日后翻译成外文的母本。这样有关《小儿药证直诀》的专著我已撰写了三部。

医疗、教学、科研的不断积累。从1996年开始带教硕士学位研究生，年复一年，已有19位研究生毕业，目前在带的仍有4位硕士生，1位博士生。我用王伯岳导师的教学方法要求学生：一要会看病，有疗效；二要会讲课，有口才；三要会科研，出成果；四要写论文，能传承。老师的成功最终将取决于学生的成才。

岐黄之路费思量，岐黄之路不寻常。

不知不觉已到了古稀之年，但脚下的路还很长。自从国家中医药管理局正式批建"俞景茂全国名老中医药专家传承工作室"之日起，我又全身心投入到该工作室的建设之中，把研究学术、传承创新作为工作室的建设宗旨，力争使"工作室"成为全国一流的中医儿科传承与创新的基地之一。

萧诏玮

萧诏玮（1942—　），福州人。为福州市中医院儿科
主任医师、教授，福建省第三批老中医药专家学术经验继
承工作指导老师，福建省文史研究馆馆员，福建省中医药
研究促进会常务理事，福建省中西医结合学会儿科专业委
员会副主任委员。主要从事中医儿科临床、医史、学术流
派及民俗学研究。从医六十多年，学术崇尚温病，擅治脾
胃，对小儿反复呼吸道感染、支气管哮喘、厌食症、抽
动－秽语综合征、肾病综合征等学研俱丰，并开展小儿哮喘、厌食症等专病门
诊。从医以来在全国及省级刊物发表论文 60 多篇，在乡土及文化类报刊发表科
普、医史、民俗文章近百篇，获厅级科技进步二等奖 1 项、三等奖 2 项，获中华
中医药学会新中国成立 60 周年优秀科普著作三等奖 1 项，独著或主编出版《榕
峤医谭——福建历代中医特色》《壶天墨痕——近现代榕医锦翰》《福州近代中
医流派经验荟萃》《支气管哮喘防治》《图解小儿保健按摩》《农村常见病中医
调治》《肾脏病中医调治》《百病简易中医疗法》等 8 部著作；参编《时方新
用》《基层医生临床实用指南》《福建民俗与中医药文化》等 16 部；负责《闽
台中医大辞典》中福建中医药内容编写工作。

矢志中医　耽嗜医经

我于 1942 年出生于福州书礼之家。龙津街萧氏系从河南迁居而来，已历
200 多年。祖父曾任水师幕僚，惜英年早逝；叔祖梦馥，光绪举人，书画名家。
父亲萧恒任福建盐务局英文秘书、视察室主任等职，中华人民共和国成立后改
学俄语，任中学教师，工诗善书。叔父萧愓毕业于美国耶鲁大学法学研究院，
归国后曾任教授、律师等职，1949 年出国定居。家庭给我较浓厚的文化熏陶，

幼时父亲常课子读《古文观止》《千家诗》等，也推荐读普希金名著等。正是由于家庭出身、社会关系，在 20 世纪 60 年代注定我人生道路坎坷。

1961 年我高中毕业后，在福州市人民医院（中医院）师从福建省儿科名老中医陈桐雨（1909—1982）先生。福州陈氏，世专业儿科，享盛名 200 多年，学术始于其祖少邱，于清乾嘉年间从河南定居榕城，其第四代传人燮藩公精于痘疹，光绪二十八年，福州中医公会成立，他任副会长，第五代传人笃初公不但擅长儿科，亦工折枝画竹。吾师桐雨先生系第六代传人，幼承庭训，1933 年毕业于福州中医学社，学验俱丰，擅长温病，精治杂病，名驰遐迩。本人三生有幸，能忝列门墙，得聆先生教诲，矢志学医。余谨记师训，为医须熟谙经典理论，否则是无源之水、无本之木；临床侍诊，要点滴积累，师云："勤有功，嬉无益，莫将点滴等闲看，水到渠成从累积。"此外，要通过临床看到教科书以外的世界。吾师诊病不废温凉补泻四笔，但小儿以麻疹及热病居多，治疗麻疹主张辨证论治，以免生变，治疗杂病，重视清热，遣药以精轻清灵取胜。

我上午跟师，下午学习理论，其时医院设教务处，主任是医、史、文、哲、诗、书、篆俱通的吴味雪先生，尚有伤寒名师陈兴珠、温病专家林增祥，以及林浩观、谢维勤、徐世龄等名师，省名老中医尚有孙浩铭、邓少杰、黄廷翼，西学中名医李楚銮等，可谓名师荟萃，星汉灿烂。余得以寝馈经典及儿科名著，我在读书中的体会是不动笔墨不读书，也就是读书要先抄书，加深领悟，写上眉批，其与泛泛阅览者，收效迥异。其次要学而时习之，坡公云："旧书不厌百回读，熟读深思子自知。"读书的另一心得是看厚读薄，比如读《伤寒论》，除教科书外要浏览大量参考书，如《伤寒译释》等，但背诵的是《伤寒纲要》，这样既能扩大视野，加深理解，又能熟读牢记重点内容。桐雨业师则督促我学习儿科钱乙、谢玉琼、万全、夏禹铸、陈复正等名著，老师讲解条分缕析，务求弟子明义。余风雨晦暝，酷暑严寒，心无旁骛，专精从事，春花秋月之莫赏，澄水佳山之弗临。我把书分成二类，一是硬性的，如医学经典，二是软性的，如医话类，黄金时间读的是前者，疲劳时则读医话及轻松活泼的文艺书籍，权作休息。

根植文化　奥旨易明

积多年之心得，深知医道文采两相宜。中医药学根植于中国传统文化的沃壤之中，因而根深叶茂，本固枝荣，而今中医当然须具备当代科学知识，但尚须有扎实的文化基础，才能阅读、领会浩如烟海、精深高妙的中医经典和临床著作，如无坚实的古汉语基础则登山而乏云梯，渡海而无舟楫，只能驻足山前或望洋兴叹了。余曾承担福建省卫生厅二项重点课题，"历代榕医特色与现状研究"及"福建岁时民俗与中医药文化内涵研究"，大量查阅史料，钩沉故实，从宋代梁克家《三山志》、明清福州府志，到清末林枫《榕城考古略》，以及大量榕医著作丰富史料，继之心无旁骛，博览约取，爬罗剔抉，完成《榕峤医谭——福州历代中医特色》一书，约63万字。同样岁时民俗与文化内涵研究，也是搜罗善本，披卷心得，辄条抄之，小积久多，继之风晨月夕，青灯黄卷，专心致志，殚精竭虑，审谛谭思，类成一帙。

说文解字，探颐索隐，可窥儿科经典之奥妙。汉字不仅传承文化，也渗透了传统文化诸多内容。研究中医文化，应首重汉字，汉字是开启中医学宝库的钥匙，无论理论还是临床，均须辨字。爰举三例体会证之。

（1）纯阳：《颅囟经》提出小儿"纯阳"之说。理解纯阳须明了以下二者：纯阳乃丹灶家之言，言未破身，真气未泄，此其一也；纯者，单丝也。《汉书·玉褒传》云："夫荷旃被毳，难与道纯绵之丽密。"颜师古注："纯，丝也。"从此可深刻理解，此"阳"亦柔弱之阳，小儿生机蓬勃，发育迅速，病理上"易热"，但临床热证，也勿泻火太过，步步宜慎，以免热去寒生，所以宜中病则止，且泻火不忘顾护中气。

（2）肺炎喘嗽：儿科教科书喘证以"肺炎喘嗽"立名。本人查阅许慎《说文解字》有所质疑。《说文解字·段注》云："炎，火光也，从重火，为会意字。"《洪范》曰："火炎上，其本义也。"《云汉传》曰："炎炎热气也。"就文字而言，肺炎喘嗽应属热型喘证。查阅谢玉琼《麻科活人全书》，其所谓肺炎喘嗽缘由麻毒内陷闭肺所致。谢氏《麻疹西江月》云："肺气被火煎熬，以致气喘。"可见谢氏此指系麻疹阳毒内陷的继发症，属热证，其代表方加减泻白散泻火之力远胜泻白散，可见火毒之重，故其仅是喘证的一个证型，若作为章节名称或取代喘证则疑以偏概全。

（3）果虎：又名人面子，为福州民间治疗水果类伤食、积滞的良药。望名生义，其剿积有如虎贲，俗名"滚斗"（筋斗），大如黄豆，圆形的果实，撒之于地如珠滚盘，雅号"拱斗"，拱者，即"拱手而问"，意为双手合抱，拱又作环绕，拱卫解，为群星向北斗之义，此亦有助药物真伪之鉴别。

经方时方 不拘门户

张仲景之著作堪称方书之祖，为后世垂方法、立津梁，其严谨的组方原则堪称方剂圭臬，假如天不生仲景则中国医学万古如长夜。中医历来有经方派与时方派之争。如果方非仲景不用，药不离《本经》，视秦汉以后的方剂统统是"红紫色、郑卫音"，那就有失偏颇了。张仲景之所以成为医圣，在于"勤求古训，博采众方"，并不故步自封，墨守成规，而时不断融汇新知。束发读桂枝汤，行医多年没有看到一例具备一模一样的桂枝汤证患者。我们不能怨叹病人不按条文发病，仲师毕竟是东汉末年的医家，光阴乃百代之过客，古今气候有异，病种不同，岂可一味听取，印定眼目，以致胶柱鼓瑟。

中医看病，重视三因（因人因时因地），即看天看地看人，严冬时节，长沙风刀霜剑，水冰地坼，生民嗜食辛辣之品，可谓辣不怕。福州地处东南，属亚热带季风气候，常年平均气温 16～20℃，四季如春，即使寒冬，闽江两岸，橘林葱绿，枝头悬朱。榕垣环山沃野，派江吻海，气候温暖多湿，且近百年市区高楼林立，人口集中，天气趋暖，病种有异，古方新病不相能也。《伤寒》开创了时方之先河，时方羽翼了《伤寒》之不足，不应拘门户之见，应该守仲景之法度，叶天士之聪明。由于小儿生理病理特点，有易热的病机，所以本人临床时方应用较多，用药以感冒而言，习用三叶三花，福州时方用花用叶无固定组成，譬如风寒感冒可用苏叶、藿香叶、薄荷叶、厚朴花、葛花、白蔻花；风热感冒可用桑叶、薄荷叶、淡竹叶、金银花、菊花、代代花；风暑感冒可用香薷叶、薄荷叶、淡竹叶、荷花、菊花、扁豆花等，以清灵取胜。小儿感受风寒，也多内热素盛，外受寒郁，往往遣药温凉并击。数年前读北京陈昭定先生所著《中医儿科手册》其上感一节，有异曲同工之阐述，有感而口占一首：南北医人未论心，忽诵华章同工惊，幼稚外感偏主热，笃定香岩有真经。

博采众长 小道可观

我寝馈经典，亦重草泽，谁道小道不可有观者欤？中医学包罗万象，汇集百川，善医者不应囿于经典，民间经验亦值得借鉴。我常采风访贤，常用地方草物如菠菠菜、福参、榕须、福建胡颓叶、买麻藤、兰花参、金线莲、铁菜菜、凤尾草、荠菜、千日红等，写过"芋环治痒，解人倒悬""果虎剿积，如遣虎贲""参曰郁苏，佳话刊碑"等多篇医话，并参编《福州中草药单验方选编》等。

现介绍在福州北峰巡回医疗学习民间草药三则如下：

元日屠苏，抗癌妙品——菝葜。忆昔随李楚銮先生去找草药，在山坡路旁常可见到菝葜，赤脚医生云当地叫普贴刺。山民常采其地下根状茎治疗全身酸痛。李先生说："闽侯白沙一女草药医以之治疗癌症，或配以断肠草（钩吻），每日车马盈门，应接不暇。"某赤脚医生问："难道不怕断肠草杀人？山民有人自杀，即是采食断肠草的。"李先生云："其用断肠草有二大秘诀，一是久煎，二是加入粽子同煮，这或许是据此不会中毒，而又能以毒攻毒的缘故，但为慎重起见，治疗肿瘤还是以菝葜为稳妥有效。"李先生治疗消化道肿瘤常以鲜根500g，水浸1小时，文火浓煎3小时，去渣加肥猪肉30~60g，煮1小时，其汁日数次分服。

余复习文献：菝葜，始载于《名医别录》，其味甘酸，性平，可祛风利湿，解毒消肿。李时珍《本草纲目》载屠苏酒的配方如下：菝葜、桂枝、防风、蜀椒、桔梗、大黄、乌头、赤豆。今人对屠苏酒十分陌生，但在宋代可是风靡全国，王安石《元日》诗云："爆竹声中一岁除，春风送暖入屠苏，千门万户瞳瞳日，总把新桃换旧符。"这是一首至今人们耳熟能详的千古绝唱。闽中元日饮屠苏酒的历史悠久。宋·梁克家《三山志》云："饮屠苏除夕，以药剂入绛囊，置井中元日出之，渍酒，东向而饮，自幼而长为序，可辟瘟疫。盖用华佗与魏武帝方也。"可见其习俗可追溯至东汉末年。苏东坡《除夜宿常州城外》诗云："但把穷愁搏长健，不辞最后饮屠苏。"把健康长寿的美好愿望寄托在屠苏酒中。何以古人认为屠苏酒能保健呢？这可能与其时炼丹术风靡全国，士大夫以服食丹药引为时尚有关。菝葜，又称金刚鞭，现代研究，对慢性汞中毒有防治作用，可使体内汞从小便排出。随着道教的衰微，屠苏酒也被历史所尘封。但是菝葜的功效却越来越被医林器重，现代药理研究证实其有抑制肿瘤、抗菌、抗诱导突变及清除自由基和加强抗氧化酶活性作用。

又记：清·梁章矩《归田琐记》认为，屠苏系因出自孙思邈的屠苏庵而得名。近阅王佑民先生所著《中药疗效谈》一书云："屠苏酒系因它的主要药草——屠苏得名。《通雅·植物》：'菝葜阔叶草也。'这种阔叶草就是百合科植物。"王佑民认为屠苏就是菝葜，此说可供参考。

蛇伤秘药，腰痛逍遥——徐长卿。北峰一赤脚医生某日示我寮刁竹，学名徐长卿，据云系家传蛇伤要药。闽中多蛇，斗转星移，沧海桑田，福州城内，如开门见蛇，则不胜惊诧，可作新闻报道。来到北峰后，蛇伤患者夏天可见多例，可谓见之不怪。乡医蛇药多用白花蛇舌草、半边莲、雄黄、烧酒之类内服、外用，效果甚佳。本人孤陋寡闻，此前还未闻及徐长卿治蛇伤最灵，该赤脚医生见我似信非信的样子，便悄声对我说，他曾做过试验，在竹笼中关进几种蛇，竹笼口敷上新鲜的捣烂的徐长卿，青竹蛇仍昂首吐信子，其余诸蛇皆蛰伏不敢动弹，此方是他爷爷的爷爷所授，将徐长卿干燥研末装入布袋，绑在裤管上可以避蛇，他还赠我两袋药末，每次出诊，我以之捆扎在裤管，不敢懈怠，治疗蛇伤病人亦必用徐长卿。

徐长卿是一种萝摩科植物，有特异的芳香气味。《神农本草经》载其药主治："鬼物百精蛊毒，疫疾邪恶气。"此处鬼物并非指鬼神附体之迷信邪说，多指突如其来的疾病，或胡言乱语的精神病。正由于徐长卿气味芳香，当地农民以之与艾叶焚烧驱蚊虫，徐长卿辛香走窜，有调气止痛之功，有的地方叫该药为逍遥草，民谚云："有人识得逍遥草，世世代代不痛腰。"余学习民间经验，以之治疗腰肌劳损、坐骨神经痛等疾病，效果甚佳。赞曰："乡医授我徐长卿，何惧鬼物毒蛇扰；辛香走窜功最捷，永葆世代不痛腰。"

珍稀药材，保婴良药——金线莲。某年秋日，我与若干赤脚医生到深山采药，寻寻觅觅，不意在林下阴湿处发现一丛金线莲，其体态小巧优雅，金黄色的叶脉镶嵌在紫红色的叶面上，熠熠生辉，淡黄色的花浮动着淡淡的清香，真是金线无言最可人！作为医生，刻意追求的是它的药效，莫向人间逞颜色，不知还解济人无？赤脚医生说这叫鸟人参，鸟吃了它会矫健飞翔，人吃了它则精神倍增，故又称"乏力草"。

我以往看到的金线莲均是干草，价格昂贵，只知道它有平肝作用，高热惊厥患儿的家长往往重金购买，有人说它能治疗糖尿病，有位新加坡的亲戚年前曾来函托我购买。但我要验证它的药效，实属不易，因药源甚少，非经济殷实人家则买不起，只好叹为观止。近年福州已能人工栽培金线莲鲜草，价格较廉，我经临床运用，体会其确有良好的清热解毒、祛风止痛、平肝健脾之功。常用于肝旺脾弱之厌食症及流行性咽结合膜热、急性肾炎等疾病。金线莲，味甘，性平，学名花叶开唇兰。据药理研究，本品富含强心皂苷、甾体、多种有益人体的微量元素、人体必需的氨基酸及延寿防衰老的牛磺酸。可见金线莲不仅有高雅的观赏作用，还是儿科良药。赞曰：清芬林下幽谷间，金丝嵌叶耐人看，清热解毒又止痛，抑肝扶脾保儿康。

燮理脾胃　生生不息

小儿脾常不足，余临证首重脾胃，以先天赖脾胃之生生不息，后天赖脾胃之化无穷故也。为医者勿伐其生生之气，庶几中宫健旺，则能执中央以运四旁，回旋左右。故清气不可一刻不升，浊气不可一刻不降，为儿科之治，若不及时燮理脾胃，若中气一败，则百药难施矣。

一、伤食积滞，宜分浅深

余认为燮理脾胃别浅深，伤食伤乳者遣药宜轻。顽症沃本以荣叶，铁骑突出运匠心。

小儿最易内伤乳食，而伤食乃脾胃百病之源。初起治宜损谷而愈，伤而未甚，不欲攻以厉剂，唯以平和之品，不可药过病所，否则脾气既伤于病再伤于药。余认为积之初起，用药需注意：消宜有节，药遣专长，苦寒败胃，辛散耗气，呕家忌甘。主张用闽产水果类药，其优点：药简效宏，服用方便，口感良好，药食兼用，资源丰富，取材方便。常用果子药为橄榄、余甘子（庵摩勒）、山楂、果虎（人面子）。赞曰："一粒橄榄三两油，三粒余甘百积求。五粒山楂消内积，廿粒果虎任逍遥。"此外，常用的还有金橘、阳桃、福橘、佛手、甘蔗等。如果积而不化，气滞不消，譬如寇盗之不剿，境内终不得安宁，当遣方枳实导滞丸、木香槟榔丸等，以推荡积滞。

二、健脾宜动，切忌壅补

小儿生气旺盛，贵助运不宜壅补，可于补益剂中佐木香、陈皮等，以开气醒脾，散诸药之滞。治疗疳证口渴，不用甘凉养阴生津，反予甘平微温之品，擅用钱氏白术散疏通鼓舞，以"动"求胜，则脾胃健运，津液自生。

脾健贵在运，以"动"求胜，补中寓消，消中有补，消补兼施，补不碍腻，消不伤正。

三、养阴滋阴，润燥开关

胃主受纳，性喜柔润，非阴柔不肯协和，况脾胃稚弱，易于化热，辛燥之品易伤津液。陈桐雨先生治胃病重在润燥养阴，善用润燥启膈以止吐，清养阳土以柔金，滋养胃津以息风，每以舌诊为辨证纲要，阴虚者舌干而少苔，若舌质淡而无苔或地图舌，当属气阴两虚。就新生儿、婴儿吐乳而言，朱震亨云："呕吐久而诸药不纳者，此胃口伏火关格之病。"亦与程钟龄所言之胃脘枯槁相符。余师承陈桐雨先生经验以启膈散重用沙参润燥开关，若气虚加用西洋参，治疗先天性贲门失弛缓症、先天性肥厚性幽门狭窄症均奏良效，使患孩免受手术之苦。

四、疑难杂症，从脾论治

1. 顽喘留连，沃本荣叶——沃本荣叶汤治疗小儿迁延性肺炎

小儿肺炎病程迁延 1~3 个月，称迁延性肺炎。病延日久，且诸多长期使用抗生素，患儿多见营养不良，抗病力弱，病久体弱、宿痰为其证候絮要。起病多缘体弱正虚，为外邪所乘；或调治失当，气从中馁，致邪恋难解，或脾失健运，水谷精微化为痰浊，致肺失滋养，日久变成肺脾两虚之势。痰是本证要害，治喘不治其痰非其治也。然祛邪无效，当思补益。脾健胃和，培土杜痰。若一味祛邪，则犯虚虚之戒；纯予补肺，荣枝叶而不沃脾土，须健生化之源。前贤云："喘气之证，多因肺脾气虚，腠理不密，真气虚而邪气实者多。"余体会其病不在邪多而在正虚。新近研究，健脾法对呼吸道疾病的疗效与其促进消化功能、提高肾上腺皮质功能、增强机体免疫功能的作用有关。

余习用沃本荣叶汤（党参、白术、茯苓、买麻藤、胡颓叶、陈皮、紫菀、黄芪、桃仁、炙甘草等）加减治疗小儿迁延性肺炎，本方有健脾益气、顺气化痰之效。本方党参、白术、炙甘草健脾益气、燥湿化痰，黄芪益气，茯苓渗湿健脾，陈皮理气，桃仁行瘀、止咳降逆，买麻藤、胡颓叶为久咳之良药。现代药理研究发现，黄芪、白术有增强免疫作用，可增强吞噬细胞吞噬能力，提高淋巴细胞转化率。

2. 脾旺四时，邪不可干——自拟福芪汤防治反复呼吸道感染

反复呼吸道感染以反复不断感冒、扁桃腺炎、支气管炎、肺炎为主要征象。肇病特点为病程较长，每次上呼吸道感染可达 10 天以上，下呼吸道感染可达 3 周以上；或上一次病未愈，接续下次感染，或初起是上呼吸道感染，迅即发展为下呼吸道感染。脾胃为水谷之海，水谷之精气为营，悍气为卫，卫外功能不固，藩篱疏，易招邪，以致肺气失宣，诸患踵生。故有脾旺不受邪之说。运用健脾益气之味，未病可防范肺系疾病的发生，脾旺身健，邪不可干；既病虚则补其母，补土生金，可收治肺之良效。

福芪汤：福参、黄芪、桂枝、白芍、五味子、生姜、大枣、仙鹤草、炙甘草、白术。本方有益气健脾、调和营卫之功。卫气有温分肉，充皮肤，肥腠理，司开阖之功，若表卫失固，则外邪易侵。本方重用福参、黄芪益气固表，桂枝、白芍调和营卫，生姜助桂枝通阳，大枣、甘草甘缓调和，助白芍以和营，仙鹤草有匡复正气之功，全方有调和营卫、益气固表之效。

3. 运补相兼，佐以平肝——自拟启脾汤治疗小儿厌食证

厌食是指小儿长时期食欲不振，厌恶进食的一种病证。本病特点为虚实病变均不过甚，虚之过度，便成疳证；食积严重，是为积滞。肇病缘由脾运失职，胃纳失司，二气不能平调，而致杳不食思，食而无味。病延日久亦可见形体稍瘦，气血不充之征。责之脾胃，治宜以和为贵，以运为健，运补相兼，余积多年临床体会，斡旋中宫，必佐疏木。盖肝主疏泄气机而属木，脾主运化水谷而属土，"食气入胃，全赖肝木之气疏泄而水谷乃化"，肝与脾胃在生理上相互为用，在病理上又互相影响，即所谓后天脾胃难离肝，当脾胃失调时，肝脾同治能相得益彰。新近实验研究证实，运脾平肝中药可增强大白鼠蛋白酶活性，促进家兔离体回肠吸收葡萄糖，提高小白鼠血清胃泌素水平，因此，通过治肝对治脾大有裨益。

微乐汤：庵摩勒、苍术、黄芪、陈皮、麦芽、竹茹、白芍。有健脾助运，平肝和胃之功效。本病责在脾胃，治从运化，然斡旋中宫，必兼疏木。本方以庵摩勒为主，既可启脾，又可强气力，苍术健运，黄芪益气，陈皮醒脾，麦芽消食，白芍平肝，竹茹清胆和胃，开郁进食。

4. 养血和营，治内攘外——自拟当归养血汤治疗慢性湿疹

慢性湿疹病情时轻时重，迁延难愈。若瘙痒剧烈或摩擦损伤可继发感染。

中医认为本病责之于脾。脾主肌肉，为气血生化之源。经曰："上焦开发，宣五谷味，熏肤，充身泽毛，若雾露之溉是谓气。"李东垣《脾胃论》曰："夫元气、谷气、营气、卫气，生发诸阳之气，此四者，皆饮食入胃上行，胃气之异名，其实一也。"诸多皮肤病的发生与治疗皆与脾胃有关。若饮食不节，久病不愈，或脾胃虚弱，皆致脾失健运，肌肉失主，湿淫肌肤可发生皮肤疾病，所谓"诸湿肿满，皆属于脾"是也。临证脾虚湿困，营血亏虚而致病者并不鲜见。治外必本诸内，从整体观念出发，重视局部表现，将局部治疗与整体治疗相结合，可入佳境。

当归养血汤：当归、黄芪、生地黄、熟地黄、川芎、白芍、赤芍、长叶冻绿、苍术、白术、土茯苓、苦参。本方有健脾祛湿养血和营之功。湿疹一证，初起祛湿解毒，配合外用，是其常法。若慢性湿疹，病情时轻时重，迁延难愈，当以内服为主，匡扶脾气，养血和营。本方以归、芍、熟地养血和营，黄芪与当归益气生血，苍术运脾，白术健脾，土茯苓渗湿，长叶冻绿、苦参祛湿解毒止痒。

木火易腾　调肝心法

肝属木，旺于春，春乃少阳之气，乃春生之义也。儿科有五脏之中肝有余之说，临床推究其不同证型，常用有疏、平、清、泻、镇、柔六法。为儿科医者，若娴熟活脱运用，证之临床，游刃有余，现略举若干病证运用如下：

1. 夜啼不安，安魂定惊

小儿初生之夜啼，前贤曰脾寒郁滞、腹痛而啼，或曰邪热乘心、见灯愈啼，或曰惊骇客忤、梦中惊啼，即执脾寒、心热、惊恐三端。笔者认为，肝存魂，为刚脏，若乳食内滞，郁而生热，以致肝失条达疏和，难伸刚直之性，肝热内扰，或脾虚肝旺，则魂不守舍，亦可致夜阑啼哭。临证遇此类患儿，笔者以金线莲一味煎汤代茶，予患儿徐徐饮服，每效如桴鼓。药精量轻，看似平淡，恰适合嫩草鲜花般娇嫩体质之新生儿，盖因金线莲清热凉肝有镇惊之功。

2. 抑木疏土，启脾进食

小儿厌食多因饮食不节，喂养不当，先天不足，后天失调，多病久病等病因，损伤脾胃，使脾运失职，胃纳失司，二气不能平调，则杳不思食。日久既有脾气不足，又有运化失常。笔者虑及肝与脾胃在生理上相互为用，病理上互相影响，且食气入胃，全赖肝木之气疏泄而水谷乃化，故后天脾胃难离于肝。在小儿又肝常有余，易乘脾土，每致土虚失运。鉴于此，笔者临证予三花温胆汤：代代花、玫瑰花、川朴花、竹茹、枳壳、陈皮、茯苓、煮半夏、山楂、金线莲、白芍。并嘱不勉以劝食，少食冷饮及恣厚味之品。

3. 解表清肝，未雨绸缪

小儿藩篱疏薄，易感时邪，又因小儿乃纯阳之体，感受诸邪，化热至速，热极生风，易成急惊。笔者临证予加减银翘散：金银花、连翘、荆芥、卤地菊、薄荷、板蓝根、豆豉、鲜金线莲等。

4. 平肝降逆，肃肺止咳

咳嗽变异型哮喘（CVA）在儿童颇为多见，临床表现为咳嗽长期不愈，常被误诊为急慢性支气管炎、慢性咽炎等疾病，采用抗生素及止咳化痰等治疗罔效。笔者辨证本病，认为从气息声响而言，不属于中医之喘证与哮证，当属咳嗽范畴，主因感受外邪或异气以致肺气上逆。主气在肺，调气在肝，且小儿为纯阳之体，木火最易升腾，病延日久其所胜之木反而侮之，年长儿亦可因情志变化，肝失疏泄，"肝逆则诸气皆逆"，引动肺气上逆，致咳嗽缠绵不已。故笔者治本病常取平肝降逆、肃肺止咳之法，选金线莲为主药，创金线莲合剂（金线莲、买麻藤、胡颓叶等），以清热平肝，敛气止咳，正其本，清其源，庶几则木气得平，肺气可降，每获良效。

5. 清热镇肝，息风止痉

抽动-秽语综合征是儿童精神行为障碍的一种疾病，又称儿童多动症，以多发性不自主抽动和不自主发声为主要特征。中医属于慢惊风、瘛疭、抽搐、筋惕肉瞤等范畴，其病因为胎禀不足、过食肥甘、五志过极、紧张疲劳、外感六淫等。根据临床表现，多属风邪为病。笔者认为小儿肝常有余，肝为风木之脏，若肝失疏泄，化热动风，风胜则动。肝风上旋，侵犯清窍则挤眉弄眼，上犯鼻窍则缩鼻耸动，上壅咽喉则咽痒不止，怪声连连，骂声不断，亦合肝"其声为呼"之说；流窜经络则肢体抽动不已。故笔者临证每遵经旨"诸风掉眩，皆属于肝"，"诸暴强直皆属于风"，"诸热瞀瘛，皆属于火"，治从清热镇肝为大法，予春花金龙汤［金线莲、地龙、阴地厥（小春花）、白芍等］，屡有奇效。

融汇民俗 另辟新径

民俗就是民间的风俗习惯。中医学与民俗的根同植于中华传统文化之中，二者水乳交融。福建民俗有两千多年的历史积淀，文化底蕴深厚，在历史的长河中，大浪淘沙、流传不衰，大多符合医理，有着丰富的医学内涵，它不仅是社会物质文明和精神文明的反映，也与人的生命活动及与之相应的医药卫生知识密切相关。尤其是岁时民俗与中医药的结合，是人们顺时气而健身防病的一种有益方式。我在多年从事岁时民俗研究中，发掘其有益于防病治病的措施，从而为中医临床和研究提供新的思路。

馥馥兰汤翠釜煎：闽中端午有浴兰汤习俗，用的是艾叶、菖蒲二味煎汤洗浴，硕儒郭柏荫《午日征事诗》云："馥馥兰汤翠釜煎，振衣差喜俗尘蠲。"余经多年探索修正，自拟新端午洗剂（艾叶、菖蒲、赤地利、鱼腥草、野菊花、土茯苓、枯矾等味），煎汤洗浴或浸泡，治痱子、湿疹等恙，有祛暑清热、除痒解毒之功，四季均可运用。

制袋分香遗稚龄：端午有赠香包之习俗，早在《礼记》就有佩"衿缨""容臭"的记载，清代吴尚先在《理瀹骈文》中也有辟瘟囊佩胸防治四时感冒之说。有鉴于此，余以藿香、苍术、菖蒲、木香、砂仁、冰片等制成醒脾香囊，缝在肚兜上，香囊贴于神阙穴，此亦属中医服饰文化范畴，让药物有效成分徐徐散发，有醒脾健运之功，用于小儿厌食、积滞、泄泻及胃肠功能紊乱等，有理气消胀、开胃进食之功。

天赐恩物和中茶：端午节有制午时茶之习俗，午时茶有疏风散寒、清暑祛湿、健脾开胃、理气和中之功。余有感于闽地处神州东南，环山沃野，派江吻海，属亚热带季风气候，常年平均气温在 16～20℃，地气温暖多湿，湿干中道，困脾多痰，余遂以端午常用之菖蒲、清明制菠菠粿之鼠曲草（菠菠草）合陈皮、枇杷叶、余甘（庵摩勒）及红茶按一定比例组方，名曰端午安康散，用于痰湿素盛之小儿，有治疗及保健功效。

启脾巧制菠菠糕：清明粿又名菠菠粿。菠菠草，福州方物，清明取其汁作粿。余经多年临床实践，发现其有良好清热平肝之功。益以麦芽、怀山药、七层楼等味为汤剂，或以之制成菠菠糕，用于小儿脾虚之厌食症，有抑木扶脾、启脾开胃之功，且口感良好。

守望杏林　扬芬精诚

福州乃八闽雄都，东南重镇，世称文儒之乡，历史底蕴深厚，文化成就璀璨夺目。历代榕医仁心懿德，妙术良方，备受国人瞩目。东汉末年长乐董奉扬声杏林，与张仲景、华佗并列为建安三神医。宋代风开闽域，人文蔚起，长乐朱端章、杨士瀛双璧争辉，领风骚于东南，留润泽于人间；明清医家云屯，名著山积。延至近现代，世医显赫，流派纷呈，科别齐全，密学绝招，金针活人，可谓执八闽医学之牛耳，驰誉海内外矣。

福州是我生于斯，长于斯的故乡之土，深感弘扬瑰宝、选福桑梓是吾侪的历史责任。由于诸多原因，乡邦文献，枌榆陈迹，不少已隐入荒烟蔓草之中，令人扼腕叹息。所以发掘榕医学术材料是一项时不可待、机不可失的抢救任务。于是2006年我承担了福建中医学院林端宜研究员设计的"闽台传统医药文化渊源"研究，我与课题组成员承担其子课题——"福州历代中医特色研究"。于是我们查阅档案馆、图书馆、方志办等大量报刊、书籍、历史档案，在茫茫人海中寻寻觅觅，遍访名医后裔、门生、故旧不下百余人；也曾求助于海内外收藏家，多年奔走，不厌尘埃，穷搜细捡，抢救了许多珍贵资料，忆及某副对联，我经两年奔走始一睹真容，拍照时顿生"一联二年得，一吟泪欲流"之感慨。继之风晨月夕，闭门枯坐，青灯黄卷，爬罗剔抉，审谛谭思，研究升华，完成《榕峤医谭——福州历代中医特色》一书，于2006年出版。全书62.9万字。分四大部分：①榕医渊源。②杏林人物（60家）。③百年特色。④逸闻掌故（分史海钩沉、医术拾贝、清娱漫笔）。福建省卫生厅阮诗玮副厅长、福建中医药大学陈立典校长、福建省文史研究馆卢美松馆长均给予肯定。

于2011年我们申报"近现代榕医翰墨研究"，经福州市科委立项，我们搜集1840年以后福州籍名医医案医话处方手稿、书法、诗词等墨迹，以展示榕医浓厚的国学根底及精湛医术，于2012年出版《壶天墨痕——近现代榕医锦翰》，是书图片200多帧，174页。

此外2006年还同步进行"福建岁时民俗与中医药内涵研究"（福建省卫生厅课题），民俗与中医学同属于中华文化范畴，二者水乳交融，研究岁时民俗可为中医学的发展提供新思路，该课题已通过评审结题，与肖林榕、林端宜、罗宝珍等学者研究内容并为一书，由科学出版社出版。

今人不见古时月，今月曾经照古人。无论时光怎样流逝，都不能割断历史的纽带，发扬必须有继承的基础，前贤的经验值得借鉴，耕耘杏林，可以扬芬榕医精诚。

行云流水，韶华易逝。回首前尘，颇多感悟。少年攻读，青衿白发，学不加进，徒老奚为，益自愧也，愿以乡贤诗句"病马尚怀远驰志，老梅独具耐寒心"以自勉。虽老竟无成，但在党的中医政策感召下，愿为中医事业效命宣力，竭驽钝而积跬步。自知陋质，若有所长，则是谢绝纷华，不趋热络，青灯黄卷，甘耐寂寞，抱初衷而中夙志，存幼幼曲赤之心，服务桑梓，且愿为传承工作不遗余力。

胡天成

胡天成（1942—2023），四川眉山人，主任中医师、教授、博士研究生导师，享受国务院政府特殊津贴专家。全国第五批老中医药专家学术经验继承工作指导老师、全国优秀中医临床人才研修项目指导老师、全国名老中医药专家传承工作室导师。

出身中医世家，系"胡氏儿科"第四代传人。1967年从成都中医学院毕业后被分配到宁南县工作。1973年调入成都中医学院附属医院，从事儿科临床、教学和科研工作。曾任儿科副主任、业务副院长，国家药品监督管理局药品审评专家，中华中医药学会儿科分会常务委员，四川省卫生厅离退休高级专家顾问团中医组组长，四川省中医药学会常务理事及儿科专委会主任委员，《四川中医》编委，成都中医药大学学术委员会委员、学位评定委员会委员、校科协副主席，成都市中医药学会副理事长等职。1998年被评为"四川省首届名中医"，2013年12月，被四川省人民政府授予"第二届四川省十大名中医"称号。

从医五十年，德艺双馨，学验俱丰。指导和培养硕士、博士研究生50多名，学术经验继承人8名，全国"优才"学员9名。参加了多部中医儿科学专著和教材的编写及审定工作。出版专著《胡天成儿科临证心悟》《活幼大家胡伯安》。主研国家"七五"攻关项目"小儿高热及其伴发的惊风厥脱之系列研究"，获省部级科技进步三等奖2项、厅局级科技进步二等奖2项，参与开发Ⅲ类新药2个，其中清热化湿口服液被国家中医药管理局列为1999年度中医药科技成果推广项目之一。

矢志岐黄承家学　名医指点受益多

1942年9月我出生于苏东坡故里——四川省眉山县一个中医世家。我的曾祖父胡良元、祖父胡启厚均擅长中医内儿科，医术精湛，享誉一方。父亲胡伯安继承祖业，20岁时即在县城开设"义元堂"诊所，悬壶济世。中华人民共和国成立后受命组建"眉山县中心卫生院国药部"，主持门诊工作，全心全意为群众治病，屡起沉疴，活人无数，门庭若市，声名远播。常有病人到家中求治，见到他们病情好转直至痊愈，儿时的我萌生了对医生的敬仰与羡慕之情。受到家庭环境的熏陶，耳濡目染，我自幼喜爱中医，并立志学习岐黄之术，梦想今后也要成为像父亲那样的医生。父亲也有意引导，教我认药，背诵《药性赋》《医学三字经》等，尽管当时"内经""伤寒""中风""痹证"等虽然还只是一些朦胧的概念，但对我还是有潜移默化的影响。

1956年父亲奉调成都中医学院（现成都中医药大学）。1959年我从眉山转学到成都，1961年高中毕业，为了圆我学中医梦，高考我填报的第一志愿就是成都中医学院医疗系，结果如愿以偿，正式走上了学习中医之路。

大学期间，每天早操之后，我就背诵药性方歌、经典条文，现在我记忆中的《药性赋》、常用方剂及《伤寒论》《金匮要略》条文，绝大多数都是在学生时代就已能背诵。我认为年轻时多背诵一些经典，多记忆一些方药，终身都会受益。

书要越读越薄，课余我常常将老师讲课内容消化后进行归纳小结，将要点制成卡片或将病因、病机、证候、治法、方药绘成示意图，提纲挈领，一目了然。

大学期间，有凌一揆、吴棹仙、宋鹭冰、彭履祥、罗禹田等一批大家名师为我们传道授业解惑，他们渊博的知识、丰富的经验使我大开眼界，受益匪浅。假期则跟随父亲抄方，家父耳提面命，收获良多。由于我父亲与同道内科刘安衢、眼科陈达夫、外科文琢之、温病宋鹭冰等大家性气相投，交往甚密，闲暇常常聚会品茗，因而我也有机会听他们谈论医道。他们所讨论的"真寒假热""真热假寒"的辨识、"亡阴""亡阳"的救治等，增进了我对中医的热爱，激发了我学习中医的热情。六年苦读，我成为全年级4名"全优生"之一。

艰苦环境磨意志　书为我师勤多阅

1967年成都中医学院医疗系毕业后，我被分配到西昌地区（现凉山州）宁南县骑骡沟区医院工作。该院地处彝族同胞聚居山区，离县城几十里，山路崎岖，交通不便，医院规模小，人员少，设施简陋，中医诊室与中药房都在一间不足10平方米的小屋里，没有药柜，只有挂在墙上的药袋，中药品种亦很有限。医生看病不分内妇儿外，诊病、处方、划价、抓药，甚至进城购药和一些粗加工都是我一手包干。此后，我参观"四川省中草药新医疗法展览"回成都，购买了戥称、铁臼、药碾、筛箩等称药打粉工具，肩扛手提带回医院，初步改善了药物加工条件。尽管当时照明是煤油灯，饮用是山泉水，每天只吃两餐饭，但我牢记救死扶伤职责，不畏艰苦，克服困难，全心全意为病员服务。除了门诊，还要到彝族村寨巡诊。为培训全区赤脚医生，我还举办了学习班，尽我所能传授中医药知识。

在骑骡沟区医院工作期间，父亲不在身边，当地也没有老师可以请教，父亲给我的《医宗必读》《景岳全书》《类证治裁》《医学心悟》等书就成了我的老师，一有空我就看书，遇有疑难病例，就在书中找解决办法。至今我记忆犹新、印象深刻的一个病例是1969年6月一鲁姓彝族5岁小孩，右侧臀部生一痈疮，经西医用鱼石脂油膏外敷后，破溃流脓，每天换药，脓汁由浓稠渐变清稀，新肉不生，久不愈合，疮面肌肉瞤动，身热口渴烦躁。当时条件有限，西医已束手无策，遂邀我会诊。我见患儿形体瘦弱，精神萎靡，肌肤灼热无汗，口渴喜热饮，疮面淡白，肌肉时时瞤动，食少便溏，小便正常，唇舌淡，苔薄白，脉大无力。联想《伤寒论》中有误汗而致"身瞤动"一症，临床上还没有见过，如今目睹患儿疮面肌肉瞤动，何故？我翻阅《类证治裁·诸疮》中有"发热烦扰，筋惕肉瞤，气血虚也，八珍汤"的论述，与之颇为相似。因患儿素体虚弱，罹患痈疮之后，正气更虚，故脓汁由浓稠变清稀，久不生肌收口；气血不足，血虚阳浮故精神萎靡，肌肤灼热，疮面淡白，肌肉瞤动；唇舌淡，脉无力，均系气血两虚之象。鉴于患儿正不胜邪，无力托毒外出，故治宜补益气血，托里排脓，化腐生肌，遂在八珍汤气血双补基础上加黄芪，且重用黄芪，配当归，即合当归补血汤治血虚阳浮，肌肤发热；另加金银花以清解余毒，如此配伍，气血双补，扶正祛邪，3 剂后汗出身热渐退，脓液渐稠量少，疮面渐红活，肌肉未再瞤动。继服 3 剂，精神转好，胃纳增加，疮面缩小，长出新肉，据此原方去金银花加天花粉 12 克、神曲 6 克，续服 4 剂，其病痊愈。

另有一例"发背"患者，是当地税务局干部，35 岁，平素嗜酒，喜辛辣食物，因下乡征税，汗出当风，坐卧潮湿之地，即感恶寒发热，头身疼痛，背部焮热疼痛，故来医院就诊。查看其背部皮肤红肿，约 15cm×20cm。了解发病经过后，察其舌苔白，诊其脉浮数有力，四诊合参，诊为"发背"，乃外感风寒湿邪，营卫不和，经络阻塞，气血凝滞所致。因系痈疽初期，治用消法，遂处荆防败毒散加黄芩、金银花煎服，1 剂热退，头身痛减大半，背部红肿缩小，疼痛减轻，遂去黄芩加连翘，继服 2 剂，其病痊愈。

虽然学习中医外科学时老师讲过痈疽，也知道痈之大者名发，但对"发背"一病我尚未见过，更没有治过。虽然荆防败毒散我用治流感头身酸楚疼痛者效果甚佳，但用治"发背"心里还是没底，但从治疗效果看，疗效奇佳。这个病例显示了外科消法之功，也印证了荆防败毒散"败毒"之效，使我对消法和荆防败毒散在外科痈证中的应用有了进一步认识。

1973 年 5 月，为了继承我父亲几十年的学术经验，组织上把我从宁南调回成都中医学院，在附属医院儿科工作。当时附属医院儿科西医力量强大，5 位主任中 4 位都是高级西医。我在病房工作期间，安排我与一名高年资西医医生在一组，中西结合，互教互学，我从她那儿学到了许多西医临床知识和技能，掌握了静脉穿刺、腰穿、骨穿等技术，为后来从事"乙脑"科研打下了基础。

鉴于当时基层医院抗生素用得比较普遍，而由于不合理使用，也产生了一些药源性疾病。如过用抗生素导致肠道菌群失调，腹泻较多，患儿泻下稀水样大便，滑脱不禁，四肢不温，根据病机十九条中"诸病水液，澄澈清冷，皆属于寒"，我辨证为脾肾阳虚，火不生土之泄泻，常以桂附理中汤温补脾肾，补火生土而愈。又如患儿黄某，男，1 岁，平素身体虚弱，6 天前吃炒猪肝，数小时后即开始腹泻，初为稀便，以后为水样便，有黏液而无脓血，日 10 余次。当天在厂医务室输液，静脉滴注庆大霉素。次日腹泻加重，且伴发热，仍用庆大霉素治疗，发热减轻，腹泻如故。3 天前去县医院就诊，服中药 2 剂无效。昨日腹泻加剧，一日数十次，泻下稀水，尿极少，同时又伴呕吐，不思饮食，精神萎靡，囟门、眼眶凹陷，始转我院。其时手足欠温，皮肤弹性较差，唇红舌干，指纹淡青。入院后大便涂片，查见"大量革兰阳性球菌及极少量革兰阴性杆菌，未见霉菌"，大便培养"无致病菌生长"。诊断：①中毒性消化不良，中度失水，酸中毒。②肠菌群失调。中医辨证为脾肾阳虚，以温补脾肾，佐以收涩止泻法治之。在补液同时，内服桂附理中汤加味：潞党参9克，白术9克，炮姜9克，肉桂3克，附片9克，罂粟壳1.5克，赤石脂15克，乌梅15克，甘草3克。服上方2剂后，腹泻明显好转，大便由稀水样变为稀糊状，次数由每日数十次减至二次，精神转佳。继服4剂后大便已成条状，大便涂片复查，查见"大量革兰阴性杆菌及少量革兰阳性球菌，未见霉菌"。乃以健脾益胃法调理善后，病愈出院。后来我把这类病例收集整理分析后撰写了"温补脾肾法治疗小儿肠道菌群失调腹泻的初步观察"一文，发表在《成都中医学院学报》1979年第1期。

小儿泄泻中有一证型为"惊泻"，通常认为小儿神气怯弱，不耐刺激，若目睹异物，耳闻异声，卒受惊恐，肝气横逆，克侮脾土而成。我在病房时见一半岁婴儿因"肺部感染"使用抗生素，天天打针输液，不几日患儿大便稀薄，粪青如苔，睡中惊惕，面青唇淡，出现惊泻症状。此患儿无目睹异物，耳闻异声史，为何出现惊泻？通过家长了解到，患儿近日常在熟睡时打针输液致啼哭不止，此乃惊吓之故。遂停输液，服益脾镇惊散合痛泻要方两剂而愈。这个病案在我教学时也曾讲给学生们听，借以启发后学读书切勿死于句下，临证之际审因论治一定要细致周详。

1974年下半年，我院部分学员到什邡县开门办学，我作为儿科带教老师既要承担课堂教学，又要临床带习。一天我接诊一位中风病人，神志不清，舌强言謇，半身不遂。患者是一位退休工人，家中只有一个女儿，父女相依为命。女儿送患者到医院看病很不方便，此后我就每天带学生到患者家中看病。记得初服导痰汤加减，患者喉间痰鸣渐少，舌强言謇渐好，神志渐清，渐能说话。其后用补阳还五汤加减，服药20余剂，半身不遂明显好转，已能拄杖上街。因治疗这位病人需要用竹沥涤痰，当时没有鲜竹沥成药，我让患者徒弟去农村找来一些荆竹，两头削尖，置火上烤，这样取得的竹沥水效果很好。没有亲自烤取和目睹服后效果是不会有此感受的。整个治疗过程，学生们全程参与，对我而言印证了书本知识，对中风中脏腑的证治有了更加深刻的认识；对学生而言，同样加深了对中医辨证论治的认识。

1970年在宁南工作时，我带队参加"西昌中草药新医疗法展览"，曾上山采集中草药，制作标本参展。1973 年 9 月省卫生厅下达的"四川省抗肿瘤中草药资源调查"项目由我院牵头。我和重庆中药研究所、中国医科院简阳血液病研究所、西昌卫生局等单位抽调人员一道赴西昌地区冕宁、德昌、米易、会理、宁南等地调查。每到一地都深入医疗机构了解当地肿瘤发病情况，治疗肿瘤中草药资源，并上山采集有关中草药标本。这两次经历让我有机会认识了许多中药材，对西昌地区出产的党参、柴胡、续断、牛膝等多种中草药鲜品、干品、饮片都比较熟悉，对其性味功效也有了进一步了解，丰富了对《中药学》的感性认识。

中医中药相辅相成，密不可分，当中医必须识药，既要掌握性味、归经、功效和运用，也要熟悉其外表，调配时庶不致误。这点我在骑骡沟区医院工作时就有这种体会，因此 1979 年我在灌县（今都江堰市）带毕业生实习时，就安排每位学生轮流去中药房抓药一周，让他们了解临床常用药物与剂量。虽然只有短短一周，但这段经历让他们直观认识中药，留下了深刻印象。

学用经典多临床　理法方药炼悟性

《黄帝内经》《伤寒论》《金匮要略》《温病条辨》被称为"四大经典"，学好四大经典是中医的基本功。我从学习中医开始即重视经典著作学习，几十年来坚持用经典理论指导临床实践，取得良效。

1978 年儿科曾收治一白血病患儿，女孩子第一次住院放疗后头发大量脱落，几成光头。第二次住院时我根据"发为血之余"和肾藏精，"其华在发"，发的生机根源于肾精，发为肾之外候理论，放疗前就服补肾填精药，结果放疗后头发非但没有脱落，而且长得浓密黑泽。

根据"太阳之为病，脉浮，头项强痛而恶寒"及"太阳病，项背强几几，反汗出恶风者，桂枝加葛根汤主之"，我用桂枝加葛根汤治愈斜颈 1 例。患儿吴某，女，5 岁，1979 年 11 月 9 日初诊。8 天前患儿在田间玩耍，不慎失足落水，当时仅将裤子打湿，头身未见外伤，患儿亦未诉任何不适。傍晚，其父收工回家，即发现患儿颈项向左偏斜，不能转动，入夜不能平睡，呼叫颈项疼痛。因疑为"失枕"，次日即请人"端颈"，未见好转。第 3 日又外敷药 2 次，均未见效。病后，患儿白天嬉戏如常，暮夜即感不适，要母怀抱，如此已 8 日，病无起色。亲友又以为"骨伤"所致，嘱到骨科就诊，经检查排除颈椎病，遂邀我诊治。其时患儿头颈明显向左偏斜，颈项肌肉强硬，皮色不变，亦不发热，但压之疼痛，头汗甚多，口干喜饮，饮食减少，大便 1 日 1 次，小便不黄，舌质正常，苔白，脉浮。审为太阳中风，经输不利，处桂枝加葛根汤，药用：桂枝 10克，白芍 15 克，生姜 10 克，大枣 12 克，甘草 3 克，葛根 24 克，天花粉 18 克。水煎服，1 日 1 剂。二诊其母诉上方连服 3 剂，1 剂汗止，3 剂颈即不偏，唯转动尚欠灵活。此太阳经输之气尚未完全疏通之故，仍守上方，更加秦艽 15 克、丝瓜络 12 克以祛风通络。结果病儿继服 2 剂后，颈项即活动自如。

根据肺主气，主宣发与肃降，肺与大肠相表里之说，用麻杏石甘汤治愈肺热大便干结失禁。患儿尹某，男，5 岁零 6 月，1994 年 1 月 6 日初诊。其父代诉，患儿大便失禁半年。半年前不明原因患儿出现大便失禁（大便干结量少），常便入裤裆内方觉。此外，平时尚有一"怪癖"，常微启双唇频频朝前呵气，常感鼻塞，并喜由鼻孔喷气，声响可闻。近日病情加重，多方医治无效，经乡亲介绍，前来我处就诊。询问其父得知，五官科检查鼻喉未见异常。患儿胃纳、睡眠尚可，小便微黄，查舌质红，苔薄黄，脉数有力。综上分析，此病乃肺热郁结，宣肃失常，遗热大肠，传导失司所致。治宜宣肺清热，调畅气机，予麻杏石甘汤加减，药用麻黄 8 克，杏仁 10 克，石膏 30 克，黄芩 12 克，瓜蒌仁 12克，前胡 12 克，射干 10 克，炙枇杷叶 15 克，葶苈子 12 克，枳壳 12 克，厚朴12 克，水煎服 3 剂，嘱忌辛辣燥热食物。1 月 10 日二诊：患儿大便失禁次数减少，"怪癖"症状好转，大便仍干结，舌脉同前。效不更方，守方加减：上方去厚朴加槟榔 15 克、牵牛子 10 克、生大黄 10 克（另包煎，兑入药汁中服）泻下通腑，继服 3 剂。1 月 15 日三诊：其父述患儿大便已能自控，亦不干结，"怪癖"消失，其病告愈。

根据"小水虽利于肾，而肾上连肺，若肺气无权，则肾水终不能摄。故治水者，必须治气；治肾者，必须治肺"理论，用麻杏石甘汤加减治愈肺热遗尿。患儿卿某，男，4 岁半，2004 年 9 月 17 日就诊。其祖母代诉，患儿平素小便正常，一周前去海南旅游后，近日每晚尿床，睡眠深不易叫醒，白天尿频尿黄，臊气甚大，喉痒即咳，咳则连声，痰少黏稠，口干喜饮，胃纳稍差，大便干，每日 1 次，舌质偏红，苔薄黄，脉滑数。病因海南旅游受热，邪热郁肺，肺气上逆而咳；热邪灼津，炼液为痰，故痰少而黏；肺热治节不行，通调失司，膀胱不约而尿床，臊气大，舌偏红，苔薄黄，脉滑数，均是有热之征，故以麻杏石甘汤加减治之。药用：麻黄10克，杏仁10克，石膏30克，黄芩12克，瓜蒌皮12克，信前胡12克，射干10克，炙枇杷叶15克，炒知母12克，炒黄柏12克，萆薢12克，石菖蒲6克，一日1剂。连服3剂后复诊，其祖母诉服药后3晚均未尿床，白天小便次数减少，尿量增多，尿色不黄，已无臊气，咳嗽好转，遂改投止嗽散加减，调理而愈。随访半年，未再尿床。

根据"脉缓身痛，舌淡黄而滑，渴不多饮，或竟不渴，汗出热解，继而复热……黄芩滑石汤主之"，用黄芩滑石汤治愈长期高热。如患儿苏某，女，9岁，小学三年级学生，2010年1月21日初诊。其母代诉反复发热2个月余。患儿于2009年11月16日无明显诱因出现发热，体温39.9℃，偶咳嗽，余无不适，到外院就诊，给予口服药物（药名、剂量不详），患儿热退后仍反复发热，体温39.9~40℃。其间曾4次去华西附二院诊治，血常规检查正常；胸片示肺纹理增多模糊，心影大小未见异常，心影内可见瓣膜影（患儿2岁时因"动脉导管未闭"曾在该院做"封堵术"）；查肺炎支原体抗体（凝集法）阴性；抗环瓜氨酸肽抗体0.78RU/mL；流式检验报告，CD_3 58.3%，CD_4 31.6%，CD_8 21.6%，$CD_4/CD_8=1.5$；ENA抗体谱均阴性；免疫球蛋白定量各值均在正常范围，α-酸性糖蛋白0.64g/L，抗"O"53IU/mL，类风湿因子13IU/mL，EBV-IgM 25.8U/mL。先后多项检查，均无异常，体温波动在40~41.8℃，于12月8日以"发热待诊，急性支气管炎"收住某院儿科。当晚体温41.9℃，次日上午、中午体温均高于42℃，12月10日出现上腹痛。胃镜检查报告：胃幽门螺旋杆菌快速试验HP（-），胃窦溃疡（A_2期），二便常规、肝肾功、电解质、胸片、肺炎支原体抗体IgM、肺炎支原体IgM、肺炎衣原体IgM均阴性，心脏B超、流式细胞检查、骨髓象、血培养均正常。患儿门诊和住院期间，经抗感染、解热镇痛和对症治疗均无效。

在多方诊治，诊断不明，治疗无效的情况下，患儿家长向四川电视台4台"新闻现场"栏目组求助。1月21日下午在该台两名记者陪同下，到我处就诊。就诊前体温高于42℃，在询问病情、查阅有关检查治疗资料后，我根据患儿反复发热，汗出热解，继而复热之特点，结合高热时仅感头昏，皮肤并不发烫，亦无口渴喜饮等症，小便黄，偶尿床，舌质红，苔白黄腻，辨证为湿热为患，乃湿热浊邪，困阻中焦，湿热并重之证，治宜清热利湿，拟黄芩滑石汤加减：

黄芩 12 克、滑石 15 克、猪苓 15 克、土茯苓 20 克、大腹皮 15 克、白蔻 10 克、通草 6 克、石菖蒲 6 克、郁金 15 克、青蒿 15 克，水煎服，4 剂。

1 月 28 日二诊：服上方后 7 天未发热，一般情况良好，大便溏，小便黄，咽微红，苔薄黄，效不更方，守方加减：加黄柏 12 克，去青蒿，继服 6 剂。

2 月 4 日三诊：服上方 6 剂，近 2 周均未发热。自诉晨起鼻塞，咽部不适，喉间有痰，大便正常，小便微黄，咽微红，苔白黄，中根部稍厚，脉平，此为中焦湿热渐退，复感风热外邪，乃外感风热夹湿之证，法当疏风清热，佐以渗湿，改用银翘马勃散加减：金银花 15 克，连翘 15 克，马勃 10 克，牛蒡子 10 克，黄芩 12 克，滑石 15 克，射干 10 克，杏仁 10 克，桔梗 12 克，薄荷 10 克，水煎服，6 剂。

3 月 4 日四诊：初诊至今已 40 余天未发热，体温正常，现患儿一般情况尚可，唯纳差偏食，大便偏干，两天 1 次，小便正常，舌质正红，苔薄白，脉平，此乃病后脾胃虚弱，脾失健运，治宜健脾益气，佐以芳香化浊，拟香砂异功散加减：太子参 30 克，白术 12 克，茯苓 12 克，陈皮 10 克，藿香 10 克，砂仁 10 克，炒枳实 10 克，厚朴 12 克，山楂 10 克，鸡内金 12 克，石菖蒲 10 克，郁金 15 克，水煎服，5 剂，调理善后。

上述案例无一不是在经典理论指导下辨证论治，获得佳效的。

弘扬家学采众长　攻坚克难虎山行

多年来在继承发扬父亲学术经验的基础上，博采诸家之长，师古而不泥古，善于化裁古方，创立新方，执简驭繁，治疗小儿肺系和脾胃疾病以及多动症、抽动症、过敏性紫癜、肺含铁血黄素沉着症等病。对小儿外感肺系疾病如感冒、咳嗽、肺炎和哮喘等病证，总结了"多热证、多实证、多气逆、多夹痰"等特点，将上述病证中因外感所致的类同证型归纳为风热、湿热、痰热、燥热等 4 个类证，异病同治，熔书本知识与临床经验于一炉，提纲挈领，简明适用。我将治疗风热类证和湿热类证的两个经验方研制成院内制剂清肺口服液和清热化湿口服液（现更名为"银葶清肺口服液"和"蒿芩化湿口服液"），用治外感风热或湿热郁肺所致之发热咳嗽、肺炎喘嗽、哮喘，疗效可靠，受到病员和同道好评。在治疗脾胃疾病方面，根据"脾为阴土，喜燥而恶湿，得阳则运；胃为阴土，喜润而恶燥，得阴则和"之理论，结合家传经验，优化处方，进行剂改，研制了治疗脾气虚弱，脾阳不运之健脾增食片；治疗胃阴不足，阴虚胃热之益胃冲剂。用于治疗小儿厌食、老人消化不良等脾胃虚弱之证疗效确切。

在近50年的临床医疗工作中，我时刻铭记父亲教导："名医除了德高尚须术精，要德艺双馨。"既要熟练诊治常见病，更要勇于解决疑难病，要当"真医"，不要当"时医"。为继承发扬父亲敢于攻坚克难精神，我决心向一些西医治疗效果不好的疾病发起挑战。

"特发性肺含铁血黄素沉着症"（简称肺含铁），这是一种少见的，病因不明，好发于儿童，以弥散性肺泡毛细血管反复出血，肺间质含铁血黄素沉着为显著特点的疾病。西医无特效疗法，主要采用激素和免疫抑制剂治疗。虽然近期能控制症状，但是远期疗效不理想，且副作用较大，后期出现肺纤维化或呼吸衰竭，预后大多不良，本病严重威胁到小儿健康成长。几年前我曾治愈四川省仪陇县一许姓患儿的"肺含铁"，其后患儿家长将诊治过程和他的感想写了一篇文章，名为"四年之痛"，发到网上，一些"肺含铁"患儿家长看后，纷纷前来成都找我治疗。看到孩子们可爱的脸庞和家长们焦急的心情，促使我挑战这一疑难重症。几年来我采用辨病辨证相结合，以中药为主进行治疗，取得了较好的疗效。通过临床观察，我率先提出该病以"肺脾肾虚为本，湿热痰瘀为标；病性本虚标实，虚实夹杂"的观点，归纳了急性期与缓解期虚实6个证型，制定了相应的治疗方案与调护要点。

4年来我已接诊全国23个省市自治区近百名患者，要求鉴于绝大多数是省外患儿，不可能每次复诊都来成都，于是我特意购买了电脑，采取"网上诊病"的方法，让患儿在服药十天半月后，家长将患儿的病情与检查报告和舌苔照片以电子邮件形式发过来，我根据患儿病情、舌象和检查结果调整方药后发过去，为"肺含铁"患儿在网络上开辟了一条"绿色通道"。儿孙们都夸我老中医也与时俱进了。目前我正就"肺含铁"治疗中减停激素时机、方证效应、控制复发、预防肺纤维化等问题进行更深入的临床研究。

回顾我的中医之路，从事中医让我感觉到充实和自豪，庆幸我当初的选择是正确的。老骥伏枥，志在千里，虽然我年过古稀，但我还想在有生之年，继续为中医事业做出更多的贡献！

熊继柏

熊继柏（1942— ），男，湖南省石门县人，中共党员。第三届"国医大师"。湖南中医药大学教授，主任医师，广州中医药大学评予博士研究生导师。湖南省第一届名中医，湖南中医药大学第一附属医院特聘学术顾问、终身教授，湖南省保健委员会医疗会诊核心专家。第四、五、六批全国老中医药专家学术经验继承工作指导老师，国家名医工作室导师。中华中医药学会内经学分会顾问，世界中医药学会联合会青年中医培养工作委员会顾问，世界中医药学会联合会慢病管理专业委员会顾问，世界中医药学会联合会古代经典名方临床研究专业委员会第一届理事会名誉会长，香港浸会大学荣誉教授。

应《名老中医之路续编》主编相邀，谈谈我的医学成长之路。

1942 年，我出生于湖南省石门县的山区农村。过来人都知道，当时之中国处在风雨飘摇之际，困苦和艰难是千万中国家庭的共同写照，而我的学医之路也正是在此背景下开始的。幸运的是，党和国家多年来百折不挠、砥砺前行，我们中医人迎来了事业发展的大好时期，等到了一展抱负的美好时代。然而，现在越幸福，越是需要我们不能忘记过去的艰辛，不能忘记学医救人的初心，更要时刻记得肩负起中医学事业发展之重任，因为还有太多的疾苦需要我们救治，因为这时代和际遇来之不易！

一、克服艰难

说实在话，最初学医并没有什么宏大志向，其实是无奈之举，也算是机缘巧合步入医门。自儿时起，我是由祖父母带在身边抚养长大的，虽没有特别深厚的家学熏陶，但我却自幼酷爱读书。在高小学习期间，我的年龄一直是全年级最小的，但是成绩总是排名第一，原本凭此优异成绩完全可以保送至中学，但是家境极端的困苦，致使我高小毕业后就被迫辍学了。

书读不成了，生活还得维系。因为家里一直鼓励和支持我读书，而我身单体弱、手足力薄，劳力之事几乎不行。每次上山砍柴，砍一捆不多的柴火，身上却被树丛中的杂木荆棘划出了几十道创口，让心疼我的祖母潸然泪下，祖父也觉得这样下去不是办法，还得想方设法让我读书学习。祖父熊玉田公在家乡是一位很有名气的外伤科医生，故而想让我传承家学、修习医术，于是找来一本《脉诀》让我学习。说是学习，实际上就是死记硬背，凭着我在读书上的一点天赋，背书并不困难，难的是天性好奇的我拼命想弄懂书中文辞的意思。于是，祖父带我出门拜师，在我13岁的时候，遇到了人生中第一位真正意义上的中医老师——胡岱峰先生，常德地区名老中医，晚清秀才。拜师的时候，胡岱峰先生看我年幼，觉得学医尚早，便令我当场作文一篇，算是考试。于是，在祖父和胡老先生聊天之际，我便完成了一篇数百字的文章，内容已然记不清楚，但胡老先生审阅后称赞"文辞流畅，尤其是字迹清秀工整"，当场收我为徒。

要到胡岱峰先生处学医，距家有30多里山路，祖父母为我打点行囊，可是我贫苦的家里别无长物，一个大木箱、一支毛笔、一身单衣、一床棉絮、一袋红薯、一袋玉米面，便是我全部的学徒家当。此后，在长时间的学徒过程中，我无论冬夏身着单衣、夜裹棉絮、稻草垫身，白天往往赤脚行动，唯有夜晚沐浴休息时才舍得穿上鞋。吃饭就是切一个红薯，再抓一把玉米面搅拌起来煮一煮，作为每天仅有的一顿饭食，无糖、无油也无盐，配菜更无从谈起。在身体发育的高峰期间，我严重营养不良，经常饿得头晕眼花、五内如焚。相较于吃饭的困窘，学习也特别不方便，缺少照明的煤油灯，我就利用月光如饥似渴地阅读各类古典杂著。在这种艰难情况下，唯有以精神食粮慰藉我饥渴的身心，《西游记》《三国演义》《水浒传》《说岳全传》等一系列古典小说的阅读为我打下了坚实的古文功底，至今很多小说的诗词、情节我能准确背诵，也为我研读中医典籍提供了文化上的帮助。此外，学徒期间为了支撑学业，我14岁时开始打零工，一是在晚上到医院用手工刀切药，切一篮子药挣一角钱；二是每到中小学开学前给学校挑教材送书，一担挑50斤书，送30里山路，挣几角到一元钱不等；三是回到山区的家里砍一担柴挑到离家30里的镇上去卖，可以卖几角钱。这些钱几乎都用来买纸笔、书本。劳作繁重，祖母经常因为我手提肩扛留在身上的脱皮勒痕而伤心落泪，但我别无他法，只能全力以赴想办法活，想办法学。

这样的生活几乎贯穿了我整个青少年及至壮年时期。尤其是在国家三年困难时期，虽然我已正式成为一名医生，可以按月领取粮票。但因年幼体瘦，每月本应分配的 24 斤粮票被缩减为 18 斤。其间，我的祖父母也都已经饿得浮肿，我曾想把 12 斤粮票分给祖父母，遭到了祖父的严厉批评，他说"你吃饱了是要读书的，我们可以饿死，你不可以饿死"，我只好每周拿粮票换点红薯带回家维系祖父母的生命，偶尔还可以换点掺杂糠粉的面粉供给家人。至于自己，粮食不够只能到处找野菜充饥。如是艰难维持，得益于微薄的粮票，我们一家总算扛过了苦难而活了下来。

再后来，成家以后，祖父母年逾八旬，我又有了 3 个孩子，全家靠我每月 24 元到 30 元的工资生活，度过了很多难关，撑过了许多困苦。我的学医之路就是在这样无比艰辛的情况下坚持下来的。

二、勤奋读书

胡岱峰先生收我为徒后，我们在一起学习的共有 36 位学生，我在班上年龄排在倒数第二，但入学后的第一次考试又拿到了全班第一名。当时与我共同学习过的很多同学都知道，只要是考试，大家奋力争取第二名，第一名肯定是我的，在学习上我一贯是自信的。在跟随胡岱峰先生学习期间，我优良的记忆力和理解力也得到了老先生的瞩目和重视。

当时全班同学在一起读书，并没有条件买书来人手一本，于是胡岱峰先生要求抄一本、读一本、背一本。一开始读的书是《雷公炮炙四大药性赋》，先生规定一个月之内背完，结果我花了 4 个早晨就背完了。背完书，童心未泯的我跑出学堂到处玩。胡老先生发现学堂里学徒都在读书，独有我不见踪影，于是便派一名学生寻我回来，责问说："都在读书你怎么跑出去玩耍了？"我则直言："书已背完！"于是先生让我当众背诵，我一字不差背诵完毕，令先生大吃一惊。自此先生开始对我个别教导，不断给我开小灶、加新码，于是乎《医学三字经》《汤头歌诀》《药性歌括四百味》《时方妙用》《时方歌括》等中医基础著作不到一年时间就被我"消化吸收"。当同班学徒尚在中医基础著作里咬文嚼字时，先生把《伤寒论》原文三百九十七条交到我手上。背下《伤寒论》原文花了我几个月的时间，随后老师又要求我背诵《金匮要略》，彼时的我稚气未脱，尚有孩子气的不忿，觉得为何同班学徒只有我一人苦背这些理奥意深的医学古典，无奈老师严厉，唯有服从。殊不知，如此繁重课业实是胡岱峰先生的垂爱和倚重，老先生真是倾注了全部的心血对我培养和教诲。如是 3 年学徒，我在上述医学著述之外，还系统背诵了《医宗金鉴》的《伤寒心法要诀》《四诊心法要诀》《杂病心法要诀》《妇科心法要诀》《幼科杂病心法要诀》。大量抄、读乃至通背，再结合胡老先生的答疑、纠错，我练就了扎扎实实的中医童子功，这些中医基础的学习成为我医学生涯的根基和源泉。

学徒 3 年期满，1958 年，16 岁的我便开始独立行医。治病，仅有娴熟的基础理论知识是不行的，面对繁杂的病情，中医童子功却无处发力。这样的情况一直持续到 20 岁，缺乏临床经验和更加深厚中医理论知识的我虽能在临床中偶然得手，但并不能称为真正的"明医"。这时候，我又遇到了医学生涯中第二位老师——常德地区名老中医陈文和先生。他曾留学于日本东京大学，在石门县开馆行医。这一年，陈文和先生在石门县开办中医进修班，听到消息，临床中颇感吃力的我觉得机会难得，厚着脸皮向我所在医院领导请求考试进修，领导耐不住我的"纠缠"，只得放我参加考试，历来不怵考试的我果然又考得石门县第一名，顺利成为陈文和先生门下弟子。开学后再行入学考试，毫无例外我又拔得头筹。学习一周后，陈文和先生就格外注意到我，单独与我谈话，问我读过哪些医书，我一一详细汇报。先生在讶异于我中医童子功的同时，也一针见血地指出了我中医理论学习的短板与不足——尚未研习《内经》，更未涉猎《温病条辨》《温热经纬》等温病学诸家著作，由此我才恍悟中医学习是"天外有天"。此后，源于陈文和先生对我中医童子功的赏识，他亦如胡岱峰先生一般为我开小灶，指导我系统研习《内经》及温病学诸家经典。更难能可贵的是，陈文和先生单独给了我一本其亲自撰写的方剂书，涵盖方剂达 1000 余首，并嘱咐我抄写下来。遗憾的是，当时在进修班学习期间，我刚刚打开温病学的宝库，正如痴如醉地研习《温病条辨》《温热经纬》《温热论》等著作，同时开始涉猎《内经》，对于陈文和先生的方剂书，我只是利用晚上的时间诵记，背熟后并未抄写。数月后，送还方剂书，陈文和先生得知我没有抄写便委婉地提醒我"日后未必记得"，而我则自信满满而没有重视。时至今日，这本珍贵的方剂书我已经不能全本记诵了，深以为憾！至此，在扎实的中医基本功基础上，我对于四大经典的研习在两位老师的督促提携、严格要求教导下也基本完成了，在数年行医经验基础上加之名师点拨，我的临床水平得到了长足进步，临床治愈率大大提升。

听过我讲课的学生应该知道，我对中医四大经典以及临床诸家典籍的掌握是比较熟悉的，很多人好奇我到底读了多少书。这样的医学素养得益于我两位老师的教授，更重要的是他们让我明白了不断学习、不断读书是学医的必由之路。通观我的学医阶段，我所熟读的书籍主要分为三个部分：第一部分是中医基础类的古代原著，如《雷公炮制药性赋》《药性歌括四百味》《汤头歌诀》《脉诀》《频湖脉学》《医学三字经》《时方妙用》《时方歌括》《医学心悟》《医宗金鉴》《伤寒心法要诀》《四诊心法要诀》《杂病心法要诀》《妇科心法要诀》《幼科杂病心法要诀》《傅青主女科》《医林改错》等。第二部分是中医经典：《内经》《伤寒论》《金匮要略》《难经》《温病条辨》《温热论》。第三部分是全国高校中医二版教材：《中药学》《中医诊断学讲义》《中医方剂学讲义》《中医内科学讲义》《中医妇科学讲义》《中医儿科学讲义》《温病学讲义》《伤寒论讲义》《金匮要略讲义》《内经讲义》。总体来说，我所攻读的中医经典，主要集中于古籍，而我攻读医书注重做到三点：一是读懂，力求达到能辨释文理、明晰医理的地步。二是读熟，在反复研读中抓住重点、熟记背诵。三是融会贯通，在把握理论的基础上反复临证应用，使理论和实践互参互证，最终贯通诸家学说。这些即是我攻读医书的要求和标准，也是攻读医书的质量保证。在我看来，只有达到第三步程度，才能够真正做到由博返约、深入浅出并最终厚积薄发。此外，还要注重在实践中学习。我当中医学徒时，边读医书、边学药，在药房学习切药、碾药、炒药、捡药及各种炮制，除了水丸的制作以外，几乎掌握了全套的制药功夫，深化了对书本上药物知识的认识，到了独立当医生时，边看病边读书，带着问题学，钻研的动力十足，效果甚佳。时至今日，我依然坚持着勤奋读书的习惯，仍然在不断地学习，记忆力尚佳，理解力亦强，记忆力和理解力就是在不断读书学习中得到强化锻炼的。

三、刻苦实践

在进一步加强学习之后，我在临床上大有长进。1964 年夏天，石门县乙脑流行，一次接诊一位乙脑病人，高热昏迷、抽搐不止、危在旦夕，经我辨治处方后竟获痊愈。借此病例，我在当地医名大振，远近乡镇受乙脑侵害的危重患者接踵而至，我以温病学理论为指导在临床上屡获奇效，声名远播至周边县域，自此开始每日接诊病患百人左右，这一情形竟持续至今。

在农村行医的 22 年，我的足迹踏遍石门县、慈利县、澧县的数百个乡村，跋山涉水，日以继夜，拯危救难，见过许多疑难杂病，治过许多危急重症，其中很多病案之难、险、奇、急，至今回忆起来都有着特别的启示意义和研究价值。

1967 年春季（3~4 月）诊治流脑案。病人周某，男，17 岁，在当地医院被确诊为流脑。患者突发高热、剧烈头痛、喷射状呕吐、抽搐，几天后昏迷，身发红斑，像开水烫的红疱，口中频频发出乌鸦一样的"呵、呵"叫声。医院下了病危通知，请家属将病人抬回家。刚走出院门，遇当地村民，建议到我处诊治。诊见患者高热（41℃）、昏迷、手足抽搐不止、角弓反张、双目上翻、口张不合，遍身有多处斑疹，舌黑而干燥，脉数而疾，便处以清瘟败毒饮，用的大剂量，以两张报纸包药。因其距家太远，让家属把病人留在医院内，立即煎药服用。由于药量很大，煮药用的是农村煮红薯的大吊锅，生石膏用到半斤（250g），生地、玄参等均用至 1~2 两。处方：生石膏 250g，生地 60g，玄参 60g，栀子 30g，连翘 30g，黄连 30g，黄芩 30g，知母 30g，赤芍 20g，丹皮 20g，淡竹叶 15g，钩藤钩 30g，羚羊角片 30g，犀角片 15g（现用代用品，下同），甘草 10g。用水煎后置冷，半小时喝 1 碗，频频灌饮，直到天明。第二日上午患者抽搐止，下午热退，晚间苏醒。病人获救了。

此病例再次引起了当地的轰动，正值流脑流行期间，农民们把大量的流脑患者抬到了我的诊室，以致每天要诊治多个流脑病人。当时我只有 25 岁，至今已 50 多年了，而这个病人周某仍然健在，算来现在他已经约 70 岁了。几年前，病人的哥哥来看望我，进门便称谢，一再感谢当年救命之恩。

1969 年诊治大小便闭案。那年冬天，大雪，一位杨姓主任，当时 40 岁，在人民医院里住院 10 余日，大小便不通，昏迷不醒，医院通知病危，病人被抬回家去了。公社派人去找我，我跑了几十里山路，到了病人家，他们家有 3 个木匠在屋前的场子上锯木头，给病人制作棺材。我进去看那个病人极度消瘦，在医院住了 10 余天，7 天没解大小便，昏迷了 4 天 4 夜，腹胀如鼓，双下肢浮肿。医院诊断是"急性尿毒症"。住院期间导尿，尿量很少。查看患者脉象数大，舌苔黄腻，从舌、脉辨证是个实证，还有办法抢救。病人的 2 个弟弟都坐在病床旁边，有个木匠也在听我的诊断结论，那个木匠居然说："病人这个样子了，还有办法吗？我看他绝对要死，不然咱打赌。"我说："怎么赌法？你赌输了是不是不做木匠了？"后来这个木匠的小孩跟我学医，现在还喊我师傅。这位病人怎么治疗？用什么方子呢？用治湿热癃闭的正方，方名滋肾通关丸。滋肾通关丸是李东垣的方，它的特点在用量上，黄柏、知母是肉桂的 10 倍。重点是清湿热，我记得当时用了黄柏、知母各 30g，那肉桂只用 3g。我想这不够，还加一个方，加什么方呢？加了个刘河间的倒换散，这个倒换散也是两味药，一味大黄，一味荆芥。表面上看大黄是通大便，荆芥是解表的，而实际上此方是治癃闭的。就用滋肾通关丸配倒换散，我还加了一味药，加味什么呢？加了麝香，用它通窍、醒神。把处方开好，并交代频煎频灌服。我说明天病人如果好些了你们就去找我，如果病人没反应就别找我了。第二天中午，他的弟弟找我去了，他一去我就明白了。我问："什么情况？"他说："解尿了。"我问："什么时候解尿的？"他说："天亮的时候解尿的，解尿之后，大便随后就通了，大小便一通，肚子胀一消，人就清醒过来了。"我说："快去看病人。"那天下大雪，我从雪地里跟那老弟走两步滑一截，走两步滑一截，从大山坡的雪地里，连滚带滑地到了病人家里。病人已经坐起来了，危险脱离了。3 个木匠还在做棺材，我说："你把这棺材卖了，他只有 40 岁。"40 多年过去了，如果这个病人还在的话，也是 80 多岁的人了。

1970 年治疗的急暴吐泻案。盛某，男，27 岁，是石门县的一个农民，在暑天"双抢"（抢收早稻，抢插晚稻）季节，因为天热，遂至田旁水沟喝了两碗生水。一会儿即感腹痛，随后上吐下泻不止，旋即昏倒田间。村民们遂将其抬至家中，当地医生急予之藿香正气水和十滴水内服，但患者仍呕吐，且呕吐如喷，泻水如注，伴腹中痛。立即请人民医院医生来看病，给予西药治疗。但进药、进水则呕，大便泄泻无休止，药水下咽即吐，不能吃药，只有输液。但当时山区农民家输液没有条件，遂建议送人民医院抢救。当时农村只有山路，没有公路，只能用担架抬。可患者频频呕吐，频频泄泻，并且口张气短，声低息微，大汗淋漓，神志昏沉，于是村干部急忙把我找去。病人吐泻不已，呈现两目深陷、面部肌肉凹陷、腹部凹陷（三陷征），面色晦暗，口唇淡紫，精神极差，神志昏沉，全身冷汗淋漓，四肢厥冷，脉微细无力。西医诊断应为："急性胃肠炎，低血容量性休克。"病人病情十分危重，按道理，应立即送医院紧急抢救。

但离医院有十几里山路，送医院已然来不及，怎么抢救呢？中医诊断吐泻暴脱，是脱证，故首先应该固脱。但当时病人呕吐不止，水难下咽，服药更不用说，故救脱须先止呕。第一个方，两味药，乌梅30g加干姜15g煎水，我亲自给病人喂药，一次只饮一口。喝第一口呕，过几分钟，喝第二口。再呕，再过几分钟，喝第三口。大概喝三四口药后，药能下咽了，约半小时后呕吐基本缓解，呕吐缓解了，下一步就要固脱了。所以第二个方，用大剂量的附子理中汤加龙骨、牡蛎。服药两三小时后，呕吐停止，腹泻缓解，手足转温，冷汗收敛。原方再进，一天一夜服2剂。再观患者舌淡苔少脉细，故第三方进附子理中汤合生脉散益气生津固脱。病人第3天起床了，1周后完全好了。

1971年诊治子痫痉厥案。杨家岗女子杜某，女，20岁，农民。当时响应毛主席"6·26"指示，农村基层医院的医生们每天走家串户出诊，一天，我走到一个杨家大院，一位姓伍的支部书记在路上拦着我，他说："我们这里死了一个人，你帮我看看。"我便跟他开玩笑说："我是治活人的，人死了找我干什么。"他说："这个人死了，还没冷。"我说："什么时候死的？"他说："天亮的时候死的。"太阳快当午了，我继续跟他开玩笑："现在还没冷，等下就冷了。"但我虽口里这么说着，却跟着他走进病家。当地人民医院已经来过2个医生看了，认为患者确实死了。病人躺在草席上，周围的亲属妇女们大哭，男人们在准备棺材。我去摸患者的脉搏，没摸到脉，她两手握固，四肢僵直，手指很硬，掰不动，我就试着把病人的手往上扳一下，而整个人都动了。腿也是硬的，我把病人的腿一扳，整个人也动了，臀部也跟着上来了。脖子也是硬的，我一扳她脑袋，脖子也上来了，用手能从脖子下面伸过去，这不就是角弓反张吗。四肢僵直，角弓反张，两手握固，口噤不开，喉中没有痰响，双目紧闭，整个人除了体温正常以外，跟死人一模一样。我当时思忖，按照常规，人死之后，应该是先冷而后僵，这是一个常识。而这个病人，四肢僵直，状若死尸，但是体温正常，这不是有疑问吗。我再次诊脉还是没摸到脉搏，于是我让人拿来一面小镜子，用湿毛巾擦干净，放在病人的口鼻上，30秒后拿开一看，整个镜面热雾腾腾。病人没死！我立刻要那些正在啼哭的女人们停止哭声，并立即把病人抬至床上，让支部书记派人去烧竹沥、捣姜汁，然后取出随身携带的银针，用开水一煮，用白酒消毒，给她针刺合谷。随后用筷子把病人牙齿撬开，灌竹沥汁和生姜汁，灌了大概20分钟，患者喉中痰响，最后一声哼响，患者就苏醒了。患者醒后我仔细追问病史，方知患者已停经4个月，断断续续出现四肢抽搐1个月，前一晚整夜持续抽搐，到天亮以为惊风死了。这是一个典型的子痫症，子痫昏厥。我察看患者舌红无苔，辨证为阴虚风动证，处方用大定风珠。我在她家里守了整整半天，把这药灌了进去，子痫症的病人不仅救活了，胎儿也保下来了，不能不说是一个奇迹。

诸如此类危急重症，我不仅为患者处方用药，甚至为避免其亲属处置不当，常亲力亲为熬药饲喂，甚至通宵达旦抢救护理，是既当医生又当护士。

1967年，身心疲惫的我病倒了。我不能吃饭，不能睡觉，肚腹鼓胀，形体羸瘦，全身皮肤发黑，四肢骨瘦如柴，胁肋疼痛不止，当地人民医院老院长（一位老红军）和我是朋友，他邀请几个医生给我会诊，怀疑是肝癌，请人把我抬回山区老家。30多里山路崎岖颠簸，回家我便昏迷不醒，第7天苏醒后，祖母正守在床头啜泣流泪，祖父在外面找亲戚讨木料为我准备棺材。我安慰他们后便自开处方——血府逐瘀汤加鳖甲，并派我弟弟到医院取药。弟弟头次去取药却被医院里与我交好的老药工劝了回来，因为对方被我方子里大量的活血化瘀药吓到，以为我破罐破摔要自弃性命，我给药房老先生专门写信解释清楚后才把药取来煎服。在身体尚未痊愈时，依然有很多病人到家里找我看病，我只能躺在床上给病人诊脉、望舌、问诊、写处方。我服药数日后，大便开始下黑色血，肚腹胀痛减轻，可以起床了，我便拿一根棍子做手杖，走出去给病人看病。但此时的我依然时有吐血，排黑色血便，一次大白天走在路上，我竟突然昏倒在田埂上，所幸被附近农民救起。自此我决意收徒授学，希望在体力不支时能有人在身旁扶持协助，刚开始带了一个比我小9岁的徒弟，随后又先后带了5个徒弟，他们日以继夜地随我出诊。吐血的时候，我就吞下一个生鸡蛋临时止血，坚持日行几十里山路，看上百号病人，每到一处农家坐下，旁边就围拥起十几个或几十个病人看病，我拄了整整3年棍子，走遍千家万户。1974年，家乡麻疹大流行，其中几个村的疫情尤为严重，村中小学因师生皆相染疫而紧急关闭，7天内死了8个孩子，区政府火速把我调到该地抢救麻疹患者。当我赶到时，当地麻疹并发白喉、并发痢疾、并发牙疳、并发肺炎者甚多，形势十分危急。2个多月中，我几乎不眠不休、通宵达旦地救治病患，值得欣慰的是，自我到重疫区施救后，所诊治过的数千个病人中再没有因麻疹而死亡的。凭着"付全力救治危难、倾全心急病人之所急"的医疗作风，我也受到家乡淳朴百姓们热情的爱戴，大家都亲切地叫我"熊神医"。老百姓对我的信任和感激给了我极大的鼓励。

在农村行医，虽然条件艰苦，但我也从未凭借医术之长而收受任何病家的礼物，这是我养成的规矩和习惯，是身为医者不存私心的原则和底线。那个年代，医院规定每看一个病人，只开一张处方，每一张处方收出诊费1角钱，我在病家诊治疾患后往往受邀用餐，吃完饭我会给粮票和钱，但病家往往因感恩而拒绝，我也就拒收出诊费，回医院结账时我自己付账。病人痊愈后为了感谢我，经常有人送米、送肉，我一律坚决退回。比如，有一个离家30多里山路大同山林场的病人傅某，患20余年的脐腹痛，被我治好后，她爱人在春节时给我送一块4斤左右的腊猪肉，我在第3天又跑30里山路给他送了回去；一位伍姓病人病愈之后，给我做了一双棉鞋，我则当即给她2元钱。"投之以木桃，报之以琼瑶"，我一向秉承着知恩图报的信念用医术服务百姓，全心全意治病、救人性命就是我当时唯一的念头。

1978年，全国举行中医选拔考试，拟遴选优秀中医人才到国家单位，以促进国家中医教育、科研、医疗事业的发展。1979年选拔考试正式开始，消息下达后我并不知晓。石门县当时有一位名老中医，时任石门县人民医院副院长，曾任石门县中医院院长，对我比较了解。这位老先生竟然跑到卫生局替我报名考试，还替我缴了1元钱的报名费，之后令人寻我过去。老先生告知替我报名考试的事情，我懵懂无措，老先生进一步说通过考试可以调到国家单位工作，而当时的我并没有意识到这一件事的意义，老先生继续劝导我一定要参加考试，在老先生的反复动员下，我同意参加考试。虽然因为对考试内容的不了解和每天极其繁忙的诊务，我并未认真备考，但凭借多年来扎实的医学理论功底和丰厚的临床治病经验，我考得了石门县第一名，整个石门县138名考生只有6名脱颖而出，我也被临时指定为石门县6名考生的组长，随后到常德参加省级选拔考试。省级考试是在考场6个小时内徒手写一篇3000字的论文，据说因为我在文章中引经据典颇多，致使阅卷老先生们不得不在评阅时查对文献，因此取得最好成绩，此后我受到省里多位中医专家、领导的格外重视，并直接把我从石门县一个公社卫生院调入省中医最高学府——湖南中医学院（现湖南中医药大学）任教。从农村卫生院医生到大学讲堂，可以说是连跳五级，虽说整个过程我基本是被动的，但我至今感谢那位老先生对我的知遇之恩。

　　从农村走到城市，我多了一个教师的身份，但不变的依然是中医身份。进入大学以后，我先后治好了校党委副书记下肢瘫痪和组织人事部副部长 30 年的结肠炎，医名慢慢在学校里传开。随后，我治好了一大批教职工及其家属的疾病，进而又给当时长沙几家老干部所的老红军、老首长治病，名声更旺！于是，我上课的教室外经常有人等我下课看病，每天都有几辆汽车开进校门找我看病。此时，虽然我的专职变成了教师，可我兼职医生的工作量却不亚于专职医生，夜半被叫起急诊的事情时有发生。2003 年从教学岗位正式退休之后，我又恢复了超负荷全职医生的身份。这些年来，每周上 4 次门诊，每次限号 100，一般要看 100 号以上，据不完全统计，我当了整整 60 年医生，诊治来自全国各地病人不下百万人次。

　　在城市做医生 38 年，与农村行医相比，农村就医的患者危急重症比较多，城市就医的患者是疑难怪病较多。因为诊治了很多疑难怪病，我又被百姓称为"疑难病专家"。许多特殊病例被我跟诊的学生们详细记录了下来，我对这些病例的辨证论治，特别能够体现中医的临床优势和思维模式。

　　如 1998 年冬天，诊治持续高热并发黄疸、斑疹的病危案。孟某，女，20 多岁，高校教师。病人开始是感冒发热进的医院，进医院以后身上就发黄，继而发斑疹，于是把她转进血液科病房治疗。只有几天，高热 40℃，持续不退，而且黄疸越来越深，并且有鼻衄、发斑。医生们感觉到病情危重，立即组织全医院大会诊。只过几天，病人高热达到 41℃，医院组织第 2 次全院大会诊。再过几天，病人高热持续不退，仍然是 41℃，又组织第 3 次全院大会诊。从第 1 次大会诊开始就发病危通知，而后接连组织了 4 次大会诊，4 次大会诊以后，这个病人高热竟然达到 41.5℃，已达最高点。病人呈昏睡状态，身上的斑疹是散发的，鼻衄不是很严重，黄疸是越来越深。我受邀到医院后，这个病人的全部会诊资料、5 次大会诊的完整记录，全部复印给我看，资料袋就好像一个档案袋，好大一本。因为是全记录，每个参加会诊的教授原始发言全在上面。我只看病人的主要症状，就是高热从 40℃一直到 41.5℃，斑疹持续不退，鼻衄不止，黄疸越来越加深。但是病人始终不昏迷，只是高热很严重的时候她就开始昏睡。每天的上午发热基本是 39℃以上、40℃以下，下午就是高热 40℃以上，最高达到 41.5℃，所以这个病人的病情是非常非常危险的。医院 5 次会诊的最终结论是：噬血细胞综合征。这个病名我没听说过的。湘雅医院的医生们讲，对这种病证，西医学认为是没有办法了，找个中医，要给想想办法，安慰安慰，就这样把我找去了。我一看病人，就是三大主症：第一，高热灼手，我摸脉的时候发现病人的皮肤灼热发烫。第二，深度黄疸。第三，鼻衄加斑疹。其舌色深红少苔，称为绛红色，舌上有薄黄苔，脉数而疾，一息七至，这个情况，真是危险到极点。当时病人的家属在旁边一定要听我看了以后的结论。我说："中医讲热伤营血，热毒深入营血。"当然，他们听不懂。随后我便开了一个方，就是犀角地黄汤再合茵陈蒿汤原方。犀角地黄汤是4味药，茵陈蒿汤是3味药，这个处方本只有7味药，加了一味白茅根，治鼻子出血。处方共计8味药，即生地50g，白芍15g，丹皮15g，茵陈30g，栀子15g，大黄3g，白茅根15g。另包犀角20g（现用代用品）。嘱每日服1剂，共7剂。第5天，病人家属到我家报喜说病人退热了。"什么时候退热的？""昨天下午就没发热了，一个晚上都没发热，只有低热，最高也就38℃。"病人家属又说："直到今天的中午还没发热，他今天下午还发热不发热就不知道了。"我说："你下午再给我打个电话。"天黑的时候，电话来了，"病人不发热了，体温直线下降到37.5℃了"。头一天晚上还是38℃，第二天晚上就是37.5℃，也就是第6天，第7剂药吃完，就不发热了。不发热了以后我就要改处方了，可是改处方后只有3天，病人又发热了，当时我就急了。第2个处方才服3天，停止发热大概不到7天，怎么又发热了呢？我急急忙忙赶赴病房，一看，病人身上起鸡皮疙瘩，又发热又畏寒，身上盖了一床毛巾被。我说："你头疼不？"病人说："头疼。"我问："哪个地方疼呀？"病人说："前额和头两侧都疼。"我明白了，我说："你是不是在病房外面走了。"病人说："我是在外面走了几步的。"哦，她这个病治疗30多天了，高热已有30多天，她在医院病床上躺的时间是30多天啊，一直持续高热。现在刚一退热，她就往外面走，她的房子里面开着热空调，而当时正值冬天，外面吹冷风，而患过30多天高热的病人，虚弱到何等程度，此时被风一吹，必然伤风发热畏寒了，她说她没感冒，实际上是感冒了。我便放下心来宽慰说："两剂药就可以给你把烧退下来。"病人家属也吓得要死，听我这么一讲才安心。这是感冒，一个小柴胡汤合银翘散，两剂药就把发热头痛解决了。此后，病人再也没发热了，是农历腊月初五首诊，就到了农历腊月24日，病人高热退了，斑疹消了，鼻衄止了，黄疸消退大半。病人精神尚差，但每天都可以到院子里散步。临近春节，她想回家过年，家属也要求她回家过年，于是就跟病房主任请求出院。可病房主任给她一个答复，"不行！"病房主任对她的父母亲说："她这个病啊，是不治之症，虽然看似好一点，但随时都有生命危险呀！你不要看她好了，这个病在我们这里见过几例了，病人百分之百的死亡，没有一个活下来的。它属于白血病里面的一种，并且是很危重的一种病。病人不能回去，你回去了我们负不了责任，你还是在这儿住吧。"于是病人的父母亲转来问我："我们想让病人回家过年可不可以啊？"我说："可以啊。"他说："医院主任说不行呢。"我说："为什么不可以呀？"他说："可能还会死。"我就开玩笑说："死肯定是要死的，那要等几十年以后。"病家听我开玩笑，就大胆地把病人接回家中过春节去了，再也没进病房了。当然，这个病人后面还吃了几个月的药，才被彻底治好了。这个病人患病的时候，她的孩子只有 1 岁，现在这个小孩已经进大学了，已经 10 多年了，病人早已痊愈了，堪称中医奇迹。

2003 年农历腊月初八，诊治脑外伤昏迷案。邓某，男，24 岁，国家水电局职工。这个病人是由水电局医院院长找我去看的，院长介绍说："病人是水电局的一个职工，在湖南的桃源县修电站，在三楼架上，一个钢筋打下来，把他从三楼打到地下，脑壳的骨头就砸掉了一块，喉咙有一个小钢丝从前面穿到后面，肋骨断了几根，手和腿都摔断成了几截。湘雅的教授把人救活了，但是病人完全昏迷，至今已有 1 年零 3 个月。"这是典型的一个植物人，毫无知觉。打开牙关一看舌头，舌上是紫色，舌苔白腻，脉细。我问病人的喉咙有没有痰响？答："有，经常要用吸痰器给吸痰。"好在一点，病人不惊风，手和腿都是僵硬绷直的。我说："只能开个处方试试看，你们自己想办法灌药。"我开了一个通窍活血汤合涤痰汤，大便不通，我加了一味大黄，人参改成丹参。通窍活血汤里有麝香，由他们自己去找，反正每天冲服 0.3g。我说 1 个月后如果有起色就来找我，如果没起色就别来找我了，我只能尽到我的能力而已了。过去了一两个月都没有病人的消息，我以为是中药没有起作用。第二年的农历腊月间，医院院长突然打来一通电话说："你给我看的一个病人你还记不记得？"我说："记得，邓某，他怎么样了啊？"院长说："一直在坚持吃中药，天天就这么灌啊喂啊，一天一剂，这么灌了 1 年。"我问病人现在情况怎样。院长说："你来看就知道了。"我到了水电局医院，院长说熊教授来了，那医院病房的人全部都出来了，都要来看下熊教授是个什么样子。主任和院长带我进去，见邓某坐在沙发上，对着我傻笑，讲不得话，因为那个小钢筋穿透喉咙的洞还没补好。他右手不能动，左手拿着铅笔，写了"熊教授，你好"，他还努力站起来把左腿抬给我看。我说好啊，再换个处方，变化是把原方中的大黄撤下来了。现在这个病人虽然不能工作了，一条腿还不能动，说话也不那么清楚，但是能坐在轮椅上成天在局家属区内玩，由"植物人"变成了个"自由人"。

2006年诊治忍尿则手掌心胀痛案。郑某，长沙人，60岁左右，因手掌心胀痛1个月余来看病。她偶然发现在解小便后掌心胀痛可以缓解，过一会儿，手掌心又胀痛了，而小便一解又不痛了。消炎止痛的药都吃了，没有效果。于是她到医院检查，化验小便，进行膀胱B超、镜检，对手掌还拍了片，都没问题。西医诊断为"神经症""神经官能症"，建议她看心理医生，她不认同，竟和医生吵了一架。由于手掌心胀痛可因解小便而缓解，所以，她又出现了另一个症状，那就是频频小便。我看她的手掌不红不肿，完全正常，她的小腹部也不痛不胀，小便不黄不热，没有尿急、尿痛。那为什么手掌心胀痛与解小便有直接关系呢？我分析：手掌是神门、劳宫穴处，为手少阴心经、手厥阴心包经所达之处，而小便乃膀胱与肾所主。肾者，水脏也，心者，火脏也，水气凌心火之脏，影响心的经脉，于是手掌心胀痛。《灵枢·经脉》云："心手少阴之脉……所生病者……掌中热痛。"如此，则可以诊断为"水气凌心经"证。这个病名是《中医内科学》书上没有的，这其实是它的病机。用什么方呢？化气利水的方很多，但哪一个能通心经呢？最合适莫过于五苓散。五苓散有桂枝可通心阳，但还是没有药能直达心经去止痛，于是我加了大剂量的丹参，记得丹参是用了50g，10剂药就把这个病给治好了。

1999年诊治一身黑汗案。刘某，30多岁，医科大学教师。出黑色汗2个月，开始她自己不知道，只发现内衣上有黑色如墨汁，她不明白这黑色从何而来，后来每次换衣服都是如此，才意识到自己出黑汗了，于是就找医院的医生看病，后来又到北京协和医院看病，前后2个多月，结论都是内分泌失调。但不管用什么药，黑汗还是照流不止。医院有几位教授向她推荐我。她自述流黑汗，但汗并不多，只在内衣上显现，而且晚上不盗汗，除此之外没有其他自觉症状。于是我看舌脉，舌红苔薄少，脉细略数，这是阴虚之征。我问她是不是有口干，她说："是的，尤其是晚上口干明显。"我又问她："手足心热不热？"她说："有一点。"这个病人的兼证就是夜卧口干，手足心微热，也是阴虚的表现。哪里的阴虚呢？肯定是肾阴虚。因为黑色属肾，《素问·阴阳应象大论》云："在天为寒，在地为水……在脏为肾，在色为黑。"《素问·风论》又云："肾风之状，多汗恶风……其色焰。"选方是知柏地黄汤，并加龙骨、牡蛎，以加强止汗的作用。一共开了15剂药，因为阴虚不是一下子就能解决的。半个月后她来了，高兴得不得了，说黑汗没有了，但是她从来没有吃过中药，不晓得中药有这么苦。我心想，里面有黄柏，焉得不苦啊！她跟我商量，既然好了，就不吃药了行不行？我说，那就不吃了吧！她高高兴兴回去了，然后在她们学校大肆宣传，说是熊老师治好了她的怪病。大家很好奇，就研究我的处方，最终他们得出一个结论，说我这个方子真正起作用的药就两味：龙骨、牡蛎。他们翻书查了每味药的功效，只有这两味药有涩汗作用。因此，他们认为，中医开处方用的某些药是虚晃一枪，真正起作用的是少数药。他们不知道组方配伍的道理，这就是西医和中医不同的地方。过了20天左右，这个病人又开始流黑汗了。于是她找她的同事开药，因为我的处方放在他们手上研究过。他们认为，我的处方只有2味药起作用，于是就开了龙骨、牡蛎各30g，还加了黄芪50g，吃了半个月，没效果，黑汗越流越多。她只好又到我这里来了，把这个故事原原本本告诉了我，我听了觉得很好笑。我察看其舌与脉后，还是开的知柏地黄汤加龙骨牡蛎，嘱再吃半个月，病又好了。病人再来问我还要不要吃药，我说："吸取上次的教训，再吃10剂巩固一下。"这个病人的黑汗就此彻底好了。

由这些病例可见，在城市诊病的辛苦已然与农村有了本质的不同，诸多疑难怪病需要我在临床中大动脑筋想方设法救治，十分耗伤心神。在我的门诊部，有救护车送来的，有用担架抬来的，有用轮椅推来的，有病危转诊的，有插着呼吸机的，有挂着氧气筒、挂着盐水瓶送来的病人。凭着纯粹的中医思维和不辞辛苦、不畏疑难的医学精神，我把方尺空间的中医门诊忙成了不亚于西医急诊的救命之所。

中医不仅能普惠中国的老百姓，而且还能在国际舞台上展身手。2006年，我奉命赴阿尔及利亚为总统布特弗里卡先生治病。询及总统先生的病况，原来是在半年前因为胃穿孔出血，到法国的医院进行了胃部手术，现胃出血已止，但胃中胀满嘈杂，时而胃痛，由于胃胀难受，他竟用一条松紧束腰带把胃部紧紧束住，坚持上班工作。此外，尚伴夜寐不安、精神疲乏、食纳较差等症。视其舌苔薄白，脉象弦细。诊视之后，翻译在旁问我："有人说总统患的是胃癌，到底是不是？"我说："从总统所具的症状表现及脉象分析，应当不是胃癌，而是胃溃疡手术后的一些胃部症状，西医病名应该称胃炎。"翻译遂将我的话转译给总统，总统高兴地点头称是。回到住所之后，我认真地书写了诊断分析书及详细的选方用药方案。1个月后，总统打电话到北京，谓服药后诸症明显减轻，精神随之转佳，要求再给中药。于是再以原方加减，改变剂型，做成粉剂装入胶囊吞服。数月之后，总统先生病愈，并亲赴北京参加了当年我国举行的非洲国家总统会议。

回顾为外国元首治病的过程，病非疑难杂症，在我看来其意义更重于内容。主要意义有三：一是体现了这位总统对于我们国家和作为国家委派的我有着充分的信任，这信任源于其与我国深厚的友谊，也成为我能放手施术的重要前提。二是中医看病是不能有杂念的，如果我畏惧于身份的悬殊、责任的重大而畏手畏脚，最终治疗的结果恐怕就不是增光而是"出洋相"。三是中医的生命力在于临床，这是我多年来一直坚持倡导的理念，没有农村22年的医疗实践，没有城市38年的医疗实践，我是不可能在临床中得心应手的，唯有刻苦实践、倾心临床，才能真正把理论知识淬炼为扎实可靠的临床技术，也才能够抓住这样的机遇让我中医绝学扬威国际，一展荣光。

回顾总结我60年来临床治病之特点，不外三条：第一，望、闻、问、切四诊诊察的功夫全面、熟练而敏锐。第二，特别注重辨证分析，并善于运用中医经典理论进行辨证，任何病证，都一定要辨清其病变性质、病变部位。第三，一贯注重因证选方，务必做到方证相符，从不开无汤头的处方，从经典方到古代各家处方，从内科方到妇科方、儿科方、外科方，能够熟练运用的方剂约1000首。总体来说，遵循中医的传统法则，认真辨证施治；遵循中医治病的步骤和要求，理、法、方、药俱备；坚守规矩，不乱章法，正是临床诊治疾病保证质量和疗效的关键所在。以理论知识为基础，用临床实践锤炼本领，是中医作为一门学科历久弥新、生机无限的不二法门，也是我们每一位中医人理应秉持的修行方式。

四、致力教育

从一位高小学历的农村基层医生，突然调入高等学府担任教师，面对这样的身份巨变，我最初肯定承受了不小的压力。当时，校领导把《内经》的教学重任交到我手里，并直言："《内经》教学缺少教师，所以才特地把你调上来。"

虽说我对中医经典比较熟，但从未做过教师，可以说毫无教学经验，突然让我讲授堪称中医经典之首的《内经》，确实挑战太大。但此时并不容许我推卸和选择，唯有以一贯攻坚克难的行事风格啃下《内经》教学这块硬骨头。到大学不久，借由一次书法诗词比赛，我作七言诗一首，名曰《书志》，来表达我致力中医教育的决心与志向，"终惭爝火照兰室，如坐春风仰岐黄；志在活人继绝学，夜阑犹自点青囊"。

1980 年，学校送我到陕西中医学院参加全国《内经》师资班学习一年，回校后，我一边备课讲课，一边不论资历听遍了几乎各科所有老师的讲课。同时，我还利用空余时间骑着自行车跑到湖南师范大学去听师范教授讲授的古文课。我是个敏于探究细节、善于抓关键点的人，在旁听学习的过程中，我发现师范大学老师讲课很有规矩、很有技巧，从教学内容、讲课逻辑、板书方式、讲话技巧，甚至板擦摆放位置、粉笔拿捏姿势等，皆是我反复思索揣度、模仿学习的内容。通过悉心研究教学，我逐步摸索出讲好中医经典课的门径，并在实践中不断完善教学技巧和讲课内容，于是形成了我 30 年来授课时特别注重的四个特点：一是注重知识性、逻辑性、趣味性。二是注重深入浅出、化繁为简。三是注重理论与实践紧密结合。四是注重讲透重点、讲清难点、剖析疑点。我讲课时，手中从不拿讲稿，但备课却十分精细，单是《内经》的讲稿，就写有 100 多本，对书中的重点、难点、疑点，不仅能记诵许多经文，并且对历代注家的许多注释也能记诵。我在教学技巧上的努力没有白费，结合自身比较深厚的中医理论功底和扎实的临床经验，最终营造出了甚佳的教学效果，在大学讲课第一学期，给被誉为最苛刻的西学中研究生班讲授《内经》，同时给 77 级毕业班全年级讲《内经》总复习课，两个班级学生投票，我以高票当选优秀教师。此后，我又 8 次被评为优秀教师、教学效果好的老师和学生最喜爱的老师。只要我在讲课，教室满座、门窗拥站，甚至过道走廊都挤满了旁听的学生。

在湖南中医药大学担任教学工作 30 年，我主讲了 5 门经典课、主干课，即内经、难经、金匮要略、温病条辨、中医内科学课程，为本科生、研究生授课超过 8000 学时。为了教学，我日以继夜地埋头学习，认真备课，汲取知识，钻研义理，真正通过教学相长提高了个人中医理论知识，也为弘扬中医学术奠定了坚实基础。

迄今为止，我在省内、国内进行大型学术讲座 200 余场，先后赴北京中医药大学、上海中医药大学、广州中医药大学、上海同济大学、广州暨南大学、浙江中医药大学、辽宁中医药大学、河南中医药大学、江西中医药大学、陕西中医药大学、云南中医药大学、福建中医药大学、贵阳中医学院、香港浸会大学、香港中文大学及各省市中医药学会或省级医院讲课，还6次受国家中医药管理局邀请为全国中医优秀人才班和全国妇幼保健院院长学习班讲学。在全国讲学的过程中，虽然讲授内容变化繁多，但我主旨明确地突出了几个核心学术思想，即："中医的生命力在于临床""学习中医经典，立足临床实践""中医看病三要素""中医诊治疑难病的思维方法""中医怎样诊治急症""治急症有胆有识，治久病有守有方"。就是这些我用心锤炼的讲学内容，在各地创造了学术讲座中的很多记录：如在湖南中医药大学进行讲座，必须发门票，否则容纳不下，2006年在大学东塘校区的讲座，2000多名学生闻风而来，学校礼堂实在没办法容纳，只得临时现场调换到大学体育馆讲座。在香港浸会大学讲座，有全港医生和在校师生听讲，现场答疑解惑，随问随答且皆引经据典，听讲师生在叹服之余送我绰号"问不倒"。在北京给全国中医优才班第二期学员讲课，从上午8：30讲到下午1：30，历时5个小时，学生仍不放我下课，提问的纸条如雪片般纷至沓来，并且大家高喊"我们宁可不吃饭，还要继续听"。2017年年底，在北京给全国中医优才班第四期学员讲课，讲课3.5小时，居然获得20多次掌声。我不是相声演员，更不是娱乐明星，学术讲座如此轰动，我想这与我的努力固然相关，但说到底还是中医这门学问魅力无穷、生机无限，而熊某人只不过是一位中医老骥而已。

一直以来，摆在全国中医教育者面前的有一道难题——传统中医师徒授受教育与中医高等教育的结合难题，说白了，就是中医理论与临床实践相结合的难题。高等教育毕业的学生实践能力较差；基层医生虽有实践经验，但因理论知识局限而致使医疗水平停滞。为了尝试解决这样的矛盾和难题，2014年，我在全国首创中医临证现场教学课，专项培训中医基层医生用理论和实践相结合的方式提升临床诊疗本领。具体方式是：由听课的医生们选送他们久治不效或诊断不明确的疑难病人，我在讲台上看病，数百名医生或高校教师在台下边看、边听、边记录，每一个病人从详细的望、闻、问、切到辨证分析、选方用药、剖析阐发，直到开完处方，抽丝剥茧、引经据典地进行分析，直观即时地展现诊、辨、析、治、法、方、药全过程，不掺水分地剖析每一个病例，呈现立体完整的中医思维模式。这一创举对提高医生们的中医诊疗水平极有帮助，深受广大医生欢迎。从 2014 年开始，至今已举办 44 期，每期约 4 个小时，平均每场就诊 12 人左右，累计已诊患者 500 余人次；学员由最开始参加学习的骨干医生 30～40 人发展至今，每次讲座现场听讲的人数已达 300 人以上，影响也由湖南省逐步辐射全国；所培训学员的范围也由最初的湖南本地扩大到江西、贵州、广东、河南、山东、福建、黑龙江、云南、青海、北京、湖北、河北、山西、安徽、浙江等十余地。新颖的中医临证现场教学，也得到了媒体的关注，分别在 2017 年被《中国中医药报》（3 月 22 日）和《健康报》（2 月 22 日）报道。这是我在教学模式上的一次大胆尝试与突破，特别希望这一模式能够惠及更多的中医传人，也希望以此方式树立更多人对中医临床优势的信心。

作为一名在教学的同时又坚持临床一线的中医工作者，我也借由门诊的便利带教学徒，通过口传心授的方式已培养临床学徒 100 余人，每一位学徒都跟我实实在在扎根门诊、旁录病案数年之久。平均一年下来，每个学生都能够记录 10000 余个临证实例。现在学徒中有 70 余名正高职称，20 余名副高职称，并已带出一批中医临床疗效较著的名医。

此外，为进一步加强中医学术的传承，多年来我亦笔耕不辍，常在教学与临证之余抓紧时间整理总结个人在临床、理论、科研、教学方面的经验与认识，目前已发表学术论文 100 余篇，并撰写出版著作 20 部，其中 10 部是独立著作。如此孜孜汲汲、不辞辛劳，无非是为了传道授业、致力真传，期冀可以为我们中医队伍医疗水平、理论水平的提升尽献一己绵薄之力！年至古稀之际，我又作诗《再书志》以表志向：

> 杏林丛中一老骥，
>
> 勤勉艰辛步古稀。
>
> 千里征程任重远，
>
> 励志期颐奉国医。

五、恪守正道

回望我的医学生涯，我用一生的时间努力践行着"工作第一，生命第二"的作风。艰苦奋斗，锲而不舍，学习与实践贯穿始终，努力做到知行合一。实践证明，勤奋读书、刻苦实践是中医成才的必由之路。实践证明，只要努力学习、全力工作，无私无畏为人民服务，必然会取得成绩，也必然会受到人民群众的爱戴。"勤奋苦学、攻坚克难、扎实工作、埋头苦干"，可以说是我从事中医工作的真实写照。时至今日，我仍不敢有丝毫怠惰，正所谓"人之所病病疾多，医之所病病道少"，人间疾苦那么多，我们医生怎敢松懈呢？又所谓"拯黎元于仁寿，济羸劣以获安者，非三圣道，则不能致之矣"，中医上承先贤之智、下负万民之命，传道之责、救命重任令我们不能松懈！作为中医，须知救死扶伤是医生的天职，济世活人是中医的优良传统；作为教师，须知教书育人是教师的天职，传道、授业、解惑是教师的职责本能。

我的一生只做两件事：倾力临床——治病救人；致力传承——教书育人。回顾我的成长之路完全是一条艰苦奋斗之路。

在我75周岁生日之际，随感写了一首打油诗《守道》三言志：

老朽年逾七十五，

耳聪目明不迂腐。

知行合一守正道，

大医精诚序真谱。

（孙相如整理）

谷越涛

谷越涛（1943—　），山东阳谷县人。1968 年毕业于山东中医药大学医疗系 6 年制本科。任山东省聊城市中医院主任医师、院长助理，聊城市中医学会理事长，兼任山东中医药大学教授，第三批全国老中医药专家学术经验继承工作指导老师，山东中医药学会理事、肾病委员会委员等职。被山东省卫生厅、人事厅于 1995 年确定为山东省名老中医药专家学术经验继承工作指导教师，于 2003 年被评为"山东省名中医药专家"。从事中医临床工作五十年，对《黄帝内经》《伤寒论》的理论和临床应用有较精深的研究，并旁及对中国传统文化的研究。临床擅长治疗肾病、糖尿病、消化系统疾病及内科疑难杂病。研制了中成药新品种"清中化湿丸"。主编《土单验方汇编》《糖尿病独特秘方绝招》，在国家和省级学术刊物上发表论文 40 余篇。《略谈黄帝内经的恒动观与辨证论治》获山东省第二届优秀学术成果三等奖；《禅——一种独特的非药物疗法》获聊城地区优秀学术成果一等奖。《山东中医杂志》1995 年第 12 期以"疑难杂病辨治名家——谷越涛"为题作了专篇报道。

步入中医之门

（一）学好文理，练好身体，打下学好中医的基础

我在兄弟姐妹六人中排行最小，因此在家受到了"特殊待遇"。为了培养我成才，在银行工作的大哥把我送到县城最好的小学读书，考中学时，又要我报考地区最好的中学，我不负众望，学习成绩一直领先。小学毕业的作文被老师推荐为备考的文章，让全班同学背诵。此后，我还在《中国少年报》《中国青年报》《大众日报》上发表过文章。20 世纪 50～60 年代，全国没有几份报纸，可

想而知一名中小学生能在这些报纸发表文章的难度和发表后在周围人群中的反响。尽管我文科学得不错，但那时流行的口号是"学会数理化，走遍天下都不怕"，所以哥哥们一再提醒我：不能偏科，一定要把数理化学好。

那时，毛主席提出的"身体好、学习好、工作好"和"健康第一"的号召，是学校教育和学生追求的目标。所以在学好功课的同时，我很注重体育锻炼。1959年，为迎接全国国防体育现场会在山东聊城召开，我先后被选拔为航海俱乐部和航空俱乐部学员，参加过摩托艇和滑翔机的飞行表演，后来在大学期间，又多次参加高校运动会长跑赛和篮球赛。这些都为我日后应付繁忙的诊务、刻苦钻研探究中医学术打下了良好的身体基础。

（二）兴趣是最好的老师

我的数理化成绩一直是优秀的，但到临毕业报考志愿前，由于当时形势的变化，在短短半个月的时间里，在志愿的选择上我却经历了一个大的波动。就在这个十字关头，我突然想到要学医，学中医还是学西医？西医靠仪器检查，离开仪器就有困难；而中医可以用仪器，也可不用，独立自主性强，而且中医与文科有密切联系，我在文科方面又有较好的基础，最适合了。一想到这里，我心里就有一种异样的兴奋和惊喜，好像埋在心底里自己最喜爱的东西一下子被发现了。就这样，我填报了第一志愿：山东中医学院。

接到录取通知书的第二天，我就到书店买来了秦伯未编写的《中医入门》，这是我第一次接触中医，接触我最喜爱的专业。从这一天起，尽管还没有开学，还没有踏进中医学院的门槛，我已经开始了中医的学习，因为我自视自己已经是中医了。就这样，开始了我一生的中医征程，没有停止过一天。我将竭尽毕生全力，向着我所喜爱的专业的顶峰攀登！

（三）珍惜时间，埋头苦学

1962年，国家刚刚度过了经济上最困难的时期，在全国贯彻执行"调整、巩固、充实、提高"的八字方针，大批工厂、学校下马，中医院校几经周折才勉强被保留下来，但招生数量锐减，整个山东中医学院只允许招收50名学生，录取分数之高在中华人民共和国成立后是空前的。因此，同学们都深知学习机会来之不易。尽管当时还未摆脱饥饿的威胁，但大家都刻苦学习，从学校领导到各科老师都赞扬 62 级学生的刻苦学习精神，各年级同学也都称赞佩服我们班的学习成绩。这一年，卫生部对中医院校又特别提出要"打好基本功"，强调中医经典著作的学习，强调对经典著作的背诵记忆。在这样的氛围里，我除了完成规定的学业外，还充分利用课余点滴时间扩充阅读范围。

但是，当时强调"政治挂帅"，如果你一心学习，成绩突出，就很容易被扣上"只专不红"的政治帽子而遭到批判。为了保护自己免被批判，我在课余时间及星期天尽量不在教室学习，而是约二三好友到附近山坡，或晚间在昏暗的路灯下，背诵中医经典。而在考试时，有时故意答错或漏答试题，以免分数过高引人注意。在今天的年轻人看来，这些事情简直是不可思议，但那时的政治形势确实如此。

（四）因祸得福，深研《伤寒论》

1963 年春，我因发高热被送往某省级医院急诊科观察，未查出明显病灶，输液后返回学校，夜间体温又升至 40 多度。同学请来给我们讲授《内经》的张珍玉教授，他观察腮黏膜后断定我患了"麻疹"，立即将我送往省中医院住院。住院治疗将近一个月时间，耽误了上课。这期间正赶上李克绍教授讲授《伤寒论》，当时，全社会都在开展"向雷锋同志学习"的活动，学校也不例外，同学之情加上雷锋精神的鼓舞，我的各科笔记都是同学们分工给抄的。出院后，我抓紧时间补习功课，唯独《伤寒论》光看笔记弄不明白，问周围同学、看参考书，疑点仍解不开。我只好在课前、课后请教李克绍老师，但李老师从不轻易告诉答案，他总要问你几个为什么，让你去思考，看你实在弄不明白了，才启发式地引导你一步一步找出答案，这往往弄得我面赤汗颜。但正因为这样，使我对《伤寒论》越来越感兴趣，对方证机理的认识越来越深入。毕业后留校任教期间，我在临床上每遇疑难问题、疑难病证，就随时请教李老师。在百思不得其解的疑似证面前，李老师只言片语的指点即可使我豁然开朗，那种触类旁通的体会和喜悦至今不忘。原来理论就是这样指导实践的！中医理论是把无形的钥匙，只要运用准确，什么疑难病证都能迎刃而解。

就这样，一个问道，一个授业、解惑，正是中医学术使我和李老师心心相通，每次见面三句话不离本行。我向他汇报经方运用的心得体会，他给我评判指点，我用事先准备好的小本子详细记录，回家后再进行整理。李老师对学生能成功运用他的学术思想于临床并取得立竿见影之效感到由衷的高兴，经常向其研究生讲起我以及我治疗的那些典型病例。《伤寒论》是学好中医的必读之书，体现了中医辨证论治的精髓。"好书不厌百回读，熟读深思子自知"，我对《伤寒论》用功最深，至今仍珍藏着当时的听课笔记，在此后长期的临床工作中，结合实践经验和学习体会，又不断加以充实，笔记内容也越来越丰富。

20世纪70年代中期，反映李克绍老师主要学术观点的代表作《伤寒解惑论》初稿完成后，李老师把它交给我，谦虚地说："你给我看看，有不对的地方，尽可能地修改。"这是老师对我的极大信任，是我进一步学习《伤寒论》、领悟老师学术观点的难得机会。我仔细地阅读，连一个标点符号也不例外。最后，应李老师的要求，在书中"古方今用"部分，我补充的几则扩大经方运用范围的病案都被收录其中，并注上我的名字。李老师提携后学的宽阔胸怀给了我极大鼓励，我在1981年第1期《山东中医学院学报》发表的"热入血室"一文所载的病例完全是在李老师对于热入血室证的理论指导下进行临床辨证和治疗的，其立竿见影之效完全证实了李老师理论的正确性。该文曾被多家杂志引用，后来又被选载于全国高等医药院校教材第五版《伤寒论讲义》中。临床疗效是检验中医理论正确与否的唯一标准，对历代中医理论争论不休的观点学说，只有验之于临床实践，才能判明真伪。李老师对《伤寒论》的解释，经得起临床的检验，得到了大量的临床验证。后恩师仙逝，我遥赴奔丧，更感其对《伤寒论》的精辟诠释将永放光芒，在仲景学说研究的历史长河里，耸立起令世人瞩目的航标。

（五）明师指点，入道关键

3年的中医理论课结束后，1965年安排半年的教学实习。这是把理论应用到实践的第一步，这一步走得正或歪，对学中医的人在中医学上选择什么路，有至关重要的作用。

在中医理论指导下辨证分析四诊所得，按理法方药的程序对患者进行治疗，是中医入道的前提。中医的思维建立起来了，思想方法对了，照此下去，便可步入中医学之堂宇。但真正能走此路者并不多，因为走这条路的前提是要学好中医理论，但恰恰就在这最重要的一点上，很多人没有做到。因为要学好中医理论并非易事，不如走另一条道，似乎那是一条捷径：省力气、不用背经典、不用背药性、不用背方剂，只要根据西医诊断施用中药就行；用药也是根据什么药能抗菌、抗病毒、能扩张血管，什么药能降血压、降血糖等，根本用不着四气五味、升降浮沉、归经、君臣佐使。可想而知，这样开出的方子能叫中药方吗？顶多是植物药的大杂烩，谈何疗效？

在这重要的十字路口，周凤梧老师的指点使我没有迷失方向，他在我的"门诊试诊病历"上，用红笔三言两语点出了病机，抹去根据化学成分加上去的那几味唯恐原方不杀菌、不消炎的药味。复诊时的显著疗效让我深刻体会到：辨证用药，就能杀菌，就能消炎，画蛇添足不仅无益，反而有害。

大学毕业后，根据组织安排，我被留校任教并在省中医院内科上班。宿舍被安排在学院唯一的一座条件相对好的二层教工宿舍楼。那时，几位单身老教授都住在此楼，有张珍玉、张志远、叶执中、徐国仟、杨紫垣等诸位老师，还有住得稍远一点的李克绍、刘献琳老师。他们都给我上过课，这为我随时向诸位老师请教提供了极大的方便。每天晚饭后，我就带着白天门诊时遇到的问题及疑难病证，请教各位老师。这些老师在调入中医学院前，都是既有高深的理论基础又有多年实践的一方名医。他们的每一次点拨，都使我在理论与实践上提升了一步。有时，在老师那里遇见求诊的病人，我也切脉望舌，给老师抄方，我自己也把病情记录下来，待病人走后再请老师分析病情、方药，回宿舍后再查找有关资料。

在我刚刚进入临床的关键时期，有幸得到这么多高水平老师的指点、教诲，使我受益终身，是他们使我没有误入歧途，使我能够沿着中医固有的正道一直走到今天。

（六）看病不在多，贵在举一反三

毕业实习时，主要是观摩老师看病，自己独立看病的机会并不多。每遇到能自己独立诊治的病人，那可真是像对"上帝"那样认真对待。待看完病后，还要针对这个病复习课本、翻阅课堂笔记，再查找有关这个病的参考资料，把有关的方剂配伍、药物性味、功效汇拢在一起，以备病人复诊时出现各种变化，能从容处理。就这样，尽管只看了一个病人，却学到了许多新知识，温故知新，渐渐能够触类旁通，举一反三。

如果不这样下功夫，辨证模糊，用药杂乱，看好了，不知所以然，看不好，也不知所以然，则虽多无益，害人误己，忙碌终生，终无所获。

（七）四诊不厌细，细中求真知

"天下大事做于细"，从细小做起，是成就大事的根基；粗枝大叶则可能贻误时机，功败垂成。"梧桐一叶落，天下尽知秋""观瓶中之冰，而知天下之寒；看墙下之阴，而知阴阳之变"，这些有益的格言，揭示了见微知著的道理，对中医四诊资料的收集，很有借鉴意义。在历代医家的著述中，可经常看到这样的描写：医生在面对疑难病证无从施治时，由于仔细观察病人，终于找到能反映病机真相的细微症状，从而收到了药到病除的效果。现代的理化检查越来越细，但代替不了中医四诊对病人的仔细观察。

毕业实习时，我在西医病房值班，对一些患特殊疾病而病人又愿意服中药的，征得主管老师同意，我仔细四诊、认真辨证，开方后继续分析推断：如果我的辨证准、用药对，服药后多少分钟能出现什么反应，哪个症状能先消失，哪个症状会随后消失。我把这些推断写在纸上，第二天起床后，就去病房仔细询问病人昨晚服药后的反应，看是否和自己推断的一样。有些病例的反应恰如所料，可想而知，当时自己的心情是多么欣慰。因为这印证了中医理论、辨证的准确性，印证了方剂疗效的可靠性，由此获得的经验和体会，使我终身受用不尽。

体悟中医之道

（一）偏僻的山区农村，再现中医辉煌

1965 年，我参加山东省委社教工作团到日照县搞"四清"运动，当时工作团的纪律是：不能暴露个人原来身份，唯一的身份就是省委社教工作团团员。因此到农村后，即使遇到病人我也不能诊治。但是有一次，一个贫农四清积极分子患肝硬化腹水，面色紫黑，无钱就医，时常鼻孔大量流血，每次鼻出血前先感头胀痛，一次流血一碗多。我就给他用了最简单的偏方：当地盛产白萝卜，是主食"三合一饭"（地瓜、豆糁子、萝卜条）的成分之一。我让他绞取鲜萝卜汁多半碗，加兑米酒（当地习俗，家家自酿米酒），一次顿服。翌日，病人告知，服萝卜汁后鼻血立止，并且感到全身舒适，面、唇黑紫色明显减轻。此后，

该病人未再出鼻血。道理很简单，气为血之帅，血为气之母，气行则血行，气止则血止。萝卜降气，气一降，血不上行而鼻血止。病人没花一分钱，我也没暴露医学生的身份，我又从此病例深刻体会到了中医医理之神奇，可以说是一举数得。

1967 年冬，我在临沂地区蒙阴县搞教育革命探索，驻在蒙阴县医院，常去各偏僻的公社医院巡回医疗。一次，一位四十多岁的男性病人小便癃闭，小腹鼓胀，疼痛难忍。我切其脉沉细弱，诊为气虚、气化不行，补中益气汤为对证之方。征得病人同意，急煎补中益气汤加桔梗 6g 一剂，若无效，再行导尿。我为观察疗效，亲自去取药、煎药，尽快让病人喝下，十余分钟后，病人曰有尿滴出，急去厕所，尿渐排出。此即"提壶揭盖"法，让人终生难忘。

在农村开展医疗工作，所接触的患者多没有经过治疗，或者没有条件到城里的大医院治疗，因此可以更好地观察疾病的自然进程，发挥中医药简便验廉的独特优势。广泛接触农村患者的实践使我认识到，农村基层是中医药大有可为之地。

1970 年秋，根据我的要求，我由山东中医学院调往阳谷县石门宋医院。石门宋乡因为养猪多次受到毛主席的表彰而闻名全国，各省市参观者络绎不绝。一天傍晚，某粮所所长言其 80 岁的老父亲发烧、神志不清已 3 天，虽经输液不见好转，请我出诊。病人意识不清，不能言其所苦，测体温达 38.5℃，血压240/140mmHg，腹胀大，按之，面有痛苦之色，以竹筷撬开口，见舌苔黄褐厚燥，舌质暗红。问其家属大便情况，言自过 80 岁生日那天，进食油腻较多，至今已 5 天未大便。切其脉沉弦有力，一息近五至。诊断为燥屎内结，腑气不通，屎气上熏清窍而致昏迷。处以大承气汤原方。因患者年事已高，剂量从中量开始，嘱病家服药后 2 小时若不大便，再来取药。2 小时后，其子言将药灌下后仍不大便，也无其他不良反应。知病重药轻，遂加大剂量，再取一剂。翌日晨，其子到医院告知：第二次灌服中药后，至下半夜排出如算盘珠大小黑硬粪块 5、6 枚，掉在地上，砸得地面咚咚响，脚踏之不变形。排便后，病人神志渐清。我再去出诊，病人已能躺在床上向我打招呼，体温、血压均降至正常。

此例病人再一次验证了伤寒方的神奇疗效，再现了张仲景的如实描述："阳明病，谵语有潮热，反不能食者，胃中必有燥屎五六枚也……宜大承气汤下之。"

此后，我对这类急重危症纯用中药又治疗多例，皆一剂转危为安。中医药不能治疗急危重症吗？中医药疗效慢吗？事实胜于雄辩。但这要有一个前提：病家信得过你。病家能否信任你，那又要看你的中医真实水平、你的治疗信誉怎样了。另外，还有一个环境条件，这个"环境"不是卫生环境，而是治疗环境。这样的危重病人，在大城市靠中医纯用中药治疗的，已经很难见到了。久而久之，中医本身对这类急危重症也失去了治疗经验，即使遇到，恐怕也以输液为主，绝少再想到用中药了。

但这也非绝对，一年前，病房里的一位年近七十的尿毒症患者，遍用西药，血液透析多次，渐出现深度昏迷，只待时日了。其女是本院护士，有人建议她让我开中药，总比坐以待毙强。患者全身浮肿、腹胀大，撬口观舌，舌苔黄褐腻厚而润，脉沉弦数而结代。导尿，日尿量不足100mL。辨证为湿热壅阻三焦，枢机不利，少阳生气被遏。应当治以清化疏利，助少阳枢转之机，使少阳之生气得萌，庶几可救。给予温胆汤合五苓散加减，先服一剂。翌日其女曰：昨晚9时许鼻饲中药后，至天明已排尿2000mL，神志渐清。患者出院后坚持服中药，肾功能也渐至正常。

这就是说，在偏僻的山区农村，中医固然可以发挥作用、显现威力，在大城市、大医院，在西药疗效不佳或无效的情况下，中医药仍然可以发挥作用，事在人为，关键要看中医的水平和疗效。

（二）要学点金术，不要黄金山

大家都知道点金术的故事，这对学好中医也有借鉴意义。中医理论中天人相应的整体观是涉及宇宙的高层次的思辨哲学，对宇宙万物、人体生理、病理、药物等的认识都是在这一理论指导下进行的。在诊治疾病的过程中，如何把这一理论正确地运用到辨证论治的全过程，是进入中医堂奥的关键。不少初学中医者，往往只看重老师的一方一术，却忽视了如何运用中医理论进行辨证的思维方法。方法的学问是最根本的学问，学会了辨证思维方法，你就能灵活地应对任何复杂的疾病，哪怕这个疑难怪症是第一次遇到，也能很有把握地进行治疗，收到预期的疗效。

常常有学生问我有什么验方，我的回答是：离开辨证论治，从来没有什么验方、秘方。所有的方剂都是针对一定的病机的。没有说明病机的任何"验方"

"秘方"都是不可信的，用起来都带有很大的盲目性。因此，跟我学习的学生，我从不要求他们忙于记录我用的方子，而是时时提醒他们，这个证是如何辨出来的。"证"是整个诊治过程中画龙点睛的关键，"证"确立了，中医的诊断也就完成了。"证"是客观的、唯一的，绝不是有人说的"一个先生一个样"。当然，虽然有相对的固定，"证"也是变化着的。"方"是对应"证"的，一个"证"只有一个方剂最对应、疗效最高。高明的中医就在于他能迅速准确地把握住"证"，选准最对的方剂，从而使问题迎刃而解。只要中医的理论水平上去了，思维方法对头，要达到这一步就不难了。

(三) 用药精专，体悟医道

《内经》对"大方""小方"的定义是大者数少，小则数多。这和我们一般人的看法相反。那些药味少的方剂才叫大方。大就大在药力大、药简力专效宏，而非药味多、重量大。那些药味多、重量大的方剂，其实是小方，因为药味杂乱，貌似大，但其药力互相牵扯，作用已经很小了，所以是小方。

我们行内人知道这个道理的反而不多。30多年前，我行医的早期，为一位70多岁的患者开了大承气汤加味，方共5味药，其子去药房取药，少顷返回诊室，责问我："怎么就这点药，才四、五角钱一副？"我还未及回答，其父斥之曰："你懂什么，这才叫大方哩。快去拿药！"我又惊又喜："你怎么知道这个道理？"老者曰："东边沙河一带，有个河北来的游方医，找他看病的人很多，是听他说的。"我想这位游方医很可能是位高手，但后来不知下落了，实在可惜。

一次，我到外地市为一位政协主席看病。复诊时，政协主席说："吃了你的药，我总结了三个字。"我问："哪三个字？"他说："少、贱、效。"我说："哦，稍见效，效果不大好吧。"他解释说："少，是药味少，以前吃的方子，都是二三十味药，没有那么大的砂锅，就用大钢精锅煎药，熬得快干了，倒出来还有三大碗；你这方才十味药，量不及其三分之一。贱，是便宜，以前的药方都是四五十元钱以上一副，你这方一副还不足十元。效，是疗效好，别看药味不多又便宜，还数你这方子效果好。"

坚持用最少的药味、最小的剂量、最便宜的药物，达到最快、最好的疗效，这是我一生追求的目标。这不单是为了病人，也是为了自己，只有把辨证用药升华到这个层次，才能更深刻地体悟中医之道。

把握中医学术特点

（一）经验须积累，辨证是关键

1979 年我奉调至新成立的聊城地区中医院，先后负责内科、医务科工作，不仅从事了医疗行政工作，还兼任了一些社会职务，但我始终坚持临床，数十年如一日地积累临床病案。这些工作虽然琐碎辛苦，但宝贵的病案资料是总结临床经验必不可少的。

我在临床实践中，对中医经典特别是对《伤寒论》的研究和运用体会颇多。我推崇仲景的辨证论治之道，擅用经方，但不囿于经方、时方之争，根据证情何方最佳即选何方。对湿热病证注重舌诊，根据舌苔的厚薄、色泽，结合三焦辨证，或清热或泻热，或利湿或燥湿，随证佐以清透、疏理之品，如灵活运用蒿芩清胆汤治疗以三焦湿热或少阳枢机失调为病机的多种病证，均获佳效。对内科疑难杂病的辨证治疗，我善于抓住病机，独辟蹊径，屡起沉疴。求诊者的范围也逐渐扩大，许多患者是口碑相传，互相介绍，远道慕名而来，甚至经亲友介绍专程从国外前来求医者也屡见不鲜。无论雨雪天还是节假日，天不亮就有很多患者在排队求诊，门诊都需限量挂号，为了照顾外地患者，我经常推迟下班时间。

（二）疗效是硬道理

多年来的基层中医临床实践，使我深深体会到临床疗效是中医理论和实践的试金石。中医临床水平的高低，体现在运用中医药治疗疾病的中医师身上，并不由医院级别的高低所决定。而西医诊疗水平的高低，则主要体现在其所处医院层次级别的高低，这是由于其对仪器设备条件越来越高的依赖性所致，正如老百姓所说的"一级医院一级水平"。因此，高水平的好中医不一定局限在高层次的医院，民间和基层医院常常藏有真正高水平的中医而不为大家所熟知。我们应认识到中西医学术的不同之处，中医学之所以历数千年而延续至今，为中华民族的繁衍昌盛做出了巨大贡献，靠的就是疗效，中医之生命在于疗效，因为"疗效是硬道理"。中医的"简、便、验、廉"在当今社会的农村基层和城市社区有着更强的生命力。中医师的成才和发展在基层大有可为，各类疾病的广泛接触是锻炼青年一代中医临床人才成长的最佳土壤，而大城市医院的过细分科并不利于中医水平的真正全面提高。当前大型中医院的中医师多已成为专科医师，而历代中医大家有几个不是"全科医师"？过细的分科并不利于中医整体观念指导下的整体调治的实施。其实，当前西医中的有识之士也已意识到过细分科所带来的弊端，开始提倡并实施全科医师的培养。

旁及传统文化

中国优秀的传统文化是中医学赖以产生、发展、壮大的土壤。天文、地理、人文、先秦诸子、儒释道家学说等均对中医学产生了深远的影响。如《周易》是儒家经典，被称为群经之首，对中医学产生过重大影响，中医学"气"的概念，起源可上溯周易。佛家、道家学说对中医思维、治则治法均产生过较大影响，至今读之仍常有启迪。中医学作为中国优秀传统文化的重要组成部分，不应该孤立研究，而应注重其医学与人文的双重属性，让中医学回归其深厚的传统文化背景，有助于我们全面理解和继承、发展中医学。

在繁忙的诊务之余，我常常翻阅传统文化方面的书籍，这既是个人业余爱好，又能对学习中医有所裨益。一方面可增加知识，开阔视野，颐养性情，另一方面能追根溯源，加深对中医学理论的理解和认识，拓展辨证论治的思路，可对提高自身修养产生潜移默化的影响。在研究中医学与传统文化方面，我也陆续发表了一些文章。中医的真正发扬光大离不开中国文化复兴的大背景。近年来，我对与中医学有关的历史文物进行了收集和整理，相信这些业余工作将会对中医文化事业的发展有所帮助。

结　语

中医药学是一个伟大的宝库，我虽临床多年，然自觉在中医学这个宝库前，只不过一只脚在门槛内，另一只脚还在门槛外，所知甚少，所学甚浅。但仅凭在海滩上捡到的几个贝壳，就足以让我体会到中医药学的博大精深。我愿在原汁原味的中医学宝地里继续耕耘，在繁忙的诊务中，不断锤炼、提高自己的辨证论治水平。别无他求，仅此而已。

（张梅红、谷万里协助整理）

王士荣

王士荣（1943— ），安徽省黄山市人，16 岁拜皖南名医程道南为师，潜心医学，闻名遐迩，深受患者信赖，深得社会赞誉。治疗上立法严谨，以法统方，用药十分灵活，不拘一格，经方、时方、验方、单方广为采用。诊务繁忙之余，仍不辍笔耕，著有《痰火治验》《上石疽因经证治》《肝硬化治验》《发热辨治》《急性肾炎临证刍议》《急性黄疸型肝炎临证一得》《舒肝解郁治噎膈》《附子理中退高热》等论述文章，在国内省以上刊物刊发。任安徽省政协委员、黄山市政协副主席、黄山市中医药学会暨新安医学研究会副理事长、黄山市新安书画社副理事长等职。

学医之初　熟读群经打基础

走上中医之路，对于我来说颇具偶然性。那还是在我读初中二年级的时候，由于禀赋薄弱，有一天突然大咯血，情势吓人，后在当地医院的及时治疗下病情得到了控制，医学的神奇就在那时在我心中扎下了根。本来成绩很好的我，由于休学 3 个月，在身体的拖累下，对于学校的勤工俭学常有力不从心之感。读到初中毕业，由于平时喜欢看医学方面的书籍，就向家长表达了自己有心于中医的愿望。后经家人同意，在家父一位友人的引荐下，于 1960 年 10 月有幸拜皖南名医程道南先生为师。

在老师的指导下，我用了半个月时间用毛笔楷书抄录了《汤头歌诀》，后以 3 个月时间读熟背诵。此后随师侍诊抄方，早晚读书背书学习。起初，老师命我读的是《医经知要》《伤寒来苏集》《金匮心典》《药性赋》《本草从新》《温病条辨》。由于当时求知心切，在诊余看起了陈修园的《医学实在易》，幸运的是我遇上了一位好老师，程老发现后当时未置可否。不料二三天后，忙完诊务，程老语重心长地对我说："要想做一个平常的医生，你所看的书足矣，但这是捷径小道；还有一条大道，那就是从经典入手，牢记熟背经典医著，广览其后金元各家之学，要勤求古训，博采众方。只有打好基础，根深才能叶茂，否则是无根之木，无源之水；要想学好，必须潜下心来，要苦读，耐得寂寞，厚积才能薄发；读书宁慢，不宜速，欲速则不达。"程道南老师受业于沪上名医郭伯良夫子，他不苟言笑，学验俱丰，对我这个开山弟子要求甚严并寄予厚望。老师的一席话为我指明了方向，使我终身受益。于是我白天侍诊勤记勤问，晨晚读书可谓鸡鸣灯影，这段生涯中，侍诊读书成了我的全部生活，但鉴于环境条件所限，只是零星地读了一些能读到的经典医籍。这时机会再次降临到我身上，1964年6月安徽中医学院开办中医进修班，学期一年。在医院及程老的推荐下，我来到安徽的最高中医学府进修。这一年对我来说太重要太及时了，使我全面系统地学习了中医经典和各家学说，使自己的医学知识得以从理论上联系起来，从感性上升到理论。当时授课的老师都是安徽乃至国内资深的中医前辈，如授《中医内科》的吴锦洪、授《内经》的程伯敏、授《伤寒论》的胡煌玙、授《温病学》的王乐匋等先生。这一年里我的生活轨迹就是学校、寝室，除了上课，就是读书。在合肥的一年里，给我终生印象最深的一个地方是中医学院的图书馆，课余及节假日我几乎都是在图书馆里度过的，读了各种版本的医家经典，还涉足了各家学说及名家医案。"中国儒自宋始有分支，医则于金元乃有门户"，唐宋以前中医仅有经方和时方之分、之争，而到了金元时期，医学理论才有了发展和大的突破。刘完素之火热论，张从正之攻邪论，朱丹溪之阳有余阴不足论，李东垣之脾胃内伤论等，使中医学术呈现出一片欣欣向荣的景象。随着气候变化及各种热病的爆发，吴又可写出了划时代的《温疫论》，使中医对疾病的认识和治疗又多了一条途径和思路。而各家学说无非一家之言，由于他们所处的环境不同、时代背景有异，观察问题、分析判断见解自然也各自不同，但了解并掌握这些知识，对我们学习中医是非常重要的。同时，我还阅读了一些医案，如《王孟英医案》《丁甘仁医案》《谢映卢医案》及《医林改错》等。关于借书，我和图书馆还有一个小故事，由于我常去图书馆，和工作人员很熟，放寒假前我又一次来到图书馆，发现了一套很有阅读价值的书籍，乃是我省清代名医程杏轩编撰的《医述》，仿古线装本共十六卷。我鼓足了勇气，抱着试试看的想法向管理人员表示能否借我利用寒假阅读，可能是我的勤于看书、惜书打动了工作人员，他思索了一下，居然同意了，但嘱咐我说一定要保管好，不得有丝毫的损坏。第二天我拿一只小皮箱装了满满一箱带回宿舍。那是 1959 年安徽卫生厅委托中华书局印制的仿宋宣纸线装本，一共四大函，价值不菲啊。为此，我放弃了回家过春节的机会，将自己关在宿舍里，通读了《医述》，并做了大量的笔记和读书心得。《医述》取述而不作之意，上自《黄帝内经》，下至近代名家，采书三百余种，综贯众说，参合心得，分类比附，使后学一册在手便犹如涉猎群书，实初学者必备之书籍。

一年后我回到程老身边，经过一段时间的实践，程老认为我可以出师独立应诊了，我离开程老到了中医院的下街门诊部。临行前程师谆谆告诫我，"要多学别人之长，莫议他人之短；要耐得住寂寞，看病时要多思多想，决不能草率从事，要多为病人着想。"不久，医院组织医疗队下乡，我响应号召主动要求参加。是年是个暖冬，我蹲点的农村正值麻疹流行。虽说是初出茅庐，但我根据所学知麻疹是热病，于是由卫气营血辨证入手，运用"麻杏石甘汤"加减，使不少患儿转危为安。遇到重症，我每次只开一剂处方，翌日一早便上门询察病情及服药后的变化。在我的努力下，该地的麻疹病人迅速痊愈，无一例死亡。我在医疗队的半年时间里，借农村这个广阔之畎亩，开我临床之康庄，所以不少同行都知道了中医院有个年轻医生能治大病。麻疹在今天看来不算什么，可在 20 世纪 60 年代，人们的医学知识还是有限的。从医疗队回院后，找我看病的人渐渐多起来，我的原则是有一个病人，就要想方设法看好他，遇到难题就翻书、思考，总结提高。不久又发生了一件事，对于我的行医之路可以说是一个推进。本院同事的小孩患病毒性肺炎高烧不退，住在当时的地区人民医院，西医同道用尽了办法，高烧就是退不下来。家属请本院的中医前辈会诊，他们用药后亦无大效。这时我院的领导推荐了我，即随他们到了病房，我阅读了前辈的处方，以养阴清热为大法，同时还用了安宫牛黄丸，乍看并无不可。我看了病人的舌苔脉象，经深思之后，即议起病来，患儿舌绛舌心干黄、无津，唇干口涸，脉象细滑实，乏力神困。揣此脉舌，乃属肺胃内热火炽耗伤阴液，当务之急是开肺气之郁。开郁以散热，佑以清肺养阴之品，以冀透热转气，征得前辈认可后我即处方，以"麻杏石甘汤"加入银花、连翘、鱼腥草、石斛、芦根之属，并重用生石膏至 30g，嘱服 1 剂，服后密切观察。患儿 1 剂药后，当晚即热势大减，体温退至38℃以内。经复诊，3天后办理了出院。此例患者高热达旬日，津液固已大伤，然邪热郁困不解，若一味地养阴清热，只能是杯水车薪，难免有闭门留寇之弊，且病情可进一步深入，故关键是开肺郁，内郁之热方有出路。通过此病例，我认识到中医辨证治疗的独特性和优越性，中医同样可以治疗急性热病。现在我身边还常备有《杂病广要》，以为随时翻阅。《中医杂志》我也每期必读。病情在变化，我们的知识也要不断得到充实。

业医之途　博观约取学无止境

曾治一小儿，发热四旬，晨起即作，至午前体温高达40℃，有汗热不解，午后身热渐退，入暮身凉倦怠不堪，体温37.2℃。曾经住某院治疗效不显，遂来我院门诊。刻诊感暑高热体温39.4℃，患儿身穿夹袄，四肢清冷，大便溏泄，质稀无臭，日解四五次，时夹黏液，微咳嗽，面容白，精神疲乏，纳呆，小溲清利，舌质淡嫩，苔薄白而润，中根部灰黑而滑。脉证合参，乃脾肾之阳受戕，太阴寒湿内困，急以附子理中汤加味：淡附片1.5g，桂枝1.5g，苍白术各3g，茯苓5g，藿香3g，炙草1.5g，白芍2g，太子参5g。3帖后高热渐退，食纳未馨，邪除正虚未复，以健脾养胃法，方宗异功散加神曲调理而安。本例小儿初起不外暑湿致病。然小儿乃稚阳之体，易虚易实，前医一看高热泄泻，多误投葛根芩连之属，服后发热泄泻益甚。经云"诸寒之而热者，取之阴"，细推脉证，一派阳从中馁、寒湿内踞之象，所谓"实则阳明，虚则太阴"者是也。稚弱之体，正不敌邪，脾肾之阳大伤，而成太阴寒湿内困，真寒假热证也。故为医者不可不胆大而心细也。又诊一发热月余不退儿童，西医断为病毒性心肌炎。患儿上午体温37.5℃，下午高热至39℃，夜半后汗出热退，精神委顿，心烦不安，纳少溲赤，饮水不多，诊脉细数无力，唇红舌边尖绛。诊为正阴已伤、暑热伤营之候，乃以清营透热法治之。药用：玄参5g，黄芩3g，玉竹6.5g，麦冬6.5g，白芍3g，青蒿梗5g，地骨皮5g，银柴胡3g，佩兰5g，鸡苏散5g（包煎）。二三诊后患儿恢复健康。该患儿禀赋素弱，暑湿之邪不从外解以致迁延日久，化热化燥内陷营分，用药看似清淡，实能平中求奇，药中病的。临床发热的原因很多，发热只是其表象，我们要脉证合参，找出发热的深层次病因。又曾治一例患者发热达6年之久，西医诊断为不明原因的低热症。该患者形瘦神疲，面色萎黄，纳呆，溲清肢冷，便不成形，时有汗出恶风之感，素体易感冒，时伴咳嗽胸闷。历年来屡投甘温除热或滋阴退热等法，近医又进芳香化湿方药，热势如故。细审其脉证，应属阳虚湿困所致，仿温阳化湿法，佐以宣肺和营卫，标本兼顾。方以：淡附片5g，桂枝3g，炙甘草5g，仙茅10g，淫羊藿10g，苍术10g，云苓10g，太子参10g，光杏仁10g，紫菀5g，陈皮5g，老姜3片，红枣3枚。一周后热势已退，后以温养脾肾之剂调理二旬而安。该患者虽同属发热，但证见发热自汗恶风，溲清冷便溏，舌质淡润边有齿痕，舌苔根白薄腻，一派脾肾阳虚之象。故以温补脾肾为法，脾肾阳气渐复，阳得其用，则外越之假热必自敛收。夫以热药退热，不治热而热自退，可见中医学辨证论治之优越性。经云"必伏其所主，而先其所因"良有以也！

肝硬化是临床很常见的一种病，中医同行都知道"见肝之病，知肝传脾，当先实脾"，此千古不易之论。然如何实脾则是仁者见仁、智者见智了。肝硬化的临床表现往往本虚标实，或虚实夹杂，临床见证十分复杂，约之可谓"瘀血郁肝是病源，脾弱湿热是病体"。脾胃为一身升降运动之枢纽，诚如《素问·六微旨大论》"非升降则无以生长化收藏"。若脾胃为湿热所困，失其升降之职，土壅木郁，气血瘀滞，郁久化热，瘀热交阻而见肝硬化。故湿热夹瘀是致病之本，以太子参、白术、茯苓、法半夏培脾气；紫花地丁、板蓝根、半枝莲、一包针清利湿热；丹参、丹皮、茅根、山栀活血化瘀，酌加地鳖虫逐瘀、大腹皮化湿宽中。我在治疗急性、慢性肝炎时，常重用一包针至30g，每获良效。在肝硬化的治疗中，常常会遇到如何实脾的问题，当因证因人而异。如脾胃虚弱者参术培土以实脾；湿困者芳香化湿以实脾；湿热困中者清利以实脾；脾阴内伤者清滋以实脾；脾土虚寒者温养以实脾等。

急性肾炎大多属中医"阳水"范畴。阳水为病，究其因，有风邪外束、水湿内侵以及湿热内阻，肺之宣降失常，脾之转输少司，三焦决渎失权。笔者每于乏效，于少效病例中细加揣摩，多有风热、湿热疮疡而致病者。《诸病源候论》指出："肿之生也，皆由风邪寒热毒气客于经络，使血气不通，壅结而成肿也。"《沈氏尊生书》指出"血热生疮，变为肿病"，明确了"风邪寒热毒气""血热"病毒内侵引起"血涩不通"阻塞经络是其因。窃思人身气血如环无端，贵乎通畅；三焦气化，宜其宣利。今气血、三焦为"寒热毒气""血热"而致郁而"血涩"不通，故治阳水，应从"解毒""宣郁"入手。喻嘉言有谓"上焦如雾，升而逐之，佐以解毒；中焦如沤，疏而逐之，佐以解毒；下焦如渎，决而逐之，佐以解毒"，故解毒者一也；而升、疏、决者，因三焦之郁而通之，因势利导，可奏事半功倍之效。我在临床中常用"解毒"之药有蒲公英、连翘、大青叶、黄连等；"升"之药常用麻黄、桔梗、荆芥、牛蒡子等；"疏"之药则有土茯苓、大腹皮、厚朴、苍术、藿香等；而"决"之药常用大黄、牛膝、泽泻、凌霄花、白茅根之属。我按此法治疗多例急性肾炎，每获良效，诸君不妨一试。

我临床几十年，总是在实践中学习，在读书中提高，在思考中总结。人身许多疾病，其发生、发展乃至痊愈，脾胃在其中占了很大作用。李东垣为此制定补中益气汤，并深刻地指出"《内经》悉言人以胃气为本，盖人受水谷之气以生……夫胃乃水谷之海，饮食入胃，游溢精气，上输于脾，脾气散精，上归于肺，通调水道，下输膀胱，水精四布，五经并行，合于四时五脏。阴阳，揆度以为常也。若饮食失节，寒温不适，内伤脾胃乃伤其气……补其中升其阳"。李氏补中益气汤为甘温除大热确立了理论基础。笔者认为脾胃为"后天之本"，为气血生化之源，脾胃健，气血生化有资，且三焦之升降皆以脾胃为中枢，升则上输于心肺，降则下归于肝肾，有五脏六腑中流砥柱之任。也就是说，只有脾胃功能正常，才能"清阳出上窍，浊阴出下窍；清阳发腠理，浊阴归五脏；清阳实四肢，浊阴归六腑"。通过多年临床观察，我认为凡由于脾胃不足、中气虚馁、气虚下陷、清浊升降失调所致病者，皆可以用补中益气法加减治之。此亦中医异病同治之特点，皆建立在辨证求因、审因论治之基础上。

大医之道　济世活人起沉疴

有一定临床经验的医生都有这样的体会，我们每天面对的疾病可以大体上分为三部分：有少数病不看也会好；其次相当多部分为大家都能看好；还有一部分是很难治好的病症，中医统称为疑难杂证。孙思邈的《大医精诚》从医德方面对医生提出了高要求，"凡大医治病，必安神定志……发大慈恻隐之心……不得问贵贱贫富，普同一等"。但我认为要想成为一个普度众生的大医，精湛的医术同高尚的医德一样，也是不可或缺的。在这一部分里我就临床遇到的一些疑难杂证的处理书之于后，冀此抛砖引玉。

一次，我正凝神定志地为患者们按顺序一一诊治，忽然发现候诊者中有一位中老年女性患者浑身颤抖，起初是四肢，继而头也轻度颤抖起来。发现这一情况后我立即对其提前诊治，这是一位长期罹有慢性肾盂肾炎并伴有慢性肝炎的患者，我当即测量了她的血压并进行了相关检查化验，均无明显阳性指标，病人意识清醒，语言表达也很流畅，但自言虚怯恐惧的感觉自心内而发，并述及连日来虽有发作，但很快就稳定下来，只是感到心悸神倦欲寐，但不得入眠。这是什么病呢？正当我深思之际突然脑子里一闪，《内经》中的一段经文跃然而出，"肾足少阴也……气不足则善恐，心惕惕如人将捕之，是为骨厥"。一诊脉象，沉细弱不胜按，舌淡红，此久病及肾之候，当以补肾气、敛心气，方宗左归饮加入生晒参、北五味、煅龙牡、炙龟甲。盖肾气虚则恐，心气虚则怯，肾阴虚则水大失济，不得入寐，经上方加减调治经月，其症已平复。如今患者健在，故恙若失。该患者之弟乃沪上某大医院主任医师，后患者去沪探亲，其弟邀请几位名中医为其会诊，在检索带去的病历后，认为辨证精确，用药切证，为巩固疗效建议患者续服原方，并谓"想不到皖南山僻竟是藏龙卧虎之地，这医生功底是扎实的"。通过这一病例的治疗，我更加领会到了当年老师的苦心，他曾对我说："读经典，一时不懂不要紧，要记住它，要像牛吃草一样，先吃下去再慢慢消化。"我也希望有志于中医事业的同道们牢记这句话，将会使我们终生受用。

关节疼痛属中医学痹证范畴，疏风蠲痹为一般治法。而我曾用化痰清热法为一附近县城的老中医治好了前后历时两年余的左肩关节剧烈疼痛。初诊时老中医因苦于晕车，由四位弟子用板车长途拉来，其体丰善食，面容红泽，大便数日一通，脉弦滑，舌质红，苔黄腻，辨证为阴虚之质，痰火窜阻经络使然，治以化痰火，佐以通经络。处方：地龙9g，知母9g，天竺黄9g，陈胆星3g，生桑枝12g，生龙牡各30g，僵蚕9g，豨莶草12g，全蝎蚣2条（研末冲服），木通4.5g。连服10剂，每日1剂。写好脉案开好处方后，我递给老中医请他过目，并征求意见以为然否？老中医一一细看后，认为与前之搜风蠲痹大有不同，认为可以试试。自云：以前服方无数，有时虽有少效，但血压顿见上升。于是点了10帖药。10天后老中医只由一名弟子相伴而来，握着我的手连说："信服，信服。折磨我的肩关节痛已两年多了，一朝霍然，十分感谢。"并要求继续巩固疗效。当时患者舌苔黄而稍腻，脉转缓滑为主而带弦象，上方减除蜈蚣、僵蚕，加入瓜蒌皮、夏枯草各12g，继服10剂。嘱其饮食务求清淡，少食膏粱厚腻及辛辣刺激之品，以免助湿生痰，蕴热生火。此老原系一方名医，承其厚爱，后与他成为道中之忘年交，经其介绍推荐来我处就诊者不计其数。举此例并无自炫之意，旨在告诫后学不要妄自菲薄，中医的辨证论治蕴含着丰富的生命力。

有一患者女性胸膈部痞塞，饮食吞咽初起微有梗阻，渐至饮食不能下膈，仅能进食少量稀薄粥糜。吞咽时胸膈胀痛阻塞，乃至呕出而中止饮食，嗳气频作，两胁胀满，大便秘结。曾经西医院确认为"食道中上段前壁憩室"，由于畏惧手术疗法，经人推荐来我处。询之，患者以前曾因家事心情抑郁，时而恚怒，时而终日怏怏。诊其脉二关独弦，舌质红少苔。方从舒肝解郁、和阴降逆为主，并嘱其怡情开怀为要。处方：金铃子5g，木蝴蝶6g，绿萼梅5g，广郁金5g，白芍9g，木瓜3g，代赭石15g，煅牡蛎15g，乌梅肉5g，北沙参9g，生甘草5g。前后共服10余剂，患者诸证悉平。经X线复查，其食道恢复正常。"食道憩室"，中医学无此病名，揣其临床症状属"噎膈"范畴。《素问·通评虚实论》云"隔塞闭绝，上下不通"，并指出此与情志有关，"忧之病也"。《诸病源候论》进而阐明"忧恚则气结，气虚则不宣流使噎。噎者，噎塞不通也"。对噎膈的治疗，首当调气解郁，盖郁则气结，津气不行，凝液成痰，郁火痰气交阻，因而成噎。故以舒肝解郁、和阴降逆为先，只要药证相得，定有良效。像这种西医除了手术就别无良策的疾病我还遇到不少，下面再略述一二，以供同道参考。

一患者两日来左耳下突然坚硬肿大，初起如李，翌日即漫之似桃，皮色不变，按之坚硬如石，反不见痛。询之微有寒热之感，体温正常，牙关不能开合，仅能吮食半流质，脉细弦而滑，舌苔白滑。脉证合参，系风痰阻于少阳经络，急以辛温宣通、化痰散结法。处方：柴胡5g，荆芥5g，僵蚕9g，川芎5g，蜈蚣末5g（分吞），陈胆星5g，制乳没各5g，急性子12g，白芥子5g，生姜3片，红枣3枚。外用香附末30g以葱蜜拌敷患处。前方二服后，其坚硬肿块消已过半，牙关已能开合，然仍感不利，守原方加桂枝2.4g以助其温通经络，再剂而愈。《素问·血气形志》指出"少阳常少血多气"，凡寒凉之品投之少血多气之腑，势必血易凝而气益滞，故以辛温开通、化痰散结为法。我屡以此方加白芷、炮山甲（现用代用品，下同）、蒲公英治疗拔牙后面颊漫肿，按之坚硬，牙关难以开合，多经抗生素治疗不效，患部不红不热，脉细或细弦而滑者，投之数剂每获良效。

20世纪90年代初，我曾接治一例十分罕见的病例。患者钱某，男，39岁。骑自行车途中突感头晕耳鸣，视物不清，右侧头痛伴耳鸣，吞咽困难。当晚即出现声音嘶哑，不能吞咽，饮水则呛咳，同时伴有高热，体温 39.5℃，经当地医院住院治疗，热退，余症无改善，进而转入省立医院检查治疗。CT 示椎基底动脉供血不足。MRI 提示颅内未见异常信号，仅左侧咽隐窝稍饱满，显示不清。脑电图提示轻度异常。BAEP 提示右侧轻度异常。胸片、肝胆 BUS 均正常，诊断为"脑干脑炎"。给予激素、抗生素、维生素治疗，同时以扩张血管、脑细胞营养药及氨基酸静注支持疗法等。经治疗后进展不大，家属要求出院回家。后经人介绍抱着试一试的想法来我处求诊。患者头晕欲仆，语言欠利，右侧身体活动不灵活，舌淡红，脉细。辨证为痰瘀交阻之候，拟息风和络、祛痰化瘀为治。方用：明天麻 6g，紫丹参 10g，陈胆星 6g，炙远志 5g，桃仁泥 10g，法半夏 6g，白芍 10g，地鳖虫 10g，山萸肉 10g，丹皮 5g，怀牛膝 10g，女贞子 10g，稆豆衣 10g，炒枣仁 18g，生牡蛎 20g。该患者经守方加减治疗半年余，恢复正常。

患者周某，上腹部疼痛不适，上消化道出血一周余来诊。患者曾经胃镜检查，胃小弯部有一直径 1.5cm 溃疡面，因患者年近七旬，不愿手术（已做好术前准备），故来我处求服中药治疗。诊其舌淡红，脉细，遂以清热化瘀止血法，药用：白芍 10g，炙草 10g，蒲公英 30g，川连 8g，紫丹参 15g，三七粉 3g（分吞），白花蛇舌草 20g，半枝莲 20g，佛手 10g，白及片 12g，蒸山楂 10g。服 4 剂后，二诊症状有所缓解，继方推进，上方去佛手加乌梅肉 10g，鸡内金 10g，枳壳 10g。4 剂。血止之后胃纳增，后佐以益气生肌之品，如黄芪、炙草、白芷之属，前后治疗 2 月零 25 天，诸症消失。患者盼痊心切，原定治疗 3 个月复查，为便于对照经市医院胃镜检查，溃疡面已愈合且无遗留痕迹组织，效之速令人欣慰。追访迄今未发。

以上赘述，十分浅薄。然愚者千虑，终有一得，足以资证中医药学的博大精深。回顾读书、临证、探索，虽云驽马十驾，已走过了 40 余年。值得庆幸的是我们生长在如此伟大的时代，扪心自省，所做的工作仅为沧海一粟，远不及祖国和人民对我们的企盼。中国医药学虽属伟大的宝库，但仍需我们努力光大，使之更好地为人类做出贡献。"路漫漫其修远兮"，如今我虽已年过花甲，还要不待扬鞭自奋蹄，继续深入学习，不断探索。学海无涯，医无止境，愿与同道、后学共勉之。

（方琦协助整理）

柳少逸

柳少逸（1943—　），山东栖霞人。名医柳吉忱之子，世医牟永昌之高徒。1969 年毕业于山东中医学院。从事中医临床工作五十余年。任山东烟台中医药专修学院院长、教授，莱阳市圣惠职业中等专业学校校长，泰山医学院、济宁医学院兼职教授。

治学严谨，以博学、精思、屡试为其要点，学术研究注重"沟通"，植根于中国传统文化，根据中医学的内在规律，结合中国数术学中三大精微理论，出于对《黄帝内经》天人合一思想的继承和发展，进而构建了以天人相应的系统整体观、形神统一的生命观、太极思维的辩证观为学术思想的中国象数医学理论体系。同时，在太极思维的基础上，通过大量的医学实践而建立了病机四论体系：老年、退行性疾病的虚损论；功能失调性疾病的枢机论；器质性疾病的气化论；有形痼疾的痰瘀论。该理论是其认识和治疗慢性内伤性疾病的思辨纲领，故而积累了丰富的临床经验。又熟谙针灸、推拿等非药物疗法，精研药物外治法，熔内治外治法于一炉。出版了《少阳之宗》《人癌之战与三十六计》《伤寒方证便览》《杏苑耕耘录》《中国象数医学研究荟萃》《中医非药物疗法荟萃》《中医外治法荟萃》《中医康复疗法荟萃》等 400 余万字的医学著作，撰写学术论文 100 余篇。

作为医学和教育的双栖人才，业绩被《科技日报》《中国中医药报》《山东画报》《山东文学》等报刊以及中央、省、市电视台及电台多次报道。电视专题片《中医柳少逸》为 1994 年烟台电视台赴美国举办"中国电视周"的专题之一。作为学科带头人，担任中华中医药学会中医药文化分会理事、山东中医药学会民间疗法专业委员会主任委员、山东中医药学会肾病专业委员会委员、山东省民办教育协会理事。自 1988 年起，先后主持召开了山东中医药学会的 10 次专题学术会议和 12 次专业委员会的学术例会，为山东省中医药学术的发展做了大量有益的工作。因其医教不疲、笔耕不辍，成绩显著，2005 年被山东省人事厅、教育厅授予"山东省民办教育先进工作者"光荣称号，并记二等功。

启 蒙

1943 年 3 月，余出生于山东栖霞东林一耕读世家。家父吉忱公（1909—1995），八岁入本族私塾，至民国接受现代教育，其后又入天津于稼谦国医班、上海恽铁樵国医班学习。曾拜晚清贡生儒医李兰逊先生为师，从而走上了济世活人之路。"七七事变"后，日军侵入胶东，家父投笔从戎，参加抗日工作。其时敌伪进行经济封锁，医药奇缺，遂利用地方中草药和针灸推拿等法给部队战士及广大干群治病。中华人民共和国成立后，先后任栖东县立医院院长、栖霞县人民医院业务院长、莱阳专署中医药门诊主任、烟台市莱阳中心医院中医科主任。自 1954 年起，受莱阳地区专员公署委任，负责胶东地区的中医培训工作，为半岛地区培养了大批中医骨干。1960 年又受聘于山东省中医药学校讲授温病学。20 世纪 60～70 年代又教子课徒数人，家父以其从医及教学的切身经历，探求培养中医人才的模式，故山东诸多名医出自其门下。

1963 年余高中毕业，因幼时一耳失听，未能报考医学类院校。时值国家实施"名师带高徒"政策之盛世，即随家父吉忱公习医，步入从医之路。年内，余又师事于栖霞世医牟永昌公，此乃家父宗韩愈《师说》"爱其子，择师而教之"之为也。

唐代柳宗元有"养树得养人术"之论，意谓从培养树木中悟出培养人才的法则。余有四姊一妹，余为单传，然父母从不溺爱，恪守"父母威严而有慈，然子女畏慎而生孝"之家风，并以《周礼·三行》"亲父母""尊贤良""事师长"戒之，而祖父恒宝公则明示"认真读书，老实做人"乃柳氏家训。家父按其意愿从小就对余进行国学及医学启蒙教育，动辄从文字源流谈《说文》，从数字组合说"河洛"，从古人结绳记事讲八卦及神农尝百草的传说。家父告云：浩浩苍穹，茫茫下土，"河图""洛书"足以包罗，古人研究性命之学，无不从"河洛"入手。余听之茫茫然若天书，尽管食而不知其味，但还是将"医之道，本岐黄"之《医学三字经》、"乾三连、坤六断"之八卦符号歌背诵下来。但余更喜闻中草药带有苦味的幽香，爱听那节奏明快的捣药声，爱读那中药柜上的药名，恍若走进一个植物和动物的大千世界。故当余从医后则走遍了山东的山山水水，采集药用植物标本，考究其功效主治，致力于地方中草药的临床应用研究。一生遵清代赵学敏之训："一曰贱，药物不贵也；二曰验，以下咽即能去病也；三曰便，山林僻邑即有。能守三字之要者，便是此中之杰出者矣。"20世纪50~60年代，中小学的学习环境比较宽松，故余有暇背诵《药性赋》等医学启蒙书籍。十几岁时，就对人体经络模型产生极大兴趣，对模型上标出的经脉循行线和多如繁星的穴位，百看不厌。假日耳濡目染家父为病人诊病，其高尚的医德，精湛的医术，博得世人的敬重，亦坚定了余继承父业的志向。

明代宋濂尝云："古之医师，必通三世之书。所谓三世者，一曰《针灸》，二曰《神农本草经》，三曰《素女脉诀》。《脉诀》所以察证，《本草》所以辨药，《针灸》所以祛疾，非是三者不可以言医。"故家父课徒先从中医典籍起，强调必须打下一个坚实的理论基础方可言医，并以"仲景宗《内经》，祖神农，法伊尹，广汤液为大法，晋宋以来，号名医者，皆出于此。仲景垂妙于定方，实万世医门之规矩准绳也。后之欲为方圆平直者，必深究博览之"语劝学。余亦一头扎进书堆里，真个是食不甘味夜不能寝，熬过几番三星横空，迎来几多晨曦微明，个中滋味，有谁知道！一部《伤寒论》，书中三百九十七条，一百一十三方，每日必背诵一遍，从不间断，继而背诵《内经知要》《药性赋》《汤头歌诀》《濒湖脉诀》和《金匮要略》的重点条文，而《神农本草经》《难经》《脉经》《温病条辨》《时病论》亦熟读能详。就一部《伤寒论》而言，是在余背诵如流后，家父方授课说难。递次讲授了成无己《注解伤寒论》、柯琴《伤寒来苏集》、尤在泾《伤寒贯珠集》及恽铁樵《伤寒论辑义按》。让余从《伤寒论》六经辨证说理间，潜移默化地感悟其辨证论治大法，家父称之为"神读"。其后又让余研读许宏《金镜内台方议》、任应秋《伤寒论语释》，意在运用经方时，能深究博览，独探奥蕴。家父耳提面命以清代叶之雨"涉山必历层蹬，登屋必借高梯；欲明《素问》之旨，必赖后人之解说"训之。由于家父及业师重视余对《伤寒杂病论》的学习，使其成为余一生学以致用之根基，故其后余得以有《少阳之宗》《伤寒方证便览》二书付梓。家父于20世纪50年代负责山东省莱阳专区的中医培训工作，曾主办了七期中医进修班，自编讲义，亲自讲授《内经》《伤寒论》《金匮要略》《温病条辨》《神农本草经》和《中国医学史》，所培养的学员一部分成为创办山东省中医药学校的骨干教师，一部分成为组建半岛地、县级医院的中医骨干。当余师事家父时，家父戏称余一人为"第八期学员"。习医之初，家父以清代程芝田《医法心传·读书先要根》语训之："书宜多读，谓博览群书，可以长识见也。第要有根底，根底者何？即《灵枢》《素问》《神农本草经》《难经》《金匮》、仲景《伤寒论》是也。"在余熟读中医典籍以后，又指点选读后世医家之著，并以清代刘奎"无岐黄而根底不植，无仲景而法方不立，无诸名家而千病万端药症不备"语戒之。每晚授课后，示余必读书于子时，方可入睡，至今已成习惯。

历代医籍，多系古文，就字音字义而言，又涉及文字学、训诂学、天文历法学等古文化知识。诚如清代柯琴所云："世徒知通三才者为儒，而不知不通三才者，不可以言医。医也者，非从经史百家探其源流，则勿能广其识，非参老庄之要，则勿能神其用；非彻三藏真谛，则勿能究其奥。故凡天以下，地以上，日月星辰，风雨寒暑，山川草木，鸟兽虫鱼，遐方异域之物，与夫人身之精气神形，脏腑阴阳，毛发皮肤，血脉筋骨，肌肉津液之属，必极其理，夫然后可以登岐伯之堂，入仲景之室耳。"而且家父要求"凡书理有未彻者，须昼夜追思，方可有悟"，并告云此即"心悟"也。一些古籍，若周诰殷盘，佶屈聱牙，泛泛而学，可谓苦也。故余亦有"定力"欠佳时，有一次对家父低声云："何谓'熟读王叔和，不如临证多？'"家父笑云："昔清代陈梦雷尝云：'九折臂者，乃成良医，盖学功精深故也。'汝读书无笃志，仍不明为学之道也。朱子尝曰：'为学之道，莫先于穷理；穷理之要，莫在于读书。''读书之法无他，惟是笃志虚心，反复详玩，必有功耳。'汝当熟知：博览群书，穷理格物，此医中之体也；临证看病，用药立方，此医中之用也。不读书穷理，则所见不广，认证不真；不临证看病，则阅历不到，运动不熟。体与用，二者不可偏废也。又当明清代顾仪卿《医中一得》之语：'凡读古人书，应先胸中有识见，引申触类，融会贯通，当悟乎书之外，勿泥乎书之中，方为善读书人。'待汝临证时，方可悟苏轼'故书不厌百回读，熟读深思子自知'之意也。"言毕，又谓："昔吾师兰逊公曾以元代王好古'盖医之为道，所以续斯人之命，而与天地生生之德不可一朝泯也'，明代龚信'至重惟人命，最难却是医'等语为训，此兰逊公赐吾号'济生'之谓也。"在随父习医时，庭训多在旁征广引说理间。这些话语，深深地印在余脑海中，永不晦暗，从而造就了余"至重惟人命，最难却是医"之立品；"学所以为道，文所以为理"之学风。

及至负笈山城，从师牟永昌公，程门立雪，凡六易寒暑，为先生唯一传人。师以"济世之道，莫先于医；祛疾之功，莫先于药。医乃九流魁首，药为百草根苗，丸散未修，药性当先识"古训为习医之要。在家学基础上，牟师让余熟读《本草备要》《本草求真》及《医方集解》，继而熟读《医宗金鉴》《脾胃论》《傅青主女科》《医林改错》等医籍，学程均在随师诊疗间。先生结合临床而博征广引、解难释疑，而余则在质疑问难中，循以得先生家传之秘。其间，先生又以家传秘本《伤寒第一书》治分九州之全书授之。研读间，见书中有先生之父晚清秀才儒医希光公之眉批钩玄，为先生家传仲景之秘。

牟师常领余到户外夜观天象，指点九野列宿。"冥昭瞢暗，谁能极之？冯翼惟象，何以识之？"屈原《天问》又引出了众多的话题。那璀璨的星宿，缥缈的银河，莫不是古人留下的一幅偌大的象数图。斗转星移，寒来暑往，岁月递嬗，周而复始而成浑然太极。万象归空，阴阳混化，有为而归无为，终生难以穷尽。余于是对"法于阴阳，和于术数"的《内经》中医学，即后来余名之曰"中国象数医学"理论体系的探讨产生了浓厚的兴趣。

师　承

唐代韩愈《师说》云："古之学者必有师。师者所以传道、受业、解惑也。"余诚信之，概因得益于家父吉忱公、学师牟永昌公之传授也，以下几则医案、医话均可见"道之所存，师之所存也"。

业师牟永昌公（1906—1969），中医理论精湛，学验俱丰，倾毕生之学，尽传于余，并将其一生记录之验案数册付余，笑称："技已穷矣！"先生去世后，余潜心学研先生之验，并循以应用，撰有《牟永昌诊籍纂论》待版。

从师之初，师即以明代缪希雍《本草经疏》语告云："凡为医师当先识药，药之所产，方隅不同，则精粗顿异；收采不时，则力用全乖。"继之又以清代蔡陆仙之语训之："夫卖药者不知医，犹之可也；乃行医者竟不知药，则药之是非真伪，全然不问，医者与药不相谋，方即不误，而药之误多矣。"故先安排余到中药房司药三个月，然后随师待诊，师之用心远也，良苦也！从而使余认识到：学医不但要精通医理、药理，而且要有生药学、炮制学、鉴定学、制剂学等多学科的知识。其后余亦关注中药的研究，从而有"乌头反半夏的再认识"及"重剂附子在类风湿病中应用"的研究。20世纪90年代末，当"木通、防己可致肾毒害"话题被国内外医学界炒得沸沸扬扬时，余在山东省中医肾病学术研讨会上，有《木通、防己在肾病中的应用——兼论关木通、广防己致肾毒害的防治》的学术讲座。以木通、防己及其复方在肾病中应用的体会为切入点，对马兜铃属植物关木通、广防己在临床应用时引起肾毒害及其如何防治等问题进行阐述；并对木通、防己药物基原及其功效进行介绍，指出木通科植物木通当为正品木通使用；防己科植物粉防己、木防己均无肾毒害。

先生治热病，宗《内经》热论，多用《伤寒第一书》之方。如治紫癜，斑未透者用清斑解毒汤［穿山甲（现用代用品，下同）、牛蒡子、知母、黄芩、花粉、连翘、玄参、地骨皮、厚朴、桔梗、淡竹叶］主之；若舌苔黄发斑毒未清者，则予以柴葛解肌汤（柴胡、葛根、桔梗、木通、牛蒡子、薄荷、连翘、黄芩、厚朴、淡竹叶）主之。先生认为：舌苔黄，肌肤发斑，病在阳明，用柴胡以截入少阳，故仍以解肌取之，鬼门开汗出自愈。若紫癜肾病初期，病在阳明少阳，邪热发斑将入太阴时，先生多用搜风汤［犀角（现用代用品，下同）、羚羊角、僵蚕、牛蒡子、皂刺、炮山甲、玄参、黄芩、连翘、桔梗、薄荷、防风、厚朴、柴胡、竹叶］化裁用之，意取舟楫之药为伍，使邪毒不得陷下；若舌尖红，舌根黑，面赤目红，唇干发热伴鼻衄，或齿衄，或便血，或尿血之血热妄行者，则予以化斑解毒汤（玄参、知母、花粉、连翘、蝉衣、薄荷、青黛、犀角、羚羊角、赤芍、防风、丹皮、黄芩、牛蒡子、竹叶）主之，火毒炽甚权以二角清其肝肺，以赤芍敛肝求脾，俾斑毒化解。余验诸临床，多有心得，撰有《过敏性紫癜及紫癜性肾病证治探讨》一文。

"医有慧眼，眼在局外；医有慧心，心在兆前"。如治小儿舞蹈病，先生知常达变，每妙手回春。先生认为此病概属中医"瘛疭"范畴。瘛，抽掣也，筋脉挛缩之谓；疭，纵缓也，筋脉纵伸之谓，因其是形容手足伸缩抽动不已之候，故先生认为与"抽搐""搐搦"病证相伴，当从"瘛疭""抽搐"病证探讨。先生根据《素问》中的《气交变大论》《六元正纪大论》《玉机真脏论》《五常政大论》《至真要大论》等篇，以及后世《类经》《东医宝鉴》《小儿药证直诀》等典籍的论述，加之家学己见，而有牛黄定瘛散（牛黄、麝香、镜砂、天竺黄、蝉衣、大黄、甘草）传之。余悟其病机为热、痰、风、惊四候，四者既是致病病因，又是病理机制，更是临床见证，此方寓解热、息风、豁痰、镇惊四法，方中牛黄味苦性凉，其气芳香，以解心经热邪并平肝木，具涤热清心，开窍豁痰，凉肝息风，镇惊定痛之效；麝香辛温芳烈，备开窍醒神之功，共为主药，其化痰定惊有赖于牛黄，开窍醒神有恃于麝香；天竺黄味甘性守，清热豁痰，凉心定惊，为主治痰热瘛疭候之佳品；镜砂甘寒质重，寒能清热，重可镇怯，镇心定惊，为惊恐抽搐证之必须；蝉衣甘寒，善于平肝息风；大黄苦寒，长于苦降泄热，共为辅药。甘草清热解毒，调和药性，任为佐使药。诸药合用，共奏清心解热，平肝息风，豁痰开窍，镇惊定搐之功。若邪热壮盛者加犀角；痰热壅盛者加竹沥、猴枣；抽搐掣动剧加全蝎、天麻，并以钩藤6g煎汤送服。小儿"脏腑娇嫩"，"阳常有余，阴常不足"，故一俟病势减弱或愈可，均应以扶元固本、培养脾胃为主，佐以柔肝息风，宜缓肝理脾汤（桂枝、人参、茯苓、白芍、白术、陈皮、山药，煨姜、大枣为引，水煎服）以补脾益胃，柔肝息风，不可久服牛黄定瘛散，以杜苦寒伤正之虞。其后余将业师之经验进行总结，有《小儿舞蹈病证治——业师牟永昌医师经验简介》一文，于1984年发表于《江苏中医杂志》。

痹证，有文字记载始于《内经》，后世医家宗之，多有建树。先生宗清代许宣治"医者，意也。临证要有会意，制方要有法，法从理生，意随时变，用古而不为古泥，是真能用古也"之训，认为风湿性关节炎与中医痹证相侔，为临床常见病多发病，且缠绵难愈。治之早者，病在肌肤体表，尚可速愈；迁延失治，或治之不得法，病在筋骨脏腑，则缠绵难愈。先生宗《素问·痹论》"所谓痹者，各以其时重感于风寒湿之气也"，以及《济生方》"皆因体虚，腠理空虚，受风寒湿气而成痹也"的论述，而传牟氏"治痹三跻"之法（热痹除外）。一跻乌头汤二剂，宗"乌头善走于肝，逐风寒"，故筋脉之急者，以乌头治之，主药重在温阳散寒，则扶正次之；二跻独活寄生汤四剂，主药乃十全大补汤，益肝肾、补气血、和营卫，"治风先治血"重在补虚，则祛邪之药次之；三跻间用一二剂小柴胡汤或柴胡桂枝汤。少阳乃初生之阳，属半表半里，能使表里间阳气转枢出入，若枢机不利，表里间阳气不能转枢通达，导致阳气不能鼓邪外出，致痹证不解，故用柴胡剂治之。概因乌头汤意在温阳和卫散寒；独活寄生汤意在扶正散风调营；而邪留半表半里，则二方逊也。间用柴胡剂，乃借小柴胡汤畅达少阳枢机之功而愈病。桂枝汤又名阳旦汤，阳旦，即平旦，太阳初升之时，故《张氏医通·祖方》有"阴霾四塞，非平旦之气无以开启阳和。桂枝汤原名阳旦，开启阳和之药也"之论。故小柴胡汤合入桂枝汤，借以枢机转、营卫和、气血生之谓也。非出臆造，乃牟师深究博览，运用古方，独出新意之处也，即清代徐灵胎"凡辨证，必于独异处着眼"之谓也。

虚损是由于脏腑亏损、元气虚弱而致的多种慢性病的总称，亦称虚劳。《内经》有五虚的论述；《金匮要略》有"血痹虚劳病"的专论；《诸病源候论》则有"虚劳者，五劳、六极、七伤"的记载。先生认为，究其因不外乎元气耗损之由，故先生于虚损诸病尤重益元补脾、滋养肝肾两大法门。如治遗尿一证，重在益元补脾，每处以熟地、附子、黄芪、桑螵蛸、故纸、寸云、芦巴子、升麻、云苓、甘草，名曰"益元补脾方"而愈其病。若肾阳虚衰者，可加肉桂、覆盆子、枸杞子等温肾填精之品。先生对肝肾亏虚、精血不足之头目眩晕、恶寒脉虚大等内伤于阴之证，多用《伤寒第一书》之神化汤（六味地黄汤加肉桂、当归、柴胡而成）治之。方中温阳之肉桂，性上而下归肾元，当归补血，熟地补阴，茯苓益脾，萸肉养肝，山药健脾，泽泻渗湿利水，丹皮、柴胡清泻肝胆。龙火一虚，雷火欲炽故以泻之，则心肾相交，水火既济，而眩晕得除。可见先生用药，每贯以"寒热并用""刚柔相济""动静结合""升降相因"诸法，余悟之，而名之曰"太极思维"，亦即景岳之善补阳者必阴中求阳、善补阴者必阳中求阴之意也。他如先生治面色萎黄、胸闷、短气之便秘者，师麻子仁丸合黄龙汤意，则处以人参、白术、当归、麻仁、川军、厚朴、杭芍、枳实、杏仁。此病系气机壅塞，清阳不得上升，浊阴不得下降，处以"升降相因"之法，以欲降先升、通补相兼之剂而愈其病。又如治疗脾胃虚弱、脉沉无力、胸闷、便秘、胃脘隐痛之胃溃疡病，先生处以人参、白术、云苓、山药、白芍、当归、首乌、内金、寸云、川军、甘草而愈其病。上方为四君子汤加味而成，寓有"气血并调""寒温合用""升降相因"之伍。盖因"胃得命门而受纳，脾得命门而转输"。明代卢之颐《学古诊则》有"夫脉者，水谷之精气……资始于肾间动气，资生于胃中水谷"之论。胃脘痛而见"胸闷""脉沉无力"乃化源不足，宗气失充，贯脉失序之谓，而佐以"养命门，滋肾气，补精血"（《本草汇言》）之肉苁蓉，"补肾，温补肝"（《本草纲目》）之何首乌，此即脾之运化失司，全赖肾以温煦和滋润之功也。学研先生之验案至此，方悟此为"脾胃虚弱性胃肠疾患从肾论治"之理也。

又如口眼㖞斜一症，俗名面瘫。《灵枢·经筋》云："足阳明之筋……卒口僻，急者目不合，热则筋纵，目不开。颊筋有寒，则急引颊移口，有热则筋弛纵缓不胜收，故僻""手太阳之筋……应耳中鸣""足之阳明，手之太阳，筋急则口目为僻"。先生以此认为其属经筋病，亦属现代医学之周围性面神经瘫痪症。大凡因感风寒之邪郁于筋脉，继而邪郁于半表半里，而致枢窍之口目开合失司，则予以牟氏家传方——柴胡牵正汤（柴胡、黄芩、荆芥、防风、白附子、天麻、全蝎、僵蚕、甘草、米酒）治之。方中柴胡、黄芩和解表里，转枢阳气，鼓邪外出；天麻通络以息风，荆芥祛血中之风，防风祛肌中之风，牵正散以祛风解痉通络；米酒主行药势，甘草调和药性。诸药合用，以期风邪得除，络脉以通，筋脉得濡，面瘫以痊。四剂柴胡牵正汤后，则先生处以大剂黄芪、人参三四剂，名曰参芪煎，意在甘温益气，大补中气，斡旋气机，此即《内经》"形不足者，温之以气""气主煦之"之意，乃"生气之原在脾"之谓。

慢性皮肤病病因多端，大凡因肾阳不足，卫外不固，风寒之邪乘虚侵袭，阻于肌腠，络脉痹阻，营卫不和而致皮损。若久病不愈缠绵日久，属肾虚寒凝血滞者，先生予阳和汤治之。先生认为：阳和汤临证多用于"红斑"之属阴斑者，多呈慢性暗红色或紫红色斑块，且肿胀疼痛不著；"风团"之属肾阳不振者，多四肢厥冷，遇冷则发；"丘疹"则见于慢性结痂性、慢性瘙痒丘疹者；"水疱""脓包""糜烂"之属"阴证"者；"溃疡""脓肿"之属"阴疮""寒疡"者，多慢性反复发作，肿痛不著，脓液清稀；"结节""肿块"不明显，发病日久者。足见先生熟谙王洪绪立阳和汤之奥蕴，别处机杼而有拓展应用之心法。

1973 年，烟台地区卫生局将余调回莱阳中心医院中医科工作，意在系统地继承家父吉忱公之学术思想，并整理其医疗经验。其时，余已从医 10 年，然上班的第一天，家父让余背诵王冰《黄帝内经·序》和张仲景《伤寒杂病论·序》。背毕问曰："何谓三圣之道？"余以"伏羲之《易经》、神农之《本草经》、黄帝之《内经》谓之三圣，此乃'言大道'之书，故称三圣之道"答之。家父欣然语云："'释缚脱艰，全真导气，拯黎元于仁寿，济羸劣以获安者，非三圣道，则不能致之矣'，此启玄子王冰叙中医学之知识结构也。'其文简，其意博，其理奥，其趣深，天地之象分，阴阳之候列，变化之由表，生死之兆彰，不谋而遐迩自同，勿约而幽明斯契，稽其言有征，验之事不忒。诚可谓至道之宗，奉生之始矣'。此王冰叙学研《内经》为济世活人至道之论也。汝读书，当首先读懂'书序'。'序'，又称'叙'，乃文体名称，亦称'序文''序言'。大凡为作者或他人陈述作品的主旨或著述之经过，知此方可在浩瀚书海中确定对医著是精读还是通读。"家父谈序之论，若醍醐灌顶，使余茅塞顿开，要"犹食笋而去其箨也"，至今仍"入乎耳，箸乎心"，终身受益。此即"昨夜西风凋碧树，独上高楼，望尽天涯路"之谓也。

侍诊间，余见家父用阳和汤治疗类风湿病，深奇之，而问道于公，于是引出一段20世纪30年代的医话：家父因患类风湿性关节炎而回故里养病。其间曾多次延医，均罔效。后幸得同邑晚清贡生儒医李兰逊老先生诊治，兰逊公以阳和汤加减治疗，用药仅20余剂，内服兼外熨，而病臻痊可。诊治间，谈经说史，评论世事，深得先生赏识。于是先生进言家父业医："昔范文正公作诸生时，辄以天下为己任，尝曰：'异日不为良相，便为良医。'盖以医与相，迹虽殊，而济人利物之心则一也。社会动乱，汝当从医，可济世活人也。"家父欣然应之，从而成为李老先生晚年的关门弟子，李老赐其号"济生"，济世活人之谓也。兰逊公精通经史，熟谙岐黄之学，兼通律吕及诸子百家。其于医学，深究博览，采精撷华，独探奥蕴，卓然自成一家。其立法谨严，通达权变，有巧夺天工之妙，常出有制之师，应无穷之变。家父在随师期间，见兰逊公用"阳和汤"治疗多种疾病，弗明不解而请师释迷："昔日弟子患痹，师何以阳和汤愈之?"师曰："王洪绪《外科全生集》用治鹤膝风，列为阳和汤主治之首，汝疾已愈，当晓然于心，王氏非臆测附会之语也。"又问："某君腰疾，师诊为痛痹，不予乌头汤，而以阳和汤愈之，恭听师言。"师曰："明代万全云：'肾主骨，骨弱而不坚，脚细者禀受不足，故肌肉瘦薄，骨节俱露，如鹤之膝。此亦由肾虚，名鹤膝节。'故景岳有云：'此血气受寒则凝而留聚，聚则为痹，是为痛痹，此阴邪也……诸痹者皆在阴分，亦总由真阴衰弱，精血亏损，故三气得以乘之。经曰邪入于阴则痹，正谓此也。是以治痹之法，最宜峻补真阴，使气血流行，则寒邪随去。若过用风湿痰滞等药，再伤阴分，反增其病矣。'故今用治痹，非出臆造也。"

聆听此段医话，使余注重了"异病同治"及"同病异治"法则在临床中的应用。阴寒之证，多由平素阳虚，阴寒之邪乘虚侵袭，或阻于筋骨，或阻于肌腠，或阻于血脉，致血虚、寒凝、痰滞，而诸症生焉。治之之法，宜温补和阳，散寒通滞。故方中重用熟地益肾填精、大补阴血，任为主药；鹿角胶乃血肉有情之品，生精补髓，养血助阳，且鹿角胶由鹿角熬化而成，骨属通督脉，"禀纯阳之质，含生发之机"而强筋健骨，通利关节；以肉桂温阳散寒而通血脉，均为辅药。麻黄、姜炭、白芥子协助肉桂散寒导滞而化痰结，并与熟地、鹿角胶相互制约而为佐药。甘草解毒，协和诸药以为使药。方中熟地、鹿角胶虽滋腻，然得姜、桂、麻黄、白芥子诸辛味药之宣通，则通而不散、补而不滞，乃寓攻于补之方，相辅相成之剂。诸药配伍，共奏温阳散寒之功，而成养血通脉之勋，犹如"阳光普照，阴霾四散"，故有"阳和"之名。阳和汤验诸临证，凡属血虚、寒凝、痰滞之证者，灵活加减，确有实效，从而验证了中医学"有是证，用是药"及"异病同治"法则应用的广泛性。然"贵临证之通变，勿执一之成模"，一定要辨证严谨，分清阴阳，辨识寒热，查明虚实，权衡主次，灵活化裁，方能达到预期效果。否则，按图索骥，势必贻误病机。余鉴于家父吉忱公运用"阳和汤"治疗风湿、类风湿病，业师牟永昌公用以治疗多种皮肤病之验，循而扩充应用，以"阳和汤证"而广验于内、外、妇、儿及五官科多种疾病，凡具血虚、寒凝、痰滞之阴寒见证，均收到满意效果。从而撰有《阳和汤临床应用心得》一文。

辨证论治，是中医学术特点的集中表现。就是对于现代医学所诊断的疾病而言，中医治疗的主要依据仍然在于证，且不可受西医诊断之限，胶柱鼓瑟而束手受败。如静脉血栓形成与血栓性静脉炎，家父认为同属中医学"脉痹"范畴。二者虽均为湿热、瘀血痹阻脉络所致，然验诸临床，前者以瘀血阻络而致湿热蕴滞，故"瘀血"为病的主要矛盾，而"湿热"则居次要矛盾，治宜活血通脉，佐以清热利湿。1973年某部队医院接诊一右大隐静脉栓塞引起下肢水肿患者，病情危重，处理意见：行截肢手术治疗。因病人不同意截肢，故请家父会诊。病人患部水肿，皮色白而光亮，舌苔黄，脉沉数，为湿热之候；然其舌质紫暗尝具瘀斑，故血瘀为致病之主证。遂主以活血通脉之法，佐以清热利湿之伍治之，处以当归、川芎、赤芍、牛膝、桃仁、红花、防己、忍冬藤、白芷、丹皮、甘草。服药3剂而痛止，5剂而肿消过半，加减化裁30剂后而病臻痊可。血栓性静脉炎，则为湿热蕴结，引起脉络瘀阻，故"湿热"为主要矛盾，而"瘀血"为次要矛盾，治宜清热利湿，佐以活血通络之法。1974年一左下肢血栓性静脉炎病人，患病20余日，几经治疗罔效，而求诊于家父。查患肢皮肤灼热、红肿，按无凹陷，口干不欲饮，便秘，舌质深红，苔黄腻，脉滑数，遂以清热利湿之法，佐以活血通络之伍治之。处以金银花、玄参、当归、赤芍、牛膝、生薏米、苍术、木瓜、黄柏、泽兰、防己、土茯苓、甘草，叠进20剂，肿势尽消，但患肢仍拘挛灼痛。又以原方去苍术、黄柏、薏米诸药，加鸡血藤、地龙、土元诸药续服5剂，诸症悉除。《灵枢·营气》云："营气之道……流溢于中，布散于外，精专者行于经遂，常营无已，终而复始。"内而五脏六腑，外而四肢百骸，悉赖血液濡养。长期卧床、创伤、手术、感染邪毒、血管疾患均能引起瘀血阻络，致水湿蕴滞，郁而化热，致发脉痹。《灵枢·邪气脏腑病形》云："身半以上者，邪中之也。身半以下者，湿中之也。"《素问·举痛论》云："寒气入经而稽迟，泣而不行，客于脉外则血少，客于脉中则气不通，故卒然而痛。"湿邪属阴，其性浊腻滞，下注而缠绵，湿热、瘀血相继为患，痹阻脉络，胶结难解，不易卒除。故例一以"元戎四物汤"加乳没、鸡血藤、丹皮、白芷之属活血化瘀、消肿止痛；佐以忍冬藤、防己清热利湿、蠲痹通络。例二以"四妙勇安汤"合"三妙散"加苡仁、木瓜、防己、土茯苓之属清热解毒、利湿通络；佐以赤芍、泽兰之品，凉血和营、化瘀通络。药证相符，故收预期之效。此即清代翟良《医学启蒙汇编》所云："法无定体，应变而施；药不执方，合宜而用。"于是在此二案的基础上，余总结出《静脉血栓形成和血栓性静脉炎——业师柳吉忱经验介绍》一文。

古人尝云："兵无常势，医无常形，能因敌变化而取胜，谓之神将；能因病变化而取效，谓之神医。"兵家不谙通权达变，无以操出奇制胜之师；医家不能圆机活法，无以操出奇制胜之功，其理同也。药贵合宜，法当权变，知常达变，着手回春；拘方待病，必适足偾事。脑囊虫病，实为临证难愈之疾。家父于前人之验，潜心体验，持循扩充，屡获效验。如某男性患者，遍体黄豆粒大之圆形结节，质地不坚，推之不移，不痛不痒，且频发痫证。舌质淡红，白薄苔，脉沉缓。经皮下结节活体切片检查，确诊为脑囊虫并发癫痫。即以豁痰开窍、杀虫定痫为法而施治：半夏、陈皮、茯苓、白芥子、胆星、全虫、天虫、榧子仁、郁金、远志、薏米、甘草，水煎服，并以"磁珠丸"佐服，叠进20剂，结节消失三分之一，痫证仅半月一发。即于原方加竹沥冲服，续服30剂，皮下结节消失殆尽，痫证偶发。拟健脾化痰、宁心定痫之剂，复进30剂，诸证悉除，体质康复，一如常人。囊虫病由绦虫的幼虫囊尾蚴寄生于人体组织而发病，脑囊虫病的临床主症为癫痫、失明。癫痫常反复发作，很少自愈者。故其治法，宜先杀虫理气，后健脾养胃；囊虫病致皮下结节，治宜化痰利湿，软坚散结；脑囊虫病发作癫痫者，治宜豁痰开窍，杀虫定痫；平时治宜健脾化痰，杀虫散结。总之，以消补兼施、扶正祛邪为大法。故有《自拟加味二陈汤治疗脑囊虫病》一文，在《山东中医杂志》上发表。

破伤风是一种严重急性外科感染性疾病，中医学根据其症状和感染途径，而有众多的病名。究其病因病机，家父认为皆由血衰不能濡养筋脉，风毒经创口乘隙侵入肌腠经脉，营卫不得宣通而致。甚则内传脏腑，毒气攻心，痰迷心窍，致病情恶化。故立祛风解痉、化痰通络之法。验诸临证，因《医宗金鉴》之"玉真散"祛风之力虽强，而解痉之功则逊，故合入"止痉散"，则祛风解痉之效倍增，合二方加味，立"加味玉真散"〔胆星、白附子、防风、白芷、天麻、羌活、蜈蚣、僵蚕、蝉蜕（去头足）、鱼鳔胶、钩藤、朱砂、甘草〕，作汤剂服，临证化裁，每收效于预期。余并以此整理家父治验，撰有《破伤风证治探讨》一文。

脑积水，与中医学"解颅"一证相侔。因其患者前囟宽大，头颅若升似斗，故俗称"大头星"，实属难愈之证。肾主骨生髓，脑为髓海，肾气亏损，脑髓不足，致气血亏损而发解颅。故清代孙德润《医学汇海》有"解颅者，囟门开解而不合也……皆肾元不足之故也"的论述。续发于温病者，多由于热灼营阴，肝风内动，循行不利，脉络受阻，则青筋暴露而水湿停滞。在临床中，家父以常法内服《证治准绳》之"补肾地黄丸"；而变通"封囟散"，拟"加味封囟散"（柏子仁、南星、防风、白芷、羌活、猪胆汁）外敷，治愈小儿脑积水30余例。"封囟散"方出《医宗金鉴》，柏子仁味甘而补，辛平而润，能透达心肾，益脾，《神农本草经》谓其"益气"，《名医别录》称其"益血"，其功在于补。防风、南星相伍，即《本事方》之"玉真散"，意在疏风、温通、利湿、消肿。加白芷芳香透窍，有疏风通窍胜湿之功；羌活辛平味苦，祛风燥湿散血解痉，有治"颈项难伸"之能。二药伍防风、南星，则增强利湿消肿、解痉平厥之效。故设"补肾地黄丸"补肾益髓、益气养血培其本；"加味封囟散"养血解痉、利湿消肿治其标。形神兼顾，标本同治，内服外敷合用而协同奏效。肾强髓密，气充血足，痉解络通，囟封颅合，肿消水除。临床经验，先天亏损、气血两虚者易治，预后佳良；后天温热诸疾继发者难治，预后较差，或见智力不全者。

1974 年余见一 13 岁女学生，10 年前温病续发解颅，病情危笃，经家父治愈后，至今神志正常，智力很好。是以后天温热病续发解颅者，亦不能率以预后不良，而贻误病机。其后余循以应用，注重了形神兼顾、标本同治之法则，亦多收功，并总结撰写了《解颅（脑积水）证治》一文，1975 年发表于《山东医药》，而"加味封囟散"亦作为有效外治方药，选入高等医药院校教材《中医儿科学·解颅》篇。

试观《伤寒论》，仲景用方，炉火纯青，恰到好处。家父宗"异病同治"法，运用经方，随证化裁，见效尤捷，体验尤深。如应用"柴胡加龙骨牡蛎汤"治疗痰气郁结之"癫"、痰火上扰之"狂"、气逆痰阻之"痫"、肝气郁结之"郁"、痰气交阻之"瘿"，均疗效满意。本方为"小柴胡汤"之变法，用以治上述诸疾，取其枢转气机，疏肝达郁，宁神除烦，降冲镇逆，化痰散结之功，故有《柴胡加龙骨牡蛎汤的临证应用》一文，发表于《山东中医杂志》。当整理医案至此，惆怅不解，乃问于公："柴胡加龙骨牡蛎汤乃《伤寒论·辨太阳病脉证并治》中准少阳证误下，烦惊谵语之证而设，未尝闻治癫、狂、痫、郁、瘿诸疾，然临床每执此方化裁而愈疾，何故？"公曰："医者，理也。清代唐笠山尝云：'吾侪看书，要在圆通活泼，未可拘泥成说也。'考癫、狂、痫、郁、瘿诸疾，良由忧思伤脾，喜怒伤肝；气、火、痰、郁，蒙蔽神明使然。故《证治要诀》云：'癫狂由七情所郁。'虽有气、血、痰、湿、食、火六郁之分，'重阴则癫，重阳则狂'之别，病痫昏倒，口噤、吐沫、抽搐之异，然名殊证异，理无二致，其要一也，曰'郁'。要之治郁之法，不偏重在攻补，而在乎泄热而不损胃，理气而不伤中，调达、安神、化痰、通窍，咸臻其妙。"公复曰："小柴胡汤寒热并用，清补兼施，有疏利三焦，调达气机，宣通内外，运行气血之功，为和法之冠。设加茯苓，宁心安神，协半夏和胃化痰、散结消胀；同龙、牡、铅丹重镇之属，镇静安神，平喜降怒以除惊烦；桂枝散结行气，止冲降逆；大黄荡涤肠胃，安和五脏，推陈致新。如斯，则郁解疾消，神志安和，何虑诸恙不平乎？"家父欣然抚余之背曰："'贵临机之通变，勿执一之成模'。中医治病，不忽视病名，亦不拘于病名。同病异治，异病同治，辨证的关键是形神统一，则理法朗然。"于是，在此研究基础上，形成了"形神统一的生命观"的学术思想。

余承家学，而有《柳吉忱医疗经验集》《柳吉忱诊籍纂论》待版。

20 世纪 60 年代中期，全国高等中医院校开办成人教育，余得以于 1965 ~ 1969 年就读于山东中医学院，从而又接受了中医院校育才模式的培养。

治　学

（一）倡导"天人合一"流派，建立中国象数医学理论体系

1. 中国象数医学思想源自陈维辉先生中国数术学之启示

余幼承庭训，及长兼习律吕、历法、数术及诸子之学。学术研究注重"沟通"，植根于中国传统文化及中医学思想、方法和概念，立足于中医学自身的学术主体而发展的观点。余认为：中医学术思想是由天人相应的系统整体观、形神统一的生命观、太极思维的辩证观组成。故而崇尚《内经》广义中医学即"天人合一"中医流派，致力于构建中国象数医学理论体系，并著有《中国象数医学概论》一书。余之《中国象数医学简介》一文，先后发表于《中医药信息报》和《中医药动态》。

余于临床工作之余，在家父吉忱公的指导下，进一步学研《内经》等经典著作，对运气学说、阴阳学说等研究亦逐步深入。在探索阴阳学说过程中，遂对现行的"阴阳平衡论"产生疑问，并于 20 世纪 70 年代末即指出其误。因未能洞悉《内经》"法于阴阳，和于术数"之奥理，故未能进一步揭示其非，并恢复其本来面目。

正值此时，古城南京发起了中医多学科研究之风，余由此得以结识著名中国数术学家陈维辉先生。先生 1953 年毕业于南京大学地质系，1956 年被评为铁道部劳模。因家学之渊薮，自 1954 年开始研究中医理论，有多篇论文发表于中医学术刊物。在当时卫生部郭子化副部长及中医司吕炳奎司长的支持下，于1959 年调到南京铁道医学院，任铁道部祖国医学研究所及南京铁道医学院中医教研室副主任。在历史学家顾颉刚先生和中国数术学家徐养浩先生指点下，从事中医及中国数术学研究，著有中国数术学及天文、地理、历法、气象、军事、哲学、生物、音律、中医等领域论文数十篇。"不汲汲于荣名，不戚戚于卑位"，先生穷尽 30 年之精力，深研中国传统科学的基础学科——中国数术学，并将心得著成《中国数术学纲要》一书。该书明确了中国数术学之概念："中国数术学是以宇宙最基本的真理大道为基础，以太极模型、阴阳、三五之道的五行为运

筹和谐原理，把音律、历法，星象、气候、地理、医术多个学科，统一成伟大的整体观的学问。"规范了中国数术学的精微理论——太极论的道论、三五论的数论和形神论的象论。先生集中国数术学研究之大成，因而得到著名历史学家顾颉刚先生的奖掖。时值八十岁高龄的顾先生于 1973 年在其寓所亲作序言，对该书做出中肯的评价："陈子维辉……涉猎多种自然科学，追读先秦两汉之文献，撷取其科学性者，批判其迷信者，凡天文、舆地、医术、音律、卜筮及出土文物诸方面，无不研究而系统叙述之，务薪达于贯通之境，以供作中国科学史之准备，此固时代之迫切要求，非徒矜夸我先民之造诣也。"

1986 年 1 月，余参加江苏省中医学会承办的全国阴阳五行学说讲习班，该班由陈维辉先生主讲《中国数术学纲要》，聆听着陈先生睿智之谈吐，余对于近几年百思不得其解的几个问题顿感豁然开朗，先生对余所从事的理论及临床研究极为关注，余并被先生纳为入室弟子及传人，并以《内经》之语云："得其人不传，是谓失道；传非其人，漫泄天宝。"自此，鱼雁往来，亲叩面授，问道授业，余在陈先生中国数术学思想的基础上，进一步学研《内经》，有了构建中国象数医学理论体系的思路。

2. 中国象数医学创建的理论准备和实践基础

余虽然继承了陈维辉先生的中国数术学的理论体系，但是并没有立即提出中国象数医学理论体系。由中国数术学发展到中国象数医学的过程，是余将中国数术学的一般原理应用于中医基础理论研究和临床实践的过程，是余在研究中医学的过程中，探索和验证中国数术学的过程。这个过程，也经历过相当长的阶段，在这个过程中，余也曾有过苦恼，有过彷徨，但更多的是在独立思考过程中的不断求索。

（1）理论上的准备：运气学说：《素问·气交变大论》尝云："善言天者必应于人，善言古者必验于今，善言气者必彰于物，善言应者同天地之化，善言化言变者通神明之理。"对此，明代张介宾在《类经图翼》中尚有"气者天地之气候，数者天地之定数。天地之道，一阴一阳而尽之。升降有期而气候行，阴阳有数而次第立"的记载。此即中医理论中的运气学说，又称五运六气。它是我国古代医家在观测物候、气象的基础上，演变而应用到医学领域的，它将自然界气候现象和生物现象统一起来，把自然界物候和人体的发病统一起来，从客观上认识时间、气候变化与人体健康和疾病的关系，是中医基础理论的重要组成部分。清代徐文弼《寿世传真》有云："盖医之一道，须上知天文，下知地理，中知人事。三者俱明，然后可以语人之疾病。"可见历代医家对运气学说的重视。余在 20 世纪 60 年代末到 70 年代初即开始了对运气学说的研究。

1980 年 8 月，余完成了《五运六气学说浅谈》的学术论文。该文在简要介绍了运气学说的基本内容之后，又从物候节律、气候变化、发病情况和临床治疗等四个方面探讨了运气学说的科学价值，认为：运气学说"因受历史条件的限制，尽管有它一定的局限性，但就其科学价值而言，仍堪称为祖国医学的一份宝贵遗产……无论从理论上，或是方法上，都自成体系，它有着祖国医学自己的特点，它闪烁着我们民族文化的灿烂光辉"。在此基础上，余进而钩沉其渊源，于 1982 年撰有《运气学说渊源及其在〈内经〉中的地位》一文，认为："五运六气学说，是古代医学家对'天人合一'宏观世界的研究观察积累后产生的，它源于阴阳五行学说，集大成于《黄帝内经》一书中。"余通过对《黄帝内经》论及运气的篇数约三分之二，且《素问》的后期作品则是运气的专篇这一现象的考证，萌发了复归《内经》时代的广义中医学的想法。有了思想的萌芽，使余以后的研究方显深刻和条理化。

1983 年，余撰有《试谈五运六气学说中的系统论思想》一文，从如下五个方面探讨运气学说中所含有的系统论思想：①从"太虚寥廓，肇基化元"，谈运气学说所反映的系统论思想。②从"法于阴阳，和于术数"，谈运气学说所反映的整体性原则。③从"高下相召，升降相因"，谈运气学说所反映的相关性原则。④从"子甲相合，命曰岁立"，谈运气学说所反映的有序性原则。⑤从"谨候气宜，无失病机"，谈运气学说所反映的动态性原则。此即中医学中的"天人相应的系统整体观"思想。文章认为"今后对五运六气的研究，就其寓有的'人类—环境系统'这一系统思想而论，无疑是一个重要课题"。

阴阳学说：《素问·四气调气大论》云："夫四时阴阳者，万物之根本也""阴阳四时者，万物之终始也，死生之本也"。《中藏经》云："人者，上禀天，下委地，阳以辅之，阴以佐之。天地顺则人气泰，天地逆则人气否。"故阴阳学说是中医学最基本、最重要的理论，是中医基础理论的核心。《周易》曰："一阴一阳之谓道。"意味着阴阳学说是一切传统理论的"法则"，是"方法论"，在中国传统文化几千年的发展过程中，是我国劳动人民用以解释自然、社会、思维等事物和现象的说理工具。它在天文、地理、历法、哲学、医学、律吕等方面所起的巨大作用，早已得到历史的承认。但20世纪50年代，由于受西方医学模式的冲击和影响，人们对这个在中医学中起重要作用的学说逐渐产生误解，这种误解就是"阴阳平衡论"。

为了将阴阳学说还其本来面目，结束这种以讹传讹的局面，1983年余撰写了《评阴阳平衡论》一文，并从如下五个方面着手，对阴阳平衡论进行初评：①阴阳平衡论是理论上的一个退步。②阴阳平衡论是对稳态的误解。③药物的功效并非是调节阴阳平衡。④人体的正常生理当是非平衡稳态。⑤非平衡稳态与临床治疗的意义。初评从理论与实践的结合方面初步指出了阴阳平衡论的不准确性、不合理性。余虽然在理论上对阴阳平衡论提出了质疑，但尚未能深入到阴阳学说的底蕴对这种流行数十年、影响几代中医的错误倾向提出更为深层的意见，未能在理论上给出令人心服的回答，未能揭示阴阳学说的本来面目。在继承中国数术学理论体系之后，余从中国数术学的一般原理出发，结合自己的理论思考和临床验证，于1987年撰写了《从天子卦阴阳变化规律谈阴阳平衡论》一文（发表于《周易研究》）。天子卦，又称十二辟卦。《白虎通》云："璧者，外圆象天，内方象地。"《诗经·卫风》云："如圭如璧。"圭是测日影长短，以定时节；璧表示日月同璧，天、地、日、月运行规律。故天子卦反映了四时八节、十二月等阴阳消长的规律。"阴阳平衡论"从根本上违背了"天人相应"的思想，违背了自然科学规律，是对"阴平阳秘""平秘阴阳""阴阳以平为期"的误解。若自然界永远处于阴阳平衡状态，则有春无秋，有夏无冬，有温无凉，有热无寒，生物则有生无收，有长无藏，那就不成其为世界。诚如清代尤在泾《金匮要略心典》所云："天地之道，否不极则不泰；阴阳之气，剥不极则不复。"人体阴阳若永远处于平衡状态，则有生无壮，有长无老，有动无静，有静无动。只有阴阳的不断对立制约、相互消长、相互转化有序地进行，自然界和人类才能保持其正常的、固有的运动状态，阴阳的非平衡有序稳态产生了四时、四季、四气乃至万象，它包罗了天文、地理、人事。一切事物发展的起点，都充满了阴阳相合——阴平阳秘，但他们又总是走向反面——阴阳离决。因此，阴平阳秘，不是阴阳双方量的对等，力的均衡，而是以非平衡有序稳态的规律存在。阴阳双方永远处于对立制约、消长转化之中，非平衡有序稳态是其本质的、固有的、普遍存在的、不可改变的运动状态，而平衡则是运动过程中的特殊状态，是暂时的、一过性的。这就是十二辟卦所揭示的阴阳变化的根本规律。

中国钟思想：时辰医学，是时间医学思想在中医学中的具体体现，是中医学中所固有的理论，自西方时间医学盛行以后，中医学的时辰医学思想引起了国内外学者的极大兴趣和热情关注。西方学者称针灸治疗学中的"子午流注"学说为"中国钟"。明代孙一奎在《医旨绪余》中有"人有十二经，犹日有十二时，岁之有十二月也"的论述；清代李学川在《针灸逢源》中有"子午流注者，谓刚柔相配，阴阳相合，气血循环，时穴开阖也"的记载。余在对有关古典文献复习和临床反复实践之后，认为：中国钟不仅指子午流注，而且包括与人相关的"运气学说""灵龟八法""飞腾八法"等。它是依据经络气血运行，随自然界阴阳消长周期节律的盛衰规律而形成的，是天人合一的环境—人类系统中的一大规律。中国钟思想不仅孕育出了"子午流注"学说，而且也是"运气学说""灵龟八法""飞腾八法"的理论来源。它又以"气元论"、阴阳五行学说、干支系统为基础，主要包括《内经》中所阐明的经脉流注规律、脏气法时规律、五脏逆传规律、五脏传移规律和阴阳应象规律等五大基本规律，从而在人与自然之间、机体结构的整体与局部之间以及形体与精神意识状态之间，建立一种系统的节律性联系，指导临床的诊断和治疗规律。

（2）实践基础：余早在没有提出中国象数医学概念以前，就已经自觉不自觉地在临床实践中，将中国象数医学的原理应用于诊疗疾病的过程，这自然为之后中国象数医学理论体系的提出奠定了基础。

疾病病死规律：余在"中国钟"思想指导下，把自然界看成一个整体，把人看成自然界的个体，结合物候、气象、时辰等理论，对人体发病进行分析研究，从而推断出人体疾病的发生、发展规律，力求掌握治疗的主动权，使临床治愈率大幅度提高。此即清代叶子雨"运气证治者，所以参天地阴阳之理，明五行衰旺之机，参气候之寒温，察民病之吉凶，推加补泻之法，施寒热温凉之剂"之谓也。1983 年，余通过对莱阳中心医院 1974～1980 年住院的 381 例中风病人的发病时间进行观察，从发病与岁运、发病与节气等方面加以分析，发现脑血管意外患者与岁运、节气等有密切的关系，从而得出"运气学说与脑血管意外（中风）疾病的发生、发展和转归关系确是密切，不但可以预测每年内发病的大致情况，同时还能进一步掌握转归"的结论，并撰有《试从运气学说探讨脑血管意外的发病规律》一文。

"吾不识青天高，黄地厚，惟见月寒日暖煎人寿"，此唐代李贺之名句，道出了"太阳神"和"月亮神"在悄悄地控制着人类的命运。人类自古就生活在这个列星运转的太阳系里，日升月落，"兔"走"乌"飞，这日复一日、月复一月、年复一年的自然循环现象，强烈地影响着人类的生命活动，微妙地控制着人体的各种节律，积极地干预着人间的生老病死。此即人体气血运行，随着自然界阴阳消长周期而盛衰，即人与"天地相参"、同"日月相应"的周期节律。鉴于此，1985 年余又运用子午流注规律，对莱阳中心医院 1979～1981 年具有完整资料的 645 例住院病死患者的病历进行了分析（均是因病死亡，不包括车祸、外伤、手术、服毒），发现病死时间规律与时辰、日期、季节等均有着密切的联系。从而认识到：源于《内经》的"经脉流注""脏气法时""五脏逆传""五脏传移"及"阴阳应象"等五大规律的子午流注学说，有意识地运用"中国钟"的节律，探索各种"人体钟"的"危象点"和"最佳时"，教会人们注意逃过他们的大劫日——致命日。而有《子午流注与病死时间规律初探》一文，发表于《辽宁中医杂志》2001 年第三期。

针刺手法：针刺手法是针灸疗法取得临床疗效的一个重要条件，其中蕴含着深刻的中国象数医学思想，同其他中医疗法一样，也是以调阴阳、和术数为其法则。即《素问·上古天真论》"其知道者，法于阴阳，和于术数"和《灵枢·根结》"用针之要，在于知调，调阴与阳"之论。1991 年《周易研究》发表了余之《〈周易〉象数原理在针刺手法中的应用》一文，该文运用易学"三才之道"和数术运筹和谐原理，从"三才之道"与"三才法""和于数术"与"九六法"，以及寓有"三才法""九六法"内容的 21 种针刺方法，概述了中国象数医学理论在针刺手法中的应用，从而说明了中国象数医学理论在针灸学中具有重要的方法论作用和坚实的临床基础。

五音导引：音乐疗法是中医学传统疗法之一。音乐导引，是利用音乐的不同调式和不同节拍的旋律，作用于人的不同感官，从而起到补偏救弊、平秘阴阳的一种疗法。它来源于《周易·乾·文言》中的"同声相应"理论。音乐自古以来就被认为有可以影响人身心活动的作用。《礼记》有"乐者，音之内生也，其本在人身感于物也"的记载；《说苑》有"乐之动于内使人易道而好良，乐之动于外，使人温恭而文雅"的有关音乐导引的论述。余在《五音导引探赜》一文中，从音律产生的渊源、音乐导引的原理、五音导引的功效、辨证施乐、施乐禁忌和导引音乐的选择等六个方面，建立起五音导引的学术体系。尤其是在辨证施乐一节中，介绍了顺其季节施乐法、顺其脏腑性情施乐法、亢害承制施乐法、补母施乐法、泻子施乐法及攻补兼施施乐法等的临床应用法则，为五音导引疗法建立起理论和临床应用体系。

正由于在理论上有了一定的准备，并在实践中有了一定的基础，其后，才得以有中国象数医学体系的建立。

3. 中国象数医学理论体系

唐代王冰在《黄帝内经素问·序》中云："且将升岱岳，非径奚为？欲诣扶桑，无舟莫适。"故《灵》《素》乃医理之总汇，临证之极则，此不废江河万古流也。对此，元代罗天益尝有"凡学医道，不看《内经》，不求病源，妄意病证，又执其方，此皆背本趋末之务"之论。余将中国数术学的基本原理与《内经》所代表的中医学理论结合，加上自己从医数十年对中医理论、临床的独立思考与探索，于1987年正式提出中国象数医学理论体系的概念。

（1）中国象数医学的概念：自1984年以来，余即致力于中国象数医学与中医学的比较研究，并通过古今文献研究和临床实践的一再验证，余认为《内经》的中医基础理论体系就是在广泛地吸收了同时代的科学文化知识，在中国数术学的基础上建立起来的，并伴随着与中国数术学结合的不断深化而发展、成熟。明代孙一奎在《医旨绪余·不知"易"不足以言太医论》中有"深于《易》者，必善于医；精于医者，必由通于易。术业有专攻，而理无二致"的论述。故余在《中国象数医学简介》一文中，开宗明义地指出：最古老的中医典籍——《黄帝内经》中没有直接谈到易，古代《周易》中也没有直接谈到医，但医易是密切相关的，即医易同源。用象数易基本原理来研究人体科学的学问，我们称之为象数医学。因其源于中国传统文化，乃中国所固有的医学，故我们又称之为"中国象数医学"。中国象数医学就是用中国数术学的基本原理，来研究中医学及人体科学的一门学问，它与《内经》有直接的联系，故余又曰："寓有深刻象数易原理及丰富数术学内容的中医典籍——《黄帝内经》，所代表的中医学结构，属广义的中医学，我们称之为'中国象数医学'。'其道者，法于阴阳，和于术数'及'夫道者，上知天文，下知地理，中知人事'的中医学知识结构，寓有'人类—环境系统'这一医学系统论思想内容。"余认为：中国象数医学，又称广义中医学，是用中国数术学研究中医学及人体科学的一门学问，是《内经》时代所代表的中医学理论体系。

（2）中国象数医学的精微理论：余根据中国数术学的太极论的道论、三五论的数论、形神论的象论三大核心理论，结合《内经》中已经基本成熟的气（道）－阴阳－三才－五行的本体论思想，将中国象数医学分为医道－医术－医学（狭义）三个层次。

中国象数医学的三个层次：医学（狭义的医学）：属于根于中国数术学数论的形神论的象论范畴。与《内经》中所建立的广义中医学——中国象数医学相比较，当前我们所熟知的中医学可以称为狭义中医学，它指一般的研究机体的组织结构、生理功能、病理变化、疾病的概念，及其诊断、治疗、预防、养生保健等内容的医学。其内容以临床诊疗技艺为核心，重在对已发疾病进行诊断、治疗。医术：属于根于中国数术学道论的三五论的数论范畴。并非指临床诊治方法和技术，它是中国数术学的一般原理在中医学中的具体运用，是中国数术学的核心理论与中医学的临证特色相结合的产物。根据《内经》"法于阴阳，和于术数"原理，在医道的统率下，将整个中医学的基础理论和临床经验结合成一个有机的整体，而其中又以"数"为纲领，其数乃象数之数，包括太极（道、气、玄、元等）、阴阳、三才（三元）、五行、阴六阳九、八卦、干支（十天干、十二地支）、河图、洛书等，而其与中医学结合则产生气元论、五运六气学说、脏腑配位配数、九宫八风、子午流注、灵龟八法、飞腾八法、气功火候、药物配伍比例、生命历程的划分及男八女七的分段等重要学说及方法。医道：属于中国数术学太极论的道论范畴。又称为医理，即医学哲学，现统称为医学辩证法，是一切医学理论和临床诊疗技艺的总纲。它以研究医学模式、医学审美、医学思维、医学研究方法等医学规律为己任。它研究人的生命本原、本性、本质及其与自然界、社会之间的联系；研究自然现象、生命现象、社会现象、思维现象的一般规律及其关系；研究医学宇宙观、生命观、社会观、生理观、病理观、疾病观、诊断治疗观及养生预防观，旨在探求生命本体论、认识论、反映论和方法论在中医学及人体科学中的具体运用和体现。

三层次之间的辩证关系：中国象数医学理论体系的三个层次密不可分，缺一不可。医道是医学理论的原理，由医道而产生了医术、医学（狭义）；医学（狭义）是临证之主体，由医学（狭义）而完成医学治病救人之功利；医术则为中介，是联系医学、医道之纽带；由医术而使医道之原理和指导意义在医学

（狭义）实践过程中得以实现，亦使医学（狭义）对医道之原理进行验证。医道是医术、医学（狭义）的基础，是其最终的说理工具。但它只能也仅仅能提供一般的本体论、方法论（即说理工具），而不能实现医学之目的，尤其不能检验自身的正确性。医学（狭义）是完成医学目的的手段和方法，它必须受医道之指导，只有在医道的指导下，才能正确地或尽可能正确地完成医学的任务，并在大量的实践活动中检验医道的正确与否，使医道走上更正确、更准确地反映医学本质，更能够体现其指导意义的正确轨道。医术在医道的统率下，使医道原理在医学活动中得以充分体现，又使医学之实践尽可能合乎医道之指导，使医道、医学之联系得以形成。由此可见，由医道产生了医术，由医术产生了医学；反过来，由医学而能体现医术，由医术而能产生医道，由此而使医道、医术、医学三者之间建立起一种辩证统一的关系，使中国象数医学的理论体系得以系统。

4. 研究中国象数医学的意义

中国象数医学，就其揭示的自然规律及其在理论上、方法上或实践上，都有着中医学自身的特点，并为历史文献和长期的医疗实践所印证。《内经》时代的中医学，是广泛吸收同时代的科学文化知识而形成的一个博大精深的理论体系。但是构成体系，首先要定位，定位就是自我设限，也就是有所规范，体系一完备，就会封闭，封闭就是老化的开始。解决这一矛盾的唯一途径就是沟通，沟通就是要跳出自己体系的"自我设限"，有可能扩大自我，来承受和接纳外来的体系。因此，当前研究中国象数医学，并非要求简单地、完全地恢复到《内经》时代的医学，而是要在充分地把握中国象数医学之本的前提下，以广义中医学的基本理论为主体战略，旨在使中医学突破自己长久以来的封闭和自我设限，容纳历史的一切优秀的科学文化知识，在和历代科学技术的沟通中求得发展。从中国医学发展中可以看出，从金元四大家的形成，到明清温病学派的建立，均是在继承的基础上而有创新，而有发展，充分体现了太极思维模式的封闭→开放→再封闭的事物发展轨迹，即太极总在一起成为一切事物必然性、协调性、系统性的开放与闭合的矛盾转化，走向逆的过程的统一模型。

余对于中国象数医学的研究受到国内外医学界的关注，如 1988 年 6 月 5 日《卫生与健康》有《柳少逸的研究轰动我国中医界》的报道；《科技日报》1988年 10 月 17 日有《将五运六气学说与现代科学相结合——柳少逸提出中医临床新理论》，1991 年 7 月 21 日有《为古老中医辟新路——记山东莱阳中心医院主治医师柳少逸》的文章；1991 年 1 月 5 日《中医药信息报》有《柳少逸提出阴阳有序非平衡论》的报道；《中国中医药报》1991 年 4 月 20 日有《柳少逸运用中国数术学研究中医学》《中医药信息报》1991 年 10 月 5 日有《柳少逸提出象数医学的新理论》等文章；鉴于 1992 年 2 月余应邀去日本进行学术交流，1992 年 9 月 12 日该报有《中国象数医学登上国际医坛》的文章；1994 年 5 月 8 日《烟台日报》有《埋首勤耕耘，饮誉海内外——记莱阳中心医院象数医学专家柳少逸》的介绍。报告文学《"神医"柳少逸》于 1994 年分别在《山东文学》《中国农村》《当代小说》等期刊发表；《"半痴"柳少逸》发表于《山东画报》1994 年第六期。

受中华中医药学会委托，1992 年 10 月山东中医药学会承办了中国象数医学学术研讨会。大会就中国象数医学的概念、范畴以及当前研究的现实意义进行了交流和热烈讨论。大会肯定了余关于中国象数医学概念及其以医道—医术—医学（狭义）为核心的理论体系，认为中国象数医学是中医学发展到今天的必然产物，是对以《内经》为代表的以"天人合一"为核心的中医传统理论，在经过漫长的发展过程后的一种复归。它的产生和发展具有历史发展和科学规律的客观必然性。会后由余主编了《中国象数医学研究荟萃》一书出版。

（二）倡导太极辩证思维，构建中医病机四论体系

余宗《素问》之"善用针者，从阴引阳，从阳引阴""审其阴阳，以别柔刚""脉有阴阳，知阳者知阴，知阴者知阳"；宋代朱肱"阳根于阴，阴本于阳，无阴则阳无以生，无阳则阴无以长"，及明代张景岳"善补阳者，必阴中求阳"；"善补阴者，必阳中求阴"之理，临证而立太极思维方法，并通过大量医学实践建立了病机四论体系：老年、退行性疾病的虚损论，功能失调性疾病的枢机论，器质性病变的气化论，有形痼疾的痰瘀论。

1. 太极思维理论渊源

太极，系道家所创，初以其名统阴阳之道，含变化相生于内，实是指产生宇宙万物及构成事物的诸要素和诸属性的总根源。这种思想端倪远远形成于道家产生之前。作为群经之首的《易经》一书，深刻而详细地阐述了太极思维的理论机制。"一阴一阳之谓道"，这是《易传》辩证法的核心，反映了太极的物质基础，即对立统一的两种相关事物，也包含了一阴一阳变化潜动的法则。《易

经》所阐述的太极内涵，以《系辞·上传》中的"易有太极，是生两仪，两仪生四象，四象生八卦"为代表，强调指出阴阳变化相生而成宇宙万物的大道之论。于是在《易传》中就有了"盈天地之间唯万物"的具唯物主义因素的命题。

总之，作为当时科学文化大成之作的《易经》一书，已经详尽地指出了太极思维的两个要点：一，阴阳互根互用，即体用学说；二，反映事物运动变化的观点，即运动学说，包括阴阳对立制约、消长转化。在八卦、六十四卦的推衍及六爻阴阳析位等演绎中，均强调了阴阳的互根性、互用性、运动性。如"八卦小成图""六十四卦大成蕺图""阴阳环图"均直观地演示了八卦由太极而生、六十四卦于八卦寓于太极而生的变化过程，以及十二辟卦所寓有的阴阳升降往复对卦体、物候、气候等的影响过程，这些都深刻地阐述了太极思维的两个要点。

太极的整体性和太虚的混沌性是"道"的内涵。对此，唐代孔颖达在《正义》中指出：太极是天地未分之前，混而为一的元气。这一混沌不分的元气，内蓄阴阳之机，含而不显，变化无穷，亦可谓宇宙根源之元气。后世儒家又分化出"以阳统阴，以阴追阳"之理，从而形成了儒家崇尚刚健正大的风尚。而老子认为，太极即"元"，"元"即是道，故曰："天下万物生于有，有生于无。""无"，并非一无所有，而是指存在的某种物质无声无臭，"有物混成，先天地生"，处于"寂兮寥兮"之态，"周行不殆，可以为天下母"，故为"道"也。"有"生于"无"，有形之物体产自无形之本体，即"有"与"无"异位而同体。庄子更将这一"无"的思想，提升为"无无""无无无"，在《齐物论》中指出："有有也者，有无也者，有未始有无也者，有未始有无未始有无也者。俄而有无矣！而未知有无之果孰有孰无也？"如人类生存在地球上，以地球为本始，而地球亦不过是太阳系中一颗行星，太阳系又不过是银河系中一个系，银河系又不过是宇宙沧海之一粟也。庄子这一思想，正象征着宇宙的无穷无尽，在个体的产生消亡中，得以大道的永恒，生生不息。这些均阐述了太极的本意，并非是指一物而言，实是一个洞开的动态世界。此即陈师维辉公所云："太极就是包括宇宙间无穷无尽大大小小一切事物。它乃最原始、最基质、最初态的变化规律。太极的变易产生了一切，太极总在一起成为一切事物必然性、协调性、系统性的开放与闭合的矛盾转化，走向逆的过程的统一模型。"

以太极理论指导的思维模式，余名之曰"太极思维"，它反映的是太极观念。在这种思维方式指导下，产生了众多璀璨的文化体系，如儒家、道家、阴阳家、数术家等，可谓是中华文化根源的核心之一。就儒道二者来说，虽有偏持阴阳之异，但均讲求阴阳互根相守，不以逾越为度，此即《内经》"阴平阳秘"之说。

余在《评阴阳平衡论》文中，曾明确地阐述了太极思维理论，指出阴阳互根互用的过程是一个有序的运动过程，符合《易经》中对太极的描述——或阴或阳。二者的非平衡稳态决定了人体的正常生理功能，同时也符合"天人合一"的观点，即生命系统的开放性、气化活动的有序性、生长发育过程的不可逆性。

中医学理论构筑之初，亦广泛地吸收了太极理论，其中的阴阳五行学说就是以"太极思维"为核心，由"太极思维"营建了中医学之精微理论。《内经》中的"天地氤氲，万物化醇，阴平阳秘，精神乃治"也深刻地启示了这一点。余在深悟下，触类旁通，而尤以太极为万物生化之本始，即太极—宇宙—万物—生物为一有机整体，环环相扣，生生不息，故"太极思维"模式是中医学术思想基石之一。

2. 疑难病病机四论体系

疑难病是指现代医学目前尚未认识其病因病机且无根本治疗方法，或是对病因病机有一定认识，但临床无理想治疗方法的疾病。此类疾病的发病率随着社会的发展、人们生活饮食规律的改变逐渐呈上升趋势。

《素问·至真要大论》云："审察病机，无失气宜""调气之方，必别阴阳"。明代张介宾云："病机，为入道之门，为蹉步之法""机者，要也，变也，病变所由出也"。《素问·至真要大论》有"病机十九条"之详论，然仅为举例而已，不能概括一切病证。故余在临证中，注重阴阳调和、阴平阳秘的作用。以《内经》"善用针者，从阴引阳，从阳引阴，以右治左，以左治右"之论为依据，以景岳"善补阳者，必于阴中求阳，则阳得阴助而生化无穷；善补阴者，必于阳中求阴，则阴得阳升而泉源不竭"之论为纲要，概括为临床疾病辨证论治的精微理论大法，实是相应于阴阳互化互根的太极理论。正是在太极思维方法的指引下，余结合中国象数医学基本原理，运用医学系统方法，经大量的临床实践而提出疑难病病机"四论"体系，从而成为余解释慢性、顽固性疑难病证和各科杂证的病因、病机理论体系的纲领。

（1）老年、退行性疾病的虚损论：人类的生命活动过程是一个连续发展的不可逆过程，自然界存在春、夏、长夏、秋、冬变化，万物有生长壮老已的始终，显示了一个由量变到质变的过程，量变的大小决定质变的程度，他们之间的关系与年龄时间成正比，一旦机体组织结构和功能状态出现异常或退化，表现为量变与质变的比例失调而成虚损，是老年退行性疾病的病因、病机所在，亦与太极理论极为相合。《灵枢·天年》记载："人生十岁，五脏始实，血气已通，其气在下，故好步……四十岁，五脏六腑、十二经脉皆大盛以平定，腠理始疏，荣华颓落，发颇斑白，平盛不摇，故好坐……九十岁，肾气焦，四脏经络空虚。百岁，五脏皆虚，神气皆去，形骸独居而终矣。"其形象说明了生命活动呈抛物线过程，亦即中医学"形神统一的生命观"思想。虽说心主血；肺主气；肝藏血；脾统血，且与胃同为后天之本、气血生化之源，但肾藏精，精为气血生成之本，又为人体生长发育的根本，故有"先天之本""水火之宅"之谓。从而形成以肾元为核心的脏腑系统太极模式，形成肾与心同气相求，肺与肾之金水相滋，肾与肝之水足肝柔，肾与脾之火旺土健的人体脏腑的系统网。故而肾元虚衰是《灵枢·天年》"肾气焦，四脏经络空虚"的主要因素。对此，后世医家多有论述。《中藏经》有"肾气绝，则不尽其天命而死也"的记述；清代梁文科《集验良方》有"寿命修短，全系精、气、神之盈亏"的记载，此即明代张介宾"五脏之伤，穷必归肾"之谓也。鉴于此，余提出了治疗老年、退行性疾病的关键在于"益元"，即促进病人机能旺盛，加强或提高机体调控能力，改善全身机能状态延缓衰老，并创立了"益元"系列方剂：益元愈喘方、益元健脾方、益元荣督方、益元荣骨方、益元荣冲方、益元荣脉方、益元荣神方及益元荣筋方等临床应用广泛行之有效的方剂。

（2）功能失调性疾病的枢机论：根据系统论观点，人体是由多级阶梯结构的系统所组成的巨系统，内外环境始终是在不断地变化着，机体据此在脏腑经络系统的统一调控下，把有关组织按一定方式组成一个系统，并按一定规律进行应变活动，使机体的生理状态维持在一个适度范围。人体正常生理状态下的功能活动，即指气的功能活动，亦即气的运动，包括了升、降、出、入四种基本运动形式。当人体各脏腑功能正常的情况下，气的升降出入的气机运动就会正常有序，当全身气机的升降出入有序进行时，各脏腑、组织、器官的功能亦常。故而，当七情六淫或其他病理因素导致气的升降出入运动受阻或影响了脏腑、器官气的升降出入时，即产生了功能性疾病，但功能性疾病不是一成不变的，日久不愈，亦会导致脏腑、组织、器官因功能失常而引发气化不利，使精血津液代谢失常，而出现器质性改变。另外，少阳居于半表半里之间，转枢内外而为枢机。太阳、阳明之开合全赖少阳之枢，故水道得通、饮食得化。若枢机不利，必导致人体开合、升降、出入之机失司。故清代唐容川有"少阳转枢不利，清气遏而不升，浊气逆而不降"之论。少阳在足为胆，助水谷运化而决断出焉，在手为三焦，乃水谷出入的道路，总司人的气机和气化，且少阳内联三阴，外出二阳，为入病之门户，出病之道路。人体开合、升降、出入之枢，不动在少阴，动在少阳，故病在少阳枢机，则多为功能失常性疾病。若失治，由阳入阴，少阴枢机不利，日久即会导致精血津液的气化失司，停聚或代谢失常而形成器质性病变。

可见"枢机论"与"气化论"不能截然分开，两者互相影响，仅以有无阳性体征为分则。在治疗上亦应视病情而定，是否加以调气化之剂，以截病经。从而现代医学中由人体血管、神经、内分泌代谢功能失调所导致的疑难病的病机有了一个系统的理论。临床中，余强调应用少阳病主方小柴胡汤加减，以调枢机，广验于临床。1994 年有《少阳之宗》一书出版。并创立了"加味小柴胡方""理气调枢方"用之临床。

（3）器质性病变的气化论：余据系统论动态性原则，指出任何事物都不是一成不变的，而是在进行着不断的转归和进化等发展。认为器质性疾病是指在人体"退行性"和"枢机不利"的基础上，由于功能失常，病理产物储积而导致的人体实质性病理损害。

中医理论认为，构成人体的最基本物质是气，同时，它又是维持人体生命活动的最基本物质。精、气、血、津、液各自的新陈代谢是生命活动的基础，五脏六腑功能的完成，皆以气为动力，即气的运动变化以及由此而产生的物质和能量的转换过程，即气化过程。余在《生气之原辨析》一文中指出，气化学说是先哲对机体及其物质代谢的朴素认识，气化功能失常既能影响气、血、津、液的新陈代谢，又能影响到饮食物的消化吸收，影响到汗液、尿液和粪便的排泄而形成各种代谢异常，造成心、肝、脾、肺、肾等器官的本质性损害，从而导致现代医学之血管性疾病，血液黏稠度增高、血栓瘀血形成等心脑、肾类血管性疾病，及肾炎、结石、肝炎、肝硬化、胃炎等一切有形有征的疾病或借助现代检查手段而有病理变化者。

余每以补泻相寓、升降相宜调节气化。举凡桂枝汤化裁治疗诸多气化不及病证，宗《素问·至真要大论》"五味阴阳之用"，以及《素问·脏气法时论》五味应用之要，可知方中桂枝味辛发散，白芍味酸收敛，相反相成，共为主药。且桂枝味辛，与甘草乃辛甘化阳之伍；芍药味酸，与甘草乃酸甘化阴之伍；生姜、大枣二药，具酸、甘、辛之味，有和营卫之功。故诸药同用，以通阳化气之功而广验于临床。他如"苓桂术甘汤"治疗现代医学之心包积液；"桂枝加龙牡汤"治疗心律失常，亦以通阳化气之功而取效；又如应用"医话阳和饮"或"金匮肾气丸"调治支气管炎、肺气肿等咳喘疾患，方中温阳宣发之品与生津滋阴之品相伍，既可温阳化气，又可防止伤阴太过；他如《浅谈水液代谢的系统观及临床思维方法》《桂枝茯苓丸治疗石淋及肾积水证》《柴苓汤在肾病中的应用》等文，均阐明桂枝之"通阳化气"、苓术等淡味药"涌泄为阳"之义。余并创立了通阳化气之"化气通脉方"、温阳化气之"附子五苓方"用于临床。撰《阳和饮在哮喘治疗中的应用》一文，发表于《中国中医药信息杂志》。

（4）有形痼疾的痰瘀论：有形痼疾多指在体表能够看到、触到或通过现代仪器（如X线、B超、CT、MRI等）能够检查到的有形疾病。如现代医学之各种肿瘤、卵巢囊肿、前列腺肥大、脑动脉硬化、脑血栓、脑出血、心肌梗死、肺结核、淋巴结肿大类疾病，乳腺增生、妇科炎块、硬皮病、脑外伤后遗症等病，既有因"痰"而致者，又有因"瘀"而致者，临床中把握病机及痰、瘀的侧重，对证治疗尚可获效。余认为，因痰致病者多由枢机失调、气化不利而痰浊停滞演化而来，对此，清代汪必昌《医阶辨证》有"痰，精液所生也；饮，水饮所化也。留之为病多端，凡病不可名目者，痰饮病也"的论述。同时，又可因"痰"的形成导致功能失调、退行性病变的开始。因瘀致病者多由阴阳虚衰、气机郁滞、血寒、血热等引起，常以虚损为主要临床表现和病理基础，故又可造成某些退行性疾病。同时临床中又有痰瘀互结而为病，诚如明代朱震亨《丹溪心法·痰》所云："痰夹瘀血，遂成窠囊。"反映了病因病机丝丝相扣的太极模式。如《金匮要略》中的"鳖甲煎丸"，具扶正祛邪、软坚消痰、理气活血之效，其应用极为广泛，用于多种原因引起的肝脾肿大、子宫肌瘤、卵巢囊肿及腹腔其他肿瘤。其作用机理诚如《金匮要略论注》所云："药用鳖甲煎者，鳖甲入肝，除邪养正，合煅灶灰所浸酒去瘕故以为君；小柴胡汤、桂枝汤、大承气汤为三阳主药，故以为臣；但甘草嫌其柔缓而减药力，枳实破气而直下，故去之；外加干姜、阿胶，助人参、白芍养正为佐；瘕必假血依痰，故以四虫、桃仁合半夏消血化痰；凡积必由气结，气利而积消，故以乌扇、葶苈子利肺气。合石韦、瞿麦消气热而化气散结；血因邪聚而热，故以牡丹紫葳而去其血中伏火、膈中实热为使。"

余临证喜用桂枝茯苓丸，方中桂、芍一阳一阴，茯苓、丹皮一气一血，桂枝温阳化气，苓丹祛湿清热，共调其寒温，扶其正气；桃仁破血以去病所，芍药统血养正，虽药少方简而实蕴太极大道！再如血府逐瘀汤，方由活血化瘀之桃红四物汤、调枢达郁之四逆散合桔梗、牛膝而成，此乃气血并治、升降相因之法也。方中桃红芎芍活血，当归、生地养血，故血去而不伤血；柴胡、枳壳疏肝理气，气行则血行；牛膝引血下行，桔梗引药上行，诸药因太极模式而抒于一机，俨然一体，故余对妇科、肺系、心系及肾系疾病，凡因气化失司、痰瘀结滞之证多选用此二方加减用之。临证并创立了"天竺方""慈莲方""活瘀通脉方"等，施于临床。尚有《柳吉忱癥瘕治验》一文发表于《山东中医药大学学报》。

四论并非各树一帜而割整成零，之间常可互相影响，互为因果。枢机不利，不仅脏腑功能失常，日久还可导致气化异常，脏腑器官出现器质性改变；气化失司，功能和物质的转换和再生不利，日久会出现精气血津的亏虚而导致虚损；因气机不利，气滞血瘀，津停湿聚，气化失司，津血痰湿留聚，日久痰瘀结聚均可内成痼疾；气化失司则气机不利，五脏虚损则气机不畅，气化无力，痰瘀阻滞则影响气机气化受阻，故病机四论仅为临床诊病提供思辨纲领，不可拘泥。其中蕴含着丝丝相扣、环环相接、相互消长转化的太极思维模式。

（三）承扬名医学术思想，开展中医文化学研究

中国是一个文明古国，它自成体系的东方文化，明显与其他体系的文化有区别。但文化本身总是各自独立发展而又相互渗透的。中国天文学、历法学、农学乃至文学艺术，都有其民族特色。中国文化在发展过程中，经历了不同历史时期、不同区域文化的影响，不断地交融渗透，进而形成了有着诸多学科，而之间又相互影响的独特的文化体系。中医学就是在不断地吸收同时代的自然科学知识，而丰富和发展起来的，由此决定了中医药学的广泛文化性和今天探讨中医文化的意义。弘扬优秀的传统文化，是当代人无可推卸的责任。弘扬优秀的传统文化，最重要的是接触、研究国学典籍。早在 1906 年章太炎先生在

《国学讲习会序》中就有"夫国学者，国家所以成立之源泉也"的论述；邓实在《国学讲习记》中有"国学者何？一国所有之学也"的记载。中医学为国粹，中医典籍为国学的重要内容之一。故承扬中医事业，亦为"学其一国之学以为国用"之谓也。自19世纪以来，弘扬国学与颠覆传统之争一刻也未曾停止过。若说数典忘祖是偏见，连典都不读的人则是无知。民国初期著名学者胡适与辜鸿铭都有着深厚的西学背景。胡适是洋书读多了，把国人的毛病看透了，更加自卑；而辜鸿铭是洋书读多了，把洋人的毛病看透了，更加自负。所以鄙视国学，就会失去文化自信，就会生出精神漂泊的卑微心态。那些只读过几本中医教科书，又学了些西医知识的人，从而把中医的毛病看多了亦不足为怪了。张奇文等名老中医熟谙中医历代文献及先秦诸子之学，又看过很多西医书籍，故而以中医为国粹而自信。2007年，首都师范大学出版社推出了六百余万字的大型丛书——《国学备览》，而子集中则有《黄帝内经素问》一书。故余认为：作为我国现存最早的医学典籍的《黄帝内经》，其构筑的中医药学的基础理论体系，就是在充分吸收了春秋战国时期的科学文化精华的基础上形成的，它集医学、哲学、数学、气象学、物候学、天文学、历法学、地理学于一体，从而形成以中医学为主的百科全书。余曾以"五运六气学说"为例，探讨了中医学的文化学意义。在《五运六气学说浅谈》一文中，论述了运气学说的现实意义、基本内容、科学价值及研究概况等方面之后，又在《运气学说渊源及其在〈内经〉中的地位》一文中写道：运气学说将物候学、气象学、天文学、地理学等知识融为一体，从而形成了我国古代医学气象学、时辰治疗学。就其内容而论，横跨专业的界河，纵横捭阖于不同领域，涉猎医学、天文、地理、气象等自然科学的许多学科，乃集百家之长，汇千古之思，集大成于《黄帝内经》；就其渊源来说，它源于阴阳五行学说，是古代医学家在"天人相应"的客观世界中创立的，是在古代各个学科的边缘地带产生出来的，其特点是具有综合性和边缘性。

余在《从古今名医简析谈中医人才的知识结构》一文中，从分析古今名医的文化结构入手，论证中医学实是跨越哲学、数术学、天文学、地理学、气象学等多学科的一种广义的医学。中医学基础理论就是源于同时期的天人相应观、形神统一观及太极思维的辩证观和阴阳五行等哲学理论，在不断地临床实践中，更加充实了外环境（大自然）对人体生命的影响，从而在地理学、气象学的角度上，广泛研究人体的生理、病理以及疾病的辩证治疗。儒、道等诸子之说，其追求"中庸之道""中和之美""庄禅意境""恍惚虚无",均不同程度地影响了中医养生学,特别是中医的情志治疗学,后世的音乐导引、气功疗法等均直接脱胎于此,中医养生观实际上基本就是脱源于道、儒养性修心的哲学观。

余在对历代名医的知识结构进行分析之后,又将清代一位知识渊博、才华横溢的名医——黄元御的知识结构进行了审视,由群体到个体,由共性到个性地分析古代医家的知识结构和成才之路。撰有《从中医学的结构谈黄元御的医学成就》一文,通过对黄元御的生平、知识结构、医学成就、成才基础和道路的探索,进一步明确了中医学的医学(狭义)、医术、医道三个层次的结构,表述了中国传统文化对中医药学的深刻影响和中医药学的文化学意义,说明了医学巨匠大师们"文是基础医是楼"的知识结构中"文"的重要性。

正是在对《内经》的广义中医学结构、历代名医的知识结构的探索以及与中国传统文化、现代科学文化的比较研究中,余才能够形成构建广义中医学——中国象数医学理论体系的思路。

纵观中医古籍,无论哪个流派,甚至学术观点争鸣较甚的医家,其用药或主凉或主热,但是疗效却都不错,这种情况在当今临证中亦可寻见。实际上,中医学的源流只有一个,所谓的观点争议,只是论治的不同而已,无论采取哪种治法,所依据的亦不离中医学的基本理论内容,所谓"法无定法,唯象唯物"就是这个道理。外治法,内治法,或针或药,或采取综合治疗,都是在中医理论指导下的一种治病路径。综观古今中医文献,余深感中医学在科技社会里,应当有一条自己的发展思路。中医学应当更好地吸收其他自然科学知识,在理论及实践方面逐渐形成一种系统的科学的统一大法,使中医学确切地成为融防病、治病、养生保健、饮食文化、性情道德修养等于一体的综合医学,而广泛地服务于现代人类。

鉴于中国传统医药学是广泛地吸收了古代一切科学文化精华而形成的一门科学,而齐鲁之邦是中华民族文化的发祥地之一,又是中医学思想基础的儒、道、阴阳三家的发源地,1994年余在烟台市主持召开了"山东中医药学会齐鲁名医学术思想研讨会"。余亦以《柳吉忱及其学术思想简介》《牟永昌及其学术思想简介》《王维欣学术思想概述》《黄元御及其医学成就》(此文发表于《中医文献杂志》)等文进行学术交流。会议期间,余之弟子刘玉贤以《文是基础医是楼——柳少逸中医文化思想概论》《柳少逸中国象数医学思想概述》,谭维勇以《立意杏林贵在拓展——柳少逸学术思想浅探》《太极思维的临床实践——柳少逸病机四论体系简介》等文阐述余之中医文化学与临床的研究情况。会后由蔡锡英主编出版了《齐鲁名医学术思想荟萃》一书。

1995 年 10 月，余在山东曲阜市主持召开了"山东中医药学会中医文化学学术研讨会"，与会代表深入开展了中医文化学的学术讨论。余撰写了《道教全真派及其养生学思想浅谈》《读仲景书序札记——谈"勤求古训，博采众方"》《读史记，论扁鹊——兼论扁鹊医学的学术特点》等学术论文。会议期间，余作了《〈内经〉道论——兼论中医学与中国传统文化》的学术讲座。当论及中医学的传承和发展时，余引用了英国著名历史学家汤因比（1889—1975）的观点：一个完整的一体的文明，在传播时会被分离成科技、政治、艺术、宗教等成分。这时各种成分的传播力通常与其价值成反比。也就是说，越是不重要的成分，越受欢迎；越是重要的成分，越被排斥。比如科学技术就比宗教信仰传播的快速而广泛。这种对最小价值成分做最大最快最广泛传播的自动选择，显然是文化传播中一条不幸的定律。中医学是中国传统文化的重要组成部分，《内经》所寓有的"天人相应的系统整体观""形神统一的生命观""太极思维的辩证观"，构成了中医学术思想的主体，且具有深刻的老子道论哲学特点。目前中医学在其承传过程中，也对应了汤因比的这一定律，被传承的技术化倾向破坏了。中医学取类比象法着意于对中医学整体性和宏观性的把握，而与现代医学擅长局部取向不同，中医学整体性的把握，充分体现了老子气（道）的本体论思想。气为宇宙生命，是以一种流荡广远而又包含广远整体性的"寂兮寥兮""太虚寥廓"的状态存在。气的这种太虚的混沌整体性与太极的系统有序性的结构，是容不得分割与阻断的，它不但化解了主客观世界的界限，也模糊了人与自然的鸿沟，是"天人合一"老子哲学衍生出的概念。从《素问·宝命全形论》"天覆地载，万物悉备，莫贵于人。人以天地之气生，四时之法成"的论述中可以看出，宇宙与人类生命感应而融为一体，从而成为"天人合一"的中医学术思想。就《内经》中医学中的医道、医术、医学（狭义医学）三个层次而论，传承最广泛的是狭义的医学部分，而《内经》中"法于阴阳，和于术数"的核心理论部分（医道、医术部分）则已被淡化，中医学亦越来越呈技术化的倾向，从而导致了中医学术的异化，亦必然抽空了中医学术的核心内涵，这是目前中医乏人、乏术的症结所在。所以，中医学术的承传与发展，必须根植于中国传统文化，根据中医学的内在规律，进一步完善中医学理论体系。

癌症是一种常见病、多发病，严重地威胁着人类的生命健康，已引起全社会的关注。20世纪60年代家父即关注肿瘤的研究，并有《中药治疗食道癌胃癌的观察》及《黄药子酒治疗食道癌的临床研究》等论文。莱阳中心医院1973年扩建的中医科病房，在38张床位中设立了10余张肿瘤床位。在家父的指导下，余亦得以对肿瘤进行一定的研究。癌症病因复杂，机体反应差异很大。其发病规律，除共性外，也有其特殊性，且易复发和转移。初期邪正俱实，可任攻逐，"必穷其所之，更益精锐，所以捣其穴"；实邪之伤，攻不可缓，"富强之国可以振威武也"。中期邪实正虚，攻补兼施，扶正达邪，以逸待劳，"所以老其师也"。后期正气衰败，病邪渐缓，亟宜固守元气，匡扶正气，以冀带病延年，"衰敝之日，不可穷民力也"。余在家父治疗肿瘤经验的基础上，积研究中医、《易经》、兵法之术防治肿瘤的经验与思维积累，著有《人癌之战与三十六计》，于1993年付梓。宗徐大椿氏"用药如用兵"意，以计定用药式。先列计名，说明原计用典。以《易》解计，用《易经》中阴阳燮理，分别推演兵法中的刚柔、奇正、攻防、彼己、虚实、强弱、主客、劳逸等矛盾的对峙转化关系，以计之哲理及所阐明的矛盾法则，指导肿瘤防治，并立三十六用药式。斯书熔《易》理、哲理、兵法、医理于一炉，力求在人类与癌症之战中，从宏观的角度把握防治肿瘤之大法，并立健脾益气法，内外合治，取得了切实的疗效。余并撰有《健脾益气法在治癌中的应用》和《癌敌止痛膏（又名康复止痛膏）治疗癌痛136例临床总结》二文，余携此两篇论文出席了第十届亚太地区肿瘤会议，并进行大会发言。

20世纪80年代以来，随着茶产业的发展，茶文化亦迅速崛起，茶已被世人公认为最好的保健饮料。同时，茶对于一些疑难病证，亦显示出独特的疗效。余于80年代末，开展了对"北方古茶"（道家茶、佛家茶）及"茶疗"的研究，建立了百亩植物园。除了对北方茶的药理进行探讨外，尚将制茶工艺与现代科技结合，把百余种北方药用植物的叶子加工成"药茶"，以中药"单方""复方"及"茶饮"的形式，应用于临床，以期开拓出一种新的剂型和新的治疗模式。从而扩充了"药茶"的新物种，拓宽了"茶疗"的医疗范围，填充了"茶文化"的内涵，并撰有《北方古茶渊薮与今用》《北方药茶基原与应用》等文。

余以《礼记》"博学之，审问之，慎思之，明辨之，笃行之"为治学之要，省病查疾"力戒九仞之功，一篑之亏；临证以十全计上律己，不以九折称良"。此即唐代刘禹锡"浮图之慈悲，救生最大"之谓也。余五秩时曾作句自勉："人生之至重，惟命，慎思之，当为明医；医理之极微，务精，博学之，不尚名医。"故于临证百倍其力，潜心于心脑病、肿瘤、糖尿病、肾病、泌尿系结石、子宫肌瘤、妇科炎块、脑外伤后遗症、风湿、类风湿、痛风、周围血管病、神志病、哮喘病、老年退行性疾病、小儿舞蹈病及小儿脑积水等疑难杂病的临床研究，多有所获，积累了一定的临床经验，并撰文以进行学术交流。1992年将历年之中医药研究论文汇集成册，名曰《杏苑耕耘录》出版。余崇尚经方，博极时方，忱瞻《伤寒杂病论》30载，潜心钻研，探其奥蕴，著有《少阳之宗》，并于1992年出版。意在临证辄取少阳转枢之功，述小柴胡汤及其变方百余首，熔经方、时方于一炉，乃余研究"小柴胡汤"之心得也。2003年，又集40年《伤寒论》方证临床研究，完成《伤寒方证便览》一书，2006年由中医古籍出版社出版发行。山东省卫生厅原副厅长张奇文主任医师在《伤寒方证便览》序中写道："少逸大夫1969年毕业于山东中医学院，但更属60年代'名师带高徒'中医政策实施下成才的一名中医大夫。其幼承庭训，长有师承，加之奋志芸窗，尽得其父其师真传，从而形成柳氏学术思想体系……斯书上承仲景之旨，下贯后世之论，融古今医家临证之精华，而成其集，此乃立意伤寒方新用也。故而余认为此乃一部中医临床应用和研究伤寒方的可资之书。"

唐代孙思邈尝云："知针知药，固是良医。"而清代陆清洁又有"学不明针灸脉理者，不足以言医；术不兼通内外科者，亦不足以言医"的论述。故而余认为：一名综合医院或基层医疗机构的中医大夫，必须学识广博，技术全面，具有全科医生的知识结构，既精于方药，又熟谙针灸、推拿诸非药物疗法。余学研《串雅》内外篇、《本草纲目》《理瀹骈文》而经纬交织，丝缕不已，广验于临床，先后主编了《中医非药物疗法荟萃》《中医外治法荟萃》及《中医康复疗法荟萃》等书，以简、便、验的医疗特点而便民矣！

传　薪

（一）注重医学研究，开展学术活动

当今世界，以知识爆炸为其特点。科学技术在微观纵深发展的同时，转向

宏观的综合交叉研究，许多最先进的立论无不具有中医学的内涵，这是中医学发展的制高点。故而中医事业的发展和振兴，从根本上说，学术水平的群体提高是中医事业的生命力之所在。余重视自身业务技术水平的提高，积极撰写论文，通过学术交流提高自己的学术水平。所以开展学术活动，是"承传岐黄薪火，传承中医衣钵"的一条重要途径。20世纪80年代，中医药学会成立了各专业委员会。随着各级中医院规模的扩大，中医药的临床研究亦呈一派新的局面。但综合医院中医科及基层社区医疗机构中的中医药人员，这一庞大群体则受到"冷落"，因综合医院中医人员面临的是接诊西医各科无良好办法治疗的疑难顽症的局面，社区中医则需面对"全科医生"的业务特点，加之现代中青年中医对中药植物学、炮制学及针灸推拿学知识的匮乏，故针对上述业务工作特点，如何为他们提供一个学术交流的平台，是余关注的一个课题。在省中医局及省中医药学会的支持下，山东半岛中医药研究协会（后更名为山东中医药学会民间疗法专业委员会）及齐鲁中青年中医读书会（后更名为山东中医药学会中青年中医读书会）于1987年先后成立，余任"两会"主任委员。

余作为中华中医药学会中医文化分会委员、山东中医药学会肾病专业委员会委员及烟台市中医学会理事，积极参加学术交流。同时作为"两会"的主委，主持召开了十二次学术例会；自1988年起，受中华中医药学会、山东中医药学会的委托，先后主持召开了"中国象数医学学术研讨会""山东省中医非药物疗法学术研讨会""山东省中医外治法学术研讨会""齐鲁名医学术思想研讨会""山东省中医文化学术研讨会""山东省中医康复疗法学术研讨会""山东省中医学术发展战略研讨会""山东省海洋药物与中医临床学术研讨会""山东省中医保健学术研讨会""山东省地方中草药临床应用学术研讨会"等十次专题学术会议，为山东省的中医药学术发展做了一些有益的工作。

（二）承传岐黄薪火，创办中医教育

"为天地立心，为生民立命，为往圣继绝学，为万世立太平"，此宋代张载之名言，宋儒追求之理想，亦今天振兴中医之宗旨也。"传道、授业、解惑"是中国自古以来传统的教育模式。中医教育亦延续了这一承传模式。中华人民共和国成立后有师徒相传的中医带徒及开办中医院校两种育人模式。1987年，余受山东中医药学会的委托，与家父吉忱公创立了山东扁鹊国医学校，中医局蔡

剑前局长任名誉校长。首届学生大都为全国的中医界子弟，学生在校期间，系统地接受理论学习，假期及实习期间多由其父辈临床带教。该校的举办意在开拓一种师徒传授与学历教育相结合的办学模式。余亲自授课，讲授中医基础学、中医内科学、中药学及推拿学。为了保证有一个好的学风，学校以"一曰孝行，以亲父母；二曰友行，以尊贤良；三曰顺行，以事师长"的《周礼·三行》为校训。《礼记》有"凡学之道，严师为难""师严然后道尊，道尊然后民知敬学"之训，宋代欧阳修有"古之学者，必严其师，师严然后道尊"之教，此即俗语"严师出高徒"之谓。因而学校制定了一套严谨求实的管理制度。由于科学管理，学校各项工作扎扎实实，学生为实现既定的目标而发愤读书。自1991年学生参加全国高等自学成材考试以来，成绩显著，受到各级教委的表扬。其后学校扩建为山东烟台中医药专修学院，被省教委批复为中医非学历高校，1995年，余亦调离烟台市莱阳中心医院，而出任学院院长，学院中专部被烟台市教育局批准为莱阳市圣惠职业中等专业学校。

家父吉忱公于20世纪60年代与张奇文公同为山东省中医学会理事，二公学术交往甚密，均活跃于山东中医学术界，故余执弟子礼于奇文公。奇文公作为山东烟台中医药专修学院名誉院长、教授，多次到学校视察并作学术报告。时至公悬壶潍城，创建百寿堂时，余则得以程门立雪，问道于公，录其诊籍，备撰《张奇文诊籍纂论》，意在传承奇文公之学术思想和临床经验。值公七十寿辰之时，公结集《杏林春秋》，余以《学深为师，德高为范——学师张奇文医绩概论》为文，述公师表而为我辈所矜式。

学校现有医学类本科、大专、中专、短训四个教育层次，医学、药学、保健三个教育门类，全日制、函授夜大、短期培训三种教育形式。坚持深化改革，以科学化、规范化的管理，取得了显著的成绩，受到各级政府的表彰，先后十八次被评为烟台市社会办学先进单位、莱阳市教书育人先进单位、莱阳市一类学校，为历年通过山东省教育厅年检合格的医学类民办高校。2003年，又被省教育厅评为优秀民办高校。学校自2005年起连年被《中国中医药年鉴》收载。2006年，余被山东省人事厅、山东省教育厅联合授予"山东省民办教育先进工作者"称号，并荣记二等功，是烟台市唯一获此殊荣者。

幼学启蒙之《三字经》伴余步入漫漫人生之路，医学启蒙之《医学三字经》伴余走上了"至重惟人命，最难却是医"的业医之路。论及"承接岐黄薪火，传承中医衣钵"之主题，余感悟最深的是幼学启蒙《三字经》中的一句话：养不教，父之过；教不严，师之惰。

（蔡锡英、王永前协助整理）

王 琦

王琦（1943—　），男，江苏高邮人，著名中医学家。北京中医药大学体质与生殖医学研究中心主任，二级教授，博士生导师，国家重点学科中医基础理论学科带头人，享受国务院特殊津贴的有突出贡献专家，人事部、卫生部、国家中医药管理局遴选的全国五百名著名老中医之一，卫生部"健康中国2020"战略规划研究专家，全国老中医药专家学术经验继承工作优秀指导老师，全国优秀中医临床人才研修项目优秀指导老师，中华中  医药学会中医体质分会主任委员，国家中医药管理局中医药文化建设与科学普及专家委员会委员，国家中医药管理局中医体质辨识重点研究室主任，中华中医药学会常务理事，中国中医药研究促进会副会长，王琦名医传承工作站指导老师，英国皇家医学会会员，日本东洋医学会会员。

学术建树颇丰，以构建并完善中医体质学、中医男科学、中医藏象学、中医腹诊学四大学术体系而在中医学术界确立了自己的地位。

1. 创立了中医体质学理论体系：1978年第一次明确提出"中医体质学说"的概念，1982年主编第一部体质学研究专著《中医体质学说》，首次把中医体质学说确立为中医理论体系的一门独立学说。发现国人9种基本体质类型，建立中医体质分类判定标准，应用于中医"治未病"、健康管理、个体养生保健等方面，对公共卫生有重要贡献。

其有关体质学理论的阐述被国内外学者广泛应用。中医体质学说被写进《中国医学通史》，有关内容被编入全国中医药高等院校统编教材《中医基础理论》。主编《中医体质学》。中医体质学被列为国家"十五""211工程"重点建设项目及国家973计划、国家科技支撑计划、国家自然科学基金重大研究计划等，三项成果通过教育部科技成果鉴定，"中医体质分类判定标准的研究及其应用"获 2007 年度国家科技进步二等奖。

2. 构建和丰富了中医男科学术体系：中医临床学科自古以来只有内、妇、儿、外等科，而没有中医男科。王琦教授 1982 年主编的《中医男科学》被公认为该学科的奠基作。1997 年出版的《王琦男科学》（2006 年修订再版）将原有40 多种病证扩展为 165 种，以上著作列入本科教材《中医文献学》。在新药研发方面，研制出治疗男性不育的"黄精赞育胶囊"及治疗勃起功能障碍的"疏肝益阳胶囊"，均获国家新药证书。带领团队开展男性不育和勃起功能障碍的恒河猴动物造模，发现中药可显著改善睾丸生精微环境及阴茎动、静脉血流，将中医生殖研究推进到生殖病理学和生殖毒理学层次。通过相关研究证实"黄精赞育胶囊"方药具有提高人类精子密度、活力、活率及运动速度的作用，并进行了生殖方药子代安全性观察。应用原子力显微镜技术观测到，其优选方可能是通过修复弱精子超微结构的病理形态学缺陷从而改善弱精子质量的。《中国科学史》作者，英国李约瑟教授曾致函王琦教授，对其中医男科事业表示关注与赞扬。

3. 构建、拓展了中医藏象学理论体系：藏象是中医理论的核心，但由于理论体系构建不全面，一直只是作为一种学说存在。在长达 20 多年的研究中，通过对两千年来有关学术内涵的考察、发掘、梳理，构建与完善了中医藏象理论体系，包括脏腑的生理、病理，脏腑发病规律，脏腑用药规律等各个方面，还对诸多概念、定义、名词的规范化等做了大量原创性工作，提出许多新颖论点，为中医藏象学的确立奠定了基础，对中医基础学科的建设和指导临床实践具有重要意义。所著《中医藏象概论》《中医藏象学》多次再版，在海内外同行中产生了广泛影响。

4. 广泛深入开展多学科研究：主持腹诊研究，制定腹诊诊断标准，研制腹诊参数检测仪，著有《中国腹诊》一书，使濒临失传的中医腹诊被重新认识和应用。多年从事《黄帝内经》《伤寒论》等经典著作研究，著有《素问今释》《黄帝内经专题研究》《运气学说的研究与考察》《内经与临证》《伤寒论讲解》《伤寒论研究》《经方应用》等专著，并发表有关仲景学说研究方面文章多篇。有些专著发行到许多国家与地区。针对中医基础理论的特质、理论思维、研究现状、发展趋势和研究方法等发表了许多论著，参加国家中医药管理局《中医基础理论发展纲要》的撰写。主编《中医现代研究丛书》，该丛书包括《系统中医学导论》《中医时间医学》《中医全息学》等20余部。

王琦教授从事临床、科研、教育工作几十年，为师，他以严谨的学风、渊博的学识和诲人不倦的精神，教育和影响了一大批中医学人，并先后培养博士后人员、博士、硕士、学术经验继承人40余名；为医，他妙手仁心，善于诊治内科疑难病，尤其擅长治疗男科疾病及过敏性疾病，3次被人事部、卫生部、国家中医药管理局遴选为国家级著名中医专家；为学，他著作等身，主编或参编著作29部，在国内外核心期刊发表学术论文201篇，其中SCI文章3篇。先后承担973及多项国家级、部委级科研项目，拥有发明专利6项，获国家科技进步二等奖1项，部局级一、二等奖8项，为我国中医事业做出了重要贡献。鉴于上述成就，王永炎院士等著名专家称其为"我国影响深远的中医学家"。

题记：2006年11月，我应全欧中医药专家联合会的邀请赴法讲学。在飞往巴黎的航程中，我透过飞机舷窗看到万里长空中云海翻卷、银光耀眼，十分壮美辽阔；而云海下面关山重重，江河沛沛，正一个个被飞速逾越。其时我心中充满了绮思，充满了激情，我不禁发问：我们所投身的伟大事业之路，不正如这万里云天吗？而我们的人生之旅，不正是在山一重、水一重中艰苦攀登、跋涉、穿行、跨越吗？行前，时值张奇文先生函邀我为《名老中医之路续编》写稿，于是我在机舱里写下了这个文题。

在我的治学与业医生涯中，走过的道路艰难而又充满憧憬，探索的旅程漫长而又收获丰盈。王国维说学者有三境界："昨夜西风凋碧树，独上西楼，望尽天涯路""衣带渐宽终不悔，为伊消得人憔悴""众里寻他千百度，蓦然回首，那人却在灯火阑珊处"。对我来说，又可以具体地刻画出六条鲜明的、值得回忆的轨迹，那就是：博涉医源，精勤不倦；立言开新，创建学说；全科专长，广而求精；学科纵横，拓展思维；万里行进，弘扬国粹；未来探索，永不言弃。

博涉医源之路

衣带渐宽终不悔，为伊消得人憔悴。

中医之学，光华璀瑰，垂二千余年，在漫长的岁月淘沥、跌宕中，没有消亡，没有断裂，一直绵延至今，福泽于民，这不能不说是人类文明的奇迹；而闪烁着哲人睿智的医学思想和方法今天又在全球范围内得到传播、发扬，这又不能不令人称奇而感其伟大。中医学是一门历史悠久的医学，是一门博大精深的医学，是一门东方智慧之学。中医理论蕴含着丰厚的东方文化，涉及文、史、哲、理各个方面，若欲学好中医，只有把握其理论渊源，才能真正理解中医学的宏富内涵。古往今来，凡欲成大医者，都必须具有广博的知识。《黄帝内经》中就有"上穷天纪，下极地理，远取诸物，近取诸身"的要求。汉代张仲景提出要"勤求古训，博采众方"。唐代名医孙思邈在《备急千金要方》里说："凡欲为大医，必读《素问》《甲乙》《黄帝针经》、明堂流注、十二经脉、三部九候、五脏六腑、表里孔穴、本草药对、张仲景、王叔和……诸部经方……如此乃得为大医。"简而言之，欲为大医，就必须博极医源，精勤不倦，这是唯一的路。我在治学的过程中，没有能做到"博极医源"，但在"博涉医源"的路上经历了三个阶段，采取了三种方法，体验了三个境界。

（一）读书三阶段——奠基、提高、拓展

我的读书过程大体经历了三个阶段。第一阶段为打基础阶段，除教材的一般知识外，首先是读《本草备要》《汤头歌诀》《医宗金鉴》和《伤寒论》《金匮要略》。学了本草、汤头，药性、方剂就熟了，开方、用药有了底气。《医宗金鉴》的各科心法要诀提炼得十分精彩，是作为全科医生的最好铺垫。读了《伤寒》《金匮》，掌握辨证论治的法门，临床基本功就有了。其间也阅读了许多名医医案，包括《丁甘仁医案》、叶天士《临证指南医案》《全国名医类案》等，读医案可丰富阅历，见名家手眼，激活思维，如沐春风，启迪良多。其他还读过《杂病源流犀烛》《医学衷中参西录》等，后来在临床工作中也学习和总结过一些民间验方。

第二阶段是提高阶段，从1976年参加中医研究院举办的全国中医研究班开始，到后来读研究生，对《黄帝内经》《伤寒论》《金匮要略》《温病条辨》等进行了较为深入的学习和研究，并参与了对医学经典著作的注评。学习方法是通读全文、提要钩玄、译释注评、专题研究。几十年下来，深感四部经典对理论水平提升的持久作用，可谓源泉不竭而又生化无穷。在这期间我一边学习方药中、岳美中、赵锡武、王文鼎等名老中医的经验，一边阅读大量古代医籍，

如《备急千金要方》《外台秘要》《脾胃论》《景岳全书》等，使中医理论功底和临床水平有了较大的提高。

第三阶段是知识扩展阶段，在几十年的教学、临床、科研工作中，由于涉及多学科知识，我还学习了一些现代医学知识，如内科、生殖医学临床，科研方法，分子生物学，免疫遗传学等，同时也接触了一些其他西方文化和科技方面的书籍，形成对中医学研究的参照，这些对把握时代脉搏和形成对中医学的深层次理解是有帮助的。业余时间也经常阅读古代散文、诗歌及史学、哲学等方面的著作，感受中医学在东方文化中的血脉浸润，拓展了思维维度。

（二）读书三方法——精读、泛读、研读

《全国中医图书联合目录》共收录中医图书 12124 种，《中国医籍大辞典》收录中医药书目 23000 余种，仅现存中医古典书籍就有 19000 余种，我们一生中最多也只能读一二百种。所以，我采用精读、泛读和研读三种方法。对于经典著作、著名医家的著作，如《内经》《难经》《伤寒论》《金匮要略》《神农本草经》等必须精读。我在这些书中，用红笔逐句圈点，并在书页上加译加注，《伤寒论》条文我抄在小本子上随身携带，《温病条辨》以口诀形式用毛笔抄写置于案头，方法虽笨了一些，但笨有笨的好处：刻骨铭心。不仅要做到能读懂、读通，有的还要能背诵，脱口而出，做到能探明原意，把握应用，也就是《素问·著至教论》中提出的诵、解、别、明、彰的学习方法。明、清以后的书，不仅数量多，而且有些是对前人书籍的集成，对于有些名著长篇只能有选择性地泛读，用以拓宽视野，找出与自己研究方向有关的东西，或用于临时查找一些内容。有些短小作品对临床助益也很大，如明代汪绮石的《理虚元鉴》、薛己的《内科摘要》、孙一奎的《医旨绪余》，清代费伯雄的《医醇賸义》、徐灵胎的《慎疾刍言》、罗美的《古今名医方论》等，同样闪烁着理论与实践的光辉。研读是探索更深的层次，以形成专题研究。如对《内经》的研究，方法和途径颇多，或从校勘训诂，或从训解次注，或予分类摘编，或集各家之注，皆多有贡献，然亦有受"以经解经""疏不破经"的影响，使问题难以深化。我设立运气干支、气象地理、藏象经络、养生长寿等专题对《内经》进行深入研究，在国际上产生了影响，德国慕尼黑大学医学史研究所的文树德教授致函说："您发表的有关《黄帝内经》文著，对我们学习研究译释该书有很大的帮助……我们

将您的工作业绩载入我们的《内经》资料库，以供世界各国的学者检索。"

（三）读书三境界——领悟、升华、演绎

我感到处在不同的读书阶段，就会进入领悟、升华、演绎的三种不同境界。理论学习，首先是领悟，也就是寝馈其间，对理论和思想的理解与把握，使心有所感，豁然贯通。如《伤寒论》论喘有 22 条，有风寒束表、肺气失宣之喘，有里热炽盛、胃肠实热之喘，有肾不纳气、阳气衰微之喘，有里热伤阴、阴竭便结之喘等，病变涉及肺、胃、肠、肾、脾等脏腑，不独在肺，可从中得到较系统的认识而灵活地用于临床。这是读书的第一境界。第二境界就需从理论的梳理中"爬罗剔抉，刮垢磨光"，并能应用其理论思维，通过临床实践，形成自己的认识加以升华。如"宗筋"在《内经》中有不同所指，我在学习过程中对宗筋的概念、生理功能及其与相关经脉的关系作了系统论述，并指出"阳痿从宗筋论治"的理论意义，通过长期临床总结出抑郁伤肝，宗筋无能致痿，治以疏肝解郁，调达宗筋；肾气不足，宗筋失养致痿，治以温补下元，振阳起痿；湿热下注，宗筋弛纵致痿，治以清热利湿，苦味坚阴；阳明受损，宗筋失润致痿，治以健脾益气，滋生阳明；血脉瘀滞，宗筋失充致痿，治以活血化瘀，通其脉络，从而为中医治疗阳痿提供了新的见解。中医理论历来都是通过医家的不断创新而向前发展的。演绎境界要求的是既能融会贯通，又能形成创见。比如刘完素的"六气皆从火化"，李东垣的"脾胃受损，百病由生"等。创新境界是读书的最高境界，不形成理论，就不能产生突破。临床上我十分注重结合实际进行理论拓展，提出新说，以有效指导治疗。如我在治疗脾胃病的过程中提出"脾胃外感"新说，认为现代中医临床不少脾胃病的主要病因是外邪，外邪包括六淫与邪毒，如病毒引起的胃肠型感冒是由初感肺卫内传脾胃，幽门螺杆菌引发之胃炎及消化性溃疡是由外邪入侵，直入脾胃。而乙肝、丙肝等病毒引发脾胃证候亦是疫毒内伐脾胃。这些论点是根据新的实践提出的新假说，突破了"脾胃内伤"的定式，丰富了脾胃学说的内涵。

几十年来，我在对这三个层次的永恒思索和追寻中，跋涉于学涯苦旅。先后编著《素问今释》《内经与临证》《黄帝内经研究》《运气学说的研究与考察》《伤寒论讲解》《伤寒论研究》《王琦临床医学丛书》等 30 多部著作，提出了一些新的理论观点，由博涉医源，临证实践，走上了立言开新之路。

立言开新之路

通古汇今，知常达变，创三辨理论泽被万众。

博学广闻，立言践行，做四大学问自成一家。

这是靳琦研究员在《杏林传薪——王琦学术思想研究》一书中为总结我的学术特长写的一副对联，读时每感汗颜。在从医近40年的历程中，我对中医学充满了挚爱，时时涌动无限激情，不断追古述今，凝练升华，开拓新论，使之异峰突起，从而构建了中医体质学、中医男科学、中医腹诊学、中医藏象学四大学术体系。

（一）中医体质学

曾经有记者问我：为什么选择中医体质学进行研究？回想起来在我临床工作的早期，经常遇到一些棘手的病例，采用常规的诊治方法难以奏效。当时我考虑由于时代发展，自然和社会环境变化，以及疾病谱改变等新情况的出现，中医基础理论研究滞后于实践需求，如传统的中医病因学对遗传禀赋因素、物理化学因素、生物因素等重视不够。体质现象是人类生命活动的一种重要表现形式，与人的疾病和健康密切相关。古今中外，人们对体质差异早有认识。但是西方体质理论多被认为是一种气质学说，难以应用于临床。中医传统体质理论多散在于历代医家文献中，未能形成理论体系，但对在临床诊疗中考虑患者体质差异因素可以提高临床疗效的认识是一致的，这就是中医学"因人制宜"的思想，只是由于缺乏相对具体的表述，难以发挥其特色和优势。我认为以人体体质为研究的切入点，可以揭示生命现象的本质问题。由于中医学对体质的认识和西方医学对体质的研究存在许多共同之处，二者具有通约性和互补性，预示着中医体质学研究可以成为我国传统医学走向世界与国际对话的重要方面。

因此，我自1977年起从事中医体质学的理论、基础与临床研究，研究过程可以概之为三个历程。第一步是理论框架的构建，第二步是科学原理的提出与实验支持，第三步是关键科学问题的凝练与标准化研究，取得了一些成就。

1. 构建中医体质理论体系，形成新的学科

体质现象是人类生命现象的重要表现形式，自古希腊医学家希波克拉底和

我国秦汉时期的《黄帝内经》以来，人们一直重视研究人的体质现象，但两千多年来，中医体质学说一直未能形成专门的学术体系。我从中医学角度系统论述了人的体质生理、成因、构成、分类、演变规律以及体质与发病、辨证、治疗的关系，提出"体质过程论""心身构成论""环境制约论""禀赋遗传论"四个基本原理，构建了中医体质理论体系。对个体差异从形态结构、生理机能、心理特点、反应状态四个特征群开展多角度、多层次研究，突破仅从形态结构或单一气质研究的局限；提出"体质可分""体病相关""体质可调"三个关键科学问题，以及"辨体－辨病－辨证"相结合的诊疗模式，提高了中医临床治疗水平；提出了体质三级预防理论，应用指导养生防病。

自20世纪80~90年代出版《中医体质学说》《中医体质学》，至2005年出版《中医体质学》创新教材，标志着中医体质学科的建立，为中医"治已病"的医疗服务体系和"治未病"的保健服务体系发挥着作用。

中医体质学被列为国家"十五""十一五""211工程"重点建设项目，为国家重点学科中医基础理论学科重点研究方向，列为国家973及国家自然科学基金重大课题。

2. 发现中医9种基本体质类型

我带领课题组运用中医体质学原理，结合现代科研方法，并在全国东、西、南、北、中地区开展21948例中医体质分类流行病学调查，发现中国人群中存在平和质、气虚质、阴虚质、阳虚质、痰湿质、湿热质、瘀血质、气郁质、特禀质9种基本体质类型及不同年龄、性别、地域人群的体质特征，初步把握了国人不同体质类型特征及分布规律，以及健康相关生命质量与社会人口学特征的相关性。《人民日报》2008年4月3日以"中医绘制中国人体质分类图——一方水土，一方体质"为题，报道了本研究的五个发现：发现一，中国人体质分9种；发现二，天南地北，体质各异；发现三，女性一般寿命长；发现四，体质随年龄演变；发现五，职业对体质影响大。中国人体质分布规律的发现，有助于我们把握中华民族的体质特点，提高我国人民的生活质量和健康水平。我们还与美国、日本等国家，以及中国香港等地区的常模进行比较，提供了研究数据。

3. 形成两个体质辨识方法和工具

在对中医体质进行分类的基础上，按照量表开发的科学程序和方法，编制评价中医体质类型的测量工具——《中医体质量表》，信度效度良好。在此基础上，应用流行病学、免疫学、分子生物学、遗传学、数理统计学等多学科交叉的方法，经中医临床专家、流行病学专家、体质专家多次论证而建立了符合标准规范要求的体质分类的标准化工具——《中医体质分类判定标准》，被认定为中华中医药学会标准，已在全国 26 个省、市、自治区的 49 所中医院推广应用，促进了体质理论向实践的转化。

4. 开发三个体质辨识技术

我带领课题组开发了三个体质辨识技术，拓宽了体质研究应用的领域。

雷达分析图——体质类型常有兼夹现象，开发的雷达分析图可将体质得分直观地标注于图上，连接得分点，根据所围成面积的大小进行复合体质的判定，进行体质诊断。

个体体质信息采集分析系统——大范围的实践应用所得到大量的数据，需要进行大规模数据分析修正。开发的个体体质信息采集分析系统能够针对原始信息群，实现体质信息存储访问与可视化统计分析和体质参数修正两大功能。

三维中医体质模型——基于 9 种体质类型，利用多媒体技术、计算机图形学等实现对特殊的体质外部细节特征的视觉描述与动态展现，为体质特征模型化及体质健康推广的普及化提供了视觉手段，能够应用于教学、科研与临床。

5. 提示中医体质具有分子生物学内涵

目前，世界上对个体差异性的研究主要是针对不同种族间差异进行的，还没有对同一种族不同人群的差异现象进行过研究。对个体差异的公认的前沿研究方法是单核苷酸多态性（SNP）和拷贝数变异（CNV）研究。我带领课题组通过人类全基因组表达谱研究，发现阳虚质、阴虚质、痰湿质与平和质相比，具有独特的基因表达谱，并对 PPARD、PPARG、APMI 和 UCP2 四个基因多态性进行检测，发现这四种体质类型分别具有特定的 SNPs 多态性分布和特定的单倍型分布；其中，阳虚质甲状腺激素受体 β（TRβ）表达下调，为阳虚质不耐寒冷的表现提供了分子生物学解释；通过基因组 DNA 检测，发现与平和质相比，痰湿质存在拷贝数变异和差异表达基因单核苷酸多态性特征，初步检测出 15 个 CNV，分布在 1、5、7、8、9、13、15、16、22 号染色体，CNV 类型主要为删除及同一基因座删除和扩增的混合表现，长度在 1~100kb，初步筛选出 5 个差异表达基因共 6 个 SNP 位点，SNP 位点分别为 rs4237775、rs174455、rs2303536、rs9967820、rs4149268、rs16873516，进一步对相关基因功能分析显示了痰湿体质者具有代谢紊乱的总体特征；生理生化指标的检测也发现，阳虚质、阴虚质与下丘脑－垂体－肾上腺轴、下丘脑－垂体－甲状腺轴功能减退，及与环核苷酸系统和免疫功能紊乱有一定的关联性，部分痰湿质存在血脂代谢紊乱、糖代谢障碍及嘌呤类代谢障碍，提示中医体质类型具有生物学内涵，为不同人群的个体差异研究提供了依据。

6. 证实体质与疾病的相关性与可调性

我通过长期诊疗实践和总结，提出不同体质对某些病因的易罹性及发病倾向性，发现痰湿体质与高脂血症、高血压病、冠心病、糖尿病、脑卒中、代谢综合征密切相关，并研制出"化痰祛湿方"以减少体内脂肪积聚，改变脂质代谢，降低血液黏稠度，改善痰湿体质。研制的"过敏康"，经 2002 年与美国约翰·霍普金斯大学进行的合作研究，证明可降低小鼠抗原特异性 IgE，抑制致敏小鼠肥大细胞组胺释放，对过敏性疾病的治疗与预防复发具有良好作用，从而证实干预体质可改善体质偏颇。

7. 提供中医"治未病"的方法与工具

我们开发的体质研究成果，被列为国家"十一五"《亚健康状态中医辨识与分类研究》及国家行业支持项目《中医传统养生保健方法系统整理研究》的核心内容，以中医体质和身心整体功能状态有机结合的个人健康状态辨识、干预、评估的方法体系，及"辨体施膳"干预亚健康已通过"十一五"国家科技支撑计划课题阶段成果专家论证，并应用于生命质量评估研究、健康管理、健康保险及中医体检，深入到医院、社区。仅广东省 2007 年就完成体质辨识万余例，体检人数约 45000 人次，健康调养门诊量万余人次。浙江省中医院、上海曙光医院、上海岳阳中西医结合医院等单位也在相关课题中应用体质辨识技术。国家中医药管理局在各地举办治未病高峰论坛"体质－脏腑－易发疾病防治"系列专题讲坛，使体质辨识在全国多个单位得到推广应用。北京市人民政府 2008 年推出了《首都市民中医健康指南》，体质保健被列为该指南首篇，发放 500 万册。中医体质学说已形成广泛的社会实践，为公共卫生、中医治未病工程做出了贡献。2007 年 6 月 24 日卫生部王国强副部长在《开展中医"治未病"试点工作座谈会上的讲话》中指出：北京中医药大学王琦教授所带领的课题组，历经30 余年的研究，以《黄帝内经》和历代医家的体质理论为依据，所做出的《中医体质分类判定标准》，为中医"治未病"工作的开展提供了有效的方法和工具，将理论与实践相结合。2008 年 1 月 25 日王国强副部长在"首届'治未病'高峰论坛"上再次指出："在服务内容上，以中医体质辨识为基础，探索确定了体现中医特色、个性化、全程系统的适用技术和服务手段……现代采用体质辨识及干预等，都是'治未病'在预防保健中的具体应用，充分展示了中医'治未病'的恒久魅力。"我在该次论坛上被任命为国家中医药管理局"治未病"工作专家咨询组成员。

8. 中医体质研究成果得到推广应用

中医体质理论被国内外学者广泛研究与应用，相关内容载入《中国大百科全书》《中国医学通史》，列入全国高等中医药院校《中医基础理论》规划本科教材 3 种、大专教材 1 种，《内经》教材 1 种，研究生教材 1 种。

《中医体质分类判定标准》广泛应用于体质与疾病的相关性研究、流行病学调查研究、疾病防治的应用研究，该《标准》在全国 49 所中医院得到应用，涉及内、外、妇、儿各科病种 41 种。体质辨识在中医临床诊疗中，与辨病、辨证相结合，形成三位一体的诊治方法，在临床实践中取得了效果。具体经验被整理成专著《王琦辨体 – 辨病 – 辨证诊疗模式——中医体质理论的临床应用》。

《中医体质分类判定标准》获得 2007 年国家科技进步二等奖。2008 年 1 月 8 日，我在北京人民大会堂举行的国家科学技术奖励大会上受到了胡锦涛总书记、温家宝总理等党和国家领导人的接见。中医体质的相关研究亦先后获得教育部及中华中医药学会一、二等奖 4 项。

9. 中医体质研究受到国际学术界的广泛关注

我的体质学专著《中医体质学》在日本被多次翻译出版。在和日本富山大学富山国际传统医学中心合作过程中，将《中医体质量表》开发为日文版，并进行了信度、效度评价，发现其重测信度良好，各亚量表的内部一致性分析效标效度与中国的评价结果相似，性能评价良好。有学者依据体质分类理论研究了不同体质中 HLA – DRB1、DPB1 和 DQB1 的分布特征，并在 *THE JOURNAL OF ALTERNATIVE AND COMPLEMENTARY MEDICINE* 上撰文发表，该杂志编者按指出：该研究为架接西方生物医学与传统医学之间这道鸿沟的桥梁迈出了重要的一步。美国 Johns Hopkins 大学对干预过敏体质中药进行了合作研究。韩国韩医学研究院亦来华进行中韩体质学术交流。美国哈佛大学、康奈尔大学等的一批学者高度评价体质学研究，认为"我们西方所称的'功能整体性医学'只是刚刚开始考虑这些问题，但还没有给出特殊功能变化和一个明确定义的框架。北京中医药大学王琦教授开创的中医体质学，是生命科学的重要组成部分，它是中医学中经过时间检验的方法学，可用于干预、预防和治疗疾病，这将有利于全球性的公共健康"。

（二）中医男科学

中医学作为一门医学学科，其学科领域还存有许多空白，中医男科即是其一。汗牛充栋的古代医籍中虽有一些对男科病的记载，但两千多年来没有形成较为完整的理论体系，亦未给后人留下完整的男科学专著，在临床上始终没有形成独立的专科，从而让许多男子发出"七尺男儿多疾苦，难言之隐无处医"的感叹。面对无数男子的痛苦与不幸，面对他们那殷殷以求的目光，我油然产生了一种使命感：建立中医自己的男科学！1985 年，我在中医研究院首次开设男科专家门诊，同时还撰写了大量论文。

一门学科的建立，必须有其理论体系的构建，并明确其研究对象和范畴。为了形成科学的、完备的与现代男性疾患相适应的中医男科学，我先后阅读了《马王堆汉墓医书全集》《抱朴子内篇》《褚氏遗书》《医心方》《素女经》《玉房秘诀》《医方类聚》《诸病源候论》《广嗣纪要》《古今医统》《东医宝鉴》等九十余部涉及男科和性学方面的著作，广泛收集与男性疾患有关的男科信息，经过积极的努力，历尽艰辛，第一部《中医男科学》于 1988 年 11 月 22 日出版。该书系统阐述了中医男科发展源流，男性的生理特点，男性病的病因、病理特点和辨证论治方法，体现了中医男科的学术思想体系，被学术界公认为中医男科学的奠基之作，标志着中医男科学的诞生。著名中医医史学家耿鉴庭先生在《中医男科源流考》中写道："以王琦为主编的《中医男科学》不仅首次提出了该学科的定义概念，而且以发展源流及创建性的论述填补了中医学现存没有男科的空白，推动了学科的形成与发展，在此以前未见比拟者。"之后，我又相继主编出版了《中华中医男科学丛书》（1990 年）、《王琦男科学》（1997 年）等多部专著，《王琦男科学》第二版又于 2007 年出版。徐福松教授撰文评价说："《王琦男科学》是有史以来中医男科理论和临床的一次最系统、最全面的整理和升华，在继承的基础上有所发展，有所开拓，有所创新；它是既具有较高的学术水平、临床实用价值，又具有较为完整的检索功能的男科工具书，它是一部难得的中医男科奠基之作。"我为构建和丰富男科学术体系的努力，得到了中医界学术界的赞扬。国家中医药管理局原副局长诸国本说："王琦教授对中医学的贡献之一，在于把男科这样一个专科发展了、深化了，发展成为独立的临床学科，并有不少理论上的探索和创建。"（《王琦男科学》诸序）此后，我又在男科理论、方药、基础实验等方面开展了一系列研究。

男科理论研究：对"精室""宗筋""肾实证"等进行专门研究，为激活临床思路，提供了理论支持。临床中构建了现代中医男科辨病辨证辨体相结合的多元化的诊疗模式，拓宽了中医诊治男科疾病病种范围（《中医男科学》记载病种40个，《王琦男科学》记载男科疾病11类，病证165个）。变革中医男科临床思维，揭示精瘀、痰凝、血瘀、湿浊、热毒是多种男性病的主要病机，提出"阳痿从肝论治""充润宗筋"等概念，男性不育"肾虚夹湿热瘀毒虫"说，及慢性前列腺炎"湿热互蕴，瘀浊互结，肝郁气滞"说等，打破思维定式，并进行男科病名诊断和阳痿、男性不育的规范化研究，提高了男科整体水平。

男科方药研究：宋金元时期是中医方剂学发展较快的时期，这一时期的方书中记载了不少中医治疗男科疾病的方药。我从《太平惠民和剂局方》《太平圣惠方》和《圣济总录》中，得到许多有益的启示。如其中治疗睾丸疼痛的方药应用于临床，疗效很好。对有些本草所记载的药物功效，今多忽略，尤需药效钩沉，如仙鹤草，《本草述钩元》载其为"小便溺血之要药"，我用于治血尿；《金匮要略》记载狼牙草（仙鹤草）治阴中生疮，我用于外治生殖器感染，内服治疗衣原体感染性疾病；姜黄，陈藏器论述其"破血立通，下气最速"，我用以治前列腺疾病瘀浊互结等，皆有卓越功效。在男科临床诊治中形成了善用药对、善用专药、善用经方三个特点，如药对葛根配羚羊粉，治疗高血压阳痿，蒲黄配滑石，通利精溺之窍；专药如以生麦芽、山楂、鸡内金治精液不化；经方如用当归贝母苦参丸治疗慢性前列腺炎等，皆多应手。我还先后研发了治疗勃起功能障碍的国家新药"疏肝益阳胶囊"和治疗男性不育的新药"黄精赞育胶囊"，在全国得到广泛应用。

基础实验研究：无论是在男科研究还是在临床实践中，我都强调与现代科学相结合，融会新知，力倡将中医男科建设成一个开放的体系。如在研制中药过程中采用随机双盲对照试验方法，用恒河猴观察中药改善性功能和生精效果，发现中药可显著改善睾丸生精微环境及阴茎动、静脉血流，将中医生殖医学研究推进到生殖病理学及生殖毒理学层次。首次进行生殖方药子代安全性观察，包括观察新生儿出生缺陷率、体格及智力发育等，同时证实提高精子密度、活力、活率及运动速度的作用。有关研究证实，黄精赞育胶囊对精子超微结构的影响，其修复作用不仅局限于某一部位或某一区域，而是对精子细胞的整体修复。总之，形成了在现代条件下对男性不育从病因病机→治则治法→药效药理→生殖毒理→临床循证→子代随访→疗效评价的系列研究；在阳痿诊断方面推荐国际问卷指数；临床用药结合中药药理研究成果等。

人才培养：多年来我举办或参与了多届中医男科进修培训提高班，培养了数百名基层中医男科的骨干力量，并多次出席全国中医男科学术研讨会做学术报告，促进了中医男科学的推广及学术水平的提高。

（三）中医藏象学

藏象学说是中医理论体系的核心内涵，也是临床各科辨证论治的理论基础。遗憾的是，有关藏象研究的专著为数不多，进行系统的理论构建尤为亟须。因此我从 1976 年起就致力于藏象研究，1979 年写成《藏象概说》一书，并为日本刊物连载，为杏林同仁所瞩目。1997 年着手进行《中医藏象学》的主编工作，该书历经六载，数易其稿，终成 150 万言专著。其间辨章学术，淹贯证治，构建体系，厘定概念，彰其隐旨，皆倾心力。是书构建藏象学科，完善理论体系；辨析学术纷争，阐述理论是非；填补诠释不足，力主面向临床；继承发扬并举，传统融入新知，对中医藏象学进行了理论的构建与完善，第一次确立了其学科地位。我的主要研究成就如下：

1. 构建中医藏象学理论体系

在 20 多年的研究中，我通过对中医藏象学学术内涵的考察、发掘、梳理，对其进行了系统的理论构建，涵盖了从中医解剖、生理、病理等基础医学到中医发病、诊断、辨证、治疗等临床医学的多个方面，并在定义、名词、概念系统的规范方面做了大量原创性工作。著作《藏象概说》被日本《中医杂志》连载，《中医藏象学》连续再版，有关专家评价该书"是迄今有关藏象研究最全面，因而也是最具权威性的著作，对中医学术发展做出了不可低估的贡献"。"中医藏象学理论体系的构建研究"获 2007 年教育部高等学校自然科学奖二等奖。

2. 充实、发展和提高传统藏象理论

在对传统藏象理论进行归纳、整理与研究的基础上，进一步对其进行了系统阐述、重点引申与理论发展。如首次在肝病辨证中补充了肝阳虚（肝虚冷）和肝气虚（肝气不升）证治，对脾阴、肺阳、肾实证等亦做了补充和阐述，并对五脏分别进行了证候规范化研究。

3. 从多组角度体现中医藏象学整体联系

对"藏"与自然现象、生理现象、病理现象以及藏与藏、藏与经络之间的相互关系从多组角度进行诠释，体现了藏象学整体联系。如以"心"为例，分别从阴阳五行、心的特性、心的功能、心与面舌、心与自然、心与经络、心与其他脏腑、心与病因、心与病机、心病发病特点、心的主要病证、心病辨证、心病的治疗、心专题讨论、心的现代研究进展等15个方面加以阐述，体现了全面系统性。

（四）中医腹诊学

腹诊是中医诊病的一种独特的方法，早在《黄帝内经》《难经》《伤寒论》中就有记载，可谓源远流长。但由于历史原因，后来在我国研究较少，临床也鲜有应用，濒临失传。16世纪以后，日本倡导腹诊，广泛应用于临床，重视程度胜于脉诊，一度居于我国之先，以致日本学者在国际性学术会议上声称腹诊是日本人发明的，从而产生了中日"腹诊发明权"之争，由此激发了我对腹诊进行系统研究的决心。我主持的腹诊研究工作与日本腹诊研究相比具有以下优势：一是拓宽了理论研究范围。日本腹诊研究，一派以《伤寒论》为主体，一派以《难经》为主体，各成体系，我带领课题组上溯《内经》，下迄明清，涵盖了腹诊所有文献，汇各家之说，使之全面系统。二是丰富了辨证内容。日本对腹诊的应用主要是汤—证（腹）对应，而我们则包括了藏象经络、气血津液等辨证，四诊合参，综合考察腹证情况进行论治。三是扩大了腹症症状。日本腹症症状描述一般为50多个，我们增加到500多个。1985年我首次提出了"常见腹症的诊断标准"，使腹诊研究进入了规范化和客观化研究的阶段。1986年主持卫生部课题"中医腹诊检测方法的研究及腹诊仪研制临床验证"，提出了腹诊新概念，并与清华大学合作研制成功"腹诊仪"，通过快速检测皮温、深温、穴温及腹部压力位移参数，为腹诊中的寒热虚实辨证数据化提供了依据。课题鉴定委员会负责人、著名中医学家焦树德教授认为：该项研究整理、提高、发扬了我国一种濒于失传的传统诊法，为继承发扬中医学做出了重要贡献，填补了国内空白，达到了国内外领先水平。

该课题的完成，填补了国内长期以来腹诊研究的空白，还使中日学术界的"腹诊发明权"之争告一段落。1994年出版的《中国腹诊》一书，使腹诊发展为一门系统的学科理论，丰富了中医诊法，标志着中医腹诊学的确立。

在此，我也想对热爱中医事业的青年学子们真诚地说："只有从传统中来，又能超越传统，才能在学术上有所建树，只有在继承的基础上进行创新，中医学才能发展。虽然这条路走起来艰辛，但也其乐无穷。"

全科专长之路

求全备而有专攻，致广大而尽精微。

中医学术，博大精深，临床诊疗，理法纷呈。故为医者，非勤求博采无以施展济世活人之术，唯通晓各科方能成就术有专攻之业。鉴于辨证论治思想与方法在中医各科的普遍适用性，作为一名学养有素的中医学人和临床医生，必须走全科发展与专科擅长相结合的道路，做到广博而精专，才能在临床上有所作为。此正所谓"致广大而尽精微"是也。

（一）全科之路

中医学是一门应用科学，离开了临床则失去了活力。中医内科过去叫"大方脉"，作为一名中医，虽要术有专攻，但是要建筑在通晓全科的基础上。临床各科间常有密不可分的关系，可相互促进。在近40年的悬壶生涯中，我对内、妇、儿科均有所涉猎，早年从事、学习中医儿科3年，中医妇科5年，后又多年从事内科。当住院医师的时候，中医科就将我一人派往病房，妇科宫外孕会诊，传染病房肝炎、流脑会诊，外科破伤风、脓毒败血症会诊，忙得不亦乐乎，但却锻炼了自己。《王琦临床医学丛书》收录了我的内科医论、医话，涉及外感、心病、肾病、脾胃病、神经系统疾病等；外科、妇科、儿科也有多篇临证体会。这些丰富的临床实践是我从事中医事业的动力与源泉。

在临证中我十分注意寻求病机，摸索规律。如临床上对血尿治疗较为棘手，通过一定病例的实践，我初步摸索到下焦蕴热为主要病机，故围绕"热"字拟定了治则及方药，如"实热血尿，清热以止血"，用自制五草汤（鱼腥草、益母草、鹿衔草、茜草、白花蛇舌草）清热凉血，利水通淋；"虚热血尿，清中有滋"，以猪苓汤为主方，清热滋阴，滑润止血；"瘀热血尿，清热消瘀"，用自制山甲琥珀散［山甲（现用代用品，下同）、生三七粉、琥珀粉］为主化瘀止血，取得了很好的疗效。另外，我对代谢综合征、过敏性疾病、尿路结石、胃肠消化性疾病、睡眠障碍、肾病等多有揣摩，主编了《62种疑难病的中医治疗》，由人民卫生出版社出版。由于我临床疗效较好，求医颇众，并应邀为国家政要及外国使节、元首保健治疗。

擅用小方。有些患者认为医生开的药越名贵，就越重视自己的病，效果肯定就好。我不投患者所好，只求对症下药。曾有一位农业大学的研究生，几年来动辄汗流浃背，湿透衣衫，非常苦恼，我开了一味桑叶30g，让他回去泡茶喝。他用奇怪的眼光看了我一眼，没说什么就走了。过了十几分钟，他又跑回来很委屈地说药房不给配，说太便宜了，没法儿算药费，让他问问是不是大夫开错了。我说："一点儿也没错，这里不给配，就到外面的药店配吧。"大约半个月后，患者打来电话说：这一味药还真灵，大汗再也不出了，精神也好了。

诊治疑难杂症须做到独立思考，方能独辟蹊径。对于昏迷的治疗一般多囿于"心主神明"而从心治，常以"热入心包""痰迷心窍"概之。其实，"昏迷非独治心"，胃络通心，胃燥昏谵急需通下阳明；肝热神昏，可清泄肝热；"瘀阻脑窍"也可致神昏。如我曾治一病人，女，45岁，因脑出血昏迷3天，住北京某医院，CT扫描显示脑有血肿，服芳香开窍药未能清醒，邀我会诊，经用建瓴汤为底方加用云南白药、水蛭粉送服，24小时清醒。我常用水蛭粉、地龙粉主治脑血栓偏瘫，疗效显著。如一丹麦外宾，经用此方治疗二月丢掉拐杖，而深表谢忱。

理论离不开实践，研究离不开临床，中医理论思维一旦脱离了临床，就成了无源之水。随着社会医疗保健需求和疾病谱的变化，大量新事实、新经验的积累需要进行理论上的总结与升华，理论只有从实践中吸取营养，不断充实、变革、发展，尽可能地概括、解释新的事实，才能对实践的发展起指导作用。

若要获得良好的临床疗效，还应对方剂、中药进行深入研究。因此，我常研读经典，揣摩其中方剂的立方思想、组方法度、方证关系。我在长期研读

《伤寒论》《金匮要略》《肘后方》《医学衷中参西录》《经方实验录》等著作的过程中，深感经方、小方应用的重要性，多次撰文从理论上阐述应用经方与小方的学术意义。1981年编写了《经方应用》一书，中医界前辈任应秋、刘渡舟等给予很高的评价，该书曾获得全国优秀图书奖。

20世纪70年代，疟疾在农村是常见的传染病。而早在公元4世纪，中医就主张用青蒿"治疟"，如《肘后备急方》记载青蒿"截疟"。在基层运用青蒿抗疟的实践中，我发现不同剂型的疗效有显著的差别，以鲜青蒿绞榨取汁服用效果最佳，经查阅文献与《肘后备急方》中的论述是一致的。1975年我撰写了《青蒿治疗间日疟125例疗效观察》一文，是现代运用青蒿抗疟的较早报道，这一工作受到了国家的重视，当时中央"523办公室"派人实地考察，并加以肯定。那个年代，我们国家还比较落后，农村的生活条件就更为艰苦。但正是在那种环境中，我接触到大量的农村急症、杂症，积累了丰富的临证经验。诸如用龙胆清脑汤治疗流行性脑脊髓膜炎，用大蒜、芒硝外敷治疗急性阑尾炎，中西医结合治疗胆囊炎，"转胎方"矫正胎位不正，用鬼针草治疗小儿腹泻等，通过对这些经验方的文献考证，发现古人早有这方面的论述，这样在实践中学习，并在学习中完成知识积累。

临床中我对历代本草药效功用及医家用药经验多常进行梳理、钩沉，结合自己医疗实践发现某些药物的特殊功效，如夏枯草安眠、当归平喘、威灵仙化结石、竹茹止血等，而且对经方、时方、大方、小方、名方常灵活应用并加诠释。据此，我的学生整理出版了《王琦临床方药应用十讲》。

（二）专长之路

自20世纪80年代我在中医研究院开设男科门诊以来，男科疾病成了我在临床的主攻方向。新的临床实践呼唤新理论的产生。1989年我在《谈中医的理论与临床思维》一文中说："科学研究贵在创新。所谓'新'，势必或有异于前人，或有悖于众说，于此方可谈发展。"我从惯性思维与求异思维、单一思维与多路思维、封闭思维与开放思维的角度，讲了中医临床理论思维的变革。在男科临床中，临床思维的变革尤为重要，对于阳痿，传统认为是肾虚所致，要补，各种壮阳药一起上，三鞭酒不行，就来五鞭酒，肾宝不行来男宝。我通过大量的临床调研发现，多数阳痿患者正值青壮年，并没有头晕眼花、腰膝酸软、齿摇发落等肾虚症状，而多与情志失调有关，肝气郁结、气滞血瘀导致了阳痿的发生。因此提出治疗阳痿主要用通法而不轻易用补，也就是说，通过调气机、畅血流，使心情舒畅、气血调和，达到阴茎正常勃起的目的。内蒙古有一患者年方四十就得了阳痿，人前人后总觉得低人一等，偷偷地买了很多补肾壮阳的药酒、药丸，结果吃得直流鼻血，血压也升高了。经仔细一询问，原来是他职称未评上，心情一直很抑郁。找到病因后，我一方面给他进行心理疏导，一方面给他开了疏肝理气、调节情志的方药，不到数周，病就痊愈了，说妻子对他很满意，似乎又重温了新婚的甜蜜。此类患者比比皆是，针对大多数患者有情志失调因素，我提出"阳痿从宗筋论治"和"阳痿从肝论治"的思想，突破了几千年补肾壮阳的定式，逐渐形成了对功能性阳痿重在"从肝论治，调理宗筋"，对器质性阳痿"调和气血，充润宗筋"的治疗原则。此论产生了广泛的学术影响，我国中医学界老前辈焦树德教授认为，"阳痿从肝论治"的论点，不仅起到了继往开来的作用，丰富了医学内容，而且体现了敢于创新的时代精神。后来我在此基础上研制了治疗阳痿的新药"疏肝益阳胶囊"。根据男性不育与生殖系感染、精索静脉曲张有关的现代认识，我提出肾虚、湿、热、瘀、毒、虫是男性不育的主要病机，采用补肾填精、活血化瘀、清热利湿等法进行施治，据此研制的国家新药黄精赞育胶囊临床疗效显著。对慢性前列腺炎，提出"精窍不畅，络脉瘀阻，因病致郁"理论，明确指出通泄精道是其治疗原则，并针对病人出现的尿道刺激症状、骨盆综合征和精神症状等不同主症，分别采用化浊利精窍、活血通络脉、疏肝解抑郁等治疗方法。根据良性前列腺增生多见于老年人的特点，明确提出肾虚和痰瘀闭阻是其主要病机，治疗以补肾消癥为原则，采用补肾、化痰软坚和活血消癥治法，由于治疗思路明确，取得了较好的疗效。

在男科临床中，我处方用药喜用古方、经方，如用桂枝茯苓丸、当归贝母苦参丸化裁治疗前列腺疾病；对动脉供血不足性阳痿用桃红四物汤加减活血行气以改善阴茎供血为主；对静脉性阳痿以当归补血汤加减补气摄血为主，均取得很好的疗效。

学科纵横之路

林断山更续，洲尽江复开。

从中医大学科来说，涉及中医学整体发展，其中包括中医基础理论、辨证论治、中医教育、中医现代化等一系列重大问题，它事关中医事业与学术的健康发展，几十年来我纵横其间，不停地探索、思考，也不断地追寻、呼唤。

（一）中医基础理论研究

中医理论的特质是什么？中医理论的发展路向是什么？制约中医理论发展的因素是什么？中西医的文化差异在哪里？这些均是中医学人必须面对而又感到困惑的问题，也是我一直深刻思考的问题。我曾赴江苏、上海、河南、河北、广东、云南等地展开过广泛的调研，并走访了国家政要、主管中医工作的领导及德高望重的中医界前辈。我对这些问题的有关论述均发表在相关文章中。对于制约中医学发展的主要因素，我曾大声疾呼："欲求中医之振兴，必求学术之振兴；欲求学术之振兴，必求理论之振兴。"针对中医学术界"保持遵循论"和"中西医合一论"的思潮，我通过认真地、全方位地分析中医药的发展走势，提出了"主体发展""开放发展""持续发展"的中医整体发展思路。2004 年我撰文指出，在当前自然科学领域出现"超越还原论，走向系统论"思潮的情况下，要实现新的中医文化认同，就要认识自身文化的特质和价值，在东西方文化的和谐共振中，弘扬民族性，走向国际共享性。我作为中医基础理论国家重点学科带头人，经过长期研究，在《论中医理论构建原理》一文中，对中医学理论构建提出了"主体兼容，多元综合的构建原理"，"活体取'象'，实体求证的认知原理"，"虚实互见，多态模式的思维原理"，"整体联系，动态调控的解析原理"，"平衡调节，因人制宜的防治原理"，从而力求揭示中医理论的特点与规律。针对长期以来人们对中医学科属性的争议，我在《关于中医学的科学属性和文化属性》一文中，对中医学的定义作了如下表述："中医药学，是中华民族创造的医学科学，它是中国人民在维护健康及防治疾病的长期实践中，在中国传统文化的背景下，逐渐形成的一门具有独特理论和诊疗技术及养生保健方法的医学体系，是一门研究人体生命、健康、疾病的自然科学。它以生物学为基础，与多学科相交融，属于自然科学范畴，并具有人文社会科学特征，它是中国医学的特色，也是中华民族优秀文化的重要组成部分。"这一表述受到学术界的普遍赞同。

（二）辨证论治研究

辨证论治，是中医诊治疾病的主要方法和特色之一，但长期以来，中医学术界将其视为诊治疾病的普遍法则，将众多不同概念的诊治思路和方法塞进其理论框架之中，使辨证论治泛化、僵化。对于这种状况，我深感忧虑。20世纪80年代我多次组织开展"当前中医临床存在问题及其对策的讨论"，90年代又以"突破固有模式，建立新的诊疗体系"为题，连续发表《辨证论治并非普遍法则》《形成科学规范的开放式诊疗体系》等系列文章，提出中医临床要在理论思维变革中求得发展，形成符合中医当代临床科学规范的、多元动态的、开放性的诊疗新体系。要根据临床实际，灵活运用辨证论治、辨病论治、辨症状论治、辨体论治、辨时论治、微观辨证等多种方法。由于我在中医辨证论治领域进行了大量的探索，1992年我担任《中国大百科全书·中国传统医学·辨证分支》副主编，2000年担任《中国大百科全书·辨证分支卷》主编。

我提出应将辨证与辨体、辨病相结合，根据疾病的具体情况，选择不同的诊疗方式，既可用专病专方，又可用辨证施治。既要辨中医之病，又要辨西医之病，吸收现代科技手段、检测手段，而这些选择的依据应该由疾病本身的特征来决定。以疾病为系统，研究如何根据体质的差异恰当选择药物的种类和用药剂量；以体质为背景，研究用药物改善偏颇体质，有助于未病先防和治病求本。辨体论治有助于减少药物的不良反应和增强治疗效果。许多遗传性疾病、过敏性疾病与体质关系尤大。以过敏性疾病而言，过敏反应的发生与过敏体质有关。所以防治过敏性疾病的关键并不是一个病一个证地治疗，而是通过改善、纠正过敏体质，调节免疫功能，才能真正消除过敏性疾病对人们的危害。

中医学在2000多年的传承过程中，积淀了丰厚的理论知识和实践经验。但是中医药名词术语有很大的随意性，制约了中医的现代化和国际化。2002年，我被聘为全国科学技术名词审定委员会中医药名词审定委员会委员，参与了大量中医名词术语和病名的规范化工作。

（三）中医教育研究

中医学的继承与发展，关键在教育。我在中国中医研究院研究生部主管研究生培养、教育工作期间，对中医研究生教育、师承教育及进修培训教育均进行了深入研究与思考。在研究生教育方面，提出"一个主体，两个能力，三个面向"的教育目标。"一个主体"，即从学习中医经典原著入手，把握中医学术主体，打下扎实的功底；"两个能力"，即加强中医临床能力和科研能力的培养；"三个面向"即中医高等教育要"面向现代化，面向世界，面向未来"，要从"应试教育"变为"素质教育"，这些年来，我先后培养硕士、博士、博士后30多名，力求按照上述目标培养新一代中医人才。在师承教育方面，我作为人事部、卫生部、国家中医药管理局第二、三、四批被遴选的全国500名老中医之一，先后培养了数名学术继承人，被国家中医药管理局选为全国老中医药专家学术经验继承工作优秀指导老师，并参加了全国200名主任医师临床人才的培养工作。通过临床带教，结合自身治学与临证经验，认为"广博的中医理论基础，丰厚的临床经验，精湛的临床技能"是新一代名中医的标准。我常敦促我的学术继承人要练好中医基本功，即熟读经典，旁涉各家，将中药、方剂烂熟于胸；在此基础上，勤于临床，用心领悟处方用药的要旨，力求形成自己的学术特色。

2006年，我撰《师承论》专文，述其师承教育的源流与地位，指出"中医之学，绵绵沛沛，江河长流，师承之教具独特地位。盖师承之教，以'诵、解、别、明、彰'为其法；以业师或家传之学，熏陶、浸润为其养；以多诊识脉，恒于临证，揣摩领悟积其能，于是乎名医、国手纷现，大家、宗师叠出，学说流派纷呈，各树旗帜，风骚各领，气象万千"。我认为，中医教育尚以师承与学校规模教育并存，二者并行不悖，互有补充。随之时代进步，中医规模教育成就斐然，当今循中医学术发展之轨迹，成才之规律，兼蓄其长而为之。若以学校教育为上，师承教育为下，则数典忘祖；若以师承教育为是，以学校教育为诋，则失以与时俱进。

2008年，我先后被国家中医药管理局、北京市人民政府评为"全国优秀中医临床人才研修项目优秀指导老师""全国老中医药专家学术经验继承工作优秀指导老师"，并被授予"国家级老中医药专家"称号。

万里行进之路

读万卷书，行万里路。

人生如旅，岁月如歌。回首自己一路走来的历程，付出的是无比艰辛的耕耘，收获的是弘扬学术的欢欣。

多年的医疗实践丰富了阅历，拓宽了思路，同时，我也意识到要使中医学始终充满活力，成为全人类的开放性医学，必须从保持和发展自身学术主体出发，将中医学置于现代科学背景下加以审视，并在新的医疗实践中，依据新的事实进行中医理论与观念的完善与变革，加强科学研究，提高群体素质，从而使其对疾病的防治能力与水平不断提高，适应时代的要求，走向世界。自 1981 年起，我应邀赴全国各地讲学，足迹遍及全国 27 个省、市、自治区，每次讲学不仅激发了听众对中医的热爱，而且自己也从温故中凝练出新知，提高了中医学术境界。在中医学发展的大时代，我们需要一代又一代人为之奉献，为之奋斗，让杏苑香溢四海，造福人类。

上下五千年，纵横十万里，始终在我心胸萦绕、滚动的是整个中医学、整个东方文化。我认为，保持中医药在世界传统医学领域的学术中心地位，使我国医学理论进入世界医学的先进行列，正是历史赋予我们的神圣使命。有位作家在《岐黄传人》题记里这样写道：世界上的水是相通的，真正造福于人类的科学，是没有国界的。近年来我先后到十多个国家和地区讲学治病，既传播了友谊，也弘扬了中国医药学术。

1990 年 3 月，我在荷兰召开的欧洲传统医学学术大会上做了"王氏生精汤提高人类精子质量研究"的学术报告，引起了与会学者的极大兴趣。这一效应的产生，除了学术本身的价值因素外，还有一段历史情结：因为 1677 年首次发现人类精子活动的学者列文虎克就是荷兰人，300 年之后，中国学者来到列文虎克的故乡，报告用中药改变人类精子的病理过程，提高精子质量，是一次重要进展。它表明中国的中医男科已进入生殖病理学领域并已接近分子水平，这在国际上还是第一次。这件事在欧洲引起了轰动。为此，《人民日报（海外版）》曾以《中国科学家多年研究发现中药可提高人类精子质量》为题进行了报道。

日本学者对我也并不陌生，早在 20 世纪 80 年代初，日本的中医学杂志就连载了我与盛增秀合著的《藏象概说》，而代表作《中医体质学说》一经出版，就受到多国学者的关注，日本谷口书店将其译成日文，一版再版，风靡日本汉方学坛。学术研究有时也包含着对历史的钩沉，也充满着激烈的竞争和对祖国的挚爱。1990 年 6 月我应日本中医学会的邀请，在京都进行了《中日体质研究的比较》《中日腹诊研究的比较》《中日伤寒论研究的比较》三个命题的演讲，使日本学者看到了中国中医雄厚的实力。日本《中医临床》除报道我的学术成就外，在之后的几年中还连续刊载了我的讲学内容。

1994 年 5 月，我应邀到世界著名的高等学府美国约翰·霍普金斯大学做学术访问，与全美免疫研究中心一位教授"打"出了交情。在如何对待过敏疾病的过敏原问题上，那位教授认为，如果这个患者对猫过敏，就应该打开窗户把猫扔出去，这时我说，如果妻子对丈夫的精液过敏那又该怎么办？正是我的反问，引起了他的沉思，是啊，为什么思维定式总是落在过敏原的问题上，而事实上有些过敏原却是无法切断的。经这样一"打"，我们成了好朋友，从而使我研制的过敏康的实验研究在这个权威学府得以进行，并取得了令人瞩目的成果。

从 1991 年至 1996 年，我每年被邀请到韩国讲学，韩国国家电视台等多家媒体连续进行了报道。在马来西亚、斯里兰卡讲学时，听到人们对中医药的赞叹，我心中充满了激动。1996 年赴英讲学，《人民日报》、新华社刊发了我讲学的传真照片，被国内外多家媒体转载。

1998 年 2 月，我应邀赴港讲学及考察中医药现状，受到香港卫生署有关负责人及香港浸会大学、新华社香港分社等方面的热情接待。香港中医药学会及香港中医药学院邀请我做专场学术报告，并举行隆重集会授予我香港中国医药学会名誉会长以及香港中医学院名誉院长称号。

1998 年 3 月 4 日，在台湾中医药学院举行的学术报告会上我做了《中医现代临床诊疗模式——辨病辨证之研究》的报告，指出中医临床要在理论思维中求发展，对疾病的诊断与治疗应反映当代先进水平和符合临床实际规律才能有新的生命。报告引起了该校师生的高度赞扬，教务长陈先生对我说："你的研究，对中医现代临床有普遍指导意义，将引起深刻的思维变革。"2001 年以后我又多次赴台讲学，均取得成功。2006 年在美国哈佛大学的学术报告厅，我做了题为《中医治疗代谢综合征》的演讲，会后应诊者络绎不绝。2005 年、2006 年先后赴法讲学，新闻界曾做了《他和中医药一起走向世界》和《学术精湛，饮誉海外》的报道。

读万卷书，行万里路。讲学、考察的足迹遍及大江南北、祖国内外。蓦然回首来时路，有艰难险阻，也有风景无数。"万里云天万里路"，我还会继续走下去。

未来探索之路

路漫漫其修远兮，吾将上下而求索。

我的学生们为我所做的工作画了一棵"王琦树"，对我的研究大致进行了概括。

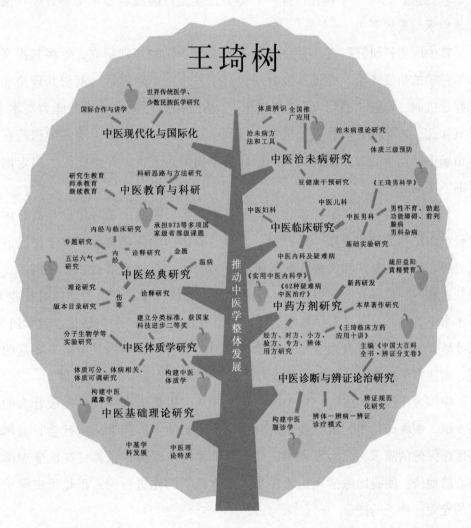

人生应该是壮丽的，在不断地追求与探索过程中呈现在你面前的将是一幅变幻而瑰丽的风景。人要尽最大努力去不断充实自己，完善自己，以适应不同时期、不同环境的需求。当你已经一步步跨越的时候，你就会真实地体会到"蓦然回首，那人却在灯火阑珊处"的满足与愉悦。

在创建了中医体质学，创立了中医男科学、中医藏象学、中医腹诊学之后，我的目光，仍然面向未来。

就中医体质学研究而言，它所研究的不是一病一证，也不是一方一药，而是生命与健康疾病的整体关系，关乎人的生、长、壮、老、已，同时是生命科学的范畴，它的方法论是系统论，方法学是多学科交叉，对接科学前沿，应用的范围是治已病的医疗服务体系和治未病的预防保健服务体系，贡献度是回应"人口与健康"，与"个体化诊疗"具体方法实施，因此需要更多学者一代又一代地传承与发展下去。

就中医男科研究而言，必须进一步拓展该学科的基础研究，要将其提高到医学科学的角度评价、验证，吸取现代科学技术，不断揭示、阐明其理论实质和疗效机制，增强"透明度""清晰度"，从而提高与世界对话的能力与水平。唯其如此，才能保证依靠科技进步，以其所具有的时代品质，增强中医药在国际市场中的竞争能力，以其成果的国际共享而闻达于世，并由此派生出走向世界的不竭动力。

作为国家重点学科中医基础理论学科带头人，我提出学科建设是高等中医院校组织结构的基本骨架，是科研、教学的载体，学科建设要涵盖学科发展的总趋势、特征、范式和优势，基础研究要为中医学总体发展提供系统的、具有表征性和内在逻辑性的前提，应具有前瞻性。学科的核心竞争力即以科技能力、学术水平为核心，通过对学科理论体系的研究及其成果产生与转化、教学研究、人才培养、人力资源开发、组织管理等方面的整合，或通过其中某一要素的凸现，而使本学科获得持续的竞争能力，最终推动学科整体建设与发展。

中国是中医药的国度，是中医药的发源地，更是未来中医药发展壮大的坚强支撑。中医药是祖先留给我们的独特财富。要使中医药学适应社会日益增长的医疗保健的需求，大力发展中医药，继续保持中医药在世界传统医学中学术中心的地位，使我国医学理论更快步入世界医学的先进行列，正是历史赋予我们的光荣而神圣的使命。

"等闲识得东风面，万紫千红总是春"。我仿佛看到，一幅幅更为奇瑰动人的画面正向我们扑面而来。

黎明，

我站立在伟岸，

任凭海风挟着雨水的吹打，
领略沧海横流的气势，
赞咏天水一色的壮观，
在大自然的洗礼中，
获得了全身心的解放，
啊，我感到，
心宇与天宇的融合，
启动着人格和境界的升华。
…………
雨霁云散，
一轮红日滚动而出，
它以其生命的辉煌，
布日中天；
它以其光热的力量，
造化万象。
啊，我感到，
喷薄，恢宏，
映照着伟大的品格，
奋发，潇洒，
蕴化出绚丽的彩霞。

（门人靳琦、董静、王东坡、吴宏东、姚实林、李英帅、田栓磊协助整理）

后记："路是人走出来的"。而对于我来说，别有一番走"路"的意境，中医之路、治学之路、人生之路，充满希冀、艰辛、拼搏、愉悦，有奋斗，有收获，也有挫折，每当回首往事，思绪久久不能平静。六十而为甲子，我愿生命再度花甲，好让我在这条路上"挑灯看剑"，再激荡它个几十年……

赵尚华

赵尚华（1943— ），山西省原平市（崞县）南阳店人。1969年毕业于北京中医学院中医系，原山西中医学院外科教研室主任，教授，主任医师。兼中华中医药学会外科学会副主任委员，中华中医药学会中医外治学会副主任委员，《中医外治杂志》主编。2008年被推选为第四批全国老中医药专家学术经验继承工作指导老师。

长期从事中医外科学的教学、临床和科研工作，特别对周围血管病、乳腺病和部分肿瘤的中医治疗有独到经验。1994年主持的"中医治疗血栓闭塞性脉管炎的临床研究"获山西省科技进步三等奖；拟创之逍遥蒌贝散药方被全国数种高校教材《中医外科学》选为治疗乳腺增生病的主方；拟创之阳和通脉汤、椒艾洗药等方剂被大型工具书《实用中医外科大辞典》《当代中药外治临床大全》等反复引用，广为推崇。著述主要有《中医外科心得集》《乳房病》《中医外科外治法》《中医外科方剂学》《中医外科学》（光明日报出版社）、《中医皮肤病学》（科学出版社）、《中国百年百名中医临床家丛书·张子琳》（中国中医药出版社）、《21世纪课程教材·中医外科学》（人民卫生出版社）等40余部，其中6部荣获国家和省级优秀科技著作奖。《中医外科外治法》《中医外科方剂学》填补了中医外科长期以来缺乏相关专著的空白。《中医皮肤病学》是中医本科成人教育中的第一本正式教材。发表论文50余篇。

忠义传家少立志　范亭启蒙始涉医

我6岁时中华人民共和国成立。从长辈们艰难的生活经历中，我渐渐了解了旧中国积贫积弱的历史；从革命先烈大无畏的英雄事迹中，我深深地体会到新中国的来之不易。身居农村，我曾深刻体会到广大农民缺衣少食、医药无着的苦衷。艰苦的环境让我学会了独立的观察和思考，不论是对自然还是社会。我很小的时候就对农业非常着迷，少年时代锄地、打草、收割、起麦……也是必修之课。看到一粒小小的种子，经过四季的轮回，就能化身百千；若遇风调雨顺，一亩三分地就能养活一家人。我曾设想自己将来成为一名农业学家，让地里的庄稼年年丰收，让亲人们不再为生存而犯难。

我记得街门正对的墙内高高的嵌石上有"一善"二字。现在已无法考证这两个字是谁刻上去的，但相传很久，"忠义"就是我们家的堂号。老人们的教诲也使我从小就有一颗正直、正义、友善之心。剔除其中封建意义上的愚忠愚孝，忠义传家有其积极向上的意义。不畏权势，同情弱小，敢和不良势力较量，是我骨子里带来的性格。

我的父亲操劳一生，晚年病患缠身，在我完小毕业时，仅患肺脓肿，但终因医疗条件所限，离开了人世。父亲的病故，孩子的长大，让这个农村的家庭承受了更大的苦难。那样的家境现状，更促使我立志学医，小则治病救人，解除亲人疾苦，大则普济天下黎庶，有益社会发展。我更要感谢我的母亲，她是一位普通的农村妇女，却是那个时代难得的开明之人。虽然她没有文化，但却懂得培养子女的重要性。在家境最为困难的时候，她做出了一个重大的决定，卖掉房子和稍值钱的东西供我读书。这才使我艰难地完成了学业。我有幸能够在村中的完小打下最基本的文字基础，1957年升到范亭中学就读，一读就是6年。

位于巍巍天涯山下、滔滔滹沱河畔的范亭中学创建于1946年，是以著名抗日爱国将领续范亭（1893—1947）的名字命名的。续范亭就是崞县西社村人。1931年"九·一八"事变后，续范亭反对对日妥协，呼吁抗日。1935年，续范亭在南京拜谒中山陵时悲愤地写下《哭陵》一诗——赤膊条条任去留，丈夫于世何所求？窃恐民气摧残尽，愿把身躯易自由。他剖腹自戕，要求抗日，续范亭的这种爱国热情激励着每一位范亭学子的学习热情。

范亭中学的启蒙老师为我树立的人格典范让我终身受益。当时的安裕老师既是我的生物老师，又是我的班主任。他对生物进化论的讲解深入浅出，并不断改进教学方法，开展讨论课。我们基本可以做到当堂消化授课内容。他老当益壮，每日坚持长跑、打球，锻炼身体。在我幼小的心灵中留下了坚持不懈、顽强拼搏的印象，使我终生不忘。

老师和家人对于我的期许让我进一步坚定了自己的求学步伐。而入学之初的偶然机遇，更让我早早接触了向往的医学事业。我就读范中的时代，正值1957年、1958年的教学改革——勤工俭学，我毫不犹豫地报名参加了校医室医疗服务。这虽然只是一项课外活动，但对我来说却是一项神圣的事业。就是在那时，我掌握了注射、包扎、换药等一般技能，还在校医的指导下学习并参与了部分常见病的处治实践。

修道定当尊益友　成身谁不畏严师

在20世纪60年代的农村，能够考上大学是十里八乡的大事。但是我做到了，那个时代的学子克服困难，度过了国家最为艰难的一段时期。1960年到1963年，是持续三年的自然灾害。多数学生都因饥饿、营养不良而浮肿。我高考那一天，当时的副校长贾治高先生在入考场前临时把他的手表借给我用。我至今还记得，如果不是他借给我手表我可以做题做得更从容，当时许是紧张，把时间看错了，结果提前30分钟做完了考题。多年以后回想仅是轶事一桩，但当时老师对学生最为朴素的关爱令人难忘。

1963年的秋天，我带着滹沱河泥土的气息，从范亭中学考入了北京中医学院，开始了艰难跋涉的医学生涯。

在北京的7年时间里，我系统地学完了中医学的各门课程，并深得刘渡舟、宋孝志、印会河、祝谌予、席与民、王绵之等老一辈医家的言传身教。

我认为医生的本领归根结底要从患者身上得到检验。为了锻炼自己实际动手操作的能力，上学期间，我就主动到东直门医院操作技术最为繁难的外伤科病房跟师实习，把病房当作求知的第二课堂。把老中医、老教授行医的方法一点一滴都记在心里，运用于临床实践，由此打下了为人民服务的扎实功底。在此期间，我结识了外科名医施汉章教授。施老治学严谨，临床用药简洁，待病人严肃和蔼、一视同仁，疗效独特，但从不张扬。施老兢兢业业、默默献身的精神感染了我，看到痛苦呻吟的患者在正确救治之后又可重新走上工作岗位，我暗暗立下主攻外科的志向。

寒暑更迭，转眼7年，国家正处在"文革"时期，此时学业初成，根据国家的分配我回到生我养我的故乡，为家乡人民治病健身。

1975 年，我调到山西省中医研究所工作，这时我已初步掌握了外科常见病、多发病的中西医两法的诊断、治疗。之后在病房对周围血管病（脉管炎、静脉炎）和胆石症、尿石症开始了重点观察、临床研究。在此期间向刘治太、包光寿等老先生学习，他们严格的辨证施治，灵活的配伍用药，给我留下了深刻印象。张子琳老先生有着严谨的治学作风，每治一病，均仔细记录医案，用药平正轻淡，取效甚佳，随张老侍诊使我养成了每诊一病均留病历的习惯。1980 年，山西人民出版社出版了我和张老之子俊卿同志共同整理的《张子琳医疗经验选辑》一书，受到广泛好评，45000 册书很快销售一空。上海中医学院院长黄文东教授主编《著名中医学家的学术经验》一书时，特邀我编写张子琳的学术经验部分。

山西地处高原，在群山环抱之间，正像她地下蕴藏着极为丰富的资源一样，我省的中医学术源远流长，名贤辈出。要做学问，必须勤学好问，处处都有良师益友。在本所版本目录学家李茂如先生的指导和影响下，我搜集齐备了上自先秦战国下至明清之际几乎所有现存的中医外科古籍文献，营造了深入研究发掘的客观环境。贾得道所长对于如何把辩证唯物论应用于中医学术研究有着独到的见解和成功的经验，多次的促膝交谈，深入的学术交流，对我启发极大。我对疾病中的抗邪反应与病理改变的分析便是既用中医理论的"虚虚实实"之戒，也融入了辩证法的观点。山西大学数学系教授潘政先生对于模糊数学有着深入的研究，一次偶然的机会，我见到了他的一部书稿，发现模糊数学的很多原理与中医辨证施治的思路十分接近。于是通过刻苦自学掌握了模糊数学的基本理论，如普通集合及其运算、隶属原则、择近原则、聚类分析、综合评判等，并将这些数学原理应用到中医学的经验整理中，对血栓闭塞性脉管炎、血栓性静脉炎、乳腺炎，与山大的同道共同研制成功其各自的电脑诊疗数学模型，进而研制成中医治疗这三种病变的电脑诊疗决策选择系统，使中医在疾病诊断的客观化、定量化，治疗的规范化方面，找到了一条途径。而干祖望、马绍尧等老师和同行更是我学术上的良师益友，他们给予我的支持和与我的合作均让我受益无穷。

从普通学生，到一方良医。我一直未敢忘记老师的教诲，古人云："受人点水之恩，必当涌泉相报"，更何况是传道、授业、解惑的老师。张子琳先生是我的老师，其医德医技对我影响至深，1978年12月我与张子琳之子张俊卿先生合撰整理的《张子琳医疗经验选集》一书出版，得到了老师的赞许和首肯。张赞臣先生是我专门登门拜访求教过的外科老师，我在《山西中医》1998年第14卷第6期上发表了《红烛燃尽，光芒永存——深切怀念张赞臣教授》一文以示纪念。刘渡舟先生是我的伤寒老师，我在《山西中医》2003年第19卷第3期上发表了《与刘渡舟老师交往二三事》以示纪念。顾伯华先生是我在上海中医学院进修外科时的班主任和主讲老师，我在《山西中医》2004年第20卷第6期上发表了《怀念顾伯华老师》一文以示纪念。贾得道先生是我的顶头上司和老师，贾老一生皆是以辩证唯物主义、历史唯物主义为指导研究中国医学史和中医基本理论的。贾老过世后，纪念性的文章很少能将这一点说透。读一读其《认识中医、理解中医、研究中医必须过五关斩六将》之遗稿，便能体会到这一点，我也打算方便时撰文纪念。

1983年，我的一篇论文发表后，收到江西高安县祥符乡医院钟长庆医师的一封信，商榷有关"五善七恶"学说的一些问题。我如实地将我的看法告之，并将手头的资料寄给他。之后将近20年里，我们一直互通书信，交流看法，切磋学术，共同编写了《中医外科外治法》《中医外科方剂学》等书籍，共同完成了多篇论文。他虽是一个没有学历的基层医师，但他的学识功底相当深厚，为人正派，虽然至今未曾谋面，却是心心相印的知己，给我的教益甚多。

我认为个人的努力固然重要，但绝不能忽视与同行及其他专业师友的相互切磋与合作，正所谓"修道定当尊益友，成身谁不畏严师"。

外科耕耘路漫漫　理法方药从头勘

经过多年的中医外科教学和临床实践，我越来越感到外科的理论研究比较薄弱，中医外科总论尚难形成完整的体系。我在勤求古训、博采众长的基础上于20世纪80年代初首次明确提出外科疾病的病因学说。外因以火毒为主，内因以气滞血瘀偏多。我认为外科疾病的基本病证有外痈、内痈和皮肤病三大类型，通过对这3类基本病证的12个基本症状的层层分析，演绎出了三者的病机特点，又通过对基本病证病机的综合从而归纳出了整个外科疾病的基本病机为阴阳失调。这样，许多纷繁芜杂的现象开始由原来的飘浮不定变得有章可循了。外科疾患中的成百上千种症状表现和病理转归可以十分吻合地归属于阴阳的偏盛、偏衰、相损、相离、转化中去。理论得到充实的同时，实践得到了升华。这些内容1981年以论文形式发表于《上海中医药杂志》，1987年被人民卫生出版社出版的《高等中医院校教学参考丛书·中医外科学》引用。上述思辨过程在逻辑上是合理的，多年以后回顾这个过程，认识到这也是学习和运用唯物辩证法的结果。

在临证实践中，外科医生往往只重视局部辨证而忽略整体观在外科诊疗中的作用。事实上，宋代《太平圣惠方》中即提到的五善七恶之辨，正是根据全身症状判断疮疡预后的重要手段之一。我认为"五善七恶"的善恶均是针对疮疡的病理过程相对而言的。所谓善候，亦非正常的生理状态，只是痈疽的发展中没有引起脏腑病变和全身症状。所谓恶候，大致反映两类情况，一是正气不足，阴液受伤，毒邪鸱张，内侵五脏，引起了一系列的全身症状；二是疮疡有严重并发症，如消渴病、胃肠道霉菌感染和严重的全身感染。因此，我在临床上十分重视有意识地把全身症状的五善七恶与疮疡局部症状的顺逆吉凶结合起来，以求准确全面地把握病机，辨证施治，判断预后。

外科治疗的特点就是在整体观的指导下，重视外治法的应用。外治法对方剂选药、配伍、炮制及制备更有其具体要求。例如外用方药中往往有意选气味俱厚、药力峻猛之药入方，还有意选用"相反""相畏"的药物，取相反相成之功，以增强疗效。自宋元以来，外科医家根据外科疾患不同阶段的临床表现，将外科病变划分为三期：即初期（肿疡期）、中期（脓肿期）、后期（溃疡期），逐步总结出内治三大法则为消法、托法、补法。但外治法尚缺乏相应的理论归纳，我结合临床实践在1983年出版的《中医外科心得集》中即已总结出了外科外治的三大法则为箍围消散法、透脓祛腐法、生肌收口法，简称为外治消、腐、收三法。在1989年与钟长庆合作出版的《中医外科外治法》中又进一步丰富发展为中医外科外治五法十剂。该书不仅所选治法方药实用有效，而且理论阐述较为深入，突出了中医理论的系统性和完整性，更集中显示了中医外科外治法的特色。合理地遵循该书提出的辨证用药原则、内外合治原则、消腐收原则，就能使外治法发挥更好的疗效。正由于以上的学术见解，1988年光明中医函授大学特聘请我编写光明函大的《中医外科学》教材，在白永波、干祖望、施汉章等名家的指导下，进一步修改审定，使这些学术理论得以在更大范围内推广。

1992 年出版的《中医外科方剂学》是前述外科理法在方药上的体现和具体化。该书"总论"部分简明扼要地阐述了外科方剂与治法的关系、外科方剂的组成与变化、外科方剂的剂型、外科方药的制备技术以及应用原则和方法等。"各论"分上下两篇，用以法统方的方法选解了古今外科医方约 360 首。该书赋予这 360 首外科方剂以活的灵魂，使方剂学不再是简单分类下的积累而成为理法的体现者，丰富了中医方剂学的内涵，是对传统中医方剂学编排理念的一次扬弃，使传统的中医方剂学在外科领域出现了质的飞跃。刘渡舟教授称赞曰："本书在外治法选出箍围消散、透脓祛腐、生肌收口等有效方剂，在内治法中，作者结合自己的经验，选出消、托、补三大要素，奠定了外科内治之正宗。外科方剂美不胜收，作者提纲挈领、分门别类加以阐述，实为近世外科方剂学划时代的巨著。"经过锲而不舍的努力，我最终对中医外科学的理法方药有了较为系统的认识。

谈到我在中医外科学理论、实践上的创新，我可以把自己的诀窍毫无保留地告诉大家，那就是要懂一点哲学。曾几何时，中医理论中的阴阳五行被视为封建糟粕加以批判，而所谓的"医哲不分"也成为中医不科学的诟病之源。我可以非常明确地告诉年轻的学子，我之所以能够在中医外科学理论建构中提出并贯穿了阴阳学说的精神；在中医外科疾病辨证辨病方面，提出分期与分型相结合的普遍原则；在中医外科外治法上提出与传统内治法相统一的消腐收三原则，正是得益于自己在哲学问题上的不断思考。

我在 2006 年 1 月出版的《医易通论》一书中对中医学发展的规律进行了如下表达：中医学是以最先进的哲学思想作为思维方法的基础，以提高临床疗效为目标，在临床实践中不断战胜危害人类生存、危害人类健康的疾病，每总结出一个辨证论治的科学方法，就能战胜一类新的疾病，就是对这一类疾病的本质的认识和揭示。具体发展过程是在《周易》的哲学理论指导下，应用天人合一、阴阳五行、藏象理论、辩证思维，确立了养生、医疗、康复等的辨证论治的方法。《内经》理论的确立，《伤寒论》的成书，金元四大家对杂病学说的深入发展，温病学的形成，这就是中医学发展的主要标志性成就。

有人担心中医学会消亡。我认为花开自有花落时，不必担忧。如果人类消亡了，人类离开地球了，中医也要灭亡的。

那么今日中医发展前景何在呢？中医当前的首要任务是尽快攻克癌症，解决癌症对人类的威胁，认识癌症的发生发展规律，探求癌症的辨证论治方法和规律。如果能实现这一目的，自然就能站在医学发展前沿，就能生存，就能向更广阔的空间发展。中医学在发展，疾病亦在变化，中医学只有在不断认识新的病种，治疗新的病种中前进。中医前景将是无限美好的。

这种不同于当下某些悲观消极观点的提出，正是基于我对中医学学术本身及其发展规律的哲学思考。我坚信我的观点没有错，这种自信源于哲学的力量。因此，劝诫当今学子，在尚未全面了解中医学说博大精深的内涵之前，先不要草率地以"医哲不分"为理由去挡住深入研究的一条捷径。

纸上得来终觉浅　绝知此事要躬行

医学的最终目的是治病救人，而中医学更是一门实践科学。要深刻领会中医学的精神实质，读书和临床是两个不可或缺的手段，中医强调"悟性"，而"悟性"的高低取决于二者功夫的深浅。所以不论在以教学为主的时候，还是以科研为主的时候，还是在有其他任务的时候，我始终坚持临床，几十年来从未间断。我刚到中医研究所工作时，不论门诊，还是病房，最初看得最多的病种便是脉管炎。起初是用古方去治疗，进而求教于上级医师，求教于参考书籍。大约观察了 100 例病例后，逐步掌握了该病的基本规律，特别是 1985 年参加全国外科学会血管病专业委员会的学术交流活动以后，广泛吸收各家的优点，集思广益，而后由博返约，自拟了阳和通脉汤、逐瘀通脉汤、解毒通脉汤、顾步复脉汤治疗该病不同发展阶段的 4 种证候。通过 220 例的临床总结，取得临床治愈率 69.8%，有效率 95.1% 的结果，为国内领先水平。该成果亦在全国血管病专业委员会的学术交流会上多次交流。1993 年，我参加了我国第一部《中医血管外科学》的编写；1994 年又将本治法编入全国性协编教材《中医外科学》，使之在全国范围内得到了推广。

下面将血栓闭塞性脉管炎的辨证论治进行介绍：

1. 内治法

阳虚寒凝型：发病较缓，患者面色微黄，患肢麻木酸困，时有抽痛，久则间歇性跛行，甚则肌肉逐渐萎缩，汗毛稀疏脱落，局部肤色苍白，粗糙不泽，患处发凉、疼痛，趾甲增厚色暗，趺阳脉、太溪脉搏动减弱或消失，甚至全身可伴有腰酸遗精、阳痿、耳鸣等症状，舌质淡，苔白，脉沉细。证属脾肾阳虚，寒湿凝聚经络。治宜补阳活血，温经通络。方用阳和通脉汤加减：制附子10g，桂枝10g，麻黄6g，丹参30g，鸡血藤30g，川牛膝12g，红花10g，地龙10g，当归15g，赤芍15g，炮甲珠10g（现用代用品，下同）。水煎服，每日2次，早晚分服。若寒重者，加鹿角霜、肉桂、细辛；肌肉萎缩者，加党参、怀山药、苍术。

气滞血瘀型：主要症状有面黄色暗，患处皮肤紫赤，沉重疼痛，行走站立加重，夜间更甚，肌肉萎缩，间歇性跛行增重，有明显的络脉郁滞现象，患肢抬高色白，下垂青紫（即肢体抬高试验阳性），趺阳脉、太溪脉搏动消失，舌质紫暗，或有瘀斑、瘀点，舌苔薄白，脉沉弦。相当于西医营养障碍期。证属气滞血瘀，络脉阻遏，寒将化热。治宜活血化瘀，通经活络。方用逐瘀通脉汤加减：红花10g，当归15g，鸡血藤30g，赤芍药15g，川芎10g，白芍药15g，川牛膝12g，丹参30g，金银花30g，炮甲珠10g，甘草15g。水煎服，每日2次，早晚分服。

配合功能锻炼法：抬高患肢2~3分钟，再将患肢垂于床沿3~5分钟，再平卧2~3分钟。每日锻炼3次，每次重复5~6遍。

瘀滞重者，加虻虫、水蛭、地龙；肿胀疼痛甚者，加生薏苡仁、防己、木瓜；疼痛不止者，加元胡、乳香、没药；伴有游走性静脉炎者，重用金银花，再加元参、蒲公英、紫花地丁等清热解毒药。

热毒瘀滞型：主要症状有面色晦暗或苍白，饮食减少，发病较急，患肢剧痛，如汤泼火灼，昼轻夜重不能安眠，甚至坏死焦黑或溃烂成脓，周围紫赤肿胀，久则趾节脱落，味臭难闻，全身可伴有烦躁不恶寒，大便秘结，小便短赤，舌红绛，苔黄燥，脉洪数或洪大。本期相当于现代医学的坏死期。此为火毒炽盛，治宜泻火解毒，活血通络。方用解毒通脉汤加减：金银花30g，连翘15g，元参15g，当归30g，石斛21g，赤芍药15g，紫花地丁30g，牛膝12g，野菊花12g，丹参30g，红花10g，蒲公英30g，甘草15g。水煎服，每日2次，早晚分服。

大便秘结者，加大黄、火麻仁；气虚者，加黄芪、党参。

气血双虚型：主要症状有面容憔悴，苍白无泽，神情倦怠，畏寒肢凉，萎黄消瘦，坏死皮肉脱落后，患处久不生肌收口，颜色晦暗不鲜。舌质淡，少苔，脉细无力。证属久病致虚，气血不足，治宜培补气血，方用顾步复脉汤加减：生黄芪 30g，党参 10g，焦白术 10g，当归 30g，白芍药 15g，川芎 10g，熟地黄12g，柏子仁 10g，丹参 30g，茯苓 10g，元参 10g，川牛膝 12g。水煎服，每日 2次，早晚分服。

2. 外治法

初期：未溃者，用椒艾洗药熏洗，先熏后洗，每次 30 分钟，每日 1~2 次。药物组成：川椒 15g，艾叶 15g，当归 30g，防风 15g，透骨草 30g，槐枝 15g，苏木 10g，桂枝 15g，红花 10g，桑枝 15g，生川乌 15g，蒜瓣一条，煎水熏洗患肢。

中期：疮面已溃者，保持创面清洁为第一准则，以 0.5% 高锰酸钾溶液清洗疮面。

后期：坏死组织分界线清楚时截趾，必要时截肢。

在实践中学习，还要重视学习民间的验方验法。我国特别是我省民间蕴藏着极为丰富的中医药知识和经验。故乡的一位老先生善用风药治疗疮疡，取效迅速，甚至常用辛温发散之品，这一点对我颇有启发，而后试之临床，也屡用屡效。后经反复验证，终于制成疏风清解汤，主治上焦风热所致之疮疡如发际疮等，缠绵难消者尤宜。治疗乳腺增生的逍遥蒌贝散的拟创也是一个在实践中学习的例证。我初出校门刚参加工作不久，一位和善的老领导在平常谈话时提及他有一张专治瘰疬的验方，乃某医为其子治病时所留，但他甚珍惜而秘藏，从不示人。数年之后，他慎重地示方给我，我一看原来是逍遥散合瓜蒌贝母散，药性平和，方药简明，我反怀疑它是否能治"淋巴结核"了。几年里我用其反复治疗了数个儿童，往往奏效如桴鼓相应，使我深刻领会到中医将瘰疬辨证为气滞痰凝并非空言。疏肝理气、化痰散结，在这个证候中就解决了结核杆菌所致的疾病。联想到乳腺增生症，病位在厥阴肝经，病机为气滞痰凝，且多兼月经先期、烦躁易怒等热象，这难道不是逍遥蒌贝散的主治证吗？遂将此方用于乳腺增生症，疗效卓著，于是收入我写的《中医外科心得集》，1985 年被全国统编教材《中医外科学》选为治疗乳腺增生症的主方。贵州有位学者做了逍遥蒌贝散治疗乳腺增生病的临床观察，有效率高达 90% 以上。由此我对仲景《伤寒论》和《金匮要略》主要篇章均标以"病脉证并治"的字样更有体会，从而悟出临床首先认病辨证而后处方用药的原则。病证辨得准确，才能胸有定法，处方不乱，效如桴鼓相应。逍遥蒌贝散（自拟经验方）：功用疏肝理气，化痰散结，主治乳癖、乳岩初期，瘰疬等证。药物组成：当归、白芍、柴胡、茯苓、白术、瓜蒌、贝母、半夏、南星、生牡蛎、山慈菇，水煎服。

对于疑难病证，我广泛搜集古今医学典籍、杂志报纸的记载报道，并反复临床验证。诸如1977年1月，我曾治愈新疆乌恰县一患者（男，49岁）的慢性胆囊炎、胆石症，治疗经过简述如下以供大家参考。1977年1月14日，患者右胁肋部痛，右上腹阵发性剧痛，拒按，恶心欲呕，口苦咽干，便秘溲黄，脉弦滑，苔黄白相间。证属肝胆郁火，胃肠实热。治以疏肝理气，清热通里。药用：柴胡、黄芩、郁金、白芍、枳壳、金钱草、茵陈、半夏、木香、青陈皮、大黄。便秘时重用大黄加芒硝冲服；胆绞痛时加元胡、川楝子；便溏、腹泻太多时，去大黄加党参、白术。如此加减治疗，10天后于大便中排出绿豆大黄褐色结石10粒，经病理科鉴定为胆结石。为促进排石，间断采用了4次遵义医学院"总攻"疗法。至2月16日，陆续排出结石37粒，最大者直径0.4cm。此后患者症状明显减轻，病情平稳，右季肋部偶有轻度阵痛，改用利胆片治疗。于3月23日胆绞痛发作，时间长达3小时，为了因势利导，加服汤药，于24日又排出较大结石1粒，直径约0.4cm。当时估计结石尚未排尽，又改服汤药，加强"总攻"，但是，再未排石。遂改用消石散善后。于4月29日静脉胆道造影复查，在30分、60分及120分摄片见胆总管（胆总管不增宽）及胆囊显影，密度渐次增浓、均匀，胆囊较小，约2cm×3cm，底部朝上，胆影内未见结石影，位置比前低2~3cm，脂肪餐后一小时摄片见胆囊影明显缩小，胆总管阴影消失，排空情况良好。印象：①原胆囊结石影消失。②胆囊功能良好。遂于5月5日痊愈出院。

关于癌症的治疗，我发现夏少农教授益气养阴攻毒法是对多种肿瘤有效的治法，如甲状腺腺瘤、血管瘤等用之皆验；用补气健脾清热利湿法治宫颈癌有独特的效果，存活10年以上者屡见不鲜；用益气止血清热攻毒内外并治法对直肠癌治验者亦有数例。如1981年11月我曾治疗刘某（女，36岁）的空洞型子宫颈癌，所用之法即益气养血、清热利湿，获得了临床治愈的良好效果。2000年3月此人又因胆石症来诊，知其已存活18年。我的学生张双双已将此案整理成《宫颈癌治验举隅》一文，待发表。2006年1月，我曾治疗王某（女，82岁）的乳腺癌1例，用调理冲任、攻毒散结之法获效。其验案由陈亚丽同学整理，以"乳腺癌治验举隅"为名发表于2007年6月《长春中医药大学学报》第

23 卷增刊的 45、68 页。需要指出的是，我经多年临床实践摸索研制的肿瘤专科用药——龙宫莲胶囊对肺癌、食道癌、乳腺癌、直肠癌等的辅助治疗均有效。

事实上，他人的经验，只能借鉴，不能照搬，只有把别人的经验融入自己的辨证思路中，并且不断地与古人、与时贤的经验相互对比参研，才能发现问题、解决问题，取得实实在在的进步。

回顾 30 余年来的医学生涯，我感触较深的是做学问要处理好"博"和"约"的关系。首先要以广博为基础，这样视野方能开阔；进一步由博而返约，再作深入的研究探索，并有所创新，只有精神、精力专注于一点才容易有所突破。愿以清代学者张金吾"广以观万，约以守一"之语与大家共勉。

天下兴亡布衣责　盛世学优不为仕

《论语·子张》中记载："子夏曰：'仕而优则学，学而优则仕。'"顾炎武在《日知录·正始》中说："保天下者，匹夫之贱与有责焉耳矣。"我更倾向于认同顾炎武的说法，即为布衣亦当有振兴天下之责，而不一定要出官任职。盛世之时尤无须如此。但是不为官，并不是放弃身上的责任的借口。我非常庆幸自己在关乎山西中医发展事业的几个关键时刻挺身而出，勇敢地承担起了历史赋予的使命。

1985 年中华全国中医学会第二次会员代表大会在北京举行，其时全国的外科贤达相聚一堂。为了促进中医外科事业的发展，我与其他专家一并提出组建中医外科分会的倡议。朱仁康、顾伯华等老前辈随即责令王沛老师和我尽快起草申请，我在仓促之间执笔草成申请书。不料此稿得到全国中医学会领导的重视，诸事进行得颇为顺利，成立中医外科学会的申请竟然很快得到批准。

20 世纪 90 年代初，有人提议将山西中医学院并入山西医学院。这种院校合并是有其强强联合、资源互补的时代积极意义的，但这种合并仅适用于学科分化程度相似的理工院校，并不适合于正处于蓬勃发展时期，但教学、科研力量尚不足与西医抗衡的中医院校。我个人认为草率合并弊大于利，于是在最短的时间内上书省市相关职能机构，要求慎重考虑合并事宜。在上述谏言行动中，我完全没有考虑到自己的得失，完全从学术角度去考虑问题。出人意料的是，以一介平民为主执笔而成的上书，最终得到了省、市相关部门的重视，我省的中医药事业赢得了宝贵的发展空间。

我 1992 年应马来西亚中医学院邀请赴马讲学 3 个月，在讲学的同时也进行医疗活动，同时指导当地学生临床实践。1993 年第 4 期《山西中医·中医在国外》发表了马来西亚医生陈月清整理的《赵尚华医案 2 则》。1994 年我代表山西中医药学会与马来西亚柔佛州中医师公会结成友好学会。在类似此种涉外学术活动中，我以普通科技工作者的身份，完成了自己应当完成的事业。

上述小到学术协会，大到长远发展，远至异域南洋诸事，我仅以一腔正气、一己之力促成之，看似有些不可思议，其实正说明了两点：第一，国家正处在不断上升、发展的良好环境之下；第二，广大学子应当安心学问，只有当你的学识达到一定程度时，才会产生合理而自然的建议。当这种合理的建议得到国家和社会的正面响应之时，正是您步入成功之时，所谓"审时度势着情，正义顺理自成"。所以对于当今的年轻学子来说，"看淡名利干大事"也正是我送给大家的一句话。

（赵怀舟、贾颖协助整理）